Marco A. Gardini

Marketing-Management in der Hotellerie

Marco A. Gardini

Marketing-Management in der Hotellerie

—

3., überarbeitete und aktualisierte Auflage

DE GRUYTER
OLDENBOURG

ISBN 978-3-11-037703-3
e-ISBN (PDF) 978-3-11-041372-4
e-ISBN (EPUB) 978-3-11-042561-1

Library of Congress Cataloging-in-Publication Data
A CIP catalog record for this book has been applied for at the Library of Congress.

Bibliografische Information der Deutschen Nationalbibliothek
Die Deutsche Nationalbibliothek verzeichnet diese Publikation in der Deutschen
Nationalbibliografie; detaillierte bibliografische Daten sind im Internet über
http://dnb.dnb.de abrufbar.

© 2015 Walter de Gruyter GmbH, Berlin/München/Boston
Einbandabbildung: Sky_Sajjaphot/iStock/Thinkstock
Druck und Bindung: CPI books GmbH, Leck
♾ Gedruckt auf säurefreiem Papier
Printed in Germany

www.degruyter.com

MIX
Papier aus verantwor-
tungsvollen Quellen
FSC® C083411

Inhaltsverzeichnis

Kapitel C.
Informations- und Entscheidungsgrundlagen des Marketing-Management in der Hotellerie

Kapitel D.
Strategisches Marketing-Management in der Hotellerie

Kapitel E.
Querschnittsprozesse und übergreifende Entscheidungtatbestände
im Marketing-Management in der Hotellerie

Kapitel F.
Management der operativen Marketingprogramme in der Hotellerie

Abbildungsverzeichnis

Kapitel A
Einleitende Bemerkungen zum Lehrbuch

Vorwort zur 3. Auflage

Die vorliegende dritte Auflage setzt auf der bewährten Grundkonzeption auf und nutzt die Möglichkeit, den sich stetig verändernden Bestand und Erkenntnisfortschritt im Marketingwissen inhaltlich weiterzuentwickeln und zu ergänzen. So wurden neuere Beiträge und Entwicklungen aus Marketingwissenschaft und Hotelpraxis aufgenommen. Im Fokus standen dabei die neuen Entwicklungs- und Gestaltungsmöglichkeiten des Marketings im Bereich der elektronischen Distribution sowie der Onlinekommunikation und der sozialen Medien. Darüber hinaus wurden neben weiteren inhaltlichen und formalen Korrekturen auch alle empirischen und statistischen Daten aktualisiert. Des Weiteren wurden, wo es notwendig erschien, die Praktikerbeiträge der ersten Auflagen überarbeitet. Den Autoren sei an dieser Stelle nochmals herzlich für ihre Mitwirkung gedankt. Ein besonderer Dank gebührt an dieser Stelle jedoch wie immer meiner Familie für Ihre große Geduld, Liebe und Unterstützung. Ohne Euch wäre mein Leben halb so lustig und halb so spannend. Euch, Christine, Luca und Matteo sei daher dieses Buch gewidmet.

Kempten im Allgäu, im September 2014 Marco A. Gardini

Vorwort zur 2. Auflage

Der deutschsprachigen Hotellerie stehen stürmische und spannende Zeiten bevor. Die Veränderungsdynamik in der Branche nimmt zu, und der damit zusammenhängende Wandel von kleinen, personengebundenen Wirtschaftseinheiten zu größeren Organisationen rückt das Marketing dieser Organisationen an eine zentrale Stelle, und der Beruf des Marketing-Managers bzw. die Marketingtätigkeit in der Hotellerie erlangen eine veränderte Bedeutung.

Lehrbücher zum Management und zum Marketing in der Hotellerie haben indes in Deutschland noch keine lange Tradition, und so steht die wissenschaftliche Durchdringung des Fachgebiets erst am Anfang. Insofern ist es natürlich erfreulich, wenn ein Lehrbuch zum Marketing-Management von Hotelunternehmen eine 2. Auflage erfährt, denn es zeigt, dass die Konzeption und die Inhalte des Werks beim Leser Zustimmung finden. Anderseits ist dies aber auch sicherlich ein Ausdruck des Nachholbedarfs, der zweifelsohne in vielen Themenbereichen rund um das Marketing in der Hotellerie zu konstatieren ist. Die vorliegende Neuauflage setzt auf der bewährten Grundkonzeption auf und nutzt so die Möglichkeit, den sich stetig verändernden Bestand und Erkenntnisfortschritt im Marketingwissen inhaltlich weiterzuentwickeln und zu ergänzen. Im Fokus stand neben der Aktualisierung aller Teilkapitel auch eine umfassende Überarbeitung, Erweiterung und Vertiefung mancher Themenbereiche, wie bspw. das Markenmanagement, das Innovationsmanagement, das Internationale Marketing sowie Einiges mehr. Des Weiteren wurden, wo es notwendig erschien, die Praktikerbeiträge der ersten Auflage durch aktuelle Beiträge aus der Praxis ersetzt bzw. neu hinzugefügt. Den neuen und alten Autoren sei an dieser Stelle nochmals herzlich für ihre Mitwirkung gedankt.

Nicht nur im Marketing kann in fünf Jahren viel passieren, sondern auch das wahre Leben ist im Fluss. So sind seit der Erstauflage des Lehrbuchs mit meinen zwei Söhnen Luca und Matteo zwei wunderbare Menschen in mein Leben getreten, die mein Leben in vielfacher Hinsicht bereichern. Mein besonderer Dank gebührt an dieser Stelle denn auch meiner Familie, die wie so oft die negativen Effekte die mit der Erstellung eines so zeitintensiven Buchprojekts verbunden sind zu ertragen hat. Euch, Christine, Luca und Matteo danke ich für euer Verständnis, eure Geduld und eure Liebe.

Kempten im Allgäu, im Februar 2009   Marco A. Gardini

Vorwort zur ersten Auflage

Marketing als Unternehmensfunktion oder wirtschaftswissenschaftliche Forschungsrichtung hat unzweifelhaft in den letzten Jahrzehnten branchenübergreifend enorm an Bedeutung gewonnen. Gleichgültig, ob man Marketing als Unternehmensphilosophie, Führungsfunktion oder auch nur als eine von vielen Aktivitäten in einem Unternehmen begreift, so stellt Marketing unbestritten das Portal zum Kunden dar, bringt aktuelle und potenzielle Kunden mit all ihren Wünschen, Bedürfnissen und Erwartungen näher, identifiziert geeignete Zielmärkte und Kundensegmente und definiert, mit welchen Produkten und Dienstleistungen Unternehmen aus Sicht ihrer Kunden wettbewerbs- und damit überlebensfähig sind. Die Bedeutung des Marketing als grundlegende Philosophie der Unternehmensführung besteht denn auch darin, die Verpflichtung des Unternehmens zu verdeutlichen, Kunden besser als der Wettbewerb zufrieden zu stellen und gleichzeitig profitabel zu sein oder, um es mit den Worten von Peter Drucker auszudrücken (Drucker 1954, S.38): *„Marketing ist so grundlegend, dass man es nicht als separate betriebliche Funktion sehen darf. Marketing umfasst das gesamte Unternehmen, und zwar vom Endergebnis her betrachtet – d.h. vom Standpunkt des Kunden. Zuständigkeit und Verantwortung für Marketing muss deshalb alle Bereiche des Unternehmens durchdringen."* Oberstes Ziel des Marketing muss es demzufolge sein, nachhaltige Werte für ausgewählte Kunden zu schaffen, notwendige Veränderungsprozesse anzustoßen und das Management von Kundenbeziehungen in den Vordergrund aller Unternehmensaktivitäten zu stellen. Marketing rückt damit immer mehr ins Zentrum unternehmerischer Entscheidungen und wird somit über seine funktionale Bedeutung hinaus zu einer Kraft, die als grundlegende Denkweise und Einstellung gegenüber Markt, Kunden und Wettbewerb zunehmend den Charakter und das Selbstverständnis von Unternehmen prägt.

Die konsequente Umsetzung dieser Grundgedanken des Marketing-Management bereitet vielen Hotelunternehmen – sei es in der Individual- oder Konzernhotellerie – jedoch augenscheinlich noch erhebliche Schwierigkeiten, und so sind die Marktaktivitäten vieler Hotelunternehmen nach wie vor durch eine ausgeprägte Verkaufsorientierung gekennzeichnet. Schlagworte, wie Kundenorientierung, Kundenzufriedenheit, Kundennähe, Dienstleistungsqualität und Servicekultur haben zwar in der letzten Zeit auch die Diskussion um das Marketing in der Hotellerie belebt. So ist in diesem Zusammenhang zu beobachten, dass in der Vergangenheit zwar Bekenntnisse zur Kundenorientierung und zur Kundenzufriedenheit in vielen Hotelunternehmen Eingang in das Zielsystem und die Unternehmensleitlinien fanden, die Konturen der dazugehörigen strategischen Marketingprogramme und -aktivitäten blieben jedoch zumeist verschwommen, das Marketingverständnis zu eindimensional und die Verkaufsorientierung zu dominant. Vor dem Hintergrund des auch in der Hotellerie härter gewordenen Wettbewerbs ist eine solche Tendenz zwangsläufig kritisch zu bewerten. Die zunehmende Internationalisierung des Wettbewerbs, die verstärkte Polarisierung der Märkte, die Individualisierung des Kundenverhaltens, die abnehmende Kundenloyalität, die Gleichartigkeit des Angebots sind dabei nur einige Einflussfaktoren, die den Handlungsdruck in der Hotellerie erhöht haben. Bei zunehmender Wettbewerbsintensität und entsprechendem Preisdruck verschärft sich für jedes Hotelunternehmen die Notwendigkeit, verteidigungsfähige Profilierungsfelder zu identifizieren und zu besetzen. Kundengerechte Dienstleistungen anzubieten, eine ‚Kultur des Dienens' zu entwickeln, Markenwerte zu schaffen, systematisch

Markt- und Kunden-Know-how zu entwickeln, den Auf- bzw. Ausbau von Kundenbeziehungen voranzutreiben und die Mitarbeiterpotenziale im Sinne des internen Marketing zu aktivieren, wird dabei, insbesondere für kundenkontaktintensive Dienstleistungsunternehmen, wie die Hotellerie, immer mehr zu einer Überlebensfrage.

Es ist daher Ziel des vorliegenden Buches, aufbauend auf einem integrativen und ganzheitlichen Marketingverständnis, die grundlegenden strategischen und operativen Gestaltungskomplexe des Marketing-Management in der Hotellerie, mit Blick auf die aktuellen Herausforderungen der Branche darzustellen. Begleitend dazu sollen Praktikerbeiträge zu einzelnen Aufgabenbereichen des Marketing dem Leser ermöglichen, Marketingentscheidungen und deren Implementierung vor dem Hintergrund der theoretischen Erkenntnisse kritisch zu reflektieren. Auslösender Aspekt für dieses Buch war die Erkenntnis, dass trotz einer im letzten Jahrzehnt gestiegenen Beachtung, die wissenschaftliche Literatur zur Hotellerie ein nach wie vor eher stiefmütterliches Dasein fristet. Insbesondere unter Marketing- bzw. Managementgesichtspunkten muss man konstatieren, dass die vorliegenden Werke nicht immer den Spezifika der Hotellerie gerecht werden, dem integrativen Ansatz des Marketing-Management in seinen strategischen und operativen Aspekten oftmals nicht Rechnung tragen und auch neuere Entwicklungen im Marketing-Management von Dienstleistungen nicht immer ausreichend berücksichtigt werden. Das vorliegende Lehrbuch will diese Lücke schließen und sich als konzeptionelle und pragmatische Grundlagenlektüre für Vorlesungen zum Marketing-Management in der Hotellerie an Universitäten und Fachhochschulen verstanden wissen. Gleichzeitig bietet dieses Buch dem Praktiker aus der Hotellerie einen Überblick zum aktuellen Stand der neuesten Entwicklungslinien in der derzeitigen Diskussion zum Marketing-Management in der Hotellerie.

An dieser Stelle möchte ich auch den Autoren danken, die sich trotz ihrer beruflichen Anspannung für das Projekt begeistern konnten und das Lehrbuch mit ihren Erfahrungen und Erlebnissen aus der Hotelpraxis in hohem Maße bereichert haben. Mein besonderer Dank gilt hier speziell Frau Angelika Heyer, Chefredakteurin der Fachzeitschrift der NGZ-Der Hotelier, die sich nicht nur spontan bereit erklärt hat, einen Beitrag über die zukünftigen Herausforderungen in der Hotellerie zu schreiben, sondern mir auch durch ihre zahlreichen Kontakte in der Branche den Zugang zu vielen interessanten Gesprächspartnern aus der Hotellerie eröffnete. Herrn Martin Weigert vom Oldenbourg Verlag sei für seine große Geduld gedankt, mit der er die terminlichen Engpässe und Verschiebungen behandelt hat. Auch meinem studentischen Mitarbeiter, Herrn Ben Wibbe, sei recht herzlich für die große Unterstützung im Zuge der vielfältigen Recherchen und bei der technischen Umsetzung des Manuskripts gedankt.

Da sich die Erstellung einer solchen Arbeit zwangsläufig immer unter einem gewissen Leidens- und Termindruck vollzieht und zudem – wie ein Kollege es einmal treffend formulierte – eine zutiefst unsoziale Tätigkeit darstellt, werden in dieser Zeit insbesondere die Menschen in ,Mitleidenschaft' gezogen die es am wenigsten verdient haben. Ein sehr spezieller Dank gebührt daher meiner wunderbaren Frau und Freundin Christine, die leider die negativen externen Effekte die mit der Erstellung einer solchen Arbeit verbunden sind, in besonderem Maße erleiden musste. Für ihr Verständnis, ihre Nonchalance und ihren liebevollen Zuspruch in dieser Zeit möchte ich ihr sehr danken.

Gelsenkirchen, September 2003   Marco A. Gardini

Von der Kunst, Gäste zu bewirten

Hermann Bareiss

Es ist ein gutes und kluges Buch, das Sie in Händen halten: die wissenschaftliche Literatur über Hotel-Marketing ist dürftig, oder sagen wir freundlicher: überschaubar. Der Zugriff auf eine systematische Erfassung und Darstellung all dessen, was Marketing in der Hotellerie ausmacht, ist auf wenige Titel beschränkt, weshalb dieser Titel eine Lücke füllt, die alle als schmerzlich empfunden haben werden, die sich über Alltag und Praxis hinaus vertiefend mit der Materie auseinandersetzen wollten. Nun finden aber Gastlichkeit und Gastfreundschaft, Herzstück aller Arbeit im Hotel, nicht zwischen zwei Buchdeckeln statt. Das wohl hat den Herausgeber bewogen, einen Praktiker zu bitten, das wissenschaftliche Rasterbild zum Thema Marketing zu ergänzen um ein Portrait, das die Kunst, Gäste zu bewirten, zum Gegenstand hat. Machen wir einen Versuch.

Man lädt nach Hause niemanden ein, den man nicht leiden mag. In aller Regel nicht. Im Umkehrschluss bedeutet dies für den professionellen Gastgeber, als Hotelier a priori ein weltoffener und menschenfreundlicher Zeitgenosse, ein extrovertierter und kommunikativer Typus zu sein. Sonst wird man am Beruf keinen Spaß und in seinem Beruf keinen Erfolg haben. Man muss wissen, was man will und was man kann. Das ist zwar nicht sehr originell formuliert und trifft auf so ziemlich alle Berufe zu. Aber wenn es auch nicht originell ist, so ist es doch wahr. Das Marketing beginnt beim Gastgeber selbst, bei dessen Charakter, dessen Temperament und Naturell, was ihn oft einen Spagat wird schlagen lassen müssen: Wer intelligent ist und ehrgeizig, klare Vorstellungen davon hat, was er erreichen will, der wird nicht zu den Bequemen im Lande gehören – was der Gast nicht zu spüren bekommen darf. Auch in unserer Demokratie ist der Gast noch König, selbst, wenn er sich nicht wie einer benimmt. Zeitgemäßer ausgedrückt: Hotellerie ist Dienstleistung par excellence. Und die Kernfrage des Marketings lautet: wie mache ich meine Dienstleistung meinem wirklichen und meinem potentiellen Gast sichtbar und erlebbar. Das hat mit dem persönlichen Erscheinungsbild ebensoviel zu tun wie mit dem Erscheinungsbild, das Mitarbeiter, das Briefe, Prospekte oder Werbemittel von einem verschaffen.

Marketing beginnt demnach nicht mit der Produktion von Drucksachen, sondern damit, den Gast vom ersten Moment der Begegnung von einer Leistung zu überzeugen oder gar zu begeistern. Das kann der erste Augen-Blick beim Check-in an der Rezeption, oder schon zuvor die Art und Weise sein, wie gastfreundlich man mit einer Reservierung oder einer Anfrage umgeht: am Telefon, in der Korrespondenz, in der Kommunikation per Internet oder E-Mail. Im Zeitalter des Terrors der totalen Erreichbarkeit bin ich noch mehr, als ich es schon immer war, von der Notwendigkeit einer maximal individuellen und persönlichen Ansprache des Gastes überzeugt. Das gilt natürlich weniger von einem Hoteltyp wie der Formule N° 1, als vielmehr von der Hotellerie, über die wir hier sprechen: eine engagierte und ambitionierte, und für ihr Engagement und ihre Ambitioniertheit ausgezeichnete Hotellerie, in welchem Sternebereich auch immer. Und gleichgültig auch, ob es sich um ein privat geführtes Haus oder das eines Konzerns handelt: auch in der Konzernhotellerie hat man in den letzten Jahren zunehmend begriffen, dass die Zimmern zwar Nummern haben, aber die Gäste keine Nummern sind.

Erfolgreiches Marketing ist nicht (nur) Ergebnis eines aufwendigen Budgets. Für Freundlichkeit, Aufmerksamkeit, Rücksichtnahme, Entgegenkommen, Geduld, Verständnis, Liebenswürdigkeit usw. braucht niemand einen Kleinkredit aufzunehmen. Aber sie sind die ersten Garanten für die Akzeptanz des Produkts Hotel. Und selbst für den Fall, der keine Zufriedenheit und Begeisterung auslöst, nämlich eine Reklamation, kann die verständnisbereite und verbindliche Reaktion auf diese Reklamation ein wertvolles Marketinginstrument sein: Der Gast fühlt sich in seinen Ansprüchen ernst genommen, man hört ihm zu, man geht auf ihn ein, was häufig dazu führt, einen Gast erst recht für sich und sein Haus zu gewinnen.

Die Erfolgsgeschichte des Hotels Bareiss, die sein Patron ohne falsche Bescheidenheit wohl als solche bezeichnen darf, begann mit einem Leitsatz seiner Gründerin: für den Gast gibt es kein Nein. Das ist natürlich nicht in allzu eng-materiellem Sinne gemeint, es lassen sich schließlich nicht alle Wünsche erfüllen. Eine Safari im Schwarzwald zu organisieren, nur weil es die Laune eines Gastes so will, das geht nun mal nicht. Es ist eine Frage des Tons, der auch hier die Musik macht und in dem man diesem Gast zu verstehen gibt, selbstverständlich nichts lieber, als eine Safari für ihn organisieren zu wollen, welche Erfüllung des Wunschs zuallerletzt am guten Willen des Hotels und zuallererst an den Umständen scheitere, nun einmal leider nicht in Afrika zu sein.

Ins Positive gewendet bedeutet dieses Leitmotiv der Bareiss-Gründerin Hermine Bareiss: für den Gast tun wir alles. Das beginnt mit dem täglichen Kleinkrieg, im Restaurant jedem seinen Stamm- und am liebsten natürlich einen Fensterplatz zu garantieren, und das endet –, ja, es endet eigentlich nirgendwo. Denn so wichtig die freundliche Fürsorge im Detail ist, genauso wichtig und unverzichtbar ist das sensible, am besten: das visionäre, auf jeden Fall: das unaufhörliche Bemühen vorauszusehen, wohin sich die Wünsche der Gäste entwickeln werden.

Um es am eigenen Betrieb anschaulich zu machen: das Bareiss war eines der ersten Ferienhotels in Deutschland, das über ein Freibad verfügte. Als im Wohnbereich das Thema „Suiten" noch nicht ausgereizt war, hatte das Haus eine eigene Suiten-Etage. Speisesäle hat es bei uns nie gegeben – ein Segen am Beginn des 21. Jahrhunderts mit seiner ins Unsoziale abzugleiten drohenden Überindividualisierung, in der es die Gäste vorziehen, in überschaubar großen Räumen und in gebührendem Abstand voneinander zu sitzen, wie sie es im Bareiss in fünf völlig verschiedenen Hotel- und in drei atmosphärisch wie gastronomisch völlig unterschiedlich konzipierten À-la-carte-Restaurants tun können. Überhaupt, Gastronomie: das starke gastronomische Engagement des Bareiss war immer eine der tragenden Säulen des Unternehmenskonzepts. Zum einen, weil ich der festen Überzeugung bin, dass sich Gastfreundschaft kaum besser versinnlichen und vermitteln lässt als bei Tisch, der Redensart gemäß, dass Liebe durch den Magen geht, also auch die Liebe zum Gast. Zum anderen ist die Kulinarik ein sehr ergiebiges PR-Thema: eine attraktive Küche ist der Presse viel eher einen Beitrag wert als ein neues Bett in einer noch so attraktiven Suite. Und apropos Presse, das Bareiss hat immer ein sehr offenes Verhältnis zu den Journalisten gepflegt. Als Gastronomie und gastronomische Kritik einander noch spinnefeind waren, anstatt ihr gemeinsames Ziel ins Visier zu nehmen: nämlich den bei Tisch beglückten Gast, da hat es in Mitteltal die ersten öffentlichen Gespräche zwischen den Profis der Feder und den Profis der Küche gegeben, was dann später als die „Mitteltaler Tafelrunde" bekannt wurde: ein inzwischen etablierter Erfahrungsaustausch, aus dem beide Seiten ihren Nutzen ziehen.

Um noch einmal auf die Hardware zu sprechen zu kommen: Eine Wellness-Welt gab es, bevor das Wort in aller Munde war. Heute toben nachgerade lächerliche Quadratmeter-Schlachten um die Hardware von x-tausend-m²-Fläche der Pool- und Saunalandschaften, als ob alles Heil in der sechsten und siebenten Schwitzkabine läge und nicht vielmehr eindeutig auch darin, dass Herz, Gemüt und Seele unserer Gäste ebenfalls erwärmt und temperiert sein wollen, was vom Stadthotel übrigens genauso gilt wie vom Landhotel, für die Geschäfts-klientel nicht weniger als für den Privaturlauber. Das Motto „Mensch sein dürfen" darf man wieder ausschreiben, ohne sich, wie vielleicht noch vor zehn Jahren, dafür schämen zu müssen, es könne allzusehr „menscheln".

Was das alles mit Marketing zu tun hat? Dieses: einerseits mit einer guten Portion emotiona-ler Intelligenz zu erfassen, was „in der Luft" liegt und wo, innerhalb der spezifischen Ziel-gruppe eines Hauses, wahrscheinlich die Bedürfnisse des Zeitgeistes liegen. Andererseits: mit Hilfe klarer Analysen – Gästebefragung, Mitbewerberbeobachtung, Lektüre der ein-schlägigen Fachliteratur, Beratung durch kompetente Berater, die nicht betriebsblind sind – die Gästewünsche zu ermitteln, die Marktfähigkeit des eigenen Unternehmens zu untersu-chen und daraus die entsprechenden Schlüsse zu ziehen für Investitions-, Angebots-, Ver-kaufs- und Werbemaßnahmen. Ein Marketing ist freilich nur so gut, wie das Produkt gut ist, das plaziert und positioniert werden soll. Marketing kann nicht ersetzen, seinen Betrieb im-mer in aller Hinsicht im Griff zu haben und, wir sagten es schon, mit einer exzellenten Dienstleistung aufzuwarten. Diese Dienstleistung machen nicht Maschinen, die in Fernost preiswert Freundlichkeit am Fließband produzieren und den High Tea servieren, sondern Menschen, die vor Ort sowohl für einen professionellen Ablauf der Dinge sorgen, als auch dafür, dass der Gast ein Haus so zufrieden und überzeugt verlässt, dass er anderen davon weitererzählt: die Mund-zu-Mund-Propaganda – daraus erwachsend: der gute Ruf, das Anse-hen und das Image eines Hotels – ist auch im Zeitalter des Internet-Surfings immer noch die beste Reklame und das wirksamste Marketing.

Zurück aber zu den Menschen, die „dienstleisten": die Mitarbeiter. Sie sind das wertvollste Kapital in jedem Hotel. Ihre berufliche Kompetenz, ihre betriebliche Identifiziertheit und Motiviertheit sind die wesentliche und ganz unverzichtbare Voraussetzung, die Leistungen zu erbringen, die von einem Betrieb erwartet werden, der in seinem Segment erfolgreich am Markt arbeiten will. Auch die Pflege der Mitarbeiter lässt sich unterscheiden nach Hard- und Software: Arbeitsplatz, Arbeitszeiten, Weiterbildungsmaßnahmen, Karrierebegleitung, Be-zahlung, Wohn- und Lebensqualität sollten ebenso stimmen wie die „weichen Werte" in der Mitarbeiterführung. Auch wenn es nicht sehr wahrscheinlich ist, mit Spüler oder Zimmer-mädchen eine Schlagzeile oder den Aufmacher in einer Zeitschrift zu machen, sollten Zim-mermädchen und Spüler ein klares Bewusstsein davon haben, dass, auf ihre Weise, ihre Mit-Arbeit im Haus nicht unwichtiger ist als die des Star-Kochs oder des Star-Sommeliers. Und dieses Bewusstsein ist weniger monetär definiert, als es sich vielmehr über die Anerkennung motiviert, die von den Kollegen ebenso kommt wie von der Haus- und/oder Geschäftslei-tung.

Damit lässt sich der Kreis schließen, innerhalb dessen skizzenweise versucht wurde, ein Bild von der Kunst der Gastlichkeit zu entwerfen. Gastfreundschaft ist keine Einbahnstraße. Zu Beginn war davon die Rede, dass man über ein weltoffenes Temperament verfügen müsse, das gern mit Menschen zu tun hat und gern Menschen empfängt, um erfolgreich Hotellerie zu betreiben. Nicht weniger offen sollte man seinen Mitarbeitern gegenüber sein: nur der zufriedene Mitarbeiter macht auch den Gast zufrieden. Und nicht nur Gäste haben Wünsche,

Mitarbeiter haben sie auch. Die meiste Zeit seines Lebens verbringt der Mensch für gewöhn-lich an seinem Arbeitsplatz. Mit Arbeitgeber und Kollegen ist er in der Regel häufiger zu-sammen als mit der Familie oder mit Freunden. Wenn das keine Auswirkungen hätte auf ein erstrebenswert positives Klima hinter den Kulissen von Küche, Restaurant, Etage und Maga-zin, dann findet vorn auf der Bühne kein Stück statt, das den Titel „Gastlichkeit" verdient.

Ein Letztes. Es war, der gebotenen Kürze wegen nur in allergröbsten Zügen und höchst un-vollständig, von einigen Hilfsmitteln im Marketing die Rede. Es gibt natürlich auch Wider-stände. Die liegen wiederum zunächst und vor allem bei einem selbst. Eines der größten Hindernisse für Erfolg ist, ihn zu stark zu wollen. Sich selbst sollte man nicht so sehr, seine Arbeit und die Menschen, mit denen man zu tun hat, dafür um so wichtiger nehmen. Und das genau ist ja auch, was Gast-Freundschaft ausmacht.

Kapitel B
Konzeptionelle Grundlagen
des Marketing-Management in der Hotellerie

1 Marketing als Managementaufgabe

1.1 Begriff und Entwicklungslinien des Marketing

Der grundsätzliche Anspruch des Marketing besteht darin, als Leitkonzept der Unternehmensführung das gesamte Unternehmen auf die Bedürfnisse aktueller und potenzieller Kunden auszurichten. In der klassischen Interpretation des Begriffs nach MEFFERT „...*bedeutet Marketing die Planung, Koordination und Kontrolle aller auf die aktuellen und potenziellen Märkte ausgerichteten Unternehmensaktivitäten. Durch eine dauerhafte Befriedigung der Kundenbedürfnisse sollen die Unternehmensziele verwirklicht werden.*" (Meffert 2000, S.8) In der umfangreichen Marketingliteratur ist Marketing von einer Vielzahl von Autoren unterschiedlich definiert worden. Abbildung B.1 gibt einen kleinen Auszug davon wieder.

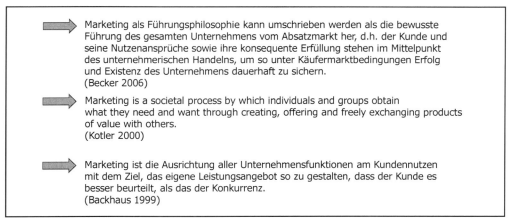

> Marketing als Führungsphilosophie kann umschrieben werden als die bewusste Führung des gesamten Unternehmens vom Absatzmarkt her, d.h. der Kunde und seine Nutzenansprüche sowie ihre konsequente Erfüllung stehen im Mittelpunkt des unternehmerischen Handelns, um so unter Käufermarktbedingungen Erfolg und Existenz des Unternehmens dauerhaft zu sichern.
> (Becker 2006)
>
> Marketing is a societal process by which individuals and groups obtain what they need and want through creating, offering and freely exchanging products of value with others.
> (Kotler 2000)
>
> Marketing ist die Ausrichtung aller Unternehmensfunktionen am Kundennutzen mit dem Ziel, das eigene Leistungsangebot so zu gestalten, dass der Kunde es besser beurteilt, als das der Konkurrenz.
> (Backhaus 1999)

Abb.B.1:   Ausgewählte Marketingdefinitionen

Gemein ist allen Definitionen, dass sie:

- den Kunden in den Mittelpunkt aller Unternehmensaktivitäten stellen,
- Marketing als systematisches Konzept zur Erfassung, Beeinflussung und Befriedigung menschlicher Bedürfnisse und Wünsche begreifen,
- Marketing als ganzheitliche Managementaufgabe der Entwicklung und Koordination interner und externer Austauschprozesse und Transaktionen charakterisieren.

Die Rolle des Marketing im Unternehmen hat sich im Zeitablauf in ihrer inhaltlichen Ausrichtung seit den 1950er Jahren stark gewandelt, und so lassen sich in der Entwicklung des Marketing unterschiedliche Phasen des Marketingverständnisses identifizieren (Abb. B.2). Dominierte in den 1950er und 1960er Jahren noch die Sichtweise des Marketing als nachrangige Unternehmensfunktion mit Fokus auf Umsatz, Produkte und Produktverfügbarkeit (**Produkt- bzw. Verkaufsorientierung**), fand in den 1970er Jahren ein Wandel im Begriffsverständnis des Marketing statt, der angesichts zunehmend instabiler Märkte, Marketing als gleichberechtigte Unternehmensfunktion in den Mittelpunkt rückte und die Kriterien erfolgreicher Marketingaktivitäten auf Marktsegmente, Kundenbedürfnisse sowie Marktanteile ausrichtete (***Marketingorientierung***). Das heutige Grundverständnis des Marketing als Führungskonzeption (***Marketing-Management***), entwickelte sich vor dem Hintergrund eines zunehmend globaleren Umfeldes, welches zum einen durch Intensivierung und Beschleunigung des Wettbewerbs auf Anbieterseite gekennzeichnet ist und zum anderen einer hohen Veränderungsgeschwindigkeit auf Kundenseite unterliegt, geprägt durch fragmentierte Bedürfnisstrukturen, schnell wechselnde Kundenwünsche sowie steigende Erwartungen auf Kundenseite (Hyperwettbewerb).

Abb.B.2:   Entwicklungsphasen des Marketing-Management

Kundennutzen und Kundenbindung, Rentabilität und Kundenzufriedenheit sowie die Kunst der differenzierten Kundensegmentierung im Sinne des „***den richtigen Kunden das Richtige anzubieten***", stellen demzufolge Kerngrößen bzw. Kernaufgaben des Marketing dar, die es im Rahmen einer systematischen Gestaltung und Beeinflussung der anvisierten Zielmärkte zu koordinieren gilt. Stark vereinfacht lässt sich die Grundkonzeption des Marketing auf zwei Dimensionen abbilden, Neukundengewinnung auf der einen Seite und Kundenbindung auf der anderen Seite (Abb.B.3). Neben der fast klassisch zu nennenden Marketingaufgabe, der ***Neukundengewinnung*** über die Gewinnung von Marktanteilen oder die Erschließung neuer Märkte bzw. Marktsegmente, hat die dauerhafte Bindung von Kunden als Marketingziel in der Neuzeit verstärkt an Bedeutung gewonnen. ***Kundenbindung als Marketingziel*** zu definieren, ist die Absicht, die Anziehungskraft einer einmal erzielten Kundenzufriedenheit zu nutzen und durch aktive Kundenbetreuung ein Loyalitäts- bzw. Begeisterungspotenzial aufzubauen, das den Konsumenten zu Folge- oder Cross-Selling-Käufen veranlasst, ihn weitestgehend gegen Konkurrenzangebote immunisiert und ihn daneben zum ‚*objektiven*' Fürsprecher des Unternehmens und der Unternehmensleistungen macht (Meyer/Oevermann 1995, Sp.1341; Homburg/Faßnacht 2001, S.443).

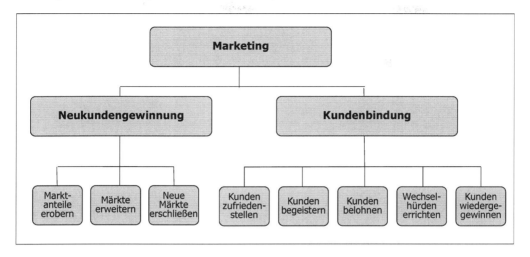

Abb.B.3:   Grundkonzeption des Marketing-Management

Kundenbindung ist demzufolge eng mit der Kundenzufriedenheit verknüpft, auch wenn es immer wieder Kunden gibt, die – obwohl sie mit der erhaltenen Leistung zufrieden sind – aus verschiedensten Gründen (z.B. variety/novelty seeking) trotzdem die Marke oder den Anbieter wechseln (Eggert/Helm 2000, S.64; Koppelmann et al. 2001). Die stärkere Betonung der Kundenbindung folgt der Erkenntnis, dass es für Unternehmen in der Regel immer teurer ist, Neukunden zu akquirieren als Stammkunden zufriedenzustellen und zu behalten (Kotler/Bliemel 2001, S.82f.). Insofern ist auch die Strategie der **Kundenrückgewinnung**, d.h. der Versuch, die Beziehung zu unzufriedenen oder bereits abgewanderten Kunden zu revitalisieren und über Wiedergutmachungs-, Alternativ- oder Zusatzangebote wieder für das Unternehmen zu gewinnen, ein bedeutsamer Bestandteil der Kundenbindungsaktivitäten innerhalb der Grundkonzeption des Marketing-Management.

Mal angenommen, ein Hotelunternehmen verliert in einem Jahr 1000 Kunden/Gäste, d.h. 10% ihres Kundenstamms. Von den verlorenen Kunden/Gästen können 500 identifiziert und per personifiziertem E-Mailing angesprochen werden. Das E-Mailing ist aufwendig gemacht, enthält ein kleines Überraschungsgeschenk und kostet inkl. Agenturhonorar und Porto 10 € pro Stück, also insgesamt 5.000 €. Von den Angeschriebenen gehen 20% auf das Angebot ein. Ein derartige Responserate wird bei gut durchdachten Rückgewinnungsaktionen oftmals erreicht. Insgesamt werden also 100 Kunden/Gäste zurückgewonnen. Wenn diese wiederum jährlich durchschnittlich 500 € ausgeben, dann sind das im ersten Jahr 50.000 € Umsatz bei vergleichsweise geringen Kosten für diese Aktion. Bleiben diese Kunden/Gäste dem Unternehmen weitere 5 Jahre treu, so beläuft sich der durch die Rückgewinnungsaktion geschaffene Umsatz auf 250.000 € (Schüller/Fuchs 2006, S.238).

1.2   Kundenzufriedenheit und Kundennutzen als Kerngrößen des Marketing-Management

Als einer der Grundpfeiler des Marketing-Management-Konzeptes wurde die Orientierung an Kundenwünschen und damit die Kundenorientierung identifiziert. Auch wenn das Thema Kundenorientierung als zentrales Schlagwort die Managementpraxis der 1990er Jahre dominiert hat, ist sie indes, wie KÜHN zurecht bemerkt, kein neuartiges revolutionäres Konzept, sondern mit der Entwicklung des Marketing – verstanden als marktorientierte Unternehmensführung – eng verbunden (Kühn 1991, S.97). Der *Begriff und die Bedeutung der Kundenorientierung* hat ebenso wie das Thema Kundenzufriedenheit jedoch durch die Qualitätsdiskussion der vergangenen Jahre im Zuge der Entwicklung des *Total Quality Management* eine bedeutende Erweiterung erfahren und weist mittlerweile vielschichtige Dimensionen auf (Stauss 1994, 1999). Kundenorientierung stellt nicht mehr einseitig auf das Produktangebot ab, sondern ist Ausdruck einer bestimmten Managementphilosophie und Unternehmenskultur, integrativer Bestandteil der Wertschöpfungs- und Prozesskette eines Unternehmens durch die internen Kunden-/Lieferantennetzwerke und spiegelt sich nicht zuletzt auch in der Bedürfnisgerechtigkeit der materiellen und immateriellen Leistungsbestandteile des Leistungsangebotes wider. Kundenorientierung als unternehmerische Verhaltensweise im Sinne eines marktgetriebenen Unternehmenskonzeptes, dokumentiert sich im Grad der *Kundenzufriedenheit als zentralem Orientierungspunkt des Marketing-Management*. Entscheidende Zielgröße bei der Entwicklung und Gestaltung von Leistungsangeboten sind die Bedürfnisse, Wünsche, Erwartungen und Nutzenvorstellungen von Kunden bezüglich einer bestimmten Dienstleistung. Allein die subjektive Aussage des Kunden über den Grad der Erfüllung dieser Bedürfnisse ist dabei maßgebend für das Ausmaß seiner Kundenzufriedenheit, und so gilt es, die Zufriedenheit von Kunden als unternehmerische Zielgröße ernst zu nehmen und als Steuerungsinstrument und Leistungsindikator gegenüber Kunden, Mitarbeitern, Führungskräften und Wertschöpfungspartnern einzusetzen. Kundenzufriedenheit ist dabei ein vielschichtiges Konstrukt, so dass zunächst eine genaue Betrachtung damit zusammenhängender Themenkomplexe geboten erscheint.

1.2.1   Grundlegende Theorien und Erklärungsansätze der Kundenzufriedenheit

Kundenzufriedenheit ist die *Resultante eines komplexen psychischen Vergleichs- und Informationsverarbeitungsprozesses* und beschreibt einen Zustand, der sich aus dem Zusammenwirken zwischen den *ex-ante Erwartungen* von Kunden bezüglich einer bestimmten Leistung und den *ex-post Wahrnehmungen und Erfahrungen* der Kunden nach Inanspruchnahme dieser Leistung ergibt. Die Erklärungsansätze dieser Wahrnehmungsprozesse im Hinblick auf die Entstehung von Kundenzufriedenheit stützen sich im Wesentlichen auf folgende Theorien (Homburg/Rudolph 1998, S.35ff.; ausführlich hierzu Yi 1990, Oliver 1996):

- Confirmation/Disconfirmation-Paradigm
- Equity-Ansatz
- Attributionstheorie

Die größte Verbreitung in der Zufriedenheitsforschung hat das **Confirmation/Disconfirmation-Paradigm** erfahren, das Kundenzufriedenheit als Ergebnis eines psychischen Soll-Ist Vergleichs interpretiert, wobei die wahrgenommene Leistung eines Konsumerlebnisses (Ist-Leistung) mit einem Vergleichsstandard (Soll-Leistung) abgeglichen wird und es bei einer Bestätigung respektive Nicht-Bestätigung zur Zufriedenheit bzw. Unzufriedenheit kommt (Abb.B.4). Die Soll-Komponente als Referenzpunkt der Leistungsbewertung gibt an, welche Leistung beim Gebrauch eines Sachgutes oder bei der Inanspruchnahme einer Dienstleistung erwartet wird. Erwartungen als Vergleichsstandard werden dabei im Allgemeinen als Ansichten oder Meinungen über ein bestimmtes Produkt oder einer bestimmten Dienstleistung im Vorfeld des Kaufs respektive der Nutzung interpretiert und werden in ihren Ausprägungen – wie im nachfolgenden Kapitel noch gezeigt – durch eine Vielzahl von Einflussfaktoren determiniert (Stauss 1999, S.6ff.; Bruhn 2000, S.1032ff.).

Um die Prozesse der Wahrnehmung und Beurteilung der Ist-Leistung im Rahmen des C/D-Paradigmas zu beschreiben, werden verschiedene Theorien aus der Sozial- und Verhaltenspsychologie herangezogen, wie die Assimilationstheorie, die Kontrasttheorie sowie die Assimilations-Kontrast-Theorie (Oliver 1980; Yi 1990). Die **Assimilationstheorie** geht davon aus, dass nicht bestätigte Erwartungen kognitive Dissonanzen hervorrufen, die dazu führen, dass die wahrgenommene Ist-Leistung nachträglich eine Korrektur erfährt, um die Nicht-Bestätigung respektive Unzufriedenheit zu verkleinern. Die **Kontrasttheorie** wiederum geht davon aus, dass es aufgrund der wahrgenommenen Diskrepanz zwischen Erwartung und tatsächlicher Leistung zu einer psychologischen Vergrößerung aufgetreter Abweichungen kommt, wodurch die Ist-Leistung noch ungünstiger beurteilt wird. Die **Assimilations-Kontrast-Theorie** als Synthese der Annahmen beider Theorien geht von einem Schwellenwert der Nicht-Bestätigung aus, bei dessen Unterschreitung der Assimilationseffekt auftritt, während bei Überschreitung des Schwellenwerts der Kontrasteffekt auftritt.

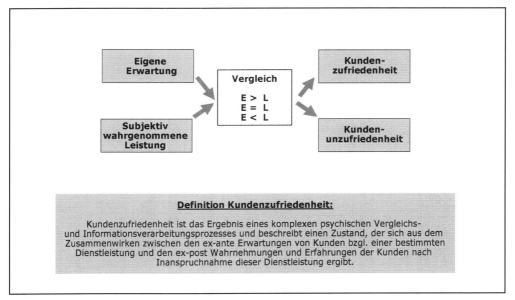

Abb.B.4:   Grundmodell der Kundenzufriedenheit

Weitere Ansätze der Zufriedenheitsforschung zur Erklärung der Entstehung von Kundenzufriedenheit sind neben dem Confirmation/Disconfirmation-Paradigm, der Equity-Ansatz und die Attributionstheorie (Homburg/Rudolph 1998, S.36ff.; Siefke 1998, S.65ff.). Das *Equity-Modell* beruht ebenfalls auf einem Vergleichsprozess und unterstellt, dass ein Individuum in der Konsumsituation distributive Gerechtigkeit erwartet und demzufolge sein Input/Outputverhältnis (z.B. Wartezeiten, Informations-, Anfahrtskosten) in einer Austauschsituation mit dem anderer Kunden bzw. dem des Dienstleisters vergleicht. Die Wahrnehmung von Ungerechtigkeit innerhalb dieser Kosten/Nutzen-Relation führt im negativen Fall zur Unzufriedenheit, im positiven Fall zu einer Verstärkung der Zufriedenheit. Dies ist zum Beispiel oftmals bei Pauschalangeboten/-reisen zu beobachten, wo gleichartige Leistungspakete zum selben Zeitpunkt zu unterschiedlichen Preisen angeboten werden, was im Falle der negativen Wahrnehmung zu Unzufriedenheit bei den betreffenden Personen führen kann.

Attributionstheoretische Ansätze stellen hingegen auf Ursache-Wirkungszusammenhänge ab und beschreiben kognitive Prozesse, auf deren Basis ein Kunde positive oder negative Ereignisse im Rahmen einer Dienstleistungssituation dahingehend abwägt, ob diese von ihm selbst zu verantworten sind oder diese fremdinduziert (Anbieter, andere Kunden) sind. Dies ist insbesondere bei Dienstleistungen der Fall, bei denen die Integrationsintensität des externen Faktors besonders hoch ist und der Kunde die Ursachen-Attribution positiver/negativer Dienstleistungserlebnisse, als Reflex der Selbsteinschätzung seiner Eigenleistung während einer Dienstleistungstransaktion, auf sich selbst bezieht. So zum Beispiel, wenn ein Hotelgast bestimmte individuelle Wünsche äußert (z.B. vegetarische Küche, Nichtraucherzimmer, Allergikerbettwäsche), diesen aber nicht nachgekommen wird und der Kunde die Ursache darin sieht, dass er selbst diesen Wunsch nicht deutlich artikuliert hat. Eine mögliche Konsequenz einer solchen Attribution kann in der Assimilation oder in einer Änderung des Anspruchsniveaus (Erhöhung/Senkung) liegen, d.h. die nicht erbrachte Leistung wird nicht negativ bewertet, da der Kunde die ‚*Schuld*' bei sich sieht. Zusammenfassend lässt sich festhalten, dass die modelltheoretischen Erklärungsansätze zur Kundenzufriedenheit verdeutlichen, dass die Entstehung von Kundenzufriedenheit von den Einflussgrößen Kundenerwartungen und Kundenwahrnehmungen determiniert wird, so dass im Folgenden das Zusammenspiel der Konstrukte näher untersucht werden soll.

1.2.2   Generelle Betrachtungen zu Kundennutzen, Kundenerwartungen und Kundenwahrnehmungen als Determinanten der Kundenzufriedenheit

Für KOTLER ist eine der wesentlichen Fragen aus Kundensicht, für die man als Unternehmen eine möglichst überzeugende Antwort haben sollte, die Frage: „*Warum sollte ich bei Ihnen kaufen?*" (Kotler 2000b, S.49). Kunden vollziehen im Zuge ihrer Kaufentscheidung zahlreiche Abwägungsprozesse, in denen sie sich am Ende für das Produkt oder die Leistung entscheiden, welche ihnen, unter Berücksichtigung alternativer Angebote, das meiste an Befriedigung, Wertgewinn bzw. Nutzen bringt. Hinsichtlich der Erwartungen und Nutzenvorstellungen ergibt sich für Kunden vor dem Hintergrund unterschiedlicher Freiheitsgrade (z.B. in Bezug auf Einkommen, Bildung, Mobilität etc.) und individueller Verhaltensvariablen (z.B. in Bezug auf Einstellungen, Motive, Involvement etc.) der Wertgewinn (Nettonutzen) aus dem Unterschied zwischen Wertsumme (Nutzensumme) und Kostensumme (Aufwandsumme) eines Angebots. Die Wertegleichung lässt sich – wie in Abbildung B.5 dargestellt – aus

Unternehmenssicht entsprechend beeinflussen, indem man dem Produkt, den begleitenden Dienstleistungen, den Mitarbeitern und dem Image weitere Kunden- bzw. Nutzenvorteile hinzufügt oder die monetären bzw. nichtmonetären Kosten des Kaufaktes wie Zeit, Energie oder psychischen Aufwand senkt (Kotler/Bliemel 2001, S.57f.).

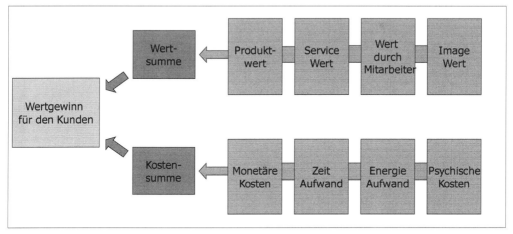

Abb.B.5:   Angebotsbewertung durch den Kunden
            Quelle: Kotler/Bliemel 2001, S.58

Kunden bilden demzufolge Erwartungen zum Nutzen, Wert und Preis von Leistungsange-boten und handeln auch entsprechend ihren Erwartungen, so dass es im Hinblick auf die Gestaltung des kundenspezifischen Wertgewinns aus Marketingsicht bedeutsam ist, sich mit der Entstehung und den Spezifika von Kundenerwartungen auseinanderzusetzen, um zielge-richtet auf die Nutzenvorstellungen der Kunden einzuwirken zu können. Die Bestimmungs-größen der Kundenerwartungen und deren Einfluss auf die wahrgenommene Leistungsquali-tät ist Gegenstand vielfältiger Diskussionen in der Dienstleistungsliteratur (hierzu bspw. Parasuraman et al. 2001; Bruhn 2000; Clow et al. 1997; Boulding et al. 1993; Zeithaml et al. 1993; Prakash 1984). ***Kundenerwartungen werden dem allgemeinen Begriffsverständnis folgend als Standards interpretiert,*** mit denen die erfahrene Qualität einer Dienstleistungs-transaktion abgeglichen wird. Dabei werden in der Dienstleistungsliteratur grundsätzlich folgende Erwartungsbegriffe unterschieden:

- **predictive expectations**
Erwartungen definieren sich als Prognose- oder Eintrittswahrscheinlichkeit positiver/negativer Er-eignisse im Rahmen einer Dienstleistungstransaktion, im Sinne von allgemein als typisch betrachte-ten Abläufen spezifischer Dienstleistungen.
(z.B. „Beim Check-in/Check-out gibt es immer lange Warteschlangen")

- **normative expectations**
Erwartungen definieren sich als gewünschter Ablauf oder Form einer Dienstleistungstransaktion im Sinne einer Idealleistung, die zu einer 100%igen Entsprechung der Kundenerwartung führt.
(z.B. „Es wäre schön, wenn man max. 1 min. warten müsste, bevor man an der Reihe ist")

- **comparative expectations**

Erwartungen definieren sich als Vergleichsgrößen zu ähnlichen bzw. gleichartigen Dienstleistungs-transaktionen.

(z.B. „Bankangestellte sind freundlicher als Hotelangestellte")

Angesichts der Existenz verschiedener Arten von Kundenerwartungen stellt sich mit Blick auf die Kundenzufriedenheit die Frage, welcher Art der Kundenerwartung entsprochen werden muss, um zu einem – aus Sicht des Hotelkunden – befriedigenden Werturteil zu gelangen (Abb.B.6). Die verschiedenen Dimensionen von Standards sind zum Teil dabei auch ursächlich für die von ZEITHAML ET AL. in ihren Forschungen zum GAP-Modell der Dienstleistungsqualität (siehe Kapitel E.1) konstatierte *Disparität zwischen den tatsächlichen Kundenerwartungen und den prognostizierten Kundenerwartungen* aus der Sicht des Anbieterunternehmens (Zeithaml et al. 1992, S.62ff.; Parasuraman et al. 1988). In verschiedensten Untersuchungen zu den Erwartungen und Prioritäten von Hotelgästen und den Vorstellungen des Managements bezüglich zu erfüllender Kundenanforderungen, konnte diese Kommunikationslücke nachgewiesen werden (Nightingale 1985; Lewis 1987; Saleh/Rhyan 1991).

Der Unternehmensberater Minuro Tominaga in einem Interview mit einem Redakteur der Fachzeitschrift Tophotel: „Im Imperial Tokio kam ein Hotelmanager bei meiner Anreise auf mich zu und fragte, ob wir den Bogen zusammen ausfüllen könnten. Welche Zeitungen lesen Sie? Rauchen Sie? Welchen Blumenduft mögen Sie? Ganz komische Fragen. „Damit wir Ihren Aufenthalt so angenehm wie möglich machen", erklärte der Manager. Dann zückte er eine Kamera und fragte, ob er ein Polaroid von mir machen dürfe. Am nächsten Morgen werde ich im Coffee-Shop begrüßt: „Guten Morgen, Herr Tominaga. Wie geht es Ihnen?" Jeder kannte mich, die hatten das Polaroid in den Computer eingescannt. Im Frühstücksraum sagte der Kellner zu mir: „Ich habe extra eine rauchfreie Ecke für Sie ausgesucht, und hier habe ich Ihnen Zeitungen mitgebracht." Es waren zwei japanische und die „FAZ", die ich alle drei bei der Befragung genannt hatte. Sie müssen wissen, dass die „FAZ in Tokio kaum erhältlich ist. Das Hotel hatte überall angerufen, die deutsche Botschaft, die Lufthansa. Dort im Flughafenbüro hatte man genug Zeitungen, also ist da eigens ein Mann hingefahren." (o.V. 1999a, S.28).

ZEITHAML ET AL. kommen zu der Schlussfolgerung, dass die Kunden zwischen einem gewünschten (‚*desired service*') und einem noch als ausreichend akzeptierten (‚*adequate service*') Qualitätsstandard unterscheiden und von einer Disparität zwischen Kundenerwartungen und Kundenwahrnehmung und damit einhergehender Unzufriedenheit des Kunden erst dann gesprochen werden kann, wenn die erfahrene Dienstleistungsqualität weder einem gewünschten noch einem akzeptablen Niveau entspricht. Zwischen der *Maximalforderung* (‚oberer Sollwert') und der der *Minimalanforderung* (‚unterer Sollwert') an eine Dienstleistung existiert eine sog. ‚*zone of tolerance*', die der Absorption anbieterseitiger intra- und interindividuellen Qualitätsschwankungen dient und deren Bandbreite im Wesentlichen durch den Minimalstandard determiniert ist (Zeithaml et al. 1993, S.5ff.; Strandvik/Liljander 1995, S.122). Dies erklärt sich durch den Tatbestand, dass ein gewünschtes Qualitätsniveau im Sinne einer Idealvorstellung über den Zeitablauf wesentlich stabiler ist und sich eher inkremental aufgrund von Erfahrungswissen verändert, während ein gerade noch toleriertes Qualitätsniveau sich als höchst volatil erweist und stark durch Kontextfaktoren beeinflusst wird. Als prädisponierende Einflussfaktoren der Erwartungshaltung von Kunden, auf die Unternehmen zum großen Teil Einfluss nehmen können, sind in Erweiterung der Ergebnisse von ZEITHAML ET AL. folgende Variablen zu nennen (Zeithaml et al. 1993, S.5f.):

- **Kontextvariablen**

betreffen bestimmte situative Umstände auf Anbieter- bzw. Nachfragerseite, die sich der jeweiligen autonomen Disponierbarkeit entziehen (z.B. die Erwartung schneller Reaktionszeiten von Anbieterseite bei Notfällen wie einem Unfall oder das Verständnis auf Nachfragerseite in Ausnahmesituationen, wie z.B. bei Hotels in Katastrophengebieten).

- **Kognitive Variablen**

betreffen die Informationsaufnahme, -verarbeitung und -speicherung im Hinblick auf bestimmte Bedürfnisse und Nutzenvorstellungen des Nachfragers bezüglich einer Dienstleistung (Insbesondere Preis-/Leistungsrelationen stellen ein wesentliches Einflußpotenzial im Hinblick für das erwartete Qualitätsniveau dar).

- **Emotive Variablen**

betreffen Prozesse der Aktivierung, Emotion, Motivation und Einstellung und ihre Bedeutung für die kognitive Informationsverarbeitung in Bezug auf das Kaufentscheidungsverhalten. (z.B. Involvement, bestimmte persönliche Grundeinstellungen; Auffassungen von Dienstleistungskultur und/oder -qualität).

- **Vergleichsvariablen**

betreffen potenzielle Alternativen, die in Anspruch genommen werden können. Dies können Anbieteralternativen sein oder ‚Do it yourself‘-Alternativen sein, im Sinne einer Anbietersubstitution durch den Kunden (z.B. Etagenservice vs. Minibar).

- **Erfahrungswissen**

betrifft die bereits vorliegenden Erfahrungswerte bezüglich einer bestimmten Dienstleistung (z.B. Frequent Traveller, Meetingplaner).

- **Formelle Kommunikation**

betrifft die gezielte Kommunikationspolitik eines Dienstleisters (z.B. Werbung, PR etc.).

- **Informelle Kommunikation**

betrifft die informellen Informationskanäle des Dienstleistungsnachfragers (z.B. Mund-zu-Mund Werbung etc.).

- **Image**

betrifft das ‚Overall Standing‘ des Dienstleistungsunternehmens im Markt.

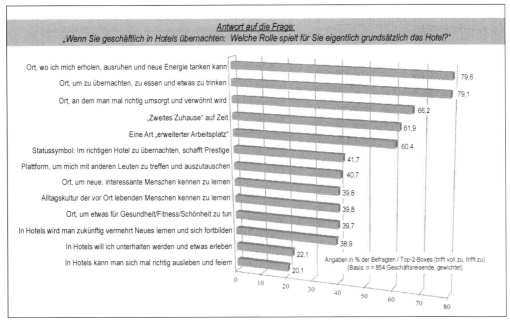

Abb.B.6:   Kundenerwartungen an die Hotellerie (Geschäftsreisende)
             Quelle: Koob 2011, S.105

Das Konstrukt der Kundenzufriedenheit als Ergebnis spezifischer Dienstleistungstransaktionen bzw. -ereignisse bedarf demzufolge einer differenzierten Annäherung. So ist davon auszugehen, dass unterschiedliche Faktoren zur Kundenzufriedenheit respektive -unzufriedenheit führen, was auch mit den Beobachtungen von ZEITHAML ET AL. bezüglich der Minimal- bzw. Maximalerwartungen von Dienstleistungsnachfragern korrespondiert. Diese entsprechen dem Dualismus einer Routine- bzw. Minimumkomponente und einer Ausnahme- bzw. Werterhöhungskomponente der Qualitätswahrnehmung, wie er auch dem *Kano-Modell der Kundenzufriedenheit* zugrunde liegt (Hermann et al. 2000a, S.47; Bailom 1998, S.48f.). Die *Routinekomponente (Basiseigenschaften)* ist durch die Erfüllung grundlegender Anforderungen gekennzeichnet, die der Nachfrager als normaltypisch für die jeweilige Dienstleistung betrachtet, während die *Ausnahmekomponente (Begeisterungseigenschaften)* Qualitätsmerkmale umfasst, die als Zusatzleistung empfunden werden. Unterschreitet eine Dienstleistung das Minimumlevel, so wird dies als qualitätsmindernd wahrgenommen, während die Erfüllung von Ausnahmemerkmalen als qualitätssteigernd wahrgenommen wird.

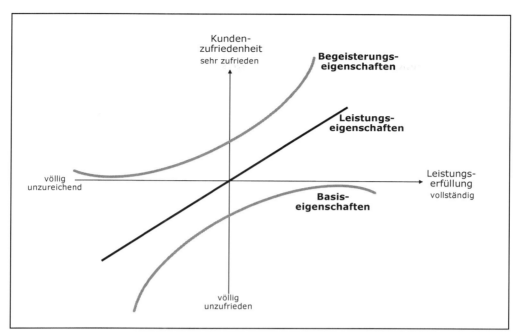

Abb.B.7:   Kano-Modell der Kundenzufriedenheit
            Quelle: Bailom 1998, S.48

Bestimmte unternehmensspezifisch zu definierende Basiseigenschaften decken die Minimalerwartung an eine Leistung ab und führen bestenfalls zu einer stabilisierten Zufriedenheit ohne Änderung der Anspruchserwartung; schlechtestenfalls führen sie unter Beibehaltung des Anspruchsniveaus zu einer Pseudozufriedenheit aufgrund einer verfälschten Situationswahrnehmung oder zu einer resignativen Zufriedenheit, einhergehend mit einer Senkung des Anspruchsniveaus. Die *Erfüllung der Begeisterungseigenschaften hingegen führt aus Kundensicht zu der erwünschten idealen Dienstleistungsqualität ('desired service')*, was im Zeitablauf zu einem Wandel des Anspruchsniveaus führen kann, und zwar im Sinne einer progressiven Zufriedenheit, die bei zukünftigen Dienstleistungstransaktionen den ehemaligen Maximalstandard zum Minimalstandard erhebt. Dies wird in der Marketingliteratur auch als *Anspruchsinflation* bezeichnet (Hentschel 1992, S.34; Hinterhuber et al. 1997, S.91). Somit muss ein Unternehmen sein Augenmerk auf Produkt- oder Dienstleistungseigenschaften richten, die entweder besondere Leistungsansprüche befriedigen oder Begeisterung auslösen, um sich damit im Wettbewerb zu differenzieren. Abbildung B.8 fasst diese Grundgedanken nochmals zusammen.

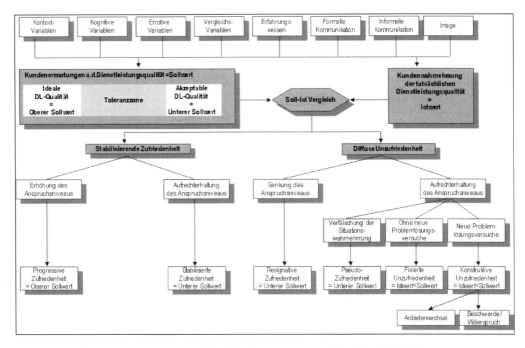

Abb.B.8:   Wirkungszusammenhänge zwischen Kundenerwartungen und Kundenzufriedenheit

1.2.3   Kundenzufriedenheit im Lichte der prozessualen Dimension von Dienstleistungskontexten

Die Diskussion um die Entstehung von Kundenzufriedenheit ist in der wissenschaftlichen Literatur lange Zeit aus einer ergebnisorientierten Sichtweise geführt worden, die *Kundenzufriedenheit als reines Nachkaufphänomen* begreift (Stauss/Seidel 1998, S.212). Diese rein statische Charakterisierung basiert auf der Annahme einer merkmalsorientierten Wahrnehmung von Kundenzufriedenheit, die unterstellt, dass Kunden einzelne Attribute einer Leistung bewerten und diese merkmalsbezogenen Teilzufriedenheiten zu einem Gesamturteil der Kundenzufriedenheit nach dem Kauf bzw. am Ende des Dienstleistungskonsums verdichten. Eine solche Sichtweise der Kunden als reine „*... attribute accountants ...*" (Swan/Bowers 1998, S.60) greift jedoch in Dienstleistungskontexten zu kurz, da Beurteilungsprozesse von Dienstleistungen in hohem Maße von Erfahrungskomponenten gekennzeichnet sind, so dass davon auszugehen ist, dass prozessrelevante Qualitätsmerkmale im Hinblick auf die Kundenzufriedenheit zusätzliche Bedeutung erlangen. Die Integration des Kunden und die Kontaktnotwendigkeit von Dienstleistungstransaktionen führt denn auch dazu, dass Zufriedenheitsurteile nicht nur – wie im Sachgüterbereich – nach dem Kauf stattfinden, sondern in der Regel aus einer Vielzahl aufeinanderfolgender, qualitätsrelevanter Interaktionen und Kontakterlebnissen zwischen Dienstleister und Kunde gewonnen werden, die wiederum Einfluss auf die Erwartungen und Wahrnehmungen der nachgelagerten Schritte und auf die Gesamtbeurteilung haben (Stauss/Weinlich 1996, S.49; Benkenstein/Güthoff 1996, S.1501).[1] *Erwartungen und Wahrnehmungen* sind demzufolge keine statischen Größen, sondern *verändern sich dynamisch*, so dass ihre Ausprägungen und Einflusspotenziale im Hinblick auf die Entwicklung und Gestaltung kundenorientierter Dienstleistungskonzepte einer kontinuierlichen Messung und Analyse bedürfen (hierzu Boulding et al. 1993, S.8; Meyer/Westerbarkey 1998, S.444f.). Aus Prozesssicht stellt sich an dieser Stelle vor allem die Frage, wie das Zusammenspiel zwischen den einzelnen Episoden konfiguriert ist und inwieweit *Episodenzufriedenheit und Gesamtzufriedenheit* in ihren Wirkungen und Interdependenzen zu hinterfragen sind (Abbildung B.9).

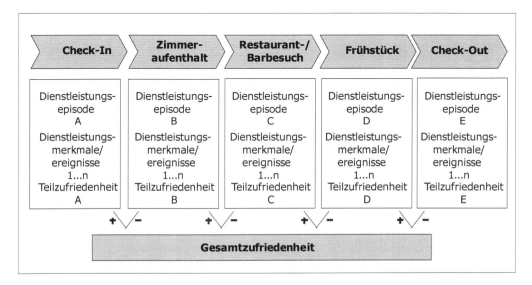

Abb.B.9:　　Phasenbetrachtung der Kundenzufriedenheit

Einige Untersuchungen zur *Zufriedenheitsdynamik und der Entwicklung des Zufriedenheitsurteils im Zeitablauf* bestätigen dabei die wechselseitigen Wirkungszusammenhänge und Einflüsse der verschiedenen Episoden eines Dienstleistungsprozesses und die korrelative Beziehung zwischen Episodenzufriedenheit und Gesamtzufriedenheit (Danaher/Mattson 1994a, 1994b; Güthoff 1995; Strandvik/Liljander 1995). So konnten DANAHER/MATTSON in zwei Untersuchungen zur Zufriedenheit von Hotelgästen nachweisen, dass die Gesamtzufriedenheit im Zeitablauf des Hotelaufenthaltes zu verschiedenen Messzeitpunkten unterschiedlich stark ausfällt und maßgeblich von der aktuellen Zufriedenheit mit den einzelnen Episoden beeinflusst wird, wobei die verschiedenen in der Untersuchung ausgewählten Episoden (Check-in, Zimmeraufenthalt, Restaurantbesuch, Frühstück, Check-out) in der Stärke ihres Einflusses auf die Gesamtzufriedenheit variieren. Eine solche differenzierte Wahrneh-

---

[1]　　Die theoretische Grundlage des prozess- bzw. ereignisorientierten Ansatzes stellt das aus der Sozialpsychologie stammende Konzept der episodischen Informationsverarbeitung dar. Basis der episodischen Informationsverarbeitung sind konkrete Ereignisse oder Episoden die im Gedächtnis memoriert werden, wobei davon ausgegangen wird, dass Zufriedenheitsurteile nicht auf dem Zusammenspiel zeitunabhängiger, übergreifender Qualitätsdimensionen beruhen, sondern aus Einzelurteilen entstehen, die sich auf konkrete Episoden einer Dienstleistung beziehen (Siefke 1998, S.74f.; Hentschel 1992, S.158ff.)

mung einzelner Abschnitte einer Dienstleistung und die Korrelation zwischen den wahrgenommenen Qualitäten einzelner Teilleistungen (Zimmer, Reservierung, Empfang, Buffet) bestätigen auch GÜTHOFF (1995) bzw. BENKENSTEIN/GÜTHOFF (1997) in ihren Untersuchungen zur Qualitätsbeurteilung von Hotelleistungen.

Ohne hier im Einzelnen auf die den Untersuchungen zugrunde liegenden Messkonzepte und die Methodenkritik einzugehen (hierzu Siefke 1998, S.92ff.), lässt sich festhalten, dass in der Literatur über die Dynamik der Zufriedenheit in episodischen Dienstleistungskontexten weitgehende Einigkeit besteht, dass jedoch hinsichtlich der sequentiellen Entstehungshistorie und der jeweiligen Interdependenzen der einzelnen Episoden noch große, theoretisch-konzeptionelle Defizite bestehen (Danaher/Mattsson 1994b, S.6; Stauss/Seidel 1998, S.214). Nichtsdestoweniger verdeutlichen die Ergebnisse der vorliegenden Untersuchungen, dass die Gesamtzufriedenheit im Rahmen von Dienstleistungskontexten, als Ergebnis kumulativer Qualitätswahrnehmungen entlang kundenbezogener *„Touchpoints"* entsteht, die als Teil der sog. *„Customer Journey"* die gesamte kundenbezogene Wertschöpfungskette umfassen. Dies unterstreicht den Prozesscharakter von Dienstleistungen und die damit zusammenhängende Forderung nach einem phasenbezogenen Ansatz zur Modellierung kundenorientierter Dienstleistungskonzepte in der Hotellerie (Gardini 1999). Diese Erkenntnisse werden auch durch die jüngsten Entwicklungen und Ergebnisse in der noch recht jungen Forschungsdisziplin des *Service Design* bestätigt (Stickdorn/Schneider 2011).

1.3   Marketingkonzeption und Marketingprozess

Marketing-Management – verstanden als markt- bzw. kundenorientierte Unternehmensführung – bedarf einer konsequenten Umsetzung im Rahmen einer schlüssig abgeleiteten, unternehmensindividuellen Marketingkonzeption, die aus einem bewusst gesteuerten Marketingprozess entsteht. Unter dem Begriff der *Marketingkonzeption* wird ein umfassender, *„...ganzheitlicher Handlungsplan („Fahrplan) verstanden, der sich an angestrebten Zielen („Wunschorten") orientiert, für ihre Realisierung geeignete Strategien („Routen") wählt und auf ihrer Grundlage die adäquaten Marketinginstrumente („Beförderungsmittel") festlegt"* (Becker 2006, S.5). Zur Visualisierung des inhaltlichen Gesamtgerüsts des Marketing-Management bietet sich das Sinnbild des *„House of Marketing"* an, das die Marketingkonzeption in den Gesamtkontext ineinandergreifender und voneinander abhängiger Handlungs- und Themenstränge stellt (Abb.B.10). Ein integrierter Marketingansatz im Sinne einer stringenten Marketingkonzeption fußt auf einem klaren markt- und kundenorientierten Selbstverständnis eines Unternehmens. Marketingphilosophie, Marketingleitbild und Marketingziele sind dabei der Kern dieses Selbstverständnisses und bilden als normativer Überbau die Grundlage aller marketing- bzw. unternehmensspezifischen Entscheidungen. Das Fundament einer Marketingkonzeption basiert hingegen sowohl auf einer zielorientierten Informationsversorgung, die im Zuge der Marketing- bzw. Marktforschung sicherzustellen ist, als auch auf einer adäquaten Marketingorganisation, die in der Lage ist, die geplanten Marketingstrategien und -aktivitäten strukturell und prozessual in geeigneter Weise umzusetzen. Die inhaltlichen Verzahnungen bzw. Säulen des Marketinggebäudes sind wiederum durch die strategischen und operativen Themenstellungen des Marketing gegeben. Neben klassischen strategischen Fragestellungen, wie bspw. der Wettbewerbs- und Positionierungsstrategie eines Unternehmens, oder klassischen operativen Tatbeständen wie der Gestaltung des Marketing-Mix, sind insbesondere die übergreifenden Querschnittsprozesse und Entscheidungstatbestände des Marketing-Management, wie das Innovationsmanagement, das Markenmanagement, das Kundenbeziehungsmanagement, das Qualitätsmanagement sowie das Internationale Marketing-Management von entscheidender Bedeutung, tragen sie doch sowohl strategische als auch operative Komponenten in sich.

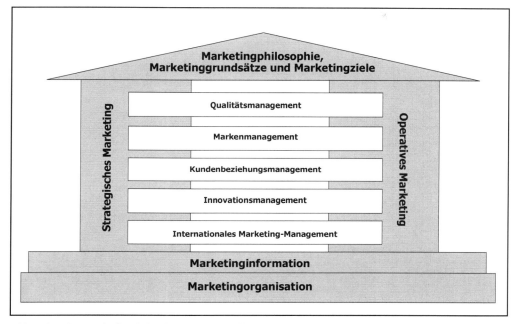

Abb.B.10:   Das Marketing-Gebäude („The House of Marketing")

Die Marketingkonzeption als gedanklicher Entwurf bzw. grundlegender Leitplan des gesamten Unternehmens ist entsprechend das Ergebnis der zielorientierten Gestaltung aller markt- und kundengerichteten Programme und Maßnahmen des Unternehmens und koordiniert über die Phasen der Planung, Steuerung und Kontrolle im Rahmen des Marketingprozesses die gesamten Marketingaktivitäten, und zwar über alle hierarchischen Stufen im Unternehmen hinweg. Diese Phasen des *Marketing-Management-Prozesses* folgen dem Verständnis des entscheidungsorientierten Marketing-Ansatzes, der durch die Phasen der Willensbildung und der Willensdurchsetzung charakterisiert ist, wobei die einzelnen Phasen durch Vor- und Rückkopplungsschleifen verbunden sind, die sich sowohl zwischen als auch innerhalb der einzelnen Phasen vollziehen können (Meffert 2000, S.14f.; Abb.B.11):

1. Zunächst gilt es aus unternehmensindividueller Sicht, die Grundlage für eine langfristige *Unternehmenspolitik* zu schaffen, sprich eine *Unternehmensvison*, eine *Unternehmensphilosophie* und ein *Leitbild* zu formulieren, die als Basis für langfristig angestrebte Unternehmensoberziele dienen. Hier geht es darum, ein Selbstverständnis und eine Unternehmensidentität zu entwickeln, die man intern und extern leben und kommunizieren muss. Fragenstellungen, die es zu beantworten gilt, wären hier bspw.: Wer sind wir, wer wollen wir sein, wie wollen wir von unseren An-

spruchsgruppen (z.B. Kunden, Mitarbeiter, Aktionären, Lieferanten, Partner etc.) wahrgenommen werden und welche Langzeitziele wollen wir erreichen?

2. In einem zweiten Schritt gilt es, in der *Analyse- und Prognosephase* die relevanten Einflussfaktoren und zukünftigen Entwicklungen auf Markt, Kunden und Wettbewerbsseite zu entdecken und diese vor dem Hintergrund der unternehmensspezifischen Stärken bzw. Schwächen in ihren Chancen bzw. Risikopotenzialen zu hinterfragen. Fragestellungen hier: Wo stehen wir, wohin geht die Entwicklung, welche internen Stärken/Schwächen, welche externen Chancen/Risiken sehen wir?

3. Gegenstand der Phase der *Strategieformulierung und -auswahl* ist die langfristige Festlegung der unternehmerischen Verhaltensweise im Markt. Hier sind Fragestellungen zu beantworten, wie: In welche Märkte, Marktsegmente oder Länder gehen wir? Welche grundlegenden Stoßrichtungen verfolgen wir bei der Marktbearbeitung? Was wollen wir für das Gesamtunternehmen bzw. für einzelne Geschäftsbereiche erreichen?

4. Die Vorgaben des strategischen Marketing definieren Kontext und Handlungsspielräume der *operativen Marketingprogramme*, dem sog. *Marketing-Mix*. Hier werden ausgehend von den operationalen Subzielen der einzelnen Programmbestandteile die kurzfristigen Marketingentscheidungen getroffen (Monat, Quartal, Jahr). Welche Leistungen bieten wir an, welche Preise und Konditionen, wie ist der Kommunikationsmix zu gestalten, welche Absatzkanäle nutzen wir?

5. In der Phase der *Marketingimplementierung* gilt es, die getroffenen Entscheidungen und Maßnahmen auf strategischer und operativer Ebene zu realisieren. Neben einer effizienten Aufbau- und Ablauforganisation gilt es, adäquate Führungs- und Anreizsysteme zur zielgerechten Umsetzung der Vorgaben sicherzustellen. Fragestellungen hier wären: Sind unsere Unternehmensprozesse kunden- bzw. marktgerecht gestaltet? Fördern unsere Anreizsysteme kundenorientiertes Verhalten? Haben unsere Mitarbeiter alle Möglichkeiten und Kompetenzen, um unsere Kunden zufriedenzustellen?

6. Abschließend geht es in der *Kontroll-/Auditphase* darum, zu bewerten, inwieweit die auf strategischer und operativer Ebene getroffenen Entscheidungen zu den gewünschten Zielerreichungsgraden beigetragen haben, d.h. ob die anvisierten Marketingerfolge tatsächlich realisiert wurden. Im Rahmen eines Rückkopplungsprozesses gilt es, folgende Fragen zu beantworten: Haben wir unsere Ziele erreicht? Welche Ursachen sind bei Abweichungen feststellbar? Stimmen unsere Planungsprämissen noch oder müssen wir Ziel- und/oder Maßnahmenanpassungen vornehmen?

Marketing-Management bewegt sich dabei im Spannungsfeld zwischen Kreativität, Rationalität und Umsetzungsstärke (Meffert 2000, S.17). Die *Kreativitätskomponente* betont die Sensibilisierung für die Entstehung, Entdeckung und Gestaltung neuer Markt- und Kundenbedürfnisse. Die *Rationalitätskomponente* determiniert die Sorgfalt und Professionalität in der Anwendung moderner Analyse- und Auswahlverfahren bei Entscheidungen über Strategie und operative Marketingprogramme. Die *Umsetzungsstärke* hingegen stellt auf die Fähigkeit zur Realisierung der geplanten Konzepte ab, sowohl was die Implementierung und Steuerung der Marketingkonzepte im Markt anbelangt als auch hinsichtlich der Überwindung diesbezüglicher, organisationaler und personeller Barrieren innerhalb des Unternehmen. Die operative Umsetzung geplanter Strategien bzw. die Neuausrichtung von Unternehmen in Richtung einer Kunden- bzw. Marktorientierung stellt dabei nach wie vor höchste Managementanforderungen an die Marketingverantwortlichen, und nicht umsonst gilt in diesem Zusammenhang nach wie vor die Beobachtung KOTLERs (Kotler 2000a; S.24):

„In the course of converting to a marketing orientation, a company faces three hurdles: organized resistance, slow learning and fast forgetting."

Abb.B.11:   Der Prozess des Marketing-Management

1.4   Marketing-Management von Dienstleistungen

1.4.1   Begriff und Dimensionen von Dienstleistungen

Die zunehmende Vielfalt und Heterogenität von Dienstleistungsangeboten in allen Sektoren der Volkswirtschaft, hat begleitend zu einer intensiven wissenschaftlichen Diskussion um die Abgrenzung und Besonderheiten von Dienstleistungen gegenüber Sachleistungen geführt, und so sind die diesbezüglichen Systematisierungsansätze in der Literatur überaus vielfältig.[2] Ausgangspunkt vieler Dienstleistungsdefinitionen ist oftmals eine ***Drei-Phasen-Betrachtung der Dienstleistung***, anhand derer in einem zweiten Schritt die ***konstititiven Merkmale von Dienstleistungen*** herausgearbeitet werden. Dabei wird zwischen potenzial-, prozess- und ergebnisorientierten Definitions- und Erklärungsansätzen unterschieden (Meyer 1994b, S.26ff.). Corsten 1997, S.17ff., Meffert/Bruhn 2003, S.27ff.):

- **Potenzialorientierte Dienstleistungsdimension**
Dienstleistung wird in dieser Definition als das Potenzial eines Unternehmens interpretiert, das mit Hilfe von Menschen oder Maschinen als Absatzobjekten seine Leistungsfähigkeit anbietet bzw. seine Bereitschaft vermittelt, diese marktlich zu verwerten. BLOIS spricht in diesem Zusammenhang von Signalen „ ... *as an indication that the service will be performed satisfactorily."* (Blois 1983, S.254). Differenzierungen von Dienstleistungen ergeben sich durch die jeweilige Mensch- und/oder Objekt-Ausprägung der angebotenen Leistungsfähigkeiten. Handelt es sich vornehmlich um menschliche

---

[2]   Exemplarisch hierzu Corsten (1997), Meffert (1994) und Edgett/Parkinson (1993) sowie die jeweils dort dargestellten Systematisierungsansätze verschiedener Autoren. Mit der Abgrenzungsproblematik haben sich insbesondere Woratschek (2001a) und Walger/Schenking (1998) beschäftigt.

Leistungsfähigkeiten, die zur Erstellung einer Dienstleistung eingesetzt werden, spricht man von einer klassischen, persönlich erbrachten Dienstleistung, wie sie bspw. für eine Rechtsberatung oder eine ärztliche Konsultation kennzeichnend ist. Ist die angebotene Dienstleistung jedoch durch einen vollkommenen Ersatz menschlicher durch maschinelle Leistungsfähigkeiten gekennzeichnet, spricht man von einer vollautomatisierten (maschinellen) Dienstleistung (z.B. Geldautomaten, Waschanlage). Ungeachtet der Tatsache, ob es sich um menschliche oder maschinelle Leistungsfähigkeiten des Anbieters handelt, stellen Dienstleistungen in dieser Phase zunächst lediglich ein Leistungsversprechen des Anbieters dar – LEVITT spricht hier von *„Buying promises"* (Levitt 1981, S.96).

• **Prozessorientierte Dienstleistungsdimension**

Schwerpunkt dieser Perspektive ist der Tätigkeits- bzw. Prozesscharakter von Dienstleistungen sowie die daraus resultierende Zeitdimension. Dienstleistungen stellen vielfach eine Tätigkeit oder einen Prozess dar und werden um ihrer selbst willen nachgefragt, d.h. der Kunde fragt genau diesen Prozess bzw. die Teilnahme an diesem Prozess nach (z.B. Massage, Konzert, Theater). Daraus resultiert eine weitestgehende Synchronität von Produktion und Absatz, die als Uno-actu-Prinzip den Dienstleistungsprozess charakterisiert. RATHMELL weist in diesem Zusammenhang auf die Unterschiede zur Sachleistung hin: *„Goods are produced, services are performed"* (Rathmell, 1974, S.58). BEREKOVEN definiert demzufolge auch Dienstleistungen als *„... der Bedarfsdeckung Dritter dienende materielle und/oder geistige Prozesse, deren Vollzug und deren Nutzung einen (zeitlich und räumlich) synchronen Kontakt zwischen Leistungsgeber und Leistungsnehmer (bzw. dessen Verfügungsobjekt) technisch bedingen und von der Bedarfsdeckung her erfordern."* (Berekoven 1974, S.29). Wesentliche Merkmale der prozessorientierten Dienstleistungsperspektive sind demnach zum einen die Notwendigkeit der Einbindung des Kunden bzw. dessen Verfügungsobjekten in den Dienstleistungsprozess – MEYER spricht von der Integration eines externen Faktors (Meyer 1994b, S.21ff.). – und zum anderen das Charakteristikum der Immaterialität von Dienstleistungen, da nach CORSTEN *„... letztlich jede Verrichtung immaterieller Natur ist."* (Corsten 1997, S.19).

• **Ergebnisorientierte Dienstleistungsdimension**

Die ergebnisorientierte Dienstleistungsinterpretation geht davon aus, dass nicht die Teilnahme an der Dienstleistungserstellung (zeitraumbezogene Sichtweise), sondern das Ergebnis der dienstleistenden Tätigkeit nachgefragt wird (zeitpunktbezogene Sichtweise). Eine Dienstleistung wird demzufolge als der Output von anbieter-internen Faktorkombinationsprozessen charakterisiert, sprich als ökonomisches, nutzenstiftendes Endergebnis der Dienstleistungsproduktion. Dieses nutzenstiftende Endergebnis besteht aus Kundensicht zumeist in einem individuellen Wohlbefinden auf der Basis einer Problemlösung, eines Erlebnisses oder einer physischen bzw. psychischen Weiterentwicklung (Bieger 2002a, S.7). Dabei wird nicht verkannt, dass materielle Trägermedien als Basis für die Erzielung des Leistungsergebnisses eine Rolle spielen können, oftmals steht jedoch der der immaterielle Charakter der originären Dienstleistung im Vordergrund (z.B. ein Erholungszustand nach Ferien).

Die Besonderheiten von Dienstleistungen basieren demzufolge auf den Kernmerkmalen der Immaterialität (Intangibilität), des weitgehenden Zusammenfalls von Produktion und Absatz sowie aus dem – zumindest in persönlichkeitsintensiven Dienstleistungskontexten – notwendigen Einbezug des Kunden in den Prozess der Leistungserstellung. Aus diesen Kernmerkmalen von Dienstleistungen folgen bestimmte Sekundäreigenschaften, die aus Anbieter- und Nachfragersicht von Bedeutung im Konsumprozess sind (Nelson 1970, S.312):

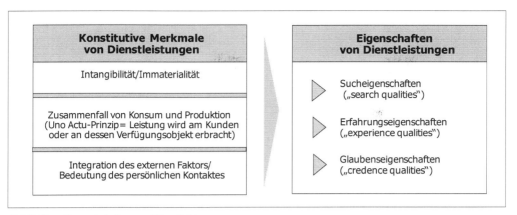

Abb.B.12:   Besonderheiten von Dienstleistungen

So mangelt es vielen Dienstleistungen aufgrund der Immaterialität an sog. *Sucheigenschaften (search qualities)*, d.h. Produkt-/Leistungseigenschaften, die vor dem Kauf einer Überprüfung unterzogen werden können, wie bspw. die Probefahrt beim Autokauf. Ob hingegen ein Hotel den Ansprüchen genügt (z.B. ruhiger Schlaf, gepflegte Zimmer, angenehmes Ambiente), kann man i.d.R. nicht vorher ausprobieren. Dies führt dazu, dass die Mehrzahl von Dienstleistungen durch sog. *Erfahrungseigenschaften (experience qualities)* definiert sind, die der Konsument erst nach dem Kauf beurteilen kann. Bei einer Vielzahl von Dienstleistungen ist jedoch auch nach der Nutzung nicht immer ein sicheres Werturteil über bestimmte Leistungseigenschaften möglich, so dass man hier auch von den sog. *Vertrauenseigenschaften (credence qualities)* von Dienstleistungen spricht. Dies ist bspw. in Dienstleistungskontexten der Fall, wo der Produzent einer Dienstleistung gegenüber dem Konsumenten über einen deutlichen Wissensvorsprung verfügt (z.B. Rechtsanwalt, Steuerberater, Arzt), der Zusammenhang einer Leistung mit den dazugehörigen Input- oder Potenzialfaktoren nicht immer eindeutig auszumachen ist und/oder die Wirkungen und Eigenschaften einer Leistung sich erst nach einer längeren bzw. unsicheren Zeitspanne einstellen. Ob eine ärztliche Therapie, eine Kapitalanlage oder ein anwaltlicher Ratschlag unter gegebenen Umständen die beste aller möglichen Alternativen für den Kunden darstellt, ist denn auch in der Retrospektive oftmals mehr eine Vertrauensangelegenheit als ein rational abgesichertes Werturteil. *Credence qualities* spielen jedoch im Kontext von Hotelleistungen kaum eine Rolle.

1.4.2   Besonderheiten des Dienstleistungsmarketing

Ausgehend von den verschiedenen Dimensionen und Merkmalen der Dienstleistung können im Folgenden die wesentlichen Anforderungen und Besonderheiten des Dienstleistungsmarketing abgeleitet werden. Die Konsequenzen der Dienstleistungsspezifika sind vielfältig und äußern sich – wie in Abbildung B.13 dargestellt – aus Kunden- und Produzentensicht zusammenfassend wie folgt (Bieger 2002a; Bieberstein 1998; Meffert/Bruhn 2009):

Konsequenzen für Anbieter	Konsequenzen für Nachfrager

• Mangelnde Konkretisierbarkeit
• Informationsarmut
• Keine Vorratsproduktion, Lagerbarkeit
• Standortgebundenheit
• Einwirkung des Kunden im Leistungs-
  erstellungsprozess
• Steuerungsproblematik sozialer Interaktionen
• Mitarbeiterqualität als Differenzierungsfaktor
• Eingeschränkte Standardisierungsmöglichkeiten
• Probleme der Messung und Bewertung
  der Leistungsqualität (Qualitätskontrolle)
• Kein Eigentumstransfer
• …
	• Intransparenz über die zu erwartende Leistung
	• Individuelle, unvorhersehbare Qualität
	• Hohes Kauf-/Qualitätsrisiko
	• Informationsasymmetrie
	• Hoher Informationsbedarf
	• Bevorzugung persönlicher Informationsquellen
	• Mitwirkung im Leistungserstellungsprozess
	• Probleme kollektiver Dienstleistungsangebote
	• Mitarbeiter als Engpassfaktor
	• Komplexität der Bewertung der
	  Leistungsqualität
	• Kein Eigentumstransfer
	• …

Abb.B.13:   Konsequenzen der Dienstleistungsbesonderheiten

• **Kundensicht**

Aufgrund der wenigen physisch wahrnehmbaren Leistungsmerkmale ist die Auswahl und Bewertung des Leistungsfähigkeit eines Anbieters durch den Kunden erschwert und trotz intensiver Suchprozesse lassen sich diesbezügliche kundenseitige Informationsdefizite nur begrenzt abbauen. Diese Unsicherheit ist vor allem bei Erstkäufen von Dienstleistungen bedeutsam. Dadurch muss der Kunde bei einer Vielzahl von Dienstleistungen seine Kaufentscheidung unter erheblicher Unsicherheit hinsichtlich der Bedarfsgerechtigkeit angeboteter Unternehmensleistungen treffen. Des Weiteren unterliegen Vergleiche zwischen Anbietern gleichartiger Dienstleistungsangebote besonderen Schwierigkeiten. Als Folge davon ist der Dienstleistungsnachfrager – im Vergleich zum Käufer von Sachleistungen – *einem generell höheren Kaufrisiko* ausgesetzt, das sich in seiner Gesamtstruktur aus einer Anzahl von Einzelrisiken zusammensetzt (Schiffman/Kanuk 2000, S.214f.). Der Abbau dieser Informationsdefizite erfolgt im Dienstleistungsbereich bevorzugt über *persönliche Informationsquellen* (z.B. Familie, Freunde, Geschäftspartner), wobei auch oftmals der *Preis als Indikator* zur Bewertung des Kauf- bzw. Qualitätsrisikos herangezogen wird. Auch Unsicherheiten über das erforderliche Ausmaß und die Art der Beteiligung im Leistungserstellungsprozess beeinflussen die Kaufentscheidung nachhaltig. Bei kollektiven Dienstleistungen, wie bspw. der Hotellerie oder bei vielen Tourismusangeboten, bestehen Risikopotenziale aus Kundensicht in der Gefahr unangenehmer Hotelgäste oder Mitreisender.

> *Ein frisch verliebtes Paar bucht voller Vorfreude einen Urlaub in einem 4 Sterne Hotel an der Algarve. Die beiden sind voller Erwartung und freuen sich auf sommerliche Abende im Hotelrestaurant bei Sonnenuntergang, einen großzügigen Pool mit herrlichem Blick aufs Meer und ein schönes ruhiges Zimmer mit Balkon und Meerblick. Leider fliegen in der Zeit zwischen Mai und Juni zahlreiche Sportvereine (Fußball-, Handball-, Kegelclubs etc.) ebenfalls in den Süden. So stellt sich für die beiden leider heraus, dass das Hotel zu 80% mit Gästen aus dem o.g. Bereich belegt ist, was mit diversen unangenehmen Begleiterscheinungen einhergeht (lärmende Gästegruppen am Pool und im Restaurant, betrunkene bzw. aggressive Gäste, gestörte Nachtruhe und Zahlreiches mehr). Konsequenz dieses kollektiven Dienstleistungskontextes ist für das Paar ein ziemlich „eingeschränktes Urlaubsvergnügen".*

- **Anbietersicht**

Viele Dienstleistungen weisen aufgrund ihres immateriellen Charakters im Gegensatz zu Sachleistungen eine *allgemeine Informationsarmut* auf, d.h., sie definieren sich nicht über wahrnehmbare Produkteigenschaften wie bspw. ein Automobil, das man mit nahezu allen Sinnen erfahren kann (z.B. Geruchssinn, Optik, Haptik), sondern sie sind wenig konkret in ihren sinnlich wahrnehmbaren Leistungsmerkmalen (z.B. Versicherungs-/Bankprodukte, Consultingleistungen). Dies führt zu Visualisierungs- und Präsentationsproblemen von Dienstleistungsangeboten. Des Weiteren stellt *die Messung und Bewertung des Nutzens und der Qualität von Dienstleistungen ein quantitatives und qualitatives Bewertungs- und Messproblem* dar. So ist aufgrund des Uno-actu-Prinzips und der damit zusammenhängenden fehlenden Speicherbarkeit von Dienstleistungen auch keine nachgelagerte Qualitätskontrolle möglich, sondern es müssen andere Formen der proaktiven Qualitätssicherung gefunden werden. Insbesondere die Erbringung von personenbezogenen Dienstleistungen unterliegt vielfältigen inter- und intraindividuellen Schwankungen in Bezug auf die Leistungsfähigkeit und -bereitschaft des Anbieterpersonals, so dass die Steuerbarkeit sozialer Interaktionen problembehaftet bleibt. Die Art und der Umfang der Kundenbeteiligung an der Leistungserstellung hat ebenfalls zur Folge, dass die Standardisierungsmöglichkeiten eingeschränkt sind und die Gewährleistung eines gleichbleibend hohen Qualitätsniveaus situativen Unwägbarkeiten unterliegt. Hier spielen auch Probleme der Auslastung und Kapazitätsfestlegung eine Rolle.

Durch die *weitgehende Simultaneität von Produktion und Absatz* wird auch die Bedeutung der Standortfrage in vielen Dienstleistungsbereichen unterstrichen. Überall dort, wo immobile Produktionsfaktoren (z.B. Anlagen, Grundstücke) als Vorkombination der Leistungsfaktoren zum Einsatz kommen und die Ergebnisse dieser Faktorkombinationen zeitraumbezogen und somit nicht transportierbar sind, kann man von einer Standortgebundenheit der Dienstleistungsanbieter sprechen, wie z.B. in der Hotellerie oder bei Krankenhausleistungen. Aus Marketingsicht haben die genannten dienstleistungsspezifischen Besonderheiten verschiedene Auswirkungen (Abb.B.14). Da es sich bei der Leistung eines Dienstleistungsanbieters in erster Linie um ein Leistungsversprechen handelt, das auf internen Fähigkeitspotenzialen beruht, ist es für ein Dienstleistungsunternehmen demnach von besonderer Bedeutung, möglichen Kunden diese Potenziale zu kommunizieren und ihm den Nutzen der angebotenen Dienstleistung zu verdeutlichen. Um der Immaterialität und der damit verbundenen Unsicherheit und Leistungsintransparenz auf Kundenseite zu begegnen, übernimmt das *Marken-*

bzw. Unternehmensimage als Qualitäts- und Vertrauenssignal die wichtige Funktion der Profilierung und Orientierung gegenüber dem Kunden. Die Möglichkeit über verbale und/oder visuelle Surrogate die Darstellung des Leistungsversprechens (z.B. in Form von Räumlichkeiten, Prospekten) tangibler zu gestalten (im Sinne von ‚begreifbar' oder ‚erfahrbar') oder die Materialisierung von immateriellen Dienstleistungselementen (z.B. Papierbezüge auf Toilettenbrillen oder Namenslisten des Reinigungspersonals auf den Toiletten im Hotel zur Demonstration von Hygiene und Pflege), sind dabei ebenfalls Optionen, um auf die Art und Qualität der Dienstleistung hinzuweisen (Meffert/Bruhn 2009, S.61f.).

Die Nichtlagerfähigkeit von Dienstleistungen und die Standortgebundenheit unterstreicht die *Bedeutung flexibler Absatz- und Preisgestaltungsmöglichkeiten* für die Koordination von Angebot und Nachfrage. Ein *effizientes Kapazitätsmanagement* im Spannungsfeld zwischen Produktions- und Marketinganforderungen gewinnt dabei an Bedeutung. Dabei ist auch dem Zielkonflikt zwischen langfristigen Marketingzielen im Sinne einer glaubwürdigen Markenpositionierung und kurzfristigen, flexiblen Absatzoptimierungen durch strategische (z.B. Segmentdifferenzierung) und operative Maßnahmen (z.B. aktionsspezifische Kommunikation) entgegenzuwirken (Bieger 2002a, S.294).

Eigenschaften der Leistung	Konsequenzen für das Marketing

• Intangibilität/Immaterialität
  - Intransparenz, Unsicherheit, hohe
    Suchkosten des Kunden
	• Bedeutung der Kommunikation
	  (Image, Marke,…)
	• Bedeutung eines kompletten Leistungssystems

• Zusammenfall von Konsum und Produktion
  (Uno Actu-Prinzip)
  - Keine Vorratsproduktion, Lagerbarkeit
  - Standortgebundenheit
	• Bedeutung flexibler Absatz- und Preis-
	  gestaltungsmöglichkeiten für die Abstimmung
	  von Angebot und Nachfrage

• Integration des externen Faktors/
  Bedeutung des persönlichen Kontaktes
  - Individuelle, unvorsehbare Qualität
  - Probleme der Messung und Bewertung
    von Leistungen
	• Bedeutung des internen Marketings
	• Marketingorientierung im
	  Leistungserstellungsprozeß
	• Steuerung von Kundenerwartungen
	• Bedeutung des Qualitätsmanagement

Abb.B.14:   Besonderheiten des Marketing von Dienstleistungen
             Quelle: In Anlehnung an Meffert/Bruhn 2009, S.40ff.

Aus der *Integration des Kunden in den Dienstleistungserstellungsprozess* und der Bedeutung des persönlichen Kontakts lassen sich für das Dienstleistungsmarketing folgende Implikationen ableiten. So wird die Erstellung einer Dienstleistung und somit auch das Ergebnis eines solchen Prozesses durch die Einwirkung eines Fremdfaktors mitbestimmt. Daraus können Qualitäts- und Standardisierungsprobleme resultieren, da die Fähigkeit und der Willen zur Mitwirkung bei Kunden sehr individuell ausgeprägt sein kann (z.B. bedingt durch Informationsasymmetrien oder kundenspezifische Einstellungen). Hier gilt es, durch geeignete Maßnahmen die gewünschte Rollenverteilung zwischen Kunde und Unternehmen respektive Mitarbeitern im Rahmen des Interaktionsprozesses zu kommunizieren. Darüber hinaus ist durch die Präsenz des Kunden die Marketingorientierung auch während der Erbringung der Dienstleistung sicherzustellen, d.h., im Gegensatz zur industriellen Fertigung ist hier auch im Produktionsprozess unmittelbar auf die Bedürfnisse des Kunden Rücksicht zu nehmen (z.B. durch angenehme Raumgestaltung, Temperatur, Hintergrundmusik).

Zum anderen erlangt durch die unmittelbare Mitarbeiter-Kunde-Interaktion im Rahmen des Leistungserstellungsprozesses die Forderung der Markt- und Kundenorientierung neben der externen auch eine interne Dimension. Hier kommt dem vielfach nachgewiesenen Zusammenhang zwischen einem von den Mitarbeitern nachhaltig positiv erlebten Arbeitsumfeld, der Mitarbeiterzufriedenheit, der Kundenzufriedenheit und dem Wettbewerbserfolg – wie er insbesondere in der von Heskett et al. (1997) in die Diskussion gebrachte „*Service Profit Chain*" ihren Ausdruck findet – vor dem Hintergrund der ***Interaktionsintensität personenbezogener Dienstleistungen*** besondere Bedeutung zu. Dieser internen Dimension der „Service Profit Chain" gerecht zu werden und geeignete Programme und Maßnahmen zur personalwirtschaftlichen Unterstützung der intendierten Wettbewerbsstrategie zu entwickeln, wird in der in der Dienstleistungsliteratur im Zuge des Themenkomplexes des *„Internen Marketing"* intensiv diskutiert (Ballantyne 1991; Stauss 1995a; Bruhn 2001a) und mündet oftmals in der Forderung einer engeren organisationalen Verzahnung von Marketing und Personalmanagement in personalintensiven Dienstleistungsunternehmen (Morgan 1992; Bruhn 1998; Lovelock 2000).

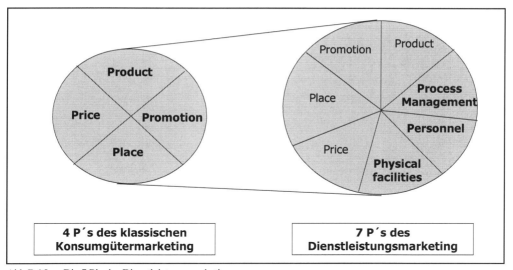

Abb.B.15:   Die 7 P's des Dienstleistungsmarketing
             Quelle: Magrath 1986

Um den zahlreichen betriebswirtschaftlichen Implikationen die sich aus den Besonderheiten von Dienstleistungen ergeben gerecht zu werden, geht man in der Dienstleistungsliteratur davon aus das ein erweitertes Verständnis von Marketingorientierung vonnöten ist, das neben den klassischen externen Aufgaben des Marketing auch die internen Prozesse zwischen Unternehmen und Mitarbeitern sowie die interaktiven Prozesse zwischen Mitarbeitern und Kunden im Zuge des Kundenkontakts prägt (Grönroos 1984; Magrath 1986; Bitner 1992). So wird argumentiert, dass im Dienstleistungsbereich den klassischen Instrumenten des externen Marketing (4 P's = product, price, promotion, place) drei weitere Aktivitätsbereiche hinzugefügt werden müssen, um aus Marketingsicht erfolgreich zu sein (*7 P's des Dienstleistungsmarketing*): Process, People, Physical facilities. ***Process*** als fünftes Element des Marketing-

Mix im Dienstleistungsbereich stellt auf die kundengerechte Gestaltung der Dienstleistungsprozesse ab, d.h., die optimale Gestaltung der Kundenkontaktsituationen im Sinne eines
effizienten Zeitmanagement, des gewünschten Ausmaßes an Kundenintegration, der Unterstützung durch die internen Geschäftsprozesse im back-office und Ähnlichem mehr. ***People***
als Marketinginstrument greift die Bedeutung der Mitarbeiter als Differenzierungsfaktor im
Wettbewerb auf und skizziert die Aufgaben im Rahmen des Internen Marketing, die ein
Dienstleistungsunternehmen durchführt um das gesamte Personal zu befähigen und zu motivieren, den Kunden in jeder Phase des Dienstleistungsprozesses voll zufriedenzustellen.
Physical facilities ist als Erweiterung der Produktpolitik zu sehen und stellt auf die Bedeutsamkeit von Aspekten ab die über den eigentlichen Produktkern hinausgehen, sprich das
Hotelprodukt Zimmer bzw. Übernachtung, aber nichtsdestotrotz einen wesentlichen Bestandteil der Qualitätswahrnehmung der Kunden darstellen (z.B. Gebäude-, Raum- und Anlagen-
gestaltung eines Ferienressorts, sonstige Infrastruktur).

1.5 Zum Marketingverständnis in der Hotellerie

*„Move heaven and earth to satisfy a customer" (Ritz Carlton); „Es ist unser Anspruch, Men-
schen glücklich zu machen" (Hotel Altstadt Vienna); „Für den Gast gibt es kein Nein, für
den Gast tun wir Alles" (Hotel Bareiss).* Wie kaum eine andere Branche hat die Hotellerie
das Prinzip des Kunden als König thematisiert, und so zeichnet sich die Hotellerie in einer
Oberflächenbetrachung traditionellerweise durch ein starkes Qualitätsbewusstsein und ein
hohes Maß an operativer Gast- respektive Kundenorientierung im direkten Servicekontakt
aus, denn nicht umsonst kommt das geflügelte Wort ***„der Kunde ist König"*** aus der Hotellerie bzw. Gastronomie. Unterwirft man das Marketing-Management und das Marketing-
Instrumentarium in der Hotellerie jedoch einer detaillierten Analyse, lassen sich in der Hotellerie zahlreiche Verständnis-, Methoden- und Umsetzungsdefizite in Bezug auf eine umfassende Kundenorientierung als zentralem Leitprinzip des Marketing konstatieren. Dies betrifft
sowohl den konkreten Begriff und die Inhalte von Kundenorientierung als auch den Einsatz
und die Kenntnis moderner Verfahren des Marketing sowie des Qualitäts- und Beziehungs-
managements zur Steigerung von Kundennutzen und Kundenzufriedenheit. Entsprechend ist
eine managementorientierte Neudefinition des „Gast als König"-Prinzips in der Hotellerie
dringend angezeigt (Gardini 2008, S.8f.).

So kann man derzeit das Methodenwissen und die Nutzungsintensität der Planungs- und
Informationsinstrumentarien zur Schaffung und Sicherung von Kundenorientierung und
Kundenzufriedenheit in der Hotellerie, sowohl in Bezug auf die kundenorientierte Entwicklung und Gestaltung von Dienstleistungsangeboten als auch im Hinblick auf ein effektives
Kundenstruktur- bzw. Kundenwertmanagement, der Integration der Kunden in Innovationsprozesse bzw. interaktive Kundenfeedbacksysteme oder der Systematisierung von Kundenbeziehungen im Sinne eines dialogischen Beziehungsmanagement, noch als erheblich ausbaufähig bezeichnen. ***Strategische Marketingthemen***, wie das Customer Relationship Management, die Balanced Scorecard, die Markenführung oder das Innovationsmanagement,
haben zwar in der letzten Zeit auch die Diskussion in der Hotellerie belebt, die Konturen der
dazugehörigen Programme und Aktivitäten blieben jedoch zumeist verschwommen, das
Marketing- und Kundenverständnis zu eindimensional und die Verkaufsorientierung zu dominant. So lässt sich bspw. beobachten, dass nach wie vor nur wenige Hotelunternehmen ein

stringentes und ganzheitliches Qualitätsmanagement im Sinne des Total Quality Management betreiben (Gardini 1997, S.311f.), auch wenn die Anstrengungen hier sicherlich in den letzten Jahren deutlich zugenommen haben. Ebenso erfahren **analytische Marketingwerkzeuge**, wie Kundenzufriedenheitsmessungen, Benchmarking, Customer Relationship Management, Target Costing, Quality Function Deployment oder Service Blueprinting/-mapping – um nur einige wenige zu nennen – in vielen Hotelunternehmen nur wenig systematische Verbreitung.

Die Gründe für die Resistenz vieler Hoteliers gegenüber Veränderungen im Verständnis gegenüber Markt, Kunden und Wettbewerb sind vielfältig und nicht immer eindeutig auszumachen. So ist die Hotelbranche nach wie vor noch sehr produkt- und verkaufsgesteuert, und oftmals werden Marketingaufwendungen eher als Kostenblock denn als Investition in die Zukunft des Unternehmens empfunden. Klein- bzw. mittelständische Strukturen, familiäre Eigentumsverhältnisse, traditionelle Führungssysteme, ein geringer Akademisierungsgrad oder eingeschränkte finanzielle Freiheitsgrade mögen hier teilweise zur Erklärung beitragen. Konsequenz des fehlenden Methodenwissens ist jedoch, dass der Kundenorientierung konzeptionell und analytisch in der Hotellerie nicht immer ausreichend Rechnung getragen wird.

Daraus resultieren denn auch **klassische Marketingfehler in der Hotellerie**, die bei einer Hinwendung zu einem aktiven, kreativen und kompetitiven Marketingverständnis im Sinne der oben angesprochenen unternehmerischen Denkweise zu vermeiden wären.

- Falsche Standortwahl
- Informations- und Marktforschungsdefizite
- Fehleinschätzungen der Wettbewerbskräfte und der Marktentwicklung
- Mangelnde Anpassung an neue Markt-/Kundenbedürfnisse (Veraltetes Leistungsprofil)
- Unzureichende Segmentierung der Märkte
- Kurzfristiges Labelling statt strategischer Markenaufbau
- Zu starke Produkt- bzw. Verkaufsorientierung
- Fehlendes Benchmarking
- Einseitige Fokussierung auf Preis als Marketinginstrument
- Mangelnde Fachkenntnisse der Fach-/Führungskräfte
- Mangelnde Adaption neuer Produktions-/Informationstechnologien
- Unzureichende/keine Marketingkonzeption
- Unzureichende Abstimmung der Marketing- und Vertriebsbudgets
- Unzureichende Implementierung eines Marketing-Controlling
- ...

Als notwendige Anforderungen für das Management von Kundenzufriedenheit und Kundenwert im Rahmen eines integrierten Marketingverständnisses in der Hotellerie lassen sich folgende Kernaussagen thematisieren (hierzu Gardini 1999, S.24f. und Gardini 2008, S.9f.):

1. Das Marketing-Management in der Hotellerie ist durch einen grundsätzlichen **Konflikt zwischen operativer und strategischer Orientierung** gekennzeichnet. So wird oftmals der Austarierung des Zielkonflikts zwischen strategischen Unternehmens- bzw. Marketingzielen – im Sinne einer langfristigen und glaubwürdigen Marken- bzw. Wettbewerbspositionierung – und kurzfristigen flexiblen Absatz- und Kapazitätsoptimierungen durch zahlreiche operative Maßnahmen (z.B. aktionsspezifische Kommunikation, Preisdifferenzierung, und/oder Kundensegmentierung) nicht ausreichend Rechnung getragen.

2. Die **Hotellerie bedarf moderner und systematischer Denk- und Arbeitsansätze**, will sie den gestiegenen Wettbewerbsanforderungen und dem wachsenden Anspruchsniveau der Kunden gerecht werden. Sowohl in Bezug auf die Entwicklung und Gestaltung von Dienstleistungsangeboten als auch im Hinblick auf die Analyse, Gestaltung und Messung potenzieller Kunden-Feedbacks ist das Methodenwissen und die Nutzungsintensität entsprechender **Planungs- und Informationsinstrumentarien zur** Schaffung und Sicherung von Dienstleistungsqualität und Kundenzufriedenheit auf- bzw. auszubauen.

3. Angesichts der vielfach nachgewiesenen, positiven Korrelation zwischen Kundenzufriedenheit und Mitarbeiterzufriedenheit erfordert das Management von Kundenzufriedenheit neben methodischen bzw. organisatorisch-strukturellen Ansätzen zusätzlich einen **personalwirtschaftlichen Ansatz im Sinne des Internen Marketing**. Die prozessuale Dimension der Hotelleistungen mit vielen unterschiedlichen Mitarbeiter-Kunden-Kontakten, die geringe Standardisierbarkeit der Interaktionssituation und die Bedeutung sozio-emotionaler Wirkungskomponenten der Kontaktepisoden, zeugt von der besonderen Verantwortung der Mitarbeiter für das Qualitätserleben der Kunden und fordert von den Mitarbeitern ein Denken in Systemzusammenhängen. Neben anderen personalwirtschaftlichen Gestaltungsmaßnahmen, sind – insbesondere in persönlichkeitsintensiven Dienstleistungskontexten, wie der Hotellerie – demzufolge Schulungskonzepte erforderlich, die dem Wandel von der rein fachbezogenen hin zur prozess- und verhaltensorientierten Ausbildung Rechnung tragen und die Förderung bzw. Stärkung der Interaktionsfähigkeit und Verhaltenssensibilisierung in den Vordergrund stellen.

4. Die Hotellerie vernachlässigt bis dato die Möglichkeiten, die Anziehungskraft einer einmal erzielten Kundenzufriedenheit zu nutzen und durch aktive Kundenbetreuung ein Bindungspotenzial aufzubauen, das den Kunden langfristig an das Unternehmen bindet. Hier gilt es, über eine **Systematisierung der Kundenbeziehung ein dialogisches Beziehungsmanagement** zu initiieren, das auf der Basis kundenspezifischer Anforderungen und unternehmensspezifischer Voraussetzungen differenzierte Kundenbindungsprogramme entwickelt, die Kundenzufriedenheit in Kundenbindung umzusetzen in der Lage sind und zur Profitabilität der Unternehmen beitragen.

5. Organisationaler Reflex der Kundenorientierung in der Hotellerie muss die Abkehr vom vielfach dominierenden reinen produkt- bzw. kategorienbezogenen Strukturprinzip (3,4,5 Sterne) sein und die **Restrukturierung der Aufbauorganisation** in Richtung Kunden- bzw. Nutzensegmente (Geschäftsreisende, Privatreisende). Die verstärkte Hinwendung zum Kunden darf sich jedoch nicht in diesem Ansatz erschöpfen, sondern muss darüber hinaus – im Sinne eines präventiven Re-/Engineering – alle Kunden- bzw. Unternehmensprozesse dahingehend auf den Prüfstand stellen, inwieweit sie den tatsächlichen Bedürfnissen und Erwartungen der Kunden genügen. Die Betonung der **Prozessorientierung** als strukturdeterminierendes Muster ganzheitlicher Qualitätsmanagementkonzepte und die Abkehr von der rein funktionalen Ausrichtung, führt zu einem Wandel organisatorischer Strukturen und Abläufe, ein Paradigmenwechsel der in der Hotellerie vielfach noch vollzogen werden muss.

Ein bedeutsame Zukunftsherausforderung für viele Hotelunternehmen ist es demzufolge, ein über punktuelle Einzelaktivitäten und Analysemethoden hinausgehendes umfassendes Verständnis des Marketing im gesamtem Unternehmen zu entwickeln, um die Voraussetzungen zu schaffen, Kunden langfristig zufriedenzustellen und an das Unternehmen zu binden. Kundenzufriedenheit ist jedoch nur die Minimalanforderung der sich Hotelunternehmen verpflichtet fühlen sollten, um im Wettbewerb bestehen zu können. Weitergedacht müssen Unternehmen der Hotellerie in ihren relevanten Märkten und Zielsegmenten vielmehr einen kundenbezogenen „Lead" anstreben, um differenzierungsfähige Positionen aufbauen und halten zu können. ‚**Customer Leadership**' als Leitmaxime eines marketingorientierten Hotelunternehmens verlangt, nachhaltige Werte für ausgewählte Kunden zu schaffen, notwendige Veränderungsprozesse anzustoßen und das Management von Kundenbeziehungen in den Vordergrund aller Unternehmensaktivitäten zu stellen (Gardini 2009, S.29f.). Um ein effektives Maß an ‚Customer Leadership' zu realisieren, muss Marketing den Vertrieb als Taktgeber für Kunden- und Marktprozesse verdrängen und damit selbst ins Zentrum unternehmerischer Entscheidungen rücken. Nur so wird **Marketing als Stimme des Kunden im Unternehmen** über seine funktionale Bedeutung hinaus zu einer Kraft, die als grundlegende Denkweise und Einstellung gegenüber Markt, Kunden und Wettbewerb, zunehmend den Charakter und das Selbstverständnis von Hotelunternehmen prägt. Der notwendige Phasenübergang von der Verkaufsorientierung hin zu einer integrativen Marketingorientierung, die alle am Wertschöpfungsprozess beteiligten Funktionen und Menschen umfasst, ist denn auch ein Umdenkprozess, der sowohl in der Ketten- als auch in der Individualhotellerie vielfach erst noch vollzogen werden muss.

2 Die Hotellerie als Dienstleistungsbranche

2.1 Strukturelle Merkmale in der Hotellerie

2.1.1 Begriff und Erscheinungsformen von Hotelunternehmen

Eine exakte Definition des Begriffs ‚Hotel' gestaltet sich aufgrund der Vielfalt der Leistungsfacetten im Hotel- und Gastgewerbe als außerordentlich schwierig. Konstitutives Merkmal und Hauptleistung eines jeden Hotels ist unbestritten die Befriedigung des Bedürfnisses nach Beherbergung und Verpflegung, wobei die Beherbergungsfunktion als der wesensbestimmende Teil eines Hotelunternehmens gilt. Das Verhältnis, in dem beide Leistungen zueinander stehen, kann sehr verschieden sein und setzt sich aus einer Vielzahl von Kombinations- und Einzelleistungen zusammen. Innerhalb der Beherbergungsunternehmen lassen sich die **Beherbergungsformen** in zwei Gruppen einteilen, die sich aus den Entwicklungen und Anforderungen der touristischen Nachfrage ergeben haben: Die traditionelle Hotellerie einerseits und die ergänzende Hotellerie (Parahotellerie) andererseits. Der Deutsche Hotel- und Gaststättenverband (DEHOGA) bzw. das Statistische Bundesamt differenzieren dabei in ähnlicher Form, indem einerseits das klassische Beherbergungsgewerbe (Hotels, Hotels Garni, Pensionen, Gasthöfe) und andererseits das sonstige Beherbergungsgewerbe (Camping, Ferienhäuser etc.) unterschieden werden. Abb.B.16 gibt einen Überblick über die Systematik der Beherbergungsformen. Eine weitere Dimension des Hotelbegriffs sind bestimmte **Standards**, die in den zahlreichen Bemühungen um eine Definition als Beschreibungsmerkmale herausgestellt werden. Die Standards sind eine Funktion der Bedürfnisse des Hotelgastes, der Anforderungen des Gesetzgebers und der Verbände sowie der Beurteilungskriterien unabhängiger oder durch die Hoteliers bestellter Bewertungsinstanzen (Schultze 1993, S.68). Der Deutsche Hotel- und Gaststättenverband (DEHOGA) bzw. der Schweizer Interessenverband – der Schweizer Hotelier-Verein (SHV) – skizzieren Hotelunternehmen,

SHV – Schweizer Hotelier Verein 1992:
„....als Betriebe, die über eine vollständige Einrichtung für den Aufenthalt, die Unterkunft und die Verpflegung seiner Gäste verfügen. Sie zeichnen sich durch einen der Kategorie angemessenen Wohn- und Aufenthaltsstandard und durch entsprechende Dienstleistungen aus."

DEHOGA – Deutscher Hotel- und Gaststättenverband 1988:
„....als einen Beherbergungsbetrieb mit angeschlossenem Verpflegungsbetrieb für Hausgäste und Passanten. Es zeichnet sich durch einen angemessenen Standard seines Angebots und durch entsprechende Dienstleistungen aus."

Mindestvoraussetzungen:
- mindestens 20 Gästezimmer
- ein erheblicher Teil der Gästezimmer ist mit eigenem Bad/Dusche und WC ausgestattet
- ein Hotelempfang steht zur Verfügung

Die Schwierigkeit einer exakten Definition des Hotelbegriffs findet in den Bemühungen um eine möglichst vollständige Erfassung der zahlreichen **Hoteltypen** ihre Fortsetzung. So lassen sich die vielfältigen Erscheinungsformen in der Hotellerie durch einen mehrdimensionalen Ansatz erfassen, der nach kunden-, unternehmens- und standortspezifischen Kriterien differenziert. Ein Hotel kann dabei auch mehrere der aufgeführten Kriterien gleichzeitig in sich vereinigen (Abb.B.17).Charakteristisch für die Hotellerie ist die **Klassifikation von Hotels** nach Angebots- bzw. Qualitätskategorien. Die entscheidende Kategorisierungsaufgabe besteht darin, die Vielfalt gastgewerblicher Angebotsformen zu ordnen, um dadurch in- und ausländischen Touristen Vergleichsmöglichkeiten zu verschaffen. Die vom Gesetzgeber oder von der betreffenden Standesorganisation vorgenommene objektive Unternehmensklassifikation dient demnach der Preis- und Leistungstransparenz für den Konsumenten. Aber auch aus der Sicht der Hotellerie bietet eine objektive Klassifikation eine Reihe von Vorteilen. So ist beispielsweise eine offizielle Unternehmensklassifikation – in Verbindung mit der stets einhergehenden Preisnormierung – als objektives Werbeargument für einen bestimmten Qualitätsstandard zu betrachten. Des Weiteren schafft eine Unternehmens- und Preisklassifikation die Voraussetzungen für die Durchführung von Betriebsvergleichen und ermöglicht jedem Unternehmen eine Überprüfung der eigenen Leistungsfähigkeit, sowie eine Beurteilung der Wettbewerbsfähigkeit im Hinblick auf die Konkurrenz.

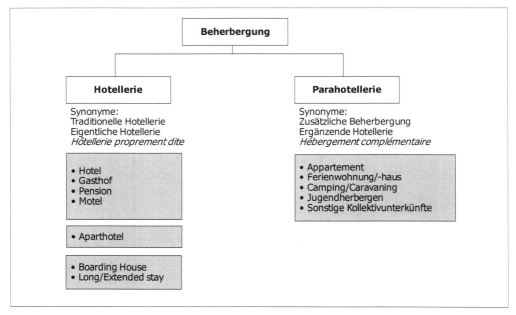

Abb.B.16:   Systematik der Beherbergungsformen
             Quelle: Kaspar 1982, S.77

Die meisten Fremdenverkehrsländer verfügen über staatliche Einrichtungen oder Verbandsorganisationen, welche über das Leistungs- und Qualitätsniveau des Hotels befinden und daraus eine Klassifizierung ableiten. Diese Systeme können entweder formeller oder informeller Natur sein, sie sind entweder staatlich oder privatrechtlich organisiert und sie sind entweder freiwilliger oder verpflichtender Natur. In der Bundesrepublik Deutschland wird erst seit 1996 seitens der DEHOGA eine einheitliche, formelle und privatrechtlich organisierte Klassifizierung vorgenommen, die für Hotelbetriebe – anders als bspw. in Österreich oder Südtirol – jedoch nicht zwingend vorgeschrieben ist. Seitdem wurde der Kriterienkatalog dreimal aktualisiert und überarbeitet (zuletzt 2009), neue technische Innovationen wurden aufgenommen und alte nicht mehr zeitgemäße Standards entfernt. So liegen der deutschen Hotelklassifizierung derzeit 230 Kriterien über die verschiedenen Kategorien zugrunde. Aktuell sind ca. 8.300 Hotelbetriebe klassifiziert, was einem Anteil von ca. 23 % an der klassischen Hotellerie entspricht. Die Mehrzahl der zertifizierten Hotels (ca. 90%) sind dabei Betriebe in der 3- und 4-Sternekategorie. (hotelsterne.de 2014) Die Zertifizierung ist im Zeitalter des Onlinevertriebs auch ein wichtiges Suchkriterium in zahlreichen InternetHotelplattformen (z.B. hrs.com, booking.com) geworden und sichert zertifizierten Betrieben eine entsprechende Marktpräsenz über die nicht zertifizierte Betriebe nicht verfügen. Darüber hinaus nehmen in Deutschland zahlreiche weitere private Anbieter entsprechende Klassifizierungen vor, die obwohl teilweise nicht in der Fremdenverkehrsbranche tätig in der Veröffentlichung von Hotel- und Restaurantführern einen guten Werbeträger sehen (z.B. Varta, Michelin, Shell). Weltweit existieren derzeit ca. 100 verschiedene Klassifikationssysteme, wobei diese Hotelklassifizierungen sich unterschiedlichster Bewertungssystematiken (Sterne, Diamanten, Punkte, %e etc.) und Bewertungskriterien bedienen.

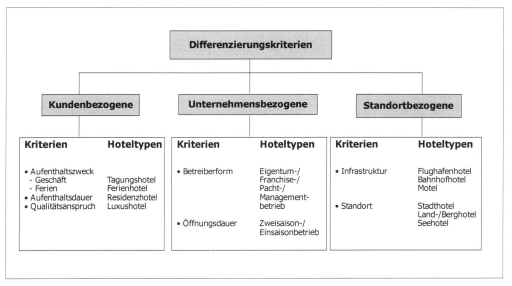

Abb.B.17:   Typologie von Hotelunternehmen

Die Kategorisierungs- und Klassifizierungsnotwendigkeit von Hotels ist in der Branche nicht unumstritten (Rainer 2009). Die Hauptargumente der Klassifizierungskritik münden im Tatbestand, dass Klassifizierungen in obigem Sinne oftmals einem absoluten, angebotsorientierten Qualitätsbegriff folgen, und nicht einem relativen, der charakterisiert durch die Erfüllung spezifischer Anforderungen die Kundenerwartungen in den Mittelpunkt der Betrachtung stellt. Qualität wird in derartigen Klassifizierungssystemen im Wesentlichen mit dem Vorhandensein und dem Zustand zählbarer Kriterien und Ausstattungsmerkmale assoziiert und somit inputorientiert aufgefasst (Abb.B.18). So entziehen sich vielfach neuere Hotelkonzepte immer mehr den Klassifikationsmöglichkeiten, da vielfach die Hardware zwar eine Einordnung in bestimmte Kategorien ermöglicht, diese aber nicht zwingend mit dem angebotenen

Serviceniveau bzw. dem Produktkonzept übereinstimmen (z.B. 25hours, Motel One, H2O, Meiniger Hostels).

Die Qualität des Outputs, sprich die Kundenzufriedenheit die nicht zuletzt durch zahlreiche immaterielle bzw. qualitative Faktoren im Dienstleistungsprozess beeinflusst wird, bleibt bei derartigen Qualitätskategorien außen vor, so dass die Staats- bzw. Verbandsklassifizierungen aus Kundensicht nicht mehr als ein erster Orientierungspunkt sind. Insofern werden existierende Hotelbeurteilungssysteme vielfach als nicht ausreichend marktorientiert, einengend, bürokratisch und nicht zeitgemäß angesehen. Insbesondere im Zeitalter von Web 2.0 stehen dem Gast mittlerweile neben einer Fülle an Informationen der Anbieter zudem tagesaktuelle Bewertungen und Beschreibungen von Gästen in zahlreichen Hotelbewertungsportalen zur Verfügung, die die bestehenden Systeme der deutschen Klassifizierung als relativ unflexibel erscheinen lassen. Darüber hinaus glauben viele Hotelgesellschaften/-ketten, dass aufgrund ihrer Produktsegmentierung und ihres Markennamens jegliche Beurteilungssysteme überflüssig geworden sind, insbesondere wenn es sich um international etablierte Marken handelt, die nationale Bewertungsschemata überschreiten. Dies zeigt sich in Entwicklungen in der internationalen Hotellerie, die mit prägnanten Klassifizierungsbegriffen bzw. Namenszusätzen im Markennamen eine gewisse Preis- und Leistungstransparenz gegenüber den Kunden schaffen wollen (Budget, Economy Limited Service, Economy Full Service, Mid Price-Full Service, Premier, First Class, Luxury) (Seitz 1997, S.16).

Abb.B.18:   Auszüge aus dem Kriterienkatalog der Hotelklassifizierung nach DEHOGA
            Quelle: DEHOGA 2008c

Ein weiteres typisches Merkmal der Hotellerie sind die verschiedenen *Formen der Kooperation* in der Hotellerie. Während die strategischen Implikationen der Kooperationsbestrebungen in der Branche Gegenstand eines späteren Kapitels sein werden (Kapitel D.5.3), soll hier neben dem Begriff des Hotels als Individualbetrieb, auch die Erscheinungsformen der Hotelkette und der Hotelkooperation erläutert werden. Unter einer **Hotelkette** wird dabei eine Gruppe von Hotelbetrieben bzw. -unternehmen verstanden, die organisatorisch unter einheitlicher und zentraler Leitung operieren, marktlich unter gleichem Namen auftreten und hinsichtlich ihres Angebots den gleichen qualitativen Standard bieten (z.B. Steigenberger Hotels und Resorts, NH Hoteles, Hilton). Hotelketten können dabei – wie in Abb.B.19 dargestellt – entweder als Filial- bzw. Franchisesystem oder als Hotelkonzern organisiert sein. Charakteristisch ist hierbei, dass wesentliche betriebswirtschaftliche Teilfunktionen, wie z.B. Werbung, Marktforschung oder Qualitätsmanagement aus den einzelnen Häusern ausgegliedert und der Kettenzentrale übertragen sind. Hotelketten können dabei auch unterschiedliche Qualitätssegmente bedienen, wobei die einzelnen Hotels nach dem Grad ihrer Ausstattung und des Serviceangebots unter bestimmten Markennamen zusammengefasst werden.

Hotelunternehmen				
Individual-hotellerie	**Markenhotellerie**			
	Hotelkooperation	**Hotelkette**		
Einzel-/Individualhotel		**Franchisehotel**	**Filialsystem**	**Hotelkonzern**
einzelbetrieblich	mehrbetrieblich	mehrbetrieblich	mehrbetrieblich	mehrbetrieblich
Rechtlich und wirtschaftlich selbständige Hotels	Horizontaler Zusammenschluss rechtlich und wirtschaftlich selbständiger Hotels; teilweise gehören Konzernhotels zugleich einer Hotelkooperation an (z.B. ist das Münchner Rocco Forte *The Charles* Hotel zudem eines der Leading Hotels of the World)	Vertikaler Zusammenschluss rechtlich und wirtschaftlich selbständiger Hotels	Unternehmen mit mehreren rechtlich unselbständigen Hotels (Filialbetriebe)	Rechtlich selbständige und zumeist wirtschaftlich abhängige Hotels unter einheitlicher Leitung

Abb.B.19:   Unterscheidungsformen von Hotelunternehmen
            Quelle: Gruner et al. 2008, S.161

Hotelkooperationen verkörpern hingegen eine – je nach Kooperation mehr oder weniger formalisierte Form des Zusammenschlusses von Einzelunternehmen – bei der die rechtliche und wirtschaftliche Selbständigkeit der Einzelhotels erhalten bleibt (Hofmann 1996, S.3f.). Ziel von Hotelkooperationen ist es, über gemeinsame Aktivitäten eine werbewirksame Marke aufzubauen, den Verkauf zu intensivieren und die Wettbewerbsfähigkeit zu verbessern, um derart ein Gegengewicht zu den finanzstarken internationalen Hotelketten zu schaffen (z.B. Ringhotels, Biohotels, Familotels).

Der Deutsche Hotel- und Gaststättenverband (DEHOGA) und der Hotelverband Deutschland (IHA) unterscheiden dabei nicht mehr zwischen Hotelgesellschaften bzw. Hotelketten und Hotelkooperationen, sondern haben hierfür den Begriff der **Markenhotellerie** geprägt

(Abb.B.20). Unter diesem Oberbegriff werden Hotelgesellschaften und Hotelgruppen geführt, die:

- über mindestens vier Hotels verfügen,
- wovon sich mindestens eins in Deutschland befindet und
- die mit einer Dachmarkenstrategie am deutschen Hotelmarkt operieren, die sich unter anderem im Hotelnamen dokumentiert (IHA 2008, S.96).

Gesellschaft	Markenname(n)	Hotels in Deutschland	Zimmer in Deutschland
1. Accor Hospitality Germany	Sofitel, Suitehotel, Novotel , Mercure, Ibis, Adagio etc.	340	44.326
2. Best Western Hotels Deutschland	Best Western	200	19.866
3. Wyndham Hotel Group*	Wyndham, Tryp Hotels etc	104	ca.14.000
4. InterContinental Hotels Group (IHG)	InterContinental, Holiday Inn, Indigo etc.	63	ca. 13.000
5. Steigenberger Hotels AG	Steigenberger, Intercity	70	12.469
6. Maritim Hotelgesellschaft	Maritim	37	10.753
7. Top International Hotels GmbH	Top Hotel, VCH etc.	94	10.528
8. Carlson Rezidor Hotel Group	Radisson, Park Inn, Park Plaza etc.	50	ca.10.500
9. NH Hoteles Deutschland GmbH	NH Hoteles, NHow	59	10.436
10. Motel One Group	Motel One	41	ca. 9.000

* Größtenteils betrieben durch Grand City Hotels GmbH und Hospitality Alliance AG

Abb.B.20:   Top 10 der deutschen Markenhotellerie 2013 (Rangfolge nach Anzahl der Zimmer)
            Quelle: IHA 2014, S.205

2.1.2   Die Einordnung der Hotellerie in das Gesamtsystem Tourismus

Die Hotellerie ist ein wesentlicher Bestandteil des wirtschaftlichen Bezugsrahmens Tourismus und repräsentiert einen bedeutsamen Anteil an der touristischen Wertschöpfungskette. Das in Abb.B.21 dargestellte *Bezugssystem des Tourismus unterscheidet drei Dimensionen*: Die eigentlichen *Kernfunktionen* des Tourismus, die drei Arten von *Institutionen*, die die einzelnen Kernfunktionen erfüllen, sowie die notwendige *Infrastruktur* für den Tourismus (Schultze 1993, S.73). Zu den Kernfunktionen innerhalb der Wertschöpfungskette des Tourismus zählen die Entwicklung und der Vertrieb der touristischen Dienstleistungen bzw. der Pauschalangebote für Transport und Aufenthalt, die Transportleistung, die Beherbergung und Verpflegung, sowie touristische Nebenleistungen (Kaspar 1990, S.24; Pompl 1997, S.1f.). In diesem Rahmenkonzept gehört die Hotellerie zu den reinen Tourismusbetrieben, deren Existenzgrundlage originär vom Angebot touristischer Leistungen abhängt. Tourismusspezialisierte oder tourismusabhängige Betriebe bieten hingegen derivate Leistungen im Tourismussektor an und sind in unterschiedlichem Maße wirtschaftlich von den Nachfrageentwicklungen im Fremdenverkehr abhängig.

Die grundsätzliche Vernetzheit der vier touristischen Kernfunktionen im Zusammenhang mit der dazugehörigen Infrastruktur hat in der jüngeren Vergangenheit dazu geführt, einzelne bzw. die gesamten Kernfunktionen der touristischen Wertschöpfungskette zu bündeln und im Rahmen vertikaler, betrieblicher oder überbetrieblicher Zusammenarbeit zu einer integrierten Vermarktungsleistung zusammenzufassen. So sind bspw. auf der Ebene überbetrieblicher Zusammenarbeit zunehmend gemeinsame Vermarktungsanstrengungen zwischen den verschiedenen Bereichen zu beobachten, die in der Literatur unter dem Stichwort **Destinationsmanagement** (Bieger/Beritelli 2012) subsummiert werden.

	Kernfunktionen				
Institutionen	**Distribution/ Packaging**	**Transport**	**Beherbergung/ Verpflegung**	**Touristische Nebenleistung**	
Reine Tourismusbetriebe	• Reisevermittler • Reiseveranstalter • Fremdenverkehrsämter, /-verbände,..	• Airlines • Bahn • Schiffahrt • Straßengeb. Verkehr • Terminalbetreiber	• Hotel, Pension, Motel, Gasthof, Sonstige • Gastronomie	• Kongreß- und Tagungswesen • Messen und Ausstellungen • Kuren und Bäderwesen	
Infrastruktur	Reservierungssysteme	Transportsysteme (Straße, Schiene..)	Fremdenverkehrsort		
Tourismusspezialisierte Betriebe	•Marktforschungsinstitute • Werbeagenturen •...	• Produktion - Fahrzeugbau - Anlagenbau • Dienstleistung - Autovermieter - Gepäckträger	• Produktion - Möbel - Küchentechn. • Dienstleistung - Berater - Architekten	• Produktion - Souvenirind. - Reiseausrüst. • Dienstleistung - Fremdenführ. - Versicherung	
Tourismusabhängige Betriebe	•Marktforschungsinstitute • Werbeagenturen •...	• Bergbahnen • Skilifte • Fähren • Tankstellen • ...	• Gastronomie	• Produktion - Sportartikelind. - Fotoind. • Dienstleistung - Kulturanbieter - Spielbanken	

Abb.B.21:   Bezugsrahmen des Tourismus
               Quelle: Schultze 1993, S.73

Auf einzelbetrieblicher Ebene lässt sich dieses Phänomen der Wertkettenverknüpfung hingegen beispielhaft an der Entwicklung der Preussag AG festmachen, die seit Mitte 2002 als TUI (Touristik Union International) firmiert. Neben dem betriebswirtschaftlich bemerkenswerten strategischen Wandel vom Stahlunternehmen zu einem Touristikanbieter, spiegelt sich im Portfolio der TUI die Entwicklung zu einem **integrierten Touristikkonzern** mit Zugriff auf alle Kernfunktionen der touristischen Wertschöpfungskette. So ist die Hoteltochter der TUI AG, die TUI Hotels & Resorts aktuell mit 339 Hotels in über 30 Ländern nicht nur die größte deutsche Hotelkette, sondern ist darüber hinaus auch als die größte europäische Ferienhotelkette im Größenvergleich der weltweit größten Hotelgesellschaften auf Rang 12 platziert. (Stand 2012).

2.1.3   Branchenstruktur

Der **deutsche Hotelmarkt** gilt mit ca. 35.000 Hotels, ca. 21,5 Mrd. Euro Umsatz im Bereich der klassischen Hotellerie, ca. 455.000 Beschäftigten und einem potenziellen Marktvolumen von ca. 620 Mio. verfügbaren Betten im Jahr 2013, zwar als einer der attraktivsten, aber auch als einer der schwierigsten Märkte in Europa. Große Überkapazitäten seit der Wiedervereinigung drücken dauerhaft auf die Preisentwicklung so wie auch lange Rezessionsphasen seit den 1990er Jahren dazu geführt haben, dass der deutsche Hotelmarkt seit 1995 nur in fünf Jahren nennenswerte Wachstumsraten von mehr als 1% erzielt hat, wobei das bereits auch die Sondereffekte durch die Fußballweltmeisterschaft im Jahr 2006 oder die Finanzkrise im Jahr 2009 mit einbezieht (IHA 2013, S.20). Die Umsatzentwicklung im Beherbergungsgewerbe stellt sich im vergangenen Jahrzehnt dabei wie folgt dar (Abb.B.22).

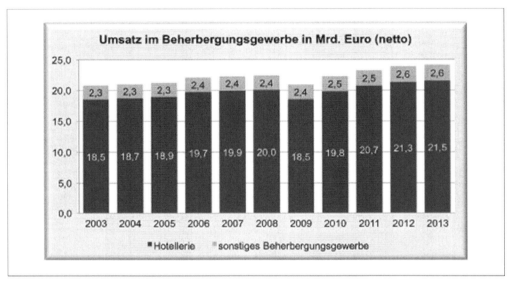

Abb.B.22:   Umsatzentwicklung im Beherbergungsgewerbe 2003–2013
             Quelle: DEHOGA 2014a

Um die Branchenstruktur der Hotellerie im Detail zu beleuchten, ist es sinnvoll zunächst die Betriebsarten und Größenverhältnisse in Bezug auf die Marktteilnehmer zu untersuchen, um im Anschluss daran auf die Markt- und Wettbewerbsverhältnisse eingehen zu können. Einen ersten Einblick in die *Branchenstruktur der Hotellerie* in der Bundesrepublik vermittelt der gastgewerbliche Zahlenspiegel des Deutschen Hotel- und Gaststättenverbandes (Abb.B.23).

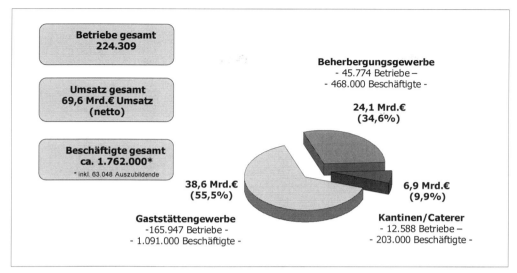

Abb.B.23: Umsätze, Marktteilnehmer und Beschäftigte im Gastgewerbe im Jahr 2013
         Quelle: DEHOGA 2014b

Als Maßstab für Größenverhältnisse in der Hotellerie lassen sich die Anzahl der Zimmer bzw. Betten, Umsätze oder die Anzahl der Beschäftigten heranziehen. Hierbei wird nach Betrieben der Klein- Mittelstands- und Großhotellerie unterschieden ohne das es jedoch hierfür eine einheitliche quantitative Systematik bzw. offizielle Größenklassifikation der Hotelunternehmen. gäbe. Nach *Betriebsarten* lassen sich dabei für das klassische Beherbergungsgewerbe (Traditionelle Hotellerie) im Jahr 2013 folgende Strukturen in Deutschland identifizieren:

Durchschnittlich ca. 44 Zimmer/ 81 Betten
pro Hoteleinheit

	Hotel	Hotel Garni	Gasthöfe	Pensionen	Klassische Hotellerie Gesamt
Betriebe	13.307	7.581	7.864	5.251	34.003
Zimmer	590.760	192.577	101.491	65.388	950.216
Betten	1.075.897	343.414	180.251	113.777	1.713.339

Abb.B.24: Die Struktur der traditionellen Hotellerie nach Betriebsarten im Jahr 2013
         Quelle: IHA 2014, S.39f. und die dort angegebene Literatur

In Bezug auf die hotelspezifischen **Betriebsgrößenklassen** weisen die Zahlen des Jahres 2013 für das klassische Beherbergungsgewerbe ca. 34.000 Hotelunternehmen aus, von denen ca. 87% über weniger als 49 Zimmer verfügen.

Klassische Hotellerie nach Betriebsgrößenklassen		
Betriebsgrößenklassen von...bis	Hotels 2012	2013
0 – 49 Zimmer	30.339	29.736
50 – 99 Zimmer	2.606	2.605
100 – 249 Zimmer	1.395	1.423
250 – und mehr Zimmer	238	239
Summe	34.578	34.003

ca. 87 % der Hotels haben weniger als 49 Zimmer

Abb.B.25:   Die traditionelle Hotellerie nach Betriebsgrößenklassen im Jahr 2012 und 2013
             Quelle: IHA 2014, S.39 und die dort angegebene Literatur

Aktuell gibt es in Deutschland nur 24 Hotels mit einer Zimmerkapazität über 500 Zimmern und nur drei mit einer Kapazität von mehr als 1.000 Zimmern. Neben dem Park Inn Alexanderplatz in Berlin mit 1.012 Zimmern und dem Sheraton Frankfurt Hotel Towers am Frankfurter Flughafen mit 1.008 Zimmern, weist das aktuell größte und umsatzstärkste deutsche Hotel – das Estrel Residence & Congress Hotel Berlin – mit 1.125 Zimmern und 2.250 Betten Dimensionen auf, die in der klein- und mittelständischen Hotellerie in Deutschland kaum anzutreffen sind. Andere Größenordnungen findet man bspw. in den USA, wo Hotelunternehmen mit einer Kapazität von unter 300 Betten als klein, unter 600 als mittel und erst Hotels mit einer Kapazität von über 600 Betten als Großbetriebe angesehen werden (Horwath et al. 1970, S.456f.). Das aktuell größte Hotel der Welt ist dabei das The Venetian in Las Vegas mit 7.128 Zimmern, so wie sich auch weitere 14 Hotels in Las Vegas unter den 20 größten Hotels der Welt befinden (Stand 2013).

Steuerpflichtige Hotelunternehmen und deren Umsatzanteile nach Umsatzgrößenklassen von 2005 bis 2011		
Umsatzgrößenklassen von...bis	Anteil Hotels 2005	2010	2011
17.500 - 250.000 €	72,5%	70,8%	68,8%
250.000 – 1.000.000 €	22,0%	22,0%	23,4%
1.000.000 € und mehr	5,5%	7,1 %	7,8%
Summe	100,0%	100,0%	100,0%

Abb.B.26:   Die traditionelle Hotellerie nach Umsatzgrößenklassen in den Jahren 2005 bis 2011
             Quelle: IHA 2014, S.39 und die dort angegebene Literatur

Betrachtet man im Weiteren die *Umsatzsteuerstatistik* im Hotelgewerbe im Detail, zeigt sich denn auch, dass Hotels verglichen mit Unternehmen anderer Wirtschaftszweigen relativ geringe Umsätze pro Unternehmen aufweisen (Henschel et al. 2013, S.26). So hatten – wie Abb.B.26 verdeutlicht – 68,8% der Hotelbetriebe im Jahr 2011 einen Jahresumsatz von unter 250.000 € und gerade einmal 7,8% der Betriebe erwirtschaftete einen Umsatz von über 1 Mio. €. Überträgt man im Weiteren die Zahlen der Umsatzsteuerstatistik auf die Größenklassifikation des Handelsrecht für Kapitalgesellschaften, wie sie das HGB in §267 vorsieht, so stellt man fest, dass knapp 95% aller Hotelunternehmen in Deutschland – am Umsatz gemessen – zu den kleinen Gesellschaften zählen würden. Die Umsatzsteuerstatistik der letzten Jahre zeigt allerdings auch einen Rückgang der Betriebe mit relativ geringen Umsätzen sowie einen leichten Anstieg der Betriebe mit Umsätzen über 1 Mio. € was dem allgemeinen Trend zu Betrieben mit größerer Kapazität entspricht.

Rang	Hotelbetrieb	Nettoumsatz 2013 in Mio.€	Hotelgruppe	Nettoumsatz 2013 in Mio.€
1	Hotel Bayerischer Hof, München	58,5	Accor Hotellerie Deutschland	986,6
2	Estrel Residence&Congress Hotel, Berlin	55,8	Best Western Hotels Deutschland	668,5
3	Hotel Adlon Kempinski, Berlin	54,6	InterContinental Hotels Group	530,9
4	Sheraton Frankfurt Hotel&Towers, Frankfurt/Main	45,8	Starwood Hotels & Resorts Worldwide Inc.	392,2
5	Kempinski Vierjahreszeiten München	42,0	Steigenberger Hotels	389,4
6	InterContinental Berlin, Berlin	40,4	Maritim Hotelgesellschaft	364,1
7	The Westin Grand München	36,8	Hospitality Alliance AG/Ramada Worldwide	322,0
8	Hotel Sport- und Kurhotel Sonnenalp, Ofterschwang	36,7	Grand City Hotels	313,8
9	Hilton Berlin	35,7	NH Hoteles Deutschland	291,7
10	Grand Elysée	34,5	Marriott International Inc.	280,4

Abb.B.27:   Die zehn umsatzstärksten Hotelbetriebe und Hotelgruppen in Deutschland 2013
Quelle: Deka Bank 2014

Betrachtet man die deutsche Hotellerie auf einzelbetrieblicher Ebene bzw. auf der Ebene der Hotelgruppen ergeben sich für die Top Ten der Hotelbetriebe bzw. Hotelgruppen die in Abb.B.27 dargestellten Größenordnungen. Das aktuell größte und umsatzstärkste deutsche Hotel – das Estrel Residence &Congress Hotel Berlin – weist dabei mit 1125 Zimmern und 2250 Betten Dimensionen auf, die in der klein- und mittelständischen Hotellerie in Deutschland eher noch selten anzutreffen sind. Damit wird deutlich, dass die *Hotelbranche* in *Deutschland*, im Gegensatz zu den Entwicklungen in den USA, sich bis in die heutige Zeit noch ihren *Mittelstandscharakter* bewahrt hat. Eine klein- und mittelständisch geprägte

Struktur ist ein signifikanter Indikator für das Vorhandensein einer fragmentierten Branche. PORTER charakterisiert eine fragmentierte oder zersplitterte Branche als Branchentypus, in dem „*...die Wettbewerber weder signifikante Marktanteile besitzen noch das Branchenergebnis beeinflussen können*" (Porter 1999, S.249), ein Merkmal, das für die Hotellerie weltweit Gültigkeit besitzt (Schultze 1993, S.164). So zeigt ein Blick auf die Branchenstrukturen aller EU-Mitgliedstaaten, dass sich im Durchschnitt aller Länder nach wie vor der Großteil der Gesamtkapazität in der Hotellerie im Besitz kleiner, unabhängiger Familienbetriebe befindet und – bezogen auf die Zahl der Betriebe – nur ein geringer Teil von Hotelketten kontrolliert wurden. Einschränkend muss hier jedoch berücksichtigt werden, dass eine differenzierte Betrachtung der verschiedenen Sternekategorien und Standorte unterschiedlich hohe Konzentrationsmaße ergibt. So dominiert in den städtischen Ballungszentren oftmals die Kettenhotellerie das Hotelangebot, während in der Ferienhotellerie nach wie vor noch die unabhängigen und inhabergeführten Einzelunternehmen überwiegen. Städte wie Frankfurt/Main (74%), Düsseldorf (65%), Dresden (63%) oder Berlin (57%) weisen entsprechend hohe Konzentrationsgrade der markengebundenen Häuser in Deutschland auf (hotelbiz consulting 2003, S.8). Aktuell wird der Grad der Marktdurchdringung konzern- bzw. kooperationsgebundenen Organisationseinheiten, sprich der Markenhotellerie in Europa im Durchschnitt auf 25% geschätzt, während in den USA der geschätzte Marktanteil der Hotelketten bzw. Kooperationen auf 70% beziffert wird (Gerhard/Nadrowski 2011, S.71).

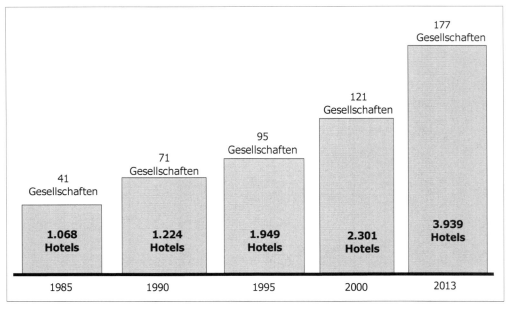

Abb.B.28:   Entwicklungsdynamik der Markenhotellerie in Deutschland von 1985 bis 2013
            Quelle: IHA 2014, S.203

Obwohl die deutsche Hotellerie im Vergleich zu anderen Hotelmärkten und anderen Wirtschaftszweigen noch einen relativ geringen Konzentrationsgrad aufweist, schreitet der **Konzentrationsprozess** seit den 1990er Jahren verstärkt fort und wird in den nächsten Jahren mit weiteren Marktbereinigungen zu Lasten der Individualhotellerie verbunden sein. Die Wettbewerbsintensität zwischen Individual- und Kettenhotellerie hat entsprechend deutlich zugenommen und so finden sich in der jüngeren Zeit in der öffentlichen Diskussion denn auch verstärkt Beiträge (vgl. Heyer 2004; Gardini 2006; TREUGAST 2009), die den Strukturwandel in der Hotellerie thematisieren und deutschland- bzw. europaweit einen merklichen Übergang von ehemals mittelständischen, fragmentierten Branchenstrukturen und familien- bzw. unternehmerzentrierten Hotelbetrieben, hin zu konzern- bzw. kooperationsgebundenen Organisationseinheiten konstatieren: „… *the hotel sector in Europe has changed faster in the past ten years than any time of history*" (Harrison/Enz 2005, S.356).

Unterzieht man die Konzentrationsentwicklungen in der deutschen Hotellerie einer näheren Betrachtung, so muss man zwischen einer mengenbezogenen (Kapazität) und einer wertbezogenen (Umsatz) Perspektive unterscheiden. Im Jahr 2013 waren – wie in Abbildung B.28 dargestellt – 177 auf dem deutschen Markt agierende Hotelgesellschaften (Ketten und Kooperationen) bekannt, die im Sinne des oben genannten Markenbegriffs der DEHOGA als Markenhotellerie über 3.939 Betriebe verfügen. Diese Betriebe erwirtschafteten nach Schätzungen des Hotelverbands Deutschland (IHA) im Jahr 2013 einen Marktanteil von über 50% des Gesamtumsatzes der Hotelbranche, obwohl sie mit 3.939 Beherbergungsbetrieben nur knapp 11.6% (2008: 9,9%) der Betriebe stellt (IHA 2014, S.210). Legt man anstelle der Umsatzzahlen die Zimmerkapazität zugrunde, so stellten Ketten und Kooperationen im Jahr 2013 39,7% (2008: 34,9%) der Hotelkapazität in Deutschland. Insofern verzeichnet der Markttrend im letzten Jahrzehnt einen deutlichen Anstieg der markengebundenen Hotellerie und einen Rückgang der Individualhotellerie. Institutionelle Investoren fördern dabei das Wachstum der Markenhotellerie in Europa und so werden sich Schätzungen zufolge denn auch die Strukturen in der Europäischen Union und somit auch in Deutschland zunehmend den Verhältnissen in den USA angleichen (Gardini 2008, S.7).

2.1.4   Angebots- und Nachfragestruktur

Angebot und Nachfrage in der Hotellerie weisen eine Reihe besonderer struktureller Merkmale auf, die von sich gegenseitig verschärfenden Gegensätzen gekennzeichnet sind (Abb.B.23). Deren grundlegende Charakteristik ist die **geringe Elastizität auf der Angebotsseite bei gleichzeitig hoher Volatilität auf der Nachfrageseite**, ein Tatbestand, welcher als Kernproblem des Management von Dienstleistungsunternehmen gilt (Lovelock 1988; Corsten/Suhlmann 2001; Bieger 2002a, S.247ff.). Konsequenz dieser Angebotscharakteristika sind die nachfolgend skizzierten Strukturmerkmale (Gardini 1997, S.68ff. und die dort angegebene Literatur):

- **Starres Kapazitätsangebot**
Die hohe Investitionsintensität bedingt, dass die einmal errichteten Hotelbauten in ihrer Kapazität nur schwer modifiziert werden können und die Möglichkeiten einer kurz- oder mittelfristigen Kapazitätserweiterung im Beherbergungsbereich äußerst beschränkt sind. Dazu kommt, dass Hotelbauten zweckgebunden sind und ohne erhebliche Kosten keiner Drittverwendung zugeführt werden können. Mit dem Bau eines Hotelgebäudes wird zudem das Verhältnis von Ein- und Mehrbettzimmern vorgegeben. Da ein Zweibettzimmer sowohl von einem Gast als auch von zwei Gästen belegt werden kann, ist es möglich, dass ein Hotel zwar ausgebucht ist, aber dennoch keine 100%ige Bettenauslastung erreicht. Das starre Verhältnis von Ein- zu Mehrbettzimmern beeinträchtigt die Angebotselastizität. Ein weiteres Merkmal, das dem Hotelangebot seine ausgeprägte Starrheit verleiht, ist die Tatsache, dass die kleinste im Beherbergungsbereich abzusetzende Einheit das ‚Bett pro Nacht' ist. Ein Bett kann nur

einmal pro Nacht und nur an eine Person vermietet werden, was eine zeitliche oder intensitätsmäßige Anpassung an Nachfragespitzen unmöglich macht. Im Gegensatz zum Verpflegungs- oder Bankettbereich, wo gewisse Möglichkeiten der Kapazitätsausweitung bestehen – indem der gleiche Platz im Restaurant an einem Abend mehrmals besetzt oder die Sitzplatzdichte erhöht wird – ist im Beherbergungssektor die maximale Auslastung durch die Bettenanzahl fixiert. Eine Anpassung des Angebots an eine geringere Nachfrage ist wiederum nur durch Stilllegung freier Kapazitäten zu erreichen.

- **Mangelnde Lagerfähigkeit**

Die geringe Angebotselastizität wird ferner dadurch verstärkt, dass der Aufbau von Lägern sowohl im Beherbergungs- als auch im Verpflegungsbereich nicht möglich ist. Daraus folgt, dass bereitgestellte und nicht verkaufte Leistungen zu einem späteren Zeitpunkt nicht mehr abgesetzt werden können, was einen nicht kompensierbaren Verlust zur Folge hat. Da Leistungserstellung und -absatz demnach zeitlich synchron erfolgen müssen, spricht man von der Zeitgebundenheit der Hotelleistung.

- **Standortgebundenheit**

Darüber hinaus sind Hotelleistungen standortgebundene Dienstleistungen. Die Ortsgebundenheit bewirkt, dass das Hotel sein Angebot an dem einmal gewählten Standort absetzen muss, da Hotelleistungen nicht transportfähig sind. Dies bedeutet, dass der Übergang der Leistungen vom Produzenten zum Nachfrager nach dem ‚Residenzprinzip' erfolgt, das heißt, dass der potenzielle Abnehmer der Hotelleistung selbst für die Raumüberwindung sorgen muss. WALTERSPIEL charakterisiert das Hotel in diesem Zusammenhang als „...*kundenpräsenzbedingten Dienstleistungsbetrieb*" (Walterspiel 1969, S.131). Die Standortwahl ist daher für Hotelunternehmen eine Entscheidung von größter strategischer Bedeutung, da der potenzielle Kunde bei der Selektion nicht nur die Qualität der Hotelleistungen beurteilt, sondern auch die Infrastruktur des gewählten Standortes als derivatives Qualitätsmerkmal in seinen Entscheidungsprozess mit einbezieht.

Dem *starren Angebot* der Hotelunternehmen steht eine höchst *labile Nachfrage* gegenüber, die ihre Ursache in einer Vielzahl von Faktoren findet. In diesem Zusammenhang wird eine Unterscheidung in eine ‚zwingende' und eine ‚nicht-zwingende' touristische Nachfrage vorgenommen, wobei die erstgenannte von materiellen Kalkülen verhältnismäßig unabhängig ist und demnach nicht den nachfolgend aufgezählten Einflussfaktoren unterliegt. Reisetätigkeiten aus vornehmlich zwingenden Motiven sind z.B. Geschäftsreisen, Reisen zu Kurzwecken, Pilgerfahrten, Reisen aus familiären Gründen. Ein wesentliches Merkmal der nicht-zwingenden touristischen Nachfrage stellen die saisonalen Schwankungen dar, die bewirken, dass sich die Nachfrage auf bestimmte Perioden konzentriert.

- **Institutionelle und natürliche Nachfrageschwankungen**

GUGG führt Nachfrageschwankungen auf natürliche und auf institutionelle Ursachen zurück. Unter den natürlichen Ursachen werden die Witterungsverhältnisse, wie z.B. Schnee, Sonne, Meerestemperatur etc., subsumiert. Als institutionelle Ursachen wären Schul- und Betriebsferien, kirchliche und weltliche Feiertage sowie besondere Großveranstaltungen, wie z.B. Messen oder Sportereignisse, zu nennen. Institutionelle Ursachen bedingen kurz- bis mittelfristig vergleichsweise regelmäßige Nachfrageschwankungen und weisen somit im Gegensatz zu natürlichen Ursachen eine bessere Prognostizierbarkeit auf. So kann es bei unerwarteten klimatischen Verhältnissen zu entsprechenden Umsatzeinbußen kommen, während z.B. an Messetagen Großstadthotels oft auf Jahre im Voraus ausgebucht sind. Darüber hinaus unterliegt die Nachfrage nach Beherbergungs- und Verpflegungsleistungen wöchentlichen und täglichen Schwankungen, die sich insbesondere im Segment der Geschäftshotellerie niederschlagen. In diesem Segment wechselt üblicherweise eine hohe Auslastung während der

Wochentage mit einer niedrigen Auslastung am Wochenende. Geschäfts- bzw. Stadthotels versuchen mit attraktiven Wochenendtarifen dieser Unterauslastung zu begegnen.

- **Makroökonomische, politische, ökologische und irrational induzierte Nachfrageschwankungen**

Hier zählen neben den ökonomischen Faktoren wie konjunkturelle Einflüsse, Einkommenselastizität der Fremdenverkehrssubjekte und Preis der touristischen Dienstleistung auch die nicht-ökonomischen, wie z.B. die Sensibilität gegenüber politischen Konflikten oder ökologischen Problemen im potenziellen Reiseland, zu den Determinanten der touristischen Nachfrage. Darüber hinaus wird die Labilität der Nachfrage noch dadurch verstärkt, dass der die Fremdenverkehrsleistungen in Anspruch nehmende Tourist kein *homo oeconomicus* ist, sondern in seiner Kaufentscheidung auch von einer Reihe irrationaler Motive wie Traditionen, Modeströmungen, Launen, Nachahmungstrieb und Statusbewusstsein geleitet wird.

Konsequenz dieser Besonderheiten in der Angebots- und Nachfragestruktur der deutschen Hotellerie ist die Tatsache, dass in Deutschland täglich ca. eine Million Betten unbelegt bleiben, wie Abb.B.29 verdeutlicht.

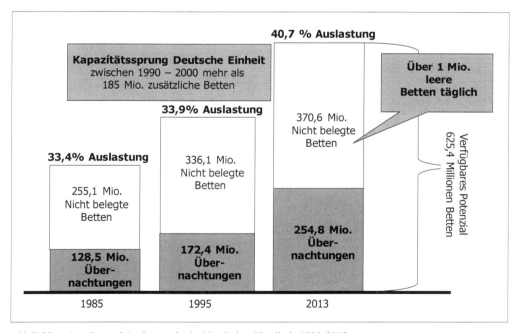

Abb.B.29:   Angebot und Auslastung in der klassischen Hotellerie 1985–2013
            Quelle: IHA 2014, S.41

2.1.5   Eigentumsverhältnisse und Vertragsstrukturen

Für die Entwicklung und Realisierung eines marktorientierten Unternehmenskonzeptes ist es von wesentlicher Bedeutung, wer als Entscheidungsträger in den Unternehmen die notwendige Kompetenz und organisatorische Verantwortung besitzt, diesen Marketingprozess zu initiieren und voranzutreiben. Grundlegende Erscheinungs- bzw. Betreiberformen sind dabei, wie nachfolgend dargestellt, im Eigentum des Betreibers befindliche Hotels sowie Pacht-, Management- und Franchisehotels (VÖB 2007, S.79ff.; Hänssler 2008, S.71ff.). Wesentliches Merkmal der im Anschluss skizzierten Pacht-, Management- und Franchisehotels, ist dabei die *funktionelle Entkoppelung* von Eigentum und Betrieb des Hotels (Schultze 1993, S.125ff.). Diese Spezialisierung sieht die Trennung zwischen den Aufgabenbereichen Hotelplanung, -finanzierung und -verkauf auf der Investorenstufe und der Ausübung des operativen Geschäftes auf der Betreiberstufe vor. Wachstums- und Expansionsbestrebungen, Risikoreduktion sowie Spezialisierungsvorteile, sind dabei die wesentlichen Motive einer solchen funktionellen Trennung (*„Trennung von bricks and brains"*). Abb.B.30 zeigt die aktuellen Eigentumsverhältnisse in der deutschen Hotellerie. Im Folgenden sollen kurz die wesentlichen Unterschiede der maßgeblichen Betreiberkonzepte in der deutschen Hotellerie skizziert werden (hierzu und zum Folgenden VÖB 2007, S.79ff.; Gruner et al. 2008, S.263f./225f./120f.):

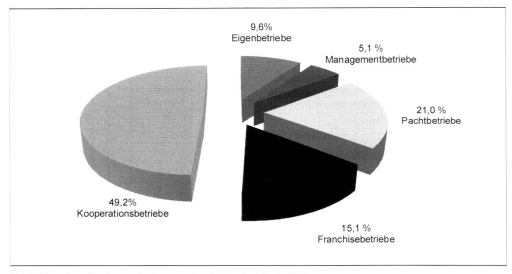

Abb.B.30:   Betreiberformen in der deutschen Markenhotellerie 2013
             Quelle: IHA 2014, S.202

■ **Eigenbetrieb**

Unter einem Eigenbetrieb wird das traditionelle Individual- bzw. Privathotel verstanden, bei dem sich Immobilie (Grundstück, Gebäude) und operatives Geschäft, sprich die Betreibung des Hotels, in einer Hand befinden. Die Rechtsform der Hotelunternehmen ist i.d.R. die der Einzelunternehmen. Personen- oder Kapitalgesellschaften sind zumeist nur bei großen Betriebseinheiten anzutreffen. Der Hoteleigentümer trägt das volle unternehmerische Risiko mit entsprechender Umsatz-, Kosten-, Gewinn- und Personalverantwortung.

■ **Pachthotel**

Beim Pachthotel einigen sich Betreiber und Investor bzw. Hoteleigentümer auf einen Pachtzins, der die Kompensation für gegenseitig zu erbringende Leistungen darstellt. Grundlage einer solchen Vereinbarung ist ein Pachtvertrag der die Überlassung von Miet- und Pachtge-

genständen (hier: operative Ausstattung, Technik, Hotelimmobilie), deren Miet- bzw. Pacht-
dauer und die Rückgabepflicht der betreffenden Gegenstände regelt. Als grundsätzliche Varianten des Pachtvertrages gibt es entweder den Fixpachtvertrag mit oder ohne Umsatz- bzw.
Ergebnisbeteiligung oder den Umsatzpachtvertrag mit oder ohne Ergebnisgarantie. Die
Pachtverträge umfassen neben der Höhe des Pachtzinses auch die von den Parteien zu übernehmenden Kosten, wobei der Investor die anlagebedingten Kosten (Zins, Abschreibung,
Instandhaltung) trägt, während der Betreiber für die betriebsbedingten Kosten verantwortlich
ist. Hotelpachtverträge kennen verschiedene Vertragsarten, bei denen auf unterschiedliche
Weise der jeweilige Unterhalt des Miet- und Pachtgegenstandes geregelt wird (sog. Single-,
Double- und Triple-Net-Verträge). Die Managementverantwortung und das unternehmerische Risiko für die Betreibung des Hotels obliegen dem Pächter. In der Hotellerie und Gastronomie werden Pachtverträge in der Regel auf 15-20 längstens jedoch auf 30 Jahre geschlossen. In Deutschland ist der Pachtvertrag nach wie vor das dominierende Vertragsmo-
dell in der Hotellerie.

■ **Managementhotel**
Ein Managementhotel ist dadurch gekennzeichnet, dass der Eigentümer eines Hotels bzw.
einer Hotelimmobilie einem Betreiber die operative Leitung überträgt und dafür eine Gebühr
(Management-Fee) bezahlt. Der Betreiber übernimmt die Verantwortung für Umsatz und
operative Kosten und zahlt den Gewinn nach Abzug seiner Managementgebühr an den Eigentümer bzw. Investor. Die Deckung der anlagebedingten Kosten obliegt dem Investor, der
damit die finanzielle Gesamtverantwortung trägt. Die Ausgestaltung der Managementgebühr
ist Verhandlungssache, in der Praxis wird neben der Grundgebühr (Basic Fee), die in der
Regel zwischen 2 bis 4% des Gesamtumsatzes beträgt, oftmals auch ein Erfolgshonorar
(Incentive Fee) vereinbart, das etwa zwischen 8 und 12% des erzielten Bruttobetriebsge-
winns (GOP) ausmacht. Gegen das unternehmerische Risiko kann der Investor sich durch
entsprechende Zahlungsgarantien seitens des Betreibers absichern (Managementvertrag mit
Ergebnisgarantie). Die branchenüblichen Laufzeiten betragen dabei zwischen 10 und 20
Jahren. 95% aller weltweit existierenden Verträge in der Hotellerie sind Managementverträge.

■ **Franchisehotel**
Franchiseverträge gewinnen in der Hotellerie immer mehr an Bedeutung. Beim Franchising
stellt der Franchisegeber (Franchisor) – i.d.R. eine Hotelkette (z.B. Choice Hotels International) – dem eigentlichen Betreiber (Franchisee) seinen Markennamen, sein Betriebskonzept,
sein Vertriebssystem und anderweitige operative Unterstützung gegen eine entsprechende
Franchisegebühr zur Verfügung. Das Entgelt, das sich der Franchisegeber hierfür vergüten
lässt, besteht in der Regel aus verschiedenen fixen und variablen Bestandteilen, d.h. üblicherweise einer Einmalzahlung für Entwicklungs- bzw. Akquisitionskosten („Initial") des
betreffenden Franchisemodells plus laufender Zahlungen aus dem Geschäftsbetrieb („Royality") in Abhängigkeit vom Umsatz oder Ertrag. Die Franchisegebühr kann durchschnittlich 6–
10% des Umsatzes betragen, wobei in der Hotellerie üblicherweise auf den Logisumsatz
abgestellt wird. Der Franchisenehmer trägt dabei das alleinige unternehmerische Risiko,
wobei er gewissen Restriktionen hinsichtlich seiner gestalterischen und operativen Handlungsfreiheiten unterliegt, da die Einhaltung bestimmter, vom Franchisegeber gesetzter Standards, Bestandteil eines Franchisevertrags ist (z.B. Bezugsverpflichtung bestimmter Waren,

Rohstoffe und/oder Produkte vom Franchisegeber). Die Pflicht des Franchisegebers besteht in erster Linie darin, sein Wissen zur Verfügung zu stellen und den Franchisenehmer einzuweisen. In der internationalen Hotellerie sind mit dem direkten Franchising und dem indirekten Franchising, d.h. der Vergabe von Master-Franchiserechten, zwei Varianten des Franchise zu beobachten. Während beim direkten Franchising der Franchisegeber aus der Hotellerie über seine Firmenzentrale bestimmte Know-how-Nutzungsrechte direkt an die jeweiligen ausländischen Franchisenehmer überträgt, wird beim Masterfranchising ein ausländischer Partner als Master-Franchisenehmer für ein bestimmtes Land oder eine Region zwischengeschaltet, der dann als Master-Franchisegeber in dem Land bzw. der Region die Franchiserechte der betreffenden Hotelgesellschaft an entsprechende Franchisenehmer vergibt. Bezieht man die Gesamtkosten eines Franchisevertrags auf den Umsatz, galt Best Westen 2007 als der günstigste Anbieter (1,8%), während Hilton (9,5%) und Marriott (11,4%) dagegen als teuerste Franchisegeber in der internationalen Hotellerie gelten. Die große Bandbreite der Kosten hängt von der konkreten Vertragsgestaltung ab und kann die Aspekte Branding, Reservierungssystem, Managementberatung, Personalschulungen, Einkauf, Marketing usw. beinhalten.

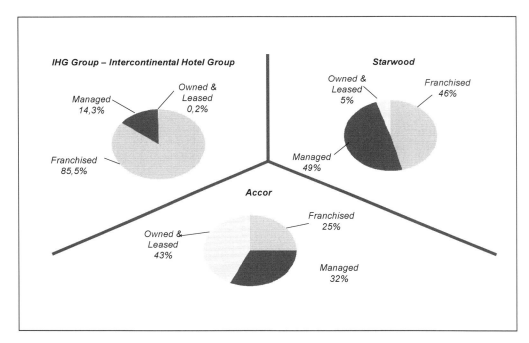

Abb.B.31:   Betriebsstruktur ausgewählter Hotelgesellschaften
                    Quelle: Corporate Websites (Einsehdatum 30.11.2013)

Ein wesentlicher *Nachteil der funktionellen Entkoppelung* besteht in dem geringen Partizipationsgrad der Betreiber bei der Gestaltung der Gesamtkonzeption der Hotelunternehmen. Gerade im Vorfeld der Hotelplanung, der Gestaltung der Gebäude- und Zimmerarchitektur, der Arbeitsplätze und der ablauforganisatorischen Serviceplanung liegen Potenziale, welche die Effizienz von Marketingkonzepten fördern können. Einbettung in das Umfeld, Design

und Ambiente eines Hotelunternehmens sind entscheidende Determinanten der Qualitätswahrnehmung des Kunden. Die Handlungsbeschränkung der Betreiber äußert sich auch in
der Inflexibilität auf Nachfrageveränderungen oder Verschiebungen des Wettbewerbsumfelds einzugehen. Größere Instandhaltungs-, Modernisierungs- oder nachfrageinduzierte
Zusatzinvestitionen fallen nicht in die Entscheidungskompetenz des Betreibers und konkurrieren mit den Renditeforderungen des Investors. Andererseits kann es im Interesse eines
Betreibers liegen, dessen Pacht- oder Managementgebühr sich an der Höhe des GOP orientiert, die Instandhaltungsaufwendungen zu minimieren, um so einen besseren GOP zu erzielen, was wiederum mit dem Interesse des Investors kollidiert, die Qualität seiner Immobilie
zu erhalten. Als nachteilig für den Investor können sich ebenfalls die zum Teil relativ geringen Einflussmöglichkeiten in Bezug auf Qualität und Leistungsfähigkeit des Betreibers im
operativen Geschäft erweisen, da der Wert einer Hotelimmobilie sich nicht nur an Faktoren
wie Standort, Gebäudesubstanz und Ausstattung orientiert, sondern auch von der Performance, sprich von der Leistungsqualität, dem erwirtschafteten Gewinn und dem daraus resultierenden Image abhängt.

> *„Ein namhaftes Beispiel dieser Strategie ist unter anderem InterContinental Hotels Group,
> die seit 2003 168 Hotels verkauft und so insgesamt 4,4 Mrd. US-Dollar eingenommen ha-
> ben. Weitere sieben Hotels in Europa wurden an Morgan Stanley Real Estate Funds für
> 805 Millionen US-Dollar veräußert. Rund 88% der verkauften Hotels werden von Inter-
> Continental Hotels Group unter Managementverträgen weiterbetrieben und die ursprüng-
> lich durch den Verkauf von Immobilien eingenommenen ca. 5,2 Mrd. US-Dollar wurden
> an die Aktionäre ausgeschüttet"* (Härle/Haller 2007, S.197).

Die ***Vorteile der funktionellen Entkoppelung*** liegen in der finanzwirtschaftlichen Komponente und hierbei insbesondere in der Reduktion des Kapitalbedarfs für den Betreiber.
Im Hinblick auf ein zu implementierendes Marketingkonzept sind die unternehmerischen
Handlungsfreiheiten im Bereich der klassischen Individualhotellerie mit dem im Eigentum
des Betreibers befindlichen Hotel am größten. Flache Hierarchien, die vom Eigentümer
geprägte Unternehmenskultur sowie die alleinige Entscheidungskompetenz über die Alloka-
tion der finanziellen Ressourcen begünstigen das Marketing-Management in diesem Sektor.
Für die nicht unabhängig geführten Hotelunternehmen, seien es Pacht-, Management- oder
Franchisehotels und/oder in Hotelketten eingegliederte Unternehmen, können sich je nach
Ausprägung des Eigentumsverhältnisses oder der Vertragsgestaltung entsprechende Restrik-
tionen im Hinblick auf die Entwicklung und Gestaltung eines Marketingkonzeptes ergeben.
So kann ein Franchisehotel aufgrund des ihm vorgegebenen gestalterischen und operativen
Standards sowie der vom Franchisegeber betriebenen Positionierung der Hotelmarke, eigene
Marketingkonzepte nur in diesen engen Grenzen entwickeln. Qualitätsfördernde Aktivitäten,
die z.B. ein ‚up-grading' bewirken könnten, sind demnach ausgeschlossen. Nichtsdestoweniger profitieren die Hotelketten und -gesellschaften sowohl auf Unternehmensebene als
auch auf Betriebsebene im Bereich der Qualitätspolitik von den Skalenvorteilen im Unter-
nehmensverbund (z.B. Zentralisierung von Aktivitäten, Kostenvorteile durch Standardisierung, akkumulierte Erfahrung, größere Verhandlungsmacht, optimierte Personalbeschaffung).

2.1.6   Personalintensität und Personalqualität

In der Mehrzahl der Beiträge zum Dienstleistungs- und Hotelmarketing wird die besondere Relevanz des Hotelpersonals bei der Realisierung von Marketingkonzeptionen betont (statt vieler Gardini 2014) was auch in der Erweiterung des klassischen Marketing-Mix um den Instrumentalbereich ‚*People*' zum Ausdruck kommt (siehe Kapitel B.1.4.2). Die Eigenschaften, Fähigkeiten und Einstellungen von Menschen, die als Leistungsträger innerhalb des Unternehmenssystems Hotelunternehmen definierte Aufgaben vollziehen, beeinflussen durch ihre Verhaltensweisen maßgeblich die vom Kunden wahrgenommene Qualität der Leistung. Die *Personengebundenheit der Dienstleistungsinteraktion* stellt als solche eine subjektive Erfahrung des Kunden dar, die sich durch das Zusammenwirken verschiedener Faktoren in einem sozialen Prozess vollzieht (Lehmann 1995, S.31ff.; Bieger 2000, S.207ff.)᾽ Diese Erkenntnis ist für Hotelunternehmen um so bedeutsamer, da sich in persönlichkeitsintensiven bzw. persönlich-interaktiven Dienstleistungsbranchen wie der Hotellerie, der Wirkungszusammenhang von Mitarbeitermotivation/-zufriedenheit, Leistungsqualität, Kundenzufriedenheit und Unternehmenserfolg, viel ursächlicher darstellt als in weniger kontaktintensiven Wirtschaftszweigen (Spinelli/Canavos 2000). Die große Bedeutung dieses Sachverhaltes für die Hotellerie erklärt sich vor dem Hintergrund der Tatsache, dass bspw. der Kunde eines Hotels des obersten Qualitätssegments im Durchschnitt mit zehn bis fünfzehn verschiedenen Hotelmitarbeitern in Kontakt tritt (Walterspiel 1982, S.1080). Die Personal- und Interaktionsintensität von Hotelleistungen wird auch durch die Ergebnisse einer neueren Untersuchung in verschiedenen Qualitätssegmenten der 3,4 und 5-Sterne Kategorie bestätigt. In dieser Befragung gaben knapp die Hälfte (48,4%) der Hotelunternehmen an, dass bei ihnen über 75% der Mitarbeiter in direktem Kundenkontakt stehen, während weitere 41,2% angaben, dass im Schnitt zwischen 50–75% ihrer Mitarbeiter im direkten Kundenkontakt stehen. Dabei verwendet knapp die Hälfte dieser Mitarbeiter (48,4%) über 75% ihrer Arbeitszeit auf den direkten Kundenkontakt, während immerhin 25,8% der befragten Unternehmen angaben, dass ihre Mitarbeiter zwischen 50–75% ihrer Arbeitszeit auf den direkten Kundenkontakt verwenden (Gardini 1997, S.296). Die Wahrnehmung und Beurteilung der Dienstleistungsqualität durch den Kunden ist somit unmittelbar vom kundenorientierten Verhalten des Personals abhängig. Verstärkend kommt hinzu, dass in Branchen mit intensivem Kundenkontakt der Mitarbeiter in hohem Maße als Imageträger fungiert bzw. vollständig mit dem Unternehmen identifiziert wird.

Die Komplexität der Hotelleistungen und die im nächsten Kapitel skizzierten, strukturellen Merkmale der Hotellerie stellen dabei sowohl die Ursache der hohen *Personalintensität* dar, als sie auch die Kontextbedingungen für eine Marketingphilosophie prägen, die neben der externen Orientierung auch die Bedeutung des Personals als Bestandteil des Marketing-Mix berücksichtigt (siehe Kapitel F.5). Folge des hohen Personalbestandes in der Hotellerie ist ein Personalkostenblock, der in der Hotellerie traditionell den größten Aufwandsposten darstellt. Personalintensität und somit die Personalkosten sind im Verpflegungssektor i.d.R. wesentlich höher als im Beherbergungsbereich, was zum einen an der Komplexität der Produktionsprozesse im Gastronomiebereich liegt und zum anderen auf den höheren Servicegrad zurückzuführen ist. Darüber hinaus variiert die Personalintensität mit dem Qualitätsniveau, so dass ein Hotel im untersten Qualitätssegment (1 Stern) mit 100 Zimmern ca. 25 Mitarbeiter benötigt, während ein von der Zimmeranzahl identisches Hotel im 5 Sterne-Segment ca. 125–150 Mitarbeiter benötigt (Schultze 1993, S.102; Kissling 1993, S.17).

2.2 Das Hotel als Dienstleistungsunternehmen

2.2.1 Das Geschäftssystem eines Hotels

Das Geschäftssystem eines Hotels als ein Konzept der Unternehmensanalyse skizziert die Kern- und Querschnittsfunktionen in ihrem Zusammenwirken bei der Erstellung und Vermarktung der Hotelleistung (Abb.B.32).

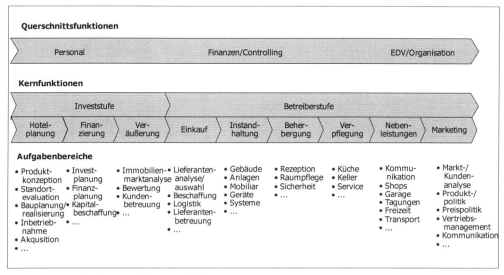

Abb.B.32:   Geschäftssystem in der Hotellerie
            Quelle: Schultze 1993, S.77

Während sich die *Querschnittsfunktionen* eines Hotelunternehmens nicht grundsätzlich von den Aufgabenschwerpunkten in anderen Branchen unterscheiden, gibt es in den *Kernfunktionen* hotelspezifische Abweichungen. So ist zunächst eine Unterteilung in eine Investor- und eine Betreiberstufe vorzunehmen. Die Spezialisierung auf der *Investorstufe* wird zumeist von Projektentwicklern/-gesellschaften, Kapitalanlagegesellschaften und/oder Immobilienspezialisten übernommen und umfasst die Aufgaben der Hotelplanung, Finanzierung und Veräußerung. Auf der *Betreiberstufe* sind die eigentlichen Kernfunktionen und Aufgaben eines Hotelunternehmens angesiedelt (Schultze 1993, S.77ff.):

- **Einkauf**

  Im Einkauf werden Rahmenverträge mit den Hauptlieferanten für die wesentlichen Einkaufskomponenten (Lebensmittel, Getränke, IT-Leistungen, Facility Services etc.) geschlossen. Diese werden oftmals bei Hotelketten zentral verhandelt werden und bilden die Grundlage der Bestellungen der Einzelbetriebe.

- **Instandhaltung**

  Umfasst die Wartung der Gebäude, technischen Anlagen, mobiler Ausstattungsgegenstände und Geräte sowie übergreifende Systeme. Diese Funktion kann bei Hotelketten je nach Größenordnungen und Aufgabenstellung zu gewissen Teilen entweder zentral oder auch lokal verankert sein.

- **Beherbergung**

Die Beherbergungsleistung (Logis) umfasst neben der Bereitstellung der sog. Hardware wie Unterkunftsmöglichkeiten, Aufenthaltsräumen, Sportanlagen vielfältige persönliche Dienstleistungsfunktionen, die – soweit unentgeltlich bzw. im Übernachtungspreis inbegriffen – unmittelbar durch den Tatbestand der Übernachtung anfallen. Dazu gehört die Betreuung des Gastes durch das Empfangspersonal (Check-in/-out, Abrechnung, Reservierungen, Information, Wake-up-Service usw.) als auch durch das Etagen- und Reinigungspersonal (Zimmer-/Raumpflege, Reinigung der Wäsche, Roomservice usw.). Neben der Betreuung des Gastes, ist auch die Gewährleistung der Sicherheit hinsichtlich Diebstahl und Gesundheit zu gewährleisten.

- **Verpflegung**

Der Verpflegungsbereich besteht aus Küchen- und Kellerleistungen sowie den Servicefunktionen in Restaurants, Bars, Cafés, Bankett- und Aufenthaltsräumen, Zimmern und sonstigen öffentlichen Räumen eines Hotelunternehmens. Der gesamte Verpflegungsbereich wird in der Hotellerie unter dem Begriff Food & Beverage subsumiert.

- **Nebenleistungen**

Das Angebotsspektrum der Nebenleistungen ist sehr heterogen und korreliert in seiner Quantität und Qualität stark mit der jeweiligen Hotelkategorie. Zu den Nebenleistungen gehört der Bereich der Kommunikation (Telefon, Telefax etc.), der Freizeit- und Gesundheitsbereich (Sport-, Kuranlagen, Animation, Unterhaltung etc.), der Shoppingbereich (Geschäftszeilen, Kiosk, Frisörsalon etc.), der Bankett-Bereich (Organisation von Tagungen, Konferenzen, privaten Festen etc.) sowie eine Vielfalt weiterer Komplementärleistungen zur Beherbergungsleistung (z.B. Tiefgarage, Transportdienste, Wäsche- und Bügelservice).

- **Marketing**

Das Marketing-Management hat, wie bereits skizziert, sowohl strategische als auch operative Schwerpunkte. Marketingfunktionen sind demzufolge bei Hotelketten sowohl zentral als auch lokal in den Einzelbetrieben vertreten. Während strategische Entscheidungen (z.B. Produktkonzeption, Marktsegmentierung, Neuausrichtung bestehender Anlagen, Key Accountbetreuung) in der Regel zentral gefällt werden, liegen die operativen Aufgaben weitestgehend im Verantwortungsbereich der Einzelbetriebe (z.B. Vor-Ort-Betreuung bestehender/lokaler Kunden, Aktionen im Bereich Öffentlichkeitsarbeit oder Verkaufsförderung).

2.2.2 Dienstleistungsbesonderheiten von Hotelleistungen

Das Leistungssystem eines Hotelunternehmens ist durch die Bereiche Beherbergung, Gastronomie und Nebenleistungen gekennzeichnet. Die von einem Hotelunternehmen angebotenen Leistungen ergeben sich dabei aus der Kombination von Sachgütern (Hotelzimmer, Speisen, Getränke) und einer Vielzahl fallweise unterschiedlich erbrachter Dienstleistungen, wobei das daraus abgeleitete Leistungsergebnis, immaterieller Natur ist. BARTH/THEIS charakterisieren Hotelunternehmen demzufolge als personenbezogene, kundenpräsenzbedingte Dienstleistungsbetriebe, die durch den Einsatz materieller und immaterieller interner Faktoren, direkte Leistungen an Dritte abgeben, wobei diese als externe Faktoren in den Leistungserstellungsprozess zu integrieren sind (Barth/Theis 1998, S.15ff.). Während ***Beherbergung und Verpflegung Kernleistungen*** darstellen, übernehmen die ***Nebenleistungen*** zusätzliche Dienstleistungsfunktionen und stellen in ihrer Ausgestaltung ein wichtiges Differenzierungsmerkmal für Hotelunternehmen in ihrem jeweiligen Kunden-/Marktsegment dar. Diese zusätzlichen Dienste sind jedoch nur dann als selbständige Leistungen des Hotelangebots zu betrachten, wenn sie gegen Entgelt abgegeben werden, ansonsten gelten sie als Bestandteil der Beherbergung oder Verpflegung. Das Angebotsspektrum der Nebenleistungen ist in der Hotellerie – wie bereits oben skizziert – sehr heterogen und weist neben stark personenbezogenen Dienstleistungsangeboten (z.B. Unterhaltung, Massage, Transport-/Vermittlungsleistungen) auch bestimmte Handelsfunktionalitäten auf (z.B. Einzelgeschäfte, Getränkeautomaten, Shopping-Malls).

Der *Verpflegungsbereich* umfasst hingegen Küchen- und Kellerleistungen sowie die Servicefunktionen in Restaurants, Bars, Cafés, Bankett- und Aufenthaltsräumen, Zimmern und sonstigen öffentlichen Räumen eines Hotelunternehmens. Sowohl für die Küchenleistungen als auch für die Kellerleistungen (Getränke) ist es jedoch charakteristisch, dass ihr Absatz über eine menschliche Dienstleistung (Service) erfolgen muss und sie erst dann zu einer Hotelleistung werden, wenn der Gast die ‚Produkte' in den Räumlichkeiten des Hotels zu sich nimmt (Integration des externen Faktors).

Materielle Komponenten			Immaterielle Komponenten	
			Prozessuale K.	Sensuelle K.
Beherbergung	**Speisen/Getränke**	**Komfort**	**Service**	**Atmosphäre**
Alles was dem Gast im Zusammenhang mit dem Zimmer angeboten wird	Alles was dem Gast zum Verzehr angeboten wird	Alles Materielle, das dem Gast zur Verfügung gestellt wird	Alle Dienste, die im Beherbergungs-, Verpflegungs-, NL-Bereich geleistet werden	Alles Immaterielle, das auf das Empfinden und Erlebnis des Gastes Einfluss hat
		Ambiente Alles was der Gast rund um den Aufenthalt im Hotel wahrnimmt und erlebt		
Zentrale Komponenten		**Komplettierende Komponenten**		

Abb.B.33: Dimensionen der Hotelleistung
Quelle: In Anlehnung an Poggendorf 1991, S.98

Das Ausmaß und die Bedeutung des persönlichen Kontakts zwischen Leistungsanbieter und Leistungsnachfrager, ist in der Hotellerie im Wesentlichen durch die jeweilige Hotelkategorie bzw. das Qualitätssegment determiniert. Die Dominanz der Dienstleistungsaspekte, die Individualität der Leistungserstellung und die große Bedeutung des persönlichen Kontaktes zwischen Hotelmitarbeitern und Hotelgästen in weiten Teilen der Hotellerie, charakterisieren demzufolge Hotelleistungen als Erfahrungsgüter, ein Merkmal, was dazu führt, dass Kunden im Vorfeld die relative Leistungsqualität eines Hotels nur sehr schwer oder nur indirekt einschätzen können. Weitere Dienstleistungsspezifika wie das Erfordernis der Kundenpräsenz bzw. -beteiligung, die Immaterialität – zumindest von Teilen und Ergebnissen – der angebotenen Leistungen, die Erstellung und der Absatz der Leistungen nach dem Uno-actu-

Prinzip sind typische Merkmale wesentlicher Bestandteile der Hotelleistung und kennzeichnen demzufolge das Hotel eindeutig als ein Dienstleistungsunternehmen.

2.2.3 Die ‚Konsumwelt' Hotel als materielles und immaterielles Leistungssystem

Zu einer ‚*Erlebniswelt*' oder – wie manche Autoren es ausdrücken – zu einer „*... sozialen Bühne ...*" (Goffmann 1969, S.187) wird ein Hotelunternehmen erst dann, wenn es gelingt, das ökonomische bzw. materielle System mit dem sozio-emotionalen bzw. immateriellen System so zu koppeln, dass sowohl den bewussten als auch den unbewussten Bedürfnissen und Erwartungen des Gastes auf der Sach- und Beziehungsebene entsprochen wird (Abb.B.33). Es ist unbestrittener Konsens in der Dienstleistungsliteratur, dass die Augenblicke, in denen ein Kunde mit einem Dienstleistungsunternehmen bzw. ihrer Personifizierung in Gestalt der Mitarbeiter der Unternehmen in Kontakt tritt, als entscheidende Momente – sog. „*Moments of Truth*" – der Qualitätswahrnehmung und -beurteilung durch den Kunden angesehen werden und daher der besonderen Aufmerksamkeit des Management unterliegen sollten (Carlzon 1987; Grönroos 1990). Anhand der grundsätzlichen Gestaltung von Dienstleistungsinteraktionen ergeben sich verschiedene Erkenntnisse und so lassen sich aus dem Wirkungszusammenhang zwischen Leistungsmerkmalen, Interaktionspartnern, Interaktionsumfeld, dem Interaktionsprozess und dem daraus resultierenden Interaktionsergebnis, die wesentlichen Determinanten zwischenmenschlicher Interaktionen sowie deren Implikationen für das Marketing von Hotelleistungen aufzeigen (hierzu und zum Folgenden Klaus 1995, S.260ff.; Lehmann 1995, S.31ff.; Gardini 2001, S.31ff.):

■ **Interaktionspartner**
„*Although a service is an interaction between a customer and a complex system, a very important element of many services is a person-to-person encounter.*" (Mattsson 1994, S.46). Im Mittelpunkt der Dienstleistungsinteraktion in der Hotellerie steht denn auch der Mensch, der geprägt durch psychische (z.B. Wissen, Einstellungen, Motive, Emotionen), physische (z.B. Alter, Gesundheit, Geschlecht) und soziale (z.B. Normen, Werte, Kulturstandards) Determinanten, individuell verschiedene Verhaltensweisen und Voraussetzungen in den Interaktionsprozess mit einbringt. Diese können sowohl auf Kunden- als auch auf Mitarbeiterseite im Rahmen der Mensch-zu-Mensch-Interaktionen sehr dynamische und sich wechselseitig verstärkende Austauschprozesse generieren und dadurch sehr unterschiedliche und vielschichtige Dienstleistungssituationen und -ergebnisse hervorbringen.

■ **Interaktionsumfeld**
Das Interaktionsumfeld bildet sich aus unternehmensexterner und unternehmensinterner Umwelt. Unternehmensextern unterliegen sowohl Kunde, Mitarbeiter als auch das Hotelunternehmen als organisatorische Einheit den sozio-kulturellen Umwelteinflüssen, wie sie sich durch Normen, Werte und Verhaltenskodexe aus dem gesellschaftlichen Umfeld ergeben. Diese externen Rahmenbedingungen wirken unternehmensintern auf die normative Dimension des Dienstleistungsmanagement ein. So prägt das organisationale Umfeld in den Kundenkontaktmomenten über Faktoren wie Unternehmenskultur, Struktur- und Prozessgestaltung, Führungs- und Anreizsysteme oder die jeweilige Kommunikation nach innen und außen, das

Zusammenspiel zwischen Mitarbeiter und Kunden. BITNER erweitert diese unternehmensinterne Betrachtungsperspektive und verweist darüber hinaus auf die Funktion der physischen Gestaltung des Interaktionsumfeldes, wie zum Beispiel den Standortcharakteristika oder der Gebäude-, Anlagen- und Lichtarchitektur. *„In interpersonal servicescapes, special consideration must be given to the effects of the physical environment on the nature and quality of the social interaction between and among customers and employees.*" (Bitner 1992, S.58).

Aus Perspektive des Gastes gilt es über die Innengestaltung von Zimmern, Aufenthaltsräumen und Hotelanlagen eine Stimmung bzw. Atmosphäre zu schaffen, die als wohltuend empfunden wird. Die atmosphärischen Aspekte der baulichen Gestaltung im Sinne eines solchen Stimmungsmanagement sind dabei vielfältig und können dabei so unterschiedliche Komponenten umfassen wie die Raumgestaltung, das Raumklima, die Raumbeduftung, Dekorationen, der Einsatz von Farben und/oder Licht, musikalische Untermalung etc. (Dreyer/Dehner 2003, S.41f.). Die effektive und effiziente Gestaltung sowohl interner als auch marktgerichteter Organisations- und Dienstleistungsprozesse, die positive Beeinflussung von Interaktionen über die bewusste Einrichtung und Strukturierung von Kommunikationszonen und Begegnungsabläufen sowie die potenzielle akquisitorische Wirkung eines – über entsprechende bauliche Gestaltungsansätze transportierten – Qualitäts-/Markenimage eines Hotelunternehmens sind demzufolge entscheidende Gestaltungsfaktoren eines Kunde-Mitarbeiter-Interaktionskontextes (Bitner 1992, S.67f.).

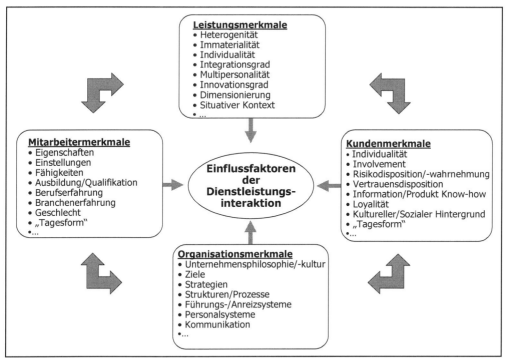

Abb.B.34:   Ausgewählte Einflussfaktoren der Dienstleistungsinteraktion
                  Quelle: Gardini 2001, S.32

■ Interaktionsprozess und -ergebnis

Die unmittelbaren Austauschbeziehungen zwischen Unternehmen, Kunde und Mitarbeiter, finden dabei sowohl auf einer sach-rationalen als auch auf einer sozio-emotionalen Ebene statt. Die Befriedigung technisch-ökonomischer Qualitätsansprüche dient der Erfüllung der Kundenanforderungen auf der Sachebene, während den psycho-sozialen Ansprüchen auf der Beziehungsebene des Interaktionsprozesses entsprochen wird. Die Qualität der Gesamtleistung, sprich des Interaktionsprozesses und des Interaktionsergebnisses, ergibt sich in einer Bedürfnisbefriedigung auf beiden Ebenen. Die Einflussfaktoren der Kunde-Mitarbeiter-Interaktionen im Hotelbereich sind je nach Leistungsprofil vielschichtig und können in unterschiedlicher Stärke auf die Qualitätswahrnehmung der Kunden einwirken. Leistungscharakteristika, wie die individuelle oder standardisierte Form der Leistungserstellung, das unterschiedliche Maß nicht sichtbaren Leistungselementen (z.B. Freundlichkeit, Ambiente, Wohlbefinden), die Anzahl/Güte der Mitarbeiter mit denen man in Kontakt kommt oder der situative Kontext einer Interaktion, die sich oftmals auch unter Zeitdruck oder Stress vollziehen kann, prägen das Qualitätsempfinden von Kunden. Auch auf Mitarbeiterseite spielen unterschiedliche Faktoren eine Rolle und können ein Serviceereignis positiv oder negativ beeinflussen. Die grundsätzliche Einstellung zu Arbeit bzw. Leistung, charakterliche Merkmale (Kommunikationsfreude, Menschenkenntnis usw.), die jeweilige Ausbildung und Berufs- bzw. Branchenerfahrung, die Tagesform oder ganz einfach die Frage, ob der Kunde lieber von einem männlichen oder weiblichen Mitarbeiter bedient werden möchte. Kunden wiederum sind unterschiedlich gut informiert über ein Produkt, sind Neuem gegenüber aufgeschlossen oder eher risikoavers, haben je nach Nationalität oder Kulturkreis eine unterschiedliche Auffassung darüber, was Servicequalität sein soll oder bringen in Abhängigkeit vom Einkommen oder Interesse ein unterschiedlichen Grad an Involvement in den Interaktionsprozess ein.(Gardini 2001, S.31f.)

Um die Komplexität der Hotelleistungen vor allem im Hinblick auf einen kundenorientierten Ansatz transparenter zu gestalten, empfiehlt sich aus Marketingperspektive die bereits oben skizzierte, gedankliche **Trennung des Leistungssystems in ein materielles und ein immaterielles Subsystem** (Duch 1980, S.27; Lockwood 1989, S.352f.). Für eine Sensibilisierung des Marketing-Management im Hinblick auf eine verstärkte Kundenorientierung ist die Konsequenz einer solchen Zweiteilung von wesentlicher Bedeutung. Die Qualitätsbeurteilung bzw. -wahrnehmung des Hotelkunden differenziert auf unterschiedliche Art und Weise zwischen materiellen und immateriellen Faktoren. GRÖNROOS unterscheidet in seinem Modell zwischen der **technischen (Tech Quality)** und der **funktionalen (Touch Quality)** Dimension von Dienstleistungsangeboten (Grönross 1984, 1990). Während die technische Dimension sich mit der Frage des „Was erhält der Kunde?" im Sinne der materiellen Leistungselemente befasst (z.B. Etagen- oder Restaurantservice), stellt die funktionale Dimension auf das „Wie wird die Dienstleistung dargeboten?" ab (z.B. schnell, zuvorkommend, zuverlässig) und unterliegt somit sehr stark der subjektiven Wahrnehmung des Kunden. Dabei ist in Analogie zu HERZBERGS Zwei-Faktoren-Theorie (Herzberg 1988, S.45ff.) von dem Tatbestand auszugehen, dass Kundenzufriedenheit sich nicht über die reine Erfüllung von materiellen Leistungselementen einstellt – dies verhindert nur Unzufriedenheit – sondern entscheidend von den immateriellen Faktoren und der damit einhergehenden Erfüllung von hierarchisch nachfolgenden Bedürfnissen beeinflusst wird. Als praktische Konsequenz für das Marketing-Management stellt sich demnach die Aufgabe der Identifikation der wesentlichen Dimensionen der Dienstleistungsqualität sowohl auf materieller als auch immaterieller Ebene. Die

Koppelung der materiellen und immateriellen Leistungsbestandteile, die Betonung der sozialen Dimension des Leistungsangebots des Hotels, die Prägung des Qualitätsurteils des Gastes durch erfolgreiche Kunden/Mitarbeiter-Interaktionen, stellt im Sinne einer zielorientierten Gestaltung aller kundenfokussierten Aktivitäten des Unternehmens hohe Anforderungen an die Marketing- und Qualitätspolitik eines Hotelunternehmens, sowohl auf Kunden-/Marktebene als auch auf der Personalebene.

2.2.4   Qualitätsdimensionen in der Hotellerie

Die *Qualität von Produkten und Dienstleistungen* gilt unbestritten als wesentlicher und vielversprechender *Erfolgsfaktor im Wettbewerb* und die Sinnhaftigkeit der Strategie der Qualitätsführerschaft für den langfristigen Unternehmenserfolg, wird sowohl in einer Reihe praxisorientierter Veröffentlichungen immer wieder betont als auch im Rahmen der empirischen Strategie- und Erfolgsforschung wissenschaftlich untermauert (Buzell/Gale 1987; Bruhn/Georgi 1998; Zahorik et al. 2000; Kimes 2001).[3] Doch wie wird Qualität im Kontext der Hotellerie überhaupt definiert und wahrgenommen und welche Komponenten spielen bei der Befriedigung von Kundenbedürfnissen eine Rolle?

In Anlehnung an die oben beschriebene Drei-Phasen-Betrachtung von Dienstleistungen sollen im Folgenden zunächst die *Potenzial-, Prozess- und Ergebnismerkmale der Hotelleistungen als Qualitätskomponenten* diskutiert werden. Das Dienstleistungspotenzial eines Anbieters besteht in der Kombination interner Produktionsfaktoren, welche die Leistungsbereitschaft bewirken und somit eine Leistungserstellung ermöglichen. Aus Kundensicht stellt sich zu diesem Zeitpunkt die Qualität der Hotelleistung als abstraktes Leistungsversprechen dar, so dass der Gast zur Beurteilung der Kompetenz und Problemlösungsfähigkeit des Hotels im Hinblick auf seine subjektive Bedürfnisstruktur, auf materielle Faktoren als Qualitätsindikatoren zurückgreifen muss. Das physische Umfeld, die Kommunikation und die Preisgestaltung sind dabei wesentliche Grundelemente der Symbolisierung der Leistungsqualität eines Dienstleistungsanbieters (Berry/Parasuraman 1992, S.115ff.; Bitner 2000, S.37ff.). Für das Hotelunternehmen ergeben sich folgende materielle Leistungsbestandteile der *Potenzialqualität*, die als Ersatzmerkmale dem Kunden Informationen über die potenziell zu erwartende Dienstleistungsqualität geben (Gardini 1997, S.77ff. und die dort angegebene Literatur):

- **Standort**
  Der geographische Makro- und Mikrostandort eines Hotelunternehmens setzt die erste Assoziationskette im Hinblick auf eine ,*derivative Qualitätsbeurteilung*' durch den Kunden in Gang. Auf der Makroebene lässt sich bspw. für die Ferienhotellerie konstatieren, dass Hotels eines bestimmten Qualitätssegments in Ferienorten mit einem einschlägig negativen Image nicht erwartet werden (z.B. ein Ritz Carlton in El Arenal/Mallorca), so wie auf der Mikroebene, die innerstädtische Lage oder die Anbindung an eine bestimmte Verkehrsinfrastruktur als ein entsprechender Qualitätsindikator fungieren kann.

---

[3]   An einer Fülle von exemplarischen Fällen werden beispielhaft die Zusammenhänge zwischen Dienstleistungsqualität und unternehmerischem Erfolg aufgezeigt. Unternehmen wie die Restaurantketten McDonalds bzw. Taco Bell, die Fluggesellschaft Southwest Airlines, die Marriott-Hotelkette, die Gebäudereinigung Service Master Company, das Kreditkartenunternehmen American Express, der Reiseveranstalter Club Méditerannée und viele andere mehr, werden als erfolgreiche Protagonisten einer Qualitätsstrategie vorgestellt (Zeithaml et al. 1992; Horovitz/Panak 1993; Heskett et al. 1997).

- **Klassifikation**

Die Zugehörigkeit zu einer bestimmten Qualitätskategorie prägt die Erwartungen der Kunden und bestimmt insofern das Mindestniveau, das Hotelunternehmen des entsprechenden Qualitätssegments erreichen müssen, um negative Kundenerlebnisse zu vermeiden.

- **Kooperations- oder Kettenzugehörigkeit**

Die Einbindung in eine Hotelkooperation oder die Zugehörigkeit zu einer Hotelkette ist ebenso wie die Hotelklassifikation von Relevanz für die Kundenerwartungen an die zu erbringende Hotelleistung. So akzentuieren viele Hotelketten in ihren Werbebotschaften diesen Aspekt der Risikoredukti on für den Kunden, indem sie die Gleichmäßigkeit des Qualitätsniveaus der Hotelleistungen aller angeschlossenen Häuser in den Vordergrund stellen. Zahlreiche Hotelkooperationen, wie bspw. die ,Posthotels', Relais & Chateaux oder ,Romantik-Hotels', betonen über die mit ihnen verbundenen kognitiven und affirmativen Assoziationen ebenfalls die Homogenität des Qualitätsniveaus, um dem Kunden Vertrautheit und Sicherheit in Bezug auf die zu erwartende Leistung zu vermitteln.

- **Hotelanlage, -gebäude und Ausstattung**

Die Hotelanlage, sprich Gebäude und dazugehöriges Grundstück sowie die von den Kunden genutz ten Räume, wie z.B. Gästezimmer, Empfangshalle, Aufenthaltsräume, Restaurationsräume, Korrido re, Sanitäranlagen, Freizeitanlagen und ähnliches mehr bestimmen den ersten Eindruck, den ein Hotelunternehmen beim Kunden hinterlässt. Architektur, Funktionalität, Ästhetik, Zustand, Sauber keit und Stil dieser Leistungskomponenten sind dabei für die Qualitätserwartung und -beurteilung von wesentlicher Bedeutung.

- **Breite/Tiefe des Leistungsangebots**

Die Breite und Tiefe des Leistungsangebots eines Hotelunternehmens dient potenziellen Kunden insofern als Qualitätssurrogat, als ein umfangreiches Leistungsangebot vielfach mit hoher Qualität assoziiert wird, während ein beschränktes Leistungsangebot eher qualitativ geringere Erwartungen generiert.

- **Preis**

Ein wesentlicher materieller Leitindikator für die zu erwartende Dienstleistungsqualität eines Hotels ist der Preis. Preis- und Qualitätsniveau korrelieren aus Kundensicht positiv miteinander und zwar in dem Sinne, dass ein hohes Preisniveau eine entsprechend hohe Qualitätserwartung mit sich bringt und vice versa.

- **Image**

Eines der wesentlichen Elemente prädisponierender Qualitätserwartungen stellt darüber hinaus das Image eines Hotelunternehmens dar. In Ermangelung einer Produktidentität kommt der Unterneh mensidentität in der Hotellerie, ebenso wie bei anderen Dienstleistungsunternehmen, eine besondere Bedeutung zu.

- **Personal**

Das Personal hat unbestritten wesentlichen Einfluss auf die vom Kunden wahrgenommene Dienst leistungsqualität. Auch wenn die Bedeutung des Personals im Wesentlichen während der im Rahmen der Dienstleistungsprozesse zu bewältigenden Kundeninteraktionen zum Tragen kommt, lässt sich aus potenzialorientierter Perspektive festhalten, dass das Personal für die Kunden das Unternehmen repräsentiert und personifiziert. Vom potenziellen Kunden zu beobachtendes Verhalten des Personals (z.B. Sprachstil), ebenso wie das äußere Erscheinungsbild der Mitarbeiter (Sauberkeit der Kleidung, gepflegte Erscheinung etc.) sind aus potenzialorientierter Sicht als Qualitätsindikatoren ebenfalls von entsprechender Bedeutung für die antizipative Qualitätswahrnehmung des Kunden.

Abschließend sei angemerkt, dass die Potenzialqualität einer mittelbaren und einer unmittelbaren Qualitätseinschätzung durch den Kunden unterliegt. Mittelbar erschließen sich dem Kunden die Leistungspotenziale über Qualitätsattribute, wie Standort, Preis, Breite/Tiefe des Leistungsangebotes, Klassifikation etc., d.h. Merkmale, die raumunabhängig sind, und über Trägermedien, wie bswp. dem Internet oder entsprechendem Prospektmaterial, die Qualitätsinformationen zum Kunden transportieren. Unmittelbare Qualitätseindrücke gewinnt der Kunde erst vor Ort durch den Erstkontakt und die Besichtigung des entsprechenden Objektes (Anlage, Zimmer).

Die *Prozessperspektive* der Hotelleistung besteht darin, dass die Leistungserstellung erst dann beginnen kann, wenn ein externer Faktor (Kunde oder Objekt des Kunden) in den Verfügungsbereich des Hotelunternehmens eingebracht wird und dadurch einen Dienstleistungsprozess auslöst. Im Gegensatz zu anderen Dienstleistungsbranchen, wo die Wissensasymmetrie über die Marktleistung zwischen Anbieter und Nachfrager sehr stark ausgeprägt sein kann (z.B. bei Versicherungs- und Bankdienstleistungen), ist die durchschnittliche Kompetenz der Hotelkunden zur Beurteilung der erbrachten *Qualität der Dienstleistungsprozesse* wesentlich höher einzuschätzen, handelt es sich doch bei Hotelleistungen in erster Linie um die Erfüllung einfacher und alltäglicher Grundbedürfnisse (Essen, Schlafen, Trinken, Sauberkeit etc.), deren Qualitätsgrad der Kunde ohne profundes Fachwissen bestens zu beurteilen in der Lage ist. Besondere Bedeutung kommt in dieser Phase den fachlichen und sozialen Fähigkeiten des Hotelpersonals zu, um die jeweiligen individuellen und situativen Anforderungen, Stimmungen, Wünsche der Kunden in der Interaktionssituation zu erfassen und entsprechend differenziert reagieren zu können. Das Qualitätsurteil der Kunden über bestimmte Teile von Hotelleistungen bzw. die Hotelleistung als Ganzes, stellt sich demnach über subjektive Erfahrungen und Beobachtungen der Kunden ein und stützt sich auf die Analyse und Bewertung von Verhaltensweisen des unmittelbaren Interaktionspartners (Unternehmen/Mitarbeiter) während verschiedener Interaktionszeitpunkte. Eng mit dieser Betrachtungsweise verbunden, ist – sowohl auf Anbieter als auch auf Nachfragerseite – das Problem der inter- und intraindividuellen Schwankungen, die in ihren Auswirkungen wesentlichen Einfluss auf einen zufriedenstellenden Abschluss der Dienstleistungstransaktion haben und darüber hinaus eine *Konstanz der Dienstleistungsqualität* erschweren. Ein wesentliches Moment der Qualität der verschiedenen Teilprozesse besteht darin, dass gerade in den persönlichkeitsintensiven Interaktionssituationen ein immaterieller Bestandteil der Hotelleistungen generiert wird, der – wie oben bereits erwähnt – als Ambiente, Atmosphäre oder Stil eines Hauses empfunden wird, mit entsprechender Bedeutung für die Qualitätswahrnehmung und -beurteilung durch den Kunden.

Die Bewertung der *Ergebnisqualität* steht am Ende des Dienstleistungserstellungsprozesses und besteht in der individuellen Nutzenstiftung bzw. dem Grad der Bedürfnisbefriedigung für den Kunden. Die Folgequalität als Ausdruck weitestgehender Bedürfnisbefriedigung äußert sich in der Hotellerie mittelbar über den Willen des Hotelkunden, aufgrund des positiven Dienstleistungserlebnisses eine dauerhafte Beziehung zum Leistungsanbieter einzugehen; die Ergebnisqualität von Hotelleistungen kommt demzufolge zumeist in langfristigen Kundenbindungen zum Ausdruck. Es ist demnach von besonderer Bedeutung die Komplexität und Diversität der Hotelleistung zu berücksichtigen, die sich dem Nachfrager als heterogenes Leistungsbündel darstellt und den Kunden in der Hotellerie über die Summe der isolierten Ergebnisqualitäten der verschiedenen in Anspruch genommenen Teilprozesse zu einer globalen Qualitätseinschätzung der Leistung des Hotels führt, deren Ergebnis im Idealfall zu einer langfristigen Kundenbindung führt.

In Ergänzung und Spiegelung der Ausführungen zur Darstellung des Hotels als Erlebniswelt mit immateriellen und materiellen Leistungsbestandteilen und den Erläuterungen der verschiedenen Ebenen der Qualitätswahrnehmung des Kunden, *lässt sich den Potenzial-, Prozess- und Ergebnisqualitäten der Hotelleistungen jeweils eine immaterielle (High Touch) und eine materielle (High Tech) Wirkungsebene* zuordnen (Faust 1993, S.23f.; Dreyer/ Dehner 2003, S.43), deren Wirkungszusammenhänge eine grundlegende Prämisse für die Qualitätskonzepte und -maßnahmen in der Hotellerie darstellen (Abb.B.35).

	Materielle Wirkungsebene „Tech-Dimension"	Immaterielle Wirkungsebene „Touch Dimension"
Potentialebene	• Makro/Mikro-Standort • Unternehmensklassifikation • Kooperations-/Kettenzugehörigkeit • Hotelarchitektur (Anlage, Gebäude) • Hotelausstattung (Technik, Funktionalität) • Preisniveau • Breite/Tiefe des Leistungsangebots • Image • Personal • ...	• Atmosphäre • Lage der Hotelanlage/-gebäude • Stil/Ästhetik der Hotelanlage/-gebäude • Personal (Aussehen, Kleidung) • ...
Prozessebene	• Anzahl der Mitarbeiter • Lage der Zimmer • Ausschilderung innerhalb des Hotels • Sauberkeit • Öffnungs-/Servicezeiten • Technischer Zustand der Anlagen (z.B. TV, Klima, Garten, Sauna,..) • Tagungs-/Sport-/Freizeiteinrichtung • ...	• Zimmer/Restaurant/Baratmosphäre (Farbgestaltung, Duft, Dekor,...) • Serviceeinstellung/-mentalität • Hilfsbereitschaft, Freundlichkeit Verläßlichkeit, Kompetenz, Reaktionsfähigkeit, Einfühlungsvermögen des Personals • Betriebsklima • ...
Ergebnisebene	• Kundenzufriedenheit • Folgebuchungen • Empfehlungen • Schnelligkeit Check-In/Out • ...	• Kundenzufriedenheit • Erholung, Entspannung,... • Übereinstimmung von Kundenerwartung und Kundenerlebnis • After Sales Marketing • ...

Abb.B.35:   Qualitätsdimensionen in der Hotellerie

2.3   Herausforderungen im Marketing-Umfeld der deutschen Hotellerie

Wie bereits oben erwähnt, befindet sich die Hotellerie als Branche in einem tiefgreifenden Prozess der Restrukturierung. Neben allgemeinen Einflussgrößen auf die Nachfrage nach Hotelleistungen, gibt es konkrete Trends auf der Angebots- und Nachfrageseite, die zu nachhaltigen Veränderungen in der Wettbewerbslandschaft und damit zu unternehmensspezifischen Anpassungsnotwendigkeiten führen werden. Aus Angebots- und Nachfragesicht lassen sich – wie Abbildung B.36 zeigt – aus heutiger Perspektive mittel- bis langfristig folgende *Trends in der Hotellerie* ausmachen, wobei diese Entwicklungen nicht alle gleichzeitig wirken und zum Teil auch gegenläufiger Natur sind (Gardini 2008a; Henschel 2013, S.28ff.; Gugg/Hank-Haase 1999). Die in diesem Zusammenhang zitierten strukturellen Veränderungstreiber auf der *Angebotsseite* lassen sich – stark vereinfacht – sowohl im globalen Umfeld als auch auf der Wettbewerbsebene folgendermaßen verorten (Gardini 2009a, S.25):

- Eine voranschreitende Globalisierung der Hospitality Industrie und die damit verbundenen Fusionen, Übernahmen und Allianzen in vielen Märkten.
- Marktbereinigungen zu Lasten der mittelständischen Hotellerie, was langfristig zu Konzentrationsmaßen in der Hotelbranche führen wird, die sich den heutigen Verhältnissen in den USA annähern.
- Veränderte Eigentumsstrukturen, die zu einer Neutarierung des Verhältnisses zwischen Betreibern, Investoren und Immobilienbesitzern führen und darüber hinaus einen starken Professionalisierungsdruck ausüben werden, mit klarer Ausrichtung auf ein ertrags- bzw. renditeorientiertes Management.
- Technologiesprünge, die sowohl auf lokaler wie auf globaler Ebene Operations (z.B. Informationstechnologie, Facility/Utility Management, Telekommunikation) sowie Marketing und Vertrieb (z.B. E-Distribution, Web 2.0, Mobile Commerce, CRM) nachhaltig beeinflussen werden.
- Demographische Entwicklung in vielen Industrieländern, die sowohl auf dem Arbeits- als auch dem Absatzmarkt in den nächsten 20 bis 30 Jahren zu massiven Veränderungen in den jeweiligen Angebots- und Nachfragestrukturen führen wird;
- Polarisierung und Vernischung der Märkte, was Hotelunternehmen immer deutlicher vor die Notwendigkeit stellt, sich klar und konsequent im Wettbewerb zu positionieren.
- …

Entsprechend werden auf der Angebotsseite die fortschreitenden Konzentrations- und Marktbereinigungsprozesse, der anhaltend starke Expansionsdrang der System- und Kettenhotellerie in den unteren und mittleren Segmenten sowie die Polarisierung der Märkte den Charakter der Hotelbranche verändern. Insbesondere die Anfang der 1990er Jahre einsetzende Rezession gab dem Expansionstrend der Konzernhotellerie in die unteren Segmente einen entscheidenden Impuls, nachdem sich die Wachstumsbestrebungen lange Zeit auf das 4 und 5-Sterne Segment konzentriert hatten, ein Phänomen das sich nach wie vor in vielen Hotelmärkten beobachten lässt. Diese fortschreitenden Konzentrationsprozesse in den unteren und mittleren Qualitätssegmenten, sind begleitet von einem Verdrängungswettbewerb zwischen Individual- und Kettenhotellerie, den Individualhotels nur dann überleben werden, wenn sie entweder ein klares Leistungsprofil entwickeln, einen unangreifbaren Standortvorteil genießen oder den Zusammenschluss zu schlagkräftigen Hotel- und Marketingkooperationen suchen. Die Polarisierung der Märkte führt wiederum dazu, dass auf der einen Seite die Tendenz zum Qualitätswettbewerb mit qualitativ hochwertigen Angeboten, dem kontinuierlichen Ausbau von Zusatzleistungen, der Realisierung von neuen, sehr hochwertigen Hotel- und Restaurantkonzepten, oftmals verbunden mit einer weitgehenden Spezialisierung (z.B. Golfhotels, Wellnesshotels, Kinderhotels, Tagungshotels, Sporthotels etc.) weiter wächst. Auf der anderen Seite entwickelt sich im Economy-Segment ein verschärfter Produkt- und Preiswettbewerb mit dem bereits in einer Vielzahl von anderen Branchen zu beobachtenden ‚No frills'-Segment, das sich durch preiswerte Leistungskonzepte auszeichnet die sich auf den Leistungskern beschränken (z.B. Easy Hotel, Ibis Budget, Motel One, B&B, Holiday Inn Express). Der erhöhte Wettbewerbsdruck und die chronischen Überkapazitäten in den höheren Qualitätssegmenten führen entsprechend dazu, dass internationale Hotelgesellschaften immer mehr versuchen über Differenzierungsstrategien alle Marktsegmente abzudecken, um sinkenden Auslastungsgraden und dem zunehmenden Preiswettbewerb entgegenzuwirken. Der französische Hotelkonzern Accor versucht schon von jeher mit seinen Marken Sofitel, Pulmann, Mercure, Novotel, Allsuite sowie der Ibis-Familie alle Qualitätskategorien in der Hotellerie zu bedienen, während bspw. der Marriott-Konzern erst unlängst (2014) angestammten Segmente in der gehobenen Hotellerie verlassen hat und mit der Marke Moxy zukünftig im europäischen Budgetmarkt antritt. Auch erreicht der derzeit erkennbare Trend zur standardisierten Budget/Economy-Hotellerie nun vermehrt die Ferienhotellerie (z.B. a-ja resorts, Explorer Hotels). Im Business-to-Business (B2B) Bereich der Hotellerie sind wiederum Bestrebungen erkennbar, das Tagungs- und Kongressangebot verstärkt mit dem Segment der Ferienhotellerie zu vernetzen, was mit dem Namenszusatz Hotels&Resorts kommuniziert wird (z.B. Steigenberger Hotels & Resorts, Kempinski Hotels&Resorts, Sheraton Hotels & Resorts).

Auf der *Nachfrageseite* sind mittel- bis langfristig eine Vielzahl demographischer Veränderungen zu erwarten (z.B. Überalterung der Gesellschaft, Trend zu kleineren Familiengrößen, höheres Bildungsniveau), die zu veränderten Gästeerwartungen und zu neuen Anforderungen im Hinblick auf die Angebotsgestaltung führen werden. Weitere Entwicklungen sind die wachsenden und zunehmend differenzierteren Leistungsansprüche der Kunden, eine erhöhte Preissensibilität, eine abnehmende Kundenloyalität, eine zunehmende Erlebnisorientierung sowie ein verändertes Reiseverhalten, das sich in einer verkürzten Aufenthaltsdauer, kurzfristigem Buchungsverhalten und höheren Reisefrequenzen auf kurze und mittlere Distanz äußert. Darüber hinaus ist eine gesunkene Risikobereitschaft der Hotelkunden beim Reisen zu verzeichnen, was sich in einer zunehmenden Qualitäts- und Markenorientierung und der Bevorzugung von Kettenhotels äußert, ein Trend der insbesondere in mittleren und unteren Qualitätssegmenten zu verzeichnen ist. Veränderungen der Nachfrage im B2B-Bereich sind ebenfalls durch eine erhöhte Preissensibilität gekennzeichnet, die in einer zunehmenden Verlagerung von Seminar-, Tagungs- und Kongressangeboten in mittlere und untere Qualitätssegmente, kürzeren Veranstaltungen und geringeren Nebenausgaben zum Ausdruck kommt. Diese hotelspezifischen Nachfragetrends spielen sich vor dem Hintergrund allgemeiner gesellschaftlicher Veränderungen im Konsumverhalten ab, in deren Mittelpunkt der sog. „*Multi-Options-Konsument*" (Lehmann 1995, S.15) „*Hybride Verbraucher*" (Waltermann 1994, S.383) oder „*Smart Shopper*" (Kotler 2000b, S.49) steht, der in seinem Konsumverhalten immer unberechenbarer und situationsbezogener wird, was Unternehmen im Hinblick auf die Identifikation stabiler und genau abgegrenzter Kundensegmente und der zunehmenden Differenzierung von Ansprüchen vor große Anforderungen stellt (siehe hierzu auch Kapitel C).

Angebotstrends	Nachfragetrends
Expansion der System-/Kettenhotellerie	Verkürzte Aufenthaltsdauer
Chronische Überkapazitäten	Steigendes Preisbewußtsein
Polarisierung der Märkte	Verlagerung der Nachfrage in untere/mittlere Segmente (Privat- und Geschäftstourismus)
Fortschreitende Konzentration/ Marktbereinigungen	Steigendes Anspruchsniveau der Gäste
Verdrängungswettbewerb in mittleren/unteren Segmenten	Wachsende Flexibilität und Kurzfristigkeit der Nachfrage
Weitgehende Stagnation der Nachfrage /geringfügiges Wachstum	Bildungsgrad und Reiseerfahrung nehmen zu
Weitgehende Stagnation des Preisniveaus	Zunahme Reisehäufigkeit (bes. kurze/mittlere Distanzen)
Wachsender Markt der Incentive-Reisen	Kritisches Bewußtsein der Kunden
Spezialisierung des Leistungsangebots	Zunehmende Erlebnisorientierung
	Gesunkene Risikobereitschaft
	Abnehmende Familiengrößen
	Alterung der Gesellschaft

Abb.B.36:   Angebots- und Nachfragetrends in der Hotellerie

Angesichts einer dynamischen und diskontinuierlichen Umwelt wird ein systematisches Marketing-Management in der Hotellerie immer bedeutsamer. Aufgrund des Prozess- und Interaktionscharakters der Hotelleistung ist denn auch in der Hotellerie zunehmend ein *„... Denken in Ereignissen ...“* (Hentschel 1992, S.305) erforderlich, um die gewünschte Übereinstimmung zwischen Kundenwünschen, Kundenerfahrungen und Leistungsangebot zu erzielen. Die Hotellerie leidet jedoch ebenso wie andere Branchen an dem generellen Problem, dass die *Basisleistungen (Grundnutzen)* vieler Marken bzw. Produkte sich stark angeglichen haben. So ist die funktionale „*Hardware*“ eines Hotels durch die jeweilige Ausstattung in den einzelnen Sterne-Kategorien in großem Maße austauschbar (Adam 1998, S.1608). Eigenständige Profilierungen von Hotelmarken sind daher in hohem Maße auch auf Zusatzleistungen im Sinne *psycho-sozialer Zusatzleistungen (Zusatznutzen)* angewiesen (Prasad/Dev 2000, S.24ff.; Barsky/Nash 2002). Bedingt durch das vergleichsweise geringe Differenzierungspotenzial der Kernleistungen der Hotellerie (Schlafen, Trinken, Essen) und die geringe Erklärungsbedürftigkeit von Hotelleistungen, gewinnt denn auch die Entwicklung eines spezifischen Leistungs- bzw. Markenprofils durch die Vermittlung von emotionalen Erlebniswelten, wie sie bspw. im Zuge von erlebniszentrierten Hotelkonzepten oder Lifestyle-Strategien in den Vordergrund gestellt werden, in der Hotellerie an Bedeutung. Insbesondere in den mittleren und hochwertigen Segmenten der Hotellerie besteht eine starke Notwendigkeit zu einer eindeutigen Profilbildung, da hier, im Gegensatz zu den strategischen Optionen in den sog. Low-Budget-Segmenten, die Grundprofilierung nicht nur auf der rationalen Ebene (value for money) erfolgen kann, sondern das Leistungsprofil verstärkt unter ***Erlebnis- und Ereignisaspekten*** gestaltet werden muss, um notwendige Profilierungsleistungen überhaupt noch erbringen zu können. Eine klare Marketingphilosophie, die ständige Überprüfung und rechtzeitige Anpassung der angebotenen Leistungen an Nachfrageveränderungen, die Schaffung flexibler, kundenorientierter Unternehmensstrukturen und die Investition in das Humankapital sind notwendige Voraussetzungen, um dem steigenden Anspruchsniveau und dem kritischen Bewusstsein der Gäste auch zukünftig gerecht zu werden (Barth/Theis 1998, S.5f.).

Denkanstöße und Diskussionsfragen

1. Viele Manager (insbesondere Marketing-Manager natürlich) sind der Ansicht, dass Marketing die wichtigste aller Unternehmensfunktionen darstellt. Teilen Sie diese Ansicht?
2. Kundenzufriedenheit ist das beherrschende Leitthema im Marketing. Kann man Kundenzufriedenheit garantieren und ist es überhaupt realistisch eine hundertprozentige Kundenzufriedenheit anzustreben?
3. Warum ist es heutzutage nicht mehr ausreichend Kunden „*nur*" zufriedenzustellen?
4. Der Geschäftsreisende K. muss beruflich nach Berlin. Er war noch nie in Berlin und benötigt ein Hotel für zwei Nächte. Er verschafft sich über das Internet einen Überblick über das Hotelangebot. Welche Kriterien wird Herr K. aller Wahrscheinlichkeit zu Rate ziehen, um eine Entscheidung für ein Hotel zu treffen?
5. Warum beschreibt man das Geschehen in Hotelunternehmen oft als eine soziale Bühne oder Theater? Wenn ein Hotel eine soziale Bühne darstellt, welches Stück wird eigentlich dort gespielt, wer ist der Regisseur, die Schauspieler und wer ist für das Drehbuch verantwortlich? Welche Rolle spielen die Kunden in diesem Stück?

Kontrollfragen

1. Warum ist Marketing als Unternehmensfunktion heute wichtiger als zum Beispiel noch in den 1950er oder 1960er Jahren?
2. Beschreiben Sie die verschiedenen Phasen des Marketing-Prozesses!
3. Worin besteht die Leistung von Hotelunternehmen und was charakterisiert das Hotel als klassischen Dienstleistungsbetrieb?
4. Beschreiben Sie einige der wesentlichen betriebswirtschaftlichen Strukturmerkmale der Hotellerie als Branche?
5. Die „*Moments of Truth*" stellen ein wichtiges gedankliches Konstrukt innerhalb des Hotelmarketing dar. Was versteht man darunter und was sind wesentliche Einflussfaktoren für eine positive bzw. negative Wahrnehmung solcher Momente durch die Hotelkunden?

Hotel-Trends: Wohin bewegt sich die Branche?

Maria Pütz-Willems

1 Hotellerie zwischen Shareholder und Customer Value

Georg Rafael neben mir knirscht mit den Zähnen. Seit zwei Stunden hören wir in einer Hotelkonferenz in Italien den Podiumsdiskussionen zu, „und kein einziges Mal ist das Wort Gastgeben gefallen," kritisiert der große deutsche Hotelier das Gesagte. „Es ist immer nur von Managen, Immobilien und Finanzierungen die Rede." Rafael hatte Recht, und seine Bemerkung traf und trifft die größte Veränderung innerhalb der gastgewerblichen Branche auf den Punkt: Das pulsierende Hotel ist zum kalkulierten Produkt mutiert.

Die Finanzwelt hat die Hotellerie übernommen. Im positiven wie im negativen Sinne. Einerseits helfen Fonds und Private Equity so manch angestaubter Immobilie oder maroden Hotelgruppe wieder auf die Füsse, andererseits steuern diese Geldgeber auch gezielt Fusionen und Übernahmen von kleinen und großen Hotelketten. Die Individualhotellerie, hier vor allem der deutsche (bzw. europäische) Mittelstand, leidet unter Basel III und anderen Ratings.: Das Schicksal des einzelnen Hotelbetriebes – ganz gleich, ob kettenzugehörig oder individuell organisiert – hängt damit immer häufger und stärker denn ja von den Finanzierungsvorgaben und von neuen Finanzierungsalternativen ab. Als Hotelier genügt es heute nicht mehr, ein Konzept zu haben und damit zu einer Bank zu gehen. Die Banken finanzieren längst nicht mehr jedes Konzept, auch wenn es noch so logisch klingt: Sie sind selbst gebeutelt von eigenen, internen Krisen und gehalten, die eigenen Risiken zu mindern. Damit sitzen am Verhandlungstisch zwei Partner, die sich nichts mehr zu sagen haben: Der eine hat Ideen und kein Geld, der andere hat das Geld, darf es aber nicht für Ideen ausgeben. Diese Situation begann mit dem Lehman-Crash 2008 und hat sich bis heute, zum Sommer 2014, nicht verändert.

Ganz unschuldig ist die Hotellerie nicht an ihrem eigenen Schicksal. Vor allem die Ketten betreiben seit Jahren ihren eigenen Ausverkauf. Zuerst haben sie sich selbst von (fast) allen Immobilien getrennt, und jetzt geht die Finanzwelt dazu über, nach den Assets die Betreibergesellschaften und damit das operative Knowhow aufzukaufen (Beispiele: Blackstone/ Hilton, Prinz Al Waleed/Four Seasons). Das spiegelt sich exemplarisch in strategischen Personal-Entscheidungen wie dieser: Der Mann an der Spitze von Hilton unter dem Eigentümer Blackstone ist kein Hotelier mehr: Christopher J. Nassetta kommt aus der Immobilien-Szene, von Host Hotels and Resorts, dem größten Hotel Real Estate Trust der Welt. Inzwischen werden die größten Ketten der Welt fast alle nur noch von Nicht-Hoteliers geleitet. Dieser Trend führt zu genau jenen einseitigen Podiumsdiskussionen, die Georg Rafael kritisiert.

Der Shareholder-Value forciert den Ausverkauf der Branche. In dem Maße, wie externe, anonyme und branchenfremde Geldgeber in Eigentum und Betreiben von Hotels oder Hotelgruppen eingreifen, entstehen „Parallel-Welten" mit verschiedenen Geschäftsmodellen. Hilton wurde an eine Investmentgesellschaft verkauft, weil diese den Shareholdern ein unschlagbares Premium von 40% offerierte. Das lässt sich in keinem gastgewerblichen Business auf reelle Weise in kurzer Zeit erwirtschaften. Also stimmten die Shareholder zu. Kempinski, Mövenpick und Four Seasons wurden von der Börse genommen, um die prozentuale Mehrheit eines einzelnen Großaktionärs absolut zu machen. Hauptaktionäre möchten sich selten in die Karten schauen lassen, weder von Börsenanalysten noch von der Öffentlichkeit. In den letzten Jahren – jetzt – dürften – grob überrissen – mehr Hotelgesellschaften von der Börse genommen worden sein als dass sich neue listen ließen. Dieser Trend aber scheint sich momentan wieder umzukehren: Seit 2013 nehmen die IPOs bzw. IPO-Ankündigungen wieder zu, am stärksten für US-basierte Gruppen (z.B. Hilton 2013), aber auch für europäische Hotelketten wie Scandic Hotels oder easyHotels (angekündigt 2014). Der Druck zum Gang an die Börse entsteht, weil viele Anleger nun keine Geduld mehr zeigen und möglichst noch vor dem nahenden Ende der aktuellen Erholung auf den weltweiten Finanzmärkten ordentlich Kasse machen wollen. Zudem hat sich in den letzten drei Jahren die Performance von Hotels wieder verbessert, so dass sich auch der Wert der Hotelgesellschaften erhöht.

Die neuen Finanz-Rahmen verändern das Kerngeschäft der Hotellerie. „Wir müssen uns auf Kerngeschäft besinnen!" Mit diesem flotten Spruch rechtfertigen selbst Mega-Industrieunternehmen wie Daimler Chrysler erfolglose Fusionen in der Öffentlichkeit. Die Globalisierung schlägt zurück. In der Hotellerie droht ähnliches. Je globaler der Investor, je weltumspannender das Betreiber-Netz, umso starrer werden die Bedingungen für die Mitarbeiter vor Ort. Nicht jeder globale Standard kann regional angepasst werden, nicht allem und jedem lassen sich die gleichen Vorgaben überstülpen. Die Globalisierung erfordert ein neues Nischen-Knowhow, das Wissen um die Bedürfnisse vor Ort. Sie verlangt in globalen Ketten-Netzwerken einen neuen Typ Hotelier: den „Brücken-Manager", den Mittler zwischen den Welten, Kulturen und Strukturen. An diesem Punkt kehrt die Hotellerie erstmals zu ihrem Kern zurück – zum „people's business". Die Qualifikation der Person entscheidet in der Hotellerie stärker als in anderen Branchen über Erfolg oder Misserfolg einer Kultur und einer Strategie. Dabei spielt es keine Rolle, welche Hotelmarke auf dem Dach des Hotels glänzt.

2   Markenkonzepte in der Hotellerie: Statt „Exclusivity" droht „Massclusivity"

Marken sind kein klares Qualitätsversprechen mehr. Taxifahrer wissen das schon lange. Ob Berlin, Rom, New York oder Hongkong: Manche Hotels findet der Taxifahrer nur noch aufgrund ihrer Lage, er identifiziert sie nicht mehr aufgrund ihres Namens auf dem Dach. In jüngerer Zeit bringt ein weiterer Globalisierungseffekt die Taxifahrer zum Fluchen: Weiß der Gast nicht exakt, in welches Novotel oder Marriott er muss, kann die Suche dauern. Die Namen mancher Kettenhotels unterscheiden sich nämlich nur noch durch ihre Zusätze.

Im Kern bedeutet das: Die Ketten forcieren den Verdrängungswettbewerb im Mikromarkt. Sie überziehen eine Stadt sowohl mit möglichst vielen Häusern einer Marke wie auch mit möglichst allen Marken ihrer Gruppe. Ein Musterbeispiel par excellence für diese Strategie ist inzwischen Dubai. Verwirrt bleibt der Gast zurück: Das Grosvenor House in Dubai ist ein Méridien-Hotel, aber es wird nicht als ein Méridien kommuniziert. Warum? Weil es bereits drei andere Hotels in Dubai gibt, die den „Familiennamen" im Hauptnamen tragen. Nun messen sich Marken nicht allein am Namen, sondern auch an den Inhalten und ihren Standards. Doch auch hier weicht die Hotellerie sich selbst teilweise auf: Ein J.W. Marriott in Dubai zum Beispiel ist weitaus großzügiger und repräsentativer angelegt als eines in Europa. Auch der Service in Arabien ist dank immer noch günstigerer Arbeitskräfte immer noch spürbar intensiver. Die Begründung der Betreiber in solchen Fällen lautet: Man passe sich der regionalen, in diesem Falle arabischen Kultur an. Weiß das aber der Gast? Weiß wirklich jeder, warum er in Europa einen „Anzug von der Stange" und in Dubai einen „maßgeschneiderten" erhält, wenn er die gleiche Marke kauft? Bei gleichem Marken-Namen nimmt der Reisende zwei komplett unterschiedliche Eindrücke und Erfahrungen mit nach Hause. Wie lange bleibt da das Vertrauen in die Marke erhalten?

Die neue Marken-Flut wird nur regional gedämpft. Es vergeht kaum noch ein Monat, in dem keine neue Hotelmarke geboren wird. Dabei sind es nicht die „emerging markets", in denen Hotelgesellschaften neu gegründet werden – nein, es sind die etablierten „global player", die nicht müde werden, immer neue Marken zu erfinden (z.B. Carlson Rezidor mit „Radisson Red" und „Quorvus", oder Hilton mit „Curio") oder aber Marken aufkaufen (z.B. Marriott kauft den nationalen Marktführer Protea in Afrika).

Die Ketten versuchen, die ganze Bandbreite des Reisemarktes abzudecken, von günstig bis teuer. Die Kette mit den meisten Marken ist Marriott. 18verschiedene Namen sind allein diesem Unternehmen zuzuordnen. „Wir haben zu viele Marken heute!" klagte einst noch Kurt Ritter, bis Anfang 2013 noch Chef der Rezidor Hotel Group „Wie soll der Gast das noch verstehen?" fragte er selbstkritisch seine eigenen Kollegen. Sein Nachfolger Wolfgang M. Neumann, sieht das inzwischen anders. Er führte Anfang 2014 die beiden oben erwähnten Marken neu ein und stellte gleichzeitig „leblose" Marken wie Missioni ein. Die Mehrheit der Hotelentwickler und -betreiber wählt ganz klar den Multi-Marken-Weg oder provozierender noch gesagt: den Massen-Multi-Marken-Weg.

Die Edel-Marke wird Massen-Ware. Wie stark alle Trends ineinander greifen, zeigt die Entwicklung des Begriffs „Designhotels" über die Jahre hinweg. Ihm droht jetzt die Vermassung. Statt „exclusivity" droht „massclusivity". Hinter dem netten Wortspiel steckt die enge Verzahnung aller bis hierher geschilderten Trends: die veränderten finanziellen Rahmenbedingungen, der Zwang zu höherem Shareholder-Value, die fortschreitende Globalisierung, der heftige Verdrängungswettbewerb und die engmaschige Marken-Welt. Hoteldesign trägt jetzt hörbar andere Namen: aloft, Indigo und Bulgari zum Beispiel. Den letzten Namen kennt man in Europa – als Synonym für Luxus und Lifestyle, für Qualität und Geschmack, für Juwelen oder Textilien. Die beiden ersten Namen sehen Reisende inzwischen etwas häufiger – aber sie gehören immer noch zum „Entwicklungspotential" der grossen Hotelketten. Die Bettengiganten dieser Welt haben nämlich das Design der Edel-Designer entdeckt und begonnen, aus deren Exklusiv-Ware Massen-Ware zu machen. Sie beginnen, Design in Hotel-Serie zu entwickeln.

Dabei haben die grossen Hotelketten diese Idee selbst schon kopiert: von den kreativen Privathotels, die es in jedem Land gibt und die sich durch ihre Einrichtung, ihr schickes, trendiges Ambiente und einen sehr persönlichen, familiären Service schon immer abzusetzen wussten. Eine Vereinigung, die versucht, solche Individualisten zu bündeln, sind die design hotels aus Berlin. Über die Jahre haben aber auch sie ihre Aufnahmekriterien deutlich verschärft – um das echte Design eben nicht dem neuesten Trend und damit der weltweiten Vermassung preiszugeben. Designhotels im Allgemeinen, egal welcher Couleur, haben das „gewisse Etwas", das Quäntchen „Mehr" an Seele, das viele (Allein-)Reisende unterwegs suchen. Deshalb sind sie so erfolgreich. Wer sich als „Designhotel" vermarktet, steigert seinen Umsatz auf Anhieb um mindestens 15 Prozent, sagen Berater. Das reizt erst recht die großen Ketten. Sie möchten deshalb mehr vom Design-Kuchen abhaben. Design Hotels ereilte die Ironie des Schicksals: Nach dem Tod ihres Hauptaktionärs wurde die Gruppe an Starwood Hotels & Resorts verkauft und dieser im Juni 2014 gänzlich einverleibt. Damit entsteht eine neue, spannende Frage: Wie will eine Kette eine Kooperation integrieren und werden die Kooperationsmitglieder diese „Fusion" mitmachen oder austreten? Schließlich haben sie sich einst einem Marketing-Konsortium angeschlossen, um genau nicht in den Armen einer Kette zu landen…

Der erste Schachzug der Massen-orientierten Hotel-Design-Strategen lag also nahe: Sie verbündeten sich mit den echten Designern. Armani und Versace gibt es beispielsweise inzwischen in „Hotel-Ausführung". Doch deren Expansionspläne sind klein im Vergleich zu denen des amerikanischen Bettengiganten Marriott: Sie schloss schon vor Jahren mit dem italienischen Label Bulgari einen Vertrag und eröffnete inzwischen die ersten Super-Luxus-Lifestyle-Ketten-Hotels. Natürlich tragen die Domizile den Namen Bulgari. Denn damit lässt sich mehr Geld verdienen als mit Marriott, unter deren Dach sich auch noch Mittelklasse-Herbergen und inzwischen sogar ein Budget-Produkt befinden. Nichtsdestotrotz wagte es auch der Betten-Gigant Marriott damit, das Thema Design und Boutique auf eine breitere und damit für viele Reisende erschwinglichere Ebene zu hieven: Mit Design-Veteran Ian Schrager verbündete man sich im Juli 2007, um die neue Boutique-Hotel-Kette Editon zu gründen. Allein mit Schrager sollen über 100 Herbergen dieses Typs entstehen – doch das ist pure PR. Drei Häuser sind 2014 in Betrieb, zehn weitere laut Website bis 2017 angekündigt Bis 100 ist es also noch ein weiter Weg.

Mit solchen Initiativen ist der Grundstein zur Vermassung eines ursprünglichen Edelansatzes gelegt. Und in diesem Boot sitzen inzwischen einige: Rezidor hatte ursprünglich gemeinsam mit dem italienischen Modehaus Missoni Designhotels auf erschwinglichem First-Class-Niveau entwickelt. Damit sollte eine Nacht im coolen Designer-Ambiente nicht mehr 1000 Euro, sondern nur noch 100 oder 150 Euro kosten.

Ähnliches gilt für aloft, ein Produkt der amerikanischen Starwood Hotels & Resorts, unter deren Dach sich beispielsweise auch die Edelmarken St. Regis und die erst vor wenigen Jahren kreierte Design-Marke W befinden. Das W am Times Square in New York beispielsweise gehört zu den absolut hippen Spots im Big Apple, an dem man abends am Hotellift liebend gern Schlange steht, um Einlass zu finden in eine dunkle Lobby, in der eine farbig beleuchtete Bar, coole Sessel und Multi-Kulti-Menschen fancy drinks ordern. Nach dem spontanen Erfolg dieses schlichten, aber profitablen Konzepts dachte sich Starwood eine andere Raffinesse aus: W braucht eine kleine Schwester. Die heißt aloft, pickt Kernelemente des W-Designs auf, verwendet aber weniger edle Materialien und packt noch mehr Menschen in eine Lobby, in der man dann kollektiv surfen, essen und trinken kann. Wie bei Mutter im Wohnzimmer. 500 aloft sollten weltweit entstehen, so auch hier eine Ankündigung in den Anfängen! Das würde bedeuten: 500mal Design in Serie! Damit nimmt die „massclusivity" ihren unvermeidbaren Lauf – auch wenn bei aloft im Jahr 2014 die tatsächliche Hotel-Entwicklung weit von den früheren Ankündigungen abweicht. Der Druck auf alle im Boot aber bleibt: Denn andere Ketten ziehen mit ähnlichen Marken nach.

3   Die Zukunft der Privathotellerie: Profilierung und Individualisierung

Die Nische bleibt eine Chance für die Privaten. Das Beispiel der Designhotels zeigt eindrucksvoll, wie aus einer Geschäftsidee qualitätsbewusster Privathoteliers eine Mode und dann ein Massenphänomen werden. Zeitweise sieht es so aus, als würde die deutsche respektive europäische Privathotellerie unter der Wucht der finanzstarken und strategisch organisierten Ketten zusammenbrechen. Fakt ist jedoch, dass die Ketten sich in Europa sehr schwer tun, mittelständische Hotels zum Ketten- oder Kooperationsanschluss zu bewegen. Deshalb haben Marriott, Hilton und Accor z.B. begonnen, selbst eigene „Soft Brands" ins Leben zu rufen, die den Privaten Anschluss an Vertrieb und Marketing gewähren, ohne dass diese ihren Eigennamen aufgeben müssen (Marriott mit „Autograph Collection", Hilton mit „Curio", Accor mit „MGallery").

Grob zwei Drittel der Hotels in Deutschland tragen immer noch keinen Marken-Namen. Sowohl die fragmentierten Märkte wie auch die unterschiedlichen Mentalitäten in Europa machen es den „Eroberern" aus West und Ost schwer, sich in die nationalen oder lokalen Bedingungen hineinzudenken. Ihr Expansionsschema, auf Geschwindigkeit und Standards ausgerichtet, sieht soviel Sensibilität nicht vor. Genau das ist und bleibt die Chance für die Privaten. Ihr Vorteil liegt im Erkennen von Zielgruppen-Bedürfnissen, in den Mikromärkten einer Stadt/Destination, im Forcieren des persönlichen Services. So haben sich beispielsweise in den Städten häufig kleine, feine Design-Hotels „in zweiter Reihe", sozusagen an der Rückseite der grossen Pioniere, erfolgreich etabliert. Oder stilvolle Garnis entwickeln sich gegenüber der Bettenburg an der Ecke zu begehrten Adressen mit exzellentem Preisleistungsverhältnis. Hotels mit Profil hatten und haben immer noch eine Chance. „Profilierung" bedeutet in diesem Falle die kompromisslose Ausrichtung auf eine Zielgruppe, z.B. Familien, Kinder, Wanderer, Kulturreisende, chinesische Gäste, Wellnessgäste. Durchs Raster fallen wird nur der Profillose, der alles will.

Die Ferienhotellerie in Zentral- und Mitteleuropa ist immer noch fest in der Hand der Privaten. Die Zahl der internationalen Ketten, die sich in Deutschland bzw. in Europa mit Resorts etabliert haben, ist nach wie vor gering. Nur zögernd wagen sie sich vor in ein Geschäftsfeld, in dem wochenlanger Regen jedes Quartalsergebnis zu Nichte machen kann. Solche kalkulatorischen Unwägbarkeiten mögen die (anfangs beschriebenen) Investoren nicht. Aufgrund des gewaltigen Kapitalstaus in den weltweiten Märkten erkundigen sich jedoch seit kurzem, so ist es aus der Beraterwelt zu vernehmen, häufiger nicht-deutsche Kapitalgeber nach Investmentmöglichkeiten in der Ferienhotellerie. Privathoteliers mit klugem Kopf und Konzept könnten in dieser Phase neue Partner kennen lernen: Wie kaum ein anderes Segment muss die Ferienhotellerie permanent investieren – die Ansprüche ihrer Gäste wachsen von Jahr zu Jahr. So erwarten diese heute beispielsweise einen großzügigen Wellnessbereich als Standard; allein dieser erfordert in der Regel höhere Investitionen. Damit beginnt der wirtschaftliche Spagat: Im Gegensatz zur Stadthotellerie erzielen die Ferienhotels nicht die gleichen hohen Durchschnittsraten; zudem ist ihr Geschäft oft saisonal limitiert und Wetter-Kapriolen ausgesetzt.

Ferien in Europa werden assoziiert mit „Ferien bei Freunden", bei „befreundeten Hoteliers", denen sich Groß und Klein anvertrauen können. Bei einer Buchung schwingen immer noch viel Emotion und der Gedanke an persönliche Betreuung mit. An die marketingtüchtig aufbereiteten „Marken-Versprechen" der globalen Ketten denkt dabei niemand. Und das wird meiner Einschätzung nach auch in naher Zukunft noch so bleiben – selbst wenn Ketten wie InterContinental mit aufsehenerregenden Design-Resorts wie in Davos von sich reden machen und dazu Top-Architekten und Designer wie Matteo Thun engagieren. Doch ausgerechnet die Pächterin dieses Prestige-Projektes, dem InterContinental Davos, musste im Juni 2014 Insolvenz anmelden – sechs Monate nach der Eröffnung.

4   "Humanize your business!" – Authenzität nach innen und nach außen

Weg vom Design hin zu Natur und Authentizität. Der Südtiroler Architekt und Designer Matteo Thun ist immer wieder für prägnante Zusammenfassungen gut. So postulierte er sinngemäß auf dem Hotelkongress „Hospitality Day" schon während der ITB 2007: „Designhotels sind out, Naturhotels sind in!" Damit sprach er einen Trend an, der – wie man auch in anderen Branchen erkennt – durchaus Zukunft besitzt: Die Menschen wünschen wieder das Authentische, das Echte, das Natürliche. Sie wollen zurück zu den Wurzeln, zurück zu den „basics", zurück zu Werten. Das gilt für Möbel genauso wie für Speisen und Wellnessbehandlungen. O-Ton Matteo Thun: „Es geht nicht um das Portemonnaie, sondern um die Haltung. Die moderne Ästhetik ist gleich Ethik." Österreich macht es seit einigen Jahren mit Verve vor: Dort kreieren pfiffige Hoteliers-Familien natürliche, authentische und ästhetische Ferienhotels – mit viel Fantasie und in einem exzellenten Preisleistungsverhältnis.

Umweltschutz als Ethik-Aufgabe. Ethik ist ein Stichwort, das man in einem zukunftsorientierten Beitrag am Schluss noch einmal aufgreifen muss. Denn Ethik beinhaltet Verantwortung. Dieser Appell wird inzwischen über die lauter werdende Umweltdiskussion weltweit forciert. Die Hotellerie steht hier als einer der Hauptleistungsträger im Tourismus voll im Rampenlicht. Immer mehr Hotelgruppen und Hotels erkennen dass es nicht genügt, die Handtücher im Bad zu sondieren; die letzten haben hingegen noch nie etwas von dieser Handtuch-Initiative gehört. Sozial- und umweltverantwortliches Handeln aber werden künftig auch die Börsenkurse beeinflussen und das eigene Image gegenüber Kapitalgebern prägen. Doch all das wird nicht funktionieren ohne den Menschen – den qualifizierten Mitarbeiter. In diesem Punkt aber hat die Hotellerie in jüngster Zeit große Fortschritte erzielt und sowohl Gäste wie Mitarbeiter für das Thema sensibilisiert, selbst wenn nicht *jede* Maßnahme frei von PR ist.

Der Mitarbeiter bleibt der alles entscheidende Kern. Reduziert die Hotellerie heute ihr Geschäft auf ihren Kern, wird sie früher oder später beim Mitarbeiter ankommen. Trotz Finanzstrategien, Rationalisierungsmöglichkeiten und Netzwerk-Synergien wird das Gros ihrer Dienstleistung ohne den Menschen nicht ausführbar sein. In aufstrebenden Märkten wie Indien, China und Arabien ist der Kampf um den Mitarbeiter in vollem Gange. Inzwischen liegt die Betonung noch nicht einmal mehr auf dem Zusatz „qualifizierte Mitarbeiter". Die Menschen-Mengen, die nötig sind, um allein den Bedarf der erst noch entstehenden Hotels weltweit zu befriedigen, stellen die Human Resources-Manager der Hotellerie vor massive Herausforderungen. Wer Mitarbeiter halten will, muss sie fördern. Er darf ihnen keine Jobs mehr anbieten, sondern muss ihnen (Job-)Perspektiven aufzeigen. Jim Fitz Gibbon, President Worldwide Operations bei der kanadischen Luxushotelgruppe Four Seasons Hotels and Resorts, packte die Human Resources-Herausforderungen der Zukunft einst in diesen einen Satz: „Humanize your business!". Das nimmt vor allem die Arbeitgeber in die Pflicht. Investoren und Hoteliers, die diesen Satz mit einkalkulieren, werden eine Zukunft haben und neue Trends bestimmen.

Kapitel C
Informations- und Entscheidungsgrundlagen des Marketing-Management in der Hotellerie

1 Marketinginformationen und Analyse des Marketingumfelds

Um fundierte Marketingentscheidungen treffen zu können, benötigt ein Unternehmen verschiedene Arten von Informationen. Informationen sind ex definitione *„zweckorientiertes Wissen"* (Kaspar/Kunz 1982, S.294); insofern muss jedes Hotelunternehmen – ob Kette oder Individualbetrieb – für sich definieren, welche Arten von Marketinginformationen relevant sind, welche Verfahren und Methoden der Informationsgewinnung genutzt werden sollen und wie die Prozesse und Systeme der Erhebung und Verwaltung von Informationen innerhalb des Unternehmens zu organisieren sind. Grundsätzlich werden der Marketingforschung von der Literatur verschiedene Funktionen zugesprochen (Meffert 1992, S.17). Während die Frühwarn- und Innovationsfunktion der Marketingforschung darauf abzielt frühzeitig Chancen und Risiken zu erkennen und abzuschätzen, betreffen andere Funktionen die Aufbereitung von Informationen zwecks Entscheidungsunterstützung (Intelligenzverstärkung, Unsicherheitsreduktion, Strukturierung, Selektion und Priorisierung von Aktivitäten) im Marketing. Im Folgenden wird die Gewinnung und Verarbeitung von Marketinginformationen als Marketingforschung bezeichnet, ohne hier weiter auf die grundlegende Abgrenzung zum Begriff Marktforschung einzugehen (hierzu Meffert 2000, S.93f.). MEFFERT definiert Marketingforschung als *„die systematische Suche, Sammlung, Aufbereitung und Interpretation von Informationen, die sich auf alle Probleme des Marketings von Güter und Dienstleistungen beziehen"* (Meffert 1992, S.15).

Das Hauptaugenmerk der **Marketingforschung ist auf die Erforschung der Märkte und deren Entwicklung** (z.B. Marktvolumen/-potenzial, Wachstumsrate, Branchenstruktur etc.), **die Erforschung des Verhaltens der verschiedenen Marktteilnehmer** (Konsumenten, Handel, Wettbewerb) sowie **die Erforschung der Wirkungsweise der eingesetzten Marketinginstrumente gerichtet**. Die Marketingforschung unterscheidet dabei je nach Art des Untersuchungsobjektes die demoskopische und die ökoskopische Marketingforschung. Während die demoskopische Marketingforschung unmittelbar die objektiven Tatbestände (z.B. Alter, Geschlecht, Einkommen) und subjektiven Verhaltensmerkmale (z.B. Einstellung, Motive, Meinungen, Bedürfnisse) von Konsumenten und Absatzmittlern untersucht, erfasst die ökoskopische Marketingforschung dagegen die objektiven, von den Marktteilnehmern losgelösten Sachverhalte, wie zum Beispiel Umsatz, Marktvolumina, Distributionsquoten, Konzentrationsgrad usw. (Meffert 2000, S.145).

Innerhalb des Marketing-Managements in der Hotellerie kommt der **Informationsgewinnung und -verarbeitung** die Aufgabe zu Käufer- und Marktpotenziale zu identifizieren, kundenbezogene Bedürfnisse, Nutzenvorstellungen und Erfahrungen zu erfassen, Entwicklungen im Wettbewerbsumfeld des Unternehmens zu antizipieren und diese Informationen in Planungs- und Verbesserungsprozesse von Produkt- bzw. Dienstleistungsangeboten einfließen zu lassen. Hierzu bedarf es eines Informationssystems, das es ermöglicht, über Einzelerhebungen hinaus, grundlegende Veränderungen aufzuzeigen, systematisch Chancen und Risiken des Hotelunternehmens am Markt zu bewerten und die Stärken bzw. Schwächen des einzelnen Unternehmens offenzulegen.

2 Marketingforschung in der Hotellerie

2.1 Aufgaben und Prozess der Marketingforschung

Die konkreten Aufgaben der Marketingforschung in der Hotellerie werden deutlich, wenn man die jeweiligen Aufgaben im Rahmen der verschiedenen Phasen des Marketingforschungsprozesses näher beleuchtet. Dieser Entscheidungsprozess gliedert sich in fünf Phasen, den sog. *5 D's der Marketingforschung* (Barth/Theis 1998, S.44ff.; Hermann/Homburg 2000a, S.18f.):

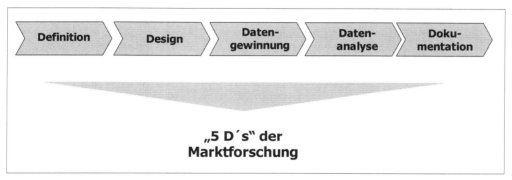

Abb.C.1:   5 D's der Marketingforschung

1. Definition des Marketingproblems und der Forschungsziele
Ziel der ersten Phase des Marketingforschungsprozesses ist es, das Wissen über das Entscheidungs- bzw. Marketingproblem zu vertiefen und zu konkretisieren. Hierzu ist die Präzisierung der betreffenden Fragestellung, die Ableitung der damit zusammenhängenden Forschungsziele sowie die Konkretisierung der zur Entscheidungsfindung benötigten Informationen erforderlich.

2. Design der Marktforschungsstudie
Gegenstand der Designphase ist die Bestimmung des erhebungstechnischen Instrumentariums, das zur Gewinnung von Daten genutzt werden soll. Hier sind – wie weiter unten detailliert beschrieben – in Abhängigkeit vom Untersuchungsgegenstand eine Reihe von Entscheidungen zu fällen, wie z.B. über die Art, Menge und Qualität der benötigten Informationen, die Datenquellen, der Datenerhebungsmethoden, den Stichprobenplan und die Befragungsformen.

3. Datenerhebung
Bei der Datenerhebung ist auf eine ordnungsgemäße Durchführung der Marktforschungsstudie durch die betreffenden internen (Mitarbeiter) oder externen Akteure (Institute) zu achten. Zur Vermeidung etwaiger Verzerrungen sowie bewusster oder unbewusster Verfälschungen des Datenmaterials gehört eine sorgfältige Auswahl, Schulung und Kontrolle der Personen (Stichwort: Interviewerkontrolle), die die Untersuchung durchführen.

4. Datenanalyse

Nach der Datenerhebung erfolgt die Datenaufbereitung in Form der Prüfung auf Vollständigkeit der Unterlagen, der Überführung des Datenmaterials in geeignete computergestützte Auswertungstools (z.B. SPSS), der Codierung der Antworten (Items) sowie der Prüfung der logischen Konsistenz der Antworten. Der 2. Schritt beinhaltet die Wahl geeigneter uni-, bi- bzw. multivariater Analyseverfahren,[1] die in Abhängigkeit von der zugrundeliegenden Problemstellung anzuwenden sind. Insbesondere multivariate Verfahren stellen dabei erhebliche Anforderungen an das statistische Know-how der entsprechenden Mitarbeiter.

5. Dokumentation

Den Abschluss einer Marktforschungsstudie bildet der Forschungs-/Projektbericht, der als Schlussdokument alle relevanten Sachverhalte und Fragestellungen aufzeigt und die Informationen i.d.R. in der für die Entscheidungsträger geeigneten Form selektiert, komprimiert und interpretiert.

2.2 Entscheidungsprobleme und Verfahren der Informationsgewinnung

Im Kernbereich der Marketingforschungsprozesse gilt es, verschiedene inhaltlich zusammenhängende Basisentscheidungen zu treffen (Berekoven et al. 2001, S.42ff.; Hermann/ Homburg 2000a, S.20ff.):

Welche Datenquellen?
- Primärforschung
- Sekundärquellen

Welche Erhebungsmethoden?
- Befragung
- Exploration
- Beobachtung
- Experiment

Welche Erhebungsinstrumente?
- Fragebogen
- Interview
- technische Geräte

Welche Erhebungsform?
- schriftlich
- telefonisch
- elektronisch
- persönlich

Welche Untersuchungsgröße?
- Grundgesamtheit
- Stichprobe
- Stichprobenauswahlverfahren

---

[1]   Einen umfassenden Überblick über die verschiedenen statistischen Methoden der Datenanalyse und -auswertung im Bereich der Marktforschung liefern Backhaus et al. (1996) sowie Hermann/Homburg (2000a).

Bei der Frage des Datenmaterials geht es um die Frage der Nutzung von Primär- oder Sekundärquellen. Bei der **Primärforschung (field research)** wird der Informationsbedarf durch die Gewinnung originärer Marktdaten gedeckt, d.h., Primärforschung ist nichts anderes als angewandte, empirische Sozialforschung im Feld. Die **Sekundärforschung (desk research)** hingegen greift auf bereits vorhandenes Datenmaterial zurück, das entweder selbst oder von Dritten für ähnliche oder auch ganz andere Zwecke bereits erhoben wurde. Dieses Datenmaterial soll dann unter den speziellen Aspekten der aktuellen Fragestellung aufbereitet und analysiert werden.

Ob eher die **Erhebungsmethode** der Befragung, der Beobachtung, des Experiments oder die der Fokusgruppe angezeigt ist, hängt immer von der spezifischen Fragestellung ab. Als Erhebungsform unterscheidet man die persönliche, die schriftliche, die telefonische oder die computergestützte Befragung. Eine weitere Grundsatzentscheidung, die es im Kontext von Marktforschungskontexten zu treffen gilt, ist die Frage nach der Größenordnung, in der sich eine Marktforschungsstudie vollziehen soll. Wie groß soll die zu wählende **Stichprobe** sein, welches Verfahren der Stichprobenauswahl soll zugrunde gelegt werden, wird eine Repräsentativität angestrebt, d.h., ist eine entsprechend umfangreiche Untersuchungsgesamtheit zu befragen? Die Grundgesamtheit wird nach der Zielgruppe definiert, für die ein bestimmtes Marketingproblem gelöst werden soll. So könnten bspw. je nach Fragestellung bei einer Untersuchung in der Hotellerie nur Geschäftsreisende, nur Urlaubsreisende oder nur Familien mit Kindern als Grundgesamtheit definiert werden. Die Stichprobe legt dann fest, wie viele Personen in die Untersuchung einbezogen werden. Welche Personen einbezogen werden und wie sich diese Stichprobe zusammensetzt wird durch die Entscheidung zum **Stichprobenauswahlverfahren** festgelegt. Soll die Grundgesamtheit möglichst genau in der Stichprobe gespiegelt werden, so muss die Auswahl mit einer wahrscheinlichkeitsgesteuerten Methode erfolgen (einfache oder geschichtete Zufallsauswahl, Klumpen-/Flächenauswahl). Andere weniger kosten- und zeitintensive Auswahlmethoden sind nicht-wahrscheinlichkeitsgesteuerte Verfahren, wie bspw. das Quotenverfahren, das vorschreibt, welche Merkmale in welcher Häufigkeit in der Stichprobe wiederzufinden sind (hierzu Kotler/Bliemel 2001, S.215f.).

Die genannten **Basisentscheidungen im Bereich der Marketingforschung** sind – wie andere betriebswirtschaftliche Problemstellungen auch – naturgemäß unter **ökonomischen Gesichtspunkten** zu betrachten. Primärerhebungen sind zwangsläufig mit einem hohen Kosten-, Personal- und Organisationsaufwand verbunden und so muss jeder Hotelbetrieb nach Maßgabe seines individuellen Informationsbedarfs und seiner individuellen Ressourcensituation eine entsprechende Kosten-/Nutzenanalyse vornehmen. Hierbei darf nicht verkannt werden, dass der exakte betriebswirtschaftliche Nachweis eines Zuviel, Zuwenig oder Zuteuer einer Information im Vorfeld einer Marktforschungsstudie kaum gelingen kann, da zwar die detaillierten Kosten der Informationserhebung bekannt sind, der Nutzen bzw. Wert einer Information im Kontext des Untersuchungsziels aber nur näherungsweise bestimmt bzw. geschätzt werden kann (Berekoven 2001, S.29ff.). Abb.C.2 fasst die Zusammenhänge der inhaltlichen Basisentscheidungen in den wesentlichen Zügen nochmals zusammen.

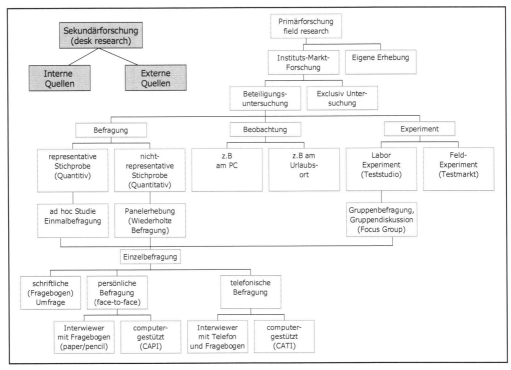

Abb.C.2:   Primär- und Sekundärforschung
            Quelle: Seitz/Meyer 1999, S.4

2.2.1   Aspekte und Methoden der Primärforschung

2.2.1.1   Grundsätzliche Aspekte der Primärforschung in der Hotellerie

Die Hotellerie als kundenkontaktintensive Dienstleistungsbranche, verfügt im Gegensatz zu anderen Branchen über den Vorteil einen sehr engen und direkten Kontakt zu Kunden pflegen zu können. Darüber hinaus wird die prinzipielle Auskunftsbereitschaft von Kunden in der Hotellerie sehr hoch eingeschätzt, wird doch – wie MEYER/WESTERBARKEY zitieren – über kaum eine andere Leistung mehr gesprochen, als über Erlebnisse in Restaurants und Hotels (Meyer/Westerbarkey 1998, S.447). Dies eröffnet der Marketingforschung in der Hotellerie ungleich größere, unmittelbare und gezieltere Möglichkeiten primärstatistischer Erhebungen als in anonymen Massenmärkten, wie bspw. der Konsumgüterindustrie. Nichtsdestoweniger werden die Möglichkeiten und die Notwendigkeit einer *systematischen Marketingkontrolle* mittels der kontinuierlichen Erhebung von Gäste- und Zufriedenheitsdaten von vielen Hotelunternehmen nach wie vor unterschätzt, wie eine aktuelle Untersuchung in der 3- bis 5-Sterne-Hotellerie in Deutschland offenbart. So ist bei nur 43% der befragten 284 Hotelbetriebe aus der Ketten- und Individualhotellerie ein eigenes *Feedbacksystem* zur Messung von Dienstleistungsqualität und Kundenzufriedenheit im Einsatz, d.h., weit mehr als die Hälfte der befragten Hotelunternehmen vernachlässigt die Marketingforschung, ungeachtet ihrer Bedeutung als wesentlicher Bestandteil einer kundenorientierten Unternehmensführung (Schmidt 2009). Dabei ist, sowohl vom Zugang, der Auswahl und der Repräsentativität der Probanden als auch im Hinblick auf die Anwendung der Methoden der Befragung und der Beobachtung, die Ausgangssituation aus Sicht des Marktforschers um ein Vielfaches leichter einzuschätzen als in anderen Umfeldern (Toedt 2009, S.463). So liegen unmittelbar nach dem Check-in bereits einige demographische Angaben vor, die mit entsprechenden Anmeldeformularen leicht um einige Zusatzinformationen (z.B. Reisezweck, Anreiseform) angereichert werden können. Des Weiteren können Gäste unmittelbar nach ihrem Aufenthalt zu bestimmten Leistungs- und Serviceaspekten befragt werden. Bei Fairfield Inn, einer Hotelmarke der Marriott-Kette, werden die Gäste bei der Abreise gebeten, mittels einer 15 Sekunden in Anspruch nehmenden Computeranwendung namens ‚Scorecard‘, ihre Meinung zur Sauberkeit ihrer Zimmer, dem Niveau der Gastlichkeit während ihres Aufenthaltes und ihren Gesamteindruck abzugeben (Kapitel F.5.2.3.).

Der Rückgriff auf die vorliegenden Heimatadressen erleichtert Hotelunternehmen nicht nur die Möglichkeit des Aufbaus einer hoch qualifizierten **Kundendatenbank**, sondern ermöglicht auch die zielgenaue Zusendung von Fragebögen oder die Durchführung von telefonischen Interviews nach dem Aufenthalt der Kunden. So führt die Hotelkette Ritz-Carlton in Zusammenarbeit mit einem Marktforschungsinstitut monatlich bei ca. 1000 Gästen etwa 30 Tage nach der Abreise 5min. telefonische Interviews durch. Ziel dieser Befragung ist es, die Erfahrungen der Gäste während des Aufenthaltes zu erheben, wobei insbesondere das Verhalten des Hotelpersonals und seine Problemlösungskompetenz im Vordergrund dieser Befragung steht. Zusätzlich zu den Privatkunden werden auch Businesskunden wie Tagungsveranstalter, Reisebüros und Reiseveranstalter nach ihrer Zufriedenheit mit den Leistungen des Hotels befragt. Dies geschieht bspw. bei Tagungsveranstaltern in Form eines ca. 15 min. telefonischen Interviews, das 40 Fragen zu Aspekten der Planung und Organisation von Veranstaltungen umfasst und den Businesskunden Gelegenheit geben soll, ihre Eindrücke und Verbesserungsvorschläge zu den verschiedenen Phasen (Pre-Event-Phase; Event-Phase; Post-Event-Phase) der Veranstaltung zu artikulieren (Beckett 1996, S.187ff.). Beim ‚Guest Satisfaction Tracking System‘ der Hotelgesellschaft Hilton International werden weltweit jährlich ca. 75.000 Gäste per zufälliger Computerauswahl aus dem Pool der Gästedatenbank angeschrieben, um einen standardisierten Fragebogen zur Dienstleistungsqualität auszufüllen. Der Rücklauf dieser Befragung (i.d.R. zwischen 25–30%) dient als Auswertungsbasis zur Ermittlung der ‚Overall Service Performance‘ und eines ‚Service Attribute Index‘, der es den einzelnen Häusern der Kette ermöglicht, sich mit anderen nationalen oder internationalen Hilton Hotels zu vergleichen (Meyer/Westerbarkey 1998, S.452).

> „**Hyatt Hotels** excels in its extraordinary short response time to answering complaints. One business customer, for example, checked into the Denver Hyatt but did not like his room. Upon entering the room, he turned on the television and was greeted by a screen with the Hyatt customer survey. Using the remote control, he punched his evaluations. To his surprise and delight, within five minutes of receiving the electronic communication, the hotel manager called him to say that because the hotel was entirely booked and the room could not be changed, the guest could expect a hospitality gift for his inconvenience. By systematically analyzing customer surveys, Hyatt managers alert employees to problems. Whether its a vending machine that eats quarters or a stale smell that greets a guest upon first entering the room, Hyatt can quickly channel service requests to thoroughly trained personnel who can resolve them" (Kotler 2000, S.443).

Auch die Tatsache, dass die Mehrzahl von Hotelunternehmen über einen relativ hohen Prozentsatz an Wiederholungskunden, sprich Stammgäste verfügt, erleichtert die Möglichkeiten *explorative Interviews* zu führen, sei es auf individueller Basis oder in Form von Gruppendiskussionen. Je nach Zielsetzungsschwerpunkt kann es sich entweder um problemlösungsorientierte, strukturierte Interviews oder Gruppensitzungen handeln oder aber um informelle Foren, die einen allgemeinen, unstrukturierten Informationsaustausch zwischen Hotelunternehmen und ihren Kunden ermöglichen. Erstere können als Kreativ- oder Fokusgruppen unter Einsatz spezifischer Moderations- und Diskussionstechniken, zur Ideengeneration im Zuge der Planung, Modifikation oder Verbesserung von Hotelkonzepten oder einzelnen Hotelleistungen beitragen. Hier können sowohl im Bereich der Ketten- als auch der Individualhotellerie mit relativer Leichtigkeit über Incentives, wie Upgrades, Wochenend- oder Sonderarrangements, Anreize zur Teilnahme an solchen Fokusgruppen geschaffen werden. Ein Beispiel für einen eher informellen Austausch zwischen Hotel und Hotelkunden liefert hingegen die Steigenberger-Gruppe, die für ihre Häuser ganz unterschiedliche Arten von Kundenforen eingerichtet hat. So wurden Kundenbeiräte, gastronomische Kreise oder spezielle Zirkel (z.B. Weinkomittees) fest etabliert, in denen interessierte Kunden in einen Dialog mit Fachexperten oder Mitgliedern der Unternehmensführung treten können (Przybilski 1994, S.422). Deren Anregungen und Informationen liefern nicht nur einen wichtigen Beitrag zur Beurteilung der Leistungsqualität des Unternehmens, sondern können – über das direkte Zusammenwirken von Management und Kunden – die Einsichten in Kundenerwartungen und -probleme vertiefen und so dem oftmals zu konstatierenden Verlust an Kunden- bzw. Marktnähe der Unternehmensführung entgegenwirken.

Eine für die Hotellerie typische Form der Befragung sind die sog. ‚*Comment Cards*' oder *Gästefragebögen*, wie sie sich in fast jedem Beherbergungsbetrieb befinden und die von Gästen zu Kommentaren, Beschwerden und Verbesserungsvorschlägen genutzt werden können. Diese Form der Informationsgewinnung sollte jedoch nicht überschätzt werden, da rein quantitativ diese Fragebögen i.d.R. nur von ca. 1–2% der Hotelgäste ausgefüllt werden. Darüber hinaus werden diese Fragebögen zumeist nur von denjenigen Kunden ausgefüllt, die entweder hoch zufrieden sind oder ein extremes Negativerlebnis artikulieren wollen, so dass die Repräsentanz dieser Quelle zu relativieren ist (Meyer/Westerbarkey 1998, S.452). Des Weiteren sind bei dem Design solcher Gästefragebögen – wie an einigen Beispielen im nächsten Kapital skizziert – oftmals extreme, methodische Defizite zu konstatieren, so dass die Aussagekraft solcher Comment Cards nur sehr eingeschränkt ist. Trotz der durchaus erweiterten Möglichkeiten der Hotellerie im Bereich der Primärforschung gilt es, für das einzelne Hotelunternehmen nichtsdestoweniger natürlich eine ausgewogene Balance zwischen dem Informationsbedarf des Unternehmens und der gebotenen Ruhe und Privatsphäre des Gastes zu finden.

2.2.1.2   Möglichkeiten und Beschränkungen der Primärforschung

Die Erhebung von Marktdaten im Zuge der *Primärforschung* kennt – wie bereits oben kurz skizziert – im Prinzip *vier Untersuchungsmethoden* (Kotler/Bliemel 2001, S.208ff.; Berekoven et al. 2001, S.93ff.):

- Befragung
- Exploration
- Beobachtung
- Experiment

Die wichtigste Methode im Bereich der Marketingforschung ist die **Befragung**. Dies gilt sowohl im Hinblick auf die relative Häufigkeit mit der dieses Instrument im Vergleich zu anderen Methoden eingesetzt wird als auch in Bezug auf die Vielseitigkeit der Einsatzmöglichkeiten bei marketingrelevanten Problemstellungen. Die Befragung kennt als Varianten die schriftliche, die mündliche, die telefonische und die elektronische Befragung. Welche Befragungsform geeignet ist, ist in Abhängigkeit von der zugrundeliegenden Fragestellung zu entscheiden. Abb.C.3 zeigt ausgewählte relative Vor- und Nachteile der verschiedenen Befragungsformen. Wesentliche Vorteile der **schriftlichen Befragung** sind die Möglichkeit der größeren Untersuchungszahlen, die relativ niedrigeren Kosten und der Wegfall von etwaigen Verzerrungen durch einen zu großen Interviewereinfluss. Auch die Bandbreite der Skalierungsmöglichkeiten, d.h., der Einsatz von Verhältnisskalen, Intervallskalen oder Ratingskalen sind größer einzuschätzen, als dies bspw. bei telefonischen Interviews der Fall ist. Die größten Nachteile der schriftlichen Befragung sind in der langen Zeitdauer und in den geringen Rücklaufquoten zu sehen, die in der Regel nur zwischen ca. 5 und 30% liegen. Oftmals sind hierzu sogar mehrere Erinnerungs- und Nachfassaktionen erforderlich. Die Befragungen können dabei mit einem herkömmlichen gedruckten Fragebogen oder auch computergestützt durchgeführt werden (CAPI=Computer-Assisted-Personal-Interview).

Befragungsform	Vorteile	Nachteile
Freies Interview	• Kontrolle Gesprächsführung, • Erfassung spontaner Eindrücke • Erarbeitung komplexer Themen • Hohe Antwortquote • …	• Interviewereinflüsse • Probleme der Protokollierung • Probleme der Auswertung/Typisierung • Interpretation der Ergebnisse • …
Schriftliche Befragung	• Niedrige Kosten • Hohe Vergleichbarkeit • Beliebiger Stichprobenumfang • Gute Abdeckung in der Fläche • …	• Niedrige Rücklaufquoten • Keine Kontrolle der Situation • Interpretationsfehler d. Probanden • Zeitlicher Durchlauf • …
Telefon Befragung	• Niedrige Kosten • Hohe Antwortquote • Dialogmöglichkeit • EDV-gestützte Auswertung mögl. • …	• Zeitl. Begrenzung d. Gespräche • Keine Vorlage von Bildmaterial • Skalierungen s. schwierig • Weitestgehend nur einfache Themen • …

Abb.C.3: Ausgewählte Vor- und Nachteile unterschiedlicher Befragungsformen

Das **persönliche Interview bzw. die mündliche Befragung (face-to-face)** wird als die vielseitigste Form der Befragung bezeichnet. Oftmals als einmalige, repräsentative Untersuchung angelegt, liegen ihre Stärken in der hohen Erfolgsquote, in der Möglichkeit auch komplexere Fragestellungen beleuchten zu können und in der Bandbreite und Flexibilität des fragetechnischen Spektrums (z.B. standardisierte oder freie Interviewform, Anwendung unterschiedlicher Fragearten (offene/geschlossene, direkte/indirekte Fragen), die Festlegung der Reihenfolge der Fragen, die Skalierungsmöglichkeiten, das Nachfragen bei Verständnisschwierigkeiten etc.). Als nachteilig erweisen sich bei dieser Art der Befragung hingegen die hohen Kosten und der eventuell auftretende Interviewereinfluss (,Interviewer-Bias'), der je nach Ausmaß das Ergebnis einer solchen Befragung erheblich verzerren kann. Dies kann bspw. durch Verfälschung des Auswahlplans (Quotenfälschung, Selbstausfüllung), durch psychologischen Druck auf den Befragten während des Interviews (z.B. durch suggestives Vortragen der Fragen) oder durch selektives bzw. nachlässiges Dokumentieren der Antworten erfolgen.

Die *telefonische Befragung (voice-to-voice)* eignet sich besonders, wenn kurzfristig bei einem definierten Personenkreis über nicht zu umfangreiche und nicht zu komplexe Fragestellungen, Informationen erhoben werden sollen. Der größte Vorteil von Telefoninterviews besteht darin, dass die Ergebnisse kostengünstig und schnell zur Verfügung stehen. Neben der Tatsache, dass sich bestimmte Themenstellungen nicht für eine telefonische Befragung eignen, ist auch die Bandbreite der Befragungstaktik erheblich eingeschränkt (z.B. Skalierung, Frageformen) sowie auch visuelle Befragungselemente (z.B. Bildvorlagen, Verpackungen, TV-Spots) nicht in ein Telefoninterview einbezogen werden können. Telefoninterviews werden mittlerweile nahezu ausschließlich computergestützt durchgeführt (CATI = Computer-Assisted-Telephone-Interview), wodurch sich sowohl in der Befragungs- als auch in der Auswertungsphase erhebliche Kosten- und Zeitvorteile realisieren lassen (Scheffler 2000, S.70f.). Neben telefonischen Befragungen gewinnen auch *Online-Befragungen* zunehmend an Bedeutung. Internetbasierte Befragungen ermöglichen schnelle, kostengünstige, interaktive und weltweite Marktforschungsanwendungen und bieten im Gegensatz zu allen anderen Erhebungsmethoden darüber hinaus Speicher- und Übertragungsmöglichkeiten in Wort, Bild und Ton. Einschränkend schlägt die noch verbesserungsfähige Internetdichte durch, so dass die Repräsentanz in der Breite bei manchen Zielgruppen (z.B. 50plus) momentan noch kaum erzielbar ist (Berekoven et al. 2001, S.112).

Ziel-/Untersuchungsgruppe?
- Einzelpersonen, Gruppen, Experten, Haushalte, Unternehmen

Kommunikationsweise?
- persönlich, schriftlich, telefonisch, computer-/bildschirmgestützt

Art der Fragestellung?
- Freies Interview, Strukturiertes Interview, Standardisiertes Interview
- direkte/indirekte Befragung, offene/geschlossene Fragen

Untersuchungsgröße?
- Grundgesamtheit, Stichprobengröße, Stichprobenauswahlverfahren

Häufigkeit der Befragung ?
- Einmalbefragung, Wiederholungsbefragung, Panelbefragung

Themenumfang ?
- Einthemenbefragung, Mehrthemenbefragung

Abb.C.4:   Spektrum der Befragung als Erhebungsform

Im Zusammenhang mit der Entscheidung über die unterschiedlichen Formen der Befragung ist zu beachten, dass auch die *Befragungstaktik* eine bedeutsame Rolle bei der Durchführung von Marktforschungsprojekten spielt. So sind an die Gestaltung des Fragebogens bzw. des Gesprächsleitfadens, die Interviewführung, den Einsatz der unterschiedlichen Frageformen sowie der Art der Formulierung bestimmte Anforderungen zu stellen, damit die Untersuchungsziele auch erreicht werden und nicht durch methodisch-handwerkliche Defizite verzerrt werden. Abb.C.4 zeigt das Spektrum der Befragung als Erhebungsform bzw. die Bandbreite der Entscheidungstatbestände, die bei einer Befragung zu beachten sind. Beim Fragebogendesign werden insbesondere bei den Formulierungsanforderungen vielfach Fehler gemacht, die die Einordnung und Auswertung der Daten erschweren bzw. zum Teil unmöglich machen. DREYER/DEHNER führen einige der wesentlichen Kardinalfehler für die Hotellerie exemplarisch vor (Dreyer/Dehner 2003, S.125ff.):

Wurde Ihre Reservierung prompt und höflich behandelt?

Ja ❏ Nein ❏

Die Fragestellung impliziert zwei Fragen, da auf zwei unterschiedliche Serviceattribute abgestellt wird, wobei dem Gast jedoch nur eine Antwortmöglichkeit eingeräumt wird (*Doppelfrage*). Dies ist unproblematisch, wenn die Anwort für beide Attribute gleichartig vorgenommen würde, bei Unterschieden in der Bewertung gibt es jedoch keine Differenzierungsmöglichkeit für den Befragten, so dass der Wert dieser Fragestellung bzw. der dsbzgl. Antworten als gering einzuschätzen ist. Bei unterschiedlichen Attributen muss der Proband Gelegenheit haben, jedes Kriterium gesondert zu beantworten, denn nur so lassen sich gehaltvolle Aussagen über einzelne Serviceelemente und Teilzufriedenheiten gewinnen.

Did you have a good service/Tuvo Buena Atención?

Yes/Si ❏ No/No ❏

Diese Frage stellt auf den Service im Hotel- bzw. Clubbereich ab (*Allgemeinfrage*). Da eine touristische Einrichtung wie ein Hotel oder ein Club – wie oben bereits diskutiert – zumeist aus unterschiedlichen Bereichen wie Empfang, Restaurant, Bar, Etage oder sonstigen Nebenleistungen besteht und die Serviceleistungen in diesen Bereichen durchaus unterschiedlicher Natur sein können, ist die Aussagekraft einer Antwort auf eine solche Frage entsprechend begrenzt. Eine schlechte Bewertung durch einen Gast erlaubt dann weder die Lokalisierung des Problembereiches, noch werden die konkreten Ursachen der schlechten Bewertung offengelegt. Das Management wüsste bei einer Auswertung der Fragebögen dann zwar, dass es ein Problem mit der Servicequalität gibt, jedoch nicht wo und welcher Art das Problem ist, so dass zielgerichtete Verbesserungsmaßnahmen auf dieser Basis nicht möglich wären.

Wie empfanden Sie die Qualität...

des Frühstücksbuffets	❶ ❷ ❸ ❹ ❺ ❻ ❼
der Speisekarte	❶ ❷ ❸ ❹ ❺ ❻ ❼
der Weinkarte/Weinberatung	❶ ❷ ❸ ❹ ❺ ❻ ❼
der Tischkultur	❶ ❷ ❸ ❹ ❺ ❻ ❼
der Speisen	❶ ❷ ❸ ❹ ❺ ❻ ❼

Kernproblem dieser Fragestellung ist der Begriff der Qualität (*mehrdeutig interpretierbare Merkmale*). Was ist mit der Qualität des Frühstückbuffets gemeint, die Breite oder die Tiefe des Angebots, die Frische der Speisen und Getränke, die Frühstückzeiten, bestimmte Serviceleistungen rund um das Buffet? Bezieht sich die Qualität der Speisekarte auf die materielle Verarbeitung bzw. äußere Gestaltung der Karte oder die Auswahl an Gerichten? Was versteht ein Nicht-Hotelier unter Tischkultur bzw. Qualität der Tischkultur? Die Bandbreite an Interpretationsmöglichkeiten durch den Befragten macht demzufolge eine eindeutige Zuordnung und Bewertung der Aussagen durch den Marktforscher unmöglich, so dass durch diese Art der Fragestellung nur wenig spezifizierte Daten gewonnen werden können.

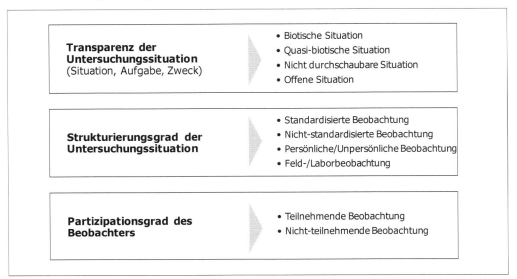

Abb.C.5:   Formulierungsanforderungen im Rahmen schriftlicher Befragungen

Aus den skizzierten Beispielen wird deutlich, dass bei schriftlichen Befragungen besondere Anforderungen an den Fragebogen zu stellen sind, da der Proband auf sich allein gestellt ist und ergänzende Erläuterungen bspw. durch einen Interviewer nicht möglich sind. Insofern müssen Fragebogentext und Begleitbrief weitestgehend selbsterklärend sein, so dass die Formulierungen keinerlei Spielraum hinsichtlich der Verständlichkeit und der inhaltlichen Interpretierbarkeit zulassen. Abb.C.5 fasst die Formulierungsanforderungen an einen Fragebogen nochmals zusammen.

Die *Exploration* als Spezialform der Befragung liefert im Rahmen von *Fokusgruppen* oder *individuellen, explorativen Interviews* Informationen über Wahrnehmung, Einstellung und Zufriedenheit der Konsumenten zu einem bestimmten Thema (Kotler/Bliemel 2001, S.208f.). Unter Anleitung eines psychologisch geschulten Interviewers oder Diskussionsleiters führt bspw. eine Fokusgruppe (i.d.R. ca. 6–10 Personen) beurteilende oder explorative Gruppendiskussionen über ein bestimmtes Thema durch (z.B. Wahrnehmung/Beurteilung unterschiedlicher Hotelgesellschaften, bestimmter Serviceleistungen etc.). Untersuchungen mittels Fokusgruppen oder über mehrere Einzelinterviews hinweg, sind wegen des explorativen Charakters besonders vor groß angelegten Befragungen angebracht. Die Erkenntnisse helfen das Forschungsproblem für die formelle Untersuchung genauer zu durchleuchten und das Forschungsziel exakter zu definieren. Einschränkend muss gesagt werden, dass Fokusgruppen nicht repräsentativ für den Gesamtmarkt sind, da die Stichprobe zu klein ist und die Zusammenstellung in der Regel nicht nach zufallsgesteuerten Methoden erfolgt. Abb.C.6. zeigt die Charakteristika individueller Exploration und Gruppendiskussion auf.

Exploration	**Gruppendiskussion**
• Freies Interview mit einzelnen Probanden • reicht vom zwanglosen Gespräch bis zum tiefenpsychologischen Interview • Antworten werden im Gesprächsleitfaden notiert • Thema und Ziel der Befragung sind vorgegeben, Ablauf frei gestaltbar • ermöglicht intensiven, tiefen Blick in Verhaltensweisen, Meinungen, Einstellungen von Konsumenten • ...	• Freies Gespräch in Gruppen von 6-10 Probanden • 1-4 Std. Diskussion unter Leitung eines qualifizierten Moderators • Diskussionsverlauf wird aufgezeichnet • Nachstellung einer alltäglichen Situation in der Meinungen gebildet und ausgetauscht werden • ermöglicht in relativ kurzer Zeit ein möglichst breites Spektrum von Meinungen, Ansichten, Ideen zu einem bestimmten Themenbereich • ...

Abb.C.6:   Grundsätzliche Charakteristika individueller Exploration und Gruppendiskussion

Eine weitere Spezialform der Befragung, die im Rahmen der Primärforschung aktuell für die Hotellerie nur von untergeordneter Bedeutung ist, stellt die **Panelbefragung** dar. Panelbefragungen sind im Gegensatz zu den o.g. Befragungsformen der Ad-Hoc Forschung, Wiederholungsbefragungen, die sich an den gleichen Adressatenkreis richten und in regelmäßigen Abständen zu gleichen Themen durchgeführt werden (Berekoven et al. 2001, S.123ff.). Ein Panelbeispiel ist das Hotelbarometer der Fachzeitschrift ‚NGZ-Der Hotelier', das vierteljährlich Umsätze und Umsatzprognosen der deutschen Hotellerie erhebt.

Neben der Befragung ist die **Beobachtung** ein häufig eingesetztes Mittel der Primärforschung. Unter einer Beobachtung wird die von Personen oder technischen Hilfsmitteln vollzogene systematische Erfassung von sinnlich wahrnehmbarer Sachverhalte zum Zeitpunkt ihres Geschehens verstanden (Kepper 2000, S.192ff.). Besondere Schwerpunkte der Beobachtung liegen in der Erfassung des Kaufverhaltens, des Verwendungsverhaltens im Zuge der Nutzung von Produkten und Dienstleistungen sowie im Informationsverhalten aktueller und potenzieller Konsumenten. Kundenlaufstudien, Zeitmessverfahren und die Blickregistrierung als klassische Anwendungen im Bereich der Erfassung des Kundenverhaltens, generieren Informationen über die Frequentierung einzelner Hotelbereiche (Zimmer, Aufenthaltsräume, Bar, Restaurant etc.), die Inanspruchnahme bestimmter Leistungskomponenten der Hotelleistung, durchschnittliche Verweilzeiten oder über die Erfassung der Orientierung von Hotelkunden innerhalb des Hotelgebäudes/-geländes. Dadurch können kunden-/segmentspezifische Nutzungsprofile bzw. Nutzungsprofilverläufe erstellt werden, die bspw. Hinweise auf notwendige Maßnahmen der Ressourcenanpassung geben können (z.B. zusätzliches Personal bei Spitzenzeiten etc.). Auch das Verwendungsverhalten im Zuge der Produktnutzung kann eine interessante Quelle für Verbesserungsmaßnahmen sein. Insbesondere Alltagsverrichtungen wie sie im Bereich von Hotelleistungen typisch sind (z.B. bestimmte Schlaf-, Ess-, Dusch-/Badegewohnheiten, die Art der Nutzung von TV-/Funkgeräten u.ä.), werden von Konsumenten selten adäquat beschrieben, da es sich um kaum bewusste Vorgänge handelt. Wichtig für einen effizienten Einsatz des Kommunikationsinstrumentariums ist das Informationsverhalten der Kunden, sowohl was die Aufnahme und Wahrnehmung als

auch die Informationswirkungen anbelangt. Auch hier eignen sich technische Beobachtungs-
verfahren, wie zum Beispiel die Blickregistrierung, das Pupillometer oder die Messung von
Hautreaktionen, um die physische Wirkung von Werbeanzeigen oder TV-Spots auf Kunden
zu messen. Andere Einsatzbereiche solcher Apparaturen ist die Messung der Wahrnehmung
von Anschlagflächen, Räumlichkeiten und Schaufenstergestaltungen durch Konsumenten
oder deren Verhaltensweisen bei der Bedienung von Automaten/Geräten.

Je nach Ziel und Gegenstand der Untersuchung, werden bei der Beobachtung verschiedene
methodische Varianten unterschieden (Meffert 2000, S.154f.). So ist bspw. die Transparenz
der Beobachtungssituation unterschiedlich, je nach dem, ob und in welchem Maße die Versuchsperson über Ziel, Aufgabe und Beobachtungssituation informiert ist. Hier sind bspw.
sogenannte biotische Versuchsanordnungen denkbar, in denen die Versuchsperson vollkommen im Ungewissen gelassen wird und die Reaktionen möglichst lebensecht ermittelt werden
sollen (z.B. durch versteckte Kameras). Das andere Extrem ist die offene Situation, in der die
Versuchsperson von der Beobachtung, dem Zweck und dem Untersuchungsgegenstand weiß.
Die Beobachtung kann dabei entweder in standardisierter oder freier Form stattfinden, persönlich durch einen Beobachter bzw. unpersönlich durch Beobachtungsgeräte erfolgen oder
sich in der gewohnten Umgebung der beobachteten Personen als Felduntersuchung (z.B. im
Hotel, Zimmer, Aufenthaltsräumen) bzw. als Laboruntersuchung unter künstlich geschaffenen Umständen durchgeführt werden (z.B. Testhotel). Je nachdem ob der Beobachter Teil
der Untersuchungssituation ist oder nicht, spricht man von einer teilnehmenden oder nicht-
teilnehmenden Beobachtung. Abb.C.7 fasst die Varianten der Beobachtungssituation zusammen.

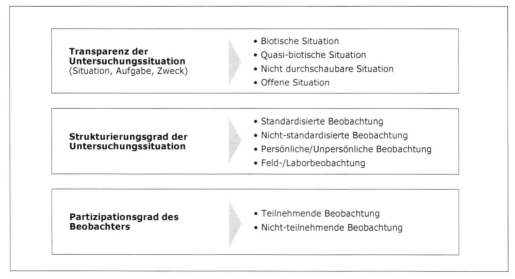

Abb.C.7:   Varianten der Beobachtung

Die Beobachtung von Dienstleistungstransaktionen durch professionelle Beobachter oder
audio-visuelle Techniken kann Leistungsmängel offenlegen und Erkenntnisse über daraus
resultierendes Kundenverhalten liefern. Darüber hinaus können durch Beobachtung und
Besuche von Konkurrenzbetrieben auch sonst nicht zugängliche Informationen gewonnen

werden (Barth/Theis 1998, S.68), so z.B. Daten über Gästestrukturen, wie Alter oder Geschlecht, Ankunfts-/Abreisezeiten, Kenntnisse über das Leistungsangebot oder bestimmte Marketingaktivitäten (z.B. VKF-Aktionen). Grenzen findet diese Methode dadurch, dass Beobachtungseffekte entstehen, bestimmte Phasen des Dienstleistungsprozesses nicht verfolgt werden können und aus dem beobachtbaren Kundenverhalten oftmals nicht zwingend auf die tatsächliche Qualitätswahrnehmung des Kunden geschlossen werden kann (Stauss 1995b, S.389). Darüber hinaus unterliegt die Beobachtung auch bestimmten ethischen Grenzen, die es bei der Durchführung, insbesondere von verdeckten oder nicht-durchschaubaren Situationen, zu berücksichtigen gilt. Abb.C.8 gibt einen Überblick über die wichtigsten Vor- und Nachteile der Beobachtung.

Vorteile	Nachteile
• Auskunftsbereitschaft der Testpersonen nicht notwendig • Erfassung unbewusster Sachverhalte • Unabhängigkeit vom verbalen Ausdrucksvermögen der Testpersonen • Ergänzende Informationsgewinnung • …	• Eingeschränkte Beobachtbarkeit bestimmter Sachverhalte • Rückschlüsse auf bestimmte Sachverhalte durch apparative Messungen zum Teil nur bedingt möglich • Schwierige Untersuchungssituation • Interpretationsproblematik • Begrenzte Aufnahmekapazität des Beobachters • Eingeschränkte Wiederholbarkeit d. Untersuchungssituation • Kosten-/Zeitaspekte • …

Abb.C.8: Ausgewählte Vor- und Nachteile der Beobachtung

Unter einem *Experiment* wird die wiederholbare, kontrollierte Überprüfung des Kausalzusammenhangs zwischen zwei oder mehreren Faktoren unter zuvor genau festgelegten Bedingungen verstanden. Unerwünschte Störfaktoren sollen ausgeschlossen werden, so dass man Hypothesen untersuchen kann, indem die Wirkung eines oder mehrerer unabhängiger Faktoren auf die jeweils abhängige Variable untersucht wird (Berekoven et al. 2001, S.150f.). Typische Fragestellungen wären in diesem Zusammenhang:

- Wie wirkt die ästhetische Gestaltung der Hotelanlage auf die Produkteinschätzung seitens der Kunden?
- Wie wirken verschiedenartige Preise auf den Umsatz eines Produktes/Services?
- Wie wirken verschiedene Werbemittel (Flyer, Prospekte, Anzeigen) auf die Markenerinnerung bei unterschiedlichen Kundensegmenten (Privat-/Businessreisende)?
- …

Je nach Art der Datenerhebung, des experimentellen Umfelds und dem zeitlichen Einsatz gibt es unterschiedliche experimentelle Vorgehensweisen (Meffert 2000, S.158f.). Für die Hotellerie konstatieren BARTH/THEIS eine prinzipielle Eignung des Experiments als Variante der Primärforschung für Hotelketten und -kooperationen (Barth/Theis 1998, S.68f.). In Anlehnung an die aus der Handelsmarktforschung bekannten Store-Test-Verfahren, können insbesondere Kettenhotels und Kooperationen, die i.d.R. über gleichartige Betriebstypen mit vergleichbarem Leistungsangebot und ähnlicher Gästestruktur verfügen über einen längeren Zeitraum hinweg Experimente in mehreren Unternehmen durchführen, um bestimmte Variablenkonstellationen und Veränderungen über verschiedene Betriebseinheiten hinweg zu untersuchen. Für Individualhoteliers hingegen ist die Möglichkeit experimenteller Versuchsanordnungen, insbesondere aufgrund des Fehlens von adäquaten Kontrollobjekten, eher auf bestimmte abgegrenzte Produkt-/Serviceelemente beschränkt.

2.2.2   Aspekte und Methoden der Sekundärforschung

Die Sekundärforschung greift grundsätzlich auf unternehmensinterne und unternehmensexterne Informationsquellen zurück. Inwieweit sich die Nutzung von Sekundärmaterial anbietet, ist in Abhängigkeit von der jeweiligen Fragestellung zu beurteilen. Der wesentliche Vorteil der Sekundärforschung liegt darin, dass die Daten schneller und kostengünstiger zur Verfügung stehen, als dies bei Primärerhebungen der Fall ist. Als problematisch erweist sich hingegen die Tatsache, dass Sekundärdaten oftmals nicht mehr aktuell sind, die Qualität der Daten und Datenquellen nicht immer nachvollziehbar ist und die Informationen nur in begrenztem Maße für das jeweilige Problem angewendet werden können (Abb.C.9).

Vorteile	Nachteile
• Schnelle Informationsbeschaffung • Kostengünstige Informationsbeschaffung • dient Unterstützung der Primärforschung • weist oft genauere Werte aus • ...	• Informationen sind nicht immer problemadäquat • Daten sind oft veraltet • Daten stehen jedermann zur Verfügung • Qualität der Daten/Quellen oft nicht nachvollziehbar • ...

Abb.C.9:   Ausgewählte Vor- und Nachteile der Sekundärforschung

Für die Hotellerie bieten sich im Bereich der Sekundärforschung – ebenso wie in vielen anderen Branchen auch – eine extreme Fülle von *unternehmensexternen Informationsquellen* an, die von staatlichen Organisationen, Verbänden, privaten Instituten, Verlagen, Fachzeitschriften bis hin zu elektronischen Datenbanken reichen. Die Anbieter solcher Informationen können dabei kommerzielle (z.B. Marktforschungsinstitute, Informationsdienste, Wirtschaftspresse) oder nicht-kommerzielle Interessen (z.B. Statistisches Bundesamt, Ministerien, Europäische Union) verfolgen. Beispielhaft sollen hier touristische Marktuntersuchungen genannt werden, wie der Deutsche Reisemonitor (Reiseverhalten der deutschen Bevölkerung) von IPK International, die jährliche Untersuchung „Urlaub und Reisen" der Forschungsgemeinschaft Urlaub und Reisen (Quantitative/Qualitative Untersuchung des Reiseverhaltens der Deutschen Bevölkerung) oder die Untersuchung Tourist Scope (Untersuchung zu geplanten/vergangenen Urlaubsreisen der deutschen Bevölkerung) von der Infratest Sozialforschung (Seitz/Meyer 1999, S5ff.) Die Vielfalt externer Datenquellen ist dabei mittlerweile kaum mehr durchschaubar und hat nicht zuletzt durch das Internet mit seinen Such- und Metasuchmaschinen eine neue Dimension der Informationssuche und des Informationszugriffs durch elektronische Online Datenbanken erhalten (Berekoven et al. 2001 S.43ff.). Abbildung C.10 zeigt aus der Vielfalt möglicher externer Datenquellen einige, die für die Hotellerie als bedeutsam eingestuft werden können.

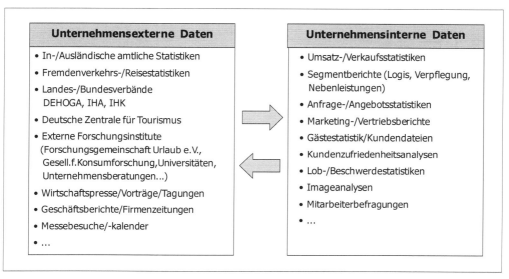

Abb.C.10:   Ausgewählte Informationsquellen der Sekundärforschung in der Hotellerie

Als *interne Informationsquellen* sind alle Daten, Aufzeichnungen und Analysen zu bezeichnen, die in der Vergangenheit innerhalb eines Hotelunternehmens angelegt und ausgewertet wurden oder innerhalb kürzester Zeit aus den vorhandenen, innerbetrieblichen Berichts- und Informationssystemen gewonnen werden können. Als bedeutsame Quelle und Grundlage für sekundär- aber auch primärstatistische Erhebungen können die Kundendaten gelten, die in fast jedem Hotelunternehmen in mehr oder weniger systematischer Form auflaufen und gesammelt werden. Die Informationen über die jeweiligen Gäste liegen in vielen Hotelunternehmen in qualitativ sehr unterschiedlicher Form vor und reichen von simplen Adressdateien über individualisierte Gästekarteien (z.B mit Wünschen und Vorlieben bestimmter Gäste), bis hin zu sehr ausgefeilten Datenbanken und Systemen im Sinne von sog. Data Mining Konzepten, PMS Systemen (Property Management System) oder CRM-Anwendungen (Customer Relationship Management), wie sie zu einem späteren Zeitpunkt des Buches besprochen werden (Kapitel E.3).

*Bei der internationalen Luxus-Hotelkette **Ritz Carlton**, die für ihren besonders aufmerk-samen Service berühmt ist, ist es Philosophie des Hauses selbst die „unausgesprochenen Wünsche und Bedürfnisse der Gäste zu erfüllen". Wie funktioniert das? Jeder Mitarbeiter hat sog. „Guest Preference Cards", auf denen er die besonderen Vorlieben der Gäste fest-halten kann bzw. sogar verpflichtet ist dies zu tun. Diese Daten werden unter Berücksich-tigung des Datenschutzgesetzes und mit Einverständnis des Gastes in die weltweite elekt-ronische Gästekartei eingetragen. So wird der amerikanische Gast im RC Wolfsburg mit seinem Original US-Müsli überrascht und die deutsche Kundin im RC auf Hawaii mit einem Exemplar der neuesten Ausgabe der deutschen Gala (Schüller/Fuchs 2006, S.127).*

2.3   Management des Informationssystems

Grundsätzliche Frage des Management von Marktinformationen in Unternehmen ist die Frage der organisatorischen Verantwortung und Umsetzung der Erhebung und Verarbeitung von Marketingdaten. Die Aufgaben im Bereich der Marketingforschung können dabei ent-weder vom Hotelbetrieb selbst oder durch externe Institutionen wahrgenommen werden. Ob *Eigen- oder Fremdmarktforschung* vorzuziehen ist, ist neben anderen Entscheidungskrite-rien vor allem in Abhängigkeit von der Unternehmensgröße und zum anderen von der spezi-fischen Aufgabenstellung im Rahmen einer Marktuntersuchung zu bewerten (Abb.C.11). Im ersteren Fall sind neben einer betriebswirtschaftlichen Kosten/Nutzenbetrachtung der Ein-richtung einer eigenen Marktforschungsabteilung, im Vorfeld eine Vielzahl organisatorischer Fragestellungen zu betrachten (Aufgabenzuschnitt, Prozessstrukturierung, Kompetenz und Verantwortung, personelle/sachliche Ausstattung, organisatorische Zuordnung), um zu einer Empfehlung für die organisatorische Form des Informationssystems zu gelangen (Berekoven et al. 2001, S.36ff.).

Inhaltlich ist eine *Make-or-Buy-Entscheidung* auch in Abhängigkeit von der Problemstel-lung und dem jeweiligen Untersuchungsgegenstand zu treffen. Neben der größeren Erfah-rung, einem spezifischen Know-how (z.B. bei flächendeckenden Großerhebungen) und der Anwendung von State-of-the-Art-Erhebungs- (z.B. Critical Incident Technique, tiefenpsy-chologische Interviews etc.) und Auswertungsmethoden (z.B. Multiple Regression, Diskri-minanzanalyse, Clusteranalyse, Conjoint Analyse etc.), spricht die Neutralität in der Darstel-lung der Ergebnisse und eine professionelle Distanz zum Untersuchungsgegenstand für die Einbindung externer Marktforschungsinstitute (z.B. Gesellschaft für Konsumforschung, Nielsen, Infratest, Rheingold etc.). Intern gilt es, die Vertrautheit mit der Problematik, die größere Branchen-/Markterfahrung und geringere Einarbeitungszeiten positiv zu berücksich-tigen. Nachteilig ist sicherlich ein gewisses Maß an Betriebsblindheit, organisatori-sche/personelle Grenzen und die Gefahr der ‚*self-fulfilling prophecy*' zu nennen, da intern auch oftmals interessengeleitete Färbungen der Untersuchungskonzeption dazu führen, dass „erwünschte" Ergebnisse mit fraglichem Informationsgehalt erzielt werden. In der Regel sind eigene Marktforschungsabteilungen oder Stäbe nur im Bereich der Hotelketten bzw. Hotel-kooperationen anzutreffen, nichtsdestoweniger sollte auch der Individualhotelier nicht darauf verzichten, Verantwortlichkeiten für Marketingdaten zu definieren, um sicherzustellen, dass

Informationen – seien sie extern oder intern erhoben – nicht verlorengehen, sondern im Unternehmen eine systematische Verbreitung erfahren.

Eigenmarktforschung	Fremdmarktforschung
Vorteile	**Vorteile**
• Mit Problematik vertraut • Bessere Markt-/Branchenkenntnisse • Keine Einarbeitungszeit • Geringere Kosten • Geheimhaltung gewährleistet • ...	• Größere Objektivität • Keine Betriebsblindheit • Größere Methodenerfahrung • Breiteres Methodenspektrum • Branchenübergreifendes Wissen • Einsatz von Experten • Schnelle Durchführung • Nur projektspezifische Kosten • ...
Nachteile	**Nachteile**
• Betriebsblindheit („Subjektivität") • Fehlen von Experten/Mitarbeitern • Mangelnde Erfahrung • Flächendeckende Großerhebungen i.d.R. nicht möglich (organisatorische Voraussetzungen) • Self-fulfilling prophecy • ...	• Geringeres Markt-/Branchenverständnis • Geringere Vertrautheit mit Problemstellung • Einarbeitungszeit • ggf. Kommunikationsprobleme • ggf. Geheimhaltungsproblematik • Einschätzung der Anbieterprofessionalität im Vorfeld schwierig • ggf. Gefahr der unprofessionellen Durchführung • ...

Abb.C.11:   Ausgewählte Vor- und Nachteile der Eigen- und Fremdmarktforschung

Unabhängig davon, ob Marktforschung extern oder intern betrieben wird, prägt die Qualität und nicht die Quantität der Informationen die Leistungsfähigkeit eines Informationssystems. Beim methodischen Aufbau eines Informationssystems gilt es demzufolge zu hinterfragen, welcher Art die Informationen sein müssen, um effektive Marketingentscheidungen treffen zu können. Bei der Sammlung von Informationen sind nach BERRY/PARASURAMAN folgende Bewertungskriterien für die Güte von Informationen zu beachten (Berry/Parasuraman 1998, S.86f.):

- **Relevanz**
  Relevante Informationen müssen die Aufmerksamkeit der Entscheider auf ihre vordringlichste Aufgabe lenken, nämlich die Kundenerwartungen zu erfüllen bzw. zu übertreffen, Kaufinteressenten in Kunden zu verwandeln und die eigenen Mitarbeiter zu befähigen, die Dienstleistungsqualität zu verbessern.

- **Präzision und Nützlichkeit**
  Informationen müssen spezifisch genug sein, damit Führungskräfte etwas unternehmen können, Entscheidungen treffen, Prioritäten setzen, Programme anschieben, Projekte stoppen etc. Zu breite oder zu allgemeine Informationen sind in diesem Zusammenhang nutzlos.

- **Kontextbezogenheit**
  Damit Informationen ihre Wirkungen entfalten und Mitarbeiter ihre Verhaltensweisen anpassen können, ist es notwendig sie in einen Gesamtkontext zu stellen. Aktuelle Daten müssen mit vorhandenem Informationen gekoppelt werden, um über deren Vernetzung ein Gesamtbild des Unternehmens zu erhalten. Dies vermeidet die Gefahr, aufgrund von Einzelergebnissen ohne Einbettung und Relativierung durch den unternehmensspezifischen Gesamtkontext, in einen ungezielten Aktionismus zu verfallen.

- **Glaubhaftigkeit und Objektivität**
  Um motivierende Wirkung zu erzeugen, müssen Informationen von allen Führungskräften und Mitarbeitern akzeptiert werden. Bestehen Zweifel an der Zuverlässigkeit (Reliabilität) und Gültigkeit (Validität) der erhobenen Daten, werden Mitarbeiter nicht frühzeitig in Untersuchungsmethoden und Zielsetzungen von Marktforschungsprozessen involviert und werden nicht mehrere Maßstäbe und Perspektiven genutzt, können Zweifel an den Ergebnissen entstehen und die grundsätzliche Glaubhaftigkeit der Informationen wird in Frage gestellt. Der Einsatz eines externen Marktforschungsinstituts kann hier eine erhöhte Objektivität signalisieren.

- **Verständlichkeit**
  Relevanz, Nützlichkeit und Glaubwürdigkeit von Informationen nehmen zu, wenn Untersuchungsergebnisse auch leicht zu verstehen und nachzuvollziehen sind. Die Aufbereitung solcher Informationen, sollte sich demzufolge benutzerfreundlich an den potenziellen Adressaten ausrichten, mit wenig Fachjargon, einer einheitlichen Berichtsstruktur und einer klaren Datenpräsentation.

- **Aktualität**
  Informationen die nicht rechtzeitig verfügbar sind, bleiben wirkungslos. Unternehmen müssen die Informationssammlung und -auswertung so gestalten, dass ihre üblichen Entscheidungs- und Planungszyklen unterstützt werden. Zu lange Bearbeitungs- oder Liegezeiten zwischen Sammlung und Verteilung, gilt es zu vermeiden.

Ein *effektives Informationssystem* gewinnt seine Stärke dabei aus einem umfassend und kontinuierlich angelegten Informationsfluss über alle Hierarchieebenen und Abteilungsgrenzen hinweg, denn nur so sind Verhaltensänderungen zu initiieren und zu kontrollieren. Es erscheint daher sinnvoll, sicherzustellen, dass Informationen, die das Unternehmen als Ganzes betreffen, wie z.B. Kundenzufriedenheitsanalysen, Imagewerte oder Marktanteile und die nicht aus strategischen Gesichtspunkten der Geheimhaltung unterliegen, auch breit und systematisch innerhalb der Organisation kommuniziert werden. Die Hotellerie zeigt hier in der Regel deutliche Transparenzdefizite, ohne sich die Chancen einer transparenten Kommunikationspolitik zu Eigen zu machen.

3   Analyse des Käuferverhaltens

Die Analyse des Käuferverhaltens ist die Grundvoraussetzung für die Initiierung und Durch-führung zielgerichteter Marketingaktivitäten und insofern steht *der Kunde mit seinen ver-haltensspezifischen Kaufentscheidungs- und Informationsprozessen* im Mittelpunkt des Marketinginteresses. Aus Marketingsicht ist naturgemäß insbesondere das Kaufverhalten von Konsumenten im jeweiligen Produkt- und Dienstleistungskontext bedeutsam, nichtsdestowe-niger gilt es auch gesellschaftliche Metatrends zu berücksichtigen, die die Einzelkaufent-scheidung in der einen oder anderen Richtung beeinflussen.

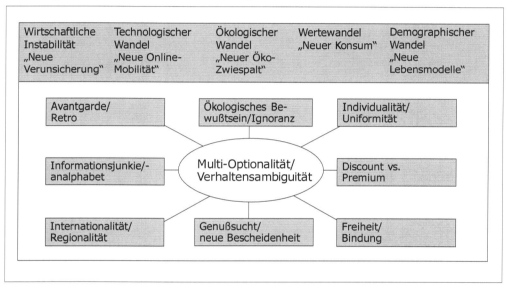

Abb.C.12:   Ausgewählte gesellschaftliche Trends im Konsumverhalten

Die Analyse des Käuferverhaltens sieht sich dabei in ihrer Aufgabe, möglichst kausale Wir-kungsstränge zwischen Persönlichkeitsmerkmalen und Kaufverhalten herzustellen, mit zu-nehmend größeren Herausforderungen konfrontiert. In dem gleichen Maße wie Individuali-tät, Variabilität und Komplexität gesellschaftlicher und kundenspezifischer Verhaltensmuster zunehmen, nimmt die Berechenbarkeit des Kundenverhaltens ab. Dies stellt Hotelunterneh-men zwangsläufig im Hinblick auf die Identifikation stabiler und genau abgegrenzter Kun-densegmente vor besondere Schwierigkeiten. Situationsspezifische Kundenverhaltensweisen entwickeln sich demzufolge immer mehr zur Norm (Solomon et al. 2001, S.282ff.), ein Tat-bestand, der mit dem bereits in Kapitel B genannten Terminus *„Multi-Options-Konsument"* (Lehmann 1995, S.15) oder dem Trend zur *„Luxese"* (Kunstwort aus Luxus und Askese) plakativ veranschaulicht wird. Beide Begriffe beschreiben eine Bipolarität und Verhal-tensambiguität des individuellen Konsumverhaltens. Abb.C.12 zeigt beispielhaft einige die-ser allgemeinen zum Teil gegenläufigen gesellschaftlichen Trends, die den Konsumenten von heute als Multi-Options-Konsument charakterisieren.

Nichtsdestoweniger ist das Bemühen um fundierte Analysen des Käuferverhaltens und die Kenntnis über die Bestimmungsfaktoren dieser Verhaltensweisen unerlässlich, liefern diese doch wichtige Informationen und Anhaltspunkte, um den Einsatz und die Wirkungen der Instrumente des Marketings zielgerichtet und differenziert auf die verschiedenen Phasen des Kaufprozesses abstimmen zu können (Abb.C.13). Beispielhaft sind nachfolgend einige der *zentralen Fragestellungen der Käuferverhaltensforschung* skizziert (Kotler/Bliemel 2001, S.324; Meffert 1992, S.22):

- **Wer kauft?**
  (Kaufakteure, Träger der Kaufentscheidung = Organisationen, Individuen, Gruppen, Familien)
- **Was?**
  (Kaufobjekte = Produkte oder Dienstleistungen)
- **Warum?**
  (Kaufmotive, Verhaltensmuster, käuferspezifische Einflussfaktoren)
- **Wie?**
  (Kaufentscheidungsprozesse, Kaufpraktiken, Informationsverhalten)
- **Wie viel?**
  (Abnahmemengen, Abnahmegrößen)
- **Wann?**
  (Kaufzeitpunkte, Kauffrequenzen)
- **Wo bzw. bei wem?**
  (Einkaufsstätten, Lieferantenwahl, Absatzmittler)

Dabei gilt es in der Hotellerie – wie in anderen Branchen auch – individuelle und kollektive Typen von Kaufentscheidungen zu unterscheiden. Kollektive Kaufentscheidungsprozesse sind im Gegensatz zu individuellen Willensbildungsprozessen dadurch gekennzeichnet, dass mehrere Personen mit unterschiedlichen Interessen und Bewertungskriterien beim Kaufentscheidungsprozess mitwirken. Bei Privathaushalten ist dies bspw. bei Entscheidungen von Familien oder Lebensgemeinschaften der Fall, während auf Unternehmensebene Einkaufsprozesse oftmals durch Gremien, sog. Buying Center, vollzogen werden (Backhaus 1999, S.65ff.). Bei der *Analyse individueller und kollektiver Kaufentscheidungsprozesse* interessieren im Wesentlichen folgende Themen und Fragestellungen (Schüring 1991, S.60):

- **Kaufentscheiderstrukturen**
  (Welche Personen/Personengruppen üben nennenswerten Einfluss auf die Kaufentscheidung aus?)
- **Informationsbedarf**
  (Welche Informationen sind für die Entscheidungsfindung relevant?)
- **Informationsverhalten**
  (Wie vollzieht sich die Informationsgewinnung der Entscheider generell/produktspezifisch?)
- **Kaufentscheidungsprozesse**
  (Wie vollziehen sich Such- und Auswahlprozesse in der Regel?)
- **Kaufentscheidungsverhalten**
  (Wie vollziehen sich Alternativenbewertung und letztendliche Kaufentscheidung?)

Im Weiteren sollen daher vor dem Hintergrund eines allgemeinen Grundmodells des Kaufentscheidungsverhaltens, zunächst die psychologischen und soziologischen Bestimmungsfaktoren individueller Kaufentscheidungsprozesse diskutiert werden, bevor in einem zweiten Schritt die Besonderheiten des Kaufverhaltens von Organisationen erörtert werden.

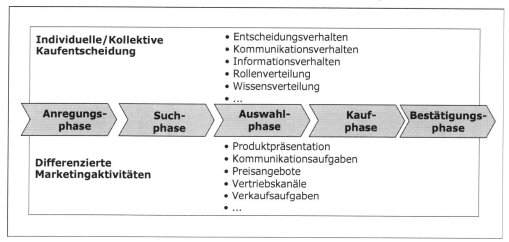

Abb.C.13:   Problemebenen zur Analyse von Konsumentenentscheidungen

3.1   Ein Grundmodell des Kaufentscheidungsverhaltens in der Hotellerie

Die dienstleistungsspezifischen Besonderheiten von Hotelleistungen bedingen ein Informationsungleichgewicht zwischen Hotelunternehmen und dem potenziellen Hotelkunden. Damit einher geht ein gewisses Maß an Entscheidungsunsicherheit beim Kauf von Hotelleistungen und so bedienen sich potentielle Nachfrager im Vorfeld der Kaufentscheidung verschiedener Quellen, um angebotsspezifische Informationen einzuholen. Intensität und Umfang der Informationssuche differieren dabei in Abhängigkeit von den Kaufsubjekten (Individualkunden/institutionelle Kunden), dem Kaufobjekt (High-Involvement/High-Risk- oder Low-Involvement/Low-Risk-Produkte/Dienstleistungen) sowie den dazugehörigen Informationskosten, sprich, den Kosten und den zeitlichen Belastungen, die bei der Informationsbeschaffung über Anbieteralternativen und deren Angebote entstehen. *High-Involvement Käufe* sind dabei für den Konsumenten von besonderer Bedeutung und stehen in enger Verbindung zur Persönlichkeit und Selbsteinschätzung des Individuums. Damit einher geht ein erhöhtes Kaufrisiko, so dass er viel Zeit und Energie für die Auswahl der Produktalternativen aufbringt (z.B. Urlaub, Immobilien-/Autokauf). *Low-Involvement Käufe* sind hingegen für den Konsumenten weniger wichtig und setzen nur sehr begrenzte Entscheidungsprozesse in Gang (Meffert 2000, S.112). Die Literatur unterscheidet in diesem Zusammenhang darüber hinaus zwischen echten, habituellen, limitierten und impulsiven Kaufentscheidungstypen (Kroeber-Riel et al. 2009, S.366ff.). Bei *echten Kaufentscheidungen* ist ebenso wie bei High-Involvement-Käufen der Informationsbedarf, die kognitive Beteiligung und die Entscheidungsdauer besonders hoch (z.B Computer, Musikanlage), während *Impulskäufe* durch spontanes, ungeplantes und emotionsgesteuertes Handeln gekennzeichnet sind. *Habituelle Kaufentscheidungen* sind die routinemäßig getroffene Produkt-/Markenwahl, die sich ohne ausgeprägte Informationssuche vollziehen (z.B. bei Güter des täglichen Bedarfs), während *limitierte Kaufentscheidungen* auf bewährte Problemlösungsmuster und Entscheidungskriterien zurückgreifen. Diese wurden durch vorhergehende Konsumerfahrungen gewonnen und begrenzen somit das Ausmaß an kognitiver Beteiligung und Informationsbedarf. Um welchen Kauftypus es sich im jeweiligen Einzelfall im Hotelleriekontext handelt, ist darüber hinaus von individuellen, käuferspezifischen Variablen (z.B. Einkommen, Schicht, Bildung) geprägt.

Grundsätzlich lässt sich die Informationssuche von Nachfragern auf der Basis formeller und informeller Informationsquellen systematisieren (Abb.C.14). *Formelle Quellen* sind externe Informationskanäle und generieren entweder kommerziell-parteinehmende (z.B. Werbung, Verkäufer, Zwischenhändler, materielles Erscheinungsbild eines Hotelunternehmens) oder öffentlich-neutrale Informationen (Medien, Testinstitute, Verbraucherverbände etc.) bezüglich einer bestimmten Dienstleistung. *Informelle Quellen* sind entweder eigene (interne) entscheidungsrelevante Erfahrungswerte, oder ebenfalls externe, dann aber unmittelbar umfeldbezogene, personengebundene Quellen der Informationsaufnahme (Familie, Freunde, Kollegen, Nachbarn etc.) (Kotler/Bliemel 2001, S.356; Hentschel 1992, S.68f.). Für kundenkontaktintensive Dienstleistungen wie die Hotellerie, lässt sich festhalten, dass insbesondere informelle Informationsquellen eine herausragende Bedeutung genießen (Mitchell/Greatorex 1993, S.195f.; Friedmann/Smith 1993, S.53f.). So wird im Bereich der individuellen Geschäftskunden davon ausgegangen, dass 4 von 5 Neukunden aufgrund von Empfehlungen aus dem Kreis von Kollegen bzw. Geschäftspartnern gewonnen werden können. Diese Beobachtung enthält eine Reihe strategischer Implikationen für die Kommunikationspolitik in der Hotellerie, auf die in einem späteren Kapitel noch einzugehen sein wird (Kapitel F.4).

Im Zuge der Informationsaufnahme segmentiert der potentielle Hotelkunde die in Frage stehenden Anbieteralternativen anhand grundlegender Beurteilungskriterien (z.B. Standort, Preis, Kategorie) immer feiner und zwar, ausgehend von der Gesamtmenge der zur Verfügung stehenden Alternativen (,*total set*'), über die verbleibende Teilmenge der ersten Informationsaufnahme (,*awareness set*') bis zu Anbietern, die einem näheren Bewertungsprozess unterzogen werden (,*processed set*'). Ergebnis dieses ersten grundlegenden Selektionsprozesses sind Hotelunternehmen, die in die engere Wahl gelangen (,*accept set*' oder ,*evoked set*'), während andere Alternativen entweder verworfen werden (,reject set' bzw. ,foggy set') oder als Ersatzanbieter eventuell später doch noch in Frage kommen können (,hold set') (Kotler/Bliemel 2001, S.356). Die Anbietersegmentierung durch den Nachfrager dient dabei der Komplexitäts- und Risikoreduktion, um über die Bewältigung der angebotsspezifischen Informationslast zu einer geeigneten Basis für die Analyse und Bewertung, der zur engeren Wahl stehenden Hotelalternativen zu gelangen. Zur Analyse und Bewertung der zur Auswahl stehenden Hotelalternativen geht der Konsument – wie oben bereits skizziert – von einer Kosten/Nutzenfunktion aus, die er möglichst optimal gestalten will. Bei komplexen Absatzobjekten, wie der Hotelleistung, ergibt sich diese Funktion aus einer Fülle von Teilleistungen, deren einzelne Eigenschaften und Merkmale unterschiedliche Bedeutung für die Bewertung der Gesamtqualität haben können. Erschwerend kommt bei Hotelleistungen hinzu, dass diese aufgrund ihrer Eigenschaft als Erfahrungsgüter, sog. ,*blinde Flecken*' aufweisen, d.h., bestimmte Teileigenschaften im Bereich der Prozess- und/oder Ergebnisqualität entziehen sich der ex-ante Bewertung. Die wenigen materiellen Attribute der Potentialdimension von Hotelleistungen (Gebäude, Anlage, Prospekt etc.), müssen demzufolge als Qualitätssurrogate bzw. Schlüsselmerkmale, Qualitätsinformationen zum Konsumenten transportieren und sind demzufolge entscheidende Ansatzpunkte bei der Vermarktung von Hotelleistungen.

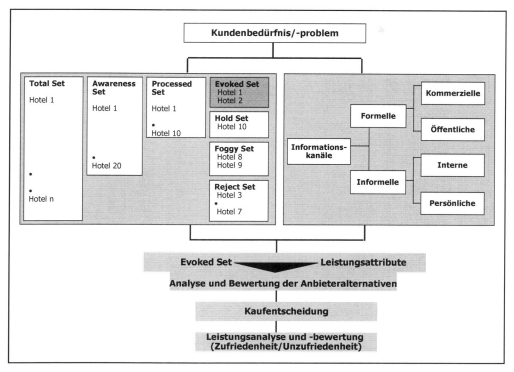

Abb.C.14:   Grundmodell des Kaufentscheidungsverhaltens von Hotelkunden

Die Verknüpfung der einzelnen Qualitätsmerkmale und deren relative Bedeutung für die Kaufentscheidung unterliegen einem komplexen Bewertungsprozess. Ohne im Einzelnen auf die **Strukturmodelle zur Bewertung von Marken- und Anbieteralternativen** einzugehen – hierzu sei auf die einschlägige Literatur verwiesen (Schiffmann/Kanuk 2010, S.488f.; Kroeber-Riel et al. 2009, S.306ff.) – sei an dieser Stelle angemerkt, dass die Bewertungsprozesse von Konsumenten bezüglich bestimmter Leistungs- und Qualitätsmerkmale entweder kompensatorischen oder nicht-kompensatorischen Charakter aufweisen können. Danach lässt sich der Mangel bestimmter Eigenschaften durch das Vorhandensein anderer ausgleichen (**Kompensatorik**), bzw. genießen bestimmte Eigenschaften aus Kundensicht eine höhere Wertschätzung als andere, so dass deren Präsenz respektive Nichtpräsenz als K.O.-Kriterium eine unabdingbare Grundvorrausetzung für den Kaufabschluss darstellt (**Nicht-Kompensatorik**). So mag das Vorhandensein eines Hallenbads oder einer Badelandschaft für den einen Kunden ein Muss-Kriterium sein, während es für einen anderen eher ‚nice to have' Charakter besitzt. Daraus folgt, dass der Identifikation der kaufentscheidenden Leistungsmerkmale durch das Hotel besondere Bedeutung zukommt. Diese zwingende Notwendigkeit der Orientierung an den Kundenanforderungen wird zusätzlich durch die Tatsache gestützt, dass Dienstleistungsnachfrager grundsätzlich zur Beurteilung der Anbieteralternativen des ‚accept/evoked set' im Schnitt nicht mehr als zwei bis drei Qualitätsmerkmale heranziehen (Turley/LeBlanc 1993, S.14).

Ergebnis des Bewertungsprozesses ist die Präferenz für die Leistung oder das Leistungsangebot eines bestimmten Anbieters. Ist die Kaufentscheidung getroffen, erfolgt – wie im Kapitel zur Kundenzufriedenheit näher erläutert – über den Wirkungszusammenhang der diesbezüglichen Kundenerwartungen und den während und nach der Leistungsinanspruchnahme wahrgenommenen Prozess- und Ergebnisqualitäten eine Bewertung der entsprechenden Dienstleistung, die sich auf Seiten des Konsumenten entweder in Zufriedenheit oder Unzufriedenheit niederschlägt. Abb.C.14 fasst die grundlegenden Bemerkungen zum *Informationsverhalten* und dem *Kaufentscheidungsprozess* von Hotelkunden noch einmal zusammen.

3.2   Individuelles Käuferverhalten

Bei dem Versuch, das Kaufverhalten und die Bestimmungsfaktoren der Auswahl und Bewertung von Leistungsangeboten von Konsumenten zu erklären, gilt es, sowohl intrapersonale als auch interpersonale Bestimmungsfaktoren zu beleuchten.

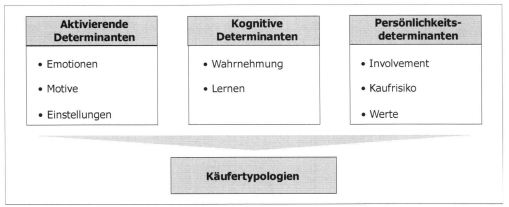

Abb.C.15:   Intrapersonale Determinanten des Konsumverhaltens

Intrapersonale Erklärungsansätze versuchen das Zusammenwirken verschiedener psychischer Variablen zu beschreiben, wie sie in der individuellen Persönlichkeit des Konsumenten angelegt sind (z.B. Emotionen, Motive, Einstellungen). Die psychologische Käuferverhaltensforschung untersucht aktivierende und kognitive Prozesse des Konsumentenverhaltens und beschreibt deren Zusammenwirken im Zuge der Kaufentscheidung (Solomon 2011, S.80ff.; Kroeber-Riel et al. 2009, S.49ff.; Schiffmann/Kanuk 2010, S104ff.). Abb.C.15. skizziert die verschiedenen, intrapersonalen Determinanten, die als Basis für die Bildung von Käufertypologien und Kundensegmenten dienen sollen.

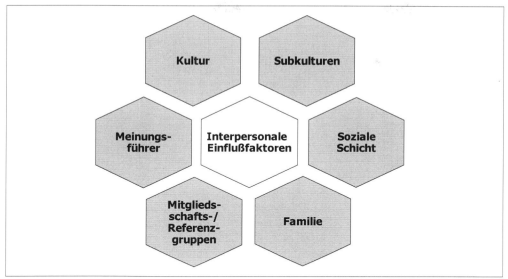

Abb.C.16:   Interpersonale Determinanten des Konsumverhaltens

Interpersonale Bestimmungsfaktoren beschreiben hingegen die Erfahrungsumwelt des Konsumenten, wie sie sich aus näheren (z.B. Familie, Bezugsgruppen) und der erweiterten sozialen Umwelt (Kultur, Subkultur, Schicht) ergibt (Solomon 2011, S.482ff.; Schiffmann/Kanuk 2010, S.318ff.).. Abb.C.16 verdeutlicht die verschiedenen interpersonalen Perspektiven als soziologische Basis des Konsumverhaltens, wie sie nachfolgend in ihren Besonderheiten und Auswirkungen auf die Marketingaktivitäten der Hotellerie diskutiert werden sollen. Die psychologischen und soziologischen Grundlagen der Käuferverhaltensforschung und deren Bedeutung für das Marketing-Management in der Hotellerie sind Gegenstand der nächsten Kapitel.

3.2.1   Psychologische Grundlagen

3.2.1.1   Aktivierende Determinanten

Aktivierende Determinanten des Käuferverhaltens beschreiben innere Erregungszustände, die das Individuum mit Energie versorgen und in einen Zustand der Leistungsbereitschaft und Leistungsfähigkeit versetzt. Die wichtigsten aktivierenden Prozesse bzw. menschlichen Antriebskräfte sind Emotionen, Motive und Einstellungen. *Emotionen* werden als innere Erregungszustände bezeichnet, die als angenehm oder unangenehm empfunden werden und mehr oder weniger bewusst erlebt werden (Kroeber-Riel et al. 2009, S.53ff.). Wie in Abb.C.17 dargestellt, geht die Literatur von 10 angeborenen (primären), emotionalen Grundhaltungen aus. Diese Emotionen unterscheiden sich deutlich im subjektiven Erleben und sind an einem spezifischen Ausdrucksverhalten erkennbar (Mimik, Gestik), wobei das mimische Ausdrucksverhalten für Freude, Ärger, Wut, Ekel, Trauer und Überraschung als universal verständlich gilt, was bspw. bei internationalen Werbekampagnen bedeutsam ist. Von folgenden Zusammenhängen kann ausgegangen werden (Meffert 1992, S.48f.):

- Emotionen begünstigen den Informationserwerb und tragen zur Bildung bestimmter Beziehungen bei (z.B. zu Personen, Objekten, Orten).
- Emotionen verstärken die selektive Akzentuierung und Hemmung bestimmter Prozesse. Intellektuelle Prozesse und Assoziationsprozesse können durch Emotionen beschleunigt und gefördert werden.
- Emotionen sind für die Anregung von Entscheidungs- und Problemlösungsprozessen bedeutsam.
- Mit zunehmender Stärke der Emotionen steigt zunächst die psychische Leistung und fällt von einer bestimmten Aktivierungsstärke ab.

Die *Schaffung emotionaler Erlebniswerte*, wie z.B. die Aufladung von Marken und Produkten mit bestimmten emotionalen Eindrücken (Bildern, Farben, Tönen, Gerüchen etc.), versucht über die kognitive Verarbeitung von Informationen hinaus dauerhafte, emotionale Bindungen und Präferenzen zu einem Produkt zu erzeugen. Ziel ist es, ein inneres (Marken-) Bild aufzubauen und mit dem Produkt assoziativ zu verknüpfen. Auslöser emotionalen Verhaltens können – wie Abb.C.17 zeigt – unterschiedliche Reize sein. So nutzt bspw. die Accor-Gruppe für Ihre Markenfamilie Ibis, ein intensives Blau für die Marke Ibis Budget, ein intensives Grün für die Marke Ibis Styles und das traditionell kräftige Rot der Kernmarke Ibis gekoppelt mit dem jeweiligen markanten Logo, um dergestalt eine assoziative und emotionale Verknüpfung von Farbe und Hotelprodukt beim Konsumenten herzustellen. Unternehmen der Luxushotellerie wie bspw. das St.Regis in Rom, das Ritz Carlton in Peking oder das Side Hotel in Hamburg setzen in diesem Zusammenhang auch auf auditive Konzepte, indem im Rahmen des sog. *„Sound Branding"* (Groves 2008) versucht wird, über maßgeschneiderte Tonfolgen (Jingles), musikalische Klangbilder oder ausgesuchte Musikstücke, welche passend zur Einrichtung des jeweiligen Hauses entwickelt werden, Marken- bzw. Unternehmensassoziationen hervorzurufen, um derart emotionale Bindungen zu ihren Gästen aufzubauen (Brügge 2008, S.67). Andere Hotelunternehmen versuchen sich an der Entwicklung von unternehmenstypischen Gerüchen (*„Corporate Smell"*), um das Unternehmen auch auf der Ebene des Geruchssinns emotional zu differenzieren.

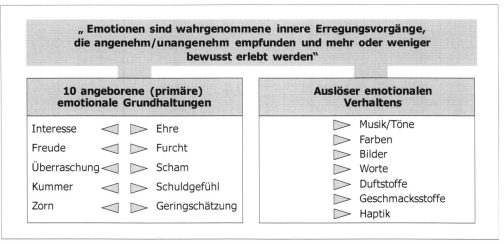

Abb.C.17:   Emotionen als aktivierende Determinanten des Käuferverhaltens

Verschiedenste Studien identifizierten bspw. über verschiedene Hotelkategorien hinweg Emotionen wie das Gefühl des Willkommenseins, der Behaglichkeit, der Sicherheit und der Entspannung als emotive Variablen mit wesentlichem Einfluss auf die Qualitätswahrnehmung der befragten Hotelkunden (Koob 2011; Lin/Barsky 2004; Barsky/Nash 2000). Den emotionalen Kontext einer Übernachtung verdeutlicht die Studie von KOOB, in der Geschäftsreisende auf die Frage, welche Rolle für Sie eigentlich grundsätzlich das Hotel spielt wenn sie geschäftlich unterwegs seien, unter anderem folgende Angaben machten (Koob 2011, S.105):

- Ort, wo ich mich erholen, ausruhen und neue Energie tanken kann
- Ort, an dem man mal richtig umsorgt und verwöhnt wird
- „Zweites Zuhause" auf Zeit
- Statussymbol: Im richtigen Hotel zu übernachten verschafft Prestige
- Plattform um mich mit anderen Leuten zu treffen und auszutauschen
- Ort, um interessante Leute kennen zu lernen
- Im Hotel will ich unterhalten werden und etwas erleben
- Im Hotel kann man sich mal richtig ausleben und feiern

Entsprechend gewinnt die emotionale Ansprache unter Berücksichtigung aller fünf Sinne in Hotellerie und Gastronomie immer mehr an Bedeutung, ein Tatbestand der in der Literatur auch unter dem Terminus des *Multisensualen Marketing*, des *Neuromarketing* oder des *Emotional Branding* diskutiert wird.

*Im Wellnessbereich des **Designhotels MAVIDA in Zell** am See erwarten den Wellnessgast verschiedene Besonderheiten mit dem Ziel dem Gast zu einem einzigartigen emotionalen Erlebnis zu verhelfen So sorgt im Hallenbad des Hotels ein spezielles Sona-Spray für eine einmalige, echofreie Atmosphäre und vermittelt dem Gast schon beim Betreten des Poolbereiches ein neues Optik- und Akustikgefühl. Auch das geräuschdichte, mit einer 26 prozentigen Sole gefüllte Floatarium, soll dem Gast ein Gefühl der Schwerelosigkeit vermitteln und ihn in einen Zustand der vollkommenen Entspannung versetzen. Das Vigilius Mountain Resort in Südtirol, das von Matteo Thun gebaut wurde, ist nur durch Glas von der Alpenwelt getrennt und vermittelt durch reale Lichtverhältnisse den Eindruck „hautnah dabei zu sein". Der Gast spürt dabei die Natur tatsächlich physisch, denn zur Fußreflexzonenmassage geht es über Tannenzapfen (Birke 2007).*

*Das völlig verdunkelte **Restaurant „Unsicht-Bar"** in Köln versucht über den freiwilligen Verzicht auf optische Sinneseindrücke, dem Gast ein intensiviertes Erlebnis der verbleibenden Sinne zu ermöglichen.*

*Duftmarketing ist ein Wachstumsmarkt. **Scentcommunication** entwirft Corporate Smells für Prada und eine Schweizer Hotelkette, die Konkurrenten AirAroma und Scent Air arbeiten für Disneyland in Tokyo oder den Autohersteller Lexus, das Sulzberger Unternehmen Aromata schickt Wohlfühlgerüche per Klimaanlage ins Terminal 1 des Frankfurter Flughafens (Brügge 2008, S.62).*

Um zu verstehen, warum Konsumenten auf eine bestimmte Art handeln oder warum sie nur bestimmte Produkte oder Dienstleistungen kaufen, muss man deren *Motivation* bzw. ihre *Motive* verstehen. Motive sind die aktivierten Beweggründe des Verhaltens oder anders formuliert ein Trieb, ein Bedürfnis, ein Wunsch wird dann zu einem Motiv, wenn es einen ausreichenden Intensitätsgrad erreicht und einen Zustand der Spannung auslöst, der den Konsumenten dazu treibt, das Bedürfnis zu reduzieren oder zu beseitigen. Ist ein solches konkretes Handlungsziel vorhanden, spricht man von Motivation (Schiffmann/Kanuk 2010, S.104ff.; Kroeber-Riel et al. 2009, S.56). Für die Ferienhotellerie sind bspw. folgende Motivationsgruppen interessant (vgl. Berg 2010, S.41):

- **Physische Motivation**
  (Erholung, Sport, Grenzerfahrung, Heilung, Regeneration, Revitalisierung der Arbeitskräfte, ...)
- **Psychische Motivation**
  (Zerstreuung, Erlebnisdrang, Eskapismus, ‚Tapetenwechsel‘, Abenteuer, ...)
- **Interpersonelle Motivation**
  (Besuch von Verwandten/Freunden, soziale/sexuelle Kontakte zu Reisepartnern bzw. Einheimischen, Geselligkeit)
- **Kulturelle Motivation**
  (Kunstinteresse, religiöse Gründe, Bildungsinteresse, Kennerlernen anderer Länder, Erlernen anderer Sprachen, ...)
- **Status-/Prestigemotivation**
  (Wunsch nach Anerkennung, Wertschätzung, Abgrenzung, ...)

Die Motivationsforschung unterscheidet primäre (biogene) und sekundäre (psychogene) Motive. Primäre Motive sind angeborene Motive, die aus physiologischen Spannungszuständen wie Hunger, Durst, Schlaf resultieren. Sekundäre Motive sind hingegen erlernte Motive, die aus psychologischen Spannungszuständen, wie dem Wunsch nach Anerkennung, Prestige oder Zugehörigkeit erwachsen. Inwieweit Motive oder Motivkonstellationen auch tatsächlich aktivierenden Charakter entfalten, variiert kundenspezifisch sehr stark nach Maßgabe der individuellen Bedeutung oder des Interesses, das ein Motiv in Bezug auf eine spezielle Kaufsituation oder ein Produkt entfaltet. Der Grad der Aufmerksamkeit bzw. der Grad der persönlichen Bedeutung für einen bestimmten Sachverhalt oder ein bestimmtes Objekt wird – wie bereits angesprochen – als Involvement bezeichnet. Das Ausmaß des Involvement spielt – wie oben im Grundmodell des Kaufentscheidungsverhaltens bereits angedeutet – eine wesentliche Rolle bei der Informationssuche und -verarbeitung im Rahmen spezifischer Kaufsituationen.

Motive können widersprüchlicher Natur sein. So kann sich bspw. bei bestimmten Konsumenten oder Konsumentengruppen in der Hotellerie ein motivationaler Konflikt zwischen Preis- und Prestigebewusstsein ergeben (sog. Appetenz-Aversionskonflikt). Derartige *Motivkonflikte* bieten Unternehmen Möglichkeiten auf den Konsumenten einzuwirken. So kann zur Lösung solcher Konflikte der Reizcharakter von Leistungen deren Konfliktladung bekannt ist verändert werden und zwar derart, dass die positive Verhaltenstendenz verstärkt wird oder die vermeintlichen Nachteile eines Angebots als Vorteile für den Gast interpretiert werden. Ein Beispiel hierfür lieferte die Hotelgruppe Accor in der Vergangenheit mit ihrer Budgetmarke Etap, die in ihrer Kommunikationsstrategie mit der Werbebotschaft (‚Claim‘) *„Hier schlafen die Schlauen"* auf das günstige Preis-/Leistungsverhältnis hinweist (Cimbal 2002, S.32). Bei einer prestigeorientierten Verhaltenstendenz wären beim o.g. Appetenz-Aversionskonflikt auch Werbebotschaften im Sinne von *„Weil ich es mir wert bin"* (L´Oreal) denkbar.

Zur Erklärung des Käuferverhaltens werden sehr unterschiedliche *Motivationstheorien* herangezogen. In der wirtschaftswissenschaftlichen Literatur dürften die Motivationstheorien von MASLOW (1954) und HERZBERG (1959) wohl die populärsten sein. Die Maslow'sche Bedürfnispyramide geht dabei von einer Hierarchie menschlicher Bedürfnisse aus. Dabei werden die übergeordneten Bedürfnisse erst dann befriedigt, wenn die Bedürfnisse der darunterliegenden Stufe erfüllt worden sind. So wird bspw. im Zusammenhang mit dem Leistungssystem in der Hotellerie im Rahmen des materiellen Leistungssystems zunächst den physiologischen Grundbedürfnissen (Essen, Trinken, Schlafen etc.) und den Sicherheitsbedürfnissen (Dach über dem Kopf, Schutz vor Diebstahl, körperliche Unversehrtheit etc.) im Sinne MASLOWS entsprochen, während die immateriellen Faktoren (Freundlichkeit, Höflichkeit, Hilfsbereitschaft etc.), die hierarchisch höher stehenden sozio-emotionalen Bedürfnisse erfüllen müssen (Harmonie- und Liebesbedürfnis, Statusbewusstsein, Selbstverwirklichung etc.). Ergebnis des Zusammenwirkens der angesprochenen immateriellen Faktoren ist ein abstrakter Zustand, der auf sozio-emotionaler Ebene positiv oder negativ als Atmosphäre, Klima oder Ambiente eines Hotelunternehmens empfunden wird. Marketingziel ist es hier, über die Erfüllung weitgehend erlernter höherer bzw. unbewusster Bedürfnisse, dem Gast die Botschaft *„des Gastes als König"* zu vermitteln (Abb.C.18).

__Soziale Bedürfnisse:__ Die von körperlich und geistig Behinderten betriebenen Hotel Stadthaushotel Altona in Hamburg oder das „Breite Hotel" in Basel zielen auf Bedürfnisse wie Solidarität, Geselligkeit, Verantwortung, Fürsorge und Freundschaftspflege ab. Der sozial geprägte Gast wird motiviert sich für dieses Leistungsangebot zu interessieren, da durch dieses Projekt nicht nur Arbeitsplätze für Behinderte geschaffen werden, sondern weil sich darin auch ein natürlicher Kontakt von Behinderten und Nicht-Behinderten Menschen ergibt und somit Aspekte der Solidarität und Soziabilität angesprochen werden (Knechtli 2005).

__Statusbedürfnisse:__ So überzeugt das Dolder Grand Hotel in Zürich nicht nur durch eine außergewöhnliche Architektur und Schweizer Servicequalität, sondern vor allem auch dadurch, dass namhafte Persönlichkeiten der Zeitgeschichte im Haus ihre Spuren hinterlassen haben und es somit seine Historie als legendäres Grandhotel im Auftritt nach außen weiter pflegt.

__Selbstverwirklichungsbedürfnisse:__ Die „Pleasure – for men only" Konzept-Suite bedient die Selbstverwirklichungsbedürfnisse und individuellen Vorstellungen der Spa-Zielgruppe Mann. Die Suite lehnt sich in ihrer Konzeption an das Lieblingsspielzeug des Mannes, das Auto an und besteht aus Wurzelholz, gebürstetem Edelstahl, schwarzem Leder und Schiefer. Alle dazugehörigen Accessoires orientieren sich strikt an maskulinen Wertvorstellungen. Erste Suiten befinden sich derzeit in Bau (Hallwachs 2008).

HERZBERG'S ‚Zwei-Faktoren-Theorie' unterscheidet hingegen *Motivatoren* (Faktoren, die Befriedigung verschaffen) und *Demotivatoren* (Unzufriedenheit verursachende Faktoren). So entspricht ein sauberes Hotelzimmer, als materielles Leistungselement der grundlegenden Erwartungshaltung des Gastes und erfüllt somit ein Grundbedürfnis des Kunden, trägt aber nicht unmittelbar zur Kundenzufriedenheit bei, während ein schmutziges Hotelzimmer als erheblicher Qualitätsmangel empfunden wird und dies in entsprechendem Maße zur Unzufriedenheit beiträgt. Ein sauberes Hotelzimmer hat insofern Demotivatorcharakter und ist insofern noch kein Kaufmotiv, führt aber – falls nicht angeboten – mit Sicherheit dazu, dass ein potenzieller Gast von einem Kauf Abstand nimmt (siehe Kapitel B.2.2.3). Aus Marketingsicht gilt es demzufolge, die wesentlichen Faktoren der Kaufmotivation und der Kundenzufriedenheit zu identifizieren. Auch wenn beide Motivationstheorien in der Literatur bereits vielfach kritisch gewürdigt wurden (Meffert 1992, S.54), besteht doch Einigkeit darüber, dass die verschiedenen Motive und Motivkonstellationen keine statischen Größen sind, sondern der Veränderbarkeit unterliegen und demzufolge, unter Berücksichtigung der speziellen Konsumsituation, von Unternehmen beeinflusst werden können.

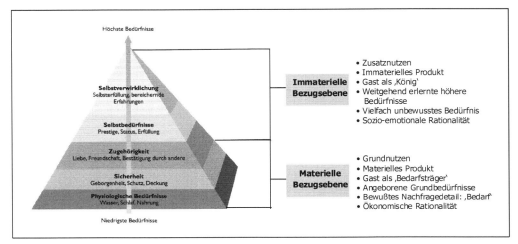

Abb.C.18:   Motivationstheoretische Bezüge des Leistungssystems in der Hotellerie

Einstellungen sind innere Bereitschaften (Prädispositionen) eines Individuums auf bestimmte Stimuli der Umwelt (Personen, Objekte, Themen), konsistent positiv oder negativ zu reagieren. Das Einstellungskonstrukt kann gemäß der Drei-Komponententheorie in folgende Bestandteile zerlegt werden (Solomon 2011, S.283; Schiffman/Kanuk 2010, S.249):

- **Affektive Komponente**
  Sie enthält die mit der Einstellung verbundene gefühlsmäßige (emotionale, motivationale) Einschätzung eines Einstellungsobjektes („Ich liebe den einzigartigen Komfort von Hotel X").

- **Kognitive Komponente**
  Sie beinhaltet das mit einer Einstellung verbundene subjektive Wissen über das Einstellungsobjekt („Ich habe mir sagen lassen, dass das Restaurant Y die beste Auswahl an italienischen Weinen in der Stadt hat").

- **Konative Komponente**
  Sie bezieht sich auf die mit einer Einstellung verbundene Handlungstendenz (Verhaltensabsicht, Kaufbereitschaft) („Ich steige nur im Hotel X ab, da fühle ich mich am besten aufgehoben")

Im Allgemeinen geht man davon aus, dass die drei Komponenten aufeinander abgestimmt und miteinander konsistent sind. Diese Konsistenz von ‚Denken', ‚Fühlen' und ‚Handeln' gegenüber einem Objekt gilt für Einstellungen als kennzeichnend. Kontrovers werden hingegen Wirkungszusammenhänge zwischen Einstellungen, Verhalten und Situation diskutiert. Bestimmen Einstellungen das Verhalten oder ist es umgekehrt? So kann man bspw. eine negative Einstellung zu Familienhotels haben. Die Geburt eines Kindes führt jedoch zwangs-läufig zu einer Verhaltensänderung und kann hier im Zeitablauf auch entsprechende Einstel-lungsänderungen nach sich ziehen. Ein anderes Beispiel ist die Veränderung der Einstellung zu einer Marke, nachdem die Marke gekauft wurde. So kann man bspw. eine zuvor negative Einstellung zu Low Budget Hotels verändern, nachdem man aufgrund bestimmter Umstände, wie bspw. mangels Hotelalternativen zu Messezeiten, eine entsprechende Konsumerfahrung gemacht hat (Situationsänderung). Eine positive Einstellung zur Marke ist dann nicht Vo-raussetzung für die Markenentscheidung, sondern Ergebnis des Kaufs. Einstellungen müssen dabei nicht immer das Ergebnis einer konkreten Konsumerfahrung sein, sondern entwickeln sich auch im Zuge von Sozialisierungsprozessen. So kann man bspw. durchaus eine negative Einstellung zur Marke Best Western haben, ohne jemals in einem Hotel der Kette übernach-tet zu haben.

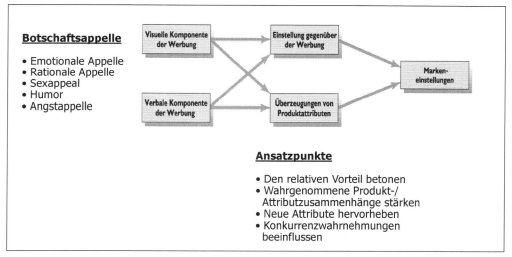

Abb.C.19:   Einstellungsänderung und Kommunikation
             Quelle: In Anlehnung an Solomon et al. 2001, S.197

Entscheidende Frage aus Marketingsicht ist, inwieweit Einstellungen veränderbar sind und welche Möglichkeiten der Einflussnahme dem einzelnen Unternehmen zur Verfügung stehen (Schiffmann/Kanuk 2010, S.244ff.). Die Art der Einstellungs- und Verhaltensbeeinflussung ist in Abhängigkeit vom Ausmaß der beabsichtigten Veränderung zu sehen. Geht es um rein kognitive Veränderungen, d.h. reines Wissen über Produkte und Dienstleistungen sind *ra-tionale Appelle* und Informationen im Zuge von Kommunikationsmaßnahmen ausreichend. Geht es hingegen um konkrete Verhaltensänderungen oder um tiefgreifend verankerte Wer-tesystem und Einstellungen, sind stärkere Botschaftsappelle gefragt, die über das rein kogni-tive Informationsangebot hinausgehen und dann eher emotionaler Natur sind und dabei auch *Angstappelle* einschließen können. Ein stark *emotionaler Appell*, der auch latente Ängste anspricht, wäre bspw. eine Werbebotschaft, die betont, wie wichtig es ist, in den „*richtigen*" Hotels abzusteigen, wenn man sich als Mitglied bestimmter sozialer Schichten versteht bzw. verstanden wissen will. Wesentliche Schwerpunkte der Marketinganstrengungen liegen dem-zufolge zwangsläufig im Bereich der Kommunikation und der Produktgestaltung, die unter Berücksichtigung der anvisierten Zielgruppe, im Zusammenspiel zwischen den verbalen und visuellen Komponenten der Kommunikation, die Produkte und Dienstleistungen in ihren Attributen und Differenzierungspotenzialen so überzeugend präsentieren muss, dass es zu den gewünschten Markeneinstellungen kommt. Die Möglichkeiten der Einflussnahme erstrecken sich dabei auf Art, Anzahl und Gewichtung einstellungsrelevanter Produkteigenschaften, die produktbezogene Beurteilung der Eigenschaftsausprägungen sowie die Idealvorstellung eines Produktes. Positiv oder negativ vermittelnd wirkt dabei noch die grundsätzliche Affinität und Einstellung der Zielgruppe zur Werbung. Abb.C.19. fasst diese Überlegungen nochmals zusammen.

Grundsätzlich bleibt festzuhalten, dass regelmäßige Marktanalysen notwendig sind um Veränderungen in den Einflussfaktoren feststellen zu können. Diese können und müssen darüber Aufschluss geben, welche Eigenschaften an Bedeutung gewonnen (z.B. aufgrund der Wettbewerbskommunikation) haben oder bei welchen Eigenschaften ein Anbieter aus Kundensicht besser bzw. schlechter bewertet wird als die Konkurrenz.

3.2.1.2   Kognitive Determinanten

Während Emotionen, Motive und Einstellungen einen Menschen bzw. Konsumenten aktiv werden und zweckorientiert handeln lassen, beeinflussen kognitive Determinanten die Vorgänge, mit denen sich das Individuum gedanklich innerhalb seiner Umwelt organisiert. Als kognitive Vorgänge wurden bereits im Vorfeld die Wahrnehmung und das Lernen genannt. Innerhalb kognitiver Wahrnehmungs- und Lernprozesse von Konsumenten spielen darüber hinaus noch das Involvement und das Kaufrisiko bei Kaufentscheidungen eine bedeutsame Rolle.

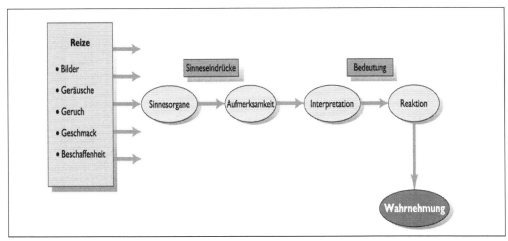

Abb.C.20:   Wahrnehmung als Prozess
             Quelle: Solomon et al. 2001, S.60

Wahrnehmung ist dabei ein Prozess der subjektiven und selektiven Informationsaufnahme Solomon 2011, S.80ff.; Schiffman/Kanuk 2010, S.172ff.) Das Individuum verarbeitet aktiv die wahrgenommenen Sinneseindrücke seiner Umwelt und filtert aus der Fülle der Reize und Informationen, subjektiv jene Informationen, die das eigene System der Informationsbewältigung nicht überfordern und interpretiert sie in seiner Bedeutung für sich (**Selektive Wahr-**

nehmung) (Kroeber-Riel et al. 2009, S.267ff.; Abb.C.20). Ein Reiz muss dabei, um überhaupt wahrgenommen zu werden, einen spezifischen Schwellenwert erreichen (Sensorische Schwellen). Für das Marketing sind diese Schwellenwerte, insbesondere bei kommunikativen Maßnahmen sowie Preis- und Sonderaktionen, von Bedeutung. Dies wird deutlich wenn man bedenkt, dass die Informationsüberlastung bzw. Reizüberflutung von Konsumenten in der Vergangenheit immer stärker zugenommen hat und man davon ausgeht, dass nur knapp ca. 2% aller Informationen und Reize, die auf den Konsumenten einströmen, überhaupt wahrgenommen werden. Eine wesentliche Erkenntnis aus der Käuferverhaltensforschung ist die Beobachtung, dass nicht die objektiven Produkt- und Leistungseigenschaften eines Angebots entscheidend sind, sondern deren subjektive Wahrnehmung und Beurteilung durch den Konsumenten.

Diese Tatsache spielt insbesondere bei Markenstrategien und Positionierungsentscheidungen eine wesentliche Rolle. Auch das Ausmaß des *wahrgenommenen Risikos* (perceived risk) im Zuge einer Kaufentscheidung spielt eine wesentliche Rolle. In der Hotellerie nimmt der Hotelkunde dabei – im Vergleich zum Käufer von Sachleistungen – ein generell höheres Kaufrisiko wahr, als sich hier die hotelspezifischen Dienstleistungsbesonderheiten (Immaterialität, Hotel als Erfahrungsgut) auswirken. *Dieses Kaufrisiko setzt sich in seiner Gesamtstruktur aus einer Anzahl von Einzelrisiken zusammen* (Mitchell/Greatorex 1993, S.186f; Schiffmann/Kanuk 2010, S.202f..):

- **Funktionales Risiko**
  entsteht durch die Gefahr der mangelhaften Bedürfnisadäquanz und Fehlfunktion des Produktes/ der Dienstleistung. („Liegt mein Ferienhotel wirklich direkt am Strand?"; „Hoffentlich ist das Essen vernünftig.").

- **Psychologisches Risiko**
  Dies führt dazu, dass sich die Nachfrage nach Dienstleistungen oft in einem situativen Umfeld der Unsicherheit, Hilflosigkeit, Abhängigkeit oder Bedrohlichkeit vollzieht. („Wird meiner Familie/meiner Frau das Hotel gefallen?"; „Habe ich überhaupt angemessene Kleidung für ein Hotel dieser Kategorie?").

- **Finanzielles Risiko**
  entsteht durch die Probleme der ex-ante Beurteilung von Erfahrungsgütern, wodurch auch ein ökonomisches Werturteil im Sinne des Preis-/Leistungsverhältnisses nur unter unvollständiger Information gefällt werden kann und somit in erheblichem Maße als risikobehaftet empfunden wird („Ist das Hotel und der Service wirklich seine 300 € am Tag wert?").

- **Physisches bzw. Materielles Risiko**
  entsteht durch potentielle Gefahren, die aus der Übertragung der Verfügungsgewalt über den externen Faktor (Subjekt/Objekt) vom Nachfrager auf den Anbieter resultieren („Wird mein Koffer wirklich unbeschädigt im Hotel ankommen?"; „Hoffentlich ist der Fisch hier im Restaurant frisch und ich bekomme nicht wieder eine Lebensmittelvergiftung wie in meinem letzten Urlaub.").

- **Soziales Risiko**
  entsteht durch die Einbindung des Kunden in seine soziale Bezugsgruppen (Familie, Freunde etc.) und die Beeinflussung von Kaufentscheidungen durch entsprechende Sozialisierungsprozesse. („Ist das Hotel meinem sozialen Status angemessen oder werden meine Geschäftspartner irritiert sein?").

- **Zeitliches Risiko**
  entsteht durch Such- und Transaktionskosten im Vorfeld der Konsumentenentscheidung („Wenn das Hotel keine Website mit aussagekräftigen Bildern hat, muss ich wieder ins Reisebüro und Prospekte wälzen.").

Um dieses Kaufrisiko zu minimieren, verfolgen Konsumenten unterschiedliche Strategien. Manche suchen verstärkt nach zusätzlichen Informationen aus formellen oder informellen Quellen, andere versuchen das Risiko zu vermeiden indem sie ausschließlich auf vertraute Marken setzen, während andere sich wiederum sehr stark am Image eines Unternehmens orientieren.

Neben der selektiven Wahrnehmung gilt es noch die selektive Verzerrung und die selektive Erinnerung als Faktoren der Wahrnehmung zu berücksichtigen (Solomon et al. 2001, S.74ff.). Der Begriff der *selektiven Verzerrung* beschreibt das Phänomen, dass Individuen dazu neigen, Informationen durch persönliche Deutungen zu verfälschen. Informationen werden dabei nach der Dissonanztheorie so ausgelegt, dass sie Vorurteile oder Voreingenommenheit unterstützen und nicht in Frage stellen. Dies ist bspw. oftmals nach einer Kaufentscheidung zu beobachten, wenn Konsumenten versuchen entstehende Irritationen und Unsicherheiten dadurch zu bekämpfen, dass sie die gewählte Alternative aufwerten und die verworfene Produktalternative abwerten. Dieses Phänomen des ‚*Abbaus kognitiver Dissonanzen*' ist insbesondere im Zuge des Nachkaufmarketings (After Sales Marketing) von Bedeutung, als Unternehmen hier durch gezielte Kommunikation nach dem Kauf dazu beitragen können, diesen Prozess im gewünschten Sinne zu beeinflussen. Dies könnte bspw. eine persönliche Danksagung von der Direktion sein, die eine Woche nach dem Aufenthalt an den Gast geschickt wird oder eine Pressemitteilung in der das betreffende Hotel besonders hervorgehoben wird und Ähnlichem mehr.

Die *selektive Erinnerung* wiederum stellt darauf ab, dass Individuen dazu neigen eher solche Informationen zu speichern, die ihre Einstellungen und Überzeugungen im Hinblick auf die gewählte Alternative stützen und andere Informationen leichter vergessen. Hierbei ist insbesondere auf das aus der Sozialpsychologie bekannte Phänomen des asymmetrischen Vergessens hinzuweisen, das dazu führt, dass unerfreuliche Ereignisse unterdrückt werden, während angenehme Erlebnisse längerfristiger abrufbar bleiben bzw. Vergangenheitserfahrungen mit einer Marke oder einem Unternehmen im Sinne der Dissonanzreduktion nachträglich rationalisiert werden (Bruhn 1995, S.139).

Der Vorgang des *Lernens* wiederum bezieht sich auf die Übernahme von Informationen in den Langzeitspeicher. Das Lernen als Bestandteil eines umfassenden, zusammenhängenden kognitiven Verarbeitungsprozesses, ist für die Erklärung des Konsumentenverhaltens besonders aufschlussreich, da diese Verhaltensweisen nicht angeboren sind, sondern sich aufgrund von erlernten Motiven, Einstellungen und sozialen Haltungen entwickeln. Unter Lernen versteht man entsprechend vereinfacht ausgedrückt, die systematische Änderung des Verhaltens aufgrund von Erfahrungen (Schiffmann/Kanuk 2010, S.210; Kotler/Bliemel 2001, S.346).

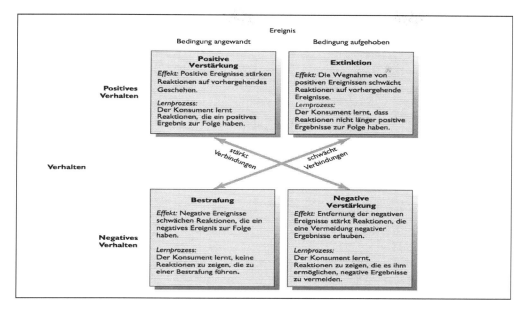

Abb.C.21: Beispiele von Lernergebnissen und Verhaltensmustern
Quelle: Solomon et al. 2001, S.93

In der Lerntheorie werden unterschiedliche Konzepte diskutiert, von denen die bekanntesten die klassische Konditionierung, die operante Konditionierung und das Modell des sozial-kognitiven Lernens sind (Solomon/Kanuk 2010, S.212ff.; Meffert 2000, S.114ff.). Die Grundannahme der *klassischen Konditionierung* ist, dass sich Lernerlebnisse im Zuge reiner Reiz-Reaktions-Muster entwickeln. Ein bestimmter Stimulus (z.B. Werbung) löst eine bestimmte Reaktion oder Verhaltensweise aus (z.B. Produktkauf). Anwendung findet dieses Prinzip bspw. in der assoziativen Werbung, indem Produkte oder Dienstleistungen (z.B. Marlboro oder McDonalds) wiederholt mit geladenen Reizen (Abenteuer, Naturlandschaften bzw. Gelbes McDonalds M) präsentiert werden (sog. emotionale Konditionierung). Die *operante Konditionierung* basiert hingegen auf dem Verstärkungsprinzip. Der Lerneffekt tritt dadurch ein, dass ein beabsichtigtes Verhalten belohnt wird, während andere Verhaltensweisen, die im gleichen Zeitraum ausprobiert wurden, nicht bestärkt wurden. Mit diesem Ansatz lässt sich bspw. die Produkt- bzw. Markentreue erklären. Ein Konsument, der positive Erfahrungen mit einem Hotel oder einer Marke gemacht hat, wird mit großer Wahrscheinlichkeit seinen Besuch bzw. seinen Kauf wiederholen. Auch Kundenbindungsprogramme fußen auf diesem Prinzip.

Das *Modell des sozial-kognitiven Lernens* nach BANDURA (1976) verknüpft externe Reizsituationen mit kognitiven Verarbeitungsvorgängen. Hiernach stellt Lernen einen aktiv gesteuerten Prozess erlebter Erfahrung dar, der durch positive Selbstverstärkung zu bestimmten Gewohnheiten führen kann. Man lernt nicht nur durch eigene Erfahrung, sondern auch durch Beobachtung bestimmter Verhaltensweisen Dritter. Dabei wird man nur solche Verhaltensweisen und Lernerfahrungen übernehmen die Belohnung versprechen. Lernen durch Beobachtung findet sich im Rahmen der Konsumentensozialisation sowohl im frühkindlichen Stadium (*Eltern als Modell*), jugendlichen Altersphasen (*Peer Groups als Bezugsgruppe*) oder auch durch die Verwendung von Leitbildern in der Werbung, die zur Identifikation einladen sollen (***Prominente Persönlichkeiten als Testimonials***).

Die kognitiven Vorgänge der Wahrnehmung und des Lernens stehen dabei sowohl in einer engen Wechselbeziehung mit den aktivierenden Prozessen als auch mit den sozialen Umfeldbedingungen, wie sie im nachfolgenden Kapitel skizziert werden. Diese intervenierenden Variablen lenken die Informationsaufnahme und haben einen fördernden oder hemmenden Einfluss auf die Fähigkeit Wissen aufzunehmen und zu verarbeiten.

3.2.2   Soziologische Grundlagen

Konsumentenentscheidungen können nicht verstanden werden ohne den dazugehörigen kulturellen Hintergrund zu kennen, in dem sie getroffen werden (Solomon et al. 2001, S.429ff.; Schiffman/Kanuk 2010, S.318ff.; Kroeber-Riel et al. 2009, S.541ff.). Neben den individuellen Einflussfaktoren, wie sie sich aus dem Zusammenspiel intrapersonaler Persönlichkeitsdeterminanten im Zuge aktivierender und kognitiver Prozesse ergeben, gilt es demzufolge bei der Betrachtung von Kaufverhaltens- und Kaufentscheidungsprozessen zusätzlich jene Einflussfaktoren zu berücksichtigen, die sich aus der gesellschaftlichen Einbindung des Konsumenten ergeben. Die soziologische Analyse des Konsumenten untersucht den ***Konsumenten als Mitglied verschiedener sozialer Systeme***, dessen Entscheidungen zum einen durch die Normen und Wertesysteme des übergeordneten Gesellschaftssystems beeinflusst werden in dem der Konsument vorrangig lebt und zum anderen von den interpersonellen Beziehungen zu denjenigen Bezugsgruppen determiniert wird, denen der Konsument sich zugehörig fühlt.

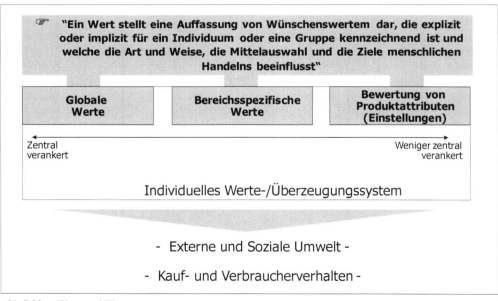

Abb.C.22:   Werte und Wertesysteme
             Quelle: In Anlehnung an Meffert et al. 2012, S.134

Kulturelle Faktoren, wie der jeweilige Gesellschafts- bzw. Kulturkreis, die gesellschaftlichen Subkulturen sowie die Zugehörigkeit zu einer bestimmten sozialen Schicht, beeinflussen das Konsumverhalten nachhaltig. ***Kultur*** als soziale Verhaltensdeterminante kann als Übereinstimmung von Werten, Normen und Verhaltensweisen vieler Individuen innerhalb größerer sozialer Einheiten (z.B. Länder, Sprachgemeinschaften, Unternehmen) verstanden werden. Diese kulturell geprägten Verhaltensdispositionen und Orientierungssysteme werden als Kulturstandards verstanden und umfassen alle *„Arten des Wahrnehmens, Denkens, Wertens und Handelns, die von der Mehrzahl der Mitglieder einer bestimmten Kultur für sich persönlich und andere als normal, selbstverständlich, typisch und verbindlich angesehen werden"* (Thomas 1996, S.112.).

Werte stellen nach KLUCKHOHN eine Auffassung von Wünschenswertem dar, die explizit oder implizit für ein Individuum oder für eine Gruppe kennzeichnend ist und welche die Art und die Auswahl der Mittel und die Ziele menschlichen Handelns beeinflusst (Kluckhohn 1962). Werte können auf drei unterschiedlichen Ebenen angesiedelt sein (Abb.C.22). Die erste Ebene umfasst globale Werte, die als Basis- oder Grundorientierung des Konsumenten dienen und stellen die zentrale Verankerung des individuellen Werte- und Überzeugungssystems dar (z.B. Werte wie Frieden, Gerechtigkeit, Sicherheit, Menschenwürde). In einer zweiten Ebene sind die bereichsspezifischen Werte angesiedelt. Sie geben Auskunft über die unterschiedlichen Normen und Auffassungen, bezogen auf die ökonomischen, gesellschaftlichen und politischen Lebens- und Gesellschaftsbereiche des Konsumenten (z.B. Wohlstand, Pressefreiheit, Religionsfreiheit, Fairness). Die dritte Ebene nimmt auf die produktbezogenen Werte Bezug. Auf dieser Ebene sind Konsumenten in der Lage ihre Wertvorstellungen und Anforderungen bezüglich bestimmter Produkte und Leistungseigenschaften zu konkretisieren (z.B. umweltschonend, sauber, biologisch, sparsam) (Meffert 2000, S.125). Die Übernahme kollektiver Normen und Wertesysteme geschieht durch Sozialisierungsprozesse, bei denen sog. Sozialisierungsagenten (z.B. Familie, Schule, Staat, Vereine, Bezugsgruppen), die im Rahmen der jeweiligen Kultur geltenden Verhaltensweisen und -standards vermitteln. Kultur ist dabei nicht statisch, sondern unterliegt Veränderungen im Zeitablauf. Für die Einhaltung kultureller Normen und Verhaltensstandards sorgt ein System von Belohnungen und Bestrafungen (Sanktionen).

- **Regionale/Ethnische Zugehörigkeit**
  (Ostfriesen, Bayern, Sizilianer) – (Berliner, Römer, Pariser) – (Basken, Korsen, Kurden) etc.

- **Altersbezogene Zugehörigkeit**
  50 plus, Generation X, Generation Y, Generation Golf, Baby Boomers, Girlies etc.

- **Statusbezogene Zugehörigkeit**
  (Ärzte, Vorstände, Professoren) – (Adel, Prominenz) – (DINKS/Double Income No Kids; Yuppies/Young Urban Professionals, Woppies/Well Off Elderly People) etc.

- **Berufsgruppenbezogene Zugehörigkeit**
  (Juristen, Ingenieure, Lehrer) – (Maurer, Dreher, Kellner) – (Unternehmer, Architekt, Künstler) etc.

- **Identitäts-/Merkmalsbezogene Zugehörigekeit**
  (Christen, Moslems, Juden) – (Homosexuelle, Hochbegabte, Behinderte, Analphabeten) etc.

- ...

Subkulturen als soziologische Phänomene sind als soziale Gruppierungen innerhalb übergeordneter Kulturbereiche gekennzeichnet. Subkulturen prägen und sozialisieren ihre Mitglieder noch spezifischer in ihren Verhaltensweisen als der jeweils zugehörige gesamtgesellschaftliche Kulturkreis. Intragesellschaftliche Subkulturen und Gruppierungen können sich – wie oben beispielhaft skizziert – nach unterschiedlichen Gesichtspunkten bilden.

Eine weitere bedeutsame, sozio-kulturelle Dimension ist die Strukturierung einer Gesellschaft in *soziale Schichten* oder *Klassen*. Zur Beschreibung gesellschaftlicher Schichtungen gibt es eine Vielzahl von Klassifizierungen (z.B. Unterschicht, Mittelschicht, Oberschicht; Arbeiterklasse, Neureiche, Altes Geld) und Schichtungskriterien (z.B. Bildung, Beruf, Einkommen, Abstammung, Macht). Soziale Schichten weisen i.d.R. eindeutige Produkt- und Markenpräferenzen in vielen Konsumbereichen auf, verkehren gesellschaftlich tendenziell bevorzugt untereinander und teilen viele Werte und Vorstellungen hinsichtlich der Lebensführung und des Weltbildes. Der Einfluss sozialer Schichten auf das Konsumverhalten wirkt sich bspw. wie folgt aus (Solomon et al. 2001, S.394ff.; Meffert 1992, S.82):

- **Produkte und Dienstleistungen** dienen häufig als Statussymbole, um die tatsächliche oder erstrebte Gesellschaftsschicht zu vermitteln. Oftmals wird der Konsum durch den bewussten und unproduktiven Einsatz von wertvollen Ressourcen demonstrativ zur Schau gestellt (Veblen-Effekt).
- **Kaufentscheidungen** werden manchmal vom Wunsch beeinflusst, sich in eine höhere Schicht ‚emporzukaufen‘, d.h. Konsumenten innerhalb einer bestimmten sozialen Schicht orientieren sich häufig am Konsum der in der Sozialpyramide über ihnen stehenden Gruppe.
- Die **Mitglieder** einer bestimmten sozialen Schicht reagieren auf Konsumvariationen anderer Gruppen nur dann, wenn diese Änderung eine gewisse Reizschwelle überschreitet.
- Die **Nutzung und der Konsum von Informations- und Kommunikationsmedien** der sozialen Schichten ist sehr unterschiedlich. Auch sprachlich muss die Mediengestaltung so angepasst sein, dass es möglich ist, mit den einzelnen Marktsegmenten zu kommunizieren und dabei Begriffe zu verwenden, die vom jeweiligen Konsumenten verstanden und geschätzt werden. Vereinfacht ausgedrückt, dominiert bei der Arbeiterklasse der simplere, restringierte Sprachcode, während die Mittel-/Oberschicht tendenziell eher den komplexeren, elaborierten Sprachcode verwendet wird.

Der Umgang mit unterschiedlichen Kulturen und gesellschaftlichen Gruppierungen gewinnt aus Marketingsicht für die Hotellerie, insbesondere im internationalen Kontext, eine entsprechende Bedeutung, als der Auslandstourismus im Outgoing sowie im Incoming-Bereich dadurch gekennzeichnet ist, dass Menschen mit unterschiedlichen, nationalen oder regionalen Kulturstandards aufeinandertreffen (Gardini 2009b, S.131; Pompl 1997, S.102). Auf die damit zusammenhängenden Anforderungen wird im Zuge der Diskussion zum internationalen Marketing-Management in Kapitel E.5 noch einzugehen sein.

Neben den bereits genannten sozio-kulturellen Faktoren prägen noch weitere soziale Einflüsse das Verhalten eines Konsumenten, wie es z.B. durch Bezugsgruppen, Familie und/oder Meinungsführer geschieht. Als *Bezugsgruppen* werden all jene Personengemeinschaften bezeichnet, *„die einen direkten (unmittelbar persönlichen) oder indirekten Einfluss auf Einstellungen und Verhaltensweisen eines Menschen ausüben.“* (Kotler/Bliemel 2001, S.329). Bezugsgruppen können dabei entweder *formeller* (Vereine, Parteien, Verbände, Schule, Unternehmen etc.) oder *informeller* (Familie, Freunde, Nachbarn, Kollegen) Natur sein, wobei Überschneidungen möglich sind. Die *Familie* als primäre Bezugsgruppe prägt das Kaufverhalten von Individuen am stärksten. Aus Marketingsicht interessieren Familien in Bezug auf die Rollenverteilung und den Einfluss der jeweiligen Familienmitglieder im Hinblick auf bestimmte Kaufkontexte und Produktarten (im traditionellen Familienverbund: Ehemann, Ehefrau, Kinder). So üben Frauen bei Entscheidungen über Urlaubsreisen oder Feriendestinationen in der Regel größeren Einfluss aus, als bspw. bei Autokäufen oder Fernsehgeräten. Auch oder gerade weil typische Rollenmuster der Vergangenheit jedoch aktuell sehr stark im Wandel begriffen sind, gilt es für das einzelne Hotelunternehmen, die Strukturen und Einflussfaktoren innerhalb des Familienverbunds – vor dem Hintergrund der angebotenen Leistungskonzepte – sorgfältig hinsichtlich der anvisierten Zielgruppen zu beleuchten (Abb.C.23).

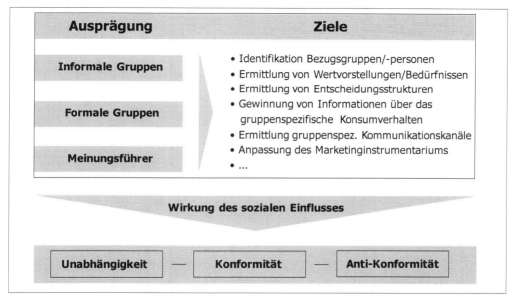

Abb.C.23: Bezugsgruppen/-personen als Ansatz für Marketingaktivitäten

Darüber hinaus sind auch Bezugsgruppen denkbar, denen Konsumenten nicht persönlich angehören, mit denen sich ein Individuum jedoch identifiziert und zu denen es gerne dazugehören würde (z.B. Musikgruppen, Fußballvereine, Künstlerszene). Die Identifikation mit einer Bezugsgruppe wirkt auf den Konsumenten dann in der Weise, dass die Normen, Einstellungen und Verhaltensweisen für ihn Entscheidungsprämissen beim Kauf darstellen können. Dies ist zum Beispiel bei Teenagern der Fall, wo der Einfluss der relevanten Bezugsgruppe (peer groups) beträchtlich sein kann. Die Wirkung derartiger Gruppen kann sich dabei in einem angepassten (*konformen*), einem bewusst entgegengesetzten (*antikonformen*) oder einem von der Norm der Bezugsgruppe *unabhängigen Verhalten* äußern. Die Bedeutung von Bezugsgruppen für Produkt und Marke variiert jedoch sehr stark, je nachdem um welchen Konsumbereich es sich handelt. Untersuchungen zeigen dabei, dass je öffentlicher ein Produkt konsumiert wird, d.h., umso mehr andere Personen die Käufe wahrnehmen können, umso stärker ist der Einfluss der jeweiligen Bezugsgruppe auf Produkt- und Markenwahl (Bearden/Etzel 1982). Für die Hotellerie hat dies insofern Bedeutung, als Hotel-

und Restaurantleistungen sowie Urlaubsreisen in der Regel öffentlich konsumiert werden und dabei häufig Gegenstand von Gesprächen innerhalb der jeweiligen sozialen Gruppierung sind. Insbesondere im Luxussegment kann von daher von einer starken Relevanz von Bezugsgruppen auf Produkt- und Markenwahl in der Hotellerie ausgegangen werden.

Innerhalb solcher Bezugsgruppen lassen sich oftmals **Meinungsführer** identifizieren, d.h. Personen, die einen stärkeren persönlichen Einfluss als andere ausüben und daher die Einstellungen und das Verhalten anderer Gruppenmitglieder zu beeinflussen in der Lage sind. Meinungsführer weisen dabei entweder übergeordnete Persönlichkeitsmerkmale, wie Innovationsfreude, starkes Konsum-Involvement oder überdurchschnittliche kognitive bzw. kommunikative Kompetenz auf, oder sie werden auf produktspezifischer Ebene innerhalb ihrer Bezugsgruppe als Meinungsführer akzeptiert, weil sie aufgrund von Produktinteresse, i.d.R. gekoppelt mit einem gleichartigen bzw. höheren sozialen Status, über einen entsprechenden Wissensvorsprung verfügen.(Solomon 2011, S.418ff; Kroeber-Riel et al. 2009, S.506ff.) In der Hotellerie sind Meinungsführer insbesondere im Bereich der Frequent Traveller, Reiseblogger zu finden sowie sich insbesondere im Business-to-Business Bereich zahlreiche Ansatzpunkte zur Identifikation von Meinungsführern ergeben. Auch das spezifische Presseumfeld in der Hotellerie (z.B. Der Hotelier, Top Hotel, AHGZ) bietet einige Möglichkeiten zur Identifikation und Betreuung potenzieller Meinungsbildner, wie es im Zuge einer professionellen Öffentlichkeitsarbeit systematisch erfolgen muss. Allgemein darf konstatiert werden, dass die Hotellerie, und hier insbesondere die Individualhotellerie, bislang nur in geringem Maßstab von den Möglichkeiten zur Messung und Nutzung von Meinungsführern Gebrauch macht, wie z.B. durch Einladungen oder Sondertarife für Mitarbeiter von vor- und nachgelagerten Stufen der Wertschöpfungskette (Airlines, Mietwagenfirmen, Reiseveranstaltern, Reisebüros). Das Phänomen der Meinungsführer wird insbesondere vor dem Hintergrund der Tatsache bedeutsam, dass der Mund-zu-Mund Kommunikation in Dienstleistungskontexten wie der Hotellerie eine sehr hohe Bedeutung innerhalb des kommunikativen Spektrums zukommt, spielen doch informelle Quellen wie bereits oben skizziert, eine wesentliche Rolle bei Weiterempfehlungen oder Beschwerden unter Hotelkunden.

3.3   Organisationales Käuferverhalten

3.3.1   Der Business-to-Business Markt (B2B) in der Hotellerie

„Business Tourism is concerned with people traveling for purposes which are related to their work" (Davidson 1997, S.1). Der **Geschäftsreisemarkt** wird auch als **Business-to-Business Markt** (B2B-Markt) bezeichnet, weil es sich bei den Marktakteuren auf der Angebots- und Nachfrageseite um individuelle Geschäftsreisende, Unternehmen oder institutionelle Organisationen handelt, deren Kaufmotive im Gegensatz zur klassischen Urlaubs- und Erholungsreise eine berufsbedingte Prägung aufweisen. Besondere Kennzeichen im B2B-Markt in der Hotellerie sind die geringere Anzahl von Kunden, die abgeleitete Nachfrage und bei Großabnehmern, die geringe Bedeutung von Ländergrenzen. Typisch für den organisationalen Marketingkontext im B2B-Markt ist denn auch die Differenzierung in den Einkäufer von Hotelleistungen (z.B. Travel Manager, Meeting Planner, Incentive Planner) und den Nutzer von Hotelleistungen (z.B. Geschäftsreisenden, Konferenzteilnehmer). Die Unterscheidung ist von hoher Relevanz für das Marketing- und Vertriebsmanagement in der Ho-

tellerie, gilt es doch unter Umständen – wie nachfolgend beschrieben – divergierenden Ansprüchen und Bedürfnissen gerecht zu werden.

Im Jahr 2013 unternahmen laut der Geschäftsreiseanalyse 2014 des Verband Deutsches Reisemanagement e.V. ca. 10 Millionen Geschäftsreisende 171,1 Millionen Geschäftsreisen und gaben dabei 48,2, Mrd. Euro aus (VDR 2014). Die Abbildung C.24 zeigt die Entwicklung des Geschäftsreisemarktes und das damit verbundene Marktvolumen in den letzten Jahren auf.

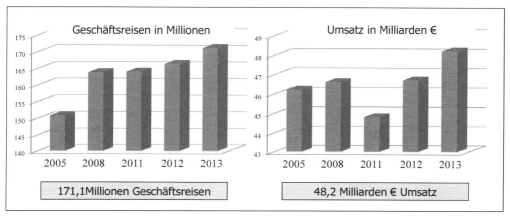

Abb.C.24:   Der Geschäftsreisemarkt in Deutschland 2005 bis 2013
             Quelle: VDR-Geschäftsreiseanalyse 2014

Der größte Teil aller Übernachtungen von deutschen und ausländischen Business-Gästen findet in der Regel in Hotels statt (Schneider 2008). Bezogen auf die Qualität der gewählten Hotelkategorie ist in den letzten Jahren vor dem Hintergrund eines gestiegenen Kostenbewusstseins ein Trend zum Downgrading zu beobachten. So wählten 2013, 84,5% aller Übernachtungsreisenden ein Hotel aus der 3- und 4-Sternekategorie (2008 waren es nur 73%) mit deutlich höherem Anteil der 3-Sternekategorie (54,5% zu 30%). Lediglich 3,5% der Reisenden wählten ein Hotel aus der 5-Sternekategorie. 8% der Reisenden schliefen in Gasthöfen, Pensionen bzw. 1- oder 2-Sterne-Hotels, während die verbleibenden 4% in der Parahotellerie oder Privatquartieren nächtigen (VDR 2014, S.10). Studien aus den USA zeigen, dass 87% der Geschäftsreisenden hierbei die markengebundene Hotellerie (Kette/Kooperation) bevorzugen und lediglich 13% vorzugsweise in unabhängigen Häusern übernachten (Yesawich 2006, S.10), Werte, die bislang aufgrund der fragmentierten Branchenstruktur in Deutschland nur in den wirtschaftlichen Ballungszentren und Städten annäherungsweise erreicht werden. Bei den Hotelbuchungen umgehen deutsche Geschäftsreisende zumeist den stationären Reisebürovertrieb und nehmen ihre Buchungen vermehrt direkt beim Anbieter oder indirekt über entsprechende Internetportale vor. Die Buchung des individuellen Geschäftsreisenden wird in der Regel sehr spät getätigt, bei 10 Prozent der Buchungen erfolgt diese sogar erst am Tag der Reise (Klesse 2007, S.116).

Eine Besonderheit im B2B Markt ist sicherlich die Tatsache, dass Geschäftsreisende im Gegensatz zu Urlaubsreisenden eine höhere Reisefrequenz aufweisen. 2013 unternahm im Schnitt jeder dritte Erwerbstätige eine Geschäftsreise, die im Durchschnitt 2,2 Tage dauert und wobei der Reisende durchschnittlich 140 € pro Tag ausgibt. Hiermit geben Geschäftsreisende am Tag doppelt soviel aus wie Urlaubsreisende. Hinsichtlich der Verweildauer im Hotel wiesen ausländische Geschäftsreisende in 2013 im Durchschnitt längere Übernachtungen in Beherbergungsbetrieben auf, während bei deutschen Geschäftsreisenden hingegen seit den letzten Jahren ein klarer Trend zu kürzeren Reisen zu erkennen ist. (VDR 2014, S.7)

Zu den verschiedenen Ausprägungen im B2B Markt zählen je nach Reisezweck die *klassische Geschäftsreise, das Tagungs- und Kongresswesen, Messe- und Ausstellungsreisen sowie Incentive-Reisen*. Geschäftsreisen können dabei entweder mit (Geschäftsreisetourismus) oder ohne Übernachtung (Tagesgeschäftsreisen) stattfinden (Freyer 2005, S.77.). Im US-amerikanischen Markt werden hingegen sieben B2B Segmente unterschieden: „*Corporate travel market, corporate meeting market, incentive market, association, convention, and trade show/exhibition market, airline crew market, social, military, education, religious, and fraternal (SMERF) and government markets, group tour and travel market*" (Shoemaker et al. 2007, S.200). Der prozentuale Anteil der einzelnen Segmente im B2B-Markt stellt sich für Deutschland im Jahr 2013 dabei wie folgt dar:

Klassische Geschäftsreise	Tagungs- und Kongresswesen	Messe- und Ausstellungsreisen	Incentive-Reisen
44%	29%	24%	3%

Abb.C.25:   Prozentuale Umsatzanteile der B2B-Segmente in Deutschland im Jahr 2013
          Quelle: Statista 2014

Die *klassische Geschäftsreise (Dienstreise)* wird aufgrund „*...wirtschaftlicher Beziehungen innerhalb und zwischen Unternehmen und sonstigen Organisationen mit verschiedenen Standorten durchgeführt*" (Espich 2001, S.1). Auslöser solcher Geschäftsreisen können Anlässe unterschiedlichster Art sein, wie bspw. Geschäftsanbahnungen oder -abschlüsse, die Führung und Koordination von Unternehmenseinheiten, Schulungen, Seminare und Fortbildungen oder der Absatz von Produkten und Dienstleistungen (Schneider 2008, S.20). Der klassische Geschäftsreisende ist in der Regel ein Individualreisender, auch wenn Gruppen- oder Mehrpersonenreisen in diesem Zusammenhang durchaus üblich sind. Charakteristisch für Geschäftsreisen ist die Tatsache, dass der Arbeitgeber (Dienstherr) die Reiseausgaben trägt und damit auch Einfluss auf die zu wählende Preis-/Qualitätskategorie der Unterkunft nimmt. Darüber hinaus wird neben der Art der Unterkunft auch die Destination und die Wahl des Transportmittels nicht vom Geschäftsreisenden selbst, sondern von der zuständigen Reisestelle bzw. dem *Business Travel Management* im Rahmen der jeweils geltenden Reiserichtlinien des betreffenden Unternehmens festgelegt. Geschäftsreisen sind im Gegensatz zu klassischen Urlaubsreisen weitestgehend saisonunabhängig und werden darüber hinaus in den meisten Fällen sehr kurzfristig und mit einer geringen Vorlaufzeit gebucht (Davidson 1997, S.4).

Beim *Tagungs- und Kongresswesen* handelt es sich im Gegensatz zur klassischen individuellen Geschäftsreise vermehrt um Gruppentourismus, d.h. der konkrete Anlass der Reise ist für eine Mehrzahl von Personen relevant. Die Teilnehmer reisen zwar nicht zwingend gemeinsam an oder ab, haben jedoch einen gemeinsamen Reiseanlass. Beim Tagungs- und Kongresswesen, steht zumeist entweder die Vermittlung von beruflichen oder persönlichen Kenntnissen bzw. Erfahrungen und/oder die Vermittlung geschäftlicher oder gesellschaftlicher Kontakte im Mittelpunkt des Reisemotivs. Häufig wird der Tagungs- und Kongressmarkt in Abhängigkeit von der Anzahl der Teilnehmer, der Dauer der Veranstaltung und/oder der Komplexität der Organisation weiter in Seminare, Konferenzen, Tagungen, Kongresse, Workshops etc. differenziert (Schreiber 2002, S.3ff.).

Mit rund 161 überregionalen *Messen und Ausstellungen*, mehr als 180.000 Ausstellern und rund 10 Millionen Besuchern war der Messeplatz Deutschland nach Ansicht des Ausstellungs- und Messeausschuss der Deutschen Wirtschaft e.V. (AUMA) im Jahr 2012 weltweit die Nr.1 in der Durchführung internationaler Messen. Messen sind zeitlich begrenzte, wiederkehrende Marktveranstaltungen, auf denen – bei vorrangiger Ansprache von Fachbesuchern – eine Vielzahl von Unternehmen das wesentliche Angebot eines oder mehrerer Wirtschaftszweige ausstellt, erläutert oder verkauft. Eine Ausstellung ist im Gegensatz dazu nicht wiederkehrend, sondern i.d.R. einmalig und es erfolgt vorrangig eine Ansprache einer interessierten Allgemeinheit zu bestimmten Themenstellungen (AUMA 2013). Messen und Ausstellungen generieren sowohl durch die jeweiligen Aussteller als auch durch die Besucher ein entsprechendes Übernachtungsaufkommen. Insbesondere Messen sind stark saisonal geprägt, finden in bestimmten, regelmäßigen Abständen statt und konzentrieren sich auf wirtschaftliche Ballungsräume (Rhein-Main Region, Berlin, München, Köln, Düsseldorf, Hamburg), wobei sich die Messeaktivität insbesondere auf die Herbst-, Winter- und Frühjahrsmonate verteilt (Freyer et al. 2006, S.22). Damit ergeben sich für die Messehotellerie mobile temporäre Märkte und eine Konzentration der Nachfrage auf bestimmte Messe-/Ausstellungstermine.

Incentive-Reisen sind in erster Linie Personalführung- und Marketinginstrumente von Unternehmen, die entweder der Motivierung von Mitarbeitern, Kunden oder Geschäftspartnern dienen sollen. Die Incentive-Reise wird hauptsächlich in Form einer geschlossenen Gruppenreise organisiert und vom Unternehmen bezahlt. Dabei bestimmt das Unternehmen, welches Ziel die Reise hat, welche Unterkünfte gebucht und welche Transportmittel genutzt werden (Gruner et al. 2008, S.167.). Die Incentive-Reise stellt eine Sonderform der Geschäftsreise dar, weil sie „...zwar einerseits für den veranstaltenden Betrieb einen Kostenfaktor darstellt (und auch steuerrechtlich inzwischen vom Reisenden als Einkommen zu versteuern ist), die Reise selbst aber deutlichen Erholungs- und Vergnügungscharakter aufweist, folglich also ... den Urlaubs- und Vergnügungsreisen zuzurechnen wäre" (Freyer 2005, S.77).

Typische Firmenkunden sog. *Corporate Key Accounts* im B2B-Markt in der Hotellerie sind internationale Konzerne, Airlines, Reiseveranstalter, größere Tagungsveranstalter oder Einkaufskooperationen. So kauft bspw. die Lufthansa für ihre Mitarbeiter weltweit pro Jahr ca. 900.000 Zimmer ein (400.000 in Europa, 190.000 in Deutschland) (NGZ 2000, S.24). Entsprechend gibt es in hoch frequentierten Ballungszentren wie Frankfurt, London oder New York denn auch bereits Hotelunternehmen, die sich als reine Crewhotels völlig auf das Airline-Segment spezialisiert haben. Auch Kreditkartenunternehmen, wie z.B. American Express, treten als Nachfrager bzw. Vermittler für Großkontingente in der Hotellerie auf, indem sie bestimmte Hotel- bzw. Reisedienstleistungen bündeln und so für ihre Kreditkarten- bzw. Corporate Service Kunden Konditionen erarbeiten können, die diese als individuelle Abnehmer nicht erzielen würden. So hat bspw. der Corporate Service Bereich von American Express die Mitarbeiter der Siemens AG (ca. 100.000) mit einer Corporate Card ausgestattet, die den Mitarbeitern ermöglicht in den jeweiligen Vertragshotels von American Express zu Vorzugskonditionen abzusteigen. Ein weiteres Beispiel ist der Springer Verlag, der mit diesem System pro Jahr Reisekosten in zweistelliger Millionenhöhe einsparen konnte (Barczaitis 2000, S.584).

3.3.2   Anforderungen und Entscheidungsgrundlagen im B2B-Markt

In vielen Unternehmen der internationalen Kettenhotellerie, und hier insbesondere in der Stadt- und Tagungshotellerie, sind die verschiedenen B2B-Segmente denn auch wesentliche Umsatzträger, so dass fundierte **Kenntnisse der Einkaufs- und Entscheidungsprozesse potenzieller B2B-Kunden** für den Vertrieb und die Vermarktung entsprechender Hotelleistungen von elementarer Wettbewerbsbedeutung sind. Geschäftsreise-/Business-Hotels müssen dabei ein großes Spektrum an Kundenanforderungen erfüllen. Die Studie „Geschäftsreiseklima 2002" der Gesellschaft für Konsumforschung veranschaulicht die konkreten Anforderungen der Akteure im B2B-Markt an das Leistungsangebot von Beherbergungsunternehmen, wobei sich bei den Prioritäten der individuellen Geschäftsreisenden und der Corporate Kunden Unterschiede ergeben (Abb.C.26).

	Für Unternehmen	Für Geschäftsreisende
1	Zuverlässigkeit + Kostenreduzierung	Zuverlässigkeit
2	Flexibilität bei Umbuchungen	Flexibilität bei Umbuchungen + Sicherheits-, Gesundheitsaspekte
3	Sicherheits-, Gesundheitsaspekte	24-Stunden-Verfügbarkeit
4	Arbeitsmöglichkeiten (Internet)	Komfort
5	Netto- Tarife	Arbeitsmöglichkeiten (Internet)
6	Leichte Erreichbarkeit	Leichte Erreichbarkeit
7	Komfort	Bonussysteme
8	24-Stunden-Verfügbarkeit	Verkehrsanbindung
9	Verkehrsanbindung	Möglichkeit für Vorab- Check- in
10	Regelmäßige Info über neue Service-Leistungen	Kundenkarte für schnelles und problemloses Buchen

Abb.C.26:   Bedeutung verschiedener Leistungsaspekte im B2B-Markt aus Sicht von Firmen- und Individualkunden
                 Quelle: In Anlehnung an GfK – Gesellschaft für Konsumforschung 2002

Für beide Zielgruppen sind zwar die Qualitätsmerkmale, Zuverlässigkeit des Leistungsträgers, Flexibilität bei Umbuchungsnotwendigkeiten, Sicherheits- und Gesundheitsaspekte, Arbeitsmöglichkeiten sowie eine gute Verkehrsanbindung von Bedeutung. Anderseits liegt ein zentrales Kauf- bzw. Entscheidungsmotiv von Unternehmen bzw. der verantwortlichen **Business Travel Manager** bei der Möglichkeit Kostenreduzierungen zu realisieren, während dies – aufgrund der „geringen Preiselastizität" (Freyer 2006, S.110) – bei individuellen Geschäftsreisenden im Angestelltenverhältnis keine Rolle spielt, da sie die entstehenden Kosten weiterreichen können. Hier dominieren Komfortaspekte und die Möglichkeit über Kundenbindungsprogramme individuelle Leistungsvorteile zu realisieren. Darüber hinaus spielen für individuelle Geschäftsreisende eigene Erfahrungen, persönliche Empfehlungen, Hotelbewertungsportale sowie die Ausgestaltung vorhandener Reiserichtlinien, eine wesentliche Rolle bei der Auswahl von Hotelalternativen (Schneider 2008, S.47f.). In dem Trade-Off zwischen der steigenden Nachfrage nach individualisierten Dienstleistungen und höheren Komfortansprüchen von Geschäftsreisenden einerseits und dem Streben von Unternehmen nach Kosteneffizienz andererseits (Conrady 2007, S.10), steckt denn auch die spezielle Marketingherausforderung in der Business-Hotellerie, muss man doch beiden Anforderungen bestmöglich gerecht werden, um das B2B-Geschäft profitabel bedienen zu können.

„Wer geschäftlich viel unterwegs ist, legt Wert auf bequeme Kommunikationsmöglichkeiten in seinem Hotelzimmer. Im Hotelzimmer des 21. Jahrhunderts wird es möglich sein, ohne Griff zum Telefon oder zu einer Tastatur, sondern allein mit Sprachbefehl zu kommunizieren und Serviceleistungen abzurufen" weiß Uwe Klaus, Hauptgeschäftsführer der **Arabella Sheraton** *GmbH in München. Nach der Renovierung des Arabella Hotels befinden sich direkt an den Schreibtischen Multifunktionsboxen, in jedem Zimmer stehen zwei Telefone mit leicht bedienbarer Oberfläche mit virtuellem Anrufbeantworter sowie einem multifunktionalen Display, das auf vorliegende Telefonnachrichten und andere Informationen auf dem Schreibtisch des Gastes hinweist. Auf allen Zimmern der Komfort- oder Grand-Kategorie ist ein Normalpapier-Faxgerät fest installiert. Beim Check-in erhält der Gast seine eigene Fax-Kennung. Für die Datenkommunikation stehen analoge Steckverbindungen zur Verfügung und eine Buchse für ISDN-Kommunikation. Alle Steckverbindungen sind so integriert, dass jeder Gast sie mühelos und ohne Verlängerungskabel nutzen kann. Wer kein Notebook im Gepäck hat, kann eins ausleihen. Ergänzt wird das Angebot für Business Reisende durch das sog. „Smart Room Concept", das sind Zimmer mit ergonomischer Arbeitsplatzausstattung, professionellem Schreibtisch, Bürostuhl und Beleuchtung (Handelsblatt 7.6.2000).*

Zur standardmäßigen Ausstattung vieler **Geschäftsreise und Business-Hotels** *gehören sog. „Inhouse Services". Hierzu zählt z.B. „die nicht-öffentliche Executive-Etage mit separatem Check-in und Check-out, mit 24 Stunden Betreuung und Lounges samt Zugang zu Internet, Drinks und Snacks (Pedersen 2008, S.35f.). Die Zimmer dieser „Business-Floors" oder separater „Business Center" verfügen zusätzlich über eine große Arbeitsfläche sowie Computerarbeitsplätze, ein erweitertes Informationsangebot, wie Nachrichtensender oder kostenlose Tageszeitungen und über Telekommunikationsmöglichkeiten, wie Telefon, Internet, Fax. Darüber hinaus gibt es zusätzlich buchbare Leistungen von Hotelmitarbeitern, wie Sekretariatsdienste, Dolmetscher-/Übersetzungsleistungen oder unterstützende IT-Dienstleistungen (Freyer 2006, S.61f.).*

Weitere **Erwartungen und Standards** die **im Geschäftskundenbereich** sowohl auf individueller als auch auf kollektiver Ebene von Bedeutung sind, sind insbesondere technologischer Natur. So gehört bspw. ein zufriedenstellender Handyempfang in den Hotelräumlichkeiten, ergonomische Arbeitsmöglichkeiten sowie eine den Anforderungen von Geschäftskunden genügende technologische Anbindung und Ausstattung (z.B. Multimedia, WLAN, IT-Support) zu den Minimalanforderungen von Geschäftsreisenden. Auch der automatisierte Check-in/Check-out über das Internet, Terminals oder mobile Dienste ist laut einer Studie für jeden vierten Geschäftsreisenden wichtig oder sehr wichtig (Dunn/Gonzalez 2007, S.48f.). Neben technologischen Entwicklungen gewinnen ökologische Gesichtspunkte bei der Reise-

planung von Geschäftsreisen zukünftig an Bedeutung, auch wenn derzeit noch wenig konkrete und tragfähige Konzepte zur Umsetzung von Umweltstandards im Travel Management
zu beobachten sind (Biehl 2008, S.58).

Neben den oben genannten individuellen Kundenerwartungen von Geschäftsreisenden sind
die Anforderungen, die von kommerziellen Veranstaltern an Hotelunternehmen in Bezug auf
Beherbergung, Verpflegung, Organisation, Dienstleistungsqualität und Event-Kompetenz
gestellt werden, denn auch in der Regel um ein Vielfaches komplexer als dies im Privatkun-
denbereich der Fall ist. Wesentliche *Einflussfaktoren und Kaufentscheidungskriterien auf
Destinationsebene* (Wo und in welchem Umfeld soll eine Veranstaltung stattfinden?) und
Hotelebene (Was muss eine Hotellocation mitbringen/leisten?) sind im kommerziellen Ta-
gungs- und Veranstaltungsbereich folgende (Kotler et al. 2006, S.241):

- **Destination**
  Availability of hotels and facilities, ease of transportation, transportation costs, distance from
  attendees, climate, security, recreational amenities, sights and cultural activities, ...

- **Hotel**
  Appropriateness of meeting rooms, security, rates, food quality, sleeping rooms (size, layout,
  tidyness, maintainance), support services, billing procedures, Check-in/Check-out procedures,
  staff assignment, exhibit space, convenience, previous event experience, ...

Die spezifischen Kundenanforderungen sog. professioneller *‚Meeting Planner‘* im Hotelmarkt führen auch oftmals zu einer Spezialisierung mit großen Tagungshotels, wie es bspw.
das Estrel in Berlin darstellt, das Veranstaltungen mit bis zu 6000 Personen abzuwickeln in
der Lage ist und darüber hinaus mit ca. 1200 Zimmern auch über ausreichend Übernachtungskapazität verfügt. Der Verband Deutsches Reisemanagement (VDR) vergibt seit einiger
Zeit das Gütesiegel „Certified Conference Hotels", wenn Hotelunternehmen bestimmte – als
bedeutsam für Geschäftsreisende definierte – Standards erfüllen. Geprüft werden 67 definierte Qualitäts-, Komfort- und Servicekriterien, die den nachfolgend aufgeführten Pflichtanfor-
derungen zugeordnet werden (VDR 2014a):

- Verfügbarkeit eines professionellen Tagungsbereiches
- standardisiertes Informationsmaterial in Druck- und in
  digitaler Form
- Einhaltung einer standardisierten Angebotsentwicklung
- Verfügbarkeit professioneller, tagungsspezifischer
  F&B-Leistungen
- Sicherstellung einer professionellen Veranstaltungsbetreuung
- Einhaltung vorgegebener Abrechnungsprozesse
- Eignung für Geschäftsreisen in Ausstattung und Dienstleistung

3.3.3   Kaufentscheidungen von Organisationen

Im B2B-Markt werden Hotelleistungen in der Regel von den betreffenden Einkäufern (Travel Manager, Event Manager, Meeting Planner, Incentive Planner usw.) der Unternehmen
bzw. Organisationen bedarfsorientiert eingekauft. In Abhängigkeit von Größe, Philosophie,
Strategie und Leistungsstruktur der betreffenden Unternehmen bzw. Organisationen entwickeln sich dabei verschiedenartige Formen und Ausprägungen der *Einkaufsorganisation*

und des **Beschaffungsmanagement**. Während es Hotelanbieter bei kleinen mittelständischen Unternehmen zumeist eher mit dezentralen Strukturen und individuellen Entscheidungsprozessen zu tun haben, handelt es sich bei den Kaufentscheidungen von größeren Unternehmen bzw. Organisationen zumeist um kollektive, standardisierte und zentralisierte **Entscheidungsstrukturen und -prozesse**. Ein wichtiger Aspekt aus Marketingsicht ist in diesem Zusammenhang die Frage, inwieweit Geschäftsreisende selbst in die Entscheidungs-, Buchungs- und Kauf- bzw. Auswahlprozesse der Hotels bzw. der Hotelkategorien eingebunden sind. So gaben in der Studie „Geschäftsreisende 2008", 43% der Reisenden an, innerhalb eines vorgegebenen Budgets bzw. einer vorgegebenen Reiserichtlinie ein Hotel selbst auswählen zu können, 33% hatten keinerlei Einfluss auf die Buchung (z.B. automatische Auswahl über ein firmeninternes Buchungssystem), während 24% angaben, keinerlei Beschränkungen oder Vorgaben bei der Hotelbuchung zu unterliegen (Schneider 2008, S.43).

> *Das **Geschäftsreisevolumen** des deutschen Konzern **Siemens** umfasst jährlich ca. 300.000 Geschäftsreisen. Ausgaben für Reisen und Events summieren sich jährlich auf ein Volumen von 2,3 Mrd. €. Der weltweite Einkauf bei den touristischen Leistungsträgern und das Travel Management ist bei Siemens zentralisiert und in dem Zentralbereich Einkauf unter dem Namen Corporate Mobility Services (CMS) organisatorisch verankert. Die Abteilung CMS betreut wiederum 57 Travel Management Einheiten in verschiedenen Auslandsniederlassungen des Konzerns und handelt mit den Leistungsträgern globale Rahmenverträge aus, die dann lokal zugeschnitten werden (Rogl 2007, S.29; Siemens 2008).*

Große internationale Unternehmen wie BMW, Siemens, BASF etc. konzentrieren sich zunehmend auf einige wenige, bevorzugte Lieferanten in allen Bereichen der touristischen Leistungskette im B2B-Markt (Hotels, Airlines, Autovermietung), um damit Kosten- und Qualitätsvorteile zu realisieren (z.B. Volumenbündelung, günstigere Konditionen, verringerter Koordinationsaufwand, einheitliche Ansprechpartner). Organisationaler Reflex der Zentralisierung auf der Nachfrageseite ist eine entsprechende Zentralisierung auf Anbieterseite, wie sie sich in der Hotellerie zunehmend im Rahmen von Key Account Managementstrukturen beobachten lässt (Pütz-Willems 2001, S.56f.).

Die an der Kollektiventscheidung beteiligte Gruppe wird je nach Organisationsstruktur als **Buying Center** oder **Buying Group** bezeichnet (Backhaus 1999, S.65ff.). So nehmen bspw. bei der Lufthansa neben den Verantwortlichen des weltweiten Crew Hoteleinkaufs, i.d.R. auch der örtliche Lufthansastationsleiter sowie Personalvertreter des fliegenden Personals an Verkaufsverhandlungen teil (NGZ 2000, S.24). Auch im Tagungs- und Veranstaltungsbereich sind in der Regel mehrere Entscheidungspersonen oder -ebenen zu berücksichtigen Hinkin/Tracey 1998, S.61). *"Ultimately, when dealing with group business, the hotel has to please both the meeting planner and the meeting planner's clients. These clients include those attending the conference, association executives, and the president or senior officers of a corporation. Jonathan Tisch, president and CEO of Loews Hotel, states: 'What we are looking to do is to create a win-win situation. If the senior officer is happy, then the planner's happy, and if the planner's happy, we have done our job'"* (Kotler et al. 2006, S.252).

*Das **Key Account Management (KAM) bei Accor Deutschland** betreut ca. 50% der nationalen und 80% der internationalen Kunden. Das KAM ist im Vertrieb, d.h. der Abteilung Sales& Distribution organisatorisch angebunden und arbeitet allen Marken und Häusern zu. Zu den Key Accounts von Accor zählen Firmen wie Siemens, Daimler, Telekom, Lufthansa, der Bund und viele deutsche Verbände usw. Das Kernteam des KAM ist für ca. 140 Kunden zuständig, zusammen mit einem erweiterten Team werden derzeit bei Accor Deutschland ca. 300 Key Accounts definiert. Globale Key Accounts sind dabei Kunden die in drei oder mehr Ländern insgesamt über 25.000 Übernachtungen pro Jahr generieren (Pütz-Willems 2001, S.56). Das KAM versteht sich dabei sowohl als interner Berater für die einzelnen Häuser und Hoteldirektoren als auch als externer Berater für die Einkäufer/Travel Manager der betreuten Firmen. Intern geht man davon aus, dass es in Zukunft aus Markt- sowie aus Kostengründen kaum mehr betriebseigene Verkaufsabteilungen in den einzelnen Häusern geben wird, sondern das diese Aufgabe zentral von der Abteilung Sales& Distribution übernommen werden. Derzeit wird jedoch noch diskutiert, ob man die 5 Sterne Häuser des Unternehmens von dieser Regelung ausnimmt.*

Innerhalb solcher multipersonaler Beschaffungsorgane nehmen die Mitglieder – wie in Abb.C.27 skizziert – unterschiedliche Rollen wahr (Rudolph 1998, S.58ff.). Wie die ***Mitgliederrollen*** wahrgenommen und wie die Einflüsse jeweils geltend gemacht werden, hängt auch davon ab, ob es sich um einen erstmaligen Kauf, einen modifizierten oder einen reinen Wiederholungskauf handelt. So ist bei einem Erstkauf die Problemstellung für alle Beteiligten neu und es besteht ein hoher Informationsbedarf. Dies ist nicht nur bei neuen Produkten, sondern insbesondere beim Wechsel eines Anbieters relevant. Bei einem modifizierten Wiederholungskauf haben sich nur leichtere Veränderungen in der Kaufsituation ergeben, so dass zusätzliche Informationen beschafft werden müssen und evtl. Kaufalternativen berücksichtigt werden. Der reine Wiederholungskauf entspricht dem habituellen Kaufentscheidungstyp auf individueller Ebene, da es sich um ständig wiederkehrende Problemstellungen handelt.

WITTE ergänzt diesen Ansatz im Zuge seines ***Promotorenmodells*** und macht darauf aufmerksam, dass unabhängig von der zugrundeliegenden Aufgabenstellung innerhalb solcher Gremien zwischen sog. ***Macht-*** und sog. ***Fachpromotoren*** zu unterscheiden ist (Witte 1973). Während Machtpromotoren Prozesse aufgrund ihrer hierarchischen Stellung fördern, gewinnen Fachpromotoren im Zuge einer Kaufentscheidung aufgrund ihres objektspezifischen Wissens an Einfluss. Aufgabe eines Marketingverantwortlichen muss es sein in der spezifischen Kauf- und Verhandlungssituation möglichst schnell den tatsächlichen Entscheider zu identifizieren, um eine kundengerichtete Informations- und Beziehungsqualität gezielt aufbauen und gestalten zu können.

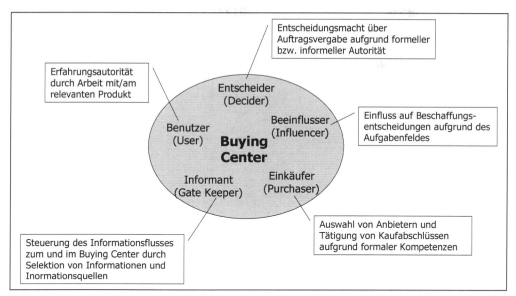

Abb.C.27: Rollen der Mitglieder eines Buying Centers
           Quelle: Rudolph 1998, S.59

Kaufentscheidungen und Vertragsverhandlungen von Unternehmen bzw. Organisationen werden denn auch von verschiedenen Faktoren beeinflusst, die nach WEBSTER/WIND (1972) in vier verschiedene Ebenen zu unterteilen sind:

- **Umweltbedingte Faktoren**
  Der Einfluss umweltbezogener Determinanten (politische, rechtliche, technologische, ökonomische, sozio-kulturelle) ist im Zusammenhang mit den Institutionen zu analysieren, die Einfluss ausüben können (Staatliche Organe, Konkurrenz).

- **Organisationsspezifische Faktoren**
  Der Organisationskontext berücksichtigt die Tatsache, dass industrielle Kaufentscheidungen durch Verfahrensregeln, Zuständigkeitsbereiche, Formalisierungsanforderungen sowie Anreiz- und Sanktionsmechanismen bestimmt werden. So handeln die Entscheidungsträger nicht isoliert, sondern als Mitglied einer Organisation zielgesteuert und sind durch finanzielle, personelle und technologische Rahmenbedingungen begrenzt.

- **Interpersonelle Faktoren**
  Die interpersonellen Einflüsse resultieren aus den unternehmensspezifischen und gruppendynamischen Einkaufs- und Entscheidungsprozessen innerhalb des verantwortlichen Einkaufsgremiums.

- **Individuelle Faktoren**
  Die intrapersonalen Determinanten berücksichtigen, dass alle Marketinganstrengungen letztlich auf Individuen und nicht auf eine abstrakte Organisation abzielen müssen.

Der Kaufentscheidungsprozess von Unternehmen bzw. Organisationen im organisationalen Kontext des B2B-Marktes lässt sich – in weitestgehender Analogie zu den Kaufentscheidungsprozessen individueller Konsumenten – wie folgt abbilden (Kotler et al. 2006, S237.):

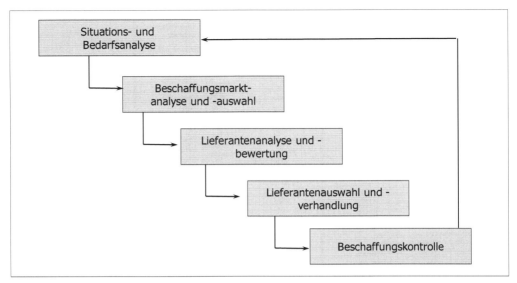

Abb.C.28:   Planungs- und Entscheidungsprozess im Beschaffungsmanagement von Unternehmen

In der **Situations- und Bedarfsanalyse** wird der konkrete geschäftsreisebezogene Beschaffungsbedarf des Unternehmens analysiert. Veränderungen der aktuellen Bedarfsstruktur können sich durch unterschiedlichste Impulse aus dem internen oder dem externen Umfeld des Unternehmens ergeben. Neue Zielsetzungen in Bezug auf die Reisekostenbudgets, zusätzlicher Reisebedarf durch die Internationalisierungsaktivitäten des Unternehmens oder das Angebot einer internationalen Hotelkette ein spezielles Corporate Travel Programm anzubieten, können Auslöser einer solchen Analyse sein. In der **Beschaffungsmarktanalyse und Auswahl** werden die relevanten Beschaffungsmärkte im Hinblick auf die für den konkreten Bedarf in Frage kommenden Lieferanten untersucht. So werden je nach Situation bspw. Informationen über nationale und internationale Hotelmärkte (Angebotsniveau/-vielfalt, Preise, Standorte, Konkurrenzsituation etc.), die verschiedenen Verkehrsträgermärkte bzw. die spezifischen Transportalternativen (Airlines, Bahn, Autovermietung, Bus etc.), Destinationen oder Konferenz- oder Eventagenturen gesammelt. Im Anschluss daran erfolgt die **Lieferantenanalyse-/bewertung** und es erfolgt eine sukzessive Grob- bzw. Feinauswahl der Leistungsträger, die für einen bestimmten Bedarf benötigt werden (z.B. Hotels/Hotelketten). In diesem Zusammenhang werden bei den für das Unternehmen interessantesten Anbietern – der sog. „Short List" – Angebote eingeholt, in denen die betreffenden Unternehmen ihre spezifischen Stärken und Leistungen darstellen können. Basierend auf den Rückläufern dieser Angebote erfolgt die konkrete **Lieferantenauswahl**, d.h., die in Frage kommenden Leistungsträger werden nochmals im Detail untersucht und miteinander verglichen, um dann mit ein, zwei oder bisweilen auch mehr Lieferanten in konkrete **Vertragsverhandlungen** einzutreten. Bei den Vertragsverhandlungen werden dann konkrete Leistungsdetails und Spezifikationen besprochen und festgelegt, die im Zuge sog. Pflichtenhefte oder Service Level Agreements in die jeweiligen Lieferantenverträge einfließen. Im Rahmen der **Beschaffungskontrolle** werden dann i.d.R. entsprechende SOLL-/IST-Vergleiche angestellt, etwaige Abweichungen von vereinbarten Standards und Erfolgs- bzw. Qualitäts- und Kostengrößen analysiert und die Zufriedenheit der Nutzer der vereinbarten Leistungen gemessen, um zu einem Abgleich zwischen erwarteter und wahrgenommener Leistungsperformance gelangen.

Aus Marketingsicht zeigen die Erklärungsansätze zum organisationalen Kaufverhalten, dass das Einkaufs- und Informationsverhalten sowie die entsprechenden unternehmensspezifischen Entscheidungsprozesse hinreichend transparent sein müssen. Erst dann können die Marketingaktivitäten und Instrumente problemgerichtet eingesetzt werden, um das Einkaufsverhalten gezielt zu beeinflussen. Und nicht zuletzt spielen die oben diskutierten, wesentlichen psychologischen und soziologischen Einflussfaktoren auch im geschäftlichen Umfeld eine Rolle und so sind in organisationalen Beschaffungskontexten individuelle und emotionale Faktoren ebenso bedeutsam wie in individuellen Konsumkontexten, wie HARDING zu berichten weiß (Harding 1966, S.76 zitiert nach Bausback 2007, S.154): „...corporate decision-makers stay human after they entered the office. They respond to "images"; they buy from companies they feel „close"; they favor suppliers which show them respect and personal consideration, and who do extra things "for them"..." Wieweit die persönliche und individuelle Aufmerksamkeit aus Marketingsicht dabei gedeihen soll, ist nicht nur Gegenstand gesetzlicher Regelungen, sondern muss auch durch normative Selbstverpflichtung im Rahmen selbstgesetzter ethischer Standards bzw. im Rahmen unternehmensinterner Compliance-Managementsysteme in Bezug auf den Umgang mit Vertragspartnern definiert, kommuniziert und kontrolliert werden.

Denkanstöße und Diskussionsfragen

1. Inwieweit glauben Sie, dass ein tiefgehendes Verständnis der menschlichen Natur hilfreich ist, um als Unternehmen erfolgreich zu sein bzw. um sich Wettbewerbsvorteile zu verschaffen? Versuchen Sie, Beispiele aus der Unternehmenspraxis zu finden, die unterstreichen, dass ein solches Verständnis ursächlich für den Erfolg dieser Unternehmen in ihrem Wettbewerbsumfeld war!

2. Marketingexperten diskutieren in letzter Zeit vermehrt, wie man über eine integrierte Ansprache aller fünf menschlichen Sinne, Kunden für ein spezifisches Produkt oder eine Dienstleistung begeistern bzw. einen Wettbewerbsvorteil erlangen könnte. Glauben Sie, dies ist möglich und welche Rolle spielen Ihrer Ansicht nach die fünf Sinne bei der Qualitätswahrnehmung von Hotel- und/oder Restaurantleistungen?

3. In welcher Hinsicht können Sie sich vorstellen, dass bei Kaufentscheidungen im B2B-Kontext weniger rational-sachliche Gesichtspunkte eine Rolle spielen als vielmehr andere Einflussfaktoren? Welche psychologischen oder emotionale Einflussfaktoren könnten das sein?

4. In der Verhaltenswissenschaft wird oft betont, dass der Konsument in seinen Kaufentscheidungen mehr von seiner Wahrnehmung als von der Realität beeinflusst wird. Woran kann man das festmachen, und was bedeutet das für die Marketingpraxis?

5. Die Wirkungszusammenhänge zwischen Einstellungen, Verhalten und Situation werden oft kontrovers diskutiert. Bestimmen Einstellungen das Verhalten oder ist es umgekehrt? Denken Sie über Situationen nach, in denen Sie in einer bestimmten Situation anders gehandelt haben, als Sie es Ihrer Einstellung nach von sich erwartet hätten! Was war der Grund, und hat dieses Verhalten Ihre ursprüngliche Einstellung verändert?

Kontrollfragen

1. Beschreiben Sie die fünf Phasen der Marketing-Forschung!
2. Was versteht man unter „Selektiver Wahrnehmung", „Selektiver Verzerrung" und „Selektiver Erinnerung"?
3. Skizzieren Sie verschiedene Bezugs-/Referenzgruppen, die unser Konsumverhalten mehr oder weniger stark beeinflussen!
4. Beschreiben Sie die verschiedenen Erscheinungsformen von Geschäftsreisen!
5. Was ist ein Buying Center, und welche Funktionen hat es?

Feedbacksysteme in der deutschen Hotellerie: Gästebewertungen treten in den Vordergrund

Rolf W. Schmidt

1 Einleitung

Gästebefragungen nach ihrer persönlichen Hotelkritik – seit dem Start von zahlreichen Internetplattformen ist das Thema Bewertungen immer öfter in den Schlagzeilen. Dennoch haben interne Feedbacksysteme als fester Bestandteil des Qualitätsmanagements, also gezielte Befragungen der Gäste per Flugblatt oder eMail – in der deutschen Hotellerie noch keinen besonders hohen Stellenwert. Nur 43 Prozent der Drei- bis Fünf-Sterne-Hotels setzen bislang ein eigenes Feedbacksystem ein. Die Vorteile für Marketingkontrolle und Gästebindung und somit eine kontinuierliche Messung und Verbesserung der Servicequalität werden von vielen Hotelbetreibern bisher anscheinend deutlich unterschätzt. Eine von CHD Expert im Jahr 2008 mit 192 Hotelbetrieben durchgeführte Studie macht den aktuellen Status von Feedbacksystemen in der Hotellerie deutlich.

Hotelkritiken im Internet haben schon heute eine bislang ungeahnte Machtfülle. Der Fall eines mallorquinischen Ferienhotels, dessen Inhaber gegen die vernichtende Onlinekritik einer Urlauberin aus Dortmund klagte, schlug hohe Wellen in den Medien. Als der Hotelier erkannte, dass das Gericht seiner Argumentation, nach der die Rezension geschäftsschädigend sei, nicht folgen würde, bot er dem ehemaligen Gast eine Woche kostenlose Unterkunft an, wenn sie ihre Onlinekritik denn wieder lösche. Die Urlauberin blieb stur. Der Hotelier zog seine Klage zurück und die verheerende Kritik ist heute noch im Internet zu lesen.

2 Feedbacksysteme in der Hotellerie: Ergebnisse einer Branchenstudie

Der Fall zeigt: Soweit hätte es nicht kommen müssen. Durch eine proaktive, regelmässige Befragung der Gäste nach ihrer Zufriedenheit mit dem Hotel sowie den einzelnen Servicebereichen lassen sich unter Umständen medienwirksame Schlagzeilen wie im genannten Fall von Mallorca vermeiden. Nur 43 Prozent der Drei- bis Fünf-Sterne-Hotels in Deutschland – sowohl Privathotels als auch Kettenbetriebe und Konzernverwaltungen – vertrauen jedoch auf die Vorteile eines eigenen Feedbacksystems. Dies haben wir in einer eigens für diese Publikation erstellten Branchenstudie, bei der wir 284 Betriebe (davon: 192 Privathotels, 67 Kettenhotels und 25 Ketten- und Kooperationszentralen) repräsentativ befragt haben, festgestellt. Allerdings ist der hohe Anteil der Hotels, die bislang kein Feedbacksystem einsetzen – und die meisten planen dies auch nicht – ein Zeichen dafür, dass der Nutzen einer Gästebefragung in den Chefetagen ungenügend Beachtung findet. Der Boom von Hotelkritikportalen im Internet zeigt hingegen, dass aber die Gäste ihre persönliche Einschätzung mitteilen wollen. Im schlechtesten Fall erfährt der uninteressierte Hotelier erst spät, meist zu spät, von der Unzufriedenheit seiner Gäste.

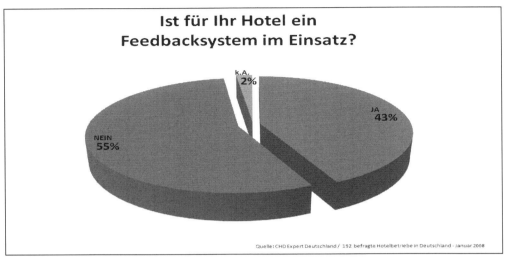

Abb.C.29:   Einsatz von Feedbacksystemen in der Hotellerie

Bei den Betrieben, die ein Feedbacksystem nutzen, setzen die meisten Hotelbetreiber (87%) auf einen Print-Fragebogen. Lediglich zehn Prozent nutzen interaktive Tools wie Onlinebefragungen oder Korrespondenz per eMail. Das persönliche Gespräch mit Gästen – zumindest zum Thema Zufriedenheit – wird unserer Studie zufolge nur informell, nicht jedoch strukturiert und dokumentiert gesucht.

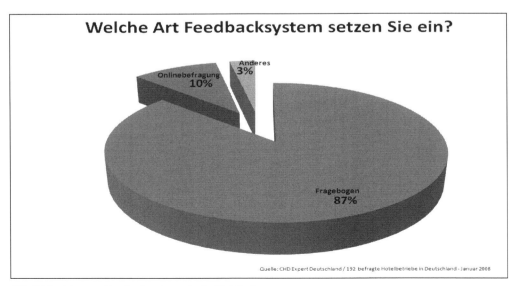

Abb.C.30: Arten von Feedbacksystemen in der Hotellerie

Bei den Gästebefragungen stehen die Meinungen über Ausstattung und Sauberkeit der Hotelzimmer (jeweils 39%) klar im Vordergrund. Aber auch die Gästemeinung zu Preis/Leistungsverhältnis, F&B-Qualität im Restaurant und an der Bar und zur Servicequalität allgemein interessiert die Hoteldirektoren stark. Die Ergebnisse werden sorgfältig behandelt: 86 Prozent der Hotels, die ein Feedbacksystem einsetzen, nehmen die Auswertung intern vor. Hierbei muss natürlich die Frage gestellt werden, wie selbstkritisch und analytisch dabei vorgegangen wird, eine externe Analyse, wie sie von lediglich zwölf Prozent der Häuser vorgenommen wird, ist hier vermutlich neutraler, kritischer und effizienter.

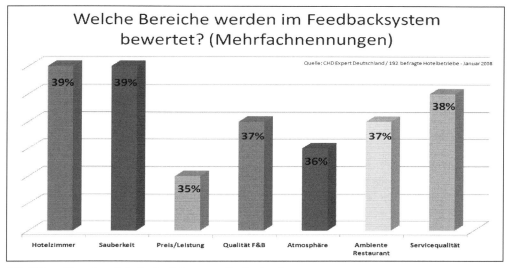

Abb.C.31:   Bewertungskriterien im Rahmen von Feedbacksystemen

Wer ein Feedbacksystem einsetzt, weiß zumindest die Vorteile zu schätzen. Daher nehmen sich 47 Prozent der hier aktiven Hoteliers mindestens einmal pro Monat genügend Zeit zur Auswertung und Analyse der Gästekritiken. 26 Prozent setzen sich sogar einmal in der Woche an den Schreibtisch zur Datenauswertung.

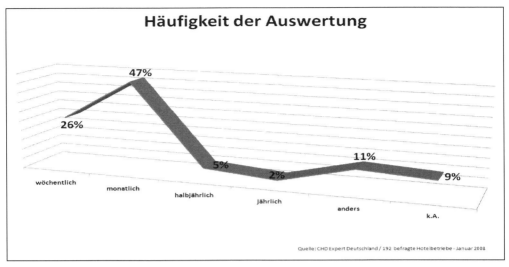

Häufigkeit der Auswertung

47%

26%

5%

2%

11%

9%

wöchentlich   monatlich   halbjährlich   jährlich   anders   k.A.

Quelle: CHD Expert Deutschland / 192 befragte Hotelbetriebe - Januar 2008

Abb.C.32:   Häufigkeit der Auswertungen von Kundenfeedbacks

Auf die Analyse folgt die Umsetzung: was muss besser werden, wo liegen Stärken und Schwächen? Zwar obliegt es meist dem Hotelmanagement, aus den Gästekritiken Folgerungen zu ziehen, doch wird dies häufig teamgerecht umgesetzt. Über 36 Prozent erörtern die Gästemeinungen in Gruppenbesprechungen. Bei kniffligen Fällen setzen über 35 Prozent der Hotels auf Einzelbesprechungen mit Mitarbeitern. Und immerhin noch 28 Prozent der Hotels lassen die Ergebnisse in professionelle Qualitätssicherungsprogramme einfließen, um den Nutzungsgrad ihrer Managementtools zu erhöhen. Auch wenn dieser Wert hoch erscheinen mag, umgerechnet sind das nur geringe 12% aller Hotels.

Über 40 Prozent der Anwender eines Feedbacksystemes setzen zudem auf einen Vergleich der Gästekritiken mit (eigenen) historischen Daten, entweder von Jahr zu Jahr (15%) oder sogar von Monat zu Monat (26%). Dagegen ist der Vergleich der eigenen Ergebnisse mit anonymisierten Daten anderer Hotels, das sogenannte Benchmarking, bei der überwiegenden Anzahl der Betriebe nicht wichtig – über die Hälfte verzichten bewusst darauf. Dabei zeichnet gerade in einem wettbewerbsintensiven und vor allem preissensiblen Umfeld erst dieser Vergleich ein reales Bild in Relation zu Auslastung, Durchschnittsrate und RevPAR. Es reicht nicht, selber festzustellen, dass man gut ist oder besser als im Vormonat, erst der Vergleich zu den besten seiner vergleichbaren Klasse gibt ein reales Bild. Es ist schwer nachvollziehbar, dass dies nicht erkannt und umgesetzt wird.

So lässt sich als Zwischenfazit ziehen: Weit mehr als die Hälfte der Hotels vernachlässigen einen wichtigen Baustein der Unternehmensführung. Wer ein eigenes Feedbacksystem zur Messung der Gästezufriedenheit einsetzt, bemüht sich auch um eine regelmäßige und bisweilen professionelle Auswertung und Analyse, dünstet dabei aber im eigenen Beurteilungssaft ohne Vergleich zu den im Umfeld relevanten Qualitätsführern.

3   Online-Hotelkritiken sind eher lästig …

Ein interessanter Umstand, der durch unsere Befragung der Hotellerie hervorging, ist die deutliche Ablehnung der Onlineportal für Hotelkritiken, wie z.B. Tripadvisor.com, Holiday-Check.de oder Hotelkritiken.de, durch die Hoteliers. Nur 30 Prozent der Hotelmanager klicken auf die mittlerweile zahlreichen Internetplattformen, um neue Gästekritiken über ihr Haus zu lesen. Über die Hälfte (54%) verzichten darauf und ignorierten die international veröffentlichten Gästerezensionen. Zahlreiche Hoteliers beklagen die oft unsachliche Kritik der Gäste und damit scheinbar ungerechtfertigte Bewertung des Hauses. Der Vorwurf, die Hotelkritiken würden zu selten auf Plausibilität geprüft, wird immer wieder laut – auch wenn dies führende Portalbetreiber wie die Schweizer HolidayCheck AG zurückweist.

Jedoch nutzen immerhin bereits 30 Prozent der Hotels die Onlinekritikportale zur Messung der Gästezufriedenheit. Die tägliche Auswertung (37%) steht dabei im Vordergrund – eine mühselige Angelegenheit. Immerhin 20 Prozent der Hotels klicken wöchentlich herum und 24 Prozent der Betriebe surfen monatlich im Internet, um bei den schnell wachsenden Kritikportalen am Ball zu bleiben.

Bei der Auswertung steht für die meisten Hotels (63%) die Glaubwürdigkeit der Kritik – Stimmt der angegebene Zeitpunkt? Welchen Vorfall betrifft es? – im Vordergrund. In über der Hälfte der Fälle (51%) nehmen die Hotelmanager Kontakt mit dem Gast/Kritiker auf und bei 39 Prozent der Fälle versuchen die Direktoren, Einfluss auf die veröffentlichten Kritiken zu übernehmen, beispielsweise durch eigene Kommentierungen. In besonders harten Fällen – bei harscher oder vernichtender Kritik – sind die Bemühungen natürlich stärker: fast 50 Prozent der Fälle werden nicht tatenlos hingenommen. Aus der Bewertung der Ergebnisse drängt sich der Eindruck auf, es gehe mehr um Rechtfertigung und Korrektur statt einer professionellen, dauerhaften Verbesserung. Natürlich sind Einzelfälle niemals auszuschließen, wo Menschen mit Menschen kommunizieren und arbeiten, aber die essentiellen Hausaufgaben eines Serviceanbieters in Sachen Qualitätsmanagement scheinen in großem Umfang noch nicht erledigt.

Es zeigt sich auch, dass immer noch die Hälfte der online-affinen Hoteldirektoren die Kritiken schulterzuckend zur Kenntnis nehmen. Ist eine Onlinekritik einmal publiziert, erfordert es viel Zeit und etliche Korrespondenz, den Gast zur einer Korrektur zu bewegen. Zu aufwändig, meinen die meisten Hoteliers, die dabei die Auswirkungen meines Erachtens deutlich unterschätzen. Wer bei vergleichbarer Lage, Aussstattung und Preis die Wahl zwischen verschiedenen Hotels hat, wird sich logischer- und vernünftigerweise für das Hotel mit den besseren Bewertungen entscheiden. Den Hoteliers, die solche Bewertungen ignorieren, werden das Resultat spüren, zeitverzögert und in aller Regel zu spät. Schade!

In manchen Fünf-Sterne-Hotels vertraut man stark auf die meinungsbildende Kraft von Profikritikern und erfahrenen Restauranttestern, deren fundiertes Urteil nicht selten im Gegensatz zu den laienhaften Gästekritiken steht. Und so gehören auch Profirezensenten aus Deutschland, wie zum Beispiel der Berliner Publizist und Journalist Heinz Horrmann, zu den weltweit gefragten Kritikern. Autoren wie Horrmann erreichen mit ihren Kolumnen ein Millionenpublikum. Allerdings fällt eine harte Kritik beispielsweise an Hotelservice oder Küchenqualität dann auch besonders schwerwiegend aus.

Aber auch die Riege der Luxusherbergen kommt nicht an den Basisaufgaben vorbei, zu flüchtig sind die Veröffentlichungen zu dynamisch und aktuell das Internet. Dabei sollte beachtet werden, dass dies auch Einfluss auf klassische Buchungswege hat – die Führungs-kraft informiert sich im Web und lässt dann buchen, der erweiterte Wirkungskreis von Beur-teilungen geht deutlich über die Onlinebuchungen hinaus.

4   Feedbacksysteme eröffnen Chancen für jedes Hotel, gleich welcher Größe

Regelmäßige und professionelle Gästebefragungen sind ein Grundpfeiler im Servicema-nagement aller Serviceanbieter. Erst die Auswertung und teamgerechte Analyse der Gästezu-friedenheit ermöglichen dem Hotelmanagement eine Feinsteuerung ihrer Leistungen. Er-folgshoteliers wie der Nürnberger Klaus Kobjoll (Schindlerhof) haben so aus einem mittel-ständischen Hotel ein Musterbetrieb für Servicequalität schaffen können – nicht nur als Imagegewinn sondern auch wirtschaftlich erfolgreich.

Kosten und Zeitaufwand für ein eigenes Feedbacksystem sind überschaubar. Selbst bei ex-terner Vergabe der Auswertung von Print-Fragebögen oder Onlinetools beträgt das Budget meist eine niedrige vierstellige Summe im Jahr. Im Kosten-Nutzen-Vergleich kann dies kein Gegenargument darstellen.

Die Vorteile auch für Marketing und PR überwiegen ganz klar. Daher wird die Bedeutung von Feedbacksystemen in der von vielen „weichen Faktoren" geprägten Hotellerie hoffent-lich deutlich zunehmen.

Kapitel D
Strategisches Marketing-Management in der Hotellerie

1 Grundlagen des Strategischen Management

1.1 Wertorientierungen als Ausgangspunkt

Ein Integriertes Marketing-Management vollzieht sich nicht in einem normativen bzw. inhaltlichen Vakuum. Um erfolgreich zu sein, benötigen Hotelunternehmen – wie andere Unternehmen auch – ein klares unternehmerisches Selbstverständnis in Richtung einer *„Customer-orientated Organization"* (Kotler 2000a, Cornish 1988). Ausgehend von einer richtungsweisenden *Vision (mission)* sind auf der normativen Ebene *allgemeine Wertvorstellungen (basic beliefs)* zu entwickeln, die als *Unternehmens- bzw. Managementphilosophie* die Essenz der Einstellungen, Überzeugungen und Wertvorstellungen der obersten Führungskräfte zur Markt- und Kundenorientierung repräsentieren. Diese bilden als normative Basis eines integrierten Marketing-Management die Grundlage aller unternehmensspezifischen Entscheidungen und Verhaltensweisen.

Eng verbunden mit der Unternehmens- bzw. Managementphilosophie ist die *Unternehmenskultur*, die als evolutorischer Sozialisationsprozess, die Gesamtheit der in einer Organisation vorherrschenden Werte, Normen, Traditionen und Mythen widerspiegelt und damit maßgeblich die Einstellungen, Denkhaltungen und Verhaltensmuster der Organisationsmitglieder prägt (Ulrich 1984, S.312; Krüger 1988; S.28ff.; Bleicher 2004, S.228f.). Aus Marketingsicht ist für das einzelne Hotelunternehmen – sei es Individual-oder Kettenhotellerie – entsprechend ein normativer Ansatz erforderlich, der die unternehmenskulturelle Dimension des Marketing-Management von Dienstleistungen betont und mit Blick auf übergeordnete, globale Ziele wie Unternehmenserfolg, Kundenzufriedenheit und Dienstleistungsqualität einen Entwicklungsprozess initiiert, an dessen Ende ein markt- und kundenorientiertes Selbstverständnis des Hotelunternehmens steht.

Vision und Dienstleistungsphilosophie/-kultur konkretisieren sich dabei in der generellen Zielplanung, implizit in den allgemeinen Unternehmensgrundsätzen bzw. dem Leitbild des Hotelunternehmens und explizit in den strategischen und operativen Marketingzielen, denen als Handlungsimperative ein Vorgabecharakter für die Organisation und deren Mitglieder innewohnt. Eine gemeinsame Grundorientierung auf Basis eines sichtbar gemachten und gelebten Normen- und Wertesystems, wirkt nach Ansicht vieler Autoren aus dem Bereich der Dienstleistungsforschung, den Schwierigkeiten der Steuerung und Kontrolle der Qualität von Dienstleistungen entgegen, da sie den Mitarbeitern einen Bezugsrahmen liefert und auf diese Weise eine indirekte Kontrolle ausübt (Grönroos 1990, S.241; Bowen et al. 2000, S.440f.) *„Service organization must rely on the shared norms, values and beliefs that compromise their culture to guide service employees in performing their work. Organization culture is often the primary mechanism for controlling performance in service organizations."* (Grover 1987, S.560).

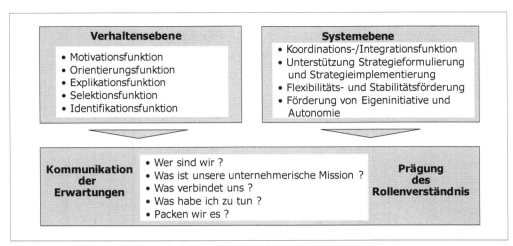

Abb.D.1:   Funktionen der Unternehmenskultur
            Quelle: In Anlehnung an Krüger 1988 und Ulrich 1984

Ein *markt- und kundenorientiertes Selbstverständnis* definiert sich in Dienstleistungsunternehmen über die Fähigkeit eines Dienstleisters schnell auf veränderte Kundenanforderungen zu reagieren, flexibel auf individuelle Kundenbedürfnisse einzugehen und über das Interaktionsverhalten der Mitarbeiter Vertrauenspotenzial und Beziehungsqualität aufzubauen. Eine derartige kulturelle Wertorientierung muss sich dementsprechend auch im Führungskonzept widerspiegeln und den Unternehmensmitgliedern die notwendige Autonomie und Eigeninitiative gewähren, in individuellen Entscheidungssituationen flexibel im Sinne der Unternehmensziele reagieren zu können. Eine bewusste Verhaltens- und Systemsteuerung über eine ausgeprägte Dienstleistungskultur verschafft den Mitarbeitern dabei Orientierung in komplexen Entscheidungssituationen, reduziert Regelungsdichte, Abstimmungsbedarf und Konfliktniveau zwischen den Unternehmenseinheiten und erhöht dadurch die operative Flexibilität des Unternehmens (Benkenstein 1994, S.438f.; Meffert 1998, S.134f.). So gewährleistet ein Grundkonsens gemeinsam getragener Werte, Normen und Prinzipien die Integration und Koordination der verschiedenen organisatorischen Subsysteme (Teams, Abteilungen, Hotels, Ländergesellschaften) des Unternehmens und trägt dadurch zur strategischen und kulturellen Harmonisierung der qualitativen und quantitativen Ziele des Managements von Dienstleistungsqualität bei. Service- und Kundenorientierung gewinnen dadurch neben der externen auch eine interne Dimension und so kommt dem vielfach nachgewiesenen Zusammenhang zwischen einer von den Mitarbeitern nachhaltig positiv erlebten, serviceorientierten Unternehmenskultur, der Mitarbeiterzufriedenheit und der Kundenzufriedenheit vor dem Hintergrund der Interaktionsintensität personenbezogener Dienstleistungen in der Hotellerie besondere Bedeutung zu (Gardini 2009a, S.115ff.; Spinelli/Canavos 2000; Westerbarkey 1996, S.52ff.). Wichtigstes Kennzeichen einer ausgeprägten Unternehmenskultur ist dabei nach ULRICH ihr *sozial-integrativer Charakter*, da sie die Erwartungen einer Organisation an ihre Mitglieder kommuniziert und damit das Rollenverständnis der Mitarbeiter im Rahmen der angestrebten Strategie prägt (Ulrich 1984, S.312f.). Abb.D.1 verdeutlicht diese Zusammenhänge anhand der unterschiedlichen Funktionen auf der *System- und der Verhaltensebene*.

Die Materialisierung der Unternehmensphilosophie erfolgt durch die schriftliche Niederlegung in Form eines **Unternehmensleitbildes** und/oder von **Unternehmensgrundsätzen**, die als offizielle Willenserklärung die erstrebten Zielsetzungen und gewünschten Verhaltensweisen der obersten Führungsebene (Gründer, Eigentümer) reflektieren. Die ethischen und moralischen Grundwerte und Vorstellungen der Unternehmensspitze werden im Rahmen des Leitbildes gewissermaßen ‚*institutionalisiert*‘; sie spiegeln dabei generalisierte und formalisierte Erwartungen an die Organisationsmitglieder wider und stellen für eine unbestimmte Zeitperiode die paradigmatische Grundkonzeption eines Hotelunternehmens dar (Kaspar 1990, S.58f.; Bleicher 2004, S.58f.).

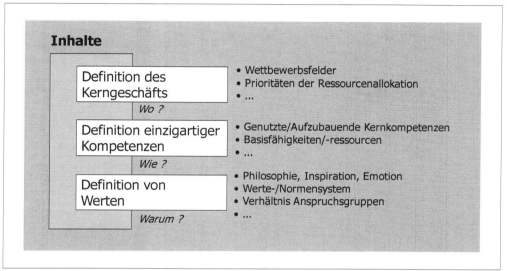

Abb.D.2:   Grundlegende Inhalte von Leitbildern
             Quelle: In Anlehnung an Hungenberg/Wolf 2007, S.66

Neben der **Definition des grundlegenden Wertesystems der Unternehmensführung** sollten Leitbilder – wie in Abbildung D.2 dargestellt – darüber hinaus auch Aussagen über das Geschäftsmodell bzw. das zugrunde gelegte Kerngeschäft und die vorhandenen Kernkompetenzen des Unternehmens beinhalten (Hungenberg/Wolf 2007, S.66). Ein derartiges Leitbild erfüllt im Idealfall drei Funktionen (Kippes 1993, S.184):

• **Kommunikationsfunktion**
Ein Leitbild kommuniziert nach innen und nach außen Selbstverständnis und Unternehmenszweck und legitimiert damit das Handeln des Unternehmens.

• **Identifikations- und Motivationsfunktion**
Ein Leitbild erhöht die Identifikation des Mitarbeiters mit seinem Unternehmen und seine Motivation, die Ziele des Leitbildes auch umzusetzen.

• **Orientierungsfunktion**
Ein Leitbild vermittelt den Mitarbeitern eine Vision über die Zukunft und die Ziele des Unternehmens und bietet so dem Mitarbeiter Anhaltspunkte für sein Handeln.

Beispielhaft für die Hotellerie ist das Unternehmensleitbild der Ritz-Carlton-Kette, deren Qualitätsphilosophie in einem Unternehmenscredo, einem Unternehmensmotto (We are Ladies and Gentlemen Serving Ladies and Gentlemen), drei essentiellen Serviceschritten (Three steps of service), dem Mitarbeiterversprechen (Employee Promise) und 20 Grundsätzen (The Ritz-Carlton Basics) zum Ausdruck kommt (Ritz-Carlton 2003). Das Ritz-Carlton-Leitbild verdeutlicht allen aktuellen und potenziellen Mitarbeitern, dass das Wohlbefinden und die Zufriedenheit des Hotelgastes die entscheidende Größe dieser Qualitätsphilosophie ist und dieses Bekenntnis vorbehaltlos von der Unternehmensführung unterstützt wird (Abb.D.3.). Diese Standards und Werte werden neuen Mitarbeitern in der Orientierungsphase intensiv vermittelt und später in den Abteilungen täglich immer wieder verstärkt (siehe Ritz-Carlton-Beitrag in Kapitel E). Dazu werden die Standards in Form einer Taschenkarte ausgehändigt und sind immer bei sich zu führen.

1. The Credo will be known, owned and energized by all employees. 2. Our motto is: "We are Ladies and Gentlemen serving Ladies and Gentlemen". Practice teamwork and "lateral service" to create a positive work environment. 3. The three steps of service shall be practiced by all employees. 4. All employees will sucessfully complete Training Certification to ensure they understand how to perform to The Ritz-Carlton standards in their position. 5. Each employee will understand their work area and Hotel goals as established in each strategic plan. 6. Each employee will know the needs of their internal and external customers (guest and employees) so that we may deliver the products and services they expect. Use guest preference pads to record specific needs. 7. Each employee will continously identify defects (Mr. BIV) throughout the hotel.	8. Any employee who receives a customer complaint "owns" the complaint. 9. Instant guest pacification will b ensured by all. React quickly to correct the problem immedeately. Follow-up with a telephone call within twenty minutes to verify the problem has been resolved to the customer´s satisfaction. Do everything you possibly can to never lose a guest. 10. Guest incident action forms are used to record and communicate every incident of guest dissatisfaction. Every employee is empowered to resolve the problem and to prevent a repeat occurrence. 11. Uncompromising levels of cleanliness are the responsibility of every employee. 12. "Smile-We are on stage" Always maintain positive eye contact. Use the proper vocabulary with our guests. (Use words like "Good Morning", "Certainly", "I'll be happy to", and "My pleasure"). 13. Be an ambassador of your Hotel in and outside of the work place. Always talk positively. No negative comments. 14. Escort guests rather than pointing out directions to another area of the Hotel.	15. Be knowledgeable of Hotel information (Hours of operations etc.) to answer guest inquiries. Always recommend the Hotel's retail and food and beverage outlets prior to outside facilities. 16. Use proper telephone etiquette. Answer within three rings and with a "smile". When necessary, ask the caller, "May I place you on hold". Do not screen calls. Eliminate call transfers when possible. 17. Uniforms are to be immaculate; Wear proper and safe footwear (clean and polished). and your correct name tag. Take pride and care in your personal appearance (adhering to all grooming standards). 18. Ensure all employees know their roles emergency situations and are aware of fire and life safety response processes. 19. Notify your supervisor immediately of hazards, injuries, equipment or assistance that you need. Practice energy conservation and proper maintenance and repair of Hotel property and equipment. 20. Protecting the assets of a Ritz-Carlton Hotel is the responsibility of every employee.

Three Steps of Service		The Ritz-Carlton Credo	The Employee Promise
1 A warm and sincere greeting. Use the guest name, if and when possible. **2** Anticipation and compliance with guest needs. **3** Fond farewell. Give them a warm good-bye and use the guest name, if and when possible.	*"We Are Ladies and Gentlemen Serving Ladies and Gentlemen"*	At The Ritz-Carlton, our Ladies and Gentlemen are the most important resource in our service commitment to our guests.	The Ritz-Carlton Hotel is a place where the genuine care and comfort of our guests is our highest mission. We pledge to provide the finest personal service and facilities for our guests who will always enjoy a warm, relaxed yet refined ambience. The Ritz-Carlton experience enlivens the senses, instills well-beeing, and fulfills even the unexpressed wishes and needs of our guests.

Three Steps of Service		The Ritz-Carlton Credo	The Employee Promise
1 A warm and sincere greeting. Use the guest name, if and when possible. **2** Anticipation and compliance with guest needs. **3** Fond farewell. Give them a warm good-bye and use the guest name, if and when possible.	*"We Are Ladies and Gentlemen Serving Ladies and Gentlemen"*	The Ritz-Carlton Hotel is a place where the genuine care and comfort of our guests is our highest mission. We pledge to provide the finest personal service and facilities for our guests who will always enjoy a warm, relaxed yet refined ambience. The Ritz-Carlton experience enlivens the senses, instills well-beeing, and fulfills even the unexpressed wishes and needs of our guests.	At The Ritz-Carlton, our Ladies and Gentlemen are the most important resource in our service commitment to our guests. By applying the principles of trust, honesty, respect, integrity and commitment, we nurture and maximize talent to the benefit of each individual and the compnay The Ritz-Carlton fosters a work environment where diversity is valued, quality of life is enhanced, individual aspirations are fulfilled, and The Ritz-Carlton mystique is strenghtened.

Abb.D.3:   Ritz-Carlton Gold Standards
             Quelle: Ritz Carlton 2003

Ein weiteres Beispiel zur Schaffung gemeinsamer Wertmaßstäbe und die klare Kommunikation der unternehmerischen Grundausrichtung eines Individualhotels ist das Leitbild des Schindlerhof in Nürnberg (Kobjoll 2009, S.697ff.).

❏ Der Schindlerhof will das Erlebnis ermöglichen.
❏ Wir führen unser Unternehmen ehrlich, zuverlässig und fair.
❏ Den hohen Ansprüchen unserer Gäste stellen wir uns ohne Einschränkung.
❏ Wir erfüllen unsere gesellschaftliche und soziale Verpflichtung.
❏ Wir verpflichten uns einem hohen Qualitätsanspruch nach DIN ISO 9001 – in großem Einklang mit unserer Umwelt-Verantwortung.
❏ Wir verfolgen gemeinsame und gemeinsam erarbeitete Unternehmensziele. Daher beschäftigen wir in allen Bereichen die besten und fähigsten MitunternehmerInnen der gesamten Branche. Freundlichkeit, Kreativität, Flexibilität, Leistungsbereitschaft und Fachwissen sind beispielhaft.
❏ Wir haben unser Unternehmen klar gegliedert und Verantwortungsbereiche abgesteckt.
❏ Wir streben als Schindlerhof ein junges und fröhliches Image an. Wir bieten Außergewöhnliches und Erstklassiges und setzen immer wieder Trends. Zwischen unserem hohen Anspruch und unserer tatsächlichen Leistung besteht kein Unterschied. Unser Erscheinungsbild nach innen und außen ist geschlossen.
❏ Wir erzielen einen Gewinn, der das Unternehmen unabhängig macht, ein Wachstum entsprechend der Unternehmensziele ermöglicht, die Sicherheit unserer MitunternehmerInnen garantiert, neue Arbeits- und Ausbildungsplätze schafft und damit das Unternehmen langfristig sichert.
❏ Wir wollen den Erfolg, denn Erfolg motiviert.

Abb.D.4: Zehn Grundsätze (Spielregeln) der „Spielkultur" des Schindlerhof Nürnberg
Quelle: Kobjoll 2009, S.699

1.2 Grundsätzliches zum Strategischen Management

Die Dimension des Strategischen Managements ist auf die **Suche nach Wettbewerbsvorteilen** ausgerichtet, d.h. eine Strategie soll den *langfristigen Aufbau und die nachhaltige Erhaltung einzigartiger Erfolgspotenziale* sicherstellen (Hungenberg 2011, S.19; Bleicher 2004, S.278f.; Porter 1997). Ausgehend von der unternehmerischen Vision und den generellen Marketingzielen sind zur Operationalisierung dieser Zielvorstellungen wettbewerbsfähige Strategien zu entwickeln, die als langfristige und ganzheitliche Programme und Handlungsmuster das Verhalten und die Entwicklung eines Hotelunternehmens positiv beeinflussen sollen. Im Fokus strategischer Überlegungen stehen – wie in Abbildung D.5 dargestellt – die drei Kernfragen des Strategischen Management (Hopfenbeck 2002, S.405f.; Backhaus 1999). Die Frage nach den richtigen Dingen impliziert das kritische Infragestellen der heutigen Tätigkeiten des Unternehmens. Die Beantwortung dieser Frage zwingt ein Hotelunternehmen dazu, seine Produkt-/Marktkombinationen zu analysieren und zu entscheiden, ob dieser Bereich im Spannungsfeld zwischen Kundenbedürfnissen, Markt-/Kundensegmenten und Produkten bzw. Hotelkonzepten auch zukünftig noch ausreichend attraktiv ist *(Where to compete?)*. (Aaker 2007, S.5; Enz 2010, S.18; Macharzina/Wolf 2008, S.261) Die Konzentration auf die Bereiche mit den besten Erfolgsaussichten in Bezug auf Wachstum und Renditeforderungen und die Verlagerung von Ressourcen aus Bereichen mit geringer Renditechance in die Bereiche die vermutlich höhere Renditen erbringen, ist Ergebnis einer solchen Analyse (Aaker 2007, S.9f.; Meyer/Davidson 2001, S.308f.). Für die Hotelbranche ergibt sich in diesem Zusammenhang für die Konzern- bzw. die Individualhotellerie eine unterschiedliche Ausgangsposition. Während Hotelketten durchaus verschiedene Produkt-/Marktbereiche im Sinne unterschiedlicher Marktsegmente, Standorte oder Kundenstrukturen bedienen können und somit eine Strategieformulierung sowohl auf Unternehmens- als auch Geschäftsfeldebene stattfindet, fallen für die Individualhotellerie Unternehmens- und Geschäftsfeldstrategie zusammen, da es sich bei Einzelhotels um klassische Einproduktunternehmen handelt, die nur in einem Markt konkurrieren.

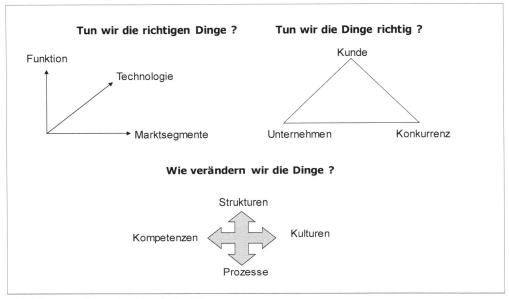

Abb.D.5:   Kernfragen des Strategischen Managements

Ob ein Unternehmen im Wettbewerbsdreieck zwischen Kunde, Konkurrenz und eigenem Unternehmen über genau die speziellen Kompetenzen verfügt, mit denen es sich bestmöglich aus Sicht des Kunden von seinen Mitbewerbern differenzieren kann, ist Bestandteil der zweiten Frage. Ziel muss es hier sein, nur solche Strategien zu entwickeln, die auf Wettbewerbsvorteilen beruhen bzw. zu Wettbewerbsvorteilen führen, die man auch dauerhaft verteidigen kann *(How to Compete?)* (Aaker 2007, S.5; Enz 2010, S.18; Macharzina/Wolf 2008, S.271). Verteidigungsfähige Kernkompetenzen generieren einen überlegenen Nutzen beim Kunden, sind einzigartig unter Wettbewerbern, sind nicht leicht imitierbar und transferierbar und sind synergetisch mit anderen Fähigkeiten und Aktivitäten des Unternehmens verzahnt (Porter 1997, S.51f.; Prahalad/Hamel 1990). Die Antworten auf die ersten beiden Fragen weisen auf den unternehmensspezifischen Handlungsbedarf, der sich aus strategisch geforderten Veränderungen ergibt, d.h., hier gilt es, die innere Erneuerungs- und Adaptionsfähigkeit des Unternehmens in Bezug auf die erforderlichen Kompetenzen und Ressourcen einerseits sowie auf die anzupassenden kulturellen, strukturellen und prozessualen Unternehmensbedingungen andererseits unter Beweis zu stellen.

Im Vorfeld strategischer Entscheidungen ist demzufolge ein analytischer Informationsgewinnungs und -verarbeitungsprozess erforderlich, der über die Untersuchung und Analyse einer Vielzahl von Informationen interner und externer Art Aussagen über die strategische Ausgangslage des Unternehmens ermöglicht. Typische Frage- und Problemstellungen des Strategischen Managements die sich im Zuge solcher Analyse- und Planungsprozesse ergeben sind bspw. folgende (Pelz 1995, S.70):

- Wo stehen wir derzeit? **(Situationsanalyse)**
- Was gefährdet das Geschäft oder kann es gefährden? **(Risikoanalyse)**
- Welche Gelegenheiten werden derzeit wahrgenommen und welche bieten sich in der Zukunft an? **(Analyse der Chancen)**
- Was können wir besonders gut, was zeichnet uns aus? **(Analyse der Stärken)**
- Was kann gemacht werden, um erfolgreicher zu sein? **(Analyse der Schwächen)**
- Was macht der Wettbewerb anders? Was lernen wir daraus? **(Wettbewerbsanalyse)**
- Welches Ziel können wir realistischerweise erreichen? **(Zielsetzung)**
- Was sind die erfolgversprechenden Wege? **(Erarbeitung alternativer Vorgehensweisen)**
- Wie sollen wir das Ziel erreichen? (Formulierung möglicher Maßnahmen/Maßnahmenkatalog)
- Wie werden wir wissen, ob wir den richtigen Weg gehen und dem Ziel näher kommen? **(Erfolgskontrolle)**

Inhaltliches Ergebnis dieses Informationsprozesses ist zum einen die Bewertung und Prognose der externen Umweltkonstellation in Bezug auf ihr unternehmensspezifisches Chancen-/Risikopotenzial und zum anderen eine interne Ressourcenanalyse, deren Stärken-/Schwächenprofil die Beurteilung der unternehmensspezifischen Ressourcenkonfiguration im Hinblick auf ihre Eignung zur Erreichung der Unternehmensziele erlaubt (Welge-Al-Laham 2012, S.187ff.; Aaker 2007, S.105f.; Czinkota/Ronkainen 2001, S.471f.; Steinmann/Schreyögg 2000, S.157f.). Die Strategieformulierung und -auswahl ist dann logisch-konsekutiver Schritt einer solchen Standortbestimmung und beinhaltet längerfristig gültige Grundsatzentscheidungen über die strategische Orientierung und Verhaltensweise des Unternehmens. Diese Grundsatzentscheidungen sind dann im Zuge der Strategieimplementierung mit geeigneten Maßnahmen und Instrumenten umzusetzen. In der Literatur wird diese Abfolge als idealtypisches Prozessmodell des Strategischen Managements mit vier Phasen beschrieben (Hungenberg 2011, S.10; Welge/Al-Laham 2012, S.187; Okumus et al. 2013, S.5):

- Strategische Zielbildung
- Strategische Analyse und Prognose
- Strategieformulierung und -bewertung
- Strategieimplementierung

In den nachfolgenden Kapiteln werden diese idealtypischen Phasen des Strategischen Managements vor dem Hintergrund des hotelspezifischen Kontexts ausführlich diskutiert.

2 Unternehmens- und Marketingziele in der Hotellerie

2.1 Grundsätzliches zum Zielsystem in der Hotellerie

Das Zielsystem eines Unternehmens basiert unmittelbar auf der Unternehmensphilosophie und beschreibt eine hierarchische Zielstruktur, die auf einem mehrstufigen Prozess der Zielsuche und Zielformulierung von oben nach unten (**Top Down**) bzw. von unten nach oben (**Bottom Up**) basiert. Allgemeine Werthaltungen und Zielvorstellungen der an der Zielbildung beteiligten Entscheidungsträger (1. Führungsebene, Eigentümer, Gründer), werden nach und nach im Zusammenspiel mit nachgelagerten Hierarchieebenen in konkrete und operationelle Ziele und Sub-Ziele aufgegliedert und prägen somit die Ausrichtung und das Verhalten eines Hotelunternehmens über einen bestimmten Zeitraum. Ziele werden generell als zukünftig angestrebte Zustände beschrieben, deren Dimensionen in Bezug auf Inhalt, Ausmaß und Zeitbezug zu konkretisieren sind (Macharzina/Wolf, S.2008, S.204). Das **Zielsystem eines Unternehmens** ist seiner Natur nach mehrdimensional angelegt und berücksichtigt dabei sowohl interne (z.B. Eigentümer, Management, Mitarbeiter) als auch externe (z.B. Lieferanten, Kooperationspartner, Kunden) Interessen- und Anspruchsgruppen der Unternehmens (Shareholder-/Stakeholderansatz).[1] Deren spezifische individuellen oder kollektiven Zielvorstellungen und -ausprägungen können grundsätzlich komplementäre, neutrale oder konkurrierende Zielkonstellationen zur Folge haben und bedürfen eines koordinierenden Kompromisses, im Hinblick auf die Optimierung und Ausbalancierung des Zielerreichungsgrades wechselseitiger Zielvorstellungen. (Becker 2006, S.20ff.; Welge/Al-Laham 2012, S.191ff.)

Oberstes Unternehmensziel ist – in der Hotellerie ebenso wie in anderen Branchen auch – die langfristige Sicherung der Überlebensfähigkeit des Hotelunternehmens. Diese kommt in der Erhaltung des Fließgleichgewichtes des Unternehmens mit seinem Umfeld zum Ausdruck und wird durch die Anpassungs- und Entwicklungsfähigkeit des Unternehmens in Bezug auf sich wandelnde Gegebenheiten gewährleistet (Schwaninger 1989, S.182ff.; Ulrich/Fluri 1995, S.97). Die Realisierung dieses Oberzieles erfolgt auf der Grundlage der Unternehmensphilosophie durch die Ableitung **genereller marktlicher (erwerbsmäßiger)** und **nichtmarktlicher (sozialer) Ziele**, wobei die Notwendigkeit der Gewinnerzielung als langfristige und existentielle Voraussetzung für den wirtschaftlichen Erfolg und Fortbestand eines Hotelunternehmens grundsätzliche Bedeutung hat. Abb.D.7 verdeutlicht die unterschiedlichen Zielkategorien eines Hotelunternehmens, deren hierarchische Ordnung ein pyramidenförmiges Zielsystem entstehen lässt, das sich – ausgehend von einer gewissen Anzahl oberster Unternehmensziele – immer mehr in Zielsubsysteme tiefer liegender Unternehmensebenen verästelt und als solches ein Führungsinstrument im Rahmen einer zielgesteuerten Unternehmensführung darstellt.

---

[1]   Zur Diskussion des Stakeholder- und des Shareholder-Ansatzes (Bleicher 2004; Henselek 1999, S.52ff.).

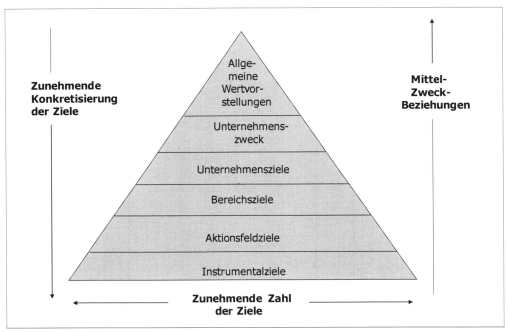

Abb.D.6:   Bausteine der Zielpyramide
             Quelle: Becker 2006, S.28

Einige *Zielgrößen* bedürfen dabei einer inhaltlichen Interpretation für die Hotellerie, da bestimmte leistungswirtschaftliche Ziele, wie z.B. der Marktanteil, der Umsatz oder der ROI *hotelspezifischen Besonderheiten* unterliegen (Shoemaker et al. 2007, S.264f.; Go 1993, S.8). So ist der relevante Markt eines Hotelunternehmens zwar in der Regel ein lokaler Markt, die relevanten Wettbewerber und Kundensegmente lassen sich jedoch nur schwer abgrenzen und erfassen, so dass die Bestimmung eines Marktanteiles gewissen Schwierigkeiten unterliegt. So können für einzelne Leistungen eines Hotels oder für bestimmte Hotelkonzepte durchaus unterschiedliche geographische Märkte existieren. Während für Bewirtungsleistungen eine lokale Wettbewerbssituation besteht, ist für das Tagungsangebot unter Umständen ein überregionaler Markt relevant. Ein Hotelunternehmen der Ferienhotellerie konkurriert nicht nur mit lokalen Wettbewerbern am Mikrostandort, sondern auf Makroebene auch mit Hotelunternehmen an vergleichbaren Standorten. Ist ein lokaler Marktanteil über die örtlichen Belegungszahlen noch vergleichsweise einfach zu ermitteln, müssen auf Makroebene zunächst die relevanten Wettbewerbsdestinationen, die dazugehörigen strategischen Gruppen, die verschiedenen Hotelkonzepte und -leistungen, die anvisierten Kundensegmente sowie das zugrundeliegende Marktvolumen/-potenzial ermittelt werden, um überhaupt Marktanteile in irgendeiner Form berechnen zu können.

Des Weiteren determiniert die Kapazität als Engpassfaktor die Umsatzziele jedes Hotelunternehmens, so dass in der Hotellerie weniger dem Marktanteil oder der Ausweitung des Umsatzes, als Kennzahlen wie dem Beschäftigungsgrad (*Auslastungsquote* Zimmer bzw. Betten), dem Zimmererlös (RevPAR – *Revenue Per Available Room*) oder dem Durchschnittszimmerpreis (ADR – *Average Daily Rate*) als Zielgrößen entsprechende Bedeutung zugemessen wird. Der ROI (Return on Investment) als Quotient aus Gewinn zu investiertem

Kapital ist in der Hotellerie je nach Eigentumsform des Hotels differenziert zu betrachten, da der Gewinn neben den betriebsbedingten Kosten auch durch anlagebedingte Kosten beeinflusst wird (siehe Kapitel B.2.1.5).

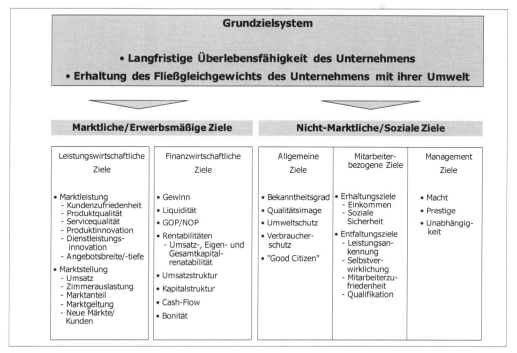

Abb.D.7:   Zielsystem eines Hotelunternehmens
            Quelle: Gardini 1997, S.112

Die Formulierung unternehmerischer Ziele ist für die strategische Entwicklung eines Unternehmens von essentieller Bedeutung. Ziele definieren zukünftige Zustände und durch die Festlegung von Zielen wird eine Richtung vorgegeben und Maßstäbe gesetzt, aus denen sich konkrete Verhaltensweisen für die Organisationsmitglieder (Management und Mitarbeiter) ableiten lassen und an denen diese sich im Hinblick auf die Auswahl der Mittel zur Zielerreichung orientieren können. Die Unternehmensziele werden anschließend auf geschäfts- und Funktionsbereichsziele heruntergebrochen und schließlich in den operativen Zielen der einzelnen Bereiche – wie in den nachfolgenden Kapiteln beschrieben – konkretisiert. (Camphausen 2007, S.22; Müller-Stewens/Lechner 2011, S.238f.)

2.2   Marketingziele im Zielsystem von Hotelunternehmen

Marketingziele beschreiben vom Hotelunternehmen angestrebte Soll-Zustände und stellen somit Ausgangspunkte für die schlüssige Ableitung von Marketingstrategien und Marketingmix dar. Die Marketing-Zielplanung knüpft dabei sowohl an den zukünftigen Marktmöglichkeiten als auch an den vorhandenen Ressourcen des Unternehmens an (Becker 2006, S.61f.). Marketingziele können dabei grundsätzlich in *langfristige (strategische)* und *kurz-*

bis mittelfristige (operative) Zielkategorien unterteilt werden. Diese Kategorien erfahren wiederum eine weitere Differenzierung nach *ökonomischen (quantitativen)* und *psychographischen (qualitativen) Zielsetzungen*, wobei diese Zielgrößen naturgemäß in wechselseitiger Beziehung zueinander stehen:

- **Ökonomische (Quantitative) Zielgrößen**
  (z.B. Umsatz, Kosten, Deckungsbeitrag, Preise, Rack-Rate, RevPAR, Durchschnittspreise, Rentabilität, Auslastung, Marktanteil, Marktvolumen, Marktpotenzial, Branchenwachstum, Kundenabwanderungsrate, Stammgästeanteil, Mitarbeiterfluktuation etc.).

- **Psychographische (Qualitative) Zielgrößen**
  (z.B. Kundenzufriedenheit, Image, Bekanntheit, Beschwerden, Beschwerdezufriedenheit, Einstellungen, Motive, Werte, Kaufabsicht, Wiederkaufbereitschaft, Markentreue, emotionale Bindung etc.).

Strategische Marketingziele

- Kontinuierliches Wachstum unter Bewahrung der unternehmerischen Selbständigkeit
- Errichtung von 10 neuen Häusern in den nächsten 5 Jahren
- Gewinnung neuer Kundensegmente/Gästezielgruppen
- Verbesserung des Unternehmensimage/Bekanntheitsgrades (X% innerhalb 2 Jahren)
- Unser ständiges Ziel ist es, das beste Haus seiner Kategorie in der Stadt zu sein, sowohl was die Produktqualität als auch die Servicequalität anbelangt.
- Unser Ziel ist, daß jeder Gast unser Haus zufrieden verläßt.
- Unser Ziel ist es in 3 Jahren einen Stammkundenanteil von 80% zu erzielen.
- Verstärkung des Kooperationsmarketing (Gewinnung neuer Kooperationspartner)
- Wir sind davon überzeugt, daß wir nur mit zufriedenen Mitarbeitern unsere Kunden zufriedenstellen und an uns binden können. Ziel unserer Personalpolitik sind daher auf Vertrauen, Loyalität und Leistungsbezug aufgebaute Arbeitsbeziehungen
- ...

Operative Marketingziele

- Im Jahr XY streben wir eine Steigerung der Kundenzufriedenheit in Restaurant um 5% auf 95% an
- Steigerung der Kapazitätsauslastung im Beherbergungsbereich um 5% auf 70%
- Beschleunigung des Check-In/Out-Prozesses um 10% auf
- 50% Erhöhung kulinarischer Sonder-/Verkaufsförderungsaktionen
- Aktualisierung der Website bei gleichzeitiger Verbesserung der Nutzerfreundlichkeit
- Erhöhung des Durchschnittserlöses pro Zimmer um 3%
- Steigerung der Beschwerdezufriedenheit um 25%
- Kick-off Programm „Kundenrückgewinnung" (Ziel 20%)
- ...

Abb.D.8:   Ausgewählte strategische und operative Marketingziele für die Hotellerie

Während die strategischen Marketingziele grundlegende Entwicklungsrichtungen beschreiben, die für das Hotelunternehmen bzw. Hotelgesellschaften als Ganzes gelten, wohnt operativen Marketingzielen unmittelbar handlungsleitender Charakter für die Unternehmensbereiche, Hoteleinheiten und Mitarbeiter inne, da sie konkrete Zustände beschreiben, die kurzfristig erreicht werden sollen. Abb.D.8 skizziert einige ausgewählte strategische und operative Marketingziele für die Hotellerie. Marketingzielen wohnt – ebenso wie den Unternehmensgrundsätzen oder dem Leitbild eines Unternehmens – eine **Koordinations-**, **Steuerungs-**,

Kontroll- und Motivationsfunktion inne (Macharzina/Wolf 2008, S.205; Hungenberg/Wolf 2007, S.64ff.)

Einen besonderen Stellenwert als oberstes Globalziel des Marketings genießt hierbei die Kundenzufriedenheit, als der Kundenzufriedenheit als Handlungsimperativ für die nachfolgenden operativen Führungs- und Umsetzungsprozesse eine wesentliche Bedeutung zukommt. Dies wird insbesondere vor dem Hintergrund der strategischen Relevanz des Hotelpersonals deutlich, als der Einfluss der Mitarbeiter auf den Unternehmenserfolg sich in kundenkontaktintensiven Dienstleistungsunternehmen viel unmittelbarer und ursächlicher darstellt, als in weniger kontaktintensiven Branchen (Gardini 2014). Dies offenbart die zwingende Notwendigkeit auch ***mitarbeiterbezogene Ziele*** in den Prozess der Zielplanung und – formulierung im Marketing (Internes Marketing) mit einzubeziehen und mit den Zielsetzungen des externen Marketings zu verknüpfen (Heskett et al. 1997). Die Aufnahme mitarbeiterbezogener Ziele beruht dabei zum einen auf humanethischen Wertvorstellungen, die den Menschen als Individuum mit Bedürfnissen und Wünschen respektieren und nicht als bloßen Produktionsfaktor *(„mindless drones")* betrachten (Henkoff 1994, S.54), und zum anderen auf der Erkenntnis, dass das Angebot der Verwirklichung individueller Ziele und Interessen innerhalb der Organisation auch der Realisierung der Marketingziele förderlich ist. Abb.D.9 visualisiert die Beziehungen und Interdependenzen, die sich im Zielsystem des Hotelunternehmens im Zuge des internen und externen Marketing-Management zwischen den individuellen Entfaltungszielen und der Zufriedenheit der Mitarbeiter auf der einen Seite, sowie den Marketingzielen der Kundenzufriedenheit und Gewinnmaximierung auf der anderen Seite ergeben.

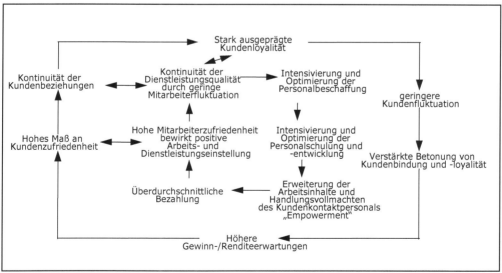

Abb.D.9:   Leistungs- und Personalwirtschaftliche Zielbeziehungen in Dienstleistungsunternehmen
Quelle: Schlesinger/Heskett 1991, S.19

3   Strategische Marketing-Analyse

Die strategische Analyse als Ausgangspunkt des strategischen Planungsprozesses im Marketing-Management setzt in der Regel auf drei verschiedenen diagnostischen Ebenen an. Zunächst werden auf der **Makroebene der allgemeinen Umwelt die globalen Entwicklungen und -einflüsse** untersucht (Macro Environment, Global Environment, General Environment) bevor in einem zweiten Schritt auf der **Mikroebene** bzw. der sog. Aufgabenumwelt (Task Environment, Operating Environment), diejenigen **ökonomischen Rahmenbedingungen** analysiert werden, welche das einzelne Hotelunternehmen unmittelbar in seinem aktuellen bzw. potenziellen Aktionsfeld betreffen (Macharzina/Wolf 2008, S.22). Der dritte Schritt der strategischen Analyse sieht die **Bewertung der unternehmensspezifischen Stärken und Schwächen** vor (Okumus et al. 2013, S.43). Diese werden dann im Zuge der Zusammenführung der Analysebereiche zu den umweltspezifischen Rahmenbedingungen in Beziehung gesetzt. Ziel der strategischen Analyse ist es, neben der reinen Bestandsaufnahme auf Basis der selektierten und bewerteten Informationen, Interdependenzanalysen durchzuführen, um daraus alternative Chancen-/Risiken-Szenarien bzw. wettbewerbsrelevanter Erfolgsfaktoren abzuleiten und in Verbindung mit den unternehmensbezogenen Stärken bzw. Schwächen das strategische Such- und Aktionsfeld des Unternehmens abzustecken.

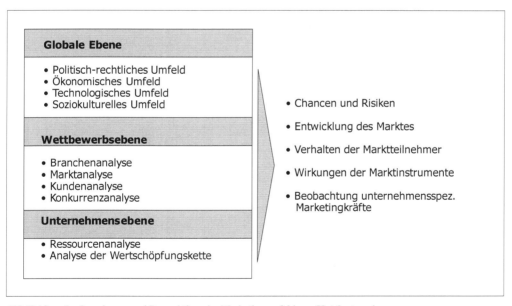

Abb.D.10:   Analyseebenen und Perspektiven im Marketingumfeld von Hotelunternehmen

Zur methodischen Unterstützung des strategischen Analyseprozesses, kann auf eine Vielzahl analytischer Planungsinstrumentarien zurückgegriffen werden, die von einfachen Checklisten bis hin zu softwarebasierten Simulations- und Prognoseverfahren reichen. Welche Instrumente im Einzelfall eingesetzt werden, ist zum einen von der relevanten Problemstellung abhängig und zum anderen von der Planungsmentalität und den Führungs- und Planungssystemen der jeweiligen Hotelkonzerne bzw. Einzelhotels. An dieser Stelle können zwangsläufig nur einige ausgewählte, bedeutsamere Planungsinstrumente aus dem Bereich der strategischen Analyse vorgestellt werden, so dass im Hinblick auf eine erschöpfende Darstellung hier der Verweis auf die einschlägige Literatur genügen soll (Okumus et al. 2013, S.41ff.; Welge/Al-Laham 2012, S.289ff.; Müller-Stewens 2011, S.142ff.; Hopfenbeck 2002, S.401ff.).

3.1   Umweltanalyse und -prognose

3.1.1   Globale Umweltanalyse

Die globale Umweltanalyse umfasst in der Regel mit der Untersuchung technologischer, ökonomischer, politisch-rechtlicher und sozio-kultureller Faktoren vier Bestandteile (Enz 2010, S.39; Aaker 2007, S.79). Zu den wichtigsten umweltspezifischen Rahmenbedingungen, die unmittelbar oder mittelbar Einfluss auf die Marktsituation in der Hotellerie haben können, zählen im Wesentlichen folgende (Freyberg/Zeugfang 2014, S.41; Hänssler 2008, S.18; Henselek 1999, S.82f.):

- **Wirtschaftliche Entwicklungen**
Entwicklung der Konjunktur und der verfügbaren Realeinkommen im Inland und in den Herkunftsländern der Gäste, Entwicklung der Unternehmensgewinne, der Steuerbelastung, der Währungsrelationen, der Beschäftigungslage etc.

- **Gesellschaftliche Entwicklungen**
Demographische Entwicklung der Bevölkerung, Entwicklung von Freizeit, Konsum und Urlaub, Reiseverhalten, Sparverhalten etc.

- **Technologische Entwicklungen**
Verbesserung der Verkehrstechnik (schnellere, bequemere, größere, günstigere Beförderungskapazitäten), Informations- und Kommunikationstechnik (Informations-, Reservierungssysteme, Telematik), Entsorgungstechnik (Recyclingtechnologie) etc.

- **Ökologische Entwicklungen**
Verunreinigungen globaler/regionaler Ökosysteme (Luft, Wasser, Böden), öffentlicher Druck; Initiierung/Akzeptanz gesetzgeberischer Maßnahmen etc.

- **Politische Entwicklungen**
Veränderungen in allen Bereichen der Wirtschafts-, Sozial- und Verkehrspolitik (Ferienregelungen, Gesetzgebung im Gesundheitssektor, Tourismuspolitik, Baustopps, Infrastrukturpläne etc.); Kriegs-/Krisengebiete etc.

- **Rechtliche Entwicklungen**
Gesetzgeberische Beschlüsse und Rechtsprechung in Bereichen des Steuer- und Arbeitsrechts, wie z.B. der Trinkgeldbesteuerung, Spesenregelungen, Arbeitszeiten, Naturschutzauflagen etc.

Die globale Umweltanalyse versucht vor dem Hintergrund der historischen Unternehmens-entwicklung mit Hilfe quantitativer (z.B. GAP-Analyse, Trendfortschreibungen, Regression, Input/Output-Analyse) und qualitativer Prognoseverfahren (z.B. Szenariotechnik, Delphi-Methode, historische Analogien), zukünftige generelle Trends und potenzielle Diskontinuitä-ten zu identifizieren. Quantitative Verfahren der strategischen Frühaufklärung liefern auf der Basis mathematisch-statistischer Operationen rechnerische Ergebnisse hinsichtlich der zu prognostizierenden Größe (z.B. Branchen- oder Marktentwicklung). Qualitative Prognose-verfahren berücksichtigen zusätzlich subjektive Annahmen und Wertungen der beteiligten Personen. Des Weiteren sollen strategische Wirkungspotenziale prognostiziert werden, die sich zwar dem direkten Einflussbereich des einzelnen Hotelunternehmens entziehen, aber für unternehmerische Planungsprozesse und Entscheidungen von Bedeutung sein können. Die Analyse der engeren Unternehmens- und Wettbewerbsumwelt zielt hingegen darauf ab, Strukturen, Bedürfnisse, Kräfteverhältnisse, Beziehungen und Wirkungsmechanismen zwi-schen den nachfrage- und wettbewerbsrelevanten Gruppierungen zu analysieren, welche den strategischen Handlungsfreiraum des einzelnen Hotelunternehmens in seinem unmittelbaren Wettbewerbsumfeld bestimmen.

3.1.2   Wettbewerbsumwelt

Als übergreifende Analysefelder der Wettbewerbsumwelt (Aufgabenumwelt) werden in der Literatur in der Regel die Branchen-, die Markt- und die Konkurrenzanalyse angeführt. Die **Branchenanalyse** als angebotsbezogene Untersuchung beschreibt in Anlehnung an das sog. *„Five Forces"*-Modell von PORTER, die Wettbewerbssituation in einer Branche anhand von fünf Determinanten (Porter 1999, S.26ff.).

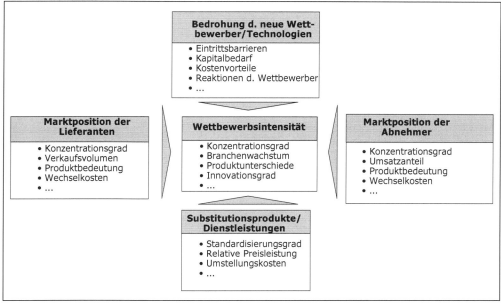

Abb.D.11:   Five Forces Modell von Porter
             Quelle: Porter 1999, S.26

Die Branche bilden dabei diejenigen Unternehmen, die substituierbare Produkte (hier Beherbergungsleistungen) anbieten, wobei die Hotelunternehmen, die sich hinsichtlich ihrer grundlegenden strategischen Ausrichtung bzw. ihres Produkt-/Marktkonzepts ähnlich sind (z.B.
Stadthotels der Luxusklasse, Wellnesshotels, Golfhotels, Budget-Hotels) als *Strategische
Gruppe* bezeichnet werden (Welge/Al-Laham 2012, S.346f.; Macharzina/Wolf 2008,
S.315f.; Henselek 1999, S.84ff.). Für den deutschen Markt lassen sich dabei exemplarisch
und stark vereinfacht – wie in Abbildung D.12 dargestellt – in Abhängigkeit vom Leistungs-
bzw. Qualitätsstandard und Standardisierungs- respektive Individualisierungsgrad der Leistung folgende Anbietercluster bzw. Strategische Anbietergruppen unterscheiden (Siehe hierzu ausführlich Kapitel D.6.3.).

Branchenspezifisch lassen sich sowohl auf Abnehmer- als auch auf Kundenseite lassen sich
dabei für die Hotellerie einige Besonderheiten konstatieren. Die Macht und Verhandlungs-
stärke auf Abnehmer-/Kundenseite verändert sich jeweils mit der relativen Bedeutung der
Abnehmer für das Hotelunternehmen (z.B. Konzentrationsprozesse bei Reise-/Tagungs-
veranstaltern, Abnehmervolumen, Reiseveranstalter benötigt Zimmerkontingente in Destinationen mit begrenzter Kapazität), der Preisempfindlichkeit der Abnehmer (z.B. Notwendigkeit zur Senkung der Reisekosten/-budgets bei B2B-Kunden), der Austauschbarkeit der Hotelleistungen bzw. die Verfügbarkeit von Ersatzalternativen (z.B. Sellers- vs. Buyermärkte in
manchen Städten oder Segmenten), der Möglichkeit zur Rückwärtsintegration (z.B. Reiseveranstalter erwirbt Hotelbeteiligung) und dem Informationsstand der Abnehmer (z.B.
Transparenz der Hotelpreise durch Preis-/Onlineagenturen).

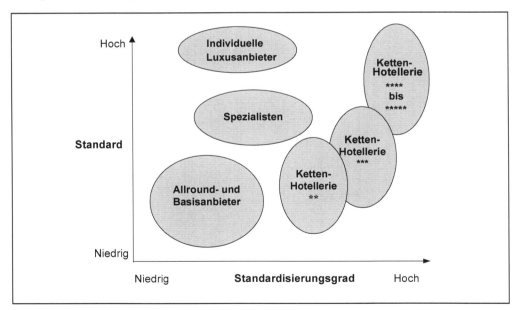

Abb.D.12:   Strategische Gruppen in der Hotellerie
             Quelle: TREUGAST 2012, S.50

Die Gefahr des Markteintritts hängt von den existierenden Markteintrittsbarrieren sowie von
den Reaktionen der etablierten Wettbewerber ab, wobei die Bedrohung durch neue Konkurrenten dabei umso wahrscheinlicher ist, je niedriger die Eintrittsbarrieren sind (z.B. Kapital-

bedarf, Zugang zu Vertriebskanälen, Personal, Know-how, Markenbedeutung, Kundenzu-friedenheit/Wechselbereitschaft, staatliche/gesetzgeberische Voraussetzungen). Dabei wird das Ausmaß an Wettbewerbsintensität und Rivalität in einer Branche nicht nur durch den Eintritt neuer oder die Dominanz einiger weniger Wettbewerber (Konzentrationsgrad) de-terminiert, sondern auch durch die Austauschbarkeit der Produkte und Leistungen, die Ent-wicklung des Branchenwachstums, Überkapazitäten oder das Innovationstempo der Branche (Abb.D.13).

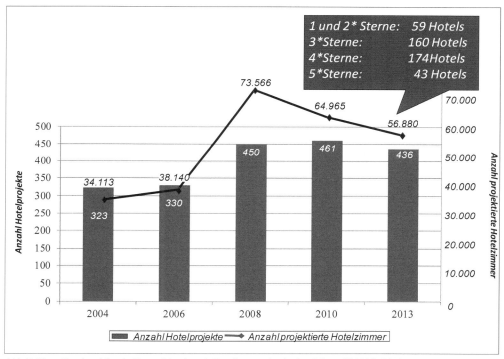

Abb.D.13:   Hotelprojekte in Deutschland nach Hotelkategorien in den Jahren 2004 bis 2013
             Quelle: IHA 2014, S.44ff.

Insbesondere Letzteres macht eine Branche bzw. bestimmte strategische Gruppen einer Branche anfällig für Ersatzprodukte und Angebote, die dieselbe Funktion bei mindestens gleicher Kosten/Nutzen-Relation erfüllen. So bedrängt das starke aktuelle Wachstum der Budget-Hotellerie teilweise andere Marktsegmente wie bspw. bestimmte Anbieter im Be-reich der Mittelklassehotellerie oder Anbieter aus dem Bereich der undifferenzierten All-round- und Basisanbieter. Auch das Wachstum der Privatunterkünfte (Airbnb, Wimdu, 9flats) oder die Angebote der Parahotellerie, Time Sharing Konzepte oder die Kreuzfahrtin-dustrie stellen potenziell konkurrenzierende Beherbergungsalternativen für die Segmente innerhalb der klassischen Hotellerie dar. Auf Lieferanten- bzw. Ressourcenseite wird die Wettbewerbsintensität insbesondere durch die potenzielle Konzentration auf den Lieferan-tenmärkten beeinflusst, d.h., die Abhängigkeit des Hotelunternehmens von den betreffenden Ressourcen sowie die Umstellungskosten, die mit einem Lieferantenwechsel verbunden wären. Die Lieferantenmacht ist dabei umso geringer, je wichtiger das Hotelunternehmen als Kunde für den Lieferanten ist. Für die Hotellerie werden Wachstums- und Ressourcenengpässe insbesondere bei attraktiven Grundstücken und Lagen (Katz/Withiam 2012; TREU-GAST 2008b, S.97; Go 1993, S.81ff.) sowie qualifiziertem Personal gesehen (Gardini 2014, S.45f.; Schultze 1993, S.172f.). Mögliche Engpässe der Akteure in der Hotellerie in Bezug auf die Kapitalbeschaffung, sind zum einen von den jeweiligen Eigentumsformen und Vertragsverhältnissen (Eigentum, Pacht, Management, Franchise) abhängig und zum anderen beeinflussen die jeweiligen wirtschaftlichen Rahmenbedingungen sehr stark das Interesse und Engagement potenzieller Investoren (Beteiligungsgesellschaften, Immobilienfonds etc.) und Hotelprojektfinanzierer (Banken, Sparkassen), zeichnet sich doch die Hotellerie aufgrund ihrer Abhängigkeit von konjunkturellen Zyklen und saisonalen Schwankungen durch eine hohe Volatilität der Umsatz- und Ergebnisentwicklung aus (Schulz 2010, S.430; Härle/Salloum 2010, S.385ff.).

Die *Marktanalyse* als nachfragebezogene Untersuchung ist dabei zweigeteilt und analysiert zum einen auf Kundenebene zielgruppenspezifische Nachfragestrukturen, -bedürfnisse und -entwicklungen, während auf der Marktebene übergeordnete Marktstrukturen, -beziehungen, -variablen und -entwicklungen untersucht werden. *„One of the primary objectives of a market analysis is to determine the attractiveness of a market (or submarket) to current and potential participants."* (Aaker 2007, S.58). In internationalen Kontexten sind diese Analysen naturgemäß länderspezifisch durchzuführen. Ausgangspunkt der Marktanalyse ist eine unternehmensspezifische Marktsegmentierung, wie sie im nächsten Kapitel beschrieben wird. Ergebnis der Segmentierung ist die Auswahl der Märkte bzw. Segmente, in denen das Hotelunternehmen zukünftig tätig sein will. Diese Definition des relevanten Marktes (der relevanten Märkte) ist im Zuge jährlicher Planungsprozesse im Marketing immer wieder neu zu hinterfragen. Analysegrößen sind dabei Marktpotenzial, Marktvolumen, Marktwachstum, Auslastungsquoten, Marktrendite und Marktentwicklungen. Die einzelnen Bezugsgrößen werden dabei wertmäßig (z.B. Durchschnittspreise, Umsätze) und mengenmäßig (Anzahl Übernachtungen) betrachtet. Während das Potenzial eines Marktes die Größe beschreibt, die theoretisch von einem Produkt oder einer Dienstleistung abgesetzt werden kann, stellt das Marktvolumen die aktuellen Umsatz-/Verkaufszahlen aller Produzenten und Mitbewerber des betreffenden Produktes zu einem bestimmten Zeitpunkt (Jahr) dar. Definiert bspw. ein Hotel seinen relevanten Markt im Produktbereich Golfhotel, mit der Zielgruppe der zahlungskräftigen Oberschicht ab einem Nettoeinkommen von 5000 Euro im geographischen Absatzgebiet Berlin, entspricht das Marktpotenzial allen Golfspielern in Berlin, die über das entsprechende Einkommen verfügen. Das Marktvolumen ist hingegen die im betrachteten Zeitraum tatsächliche verkaufte Zahl an Gästeübernachtungen an Golfspieler aus Berlin, die zur definierten Zielgruppe gehören. Entspricht das Marktvolumen dem Marktpotenzial, ist der Markt gesättigt, so dass ein Marktwachstum nicht mehr möglich ist und Marktanteile im definierten Marktsegment nur noch über einen Verdrängungswettbewerb gewonnen werden können (Della Schiava/Haffner 1995, S.37ff.). Eine andere Wachstumsoption wäre es im Fall der Marktsättigung, den relevanten Markt zu erweitern und auch Nichtgolfspieler aus Berlin mit entsprechendem Einkommen anzuvisieren oder das geographische Einzugsgebiet neu zu definieren. Darüber hinaus sind aus unternehmensspezifischer Sicht Entwicklungen auf Angebots- und Nachfrageseite zu untersuchen, die das zukünftige Marktwachstum bzw. Marktvolumen zu beeinflussen in der Lage sind (Aaker 2007, S.59). Hierzu gehören insbesondere Fragestellungen auf der Kapazitätsseite (Wie werden sich die Beherbergungskapazitäten in einem Markt entwickeln, d.h., wie viele Hotelneubauten sind in den nächsten Jahren in der Stadt/Region zu erwarten?; Wird sich die Struktur der Beherbergungsbetriebe verändern?)

sowie auf der Preisseite (z.B. Wie wird sich das Nachfragevolumen entwickeln?; Wie werden sich die Beherbergungserlöse aufgrund der Wettbewerbssituation oder der Konjunktur verändern?).

Die *Kundenanalyse* als nachfragebezogene Analyse ist um einiges unternehmensspezifischer angelegt als die Marktanalyse und untersucht sowohl Strukturen als auch Bedürfnisse und Verhaltensweisen der aktuellen und potenziellen Kunden eines Hotelunternehmens (Aaker 2007, S.24ff.). An dieser Stelle sollen nur die grundsätzlichen Bereiche einer solchen der Analyse skizziert werden, da auf die verschiedenen konkreten Inhalte bereits an anderen Stellen eingegangen worden ist bzw. noch eingegangen wird.

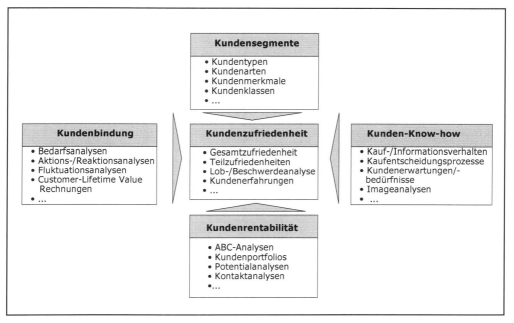

Abb.D.14:   Kundenanalyse

Ebenso wie im Bereich der Branchenanalyse kann man die Kundenanalyse anhand von fünf Dimensionen beschreiben. Im Mittelpunkt der Analyse stehen die Erfahrungen und die Zufriedenheit der Kunden, sowohl was die Gesamtzufriedenheit mit dem Hotel anbelangt als auch die Zufriedenheit mit einzelnen Teilleistungen des Hotelangebots. Um die Größe Kundenzufriedenheit entscheidend prägen und gestalten zu können sind im Zuge der Kundenanalyse für Hotelunternehmen vier weitere Betrachtungsebenen relevant. Zum einen ist die Kenntnis um die Kundenstruktur und die Merkmale der anvisierten Kundentypen, Kundenarten und Kundensegmente bedeutsam. Für die Hotellerie gilt es, die verschiedenen Kundentypen zu analysieren wie sie sich bspw. je nach Marktsegment als private Einzelkunden, Gruppenreisende, Absatzmittler, Firmenkunden, Reiseveranstalter, Wiederverkäufer etc. darstellen können. Je nach Kundenarten sind sowohl aktuelle Kunden (Neukunde, Stammkunde, Vielverwender, Wenigverwender) als auch potenzielle Kunden (Nicht-Kunde, Info-Interessent, Kauf-Interessent), in ihren Merkmalen zu differenzieren und zu untersuchen.

Merkmalsbeschreibungen können dabei – wie im nächsten Kapitel diskutiert – anhand demographischer, geographischer und psychographischer Kriterien erfolgen und stellen die Grundlage für die spätere Segmentierung bzw. die Einteilung in möglichst homogene Kundenklassen dar.

Ergänzend zur Untersuchung der aktuellen und potenziellen Segmente ist die Analyse der Kundenattraktivität bzw. Kundenrentabilität von Bedeutung. Diese kann mittels ABC-Analysen, Potenzialanalysen, Kundenportfolios, Kontaktanalysen sowie Kundenlebenszyklen und Customer-Lifetime Value Rechnungen erfolgen. Eine Kundenattraktivitätsanalyse dient dazu, die vielversprechendsten (rentabelsten) Kunden bzw. Kundensegmente zu identifizieren und die begrenzten Ressourcen des Hotelunternehmens darauf zu konzentrieren. Das Wissen um den Kunden und seine Anforderungen ist Bestandteil des dritten Analyseelements, das neben den aktuellen und potenziellen Bedürfnisstrukturen auch die Verhaltensweisen (z.B. Kauf-/Informations- und Reiseverhalten) und Wahrnehmungen (z.B. Bekanntheitsgrad, Image) der Zielgruppe untersucht. Die vierte Untersuchungsebene analysiert die Entwicklungen und Wirkungen auf der Ebene der Kundenbindungsaktivitäten des Hotelunternehmens. Fluktuationsanalysen über verlorengegangene Kunden, kundenbezogene Bedarfsanalysen sowie Aktions-/Reaktionsanalysen in Bezug auf spezifische Kundenbindungsprogramme oder Kundenückgewinnungsaktivitäten sind Bestandteil dieses Bausteins der Kundenanalyse. Auf einige der hier genannten Instrumente wird im Zuge der Bemerkungen zum Relationship Marketing bzw. des Managements von Kundenbeziehungen noch eingegangen werden (hierzu Kapitel E.3).

Die **Konkurrenzanalyse** hat die Aufgabe, die Stärken und Schwächen der gegenwärtigen Wettbewerber zu durchleuchten. Hierzu gilt es, nach der Bestimmung der wesentlichen Konkurrenten (‚*Key Player*') Daten zu sämtlichen wettbewerbsrelevanten Bereichen, Kompetenzen und Potenzialen der Konkurrenten zu erheben (Welge/Al-Laham 2012, S.348ff.). Zur praktischen Durchführung sind – wie in Abbildung D.15 exemplarisch dargestellt – eine Reihe von Checklisten, Arbeitsformularen und Kriterienkataloge entwickelt worden, die jedes Hotelunternehmen für sich konkretisieren muss. In der Regel orientieren sich diese Checklisten an Leistungs- und Kennzahlenanalysen, wie sie bspw. in den jährlichen Hotelbetriebsvergleichen des TREUGAST International Institut of Applied Hospitality Sciences (TREUGAST 2013), des Deutschen Wirtschaftswissenschaftlichen Instituts für Fremdenverkehr (DWIF 2013) oder in anderen hotelspezifischen Branchenanalysen zu finden sind (Enz et al. 2001). Eine umfassende Konkurrenzanalyse muss jedoch über die verschiedenen Unternehmensfunktionen hinaus auch Aussagen über Produkt-, Standort-, Hardware- und Softwarekonzept zulassen. Dabei erscheint es sinnvoll, den Aufbau der Konkurrenzanalyse so zu gestalten, dass die Daten auch mit den Stärken- und Schwächen-Profilen der Unternehmensanalyse in Beziehung gesetzt werden können (Steinmann/Schreyögg 2000, S.181).

Darüber hinaus sind neben der aktuellen Standortbestimmung auch die zukünftigen Schritte und strategischen Verhaltensweisen der Konkurrenten möglichst genau zu prognostizieren. Hierzu sind neben den zukünftigen Zielen, der gegenwärtigen Strategie und den Fähigkeiten des Konkurrenten auch die Annahmen zu ermitteln, die der Wettbewerber über sich selbst und die Branche als Ganzes trifft, da die Kenntnis dieser Elemente eine begründete Vorhersage des Reaktionsprofils des Konkurrenten ermöglicht. Hierzu gehört auch ein fundiertes Wissen über die handelnden Akteure bzw. Entscheider in den als wettbewerbsrelevant erachteten Unternehmen: *„The competition is not simply other hotels and restaurants; it is* *also the people who manage and operate these hotels and restaurants, the strategies they employ, and the tactics with which they carry them out"* ... *„Are they creative? Do they adapt quickly? Will they accept short-term losses for long-term gains? Do they worry about the customer? And how soon will they copy or react to what we do (or, how short will any advantage we gain be)?"* ... *„Understanding the competition means understanding these people"* (Shoemaker et al. 2007, S.255).

Informationsarten	Informationsquellen
– Gesamtstrategie	– Verbände/Hotel-Betriebsvergleiche
– Standortanalyse	– ERFA-Gruppen
– Produktanalyse	– Persönliche Kontakte
– Hardwareanalyse	– Geschäftsberichte/Firmenzeitungen
– Serviceanalyse	– Wirtschaftspresse/Vorträge/Tagungen
– Leistungskennzahlen-analyse	– Lieferanten
– Preise & Konditionen	– Kunden
– Kostensituation	– Externe Forschungsinstitute (MAFO-Inst.,Universitäten)
– Finanzkraft	– Auskunfteien
– Image	
– Kundenzufriedenheit	

Abb.D.15:   Ausgewählte Informationsarten und -quellen der Konkurrenzanalyse

Neben der klassischen Konkurrenzanalyse gilt es, darüber hinaus auch dem Konzept des **Benchmarking** Beachtung zu schenken (Macharzina/Wolf 2008, S.327ff.; Aaker 2007, S.104; Shetty 1993; Camp 1994; Zdrowomyslaw/Kasch 2002). *„Benchmarkingkonzepte richten ihren Fokus auf die Ursachen potenzieller Unterschiede und nicht auf ihre Wirkungen, d.h. nicht die Ergebnisse zählen, sondern vielmehr die diesem Ergebnis zugrunde liegenden Prozesse, Funktionen und Praktiken"* (Horvath 2006, S.239). Zielsetzung des Benchmarking ist es denn auch, mit Hilfe von Leistungsindikatoren zu einer objektiven, vergleichenden Bewertung von ähnlichen oder konkurrierenden Unternehmen zu kommen, die als die Weltbesten (*‚Best Practice-Unternehmen‘*) in den zugrunde gelegten Untersuchungsbereichen (Strategien, Funktionen, Strukturen, Prozesse, Systeme etc.) gelten. Das Hauptaugenmerk ist dabei nicht allein auf das bessere Ergebnis zu richten, sondern vielmehr auf die diesem Ergebnis zugrundeliegenden Ursachen. Aus den so ermittelten potenziellen Unterschieden sollen Ansatzpunkte und Maßnahmen zur Verbesserung der Unternehmensleistung abgeleitet werden. Dieser Vergleich kann sowohl branchenbezogen als auch branchenübergreifend erfolgen. Grundsätzlich lassen sich drei verschiedene Analyseebenen unterscheiden, wobei die diesbezüglich zugrunde zulegenden Vergleichs- und Referenzmaßstäbe jeweils in Abhängigkeit vom jeweiligen Untersuchungszweck zu definieren sind (Shetty 1993, S.40):

- **Strategisches Benchmarking**
  Zielt auf den Vergleich verschiedener Unternehmens- und Geschäftsfeldstrategien zur Identifikation entscheidender Schlüsselfaktoren/-elemente einer erfolgreichen Strategie (z.B. Qualitätsmanagement, Innovationsmanagement etc.).

- **Operatives Benchmarking**
  Zielt auf den Vergleich wettbewerbsstrategischer Variablen, wie z.B. relativen Kosten- und/oder Differenzierungsvorteilen in den unterschiedlichen Funktionsbereichen bzw. Prozesse eines Unternehmens (z.B. Einkaufsprozesse, Rechnungsstellung, Kundenakquisition, Beschwerdemanagement etc.).

- **Management Benchmarking**
  Zielt auf den Vergleich stützender Managementfunktionen/-prozesse (z.B. Personalbeschaffung, Informationssysteme etc.).

Der vergleichende Blick auf Konkurrenten, Geschäftsfelder, Tochterunternehmen, Hoteleinheiten und branchenfremde Unternehmen wirkt einer – sich in der Regel im Zeitablauf einstellenden – ‚*strategisch/operativen Betriebsblindheit*‘ entgegen, und kann darüber hinaus über die Anwendung andersartiger Konzepte und Praktiken zu Innovationsschüben im eigenen Hotelunternehmen und damit zu Wettbewerbsvorteilen in der Branche führen.

Als wesentliches ***Problem der Umwelt- und Konkurrenzanalyse*** wird oftmals die Beschaffung der notwendigen Daten genannt, insbesondere wenn es um strategische Informationen rund um das globale und engere Wettbewerbsumfeld geht. Weitere Einschränkungen ergeben sich aus begrenzten Ressourcen zur Informationsgewinnung (z.B. Personal, Zeit) und den relativ hohen Kosten der Vergleichsuntersuchungen. Letzteres gilt vor allem für interaktionsintensive Dienstleistungsunternehmen, da vor dem Hintergrund zahlreicher immaterieller Leistungsbestandteile von einer nur eingeschränkten Quantifizier- und damit Vergleichbarkeit von Leistungsgrößen auszugehen ist. Gerade in der Interpretation und Analyse von Branchenbenchmarks bzw. Branchendurchschnittswerten und den daraus resultierenden Unternehmensentscheidungen liegen auch zahlreiche statistische Stolperfallen, so dass es im Sinne einer systematischen und kontinuierlichen Umweltanalyse dringend notwendig erscheint den unternehmensspezifischen Informationsbedarf möglichst exakt zu definieren, umso ein eigenes ***Informations- und Frühwarnsystem*** installieren zu können, das den Anforderungen des einzelnen Hotelunternehmens auch wirklich entspricht (Enz et al. 2001).

3.2   Unternehmensanalyse und -prognose

Aufgabe der Unternehmensanalyse ist es, die Stärken und Schwächen eines Hotelunternehmens aufzuzeigen, die vor dem Hintergrund der Ergebnisse der Umweltanalyse und -prognose den strategischen Handlungsspielraum umreißen, welcher dem Einzelhotel oder der Hotelkette nach Maßgabe der internen Ressourcensituation offensteht. Die Unternehmensanalyse engt demzufolge den durch die Umweltanalyse ermittelten Möglichkeitsraum strategischen Handelns weiter ein und detailliert so das strategische Suchfeld innerhalb dessen das Unternehmen grundlegende strategische Aktivitäten und Optionen wahrnehmen kann. Zu den häufig verwendeten Instrumenten der Unternehmensanalyse gehören dabei Checklisten bzw. Leistungsprofile (Ressourcenanalyse, die Wertketten- oder Geschäftssystemanalyse sowie die Portfolioanalyse (Meffert/Bruhn 2009, S.170ff.). Innerhalb der wertschöpfungsori-entierten *Stärken- und Schwächenanalyse eines Unternehmens* lassen sich drei Analyse-ebenen unterscheiden (Steinmann/Schreyögg 2000, S.182ff.; Müller-Stewens 2011, S.197ff.):

- Die kritischen Ressourcen-/Leistungspotenziale im engeren Sinn (finanzielle, physische, organisa-torische, technologische, Humanressourcen)
- Die Wertschöpfungsprozesse (Zusammenwirken von Ressourcen und Potenzialen im Realgüter-prozess)
- Die übergreifenden Fähigkeiten und Kompetenzen (Systemspezifisches Steuerungs- und Koordi-nations-Know-how)

In der Literatur findet sich eine Fülle von quantitativen und qualitativen Katalogen und Checklisten, wie die gesamtunternehmens- oder teilbereichsbezogenen Ressourcen-/Leistungspotenziale eines Hotelunternehmens im Hinblick auf ihre Eignung zur Erlangung eines strategischen Wettbewerbsvorteils, einer unternehmensindividuellen Bewertung zu unterziehen sind (Schultze 1993, S.215ff.; Kaspar 1995, S.99). Hierzu werden zunächst die kritischen Ressourcen eines Hotelunternehmens erfasst und bewertet. Um wettbewerbskri-tisch bzw. strategisch relevant zu sein, müssen Ressourcen möglichst einzigartig, selten, werthaltig, nicht oder nur schwer substituierbar sein und einen überlegenen Leistungsvorteil bieten (Okumus 2013, S.102f.; Frehse 2006, S.142f.).

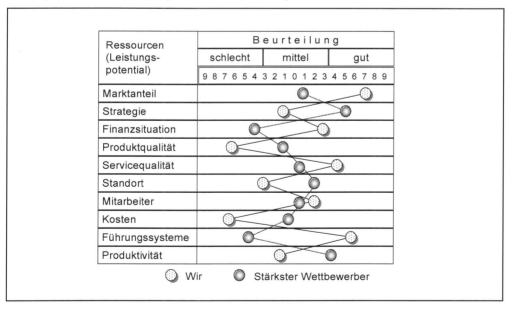

Abb.D.16: Beispielhafte Darstellung eines Stärken-/Schwächenprofils eines Unternehmens

Für die Hotellerie lassen sich hierfür beispielhaft folgende wettbewerbskritische Ressourcen identifizieren (Freyberg/Zeugfang 2014, S.49 und die dort angegebene Literatur):

- Materielle/Tangible Ressourcen (z.B. Finanzmittel, Standort, Hotelanlage und Hotelarchitektur, Hotelausstattung, Design, Konzept, Kooperationspartner etc.)
- Immaterielle/Intangible Ressourcen (z.B. Markenstärke, Image, Unternehmenskultur, Know-How, Lizenzen, Patente, Arbeitgeberattraktivität etc.)
- Personelle Ressourcen (Leistungsfähigkeit, Einstellung, Motivation der Mitarbeiter,)

Das so ermittelte Ressourcenprofil wird den Schlüsselanforderungen des relevanten Marktes gegenübergestellt, so dass es möglich wird die wesentlichen Stärken und Schwächen des Hotels zu identifizieren. Eine analoge Strukturierung der Wettbewerbs- und Unternehmens-analyse erlaubt es nun in einem weiteren Schritt, die internen Realisierungspotenziale – im Sinne vorhandener bzw. bereitstellbarer Ressourcen – in Relation zur Situation des stärksten Konkurrenten zu setzen. Dies mündet in einer Erstellung eines strategischen Stärken-/ Schwächenprofils (Abb.D.16).

Aufbauend auf den Ergebnissen der Umwelt- und der Ressourcenanalyse können im Zuge der **_SWOT-Analyse (Strenght-Weaknesses-Opportunities-Threats)_** die unternehmensspezi-fischen Chancen-/Risikopotenziale aufgezeigt werden (Welge/Al-Laham 2012, S.400f.; Aaker 2007, S.95; Hungenberg 2011, S.142f.). Eine derartige Gegenüberstellung verdeut-licht, ob eine Stärke (Schwäche) des Unternehmens auf eine günstige (ungünstige) Umwelt-entwicklung trifft und erlaubt entsprechend Rückschlüsse auf die potenziellen Erfolgspositi-onen, die ein Hotelunternehmen im Wettbewerb strategisch besetzen und verteidigen kann (der Umkehrschluss gilt entsprechend). In Abbildung D.17 ist ein fiktives Beispiel für eine vereinfachte SWOT-Analyse am Beispiel einer Hotelgesellschaft dargestellt.

Stärken	Schwächen
❑ Älteste Luxushotelgruppe Europas ❑ Vielfältiges Portfolio ❑ Charakteristische Immobilien ❑ Markenstärke (Image/Bekanntheit) ❑ Loyaler & lukrativer Kundenstamm ❑ …	❑ Interessenskonflikte (Shareholder) ❑ Fehlende Investitionen im Kernmarkt Deutschland ❑ Qualitätsunterschiede in den einzelnen Hotel-Units ❑ …
Chancen	**Risiken**
❑ Liberalisierung von Marktzutrittsbeschränkungen ❑ Wachsende Oberschicht in relevanten Märkten ❑ Pioniere – First to Market ❑ …	❑ Märkte mit hoher kultureller Distanz ❑ Politische Stabilität und Rechtssicherheit ❑ Starker Wettbewerb im Luxussegment ❑ …

Abb.D.17:   Vereinfachte SWOT-Analyse am Beispiel eines Hotelunternehmens (Prinzipdarstellung)

Die *Wertkettenanalyse oder Geschäftssystemanalyse* (siehe Kapitel B) basiert auf den Grundprinzipien des Prozessmanagement und dient dazu den Beitrag der wertschöpfungsbezogenen Aktivitäten und Kernprozesse des Hotelunternehmens in Bezug auf die Gewinnspanne zu verdeutlichen. Die unternehmensspezifische Kette wertschöpfender Aktivitäten wird im Zuge dieser Analyse hinsichtlich der Wettbewerbsdimensionen Qualität, Kosten und Zeit untersucht. Dabei können, sowohl das einzelne Kettenglied als auch die Schnittstellenabstimmung der Aktivitäten innerhalb eines Unternehmens bzw. zwischen vor- und nachgelagerten Wertschöpfungsstufen (Lieferant oder Abnehmer) zu einer Quelle von Wettbewerbsvorteilen werden (Porter 1997). Abbildung D.18 zeigt die grundlegende Struktur einer solchen Wertkettenanalyse am Beispiel der Best Western Hotels auf. Der Vergleich mit der Wertschöpfungsstruktur anderer Wettbewerber ermöglicht Unternehmen, eine Standortbestimmung in Bezug auf die Kosten- und Leistungsunterschiede zwischen den Anbietern. Im Gegensatz zur herkömmlichen Leistungs- und Kennzahlenanalyse ermöglicht eine prozessorientierte Wertkettenanalyse dabei nicht nur die Diagnose von Leistungsabweichungen, sondern verdeutlicht auch gleichzeitig die Ursachen dieser Abweichungen und ermöglicht ggf. somit eine vereinfachte Gegensteuerung. Ziel der Wertkettenanalyse ist es festzustellen, ob ein Hotelunternehmen seine Wertschöpfungsaktivitäten im Vergleich zu seinen Wettbewerbern schneller, besser und/oder kostengünstiger organisiert und damit in der Lage ist, sich über Kosten- oder Differenzierungsvorsprünge Wettbewerbsvorteile im relevanten Markt zu verschaffen (Enz 2010, S.123).

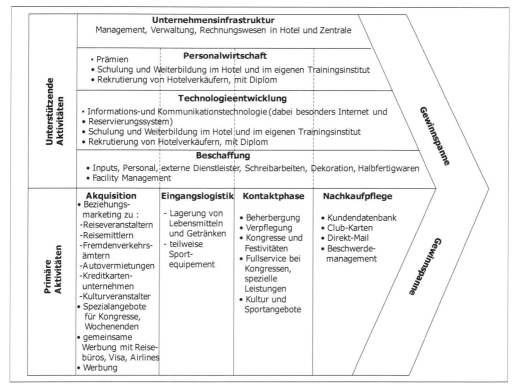

Abb.D.18:   Die Wertkette von Best-Western
             Quelle: Fantapie-Altobelli/Bouncken 1998, S.294

Für größere Hotelgesellschaften bzw. -ketten mit mehreren Geschäftsbereichen stellt die *Portfolioanalyse* eine Möglichkeit dar, eine aktuelle Standortbestimmung der jeweiligen Stärken und Schwächen einzelner Geschäftsbereiche bzw. Märkte vorzunehmen. Grundsätzlich dienen Portfolio-Konzepte der vereinfachten Darstellung, Systematisierung und Verdichtung von Informationen über die aktuelle Stellung von Unternehmen bzw. deren Geschäftsfeldern. Ziel ist es, Unausgewogenheiten und Schieflagen der untersuchten Objekte offenzulegen, den strategischen Handlungsbedarf aufzuzeigen und strategische Verhaltensempfehlungen zur Beseitigung dieser Ungleichgewichte zu geben. Das grundlegende Vorgehen einer Portfolio-Analyse vollzieht sich in folgenden Schritten:

- Zweckmäßige Bildung und Abgrenzung von Strategischen Geschäftseinheiten (SGE)/Geschäftsfeldern (SGF)
- Bestimmung der Einflussfaktoren und Komprimierung der Einflussfaktoren auf zwei Dimensionen
- Positionierung der SGE/SGF
- Erstellung und Bewertung des IST-Portfolios
- Festlegung des SOLL-Portfolios und Ableitung von Normstrategien

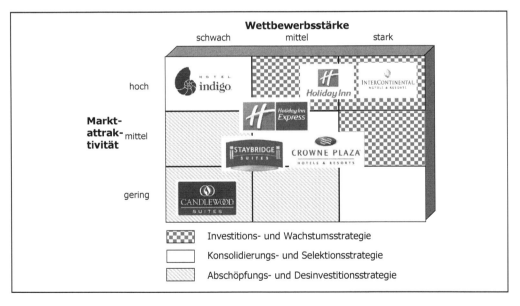

Abb.D.19:   Strategie-Schwerpunkte im McKinsey Portfolio am Beispiel der InterContinental Hotels Group
(Prinzipdarstellung)

Die bekanntesten Portfoliokonzepte der betriebswirtschaftlichen Literatur sind das *4-Felder-Portfolio der Boston Consulting Group* sowie das *9-Felder-Portfolio von McKinsey* (Macharzina/Wolf 2008, S.353ff.; Camphausen 2007, S.132). Während das BCG-Portfolio die Dimensionen Marktwachstum und relativer Marktanteil zugrunde legt, wird das McKinsey-Portfolio durch die Dimensionen Marktattraktivität und relative Wettbewerbsstärke beschrieben. Im Gegensatz zum BCG-Portfolio ist das McKinsey-Portfolio detaillierter und hinterlegt durch eine Vielzahl von Indikatoren (Einflussfaktoren) die zugrundeliegenden Dimensionen. So wird die Marktattraktivität durch Faktoren, wie Marktgröße und Marktwachstum, Branchenrentabilität, Wettbewerbssituation, Investitionsintensität etc. bestimmt. Die relative Wettbewerbsstärke wiederum wird durch die Größen relativer Marktanteil, Finanzkraft, Produktqualität, Kostenvorteile, Mitarbeiterqualifikation usw. determiniert. Diese Bewertung geschieht in relativer Ausprägung zur Konkurrenz. Ergebnis dieser Bewertungsprozesse ist die Positionierung der ausgewählten Geschäftsbereiche und die Ableitung von Handlungsempfehlungen über potenzielle Investitions-, Konsolidierungs- oder Desinvestitionsbereiche. Ziel eines Unternehmens ist es, ein ausgewogenes Portfolio aufzuweisen, mit Geschäftsbereichen, die finanzielle Mittel benötigen und Geschäftsbereichen die finanzielle Mittel erwirtschaften. Abb.D.19 zeigt die empfohlenen Strategie-Schwerpunkte im McKinsey-Portfolio an einem fiktiven Modellbeispiel mit den aktuellen Marken des Unternehmens InterContinental Hotels Group. Die Portfolio-Analyse bietet einige Ansatzpunkte zur Kritik, und so werden die Möglichkeiten und Grenzen in der Literatur recht kontrovers diskutiert (Macharzina/Wolf 2008, S.373ff.; Hungenberg/Wulf 2007, S.123f.; Welge/Al-Laham 2012, S.478ff.). Nichtsdestoweniger zählt sie zu den am häufigsten eingesetzten strategischen Planungsinstrumenten, da sie die Kommunikation im Management fördert und den Entscheidungsträgern ein komplexitätsreduzierendes Denkgerüst zur strategischen Gesamtunternehmensanalyse anbietet. Generell muss einschränkend gesagt werden, dass den Analysen von Chancen/Risiken zw. Stärken/Schwächen eines Unternehmens bzw. seiner Umwelt, keine absolut mängelfreien und objektiven Vergleichs- und Bewertungsmaßstäbe zugrunde liegen (Macharzina/Wolf 2008, S.375; Welge/Al-Laham 2012, S.488f.). Bei der strategischen Marketing-Analyse handelt es sich vielmehr um den Versuch, die subjektiven Wertungen und Einschätzungen der Führungsebene zu harmonisieren, und über die Transparenz der zugrundeliegenden Annahmen und Kriterien den Analyseprozess und die Diskussion um die Zukunftsperspektiven des Hotelunternehmens zu versachlichen.

4 Ermittlung von Marktsegmenten und Auswahl von Zielmärkten

Ein wesentlicher Ausgangspunkt der Bemühungen um Kundenzufriedenheit und Kundenorientierung ist die Marktsegmentierung, die im Rahmen der Kunden- bzw. Zielgruppenanalyse aktuelle und potenzielle Kundensegmente im Hinblick auf Bedürfnisse, Struktur und Ertragspotenzial differenziert. Erst eine eindeutige Segmentierung schafft – durch die Identifikation und Analyse der segmentspezifischen Kundenbedürfnisse, -probleme und -erwartungen – die Voraussetzungen für die kundenorientierte Entwicklung und Gestaltung von neuen oder verbesserten Produkt-/Dienstleistungsangeboten. Das zielgruppenorientierte Marketing umfasst drei Schritte, was auch als ***STP-Marketing (segmentation, targeting, positioning)*** bezeichnet wird (Kotler et al.2006, S.263; Solomon 2010, S.72).

Marktsegmentierung (Segmenting)	Zielmarktfestlegung (Targeting)	Positionierung (Positioning)
1. Ermitteln der Segmentierungsvariablen und Segmentieren des Marktes	3. Abschätzen der Attraktivität jedes Segments	5. Erarbeiten möglicher Positionierungskonzepte in jedem Zielsegment
2. Profile der resultierenden Segmente entwickeln	4. Auswählen des (der) Zielmarkts (Zielmärkte)	6. Positionierungskonzept auswählen, entwickeln und signalisieren

Abb.D.20: Schrittfolge bei der Marktsegmentierung
Quelle: Kotler et al.2006, S.263

Der erste Schritt ist die Marktsegmentierung, also die Aufteilung des Gesamtmarktes in klar abgegrenzte Käufergruppen, die jeweils unterschiedliche Bedürfnisse aufweisen. Der zweite Schritt ist die Auswahl von Zielmärkten, da jedes Unternehmen nur die Segmente bedienen sollte, die es auf überlegene Art und Weise zufriedenstellen kann und die ausreichend attraktiv sind, um sie ökonomisch sinnvoll zu bearbeiten. Der dritte Schritt ist die Positionierung, d.h., der Aufbau einer tragfähigen Wettbewerbsposition in jedem Zielmarkt. Abb.D.20 verdeutlicht diese Schrittfolge.

4.1   Grundlagen der Marktsegmentierung

4.1.1   Kriterien der Marktsegmentierung

Grundsätzlich besteht im Rahmen der Marktsegmentierung nach ABELL/HAMMOND Entscheidungsbedarf in Bezug auf folgende drei Dimensionen (Abell/Hammond 1979, S.392):

- **Customer Group Dimension**
  Entspricht der Ziel-/Kundengruppendefinition anhand allgemeiner geographischer, sozio-demographischer, psychographischer Merkmale.

- **Customer Function Dimension**
  Beschreibt welche Kundenbedürfnisse ein Produkt oder eine Dienstleistung befriedigen sollte und welche alternativen Möglichkeiten bestehen, eine bestimmte Funktion bzw. einen definierten Nutzen zu erfüllen.

- **Technological Dimension**
  Beschreibt wie und mit welcher Technologie bzw. welchem Know-how Kundenbedürfnisse erfüllt werden können.

Eine wesentliche Voraussetzung für die Erfassung und Definition von Marktsegmenten (Ziel-/Kundengruppen) ist, dass die aktuellen und potenziellen Konsumenten Unterschiede im Kaufverhalten und in der Reaktion auf den Einsatz der Marketinginstrumente aufweisen. Grundsätzlich lässt sich nach ABELL der *Gesamtmarkt ('total market')* in einen *relevanten Markt ('served market')* und in *Marktsegmente ('segments')* unterteilen (Abell 1980, S.23f.). Der relevante Teil eines Gesamtmarktes ergibt sich aufgrund der Produkt-/Marktkombinationen, die ein Unternehmen, zu bedienen beabsichtigt. Segmente stellen möglichst homogene Abnehmergruppen dar, die aufgrund allgemeiner Segmentierungsvariablen (z.B. geographische, psychographische, sozio-demographische) sowie spezieller Verhaltensmerkmale (Anlässe, Nutzen, Verwendung, Einstellungen) gebildet werden (Kotler 2000, S.263f.; Meffert 2000, S.188ff.):

- **Sozio-demographische Segmentierungsvariablen**
  (z.B. Geschlecht, Alter, Einkommen, Bildung, Nationalität, Soziale Schicht, Familienlebenszyklus, Haushaltsgröße, Religion, Individualkunde, Institutioneller Kunde etc.)

- **Geographische Segmentierungsvariablen**
  (z.B. Nation, Region, Stadt, Land, Klima, Ortsgrößen, Stadtteile etc.)

- **Psychographische Segmentierungsvariablen**
  (z.B. Aktivitäten, Interessen, Einstellungen, Lifestyles, Motive, Wahrnehmungen, Werte, Persönlichkeits- bzw. Charaktermerkmale wie autoritär, obrigkeitshörig, risikofreudig etc.)

Sozio-demographische und geographische Segmentierungsvariablen finden in nahezu allen Industrien breite Anwendung, da sie leicht zu definieren und zu messen sind (Homburg/Krohmer 2009, S.465) (Abb.D.21). Darüber hinaus liegen die Vorteile der sozio-demographischen und der geographischen Kriterien, insbesondere in der leichteren Verfügbarkeit und der gezielten Ansprache der Segmente. So sind geographische Kriterien aufgrund kultureller Besonderheiten und regionaler Kaufkraftunterschiede von besonderer Bedeutung und entsprechend ermitteln bspw. Marktforschungsunternehmen wie die Gesellschaft für Konsumforschung bzw. die Nielsen AG, Kaufkraftkennziffern für spezielle Regionen der Bundesrepublik oder teilen Deutschland in geographisch fest umrissene Regionen ein, innerhalb derer die Absatzentwicklung bestimmter Produkte untersucht wird (z.B. die Nielsengebiete I bis VII). Ebenso wie private Unternehmen bietet auch das Statistische Bundesamt eine Vielzahl von Informationen über demographische Kriterien, wie Bevölkerungsstruktur/ -entwicklung, Altersaufbau, Einkommensverhältnisse, Bildungsstruktur etc. an.

Geographische Segmentierung	
Länderbezogen	Deutschland, Italien, Spanien, USA, Kanada ,Japan,...
Regional	Bayern, Hessen, Südtirol, Osteuropa, Baskenland,.
Stadt	Metropolen, Städte, Kleinstädte, Dörfer,...
Klimatisch	Mild, Heiss, Feucht, Regnerisch,...
Demographische Segmentierung	
Alter	Unter 11, 12-17, 18-34, 35-49, 50-64, 65-74, 75-99, 100+
Geschlecht	Frau, Mann
Monatliches Einkommen	bis 999€, 1.000-1.999, 2.000-2.999€, 3.000-3.999, 4.000-4.999, 5.000-5.999, 6.000-6.999, 7.000-7.999, über 8.000,...
Bildung	Ungelernt, Ohne Abschluss, Haupt-/Realschule, Gymnasium, Lehre, Studium, ...
Beruf	Arbeiter, Angestellte, Akademiker, Fachkraft, Hilfskraft, Rechtsanwalt, Arzt, Unternehmensberater, Unternehmer,...
Psychographische Segmentierung	
Bedürfnis-/Motivationsstruktur	Sicherheit, Liebe, Anerkennung, Selbstverwirklichung, ...
Persönlichkeit	Risikoavers, Risikofreudig, Extrovertiert, Introvertiert,...
Involvement	High Involvement, Low-Involvement,...
Einstellungen	Negativ, Positiv, Indifferent,...

Abb.D.21:   Ausgewählte allgemeine Segmentierungsvariablen
             Quelle: Gardini 2007, S.86

Nichtsdestoweniger mangelt es den verschiedenen Variablen dieser beiden Segmentierungsansätze an der notwendigen Relevanz in Bezug auf das tatsächliche Kaufverhalten. So ist bspw. das Alter eine wichtige Segmentierungsvariable in der Hotellerie. Aber heißt das automatisch, dass alle, die ein bestimmtes chronologisches Alter erreichen, sich auch in ihren Bedürfnisstrukturen ähneln, wie es z.B. bei dem Thema Seniorenmarketing vielfach suggeriert wird? Das Gütesiegel 50plus beispielsweise, welches Hotels in einigen Ländern erwerben können, unterstellt in seinem Ansatz, dass alle Gäste, die älter als 50 Jahre sind, gleichartige Bedürfnisse und Erwartungen haben und das sich Hotels, die bestimmte – im Zertifizierungsprozess der Siegelvergabe festgelegte – Leistungsmerkmale aufweisen, sich dadurch eine besonders homogene Zielgruppe erschließen würden. Derartige eindimensionale Ansätze greifen zwangsläufig zu kurz, denn zwei Personen, die ein identisches chronologisches Alter aufweisen, können und werden sich oftmals in vielfältiger Weise aufgrund anderer Variablen voneinander unterscheiden (z.B. in Bezug auf den Gesundheitszustand, das verfügbare Einkommen, Reisemotive/-gewohnheiten, Bildung, Familienstatus und vieles mehr).

Ähnlich lässt es sich auch in Bezug auf andere singuläre Segmentierungsvariablen wie Einkommen, Soziale Schicht, Bildung oder regionale Zugehörigkeit argumentieren. Darüber hinaus ist die Aussagekraft bzw. Trennschärfe vieler demographischer oder geographischer Variablen in Bezug auf das Kundenverhalten, aufgrund zunehmend heterogener Lebensstile und Lebensentwürfe in vielen entwickelten Industriegesellschaften zunehmend eingeschränkt. Trotz der Einschränkungen die sozio-demographische und geographische Kriterien aufweisen, sind sinnvolle Marktsegmentierungen ohne die Nutzung dieser Variablen kaum möglich. Entscheidend ist dabei aus Marketingsicht, ein Grundverständnis über den jeweiligen Erkenntnis- und Nutzenbeitrag gewählter Segmentierungsvariablen zu entwickeln und deren Aussagekraft in Zusammenhang mit anderen heranzuziehenden Variablen zu bewerten (Shoemaker et al. 2007, S.323).

Vor meinetwegen einem Jahrhundert war die Lage noch wie folgt: Gäste, die Geld hatten, hatten stets auch „Kultur", also ein bekanntes standesgemäßes Repertoire an Verhaltensweisen und gegenseitigen Erwartungen. Sie waren damit für den Gastgeber und das Personal in ihren Wünschen und Ansprüchen relativ leicht einschätz- und berechenbar"... „Die Verhaltensvielfalt bei den Gästen ist weitaus größer geworden. In meiner Jugend konnte sich ein erfahrener Hotelier oder geschulter Gastronom noch auf die Hauptstraße einer Großstadt stellen und nahezu jeden Passanten nach dessen Kleidung, Habitus und Accessoires einordnen: Der da geht in den Ratskeller, der in den Bürgerbräu, der dort in die Trinkhalle und jener ins Grandhotel. Damals war das alles ganz klar. Heute, da es keine strenge Kleiderordnung, gesellschaftliche Konventionen und Klassen mit ihren auffälligen Identifikationsmerkmalen gibt, ist alles ziemlich unklar"..."Wer sich heutzutage entscheidet, in einem Luxushotel zu quartieren oder einem Sternerestaurant zu speisen, der ist nicht mehr eindeutig einer „Kultur" oder „Gesellschaftsschicht" zuzuordnen und daher auch weit weniger berechenbar als in vergangenen Zeiten. Auch ist die Erscheinung und das Verhalten der Reichen und Gebildeten nicht mehr so einheitlich wie einst. Ihr Umgang folgt nicht mehr derart stringent den Ritualen von damals. Auch gönnen sich heute weniger Betuchte gelegentlich ein Stück des Luxus und gehen im Gegenzug beim Billigdiscounter einkaufen, um sich dieses Vergnügen gelegentlich leisten zu können. Die Kleidung gibt ebenfalls keine zuverlässigen Informationen mehr über den Status eines Gastes. Da kann eine spezielle Marken-Jeans schon mal den Preis eines ordentlichen Anzugs übersteigen. Die Vielfalt der Statussymbole über alle Altersgruppen und Kulturkreise hinweg ist kaum mehr zu überblicken. Und schließlich verkompliziert der hohe Grad an Internationalität die Einschätzung und Kommunikation mit den Gästen noch weiter." (Finkbeiner 2009, S.64ff.)

Psychographische Segmentierungsvariablen liefern hingegen aufgrund ihrer Nähe zum Kaufverhalten zusätzlich Hinweise für die konkrete, segmentspezifische Ausgestaltung des Marketinginstrumentariums, sind aber schwieriger und aufwendiger zu ermitteln (Homburg/Krohmer 2009, S.465f.; Meffert 2000, S.211). Psychographische Segmentierungsansätze berücksichtigen die psychologischen Determinanten einer persönlichen Kaufentscheidung und versuchen auf Basis ähnlicher Persönlichkeitsmerkmale und Bedürfnis- bzw. Motivationsstrukturen möglichst homogene Zielgruppen und Kundenkategorien zu bilden (Abb.D.21). So können beispielsweise für risikoaverse Persönlichkeitsstrukturen Leistungsgarantien von Bedeutung sein, während dies für risikofreudige Menschen eine eher untergeordnete Rolle bei der Kaufentscheidung spielen mag. Risikoaverse Menschen sind darüber hinaus unter Umständen Innovationen gegenüber weniger aufgeschlossen und weisen ein höheres Maß an Markentreue bzw. Markenloyalität auf, während man bei risikofreudigeren Menschen eher Tendenzen zum Variety- bzw. Novelty Seeking ausmachen kann. Psychographische Ansätze versuchen denn auch über die Kombination der verschiedenen individuellen Persönlichkeitsmerkmale, Denkweisen und Wertesysteme zu Käuferkategorien zu gelangen, die möglichst homogene Verhaltensweisen im Konsumkontext an den Tag legen, ein Ansatz der sich in den verschiedenen Lifestyle-Studien bzw. Lebensstilsegmentierungen widerspiegelt (siehe hierzu auch das nächste Kapitel D.4.1.2).

Spezielle *verhaltensorientierte Variablen* versuchen Konsumenten auf der Grundlage des beobachtbaren Kaufverhaltens zu segmentieren (Kotler et al 2006, S.272f.). In der Hotellerie lassen sich bspw. Kundengruppen auf Basis der zugrundeliegenden *Anlässe* unterscheiden. So können Hotelgäste geschäftlich oder privat unterwegs sein, Räumlichkeiten werden aufgrund einer Fachkonferenz, eines Seminars oder einer Hochzeit bzw. eines Geburtstages angemietet, Frühstückbuffets werden als gesellige oder besondere Anlässe auch von Nicht-Hotelgästen nachgefragt, oder es werden Zimmer von Unternehmen gesucht, die ihre Mitarbeiter aufgrund eines Stellenwechsels für einen längeren Zeitraum unterbringen wollen. Auch *Reisemotive* spiegeln sich in gewissen Anlässen wider (z.B. Urlaubsreisen, Pilgerreisen).

---

*Die Produktphilosophie der Marketingkooperation **Familotels** stellt die Bedürfnisse von Eltern und ihren Kindern in den Mittelpunkt: Freie, unverplante Zeit ist ein kostbares Gut – besonders für Eltern, die neben den vielfältigen Pflichten des modernen Lebens von ihren Kindern in Anspruch genommen werden. Einfach mal die Seele baumeln lassen, gute Gespräche, ein Spaziergang zu zweit – das wär's doch! Gleichzeitig wissen wir um die völlig anderen Bedürfnisse im Urlaub mit Kindern. Für den Kinderurlaub sind Action und Abenteuer angesagt. Das Motto der Kinder heißt: Spiele, Spaß und viele Freunde. Dass ihre Eltern Ruhe und Erholung suchen, ist ihnen völlig unverständlich. Wir schenken Ihnen jede Woche mind. 35 Stunden Zeit, nur für Sie selbst. Die Kinderbetreuung und Kinderanimation macht's möglich. Und wenn Sie abends mal ausgehen möchten, vermitteln wir Ihnen gerne einen Babysitter. So wird der Urlaub für die Kinder zum Kinderurlaub und für Sie zum sorglosen und erholsamen Urlaub mit Kindern. Schöne, großzügige Hotels mit viel Raum für die Wünsche der Kleinen und der Großen! Kinder sind naturgemäß Egoisten. Deshalb haben sie bei uns grundsätzlich Vorfahrt! Und Sie als Eltern können frei entscheiden, ob Sie die Zeit mit Ihren Sprösslingen gemeinsam verbringen wollen oder ihren Nachwuchs in die Obhut der Kinderbetreuung geben (Familotels 2008).*

Auch der jeweilige *Verwendungsstatus bzw. die Verwendungsrate* kann ein Kriterium der Segmentierung darstellen. So lassen sich Hotelkunden – wie bereits oben angedeutet – in Neukunden, Stammkunden, Nicht-Kunden oder ehemalige Kunden unterteilen, nach Häufigkeit ihre Konsumaktivitäten als Viel- oder Wenigverwender charakterisieren oder nach dem Stadium der Kaufbereitschaft als kaufbereite, interessierte, informierte oder uninformierte Käufersegmente beschreiben. So weisen die Frequent Traveller in der Hotellerie oftmals gemeinsame demographische, psychographische und Mediennutzungsmerkmale auf, ein Konsumentenprofil, das Entscheidungen in Bezug auf Produktgestaltung, Preise oder der Gestaltung der Kommunikationsaktivitäten (z.B. Werbebotschaft, Mediastrategie) erleichtert. Ebenso lassen sich im Markt für Urlaubsreisen über die Ermittlung der Reiseintensität und -häufigkeit im Zusammenspiel mit demographischen Kriterien wie Alter, Einkommen, Familienstand und Bildung spezifische Profile der relevanten Zielgruppen ermitteln. So hält KIRSTGES eine *lebensphasenorientierte Zielgruppenbildung* im Tourismus für besonders geeignet, da sich mit der Berücksichtigung bestimmter Lebensphasen auch spezifische familiäre, berufliche und finanzielle Merkmale und Kundenbedürfnisse verbinden (Kirstges 1992, S.203ff.).

Die Eignung von *Einstellungen als Segmentierungsvariable* resultiert zum einen aus der konativen Komponente und zum anderen aus den in einem späteren Kapitel besprochenen Positionierungsnotwendigkeiten (Kapitel D 4.3). Grundsätzlich reagiert ein Konsument – wie oben bereits erläutert – in verschiedenen Abstufungen entweder positiv (begeistert bis wohlwollend), indifferent oder negativ (feindlich bis ablehnend), auf ein bestimmtes Einstellungsobjekt (Unternehmen, Marke, Produkt). Marken- bzw. dienstleistungsbezogenen und unternehmensspezifischen Einstellungen wird dabei eine hohe Kaufverhaltensrelevanz zugesprochen, da sie einen hohen Aussagewert sowohl für den Einsatz des Marketinginstrumentariums als auch für die Entwicklung geeigneter Positionierungs- und Wettbewerbsstrategien besitzen. Die Ermittlung und Analyse marken-/dienstleistungsbezogener bzw. unternehmensspezifischer Einstellungen ist zwar im Gegensatz zu anderen Segmentierungsvariablen mit einem hohen Erhebungsaufwand (finanziell, personell) verbunden, berücksichtigt aber das hotelspezifische Dienstleistungsmerkmal der Immaterialität in geeigneter Weise (Meffert/Bruhn 2009, S.146). Segmente, die in einstellungs- und verhaltensrelevanten Merkmalen weitgehend übereinstimmen, werden im Zuge von Lebensstilsegmentierungen über die Identifikation bestimmter Käufertypologien erfasst.

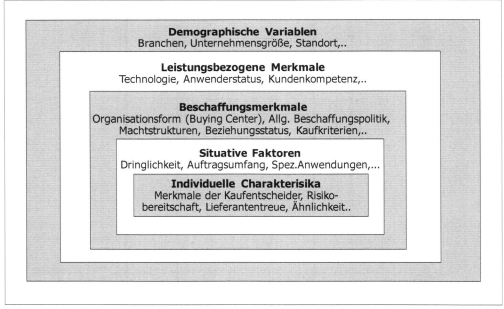

Abb.D.22:   Stufenweise Marktsegmentierung (Nested Approach) im B2B-Marketing
             Quelle: Bonoma/Shapiro 1983

Die Besonderheiten des Konsumverhaltens von Organisationen bedingen bspw. im Corporate Market Bereich andere Segmentierungsansätze und -merkmale und so lassen sich – wie in

Abb.D.22 dargestellt – im B2B-Bereich schrittweise folgende Marktsegmentierungskriterien entwickeln. Geeignete Kriterien zur Marktsegmentierung müssen grundsätzlich folgenden Anforderungen genügen (Solomon 2010, S.73; Kotler et al 2006, S.276; Meffert 2000, S.186f.):

- **Kaufverhaltensrelevanz**
Segmentierungsvariablen müssen so gewählt sein, dass sie Eigenschaften und Verhaltensweisen erfassen, die Voraussetzungen für den Kauf eines bestimmten Produktes oder einer Dienstleistung darstellen und anhand derer, intern homogene sowie extern heterogene Marktsegmente gebildet werden können.

- **Messbarkeit**
Segmentierungsvariablen müssen so gewählt sein, dass die Segmente hinreichend erfass- und messbar bleiben. Psychographische Variablen sind z.B. in dieser Hinsicht problembehaftet.

- **Substanz**
Segmentierungsvariablen müssen so gewählt sein, dass ein ausreichend großes Markt- und Gewinnpotenzial zur Verfügung steht, für das es sich lohnt gezielte Marketing-Programme zu entwickeln.

- **Erreichbarkeit**
Segmentierungsvariablen müssen für Marketingmaßnahmen verwertbar sein, d.h. die Segmente müssen effektiv erreicht und adäquat vom Anbieter bedient werden können (kommunikativ, distributiv).

- **Stabilität**
Segmentierungsvariablen sollten über einen längeren Zeitraum aussagefähig bleiben.

Für die praktische Umsetzung bleibt festzuhalten, dass die verschiedenen Segmentierungsansätze häufig nur in ihrer Kombination den o.g. Anforderungen gerecht werden. Aus Gründen der Praktikabilität ist darauf zu achten, einen nicht zu komplexen Segmentierungsansatz zu wählen. In der Regel existieren in jedem Markt *drei bis vier bedeutsame Schlüsselkriterien*, die zur *Grobsegmentierung* herangezogen werden können. In der Hotellerie könnten dies bspw. Zweck der Reise, die Hotel-/Buchungskategorie, Standort und die Aufenthaltsdauer sein. Auf der Basis dieser verschiedenen Dimensionen bzw. Schlüsselkriterien können anschließend Marktsegmente gebildet werden, deren Profil durch die kombinierte Anwendung der verschiedenen Merkmale und Beschreibungskriterien immer stärker herausgearbeitet werden kann, wobei dem Erfordernis ausreichender ökonomischer Segmentsubstanz in diesem Zusammenhang besondere Beachtung geschenkt werden sollte.

4.1.2   Käufertypologien und Lifestyle-Ansätze

Da für eine differenzierte und gezielte Ansprache der Kundensegmente in der Regel mehrdimensionale Konsumentenbeschreibungen notwendig sind, segmentieren viele Unternehmen insbesondere im Konsumgütermarketing nach Käufertypologien, wie sie im Zuge von sog. *Lifestyle-Studien* erhoben werden (Solomon et al. 2001, S.457ff.; Kotler 2000, S.168ff.). Unter Lebensstil versteht man eine Kombination typischer Verhaltensmuster einer Person oder einer Personengruppe. Ein Lebensstil repräsentiert dabei bestimmte kulturelle und subkulturelle Verhaltensmuster und ist der Versuch eine aussagekräftige Verbindung zwischen Individuum, Produkt und Umfeld herzustellen. (Kroeber-Riel et al. 2009, S.583ff.) Die *Erfassung und Messung von Lebensstilen* ermöglicht dabei auch den Vergleich des Konsumentenverhaltens in unterschiedlichen Kulturen, was insbesondere in internationalen Unternehmensumfeldern bedeutsam wird.

> *Immer mehr Menschen bekennen sich zu einem umweltbewussten Lebensstil. Im Visier haben die Werber die »Lohas«»: Konsumenten, die der Umwelt nicht schaden, aber auf Konsum nicht verzichten wollen. Der Begriff leitet sich ab aus den Anfangsbuchstaben von* **„Lifestyle of health (Gesundheit) and sustainability (Nachhaltigkeit)"***. Geprägt haben ihn die beiden US-Sozialforscher Paul Ray und Ruth Anderson. Sie stellten in der Bevölkerung einen Wandel fest, eine Hinwendung zu Werten wie Familie, Lebensfreude und Gesundheit, verbunden mit Engagement für eine nachhaltige Lebensqualität auf der Erde. So richtet sich bspw. der Katalog TUI Grüne Welten an die markenaffine und wachsende Zielgruppe der LOHAS (Lifestyle of Health and Sustainability), die nach aktuellen Studien einen Marktanteil von 25 bis 30 Prozent erreichen kann. In dem grünen Katalog – der logischerweise papierlos ist und nur in elektronischer Form vorliegt – finden Kunden zum Beispiel Hotels, die unter den TUI Umwelt Champions zu den Top 10 gehören. Dazu werden umweltbewusste Ausflüge angeboten, die gemeinsam mit lokalen Umweltorganisationen speziell dafür entwickelt worden sind (Lohas Lifestyle 2008).*

Merkmale zur Abgrenzung bestimmter Lebensstile können sowohl psychische Größen als auch das beobachtbare Konsumentenverhalten sein. Diese Variablen werden im Zuge des ***AIO-Ansatzes*** erhoben, wobei es Ziel ist, die Aktivitäten (activities), Interessen (interests) und Einstellungen (opinions) einer Person, mit bestimmten persönlichen bzw. demographischen Merkmalen und Verhaltensweisen zu einem Profil der Lebensführung zu verknüpfen. (Solomon 2010, S.84; Kroeber-Riel et al. 2009, S.586f.) Dies soll es Unternehmen ermöglichen, Marktsegmente genau zu justieren, Produkte und Dienstleistungen zielgenau zu positionieren und frühzeitig Einstellungsveränderungen zu erkennen. Einige typische Aspekte des Lebensstils, die in solchen repräsentativen Studien erforscht werden, sind in Abb.D.23 wiedergegeben.

Aktivitäten	Interesse	Meinungen	Demografie
Arbeit	Familie	Selbst	Alter
Hobbys	Zuhause	Soziale Themen	Bildung
Soziale Ereignisse	Arbeit	Politik	Einkommen
Urlaub	Gemeinschaft	Geschäft	Beschäftigung
Unterhaltung	Entspannung	Wirtschaft	Familiengröße
Klubmitgliedschaft	Mode	Erziehung	Wohnsitz
Gemeinschaft	Essen	Produkte	Geografie
Einkaufen	Medien	Zukunft	Größe der Stadt
Sport	Leistungen	Kultur	Lebenszyklus
...	...	...	...

Abb.D.23:   Aspekte des Lebensstils
             Quelle: Solomon et al. 2001, S.464

Das Bedürfnis Konsumenten mit ähnlichen Lebensstilen zu identifizieren und zu erreichen, hat dazu geführt, dass viele Marktforschungsinstitute und Werbeagenturen eigene Segmentierungsansätze entwickelt haben, um diesen Informationsbedarf zu decken (Solomon et al. 2001, S.465ff.; Berekoven et al. 2001, S.253f.). Ein bekannter Ansatz zur Generierung und Differenzierung von Käufer- bzw. Lebensstiltypologien ist in Deutschland bspw. das **Konzept der Sozialen Milieus** des SINUS-Instituts in Heidelberg (SINUS-Milieus), das auf Basis repräsentativer Erhebungen eine Basistypologie von Konsumentengruppen (Milieus) entwickelt hat, zu der in Deutschland zehn Milieus gehören, die sich jeweils in Bezug auf Lebensauffassung, Lebensweise, Wertprioritäten, soziale Lage und Lebensstil voneinander abgrenzen lassen. Sowohl die Sinus-Milieus als auch andere Lifestyle-Typologien folgen dabei der Erkenntnis, das Unterschiede in der individuellen Alltagswirklichkeit den Menschen bzw. den Konsumenten stärker kennzeichnen als die Unterschiedlichkeit sozioökonomischer Lebensbedingungen (Sinus Institut 2014). Typische Gruppen dieses Ansatzes sind bspw. das traditionsverwurzelte Milieu, das bürgerliche Milieu, das konservative Milieu usw. (Abb.D.24). Das Instrument – der sog. Milieu-Indikator – untersucht seit 1979, welche Einkaufstätten, Medien, Produkte oder Dienstleistungen etc. in den verschiedenen Milieus bevorzugt werden. (Meffert et al 2012, S.205ff.)

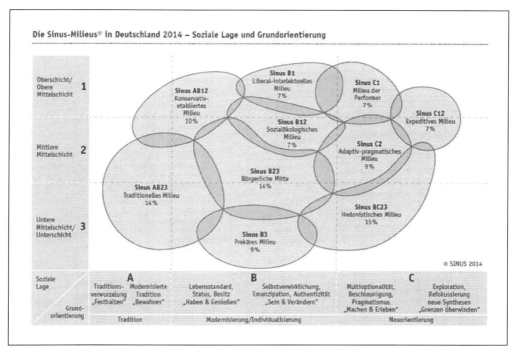

Abb.D.24:   Sinus-Milieus in Deutschland 2014
             Quelle: SINUS-Institut 2014

Eine andere Form der Gruppierung wird vom Zukunftsinstitut in Kelkheim – einem Unternehmen aus dem Bereich der Trendforschung – in der Studie „Lebensstile 2020" vorgeschlagen. Folgende elf Lebensstiltypen (inkl. der Anzahl der Personen, die diesen Typen zuzuordnen sind) hat das Zukunftsinstitut dabei herausgearbeitet (Steinle/Dziemba 2007):

- **CommuniTeens (ca. 3,2 Mio.)**
CommuniTeens sind Teamplayer und Individualisten zugleich, die sich in einer globalisierten Welt via Internet und Mobiltelefonen ihre Gemeinschaftsorte nach Interessen und Themen aussuchen.

- **Inbetweens (ca. 1,7 Mio.)**
Durch ihren holprigen und verzögerten Berufseinstieg (Praktika, befristete Jobverträge, Projektarbeit oder Freiberuflichkeit) leben die Inbetweens in einem Zustand permanenter Mobilität und Umorientierung, der auch ihre privaten Beziehungen prägt.

- **Young Globalists (ca. 1,3 Mio.)**
Young Globalists kennen keine Grenzen: Die Welt ist ihr Arbeitsplatz und so haben sie meist auch ein weltweites Netzwerk von Kollegen und Freunden. Für sie ist nicht nur Geld wichtig, sondern auch die sportliche Herausforderung und der schöpferische Gestaltungsspielraum.

- **Latte-Macchiato-Familien (ca. 1,9 Mio.)**
Die Latte-Macchiato-Familien zeichnen sich dadurch aus, dass sie ihren urbanen Lifestyle, wie z.B. den Latte Macchiato im Straßencafé, ins Familienleben transferieren.

- **Super-Daddys (ca. 2,9 Mio.)**
Die Super-Daddys sind pragmatische Idealisten. Sie versuchen den beruflichen Erfolg, persönliches Glück, Zusammensein mit den Kindern, ein intaktes Familienleben und persönliche Selbstverwirklichung unter „einen Hut zu bekommen".

- **VIB-Familien (ca. 1,7 Mio.)**
Bei den VIB-Familien (Very-Important-Baby) ist die Familienplanung mit Ende 30 noch nicht abgeschlossen, sondern beginnt häufig erst, nachdem man sich beruflich und sozial etabliert hat und jetzt Zeit und Lust auf Familie mit Kindern hat.

- **Netzwerk-Familien (ca. 2,8 Mio.)**
Netzwerkfamilien (Familie 2.0) sind Versorgungs- und Beziehungsmodelle, die nicht nur die Familie im engeren Sinne einbeziehen. Oftmals zählen neben den Großeltern und Ex-Familienmitgliedern und Ex-Partnern auch Nachbarn und Freunde dazu. „Familie ist, wo man ohne fragen zu müssen, an den Kühlschrank gehen kann."

- **Tiger-Ladys (ca. 2,8 Mio.)**
Die Tiger-Ladys legen sehr viel Wert auf Selbständigkeit und Selbstverwirklichung, ohne auf Familie und Kinder verzichten zu wollen. Sie dringen dabei in männliche Reservate vor, wie z.B. in die Politik, in die Führungsebenen von Unternehmen und an Universitäten.

- **Silverpreneure (4,2 Mio.)**
Für Silverpreneure ist mit dem Erreichen des Rentenalters nicht das Ende der Erwerbszeit oder des Arbeitslebens absehbar, weil sie die Arbeit nicht als Frondienst ansehen, sondern als ein Teil ihrer Selbstverwirklichung.

- **Super-Grannys (ca. 4,1 Mio.)**
Super-Grannys sind erfahrene und selbstbewusste Frauen jenseits des 55. Lebensjahres, die den sog. dritten Lebensabschnitt aktiv und selbstbestimmt gestalten wollen, ohne ihr „Oma-Dasein" zu verleugnen.

- **Greyhopper (ca. 4,9 Mio.)**
Im Gegensatz zu den Silverpreneuren wagen die Greyhopper noch einmal den Aufbruch und möchten im Rentenalter noch einmal ein neues Leben beginnen.

Andere internationale Lifestyle Typologien sind bspw. die RISC-Segmente (Research Institute on Social Change), die Euro-Styles Studie oder der amerikanische VALS-Ansatz (Values and Lifestyles). So werden bspw. RISC-Segmente seit 1978 in über 40 Ländern erhoben, mit dem Vorteil, dass diese internationale Messungen von soziokulturellen Lebensprofilen auch länderübergreifend vergleichbar sind (Solomon et al. 2001, S.464ff.). Im Tourismus werden Einstellungen, Interessen und Verhaltensweisen, insbesondere im Rahmen der Reiseanalyse erfasst, wie sie jährlich von der Forschungsgemeinschaft Urlaub und Reisen e.V. durchgeführt wird (FUR 2014).

Young Globalist als Zielgruppe: *W Hotels die zu Starwood Hotels & Resorts Worldwide gehören, bieten insbesondere dem jungen, modernen Geschäftsreisenden ein außergewöhnliches Ambiente. Die Hotels bieten modernes Design, CD-Sammlung, Video, 27″ TV mit Internetzugang, modernste Telefonanlage (two-line oder schnurlos, dataport, conference calling, voicE-Mail etc.), 24/7 Business Service; mind. 15% der Zimmer sind sogenannte W-home-office-Zimmer, die mit Video, Fax, Drucker, Scanner, Kopierer etc. ausgestattet sind (www.whotels.com).*

Im Hinblick auf den Marketingnutzwert solcher Lebensstil-Typologien bestehen unterschiedliche Auffassungen (Meffert et al 2012, S.207). Während die Ansätze einerseits häufig als notwendige Bedingung zur effizienten Befriedigung von Kundenbedürfnissen angesehen werden, wird andererseits die Eindeutigkeit derartiger Typologien für den Einsatz des Marketinginstrumentariums bezweifelt. Insbesondere die Kaufverhaltensrelevanz und die mangelnde Trennschärfe der Segmente wird oftmals in Frage gestellt. Zahlreiche Erhebungs- und Messprobleme und die erheblichen finanziellen Aufwendungen, die für solche Studien aufgebracht werden müssen, stellen insbesondere die Wirtschaftlichkeit unternehmensspezifischer Lifestyle Typologien für die Hotellerie denn auch stark in Frage.

4.2 Auswahl und Bearbeitung von Zielmärkten

In einem zweiten Schritt muss das Hotelunternehmen erstens entscheiden, welche Segmente es bedienen will und zweitens, wie diese Segmente aus Marketingsicht zu bearbeiten sind. Die Auswahl der Zielsegmente beinhaltet Entscheidungen darüber, welche und wie viele Zielmärkte das Hotelunternehmen bearbeiten will (Kotler et al. 2006, S.272f.; Meyer/Davidson 2001, S.373ff.; Meffert 2000, S.214ff.). Hierzu gilt es zuerst die Segmente in Bezug auf ihre ökonomische Attraktivität zu bewerten, um daran anschließend, anhand unternehmensinterner und unternehmensexterner Beurteilungsfaktoren, die Auswahl der Zielsegmente vorzunehmen. Zur Bewertung der Segmentattraktivität können ähnliche Kriterien herangezogen werden, wie sie bereits bei der Vorstellung der Branchen- bzw. der Portfolioanalyse genannt wurden (segmentspezifisches Marktpotenzial, Marktvolumen, Wachstum, erreichbarer segmentspezifischer Marktanteil, Wettbewerbsintensität etc.). Auch die Erreichbarkeit des Segments mittels kommunikativer und distributiver Maßnahmen und ein gewisses Maß an zeitlicher Stabilität ist für eine Bewertung von Bedeutung. Um die unterschiedlichen Segmente in eine Attraktivitätsrangfolge bringen zu können, ist es sinnvoll, eine Scoring-/Rating-Skala aufzustellen, mittels derer die Segmente, Beurteilungskriterien und Gewichtungen zu einem Punktwert verdichtet werden können. Nach der Bewertung der ***Attraktivität der Segmente*** und der ***Auswahl der Zielmärkte***, gilt es den ***Differenzierungsgrad der Marktbearbeitung*** festzulegen. Dies beinhaltet konkret die Frage, ob das Hotelunternehmen für mehrere Segmente unterschiedliche Leistungsangebote entwickelt (differenziertes Marketing), sich gezielt auf eines oder wenige Segmente beschränkt (konzentriertes Marketing) oder bestehende Unterschiede als nicht ausschlaggebend definiert und entsprechend vernach-lässigt (undifferenziertes Marketing) (Kotler et al. 2006, S.278f.).

Bei einem *undifferenzierten Marketing* gehen Unternehmen davon aus, dass Kunden inner-halb eines Marktes oder in verschiedenen Segmenten eines Marktes ähnliche Bedürfnisse haben, denen man mit einem standardisierten Angebot und einem einheitlichen Marketingin-strumentarium begegnen kann (z.B Vapiano, Mc Donald's, Burger King oder Starbucks). In der Hotellerie lässt sich ein solcher breit angelegter Marketingansatz bspw. im Geschäftsrei-semarkt beobachten (Shoemaker et al. 2007, S.342). Nur sehr wenige Hotelunternehmen die in diesem Marktsegment tätig sind, bemühen sich derzeit diesen Markt stärker auszudifferen-zieren und auf die zum Teil recht divergierenden Bedürfnisse und Erwartungen von individu-ellen Geschäftsreisenden einzugehen. So unterscheiden sich bspw. die Bedürfnisstrukturen weiblicher Geschäftsreisender deutlich von denen männlicher Geschäftsreisender. So existie-ren zwar einige reine Frauenhotels in Deutschland (z.B. Artemisia, Hanseatin), nichtsdesto-weniger gibt es aktuell für beruflich reisende Frauen in vielen deutschen Hotelunternehmen kein spezifisches Leistungsangebot, obwohl Frauen als Geschäftsreisende ein bedeutsames und stetig wachsendes Marktvolumen repräsentieren (Ligges 2005, S.68, Prieger 2008).

Sinnlichkeit, Sozialität, Sicherheit – mit diesen drei Begriffen fasst Uta Brandes, Professo-rin für Gender und Design, die Ergebnisse aus 100 ausgewerteten Fragebögen zusammen. Eindeutig ist dieses Ergebnis: Frauen wünschen sich, dass man ihnen das Parken in dunk-len Tiefgaragen erspart; und sie suchen sich eher Restaurants in der näheren Umgebung des Hotels oder essen gleich auf ihrem Zimmer. Vor allem im Bad wünschten sich Frauen die richtige Atmosphäre, ein angenehmes Licht statt OP-Beleuchtung und ausreichend Ab-lagefläche. Dabei könne man ihnen schon mit ein paar Regalfächern Freude machen, die nicht von Wassertropfen erreicht werden, damit Pflegeutensilien trocken bleiben. Brandes glaubt, dass eine Umrüstung auf weibliche Bedürfnisse nicht teuer sein muss: Ausreichend Platz für Gepäck, Kleiderbügel für Röcke, ein Ganzkörperspiegel, möglichst so angebracht, dass Frau sich auch von hinten betrachten kann. Wenn das Zimmer dann noch angenehm frisch duftet und in der Minibar nicht nur Hochprozentiges sondern auch einen Joghurt zu finden ist, ist das offenbar schon die halbe Miete. Auch im Servicebereich ließe sich vieles durch ein wenig mehr Aufmerksamkeit erreichen. Statt der obligatorischen Begrüßung mit Namen auf dem Fernsehbildschirm, käme bei Frauen ein persönlicher Empfang an der Re-zeption besser an. Pluspunkte ließen sich auch dadurch machen, dass das Personal sich an Vorlieben des Gastes erinnert, zum Beispiel an ein beim letzten Besuch gewünschtes zusätz-liches Kissen. Die „mm – Stadt- und Landhotels" in Essen haben sich inzwischen auf die Bedürfnisse weiblicher Geschäftsreisender eingerichtet. Normale Zimmer werden auf An-frage einfach zu Frauenzimmern umgerüstet. Dann gibt es entspannende Musik, Blumen-strauß, Obstkorb und Mineralwasser. Auch kleine Kosmetik-Proben inklusive Nagellackent-ferner und gekühlter Augenmaske, Frauenzeitschriften, Zeitungen, Kaffee- und Teebereiter finden sich auf dem Zimmer. Für Inhaber Harald Mintrop hat sich dieses spezielle Angebot gelohnt. „Der Aufwand ist nicht riesig, aber Frauen schätzen ihn sehr," sagt er zu sued-deutsche.de. Wer in Erinnerung bleibe, schaffe so Gründe, wiederzukommen. In seinen Ho-tels liegt der Anteil geschäftsreisender Frauen inzwischen bei 30 Prozent (Prieger 2008).

Das *differenzierte Marketing*, mit speziell abgestimmten Marketing-Mix-Programmen für unterschiedliche Kundenbedürfnisse, entspricht hingegen dem Grundprinzip des Marketing und stellt für größere Hotelunternehmen eine zwingende Prämisse dar. Die Ansprache mehrerer Segmente führt zur Entwicklung segmentspezifischer Produktvarianten (Produktdifferenzierung) und Marketingkonzepte. Beispiele hierfür finden sich bei der InterContinental Hotels Group (Abb.D.25), Marriott, Starwood, Accor und vielen anderen größeren Hotelkonzernen, die die ausgewählten Marktsegmente mit ihren einzelnen Marken und unterschiedlichen Marketing-Kampagnen strategisch ausrichten und vermarkten. Der differenzierte Marketingansatz kommt dabei nur für größere Hotelunternehmen in Frage, da die Bearbeitung unterschiedlicher Segmente und die Führung verschiedener Marken, entsprechend hohe Marketing-, Investitions-, Produktions- und Verwaltungskosten nach sich zieht.

Marke	Hotels	Zimmer	Merkmale / Segment
INTERCONTINENTAL HOTELS & RESORTS	Amerika: 50 EMEA: 62 Asien: 35	Amerika: 16.624 EMEA: 20.062 Asien: 13.218	Gehobene Oberklasse Anspruchsvolle Reisende Luxus und regionales Flair
CROWNE PLAZA HOTELS & RESORTS	Amerika: 169 EMEA: 73 Asien: 51	Amerika: 46.854 EMEA: 17.687 Asien: 16.445	Oberklasse Anspruchsvolle Reisende Eleganz und Moderne
HOTEL indigo	Amerika: 11	Amerika: 1.501	Oberklasse Boutique-Hotel für ‚Lifestyle'-Reisende Bezahlbarer Luxus für Trendbewusste
Holiday Inn	Amerika: 948 EMEA: 380 Asien: 92	Amerika: 177.765 EMEA: 51.860 Asien: 25.287	Gehobene Mittelklasse Zeitgemäßer, gleichbleibender Standard, gutes Preis-Leistungsverhältnis
Holiday Inn Express	Amerika: 1.583 EMEA: 178 Asien: 9	Amerika: 131.549 EMEA: 18.840 Asien: 2.114	Mittelklasse Komfort für Durchreisende zu günstigen Preisen
STAYBRIDGE SUITES	Amerika und EMEA: 122	Amerika und EMEA: 13.466	Oberklasse Längerer Aufenthalt in Suiten oder Studios
CANDLEWOOD SUITES	Amerika: 142	Amerika: 15.424	Mittelklasse Längerer Aufenthalt in Suiten oder Studios zu günstigen Preisen

Abb.D.25:   Marktsegmente und Marken der InterContinental Hotels Group
Quelle: InterContinental Hotels Group 2008

Die Individualhotellerie mit ihren klassischen Einzelhotels verfolgt zwangsläufig einen *konzentrierten Marketingansatz*. Als ein solcher Ansatz lässt sich bspw. die Konzentration von Hotelunternehmen auf eine bestimmte Zielgruppe, ein Thema oder eine bestimmte Erlebnis- oder Nutzenkategorie bezeichnen. Protagonisten dieser Strategie finden sich in der Hotellerie bei den unterschiedlichsten Anbietern aller Kategorien und in vielen Facetten. So sind die verschiedenen Betriebe der Familotel Hotelkooperation mit ihrer Spezialisierung auf Familien als Kunden zu nennen, im Themenbereich die Betriebe der Kooperation Biohotels, das Literaturhotel Hotel Friedenau, die Hotelgesellschaft Artotels mit dem Fokus Kunst, die Hard Rock Café Hotels oder der Bayerische Hof Inzell mit ihrer Spezialisierung auf Musik. Der Vorteil einer konzentrierten Marktbearbeitung besteht darin, dass Unternehmen sich vollständig auf das ausgewählte Marktsegment einstellen können und sich so ein hohes Maß an Kompetenz, Glaubwürdigkeit und Vertrauen erarbeiten können.

Beispiel Kundenfokus:

Axel Hotels ist die erste Hotelkette, dessen Zielgruppe die Gay-Szene ist. Jedes Axel Hotel ist ein freier und toleranter Ort, an dem alle Leute gleichermaßen, unabhängig von ihrer sexuellen Neigung willkommen sind. Jeder Mensch wird hier ohne Vorurteile gut aufgenommen, respektiert und geschätzt. Viele haben sich das Etikett gayfriendly umgehängt. Wir gehen einen Schritt weiter und haben einen neuen Begriff erfunden – Heterofriendly – oder anders gesagt, ein Ort, der von und für die Gay-Szene entworfen, entwickelt und durchdacht wurde, aber dennoch für jedermann zugänglich ist. In Axel Hotels ist Komfort und das Wohlbefinden der Gäste unser größtes Anliegen. Tauch ein, in ein neues Hotelkonzept, wo sich Design und Wärme vereinen, wo das liberale und weltoffene Ambiente ineinader übergehen, wo Du die Hauptrolle spielst. Das Axel-Team verpflichtet sich dazu, sich bis hin zum kleinsten Detail darum zu kümmern, dass Dein Aufenthalt in bei uns einzigartig sein wird, sowohl anlässlich Deiner Geschäftsreisen als auch bei Deinen Reisen zum bloßen Vergnügen. Allein oder in Begleitung (Axel Hotels 2008).

Beispiel Themenfokus:

Willkommen im Ostel – Dem DDR-Design Hostel. Werte Gäste, Sie wollen eine preiswerte und ,etwas andere' Übernachtung im Herzen von Berlin? Dann seien Sie herzlich willkommen im OSTEL! In unserem Haus in Berlin-Mitte bieten wir Ihnen ein einmaliges Rundum-Erlebnis. Reisen Sie mit uns in die DDR! Angefangen bei Original-DDR-Mobiliar bis hin zur Stadtrundfahrt im ,Trabant'-Automobil. Bei uns stehen Ihnen verschiedene Themenräume zu unterschiedlichen Preisen zur Verfügung: Vom Pionierlager über unsere Plattenbauzimmer bis hin zur DDR-Ferienwohnung. Haben Sie keine Angst – bei der Grenzkontrolle (dem Check-in) ist noch keiner in Verwahrung genommen worden und die Matratzen, Bettbezüge und sanitären Anlagen sind selbstverständlich neu. Erfreuen Sie sich während Ihres Aufenthalts an unseren zahlreichen und witzigen Details aus dem DDR-Alltag! (Ostel 2008).

Ausgehend von dem oben genannten dreidimensionalen Ansatz von ABELL/HAMMOND hat SCHULTZE (Schultze 1993, S.183f.) ein für die Bedingungen der Hotellerie angepasstes *Modell der Marktsegmentierung für Hotelleistungen* entwickelt (Abb.D.26). Die Konzeptdimension ist zum einen durch die verschiedenen Produktkombinationen charakterisiert, die nach Art, Umfang und Niveau der Produkte und Dienstleistungen des Beherbergungs-, Verpflegungs- und Nebenleistungsbereichs differenzieren und zum anderen durch den zugrundeliegenden Hoteltyp, wie er bspw. als Stadt-, Ferien-, Kur- oder Tagungshotel konzipiert sein kann. Die Leistungsstandards, wie sie auch in den verschiedenen Unternehmensklassifikationen privater oder staatlicher Institutionen zum Ausdruck kommen, sind nun dahingehend zu überprüfen, ob sie den tatsächlichen Bedürfnissen und Erwartungen der aktuellen und potenziellen Kunden in den jeweiligen Produkt/Typ-Segmenten entsprechen.

Die **Standortdimension** tritt im Modell von SCHULTZE an die Stelle der Technologiedimension, da zum einen die Konzeption eines Hotels primär vom Standort und nicht von einer bestimmten Technologie determiniert wird und zum anderen die Technologiedimension bereits durch die **Konzeptdimension** reflektiert wird. Während der Interaktionsansatz die relative Bedeutung des Kundenkontakts und somit auch die besondere Bedeutung der Mitarbeiter als Wettbewerbsfaktor in den Vordergrund stellt, betont der Industrialisierungsansatz die Reduktion auf das Kernprodukt und die weitest gehende Automatisierung des Kundenkontakts (Kapitel D.6). Die **Zielgruppendimension** lässt sich in der Hotellerie zunächst anhand eines Grobrasters erfassen, dass nach Maßgabe des Reisemotivs, die Kundensegmente der Geschäftsreisenden und der Ferienreisenden unterscheidet. Diese Grobsegmentierung von Kunden kann darüber hinaus mit Hilfe weiterer demographischer Segmentierungsvariablen immer feiner differenziert werden. So umfasst der Bereich der Geschäftsreisenden verschiedene Subsegmente, wie bspw. die individuellen Geschäftskunden (z.B. Frequent Traveller), Firmenkunden, die Übernachtungs- und/oder Veranstaltungskapazitäten für ihre Mitarbeiter benötigen (z.B. Fluggesellschaften, Industriekonzerne, Seminarveranstalter), Reiseveranstalter oder auch Reisemittler (Reisebüros). Die Gruppe der Ferienreisenden wiederum lässt sich nach Art ihres Urlaubs-/Reisemotivs in verschiedene Subsegmente (Erholung, Vergnügen, Kommunikation, Sport, Bildung, Gesundheit etc.) zerlegen (Kaspar 1988, S.280; Kirstges 1992, S.53ff.).

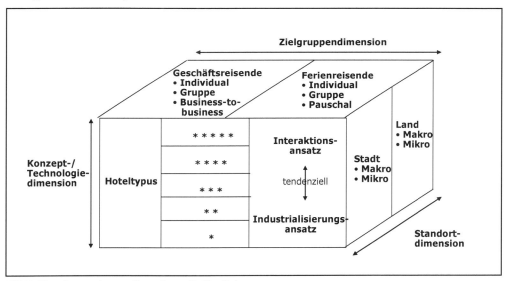

Abb.D.26:   Segmentierungsdimensionen für Hotelleistungen
            Quelle: Schultze 1993, S.183 (leicht modifiziert)

Für die verschiedenen Hotelkategorien und -typen, wie sie sich als Reflex bestimmter Produkt-/Marktkombinationen ergeben, und den Kundensegmenten, als Resultante der Zielgruppendefinition, gilt es nun, die kundenspezifischen Nutzenerwartungen unter Berücksichtigung ihrer konkreten Konsumsituation zu ermitteln (geschäftlich oder privat; Urlaub mit oder ohne Kinder etc.), um sich über eine segmentbezogene Marketing- und Kommunikationsstrategie, als kundenorientierten Problemlöser im Wettbewerb positionieren zu können. Eine wirksame Form der Segmentierung, die den Besonderheiten von Dienstleistungen verstärkt Rechnung trägt, ist das von HALEY (1968) in die Diskussion eingebrachte Konzept der *Nutzensegmentierung („Benefit-Segmentation')*. Will man möglichst kausale Beziehungsmuster zwischen den zugrunde gelegten Variablen und dem Kaufverhalten von Dienstleistungskunden herstellen, gilt es, Zielmärkte bzw. Kundengruppen zu isolieren, die gemeinsame Nutzenvorstellungen bzw. kundenspezifische Kosten-Nutzen-Kombinationen widerspiegeln. In der Hotellerie lassen sich bspw. homogene Nutzenvorstellungen in Bezug auf die Reduktion der Hotelleistung auf das Kernprodukt „*Übernachtung*" im Low-Budget-Segment identifizieren. Abb.D.27 zeigt, wie ausgewählte Hotelkonzepte versuchen ein *unverwechselbares Präferenzangebot („unique selling proposition")* für spezifische Zielgruppen aufzubauen, um ein bestimmtes Nutzensegment zufriedenzustellen.

Markt-/Kundensegment	Präferenzangebote
Familienhotel Familotels Deutschland Kinderhotels Östereich	Kindergerechte Unterkunft und Verpflegung, Kinderbetreuung und Kindereinrichtungen
Frauenhotel Artemesia, Berlin Hanseatin, Hamburg	Frauenorientiertes Zimmerdesign, zentrale Lage, Türspion, Make-up Spiegel, Frauenparkplatz, Frauenkontakt
Behindertenhotel Mondial, Berlin, Haus Rheinsberg-Hotel am See	Behindertengerechte Gestaltung nach ISO18025, barriere-/stufenfreie Gestaltung, breite Türen, WC´s, Lifts, Zimmer, Flure etc.
Umwelthotel Ökotel Hamburg, Berlin Hotelwelt Victoria, Freiburg	Bau/Betrieb nach strengen Umweltkriterien, Vollwertküche, ökologische Rahmenprogramme
Art-/Design Hotels art´otels, Berlin, Dresden, Köln	Das Hotel als außen- und innenarchitektonisches Kunstwerk für Kunst- und Designliebhaber
Jugendhotel/Hostel Superbude Hamburg, Ostel Berlin 4you München	Jugendgerechte Preise und Leistungsangebot, Kommunikation, Events, Lounges,
Motorradhotel Motor-Bike Hotels, Österreich	Garage, Werkstätte, Trockenraum für Lederkleidung, Verleih von Motorrädern/ Ausrüstung, Ausflugs/Tourenprogramme

Abb.D.27:   Nutzenorientierte Hotelkonzepte
             Quelle: In Anlehnung an Hänssler 2008, S.234

Die relative Vorteilhaftigkeit der Nutzensegmentierung im Vergleich zu traditionellen Segmentierungsalternativen, besteht in dem höheren Informationswert der Segmentcharakteristiken für die Entwicklung segmentbezogener Marketingstrategien. Dieser entsteht durch den – im Gegensatz zu traditionellen Marktsegmentierungsverfahren – direkten Kausalitätszusammenhang zwischen dem erwarteten bzw. wahrgenommenen Nutzen und dem Auswahlverhalten von Kunden, der eine unmittelbare strategische Umsetzung der so generierten Daten erlaubt. Ein derartiges Vorgehen beinhaltet einen ebenso kosten- wie zeitintensiven Prozess, so dass die diesbezüglichen Möglichkeiten der Individualhotellerie zwangsnotwendigerweise sehr viel geringer eingeschätzt werden müssen, als die der Konzernhotellerie.

4.3   Positionierung und Differenzierung

Eine erfolgversprechende Differenzierung und Positionierung in den ausgewählten Marktsegmenten kann nur vor dem Hintergrund einer detaillierten Kenntnis über Markt, Wettbe-
werbskonstellation und Kunden gelingen. Differenzierung ist das Bemühen von Unternehmen durch sinnvolle Unterschiede das eigene Angebot vom Angebot der Wettbewerber abzuheben. Dabei lassen sich im Rahmen eines strategischen Marketing-Management nur dann
Wettbewerbs- und Differenzierungsvorteile erzielen und absichern, wenn sämtliche Marketingaktivitäten auf eine Basis unternehmensspezifischer, langfristig entwickelter Ressourcen
zurückgreifen, die ...

- „...von Konkurrenten nicht oder nur sehr schwer zu imitieren sind (Nicht Imitierbarkeit),
- derart in das Hotelunternehmen eingebunden werden, dass sie nur dort ihren vollen Wert entfalten (Unternehmensspezifität),
- nicht durch Ressourcensubstitute eines Konkurrenten, die ein ähnliches Leistungspotenzial in sich bergen, ersetzbar sind (Nicht-Substituierbarkeit),
- einen wertstiftenden Charakter am Markt besitzen, der durch einen aus Kundensicht wahrgenom-menen Zusatznutzen bei den eigenen Leistungen reflektiert wird (Fähigkeit zur Nutzenstiftung am Markt)." (Frehse 2006, S.142f.).

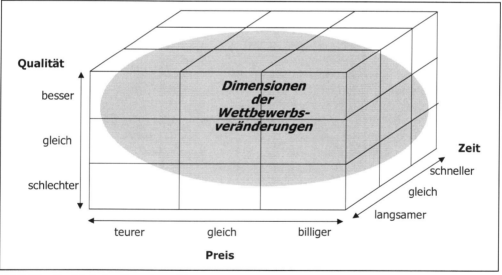

Abb.D.28:   Der Marketing-Strategiewürfel
              Quelle: Backhaus 1999, S.229

Unternehmen bieten sich hierbei – wie Abb.D.28 zeigt – grundsätzlich drei Ebenen der An-
gebotsdifferenzierung an (Aaker 2007, S.101; Backhaus 1999, S.229ff.; Chase/Haynes 2000,
S.462ff.), die sich jedoch auch in vielfältiger Weise kombinieren lassen. Eine ***qualitätsbezogene Differenzierung*** kann dabei über das Leistungsangebot und seine materiellen Ausstattungsmerkmale und/oder über die persönlichen Dienstleistungselemente erfolgen und so die
Leistung der Wettbewerber übertreffen (z.B. Breite/Tiefe des Angebots, Design, atmosphäri-

sche Gestaltung, persönliche Zuwendung, Mitarbeiter, Corporate Identity usw.). Auch die Innovationsfähigkeit eines Hotelunternehmens, d.h. die Fähigkeit Problemlösungen für Kunden zu entwickeln, die vorher so nicht angeboten wurden, ist hier zu berücksichtigen (z.B. Servicegarantien in der Hotellerie). Eng zusammen geht damit auch die Fähigkeit eines Hotelunternehmens einher, einzigartige Kundenerlebnisse bzw. Kundenerfahrungen zu entwickeln und vermitteln zu können und sich über die rein materiellen und immateriellen Leistungselemente der Hotelleistung hinaus, aus Sicht der Kunden unverwechselbar zu machen.

*"One is that of the **Peabody Hotel Group**, which differentiates its properties in a unique way: A family of ducks is housed in each hotel and is brought down an elevator each morning to spend the day at a fountain in the hotel lobby. In the evening, the ducks troop back into the elevator to return to their quarters. This daily ritual attracts many camera-toting spectators to the Peabody lobbies. The lobby bar does a roaring business every evening as people wait to see the ducks march to the elevator. In fact, the logo of the Peabody Hotels is a duck" (Shoemaker et al. 2007, S.314).*

*Im **Side Hotel**, das sich als ,einziges Fünf-Sterne-Design-Hotel' in Hamburg bezeichnet, spielt die musikalische Inszenierung eine bedeutende Rolle. So werden die öffentlichen Räume permanent mit eingängiger Loungemusik akustisch untermalt, von Donnerstag bis Samstag werden jedoch die ,Fusion Bar', die Lobby und das angrenzende Restaurant ab 19 Uhr von angesagten DJs mit Elektro-Pop und House beschallt. Das Side will nicht nur Hotel sein, sondern auch Hotspot. Und das Konzept scheint zu funktionieren: Hier trifft sich die Szene (Brügge 2008, S.67).*

*In Mailand hat das erste Sieben-Sterne Hotel der Welt eröffnet. ,**Town House Galleria**' heißt das Luxushotel, das bislang als einziges Hotel weltweit, offiziell von der Schweizer Zertifizierungsagentur SGS ausgezeichnet wurde. Für 800 bis 4.000 € pro Übernachtung steht den Gästen in Mailand ein Bentley inklusive Fahrer zur Verfügung. Ein Klavierspieler verwöhnt mit Live-Musik in der Hotel-Suite, wo das Gepäck bereits bei der Ankunft wartet. Ein privater Butler steht pro Luxus-Suite bereit – laut Hoteldirektor Allesandro Rosso ein adäquater Service. Um sich als ,ultra-luxuriös' zu qualifizieren, muss ein Hotel seinen Klienten eine Serie exklusiver Dienstleistungen anbieten können. Die Botschaft heisst also Service, Service und nochmals Service. Nichts darf dem Zufall überlassen werden (Liesch 2007, S.3).*

Eine *zeitbezogene Differenzierung* heißt, es dem Kunden schneller als der Wettbewerb zu ermöglichen, aus dem Produkt oder der Leistung Nutzen zu ziehen (z.B. Reaktions- oder Bearbeitungszeiten, On-/Offlinesystemmöglichkeiten, Self-Service-Optionen). Mobile Dienste wie ein mobiler Check-in/out, Reservierungen über mobile Telekommunikationsdienste, Business-Dienstleistungen wie mobiles Drucken oder Sekretariatsdienste, können hierbei aus Sicht des Hotelkunden Zeitsparangebote darstellen. Individuelle persönliche oder geschäftliche Einkaufsservices oder das ,early/take away breakfast' vor 6 Uhr für Geschäftsreisende stellen ebenfalls Ansatzpunkte dar, wie Zeit- bzw. Conveniencevorteile für Hotelkunden generiert werden können. Auch die Innovationsgeschwindigkeit von Unternehmen fällt in diese Kategorie, d.h., die Fähigkeit derartige Qualitäts- bzw. Serviceverbesserungen schneller als der Wettbewerb zu entwickeln und am Markt durchzusetzen.

*Das **Opryland Hotel Convention Center** in Nashville Tennessee (www.opryland.com) entwickelte ein System, um lange Check-in und Check-out Zeiten zu vermeiden. Das Express Check-in Plus-System ermöglicht das Aus- oder Einchecken mittels der Kreditkarte. Im Makatel werden die Daten eingelesen, das System überprüft die Daten sowie den Kreditrahmen und der Gast ist innerhalb von Sekunden eingecheckt. Die Delta Hotels (Kanada) (www.deltahotels.com) geben mit dem Slogan „One minute Check-in or your first night is free (after 3:00 pm) plus 5.000 AeroPlan® " die Sicherheit, nicht lange an der Rezeption warten zu müssen. Das Peninsula Hotel Beverly Hills (www.peninsula.com) bietet seinen Gästen einen 24-stündigen Check-in und Check-out Service an. Raffles Hotels & Resorts (z. B. Hamburg, Singapore, Beverly Hills) bieten seit 2004 denselben Service.*

Eine **Differenzierung auf der Preisebene** stellt darauf ab, gleichartige Produkte oder Dienstleistungen zu einem günstigeren Preis anzubieten (z.B. Beschränkung auf das Kernprodukt Übernachtung im Low Budget Segment). So hat die Hotelkette Motel One die etablierten Low Budget-Marken und Preisführer von Accor wie Ibis und Ibis Budget (ehemals Etap) mit der kombinierten Differenzierung „Cheap and Chic" attackiert und sich über die Kombination von Preis- und Designelementen in kürzester Zeit im deutschen Budget-Markt als ernstzunehmende Hotelalternative etabliert. Easy-Hotels hingegen gehen den entgegengesetzten Weg im Budget-Segment und reduzieren das Leistungspaket noch stärker. So zahlt man nur für das Zimmer bzw. den Schlafplatz, möchte der Kunde Extras wie zum Beispiel das Fernsehen in Anspruch nehmen, so ist dies gesondert zu zahlen.

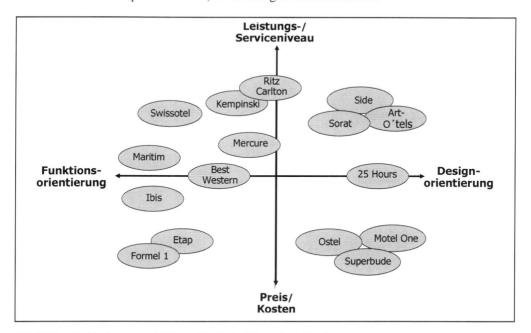

Abb.D.29:   Positionierungsmodell in der Hotellerie (Prinzipdarstellung)

Ein Hotelunternehmen muss demzufolge bestrebt sein, seine wesentlichen Stärken besonders herauszustellen, vorausgesetzt, dass die Kunden in den anvisierten Segmenten diesen Stärken einen Wert beimessen. Dies erfolgt im Zuge der **Positionierung**, die KOTLER/BLIEMEL als das Bestreben eines Unternehmens definieren, *„sein Angebot so zu gestalten, dass es im Bewusstsein des Zielkunden einen besonderen und geschätzten und von Wettbewerbern abgesetzten Platz einnimmt."* (Kotler/Bliemel 2001, S.495). Hierbei müssen sich Unternehmen im Zuge einer grundsätzlichen strategischen Ausrichtung – wie sie im nachfolgenden Kapitel ausführlich diskutiert wird – zu einer Grobpositionierung bekennen, wie sie bspw. durch die Strategien der Kosten- bzw. Qualitätsführerschaft vorgezeichnet werden. So können bspw. in der Hotellerie mit der Wahl der Grobpositionierung bestimmte Marktfelder bzw. Eigenschaftsräume definiert werden, die sich durch generelle Merkmale von anderen unterscheiden (Abb.D.29). So kann eine breite Positionierung nach diesem Grundmodell auch als methodischer Ansatz für die Beschreibung bzw. Definition von Marktsegmenten im Zuge der oben skizzierten Nutzensegmentierung gewählt werden (Becker 2006, S.249). Hierauf aufbauend gilt es – wie in Abb.D.30 skizziert – ein genau definiertes Leistungsversprechen abzugeben, das dem Kunden einen konkreten Nutzen anbietet und ihm konkrete Kaufgründe liefert (*,Unique Selling Proposition'*). *„Thus, effective positioning also must promise the benefit the customer will receive, it must create the expectation, and it must offer a solution to the customer's problem. And that solution, if at all possible, should be different from and better than the competition's, especially if one of the competitors is already offering the same solution"* (Shoemaker et al. 2007, S.355).

art'otels bestechen durch ihren "art'rageous service" und begeistern diejenigen, die "artfully" leben und reisen. jedes art'otel stellt werke <u>eines</u> zeitgenössischen künstlers aus und schafft damit, wie in einem museum, im öffentlichen raum des hotels den überblick über das gesamtwerk dieses bedeutenden künstlers.

Hard Rock Hotels offer you a hip, contemporary attitude in an atmosphere of pure, unadulterated rock n' roll. Hard Rock Hotels offer the traveler exclusive 4-star boutique hotels located in key gateway cities and in the most exotic and sought after vacation destinations in the world.

SORAT Hotels, das sind ungewöhnliche Boutique-Hotels mit pfiffigen Ideen und frischem Design, unverwechselbarem Charakter und freundlichem Gästeservice. Ideal für alle, denen klein und fein, originell und nett, wichtiger ist als groß, fad und anonym

Abb.D.30:   Ausgewählte Leistungs-/Markenversprechen in der Hotellerie

Für die Hotellerie zeigt Abb.D.31 *Nutzenpositionierungen*, die man im Wettbewerb besetzen könnte, um sich von der Konkurrenz abzuheben. Jedes Unternehmen muss dabei für sich überprüfen, ob es auf eine Positionierung über besondere Eigenschaften abzielt, einen bestimmten Nutzen hervorhebt, nur bestimmte Anwender anspricht, die direkte Abgrenzung zum Wettbewerber sucht oder sich auf einem bestimmten Qualitäts- bzw. Preisniveau positioniert. Entscheidend sind dabei – wie bereits oben angesprochen – nicht so sehr die objektiven Produkt- oder Leistungseigenschaften, sondern die subjektive Wahrnehmung des Kunden bzgl. der angestrebten Positionierung. Die reale Positionierung der Produkteigenschaften bzw. der Nutzenversprechen muss demzufolge in besonderer Weise kommunikativ unterstützt werden, um eine effektive Positionierungsstrategie entwickeln und durchhalten zu können. Für eine positive Verankerung der jeweiligen Hotelleistungen im subjektiven Wahrnehmungsraum des Kunden ist es dabei entscheidend, ob der unternehmensseitige Kommunikationsdruck vor dem Hintergrund des überbordenden Informationsangebots ausreichend ist, wie das Nutzenangebot des Hotelunternehmens vom Kunden wertmäßig aufgenommen wird *(‚value for money')* und wie glaubwürdig und differenzierungsfähig das Leistungsversprechen bzw. die Nutzenpositionierung in Relation zu Wettbewerbsangeboten eingeschätzt wird. ***Reale und psychologische Positionierung*** müssen sich gegenseitig stützen, da eine spezifische Positionierung von Produkten oder Dienstleistungen niemals mono-instrumental besetzt bzw. gehalten werden kann, sondern stets nur durch Anwendung des gesamten Marketinginstrumentariums konsistent und glaubwürdig sichergestellt werden kann (Shoemaker et al. 2007, S.351f.; Becker 2006, S.248). Das Positionierungsmodell ist insofern eine zentrale Steuerungsgrundlage für die Art und Weise des Einsatzes aller Marketinginstrumente in der Hotellerie, wie es für eine Marktsegmentierungsstrategie bzw. einen differenzierten Marketingansatz charakteristisch ist.

Abb.D.31:   Möglichkeiten der Nutzenpositionierung in der Hotellerie

Die Auslobung von Produkt- und Leistungsunterschieden sollte nach KOTLER/BLIEMEL dann forciert werden, wenn folgende Kriterien erfüllt sind (Kotler/Bliemel 2001, S.470f.):

- **Substantialität**
Der Unterschied repräsentiert bei einer genügenden Anzahl von Kunden einen starken zentralen Zusatznutzen.

- **Hervorhebbarkeit**
Der Unterschied wird von anderen nicht angeboten oder wird vom eigenen Unternehmen in einer besonderen Form hervorgehoben.

- **Überlegenheit**
  Der Unterschied ist anderen Mitteln zur Erlangung eines Wettbewerbsvorteils überlegen.

- **Kommunizierbarkeit**
  Der Unterschied ist kommunizierbar und für die Käufer leicht erkennbar.

- **Vorsprungsicherung**
  Der Unterschied kann von Wettbewerbern nicht allzu schnell nachgeahmt werden.

- **Bezahlbarkeit**
  Die potenziellen Kunden können es sich leisten, für den Unterschied ein Preis-Premium zu zahlen.

- **Gewinnbeitragspotenzial**
  Der Unterschied bietet eine gute Chance, zusätzliche Gewinne zu erwirtschaften.

Abbildung D.32 fasst die grundlegenden Überlegungen zur Segmentierung und den damit zusammenhängenden Positionierungsansätzen des Leistungsangebots noch einmal zusammen.

Abb.D.32:   Wertangebote und Differenzierungsansätze in der Hotellerie

5 Grundlegende strategische Verhaltensweisen im Wettbewerb

Marketingstrategien sind das Bindeglied zwischen Marketingzielen und Marketingmaßnahmen und stellen demzufolge einen verbindlichen Handlungsrahmen für das Vorgehen und den Einsatz der operativen Marketinginstrumente auf dem Absatzmarkt dar. Charakteristisches Element der Strategieformulierung und -entwicklung ist die vertikale Differenzierung strategischer Entscheidungen, die einzelne Strategietypen im Hinblick auf ihren hierarchisch-organisatorischen Geltungs- und Wirkungsbereich unterscheidet. Dies trägt der Tatsache Rechnung, dass in einem Unternehmen, in Abhängigkeit von Unternehmensgröße, Diversifikationsgrad und Internationalisierungsprofil, differenzierte Strategie- und Planungsprozesse zu vollziehen sind, die sich im Kontext unterschiedlicher Problemsichten und Wettbewerbsstrukturen ergeben. Die Formulierung von Strategien findet sowohl auf der Ebene des Gesamtunternehmens, als auch auf der Ebene der strategischen Geschäftsfelder/Geschäftseinheiten statt. Funktionalbereichsstrategien, als dritte Ebene der Strategieformulierung, stellen auf grundlegende Verhaltensweisen in den einzelnen Funktionsbereichen der Unternehmen ab (z.B. Einkauf, Personal, Produktion, Finanzen). (Welge/Al-Laham 2012, S.456f.; Macharzina/Wolf 2008, S.261; Steinmann/Schreyögg 2000, S.155f.; Backhaus 1999, S.195f.).

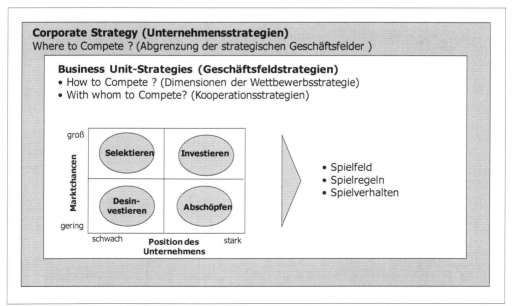

Abb.D.33:   Grundlegende Strategieausrichtungen

Während die *Unternehmensstrategie* die grundlegende Festlegung der Aktivitäten – im Sinne der Wahl der Produkt-/Marktbereiche, in denen ein Unternehmen tätig sein will – umfasst, beinhaltet die *Geschäftsfeldstrategie* die Bestimmung der Wettbewerbsstrategie in den selektierten Bereichen. Abb.D.33 visualisiert die Verzahnung von Strategieebene, strategischer Grundausrichtung und Wettbewerbsstrategie. Während bei größeren Hotelgesellschaften auf unterschiedlichen Ebenen spezifische Unternehmens- und Geschäftsfeldstrategien zu entwickeln sind, fallen beim klassischen Individualhotel i.d.R. Unternehmens- und Geschäftsfeldstrategie zusammen.

5.1 Unternehmensstrategien

Auf der Ebene der Unternehmensstrategie größerer und diversifizierter Hotelgesellschaften und -konzerne wird die grundlegende Entwicklungsrichtung des Unternehmens festgelegt, die sich im Wesentlichen durch *Wachstums-, Stabilisierungs- und Schrumpfungsstrategien* für die verschiedenen Geschäftsfelder konkretisiert (Macharzina/Wolf 2008, S.262). So war ein Hotelkonzern wie Mariott International Inc. in der Vergangenheit neben dem klassischen Hotelgeschäft mit den verschiedenen Marken (z.B. Marriott, Courtyard by Mariott, Renaissance, Bulgari, Ritz Carlton etc.), auch in den Geschäftsfeldern Timesharing (Verkauf von Ferienwohnrechten), Extended Stay (Langzeitwohnungen), Senior Living Service (Seniorenwohnanlagen) und dem Marriott Distribution Services (Lieferdienst) aktiv (Rathiel 2002, S.48). Auch Wyndham Worldwide ist derzeit mit drei Geschäftsbereichen (Wyndham Hotel Group (Hotelbetreiber), Wnydham Exchange&Rentals (Vermietung) und Wyndham Vacation Ownership (Verkauf von Ferienwohnrechten) in unterschiedlichen Geschäftsfeldern tätig (Wyndham 2014). Diese unterschiedlichen Geschäftsfelder trugen bzw. tragen bei beiden Unternehmen nicht unerheblich zum Gesamtumsatz bei, so dass aus Gesamtunternehmenssicht bereichsübergreifende und geschäftsfeldspezifische Entscheidungen über Investitionen bzw. Desinvestitionen in den jeweiligen Geschäftsfeldern zu treffen sind.

Im Mittelpunkt strategischer Prozesse auf Unternehmensebene stehen denn auch Entscheidungen darüber, in welchen Märkten man mit welchen Geschäftsbereichen tätig sein (Strategische Investition) oder sich zurückziehen (Strategische Desinvestition) will. Eine wesentliche Aufgabe auf der Ebene des Gesamtunternehmens ist entsprechend die Bildung strategischer Geschäftsfelder. Abgeleitet und definiert werden strategische Geschäftsfelder nach Maßgabe der generellen Zielplanung und ihrer Fähigkeit, sich über die Erfüllung einer unabhängigen Marktaufgabe zur Lösung von Kundenproblemen eine *strategische Erfolgsposition* bzw. einen *nachhaltigen Wettbewerbsvorteil ('Sustainable Competitive Advantage')* zu erarbeiten und somit einen eigenständigen Beitrag zur Steigerung des Unternehmenserfolgs liefern zu können. *Strategische Geschäftsfelder* stellen über ihre Produkt-, Programm- und Ressourcenkonfiguration eine eindeutig abgrenzbare *Produkt-/Marktkombination* dar, die ausreichend groß sein sollte und für die möglichst unabhängig von anderen Geschäftsfeldern, Strategien geplant und realisiert werden können (Meyer/Davidson 2001, S.309). Im Fokus dieser strategischen Perspektive steht das zu erwartende Ertragspotenzial der Geschäftsfelder, das unter Zuhilfenahme verschiedener strategischer Planungsinstrumentarien, wie z.B. der Portfolioanalyse, annäherungsweise ermittelt werden kann und über Aufbau oder Abschöpfung des jeweiligen Geschäftsfeldes entscheidet.

Beispiel Strategische Desinvestition:
Accor hat den Verkauf von Red Roof Inn in den USA (341 Hotels, 36.683 Zimmer) für 1,313 Milliarden US-Dollar an ein Konsortium aus der Citi's Global Special Situations (GSS) Group und Westbridge abgeschlossen. Mit der Veräußerung konzentriert sich Accor wieder ganz auf eine einzige Marke: die Economy- Hotelkette Motel 6, die auf dem nordamerikanischen Markt mit 928 Hotels vertreten ist und vor mehr als 30 Jahren gegründet wurde. Gilles Pélisson, CEO von Accor, erklärte: „Wir werden bis 2010 in den USA und Kanada mehr als 200 Motel 6-Hotels eröffnen und so die Entwicklung der Marke merklich beschleunigen." (hospitality inside vom 14.9.2007).

Begreift man Strategische Geschäftsfelder somit als eine eindeutig definierbare Produkt-/ Marktkombinationen, schlägt die in der betriebswirtschaftlichen Literatur zur strategischen Unternehmensführung zum ‚*Klassiker*' gereifte **Produkt-/Markt-Matrix nach ANSOFF vier wachstumsorientierte, strategische Stoßrichtungen** vor (Marktdurchdringung, Marktentwicklung, Produktentwicklung, Diversifikation; Ansoff 1988, S.83) (Abb.D.34).

Märkte / Produkte	Gegenwärtig	Neu
Gegenwärtig	Marktdurchdringung • Verdrängung • Akquisition	Marktentwicklung • Kunden • Länder/Regionen
Neu	Produktentwicklung • Innovation • Variation	Diversifikation • horizontal/vertikal • lateral

Abb.D.34:   Ansoff-Matrix

Die **_Marktdurchdringungsstrategie_** verfolgt das Ziel über verstärkte Marketinganstrengungen mit aktuellen Produkten und Dienstleistungen in bestehenden Märkten zusätzliche Marktanteile zu gewinnen bzw. das Marktpotenzial besser auszuschöpfen. Dies kann durch Intensivierung der Leistungsverwendung (zusätzliche Buchungen/Übernachtungen oder Services aus dem vorhandenen Kundenpotenzial), die Gewinnung von Nicht-Kunden, die Abwerbung von Konkurrenzkunden geschehen oder durch die Akquisition von Konkurrenzunternehmen. Optionen zur Erhöhung des „*Share of Wallet*" bei Bestandskunden oder zur Gewinnung von Neukunden bzw. Konkurrenzkunden liegen in der besseren Ausschöpfung des Kundenpotenzials, d.h.in der Intensivierung der Kundenbearbeitung über verstärkte kommunikative, preisliche und/oder vertriebliche Maßnahmen (Siehe hierzu Kapitel F).

> ### *Marktdurchdringung:*
> *Mit dem Kauf der Pansea-Hotelgruppe für rund 25 Millionen US-Dollar gab die britische Luxus-Hotelgruppe Orient-Express Hotels gestern eine massive Ausweitung ihres Geschäfts in Südostasien bekannt. Die Übernahme wird innerhalb der nächsten 4 Wochen vollzogen, noch vor Beginn der Hochsaison im August.Die sechs Pansea-Hotels sowie die Eastern & Oriental-Bahn zwischen Singapur und Bangkok und das Flussschiff Road to Mandalay in Myanmar gewähren den Orient-Express Hotels eine wichtige Präsenz in Südostasien und eine Plattform für weitere Expansion (hospitality inside vom 7.7.2006).*

Mit der *Marktentwicklungsstrategie* versucht ein Hotelunternehmen, mit seinem derzeitigen Leistungsangebot neue Märkte zu erschließen. Dies kann neue Ziel-/Kundengruppen bedeuten (z.B. Weekendspecials für Kurzurlauber und Städtereisende im Business Hotel) oder die geographische Ausdehnung auf bislang noch nicht bearbeitete Märkte (Internationalisierung).

> ### *Marktentwicklung:*
> *Die spanische Hotelgruppe Barceló expandiert nach Großbritannien, um Risiken auf dem Heimatmarkt zu minimieren. Vom 1. September an übernimmt das Familienunternehmen mit Sitz auf Mallorca das Management für 20 Paramount-Hotels der 4- und 5-Sterne-Kategorie des britischen Konkurrenten Dawnay Shore Hotels. Barceló versucht damit, sich gegen den scharfen Wettbewerb im Touristiksektor allgemein und insbesondere der seit einigen Jahren spürbaren Tendenz einer Abschwächung auf dem spanischen Heimatmarkt abzusichern. Trotz steigender Besucherzahlen sinken dort die Einnahmen je Gast. Angesichts der durch Billigflieger gesteigerten Mobilität buchen die Urlauber häufiger Kurztripps zu unterschiedlichen Destinationen. Die Zahl der Übernachtungen je Gast sinkt deshalb seit einigen Jahren beständig. Aus diesem Grund kaufte Barceló dieses Jahr bereits vier Hotels in den USA für 231 Millionen Euro. Außerdem ging die Gruppe eine strategische Partnerschaft mit mehreren Investmentbanken ein, um für insgesamt eine Milliarde Euro diverse 5-Sterne-Häuser in der Karibik zu erwerben. Diese sollen unter dem Namen Playa Resorts y Hotels gemanagt werden (hospitality inside vom 31.8.2007).*

Anliegen der *Produktentwicklungsstrategien* ist es, für den gegenwärtigen Markt neue bzw. veränderte Produkte und Dienstleistungen zu entwickeln. Dies kann durch die Erweiterung des Produktprogramms mittels zusätzlicher Varianten (Produktdifferenzierung) erfolgen oder durch echte Innovationen im Sinne von Markt- oder Betriebsneuheiten. Als Marktneuheiten werden Lösungen verstanden, die ein bestehendes Problem entweder auf völlig neue Art lösen oder solche Bedürfnisse befriedigen, für die es bislang keine Lösung gab. Als Beispiel für eine Marktneuheit können sicherlich die für den deutschen Hotelmarkt noch recht jungen Low Budget-Designkonzepte, wie Ibis Styles, Motel One oder Prizeotel oder die wachsende Angebote auf dem Hostelsektor genannt werden. Betriebsneuheiten beziehen sich dabei auf die modifizierte oder verbesserte Gestaltung einzelner Produkte (z.B. Westin Heavenly Bed) oder Dienstleistungen (Value Added Services), wie bspw. die Erfassung des Minibarkonsums per Sensor oder die Möglichkeit des mobilen Check Outs, die Öffnung der Zimmertür per Fingerabdruck oder Smartphone, die Rechnungserstellung via TV-Bildschirm und ähnliches mehr (Siehe hierzu Kapitel E.4).

> ***Produktentwicklung:***
> *Accor widmete in der Vergangenheit eine neue Hotelkategorie dem Rucksacktourismus (Accor Backpacker Hostels (Base Backpacker Group): „Hostels" in Auckland, Rotorua and Wellington (Neuseeland) und in Australien (Sydney) sollen das Portfolio erweitern. Vier Gegebenheiten müssen stimmen: „prime locations, good-value prices, and high levels of safety and cleanliness".Die Mitarbeiter müssen die Gegend sehr gut kennen. Es wird ein 24/7 Service geboten. Die Hostels verfügen u.a. über folgende Merkmale: Bar, Café, Unterhaltungsbereich, Kochmöglichkeiten, Reisezentrum mit Internetanschluss sowie Job-Suchmöglichkeiten, Assistenz bei Visa Angelegenheiten, einen Bankschalter, Waschmaschinen usw.*

Bei einer ***Diversifikationsstrategie*** werden neue Produkte und Dienstleistungen auf neuen Märkten angeboten. Dabei lassen sich mit der horizontalen Diversifikation, der vertikalen Diversifikation und der lateralen Diversifikation grundsätzlich drei Arten der Diversifikation unterscheiden (Homburg/Krohmer 2009, 593f.; Hungenberg/Wolf 2007, S.138ff.; Aaker 2007.). Bei der ***horizontalen Diversifikation*** agiert das Hotelunternehmen aus seinem Kerngeschäft heraus und bietet zusätzliche Leistungen an, die mit dem bestehenden Angebot in sachlichem Zusammenhang stehen (z.B. Marriott mit den verschiedenen Luxusmarken JW Marriott, Bulgari, Ritz Carlton). Auf Leistungsprogrammebene kann ein Hotelunternehmen bspw. einen Catering- oder Veranstaltungsservice auch außerhalb des Hotels anbieten. Auch das Eindringen nationaler und internationaler Hotelkonzerne in unterschiedliche Qualitätssegmente mit verschiedenen Hotelkonzepten ist als horizontale Diversifikationsstrategie zu bezeichnen (z.B. die Entwicklung der Budgetmarke Moxy des Marriottkonzerns oder Hilton in Europa mit seiner Stammmarke Hilton, der Mittelklasse-Marke Garden Inn und der Luxus-Marke Conrad). Die ***vertikale Diversifikation*** ist durch Aktivitäten in vor- bzw. nachgelagerten Wertschöpfungsstufen gekennzeichnet. Dies kann durch Einrichtung eigener Leistungsbereiche oder durch Beteiligung an anderen Unternehmen erfolgen. Ziel ist es, Synergien in der touristischen Wertschöpfungskette zu erzielen. So hielt der französische Hotelkonzern Accor in der Vergangenheit neben seinen Marken auch maßgebliche Beteiligungen an Reisebüros (Wagon-Lits-Travel), Reiseveranstaltern (Africatours, Asiatours, Americatours), Autovermietungen (EuropeCar), Reedereien (Paquet), Kurzentren (Thalassa) und ähnliches mehr. Der Reiseveranstalter TUI wiederum verfügt derzeit mit seinem Tochterunternehmen TUI Hotels&Resorts über die größte europäische Hotelkette in der Ferienhotellerie, eine Strategie die auch als Vorwärtsdiversifikation bzw. -integration bezeichnet wird.

> ***Vertikale Diversifikation:***
> *Die Hotelsparte der TUI – die TUI Hotelgruppe – gilt als größter Ferienhotelier Europas und größte deutsche Hotelkette. Hotelbeteiligungen laufen unter den Markennamen Riu, Robinson, Magic Life, Grupotel, Grecotel, Iberotel und Dorfhotel in 30 Ländern. In einer Kreuzbeteiligung haben sich RIU Hotels 2004 an der Muttergesellschaft der TUI AG beteiligt. Hauptmotiv der Beteiligung ist es, eine hohe Auslastung der RIU Hotels sicherzustellen.*

Bei der ***lateralen Diversifikation*** verlässt das Hotelunternehmen sein angestammtes Kerngeschäft und betätigt sich auf branchenfremden Feldern. Dies geschieht zwar oft aus Gründen der Risikostreuung, ist jedoch bemerkenswerterweise zumeist eine extrem risikobehaftete

Strategie, da die Unkenntnis über Marktverhältnisse, Kundenbedürfnisse und Wettbewerbs-kräfte vielfach in Misserfolge mündet. Nichtsdestoweniger sind Hotelgruppen wie Arabella, Dorint, Lindner oder Maritim als Beteiligungen von Bauunternehmen, typische Beispiele für eine laterale Diversifikationsstrategie innerhalb der Baubranche. Auch die fünf Oetker Collection Hotels, zu denen auch das Brenner's Park Hotel&Spa in Baden Baden gehört, resultieren aus einem derartigen Diversifikationsansatz des Nahrungsmittelproduzenten Dr.Oetker.

Während die Ansoff-Matrix in erster Linie wachstumsorientierte Entwicklungsrichtungen einer Unternehmensstrategie beschreibt, sind je nach Marktsituation zwangsläufig auch ge-genläufige Entscheidungen zu treffen. Hierzu gehören Konsolidierungs- oder Rückzugsstra-tegien in Märkten, in denen man sich als nicht wettbewerbsfähig erwiesen hat oder Stabili-sierungs- bzw. Abschöpfungsstrategien, wie sie insbesondere in gesättigten Märkten not-wendig sind. Abb.D.35 fasst die Grundgedanken der strategischen Entscheidungssituation auf Unternehmensebene nochmals zusammen.

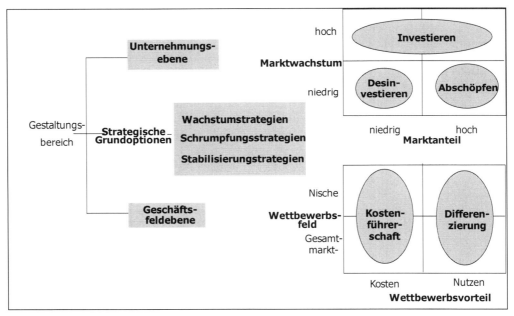

Abb.D.35:   Strategische Grundoptionen von Unternehmen
             Quelle: Schultze 1993, S.58

5.2   Geschäftsfeldstrategien

Die verschiedenen *Geschäftsfelder* eines Unternehmen sind – wie oben skizziert – *eindeutig definierbare Produkt-/Marktkombinationen*, die sich aufgrund ihrer Charakteristika in Be-zug auf Kundenbedürfnisse (Qualität, Preis), Marktverhältnisse (Größe, Wachstum, Wettbe-werbsintensität) und Ressourcenstrukturen (Mitarbeiter, Know-how, Kosten) voneinander unterscheiden und für die jeweils geschäftsfeldspezifische strategische Verhaltensweisen festgelegt werden müssen. Für kleinere Hotelketten, die sich auf das Kerngeschäft der Beherbergung und Verpflegung beschränken und deren Diversifikationsgrad im Hinblick auf ihre Produkt-/Marktkomponenten somit eher gering einzustufen ist, vollzieht sich die Abgrenzung der Geschäftsfelder über die recht eindeutig abgesteckten Marktsegmente in der Hotellerie, wie sie durch Klassifikation und Standort determiniert werden. Größere Hotelkonzerne wie bspw. Accor, InterContinental,, Wyndham oder Starwood Hotels & Resorts Worldwide Inc. weisen – wie oben skizziert – zum Teil recht diversifizierte Geschäftsfeldstrukturen auf, die speziellen Wettbewerbs- und Rahmenbedingungen unterliegen und einer bereichsspezifischen Planungs- und Strategieformulierung bedürfen.

Aus wettbewerbsstrategischer Sicht lassen sich nach PORTER für einzelne Geschäftsfelder im Wesentlichen zwei strategische Stoßrichtungen identifizieren: *'Differenzierung' (Präferenzstrategie)* oder *'Kostenführerschaft' (Preis-Mengen-Strategie)* und dies entweder im Gesamtmarkt oder in einer Marktnische (Porter 1999). Die **Konzentration auf Schwerpunkte**, die PORTER in seinem Modell der generischen Wettbewerbsstrategien als dritten Strategietyp anführt, ist dabei eine Anwendung der Kosten- bzw. Differenzierungsstrategie auf kleinere Marktnischen und -segmente. (Abb.D.36).

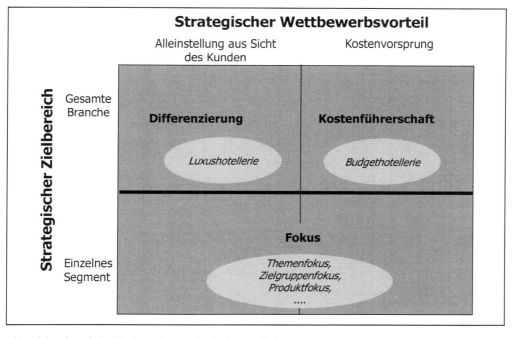

Abb.D.36:   Generische Wettbewerbsstrategien in der Hotellerie
Quelle: In Anlehnung an Porter 1999

Grundlegende Merkmale der *Strategie der Kostenführerschaft* sind folgende:

Kostenführerschaft

- Strategisches Ziel ist die Erlangung und Verteidigung einer im Branchenniveau bzw. Konkurrenzvergleich besten Kostenposition.
- Die Strategie basiert i.d.R. auf einem Standardprodukt bzw. einer Standarddienstleistung, welches/e einen bestimmten Grundnutzen erfüllt und möglichst in großer Zahl für einen Massenmarkt produziert wird und in Bezug auf die Kunden/Kundengruppen undifferenziert vermarktet wird.
- Die Strategie wird begleitet durch eine strikte Kostenorientierung, die versucht eine bestmögliche Kostenkonfiguration zu realisieren.
- Die Logik dieser Strategie besteht darin, branchenübliche Durchschnittspreise zu erzielen, bei Kosten die unter dem Branchendurchschnitt liegen und somit langfristig besser als der Wettbewerb abzuschneiden.

Protagonisten dieser Strategie finden sich in der Hotellerie bei den zahlreichen Anbietern im Low-Cost-Markt bzw. der Budget-Hotellerie. Hotelgesellschaften wie die französische Kette B&B oder die britische Inter-Continental Group mit ihrer 2-Sterne-Marke Express by Holiday Inn, die Motel One Gruppe, Nestor Hotels mit ihrer Budgetmarke Acom Premiere oder Gesellschaften wie Dormotel und einige Hostelgruppen sind dabei bedeutsame Wettbewerber auf dem deutschen Economy-Markt. In der konkreten Anwendung verlangt eine derartige Strategie die Ausrichtung der Unternehmensressourcen auf folgende Themen:

- Konzentration auf kostenbewusste Kunden/Kundensegmente
- Leistungsstandardisierung („Franchise")
- Produkt- und Prozessautomatisierung
- Externalisierung („Self Service")
- Reduktion personalintensiver Interaktionsmomente
- Reduktion der Personalintensität
- Beschränkung der Angebotsbreite/-tiefe
- Gemeinkostensenkung
- etc. ...

Differenzierungsstrategien versuchen hingegen über nicht-preisliche Aktivitäten, ein im Vergleich zur Konkurrenz besseres Produkt- bzw. Leistungsangebot anzustreben und damit einen relativen Wettbewerbsvorteil zu erzielen. Grundlegende Merkmale der Strategie der Differenzierung, die auch als *Strategie der Qualitätsführerschaft* bezeichnet wird, sind folgende:

Differenzierung

- Strategisches Ziel ist es, über das im Branchen- bzw. Konkurrenzvergleich bessere Produkt- bzw. Dienstleistungsangebot zu verfügen.
- Die Strategie basiert auf dem Konzept, entweder reale (Design, Funktionalität) oder psychologische (Image, Marke) Leistungsvorteile gegenüber dem Wettbewerb zu schaffen und somit in der Lage zu sein, Premiumpreise zu erzielen ohne Kundenverluste befürchten zu müssen.
- Die Logik dieser Strategie besteht darin, aufgrund der vom Kunden wahrgenommenen Leistungsvorteile überdurchschnittliche Preise durchzusetzen, die die Mehrkosten der Differenzierung übersteigen und damit langfristig besser als der Wettbewerb abzuschneiden.

Protagonisten dieser Strategie finden sich in der Hotellerie bei den zahlreichen Anbietern im Luxus bzw. First Class Segment. Hotelgesellschaften wie bspw. Ritz Carlton, Four Seasons, Rocco Forte oder die Capella Hotels and Resorts bzw. Individualhotels wie die Traube Tonbach, das Brenner's Park, das Hotel Bareiss oder das Hotel Thurnher's Alpenhof verfolgen eine derartige Strategie der Differenzierung. In der konkreten Anwendung verlangt eine derartige Strategie die Ausrichtung der Unternehmensressourcen auf folgende Themen:

- Konzentration auf serviceorientierte Kunden/Kundensegmente
- Leistungsindividualisierung
- Personalisierung der Kundenbeziehungen („Humanization of Service")
- Ausweitung personalintensiver Interaktionsmomente
- Internalisierung („Being Served")
- Qualifizierung der Mitarbeiter als oberste Priorität
- Differenzierung des Leistungsspektrums in Breite und Tiefe
- Konsequentes Qualitätsmanagement
- Leistungsinnovationen
- Intensivierung der Kommunikationsaktivitäten nach innen und außen
- etc. ...

Fokus- bzw. Nischenstrategien sind im Gegensatz zu den beiden vorher genannten Strategien dadurch gekennzeichnet, dass sie sich auf bestimmte Schwerpunkte und auf einzelne bzw. kleinere und überschaubare Marktnischen und -segmente konzentrieren. Grundlegende Merkmale der *Fokus- bzw. Nischenstrategie* sind folgende:

Fokus-/Nischenstrategie
- Strategisches Ziel ist es, sich über eine konsequente Konzentration auf ausgewählte Marktsegmente entweder Kosten- oder Differenzierungsvorteile gegenüber dem Wettbewerb zu verschaffen.
- Die Strategie basiert auf dem Konzept, Kunden aufgrund des gezielten Auf- und Ausbau von Spezialisierungsvorteilen (Preis, Qualität) von der relativen Vorteilhaftigkeit des Produkt-/Dienstleistungsangebots zu überzeugen.
- Die Logik dieser Strategie besteht darin, sich durch weitest gehende Spezialisierung im gewählten Nischenmarkt durchsetzen bzw. überleben zu können.

Protagonisten dieser Strategie finden sich in der Hotellerie insbesondere bei Anbietern der Individualhotellerie, Spezialmarken der Kettenhotellerie bzw. spezialisierten Hotelkoooperationen. So bestehen Hebel zur Fokussierung des Leistungsangebots entweder in der Besetzung bestimmter Themen bzw. Interessenssphären der Zielgruppe wie z.B. Ökologie, Kunst, Technologie, Gesundheit, Sport, Historie, Musik, Glücksspiel und Ähnliches mehr. Dies ist bspw. dem Privathotel Bayerischer Hof in Inzell mit seiner Profilierung über die Volksmusik und dem ersten hoteleigenen Dorf-Musik Stadl in Deutschland für mehr als 300 Personen gelungen. Auch die Entwicklung der zahlreichen und differenzierten Wellnessangebote (Medical Wellness, Medical Beauty, Body&Soul) in der Branche folgt diesem Prinzip, wenn denn das Wellnessthema einen prägenden Bestandteil des Hotelprofils darstellt und nicht nur als Zusatzleistung ausgelobt wird. Im Leisurebereich setzen international Hotelkonzepte wie das Topkapi Palace oder das Kremlin Palace in der Türkei, das The Venetian in Las Vegas oder das Atlantis auf den Bahamas bzw. in Dubai auf den Trend zur Besetzung eines besonderen Themas. Die Konzentration auf eine spezifische Kundengruppe (z.B. Jugendliche, 50plus, Familien, Frauen, Behinderte, Homosexuelle usw.) verspricht ebenfalls ein entsprechendes Profilierungspotenzial, wenn man die Bedürfniswelten der anvisierten Zielgruppe im jeweiligen Nachfragekontext der Hotelleistung (privat, beruflich) detailliert herausarbeitet und in entsprechende Dienstleistungskonzepte umsetzt (z.B. Familotels (Familien); Superbude (Jugendliche), Artemisia (Frauen), Haus Rheinsberg-Hotel am See (Behinderte)). Ein anderer Ansatz kann in der Zuspitzung des Hotelprodukts auf eine bestimmte Nutzen-/ Erlebniskategorie im Rahmen klar fokussierter Dienstleistungsangebote gesehen werden. Hier ist bspw. an Konzepte wie das „Wohnen im Schloss" (z.B. Burg Schlitz, Schlosshotel Lerbach), das „Wohnen auf Zeit" im Rahmen von Boardinghouse, Serviced Apartments oder Extended Stay-Angeboten (z.B. Althoff-Gruppe, Derag Hotel and Living) oder spezialisierte Tagungshotels wie die der Seminaris-Gruppe gedacht (Gardini 2006, S.2f.). In der konkreten Anwendung verlangt eine derartige Strategie die Ausrichtung der Unternehmensressourcen auf folgende Themen:

- Zielgruppenspezifisches Produkt-/Dienstleistungsangebot durch Konzentration auf Kunden, Themen, Nutzen und/oder spezifische Marktsegmente
- Gezielter Auf- und Ausbau von Spezialisierungsvorteilen
- Leistungsindividualisierung oder Leistungsstandardisierung
- Identifikation und Konzentration des persönlichen Dienst-leistungselements auf erfolgskritische Dienstleistungsphasen/-komponenten
- Optimierung der Kombination aus persönlichen und unpersönlichen Leistungskomponenten
- Optimierung der Kosten/Nutzen Kombination der Kunden
- Differenzierte Externalisierungs-/Internalisierungsmaßnahmen
- Gezielte Steuerung der Kundenerwartungen
- Gezielte Personalauswahl und Intensivierung von Personalentwicklungs- und Schulungsmaßnahmen
- ...

Der *Wettbewerbserfolg eines Unternehmens* setzt nach PORTER eine konsequente Entscheidung für eine der strategischen Richtungen voraus; ‚hybride' Strategien, die verschiedene Strategieelemente mischen, bleiben dagegen erfolglos (‚stuck in the middle'). Die Strategietypologie PORTERS und ihre wettbewerbsstrategische These, dass hohe Preise und niedrige Kosten unvereinbare Gegensätze bilden und als solche zwingend einen trennscharfen Strategietypus erfordern, wird in der wissenschaftlichen Literatur kontrovers diskutiert (Welge/Al-Laham 2012; Hopfenbeck 2002). Während eine Strategie der Kostenführerschaft auf eine Optimierung der unternehmensspezifischen Ressourcenkonfiguration ausgerichtet ist und versucht über einen primär internen Strategiefokus die Ertragslage durch ein wettbewerbsfähiges Kostengefüge zu verbessern, ist eine Differenzierungsstrategie auf den Markt/Kunden gerichtet und versucht über entsprechende Produkt-/Leistungsvorteile ein hohes Preisniveau am Markt durchzusetzen, zwei Stoßrichtungen, die nicht zwangsnotwendigerweise konkurrierende Zielsetzungen innehaben.[2] Als grundlegender Denkansatz für die Weiterentwicklung unternehmens- und branchenspezifischer, strategischer Programme und Wettbewerbs-

---

[2]   Dieser Sachverhalt basiert auf Überlegungen, die davon ausgehen, dass man durch die Erhöhung der Kosten/Nutzen-Kombinationen von Kunden zusätzliche Marktanteile erschließen kann, die wiederum, über die die realisierten Erfahrungskosteneffekte, zu einer verbesserten bzw. der besten Kostenposition im Wettbewerb führen können. Auch der Target Costing-Ansatz verfolgt in diesem Sinne eine ambivalente Zielsetzung, indem die interne Ressourcenkonfiguration nach Maßgabe der am Markt erzielbaren Erlöse ausgerichtet wird (siehe Kapitel F.2.1.3).

strategien erfüllt das Konzept von PORTER zweifellos seinen Zweck und steckt durch seinen polarisierenden Charakter das strategische Suchfeld ab, innerhalb dessen Unternehmen jedweder Branche und Größe ihre wettbewerbsstrategische Stoßrichtung bestimmen müssen.

5.3   Kooperationsstrategien

Neben der Frage nach der Art und Form der Marktbearbeitung auf Unternehmens- und Geschäftsfeldebene gilt es zu entscheiden, ob ein Hotelunternehmen seine Ziele alleine verfolgt oder die geplanten Ziele über eine Kooperationsstrategie zu erreichen versucht *(With whom to compete?)*. Kooperationen bzw. Allianzen sind dadurch gekennzeichnet, dass zwei oder mehr Unternehmen Teile ihrer Aktivitäten zusammenlegen, um ein bestimmtes Geschäftsfeld gemeinsam zu bearbeiten. Weitere Merkmale von bi- bzw. multilateralen Kooperationen sind die Freiwilligkeit der Zusammenarbeit, der Erhalt der rechtlichen Selbstständigkeit sowie die weitest gehende wirtschaftliche Selbstständigkeit der beteiligten Partner. Die Zusammenarbeit kann wiederum unterschiedliche Intensitäten aufweisen und entweder in Form einer vertraglich gebundenen bzw. ungebundenen Form erfolgen oder im Zuge ein- oder wechselseitiger Kapitalbeteiligungen der involvierten Unternehmen (Hungenberg/Wulf 2007, S.134f.).

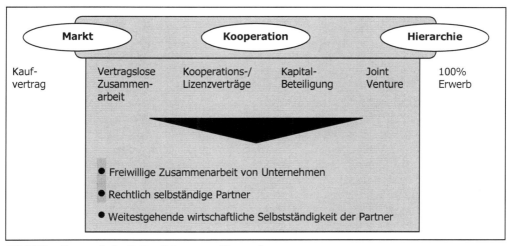

Abb.D.37:   Formen der Institutionalisierung von Kooperationen
              Quelle: Hungenberg/Wulf 2007, S.135

Eng damit zusammen hängt auch der Planungshorizont derartiger Kooperationen, so dass man darüber hinaus zwischen operativen und strategischen Formen der Zusammenarbeit zwischen Unternehmen unterscheiden muss (Kotler et al. 2006, S.650). Grundlegende *Motive der Zusammenarbeit* zwischen Unternehmen sind dabei in der Regel folgende:

- Zugang zu Märkten und Ressourcen
- Kompetenzvorteile durch Erlangung komplementärer Fähigkeiten bzw. Spezialisierungs-/Know-how Vorteile/
- Erweiterung des strategischen Möglichkeitsspektrums (Flexibilitäts-/Risikovorteile)

- Kostenvorteile
- Zeitvorteile

Kooperationen bzw. strategische Allianzen stellen aufgrund der begrenzten Ressourcen in vielen Unternehmen der Hotellerie eine bedeutsame Option innerhalb der Marketingstrategie dar. Um erfolgreich zu sein, gilt es im Zuge der Etablierung derartiger Kooperationsstrategien einige grundsätzliche Fragestellungen zu klären: Passen Zielgruppen und Kundenstrukturen, Produktportfolios und die Unternehmensphilosophie auch wirklich zusammen, von welchen Partnern können wir positive Vertriebs- und/oder Imageeffekte erwarten und inwieweit schaffen die Kooperationen einen nachhaltigen Mehrwert für unsere Kunden? Auch strukturelle und organisatorische Voraussetzungen, Aufgaben und Entscheidungsbefugnisse sind im Rahmen der Kooperationsvereinbarungen zu klären, will man die Handlungsfähigkeit und den Erfolg einer solchen Kooperation sicherstellen. Passen die Partner in ihren Stärken./Schwächenprofilen zusammen, können Kooperationen den Partnern bedeutsame Wettbewerbsvorteile verschaffen. Bleiben geplante Synergien jedoch aus, prallen inkompatible Kulturen aufeinander oder lenken Machtkämpfe an der Unternehmensspitze vom eigentlichen Geschäft ab, werden die vermeintlichen Vorteile strategischer Kooperationen sehr schnell Makulatur (Backhaus 1999, S.263).

5.3.1   Bilaterale Formen der Kooperation

Grundlegendes *Ziel von Kooperationen* ist in der Hotelbranche, ebenso wie in vielen anderen Branchen auch, die *Erzielung von Synergien zum Erhalt bzw. Ausbau von Wettbewerbsvorteilen*. Dabei lassen sich in der Hotellerie sowohl auf strategischer als auch auf operativer Ebene unterschiedlichste bilaterale Formen von Kooperationen beobachten. Wird die Zusammenarbeit der beteiligten Unternehmen im Wesentlichen durch Verträge abgesichert, mit dem Ziel der gemeinsamen Entwicklung und/oder Vermarktung komplementärer Produkte oder Marken, spricht man auch vom *Kooperationsmarketing*. Unter diesem Begriff sind verschiedenartigste Konzepte der Zusammenarbeit von Unternehmen bzw. Marken zu beobachten. Hierzu gehören sowohl klassische Marketinginstrumente wie das Co-Branding (Cross Branding), das Ingredient Branding sowie das Cross Selling (Cross Licensing), als auch Kooperationsformen in vor- bzw. nachgelagerten Bereichen der Hotellerie wie bspw. die Hotelentwicklung, die Projektvermarktung oder die internationale Markterschließung.

Als *Co-Branding* wird eine Markenallianz oder -kombination bezeichnet, bei der zwei oder auch mehrere ansonsten unabhängige Marken in einem Marketingkontext bewusst zusammengebracht werden, um gemeinsam Vorteile im Markt zu realisieren, wobei die Kooperation sowohl zwischen horizontal als auch vertikal gelagerten Wirtschaftsstufen erfolgen kann (Huber 2005, S.22). *Vertikale* und *Laterale Markenkooperationen* bzw. *Cross-Branding*-Ansätze zwischen Konsum- oder Gebrauchsgüterherstellern findet man insbesondere im Luxussegment der Hotellerie mit den sog. „Fashonista"-Hotels (Ploppa 2011, S.99). So betreibt Marriott seit 2004 auch Hotels unter der Marke Bulgari (Schmuck), während Rezidor SAS 2009 in Zusammenarbeit mit der Modemarke Missoni den Versuch einer Hotellinie gestartet hat. Weitere Modelabels, die mit der Hotellerie kooperieren oder kooperieren wollen sind bspw. die Armani Hotels, Versace, Ferragamo, Moschino, Byblos – die Liste der realisierten oder geplanten Cat Walk Hotels ist lang. Auch das 25hours verfolgt eine dezidierte Cross-Branding Strategie, indem die Gruppe bspw. mit der Jeansmarke Levis, der Automarke Mini oder der Küchenmarke Bulthaupt zusammenarbeitet. Beim *Cross-Selling* handelt es sich hingegen um das Bemühen, dem Kunden zusätzliche bzw. komplementäre Produkte und Dienstleistungen aus dem Leistungsangebot eines oder mehrerer miteinander kooperierender Unternehmen anzubieten. So versuchen Hotelunternehmen über die Übernachtung hinausgehende Serviceleistungen zu verkaufen (z.B. Spa-Anwendungen, Restaurantbesuche, Pay TV) sowie auch Hotelbetriebe einer Kette oder kooperierende Hotelunternehmen ihre Hotelkapazitäten gegenseitig vermarkten (Gruner et al. 2008, S.76).

Die französische Budget-Hotelkette **B&B Hotels** *und der Betreiber von Service-Betrieben an deutschen Autobahnen Tank & Rast unterzeichneten einen Kooperationsvertrag, der B&B 34 Autobahnhotels von Tank&Rast als Franchise-Nehmer zuführen soll. Mark Thompson, Geschäftsführer B&B Hotels GmbH Deutschland, ist von der neuen Partnerschaft begeistert: „Nach unserer Überzeugung hängt der Erfolg im Budget-Hotel-Markt vom Produkt und vom Netzwerk ab. B&B hat ein großartiges Produkt und mit dieser Kooperation werden wir das Wachstum unseres Netzes beschleunigen. Obwohl Deutschland den größten Markt für Hotelzimmer der Null- bis Zwei-Sterne-Kategorie in Europa darstellt, sind zuverlässige und qualitative Marken stark unterrepräsentiert. Durch die neue Kooperation treibt B&B seine Pläne zur Markenentwicklung in Deutschland massiv voran. Zurzeit gibt es 14 B&B Hotels in Deutschland; allein in den letzten 18 Monaten sind sechs Häuser dazugekommen. Noch vor Ende 2010 wird die Hotelkette mit mehr als 60 B&B-Häusern in Deutschland präsent sein (Hospitality Inside vom 16.11.2007)*

easyHotel.com hat mit der deutschen i.gen hotels GmbH, Berlin, ein Masterfranchise-Abkommen unterzeichnet. Innerhalb der nächsten vier Jahre sind zehn easyHotels in Deutschland geplant. Das erste Haus soll in Berlin entstehen. In ihrer Funktion als Masterfranchiser wird die i.gen hotels GmbH selbst easyHotels betreiben und Lizenzen an Sub-Franchiser vergeben. „Der Masterfranchise-Vertrag mit i.gen hotels ist für easyHotel der Einstieg in den entscheidenden deutschen Markt. Diese Expansion ist Teil unseres Ziels, die easyHotel-Marke global zu etablieren," sagt Stelios Haji-Ionnou, CEO der easyGroup. Die i.gen hotels GmbH konzentriert langjährige Erfahrungen in den Bereichen Hotelentwicklung, Projektvermarktung und Hotelmanagement. easyHotel ist die Hotelkette der easyGroup, die auch den umsatzstärksten Low-Cost-Carrier easyJet betreibt. Erste easyHotels gibt es in London und in Basel, zuletzt wurde mit Istithmar Hotels ein Master-Franchisevertrag für den Mittleren Osten, Pakistan und Indien geschlossen (hospitality inside 15.6.2007).

Ingredient Branding hingegen bezeichnet die Form einer Markenallianz für mehrstufige Märkte bei der Materialien, Komponenten oder Teile markiert werden, die in anderen Produkten oder Dienstleistungen zum Einsatz kommen und deren Leistungen vom Kunden als eigenständiger Bestandteil dieser Produkte bzw. Dienstleistungen wahrgenommen werden soll (z.B. Intel, Goretex, Wollsiegel) (Freter/Baumgarth 2001, S.319f.). So kreierte das Park Hyatt Paris Vendome gemeinsam mit dem Lichtproduzenten Lutron und dem Lichtdesigner John Marsteler ein neuartiges und unkonventionelles Lichtsystem, welches in der Unternehmenskommunikation des Hotels auch partnerschaftlich beworben wird. Auf der Ebene der Roh- und Einsatzstoffe, der Teile bzw. Teilanlagen und Komponenten der Hotelleistung sind hier – bei ausreichender Strategiekompatibilität – zahlreiche Ansatzpunkte der kooperativen

Markenführung zu diagnostizieren (z.B. im Bereich Technologie, Mobiliar, Innenarchitektur, Geschirr/Porzellan, Getränke/Lebensmittel, Wellness, Sport usw. oder auf personenbezogener Ebene mit prominenten Köchen, Architekten, Designern etc.) (Gardini 2006, S.2f.).

Eine Kombination von Co-Branding und Cross Selling-Aktivitäten lässt sich am Beispiel des *lateralen Kooperationsmarketing* der Arabella Hotels (heute Arabella/Starwood) festmachen. So kooperierte die Arabella Hotelgesellschaft Mitte bis Ende der 1990er Jahre, sowohl auf Gruppenebene als auch auf Ebene der Einzelhotels, mit unterschiedlichen Partnern aus verschiedenen Wirtschaftsbereichen, um im Rahmen gemeinsamer Marketingstrategien abgestimmte Werbe- und Vertriebsaktivitäten zu entfalten. Das laterale Kooperationsmarketing der Arabella Hotels zielte– wie Abb.D.38 illustriert – dabei sowohl auf Ebene des Einzelhotels als auch auf Gruppenebene, insbesondere auf eine Steigerung des Bekanntheitsgrades bzw. positive Imageeffekte (Spill-over-Effekte). Dies sollte durch gemeinsame Lifestyle-Konzepte und Programme mit bekannten Unternehmen bzw. hochwertigen Marken aus der Konsumgüterindustrie (z.B. BMW, Audi A 8, Paulaner) und dem Dienstleistungssektor (z.B. Sixt, Pro7, American Express) erfolgen. Zu den Kooperationsvereinbarungen zählten i.d.R. gemeinsame Promotions am Point of Sale des Partners, eine abgestimmte Öffentlichkeitsarbeit, Vorzugspreise für den Kunden des Partners, Sponsoringaktivitäten (BMW Open; Münchner Olympiapark) oder partnerschaftlich beworbene Sonderaktionen (Sixt/Arabella – Bed & Car; Olympiapark/Arabella – Münchner Biergartenwochenende; Pro7/Arabella – Arabella Night Show Arrangement). Neben lateralen Kooperationsstrategien, verfolgt Arabella darüber hinaus auf Gruppenebene auch horizontale Formen der Zusammenarbeit mit Hotelgruppen in ausgewählten Auslandmärkten (z.B. Virgin Hotels in Großbritannien, Husa Hotels in Spanien). Ziel war die wechselseitige Vermarktung des Partners im jeweiligen Land, über gemeinsame Besuche bei Firmenkunden, Nutzung der zentralen Reservierungseinheiten in den Partnerhotels oder abgestimmten Verkaufsförderungsaktionen (Adam 1998).

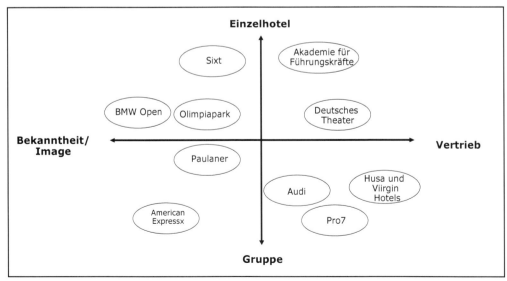

Abb.D.38:   Kooperationsmarketing der Arabella-Hotelgruppe im Spannungsfeld Image/Vertrieb
             Quelle: Adam 1998, S.1613

Die Hotelgruppe Accor kooperiert hingegen seit einiger Zeit mit verschiedenen Herstellern aus dem Konsumgüterbereich. So hat das Unternehmen bspw. für ihre Hotelmarke Ibis in der Vergangenheit mit dem Rasierklingenunternehmen Wilkinson Sword eine Partnerschaft geschlossen (Abb.D.39). Da die Gästeklientel der Ibis-Hotels stark männlich geprägt ist, versucht man im Zuge gemeinsamer Werbekampagnen und gegenseitiger Point of Sale Aktivitäten die Zielgruppenansprache der Partner zu verbreitern. So werden bspw. in Printanzeigen beide Marken kommuniziert, im Handel wird das Ibis-Logo in die Rasierklingendisplays von Wilkinson integriert, während in den Ibis-Hotels Rasierschaum-Warenproben hinterlegt werden (Cimbal 2002, S.33). Andere Kampagnen des Unternehmens sind stärker auf Produktebene verankert, wie bspw. die Kooperation der ehemaligen Etap-Hotels (heute Ibis Budget) mit dem schwedischen Möbelhersteller IKEA (Siehe Kasten).

---

*In allen 60 **Etap-Hotels** in Deutschland wurde ein IKEA-Zimmer und eine sog. „Ruhe Oase" mit IKEA-Mobiliar ausgestattet und es wurden wechselseitige Kundenvorteile eingerichet (IKEA-Gutscheine für Etap Gäste, kostenloses Frühstück für IKEA-Family-Card Inhaber inkl. einem Kind unter 12 Jahren). Bei Accor ist man überzeugt, dass die Marken und ihre Produktangebote harmonieren. „IKEA und Etap passen gut zusammen, denn beide Marken bieten pfiffige Lösungen für jeden Geldbeutel. Sie stehen für Innovation, Lifestyle, Familienfreundlichkeit und Mobilität", wird Frank Nilsson, Marketingdirektor der Economy-Hotelmarken von Accor zitiert (Daun/David 2006, S.61).*

⇨ Die Ibis Zielgruppe ist klar definiert → geringe Streuverluste für Kooperationspartner

Geschlecht Business [%]

17,8

82,2

□ Male
■ Female

Geschlecht – Leisure [%]

40,3

59,7

⇨ Generierung hochwertiger Kunden, da das Freizeitsegment vor allem aus Leisurekunden besteht, die in der Woche Businesskunden waren. Altersgruppe 25 bis 40, eher kinderlos („double income, no kids")

⇨ bereits sehr erfolgreiche Kooperationen mit starken Marken aus der Konsumgüterindustrie.

z. B. Alpecin

(Werbeträger Henry Maske)

z. B. Fenjal

(Johnson & Johnson)

z. B. Wilkinson

(Werbeträger Andre Agassi)

Abb.D.39: Fallbeispiel Co-Branding: Ibis – Kooperationspartner der Konsumgüterindustrie
Quelle: Mit freundlicher Unterstützung von Accor 2002

Gehen Unternehmen, die miteinander kooperieren, darüber hinaus wechselseitige Kapitalbeteiligungen ein, so wird die Kooperation institutionalisiert und damit weiter verstärkt. Die Kooperation ist dann am stärksten institutionalisiert, wenn die betroffenen Unternehmen alle

Aktivitätsfelder, bei denen sie kooperieren wollen, aus ihrem Unternehmen ausgliedern und in ein eigenständiges, rechtlich selbständiges Unternehmen einbringen. Dieses in Form eines *Joint Ventures* oder einer **Strategischen Allianz** betriebene Gemeinschaftsunternehmen hat dann die Aufgabe, das betroffene Geschäftsfeld im Interesse der beteiligten Partner zu bearbeiten (Hungenberg/Wulf 2007, S.135f.).

Banca Intesa, Joker und NH Italien haben einen Rahmenvertrag zur Gründung Italiens größter Hotelkette unterschrieben. Die drei Partner übernehmen die kontrollierende Mehrheit bei den italienischen Jolly Hotels. Zusammen mit den spanischen **NH Hoteles** *wird Grande Jolly als eine internationale Hotelkette mit mehr als 70 Hotels in Italien auftreten. Der Rahmenvertrag sieht vor, dass Banca Intesa, Joker und NH Italien eine Gesellschaft mit beschränkter Haftung namens „Grande Jolly" gründen werden, in der Absicht, nicht weniger als 75 Prozent des Stammkapitals von Jolly Hotels zu kontrollieren. Das Stammkapital der neu zu gründenden Gesellschaft wird wie folgt gehalten: 51 Prozent hält NH Italien, das wiederum ein Joint Venture der NH Hoteles (51 Prozent) und der Banca Intesa (49 Prozent) darstellt, 42 Prozent der Anteile werden von Joker gehalten und die restlichen 7 Prozent wiederum von Banca Intesa. (Hospitality Inside vom 17.11.2006)*

Die Hotelgruppe **Steigenberger** *expandiert ins Reich der Mitte. Dafür ist man ein Joint Venture mit einem chinesischen Partner eingegangen und wird bereits im Sommer dieses Jahres ein erstes Hotel in Peking eröffnen. Der Name des Joint Ventures ist The German Hotel Group (Beijing) Co. Ltd. mit Sitz in Peking, China. Steigenbergers Joint Venture-Partner ist die chinesische Beijing Yun Bang Investment Trade Co. Ltd. Ziel des Joint Ventures ist es, die Marken Steigenberger Hotels and Resorts und InterCityHotel auf dem chinesischen Hotelmarkt zu etablieren. Bereits im Sommer 2013 wird mit dem Hotel Maximilian managed by Steigenberger das erste Haus in Peking eröffnen. Das 5 Sterne-Haus auf dem Gelände der Audi World im Norden der Stadt wird über 300 Zimmer, ein chinesisches Restaurant, das "Berliner Café" und eine Bierstube verfügen. Für Meetings und Veranstaltungen steht der 1.300 qm große Tagungsbereich mit zwölf Räumen bereit. Hinzu kommen eine großzügige Spa-Landschaft mit Saunen, Dampfbädern und Anwendungsbereichen sowie ein Fitnessbereich. Mit dem Steigenberger Hotel Shaohai in Qingdao entsteht das zweite Haus der Frankfurter Hotelgruppe an der Küste Chinas, das im Winter 2015 eröffnen wird. Zehn weitere Hotelprojekte sind bereits in Planung. (Hospitality Inside vom 8.3.2013)*

5.3.2   Multilaterale Formen der Kooperation

Primärer Zweck von multilateralen Kooperations- bzw. Konzentrationsbestrebungen ist es, durch Zusammenschlüsse mit verschiedenen anderen Hotelunternehmen bzw. anderen Dienstleistungsanbietern, das Angebot für den Hotelkunden zu erweitern und attraktiver zu gestalten. Durch derlei Kooperationen eröffnet sich den beteiligten Unternehmen die Chance, über die Bündelung der einzelnen Kräfte die Stärken der einzelnen Kooperationspartner miteinander zu verbinden und zu vermarkten. Vor allem für die überwiegende Zahl der kleinen und mittleren Unternehmen der Individualhotellerie, bieten Kooperationsstrategien angesichts der zunehmenden Marktmacht der internationalen Hotelketten eine strategische Alternative zu der Konzentrationsstrategie der Konzerne (Meffert 1994, S.319; Bieberstein 1998, S.162). Über die verschiedenen Ausprägungen von multilateralen Kooperationsformen bzw. Unternehmenszusammenschlüssen in der Hotellerie, gibt Abb.D.40 einen Überblick.

Dimension \ Form	Unternehmens-kooperation	Unternehmens-vereinigung
horizontal	Hotelkooperationen (z.B. ERFA-Gruppen, Freiwillige Hotelketten, Lokale Kooperationen/ Arbeitsgemeinschaften)	Hotelketten - Filialisiert - (z.B. Steigenberger) - Franchise - (z.B. Holiday-Inn, Choice)
vertikal	Zusammenschluß mit vor-/nachgelagerten Wertschöpfungsstufen (z.B. Touristische Ortsverbände, Fremdenverkehrsvereine)	Zusammenschluß mit vor-/nachgelagerten Wertschöpfungsstufen (z.B. TUI/RIU Hotels, Bundesbahn/Intercity -Hotels)

Abb.D.40:   Horizontale und vertikale Formen von Unternehmenszusammenschlüssen in der Hotellerie

Auf horizontaler Ebene sind dabei – wie bereits in Kapitel B skizziert – die zwei Grundformen der **Hotelkooperation** und der **Hotelkette** von besonderer Bedeutung. Hotelketten bzw. Hotelgesellschaften sind horizontale Zusammenschlüsse mehrerer Hotelbetriebe unter einheitlicher Leitung. Hotelketten sind dabei i.d. R. entweder in Form eines Filialsystems oder eines Franchise-Systems organisiert. Vertikale Kooperationen sind – wie bereits am Beispiel von Accor oder Marriott skizziert – auf strategischer Ebene, insbesondere bei den großen internationalen Ketten zu beobachten. Auch durch Vorwärts- bzw. Rückwärtsintegrationen innerhalb der touristischen Wertschöpfungskette eröffnen sich für Hotelunternehmen verschiedenartige Wachstumschancen, wie man an den Aktivitäten vieler Reiseveranstalter (z.B. TUI, Thomas Cook, Rewe Touristik) oder in der Vergangenheit an der Beteiligung der Deutschen Bundesbahn an den Intercity Hotels bzw. der Lufthansa an Kempinski Hotels sehen kann (Hofman 1996, S.56). Des Weiteren sind zunehmend geographische Vermarktungskooperationen (Städte- und Standortmarketing, Destinationsmanagement) zu beobachten, um über die regionale Positionierung und Vermarktung auch als Kooperationsmitglied von einer gestiegenen Standortattraktivität zu profitieren (Bieger(Beritelli 2012).

*Großer Erfolg der **Marke Allgäu**: Bei der Verleihung des Superbrands Germany Award 2012 hat das Allgäu die begehrte Auszeichnung erhalten. Eine hochkarätige Jury unabhängiger Marketing-Fachleute aus Wissenschaft, Wirtschaft und der Medienbranche bewertete insgesamt 340 Marken. 30 davon erhielten die Superbrand-Auszeichnung als beste Marken Deutschlands – darunter das Allgäu als einzige Region neben großen Namen wie die Deutsche Bank, LEGO oder Bionade. Mit großem Jubel reagierte die Allgäu GmbH auf die Auszeichnung: „Wir sind stolz darauf, dass wir es als einzige Regionenmarke geschafft haben, in den Kreis der internationalen Superbrands aufgenommen zu werden", freut sich Marketingleiter Stefan Egenter von der Allgäu GmbH. Markenmanager Stefan Nitschke ergänzt: „Mit der Marke Allgäu wollen wir nicht nur die Tourismusdestination verankern, sondern auch die Produkte und Leistungen des Wirtschaftsraums Allgäu verbinden. Werte wie Nachhaltigkeit, Qualität und Regionalität gehören hier dazu."* *(Allgäu 2014)*

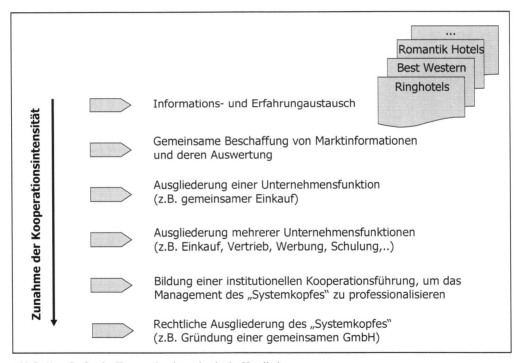

Abb.D.41:   Stufen der Kooperationsintensität in der Hotellerie
             Quelle: In Anlehnung an Seitz 1997, S.50f.

Bei ***Hotelkooperationen*** handelt es sich hingegen um freiwillige Zusammenschlüsse wirtschaftlich selbständiger Einzelhotels, die – je nach Intensität der Zusammenarbeit – als Gelegenheitsgesellschaften, Erfahrungsaustauschgruppen (ERFA) bis hin zu strategisch angelegten ***Vermarktungskooperationen*** mit einem gemeinsamen Namen bzw. Namenszusatz auftreten (***Markenhotellerie***). Abb.D.41 zeigt in Anlehnung an SEITZ (Seitz, 1997, S.50f.), wie sich die Intensität der Zusammenarbeit stufenweise aufgliedern lässt. Während die ersten beiden Stufen zwischenbetriebliche und tendenziell eher informelle und vertragslose Formen der Kooperation darstellen, sind mit zunehmender Komplexität von Aufgaben auch überbetriebliche und formal abgesicherte Formen von Bedeutung. Aktuell sind in Deutschland 62 Hotelkooperationen aktiv, in denen ca. um die 2.000 einzelne, rechtlich selbständige Hotels zu einem Verbund im Sinne einer institutionalisierten Vermarktungskooperation zusammengeschlossen sind (IHA 2014, S.209). Abbildung D.42 zeigt die zehn aktuell größten Vermarktungskooperationen bezogen auf die Anzahl der in Deutschland angeschlossenen Mitgliedsbetriebe.

Die Aufnahme in eine Hotelkooperation ist an bestimmte Auflagen und Kriterien gebunden, die von der *Vermarktungszentrale* („*Systemkopf*") festgelegt werden (z.B. Eigentümerstruktur, Klassifizierungsniveau, Betriebstyp, Standort, Marktfokus, Ambiente etc.). Ein wesentlicher Bestimmungsfaktor bei der Definition von Aufnahmekriterien und der potenziellen Auswahl von Kooperationspartnern, ist dabei die grundlegende strategische Ausrichtung der jeweiligen Vermarktungskooperation im Sinne des angestrebten Leistungs- bzw. Markenprofils. So sind für die Hotelkooperation Familotels zwangsnotwendigerweise andere Aufnahmekriterien bedeutsam als für die Kooperationen Biohotels oder Viabono.

Nr.	Hotelgesellschaft	Hotels Inland	Hotels Ausland
1.	gut-hotelgruppe	141	65
2.	Ringhotels	127	0
3.	Romantik Hotels & Restaurants	113	98
4.	Top International Hotels	94	44
5.	Flair Hotels	91	2
6.	Akzent Hotels	90	1
7.	VCH-Hotels-Deutschland	81	6
8.	Viabono GmbH	72	1
9.	Veggie Hotels	72	310
10.	proAllgäu	69	610

Abb.D.42: Die zehn größten deutschen Hotelkooperationen im Jahr 2013
Quelle: IHA Deutschland 2014, S.209.

Wesentliche Grundvoraussetzungen für eine Aufnahme in die Vermarktungskooperation Biohotels sind bspw. die Sicherstellung von Verpflegungsleistungen aus kontrolliert biologischen Zutaten; die Verwendung von Naturmaterialien bei der Ausstattung sowie die Betonung von Energiesparmaßnahmen und die bewusste Müllreduzierung (Biohotels 2008). Die *Mitgliedschaft in einer Hotelkooperation* ist mit unterschiedlichen Kostenkomponenten verbunden, deren Struktur und Zusammensetzung sich kooperationsabhängig unterscheidet. In der Regel sind jedoch eine einmalige Aufnahmegebühr, laufende Mitgliedsbeiträge, Kosten für das Reservierungssystem und Umlagen für bestimmte Marketing- und PR-Aktivitäten zu entrichten (Hänssler 2008, S.83; Henschel et al. 2013, S.38f-).

Anfang der Siebzigerjahre hatte Jens Diekmann, Unternehmensberater im Bereich der Hotellerie, die Idee, einen Qualitätsbegriff für historische Hotels und Restaurants unter dem Markennamen „Romantik Hotels" als Alternative zu Hotelkonzernen zu etablieren. Im Mittelpunkt dieser Idee stand das Bestreben, Gastlichkeit der besonderen Art zu bieten. Mit der Verbindung von Tradition und zeitgemäßen Komfort schaffen die Romantiker atmosphärische Gemütlichkeit. Romantik Hotels sind dabei Oasen der Ruhe inmitten des hektischen Alltags, die dem Gast in einer schnelllebigen Zeit die Möglichkeit zur Besinnung, Entspannung und Regeneration bieten. Finden Sie Ihre ganz persönliche Romantik in unseren Romantik Hotels & Restaurants. Ihre Gastgeber erwarten Sie in historischen Häusern mit stilvoller Lebensart, kraftvoller Ruhe, entspannter Aktivität und ehrlichen Gefühlen – jeden Tag aufs Neue und jeder auf seine ganz individuelle Art. Erleben Sie den unverwechselbaren Charakter regional geprägter Hotels in 11 Ländern Europas, Feinstes aus Küche und Keller und Gastfreundschaft, wie sie typisch für uns ist (Romantik Hotels 2008).

The Leading Hotels of the World, *Ltd. is the prestigious luxury hospitality organization representing 430 of the world's finest hotels, resorts and spas. Headquartered in New York City, the company maintains a network of 24 regional offices in key cities around the world. Capitalizing on the strength of the Leading brand, the company introduced its first brand extension – The Leading Small Hotels of the World – in 1999. It also established several joint-venture companies: Leading Group Sales, Leading Quality Assurance, Leading Financial Services, Leading Interactive Reservations, The Leading Hotel Schools of the World, Leading Services and Products Network, The Leading Trust, Leading By Design and Leading Insurance Services. In 2005, the company launched Leading Spas of the World, the first global evaluation and certification program for the spa industry. Each year, The Leading Hotels of the World, Ltd. publishes a Directory of its member hotels, which is only one of the company's marketing endeavors. Additional services provided by the organization include extensive sales and promotional activities, advertising and public relations support, and an array of special programs for member hotels and their guests (Leading Hotels 2008).*

Für die *Wettbewerbsprofilierung und* den *Erfolg von Hotelkooperationen* ist es von Bedeutung, mittels einer strikten Aufnahmepolitik einen möglichst homogenen Mitgliederkreis zu akquirieren, denn nur eine weitest gehende Standardisierung der profilierenden Kernleistungen und die Sicherstellung eines möglichst einheitlichen Leistungs- und Qualitätsniveaus in den Mitgliedsbetrieben, wird zu einer Akzeptanz beim Hotelkunden führen und markenstarke Hotelkooperationen zu einem auch in der Fläche ernstzunehmenden Gegengewicht zur Konzernhotellerie heranwachsen lassen. Die für eine Kooperation wesensbestimmende Charakteristik der Freiwilligkeit und des gegenseitigen Vertrauens erweist sich hier jedoch hier als nachteilig, da im Gegensatz zu den Möglichkeiten der Ketten- bzw. Konzernhotellerie kein durchgehendes organisatorisches Gestaltungsprivileg gewährleistet ist, so dass angestrebte Leistungsstandards und Qualitätsniveaus oftmals nicht mit der hinreichenden Stringenz bei allen Kooperationspartnern durchgesetzt werden können, mithin der Hotelgast eine einheitliche Profilierungsleistung der Marke bzw. der Kooperation unter Umständen nicht wahrnimmt oder erfährt. Viele der aktuellen Hotelkooperationen in Deutschland sind denn auch weder bekannt noch spezifisch markiert und so herrscht in den relevanten Zielgruppen vielfach Unkenntnis und Unklarheit über den Mehrwert den Hotelkooperationen und Kooperationsmarken für den potenziellen Gast und damit auch für das potenzielle Mitglied bringen sollen. Dies ist umso bemerkenswerter, als das Hotelkooperationen mit dem Anspruch antreten, über die von ihnen verfolgte Dachmarkenstrategie *Marken- und Vertriebsvorteile* zu realisieren, über die Individualhotels sonst nicht verfügen würden. Dieses gelingt auf der Marken- und Vertriebsseite derzeit jedoch den wenigsten Kooperationen (Gardini 2009c, S.10). Inwieweit Hotelkooperationen sich als Markenalternative zu den internationalen Hotelketten zu profilieren imstande sein werden, hängt entsprechend davon ab inwieweit es gelingt, die Vorteile der einheitlichen Führungskonzeption von Hotelgesellschaften konsequent genug zu adaptieren (z.B. Produkt-/Leistungshomogenität, professionelle Vermarktung, professionelles Management, Anreiz/Sanktionssysteme) (Henschel et al. 2013. S.38f.).

6 Strategische Implikationen in der Hotellerie

6.1 Strategisches Suchfeld in der Hotellerie

Die Polarisierung der Strategien der Kostenführerschaft und der Differenzierung korrespondiert mit dem dienstleistungsspezifischen, *strategischen Suchfeld*, das sich als Spannungskomplex zwischen industriell-orientierter Dienstleistungsproduktion und zwischenmenschlicher Interaktion darstellt (Lehmann 1995, S.28ff.; Bieger 2000 S.211f.) Die Strategie der Kostenführerschaft stellt die Industrialisierungsansätze der Dienstleistungsproduktion in den Vordergrund, wie sie erstmals von LEVITT thematisiert wurde (Levitt 1972, 1976). Die Interaktionsorientierung der Differenzierungsstrategie geht hingegen einher mit der Akzentuierung der Gestaltung der Austauschbeziehungen zwischen Dienstleistungsanbieter und Dienstleistungskunde und fokussiert die Individualisierung des Leistungsangebots. Auch in der Hotellerie lässt sich – wie in vielen anderen Dienstleistungsmärkten auch – eine derartige Polarisierung dieser gegensätzlichen Strategietypen feststellen. So finden sich derartige Extremalprofile in den *Hoteltypologien der System- und der Luxushotellerie*, wie sie bspw. in den Low-Budget-Segmenten der Hotelgruppe Accor zu finden sind und anderseits durch Angebote des obersten Qualitätssegments (z.B. Four Seasons, Ritz Carlton) repräsentiert werden. (Abb.D.43).

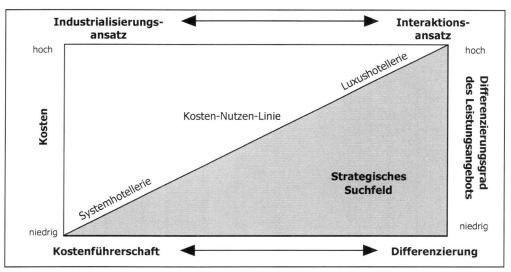

Abb.D.43: Strategisches Suchfeld in der Hotellerie

Das einzelne Hotelunternehmen bzw. die einzelnen Geschäftsfelder einer Hotelkette müssen sich innerhalb des in Abbildung D.43 skizzierten, strategischen Suchfeldes über ihre Kernkompetenzen profilieren, die nicht ausschließlich in einem eindimensionalen Wettbewerbsvorteil auf Kosten- bzw. Differenzierungsebene beruhen müssen, sondern vielmehr in einem mehrdimensionalen Problemlösungspotenzial für spezifische Kosten/Nutzen-Kombinationen der Kunden bestehen können. Diese **Kosten/Nutzen-Kombinationen** repräsentieren verschiedene, aus materiellen und immateriellen Komponenten zusammengesetzte Leistungsangebote, die mit dem zugrundeliegenden Preis bewertet, vom Kunden als Wertschätzungsbündel wahrgenommen werden und sich entlang bzw. unterhalb einer Wertschöpfungslinie im Sinne eines *„perceived value of service"* (Armistead/Clark 1993, S.222) abbilden lassen (Abb.D.43). Innerhalb der skizzierten Extremalprofile lassen sich dann – wie in Abb.D.44 dargestellt – drei polarisierende Spannungskomplexe strategischer Grundoptionen in der Hotellerie identifizieren, wobei die genannten Ausprägungen hier nicht im Sinne einer Ausschließlichkeit zu interpretieren sind, sondern sich in ihren strategischen Implikationen größtenteils gegenseitig bedingen. Die Merkmale dieser strategischen Grundoptionen werden im nachfolgenden Kapitel näher untersucht.

Vor dem Hintergrund der erläuterten wettbewerbsstrategischen Grundoptionen, ist die strategische Orientierung in der Hotellerie näher zu hinterfragen. So darf die Schaffung eines überdurchschnittlichen Kundennutzens nicht als Strategie der Qualitätsführerschaft im Sinne einer reinen Differenzierungsstrategie missinterpretiert werden. Die Wettbewerbsprofilierung im Zuge einer Qualitäts- bzw. Differenzierungsstrategie stellt die Erfüllung der Kundenbedürfnisse und -anforderungen in den Vordergrund, was zu einer Relativierung des Begriffs der Qualitätsführerschaft führt. Diese entwickelt sich nicht allein durch eine verstärkte Differenzierung der Produkte und Dienstleistungen, sondern entfaltet sich über relationale Kontexte. Diese können durch einen hohen Erfüllungsgrad in Bezug auf den Kundennutzen sowie der relativen Vorteilhaftigkeit in Bezug auf verschiedenste Qualitätsattribute konkurrierender Leistungsangebote gegeben sein. Qualitätsführerschaft in diesem Sinne definiert, entwickelt sich über die optimale Erfüllung der Kosten-/Nutzenkombination der Kunden und kann dabei sowohl eine stärkere Fokussierung auf die **relative Kostenposition (‚value for money')** beinhalten als auch auf die **Differenziertheit und Problemlösungsfähigkeit des Leistungsangebots (‚fitness for use/purpose')** eines Hotelunternehmens, im Vergleich zum Wettbewerb abstellen (Gardini 1997, S.127).

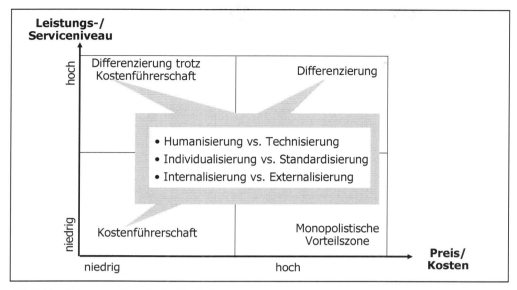

Abb.D.44:   Leistungsoptionen in der Hotellerie

Der Wettbewerbserfolg im Rahmen einer Marketingstrategie in der Hotellerie vollzieht sich demzufolge durch die Betonung von Kernkompetenzen, die sich entweder durch Kostensenkungs-/Preisstrategien, Differenzierungsstrategien oder selektive Strategien akzentuieren lassen und das Problemlösungspotenzial des Hotelunternehmens für bestimmte Kundenanforderungen in den Vordergrund stellen. Das einzelne Hotelunternehmen bzw. strategische Geschäftsfeld muss dabei vor dem Hintergrund der spezifischen Wettbewerbssituation, ein unternehmensspezifisches Optimum zwischen den Kosten- bzw. Differenzierungschancen/ -risiken, den die Industrialisierungsmöglichkeiten im Dienstleistungsbereich bieten und den Kosten-/Differenzierungschancen/-risiken, die der Betonung der zwischenmenschlichen Interaktion im Dienstleistungsbereich innewohnen, anstreben. Wegweiser durch die *‚High-Technology'* und *‚High-Touch'*-Dimensionen der Dienstleistungsqualität und der Kundenzufriedenheit ist dabei eine klare unternehmerische Zielsetzung mit Blick auf den Aufbau und den Erhalt langfristiger Kundenbeziehungen.

6.2   Strategische Grundoptionen in der Hotellerie

6.2.1   Standardisierung vs. Individualisierung

Der *Individualisierungs- bzw. Standardisierungsgrad von Hotelleistungen*, als Ausdruck der verfolgten Wettbewerbsstrategie, ist vor dem Hintergrund der Komplexität und Divergenz der angebotenen Dienstleistungen zu betrachten. Dabei wird i.d.R. von dem Tatbestand ausgegangen, dass je höher Komplexität und Divergenz einer Dienstleistung sind, desto geringer werden ihre Standardisierungsmöglichkeiten eingeschätzt (Lovelock 1993, S.71f.; Bieger 2002a, S.212). Standardisierung und Individualisierung sind jedoch nach CORSTEN aus einer potenzial-, prozess- und ergebnisorientierten Perspektive zu hinterfragen, wobei eine klare Trennung der Dimensionen nicht immer möglich ist (Corsten 1998, S.607ff.). So sind Standardisierungshebel wie bspw. Leistungsreduzierungen, eine zeitliche Beschränkung des Angebots oder der vollständige Verzicht auf bestimmte Dienstleistungsprozesse interdependenter Natur und zeitigen dementsprechend auf allen drei Ebenen ihre Wirkung. So ist eine Ergebnisstandardisierung ohne vorherige Prozess- und Potenzialstandardisierung relativ schwierig zu realisieren (Meffert/Bruhn 2009, S.232f.). Weiterhin muss danach differenziert werden, ob sich die Gestaltungsalternativen auf das Gesamtergebnis respektive den Gesamtprozess beziehen, oder ob nur jeweils Teilelemente der Servicekette davon betroffen sind. So ist das Standardisierungspotenzial von Dienstleistungen grundsätzlich durch die Intensität des Einflusses des externen Faktors auf den Leistungserstellungsprozess bzw. die Dienstleistung determiniert. CORSTEN schlägt in diesem Zusammenhang drei zentrale Arten der Standardisierung von Dienstleistung vor (Corsten 1998):

- **Standardisierung der gesamten Dienstleistung**
Kann die Dienstleistung relativ unabhängig vom externen Faktor erbracht werden, dann sind die Dienstleistung und die Dienstleistungsprozesse im Vorfeld exakt plan- und steuerbar (z.B. Pauschalreise, Fast Food-Konzepte, Automatenservices, Systemhotellerie/Low-Budget Hotelkonzepte)

- **Standardisierung von Teilkomponenten einer Dienstleistung**
Gewinnt der externe Faktor stärkeren Einfluss auf die Dienstleistung und den Leistungserstellungsprozess, so kann die Standardisierbarkeit der Teilkomponenten überprüft werden. Standardmodule können dann durch individuelle Leistungen ergänzt werden (z.B. der Standard Check-in/Out kann durch einen Fast Track für Frequent Guests ergänzt werden, Menüvorschläge werden mit a la carte Optionen ergänzt).

- **Standardisierung des Kundenverhaltens**
Hier wird versucht über die Standardisierung des Kundenverhaltens den individuellen Einfluss des externen Faktors im Dienstleistungserstellungsprozess so gering wie möglich zu halten (z.B. Nachfragesteuerung durch bestimmte Öffnungs-/Zugangszeiten oder Leistungsangebote, Verhaltenshinweise für Hotelkunden zur Nutzung der In-Room Technologie).

Hotelunternehmen als Absatzobjekte sind zwar durch eine hohe Komplexität der verschiedenen Leistungsbestandteile und -prozesse gekennzeichnet, nichtsdestoweniger verfügen sie über eine Bandbreite von strategischen Ansatzpunkten zur Konzeptionierung und Positionierung individualisierter bzw. standardisierter Dienstleistungen. So werden wesentliche Teile der Leistungserstellung in der Hotellerie in mehrstufigen Prozessen und somit außerhalb der unmittelbaren Interaktion erbracht (Armistead/Clark 1993, S.225; Lehmann 1998, S.25). Ein zunehmender Kostenfokus bedeutet jedoch für die Hotellerie, dass eine Schwerpunktverlagerung und Steigerung der Standardisierungsaktivitäten aus dem back-office Bereich in den front-office Bereich stattfindet. Dennoch sollte jedes Hotel – unabhängig vom jeweiligen Wettbewerbsschwerpunkt – im Back-Office-Bereich ein Maximum an Standardisierung anstreben, da dies zumeist nicht zu Lasten des Differenzierungspotenzials des Unternehmens geht, sondern vielmehr dazu beiträgt, die kunden- bzw. marktrelevanten Teilleistungen und -prozesse im front-office Bereich nachhaltig positiv zu stützen. Beispiele für derlei Standardisierungs- und Rationalisierungsbestrebungen können Arbeitsbündelungen im Back-Office-Bereich, eine Restrukturierung bzw. Optimierung der Leistungsbereiche, die Schnittstellenoptimierung zwischen den Abteilungen bzw. die Reihenfolgeplanung der Arbeitsschritte bzw. -prozesse usw. sein (Corsten 1998, S.613).

Neben dem Ziel der *Ausschöpfung von Kostensenkungspotenzialen*, fußt die Standardisierung von Dienstleistungen in dem Bestreben, die durch die anbieter- und nachfrageseitig gegebenen, inter- und intraindividuellen Schwankungen im Persönlichkeits-, Fähigkeits- und Bereitschaftsprofil der Prozessbeteiligten, in ihren Auswirkungen auf die Prozess- und Ergebnisqualität möglichst gering zu halten und somit eine weitest gehende *Konstanz der Dienstleistungsqualität* zu erreichen (Meyer 1994b, S.113ff.). Mitarbeiterbezogene Qualitätsschwankungen und Leistungsunterschiede kommen dann insbesondere aufgrund der bereits an anderer Stelle genannten Persönlichkeitsmerkmale, wie bspw. der individuellen Ausbildung, der grundsätzlichen Serviceeinstellung oder ganz einfach auch der jeweiligen Tagesform zustande. Auf Kundenseite nimmt mit Zunahme des Standardisierungsniveaus gleichzeitig die Möglichkeit des Kunden ab, auf die einzelnen Dienstleistungskomponenten einzuwirken und somit auf das Qualitätsniveau der Dienstleistung Einfluss zu nehmen. Bei maximaler Standardisierung beschränkt sich der Freiheitsgrad der Kundenentscheidung darauf, dass konkrete Angebot entweder anzunehmen oder abzulehnen.

Vorteile	Nachteile
• Reduktion von Personalkosten • weniger Personalprobleme (z.B Krankheit, Arbeitszeiten) • sinkende Kosten pro Leistungseinheit (Rationalisierung) • leichtere Angebotsmultiplikation • garantierbare Qualität (Standardisierung) • Kunde wahrt seine Anonymität • Mensch wird von Routine-Aufgaben entlastet • grössere Verfügbarkeit (leichtere Anpassung der Kapazitäten an schwankende Nachfrage, grössere zeitliche Verfügbarkeit unabhängig von Arbeitsvorschriften)	• Kunde verliert das Gefühl des „Bedientwerdens" • Dienstleistung reduziert sich auf sachliche Zweckerfüllung; Befriedigung sozialer und psychologischer Bedürfnisse entfällt • Wegfallen der Individualität und Einmaligkeit der Leistung • Kunde hat vielfach noch Unsicherheiten (Angst) im Umgang mit Technologien (Einfluss/Machtverlust) • „Entmenschlichung" der Geschäftsbeziehung • keine Reaktionsmöglichkeit bei Problemen • keine Kulturvermittlung/-begegnung

Abb.D.45:   Vor- und Nachteile standardisierter Dienstleistungen
Quelle: Bieger 2000, S.96 (modifiziert)

Individualisierungsstrategien zielen hingegen darauf ab, über eine erhöhte Flexibilität, Variations- und Improvisationsfähigkeit des Hotelunternehmens zur Bedarfsdeckung spezifischer Kundenbedürfnisse beizutragen und über die physische, intellektuelle und emotionale Einbindung des Kunden in den Leistungserstellungsprozess, die *Einzigartigkeit der angebotenen Dienstleistungen* zu akzentuieren (Meyer 1994b, S.125; Bieger 2000, S.212ff.). Ein die Kernleistung der Übernachtung ergänzendes, optionales Dienstleistungsspektrum eröffnet dem Kunden alternative Wahlmöglichkeiten, ermöglicht ihm weitest gehende Kontrolle über die Ausprägungen verschiedenster Dienstleistungsprozesse und -ergebnisse und betont dadurch die Individualität der Problemlösungskapazität und -fähigkeit des Dienstleistungsangebots des Hotelunternehmens. Abb.D.45 skizziert die jeweiligen Vor- und Nachteile der Standardisierungs-, respektive Individualisierungsaktivitäten im Überblick.

6.2.2   Humanisierung vs. Technisierung

Dem Wunsch nach weitest gehender Anonymität steht in der Hotellerie der Trend zur Intensivierung des persönlichen Kontaktes gegenüber. Während z.B. in Hotels mit Check-in-Terminals, Selbstbedienungsautomaten und Computerinformationssystemen für den Kunden Werte über die Faktoren Preis und Convenience erzeugt werden, liegt der Kundenwert beim kleinen Gasthof mit individueller Betreuung durch den Gastwirt, eher in der präferenzschaffenden Differenzierung auf Basis von Individualität und zwischenmenschlicher Interaktion (Bieger 2000, S.26f.). Je nach verfolgter Wettbewerbsstrategie kann das Management in der Hotellerie zwei grundlegende Positionen einnehmen (Gardini 2014, S.51f. und die dort angegebene Literatur):

Im Zentrum eines *kostenorientierten Strategiefokus* stehen *Personalreduktion und Personalkostensenkung* durch Leistungsabbau, die *Substitution* des Menschen durch realtechnische Systeme sowie die *Rationalisierung und Standardisierung* der Leistungserstellungsprozesse. Das Automatisierungs- und Rationalisierungspotenzial in der Hotellerie wird dabei vom Ausmaß der angebotenen, persönlich erbrachten Dienstleistungen und der angestrebten Intensität der persönlichen Anbieter-/Nachfragerbeziehungen determiniert. Eine weitere Restriktion ergibt sich durch die, der Hotelleistung immanenten Grenzen der Standardisierung, wodurch der verstärkte Einsatz neuer Technologien in der Hotelbranche nicht zwangsläufig Personaleinsparungen und/oder einen höheren Automatisierungsgrad zur Folge haben muss. Strategische Ziele technologiezentrierter Ansätze sind neben dem Kostenziel, die Stabilisierung der Dienstleistungsprozesse und die Vereinfachung und Verbesserung der Qualitätskontrolle durch weitestgehende Reduktion des menschlichen Faktors sowie eine höhere Geschwindigkeit der Leistungserstellung (Kelley 1989, S.45; Stauss 2001, S.321ff.).

Im Mittelpunkt einer *Differenzierungsstrategie* in der Hotellerie steht – neben einem in Breite und Tiefe stark diversifizierten Leistungsangebot – die *Akzentuierung der zwischenmenschlichen Komponente der Interaktionsmomente* zwischen Anbieter und Nachfrager im Sinne einer *„humanization of service"* (Bitran/Hoech 1990, S.89). Der Aufbau bzw. die Stabilisierung und Pflege der Kundenbeziehungen durch die bewusste Gestaltung der Mensch zu Mensch-Momente im Rahmen der angebotenen Dienstleistungsprozesse, kennzeichnet die strategische Zielsetzung humanzentrierter Ansätze. Hierbei gelten die Mitarbeiter weniger als Kostenfaktor, sondern als *angebotspolitisches Differenzierungspotenzial*, das als Schlüsselelement in der Hotellerie neben einer strikten Kundenorientierung von kardinaler Bedeutung für das erfolgreiche Bestehen im Wettbewerb anzusehen ist.

6.2.3   Internalisierung vs. Externalisierung

Die Integration eines externen Faktors (Kontaktsubjekt/Kontaktobjekt) und die damit einhergehende Interaktion zwischen Dienstleistungsanbieter und Dienstleistungsnachfrager, kann sich in unterschiedlichen Aktivitätsgraden der Beteiligten vollziehen. So gibt es Tätigkeiten und Prozesse, deren Hauptzweck es ist, den Kunden zu aktivieren bzw. zu animieren (z.B.

Selbstbedienung, Wellness-/Sportangebote), während bei anderen Tätigkeiten das Bedienen im Mittelpunkt steht (z.B. hochwertiger Restaurantservice, Massage). In diesem Spannungsfeld zwischen **Enabling (Selbermachen)** und **Relieving (Entlasten)** des Kunden bewegen sich nach NORMANN heute praktisch alle Dienstleistungen (Normann 1991, S.79ff.). Während bei einer Internalisierungsstrategie eine Ausweitung des Dienstleistungsangebots erfolgt, d.h., die Verantwortung für die Leistungserstellung weitestgehend beim Hotelunternehmen angesiedelt ist, werden bei der Externalisierungsstrategie Teile des Leistungserstellungsprozesses, die auch durch den Anbieter erbracht werden könnten, auf den Hotelkunden übertragen (Corsten 1995, S.169ff.; Lehmann 1998, S.24ff.).

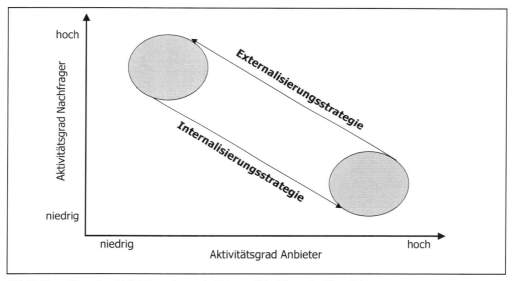

Abb.D.46: Alternative Aktivitätsgrade von Anbieter und Nachfrager im Dienstleistungsmanagement
           Quelle: Lehmann 1998, S.29

Hierbei ist wie bereits oben erwähnt zu beachten, dass, je höher der Grad der Kundenbeteiligung an der angebotenen Dienstleistung ist, desto geringer die autonome Disponierbarkeit des Anbieters bezüglich des Qualitätsniveaus dieser Dienstleistung und desto größer das Potenzial des Kunden, über seine Fähigkeiten und seine Mitwirkungsbereitschaft, auf die Prozess- und Ergebnisqualität der Dienstleistung Einfluss zu nehmen. Die physische Beteiligung des Kunden besteht häufig in der zur Verfügungsstellung von Zeit und der Übernahme bestimmter Aktivitäten und Teilprozesse im Verlaufe der Leistungserstellung (z.B. Checkout via TV, Selbstbedienung am Getränkeautomat, Gepäcktransport durch den Kunden selbst). Durch die Integration in den Leistungserstellungsprozess erfüllt der Kunde im Dienstleistungszusammenhang eine Doppelfunktion, welche in der Literatur sehr anschaulich mit den Begriffen „**Prosumer**" **(Producer und Consumer)** bzw. „**Servunction**" **(Service and Production)** beschrieben wird. Die Externalisierung bzw. Internalisierung von Dienstleistungsbestandteilen zeigt demzufolge verschiedene Konsequenzen für das Marketing-Management von Hotelleistungen. Die Externalisierung von Leistungen verfolgt einen klaren Kostenfokus, der mit einer Standardisierung und Technisierung des Dienstleistungsspektrums eines Unternehmens einhergeht und die produktiven Aktivitäten des Kunden i.d.R. mit niedrigen Preisen honoriert. Die Internalisierung von Leistungen zielt hingegen darauf ab, über die Ausweitung des Aktivitätsniveaus des Anbieters eine Leistungsdifferenzierung zu erreichen und dadurch Präferenzen bei den Abnehmern der Dienstleistung aufzubauen. Charakteristisch für die Internalisierungsstrategie ist dabei ein persönlicher und enger Kontakt zwischen Unternehmen und Kunden (Lehmann 1998, S.28f.). Neben einer klaren Kunden- bzw. Marktsegmentierung erfordert sowohl die Internalisierung als auch die Externalisierung von Dienstleistungen, eine begleitende und strategiekonforme Kommunikations- und Informationspolitik, die den Hotelkunden klare und detaillierte Rollenbeschreibungen, Fähigkeiten und Kenntnisse vermittelt, über die angestrebte Verteilung der zu übernehmenden Aufgaben und Aktivitäten informiert und die jeweiligen Vorteile der zugrundeliegenden Strategie kommuniziert.

6.3 Strategische Gruppen und Schlüsselanbieter in der Hotellerie

Wie bereits in der Diskussion zur Wettbewerbsumwelt angedeutet (Siehe Kapitel D.3.1.2), werden diejenigen Unternehmen die substituierbare Beherbergungsleistungen anbieten bzw. diejenigen Hotelunternehmen, die sich hinsichtlich ihrer grundlegenden strategischen Ausrichtung bzw. ihres Produkt-/Marktkonzepts ähnlich sind, als **Strategische Gruppe** bezeichnet (Macharzina/Wolf 2008, S.315f.; Porter 1999; Henselek 1999, S.84ff.). Für den deutschen Markt lassen sich dabei exemplarisch - wie oben in Abbildung D.12 stark vereinfacht dargestellt - in Abhängigkeit vom Leistungs- bzw. Qualitätsstandard und Standardisierungs- respektive Individualisierungsgrad der angebotenen Leistungen sechs verschiedene Anbietercluster bzw. Strategische Anbietergruppen unterscheiden. Im Folgenden sollen die strategische Ausrichtung und die Entwicklungsperspektiven dieser verschiedenen strategischen Anbietergruppen im deutschen Hotelmarkt kurz skizziert werden (vgl. hierzu und zum Folgenden TREUGAST 2012, S.53ff.):

■ **Allround- und Basisanbieter**
Zur dieser Gruppe zählen in erster Linie Individualbetriebe mit einem zumeist uneindeutigen Produkt- und Leistungskonzept. Oftmals sind sie kleinbetrieblich strukturiert und verfügen über wenig professionelle Führung und Vermarktung. Diese Häuser konnten in den letzten Jahren am wenigsten von den positiven Entwicklungen in der Branche partizipieren. Eine dünne Liquiditätsdecke und der oftmals vorhandene Instandhaltungsrückstau führen dazu, dass die stetig steigenden Ansprüche nachfrageseitig und der Zuwachs an profilierten Wettbewerbern (Ketten- und Markenhotellerie) angebotsseitig die Bedingungen deutlich erschweren. Für potenzielle Investoren und als Übernahmeobjekte für Hotelgesellschaften sind solche Objekte in der Regel nur interessant, wenn sie neben einem geeigneten Standort über eine Größe von mindestens 80 Zimmern verfügen und somit eine entsprechende Rendite erwirtschaften können. In vielen Fällen trifft dies jedoch nicht zu. Erschwerend kommt hinzu, dass diese Häuser nicht ohne größere Investitionen und/oder bauliche Veränderungen an den jeweiligen Standard angepasst werden können. Der Strukturwandel in der deutschen Hotellerie findet denn auch insbesondere zu Lasten der zahlreichen eigentümergeführten Allround- und Basisanbieter in den niedrigen und mittleren Sternekategorien statt (z.B. Stadthotels, Hotels Garni, Pensionen sowie Gasthöfe).

■ **Individuelle Luxusanbieter**

Der Markt für individuelle Luxushotels konnte in den letzten Jahren vom guten konjunkturellen Umfeld profitieren und unter Berücksichtigung touristischer Megatrends geht man in diesem Segment nach wie vor von einem nachhaltigen Wachstumspotenzial aus. So sind für Deutschland weitere Hotelprojekte aus dem Bereich der Markenhotellerie im Luxusbereich geplant. Gestützt wird diese Wachstumsorientierung durch den Boom beim Städtetourismus, der auch durch die Nachfrage ausländischer Gäste beflügelt wurde. So ist Deutschland für neue, zahlungskräftige Gästeschichten aus den BRIC-Staaten (Brasilien, Russland, Indien, China) oder den arabischen Staaten zu einer interessanten Destination geworden und die Zielgruppe der individuellen Luxushotels in den letzten Jahren stetig gewachsen. Dazu kamen Businessgäste und hochwertige Veranstaltungen, für die sich diese Häuser in überwiegend guten Lagen eignen. An stark gesättigten Standorten wie bspw. Berlin sind diese Häuser allerdings einem besonders intensiven Wettbewerb ausgesetzt und so erzielen viele Unternehmen in diesem Markt nur eine weit unterdurchschnittliche Belegung und können ihre Preisvorstellungen in der Regel kaum durchsetzen. Diese Tatsachen lassen die Renditen, die im Luxusbereich auf Grund der hohen Investitionssummen traditionell schon niedrig sind, weiter schrumpfen. Dennoch zeichnen sich die Hotels durch ihren individuellen Service und Stil aus und dürften damit auch zukünftig für eine ausreichende Anzahl an Gästen die Wert auf persönliche Zuwendung und Kommunikation legen, eine attraktive Alternative sein. Besondere, außergewöhnliche Serviceleistungen und Erlebnisse sind bei diesen Zielgruppen hoch geschätzt und so sind die Ansprüche dieser Gästegruppen entsprechend hoch und erfordern ständige Innovation und Anpassungen des Produkts und der Dienstleistungen. Neue Investitionen empfehlen sich aus diesem Grund nur an sehr guten Standorten mit entsprechend starker Nachfrage im Hochpreissegment. Zudem sind die Zukunftsfähigkeit der Konzepte und der potenzielle Betreiber eingehend zu prüfen. Typische Vertreter dieser Anbietergruppe sind Individualhotels wie der Bayerische Hof in München, das Hotel Traube Tonbach, das Hotel Bareiss in Baiersbronn, das Parkhotel in Oberstdorf oder die Sonnenalp in Ofterschwang.

■ **Spezialisten**

Spezialisten in der Hotellerie wie profilierte Wellness-, Tagungs-, Kongress- und Privathotels oder sonstige Spezialisten wie beispielsweise Sport-, Familien-, Ferien- und Patientenhotels, aber auch Lifestyle- und Themenhotels verfügen nach wie vor über ausreichendes Profilierungspotenzial solange sie sich in ihrer individuellen Nische eindeutig positionieren. Ähnlich wie bei den individuellen Luxusanbietern sind auch die Spezialisten auf bestimmte Nischen und Zielgruppen fokussiert. Der fortschreitende Trend der Individualisierung der Nachfrage führt zur Ausformung hochspezialisierter Nachfragegruppen, die in ihrem Reiseverhalten jedoch multioptional sind. Spezialisten können diese Multi-Optionalität jedoch strategisch nutzen, indem sie mit innovativen Konzepten Treiber einer solchen Entwicklung werden und damit in den anvisierten Segmenten eine konsequente Pionierstrategie anstreben. Die klare Ausrichtung auf die USPs trägt einerseits maßgeblich zur Profilierung und Behauptung im Wettbewerbsumfeld bei, macht die Häuser aber andererseits auch anfälliger für Nachfrage- und Bedürfnisveränderungen und konjunkturbedingte Einbrüche. Für Investoren bleiben Projekte in Spezialanbieter jedoch nach wie vor interessant, da sie auch zukünftig durch ihre klare Positionierung und Individualität über ein ausreichend hohes Nachfragepotenzial verfügen. Auf Grund der hohen Kapitalintensität und eines tendenziell höheren Fixkostenblocks (bedingt durch hochwertige Gastronomie-Outlets, Fachpersonal, Wellnessbe-reiche etc.), steigenden Energiekosten und Instandhaltungsaufwendungen ist der Standort-auswahl und Bewertung im Vorfeld der Investitionsentscheidung eine größere Priorität zuzu-schreiben. Typische Vertreter dieser Anbietergruppe sind Individualhotels wie das Tagungs- und Veranstaltungshotel Estrel in Berlin, der Schindlerhof in Nürnberg oder das Designhotel Zauberlehrling in Stuttgart, Kooperationen wie die Familotels, die Romantik Hotels, die Biohotels oder die Seminaris Hotels oder designorientierte Hotelketten bzw. Hotelgruppen wie die Cube Hotels, die 25hours Gruppe oder die Explorer Hotels Gruppe.

■ Budget-/Economy (1- und 2-Sterne)

Der Markt der Budget-/Economy-Hotellerie im 1- und 2-Sternebereich ist in weiten Teilen der Welt und hierbei insbesondere in Deutschland ein Wachstumsmarkt. Beispielhaft seien hier die stark expandierenden Ketten wie Motel One, B&B Hotels, Holiday Inn Express oder die Ibis Familie genannt. Weitere Hotel- und Hostelkonzepte wie von Meininger, Wombats oder A&O oder auch individuelle Anbieter in diesem Segment wie die Moxy Ho-tels, Ruby Hotels, Prizeotels oder die Superbude gelten ebenfalls als vielversprechend und überzeugen immer mehr Investoren und Projektentwickler von der Attraktivität dieses Seg-ments. Wegbereiter in diesem Marktsegment waren die Budgetmarken von Accor die in der jüngeren Vergangenheit - getrieben durch den verstärkten Wettbewerb in diesem Segment - ihre Produkte revitalisiert und verbessert haben (Ibis Familienmarkenstrategie mit den Mar-ken Ibis, Ibis Budget, Ibis Styles). Trotz weiterer Markteintritte in diesem Segment existiert aufgrund der geringen Markendurchdringung noch weiter Potenzial zur Expansion, so dass vor allem unprofilierte Hotels wie Basis- und Allroundanbieter, aber auch manche 3-Sterne-Hotels die wachsende Konkurrenz von „unten" zu spüren bekommen werden. Auch wenn zahlreiche A-Standorte bereits an der Sättigungsgrenze sind, so bieten sich gerade für dieses Segment auch die B- und C-Standorte an. Im Gegensatz zu früheren Jahren sind auch immer mehr Businesskunden bereit und willens Budgethotels in die Hotelwahl mit einzubeziehen, überzeugen doch oftmals deren vorteilhafte Lagen und die unkomplizierte Handhabung bei guter Qualität immer mehr Geschäftsreisende. Durch konjunkturelle Krisen wird dieser Ef-fekt sogar noch befördert, denn für eingeschränkte Reisebudgets bieten sich diese Hotels sehr gut an. In zentrumsnahen Lagen sind diese Häuser aber auch für Leisuregäste attraktiv und begehrt. Die hohe Investitionssicherheit bei diesen Projekten hängt mit den klaren, schlanken Konzepten und der hohen Standardisierung zusammen. Dadurch sind die Hotels sehr gut zu kalkulieren und erwirtschaften sehr gute Renditen im Vergleich zu Hotels höherer Katego-rien und so findet das Grundkonzept der Budgethotellerie sowohl auf der Investoren – als auch auf Gästeseite zunehmend Anklang in der klassischen Ferienhotellerie (Aja Resorts, Explorer, McTirol etc.).

■ Mittelklasse ((Midscale) (3-Sterne)

Mittelklassehotels (Midscale) sind im Gegensatz zu Budgethotels Vollhotels und bieten einen umfänglichen Service zu einem fairen Preis an, was bei Geschäfts- und Ferienreisen-den, die nicht auf gewisse Ausstattungsmerkmale wie ein Restaurant, einen kleinen Well-nessbereich oder ein permanent besetzte Rezeption verzichten wollen, geschätzt wird. Der größte Teil der Hotels in Deutschland ist in diesem Segment angesiedelt und so wird bei nahezu 50% aller Geschäftsreisen ein 3-Sterne-Hotel gebucht (Schneider 2009, S.44). Daher ist der Wettbewerbsdruck sehr hoch und verschärft sich durch die aufkommenden Wettbe-

werber aus dem Budgetbereich und an manchen Standorten durch profilierte Individualbetriebe. In wirtschaftlich angespannten Zeiten sieht sich die Mittelklassehotellerie auch durch
die Angebote der 4-Sterne-Hotellerie konfrontiert, die durch Preissenkungen versucht, Bu-
chungsrückgänge zu kompensieren. Trotz allem konnte sich die 3-Sterne-Kettenhotellerie in
den letzten Jahren gut am Markt behaupten und profitierte von der anhaltenden Marktberei-
nigung, die insbesondere viele Individualbetriebe traf. Des Weiteren bieten aus Investorensicht diese Hotels nach wie vor ein optimales Verhältnis von Investitionsvolumen zu Um-
satzerlösen bei gut kontrollierbarer Kostenstruktur. Auch die gute Zweitverwendungsfähig-
keit von Hotelimmobilien in diesem Segment sorgt für eine hohe Nachfrage. Probleme in
dieser Anbietergruppe ergeben sich aus der strategisch ungünstigen Mittellage zwischen der
Konkurrenz aus der Budgethotellerie sowie Anbietern aus der gehobenen Kettenhotellerie
und den damit verbundenen Schwierigkeiten einer klaren Wettbewerbspositionierung. Auch
die forcierte Marktdurchdringung durch bestehende Marken und eine weitere Ausdifferenzie-
rung von Konzepten stellt eine strategische Herausforderung für die Mittelklassehotellerie
dar. Einerseits spricht dies zwar für die Attraktivität des Segments, doch andererseits besteht
auch die Gefahr, dass der sogenannte *"Strategische Fit"*, d.h. die Abstimmung zwischen
Standort, Betreiber und Konzept nicht ausreichend beachtet wird. Zahlreiche individuelle
Hotelanbieter sowie viele Mittelklassemarken der Kettenhotellerie prägen diese Anbietergruppe (z.B. Intercity Hotels von Steigenberger, Achat Hotels, Comfort Hotels & Inns von
Choice International, Best Western Hotels, Tryp Hotels von Sol Meliá, Winter´s Hotel).

■ **Gehobene Kettenhotellerie (First Class-/Luxus) (4- und 5-Sterne)**
Diese Gruppe ist durch eine hohe Wettbewerbsdichte in den Großstädten sowie der starken
Markendurchdringung innerhalb dieses Segments charakterisiert. Ein Großteil der internatio-
nalen Hotellerie ist bereits mit einer oder mehreren Unternehmensmarken auf dem deutschen
Markt vertreten und zahlreiche etablierte Hotelgesellschaften im 4- und 5-Sterne-Segment
sind in Deutschland nach wie vor auf der Suche nach weiteren Objekten an A-Standorten.
Oft fehlt den Angeboten in diesem Segment jedoch die eindeutige Profilierung, so dass die
Konzepte der internationalen Kettenhotellerie in diesen Marktsegmenten oft austauschbar
wirken. Zusätzliche Konkurrenz kommt durch neue und professionellere Konzepte in der
oberen Midscale-Kategorie, deren Kostenstrukturen schlanker sind. Darüber hinaus weicht
diese Gruppe aufgrund der weitest gehenden Marktdurchdringung an diesen Standorten immer mehr auch auf attraktive B-Lagen aus, was aber mittelfristig zur Folge haben wird das
der Sättigungsgrad an diesen Standorten schneller erreicht werden wird, als von manchem
Anbieter strategisch geplant. Für Investoren heißt dies, dass die Investitionsentscheidung
bzw. die intensive Prüfung von Standort und Konzept noch mehr an Bedeutung gewinnt.
Das gilt nicht nur für Neubauprojekte, da an manchen Standorten wie Berlin, Frankfurt oder
Düsseldorf schon ein Überangebot besteht, sondern auch für Übernahmen, wenn allein aus
Gründen der Sicherung eines Standortes, Abstriche beim Produkt gemacht werden und letzt-
endlich die Profilierung der Gesellschaft bzw. Marke darunter leidet. Dies kann dann oftmals
nur durch zusätzliche Investitionen ausgeglichen werden, worunter wiederum die Renditen
leiden könnten. Typische Vertreter dieser Anbietergruppe sind neben individuellen Hotelan-
bietern zahlreiche Marken der Kettenhotellerie im 4-Sterne- (z.B. NH Hoteles, Maritim,
Mercure, Pullmann, Mövenpick, Holiday Inn, Arcotel, Azimut) bzw. 5-Sternebereich (z.B.
Steigenberger Hotels & Resorts, Kempinski, Rocco Forte, Hyatt, Ritz Carlton, Four Seasons,
Hilton, Intercontinental).

Denkanstöße und Diskussionsfragen

1. Die Polarisierung und Vernischung der Märkte zwischen Premium- und Discountangeboten ist in der Hotellerie ein vieldiskutiertes Thema. Was ist damit konkret gemeint und welche Konsequenzen hat dies für die Hotellerie?

2. Von Marketingexperten wird des Öfteren bemängelt, dass zahlreiche Leistungsangebote in der Hotellerie vielfach zu unprofiliert und zu undifferenziert sind. Woran mag das liegen und welche Marketingprobleme resultieren daraus für diese Unternehmen?

3. In Deutschland gibt es aktuell ca. 55 Hotelkooperationen, denen 2.320 Betriebe angeschlossen sind. Wie viele sind Ihnen bekannt? Viele dieser Kooperationen sind am Markt kaum präsent, wo doch genau das eigentlich das erklärte Ziel vieler Kooperationen ist. Wie erklären Sie sich das? Was muss eine Hotelkooperation Ihrer Ansicht nach leisten, um am Markt erfolgreich zu sein?

4. Die Budget-Kettenhotellerie in Deutschland macht mobil. Mit einem Design-Konzept hat Motel One eine Nische gefunden und wurde im Jahr 2009 damit Hotelier des Jahres. Auch andere Marken bzw. Gesellschaften wie B&B, Roomz, CitizenM, H₂O, Acom, und einige Hostelgruppen preschen auf dem bisher wenig umkämpften deutschen Budget-/Economy-Markt vor. Nennen Sie Gründe für die aktuelle internationale Nachfrage nach Marken-Budgethotels. Was bedeutet die Zunahme der Wettbewerbsintensität für die Anbieter von Budget-Marken und was würden Sie den Newcomern im deutschen Budget-Hotelmarkt empfehlen?

5. Diskutieren Sie das Konzept der Strategischen Gruppe im Sinne Porters! Macht aus Ihrer Sicht ein derartiger Ansatz aus analytischen Gesichtspunkten für die Hotellerie Sinn? Ist dieses Konzept eher für die Individualhotellerie oder die Kettenhotellerie von Bedeutung?

Kontrollfragen

1. Was versteht man unter Positionierung?

2. Was versteht man unter den Begriffen „Unternehmenskultur, Unternehmensphilosophie und Unternehmensleitbild" und welche Bedeutung haben diese Begriffe für das Marketing-Management von Hotelunternehmen?

3. Skizzieren Sie die grundlegenden Motive der Zusammenarbeit von Unternehmen! Was unterscheidet bilaterale und multilaterale Formen der Kooperation?

4. Beschreiben Sie die generischen Wettbewerbsstrategien nach Porter unter Berücksichtigung des Wettbewerbsumfeldes in der Hotellerie?

5. Diskutieren Sie die Vorgehensweise bei der Erstellung von Portfolio-Analysen. Worin besteht der Nutzen solcher Analysen?

Erfolgreiches Unternehmertum in der Hotellerie: Erfolgsfaktoren und Beispiele aus der Unternehmenspraxis

Stephan Gerhard

1 Einführung

Viel ist in den letzten Jahren geredet und geschrieben worden über die Höhen und Tiefen der Hotelbranche, über Erfolg und Misserfolg, über große Visionen und kleine Ergebnisse. Besonders in den Jahren nach 2001, als zurückgehende Wirtschaftsdaten die Schwächen der deutschen Hotellerie schonungslos und schmerzhaft aufdeckten, wurde das schlechte Abschneiden der Branche nahezu unisono ausschließlich mit dem negativen Umfeld in Zusammenhang gebracht. Die erzielten Raten sind zu tief – Schuld ist das Überangebot. Insbesondere in Ostdeutschland gibt es viel zu viele Betten – die versprochenen „blühenden Landschaften" sind nicht entstanden. Die Servicequalität kann nicht mit internationalen Standards mithalten – wie auch, in Deutschland sind die Personalnebenkosten einfach zu hoch und gute Mitarbeiter deshalb teuer.

Dass im gleichen Zeitraum aber einzelne Privathotels und auch Ketten durchaus erfolgreich waren (die Formulierung „Erfolge feierten" wäre hier absolut unpassend – zumindest in der Öffentlichkeit war das Feiern von Erfolgen absolut tabu, vergleichbar mit dem nur heimlich möglichen Bananen-Essen der Grünen-Politiker der frühen Jahre...), wurde entweder nicht öffentlich oder schien nicht besonders interessant.

Aber gerade in schwierigen Zeiten trennt sich, wie eine alte Bauernregel sagt, die Spreu vom Weizen. Oder, wie TREUGAST in ihrem Trendgutachten immer wieder bestätigte: Mittelmaß reicht nicht mehr für den Erfolg, aber die richtig Guten werden auch in der Krise reüssieren. So stellt sich natürlich die Frage: Was ist „wirklich gut"? Was zeichnet ein erfolgreiches Unternehmen aus? Was haben die Erfolgreichen, was die anderen nicht haben? Schon 1982 haben sich die Beraterkollegen von McKinsey auf die Suche nach den Erfolgsfaktoren großer Unternehmen gemacht, herausgekommen ist damals das auch heute noch lesenswerte Buch „In Search of Excellence". Einige der Ergebnisse lassen sich natürlich auch auf die Hospitality Industry übertragen, aber in vielen Bereichen tickt die Hotellerie doch etwas anders als andere Branchen. Deshalb ist es ein durchaus interessantes Unterfangen, dem Erfolg in unserer Branche auf die Spur zu kommen, Besonderheiten und Eigenarten herauszufiltern und auch das ein oder andere Negativbeispiel auszugraben. Was alles macht erfolgreiches Unternehmertum in der Hotellerie im Wesentlichen aus? Und wie kann es zu Misserfolg kommen?

Wie immer steht am Anfang und im Mittelpunkt eine kleine Gruppe von Menschen oder ein Einzelner, ob nun in der Privathotellerie oder bei Ketten. Während diese Fokussierung auf die Person in der Privathotellerie eher als selbstverständlich erscheint, wird in Hotelketten oft ganz allgemein von Management Know-how, von Strukturen und unpersönlichen Gebilden gesprochen. Es gibt aber übergreifende Voraussetzungen für den Erfolg, und einige davon sollen im Folgenden herausgearbeitet werden.

2   Erfolgsfaktoren für erfolgreiches Unternehmertum

Das Primat des Marketings

Grundlage jeglichen Erfolgs in der Dienstleistungsbranche Hotellerie ist sicherlich die konsequente Ausrichtung aller Maßnahmen auf den Gast bzw. Kunden. Seine Wünsche, Vorstellungen und Anforderungen sind es, die vom Unternehmen erfüllt werden müssen. Dieses ist zwar nun wirklich keine Neuigkeit mehr; umso erstaunlicher ist daher, dass es bis heute einer Vielzahl von Betrieben nicht gelungen ist, diese Grundregel einzuhalten. Dies liegt nach wie vor oftmals an einer eher technokratischen oder verwaltungsorientierten Einstellung der Unternehmensführer. Ebenso fatal ist es, wenn die Wünsche aller Gäste erfüllt werden sollen, was faktisch unmöglich ist und jegliche Profilierung zu Nichte macht. Dennoch setzt sich „Zielgruppenmarketing" nur langsam in der Branche durch, zu langsam, wie man manchmal den Eindruck hat, selbst die klassischen Zielgruppen der Hotellerie werden mehr und mehr ein überholtes Konstrukt.

Visionen und Innovationen

In einem wettbewerbsintensiven, dynamischen Markt wie der Hotellerie haben nur diejenigen eine Quasi-Erfolgsgarantie, die dem Gast nicht nur Mainstream-Produkte sondern echte Innovationen anbieten, also First Mover sind und eine Nische erfolgreich besetzen. So war es mit den den Lifestyle-Budget-Hotels von Motel One, den Arosa-Resorts von Arkona und der innovativen Hotelmarke 25hours. Viele dieser Innovationen basieren auf den Visionen der Unternehmensleiter, ohne die der Anstoß für die Entwicklung neuer Produkte nie gegeben worden wäre. Aber hier liegt auch eine Gefahr: Visionen basieren ab und zu auf falschen Basisdaten, sind zu speziell oder ganz einfach zu früh für den Markt. So scheiterten die Cosmopolitan Hotels mit der Idee einer Golfhotel-Kette, Jürgen Bartels mit seiner Idee der Lifestyle-Luxushotels oder auch der Erfinder der Autobahn-Stundenhotels.

„Alte Tugenden"

Es gibt nur wenige erfolgreiche Unternehmensleiter, die sie nicht haben oder nicht für den Erfolg benötigt hatten: die „alten Tugenden". Zielstrebigkeit ist eine davon, Kontinuität eine andere, Verlässlichkeit eine ganz wichtige. Daneben gibt es noch einen Faktor, der „harte Arbeit" heißt. Denn Erfolg ist definitiv kein Mitnahmeartikel – was leider oftmals in Vergessenheit geraten ist. Nicht zu vergessen ist das Thema „Maß halten": Selbstüberschätzung, ungezügelter Expansionsdrang und falscher Einsatz von begrenzten finanziellen und anderen Ressourcen dürften die Hauptgründe für viele Misserfolge in der Hotellerie, insbesondere in den Boom-Jahren nach der Wende, gewesen sein.

Handwerkliche Fähigkeiten

Auch wenn die Hotellerie kein Handwerk ist, entscheiden die sog. „handwerklichen Fähigkeiten" oftmals über Erfolg oder Misserfolg des Unternehmens. Service, F&B, Sales oder Kostenmanagement – wer weiß, wie ein Hotel wirklich tickt, hat sicherlich einen entscheidenden Vorteil. Nicht ohne Grund kommen auch heute noch viele der Unternehmensleiter in der Kettenhotellerie aus der betrieblichen Praxis, ganz zu schweigen von den Privathoteliers. Natürlich bestätigen auch hier die Ausnahmen die Regel, was den Wert der Regel aber keinesfalls mindert.

Das Streben nach Qualität

Wenn es Einigkeit über einen der wesentlichsten Erfolgsfaktoren für Unternehmen gibt, dann über die Qualität. Ob nun Dienstleistungsqualität, Führungsqualität oder Produktqualität – ohne kontinuierliche Qualität geht in der Hotellerie auf Dauer gar nichts. Insbesondere Dienstleistungsqualität (neben anderen gelten hier Ritz Carlton, Rocco Forte und auch 25hours als Benchmark) ist ein entscheidendes Kriterium für die Wahl des Hotels bzw. der Marke – und damit für den Erfolg. Eine gewisse Zeit kann sie sogar grobe Mängel in der Hardware-Qualität kompensieren. Aber irgendwann muss auch diese wieder „auf den Stand der Dinge" gebracht werden, um erfolgreich zu bleiben. So ist zum Beispiel das Wieder-Aufblühen von Steigenberger eng verbunden mit der (in einzelnen Hotels eigentlich schon überfälligen) Entscheidung vor wenigen Jahren, wieder Geld auch in die gepachteten Hotels zu stecken.

Human Resources

Erfolgreiche Unternehmen bzw. Unternehmensleiter müssen in der Lage sein, ihr Personal (das Wort kommt von Personen und ist damit zu Unrecht negativ besetzt) mitzunehmen auf die Reise zum Ziel „Erfolg". Denn gerade im Dienstleistungsunternehmen „Hotel" geht sicherlich nichts ohne motivierte, loyale Mitarbeiter, die Freude an ihrer Tätigkeit haben, unabhängig von der hierarchischen Ebene. Im Folgenden werden nun einige Beispiele aus der Praxis vorgestellt. Dabei soll sich die Darstellung jedoch nicht nur auf erfolgreiche Hotelketten beschränken, sondern auch aufzeigen, welche Faktoren dazu geführt haben, dass einige Hotels und Ketten in den letzten Jahren scheiterten.

3 Beispiele aus der Hotellerie

3.1 25hours: Stilgruppe statt Zielgruppe

Das deutsche Branchenphänomen 25hours als avantgardistische Designhotelkette zu bezeichnen wäre faktisch korrekt, würde aber zu kurz greifen. Sich selbst bezeichnen sie lieber als „junge Hotelidee, die nach Vorbild der traditionellen Hotellerie zeitgemäße Antworten auf die Anforderungen einer urbanen, kosmopolitischen Stilgruppe sucht."[3] 25hours ist von der gängigen Zielgruppen-Denke abgerückt. Die Positionierung fokussiert sich nicht auf die

---

[3] 25hours, 2014, S. 18

klassischen Geschäftsreisenden oder etwa Tagungsgäste, sondern vielmehr auf Menschen mit einer gewissen Lebenseinstellung. Gesucht (und meist gefunden) wird vielmehr der *urbane Nomade*, unermüdlicher Bewohner des Großstadtdschungels, oder auch der *Stil-Mixer*, junge, kreative und selbstständige, welche sich selten an Konventionen halten.

Was mit dem No.1 in Hamburg begann und zuletzt mit dem Bikini in Berlin einen weiteren Höhepunkt in die Hauptstadt brachte, ist inzwischen zum Maßstab innerhalb der deutschen Designhotellerie avanciert. Mit insgesamt sieben Hotels in den Metropolen Berlin, Frankfurt, Hamburg, Wien und Zürich richtet sich die Gruppe vor allem an den „Young Urban Traveller". Getreu dem Firmencredo „Kennst du eins, kennst du keins" wird jedes Hotel vollkommen individuell gestaltet. Während man beispielsweise im 25hours by Levi´s in Frankfurt mit dem gleichnamigen Jeans-Hersteller kooperiert und alles sehr unkonventionell eingerichtet ist, diente in der Hamburger Hafencity die Seefahrt als grundlegendes Stilelement. Neben einer Sauna mit Blick auf das Kreuzfahrtterminal werden den Gästen beispielsweise Tagungsräume in ausgemusterten Hapag-Lloyd Containern geboten. Dass beide Hotels mit dem Preis „Hotelimmobile des Jahres" ausgezeichnet wurden (2011: 25hours Hotel Hafencity, 2008: 25hours Hotel by Levi´s), ist bei so viel Liebe zum Detail nicht vollkommen überraschend.

Besonders großen Wert legt das Unternehmen auf die Markenbildung. Dass die erhöhten Anstrengungen in diesem Bereich Früchte tragen, zeigt sich an dem hohen Bekanntheitsgrad der Gruppe, was mit Sicherheit keine Selbstverständlichkeit bei dem noch überschaubaren Portfolio. Die soziale Verantwortung wird bei 25hours ebenfalls groß geschrieben. Mit dem Leitspruch „Wir sind die Guten" werden den Mitarbeitern viele Freiheiten wie beispielsweise das Tragen von privater Kleidung zugestanden. Zudem engagiert man sich auch im lokalen Umfeld durch Kooperationen, um einen regionalen Einkauf und einen nachhaltigen Umgang mit natürlichen Ressourcen zu ermöglichen.

Neben selektiv ausgewählten weiteren Standorten in Deutschland, wie bspw. München, will das Unternehmen aber auch international weiter wachsen. So stehen Trenddestinationen wie Barcelona und Istanbul, aber auch Amsterdam, Kopenhagen und New York auf dem Wunschzettel von 25hours.

3.2 Explorer Hotels: erstes Sport-Budgethotel mit Nachhaltigkeitsanspruch

In den Großstädten gibt es sie schon länger, die günstigen aber dennoch trendigen und chicen Budget Hotels, welche ein sehr gutes Preis-Leistungs-Verhältnis bieten und ein junges aber nicht minder anspruchsvolles Publikum erfreuen. Dieses Konzept interpretierte Jakob Reisigl unlängst neu und eröffnete 2010 das erste „Explorer" Hotel in Fischen im Allgäu – ein Konzept, dass es so im Alpenraum noch nicht gegeben hat. Die derzeit drei Sport-Budgethotels, mit einem vierten in der Pipeline für 2015, präsentieren sich einem naturverbundenem, jungen Publikum, was mit kleinem Geldbeutel dennoch eine qualitative und trendige Bleibe zum alpinen Aktivurlaub sucht und es bevorzugt, wenn dabei auch noch die Umwelt geschont wird. Speziell konzipiert für Sportler, Entdecker und Kommunikationsfreudige zeigt die Marke Explorer, wie wirklich neue Hotelprodukte aussehen können. Mit einem Open Lobby Konzept integrieren die Explorer Hotels Empfang, Tagesbar mit Loungeecke, geräumige Ausrüstungsspinte für Mountainbike & Co. nebst Waschstation und Werkbank für die einfachen Reparaturen derselben sowie große Touchscreens für das Infotainment der Gäste. Über Letztere können Wanderrouten eingesehen, Aktionen und Termine angezeigt, Spielekonsolen angeschlossen und Ausflugsfotos der Gäste auf Social Media Websites gepostet werden. Die Gebäude der Kette sind modern mit viel Holz gestaltet und im zertifizierten Passivhauskonzept gebaut. Solarzellen auf dem Dach sorgen für grünen Strom und runden das ökologische Ansinnen der Hotels ab. Die Zimmer sind einfach, aber robust und bieten auf rund 21 m² eine im Design zeitgemäße und zielgruppenorientierte Ausstattung.

Die Bausteine des Explorer Konzeptes an sich sind nicht neu. Nachhaltigkeit wird mittlerweile in diversen Formen und Arten von Hotels umgesetzt, von der Bio-Zertifizierung über Strom aus regenerativen Quellen bis hin zu sozialen Projekten. Die Ausrichtung auf Sportler ist ebenfalls keine Neuheit, insbesondere nicht im Alpenraum. Budgethotels mit limitiertem Serviceangebot und Designanspruch sind spätestens seit der Wirtschaftskrise und den gut durchdachten Motel One Hotels dieser Welt eine beliebte Alternative zu Full-Service Hotels. Die Mischung aus allen drei Konzepten jedoch ist neu. Die Pläne der Kette, bald weitere Häuser im Alpenraum zu eröffnen, zeugt von Unternehmergeist und der Erwartung, dass für dieses Konzept noch lange kein Sättigungsgrad erreicht ist.[4]

3.3   Four Seasons: Kein Glück am deutschen Markt

Die kanadische Hotelgruppe wurde 1960 von Chairman und CEO Isadore Sharp als Antwort auf die steigende Reisetätigkeit von Business Travellern gegründet. Schon damals wurde der Fokus auf eine hohe Servicequalität gelegt und Four Seasons gehörte zu den ersten, die u.a. professionellen Concierge Service und 24-Stunden Room Service anboten. Eine neue Definition von „Luxus als Service" war die Grundlage der strategischen Ausrichtung und führte zu einer weltweiten Expansion der Gruppe. Das erste Hotel in Deutschland wurde 1996 in Berlin eröffnet, weitere Hotels in Frankfurt und München sollten folgen, und obwohl das renommierte Hotel am Berliner Gendarmenmarkt acht Jahre lang zu den Vorzeigebetrieben der Hauptstadt gehörte, scheiterte Four Seasons vor allem an den Gegebenheiten, die auf dem schwierigen Berliner Hotelmarkt herrschten.

Das Scheitern der kanadischen Hotelgesellschaft Four Seasons in Berlin gilt als typisches Beispiel für die hohe Bedeutung des Standortes eines Hotels. Der Hauptgrund für den wirtschaftlichen Misserfolg war vor allem in den Gegebenheiten des Berliner Hotelmarktes zu sehen. Insbesondere die Überkapazitäten im 5-Sterne-Segment führten und führen dazu, dass die Hotels keine auskömmlichen Preise genieren können. Durch diverse Eröffnungen stiegen die Kapazitäten in allen Segmenten deutlich an. Waren es 1990 nach der Wende noch 29.000 Betten stieg das Angebot bis 2003 auf 70.000 Betten, in 2004 sogar auf 75.000 Betten. Mit einem weiteren Kapazitätsausbau zur Fußball-WM gibt es inzwischen deutlich über 100.000 Betten. Daneben spielte bei Four Seasons insbesondere die im Vergleich zu den Mitbewerbern mangelnde Ausstattung im Tagungs- und Veranstaltungsbereich dazu, dass das Unternehmen das Ziel „Preisführerschaft" nicht erreichte.

Während seines Betriebs galt das Hotel als Lieblingsquartier der Hollywood-Stars und wurde noch kurz vor der Schließung vom US-Hotelführer „Zagat Survey" zum besten Hotel in

---

[4]   Orth, S., 2013

Deutschland ernannt.[5] Es lag also keinesfalls an der Qualität des Hauses, dass das Hotel im Sommer 2004 abgegeben wurde bzw. werden musste. Trotz guter operativer Performance konnte die Pacht (5,5 Mio. Euro für 2004) nicht erwirtschaftet werden. Der Vertrag stammte noch aus den 90ern, einer Zeit nach der Wende, in der alle Hoffnungen auf die Anziehungskraft der Hauptstadt gesetzt wurden und die Pachten vereinbart wurden, die die Immobilienfonds verlangten. Doch durch das Fehlen von Pool, Ballsaal oder Tagungsräumen konnten wichtige Zielgruppen wie Tagungs-, Luxus- und Gruppenreisende nicht bedient werden.

Die Immobilie an sich gehört einem geschlossenen Immobilienfonds, der "HGA Dritte Berlin-Mitte Hofgarten GmbH & Co KG", an der ca. 1.140 private Anleger beteiligt sind, die 2000 über 100 Mio. Euro, davon 60,6 Mio. als Eigenkapital und 39,6 Mio. Euro aus einem Darlehen, in das Hotel steckten. Der Prospekt, mit dem Fondsanleger angeworben wurden, prospektierte eine jährliche Ausschüttung von 4,0 bis 6,25 %. Doch mit dem Hotel wurde offenbar kein Geld verdient. Im Oktober 2002 wurden erste Gespräche über die Zusammenarbeit und finanzielle Anpassungen zwischen dem Besitzer HGA Capital (HGA Dritte Berlin-Mitte Hofgarten GmbH & Co KG) und der Betreibergesellschaft geführt. Selbst mit Stundungen der vereinbarten Pacht und Zahlungen von Mietgarantien durch die Muttergesellschaft in Toronto im zweistelligen Millionenbereich war das Haus nicht mehr zu retten. Im Herbst 2004 musste die Gesellschaft wegen Mietschulden in Millionenhöhe das renommierte Haus am Gendarmenmarkt schließen.

Rezidor SAS stieg zu günstigeren Konditionen in den Pachtvertrag ein und betreibt das Hotel unter der Marke Regent. Eine außerordentliche Gesellschafterversammlung des Fonds stimmte dem damals angestrebten Betreiberwechsel für die Hotelimmobilie mit klarer Mehrheit (92,0 %) zu. Der neue Betreiber kündigte im Zuge der Übernahme Investitionen im Umfang von 2,5 Mio. Euro an.[6] Der Pachtvertrag mit Rezidor hat eine Laufzeit von 20 Jahren, die weiteren Eckdaten tragen dem Verdrängungswettbewerb in Berlin Rechnung: Vorgesehen war eine umsatzabhängige Pacht (17,5 bis 21,5 %), die durch eine garantierte Mindestpacht (2,8 bis 3,5 Mio. Euro im Jahr) unterlegt wurde. Mit Four Seasons waren im Jahr 2000 noch 3,3 Mio., ansteigend auf 5,5 Mio. Euro, vereinbart worden. Als Sicherungsgeberin trat die Muttergesellschaft Rezidor SAS Hospitality bei, die mit 7,0 Mio. Euro Mietausfälle absichern sollte. Das Konkurrenzangebot von Hyatt wurde aus Gründen der Sicherheit abgelehnt – Hyatt hatte nur einen Managementvertrag angeboten, der den Anlegern weniger Sicherheit geboten hätte.

Der Fonds, der wegen ausbleibender Mietzahlungen von Four Seasons in Schwierigkeiten gekommen war, soll ab 2009 wieder ausschütten. Bis 2008 verzichten die Fonds-Initiatoren HGA Capital und HGA Management auf geplante Vergütungen in Höhe von ca. 640.000 Euro, die Konzernmutter HSH Nordbank stimmte einer Tilgungsaussetzung bis 2006 zu [7]. Rezidor konnte jedoch die Marke Regent nicht halten. 2010 übernahm Formosa International Hotels Corp. (FIHC) sämtliche Markenrechte, Lizenzen und Betreiberverträge der Marke Regent von Carlson Hospitality und der Rezidor Hotel Group und somit auch das Regent Berlin.

---

[5]   Matthies, B., 2004

[6]   Bomke, B., 2004

[7]   o.A., 2004

3.4   Motel One AG: Zurück zur eigenen Immobilie

Im Jahr 1987 wurde die Astron Holding GmbH gegründet. 1993 erfolgte die Umwandlung in die Astron Hotels und Resorts AG. Als hundertprozentige Tochter wurde 1999 die Motel One GmbH mit dem Ziel gegründet, eine eigene Low-Budgetmarke aufzubauen. Drei Jahre später erfolgte der Verkauf der Astron Hotels an die spanischen NH Hoteles, jedoch ohne Motel One. 2005 wurde die Astron Hotels & Resorts AG in die heutige Motel One AG umfirmiert.

Das erste Motel One Hotel wurde 2000 in Offenbach eröffnet. Im Gegensatz zu heute befanden sich die ersten Motel One Hotels noch in Peripherielagen mittelgroßer deutscher Städte. Inzwischen zielt die Gesellschaft auf innerstädtische Lagen vor allem an deutschen A-Standorten ab. Auch die Ausstattung der Zimmer wandelte sich deutlich. Hatten die Zimmer der ersten Generation noch den Touch eines Preiswert-Hotels mit einer funktionalen Basisausstattung, verkauft sich die Marke inzwischen unter dem Slogan „Viel Design für wenig Geld" und lässt die Zimmer von Philippe Starck entwerfen. Motel One konnte in den Anfangsjahren von allen Hotelgesellschaften in Deutschland mit am besten von der „Geiz ist geil"-Mentalität des frühen 21. Jahrhundert profitieren.

Darüber hinaus ist die AG nach eigenen Angaben eine der bestkapitalisierten Hotelgesellschaften Deutschlands und ein professioneller Partner mit langjähriger hotelspezifischer Erfahrung. Im Gegensatz zu anderen Konzernen wie beispielsweise der Steigenberger Hotel AG, die sich im Rahmen ihrer Immobilienstrategie von ihren Häusern trennen und mit den neuen Eigentümern Betreiberverträge abschließen, investiert die Motel One AG über die Motel One Real Estate GmbH vor allem in eigene Häuser – und dies in einem rasanten Tempo. Ende 2007 waren es noch 19 Häuser, davon 15 Eigenbetriebe und vier Pachtbetriebe. Bis zum Jahr 2012 war die Zahl der Motel One Hotels bereits auf 38 gestiegen, davon 21 Eigentumsbetriebe und 17 Pachtbetriebe. Nach einem für Motel One in Punkto Expansion vergleichsweise ruhigen Jahr 2012, legte die Münchner Gruppe 2013 deutlich nach. Im Fokus der Expansion am deutschen Markt stehen weiterhin die Top 7 Standorte, die aus eigener Kraft ebenso wie über langfristige Mietverträge mit externen Investoren realisiert werden. Angesichts des immer enger werdenden deutschen Standortrasters, nimmt auch die internationale Expansion weiter an Fahrt auf – Ziel sind die europäischen Metropolen. Bereits 2014 gehen mit Edinburgh-Princes, Brüssel und Wien-Staatsoper drei neue Häuser im europäischen Ausland an den Start. Zudem wurden 2013 Projekte in Manchester, Barcelona und Basel gezeichnet. Mit Blick auf die Internationalisierung der Marke ist dies überaus sinnvoll, zumal gerade im Budget-Segment ernstzunehmende Konkurrenten den deutschen Markt ins Visier nehmen. Nicht nur im Hinblick auf das Portfolio befindet sich die Gesellschaft in Bewegung. Auch intern wurden Bestrebungen unternommen, um als Arbeitgeber noch attraktiver zu werden. In Kooperation mit der Internationalen Hochschule Bad Honnef-Bonn (IUBH) wurde der One Campus ins Leben gerufen, an dem ab Sommer 2014 zertifizierte Schulungsmodule und Fernstudienangebote für Motel One Mitarbeiter angeboten werden sollen.

Der Erfolg von Motel One liegt in der ständigen Marktanpassung, die das Unternehmen zu einer der dynamischsten Hotelgesellschaften macht. Durch laufende Beobachtung der Zielgruppen wurde die Trendumkehr weg von „Geiz ist geil" in Richtung „Cheap and Chic" oder „Smart Basics" frühzeitig erkannt und die Expansions- und Entwicklungsstrategie des Unternehmens daran angepasst. Noch lange bevor sich der Elektroanbieter Saturn fünf Jahre

nach dem Launch von „Geiz ist geil!" von einem der erfolgreichsten Claims der Werbege-
schichte trennte und damit ein Ende der Geiz-Mentalität propagierte, setzte die Hotelgesellschaft den deutlichen Fokus auf Lifestyle und Design zum kleinen Preis und setzte damit
neue Maßstäbe im Budgetsegment.

3.5   Radisson und die Rezidor Hotels Group: Immer am Zahn der Zeit

Die Radisson Marke, lange Zeit als Radisson SAS bekannt, wurde kürzlich einem Rebran-
ding unterzogen. Früher war Radisson SAS Hotels & Resorts eine Hotelmarke, mit der international Hotels in der 4- und 5-Sterne Kategorie betrieben wurden. Sie gehörten zur Rezidor
Hotel Group mit Sitz in Brüssel, welche wiederum Anfang 2012 mit dem Amerikanischen
Traditionsunternehmen Carlson eine strategische Partnerschaft einging. Carlsson, ein Privat-
unternehmen der Reise- und Gastronomiebranche mit Hauptsitz in Minneapolis (USA) ist
heute Hauptaktionär der Rezidor Hotel Group und führt diese in der Carlson Radisson Hotels
Group. Gemeinsam verfügen Carlson und Rezidor über rund 1.070 Hotels in mehr als 90
Ländern. Weitere 240 Hotels befinden sich im Bau (Stand Juni 2014). Somit wurde der An-
hang „SAS", welcher immer noch von der Herrschaftszeit der Scandinavian Airlines Systems über Radisson sprach, fallen gelassen und durch das heute bekannte „Blu" ersetzt. Diese Hotels positionieren sich im Upper Upscale Bereich und sollen vor allem durch ihre ikoni-
schen Gebäude und Individualität des Interior Designs bestechen und eine einladende und
spannende Atmosphäre generieren. Derzeit existieren rund 265 Hotels mit insgesamt 63.700
Zimmern, von denen ein Großteil auf Europa entfällt (Stand Q3-2013)[8].

In Deutschland setzte insbesondere das 2005, damals noch als Radisson SAS, eröffnete Hotel
Frankfurt neue Maßstäbe in Sachen Design und Architektur und wurde zum Flaggschiff der
Gruppe erklärt. Auch das Radisson SAS Media Harbour, Düsseldorf, und das Radisson SAS
Hotel Rostock gehörten zu der neuen Generation designorientierter Häuser, die mit einem
Roomstyle-Konzept auf die geänderten Gästewünsche eingehen.

Ganz im Trend der Zeit zu mehr Individualisierung und Designbewusstsein kündigte Carlson
Rezidor im Frühjahr 2014 unter anderem die neue Marke Radisson Red an: Unter dem
Schlagwort „Lifestyle Select" soll diese neue Marke ein selektives Servicekonzept bieten,
welches verstärkt die persönliche Erfahrung der Gäste, Wiedererkennung und Interaktion
mittels moderner Technologie umsetzt. Radisson Red soll weltweit im Jahr 2015 ausgerollt
werden. Gleichzeitig wurde angekündigt, dass die Kooperation mit dem italienischen Modehaus Missoni und die daraus hervorgegangene gleichnamige Fashion-Hotelmarke nicht weiter verfolgt wird und an Stelle dessen nun die Quorvus Collection tritt, in der die bereits
existierenden Missoni Hotels in Schottland und Kuweit aufgingen. Carlson Rezidor folgte
damit eine mittlerweile nicht seltenen Strategie großer Hotelmarken, welche neben stark
standardisierten Produkten häufig auch eine so genannte Collection-Marke kreieren, welche
Raum für individuelle Raumkonzepte und außergewöhnliche Produkte im Luxury Bereich
lässt (vgl. Starwoods *The Luxury Collection* oder Marriottes *Autograph Collection*)[9]. Neben
dem außergewöhnlichen Designansprüchen wird besonders auf die Servicequalität wert gelegt. Besonderheit von Radisson sind die „100 % Guest Satisfaction Guarantee" und die

---

[8]   The Rezidor Hotel Group, 2013, S. 1
[9]   AHGZ Online, 19. Februar 2014

„Yes I Can!"-Servicementalität. In der Kombination aus Serviceorientierung und der style-orientierten Hotelhardware wird die Grundlage für die Marktführerschaft im bedienten Segment gesehen.

4 Fazit

Die Erfolgsformel für Unternehmertum in der Hotellerie auf einen gemeinsamen Nenner zu bringen, ist quasi unmöglich – zu viele Faktoren aus den unterschiedlichsten Unternehmensbereichen sind zu beachten. Da ist zum einen der Gesamtmarkt, der in schlechteren Zeiten schon dazu geführt hat, dass an sich erfolgreiche Hotels ihre Türen schließen mussten. Darüber hinaus zeigten die Beispiele Motel One und Explorer, dass mit einer visionären Idee ein ganzes Marktsegment „aufgemischt", bzw. schlichtweg neu Erschaffen werden kann. Im Gegensatz zu anderen Unternehmen basierte die Umsetzung bei Motel One jedoch auf einer gesunden Kapitalstruktur und fundierten betriebswirtschaftlichen Kenntnissen, so dass es die Gesellschaft in nur wenigen Jahren schaffte, sich als Benchmark innerhalb der Branche zu etablieren. Der Erfolgsfaktor Qualitätsorientierung zeigt sich am Beispiel Rezidor und Radisson. Schon früh erkannte die Muttergesellschaft die hohe Bedeutung einer zielgruppenorientierten Ansprache mit hoher Servicequalität und gilt damit als Marktführer im bedienten Segment.

Eines ist all diesen Beispielen gemeinsam: erfolgreiches Unternehmertum bedeutet harte Arbeit und eine klare und stringent kommunizierte Zielvorstellung. Die Beachtung der genannten Erfolgsfaktoren führt nicht zwangsweise zu Erfolg, bei einer Missachtung wird sich der Misserfolg aber in jedem Fall einstellen.

Literaturverzeichnis

25hours: berlin/bikini Medien-Information, 2014.

AHGZ Online, 19. Februar 2014: Carlson Rezidor kündigt zwei neue Hotelmarken an, verfügbar von: http://www.ahgz.de/unternehmen/carlson-rezidor-kuendigt-zwei-neue-hotelmarken-an,200012209869.html

Bomke, Bernhard: Rezidor übernimmt Berliner Four-Seasons-Hotel und investiert 2,5 Mio. EUR; in: IZ Aktuell vom 30.09.2004, verfügbar von: http://www.wiso-net.de/webcgi?START=A60&DOKV_DB=ZGEN&DOKV_NO=IZAK11908&DOKV_HS=0&PP=1, Abfragedatum: 02.07.2007.

Matthies, Bernd: Four Seasons geht, das Regent kommt; in: Tagesspiegel Online vom 05.08.2004; verfügbar von: http://www.tagesspiegel.de, Abfragedatum: 02.07.2007.

o.A.: HGA-Hotelfonds tauscht Betreiber aus; in: Immobilien Zeitung Nr. 17/2004 vom 19.08.2004, verfügbar von: http://www.wiso-net.de/webcgi?START=A60 &DOKV_DB=ZGEN&DOKV _NO=IMMO080419006&DOKV_HS=0&PP=1, Abfragedatum: 02.07.2007.

Orth, Spiegel Online, 2013: Alpen-Hotelkette Explorer: Aktivurlaub im Passivhaus, verfügbar von http://www.spiegel.de/reise/deutschland/explorer-hotel-neuschwanstein-in-nesselwang-aktivurlaub-im-passivhaus-a-908722.html, Abfragedatum: 23.06.2014.

The Rezidor Hotel Group: Factsheet Q3, 2013, verfügbar von: www.rezidor.com, Abfragedatum: 23.06.2014.

Kapitel E
Querschnittsprozesse und
übergreifende Entscheidungstatbestände
im Marketing-Management in der Hotellerie

1 Qualitätsmanagement in der Hotellerie

1.1 Begriff und Dimensionen der Dienstleistungsqualität

Qualität gilt wie bereits mehrfach angesprochen als ausschlaggebender Faktor für den Erfolg eines Dienstleistungsunternehmens. Da die Bedeutung des Wortes Qualität (etymologisch: Beschaffenheit, Eigenschaft, Güte oder Wert) an sich wertneutral ist – es gibt gute und schlechte Qualität – ist die eindeutige Festlegung eines unternehmensspezifischen Qualitätsbegriffs Voraussetzung, um zu einem klaren Verständnis für Qualitätsaspekte im Unternehmen zu gelangen. Der Zugang zum **Begriff der Qualität** ist dabei durchaus komplex und spiegelt sich in der Vielfalt der Ansätze der betriebswirtschaftlichen Literatur wider, den Qualitätsbegriff umfassend und abschließend zu definieren. GARVIN fasst die unterschiedlichen Facetten der **Qualität in fünf Definitionsansätzen** zusammen (Garvin 1984, S.25ff.):

- **Absoluter Qualitätsbegriff ('transcendent')**
  Qualität in diesem Sinne definiert entspricht am ehesten der umgangsprachlichen Auffassung, die Qualität mit eher abstrakten und nicht unmittelbar messbaren Eigenschaften – wie einzigartig, vollkommen, hochwertig – beschreibt. (z.B. Das beste Hotel Deutschlands)

- **Produktorientierter Qualitätsbegriff ('product-based')**
  Die Qualität eines Produktes oder einer Dienstleistung wird als Eigenschafts- oder Merkmalsbündel interpretiert. Qualitätsunterschiede ergeben sich aus dem Vergleich entsprechender Eigenschaften und Leistungsmerkmale. (z.B. Qualitätssegmente der Hotelklassifizierung)

- **Kundenorientierter Qualitätsbegriff ('user-based')**
  Qualität ergibt sich als Ergebnis eines subjektiven Bewertungsprozesses durch den Kunden. Ist der individuelle Verwendungszweck erfüllt wird ein Produkt oder eine Dienstleistung als qualitativ zufriedenstellend oder hochwertig betrachtet. (Kundenzufriedenheit als Qualitätsmaßstab)

- **Herstellungsorientierter Qualitätsbegriff ('manufacturer-based')**
  Qualität wird gleichgesetzt mit der Einhaltung unternehmensinterner Spezifikationen und Standards. (z.B. Check-out Dauer max. 3 min.; Zimmerreinigung in 10 min.)

- **Wertorientierter Qualitätsbegriff ('value-based')**
  Qualität wird im Sinne eines günstigen Preis-/Leistungsverhältnisses definiert. (d.h. auch Low-Budget Hotelkonzepte können bei einem so definierten Qualitätsbegriff, aus Kundensicht qualitativ hochwertiger eingeschätzt werden als ein Hotel der 5-Sterne-Kategorie)

Die verschiedenen Ansätze zeigen, dass es, um zu einem praktikablen und nutzbringenden Qualitätsverständnis zu gelangen, notwendig ist, Qualität nicht als absolute Größe zu betrachten, sondern das Qualität immer in einem relativen Kontext steht. Als Vergleichs- bzw. Bezugsgrößen lassen sich kunden-, unternehmens- und umfeldseitige Qualitätsanforderungen identifizieren, zu denen die Beschaffenheit einer Leistung in Beziehung gesetzt werden kann

(Seghezzi 1994, S.6f ; Bruhn 2011, S.27f.). Die Relativität von Qualität äußert sich darüber in folgenden Beziehungsmustern (Gardini 1997, S.6):

- **Input/Output Kontext**, wie er sich bspw. im Preis/Leistungsverhältnis oder Aufwand/Nutzen Relationen ausdrückt.

- **Alternativenkontext**, wie er sich aus dem Vergleich mit unmittelbaren Konkurrenz- und/oder Substitutionsprodukten ergibt.

- **Situationskontext**, wie er sich aus der individuellen Prädisposition des Kunden, der unternehmensspezifischen Prädisposition des Anbieters, der Umfeldsituation und dem eigentlichen Interaktionsmoment ergibt.

Die Deutsche Gesellschaft für Qualität (DGQ) definiert denn auch Qualität, als die *„Gesamtheit von Eigenschaften und Merkmalen eines Produktes oder einer Tätigkeit, die sich auf deren Eignung zur Erfüllung gegebener Erfordernisse bezieht"* (DGQ 1995). Ausgangspunkt und Endpunkt der Qualitätsbemühungen eines Unternehmens ist immer der Kunde, denn nur er generiert Umsatz und Gewinn und so muss Qualität denn auch, als die Summe der geforderten Eigenschaften eines Produktes oder einer Dienstleistung, die sich zur Erfüllung von Kundenbedürfnissen eignen, verstanden werden.

In der Literatur haben sich im Laufe der Zeit verschiedene Modelle der Dienstleistungsqualität entwickelt, die versuchen die Qualitätsbeurteilung aus Nachfragersicht und die angebotene Dienstleistung von Unternehmen im Gesamtkontext abzubilden, um – vor dem Hintergrund dienstleistungsspezifischer Besonderheiten – Ansatzpunkte für Maßnahmen des Qualitätsmanagement abzuleiten (Grönroos 1990; Zeithaml et al. 1992; Boulding et al. 1993; vgl. hierzu den Überblick bei Bruhn 2011, S89f.). Hier sind insbesondere die Ergebnisse der amerikanischen Forschergemeinschaft PARASURAMAN/ZEITHAML/BERRY zur Operationalisierung der Qualitätsdimensionen von Dienstleistungen und das von Ihnen entwickelte *GAP-Modell der Dienstleistungsqualität* (Parasuraman et al. 1988, 2001; Zeithaml et al. 1992) von Bedeutung. Mit Hilfe eines von ihnen entwickelten Instrumentes zur Messung von Dienstleistungsqualität – dem *SERVQUAL-Ansatz* – zeigen ZEITHAML ET AL. *fünf Qualitätsdimensionen* für Dienstleister auf, die für das Qualitätserleben und die Qualitätsbeurteilung von entscheidender Bedeutung sind und die Kundenerwartungen und -wahrnehmungen in nachhaltiger Form prägen:

- **Materielles ('Tangibles')**
Gesamtheit des physischen Erscheinungsbildes des Anbieters wie Hoteleinrichtungen, Ausstattung, Mitarbeiterkleidung, Kommunikationsmittel usw. (z.B. Sind Eingangshalle und sonstige Räume architektonisch attraktiv gestaltet? Sind Zimmer, Tischdecken, Geschirr und Besteck sauber?).
- **Zuverlässigkeit ('Reliability')**
Fähigkeit, die versprochenen Leistungen verlässlich und präzise auszuführen (z.B. Werden Nachrichten prompt weitergeleitet? Ist die Hotelrechnung korrekt? Wird der Wake-up Call pünktlich ausgeführt?).

- **Einfühlung (‚Empathy')**

Individuelle Aufmerksamkeit und Fürsorge für die Belange des Kunden, d.h. die Fähigkeit und Bereitschaft auf spezifische Kundenwünsche einzugehen, im Sinne des sich Hineinversetzens in den Kunden (z.B. Werden Stammgäste mit Namen angesprochen? Ist der Hoteldirektor schnell zu erreichen, wenn der Gast ein Problem hat?).

- **Souveränität (‚Assurance')**

Kompetenz, Vertrauenswürdigkeit und Zuvorkommenheit der Mitarbeiter sowie deren Fähigkeit, Sicherheit zu vermitteln, d.h. Kunden das Gefühl zu geben, mit ihren Wünschen und Bedürfnissen gut aufgehoben zu sein (z.B. Handelt es sich beim Servicepersonal um Fachkräfte oder um Aushilfen? Ist die Empfehlung und das Verhalten des Concierge überzeugend?).

- **Entgegenkommen (‚Responsiveness')**

Schnelligkeit und Aufgeschlossenheit bei der Lösung von Kundenproblemen, d.h. die Fähigkeit auf spezifische oder unvorhergesehene Probleme und Wünsche der Kunden unbürokratisch und lösungsorientiert zu reagieren (z.B. Wenn eine Reservierung falsch gelaufen ist, bringt das Hotel es schnell in Ordnung? Wird eine Beschwerde schnell und unkompliziert behandelt?).

Auf diesen Ergebnissen aufbauend, entwickelten die Autoren das in Abb.E.1 dargestellte *GAP-Modell* vor, das anhand von *fünf strategischen Qualitätslücken (‚Gaps')* mögliche Ursachen für mangelnde Servicequalität dokumentiert und damit implizit die Aufgaben des Qualitätsmanagement festlegt. Im Mittelpunkt der Betrachtung stehen dabei vier unternehmensinterne Lücken, die Qualitätsprobleme verursachen und die für die entscheidende und wettbewerbsrelevante fünfte Qualitätslücke – die Diskrepanz zwischen der vom Kunden erwarteten und der von ihm tatsächlich erlebten Leistung – verantwortlich sind:

- **Lücke 1**

Disparität zwischen Kundenerwartungen und den Vorstellungen und Wahrnehmungen des Dienstleistungsanbieters bezüglich dieser Erwartungen. (Während die Hotelleitung möglicherweise der Ansicht ist, dass ihre Kunden Wert auf große Zimmer legen, erwarten die Gäste hingegen in Wirklichkeit einen 24-Stunden Room Service)

- **Lücke 2**

Disparität zwischen den vom Dienstleistungsanbieter wahrgenommenen Kundenerwartungen und deren Umsetzung in unternehmensinterne Qualitätsspezifikationen, -normen und -standards. Konsequenz dieser mangelhaften Kundenorientierung sind denn auch Service- und Qualitätsstandards, die an den Bedürfnissen der Kunden vorbeigehen. (In der Außengastronomie werden nur Kännchen Kaffee serviert; Check-out bis spätestens 10 Uhr; Frühstück nur bis 9.30 Uhr etc.)

- **Lücke 3**

Disparität zwischen unternehmensinternen Qualitätsspezifikationen, -normen, -standards und tatsächlich erstellter Dienstleistungsqualität. Die Leistungsausführung wird i.d.R. von vielen Faktoren beeinflusst. Schlechte Ausbildung, mangelhafte Kommunikation mit dem Management, fehlende Rollenklarheit, ungeeignete Technik für die Serviceaufgaben, mangelnder Handlungsspielraum etc. (Kundenbeschwerden die aufgrund mangelnder Befugnis vom Kundenkontaktmitarbeiter nicht bearbeitet werden können, Überlastete Telefonzentralen, die Anrufe erst nach häufigen Klingeln entgegennehmen etc.)

- **Lücke 4**

Disparität zwischen tatsächlich erstellter und in externer Kommunikation versprochener Dienstleistungsqualität. Viele Unternehmen machen den Fehler des „Overpromising", d.h., sie wecken beim Kunden falsche Erwartungen, indem sie Leistungen ausloben, die das Unternehmen im betrieblichen Alltag nicht in der versprochenen Qualität liefern kann. (Übertriebene Fotos in Verkaufsprospekten/ Internet; Garantieversprechen die nur in absoluten Ausnahmefällen greifen etc.)

ZEITHAML ET AL. kommen in ihren Forschungen zu dem Schluss, dass der Ausgangspunkt für unbefriedigende Leistungsergebnisse, im Sinne der fünften Lücke, in einer unzureichenden Markt- und Kundenkenntnis der Marketingverantwortlichen liegt, die zwangsläufig zu falschen oder unvollständigen Vorstellungen des Managements, von dem, was Kunden wirklich erwarten, führt. Ursächlich sind dafür, neben einer mangelhaften Betonung von Marktforschungsaktivitäten, das geringe Ausmaß und/oder Interesse an direktem Kundenkontakt, die unzulängliche Kommunikation zwischen dem Kundenkontaktmitarbeitern und dem Management sowie eine oftmals tief gestaffelte Unternehmenshierarchie, die die Stimme des Kunden nur selten zur Unternehmensspitze durchdringen lässt.

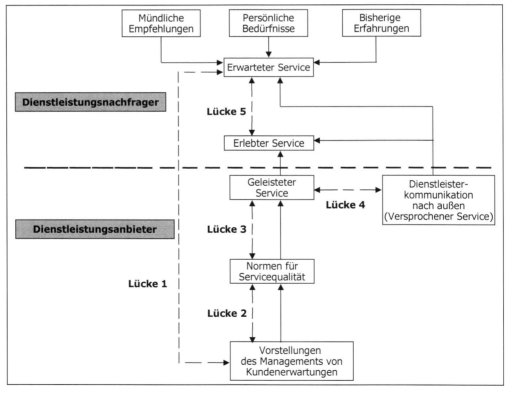

Abb.E.1:   Das GAP-Modell der Dienstleistungsqualität
           Quelle: Zeithaml et al.1992, S.62

Trotz verschiedener Kritik an der methodischen Fundierung des SERVQUAL-Ansatzes und den Folgerungen des darauf basierenden GAP-Modells (Hentschel 1992; S.137ff; Cronin/ Taylor 1994), erscheint dieses Modell zur Schwachstellenanalyse im Rahmen des Qualitätsmanagements von Dienstleistungsunternehmen geeignet, da es in pragmatischer Weise ein geeignetes Denkraster zur Diagnose und Lösung von Qualitätsproblemen bietet. Eine wesentliche Aufgabe des einzelnen Dienstleistungsanbieters ist demnach, die unternehmensrelevanten Determinanten der Kundenerwartungen bezüglich des zu offerierenden Qualitätsniveaus zu identifizieren und im Hinblick auf ihre anbieterseitigen Einflusspotenziale zu analysieren. Hierzu bedarf es eines ganzheitlichen Konzeptes, dass Qualität als strategischen Wettbewerbsfaktor begreift und in den Mittelpunkt aller Marketingaktivitäten stellt.

1.2   Total Quality Management als Unternehmenskonzept

Das Konzept und die Philosophie des Total Quality Management (TQM) ist seit Mitte der 1980er Jahre zu einem zentralen Thema geworden sowohl in der unternehmerischen Praxis als auch in der wissenschaftlichen Diskussion (z.B. Bruhn 2011; Zink 2004; Malorny 1999; Oakland 1993; Creech 1994). War die Diskussion um das Qualitätsphänomen zunächst eher industriell geprägt, wird seit einiger Zeit auch zunehmend in Unternehmen des Dienstleistungssektors die Notwendigkeit erkannt, Qualität zu einer Hauptaufgabe des Managements zu machen. Spätestens seit dem erstmaligen Gewinn des *Malcolm Baldrige National Quality Award* – der höchsten Auszeichnung für die gelungene Umsetzung eines Qualitätskonzeptes in den USA – im Jahr 1992 durch die Ritz Carlton Kette, zeigte sich denn auch, dass ein ganzheitliches Qualitätsmanagement nicht nur in der Industrie eine geeignete Rezeptur für den Erfolg im Wettbewerb sein kann, sondern, dass auch touristische Unternehmen bzw. Unternehmen der Hotelbranche die strategische Bedeutung des Faktors Qualität erkennen und sie zum Mittelpunkt ihrer Geschäftspolitik machen (Michelli 2008; Muskat 2007; Gardini 1997; Breiter/Bloomquist 1998).

Das TQM-Konzept verfolgt dabei das Ziel, durch Mitwirkung aller Mitarbeiter, eine die Kundenanforderungen befriedigende und kontinuierliche Qualität der Produkte und Dienstleistungen zu möglichst niedrigen Kosten zu garantieren und dadurch langfristig die Wettbewerbsfähigkeit, Effektivität und Flexibilität eines Unternehmens zu verbessern (Oakland 1993, S.22f.). Das innovative Element des TQM-Konzeptes besteht in der qualitätsorientierten Bewusstseinsbildung innerhalb des gesamten Unternehmens, das basierend auf einer erweiterten und vielschichtigen Qualitätsauffassung die Bereitschaft mit sich bringt, Qualität als Erfolgsfaktor zu begreifen und die Schaffung eines solchen unternehmensweiten Qualitätsbewusstseins als absolute Top-Managementaufgabe ansieht. Die Weite des TQM-Konzeptes wird dabei in den in Abbildung E.2 dargestellten drei Dimensionen deutlich, die in ihren Schwerpunkten zwar voneinander getrennt werden können, jedoch gleichzeitig in ihren Ausprägungen und Wirkungen so stark ineinandergreifen, dass sie der Koordination und Integration durch das Management bedürfen, um als übergeordnetes Konzept die Qualitätsaktivitäten aufeinander abzustimmen und in ein strategisches Erfolgspotenzial zu verwandeln (Gardini 1997, S.45ff.):

- **Totalität des Ansatzes**

Im Fokus eines TQM-Konzeptes stehen alle am Leistungserstellungsprozess beteiligten Akteure (Kunden, Mitarbeiter, Lieferanten). Die Kundenorientierung als wesentliche Komponente des TQM erfährt dabei eine Erweiterung, mit der Konsequenz, dass sowohl unternehmensexterne als auch unternehmensinterne Kunden (Mitarbeiter, Abteilungen, Tochterbetriebe) existieren, deren Bedürfnisse zufriedengestellt werden müssen.

- **Qualitätsanspruch des Modells**

„In it's broadest sense, quality is anything that can be improved." (Imai 1986, S.9). Der Qualitätsanspruch umfassender Qualitätskonzepte im Sinne des TQM geht demzufolge von einem mehrdimensionalen Qualitätsverständnis aus, das nicht nur die Produktqualität i.e.S. umfasst, sondern darüber hinaus die konsequente Erfüllung aller Qualitätsanforderungen sämtlicher interner und externer Kunden im Leistungserstellungsprozess zum Ziel hat. Zum Ausdruck kommt die konsequente Qualitätsorientierung im sog. Null-Fehler-Gebot (Zero-Defects-Ansatz), das als Zielformulierung die Einstellung des Unternehmens zur Fehlerakzeptanz reflektieren und dies sowohl intern wie -extern kommunizieren soll. Damit wird deutlich, dass für das Thema ‚Qualität' nicht mehr nur spezifische Abteilungen zuständig sind, sondern sämtliche Mitarbeiter auf allen Hierarchieebenen des Unternehmens.

- **Gestaltung des Managementsystems**

Das Management von Qualität bedeutet, die bislang im Unternehmen existierenden, punktuellen Bemühungen und Teilkonzepte der Qualitätssicherung, zu einem synchronisierten Gesamtsystem zu formen. Die Bereitschaft der Unternehmensführung Qualität als Top-Managementaufgabe zu begreifen und Qualität zum Mittelpunkt aller Aktivitäten zu machen, ist dabei die grundlegende Prämisse für die unternehmensinterne Akzeptanz der notwendigen Veränderungsprozesse im Zuge der TQM-Aktivitäten. Ziel eines solchen Organisationsentwicklungsprozesses ist es, durch die Änderung der Einstellungen und des Verhaltens von einzelnen Organisationsmitgliedern bzw. Gruppen sowie die Veränderung von Organisationsstrukturen, Prozessen und Technologien, eine Organisation leistungsfähiger, die Zusammenarbeit zwischen den Arbeitsgruppen effizienter und die Arbeitsbedingungen für den Einzelnen befriedigender zu gestalten.

TQM als dauerhaftes Programm mit unbegrenzter Lebensdauer zu implementieren und die Motivation und das Interesse der Mitarbeiter für eine kontinuierliche Qualitätsförderung aufrecht zu erhalten, ist eine Aufgabe von hoher strategischer Relevanz. Sie ist demzufolge integraler Bestandteil der strategischen Unternehmensführung und des damit einhergehenden Managementsystems.

„TQM ist eine von allen Mitarbeitern getragene, umfassende Unternehmensphilosophie zur Durchsetzung des Qualitätsgedankens auf allen Ebenen des Unternehmens"

Total

Externe und interne Kunden als Adressaten
• Kundenorientierung/-zufriedenheit
• Mitarbeiterorientierung/-zufriedenheit
• Interne Kunden-/Lieferantenbeziehungen

Quality

Qualitätsanspruch: „Quality is anything that can be improved" (Zero defects-Ansatz vs. Accepted Quality Level-Philosophie)
• Leistungsspezifikation
• Fehlerprävention
• Kontinuierliche Verbesserung
• Wiedergutmachung/Beschwerdemanagement

Management

Integration der Partialansätze der Qualitätssicherung zu einem synchronisiertem Gesamtsystem
• Prozessmanagement
• Teamorientierte, schlanke Strukturen
• Verantwortungsdelegation und Empowerment
• Qualität als Top-Managementaufgabe

Abb.E.2:   Bausteine eines TQM-Konzepts

1.3   Das 4 Q-Modell als konzeptionelle Grundlage für ein integriertes Qualitätsmanagement in der Hotellerie

Die Marketingaufgabe des Qualitätsmanagement in Unternehmen der Hotellerie besteht mit Blick auf die Qualitätswahrnehmung und -beurteilung durch den Kunden darin, die verschiedenen Teilqualitäten der Potenzial-, Prozess- und Ergebnisdimension von Dienstleistungen so zu harmonisieren, dass vor, während und nach der Dienstleistungstransaktion (den sog. Qualitätsmomenten) ein integriertes Gesamtbild der Unternehmensqualität entsteht, dass Selbstverständnis und Qualitätsanspruch des Hotelunternehmens reflektiert und mit den Qualitätsanforderungen der anvisierten Kundensegmente konform geht. Die strategische Neuausrichtung eines Unternehmens im Zuge einer Umorientierung, von einer fehlerbezogenen Qualitätssicherung mit Spezialistenverantwortung hin zu einer multidimensionalen Auffassung von Qualität unter Einbeziehung aller Mitarbeiter, hat entsprechend weitreichende Auswirkungen auf die Marketingkultur und Organisationsstruktur eines Unternehmens. Dem Marketing kommt bei der Umsetzung eines TQM-Konzepts und der Schaffung eines unternehmensweiten Qualitätsbewusstseins eine besondere Schnittstellenfunktion zu, da im Sinne einer kontinuierlichen Verbesserung, durch permanente Feedback- und Rückkoppelungsprozesse, Informationen über Kundenzufriedenheit, Produktakzeptanz und Markterfolg generiert werden müssen, um so den dynamischen Kundenansprüchen entsprechen zu können (Oakland 1993, S.16ff.; Stauss 1994, S.157f.).

Auf Basis des TQM-Konzeptes stellt das 4-Q-Modell des Qualitätsmanagements für Dienstleistungsunternehmen, die von Carlzon und anderen Autoren thematisierten *„Moments of Truth"* (Carlzon 1987; Grönroos 1990) in den Mittelpunkt, sprich die Augenblicke in denen Kunde und Dienstleister miteinander in Kontakt treten. Das in Abbildung E.3 dargestellte *4-Q-Modell des Qualitätsmanagement für Dienstleistungsunternehmen* umfasst sieben Bausteine, die den Rahmen für die Implementierung eines TQM-Konzeptes in der Hotellerie bilden (Gardini 1997, S.87ff.):

- Wertorientierung
- Zielorientierung
- Kundenorientierung
- Personalorientierung
- Imageorientierung
- Implementierung/Optimierung/Restrukturierung des Qualitätssystems
- Kosten- und qualitätsorientiertes Controlling

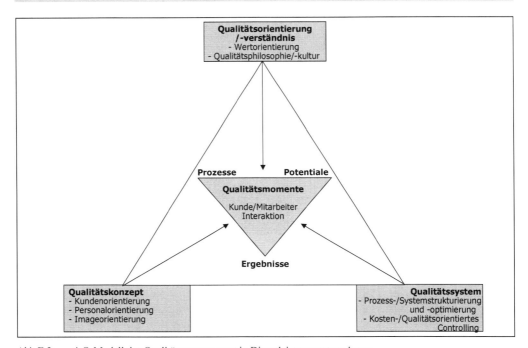

Abb.E.3:   4-Q-Modell des Qualitätsmanagement in Dienstleistungsunternehmen

TQM kann demnach nur dann Wirklichkeit werden, wenn das Bekenntnis zu Qualität alle Unternehmensebenen erfasst, d.h., die bisher nur lose miteinander in Verbindung stehenden Hierarchieebenen und Abteilungen in ein gemeinsames Qualitätssystem einbindet und so alle Mitarbeiter in einen integrierten Prozess der Qualitätsorientierung einbezieht. Qualitätsphilosophie und -kultur, Qualitätskonzept und Qualitätssystem stellen dabei das Gerüst dar, innerhalb dessen sich ein Qualitätsmanagement in der Hotellerie vollzieht und das als Management-Konzept, die im Rahmen der normativen, strategischen und operativen Ebene anfallenden Gestaltungs- und Lenkungsaufgaben zur Schaffung von Dienstleistungsqualität integriert und die dazu notwendigen Strukturen, Aktivitäten und Verhaltensweisen operationalisiert und koordiniert.

- **Qualitätsphilosophie und -kultur**

Ausgehend von einem umfassenden Qualitätsverständnis im Sinne des TQM, ist auf der normativen Ebene eine Wertorientierung zu entwickeln, die als Unternehmens- bzw. Managementphilosophie das Extrakt der Einstellungen, Überzeugungen und Wertvorstellungen der obersten Führungskräfte zur Qualität repräsentiert und als normative Basis eines integrierten Qualitätsmanagement die Grundlage aller unternehmenspolitischen Entscheidungen und Verhaltensweisen bildet. Eng verbunden mit der Unternehmens- bzw. Managementphilosophie ist die Unternehmenskultur, die als evolutorischer Sozialisationsprozess die Gesamtheit der in einer Organisation vorherrschenden Werte, Normen, Traditionen und Mythen widerspiegelt und damit maßgeblich die Einstellungen, Denkhaltungen und Verhaltensmuster der Organisationsmitglieder prägt. Aufgabe einer Qualitätsphilosophie und -kultur ist demzufolge einen Entwicklungsprozess zu initiieren, an dessen Ende ein qualitätsorientiertes Selbstverständnis des Unternehmens steht. Qualitätsphilosophie und -kultur konkretisieren sich dabei in der generellen Zielplanung, implizit in den allgemeinen Zielen des Unternehmens und explizit in den globalen Qualitätszielen, denen als Handlungsimperative ein Vorgabecharakter für die Organisation und deren Mitglieder innewohnt.

- **Qualitätskonzept**

Nachdem auf der Basis der Qualitätsphilosophie und -kultur die generellen Qualitätsziele abgeleitet werden, erfolgt die Operationalisierung der Ziele im Rahmen eines Qualitätskonzeptes, welches die Qualitätspolitik des Unternehmens in Strategien umsetzt. Die grundlegende strategische Ausrichtung eines Unternehmens geht dabei von den zwei weiter oben diskutierten, polarisierenden Grundtypen aus, der Kostenführerschaft oder der Differenzierung (Kapitel D). Die Entwicklung und Gestaltung eines qualitätsorientierten Dienstleistungskonzeptes erfordert den Aufbau, die Pflege und/oder den Erhalt dreier strategischer Potenziale (Kunden, Personal, Image), die für die erfolgreiche Implementierung eines integrierten Qualitätsmanagement auf der Grundlage des TQM-Konzeptes von essentieller Bedeutung sind. Kunden und Mitarbeiter sind als maßgebliche Akteure der Dienstleistungstransaktion, insbesondere bei personalintensiven Dienstleistungsbranchen wie der Hotellerie, Hauptadressaten strategischer Programme zur Entwicklung und Umsetzung einer qualitätsfokussierten, externen und internen Kundenorientierung.

Die Entwicklung und Kommunikation eines Qualitätsimage nimmt dabei eine Stützungsfunktion wahr und weist ebenfalls eine interne und eine externe Komponente auf. Als prägende Variable der Kundenerwartungen steuert ein positives Qualitätsimage der Informationsarmut von Dienstleistungen entgegen, dient der Risikoreduktion durch die Vermittlung von Sicherheit und stützt somit extern die qualitätsorientierte Positionierung der Dienstleistungen. Aus personalpolitischer Sicht hingegen ist ein positives Qualitätsimage für die Akzeptanz des Unternehmens am Arbeitsmarkt ebenfalls förderlich, da es die Personalbeschaffung erleichtert und darüber hinaus die Mitarbeiterbindung stärkt. Unternehmensintern dient die Kommunikation eines Qualitätsimage der Absicherung des Qualitätskonzeptes, d.h., über die interne Vermittlung der Qualitätsziele und -strategie soll ein klimatisches Umfeld geschaffen werden, dass die kundengerichtete Verhaltensorientierung der Mitarbeiter fördert.

- **Qualitätssystem**

Die Implementierung und Operationalisierung des Qualitätskonzeptes erfolgt im Zuge des Qualitätssystems. Das Qualitätssystem umfasst zwei Komponenten; zum einen die organisatorische Prozess- und Systemstrukturierung/-optimierung, als integrativer Baustein zwischen Qualitätskonzept und -system und zum anderen den Aufbau eines, an den Erfordernissen der Qualitätsplanung ausgerichteten Informations- und Kommunikationssystems, das als Qualitätscontrolling, die Gewinnung, Verarbeitung und Auswertung qualitätsrelevanter Daten zur Aufgabe hat. Die Neudefinition und Restrukturierung der Aufbau – und Ablauforganisation muss eine qualitätsorientierte Struktur der Management- und Dispositionssysteme beinhalten, um so den Grundgedanken der Kundenorientierung des TQM-Konzeptes in das bestehende Organisationsgefüge einzubringen. Im Zentrum eines Qualitäts-Controlling in Dienstleistungsunternehmen hingegen stehen zwei Größen, Qualitätskosten auf der einen und Qualitätsniveau auf der anderen Seite. Erkenntnisobjekt des Qualitäts-Controlling ist dabei die informationelle Sicherstellung der Qualitäts- und Ergebnisorientierung im Rahmen des Qualitätsmanagement sowohl auf strategischer als auch auf operativer Ebene.

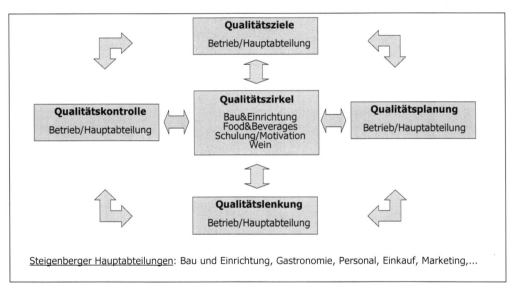

Abb.E.4:   Regelkreis der Steigenberger Qualitätspolitik
             Quelle: Momberger (1995), S.555

Das oben entwickelte 4-Q-Modell ist dabei kein Managementkonzept, das nur auf die Konzernhotellerie oder auf Individualhotels des obersten Qualitätssegments zugeschnitten ist, sondern ist vielmehr als Strategie zu verstehen, das Hotelunternehmen aller Kategorien ein Handlungsraster für die Entwicklung und Implementierung eines am Kunden orientierten Qualitätskonzeptes bietet. Jedes Unternehmen muss dabei vor dem Hintergrund der o.g. Bausteine des 4 Q-Modells spezifische Instrumente der *Qualitätsplanung*, *Qualitätslenkung* und *Qualitätskontrolle* entwickeln (*Regelkreis des Qualitätsmanagement*), um die permanente Sicherstellung der geforderten Dienstleistungsqualität zu erreichen (Meffert/Bruhn 2009, S.189ff.). So durchläuft bspw. die Steigenberger Qualitätspolitik einen Regelkreis mit drei Qualitätsbereichen (Bau & Einrichtung, Personal/Service, Gastronomie), für die jährlich in Abstimmung zwischen Betriebs- und Hauptabteilungsebene verbindliche Qualitäts- und

Wirtschaftlichkeitsziele definiert werden (Abb.E.4). Zusätzlich finden Qualitätszirkel statt, in denen zwischen Hoteldirektoren, Hauptabteilungs- und Abteilungsleitern aus Betrieb und Hauptverwaltung, Informationen über qualitätsrelevante Programme und Maßnahmen in den verschiedenen Bereichen ausgetauscht werden. In allen drei Bereichen wird die Steigenberger Qualität anhand von Checklisten, Dokumentationen, Standards, Beurteilungsgesprächen und anderem mehr so genau wie möglich definiert, um sie beurteilungsfähig zu machen und das erklärte Ziel der Steigenberger Qualitätssicherung zu realisieren, das darin besteht, einen vom Markt akzeptiertes Qualitätsniveau so eng wie möglich einzuhalten (Momberger 1995).

Das ein kompromissloses und systematisches Total Quality Management in der Hotellerie nicht eine Frage von Größe und/oder Zugehörigkeit zu einer internationalen Hotelkette ist, sondern eine Frage des Bewusstseins und des strategischen Horizonts, kann man insbesondere an der Hotelgesellschaft Ritz-Carlton als Vertreter der Kettenhotellerie und dem Schindlerhof in Nürnberg als Protagonist der Individualhotellerie verdeutlichen. Während die *Ritz Carlton Hotel Company* mit 1992 und 1998 bereits zweimal den *Malcolm Baldrige National Quality Award*, gewinnen konnte, hat der *Schindlerhof* ebenfalls einen konsequenten Weg des Qualitätsmanagement eingeschlagen und außer dem *Ludwig-Erhard-Preis der Deutschen Gesellschaft für Qualität* im Jahr 1999 auch als erstes europäisches Hotelunternehmen der Individualhotellerie den *European Quality Award* verliehen bekommen. Viele Elemente des TQM sind denn auch in der Hotellerie in Ansätzen bereits praktizierte Realität. Was jedoch in den meisten Hotelunternehmen sei es Konzern- oder Individualhotellerie nach wie vor weitestgehend fehlt, ist ein umfassender Ansatz, der die Teilaktivitäten zu einem integrierten Gesamtkonzept bündelt und so dazu beiträgt, dass alle Unternehmensangehörigen ihre Qualitätsanstrengungen auf das gemeinsame Ziel der Kundenzufriedenheit ausrichten.

1.4 Messung von Dienstleistungsqualität und Kundenzufriedenheit

Ausgehend von bestimmten Markt-/Kundenanforderungen muss jedes Hotelunternehmen Qualitätsniveau, -kriterien, -standards und -normen festlegen, deren Erfüllungsgrad es kontinuierlich zu überprüfen bzw. zu überwachen gilt. Nachdem auf grundlegende Aspekte der Primärforschung bereits in Kapitel C. eingegangen wurde, soll an dieser Stelle auf die spezifischen Messkonzepte der Messung von Dienstleistungsqualität und Kundenzufriedenheit eingegangen werden. In der Literatur existieren *zahlreiche Verfahren der Qualitäts- und Zufriedenheitsmessung,* so dass an dieser Stelle nur auf solche Methoden eingegangen werden soll, die in besonderer Weise für die Hotellerie geeignet erscheinen. Wie in Abb.E.5 dargestellt, lassen sich grundsätzlich zur Messung von Dienstleistungsqualität und Kundenzufriedenheit subjektive und objektive Ansätze unterscheiden (Meffert/Bruhn 2009, S.195ff.; Westerbarkey 1996; Homburg/Werner 1998).

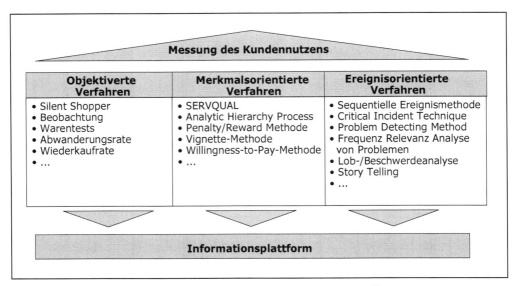

Abb.E.5:   Ansätze zur Messung von Kundenzufriedenheit und Dienstleistungsqualität

Subjektive Verfahren stellen auf die Erfassung vom Kunden subjektiv empfundener Zufriedenheit im Zuge von Befragungen ab (siehe Kapitel C). Hierbei wird zwischen merkmals- und ereignisorientierten Verfahren unterschieden. *Objektive Verfahren* stützen sich hingegen auf Indikatoren, die nicht durch subjektive Wahrnehmungen des Kunden verzerrt werden und von denen man vermutet, dass sie eine hohe Korrelation mit der Zufriedenheit des Kunden aufweisen. *Zentrale Fragestellungen von Qualitäts- und Kundenzufriedenheitsmessungen* sollten folgende Bereiche erfassen (Homburg/Rudolph 1995, S.44):

- Wie zufrieden sind die Kunden insgesamt, und wie zufrieden sind sie mit einzelnen Leistungskomponenten (undifferenzierte/differenzierte Messung)?
- Wovon hängt ihre Zufriedenheit stark bzw. weniger stark ab?
- Welche Leistungen werden stark, weniger stark in Anspruch genommen?
- Wo liegen die Ansatzpunkte, um die Kundenzufriedenheit zu erhöhen?
- Wie sehen die Kunden uns im Vergleich zum Wettbewerb?
- ...

Im Folgenden sollen sowohl subjektive als auch objektive Verfahren der qualitätsorientierten Problementdeckung und -analyse erläutert werden.

1.4.1   Merkmalsorientierte Verfahren

Zur Analyse und Messung der vom Kunden wahrgenommenen Dienstleistungsqualität wird in der Hotellerie überwiegend auf merkmalsgestützte Befragungsmethoden sog. Multiattributverfahren zurückgegriffen. Der Kerngedanke multiattributiver Analyse- und Messkonzepte besteht darin, Produkte und Dienstleistungen auf der Basis einer begrenzten Anzahl genau spezifizierter Leistungsmerkmale unter Fokussierung auf ein Globalziel (z.B. Kundenzufriedenheit) zu evaluieren. Aus unternehmensspezifischer Sicht bedeutet dies, dass Hotelkunden sich ein globales Qualitätsurteil über die Hotelleistung aufgrund einer spezifischen Kombination mehrerer Einzeleindrücke über bestimmte Qualitätsmerkmale bilden, ein Prozess, der mittels multiattributiver Verfahren der Qualitätsmessung in seiner Entstehung und in seinen Wechselwirkungen durchleuchtet werden kann. Hierzu werden zunächst die attributspezifischen Wahrnehmungen erhoben und in einem zweiten Schritt zu einem globalen Index der wahrgenommenen Leistungsqualität verdichtet.

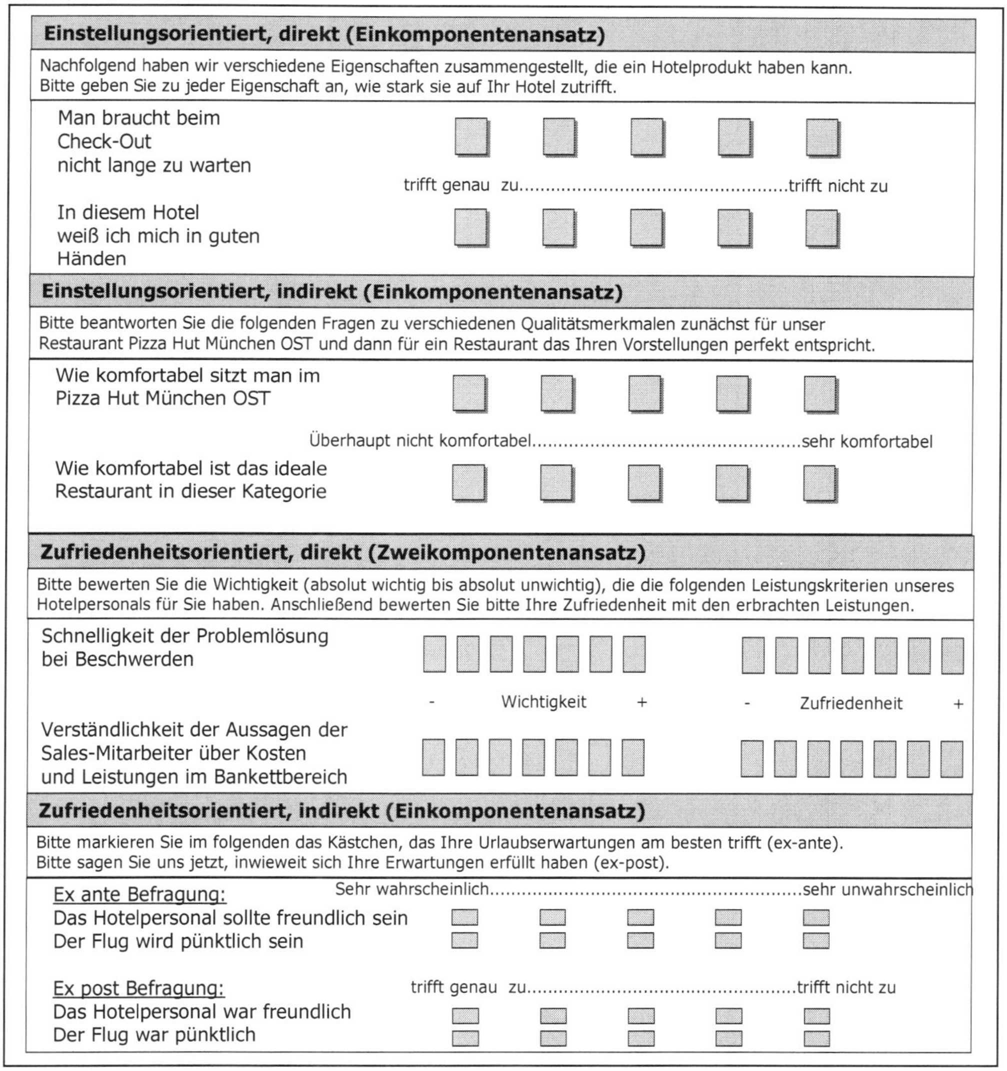

Abb.E.6:   Ein- und Zweikomponentenansätze

Die angewandten Verfahren stellen dabei entweder stärker auf Kundeneinstellungen zur Dienstleistungsqualität ab (*Einstellungsorientierte Messkonzepte*), oder knüpfen als Bezugsobjekt an eine konkrete Interaktion zwischen Dienstleister und Kunde an (*Zufriedenheitsorientierte Messkonzepte*). Während erstere die Qualitätseinschätzung des Kunden als gelernte, relativ dauerhafte, positive oder negative innere Haltung gegenüber einer Dienstleistung bzw. einem Unternehmen begreifen, definiert sich die Qualitätseinschätzung bei zufriedenheitsorientierten Konstrukten als Reaktion auf die wahrgenommene Diskrepanz zwischen erwarteter und erlebter Leistung. Ohne im Detail auf die Vorzüge bzw. Nachteile zwischen den einstellungs- und zufriedenheitsorientierten Qualitätskonstrukten näher einzugehen, bleibt festzuhalten, dass ein hohes Maß an Interdependenz zwischen den Konstrukten zu konstatieren ist, da davon auszugehen ist, dass kurzfristige Zufriedenheitserlebnisse mit einem Anbieter, im Zeitablauf in einer entsprechenden Einstellung zu diesem Anbieter zum Ausdruck kommen (Hentschel 1992, S.119ff.; Benkenstein 1994, S.430f.). Dabei unterscheiden die merkmalsorientierten Messverfahren, wie in Abb.E.6 dargestellt, Ein- und Zweikomponentenansätze. Zweikomponentenansätze zeichnen sich dadurch aus, dass die Bewertung eines Qualitätsmerkmals aus Bedeutungs- und Eindruckskomponente zusammengesetzt ist, während der Einkomponentenansatz hingegen nur die Eindruckskomponente misst.

Der bislang bedeutsamste Beitrag zur multiattributiven Messung von Dienstleistungsqualität und Kundenzufriedenheit ist hierbei der bereits an anderer Stelle angesprochene *SERVQUAL-Ansatz* (Kapitel D.1) von PARASURAMAN ET AL. (Parasuraman et al. 1988; Zeithaml et al. 1992) und soll an dieser Stelle exemplarisch, die Vorgehensweise merkmalsorientierter Messverfahren veranschaulichen. Neben multiattributiven Verfahren wie dem SERVQUAL bzw. ähnlich strukturierten Ansätzen der Qualitätsmessung (z.B. SERVPERF, Cronin/Taylor 1994) oder der AHP-Analyse (Analytic Hierarchy Process, Weber 1995), werden in der Literatur noch der Penalty-Reward-Faktoren-Ansatz, die Vignette Methode, dekompositionelle Verfahren sowie der Willingness-to-pay Ansatz zur Gruppe der merkmalsorientierten Messverfahren gezählt (Bruhn 2003a, S.100ff.).

	Diese(r) Meinung						
	stimme ich völlig zu....... lehne ich entschieden ab						
Erwartung Das Hotelzimmer sollte bei Ankunft bezugsfertig sein	7	6	5	4	3	2	1
	☐	☐	☐	☐	☐	☐	☐
Erlebte Leistung Das Hotelzimmer ist bei Ankunft bezugsfertig	7	6	5	4	3	2	1
	☐	☐	☐	☐	☐	☐	☐

Abb.E.7:   Beispiel eines SERVQUAL-Fragenpaares

Der SERVQUAL-Ansatz stellt dabei eine Mischform zwischen *zufriedenheitsorientiertem* und *einstellungsorientiertem Messansatz* dar. Grundgedanke dieses Qualitätsmessverfahrens ist die Auffassung, dass die Qualität einer Dienstleistung nur auf einigen wenigen, voneinander unabhängigen Dimensionen beruht. Ausgangspunkt der Untersuchungen sind qualitative Interviews mit Fokusgruppen aus verschiedenen Dienstleistungsbranchen (Banken, Kreditkartenunternehmen, Investmentberatungen, Kfz-Werkstätten). Im Rahmen dieser Interviews wurden zunächst zehn Qualitätsdimensionen/-kriterien erhoben, die Kunden zur Beurteilung von Dienstleistungsqualität anwenden (Materielles, Zuverlässigkeit, Entgegenkommen,

Kompetenz, Zuvorkommenheit, Vertrauenswürdigkeit, Sicherheit, Erreichbarkeit, Kommunikation, Kundenverständnis). Die zu diesen ursprünglichen Dimensionen gehörenden 97 Bewertungsfeststellungen (Items) wurden mittels einstellungs- und zufriedenheitsorientierter Fragestellungen weiter verdichtet und letztlich auf 22 relevante Items reduziert, welche die bereits an anderer Stelle näher erläuterten fünf grundlegenden Qualitätsdimensionen der Dienstleistungsqualität widerspiegeln (Materielles, Zuverlässigkeit, Entgegenkommen, Souveränität, Einfühlung). PARASURAMAN ET AL. stellen dabei insbesondere folgende Einsatzmöglichkeiten heraus (Parasuraman et al. 1988, S.31ff.):

- Kontinuierliche Dokumentation und Überwachung von Veränderungen, Trends, Stärken-/Schwächen der vom Kunden wahrgenommenen Dienstleistungsqualität mittels regelmäßiger Befragungen.
- Betriebsvergleiche in filialisierten Organisationssystemen durch einheitliche Verwendung von SERVQUAL.
- Konkurrenzanalyse durch Vergleich von SERVQUAL-Untersuchungen unter eigenen Kunden sowie von Kunden unmittelbarer Wettbewerber.
- Diskriminierung von kundenseitigen Qualitätswahrnehmungen nach bestimmten Kundengruppen/-segmenten.
- Bestimmung der relativen Bedeutung der Qualitätsdimensionen im Hinblick auf das globale Qualitätsurteil der Kunden.

Verschiedene hotelspezifische Anwendungen, die explizit auf dem Untersuchungsdesign des SERVQUAL-Ansatzes aufgebaut sind (Lewis 1987; Saleh/Ryan 1991), unterstreichen den Tatbestand, dass die SERVQUAL-Systematik zwar eine sinnvolle Grundlage zur Entwicklung eines hotelspezifischen Messansatzes liefert, aber dennoch einer – vom Untersuchungsobjekt und Untersuchungszweck abhängigen – unternehmensspezifischen Anpassung bedarf. Von besonderer Relevanz sind die Untersuchungsergebnisse im Hotelsektor hinsichtlich der Diskrepanz zwischen den Kundenerwartungen und den diesbezüglichen Vorstellungen des Management, da in diesem Delta das größte Konflikt- bzw. Verbesserungspotenzial für das einzelne Hotelunternehmen/die Hotelkette in Bezug auf ihre Kundenbeziehungen zu vermuten ist.

Sowohl der SERVQUAL-Ansatz als auch andere merkmalsorientierte Ansätze wie bspw. die AHP-Analyse liefern wichtige qualitätsbezogene Erkenntnisse (Gardini 1997, S.276ff.). Zu nennen wären insbesondere die Erfassung qualitätsbezogener Stärken-/Schwächenprofile sowohl gesamthafter als auch partieller Unternehmensleistungen, die Möglichkeit der Strukturierung und Priorisierung von Zielen, Maßnahmen und Ressourceneinsatz und, nicht zuletzt, die Visualisierung potenzieller Divergenzen zwischen Kundenansprüchen und der diesbezüglichen Auffassung des Management. Die AHP-Technik kann dabei als wissenschaftlich fundierter bezeichnet werden als der SERVQUAL-Ansatz, bedarf jedoch – angesichts aufwendiger, computergestützter Berechnungen – auch umfassender Verfahrenskenntnisse der Anwender, während der SERVQUAL-Ansatz leichter verständlich und anwendbar ist. Beiden Messkonzepten wohnt jedoch eine beschränkte dienstleistungsspezifische Eignung inne, da die Verkürzung auf eine rein attributive Qualitätsmessung dem Interaktionscharakter persönlichkeitsintensiver Dienstleistungen nicht gerecht wird und somit für die Hotellerie eine Ergänzung um eine ereignisorientierte Analyse der Leistungsqualität angezeigt ist. Auch wenn mit der AHP-Technik grundsätzlich auch kommunikativ angelegte Leistungsprozesse einer Beurteilung unterzogen werden können, so sind jedoch beide Verfahren zur Problemdeckung nur bedingt tauglich, da nur vorgegebene Attribute einer Bewertung unterzogen werden. Weitere *Problemfelder multiattributiver Verfahren der Qualitätsmessung* sind nach HENTSCHEL, neben der unzureichenden Berücksichtigung dienstleistungsspezifischer Besonderheiten, noch in folgenden Bereichen zu sehen (Hentschel 1992, S.142ff.; Meffert/Bruhn 2009, S.206; Bruhn 2011, S.112):

- **Qualitätspolitische Interpretierbarkeit**
  Unbestritten der Tatsache, dass multiattributive Qualitätsmessungen wichtige Qualitätsinformationen zu generieren in der Lage sind, können die Ergebnisse jedoch nicht darüber hinwegtäuschen, dass wesentliche Aspekte der Dienstleistungsqualität oftmals nicht konkret genug, in ihrer empfundenen Wichtigkeit nicht richtig bzw. zum Teil überhaupt nicht erfasst werden.
- **Messtechnische Problemlosigkeit**
  Entscheidungen über die Auswahl der Qualitätsmerkmale, der Item-Gestaltung und -Anordnung und der mathematischen Verknüpfung disaggregierter Qualitätsmerkmale und dem globalen Qualitätsurteil machen multiattributive Messkonzepte prinzipiell anfechtbar, da mit ihnen manipulierende Eingriffe mit teilweise erheblichen Konsequenzen für Ergebnis und Fehleranfälligkeit verbunden sind.
- **Verhaltensprognostische Relevanz**
  Der Zusammenhang zwischen multiattributiv erfasstem Qualitätserleben und Kundenreaktion lässt sich nicht immer mittels merkmalsgestützter Modelle abbilden, sondern bedarf, insbesondere in Dienstleistungskontexten, zusätzlicher Erklärungsmuster zur Erläuterung bestimmter Phänomene des Kundenverhaltens.

1.4.2   Ereignisorientierte Verfahren

Ereignisorientierte Verfahren zur Gewinnung kundenbezogener Qualitätsinformationen tragen der Tatsache Rechnung, dass sich das Qualitätserleben von Kunden nicht allein durch das Vorhandensein und die Erfüllung bestimmter Qualitätsattribute abbilden lässt, sondern zusätzlich durch bestimmte – vom Kunden subjektiv wahrgenommene – Vorfälle bzw. Ereignisse im Zuge der Dienstleister-/Kunde-Interaktion geprägt wird (Bruhn 2001c, S.112ff.; Stauss/Weinlich 1996; Swan/Bowers 1998). Dies kann umso mehr unterstellt werden, je komplexer das angebotene Leistungsbündel sich in seinen verschiedenen Leistungsbestandteilen darstellt und je mehr immaterielle Faktoren den Charakter der jeweiligen Leistung prägen. Für die Hotellerie, definiert als Erlebniswelt entstehend aus einer Leistungskombination materieller und immaterieller Komponenten, ist die positive Prägung von Kundenurteilen im Zuge von qualitätsdeterminierenden Ereignissen vor, während und nach dem Aufenthalt eine essentielle Wettbewerbserfordernis. *Die Erfassung von positiven oder negativen Kundenerlebnissen im Leistungserstellungsprozess*, wie sie sich aus den verschiedenen Dienstleistungssituationen und -interaktionen in der Hotellerie ergeben, stellt demzufolge eine wichtige Informationsquelle im Hinblick auf die Generierung eines aktuellen Qualitätsstatus des Unternehmens und der kontinuierlichen Überprüfung der Kundenzufriedenheit dar.

Als *ereignisorientierte Verfahren zur Messung und Analyse von Dienstleistungsqualität*, zählen neben der Beschwerdeanalyse, insbesondere die Critical Incident Technique, die Sequentielle Ereignismethode sowie die Frequenz-Relevanz-Analyse für Probleme (Benkenstein/Holtz 2001, S.198f.; Bruhn 2003a, S.112ff.). Die Methoden haben dabei unterschiedliche inhaltliche Schwerpunkte und erfassen in ihren jeweiligen Ausrichtungen verschiedene

Arten von Qualitätsinformationen. Als solche sind sie weitestgehend komplementär und generieren qualitativ unterschiedliche Problemkategorien und Problemgewichtungen. Auf die Analyse von Beschwerden im Rahmen des Beschwerdemanagement wird zu einem späteren Zeitpunkt eingegangen (Kapitel F.1.2.2), so dass hier zunächst die übrigen Verfahren im Hinblick auf ihre Fähigkeit eine systematische und praktikable Evaluation qualitätsrelevanter Ereignisse zu liefern hinterfragt werden sollen.

- **Critical Incident Technique**

Die ereignisorientierte Erfassung von Qualitätserlebnissen als Instrument zur Messung von Dienstleistungsqualität und Kundenzufriedenheit, geht auf die aus der Organisationspsychologie bekannte Methode der Critical Incident Technique (CIT) zurück. Zur Ermittlung und Auswertung subjektiv-zufriedenheitsorientierter Ereignisse aus Kundensicht, werden Kunden mittels standardisierter, direkter offener Fragen im Rahmen mündlicher Befragungen gebeten, sich an kritische Ereignisse zu erinnern, die während einer Kontaktsituation mit dem Dienstleistungsanbieter vorgefallen sind und besonders positiv oder negativ in Erinnerung geblieben sind. Typische Fragestellungen wären bspw. folgende (Rutherford/Umbreit 1993, S.70):

- Denken Sie an ein besonderes negatives Ereignis bei Ihrem Besuch im Hotel XY?
- Wie waren die genauen Umstände des Ereignisses?
- Was wurde von den verantwortlichen Personen getan, was sie als sinnvoll/nicht sinnvoll im Hinblick auf das spezifische Problem erachten würden?
- Wurden Konsequenzen aus diesem Vorfall gezogen und wenn ja, welche?
- War das Hotelpersonal der Situation gewachsen?
- ...

Kernstück der CIT ist die Bildung von Erlebnis- bzw. Problemkategorien mittels einer inhaltsanalytischen Auswertung der Ereignisberichte. Hierzu werden die vorliegenden Informationen im Hinblick auf ihre Problemspezifika verdichtet und zu Haupt- und Subkategorien zusammengefasst; im Anschluss daran wird kategoriebezogen die Häufigkeit ermittelt, mit der die jeweiligen Probleme auftreten. Zur methodischen Absicherung der Kategorienbildung sind Reliabilitäts- und Validitätsprüfungen durchzuführen. Ein ähnliches Verfahren stellt das Messkonzept des Story-Telling dar, wobei im Gegensatz zu der CIT und der sequentiellen Ereignismethode die Kunden gebeten werden, unstrukturiert und ohne konkrete Fragestellung ihre Erlebnisse mit einem Dienstleistungsanbieter zu schildern.

Die Empirie hat die Fähigkeit der CIT problemrelevante Informationen zu generieren, bereits in einer Vielzahl von Dienstleistungsunternehmen (Hotels, Restaurants, Airlines, Kfz-Werkstätten) überprüft und für sinnvoll befunden (Bitner et al. 1994; Rutherford/Umbreit 1993; Hentschel 1992). Die Erfassung entscheidender Erlebniskategorien innerhalb des Gesamtkontextes ‚Hotelleistung' ermöglicht eine stärken- bzw. schwächengerichtete Bewertung von Unternehmensressourcen mit dem Ziel der Akzentuierung bzw. Verbesserung von Unternehmensleistungen. Insbesondere die detaillierte und konkrete Problemschilderung von system-, leistungs- oder personalbedingten Qualitätsmängeln, ermöglicht eine management-, bereichs- bzw. personenbezogene Zuordnung von Qualitätsproblemen. Darüber hinaus verdeutlichen die Ergebnisse der CIT die Erwartungen von Kunden an das Qualitätsniveau der Leistungserstellung. Problematisch erscheint der hohe Erhebungs- und Auswertungsaufwand sowie die damit einhergehende Kostenintensität, so dass an dieser Stelle eher ein diskontinuierlicher Einsatz dieser Methode oder der Einsatz als Pre-Test im Zuge von Konzeptentwicklungen bzw. größer angelegten Qualitätsuntersuchungen empfehlenswert erscheint.

- **Sequentielle Ereignismethode**

Die Sequentielle Ereignismethode ist eine ereignisorientierte Analyse von Phasen und Episoden, die der Kunde während des Dienstleistungsprozesses durchläuft (Hentschel 1992, S.169f.; Stauss/Weinlich 1996; Stauss 1995b, S.389). Diese Analyse erfolgt auf der Basis des in einem späteren Kapitel erläuterten *„Service Blueprinting"* bzw. *„Service Mapping"* (Kapitel E.4.3.3). Die Grundidee dieser Konzepte ist es, die verschiedenen Grundbestandteile und Teilprozesse im Hinblick auf ihre Beiträge und wechselseitigen Einflusspotenziale bezüglich der Effektivität und Effizienz der Gesamtleistungsqualität zu untersuchen. Die Zerlegung des Dienstleistungsprozesses in einzelne Kontaktsequenzen/-punkte stellt die Grundlage für die kundenseitige Bewertung der Qualität der entsprechenden Dienstleistung dar. Anhand dieses graphischen Ablaufdiagramms wird der Kunde im Zuge eines Interviews durch den Dienstleistungsprozess geführt und gebeten, den Ablauf gedanklich-emotional zu rekapitulieren, um so Hinweise auf besonders positive oder negative Schlüsselerlebnisse zu erhalten. Die Anwendung des Service Blueprinting kann dabei differenziert entweder für den Gesamtgestaltungkomplex eines Dienstleistungsangebotes (z.B. Gesamthotel) erfolgen oder auch auf einzelne Teilkomplexe zugeschnitten werden (z.B. Gastronomie-, Bankett- oder Freizeitbereiche eines Hotels) (Gardini 1999, S.15ff.).

Das weitere Auswertungsverfahren entspricht dem der CIT. Während die Critical Incident Technique eine ungestützte Befragungstechnik (*,unaided recall'*) darstellt, ist die Sequentielle Ereignismethode aufgrund des zugrundeliegenden Blueprints eine gestützte Erhebungstechnik (*,aided recall'*). Dies birgt auf der einen Seite die Gefahr der Ereignisinflation, sprich auch relativ unbedeutende Ereignisse werden erfasst oder übertrieben in ihren Wirkungen dargestellt, so dass diesen Ereignissen möglicherweise eine überhöhte Relevanz zugemessen wird. Andererseits ermöglicht es die strukturierte Form der Befragung, bewusst ausgewählte Leistungsbereiche einer Überprüfung zu unterziehen. Neben einer geringer einzuschätzenden Vollständigkeit der zu gewinnenden Probleminformationen, ist die Sequentielle Ereignismethode im Vergleich zur CIT darüber hinaus noch aus methodischen und kostenbezogenen Gesichtspunkten aufwendiger, da im Vorfeld der Untersuchungen ein Blueprint zu erstellen ist.

- **Frequenz-Relevanz-Analyse für Probleme**

Der Fokus der Frequenz-Relevanz-Analyse für Probleme (FRAP) besteht weniger in der Entdeckung möglicher Qualitätsdefizite, sondern in der Bewertung der relativen Wichtigkeit dieser Problemfälle/-kategorien für das Qualitätsempfinden der Kunden (Stauss 1995b, S.392ff; Bruhn 2011, S.122ff.). Hierzu werden die mittels anderer Analysemethoden erfassten Qualitätsmängel und Problemkategorien einer quantitativen Auswertung unterzogen, die die Häufigkeit des Auftretens der entsprechenden Qualitätsprobleme und die jeweilige Problemrelevanz aus Kundensicht ermittelt (Ist das jeweilige Problem überhaupt aufgetreten?, Wie groß ist das Ausmass der Verärgerung?; Wie äußert sich das gezeigte oder geplante Verhalten des Kunden?). Die Datenerhebung erfolgt durch schriftliche, telefonische oder persönliche Interviews.

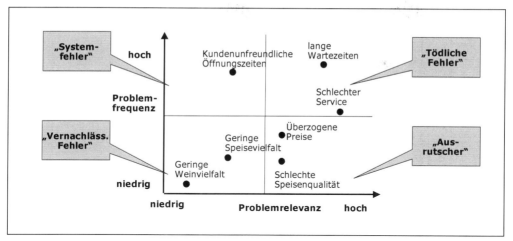

Abb.E.8:   Frequenz-Relevanz-Analyse von Kundenproblemen am Beispiel von Restaurantleistungen

Die FRAP stellt somit ein ergänzendes, quantitatives Evaluierungsverfahren dar, das dem Management die Dringlichkeit des Problemlösungsbedarfs verdeutlicht und handlungsanleitende Informationen generiert (Homburg et al. 2002, S.294f.):

- **‚Tödliche Fehler'**
  Hohe Relevanz und Frequenz, wesentlicher Einfluss auf die Kundenzufriedenheit: Fehlerquellen und Fehlerursachen sind sofort zu beseitigen.

- **‚Systematische Fehler'**
  Zwar geringe Relevanz, können aber aufgrund ihrer relativen Häufigkeit langfristig zu Unzufriedenheit bei den Kunden führen: Fehlerquellen und Fehlerursachen sind mittelfristig abzustellen.

- **‚Ausrutscher'**
  Zwar geringe Frequenz, spielen jedoch einen bedeutende Rolle im Rahmen des Kaufentscheidungs-prozesses des Kunden: Fehlerquellen und Fehlerursachen sind zu beseitigen, insbesondere wenn sie systembedingter Natur sind.

- **‚Vernachlässigbare Fehler'**
  Geringe Frequenz und geringe Relevanz: Fehlerquellen und Fehlerursachen sind zu vernachlässigen, da die Fehleranalyse eine unverhältnismäßige Kosten-/Nutzen Relation aufweist.

Die inhaltliche Qualität der Analyseergebnisse der FRAP ist dabei in erheblichem Maße von der Güte der im Vorfeld angewandten Verfahren zur Informationsgewinnung abhängig, was in regelmäßigen Intervallen eine Überprüfung der Problemliste erfordert. Aus der kombinierten Anwendung mit anderen Verfahren resultiert ein hoher Erhebungsaufwand, wobei die FRAP für sich allein genommen ein geeignetes Instrument einer laufenden und vergleichsweise kostengünstigen Qualitätskontrolle darstellt. Abb.E.8 zeigt beispielhaft die Visualisierung der Ergebnisse einer FRAP-Analyse für Restaurantleistungen. Dabei werden die eine spezifische Unternehmensleistung charakterisierenden Qualitätsattribute, deren relative Wichtigkeit aus Kundensicht und die diesbezügliche Qualitätswahrnehmung der Kunden in einem Koordinatensystem abgebildet, das dann das aktuelle Ausmaß der Erfüllung von Kundenanforderungen wiedergibt.

Neben den bereits an entsprechender Stelle erwähnten, inhaltlichen und methodischen Schwächen der einzelnen Verfahren, lassen sich darüber hinaus für alle Verfahren Probleme der Relevanz und des Bezuges zum Kaufverhalten sowie der hohe zeitliche Abstand zwischen der erlebten Dienstleistung und der Kundenbefragung als Problemfelder der Qualitätsmessung von Dienstleistungen anführen. Hierbei ist insbesondere auf das aus der Sozialpsychologie bekannte Phänomen des asymmetrischen Vergessens hinzuweisen, das dazu führt, dass unerfreuliche Ereignisse unterdrückt werden, während angenehme Erlebnisse längerfristiger abrufbar bleiben. Insofern muss generell bei ereignisorientierten Messverfahren mit Verzerrungen bei der Wiedergabe von Dienstleistungstransaktionen gerechnet werden. (Bruhn 1995, S.39)

1.4.3   Objektivierte Verfahren der Qualitätsmessung

Objektivierte Verfahren der Messung und Analyse von Dienstleistungsqualität und Kundenzufriedenheit zielen darauf ab, unter Umgehung einer direkten Mitwirkung von Kunden, zu weitestgehend objektivierten Aussagen über das Qualitätsniveau von Unternehmensleistungen zu gelangen. Klassische Instrumentarien der Marktforschung, wie die Beobachtung, sind Verfahren, die erste Hinweise und Anregungen zum Kundenverhalten und zur Verbesserung der Dienstleistungsqualität geben können (siehe Kapitel C). Des Weiteren können *unternehmensinterne Daten* über kundenbezogene Umsatzentwicklungen, Kundenverluste, Wiederkaufraten etc. erste Hinweise darauf geben, ob es ernste Qualitätsprobleme im Unternehmen gibt. Für die Hotellerie sind insbesondere auch Berichte *externer*, *zumeist neutraler Institutionen und Personen* von Bedeutung. Professionelle Gutachter, wie bspw. branchenspezialisierte Journalisten, Tester im Auftrag von Hotelführern sowie Auditoren von Standesorganisationen oder Hotelkooperationen, die im Zuge einer Unternehmensklassifikation Qualitätsberichte erstellen bzw. Kooperationsstandards überprüfen, sind Informationsquellen, die Aufschluss über das Qualitätsniveau und die Einhaltung von Qualitätsstandards geben können (Faust 1993, S.36f.).

Auch die *Zertifizierung* setzt die Erfüllung bestimmter Standards voraus, so dass die Abarbeitung von Checklisten und Kriterienkatalogen im Rahmen interner und externer Qualitätsaudits Hinweise auf einen eventuellen Handlungsbedarf liefern kann (Schaetzing 1996). So umfasst bspw. der US-amerikanische ‚Standards of Excellence Report' der branchenspezialisierten Unternehmensberatung RICHY-Management-Consulting, 566 Einrichtungsaspekte und 366 Serviceaspekte (Faust 1993, S.52). Eine Ergänzung unternehmensbezogener Qualitätsmessungen können *branchenspezifische* oder *branchenübergreifende Zufriedenheitsuntersuchungen* darstellen. Während branchenspezifische Studien generelle Problembereiche der jeweiligen Branche aufdecken können, ermöglichen branchenübergreifende Studien – bei ausreichender Leistungsähnlichkeit – eine Erweiterung der unternehmensinternen Qualitätsperspektive (z.B. *Nationale Kundenbarometer)*. Als Konsequenz aus diesen Studien sind z.B. branchenübergreifende Benchmarking-Prozesse denkbar (Bruhn 2001; Meyer/Dornach 1998).

Beim sog. *„Silent-/Mystery-Shopper'-Verfahren* werden von Test-/Scheinkunden im Rahmen eines strukturierten Testkaufs personale und nicht-personale Qualitätsmerkmale der Unternehmensleistung überprüft. Im Gegensatz zu professionellen Testern, deren Vorgehen ähnlich ist, ist das Silent-Shopper-Verfahren anbieterseitig initiiert und kontrolliert und kann als solches zielgerichtet eingesetzt werden. Sowohl das Silent-Shopper-Verfahren als auch die Qualitätsprüfungen durch Journalisten oder Gutachter generieren jedoch nur bedingt objektive Informationen, da die emotionalen Eindrücke und Empfindungen von professionellen Beobachtern, aufgrund differierender Erwartungshaltungen und Verhaltensweisen, nicht unbedingt mit den Qualitätswahrnehmungen von typischen Hotelkunden übereinstimmen müssen (Bruhn 2003a, S.89f.; Stauss 1995b, S.388).

Zusammenfassend lässt sich sagen, dass die objektivierten Verfahren der Qualitätsmessung durch ein grundlegendes Defizit charakterisiert sind. Die mangelhafte Berücksichtigung von Dienstleister-Kunde-Interaktionen und das Fehlen eines Kunden-Feedbacks lässt objektive Kriterien nur als grobe Indikatoren für die Dienstleistungsqualität eines Unternehmen zu (Bruhn 2003, S.88ff.). Als solche geben sie in erster Linie Hinweise darauf, wie die innerbetrieblichen Voraussetzungen hinsichtlich ihrer Stärken-/Schwächen-Konfiguration beschaffen sind und welche Maßnahmen aus Anbietersicht zu ergreifen sind, um ein potentiell angestrebtes Qualitätsniveau zu erreichen. Dennoch stellen die verschiedenen unternehmensbezogenen Methoden, im Hinblick auf eine systematische Überprüfung der Qualitätsfähigkeit der Unternehmen, eine wertvolle Ergänzung zu den kundenorientierten Ansätzen der Qualitätsmessung dar. Erst ein Zusammenspiel aller Ansätze im Zuge von *Feedback- und Regelkreissystemen* ermöglicht jedoch eine umfassende und kontinuierliche Steuerung der Qualität eines Hotelunternehmens (Meyer/Westerbarkey 1998, S.457f.). Hierbei muss jedes Hotelunternehmen grundsätzlich nach Maßgabe ihres Informationsbedarfes und unter Berücksichtigung wirtschaftlicher Gesichtspunkte entscheiden, welche kunden- und unternehmensbezogenen Methoden, in welcher Kombination zur Überwachung und Verbesserung von Kundenzufriedenheit und Dienstleistungsqualität einzusetzen sind.

1.5 Hotelkritiken und Hotelbewertungsportale

Die Zahl von *Online-Meinungsforen* und *Hotelbewertungsportalen* auf denen Reisende ihre Erfahrungen austauschen und Bewertungen einstellen oder abfragen können, ist in den letzten Jahren stetig gewachsen. Ursächlich hierfür sind im Wesentlichen zwei zentrale Erkentnisse des Dienstleistungsmarketing. Zum einen sind Hotelleistungen, wie in Kapitel B skizziert, Erfahrungsgüter, die sich durch einen je nach Qualitätskategorie verschieden hohen Anteil an immateriellen Dienstleistungsbestandteilen auszeichnen, und es damit potenziellen Kunden erschweren die Güte einer angebotenen Dienstleistung im Vorfeld des Kaufs zu beurteilen. Diese *Informationsasymmetrie* führt zu einem erhöhten *Kaufrisiko* bei Hotelleistungen, welches der Hotelkunde versucht durch eine zielgerichtete Informationsaufnahme zu mindern. Im Zusammenhang mit dem Kauf von Dienstleistungen bevorzugen Kunden dabei im Gegensatz zum Kauf von physischen Gütern, *informelle Informationsquellen* wie bspw. Empfehlungen oder Kritik von Freunden, Familie oder Kollegen oder eben auch die Erfahrungsberichte von Kunden die die betreffende Dienstleistung (hier das Hotel) bereits in Anspruch genommen haben (siehe Kapitel C.3.1). Die hier meist genannten Informationsquellen für Reiseentscheidungen sind denn Studien zufolge auch die Berichte von Verwandten und Bekannten (55%), Erfahrungsberichte in Bewertungsportalen (33%), Informationen von Vergleichsportalen (33%) oder Sozialen Netzwerken (7,3%) (Statista 2014d). Bei einer Untersuchung aus dem Jahr 2013, gaben 80% der Teilnehmer an, sich vor jeder Reise im Internet über Hotelkritiken zu informieren und 50% würden kein Hotel buchen ohne zuvor Erfahrungsberichte zu diesem Objekt gelesen zu haben (IHA 2014, S.245). Reisen, Hotels und Restaurants gelten denn auch als Themenbereiche, die im gesellschaftlichen Kontext besonders oft Gegenstand zwischenmenschlicher Kommunikation sind (Meyer/Westerbarkey 1998, S.447) und so wird selbst im Zeitalter der Massenkommunikation, die Mund-zu-Mund-Kommunikation nach wie vor als die wichtigste Form der menschlichen Kommunikation angesehen (Gladwell 2002, S.45).

Entsprechend ist das Wachstum der Meinungsforen und Hotelbewertungsportale wenig überraschend. Neben den *spezialisierten Bewertungsplattformen* wie bspw. Tripadvisor, Trivago oder HolidayCheck, deren Geschäftsmodell die kundenbezogene Bewertung von touristischen Unternehmen darstellt, bieten mittlerweile auch immer mehr *Onlinebuchungsportale* wie HRS, opodo.de oder booking.com, Hotelbewertungen als zusätzlichen Service für ihre Kunden an. So verzeichnen HolidayCheck oder das Onlinebuchungsportal HRS bereits mehr als eine Million Hotelbewertungen. Auch Hotelkooperationen wie Familotels oder Einzelhotels wie das Hotel Edelweiss in Großarl, ermöglichen ihren Kunden entsprechende Bewertungen und veröffentlichen diese auch auf ihren Websites.

Die *Marketing- und Vertriebseffekte von Hotelkritiken und Bewertungsportalen* werden in der Hotellerie recht kontrovers diskutiert. *„Online-Hotelkritiken sind eher lästig"* (Schmidt 2009, S.509), so das Fazit einer Branchenstudie des Marktforschungsinstituts Marktplatz Hotel/CHD Expert zum Thema Hotelkritiken und Hotelbewertungsportale. Laut Studie klicken nur 30 % der Hotelmanager auf die mittlerweile zahlreichen Internetplattformen, um neue Gästekritiken über ihr Haus zu lesen. Über die Hälfte (54%) verzichten darauf und ignorieren die weltweit veröffentlichten Gästerezensionen. Zahlreiche Hoteliers beklagen darüber hinaus oft die unsachliche bzw. ungerechtfertigte Kritik der Gäste, Manipulationen oder auch den Missbrauch seitens der Hotelgäste sowie die mangelnde Repräsentativität der Bewertungen (siehe Kasten). Auch der Vorwurf, die Hotelkritiken würden zu selten auf Plausibilität geprüft wird immer wieder laut – auch wenn dies Portalbetreiber immer wieder zurückweisen (Schmidt 2009, S.509f.; Puscher 2008, S.6).

Auch wenn viele Hoteliers die *Meinungsmacht* von Hotelbewertungsportalen, Blogs oder Onlineforen kritisch sehen, sollte jedoch auch die Tatsache berücksichtigt werden, dass die überwiegende Mehrheit der in Foren abgegebenen Bewertungen und Meinungen positiv ausfallen (IHA 2014, S.246). So sind bspw. nach Angaben des Portals HolidayCheck 87% der Bewertungen positive Weiterempfehlungen, bei Tripadvisor soll der Anteil der positiven Bewertungen bei gut 80% liegen (Fritsch/Siegmund 2013, S.21).Entsprechend nutzen laut der o.g. Studie von Marktplatz Hotel/CHD Expert, immerhin bereits 30% der Hotels die Onlinekritikportale zur Messung der Kundenzufriedenheit (Schmidt 2009, S.509). 37% der aktiven Nutzer von Hotelbewertungsportalen werten die Daten täglich aus, während 20 Prozent der Hotels dies wöchentlich tun und 24 Prozent der Betriebe monatlich, um bei den schnell wachsenden Kritikportalen aktuell zu bleiben. Bei der Auswertung steht für die meisten Hotels (63%) die Glaubwürdigkeit der Kritik im Vordergrund. In über der Hälfte der Fälle (51%) nehmen die Hotelmanager Kontakt mit dem Gast/Kritiker auf und bei 39 Prozent der Fälle versuchen die Direktoren, Einfluss auf die veröffentlichten Kritiken zu übernehmen, beispielsweise durch eigene Kommentierungen. Untersuchungen zeigen hierbei, das durch einen positiven Umgang mit Kritik sowie der Wertschätzung von Kundenmeinungen durch Rückmeldungen seitens des Managements, sowohl der Eindruck den das Hotel hinterlässt verbessert wird als auch das Kundenvertrauen wieder hergestellt werden kann (Tripadvisor 2012, IHA 2014, S.245). In besonders harten Fällen – bei harscher oder vernichtender Kritik – sind die Bemühungen oftmals intensiver und so versuchen viele Hotelunternehmen vermeintlich ungerechtfertigter Kritik mit sog. Reputationsagenturen zu begegnen, deren Aufgabe es ist die Bewertungslandschaft zu beobachten und unliebsame Kritik aus dem Internet entfernen zu lassen (Brügge 2009, S.56). Dies ist jedoch nur im gesetzlich vorgesehenen Rahmen möglich und so ist zwischen gesetzlich zulässigen und unzulässigen Inhalten zu unterscheiden. Bei offensichtlichen Schmähkritiken, übler Nachrede, Verleumdung oder falschen Tatsachenbehauptungen ist eine Löschung entsprechend gesetzlich abgesichert, während subjektive Werturteile eines Kunden, die in sachlicher und ausgewogener Form die individuelle Wahrnehmung eines Gastes widerspiegeln, vom Recht auf freie Meinungsäußerung im Sinne des Art.5 des Grundgesetzes gedeckt sind.

Auf die Selbstreinigungsmechanismen der Plattformen zu hoffen, ist eine Strategie mit ungewissem Ausgang. Die Betreiber haben vitales Interesse daran, dass schlechte Kommentare sichtbar sind, denn nur so erhalten sie sich bei den Nutzern ihre Glaubwürdigkeit. Stiftung Warentest überprüfte 2007 eine Reihe größerer und kleinerer Hotelbewertungsportale und stellte dort besonders schöngefärbte Werbetexte als Meinung ein. Nur zwei von zehn Betreibern erkannten den Betrug und verzichteten auf die Veröffentlichung – darunter auch Branchenprimus HolidayCheck. „Natürlich ist es wichtig, Missbrauch bei den Hotelbewertungen vorzubeugen", erklärt Tobias Ragge, Mitglied der Geschäftsleitung bei HRS. Das Kölner Unternehmen ist besonders stolz darauf, dass nur echte Bucher ihre Meinung publizieren können. „Manipulierte Einträge, beispielsweise durch Agenturen oder die Häuser selbst, sind so ausgeschlossen", behauptet man beim Hotel Reservation Service. Das aber auch bei „echten" Buchern Manipulation möglich ist, erfuhr im September Oliver Winter. Der Geschäftsführer der A&O Hotels and Hostels musste zum Oktoberfest 2008 erleben, wie insgesamt zwölf Kunden am Rezeptionstresen mit negativer Bewertung drohten, sollte der jeweilige Hotelier die gebuchte Rate nicht deutlich reduzieren. Und zwar um bis zu 40 Prozent. Dabei handelte es sich wohlgemerkt um „bewertungsberechtigte" echte Kunden, die mögliche Fehler im System für sich ausnutzen wollten (Puscher 2008, S.6).

Ungeachtet aller zu Teilen berechtigten Kritik an unausgewogenen Kritiken, Meinungsäußerungen oder Missbrauchsfällen, drängt sich jedoch ebenso wie beim Thema Beschwerdemanagement und Servicegarantien der Eindruck auf, es gehe vielen Hoteliers und Hotelunternehmen mehr um Rechtfertigung und Korrektur, statt um eine zielgerichtete und dauerhafte Verbesserung der Unternehmensleistungen. STAUSS/SEIDEL weisen in diesem Zusammenhang auf die damit verbundenen Optimierungspotenziale im Beschwerdemanagement hin: *„Da Meinungsforen und ähnliche Plattformen die Barriere zur Artikulation einer Beschwerde senken, ist zu erwarten, dass zum einen auch zahlreichere Beschwerdeinformationen eingehen, zum anderen aber auch Kundenkritik in Bezug auf weniger bedeutsam geschätzte Sachverhalte artikuliert wird. Damit ergibt sich für das Unternehmen die Chance, eine vertiefte Einsicht in den tatsächlichen Stand der Kundenzufriedenheit zu gewinnen und die aus direkten Beschwerden erhaltenen Informationen zu ergänzen"* (Stauss/Seidel 2007, S.611).

*Im amerikanischen Hotelkonzern **Hyatt** kümmert sich eine Mitarbeiterin ausschließlich um die virtuellen Gästekritiken und leitet das Feedback an die Geschäftsführung weiter. Beim französischen Hotelkonzern **Accor** nutzt die Marketingabteilung die Bewertungsportale als Ergänzung zur hauseigenen Gästebefragung (Brügge 2009, S.56).*

Hotelbewertungen im Sinne subjektiver Wahrnehmungen des Hotelkunden sollten denn auch vielmehr als ein ergänzender **Bestandteil des Qualitäts- und Beschwerdemanagement** gesehen werden, denn als Ärgernis gegen das man (im Extremfall gerichtlich) vorgehen muss. Die begrenzten Marketingressourcen sollten entsprechend dazu genutzt werden, Hotelgäste im Sinne eines proaktiven Beschwerdemanagements dahingehend zu ermuntern, möglichst zahlreich Bewertungen abzugeben, um über eine hinreichende Quantität von Bewertungen auf der eigenen Website oder den o.g. Portalen, potenziellen Kunden ein möglichst annähernd repräsentatives Bild der Unternehmensleistungen zur Verfügung zu stellen. Denn Hoteliers und Hotelunternehmen, die solche Bewertungsportale und Kritiken ignorieren, *„werden das Resultat spüren, zeitverzögert und in aller Regel zu spät"* (Schmidt 2009, S.510).

1.6   Zertifizierung und Qualitätsauszeichnungen

Im Rahmen der Einführung ganzheitlicher Qualitätsmanagementkonzepte hat die Unternehmenszertifizierung in den letzten Jahren eine wachsende Bedeutung erlangt. Zertifizierung ist *„die Prüfung eines Unternehmens durch einen unabhängigen Dritten zum Erhalt eines Zertifikats"* (Bruhn 2003, S.393). Die Zertifizierung durch eine unabhängige Institution bescheinigt einem Unternehmen, dass ihr Qualitätsmanagementsystem den Normen eines Modells entspricht und das Unternehmen damit grundsätzlich in der Lage ist, bestimmte Qualitätsanforderungen zu erfüllen (Kinter 2000; Bruhn 2011, S.266f.). Das entsprechende Zertifikat kann dann im Markt kommunikativ genutzt werden. Die Zertifizierung bzw. Modellierung von Qualitätsmanagementsystemen nach **ISO 9000ff.** (vollständig DIN/EN/ISO 9000-9004 Normenreihe bzw. reformiert als ISO 9000:2000) oder dem **CMMI** (Capability Maturity Model Integration), ein Modell zur Prozessverbesserung von Entwicklungs- und Dienstleistungsprozessen (Forrester et al. 2011), kann dementsprechend als ein Instrument zur Qualitätsverbesserung und damit zur Reduzierung der Qualitätsunsicherheit von Abnehmern betrachtet werden. Die zertifizierenden Institutionen, die als neutrale Prüfer bspw. ein solches ISO-Zertifikat vergeben, werden nach Erfüllung bestimmter Voraussetzungen in der Bundesrepublik vom Deutschen Akkreditierungsrat (DAR) zugelassen (Bruhn 2011, S.271ff.).[1] Die Normen der ISO-Reihe, auf denen das Zertifizierungsprocedere fußt, liefern eine Systematik zum Aufbau von Qualitätsmanagementsystemen und ermöglichen einem Unternehmen:

- die methodische Auseinandersetzung mit Fragestellungen und Anforderungen eines Qualitätsmanagementsystems und die Implementierung/Neuordnung qualitätssichernder Aktivitäten und Maßnahmen.

- die kundengerichtete Kommunikation des Nachweises eines weitestgehend normierten Qualitätsmanagementsystems, dass durch die Überprüfung und Zertifizierung durch eine unabhängige Institution, die Möglichkeit zum Aufbau eines Vertrauenspotenzials schafft und das Qualitätsrisiko des Abnehmers mindert.

---

[1]   In der Bundesrepublik gibt es über 20 akkreditierte Zertifizierungsstellen, die – zum Teil spezialisiert auf bestimmte Branchen bzw. Wirtschaftssektoren – berechtigt sind, entsprechende Zertifizierungen durchzuführen (z.B. TÜVCert, DQS-Deutsche Gesellschaft zur Zertifizierung von Qualitätsmanagementsystemen, CERTQUA etc.).

Die umfassendste und am häufigsten angewandte Norm der IS0 9000 Reihe ist die ISO 9001 Norm, welche in **20 Qualitätselementen** die maßgebliche Gliederung zum Aufbau eines Qualitätsmanagementsystems skizziert (Abb.E.9). Mit der Veröffentlichung der Norm 9004 Teil 2, die einen Leitfaden für Dienstleistungen beinhaltet, wurde auch für Dienstleistungsunternehmen ein erleichterter Zugang zur Normenreihe geschaffen. Das Grundprinzip der Zertifizierung entspricht weitestgehend dem der Unternehmensklassifikation in der Hotellerie, in der ebenfalls anhand von bestimmten Anforderungsmerkmalen ein bestimmtes Leistungspotenzial abgeleitet wird. Eine Zertifizierung kann demnach ebenso wie die Unternehmensklassifikation dem Nachfrager von Hotelleistungen ein potentiell zu erwartendes Qualitätsniveau signalisieren und ihm damit ein erhöhtes Maß an Sicherheit vermitteln. Einschränkend muss jedoch gesagt werden, dass die Zertifizierung nichts weiter aussagt, als das ein Qualitätsmanagementsystem besteht, was nicht zwingend eine kundengerechte Qualität der erstellten Hotelleistung garantiert. Die unvollständige Ausrichtung der Zertifizierungsforderungen auf Kundenzufriedenheit und Kundenorientierung birgt zudem die Gefahr, dass Qualitätsverbesserung nicht im Sinne einer Steigerung des Kundennutzen aufgefasst wird, sondern das nach wie vor auf die Konformität interner Abläufe bei der Herstellung von Produkten und Dienstleistungen abgestellt wird.

Die Kompatibilität der DIN EN ISO 9000ff. bzw. ISO 9000:2000 Reihe mit den Zielen und Anforderungen des Qualitätsmanagement im Sinne des TQM-Konzeptes ist Gegenstand zahlreicher Diskussionen in Literatur und Praxis und soll an dieser Stelle nicht weiter vertieft werden (hierzu Kuhnert/Ramme 1998, S.180ff.; Sprenger 1995, S.128ff.). Aus kommunikativer Sicht ist es wesentlich, dass den mit der **Zertifizierung** entstehenden Leistungsansprüchen der Kunden im betrieblichen Alltag entsprochen wird, denn nur dann kann eine Zertifizierung über ihre reine Signalwirkung hinaus einen Beitrag zur Entwicklung eines positiven Qualitätsimages eines Hotelunternehmens leisten. Untersuchungen in der Hotellerie zeigen jedoch, dass die Zertifizierung sowohl in Individual- als auch in der Kettenhotellerie sich bislang nicht tiefgreifend in der Branche hat durchsetzen können und ein eher negatives Image genießt. Nach wie vor haben sich nur wenige Unternehmen der mittelständischen Hotellerie ihr **Qualitätsmanagementsystem nach der ISO-Norm** zertifizieren lassen. Die Gründe dafür sind vielfältig und reichen von ungenügender Information zu den Zielen und Auswirkungen von Qualitätsmanagementsystemen, über die damit verbundenen Kostenaspekte bis hin zu einer generellen Ablehnung (Jäntsch 2000, S.64ff.). Bedeutsam ist sicherlich hier der Tatbestand, dass sich die Hoteliers von einer Zertifizierung keinen Mehrwert in der Außenwirkung gegenüber der Hotelklassifizierung versprechen und die positiven, internen Effekte eines zertifizierten Qualitätsmanagementsystems nach wie vor noch unterschätzt werden.

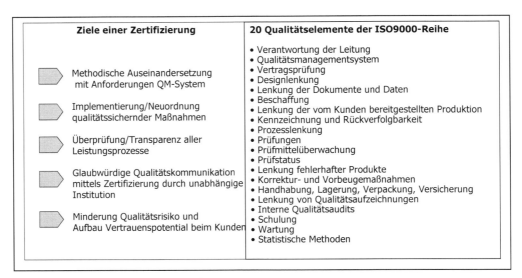

Abb.E.9:   Qualitätselemente der ISO-Reihe

Weitere Ansatzpunkte für die Entwicklung ganzheitlicher Qualitätskonzepte liefern die bereits oben erwähnten **Qualitätspreise**, wie der amerikanische **Malcolm Baldrige National Quality Award (MBNQA)** oder der **EFQM Excellence Award (EEA)**, wie er von der European Foundation for Quality Management (EFQM) vergeben wird (Bruhn 2011, S.290ff.). Diese Preise werden an Unternehmen verliehen, die erfolgreich ein Qualitätsmanagement implementiert haben und entsprechen im Gegensatz zu der Normenreihe DIN EN ISO 9000ff. eher dem Anspruch eines ganzheitlichen Qualitätsmanagements (Stauss 2001; Kuhnert/Ramme 1998, S.185ff.). So deckt die Zertifizierung gemäß dem Normensystem nur ca. 10% der Kategorien der Quality Awards ab. Die **Bewertungskriterien** des **MBNQA** als auch des **EEA** fußen hingegen auf einem breiten Qualitätsverständnis im Sinne des TQM und umfassen sieben (MBNQA) bzw. neun (EEA) grundlegende Kategorien, die einer Überprüfung im Rahmen des Bewerbungsprocederes unterzogen werden. Die Kategorien fußen auf einem dynamischen Qualitätsmodell und betreffen die Unternehmensführung, die strategische Qualitäts- und Ressourcenplanung, das Personalmanagement, die Gestaltung der Unternehmensprozesse, die Qualitäts- und Betriebsergebnisse und schließlich die Kunden- und Mitarbeiterzufriedenheit. Der European Quality Award unterscheidet dabei in seinem Modell zwischen sog. Befähigern (enablers), die die Art und Weise charakterisieren wie das Qualitätsmanagement implementiert wird und den daraus folgenden Ergebnissen (results), die aus der Sicht der vier Hauptzielgruppen des Unternehmens betrachtet werden: der Kunden, der Mitarbeiter, der Shareholder und der Gesellschaft. Die Ergebnisse dokumentieren, was letztlich im Rahmen der Qualitätsaktivitäten erreicht wurde.

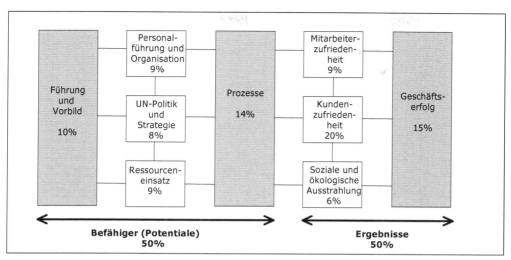

Abb.E.10:   Bewertungskriterien EFQM-Modell
             Quelle: EFQM 2000, S.14

Die Besonderheit des EEA und des MBNQA liegt darin, dass eine Selbstbewertung zu den Anforderungen an die Bewerbung gehört. Wird die Selbstbewertung als selbstverständlicher Baustein in die tägliche Managementarbeit übernommen, kann die Anwendung der Bewertungskategorien und -kriterien ein Ausgangspunkt zur Optimierung des eigenen Qualitätsmanagement darstellen. Untersuchungen zeigen dabei, dass fast alle Bewerber für einen der genannten Qualitätspreise der Aussage zustimmen, das Konzept und Struktur des MBNQA und EEA das Qualitätsbewusstsein fördere und die Anwendung der Kriterien zu nachweislichen Erfolgen führe (Stauss 2001, S.514ff.; Bruhn 2011, S.290ff.).

Wer jedoch von der Entwicklung und Implementierung eines TQM-Konzeptes unmittelbare und sehr kurzfristige Leistungssteigerungen und Ergebnisverbesserungen erwartet, wird enttäuscht werden. **Qualität bleibt** in erster Linie eine **Führungsaufgabe**. Qualität zur obersten Unternehmensphilosophie zu machen, eingefahrene Methoden und Verhaltensweisen in Frage zu stellen und zu verändern und dies im gesamten Unternehmen umzusetzen, erfordert einen langen Atem und nicht umsonst wird das Bemühen um Qualität und Kundenzufriedenheit von vielen Qualitätsexperten als „race without a finish line" bezeichnet (Gardini 1995). Zur Orientierung auf diesem Weg können jedoch sowohl die Normenreihe DIN ISO EN 9000ff. als auch die Qualitätsauszeichnungen des MBNQA und des EEA dienen.

Qualitätsmanagement der
The Ritz-Carlton Hotel Company, L.L.C.

Michaela Gilg und Regine Gädecken

Mit dem Hotel The Ritz-Carlton, Boston beginnt die Geschichte der Hotelgruppe. Noch heute dienen der hohe Servicestandard, die Gastronomie und übrigen Einrichtungen dieses Bostoner Wahrzeichens als Maßstab für alle Ritz-Carlton Hotels und Resorts weltweit. Das Bostoner Erbe wiederum beginnt mit dem „König der Hoteliers und dem Hotelier der Könige" César Ritz. Sein Verständnis von Dienstleistung und die Innovationen in seinen Häusern The Ritz in Paris und The Carlton in London definierten die Luxushotellerie in Europa neu.

The Ritz-Carlton, Boston

Edward N. Wyner, ein Bostoner Immobilienentwickler, wurde 1927 von Bürgermeister Curley gebeten, ein Hotel mit Weltklasse zu bauen. Nordamerikanischer Einfallsreichtum und die Visionen des César Ritz gingen mit diesem Hotel eine ideale Verbindung einher. Die Eröffnung kam einer Revolution in der amerikanischen Hotellerie gleich, der Luxus war unbeschreiblich: Erstmals gab es eigene Bäder in den Gästezimmern, die Stoffe in den Zimmern waren nicht mehr so schwer und konnten endlich gewaschen werden. Das Servicepersonal wirkte adrett in seiner Uniform mit weißer Krawatte und Schürze, die Oberkellner präsentierten sich distinguiert mit schwarzer Krawatte und Stresemann. Sogar die öffentlichen Bereiche wurden mit üppigen und frischen Blumenbouquets dekoriert. Edward Wyner verstarb 1961, das Hotel ging in neue Hände über. Das Ritz-Erbe lebte jedoch weiter mit Charles Ritz, dem Sohn von César Ritz. Bis 1977 war er aktives Mitglied des Vorstandes von The Ritz-Carlton. Nach seinem Ausscheiden verkauften die Besitzer des Bostoner Hauses das Hotel und die Namensrechte „The Ritz-Carlton" 1983 an William B. Johnson, der noch im selben Jahr die heutige „The Ritz-Carlton Hotel Company" gründete.

Das Ritz-Carlton Firmenzeichen

Der Löwe und die Krone des Firmenzeichens ist eine Kombination des Britisch-Königlichen Siegels (die Krone) und das Firmenzeichen eines Geldgebers (der Löwe). Es wurde von César Ritz entworfen.

The Ritz-Carlton Hotel Company, L.L.C.

Im Gründungsjahr 1983 führte die Gesellschaft nur ein Hotel, das The Ritz-Carlton, Boston. Heute gehören 47 Hotels und Resorts zur Gruppe.

Bis Ende 2003 gehören insgesamt 54 Hotels zum Portfolio der Hotelgruppe, die Ende 1999 zum zweiten Mal nach 1992 mit dem „Malcolm Baldrige National Quality Award" des amerikanischen Wirtschaftsministeriums ausgezeichnet wurde. Ritz-Carlton ist damit das einzige Dienstleistungsunternehmen überhaupt, welches diesen Preis zum zweiten Mal in Folge erhalten hat. Ritz-Carlton nimmt eine umfassende Qualitätssicherung (Total Quality Management, kurz TQM) sehr ernst. Innerhalb aller Häuser der internationalen Gruppe findet deshalb TQM als kontinuierlicher Prozess statt.

Mission Statement

Voraussetzung für eine umfassende Quali-tätssicherung ist die Aufstellung von Zielen, die im gesamten Unternehmen kommuniziert sind. The Ritz-Carlton Hotel Company, L.L.C. hat es sich daher zur Aufgabe ge-macht, ein sogenanntes „Mission Statement" zu schreiben, in dem alle Ziele der Gesell-schaft beschrieben sind. Da jedes der 47 Häuser der Gesellschaft jedoch andere stand-ortspezifische Voraussetzungen mit sich bringt, liegt es in der Verantwortung eines jeden Hotels ein eigenes Mission Statement zu verfassen. Im Falle des The Ritz-Carlton, Wolfsburg lautet dies wie nebenstehend.

Und die Gesellschaft geht noch einen Schritt weiter: um sicherzugehen, dass ein jeder Mitarbeiter weiß, auf welche Ziele er hinar-beiten muss um das gesamte Unternehmen zum Erfolg zu führen, wird auch in einer jeden Abteilung ein Mission Statement ge-schrieben. Dies wird von allen Mitarbeitern der Abteilung verfasst, unterschrieben und in der Abteilung für alle sichtbar aufgehängt. Selbstverständlich werden alle kommunizier-ten Ziele regelmäßig in den Line Ups bespro-chen.

Credo Karte & Line Ups

Das Credo, die drei Stufen der Dienstleis-tung, das Motto, die 20 Grundsätze und das Mitarbeiter-Versprechen sind die Säulen des Erfolgs der Ritz-Carlton Hotel Company. Diese Grundwerte der Hotelphilosophie – Golden Standards genannt – werden von

---

Mission Statement

Die Damen und Herren des The Ritz-Carlton, Wolfsburg machen Geschichte: Unsere einzigartige, innovative und aufrichtige Gastlichkeit macht den Hotelaufenthalt zum authentischen Erlebnis.

Unser individueller Service und das konsequente und kompromisslose Qualitätsniveau übertrifft die Erwartungen aller Gäste.

Die kontinuierliche Verbesserung unserer Produk-te und Dienste garantiert Ihnen Leistungen von beispiellosem Wert, fördert die Loyalität und sorgt für bleibende Beziehungen.

In enger Partnerschaft mit unseren Eigentümern

werden wir uns als Dienstleistungszentrum

mit herausragendem Ruf etablieren

und bieten daher Rentabilität auf höchster Stufe.

Unser Unternehmen unterstützt kontinuierlich soziale, umweltpolitische und gemeinnützige Ziele,

und ist sich darin auch seiner bedeutenden Aufga-be als tragendes Mitglied des Gemeinwesens bewusst.

The Ritz-Carlton, Wolfsburg ist die Adresse allererster Wahl für regionale Veranstaltungen von Bedeutung und für das gesellschaftliche Leben in Wolfsburg.

Unser Erfolg hängt von dem Engagement jedes Einzelnen ab: Wir möchten gemeinsam eine Atmosphäre der Offenheit und des Vertrauens entwickeln, in der alle Mitarbeiter an den Ent-scheidungskompetenzen, den Pflichten und den Vorzügen gleichermaßen teilhaben.

---

allen 20.000 Mitarbeitern beherzigt und verinnerlicht. Eine kleine laminierte Karte im Wes-tentaschenformat, von allen Mitarbeitern permanent mitgeführt, bringt die Golden Standards (in acht Sprachen erhältlich) so immer wieder ins Bewusstsein.

Three Steps of Service	"We Are Ladies and Gentlemen Serving Ladies and Gentlemen"	The Ritz-Carlton Credo	The Employee Promise
1 A warm and sincere greeting. Use the guest name, if and when possible. **2** Anticipation and compliance with guest needs. **3** Fond farewell. Give them a warm good-bye and use the guest name, if and when possible.	*"We Are Ladies and Gentlemen Serving Ladies and Gentlemen"*	The Ritz-Carlton Hotel is a place where the genuine care and comfort of our guests is our highest mission. We pledge to provide the finest personal service and facilities for our guests who will always enjoy a warm, relaxed yet refined ambience. The Ritz-Carlton experience enlivens the senses, instills well-beeing, and fulfills even the unexpressed wishes and needs of our guests.	At The Ritz-Carlton, our Ladies and Gentlemen are the most important resource in our service commitment to our guests. By applying the principles of trust, honesty, respect, integrity and commitment, we nurture and maximize talent to the benefit of each individual and the compnay. The Ritz-Carlton fosters a work environment where diversity is valued, quality of life is enhanced, individual aspirations are fulfilled, and The Ritz-Carlton mystique is strenghtened.

Allen neuen Mitarbeitern werden die Golden Standards im Rahmen eines intensiven Orientierungsseminars vorgestellt. Durch tägliche, kurze Zusammentreffen in allen Abteilungen, sogenannten „Line Ups", werden diese gemeinsam besprochen und durch aktuellen Praxisbezug ergänzt und umgesetzt. Die Firmenzentrale in Atlanta unterstützt diese Art der Mitarbeitereinbindung durch Aufstellung eines Wochenplanes mit Diskussionsthemen für alle Hotels weltweit. Weiterhin werden Schulungen als kontinuierlicher Prozess und Qualitätsgarant verstanden; mit rund 120 Trainingsstunden je Angestellter und Jahr ist Ritz-Carlton Branchenführer.

1. The Credo will be known, owned and energized by all employees.
2. Our motto is: "We are Ladies and Gentlemen serving Ladies and Gentlemen". Practice teamwork and "lateral service" to create a positive work environment.
3. The three steps of service shall be practiced by all employees.
4. All employees will sucessfully complete Training Certification to ensure they understand how to perform to The Ritz-Carlton standards in their position.
5. Each employee will understand their work area and Hotel goals as established in each strategic plan.
6. Each employee will know the needs of their internal and external customers (guest and employees) so that we may deliver the products and services they expect. Use guest preference pads to record specific needs.
7. Each employee will continously identify defects (Mr. BIV) throughout the hotel.
8. Any employee who receives a customer complaint "owns" the complaint.
9. Instant guest pacification will b ensured by all. React quickly to correct the problem immedeately. Follow-up with a telephone call within twenty minutes to verify the problem has been resolved to the customer´s satisfaction. Do everything you possibly can to never lose a guest.
10. Guest incident action forms are used to record and communicate every incident of guest dissatisfaction. Every employee is empowered to resolve the problem and to prevent a repeat occurrence.
11. Uncompromising levels of cleanliness are the responsibility of every employee.
12. "Smile-We are on stage" Always maintain positive eye contact. Use the proper vocabulary with our guests. (Use words like "Good Morning", "Certainly", "I´ll be happy to", and "My pleasure").
13. Be an ambassador of your Hotel in and outside of the work place. Always talk positively. No negative comments.
14. Escort guests rather than pointing out directions to another area of the Hotel.
15. Be knowledgeable of Hotel information (Hours of operations etc.) to answer guest inquiries. Always recommend the Hotel´s retail and food and beverage outlets prior to outside facilities.
16. Use proper telephone etiquette. Answer within three rings and with a "smile". When necessary, ask the caller, "May I place you on hold". Do not screen calls. Eliminate call transfers when possible.
17. Uniforms are to be immaculate; Wear proper and safe footwear (clean and polished). and your correct name tag. Take pride and care in your personal appearance (adhering to all grooming standards).
18. Ensure all employees know their roles emergency situations and are aware of fire and life safety response processes.
19. Notify your supervisor immediately of hazards, injuries, equipment or assistance that you need. Practice energy conservation and proper maintenance and repair of Hotel property and equipment.
20. Protecting the assets of a Ritz-Carlton Hotel is the responsibility of every employee.

„Die Goldenen Standards der Credo-Karte waren bahnbrechend in der Hotelindustrie und gelten heute als allgemeiner Maßstab in der gesamten Dienstleistungsbranche. Sie sind ein Beweis unseres Erfolges. Es liegt nahe, dass diese Philosophie viele Nachahmer fand", stellt Simon Cooper, Präsident und Chief Operating Officer, fest. „Das Empowerment unserer Mitarbeiter, also das Training zum eigenverantwortlichen Handeln, ist ein wichtiges, konstantes Instrument für unser strategisches Wachstum, sei es in Bali, in Wolfsburg oder in Boston."

Empowerment
Jeder einzelne Mitarbeiter der The Ritz-Carlton Hotel Company verfügt über eine Entscheidungsvollmacht zur Lösung von Gästeherausforderungen. Dies bedeutet, dass jeder Mitarbeiter bis zu € 2000,00 verfügen kann, um einen Gast unverzüglich zufrieden zu stellen. Es bedarf keines Nachfragens seitens eines Vorgesetzten oder ähnlichem. Der Mitarbeiter hat lediglich die Pflicht, den Vorfall in Form eines GIAs (Formblatt für Gästevorfälle) zu dokumentieren. Das Empowerment bezieht sich direkt auf das Basics Nummer 10 und Nummer 13: „Jeder Mitarbeiter hat Entscheidungskompetenz. Wenn z.B. ein Gast ein Problem hat oder etwas benötigt, soll der Mitarbeiter die eigentliche Arbeit unterbrechen, um sich den Bedürfnissen des Gastes sofort anzunehmen"; „Verlieren Sie niemals einen Gast. Die sofortige Zufriedenstellung eines Gastes liegt in der Verantwortung eines jeden Mitarbeiters. Jeder, an den eine Beschwerde herangetragen wird, ist Eigentümer dieser Beschwerde, löst sie zur Zufriedenheit des Gastes und dokumentiert den Vorfall."

Guest Incident Action Forms – Formblatt für Gästevorfälle
Jeder Mitarbeiter ist laut Basic Nummer 13 dazu verpflichtet, Gästevorfälle zu dokumentieren. Zur Dokumentation dient ein sogenanntes „Formblatt für Gästevorfälle", kurz: GIA. Jedes ausgefüllte GIA ist Teil des täglichen Line Ups. Der Gastvorfall wird dort besprochen und diskutiert, um einerseits aus den Vorfällen zu lernen und andererseits bei noch anwesenden Gästen eine optimale Betreuung des Gastes sicherzustellen. Eine monatliche GIA Statistik gibt Auskunft über operative Schwachstellen und akuten Handlungsbedarf im Bezug auf Prozessveränderungen oder Prozess-Re-engeneering.

Die Pyramide ist das Business Management Modell der The Ritz-Carlton Hotel Company L.L.C. Auf der jährlich stattfindenden General Manager Konferenz wird das Business Management Modell für das kommende Jahr gemeinsam verabschiedet. Die auf der Pyramide festgehaltenen Ziele gelten für alle Ritz-Carlton Hotels weltweit und sind daher Ausgangsbasis für die individuellen Jahrespläne der einzelnen Hotels. Die Vision der Ritz-Carlton Hotel Company L.L.C. – „To be The Premier Worldwide Provider of Luxury Travel and Hospitality Products and Services" – ist ebenso auf der Pyramide festgehalten, wie die Schlüssel-Erfolgs-Faktoren um diese zu erreichen. Ausgehend von den weltweit geltenden Unternehmenszielen ist jedes Hotel dafür verantwortlich, einen individuellen Jahresplan zu entwickeln. Das The Ritz-Carlton, Wolfsburg erstellt diesen in jedem Januar auf einem Outing des Managementteams. Die Division Heads sind im Anschluss an die Verabschiedung des Jahresplanes für die Kommunikation und die Umsetzung der einzelnen Ziele mit Ihren Abteilungsleitern verantwortlich. Eine gemeinsame Status Quo Prüfung des Erreichten und des noch zu Erreichenden findet nach sechs Monaten statt, wobei individuelle Ziele ergänzt, sowie Veränderungen im Jahresablauf berücksichtigt werden.

Green Book
Das sogenannte Green Book – A Guide to the Managerial Way of Life at The Ritz-Carlton Hotel Company – ist wie der Name sagt ein Leitfaden für alle Führungspersonen im Bezug auf die Umsetzung aller TQM Grundsätze. Die im Green Book dargestellten Themen beziehen sich im Überblick auf:

- den Qualitäts Management Ansatz von Ritz-Carlton – eingeschlossen Policies und Objectives, ebenso wie der notwendigen Definitionen für Qualitäts bei Ritz-Carlton und die tatsächliche Umsetzung durch Qualitäts Teams und viele andere TQM Werkzeuge,
- Qualitätsanwendungen – d.h. relevante Kennzahlen, einer Gegenüberstellung von Qualität und Kosten und der Beziehung zu allen von Ritz-Carlton definierten Stakeholdern,
- Qualitätsprozesse und die Darstellung der einzelnen Werkzeuge mit Hilfe von konkreten Beispielen in der Umsetzung wie z.B. der Qualitätsverbesserung im Veranstaltungsbereich vervollständigen das Green Book.

Die Zielsetzung, nämlich immer die Erreichung der höchsten Qualitätsauszeichnung die für die Branche in den jeweiligen Ländern vergeben wird, ist ebenfalls noch einmal explizit im Green Book dargestellt. Das The Ritz-Carlton, Wolfsburg hat sich als eines der ersten Unternehmen in Europa im Jahr 2002 für die Vorstufe zum European Quality Award – „Recognised for Excellenc" – beworben und diese Auszeichnung im Oktober 2002 erhalten.

Qualitäts Teams

Qualitäts Teams, die sich aus sechs bis acht Mitarbeitern verschiedener Abteilungen zusammensetzten sind ein wichtiger Bestandteil der Qualitätsarbeit bei Ritz-Carlton. Die einzelnen Teams arbeiten dabei als „Self-Directed-Workteams" und sind in ihrer Arbeit vollkommen frei und haben auch innerhalb des Teams gleiches Stimmrecht. Der Teamleiter ist jedoch zusätzlich für die Organisation der wöchentlichen Teamtreffen und der Darstellung der erreichten Ergebnisse an einer Schautafel, die von allen Mitarbeitern jederzeit eingesehen werden kann, verantwortlich. Die wöchentliche Quality Time, mit dem Generaldirektor und dem Quality Manager, welche als Austausch über Fortschritte und Ergebnisse angesehen wird, gibt dem Team sowohl Feedback als auch Input von Seiten der Hotelleitung und stellt somit sicher, dass die eigentliche Aufgabe nicht aus den Augen verloren wird und zugleich allgemein geltende Rahmenbedingungen beachtet und eingehalten werden. Die Arbeitszeit der Teams beträgt jeweils eine Stunde pro Woche. Die von den Teams behandelten Themen sind zum Teil auf das bereits angeführte Prozess-Re-Engeneering zurückzuführen, als aber auch auf die Entwicklung von neuen Angeboten und Serviceleistungen für interne und externe Gäste. Die Laufzeit der Teams ist im Rahmen auf sechs Monate ausgelegt. Bei erfolgreichem Abschluss wird den Teams eine der Aufgabe entsprechenden Anerkennung zugesagt, die z.B. der live Benchmark vergleichbarer Dienstleistungen / Events, etc. sein kann.

Standard Operating Procedures (SOPs)

Das sogenannte SOP System ist vergleichbar mit einer standardisierten Zertifizierung nach DIN ISO 9000 ff. Alle Prozessabläufe, welche in einer standardisierten Form ablaufen, sind schriftlich in einer SOP festgehalten und laufen somit in allen Abteilungen gleich ab. Die SOP's werden auf jedes Hotel abgestimmt vom Managementteam während der Voreröffnungsphase erstellt und dienen sowohl dem Training- als auch der Trainingszertifizierung aller Mitarbeiter. Es liegt in der Verantwortung der einzelnen Abteilungsleiter, die SOPs immer auf dem neuesten Stand zu halten und Veränderungen entsprechend zu kommunizieren. Dabei werden veränderte und/oder neue SOPs vom Abteilungsleiter nach einer vorgegebenen Form verfasst und an den Qualitätsmanager zur Prüfung weitergeleitet. Hat dieser die SOP geprüft und freigezeichnet wird sie dem Generaldirektor zur Unterschrift vorgelegt und nach der Unterzeichnung an alle involvierten Abteilung verteilt. Im Rahmen der täglichen Line ups, den monatlichen, vom Abteilungstrainer durchgeführten Abteilungstrainings und der jährlich stattfindenden Re-Zertifizierung aller Mitarbeiter werden auch alle neuen und veränderten SOP's an die Mitarbeiter kommuniziert.

Interne Lösungsberichte ILBs

Um Arbeitsabläufe im gesamten Hotel zu optimieren und Schwachstellen aufzudecken, hat jeder Mitarbeiter das recht und die Pflicht sich sogenannter „Interner Lösungsberichte, kurz: ILBs" zu bedienen. Ein ILB ist ein Formblatt, auf dem der Mitarbeiter den fehlerhaften Prozess dokumentiert und, noch viel wichtiger, für diesen Fehler einen Lösungsprozess vorschlägt. Dieser Lösungsprozess wird dann gemeinsam mit dem Mitarbeiter sowie der involvierten Abteilung diskutiert und, wenn sinnvoll, umgesetzt. Als Standard gilt, dass der Mitarbeiter innerhalb von zwei Tagen nach dem Einreichen des ILBs eine Rückmeldung seines Abteilungsleiters bekommt und auch im weiteren Verlauf über den Stand der Umsetzung informiert wird. ILBs beziehen sich direkt auf Basic Nummer 7: „Um ein Umfeld zu schaffen, in dem alle Mitarbeiter mit Stolz und Freude ihren Aufgaben nachgehen können, hat jeder das recht, bei der Planung der ihn direkt betreffenden Arbeit mitzuwirken."

Mitarbeiterauswahl „Quality Selection Process"

„Die Damen und Herren von Ritz-Carlton sind das wichtigste Element in unserer Verpflichtung zu perfektem Service" – dieser erste Satz des Mitarbeiterversprechens spiegelt die Wichtigkeit eines jeden Mitarbeiters der The Ritz-Carlton Hotel Company wider. Zur richtigen Auswahl bedient sich die Gesellschaft daher dem sogenannten Quality Selection Process, kurz: QSP. Alle Mitarbeiter weltweit unterziehen sich nach ihrer Bewerbung einem telefonischen Interview, in dem 55 Fragen gestellt werden, um ein Stärken- und Schwächenprofil des Bewerbers ermitteln zu können. Bei der Auswahl der Mitarbeiter werden menschliche und charakterliche Fähigkeiten der fachlichen Kompetenz vorgezogen, da diese durch Training in der Zukunft erreicht werden kann.

Mitarbeitermotivation und Loyalität

„Durch die Anwendung der Prinzipien Vertrauen, Ehrlichkeit, Respekt, Integrität und Engagement fördern und maximieren wir Begabungen zum Wohle des Einzelnen und des Unternehmens. Ritz-Carlton fördert ein Arbeitsumfeld in dem Vielfalt geschätzt, Lebensqualität erhöht, individuelles Streben erfüllt und die Ritz-Carlton Mystik verstärkt wird."

Die im Mitarbeiterversprechen genannten Grundsätze sind sowohl Garant für Motivation als auch für Loyalität. Anwendung finden diese in der sogenannten „Open Door Policy", die besagt das jeder Führungskraft zu jedem Zeitpunkt eine „offene Tür" für ein Gespräch hat. Des weiteren werden bei Beförderungen Mitarbeiter bei gleicher Qualifikation grundsätzlich externen Bewerbern vorgezogen. Jeder Mitarbeiter hat zusätzlich die Möglichkeit, nach einer einjähriger Unternehmenszugehörigkeit, einen Transfer in ein anderes Ritz-Carlton Hotel zu beantragen. Eine wesentlich geringere Fluktuationsrate, als der Branchendurchschnitt aufweist, ist die Konsequenz. Neben der aktiven Karriereplanung mit jedem Mitarbeiter, setzt Ritz-Carlton insbesondere auf die Anerkennung von Leistungen in Form von oben genannten Trainings und speziellen Veranstaltungen. Diese beinhalten die Wahl von „Mitarbeitern des Monats bzw. Jahres", Mitarbeiterfeiern, ein Mitarbeiterrestaurant und vieles mehr.

Training & Certification

Neben den täglichen Line-Ups hat jeder Mitarbeiter das Recht auf kontinuierliches Training. Insgesamt erhält jeder mindestens 120 Stunden Training im Jahr. Beginnend mit einem zweitägigen Orientierungsseminars, wird jeder Mitarbeiter auf die Basisstandards wie Telefonetikette und Gästeherausforderungen trainiert. Zur Einführung in die jeweilige Abteilung wird dem Mitarbeiter dann ein „Buddy" zur Seite gestellt, der ihn in den ersten 21 Tagen begleitet. In der Regel ist der Buddy auch der Trainer der Abteilung, das heißt dieser Mitarbeiter kümmert sich um mindestens zwei abteilungsinterne Trainings im Monat. Für die Führungskräfte der Hotels hat Ritz-Carlton seit 1999 das Leadership Center in Atlanta eröffnet, in dem Mitarbeiter aus aller Welt für ihre zukünftigen leitenden Aufgaben ausgebildet werden. Insgesamt wurde das Training für alle Mitarbeiter intensiviert. 250 bis 300 Stunden an Schulungen sind pro Mitarbeiter eingeplant – sie sind essenzieller Bestandteil des strategischen Unternehmensplans Schlüsselprozesse, Arbeitsabläufe oder Verbesserungen werden von speziell zu diesem Zweck einberufenen Mitarbeiterteams behandelt, die nach den Ursachen forschen und Lösungsvorschläge erarbeiten. Instrumente hierzu sind der 6-Step Problemlösungs-Prozess und der 9-Step Qualitätssteigerungs-Prozess. Beide werden den Trainern und leitenden Mitarbeitern zwecks Weitergabe und Umsetzung in ihren Teams als Instrumente an die Hand gegeben.

Wichtigster Punkt bei Trainings ist die Zertifizierung der Mitarbeiter. Alle neuen Mitarbeiter werden innerhalb der ersten sechs Monate durch den Abteilungstrainer auf die Aufgaben der ihn direkt betreffenden Arbeit und die damit zusammenhängenden Prozesse zertifiziert. Alle Mitarbeiter werden einmal im Jahr rezertifiziert, um die Einhaltung aller Standards zu garantieren.

Kundenbindung

Ein Grund für die hohe Gästezufriedenheit und damit auch -bindung liegt sicher im ausgeklügelten Informationssystem C.L.A.S.S. (Customer Loyalty Anticipation Satisfaction System), das von Mitarbeitern entwickelt wurde. Es ist eine hotelinterne Datenbank, die Vorlieben der Gäste speichert. Hat ein Gast einmal bemerkt, er brauche ein allergiefreies Kissen, wird er bei seinem nächsten Besuch bereits ein solches Kissen bei Ankunft in seinem Zimmer vorfinden.

Natürlich spielen auch die oben genannten Qualitätsinstrumente, wie ILBs und GIAs eine große Rolle, denn damit werden Arbeitsabläufe verbessert und effizienter gestaltet. Zusätzlich werden Gäste auch direkt nach ihrer Zufriedenheit befragt. Dies geschieht in erster Linie durch das direkte Gespräch mit den Damen und Herren des Hotels, durch Gästefragebögen auf den Zimmern sowie mit Vor- und Nachgesprächen bei Veranstaltungen. Ebenfalls werden Gäste und Meetingplaner aber auch von einer extern beauftragten Firma befragt um eine objektive Meinungswiedergabe sicherzustellen. Alle genannten Qualitätsinstrumente und Maßnahmen dienen einzig dazu, sowohl die internen als auch die externen Ritz-Carlton Gäste gemäß des Unternehmens Credos zu begeistern und selbst die unausgesprochenen Wünsche und Bedürfnisse der Gäste zu erfüllen.

2 Markenmanagement in der Hotellerie

2.1 Zur Bedeutung der Marke

Angesichts einer stetig zunehmenden Wettbewerbsintensität auf vielen Märkten und dem daraus resultierenden Bedarf an Orientierung, Identifikation und Differenzierung gewinnen Markenstrategien zunehmend an Bedeutung. Die hohe Relevanz der Marke bzw. von Marken für den Unternehmenserfolg, ist dabei sowohl in Wissenschaft als auch in der Unternehmenspraxis unbestritten, und so untermauern zahlreiche Beiträge aus unterschiedlichsten Branchen und Sektoren die positive Beziehung zwischen Markenstärke und Unternehmenserfolg (Adjouri 2014; Stauss/Bruhn 2008; Schultz/Schultz 2005, Esch et al. 2004). Die *Marke* wird als ***zentraler Werttreiber*** bzw. immaterieller Wertschöpfer in Unternehmen identifiziert (Esch et al. 2004, S.5), was sich nicht zuletzt insbesondere in dem hohen Anteil äußert, den der Markenwert vieler globaler Marken am Börsenwert des jeweiligen Unternehmen repräsentiert (Pricewaterhouse Coopers/Sattler 2006). So zeugen zahlreiche Rankings der weltweit wertvollsten Marken, die entweder von Medien (z.B. Financial Times, Spiegel) oder privaten Anbietern (z.B. Interbrand; Millward Brown, Superbrands) in regelmäßigen Abständen veröffentlicht werden, von dem Stellenwert, den das Thema Marke in der Unternehmenspraxis einnimmt. So firmiert in der aktuellen Bewertung von Interbrand, Apple mit einem Markenwert von 98,3 Mrd. US-Dollar als wertvollste Marke der Welt, gefolgt von Google mit 93,2 Mrd. US-Dollar und Coca Cola mit 79,2 Mrd. US-Dollar (Interbrand 2014). Hotelmarken sind seit Erstellung des Interbrand-Ranking nur selten vertreten und bislang auch nur selten Gegenstand von systematischen Markenwertermittlungen (Buer/Groß 2006). Nach Hilton im Jahre 2001 hat es im Jahr 2008 einzig die amerikanische Hotelmarke Marriott geschafft, eine Notierung unter die Top 100 Best Global Brands zu erzielen (Platz 97 mit einem Markenwert von 3,5 Mrd. US-Dollar). Erfolgreichstes Unternehmen aus der Hospitality Industrie und zumeist unter den ersten zehn ist das amerikanische Fast-Food Unternehmen McDonald's.

Der ***Bedeutung der Marke*** wird nun jedoch auch in der Hotellerie zunehmend von Hotelgesellschaften und Hotelinvestoren erkannt und so sind in der jüngeren Vergangenheit von der Hotellerie zahlreiche neue Markenkonzepte entwickelt, reaktiviert und eingeführt worden. Der deutsche Hotelmarkt bzw. die Markenhotellerie ist in diesem Zusammenhang in den letzten fünf Jahren stark in Bewegung geraten. Etablierte Hotelgesellschaften, ausländische Newcomer und Marken streben zunehmend danach, sich mit neuen Häusern oder der Übernahme bestehender Objekte in Deutschland zu etablieren. Insbesondere die großen internationalen Hotelgesellschaften versuchen verstärkt ihre nationalen Markenkonzepte zu exportieren. Abba, Barceló, NH Hoteles, Eurostars und H10 aus Spanien, Azimut und Heliopark aus Russland, Jumeirah aus Dubai, Grand City und Leonardo aus Israel, Pestana und Sana Hotels aus Portugal, Arcotel und Vienna International aus Österreich oder Wyndham Garden, Tryp by Wyndham, Element, Aloft, Hilton Garden Inn, Hampton aus den USA, die Liste der Markenkonzepte ließe sich beliebig verlängern (vgl. IHA 2014, S.202; Pütz-Willems 2007; Härle/Haller 2007). Allein die Hilton Hotels Cooperation plant die größte Expansion der Unternehmensgeschichte und will in den kommenden zehn Jahren weltweit ca. 900 neue Hotels mit 120.000 Zimmern eröffnen, während InterContinental vor ca. drei Jahren ankündigte, ihr Konzept „Express by Holiday Inn" solle sich in den nächsten Jahren zur am schnellsten wachsenden Hotelmarke in Europa entwickeln (Gardini 2011, S.15 und die dort angegebene Literatur). Auch Accor will sein Wachstumskurs in Deutschland beschleunigen und hat, nach der Reorganisation seiner Economy-Marken im Jahre 2012 und der damit verbundenen Umstellung von der Einzelmarken- zur Familienstrategie (Ibis-Familie mit Ibis, Ibis Styles und Ibis Budget), angekündigt bis 2016 ca. 100 neue Häuser zu eröffnen.

Die Expansionsbestrebungen der Hotelketten und die Internationalisierung zahlreicher Hotelmarken sind dabei nicht nur Wettbewerbsgesichtspunkten geschuldet, sondern auch auf die zunehmend differenzierteren Kundenansprüche und das neuerdings stärker ausgeprägte *Markenbewusstsein der Hotelkunden* zurückzuführen. *„Hotel guests rely on brand names to reduce the risk associated with staying at an otherwise unknown property"* (O'Neill/Mattila 2010, S.28). So verdeutlichen zahlreiche Studien aus der Hotellerie den gestiegenen Stellenwert der Marke als ein wesentliches Kriterium der Kaufentscheidung des Hotelkunden (Deloitte 2006; Amadeus 2007). Zwar geben noch mehr als 90% der Reisenden den Standort als ausschlaggebendes Kriterium für die Wahl eines Hotelbetriebes an, dies wird sich jedoch angesichts der zunehmenden Marktsättigung in vielen Segmenten der Stadt- und Ferienhotellerie zugunsten der Marke verändern. So gaben in der Deloitte-Studie „Hospitality 2010", 57% der Freizeitreisenden und 54% der Geschäftsreisenden an, dass die Marke ein entscheidendes Kriterium der Hotelwahl darstellt (Deloitte 2006). Auch US-amerikanische Untersuchungen über die Kaufentscheidungskriterien von Hotelleistungen unterstreichen den wachsenden Stellenwert der Marke in verschiedensten Kundensegmenten der Hotellerie (469 Reisende, davon 187 Freizeitgäste, 168 Geschäftsreisende, 114 Tagungs-/ Kongressreisende): *„The respondents mentioned brand name and reputation with the second-greatest frequency as a source of value driving their purchase."* (Dubé/Renaghan 2000, S.64).

Ein weiterer Grund für den zunehmenden *Marktanteil der Markenhotellerie* ist der Drang der Einzelhoteliers nach mehr Kommunikationspräsenz. Als Gegengewicht zu den Möglichkeiten der Markenbildung im Bereich der Konzern- bzw. Kettenhotellerie, sind zahlreiche Markenkonzepte im Bereich der Hotelkooperationen zu beobachten. So suchen Einzelhotels immer mehr den Anschluss an Hotelkooperationen, um die Synergieeffekte der Öffentlichkeitsarbeit innerhalb einer großen Hotelorganisation zu nutzen und mehr Kunden-Awareness im relevanten Markt zu erzielen (siehe Kapitel D.5.3.2). Übersehen wird dabei oftmals, dass eine konsequente Markenführung auch für Individualhotels eine vielversprechende Strategie ist (Kobjoll 2011), was Beispiele aus der Hotelpraxis deutlich zum Ausdruck bringen (z.B. Vierjahreszeiten Hamburg, Estrel Berlin, Bayerischer Hof, Hotel Bareiss, Schindlerhof Nürnberg).

Des Weiteren reflektiert die derzeitige Entwicklung der Markenhotellerie die Überzeugung vieler Hotelgesellschaften, *mit* diesen *neuen Marken Nischen und Geschäftsfelder besetzen* zu müssen, bevor sie vom Wettbewerb besetzt werden. Studien zeigen hier jedoch, dass mehr Marken nicht zwingend mehr oder andere Gäste bringen (Lynn 2007). Vielmehr leisten die zahlreichen eher operativ denn strategisch getriebenen Neueinführungen, wie auch die sich gegenwärtig im Rahmen des Konzentrationsprozesses vollziehenden Eigentümer-, Marken- bzw. Namenswechsel in der internationalen Hotellerie, einen nicht unerheblichen Beitrag zur

Verunsicherung der Konsumenten (Fung So/King 2010; Kim et al. 2008; Frehse 2006, S.151). Entscheidend wird es denn auch sein, ob es den Anbietern in der Hotellerie gelingt mit ihrer Markenstrategie für die anvisierte Zielgruppe mit den entwickelten Marken relevant zu sein bzw. zu bleiben.

2.2 Markenbegriff und Markenverständnis in der Hotellerie

Für den *Markenartikel ('Brand')* gibt es zahlreiche Definitionen, die im Wesentlichen auf bestimmten Merkmalskatalogen basieren: *„A brand is a name, term, sign, symbol, or design, or a combination of them, intended to identify the goods or services of one seller or group of sellers and to differentiate them from those of competitors."* (Kotler et al. 2006). Die entscheidende Dimension einer konsequenten Markenpolitik besteht sowohl im Sachgüter- als auch im Dienstleistungssektor darin, für eine Marke, als einer Synthese physischer, rationaler, ästhetischer und emotionaler Produkt- bzw. Dienstleistungsattribute, eine Markenidentität und Persönlichkeit zu entwickeln, die als Symbolpotenzial den Produkten oder Dienstleistungen in ihrem relevanten Markt zu einer einzigartigen und unverwechselbaren Marktstellung im Sinne einer spezifischen Problemlösungskompetenz bzw. eines spezifischen Nutzenbündels verhilft (Murphy 1998, S.3.; Calkins 2005, S.1; Burmann/Maloney 2008, S.194). Markenartikel werden demzufolge als Produkte bzw. Dienstleistungen charakterisiert, die auf Kundennutzen ausgerichtete, unverwechselbare Leistungen standardisiert in gleichbleibender Qualität offerieren und dem Kunden sowohl Orientierung als auch Identifikation ermöglichen.

Zur Etablierung einer erfolgreichen *Dienstleistungsmarke* muss ein Markenartikel in der klassischen Definition eine hohe gleichbleibende Produktqualität und Innovationskraft aufweisen und in einem möglichst großen Absatzraum (Ubiquität) über einen längeren Zeitraum in gleichartigem Auftritt erhältlich sein (Becker 2006, S.206f.; Meffert 2000, S.846). Die Definition des Begriffs Dienstleistungsmarke wird dabei im Gegensatz zur klassischen Markendefinition erweitert und berücksichtigt neben den oben genannten Anforderungen auch zusätzlich die subjektive Wahrnehmung sowie Vorstellungsbilder der Konsumenten. Bei dieser erweiterten Begriffsauffassung ist die Dienstleistungsmarke als ein im Gedächtnis des Kunden verankertes, unverwechselbares Vorstellungsbild über eine Dienstleistung zu verstehen, das durch ein auf Kundennutzen ausgerichtetes Eigenschaftsbild ausgelöst wird und ein Vertrauensverhältnis konstituiert (Stauss/Bruhn 2008, S.5). So unterschiedliche Dienstleistungsunternehmen wie McDonalds, Ritz Carlton, McKinsey, Sixt, Southwest Airlines, Federal Express oder die Harvard University haben sich über eine *konsistente Markenführung* und ein konsequentes Qualitätsmanagement eine *unverwechselbare Markenidentität* geschaffen, die ihren aktuellen/potenziellen Kunden zu jeder Zeit an jedem Ort eben jenes Maß an Vertrauen, Orientierung und Kontinuität in Bezug auf die relativen Leistungsfähigkeiten des Unternehmens zu vermitteln in der Lage ist (Gardini 2001, S.31). Die Entwicklung einer solchen Markenidentität erwächst dabei aus einem tiefen Verständnis dafür, wie das eigene Geschäft *„tickt"*, d.h. wie Leistungsangebot, Kundenbedürfnisse, Wettbewerbskräfte und Unternehmensstrategie sinnvoll miteinander zu verzahnen und in ein Markenkonzept zu gießen sind (Aaker/Joachimsthaler 2000, S.31f.).

Für die Hotellerie kann ein solches *Markenverständnis* nur eingeschränkt konstatiert werden (Gardini 2006, S.2; Frehse 2006, S.141), obwohl auf die Bedeutung der Marke als Erfolgsfaktor im Wettbewerb schon seit längerem hingewiesen wird: „*Competitive Strategy in the 1990s will be based on the concept of brand loyalty. For the hotel customer of the 1990s, service quality will increasingly become synonymous with brand image.*" (Francese/Reneghan 1990, S.60). Vor dem Hintergrund dieses nach wie vor gültigen grundsätzlichen Wettbewerbsparadigmas ist es erstaunlich, dass in der Hotellerie nach wie vor nur wenige Hotelunternehmen versuchen, sich ähnlich wie Unternehmen der Konsumgüterindustrie durch eine konsequente und stringente Markenpolitik Wettbewerbsvorteile zu verschaffen. Zu lange haben sich Hotelunternehmen auf die Signalwirkung der nationalen oder internationalen Sternekategorien verlassen, ohne das Potenzial einer starken Marke im Wettbewerb zu akzentuieren.

> „*Es gibt den Porsche-Fahrer und den Armani-Träger, den Aldi-Apostel und den Ikea-Jünger. Doch den treuen Sheraton-Schläfer, glühenden Best-Western-Fan oder leidenschaftlichen Interconti-Junkie gibt es nicht – außer vielleicht in den Wunschträumen der Marketingstrategen. Wenn Sie die Augen öffnen, sehen sie Ernüchterung: Der Hotelgast ist ein vergleichsweise treuloses Wesen, das gerne die Betten wechselt und nur wenig Gründe kennt es nicht zu tun. Die entscheidende Aufgabe der Zukunft ist es, ihm diese Gründe zu geben.*" (Strobel y Serra 2008, S.4)

In einer Branche, in denen erfolgreiche Unternehmen historisch gesehen schon seit jeher vom guten Ruf gelebt haben, ist es umso bemerkenswerter, dass sich die Erkenntnis erst langsam durchsetzt, dass nur eine professionelle Markenführung ein langfristiges Überleben ermöglicht. Dies liegt unter anderem auch an einem verkürzten Markenverständnis, wonach die Kraft bzw. Stärke einer Hotelmarke sich im Wesentlichen durch den Namen, das Logo, die Werbung oder ein spezifisches Design definiert (Frehse 2006, S.141f.; Buer/Groß 2006, S.171). Die zu enge Markensicht in der Hotellerie äußert sich denn häufig in der Fixierung auf bestimmte Leistungs- oder Designeigenschaften (z.B. Boutique- und Lifestylehotels, Standort, Architektur etc.), die dann auftritt, wenn man eine Marke nur als eine Reihe von Eigenschaften sieht, die bestimmte funktionale Vorteile bieten (Gardini 2011, S.24). Eine Marke ist jedoch mehr als nur ein Produkt wie Abb.E.11 verdeutlicht und wie es auch plakativ in einem Zitat des früheren Chief Marketing Officer von McDonald's Paul Schrage zum Ausdruck kommt: „*A product is something you sell, but a brand is something you stand for.*" Eine Marke beinhaltet zwar bestimmte Leistungseigenschaften und Produktmerkmale, bietet darüber hinaus jedoch zusätzlich zu den funktionalen Vorteilen noch weiteres Orientierungs- und Identifikationspotenzial (Aaker/Joachimsthaler 2001, S.62):

- **Assoziationen mit der Marke oder zum Unternehmen**
  (trendy, innovativ, konservativ, luxeriös, hochwertig, preisgünstig etc.)

- **Vorstellungen vom Nutzer/Kunden**
  (der FAZ-Leser, der BMW-Fahrer, der Boss-Anzugträger, der Starbucks-Kaffeetrinker etc.)

- **Herkunftsland**
  (Italienische Lebensart, American Way of Life, Asiatische Gelassenheit etc.)

- **Markenpersönlichkeit**
  (zuverlässig, wild, verrückt, seriös, offen, risikofreudig, ehrlich, vertrauenswürdig etc.)

- **Symbole**
  (die Golden Arches von McDonald's; der Nike Swoosh; der Ritz Carlton Löwe)
- **Beziehung zwischen Kunde und Marke**
  (Ritz Carlton: „We are Ladies and Gentleman, Serving Ladies and Gentleman")
- **Emotionale Vorteile**
  (Status, Stolz, Sicherheit, Abgrenzung, Zugehörigkeit etc., „Beruhigt zu sein mit der deutschen Lufthansa zu fliegen"; „Stolz ein Schalke-Fan zu sein")
- **Identifikation und die Möglichkeit, sich selbst durch die Marke auszudrücken**
  („Wer im Four Seasons absteigt, legt Wert auf außergewöhnlichen Service")

Abb.E.11: Unterschiede zwischen einem Produkt und einer Marke
Quelle: Aaker/Joachimsthaler 2001, S.62

Die verstärkten Markenaktivitäten und das Wachstum der Markenhotellerie in den letzten Jahren zeigen zwar, dass die Hotellerie zunehmend sensibler im Hinblick auf notwendige markt- und wettbewerbsbezogene Profilierungsleistungen wird, nichtsdestotrotz betreibt die Hotellerie in diesem Zusammenhang nach wie vor eher Labelling bzw. Namenskosmetik denn eine langfristige, inhaltlich stringente und zielorientierte Markenpolitik (Gardini 2008, S.7f, Weidemann 2007). Der Marktanteil der Marken in der Hotellerie wird dabei auch in Zukunft weiter wachsen und damit auch die Notwendigkeit eines systematischen und konsequenten Markenmanagement. *„An appropriate brand strategy in the hospitality industry however, necessitates a different and consistent management approach and it is for this reason that is being suggested that brand management and brand performance within the hospitality industry can be improved through more effective brand differentiation strategies".* (Dev/Witham 2011). So muss für den Kunden deutlich werden, wofür die Hotelmarke als Kombination materieller und immaterieller unternehmensinterner Ressourcen stehen bzw. wofür sie nicht stehen soll, welche Kerninhalte und Botschaft die Marke vermitteln soll und wie Problemlösungskompetenz und Markenvorteile zu visualisieren sind. Neben der Entwicklung eines klaren Markenbilds mit einem glaubwürdigen Leistungsversprechen Richtung Markt, ist für eine erfolgreiche strategische *Markenprofilierung* in der Hotellerie, die Schaffung und Absicherung einer integren und stimmigen *Markenidentität* sowohl im Innenverhältnis (Internal Branding) als auch im Außenverhältnis (External Branding) nötig. Erfolgreiche Marken verlassen sich denn auch nicht allein auf die kommunikativen Elemente der Markenführung, sondern haben „*... the importance of brand management as a critical skill ...*" (Dev/Whitiam 2011, p.7) bereits unternehmerisch verinnerlicht und sich früher als andere der zwingenden Notwendigkeit einer ganzheitlich gestalteten Markenidentität und -kultur als Baustein einer unternehmerischen und strategischen Ressourcenkonzeption gestellt. Der notwendige Phasenübergang von der operativen Verkaufs- und Kommunikationsorientierung hin zu einer integrativen und strategischen Markenorientierung, die alle am Wertschöpfungsprozess beteiligten Funktionen, Aktivitäten und Menschen umfasst, ist allerdings ein Umdenkprozess, der sowohl in Ketten- als auch in der Individualhotellerie vielfach erst noch ernsthaft vollzogen werden muss (Gardini 2011, S.61).

2.3   Ziele und Funktionen des Markenmanagement

Eckpfeiler einer erfolgreichen Markenpolitik im Dienstleistungsbereich sind auf Vertrauen, Kompetenz und Kontinuität aufgebaute Beziehungen zwischen Kunde und Unternehmen (Abb.E.12). Die Markierung von Dienstleistungsangeboten als strategisches Marketingwerkzeug zu nutzen, wirkt dabei insbesondere den Risiken der Erstakquisition von Dienstleistungen entgegen und stellt einen ersten Ansatzpunkt zum Aufbau einer Vertrauensbeziehung zwischen Anbieter und Nachfrager dar, die es durch Konstanz der Leistungsqualität über die Zeit zu einem emotional verankerten „Goodwill" zu verfestigen gilt (Oelsnitz 1997; S.33f.; Schleusner 2002, S.267f.; Burmann/Maloney 2008, S.196ff.).

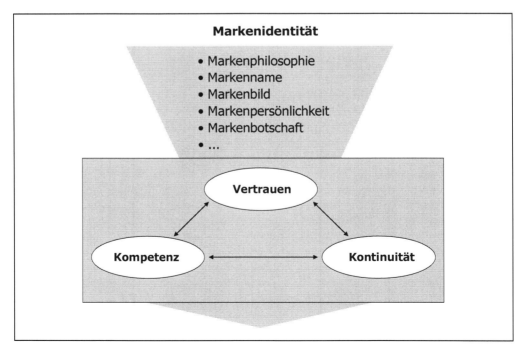

Abb.E.12:   Eckpfeiler der Markenführung in der Hotellerie6

Im Fokus der Angebotsprofilierung über ein *systematisches Markenmanagement* in der Hotellerie, muss der konsequente Aufbau von Vertrauen sowie die Vermittlung von Sicherheit über die zu erwartenden Leistungen stehen. Vertrauen und Sicherheit entstehen als Ergebnis aus dem Zusammenspiel zwischen der Kompetenz und Zuverlässigkeit eines Anbieters und bedürfen der Kontinuität, sowohl im Hinblick auf das substantielle Leistungsvermögen als auch den kommunikativen Auftritt des Anbieters betreffend. Zuverlässigkeit, d.h. die Fähigkeit, die versprochenen Leistungen präzise und verlässlich auszuführen, ist dabei von entscheidender Bedeutung für das Qualitätserleben und die Qualitätsbeurteilung von Kunden und stellt mithin ein Kernqualitätsmerkmal dar, um das herum jede Angebotsmarkierung in der Hotellerie aufzubauen ist (Gardini 1997, S.61ff.). Kompetenz wiederum wirkt dann vertrauensbildend, wenn die von der Marke ausgestrahlten Kompetenzsignale den Serviceansprüchen der Kunden genügen und auf die kundenbezogene Bedarfsgerechtigkeit und die Güte des zu erwartenden Serviceergebnisses hinweisen. Mit der Markierung von Dienstleistungen sind entsprechend sowohl für den Hersteller als auch für den Konsumenten wichtige Zielsetzungen und Funktionen verbunden. Die Bedeutung von Marken aus Kundensicht erschließt sich somit über folgende Funktionen (Kirchgeorg 2002, S.380; Meffert et al. 2002, S.10):

- **Identifikationsfunktion**
  Der Konsument kann sich mit der Marke und deren Eigenschaften identifizieren.
- **Orientierungsfunktion**
  Die Marke stellt eine Informations- und Orientierungshilfe in der Angebotsvielfalt dar.
- **Vertrauensfunktion**
  Eine Marke vermittelt aufgrund ihrer Bekanntheit und Reputation Vertrauen.
- **Qualitätsvermittlungsfunktion**
  Eine Marke stellt einen Ausweis der Kompetenz dar und vermittelt dem Konsumenten Sicherheit beim Kaufentscheid.
- **Prestigefunktion**
  Die Marke übernimmt eine Image- und Prestigefunktion im sozialen Umfeld des Konsumenten.

Aus *Anbietersicht* verfolgt eine Markenpolitik nachstehend aufgeführte grundsätzliche Zielsetzungen (Meffert et al. 2002, S.11; Stauss 2001, S.555):

- Erzeugung einer absatzfördernden Wirkung
- Differenzierung, Profilierung und Präferenzbildung des eigenen Angebots gegenüber dem Wettbewerb
- Aufbau von Markenbindung und Markentreue
- Schaffung eines zielgruppenspezifischen Leistungsangebots
- Aufbau eines Marken-/Unternehmensimage
- Schaffung eines preispolitischen Spielraums

Diese ökonomischen Ziele sind jedoch nur mittelbar zu erreichen. Um Kunden dahingehend zu beeinflussen, sich für eine bestimmte Marke zu entscheiden und dafür ein Preispremium zu zahlen, ist der Einsatz von Sozialtechniken erforderlich (Esch et al. 2005, S.43). Hierunter versteht man die Anwendung verhaltenswissenschaftlicher Erkenntnisse zur systematischen und zielgerichteten Beeinflussung von Konsumenten. Zentrale verhaltenswissenschaftliche Zielsetzungen und Aufgaben des Markenmanagement in der Hotellerie sind der Aufbau und die Kommunikation einer einzigartigen und relevanten *Markenidentität* (Selbstbild des Unternehmens) die, aus dem Zusammenspiel von Markenphilosophie, Markenpersönlichkeit, Markenname, Markenbild und Markenbotschaft resultierend, vom Konsumenten in der Folge als *Markenimage* (Fremdbild des Unternehmens) positiv wahrgenommen und akzeptiert wird und im Idealfall zur Ausbildung einer spezifischen Markenpräferenz beim Konsumenten führt (Burmann/Meffert 2005a, S.49ff.). Für diese spezifische Markenpräferenz kann in den hochwertigen Qualitätssegmenten der Hotellerie ein Preisaufschlag von bis zu 25% erzielt werden (Gerhard 2008, S.28; Ploppa 2007; O'Neill/Xiao 2006). Grundlegendes Ziel eines systematischen Markenmanagement ist es denn auch, eine möglichst hohe Übereinstimmung zwischen der Identität und dem Image einer Marke bei den relevanten Ziel- bzw. Anspruchsgruppen eines Unternehmens zu erzielen (Meffert et al. 2012, S.360; Burmann/ Maloney 2008, S.200ff.).

Umprompted Awareness (Top-of-the-Mind)			Umprompted Awareness (Total Unprompted Awareness)		
	2012	2013		2012	2013
1. Hilton	15.2	14.6	1. Hilton	36.0	36.2
2. ibis	7.1	8.4	2. ibis	21.9	25.8
3. Maritim	6.9	7.0	3. Maritim	21.5	22.3
4. Holiday Inn	5.5	6.1	4. Holiday Inn	18.0	19.4
5. Steigenberger	5.0	5.0	5. Steigenberger	18.7	17.6
6. Mercure	3.9	4.5	6. Mercure	13.6	15.8
7. Best Western	3.6	3.9	7. Best Western	12.1	13.0
8. Novotel	2.6	2.6	8. Novotel	10.5	12.0
9. RIU-Hotels	1.8	1.8	9. Marriot	6.9	7.2
10. Intercity Hotel	1.4	1.7	10. Intercity Hotel	6.1	6.7
11. Dorint	0.9	1.4	11. InterContinental	6.5	6.2
12. Etap	2.6	1.4	12. Etap	8.5	4.5
13. Marriott	1.7	1.3	13. Dorint	3.3	4.4

Abb. E.13:   Ungestützte Markenbekanntheit in der deutschen Hotellerie 2012 und 2013
              Quelle: F.U.R. Reiseanalyse 2013 (mit freundlicher Unterstützung von Accor Deutschland)

Damit verbunden ist aus verhaltenswissenschaftlicher Sicht die Notwendigkeit der Schaffung von Markenbekanntheit und der Aufbau von Markenstärke, denn nur über die eigenständige Position einer Marke in den Köpfen der Konsumenten, sprich das *Markenwissen* der relevanten Zielgruppen, kann die angestrebte Profilierungsleistung gegenüber der Konkurrenz erreicht werden (Baumgarth 2008, S.37ff; Esch 2000). *Markenbekanntheit* ist dabei eine notwendige Bedingung dafür, dass Konsumenten eine Marke bei der Kaufentscheidung überhaupt erst berücksichtigen und sich ein klares Bild von einer Marke bilden können. Eine Marke kann dabei über eine aktive/ungestützte (unaided recall, unprompted awareness oder

top of the mind) oder passive/gestützte (aided recall) Markenbekanntheit verfügen und bild-
lich oder sprachlich präsent sein. Top-of-the-Mind umfasst dabei die erstgenannten Hotelmarken, total unaided recall oder unprompted awareness umfasst alle Marken die ein Proband ohne Unterstützung aus seinem Gedächtnis abrufen kann. Abbildung E.13 zeigt die
aktive Markenbekanntheit von wesentlichen Hotelmarken wie sie die Reiseanalyse in ihrer
jährlichen repräsentativen Befragung für Deutschland erhebt (hier F.U.R. 2013).

Die dargestellten ungestützten Bekanntheitsgrade sind – ungeachtet grundlegender Ver-
gleichsprobleme – im Verhältnis mit den Markenwerten in anderen Branchen eher als unterdurchschnittlich zu bezeichnen. Die Gründe hierfür sind vielfältig und nicht immer eindeutig
auszumachen. Zum einen dürfte die Tatsache bedeutsam sein, dass sich *Mediaspendings* und
Medienstrategien der Hotelbranche im Verhältnis zu anderen Industrien stark voneinander
unterscheiden (siehe Kapitel F.4.2.1). Darüber hinaus ist die Hotellerie bis dato auch nur
rudimentär bzw. in Einzelfällen in Flächenmedien wie TV oder Internet mit zielgerichteter
Werbung vertreten, wodurch sich in Bezug auf die Markenbekanntheit zwangsnotwendigerweise Reichweitenbegrenzungen ergeben.

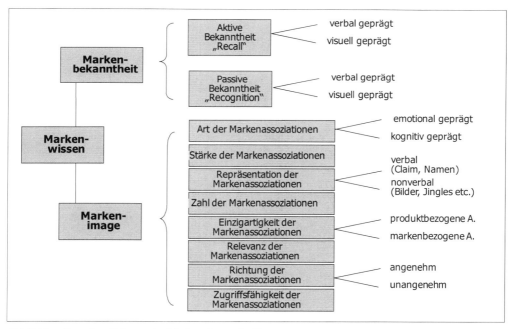

Abb.E.14:   Operationalisierung des Markenwissens der Konsumenten
            Quelle: Esch 2000, S.991

Anderseits sind die Probleme der Markenbekanntheit nicht immer nur eine Frage der Mediabudgets und des Kommunikationsdrucks den man mit begrenzten Ressourcen zu entfalten in
der Lage ist. So unterschiedliche Marken wie Starbucks, Tupperware, Body Shop, Häagen
Daz, Swatch, Aldi usw. zeigen, dass Markenbekanntheit und Markenimage nicht nur eine
Frage der massiven Werbung in Flächenmedien ist, fand doch der Aufbau und die Positionierung dieser Marken in der Vergangenheit durchweg jenseits der Massenmedien statt (Joa-
chimsthaler/Aaker 1997). In der Hotellerie gesellt sich zudem auch eine inhaltliche Schwä-

che der Markenentwicklung hinzu, ist doch ein wesentlicher Teilbereich des Markenwissens von Konsumenten durch das entsprechende *Markenimage* gekennzeichnet (Abb.E.14). Das Markenimage ist dabei ein mehrdimensionales Einstellungskonstrukt, „ *... welches das in der Psyche relevanter externer Zielgruppen fest verankerte, verdichtete, wertende Vorstellungsbild von einer Marke wiedergibt* " (Trommsdorf 2009, S.155) und damit die Gesamtheit aller subjektiven Vorstellungen einer Person von einer Marke hinsichtlich der wahrgenommenen Eigenschaften und der Eignung dieser Marke zur Befriedigung der rationalen und emotionalen Bedürfnisse des Individuums umfasst.). Die jeweilige Stärke oder Schwäche eines Markenimages ist dabei durch folgende Merkmale determiniert (Esch et al. 2005, S.50):

- **Die Art der Assoziationen mit einer Marke** (emotional oder kognitiv): Die Kennzeichen starker Marken sind vor allem die emotionalen Inhalte, die man mit diesen verknüpft (z.B. Marlboro, Bacardi).

- **Die Stärke der mit einer Marke verbundenen Assoziationen:** Je enger eine Assoziation mit einer Marke verknüpft ist, desto stärker schlägt sie auf eine Markenbeurteilung durch (z.B. Body Shop = umweltfreundlich; Familotels = kinderfreundlich).

- **Die verbale oder nonverbale Repräsentation einer der Assoziationen:** Starke Marken verfügen meist auch über eine Reihe mit ihnen verbundener verbaler (z.B. Saturn = Geiz ist geil; Toyota = Nichts ist unmöglich) und nonverbaler Inhalte (Beck's = Grünes Segelschiff; Milka = Lila Kuh).

- **Die Anzahl der Assoziationen**: Starke Marken verfügen nicht unbedingt über mehr Assoziationen als schwache Marken, aber vor allem über stark miteinander vernetzte Assoziationen (Ikea = gutes Preis-Leistungsverhältnis, familienfreundlich, modernes Design zum moderaten Preis, do-it-yourself)

- **Die Einzigartigkeit der Assoziationen**: Starke Marken sollten über möglichst viele einzigartige Assoziationen verfügen (z.B. Red Bull verleiht Flügel; ADAC= die gelben Engel).

- **Die Richtung der Assoziationen:** Starke Marken müssen vor allem positive Gefühle wecken (Bacardi-Feeling; ADAC = Schutz/Sicherheit).

- **Die Relevanz der Assoziationen:** Zum Aufbau einer starken Marke ist es wichtig, dass die entsprechenden Markenassoziationen möglichst genau den Bedürfnissen der Kunden entsprechen und für diese von Bedeutung sind (Biohotels stellen Themen wie Nachhaltigkeit, Umweltschutz etc. in den Vordergrund und repräsentieren damit Werte wie sie bspw. für die Zielgruppe der Lohas relevant sind).

- **Die Zugriffsfähigkeit der Assoziationen:** Die Eigenschaften und Vorstellungen zu einer Marke müssen leicht mit dieser in Verbindung gebracht werden können (z.B. Starbucks = Kaffeekompetenz; Ritz Carlton = Dienstleistungsqualität).

Für die Hotellerie gilt es – wie vereinzelte Studien zeigen – zu konstatieren, dass Reisende und Hotelgäste in Befragungen, außer einer geringen Markenbekanntheit auch kaum differenzierungsfähige Assoziationen zu artikulieren in der Lage sind, d.h. einzelne Hotelmarken können zwar im Ansatz nach Sterne-/Qualitätskategorien zugeordnet werden, aber innerhalb der einzelnen Kategorien können die Probanden kaum differenzierungsfähige verbale oder nonverbale Assoziationen oder Markenbilder von konkurrenzierenden Hotelmarken abrufen (Pfisterer 2008). „*In many cases, it is difficult to differentiate between the levels of service offered from one sub-brand to another and pricing is now becoming blurred among and between them. The customer, unless an experienced traveller, is probably unable to differentiate among them.*" (Olsen et al. 2005, S.148).

Die oben genannten einzelnen Faktoren des Markenimage und der Markenbekanntheit, die das **Markenwissen** der relevanten Zielgruppen prägen und damit auch für die Stärke und den Wert einer Marke verantwortlich sind, gilt es entsprechend bei der Formulierung quantitativer und qualitativer Markenziele festzulegen (Abb.E.14). Gerade unter den heutigen Markt- und Kommunikationsbedingungen erscheint es für die Hotellerie geboten, sich beim Aufbau neuer bzw. der Pflege vorhandener Marken nicht nur auf die Produkt- bzw. Konzeptebene einer Hotelimmobilie zu beschränken, sondern Markenführung als zielgerichteten und systematischen Managementprozess zu betrachten, in dessen Mittelpunkt die ganzheitliche Entwicklung und Implementierung eines eindeutigen und differenzierungsfähigen Markenkonzepts steht.

2.4   Prozess des Markenmanagement

In Anlehnung an den oben skizzierten Prozess des Marketing-Management bildet der Prozess des Markenmanagement die wesentlichen Schritte in analoger Weise ab (Siehe Kapitel B.1.3). Abgeleitet von den Unternehmens- und Marketingzielen stehen im Zentrum eines strategischen Ansatzes der Markenentwicklung und des Markenaufbaus insbesondere die Phasen der Strategischen Markenanalyse, die inhaltliche Entwicklung einer Markenidentität und die damit verbundene Entwicklung des Markenkonzepts sowie die Analyse und Entscheidung über die strategischen Optionen der Markenführung im Wettbewerb. Sind die strategischen Kernentscheidungen über Markenidentität, Markenkonzept und die Markenposition getroffen, gilt es in einem weiteren Schritt, Programme zur Implementierung und Kommunikation der Markeninhalte und Markenbausteine zu entwickeln. Der letzte Schritt des **Markenprozesses** besteht dann in der Erfolgskontrolle der Aktivitäten zum Markenaufbau. Abb.E.15 visualisiert die Schritte des Prozessablaufs, wobei die verschiedenen Phasen nicht immer zwingend rein konsekutiver Natur sind, sondern in der Unternehmenspraxis durchaus Überschneidungen und Abhängigkeiten festzustellen sind, so dass eine stringente Trennung zwischen Strategie- und Umsetzungskomponenten im Markenprozess nicht immer eindeutig möglich ist (Aaker/Joachimsthaler 2001, S.52f.; Clausnitzer et al. 2002, S.19ff.; Adjouri/Büttner 2008, S.232f.).

Abb.E.15:   Prozess des Markenmanagements

2.4.1   Strategische Markenanalyse

Die strategische Markenanalyse ist wesentlich, um die Position und die Wahrnehmung der Marke im strategischen Dreieck zwischen Kunden, Wettbewerb und Unternehmen zu verstehen (Abb.E.16). Die Ermittlung des Markenstatus und des Markenpotenzials sollte entsprechend auch alle drei Perspektiven im Blick haben (Clausnitzer et al. 2002, S.21; Adjouri 2014, S.82):

- **Kundensicht**
  Was stiftet für den Konsumenten einen wahrnehmbaren Nutzen?

- **Wettbewerbssicht**
  Wie positionieren sich die Wettbewerber und wo liegen unsere Markenvorteile?

- **Unternehmenssicht**
  Welche spezifischen Fähigkeiten und Eigenschaften besitzen wir?

Hierzu ist zwischen bereits eingeführten und neu einzuführenden Marken zu unterscheiden, da bei eingeführten Marken ein bereits bestehendes Profil bzw. eine bereits existierende Identität zu analysieren ist, während bei einer neuen Marke eben jene Elemente Gegenstand markenpolitischer Entwicklungsprozesse sind. So steht bei einer bestehenden Marke die Schärfung des Wettbewerbsprofils oder die Re-Positionierung der Marke im Vordergrund, während bei der Markeneinführung die erstmalige Positionierung und Profilierung der Marke im Wettbewerbskontext im Zentrum der strategischen Analyse steht.

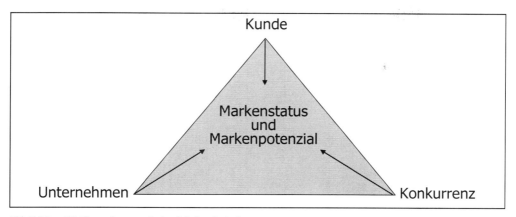

Abb.E.16:   Wettbewerbsstrategisches Markendreieck
             Quelle: Gardini 2011, S.35

Bei der **Kundenanalyse** stehen die Erwartungen, Bedürfnisse und Motivlagen aktueller bzw. potenzieller Kunden im Vordergrund der Untersuchungen. Von Bedeutung ist es im Weiteren, die relativen Stärken und Schwächen der Marke aus Sicht der Kunden zu ermitteln, wobei die insbesondere die konkreten Assoziationen sowie die abrufbaren Markenwerte und Markenbilder wichtig für die Analyse des aktuellen Markenstatus sind. KELLER und andere schlagen in diesem Zusammenhang vor, insbesondere auf folgende markenbezogene Fragen der Kunden Antworten zu finden (Keller et al. 2008; Keller 2001; Adjouri 2014, S.97):

- Was kannst Du? (Markenversprechen)
- Wie bist Du? (Markenpersönlichkeit)
- Was denke ich über dich, was fühle ich? (Markenimage)
- Was ist mit uns, welche Beziehung haben wir? (Markenbeziehung)
- Welche Bedeutung hast Du für mich? (Markenrelevanz)

Die **Wettbewerbsanalyse** untersucht gegenwärtige und potenzielle Wettbewerber, um das größtmögliche Differenzierungspotenzial zu konkurrierenden Marken zu identifizieren. Die Untersuchung der relativen Stärken und Schwächen der Wettbewerber und ihrer Markenkonzepte sowie die Suche nach differenzierenden Markenbausteinen ist für jedes Unternehmen eine entscheidende Voraussetzung, um im Wettbewerb bestehen zu können. Neben den Wettbewerbsanalysen im engeren Sinne sind darüber hinaus auch noch zukünftige Markt- und Branchenentwicklungen sowie Konsumtrends zu berücksichtigen, da diese Informationen wesentliche Informationen für den Aufbau der Marke liefern können (Aaker/Joachimsthaler 2001, S.51; Adjouri/Büttner 2008, S.235). So sind beispielsweise in der Hotellerie im Economy Segment in der jüngsten Zeit zunehmend neue Trends und Nischen entstanden, die nun von den verschiedenen Marktakteuren mit ihren Markenkonzepten bedient werden (z.B, Motel One, H2O, RoomZ, Meininger Hostels).

Die **Selbstanalyse** des Unternehmens gibt Aufschluss über die interne Wahrnehmung des aktuellen Markenprofils (Selbstbild). Die Analyse muss sich dabei nicht nur mit der Historie der Marke, den Erfolgen der Vergangenheit und deren gegenwärtigem Image aus Sicht der verschiedenen Stakeholder des Unternehmens beschäftigen (Shareholder, Mitarbeiter etc.), sondern auch mit ihren Stärken, Schwächen, Strategien und Wertvorstellungen des Unternehmens bzw. der jeweiligen Entscheidungsträger, die diese Marke geschaffen haben. Aaker und Joachimsthaler sprechen davon, dass es gilt *„die Seele der Marke einzufangen, und diese Seele ruht im Unternehmen"* (Aaker/Joachimsthaler 2001, S.51). Eine entscheidende Dimension dieses Analyseschritts ist es denn auch, die jeweiligen Konvergenzen bzw. Divergenzen zwischen Selbst- und Fremdbild zu identifizieren, um damit Einsichten über den strategischen Handlungsbedarf beim Aufbau und der Pflege der Marke zu erlangen.

Abb.E.17:   Branding System Grand Elysee Hamburg nach dem Markensteuerrad von icon added value
           Quelle: Hoffmann 2011

Zur Erfassung des Markenstatus und zur Analyse der Identität einer Marke liegen eine Vielzahl praktischer und wissenschaftlich fundierter Analyse-Tools vor. Ein Instrument, das in Wissenschaft und Praxis in diesem Zusammenhang vielfach herangezogen wird, ist das Markensteuerrad von icon aded value, einem internationalen Beratungsunternehmen für Marketing und Kommunikation. Das Markensteuerrad berücksichtigt die Funktionsweise des menschlichen Gehirns mit der Unterteilung in eine linke (sprachlich-rationale) und rechte (visuelle-emotionale) Gehirnhälfte (Abb.E.17). Entsprechend sind in der linken Hälfte des Markensteuerrads die sachorientierten, rational nachvollziehbaren Merkmale einer Marke aufgeführt, wie sie in der Kompetenz der Marke (Wer bin ich?) und den Benefits (Was biete ich an ?) zum Ausdruck kommen. Hingegen besteht die rechte Hälfte des Markensteuerrads aus der Markentonalität (Wie bin ich?) sowie dem Markenbild (Wie trete ich auf?) und umfasst damit die emotionalen und modalitätsspezifischen Inhalte der Marke (Esch et al. 2004, S.63). Bei der Einführung einer neuen Marke existiert hingegen naturgemäß kein Fremdbild, so dass es dann nicht um die Bewertung der IST-Identität einer Marke geht, sondern um die Entwicklung einer erwünschten SOLL-Identität im Sinne eines theoretischen Optimums, das die branchen- bzw. leistungsspezifischen Bedürfnisse und Erwartungen der Zielkunden am besten widerspiegelt (Adjouri/Büttner 2008, S.235).

2.4.2   Markenentwicklung und Markenidentität

Grundlegendes Gestaltungsziel inhaltlicher Markenentwicklungsprozesse ist es, wie oben angedeutet, eine möglichst hohe Übereinstimmung zwischen der Identität einer Marke und dem Image einer Marke bei den relevanten Ziel- bzw. Anspruchsgruppen (Kunden, Mitarbeiter, Stakeholder) zu erzielen (Esch et al. 2004, S.56; Burmann/Meffert 2005a, S.51ff.; Meffert et al. 2012, S.360f.). Ein identitätsorientiertes Markenkonzept wird dabei durch eine inhaltliche Gesamtstruktur repräsentiert, die aus dem Zusammenspiel konkreter, abstrakter, emotionaler und/oder funktionaler Merkmale und Nutzenfunktionen, identitätsstiftenden Visionen, Idealen, Normen und Wertvorstellungen sowie angestrebten Wahrnehmungs- und Erfahrungswelten rund um den eigentlichen Produkt- bzw. Leistungskern entsteht. Die Spezifizierung des Inhalts, der Idee und die damit verbundene Eigendarstellung der Marke stehen demzufolge im Mittelpunkt des Konzepts der Markenidentität. Kernelemente eines Markenidentitätskonzepts sind dabei vier Kategorien: Die Marke als Produkt, die Marke als Person, die Marke als Symbol und die Marke als Organisation. Im Zusammenspiel dieser Elemente muss für den Kunden deutlich werden, wofür die Marke stehen und wofür sie nicht stehen soll (z.B. Prestige, Spaß, Freude, Lifestyle, Preiswürdigkeit, Qualität, Erlebnis etc.), was oftmals als *Markenkern* bzw. *Brand Core Value* bezeichnet wird. Abbildung E.18 zeigt die vier Teilbereiche der Markenidentität und die damit zusammenhängenden Elemente im Überblick, auf deren Beschreibung und Erklärung im Folgenden dezidiert eingegangen werden soll (hierzu und zum Folgenden insbesondere Burmann/Meffert 2005a, S.51ff.; Aaker/Joachimthaler 2001, S.53ff.; Sattler/Völckner 2007, S.53ff.).

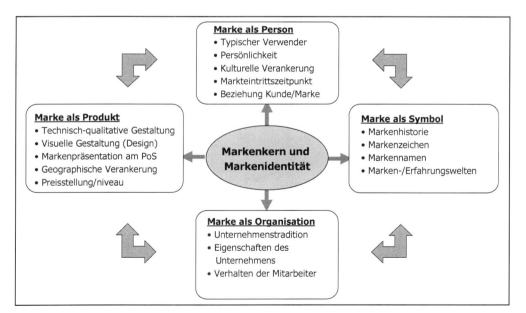

Abb.E.18:   Dimensionen und Elemente der Markenidentität
Quelle: In Anlehnung an Meffert/Burmann, 2002, S.51; Aaker/Joachimsthaler 2001, S.54.

- **Produktdimension der Markenidentität**

Die Marke als Produkt wird vor allem durch die technisch-qualitative und visuelle Gestaltung, die geographische Verankerung, die Präsentation der Marke am Point-of-Sale und die Preisstellung geprägt. Die technisch-qualitative Gestaltung umfasst dabei den Umfang und die Eigenschaften des Produkts, die Breite und Tiefe des Produktprogramms, die Qualität bzw. Wertigkeit des Produktes bzw. der Dienstleistung usw. Die visuelle Gestaltung der Marke bzw. das konkrete Produktdesign ist eine weitere bedeutsame Komponente der Markenidentität. Diese fällt dabei oftmals mit einer außergewöhnlichen technisch-qualitativen Gestaltung zusammen, wie es bspw. im Luxussegment der Hotellerie vielfach der Fall ist, nichtsdestoweniger ist die visuelle Gestaltung grundsätzlich unabhängig von dieser zu betrachten. So fallen bspw. einige Hotelmarken im Economy-Segment durch ihre Designelemente auf, ohne das dies notwendigerweise mit einer entsprechenden Wertigkeit der technisch-qualitativen Gestaltung einhergehen muss. Auch bei der Präsentation der Marke am Point-of-Sale ist auf die visuelle Darstellung der Marke zu achten. So bestimmt das Umfeld der Marke beim Absatzmittler die Wahrnehmung dieser Kontaktaufnahme mit der Marke. Für die Hotellerie ist in diesem Zusammenhang unter den verschiedenen Absatzkanälen insbesondere die unternehmenseigene Website von Bedeutung, gilt es doch den virtuellen und den realen Markenauftritt aufeinander abzustimmen.

Auch die geographische Verankerung kann zur Quelle der Markenidentität werden. So ist etwa die Entstehung der Markenidentität zahlreicher Gastronomiekonzepte (Starbucks, Hard Rock Café, McDonald's; Burger King) oder eines Club Mediterranée (Club-Urlaub) ohne die bewusste regionale Verankerung (hier USA und Frankreich) kaum denkbar. Für die Hotellerie sind derartige geographische Bezüge in der Markenpolitik jedoch bis dato kaum zu erkennen. Die Preisstellung eines Produktes geht in der Regel einher mit dem Niveau der technisch-qualitativen Gestaltung und bildet damit eine weitere potenzielle Komponente der Markenidentität. Ein sehr hoher Preis suggeriert Exklusivität und führt zu einem bestimmten sich von anderen Marken differenzierenden Käuferprofil oder wie Sir Rocco Forte, CEO der Luxus-Hotelkette Rocco Forte es ausdrückt: *„Wir wollen keine Kunden, die auf den Preis achten"* (Rocco Forte 2008). Umgekehrt führt ein niedriger Preis zu einer Popularisierung der Markenprodukte, so dass in beiden Fällen die jeweilige Preisstellung in Verbindung mit dem klaren Vorstellungsbild vom jeweils typischen Käufer die Identität der Marke prägt.

- **Persönlichkeitsdimension der Markenidentität**

Das Bild des typischen Verwenders, die Beziehung zwischen Marke und Verwender, die kulturelle Verankerung sowie der Zeitpunkt des Markteintritts bestimmen die personale Dimension der Markenidentität. Das Vorstellungsbild vom typischen Verwender, aber auch die Verwendungssituation der Marke, sind eng mit Preisstellung verbunden und fördern die Personalisierung der Markenidentität. Die mit der Marke in Verbindung gebrachten Persönlichkeitsmerkmale entstehen denn auch durch die Übertragung der Persönlichkeitseigenschaften der typischen Markennutzer auf die Marke: So werden bspw. „Absolut Vodka" Trinker als coole 25jährige beschrieben, die mit der Mode gehen (Aaker 2005, S.168f.). Aus diesem Wechselspiel zwischen Marken- und Konsumentenpersönlichkeit und der Möglichkeit sich selbst durch die Verwendung einer bestimmten Marke auszudrücken und zu definieren, erwächst auch die besondere Beziehungsqualität zwischen Marke und Konsument. Je persönlicher und emotionaler dieses Verhältnis ist, desto stärker wird die Markenbindung beim Konsumenten sein. Die kulturelle Verankerung kann eng verbunden mit der regionalen

Verankerung die Identität einer Marke in starkem Maße prägen. Spezielle Werte und kulturelle Normensysteme eines Landes bzw. einer Region, werden mit der Marke assoziiert und damit zum Bestandteil der Markenidentität. So fungieren bspw. die mit Deutschland assoziierten Werte der Gründlichkeit, der Zuverlässigkeit und des korrekt-distanzierten Auftritts als Identitätsanker der Marke Lufthansa, während die genannten kulturellen Assoziationen, bei den deutschen Hotelmarken Steigenberger, Maritim, Kempinski oder Lindner derzeit in ihrem jeweiligen aktuellen Marken- bzw. Kommunikationsauftritt keinerlei diesbezügliche identitätsstiftende Ausprägungen aufweisen. Auch die Wahrnehmung einer Marke als Pionier beeinflusst sowohl die Einstellungen als auch die Kaufabsicht und das Kaufverhalten der Konsumenten. Dies wird vor allem auf die eine hohe Affinität des Selbstbildes des Käufers von seiner Person und den typischerweise mit einem Pionier assoziierten Markenmerkmalen zurückgeführt und ist bspw. wichtig bei der Begründung neuer Produktklassen (z.B. Club Mediterranée als Begründer des Club-Urlaubs oder Motel One als Pionier der Design-Budget Hotellerie in Deutschland).

• **Symbolische Dimension der Markenidentität**

Die symbolische Dimension der Markenidentität erwächst aus dem Markennamen, dem Markenzeichen, der Markenhistorie sowie den Marken- und Erfahrungswelten, die insbesondere durch die Markenkommunikation beim Verwender geprägt wird. Im Markenmanagement der Hotellerie spielen insbesondere die Namensgebung und die visuelle Unterstützung durch ein entsprechendes Logo (Firmen-/Markenzeichen, Signet) eine bedeutsame Rolle, dient der Name doch oft als Imageträger, der mit einer Botschaft für den Kunden verbunden ist und in diesem entsprechende Erwartungen weckt. Markenname und Markenlogo erfüllen die Aufgabe, das markierte Objekt zu individualisieren und in Bezug auf Markenpersönlichkeit und Markenmerkmale unterscheidbar zu machen oder um es mit den Worten des ehemaligen Vice Presidents der Holiday Inn Kette auszudrücken (zitiert nach Dettmer 1999, S.164): *„Ich würde mir über den Namen auf meinem Dach große Gedanken machen. Er erleichtert, dass unter dem Strich Geld verdient wird."* Die Eignung von Markennamen und Markenlogos in der Unternehmenspraxis wird insbesondere anhand von folgenden Kriterien beurteilt (Kohli et al. 2001, S.465ff.):

- Relevanz für die Produktkategorie
- assoziative und emotionale Bedeutung
- allgemeine Anziehungskraft
- Einprägsamkeit
- Differenzierungsfähigkeit
- Vereinbarkeit mit dem Unternehmensimage
- rechtliche Schutzfähigkeit

Während der Markenname den Teil der Marke repräsentiert der sich als artikulierbar und verbal reproduzierbar darstellt, stellen Markenzeichen oder Markenlogos den erkennbaren, jedoch nicht verbal wiedergebbaren Teil der Marke dar, z.B. in Form eines Symbols, einer Gestaltungsform oder einer charakteristischen Farbgebung oder Schrift. Markenzeichen können dabei als Wortmarke, Buchstabenmarke, Bildmarke, Zahlenmarke oder kombiniertes Markenzeichen unterschiedliche Formen annehmen (Abb.E.19).

Abb.E.19:   Erscheinungsformen von Markenzeichen

Ein eingeführter Markenname und ein Markenzeichen mit Tradition und Prestige sind wesentliche Bestandteile des Markenwerts, der i.d.R. über Jahre bzw. Jahrzehnte aufgebaut wird. Nichtsdestotrotz sind immer wieder markenbezogene Neujustierungen und Anpassungen an marktliche Veränderungsprozesse vorzunehmen. So hat sich bspw. die Best Western Hotelgruppe Mitte der 1990er Jahre die graphische Aktualisierung und Neugestaltung ihres Logos ca. 1,5 Mio. US-$ kosten lassen (Abb.E.20). Weitere 25 Mio. Dollar wurden für die weltweite Umsetzung eingeplant. Grund für die Modifizierung war unter anderem die Unstimmigkeit zwischen dem, was der Gast mit dem alten Logo assoziierte und wie sich die qualitative Weiterentwicklung der Best Western Häuser aktuell darstellte (Dettmer 1999, S.167ff.). Andererseits erschöpft sich die Markenentwicklung – wie oftmals in der Hotellerie zu beobachten – nicht allein in der Namensfindung bzw. der Entwicklung eines prägnanten Logos, sondern bedarf wie oben bereits angedeutet, der Einbindung in einen ganzheitlichen Prozess der Markenentwicklung und des zielgerichteten Aufbaus einer differenzierungsfähigen Markenidentität.

Abb.E.20:   Entwicklung Best Western Logo im Zeitraum 1948–1993 (Best Western 2003)

Die symbolische Bedeutung der Markengeschichte bzw. Markenvergangenheit ist ein weiterer Baustein der Markenidentität. So resultiert bspw. aus der langen Historie und Tradition deutscher und schweizerischer Hoteliers und Hotelgesellschaften, für die Länder Deutschland und Schweiz eine weltweite Akzeptanz als erfolgreiche Hotelier- und Gastronomienationen, ein Tatbestand, auf den auch in der Markenkommunikation der Hotelkette Kempinksi Bezug genommen wird.

> **Kempinski** *in seiner heutigen Form wurde 1897 als Hotelbetriebs-Aktiengesellschaft in Berlin gegründet und ist die älteste Luxushotelgruppe Europas. Kempinski Hotels steht seit über 100 Jahren für exklusive Qualität und erstklassigen Service. Kempinski ist stolz auf seine über hundertjährige Tradition und die damit verbundenen hohen Qualitätsstandards. Diese führt die Gruppe nun in neuen, aufstrebenden Märkten ein. Ziel der Gruppe war und ist es, die Marke Kempinski zu einem Synonym für individuellen Luxus zu machen. Dies erreicht Kempinski durch ein sehr unterschiedliches Portfolio aus weltweit unverwechselbaren, historisch einzigartigen und modernen Häusern, die entweder Marktführer oder ein Wahrzeichen der jeweiligen Destination sind. (Kempinski 2008)*

Die Aufgaben der Markenkommunikation im Zuge der Identitätsbildung liegen vor allem in der Gestaltung all jener markenpolitischen Instrumente, die zum sinnlich wahrnehmbaren Markenerlebnis (d.h. zum realen und symbolischen Markenbild) beitragen. Hier ist zwischen direkten und indirekten Instrumenten des Markendesigns zu unterscheiden. Während im Rahmen des direkten Markendesign über die materiellen Elemente der Markenkommunikation (z.B. Produkt-/Leistungskonzept, Verpackung, Slogans, Jingles, Point-of-Sale Interaktionen) Markenbilder und Markenerlebnisse multisensual vermittelt werden, besteht die Aufgabe des indirekten Markendesign darin, Erlebnissequenzen zu vermitteln, die es ermöglichen bei der markenrelevanten Zielgruppe innere Markenstories und Markenwelten aufzubauen und ablaufen zu lassen. Dies geschieht bspw. durch klassische Kommunikationsinstrumente wie Mediawerbung (z.B. TV-/Print-Anzeigen), Sales Promotions, Öffentlichkeitsarbeit oder auch durch neuere Formen der Kommunikation wie dem Event-Marketing, dem Sponsoring sowie dem Internet (E-Branding, E-Communication). Abbildung E.21 zeigt erlernte Wort- und Bildassoziationen als Elemente einer identitätsgestaltenden Markenpolitik aus verschiedensten Branchen und Unternehmen.

Slogan und Produkt	**Charaktere und Produkt**
„Do you live an Intercontinental life?" (Intercontinental)	Lila Kuh (Milka)
„Nichts ist unmöglich" (Toyota)	Herr Kaiser(Hamburg Mannheimer)
„Wenn´s um Geld geht...„ (Sparkasse)	Dr. Best (Blendamed)
„Meet the Mercures" (Mercure)	Tony the Tiger (Frosties)
„Freude am Fahren" (BMW)	Dirk Nowitzki (ING-Diba)
„I want to go to RIU" (RIU Hotels)	Clementine (Ariel)
„Schöne Ferien" (TUI)	Ronald McDonald (McDonald´s)

Bildassoziationen und Produkt

Großes Segelschiff mit grünen Segeln (Becks)	**Cowboys am Lagerfeuer (Marlboro)**	**Junge gutaussehende Menschen zusammen an einem exotischen Traumstrand (Bacardi)**

Abb.E.21:   Wort- und Bildassoziationen als Elemente einer identitätsgestaltenden Markenpolitik

- **Organisationale Dimension der Markenidentität**

Die organisationale Dimension der Markenidentität wird zum einen durch die Eigenschaften des Unternehmens und zum anderen durch das Verhalten der Mitarbeiter bestimmt. So kann die Größe oder Zugehörigkeit eines Unternehmens eine wesentliche Stütze der Markenidentität sein, ebenso wie der Gegensatz lokales vs. globales Unternehmen in der einen oder anderen Richtung als ein wettbewerbsdifferenzierendes Element der Markenidentität fungieren kann. So nutzt bspw. die Sorat-Gruppe in ihrer Markenkommunikation das Thema Unternehmensgröße für sich, um sich in seinem Leistungsversprechen von den standardisierten Konzepten der internationalen Kettenhotellerie zu differenzieren: *„SORAT Hotels, das sind ungewöhnliche Boutique-Hotels mit pfiffigen Ideen und frischem Design, unverwechselbarem Charakter und freundlichem Gästeservice. Ideal für alle, denen klein und fein, originell und nett, wichtiger ist als groß, fad und anonym"* (Sorat 2007). Auch kann sich ein Unternehmen als Underdog positionieren, der versucht, sich über innovative, flexible und kundenfreundliche Leistungen in reifen Märkten gegen etablierte Großunternehmen durchzusetzen und dies zum Mittelpunkt seiner Markenidentität macht. Diese Markenstrategie verfolgte zum Beispiel das Unternehmen Virgin in der Vergangenheit in der Airline-Branche, als Virgin die etablierten Fluggesellschaften attackierte und sich, personifiziert vom Unternehmensgründer Richard Branson, als eine Art moderner Robin Hood, als Freund der kleinen Leute positionierte und damit hohe Sympathiewerte bei den anvisierten Zielgruppen erzielen konnte (Aaker/Joachimsthaler 2001; S.44ff.). Virgin ist ebenfalls ein Beispiel dafür, wie die Personalisierung der Markenidentität einer Organisation über die Wertvorstellungen, Verhaltensweisen und Persönlichkeitsmerkmale des Inhabers oder Vorstandsvorsitzenden eines Unternehmens, ein bedeutsames identitätsstiftendes Element der Markenentwicklung darstellen kann. In der internationalen Luxushotellerie ist bspw. die Identität der Luxus-Hotelgruppe Rocco Forte sehr stark durch den Firmengründer und CEO Sir Rocco Forte geprägt, der in seinem Lebensstil, seiner Herkunft und seinen Verhaltensweisen in hohem Maße die Markenpersönlichkeit seiner Hotelgruppe verkörpert. Dies kann allerdings dann problematisch werden, wenn die Markenidentität so abhängig von der Persönlichkeit eines CEO bzw.

Inhabers wird, dass sie bei einem Personalwechsel oder einer Unternehmensnachfolge substanzlos bzw. hinfällig wird.

In der Markenführungs- und Dienstleistungsliteratur wird dem persönlichen Kontakt zwischen Kunden und den die Marke repräsentierenden Personen allgemein eine sehr hohe Bedeutung beigemessen, da das Verhalten der Mitarbeiter einen unmittelbaren Bezug zum Vertrauen in eine Marke hat (Burmann/Maloney 2008; Schmidt 2007; Davis 2005, Schleusener 2002, Gardini 2001) Von besonderer Bedeutung für eine erfolgreiche Markenprofilierung sind insbesondere in persönlichkeitsintensiven Dienstleistungsbranchen wie der Hotellerie, die Mitarbeiter im Kundenkontakt, da aufgrund der zahlreichen Interaktionen mit dem Kunden hier mehr als bei reinen Markenartiklern der Konsumgüterindustrie die Maxime gilt: *„Menschen machen Marken"* (Gardini 2001, S.30). Auf die Notwendigkeit der Schaffung und Absicherung einer integren und stimmigen Markenidentität, sowohl im Innenverhältnis (Internal Branding) als auch im Außenverhältnis (External Branding), wird im Zuge der Diskussion zum Internen Marketing noch einzugehen sein (siehe Kapitel F.5). Abb.E.22 zeigt die damit verbundenen grundlegenden Zusammenhänge im Zusammenspiel zwischen internem und externem Markenmanagement auf.

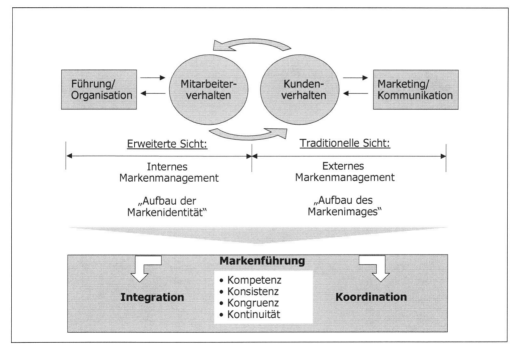

Abb.E.22:   Neue Anforderungen an das Markenmanagement von Dienstleistungsunternehmen
            Quelle: Gardini 2001, S.44

Zusammenfassend ist festzuhalten, dass der Stellenwert der einzelnen identitätsbildenden Markenkomponenten von den individuellen Rahmenbedingungen des zu betrachtenden Unternehmens abhängt, denn nicht alle Dimensionen müssen in einem zu entwickelnden *Konzept der Markenidentität* zwingend auftreten. Der Kernnutzen der Marke, die Zielgruppenausrichtung, der Wettbewerbskontext sowie die Struktur des unternehmensindividuellen

Markenportfolios stellen dabei wesentliche Einflussfaktoren dar. Aaker und Joachimsthaler stellen in diesem Zusammenhang fünf Fragen, die bei der *Identifikation relevanter Identitätskomponenten* hilfreich sein können (Aaker/Joachimsthaler 2001, S.67):

- Enthält sie (*die Identitätsdimension: Anmerkung des Verfassers*) ein Element, das für die Marke und deren Fähigkeit, dem Kunden etwas zu bieten, wirklich wichtig ist oder das die Beziehung zum Kunden fördert?
- Hilft sie, die Marke von den Wettbewerbern zu differenzieren?
- Findet sie bei Kunden einen Widerhall?
- Mobilisiert sie die Beschäftigten?
- Ist sie glaubwürdig?

Erfolgreiche Dienstleistungsmarken verlassen sich auch nicht allein auf kommunikative Elemente der Markenführung, sondern stellen sich der zwingenden Notwendigkeit einer ganzheitlich gestalteten Markenidentität und -kultur als Baustein einer unternehmerischen und strategischen Ressourcenkonzeption. Ein systematisch betriebenes, konsistentes Markenmanagement entlang der Leistungskette unter Einschluss aller Stakeholder, ist für Hotelunternehmen mit Blick auf eine wettbewerbsfähige und nachhaltige Positionierung von entscheidender Bedeutung (Gardini 2009c, S.10). Eine grundlegende Prämisse für die Sicherstellung der Dienstleistungsqualität und der Kommunikation eines koordinierten und integrierten Markenauftritts ist denn auch die Verzahnung der internen und externen Qualitäts- und Marketingstrategie und die Abstimmung der zentralen Unternehmensziele, Zielgruppen, Inhalte und Instrumente im Hinblick auf die angestrebte Positionierung der Marke bzw. des Unternehmens – „*... as part of the long-term investment in the reputation of the brand.*" (Gardner/Levy 1955, S.39).

2.4.3   Strategische Optionen der Markenführung

Um Marken zu profilieren und gegenüber dem Wettbewerbsangebot zu differenzieren, muss ein Unternehmen eine geeignete *Markenstrategie* entwickeln. Die Fragestellung, ob eine oder mehrere Dienstleistungen unter einer Marke geführt werden sollen oder verschiedene Marken jeweils einzeln zu vermarkten und zu steuern sind, gehört dabei zu den zentralen markenstrategischen Problemstellungen im Dienstleistungsmarketing. Wesentliche markenstrategische Optionen lassen sich im Kern auf Erscheinungsformen, wie Individual-/Monomarken, Gruppenmarken, Familien-, Programm- oder Dachmarken zurückführen (Adjouri 2014, S.129ff.; Meffert et al. 2012, S.373f.; Esch/Bräutigam 2005)

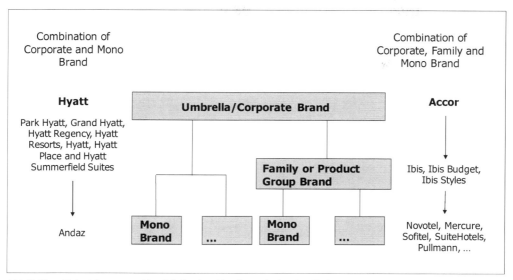

Abb.E.23:   Beispiele ausgewählter Markenkombinationen in der Hotellerie

Während bei einer *Einzelmarkenstrategie (House of Brands)* ein Unternehmen jedes Produkt unter einer eigenen Marke anbietet (z.B. Starwood mit den Marken Sheraton, Westin, St.Regis, Luxury Collection, Four Point, W Hotels etc.), führt bei einer *Mehrmarkenstrategie* ein Unternehmen in demselben Produktbereich parallel mindestens zwei Marken, die sich in Produkteigenschaften, Preis und kommunikativen Auftritt unterscheiden (z.B. Wyndham im Economy-/Budget Segment mit den Marken Super 8, Travelodge, Days Inn, Knights Inn). Gruppen-, Familien-, Programm- oder Dachmarken, vereinen entweder sämtliche Produkte eines Unternehmens unter einer Marke (Dachmarken- bzw. Familienmarken wie zum Beispiel Mövenpick mit Mövenpick Hotels und Mövenpick Gastronomie oder Hyatt) oder bündeln verwandte Produkte unter einer Marke, ohne oder nur in sehr geringem Ausmaß dabei Bezug auf den Unternehmensnamen zu nehmen (Markenfamilie, wie zum Beispiel Ibis mit Ibis, Ibis Styles und Ibis Budget von Accor). Strategische Voraussetzung für eine *Markenfamilienstrategie* ist, dass die Produkte qualitativ gleichwertig sind (Abb.E.23). Da die einzelnen Leistungsmerkmale von Dienstleistungen in vielen Servicekontexten immaterieller Natur sind und sie darüber hinaus oftmals sehr heterogen, komplex und damit nur sehr schwierig in ihren Inhalten zu kommunizieren sind, dominieren im Dienstleistungsbereich nach wie vor Markenstrategien, die auf Fähigkeiten und Qualitäten des Gesamtunternehmens *(Branded House* oder *Corporate Brands)* abstellen (DeChernatony/Segal-Horn 2001; McDonald et al. 2001). Dazwischen stehen Strategien, bei denen die Absendermarke den Submarken kommunikative Unterstützung leistet *(Endorsed Brands).*

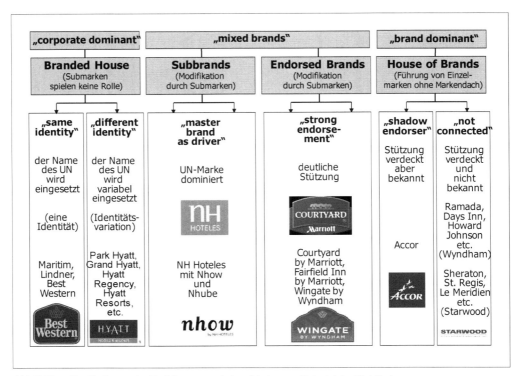

Abb.E.24:   Das Spektrum der Beziehungen zwischen Marken am Beispiel der Hotellerie
Quelle: In Anlehnung an die Markentypologie von Aaker/Joachimsthaler 2001, S.115

Abbildung E.24 und die nachfolgend aufgeführten Beispiele aus der Praxis zeigen jedoch in diesem Zusammenhang, dass in der Hotellerie verschiedene Arten von Markenstrategien nebeneinander existieren. So findet man in der Konzernhotellerie Firmenmarken, die als Dachmarken den Firmennamen als zentrales Element der jeweiligen Dienstleistungsmarke führen, andere Anbieter wiederum haben für verschiedene Qualitätssegmente und Preiskategorien eigenständige Markenkonzepte geschaffen:

- Die Hotelkette **Maritim** verfolgt mit seinen 51 Hotels in sieben Ländern eine strikte Dachmarkenstrategie mit nur einer Kernmarke, den Maritim-Hotels mit Schwerpunkte auf den Tagungs-, Kongress- und Geschäftsreisemarkt. Zusätzlich verfügt das Unternehmen über Resort- und Clubhotels sowie Patientenhotels, die jedoch auch unter der Kernmarke Maritim vermarktet werden.

- **Hyatt** verfügt mit den Marken Park Hyatt, Grand Hyatt, Hyatt Regency, Hyatt Resorts, Hyatt, Hyatt Place und Hyatt Summerfield Suites über 735 Hotels and Resorts mit 136.000 Zimmern in 44 Ländern der Welt. Der Konzern verfolgt dabei eine klassische Dachmarkenstrategie mit verschiedenen Markenerweiterungen innerhalb des Premiumsegments der Hotellerie. Erstmalig wurde jedoch im Jahre 2008 mit der Marke Andaz eine Hyatt-Marke eingeführt, die nicht kommunikativ von der Dachmarke Hyatt gestützt wird.

- Die französische **Accor-Gruppe** verfolgt mit ihren Hotelmarken Ibis, Novotel, Sofitel, Mercure, Pullmann und einigen anderen mehr, bislang eine Kombination aus klassischer Einzel- und Mehrmarkenstrategie, die jedoch in der Neuzeit durch die Dachmarke Accor stärker kommunikativ unterstützt werden und durch die Reorganisation der Economy/Budget-Marken im Jahr 2012 nun auch eine Familienstrategie beinhaltet (Ibis Familie mit Ibis, Ibis Styles und Ibis Budget).

- Die amerikanische **Wyndham Hotel Group** verfolgt mit ihren 7.485 Hotels, 645.423 Zimmern in mehr über 60 Ländern der Welt eine klassische Einzelmarkenstrategie und bedient mit ihren Marken dabei unterschiedliche Kunden-/Marktsegmente (Wyndham, Ramada, Days Inn, Super 8, Wingate by Wyndham, Baymont Inn, Howard Johnson, Travelodge, Knights Inn, AmeriHost etc.).

Die immer feinere Marktsegmentierung sowie die im Rahmen von Akquisitionen und Zusammenschlüssen in der Hotellerie zahlreich und häufig zu beobachtenden Eigentümer-, Marken- bzw. Namenswechsel haben bei vielen internationalen Hotelgesellschaften über den Zeitablauf komplexe *Markenwelten* und *Markenarchitekturen* entstehen lassen.

Abb.E.25: Markenwelt Mariott (Stand 2011)
Quelle: Zehle 2011, S.271

Unter einer *Markenarchitektur* versteht man die Anordnung aller Marken eines Unternehmens, durch die die Rollen der Marken und ihre Beziehungen untereinander sowie die Marken-Produkt-Beziehungen aus strategischer Sicht festgelegt werden (Meffert et al. 2012, S.372f.; Calkins 2005, S.116ff.; Aaker/Joachimsthaler 2001, S.112). Das grundlegende Spannungsfeld in dem sich die Führung komplexer Markenarchitekturen vollzieht, ist durch einen grundlegenden Trade-Off zwischen dem Anspruch, größtmögliche Synergien durch ein stimmiges Markenportfolio zu erzielen gekennzeichnet, ohne dabei jedoch die notwendige Eigenständigkeit der Marken in ihren jeweiligen Marktsegmenten aus den Augen zu verlieren. Die Führung solcher komplexen *Markensysteme (Markenportfolios)* und die Frage nach Zahl der Marken bzw. Markentypen (Individual-/Mono-, Gruppen-, Familien-, Programm- oder Dachmarken) ist mithin untrennbar mit der strategischen Rolle und dem Status dieser Marken im jeweiligen Wettbewerbskontext verbunden (Kapferer 2001, S.672). Abb.E.26 zeigt einen Ausschnitt aus dem aktuellen Markenportfolio der Accor-Gruppe (Accor 2014).

Vor dem Hintergrund ständig steigender Kosten für die Führung von Einzelmarken sind Hotelgesellschaften gezwungen, ihre Markenpolitik im Hinblick auf die jeweiligen Erfolgsbeiträge einzelner Marken oder Markensysteme permanent zu hinterfragen und so gewinnt die Frage nach der optimalen Markenarchitektur zunehmend an Relevanz (Esch/Bräutigam 2005, S.862).

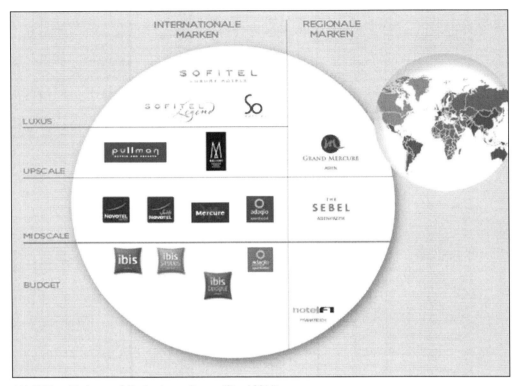

Abb.E.26:   Markenportfolio der Accor-Gruppe (Stand 2014)

Entsprechend ist auch die Frage, wie viele Marken ein Hotelunternehmen im Markt halten soll, für das Marketing-Management von entscheidender Bedeutung. Die verschiedenen Markenstrategien zeitigen – wie Abbildung E.27 und E.28 darstellen – unterschiedliche Chancen und Risiken (Aaker/Joachimsthaler 2001, S.129ff.; Esch/Bräutigam 2005, S.847ff.). Ziel einer um den Firmennamen zentrierten Dachmarken-, Familienmarken-, Markentransfer- oder Tandemstrategie ist es, die bestehenden markenbezogenen Interdependenzpotenziale zu nutzen und ausgehend von der Kernkompetenz der übergeordneten Dachmarke die kundenseitigen Erwartungs- und Wahrnehmungsmuster im Sinne eines Marken- bzw. Imagetransfers positiv zu beeinflussen. Die Nutzung von *Markensynergien* im Zuge der Markenbildung führt darüber hinaus zu einer schnelleren Akzeptanz und Etablierung neuer Produktkonzepte am Markt.

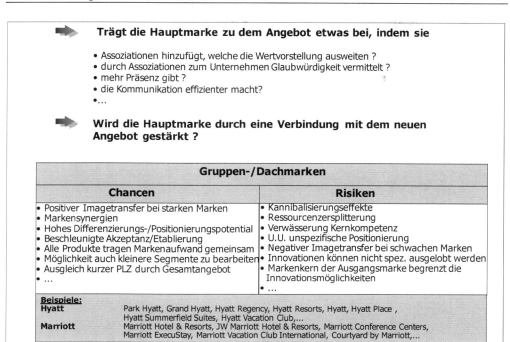

Abb.E.27:   Chancen und Risiken von Dachmarkenstrategien in der Hotellerie
            Quelle: In Anlehnung an Becker 2006, S.384ff. und Aaker/Joachimthaler 2001, S.129

Die Effektivität einer solchen Markenstrategie ist jedoch zum einen an die Sicherstellung einer marken- und segmentspezifischen Qualitätskonstanz und zum anderen an eine differenzierte Kommunikation der produkt-/dienstleistungsbezogenen Nutzenvorteile der jeweiligen Marke für den Kunden gebunden, da ansonsten mit negativen *‚spill-over'-Effekten* im Sinne einer Verwässerung der Kernkompetenz bzw. eines Verlustes an Glaubwürdigkeit gerechnet werden muss. Darüber hinaus kann es zu sog. *‚Kannibalisierungseffekten'* zwischen den einzelnen Dienstleistungsmarken kommen, wenn die einzelnen Marken für spezifische Kunden-/Marktsegmente in ihren Leistungs-/Nutzenversprechen nicht klar genug positioniert sind (‚Brand Value') und für den Konsumenten austauschbar werden. Für Einzelmarkenstrategien gilt der entsprechende Umkehrschluss. (O'Neill/Mattila 2010).

Gibt es zwingende Gründe für eine selbständige Marke, weil sie

- eine bestimmte Assoziation schaffen und vereinnahmen muss?
- ein neues, ganz verschiedenes Angebot darstellen soll?
- eine Assoziation vermeiden will?
- Eine Bindung zum Kunden aufbauen/erhalten muss?
- Mit Konflikten in bezug auf die Absatzkanäle gerechnet werden muss?
- …

 kann das Unternehmen einen neuen Markennamen unterstützen?

Individual-/Monomarke	
Chancen	**Risiken**
• Klare/spitze Profilierung d. Produkts • Eigenständigkeit/Glaubwürdigkeit Positionierung • Betonung des Innovationscharakters • Verstärkung des Markenwerts • Aufbau von Markentreue • Konzentration der Kräfte • Vermeidung „bad will" Transfer • …	• Hoher Ressourcenaufwand • Ausreichendes Marktvol. als Voraussetzung • Langsamer Aufbau einer Markenidentität • Kurze PLZ verhindern ausr. Gewinnabschöpfung • Mangelnde Ausschöpfung von Marktpotentialen • Keine Ausschöpfung von Synergiepotentialen • Problem geeigneter(schutzfähiger) Markennamen • …
Beispiele: **Starwood** **InterContinental Hotel Group**	Sheraton, Westin, Four Points, W, Luxury Collections, St.Regis, Le Meridien, … InterContinental, Crowne Plaza, Hotel Indigo, Holiday Inn, Holiday Inn Express, Staybridge Suites and Candlewood Suites,…

Abb.E.28:   Chancen und Risiken von Mono-Markenstrategien in der Hotellerie
Quelle: In Anlehnung an Becker 2006, S.384ff. und Aaker/Joachimthaler 2001, S.129

Sollen Markenimage und Bekanntheitsgrad erfolgreich eingeführter Marken auf andere Angebotskategorien ausgeweitet werden, spricht man von einer *Markentransferstrategie*. Eine Markentransferstrategie kann sich auf neue Produkt- bzw. Angebotskategorien innerhalb einer Branche vollziehen (horizontale Markentransferstrategie) oder sich auch auf branchenfremde Produkt- bzw. Angebotskategorien beziehen (vertikale Markentransferstrategie). So nutzte bspw. Steigenberger in der Vergangenheit seinen eingeführten Markennamen in der Kombination der Firmenmarke mit einer Einzelmarke, um bestehende Präferenzen auch für die Beratungsgesellschaft Steigenberger Consulting, den Reservierungsservice SRS-Worldwide, der Steigenberger Hotelfachschule Bad Reichenhall oder die Steigenberger Verkehrsgastronomie nutzbar machen zu können. In ähnlicher Weise setzt Mövenpick sein im Dienstleistungssektor erworbenes Markenimage (Restaurants, Hotels, Systemgastronomie) über Lizenzvergabe auch für die Vermarktung von Sachgütern (z.B. Eis, Marmelade) ein. In letzterem Zusammenhang spricht man dann von einer Tandemmarkierung.

2.4.4   Umsetzung und Markencontrolling

Während es bei der operativen Umsetzung von Markenkonzepten um die Konkretisierung des Marketinginstrumentariums und die damit zusammenhängenden organisatorischen Fragestellungen im Rahmen der Markenführung geht, besteht die Aufgabe des *Markencontrolling* darin, über die markt- bzw. wettbewerbsbezogene Profilierungs- und Differenzierungsaufgabe von Markenkonzepten hinaus, auch die Ergebnisorientierung der Markenaktivitäten im Kontext der Markenführung zu berücksichtigen.

Die *Markenumsetzung* betrifft im Wesentlichen die formale, inhaltliche und zeitliche Abstimmung und Integration aller Marketingmaßnahmen der verschiedenen Bereiche des Marketing-Mixes (die sieben Ps), um mit Blick auf die Markenidentität und den Markenkern sicherzustellen, dass die verschiedenen Instrumente und Aktivitäten ihren Beitrag zur Schaffung und Bewahrung eines in sich widerspruchsfreien Markenkonzeptes leisten (Meffert et al. 2012, S.376ff.; Burmann/Meffert 2005, S.82; Clausnitzer 2002, S.37ff.). So gilt es in der Hotellerie bspw. im Bereich des Produkt-/Leistungskonzeptes darum, zu einer möglichst einheitlichen und konsistenten Leistungs- und Qualitätsaussage zu gelangen. Dies ist in der Hotellerie insbesondere bei der Übernahme bestehender Hotelimmobilien durch Hotelgesellschaften eine Herausforderung, gilt es doch das Leistungsprofil und das Leistungsversprechen der Marke auch über die jeweilige Architektur, Lage und Ausstattung zu formen und zu kommunizieren, wobei die übernommenen Häuser nicht immer zwingend dem angestrebten Markenstandard entsprechen. So hat bspw. die spanische Hotelkette NH Hoteles vor einigen Jahren den Markteintritt in Deutschland über die Akquisition der damaligen Astron-Hotels vollzogen und dabei Häuser stark unterschiedlicher Qualität und Bausubstanz erworben. Dies stellt das Unternehmen in Bezug auf einen *einheitlichen Marktauftritt* für einige Zeit vor große Probleme, da die notwendigen Investitionen in die Häuser und damit in die Marke nicht kurzfristig und gleichzeitig realisiert werden können. Im Ergebnis bedeutet dies, dass NH Hoteles in Deutschland innerhalb einer Sternekategorie mit sehr unterschiedlichen Qualitäten am Markt operiert, jedoch potenziellen Kunden ein einheitliches Leistungsniveau aller zur Kette gehörenden Häuser suggeriert, was zwangsläufig zu Irritationen beim Kunden führt und auch nicht dem Wesensmerkmal von Marken entspricht, die sich – wie oben bereits angedeutet – insbesondere durch Qualitätskonstanz und Ubiquität auszeichnen.

Im Zuge der Kommunikationspolitik gilt es denn auch, im Sinne einer *integrierten Kommunikation* alle zur Verfügung stehenden Kommunikationsinstrumente wie Werbung, Öffentlichkeitsarbeit, Sales Promotion, das Direktmarketing, das Sponsoring, die Internetpräsenz usw. so miteinander zu vernetzen, dass die Marke einheitlich in Erscheinung und Grundaussage kommuniziert wird (siehe hierzu auch Kapitel F.4.1.3). Distributionspolitische Entscheidungen umfassen vor allem die Wahl der Absatzwege und die Selektion der Absatzmittler. Hier gilt es zu beachten, dass nur solche Vertriebskanäle ausgewählt werden, die zur Marke passen. So sind bspw. die meisten Kempinski Hotels bei den Leading Hotels of the World zu buchen, ein Absatzkanal, der mit der strategischen Markenausrichtung der Gruppe harmoniert. Oftmals nutzen aber auch Hotels der gehobenen Hotellerie wie Lindner, Hotel Adlon oder auch einzelne Kempinski-Hotels, Discount-Supermarktketten wie Aldi oder Lidl als Distributionskanäle, was aus markenpolitischen Gesichtspunkten kritisch zu beurteilen ist. Dies gilt ähnlich auch für die Preispolitik und Preisstellung, die in ihrer Signalwirkung einen unabdingbaren Bestandteil der Marke darstellt, nichtsdestoweniger geben viele Hotelmarken vor dem Hintergrund des intensiven Wettbewerbs auf vielen Märkten, zu schnell Kapazitätserwägungen den Vorrang vor markenpolitischen Erwägungen, ohne die langfristigen negativen Effekte einer nicht markenkonformen Preisstellung zu berücksichtigen (Gardini 2009a, S.32). Eine besondere Rolle bei der Markenumsetzung spielen in Dienstleistungsbranchen wie der Hotellerie und Gastronomie – wie bereits oben angedeutet – insbesondere die Mitarbeiter im direkten Kundenkontakt. Den Mitarbeitern eines Dienstleistungsunternehmens obliegt es, als Markenbotschaftern das Markenversprechen durch ihr Verhalten einzulösen und damit den Kunden ein Markenerlebnis zu verschaffen, welches den durch das Markenversprechen hervorgerufenen Erwartungen entspricht. Ziel des Markenmanagement aus interner Sicht muss daher die Erzeugung eines hohen **Brand Commitment** bei allen Mitarbeitern sein. Brand Commitment kann definiert werden als das Ausmaß der *„psychologischen Verbundenheit eines Mitarbeiters mit der Marke"* (Burmann/Zeplin 2005, S.120). Im Zuge der Umsetzung eines Markenkonzeptes stehen zur Entwicklung und Förderung der Markenverbundenheit der Mitarbeiter insbesondere drei Stellhebel zur Verfügung: Ein **markenorientiertes Personalmanagement** zur Auswahl identitätskonformer Mitarbeiter, insbesondere im Zuge von Recruiting- und Personalentwicklungsprozessen, eine **innengrichtete Markenkommunikation** über Leitbilder, Markenhandbücher und/oder eine spezifische Unternehmenskultur sowie eine **markenorientierte Führung**, wie sie insbesondere durch die konkreten Verhaltensweisen der obersten Entscheidungsträger (Vorstand, Inhaber) zum Ausdruck kommt (Zeplin 2006).

Letzterer Punkt beschreibt die organisatorische Verantwortung, die das Top-Management für die Belange einer identitätsorientierten Markenführung trägt. Als wesentliche Aufgaben lassen sich hierbei die Festlegung der strategischen Grundausrichtung, die Schaffung der organisatorischen Voraussetzungen für eine effiziente Markenführung sowie die Festlegung von Prioritäten für Investitionen in die Marke bzw. die Marken des Unternehmens benennen. Die Verankerung der Markenverantwortung auf der Top-Managementebene ist aus Gründen der Markenkontinuität dringend erforderlich, während das Marketing bzw. das Markenmanagement für eine erfolgreiche Markenumsetzung, sprich die Verankerung der Markenidentität nach innen und nach außen verantwortlich zeichnet (Burmann/Meffert 2005, S.88ff.; Clausnitzer 2002, S.37f.).

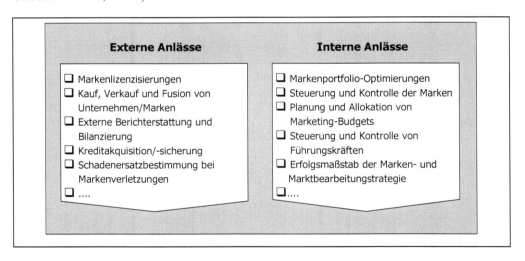

Abb.E.29:   Anlässe der Markenbewertung
            Quelle: Kartte/Sander 2003, S.44

Zur Sicherstellung der Rationalität und des Erfolges unternehmerischen Handelns im Rahmen der Markenführung, bedarf es, wie in anderen Unternehmensbereichen auch, leistungsfähiger Controlling-Systeme, welche sowohl qualitative als auch quantitative Daten und Erfolgsgrößen berücksichtigt. Vor diesem Hintergrund lässt sich das **Markencontrolling** als eine spezielle Form des Controlling interpretieren, *„dass die Informationsversorgung und Beratung aller mit der Markenführung befassten Stellen, verbunden mit einer übergeordne-*

ten Koordinationsfunktion zur Unterstützung und Ergänzung der markenspezifischen Planungs-, Steuerungs- und Kontrollprozesse im Unternehmen umfasst" (Meffert/Koers 2005, S.275). Um die Effektivität der Markenstrategie und die Effizienz des Markenmanagement beurteilen zu können und zur Identifikation der grundlegenden Einflussfaktoren auf den Erfolg oder Misserfolg einer Marke, schlagen verschiedene Autoren als Ausgangspunkt die Orientierung am ***Markenwert als zentralem Erfolgsmaßstab der Markenführung*** vor (Trommsdorff, 2004a, S.1855, Meffert/Koers 2005, S.279f.). Neben den internen Planungs-, Steuerungs- und Kontrollnotwendigkeiten der Markenbewertung gibt es – wie in Abb.E.29 dargestellt – darüber hinaus auch unternehmensexterne Anlässe die eine Markenbewertung notwendig machen.

Finanzorientierte Modelle	**Verhaltensorientierte Modelle**	**Finanz- und Verhaltensorientierte Modelle**

Ertragswertorientierte Verfahren
- Markenwertformel von Kern
- Markenwertformel von Herp
 	
Kostenorientierte Verfahren
- Historische Kosten
- Wiederbeschaffungskosten
 	
Preisorientierte Verfahren
- Hedonistisches Preismodell von Sander
- Preismodell von Blackstone
- Preispremiumverfahren nach Crimmins
- TESI-Preismodell von Erichson
 	
Kapitalmarktorientierte Verfahren
- Börsenwertformel von Simon/Sullivan
	❑ Markenwertmodell nach Aaker
	❑ Markenwissen nach Keller
	❑ Icon-Eisberg Modell
	❑ Brand Profiler (Roland Berger)
	❑ Brand Asset Valuator
	   (Young & Rubicam)
	❑ McKinsey Markendiamant
	❑ Target Positioning (GfK)
	❑ Markenbarometer
	   (TNS Emnid/Horizont)
	❑ Brand Dynamics
	   (Millward Brown)
	❑ ...
		❑ Brand Performer (Nielsen)
		❑ Markenbilanz (Nielsen)
		❑ Brand Valuation (Interbrand)
		❑ Brand-Broker Verfahren
		   (Semion)
		❑ BrandEquityEvaluationSystem
		   (BBDO)
		❑ Brand Scorecard (Meffert et al.)
		❑ Marketorientierte
		   Markenbewertung
		   (Bekmeier-Feuerhahn)
		❑ Markenwertmodell (Kapferer)
		❑ ...

Abb.E.30:   Synopse gängiger Markenbewertungsmodelle
              Quelle: In Anlehnung an Gerpott/Thomas 2004 und Sander/Tharek 2003

Zur Quantifizierung des Markenwerts stehen wie in Abb.E.30 dargestellt verschiedenste Methoden zur Verfügung (Schultz/Schultz 2005; Gerpott/Thomas 2004; Sander/Tharek, 2003). Während die finanzorientierten ***Markenbewertungsmodelle*** den Markenwert als Barwert zukünftiger markenspezifischer Einzahlungsüberschüsse definiert, stellen die verhaltensorientierten Modelle der Markenbewertung die Konsumentenperspektive und deren Markenwahrnehmung in den Mittelpunkt. Um beide Bereiche zu berücksichtigen, wurden kombinierte Verfahren entwickelt.

Auch in dem in Abbildung E.31 dargestellten Modell der Zielgrößen des Markencontrolling wird eine Kombination aus finanz- und verhaltensorientierter Perspektive zur Erfolgsmessung der Markenaktivitäten aufgegriffen (Meffert/Koers 2005, S.279ff.). Der ***Markenwert*** wird in diesem Modell in die Indikatoren *Markenstärke* und *Markengewinn* aufgespalten. Die Markenstärke repräsentiert dabei den Markenwert aus Kundensicht und wird auch als psychografischer Markenwert bezeichnet. Die Markenstärke ist dabei die Voraussetzung für die Entstehung des Markengewinns beim Anbieter, denn ein ökonomischer bzw. finanzieller Markenwert kann erst dann entstehen, wenn Kunden eine besondere Wertschätzung für eine Marke entwickeln. Diese Wertschätzung wiederum entsteht aus einem positiven Markenimage, einer hohen Markenbekanntheit, der Zufriedenheit mit der Markenleistung, dem Markenvertrauen und Ähnlichem mehr und führt im Zeitablauf zur Markenloyalität bzw. Markentreue. Diese vorökonomischen bzw. verhaltensorientierten Zielgrößen stellen die Quelle der ökonomischen bzw. finanziellen Zielgrößen im Rahmen des Markencontrolling dar. So schlägt sich das Ansehen der Marke nicht nur in einem höheren Verkaufspreis (Preispremium der Marke) nieder, den Kunden vielfach bereit sind für bestimmte Marken zu zahlen als für andere Marken bzw. für nicht markierte Leistungen, sondern unter anderem auch in höheren Verkaufszahlen (Mengenpremium der Marke). Aus der Markenloyalität bzw. Markenbindung resultieren wiederum geringere Marketing- und Vertriebskosten, positive Kundenempfehlungen, eine erhöhte Wiederkaufrate bzw. Kauffrequenz sowie ein größerer preispolitischer Spielraum, da zufriedene Kunden eine geringere Preiselastizität aufweisen und einen Markenwechsel aufgrund des damit wahrgenommenen Kaufrisikos sowie der Wechselkosten eher zu vermeiden suchen (siehe hierzu auch Kapitel E.3).

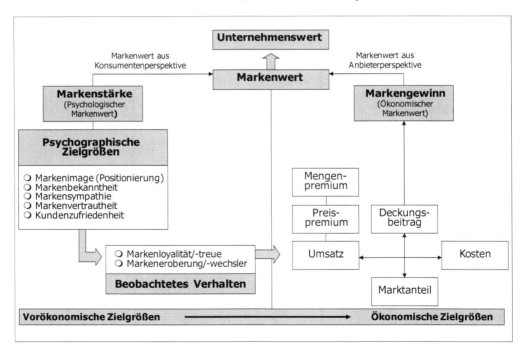

Abb.E.31:   Zielgrößen des Markencontrolling
            Quelle: Meffert/Koers 2005, S.280

Entscheidend für ein funktionierendes Markencontrolling und damit für ein erfolgreiches Markenmanagement, ist die Integration verschiedenster Messansätze zur Bewertung des

Markenwerts mit Blick auf die Überwachung der Markenaktivitäten eines Unternehmens. Ein erfolgreiches Markenmanagement bedarf denn auch geeigneter Controlling-Instrumente, die die umgesetzten Maßnahmen hinsichtlich ihrer Erfolgsbeiträge kontrollieren und als Grundlage für regulierende Eingriffe dienen. Markenverantwortliche in der Hotellerie sind entsprechend gefordert, sich mit der Gestaltung individueller Systeme zur Markenkontrolle zu beschäftigen, um die Markenführung zu optimieren.

2.5 Chancen und Risiken der Markenpolitik in der Hotellerie

Bei der Abwägung der Chancen und Risiken der Markenpolitik in der Hotellerie gilt es, die spezifischen *Probleme der Markenpolitik* von *Dienstleistungsunternehmen* zu berücksichtigen. Diese liegen vor allem in der Gewährleistung von Qualitätskonstanz und der Visualisierung des Markenzeichens (Meffert/Bruhn 2009, S.268ff.; Stauss 2001, S.562ff.; Bruhn 2001, S.214f.). Wird die eigentliche Leistung eines Dienstleisters insbesondere durch Mensch-zu-Mensch Kontakte transportiert, wie zum Beispiel in weiten Teilen der Hotellerie, sind die qualitätsbezogenen Einflussfaktoren wie in Kapitel B skizziert vielschichtig und können in unterschiedlicher Stärke auf die Markenwahrnehmung der Kunden einwirken. Die Integration des Kunden in den Leistungserstellungsprozess stellt demzufolge, in Bezug auf die Aufrechterhaltung eines konstant hohen Qualitätsniveaus, eine besondere Herausforderung dar. Das Problem der Visualisierung des Markenzeichens resultiert aus der Immaterialität (Nichtgreifbarkeit) der eigentlichen Dienstleistung für den Kunden. Da der Kunde bei Dienstleistungen noch stärker als bei Sachgütern nach Bewertungsmaßstäben und Qualitätssignalen sucht, ist eine *physische Markierung von Dienstleistungen* dringend angezeigt. Hotelunternehmen müssen von daher in ihrem Leistungsumfeld verstärkt nach Objekten suchen, die markierungsfähig sind und dem Kunden eine Orientierung ermöglichen. Hierzu bieten sich neben internen Kontaktsubjekten (z.B. einheitliche Bekleidung der Mitarbeiter) und Kontaktobjekten (z.B. Logos, Hotelzimmer-/gebäude/-anlagen, Speisekarten) auch externe Kontaktsubjekte (z.B. Kundenarmbänder in All-Inklusiv-Resorts, textile Merchandising Artikel von Hotels) und Kontaktobjekte (z.B. Kofferschilder, Schild am Kleidungsstück nach Reinigung) als Ansatzpunkte zur physischen Markierung von Hotelleistungen an (Meffert/Bruhn 2009, S.270).

Die Komplexität und Heterogenität von Hotelleistungen sowie die vielfach vom Kunden empfundene Austauschbarkeit der Leistung bzw. die wahrgenommene Intransparenz von Umfang, Nutzen und Preiswürdigkeit der jeweiligen Leistungsangebote, macht es in der Hotellerie erforderlich, eine klare *Markenprofilierung* über eine segmentspezifische Ansprache anzustreben. Dies kann entweder in Form einer emotionalen Ansprache mit dem Ziel einer Erlebnispositionierung erfolgen oder rationalere Komponenten der Leistungsdifferenzierung betonen, wie bspw. die Lage oder den Preisvorteil. Eine *emotionale Positionierungsstrategie* zielt darauf ab, über ein eigenständiges Erlebnisprofil, die Bekanntheit und die Akzeptanz einer Marke zu entwickeln und zu fördern, um so zu einer unverwechselbaren Markenidentität, einem positiven Markenimage und einer engen Kundenbeziehung zu gelangen. Durch Bezug auf bestimmte soziale Referenzgruppen, die dem anvisierten Kundensegment ein ideales Selbstimage suggerieren, oder der Akzentuierung bestimmter sozialer Motivationen (Lifestyle, soziale Akzeptanz, Prestige, Lebensfreude etc.), soll eine emotionale

Konditionierung, und in Konsequenz eine Anreicherung der Marke mit emotionalen Erlebnisinhalten erfolgen. Eine *erlebnisorientierte Markenstrategie* wird dabei umso relevanter, je ähnlicher und austauschbarer sich die entsprechenden funktionalen Leistungsassoziationen im Wettbewerb darstellen und je immaterieller, abstrakter und unkonkreter die zugrundeliegende Dienstleistung aufgrund fehlender objektiver bzw. dominierender, sozio-emotionaler Qualitätskomponenten vom Kunden wahrgenommen wird (Stauss 2001, S.567f.; Bekmeier/Konert 1994, S.608ff.). Entsprechend reflektiert die aktuelle Entwicklung in der Hotellerie die Erkenntnis, dass die zukünftige Wettbewerbsfähigkeit von Hotelmarken die Konzentration auf die *drei E´s des Marketings* erfordert (Gardini 2009d), d.h. die Qualität der Erlebnisse, der Emotionen und der Erfahrungen werden Kundenentscheidungen, Kundenverhalten und Kundenloyalität zukünftig stärker beeinflussen als rein funktionale Leistungsmerkmale, wie ein bestimmter Betriebstyp, ein standardisiertes Qualitätsniveaus oder eine bestimmte Preisstellung (Schmitt 2003; Pine/Gilmore 1998), oder um es mit den Worten des renommierten französischen Designers Philipp Starck zu sagen: *„A hotel has to be an experience engine"*. Ein Beispiel dieses Ansatzes ist das Ushuaïa Ibiza Beach Hotel, das sich weniger als ein designorientiertes Urlaubsresort versteht als ein Vergnügungspark für Erwachsene:

> *"Well, I can safely say that the Ushuaia Hotel is actually the coolest new place in Ibiza and probably, I would say, also, in the Mediterranean It's a complete adult amusement park. We like to say it's like Disney for adults! We will introduce you to something really, really huge where everything happens. This is something that you never will find in a hotel. We say it's like Alice in Wonderland. I mean you can find everything that your mind can imagine here." (Danny Gonzalez, Product Director Ushuaïa Ibiza Beach Hotel)*

In diesem Zusammenhang haben bspw. auch die lange als reine Nischenprodukte angesehenen Lifestyle- und Designhotels an Bedeutung gewonnen. In diesem Marktsegment versammeln sich diverse Bezeichnungen von Hoteltypen – vom Boutiquehotel über Designerhotels bis hin zu Art- oder Konzept- oder Lifestylehotels. Eine allgemeingültige Definition der hier genannten Hoteltypen hat sich in der wissenschaftlichen Literatur noch nicht etablieren können und so ist auch eine trennscharfe Abgrenzung aufgrund zahlreicher Überschneidungen im Grundkonzept von *Design-/Lifestyle- und Boutique-Hotels* kaum möglich, so dass die Begriffe hier synonym verwendet werden sollen. Grundsätzlich wird unter einem Designhotel – respektive Lifestyle- und Boutique-Hotel – ein Hotel verstanden, dessen Inneneinrichtung und/oder Architektur ästhetisch-funktionaler Gestaltung unterliegt und so eine Abgrenzung zu einer rein funktionsorientierten Sicht geschaffen wird (Siehe hierzu auch Kapitel F.1.1.2).

Problematisch ist in der Zwischenzeit bei einer ausschließlichen Fokussierung auf Design als Alleinstellungsmerkmal jedoch geworden, dass die Begriffe Design- und Lifestyle-Hotel zunehmend inflationär gebraucht werden, so dass der Hotelgast kaum mehr zwischen einem Designhotel und einem modern ausgestatteten Betrieb zu unterscheiden vermag. Hinzu kommt, dass Designhotels nicht mehr zwingend nur in den hochwertigen Sternekategorien zu finden sind (z.B. Bulgari, Edition, Renaissance von Marriott oder W Hotels, Aloft von Starwood), sondern dass die Grenzen von ehemals deutlich voneinander getrennten Marktsegmenten zunehmend verschwimmen, wie man es bspw. an Mischformen von Hoteltypen im Bereich der Design- und Budgethotellerie festmachen kann. Hier sind vor allem die Motel One Hotels zu nennen, die als erste die Segmentgrenzen zwischen Design und Budget mit ihrem Anspruch des *"cheap and chic"* aufgebrochen haben. Weitere Protagonisten solcher Hybridformen sind die 25hours Hotels, das H'otello in München, das Toyoko-Inn in Frankfurt/Main oder das Prizehotel in Bremen (Gardini 2011, S.58f.).

Eine zukünftige Herausforderung wird es für Hotelunternehmen und Markenverantwortliche sein, im Markenmanagement Rahmenbedingungen zu schaffen, die es ermöglichen diejenigen spezifischen Dimensionen eines erlebniszentrierten Entwicklungs- und Gestaltungsansatzes zu identifizieren, die für die eigene Marke von entsprechender Bedeutung sind, um im jeweiligen Wettbewerbskontext erfolgreich sein zu können (Xu/Chan 2010, Fung So/Knight 2010; Knutson et al. 2009). Welche grundsätzlichen Hebel zur Entwicklung markenstrategischer und erlebniszentrierter Erfolgspositionen der Hotellerie im Wettbewerb zur Verfügung stehen, wurde dabei bereits in Kapitel D.4.2 und D.4.3 dargestellt.

Marke als Top-Thema in der Hotellerie: Interviews mit den Geschäftsführern von Accor, 25 hours und Ringhotels

1 Interview mit Marc Hildebrand, Geschäftsführer Accor Deutschland

Die Branche träumt noch vom markentreuen Gast. Fehlt den Marken was im Vergleich zu so bekannten Brands wie Lufthansa, McKinsey, TUI und BMW?

Marc Hildebrand: Bei solchen Vergleichen muss man immer sehr genau differenzieren, ob es sich um ein Produkt handelt, um eine Dienstleistung oder um eine Mischform aus Produkt und Dienstleistung wie bei Hotels. In den letzten 25 Jahren hat die Ketten- und Markenhotellerie große Fortschritte sowohl bei Bekanntheitsgrad wie auch Loyalität erreichen können. Allerdings bezieht sich die Markentreue, vor allem in den höherwertigen Segmenten, nach wie vor häufig auf ein einzelnes Haus und nicht auf die gesamte Marke. Im Economy und Budget Segment sieht das gerade aufgrund der Standardisierung anders aus. Hier setzen sich starke Marken durch.

Sind starke Marken eine Frage des Geldes oder spielen andere Dinge eine Rolle?

Marc Hildebrand: Geld spielt eine Rolle, jedoch nicht die einzige. Emotionale Bedeutung der Konsumerfahrung ist ein ganz entscheidendes Kriterium. Außerdem noch das Verwässerungspotenzial einer Marke, welches möglichst gering sein sollte. Wichtig dabei ist auch die Wettbewerbssituation innerhalb einer Branche, da die Anzahl der Anbieter ganz wesentlichen Einfluss auf die Durchsetzungsstärke aller Marken einer Branche hat.

Markenportfolios sind nicht leicht zu führen. Wie hat sich Accor im Hinblick auf eine effiziente Markenführung organisiert?

Marc Hildebrand: Jede Marke bei Accor agiert innerhalb des definierten Markenrahmens unabhängig und kann das machen, was für die jeweilige Marke richtig und wichtig ist. Trotzdem wird jede Hotelmarke vom Mutterkonzern Accor gestützt und ist in die Unternehmensphilosophie eingebunden.

Budgets sind klein im Gegensatz zu klassischen Markenartiklern. Welche Bedeutung hat das für die Kommunikation der zehn Accor-Marken?

Marc Hildebrand: Wir versuchen unsere Mittel so zielgerichtet wie möglich einzusetzen, also nicht nach dem Gießkannenprinzip, sondern entsprechend der Prioritäten. Ein Jahr bekommen zum Beispiel die Marken Etap, Ibis, Novotel einen großen Teil der Mittel, im Folgejahr dann zum Beispiel Mercure und Suitehotel. Neue Marken wie aktuell Pullman und all seasons haben natürlich immer einen Sonderstatus.

Nach welchen Kriterien setzen Sie die kommunikativen Schwerpunkte in der Markenführung – je Marke?

Marc Hildebrand: Mit allen Kommunikationsmaßnahmen begleiten und flankieren wir die gewünschte und weltweit definierte Positionierung jeder Marke.

Welche Rolle spielen in der fluktuationsstarken Branche die Mitarbeiter? Können Sie ständig aufs Neue den Accor-, Marriott- oder Steigenberger-Geist glaubhaft verkörpern?

Marc Hildebrand: Hier sprechen Sie das Thema an, das meiner Meinung nach mit das entscheidendste ist für eine starke oder schwache Marke. Ich hatte vorher bereits von Mischformen aus Produkt und Dienstleistung gesprochen. Je höher der Dienstleistungsanteil ist, desto wichtiger wird der Faktor Mensch. Und die branchenweite sehr hohe Fluktuation tut der Hotellerie einfach nicht gut. Neben vielen anderen negativen Begleiterscheinungen wirkt sich eine hohe Fluktuation auch auf die Fähigkeit, noch stärkere Marken zu schaffen, aus. Bei Accor messen wir dem Mitarbeiter als Einflussfaktor auf die Markenerfahrung allergrößte Bedeutung bei. Daher erstreckt sich unser Brand Management auch auf alle wichtigen HR Themen.

Wie wollen Sie All Seasons zu einer starken Marke entwickeln?

Marc Hildebrand: Mit all seasons haben wir eine neue, moderne, frische Marke im 2 Sterne Plus Segment, mit der wir vor allem gemeinsam mit unseren Franchisepartnern schnell und stark expandieren wollen und werden. Wir sind davon überzeugt, dass das innovative Konzept der Marke und die großzügigen Extras, die die Hotels bieten, starke Argumente für die positive Entwicklung von all seasons sind.

Das Jahr 2009 wird ein herausforderndes Jahr. Wie wird sich der Preiswettbewerb auf die Positionierung ihrer Marken auswirken?

Marc Hildebrand: Auch hier sprechen Sie ein kritisches Thema an. Marken haben auch immer ihren eigenen Preis, hoch oder niedrig. Um eine Marke dauerhaft am Markt zu positionieren und durchzusetzen, bedarf es hier Kontinuität im Pricing, denn der Preis als sehr wichtiges Entscheidungskriterium für den Kunden, schafft, mehr als alles andere, Orientierung für den Kunden und schärft das Markenerlebnis. Insoweit stehen häufig die kurzfristig wirtschaftlichen Zwänge in einem Missverhältnis zu dem Ziel nach noch stärkeren Marken. Gerade in Deutschland kann man sich für 2009 nur wünschen, dass die Hotelbranche die Preise stabil hält. Wir haben es auf jeden Fall vor!

Wird für den Gast zukünftig die Marke das entscheidende Kriterium bei der Auswahl eines Hotels sein?

Marc Hildebrand: Ja und nein. Marken werden auch im Hotelbereich immer wichtiger. Die standardisierte Hotellerie kann das anhand der positiven Zahlen ohne Einschränkung bejahen. Allerdings wissen wir aus unseren Studien auch, dass die Marke in der Hotellerie nur zu 40% die Kaufentscheidung beeinflusst. Das ist zwar schon ein beachtlicher Wert, allerdings noch weit hinter Produkten wie Autos oder Kosmetikartikeln und Parfums, die hier eine absolute Spitzenstellung einnehmen. Es gibt also eine direkte Beziehung zwischen Marke, Kaufentscheidung, emotionaler Erfahrung, Dauer dieser Erfahrung und wie weit sie in das persönliche Umfeld und Wertesystem des Konsumenten hineinreicht. Gerade letzteres können Hotels sich noch viel besser zunutze machen.

2   Interview mit Christoph Hoffmann, Geschäftsführender Gesellschafter 25 hours Hotel Company

Worin sehen Sie das spezifische in der Marke 25hours?

Christoph Hoffmann: Der Name 25hours wird als ungewöhnlich, prägnant, hip und kosmopolitisch wahrgenommen. Ein Name, mit der unsere ausgesuchte, internationale Zielgruppe etwas zu assoziieren weiß. Der aber dennoch ein paar Fragen offen lässt wie was hat es mit der 25. Stunde auf sich? Die Marke vereint Stil, Klasse und Zeitgeist mit „Value for money". Sie hat Image und Glamour ohne, dass man hierfür so viel „löhnen" muss wie in einem Luxushotel.

Was verspricht die Marke?

Christoph Hoffmann: 25hours beinhaltet ein recht prägnantes Markenversprechen. Kurz zusammen ge-fasst sind das die Claims: Dynamik – 25hours ist immer in Bewegung, Verantwortung – wir sind die Guten, Design – kennst Du eins kennst Du keins, Service – ran an den Gast.

Was macht den Brand speziell?

Christoph Hoffmann: Zunächst das Team. Die hehren Markenwerte nützen nichts wenn diese nicht umgesetzt werden. Hippes Design ist leere Hülle wenn im Tagesgeschäft beispielsweise nicht ein Gefühl für Stimmungen wie Musik, Licht und Tonalität vorhanden ist. Neben den Führungskräften haben wir einen Soul Manager der sich hierüber Gedanken macht. Hinzu kommen unsere Rahmenbedingungen. Bei 25hours gibt's keine Eitelkeiten. Die Hierarchien sind flach. Das Team wird durch Individuen und Persönlichkeiten geprägt. Eine Levi's Uniform, Red Wing Shoes und Mini Cooper als Poolfahrzeuge und das Arbeiten nach „Lust und Laune" empfindet manch ein Mitarbeiter spannender als schlecht sitzende Anzüge oder Kostüme und das Arbeiten nach starren Unternehmensleitlinien (Policies & Procedures). Und last but not least unsere Partner. 25hours wird von globalen Lifestyle Marken wahrgenommen und durch diese vielfältig unterstützt. Dazu zählen Aveda, Mini, Gibson, Samsung, Levi's und Apple/Gravis.

Wer führt die Marke?

Christoph Hoffmann: Die Gralshüter sind Bruno Marti, Marketing Manager und Henning Weiß, Operations Manager der 25hours Hotel Company gemeinsam mit meiner Wenigkeit und den Gesellschaftern Stephan Gerhard, Ardi Goldman und Kai Hollmann.

Wie führen Sie die Marke?

Christoph Hoffmann: Wir glauben an eine organische Entwicklung. Die Gäste, Partner und Kunden die von uns angezogen sind geben der Marke ein zusätzliches Bild. Sie sind die „Brand Ambassadors". Das Feuer der Marke muss geschürt werden und darf nicht durch unpassende, verlockende Kooperationen mit Jedermann zerklüftet werden.

Brauchen starke Marken ein großes Budget?

Christoph Hoffmann: Ich nehme für 25hours in Anspruch, dass die Marke bereits jetzt, auch ohne entsprechendes Budget, stark ist. Wir können natürlich mit dem vorhandenen Budget keine Weltmarke kreieren, aber als Nische können wir uns durchaus eine starke Marke schaffen. Hier haben sich durch das Internet und die dementsprechende Kommunikation gute Chancen ergeben. Natürlich auch Risiken dahingehend, dass auch viele Luftblasen kreiert werden. Aus diesem Grund ist man auf lange Sicht als Marke nur erfolgreich wenn die definierten Werte durch nachhaltiges Handeln untermauert werden.

Welche Bedeutung hat das für die Kommunikation von 25 hours?

Christoph Hoffmann: Die Kommunikation muss sich sehr gezielt auf die Zielgruppe konzentrieren. Klassische Werbung und Anzeigen sind indiskutabel und ich finde meistens schädlich für ein Produkt wie dem unsrige. Co-Branding mit internationalen Lifestyle Marken wie Mini, Samsung und Levi's, Guerilla Marketing, Internet und Mundpropaganda sind die Kanäle die für uns von Bedeutung sind.

3   Interview mit Susanne Weiss, Geschäftsführerin Ringhotels Deutschland

Die Branche träumt noch vom markentreuen Gast. Fehlt den Marken was im Vergleich zu so bekannten Brands wie Lufthansa, McKinsey, TUI und BMW?

Susanne Weiss: Im Vergleich zu den genannten fehlt den Marken in der Hotellerie in erster Linie das große finanzielle Polster. Dann wiederum gibt es eine große Kluft im Budget zwischen den Ketten, die allein 10 Mio US-Dollar für ihre Kommunikation ausgeben können, und den Kooperationen, deren Gesamtbudgets weit von solchen Summen entfernt sind. Für eine konsequente Durchdringung des Markenkonzeptes in interne wie externe Strukturen ist ein hohes Budget für Marketing- und Vertriebsprojekte sowie Trainingsmaßnahmen notwendig. Von dem finanziellen Aspekt abgesehen, fehlt es aber auch oft an einer echten Konsequenz in der Markenführung. Zuwenig Trennschärfe zu den Mitbewerbern lässt Markenprofile verschwimmen. Wichtig ist darüber hinaus eine ausformulierte Philosophie, die klar besagt, wofür die Marke steht und wovon sie sich abgrenzt. In der Hotellerie gibt es die große Herausforderung, dass diese Branche, wie viele andere auch, von der Schnelllebigkeit und dem Mitarbeiterwandel geprägt ist. Sobald auf kurzlebige und kurzfristige Trends gesetzt wird und die Philosophie immer neu erfunden wird, kann eine nachhaltige Markenbildung nur schwer erfolgen. Bekannte Marken wie Nivea oder Coca Cola sind hervorragende Vorbilder, da sie es schaffen, mit ihrem Produkt am Puls der Zeit zu bleiben ohne große Brüche die Marke entsprechend der formulierten Philosophie konsequent weiterzuentwickeln.

Markenexperten beklagen, die meisten Marken sind nicht emotional aufgeladen und ohne prägenden Charakter. Die meisten Entscheidungsträger der Hotellerie wüssten nicht wofür ihre „Marke" stehen soll. Das gelte insbesondere auch für Kooperationen. Wofür steht die Marke Ringhotels?

Susanne Weiss: Die Marke „Ringhotels" steht für Individualität im Rahmen einer großen Gemeinschaft, Qualität, Authentizität, Professionalität, seine regionaltypischen Besonderheiten und familiäre Atmosphäre. Innerhalb unserer Vision 2020 transportieren wir die Botschaft „Aus Liebe zum Gast". So sind in der Ringhotels Kooperation aktive Mitglieder vereint, die in ihren individuellen Häusern Professionalität mit Seele verbinden – aus Liebe zum Gast. Generell erfolgt die emotionale Aufladung und ein prägender Charakter der Marke durch die Menschen, die die Werte einer Marke leben und weiter tragen. So sind die Mitarbeiter Botschafter und Fürsprecher der Marke nach außen. Daher ist es nicht unerheblich, dass die Werte des Hauses und der Marke zu denen des Mitarbeiters passen. Identifizieren sich die Mitarbeiter mit diesen, werden die Werte auch authentisch nach außen transportiert.

Wodurch wird sie für den Gast greifbar, begehrlich und unverwechselbar?

Susanne Weiss: Indem ihm alle modernen Vertriebswege weltweit für die Buchung seines Aufenthaltes zur Verfügung stehen, er im Hause selbst aber gelebte Tradition erfährt. Die familiäre Atmosphäre und persönliche Ansprache, die der Gast in einem Ringhotel erlebt, ist nicht neu erfunden, sondern sind gewachsene Werte der Kooperation, die bereits bei dem Zusammenschluss der ersten Häuser vor 35 Jahren vorhanden waren und bis heute in unserem Selbstverständnis verankert sind. Bei den Ringhotels wird Wert auf Authentizität und Persönlichkeit gelegt. In unseren Häusern wird jeder Gast in seiner Person wertgeschätzt und nicht als „Beitrag zum Umsatz" gesehen.

Worin liegt der Mehrwert für den Gast im Verhältnis zum Wettbewerb?

Susanne Weiss: Wie oben schon geschildert: Durch die Authentizität und familiäre Atmosphäre, die in den Häusern gelebt wird, fühlt sich der Gast als Person willkommen. Diese Aussage wird durch unseren hohen Stammgastanteil von über 50% unterstrichen. Eine aktuell unter den Stammgästen durchgeführte Umfrage ergab eine Weiterempfehlungsrate von 88% bezogen auf Privat- wie Geschäftsreisende.

Worin liegt der Mehrwert für Ihre Mitglieder?

Susanne Weiss: Durch die Zugehörigkeit zu einer Marke erschließen sich einem Hotel Gästesegmente, die es als Einzelkämpfer nur schwer für sich gewinnen könnte. Gute Mitarbeiter sind unter dem Gesichtspunkt einer Markenzugehörigkeit ebenfalls leichter zu rekrutieren. Denn die deutschlandweite Verbreitung der Ringhotels stellt ihnen ein größeres Entwicklungspotenzial in Aussicht, als dies ein Einzelhotel bieten kann. Mit guten Mitarbeitern wiederum lassen sich die Identität des Hauses bzw. Werte transportieren. Und dies wiederum hat zufriedene Gäste zur Folge, die sich auf publizierte Standards verlassen können. Genau aus diesem Grund bevorzugen auch viele Gäste eine Marke gegenüber verschiedenen Einzelhotels. Eine Marke gibt Sicherheit hinsichtlich der Erfüllung von Erwartungshaltungen. Somit sind die Gäste auch eher bereit, mehr Geld auszugeben, was in der Regel dazu führt, dass der Hotelier von einer Erhöhung des RevPar profitiert.

Mitarbeiter sind wichtige Markenbotschafter. Stehen Kooperationen in diesem Zusammenhang vor größeren Herausforderungen als Ketten?

Susanne Weiss: Sicherlich stehen wir in diesem Fall vor einer größeren Herausforderung. Denn anders als bei den Ketten gibt es bei den Kooperationshotels in der Regel keine regionalen Positionen außerhalb der Hotels. So sind Aufstiegsmöglichkeiten vor allem in privat geführten Häusern oft auf die Abteilungsleiterebene beschränkt. Bei Kooperationen gibt es keine zentrale Personalpolitik. Für die Zukunft plant Ringhotels jedoch das Thema zentrale Mitarbeitervermittlung in die Kooperationsarbeit zu integrieren.

Markenführung in einer Kooperation ist anders als in einer Kette. Wie hat sich Ringhotels im Hinblick auf eine effiziente Markenführung organisiert?

Susanne Weiss: Die Markenführung in einer Kooperation ist der in einer Kette gar nicht so fern. Sie unterscheidet sich im Wesentlichen in zwei Punkten: Den Abstimmungsmodalitäten und den Maßnahmen, mit denen die Einhaltung der Markenstandards verfolgt wird. Bei den

Ringhotels nimmt der Beirat und Vorstand die Mittlerfunktion ein, um die Markenbotschaft zu Kollegen und Mitarbeitern zu transportieren. So obliegt Markenführung in Kooperationen zu einem großen Teil den Hoteliers selbst. Ringhotels übt dabei wenig Druck aus, sondern möchte, dass die Umsetzung der gemeinsamen Werte auf Freiwilligkeit und Freude an gemeinsamen Zielen beruht. Der Unterschied von Ringhotels zu vielen anderen Marken besteht darin, dass die Marke gerade durch ihre Vielfalt und Individualität lebt. Das Corporate Design liegt jedem Mitglied vor, auf dessen Nutzung sich das Haus gemäß unserer Pflichten, die durch den Beschluss der Mitgliederversammlung legitimiert sind, auch festlegt. Alle zentralen Marketingmaßnahmen werden von unserer Marketingabteilung im Servicebüro gesteuert, die natürlich durch einzelne Vermarktungsaktionen im Rahmen unserer Markenstandards auf regionaler Ebene ergänzt werden sollen.

Budgets sind immer knapp. Nach welchen Kriterien setzen Sie die kommunikativen Schwerpunkte in der Markenführung?

Susanne Weiss: Generell ist zu beobachten, dass sich der Schwerpunkt in den letzten Jahren von Print auf die modernen Medien verlagert hat. Wir orientieren uns mit unseren Maßnahmen ebenfalls an dieser Entwicklung. Moderne Kommunikationsmedien müssen wir in erster Linie dazu nutzen, den Gast dort abzuholen, wo er buchen möchte. Gäste wünschen sich Multi-Optionalität in der Art, mit uns in Kontakt zu treten – das bieten wir durch modernste Reservierungs- und Kommunikationssysteme – aus Liebe zum Gast. Ein Beispiel ist die Kooperation mit dem Hotelbewertungsportal holidayCheck. Seit November 2008 sind alle Kundenbewertungen dieses Portals auf unserer Homepage integriert. Wir setzen auf die Authentizität unserer Häuser und auf ehrliche Gästemeinungen. Dazu müssen wir uns auch den moderneren und transparenten Meinungsforen im Netz stellen und sie zu nutzen verstehen. Wir glauben auch an die Vermittlung unserer Werte nach außen durch einen Zusammenschluss mit Partnern, deren Produkt zu uns passt, die Werte bestätigt oder ergänzt (z.B. Ruinart Champagner).

Wo sehen Sie die Zukunft der Kooperationen im Verhältnis zum Wettbewerb mit den Ketten?

Susanne Weiss: In einer professionell geführten Kooperation von einer gewissen Größe sehe ich durchaus die Chance ein reelles Gegengewicht zu den Ketten bieten zu können. Eine weniger positive Entwicklung stellt die Bildung und Aufsplittung in kleine Gruppierungen dar, die keine besondere Markenführung praktizieren. Wenn es an einer professionellen Struktur mangelt, können sie den Gästen auch keine Orientierung bieten. Wenig glaubwürdig erweisen sich auch Häuser, die häufig die Zugehörigkeit zu Marketingzusammenschlüssen wechseln. Dies steht der Entwicklung und dem Ausbau einer eigenen Identität für die Innen- und Außenwirkung im Wege. Für eine Kooperation stellt sich immer wieder die Herausforderung, mutig zu sein, neue Trends und Entwicklungschancen zu erkennen und diese umzusetzen. Sicherlich erwächst daraus eine gewisse Gefahr, das Entwicklungspotenzial des neuen Trends noch nicht einschätzen zu können. Trotzdem ist es oft wichtiger die Chance wahrzunehmen, als sie zu verpassen. Motto: Wer nicht mit der Zeit geht, geht mit der Zeit …

Die Fragen stellte Elke Birke für die AHGZ im Januar 2009, die freundlicherweise für das vorliegende Werk den Abdruck der Interviews genehmigte.

3 Management von Kundenbeziehungen in der Hotellerie

3.1 Zur Bedeutung eines kundenbezogenen Beziehungsmanagement im Marketing-Management

Strategisches Oberziel eines kundenbezogenen **Beziehungsmanagement** ist es, die Anziehungskraft einer einmal erzielten Kundenzufriedenheit zu nutzen, um die Bereitschaft eines Kunden zum Anbieter- bzw. Markenwechsels zu verringern und damit einhergehend dessen Wiederkaufrate zu erhöhen. Weitere Ziele sind die Immunisierung gegenüber den Angeboten der Wettbewerber, die Verringerung der Preissensitivität der Konsumenten, der Aufbau von Markteintrittsbarrieren sowie die Risikoreduktion durch die aktive Gestaltung eines ausgewogenen Kundenportfolios, das sowohl Stanmmkunden als auch Neukunden umfasst. Die auch als *„Relationship Marketing"* (Henning-Thurau et al. 2000; Kotler et al. 2006, S.395f.), *„Clienting"* (Geoffrey 1997) oder *„Customer Relationship Management"* (Rapp 2005; Helmke et al. 2002) bezeichnete **Strategie der Systematisierung der Kundenbeziehungen** geht von folgenden Grunderkenntnissen aus:

- Die Neugewinnung von Kunden kann, je nach Branche, bis zum 5–7-fachen des Mitteleinsatzes erfordern, der für den Stammkundenerhalt aufgewendet werden muss.
- Die Bedeutung langfristiger Kundenbindungen als Bestandteil des Gesamttransaktionsvolumens von Unternehmen nimmt zu.
- Die Kaufentscheidung des Kunden muss als Teil einer umfassenderen, interaktiven Transaktionsbeziehung zwischen Anbieter und Nachfrager betrachtet werden, da das Zufriedenheitsurteil des Kunden sich auf die gesamte Zeitspanne (Kauf- und Nutzungszeit) bezieht, wobei alle im Lauf gemachten Erfahrungen die Grundlage für zukünftige Kaufentscheidungen bilden.
- Die Opportunitätskosten in Form entgangener Gewinne, die durch die Abwanderung unzufriedener Kunden entstehen, können beträchtlich sein, da der Kundenwert als Summe der diskontierten Gewinnzuflüsse über die Dauer der unternehmensspezifischen Austauschprozesse mit einem Kunden, erst mittel- bis langfristig durch steigende individuelle Umsätze und sinkende Transaktionskosten positiv beeinflusst wird.

Aus Sicht des Hotelkunden stehen angesichts des hohen Anteils an ‚*experience qualities*' hoteltypischer Dienstleistungen, die Reduktion des Transaktionsrisikos und die Erhöhung der Beziehungssicherheit im Vordergrund des Interesses an einer langfristigen Beziehung zu einem Anbieter. Den diesbezüglichen Phasenverlauf im Rahmen der **Etablierung einer Dienstleistungsbeziehung** zeichnet CHASTON wie folgt nach (Chaston 1993, S.153): *„The intangibility of service products causes the customer to mistrust the provider initially and as a result there is an uninformed exchange of information between the two parties. Satisfactory first purchase and post-purchase experience leads to the recognition of common goals. This* *permits an informed exchange of information and ultimately the establishment of mutual trust and shared goals."*

Aufbauend auf diesem Grundverständnis soll die klassische Wirkungskette, die durchlaufen werden muss bis Kundenbindung und darüber hinaus ökonomische Effekte eintreten, näher untersucht werden. Nach HOMBURG/BRUHN (2000, S.9f.) wird hierbei vereinfacht eine Unterscheidung in fünf Phasen vorgenommen, wobei der Ablauf der **Wirkungskette der Kundenbindung** moderierenden externen und internen Faktoren unterliegt, die entweder positiv oder negativ auf den gewünschten Prozess einwirken (Abb.E.32):

- **Phase 1**
Umfasst den Erstkontakt des Kunden mit einem Anbieter durch den Kauf eines Produktes oder die Inanspruchnahme einer Dienstleistung.

- **Phase 2**
Beschreibt einen Bewertungsprozess, in der der Kunde sich ein persönliches Zufriedenheitsurteil über die Situation bzw. Interaktion bildet. Fällt diese positiv aus oder wird übertroffen, kann in Phase 3 Kundenloyalität entstehen.

- **Phase 3**
Umfasst die Kundenloyalität, die aus einem grundsätzlichen Vertrauensverhältnis, einer allgemein positiven Einstellung und der Akzeptanz hinsichtlich der Leistungsfähigkeit des Anbieters erwächst. In dieser Phase ist die Wechselbereitschaft des Kunden bereits verringert und es wird beabsichtigt, in der nächsten Konsumsituation wieder die entsprechende Marke, das Produkt oder die Einkaufsstätte zu auswählen.

- **Phase 4**
Beschreibt den Übergang zur Kundenbindung, wenn sich die Überzeugung des Kunden auch in realem Wiederkauf- oder Cross-Buying-Verhalten des Kunden bzw. in Weiterempfehlungen an potenzielle Kunden niederschlägt.

- **Phase 5**
Schließt die Wirkungskette mit einer Steigerung des ökonomischen Erfolges aufgrund der eingetretenen Wirkungseffekte.

Das **Management von Kundenbeziehungen** gehört somit zu den zentralen Herausforderungen eines integrierten Marketingansatzes. Kundenorientierung und Kundennähe heißt hierbei nicht seine Märkte qua *,Gießkannenprinzip'* zu bearbeiten und jeden erdenklichen Kundenwunsch zu erfüllen, sondern seine Ressourcen zielgenau einzusetzen und **die ,richtigen' Kunden mit den ,richtigen' Leistungen zu bedienen**. Kundenorientierung kann nur dann eine profitable Strategie sein, wenn sie mit der Kundenfokussierung verbunden wird und so gilt es, für jedes Hotelunternehmen seine spezifischen Märkte und Kunden zu analysieren und sich Transparenz über Kundenprofitabilität und Kundenpotenzial zu verschaffen, um dadurch zu einer sinnvollen Kundensegmentierung und Kundenbearbeitung zu gelangen. Effiziente **Kundenbindungs- respektive Kundenneugewinnungsstrategien** basieren auf einer klaren Segmentierung, die nach Größenklassen, Umsatzanteil, Leistungsanforderungen, Profitabilität und Potenzial differenziert und damit die Ausgangsbasis für kundenbezogene Marketing- und Vertriebsaktivitäten darstellt. Die Transparenz über die Profitabilität einzelner Kunden und die Optimierung der Kundenstruktur im Rahmen einer Potenzialanalyse kann – wie später in diesem Kapitel skizziert – über unterschiedliche Ansätze zur Bewertung der Investitionswürdigkeit und Ertragskraft von Kunden erfolgen. Grundvoraussetzung für eine aussagefähige Segmentierung und Potenzialschätzung ist eine leistungsfähige Informationsplattform im Sinne eines Kundeninformationssystems (Data Base Marketing), die die notwendigen Informationen und Zahlen auch in der erforderlichen Qualität zur Verfügung stellen kann.

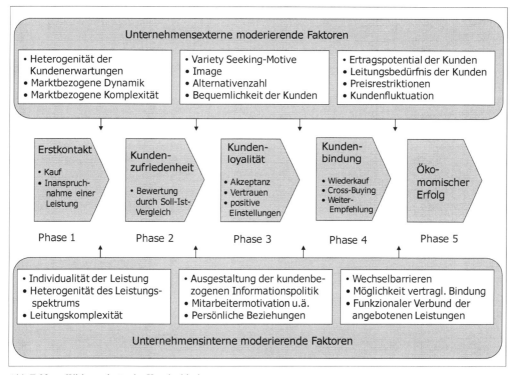

Abb.E.32:   Wirkungskette der Kundenbindung
              Quelle: Homburg/Bruhn 2000, S.10

3.2   Kundenbindung und Kundenloyalität als Marketingziel

Neben der Neukundengewinnung stellt die Kundenbindung eine der Kardinalaufgaben des Marketing-Managements dar. Dabei drängen sich aus Marketingsicht zunächst einige Fragen auf: Was ist unter Kundenbindung genau zu verstehen? Wodurch entsteht Kundenbindung überhaupt, d.h., welche Determinanten und Einflussfaktoren spielen hierbei eine Rolle? Wie lässt sich Kundenbindung aus Unternehmenssicht beeinflussen? Wird in der Literatur nach einer einheitlichen **Definition der Kundenbindung** gesucht, so lässt sich eine Vielfalt von Ansätzen konstatieren. HOMBURG/BRUHN (2000, S.8) verstehen unter Kundenbindung *„... sämtliche Maßnahmen eines Unternehmens, die darauf ausgerichtet sind, sowohl die bisherigen als auch die zukünftigen Verhaltensabsichten eines Kunden gegenüber einem Abnehmer der Leistung positiv zu gestalten, um die Beziehung zu diesem Kunden zu stabili-*

sieren bzw. auszuweiten." Andere Definitionen betonen die Notwendigkeit wiederholter Transaktionen zwischen zwei Geschäftspartnern (Diller 1996, S.84), während andere Autoren in ihrer Definition stärker die Ergebnisse und Wirkungen der Kundenbindung in den Vordergrund stellen (Wiederkaufabsichten, Zusatz- bzw. Cross Selling-Kaufabsichten, Weiterempfehlungsabsichten) (Homburg/Faßnacht 2001, S.443; Meyer/Oevermann 1995, Sp.1341).

Oft wird die Kundenbindung eng mit der Kundenzufriedenheit verknüpft, teilweise sogar als identisch angesehen oder es wird davon ausgegangen, dass Kundenzufriedenheit automatisch zur Kundenbindung führt. Diese Betrachtung ist insofern zu relativieren, als *Kundenzufriedenheit zwar als eine notwendige, aber nicht hinreichende Bedingung der Bindung* eines Kunden an ein Unternehmen gesehen werden darf. So gibt es immer wieder Kunden, die, obwohl sie mit einer Leistung zufrieden sind, aus verschiedensten Gründen trotzdem die Marke oder den Anbieter wechseln. Untersuchungen zeigen, dass zwischen 60–80% der zufriedenen Kunden abwandern (Reichheld 2001; Bowen/Shoemaker 1998), während begeisterte Kunden, deren Erwartungen übertroffen wurden, in der Regel ein höheres Maß an Loyalität aufweisen. Auch das Phänomen des sog. *Variety bzw. Novelty Seeking* ist in der Hotellerie und Gastronomie in diesem Zusammenhang oftmals bedeutsam, spielen doch Neugierde, Abenteuerlust, Erlebnisorientierung, Horizonterweiterung etc., als Kaufmotive in beiden Branchen eine nicht unwesentliche Rolle (z.B. in der Ferienhotellerie). Das heißt, nicht Unzufriedenheit oder Präferenzverschiebung müssen eine Ursache für den Wechsel eines Anbieters oder einer Marke sein, sondern der Nutzen entsteht aus Kundensicht durch den Wechsel selbst (Peter 2001, S.102; Koppelmann et al. 2001, S.56f.). Je homogener die Märkte sich darstellen, desto geringer erscheint das Risiko des Anbieterwechsels, eine Ausgangssituation, die für die Hotellerie nicht zutrifft, da insbesondere der Hotelmarkt durch seine zum Teil sehr differenzierten und heterogenen Leistungsangebote gekennzeichnet ist. Hotelunternehmen müssen dem Phänomen des Variety/Novelty Seeking entsprechend ausreichend Aufmerksamkeit schenken.

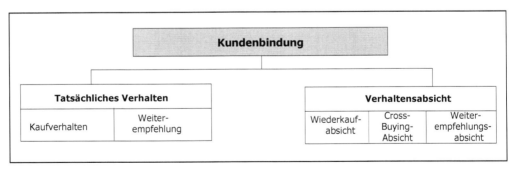

Abb.E.33:   Konzeptualisierung des Konstruktes Kundenbindung
                 Quelle: Homburg/Faßnacht 2001, S.451

Ebenso erscheint es notwendig, den Begriff der *Kundenloyalität* vom Begriff der Kundenbindung abzugrenzen. Während die Loyalität eines Kunden auf einer freiwilligen Entscheidung zum Wiederholungskauf basiert – d.h., hier spiegelt sich die innere Bereitschaft eines Kunden wider, sich an einen bestimmten Anbieter zu binden (Reichheld 2001; Baloglu 2002) – kann Kundenbindung auch unfreiwillige Züge in sich tragen (Diller 1996, S.83; Bergmann

1998, S.22). So kann Kundenbindung durch eine vertragliche Bindung zwischen Anbieter und Nachfrager entstehen (z.B. Mindestbezugs-/Kontingentvereinbarungen in der Hotellerie, im Mobilfunkmarkt, Buchclubs), durch die Monopolstellung eines Anbieters bei bestimmten Leistungsangeboten (z.B. Deutsche Bahn, Post, einziges Hotel am Ort) oder durch situative Einflüsse (z.B. mangelnde Auswahl an Übernachtungsmöglichkeiten zu Messezeiten) gegeben sein. So kann es durchaus sein, dass ein Kunde aufgrund fehlender Alternativen beim selben Anbieter einen Wiederkauf tätigt, obwohl er mit der erhaltenen Leistung unzufrieden war. Auch technisch-funktionale Abhängigkeiten können Kunden dazu veranlassen, sich an ein Unternehmen zu binden, da ein Unternehmenswechsel unter Umständen mit hohen Wechselkosten, Beschaffungsschwierigkeiten und/oder Kompatibilitätsproblemen verbunden wäre (z.B. IT-/Software-Bereich). Diese Art der *unfreiwilligen Kundenbindung*, die im Zuge sog. Gebundenheitsstrategien von vielen Anbietern angestrebt wird, soll hier weitestgehend vernachlässigt werden, da sie nicht von der nachhaltigen Zufriedenheit und Überzeugung des Kunden mit dem Produkt oder der Dienstleistung getragen wird und als langfristige Kundenbindungsstrategie vom Wirkungsgrad eher negativ zu beurteilen ist (Eggert 2000, S.127). Die *Determinanten der Kundenbindung* lassen sich entsprechend wie folgt systematisieren:

- **Faktische Bindungsursachen als Determinanten der Kundenbindung**
  Monopolistische Strukturen, Technologien, Verträge, situative Einflüsse
- **Psychologische Bindungsursachen als Determinanten der Kundenbindung**
  Zufriedenheit, Involvement, Vertrauen, Committment

Definiert man denn auch als vorrangiges Ziel eines effektiven Kundenbindungsmanagements die Erhöhung der freiwilligen Kundenbindung, sind neben den o.g. *faktischen Bindungsursachen*, insbesondere ökonomische und emotionale Determinanten als Ursachen der Kundenbindung von Interesse. Aus ökonomischer Perspektive ist es aus Sicht von Unternehmen sinnvoll, die Kundenbeziehung so zu gestalten, dass es für den Kunden unvorteilhaft wird, die Geschäftsbeziehung zu beenden. Da der Kunde – wie bereits zu Anfang skizziert – immer danach trachtet, die Nettonutzensumme seines Wertangebots in einer Geschäftsbeziehung möglichst optimal zu gestalten, gilt es, die objektiven bzw. subjektiven Wechselkosten für den Kunden zu erhöhen. Eine ökonomische Bindung wird immer dann eingegangen, wenn die Gegenleistung des Anbieters attraktiv genug erscheint, um den Autonomieverlust der Entscheidungsfreiheit aufzuwiegen und eine Zweckbindung zu rechtfertigen (z.B. Hotel X ist halbwegs akzeptabel, die Suche eines anderen Hotels würde weitere Such-/Informationskosten verursachen, daher Zweckbindung). Auch durch die Teilnahme an einem Bonusprogramm können einem Kunden hohe Wechselkosten entstehen, die die Attraktivität von Wettbewerbsangeboten schmälern und somit eine Zweckbindung nach sich ziehen. Bindung und Loyalität entsteht jedoch erst dann, wenn zusätzlich das subjektiv empfundene Wechselrisiko zu groß erscheint, d.h., zu viel für den Kunden auf dem Spiel steht (z.B. wenn viel in die Beziehung investiert wurde, persönliche Beziehungen aufgebaut wurden, genaue Ausstattungsbedürfnisse oder Essenswünsche vermittelt wurden, Gewohnheiten bekannt sind usw.).

Hier werden – wie oben dargestellt – neben der Kundenzufriedenheit mit dem Commitment, dem Vertrauen und dem Involvement von Kunden, unterschiedliche *emotionale Determinanten bzw. psychologische Variablen der Kundenbindung* identifiziert. Commitment beschreibt dabei die innere Verpflichtung einer Person gegenüber einem Bezugsobjekt, eine

Haltung, bei der auch kurzfristig Opfer bzw. Nachteile in Kauf genommen werden, um die Beziehung aufrechtzuerhalten (z.B. lange Wege zu fahren, um sein Wunschhotel zu erreichen). Das Commitment eines Kunden ist hierbei das Gegenteil von unfreiwilliger Kundenbindung, die aufgrund vertraglicher, situativer oder technisch-funktionaler Einschränkungen der Wahlfreiheit erfolgt. Auch der Wunsch nach stabilen Geschäftsbeziehungen, Sicherheit und Vertrauen prägt den Wunsch nach Kundenbindung. Vertrauen stellt Harmonie und Stabilität in zwischenmenschlichen Beziehungen her und beinhaltet den Verzicht auf Kontrolle, was wiederum Vertrauen erzeugt. Kundenbindung ohne Vertrauen kann keine selbstverstärkenden Kräfte entfalten und ist einer Kundenbindung auf Vertrauensbasis unterlegen. Vertrauen ist demzufolge einerseits auf Erfahrungen gegründet, andererseits aber auch auf die Zukunft gerichtet. Hier wird auch der Zusammenhang zwischen Vertrauen, Loyalität und Kundenbindung deutlich. Das Involvement von Kunden und das damit empfundene Kaufrisiko spielt hinsichtlich der grundsätzlichen Bereitschaft von Kunden sich an ein Unternehmen zu binden, ebenfalls eine bedeutsame Rolle (siehe hierzu auch Kapitel C). Je höher das Kaufrisiko und damit die Wahrscheinlichkeit einer falschen Kaufentscheidung eingeschätzt wird, desto größer ist die Bereitschaft der Kunden durch die Wiederholung einer ihm vertrauten Kaufentscheidung bzw. Marken-/Anbieterwahl, das Risiko einer potenziellen Unzufriedenheit so gering wie möglich zu halten (Weinberg 2000, S.41ff.).

Neben einer ausgeprägten Sensibilisierung für die möglichen Ursachen und Gründe der Kundenbindung versuchen aktiv agierende Unternehmen zu erkennen, wie sich die Kundenbeziehung grundsätzlich entwickelt. Hierzu werden ***Kundentypologien*** erarbeitet, die die aktuelle Beziehungsintensität der Kunden zum Unternehmen beschreiben und als Grundlage für kundenspezifische Programme und Reaktionsmuster dienen sollen (Baloglu 2002, S.54ff.). Als ein Beispiel für eine solche Kundentypologie kann die sog. *„ladder of loyalty"* dienen, bei der verschiedene Kundentypen nach dem Grad ihrer Kundenzufriedenheit sowie weiterer Kriterien (z.B. Dauer der Geschäftsbeziehung) gebildet werden und entsprechende Maßnahmen der Kundenbindung, des Kundenstrukturmanagements und der Kundenrückgewinnung empfohlen werden (Abb.E.34):

- **Suspect** = ein potenzieller Interessent für die Unternehmensleistung.
- **Prospect** = noch kein Kunde, da noch keine Transaktion, aber positive Grundeinstellung zum Unternehmen bis hin zur tatsächlichen Verhaltensabsicht.
- **Customer** = Erstkäufer, Beziehung steht am Anfang, es sind ein oder mehrere Käufe erfolgt.
- **Client** = Wiederholungskäufer, gelernte Beziehung zwischen Unternehmen und Kunde, ein gewisses Maß an Stabilität.
- **Supporter** = aktive Beiträge des Kunden zu Verbesserungsprozessen, Leistungsdefizite werden nicht so sehr als Ärgernis, sondern als Möglichkeit gesehen Verbesserungshinweise zu geben (Kunde muss hier ernst genommen werden).
- **Advocate** = ebenfalls aktive Beiträge des Kunden zu Verbesserungsprozessen, darüber hinaus wird das Unternehmen gegenüber Dritten verteidigt bzw. gepusht, Kunde als Verkäufer/Mittler.

Vor dem Hintergrund des aktuellen Wettbewerbsdrucks, der steigenden Marketing- und Akquisitionskosten und der zunehmenden Austauschbarkeit von Produkten und Leistungen, gewinnt der Aspekt der Kundenbindung als Erfolgsfaktor im Wettbewerb zwangsläufig an

Bedeutung. Kundenbindungsmanagement aus Marketingsicht dient dem Zweck *„loyale Kundenpotenziale aufzubauen und zu festigen"* (Müller/Riesenbeck 1991). Im Folgenden sollen daher Ansatzpunkte zur Kundenbindung auf instrumental-strategischer Ebene skizziert werden, mit denen die Sicherung und Erhöhung der Kundenbindung im Rahmen eines aktiven Kundenbeziehungsmanagement angestrebt werden kann.

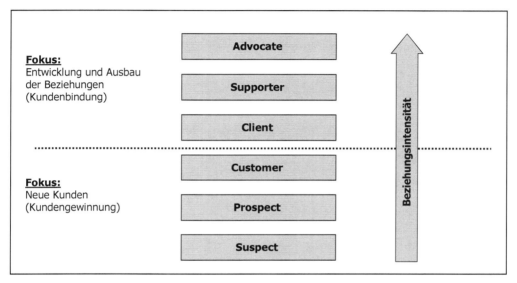

Abb.E.34:   Stufen der Beziehungsintensität der Kundenbindung

3.3   Kundenstrukturmanagement

Ein *effektives Kundenstrukturmanagement* berücksichtigt die Tatsache, dass Kunden in unterschiedlicher Weise zum Gesamterfolg eines Unternehmens beitragen. So haben Untersuchungen in verschiedensten Branchen ergeben, dass in der Regel die Mehrzahl der Kunden für ein Unternehmen keinen nachhaltigen finanziellen Wert darstellen und somit deren Bindung an das Unternehmen nicht notwendig bzw. negativ zu bewerten ist. Die Aufgabe des Managements ist somit, die Kunden zu identifizieren, die für das Unternehmen eben diesen finanziellen Mehrwert darstellen und diese zu loyalen Kunden zu transformieren bzw. sie loyal zu halten (Toedt 2009, S.458). Den ökonomischen Gegenwert eines Kunden zu ermitteln, bedeutet dabei mehr als den *Kundenwert* aus den Umsätzen und den direkt für eine Leistung anfallenden Kosten zu errechnen und so gilt es, den *Kunden* sowohl *als Ertragsals auch als Kostenfaktor* ganzheitlich zu hinterfragen. Neben der herkömmlichen Ermittlung der Bruttogewinnmarge ist es denn auch für die Beurteilung der Ertragskraft genauso notwendig, Art und Weise der Kaufgewohnheiten, Kaufpotenzial und Kundentreue zu analysieren. Hierbei sind alle kundenverursachte Kosten zu analysieren, will man den tatsächlichen Kundenwert errechnen. Nicht jeder Kunde rechnet sich und so stellt es sich oftmals heraus, dass diejenigen Kunden die größten Kosten verursachen, mit denen ein Unternehmen die größten Umsätze macht. Darüber hinaus wird das zukünftige Kundenpotenzial durch das klassische Controlling vernachlässigt, so dass der Blick über die willkürlichen Zuordnungen einer Gemeinkostenrechnung hinaus notwendig ist, um genaue Informationen über die relative Wertigkeit von Kunden zu erlangen (Lehmann 1998, S.30ff.; Kohl 2013, S.54f.):

- **Direkte Kosten**
Betrifft die Kosten, die von der unmittelbaren Ausgestaltung der kundenbezogenen Prozesse bzw. des Kundenkontaktsystems abhängen. (Liefersysteme, Zahlungsgewohnheiten, Verhaltensweisen, Kundendienstprogramme etc.). Je ineffizienter die internen Organisationsstrukturen und -prozesse gestaltet werden, desto höher die relativen Kosten.

- **Indirekte Kosten**
Betrifft den Zeit- und Ressourcenaufwand zur Aufrechterhaltung oder Nachbesserung der Kundenbeziehung (z.B. Mehr-/Nacharbeit, Nachfragen, Unklarheiten, Beschwerden, Kulanzregelungen etc.).

- **Psychologische Kosten**
Betrifft den Aufbau von Misstrauenspotenzialen zwischen Anbieter und Nachfrager. Hier gilt es entweder zusätzliche Maßnahmen der Vertrauensbildung einzubauen mit entsprechender Kostenwirkung, oder die Notwendigkeit der Auflösung der Kundenbeziehungen ins Auge zu fassen (z.B. bei Problemkunden).

Zur Beurteilung der Investitionswürdigkeit und Ertragskraft eines Kunden finden sich in der Literatur mit der ABC-Analyse, der kundenbezogenen Deckungsbeitragsrechnung, der Berechnung des Kundenkapitalwerts (Customer Lifetime Value), Scoring-Modellen, der Analyse des Kundenlebenszyklus und der Kundenportfolio-Analyse verschiedene quantitative und qualitative Analysemethoden (Gloede/Schneider 2009; Krafft 2007, S.57ff.; Bergmann 1998, S.49ff.). Diese spielen nicht nur bei der Ermittlung von Kundenwert und Kundenrentabilität eine Rolle, sondern stehen auch im Mittelpunkt der Ansätze eines Kundenrückgewinnungsmanagement. Darüber hinaus gilt es, im Zuge des Kundenstrukturmanagement neben der Identifikation ökonomisch attraktiver Kunden- bzw. Kundensegmente, auch zu definieren wie mit unattraktiven bzw. aus anderen Gründen unliebsamen Kunden im Rahmen der Bereinigung und Ausgrenzung von Kunden umzugehen ist. Ziel eines aktiven Kundenstrukturmanagement ist – wie in Abb.E.35 skizziert – die *fortlaufende Überprüfung und Anpassung des aktuellen Kundenstamms* nach unternehmensspezifisch festzulegenden ökonomischen und nicht-ökonomischen Kriterien.

„Bereits beim ersten Besuch ist der neue Kunde viel wert. Denn es hat Geld gekostet, ihn zu ihnen zu bringen. Das können sie ganz einfach ausrechnen. Nehmen sie den Gesamtbetrag der Marketingausgaben aus den betriebswirtschaftlichen Auswertungen des letzten Jahres und dividieren sie diesen Betrag durch die Anzahl der Übernachtungen. Die Akquisitionskosten pro Gast liegen zum Beispiel in der privatgeführten Ferienhotellerie in Österreich im Moment bei rund 4 € pro Übernachtung. Doch in dieser Rechnung sind auch die Stammgäste enthalten – und Stammgastmarketing sollte eigentlich billiger sein als die Gewinnung neuer Gäste. Schwer zu trennen, klar. Daher ein Brancherichtwert aus der Praxis: Die Marketingkosten für jeden neuen Individualgast können 30% des ersten Urlaubsbudgets betragen. Überrascht?“ (Kohl 2013, S.53f.)

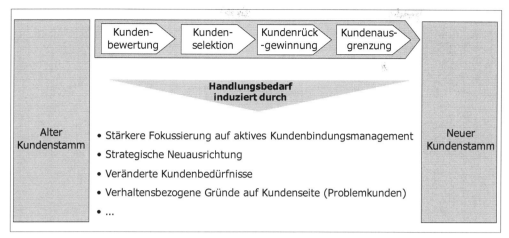

Abb.E.35:   Prozess des Kundenstrukturmanagement
            Quelle: In Anlehnung an Tomczak et al. 2000, S.411

3.3.1   Verfahren zur Ermittlung von Kundenwert und Kundenrentabilität

Die **ABC-Analyse** stellt ein verbreitetes Instrument zur Berechnung des Kundenwerts dar, bei der die Kunden nach ihren aktuellen Umsatz-, Erlös- oder Deckungsbeiträgen geordnet werden. Anschließend werden sie in sehr wichtige (A-Kunden), wichtige (B-Kunden) und weniger wichtige (C-Kunden) aufgeteilt, mit dem Ziel, entsprechende Investitionsschwerpunkte festzulegen. Häufig stößt man dabei auf eine 80:20 Struktur, die besagt, dass in den meisten Unternehmen 20% der Kunden für 80% des Umsatzes (DB, Erlös) verantwortlich sind (Abb.E.36). In der Hotellerie gehen Untersuchungen davon aus, dass je nach Art und Qualität des Hotels 4–8% der Gäste zwischen 35 und 45% des Gesamtumsatzes erwirtschaften (Toedt 2009, S.459).

Eine derartige Einteilung in drei Kundenklassen ist jedoch kritisch zu sehen, da die Kostenseite unberücksichtigt bleibt und von daher nicht zwangsläufig von einer linearen Beziehung zwischen Kundenumsatz und Kundenprofitabilität ausgegangen werden kann. So ist es durchaus möglich, dass bei einer erfolgsorientierten Betrachtung nicht nur die C-Kunden, sondern auch die A-Kunden zu Verlustbringern werden können. Während man bei C-Kunden zwar i.d.R. höhere Preise durchsetzen kann, verursachen sie dennoch durch ihre fragmentierte Struktur und ihre Anzahl oftmals einen hohen Beratungs-, Pflege- und Bearbeitungsaufwand, der die erzielten Margen oftmals gänzlich aufzehrt. A-Kunden können hingegen aufgrund ihrer Nachfragemacht bedeutende Preisnachlässe und Sonderleistungen verlangen, so dass hohe Umsätze oftmals zu Lasten des Deckungsbeitrags erkauft werden.

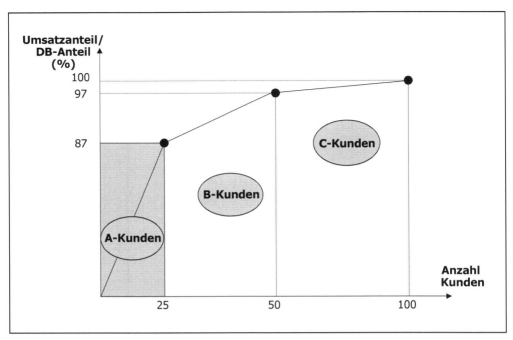

Abb.E.36:   ABC-Analyse

Daher wird der Wert einer Kundenbeziehung oft durch eine **kundenbezogene Deckungsbeitragsrechnung** ermittelt, bei der versucht wird, durch eine möglichst verursachungsgerechte Zuordnung von Erlösen und Kosten einen monetären Wert zu errechnen, der die aktuelle Bedeutung des Kunden für das Unternehmen widerspiegelt (Abb.E.37). Neben der grundsätzlichen Schwierigkeit kundenbezogene Kosten und Erlöse verursachungsgerecht zu ermitteln, weisen sowohl die ABC-Analyse als auch die kundenbezogene Deckungsbeitragsrechnung den grundsätzlichen Mangel des Vergangenheitsbezugs auf. Unberücksichtigt bleibt bei beiden Verfahren das grundsätzliche Potenzial des Kunden. So wird bspw. ein Kunde, der im Jahr einen Übernachtungsbedarf von 100.000 Euro aufweist und diesen vollständig bei einer Hotelgruppe deckt, genauso eingestuft wie ein zweiter Kunde, der für 2 Mio. Euro Übernachtungsbedarf hat, aber lediglich 5% davon bei der relevanten Hotelgruppe deckt. Hier werden in vielen Unternehmen oftmals bei B- oder C-Kunden Denkfehler begangen, wenn man die Bedeutung der Kunden nur anhand der getätigten Umsätze bemisst, ohne den Gesamtbedarf der Kunden zu berücksichtigen. Hier gilt es zusätzlich herauszufinden, ob eine Einteilung als C-Kunde auf einem geringen Potenzial basiert oder ob es sich um einen potenzialstarken Kunden handelt, bei dem ein Unternehmen ,lediglich' eine schwache Wettbewerbsposition aufweist. Dies zu ermitteln ist eine bedeutsame Aufgabe des Marketing, um zielgerichtete Entscheidungen über die zukünftige Vertriebsarbeit treffen zu können (Homburg/Daum 1997, S.64).

Bruttoerlöse
- kundenspez. Erlösminderungen (Rabatte, Skonti,..)

Nettoerlöse
- Herstellungskosten

Kundendeckungsbeitrag I
- kundenspez. Marketingkosten (Mailing, Kataloge,..)

Kundendeckungsbeitrag II
- kundenspez. Vertriebskosten (Aussendienstbesuche,..)

Kundendeckungsbeitrag III
- kundenspez. Service-/Transportkosten

Kundendeckungsbeitrag IV
- nicht kundenspez. zurechenbare Kosten (Verwaltung,..)

Kundenergebnis

Abb.E.37:   Kundenbezogene Deckungsbeitragsrechnung

Den genannten Schwachpunkten tragen qualitative Verfahren wie das *Kundenscoring-Modell* oder das *Kundenportfolio* Rechnung. Scoring-Modelle verfolgen im Allgemeinen das Ziel, die Kunden mit der höchsten Kaufwahrscheinlichkeit und Attraktivität zu identifizieren (Homburg et al. 2002, S.182; Bergmann 1998, S.58f.). Das bekannteste Scoring-Modell ist das aus dem Versandhandel stammende *RFMR-Modell*. Zur Bestimmung der Attraktivität von Kunden werden drei Kriterien berücksichtigt: der Zeitpunkt des letzten Kaufs (*Recency* of purchase), die Kaufhäufigkeit (*Frequency* of purchase) und der monetäre Wert des Kaufs (*Monetary Ratio* of purchase). Hohe Ausprägungen dieser Kriterien deuten auf eine hohe Attraktivität des Kunden hin. Auf diese Weise ist eine Bestimmung der für das Unternehmen wertvollsten Gäste (Best Customers), aber auch der wertlosen Gäste (Worst Customer) möglich. Darüber hinaus können auch abwanderungsgefährdete Gäste, oder Gäste, die für Upselling Maßnahmen in Frage kommen, identifiziert werden (Toedt 2009, S.476). Abb.E.38 skizziert ein einfaches Kundenscoring-Modell, indem Kunde B einen höheren Wert für das Unternehmen repräsentiert als Kunde A. Die für jeden Kunden ermittelten Kundenwerte sagen noch nichts über die Kundenstruktur eines Unternehmens aus. Hierfür müssen die Kunden entsprechend ihrer Scoring-Werte in Gruppen eingeteilt werden, die dann nach Maßgabe ihrer Attraktivität zu bearbeiten sind. In der Praxis liegen die Schwächen derartiger Scoring-Modelle zum einen in der starken Subjektivität der Kundenbewertung sowie der zugrunde gelegten Kriterien und zum anderen bilden derartige Modelle den Kundenstatus nur zu einem bestimmten Zeitpunkt der Beziehung ab, so dass sie ebenfalls der Dynamik von Kundenbeziehungen nur eingeschränkt gerecht werden. Letzterem könnte allerdings durch eine periodenbezogene Betrachtung abgeholfen werden, die dann genauere Schätzungen über zukünftige Kundenentwicklungen auf Basis kundenbezogener Trendextrapolationen ermöglichen. Trotz ihrer großen Verbreitung in anderen Branchen ist die RFMR-Analyse in der Hotellerie fast gänzlich unbekannt (Toedt 2009, S.475).

Bewertungskriterien	Relatives Gewicht	Punkt-bewertung Kunde A	Punkt-bewertung Kunde B	Gewichtung x Punktbe-wertung A	Gewichtung x Punktbe-wertung B
Alter	0,05	0,2	0,1	0,01	0,005
Einkommensklasse	0,05	0,3	0,2	0,015	0,01
Einkaufsvolumen	0,1	0,5	0,4	0,05	0,04
Wiederkaufshäufigkeit	0,3	0,2	0,1	0,06	0,03
Responsequote bei Werbeaktionen	0,2	0,2	0,6	0,04	0,12
Reklamationsverhalten	0,1	0,3	0,1	0,03	0,01
Serviceansprüche	0,05	0,1	0,3	0,005	0,015
Preissensibilität	0,05	0,2	0,2	0,02	0,02
Kundenscore	**1,0**			**0,23**	**0,25**

Abb.E.38:　Ein einfaches Kunden-Scoring-Modell
　　　　　　Quelle: Bergmann 1998, S.59

Die *Portfolioansätze* zur Kundenbewertung stellen die wohl bekannteste Analyseform dar (Chaston 1993, S.155ff.; Henning-Thurau 1999; Homburg et al. 2002, S.191ff.). Die verschiedenen Konzepte unterscheiden sich zwar in ihren Dimensionen (Kundenattraktivität/ Wettbewerbsposition, Kundenattraktivität/Kundenabhängigkeit, Strategischer Wert/Ertrags-wert etc.) sowie in den daraus abgeleiteten strategischen Handlungsempfehlungen. Kern-element jedweder Beziehungsanalyse stellen jedoch die quantitativen und qualitativen Indi-katoren (Umsatz, Bedarf, Bonität, Image, Kaufverhalten, Wachstum etc.) einer Anbieter-Kunden-Beziehung dar. Mit den Dimensionen der Kundenattraktivität und Wettbewerbsposi-tion wird ein Portfolio aufgespannt, anhand dessen die Kunden in vier Kategorien eingeteilt werden können. Während sich die Kundenattraktivität anhand der o.g. Indikatoren operati-onalisieren lässt, wird die Wettbewerbsposition i.d.R. über den Umsatzanteil gemessen, den ein Unternehmen bei dem Kunden erzielt. Sofern man über die Umsätze des stärksten Kon-kurrenten informiert ist, kann die horizontale Achse auch als relative Wettbewerbsposition operationalisiert werden (Abb.E.39). Anhand der Positionierung der Kunden im Portfolio lassen sich konkrete Aussagen zum Einsatz finanzieller Mittel und der Steuerung der kun-denspezifischen Marketing- und Vertriebsaktivitäten machen (z.B. Betreuungsintensität, Kommunikation, Akquisition, Preispolitik, Investitionen/Desinvestitionen etc.). Als generelle Handlungsempfehlungen lassen sich folgende strategische Schwerpunkte formulieren (Hom-burg et al. 2002, S.189ff.):

- **Starkunden (Hohe Kundenattraktivität – Starke Wettbewerbsposition)**
Starkunden weisen ein bedeutsames Bindungspotenzial auf und verdienen größte Aufmerksamkeit. Hier gilt es, durch ein aktives Kundenbindungsmanagement die Geschäftsbeziehung zu pflegen und ggfs. noch auszubauen. Die Investitionen in die Kundenbeziehung, werden durch die Ertragskraft und durch die mit der Bindung an das Unternehmen einhergehende Erhöhung der Nachfrage kompensiert.

- **Fragezeichenkunden (Hohe Kundenattraktivität – Schwache Wettbewerbsposition)**
Bei diesen Kunden ist eine richtungsweisende Schlüsselentscheidung notwendig, da Fragezeichen-kunden zwar Wachstumspotenziale verkörpern, diese aber erst noch durch Investitionen in die Be-ziehung erarbeitet werden müssen. Die Alternative ist, entweder die eigene Position beim Kunden

nachhaltig zu verbessern, oder den Kunden aufzugeben, da eine solche Investition entweder nicht gewollt oder von der Ressourcenseite nicht geleistet werden kann („Big Step or Our").

- **Ertragskunden (Geringe Kundenattraktivität – Starke Wettbewerbsposition)**
Ertragskunden dienen der Sicherung eines gewissen Basisgeschäfts. Hier lautet die Empfehlung, soviel in die Geschäftsbeziehung zu investieren, wie erforderlich ist, um die derzeitige Position zu halten. Die geringe Kundenattraktivität lässt hier jedoch gesteigerte Kundenbindungsprogramme wirtschaftlich nicht zu.

- **Brot- und Butter Kunden (Geringe Kundenattraktivität – Schwache Wettbewerbsposition)**
Hier ist ein selektives Vorgehen angeraten, das die Kunden im Hinblick auf die Wirtschaftlichkeit der Kundenbetreuung hinterfragt. Eine Reduktion der Intensität der Kundenbetreuung und ein stärkerer Kostenfokus kann es hier sinnvoll erscheinen lassen, die Beziehung fortzusetzen. Akzeptiert der Kunde die reduzierten Maßnahmen der Kundenbetreuung nicht, sollte man die Kundenbeziehung beenden.

Neben der grundsätzlichen Kritik an Portfoliokonzepten (siehe Kapitel D), ist auch hier zu bemängeln, dass die unterschiedliche, subjektive Gewichtung der einzelnen Kriterien dazu führen kann, dass die Kunden den erwünschten Segmenten zugeordnet werden. Zudem tendieren die an Erstellung einer Portfolioanalyse Beteiligten dazu, Kompromisse zu schließen und viele Kunden mittig und damit im Fadenkreuz des Portfolios zu positionieren (Krafft 2007, S.63f.). Nichtsdestoweniger sind Kundenportfolios und Scoringmodelle sinnvolle Instrumente, die die Fokussierung in kundenbezogener Sicht unterstützen und Sensibilisierung für ein zielgerichtetes Kundenstrukturmanagement wecken können. Anzustreben ist hierbei ein ausgewogenes Verhältnis von Kunden, die finanzielle Mittel binden und Kunden, die finanzielle Überschüsse generieren.

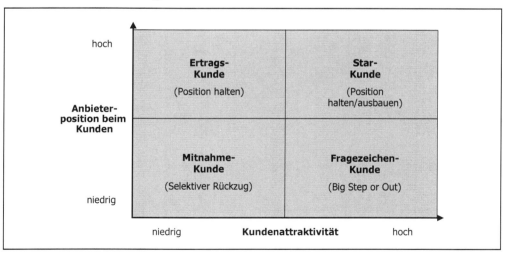

Abb.E.39:   Kundenportfolio
            Quelle: Homburg et al. 2002, S.187

Während die oben diskutierten Verfahren statische Instrumente zur Analyse der Kundenstruktur darstellen, gilt es jedoch darüber hinaus, *dynamische Aspekte der Kundenbeziehung* zu berücksichtigen. Der Entwicklung bzw. der Prognose der Entwicklung einer Kundenbeziehung im Zeitablauf wird versucht, sich mit dem sog. *Customer Lifetime Value-Ansatz* und/oder dem Konzept des *Kundenlebenszyklus* zu nähern. Die Geschäftsbeziehung zu einem Kunden durchläuft verschiedene Phasen ähnlich denen eines Produktlebenszyklus (Georgi 2000; Piccoli et al. 2001). Die Kennenlern- und Sozialisationsphase (Kenntnisnahme, Anbahnung), die Vertiefungsphase (Entwicklung, Expansion), eine Routinephase (Loyalität, Commitment) und eine Phase der Infragestellung und Gefährdung (Konflikt). Zur Beschreibung der Phasenentwicklung und der Intensität der Beziehung werden im wesentlichen Umsatz- und Kostenverläufe herangezogen. Ziel der Kundenlebenszyklusanalyse ist es, über die Einordnung der einzelnen Kunden und Kundengruppen und die qualitative Analyse des phasenspezifischen Beziehungsverhaltens der Kunden, einen zielgerichteten Einsatz der verschiedenen Marketing-Instrumente zu ermöglichen. So liegt der Marketingschwerpunkt in der Kennenlernphase auf der Produkt- und Kommunikationspolitik, um zunächst über zufriedenstellende Kundenerlebnisse einen Ansatzpunkt zur Bindung an das Unternehmen zu schaffen. In der Vertiefungsphase intensiviert sich die Beziehung und das Umsatzwachstum steigt signifikant an. Das vorhandene Vertrauenspotenzial, das ein Unternehmen beim Kunden genießt, kann für Cross-Selling-Aktivitäten, Kundenbindungsprogramme und ähnliches mehr genutzt werden. Den steigenden Umsätzen stehen in der Regel sinkende Kosten für die Pflege und Aufrechterhaltung der Kundenbeziehung gegenüber. In der Routinephase besteht ein hohes Maß an Bindungsintensität, gleichzeitig wächst jedoch mit der Zeit die Gefahr eines Anbieterwechsels. Hier gilt es über zusätzliche Nutzenangebote und einem intensiven, persönlichen Kontakt Wechselbarrieren aufzubauen. Beim Übergang in die Phase der Infragestellung zeigen sich deutliche Ermüdungserscheinungen, denen nur über eine nachhaltige Revitalisierung der Kundenbeziehung begegnet werden kann. Dies ist jedoch mit entsprechenden Kosten verbunden, so dass nach Maßgabe der Attraktivität und des zukünftigen Potenzials des Kunden abzuwägen ist, ob sich eine derartige Investition lohnt.

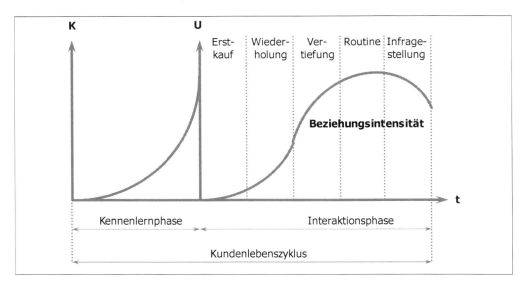

Abb.E.40:   Kundenlebenszyklus

Ebenso wie der Produktlebenszyklus verdeutlicht die Kundenlebenszyklusanalyse die Notwendigkeit, eine ausgewogene Verteilung des Kundenstamms aufzuweisen, damit den Anfangsinvestitionen zur Neukundengewinnung und Neukundenentwicklung auch entsprechende Erlösströme etablierter Stammkunden gegenüberstehen. Des Weiteren wird erkennbar, dass Kunden in den unterschiedlichen Phasen der Geschäftsbeziehung einer unterschiedlichen Ansprache bedürfen, da die Bedürfnisse und Anforderungen sich im Zeitablauf verändern. Nichtsdestotrotz krankt auch die **Kundenlebenszyklusanalyse** an ähnlichen Problemen wie der klassische Produktlebenszyklus. Auch hier ist eine Abgrenzung der Beziehungsphasen und die genaue Einordnung der Kunden in die jeweiligen Phasen eher willkürlich, ebenso wie die Phasen von den Kunden nicht zwingend in der erwarteten Reihenfolge durchlaufen werden. Des Weiteren spielt auch die Frage nach der Breite und Tiefe des Produktprogramms eines Unternehmens für die phasenbezogene Einordnung eines Kunden eine nicht unerhebliche Rolle. So kann ein Hotelkunde z.B. Erstkunde im Low-Budget-Segment eines Hotelkonzerns sein (Anbahnungs-/Sozialisationsphase), jedoch als Stammkunde eines anderen, höherwertigen Hotelproduktes des gleichen Konzerns dieses bereits in Frage stellen (Gefährdungsphase). Ist dann der Kundenlebenszyklus produktspezifischer oder unternehmensspezifischer Natur, soll der Kunde eine konzernübergreifende Aufmerksamkeit erfahren oder soll eine markenbezogene Beziehungsanalyse erfolgen? Trotz dieser unternehmensspezifisch zu lösender Probleme, weist die Kundenlebenszyklusanalyse auf die Notwendigkeit eines kundenorientierten und phasenspezifischen Einsatzes des Marketinginstrumentariums hin, auch wenn das Modell nicht als deterministisches Abfolgemodell missverstanden werden darf.

Der **Customer Value Ansatz** (CLV) bedient sich der klassischen **Kapitalwertmethode** mit dem Unterschied, dass die Methode nicht auf klassische Investitionsobjekte wie Gebäude, Anlagen, oder Maschinen angewandt wird, sondern auf Geschäftsbeziehungen mit einzelnen Kunden oder Kundensegmenten (Homburg et al. 2002, S.199ff.; Blattberg/Deighton 1997, S.24ff.). So geht bspw. die Ritz Carlton-Kette davon aus, dass der CLV von Individualkunden mehr als 100.000 US-Dollar beträgt (Kotler et al. 2006, S.401). Bei der Berechnung des CLV werden den erwarteten Einnahmen aus der Geschäftsbeziehung, die erwarteten Ausgaben der zu betrachtenden Perioden gegenübergestellt. Da zukünftige Einnahmen weniger wert sind als gegenwärtige, wird das Ergebnis mit einem Kalkulationszinsfuß abgezinst. Die Ergebnisse werden über alle Perioden addiert und ergeben so den CLV:

$$CLV = -Io + \sum_{t=1}^{t=n}(Einzahlungen_t - Auszahlungen_t)*i^{-1}$$

CLV	=	*Kundenkapitalwert*
Io	=	*Anfangsinvestitionen zur Neukundenakquisition (z.B. Werbung, Verkauf, Verwaltungskosten)*
t	=	*Periode (t = 0,1,2,...n)*
i	=	*Kalkulationszinsfuß*

Ein fiktives Beispiel aus dem B2B-Bereich soll die theoretischen Ausführungen verdeutlichen. Ein Hotelunternehmen sieht sich mit der Anfrage eines Großkunden (z.B. Tagungsveranstalters, Industrieunternehmen) konfrontiert, einen langfristigen Rahmenvertrag (5 Jahre) mit einem garantierten jährlichen Übernachtungsvolumen abzuschließen. Für das erste Jahr wird der Umsatz in Höhe von 1 Mio. Euro garantiert, für die weiteren 4 Jahre sind jeweils

Nachlässe um 500.000 Euro vorgesehen. Abb.E.41 stellt die Berechnung des CLV dar, wobei der Kalkulationszinsfuß 10% beträgt. Bei den Ausgaben wird davon ausgegangen, dass nach zunächst sinkenden Kosten für die Leistungserbringung und die Pflege der Kundenbeziehung, im letzten Jahr die Vertriebskosten deutlich ansteigen, da es hier gilt, den Rahmenvertrag zu verlängern. Im Ergebnis stellt sich dennoch heraus, dass der CLV positiv ist.

Die Nutzung von Customer-Lifetime-Value-Rechnungen (CLV) verschafft einem Unternehmen unterschiedliche Perspektiven. Zunächst sind zunächst nur solche Kunden interessant, die einen positiven Kapitalwert aufweisen, da hier die zu erwartenden Einnahmen, die Ausgaben für die Aufrechterhaltung der Kundenbeziehung übersteigen. Des Weiteren sollte ein Unternehmen seine begrenzten Marketingressourcen besonders auf diejenigen Kunden ausrichten, die den höchsten CLV aufweisen. Eine weitere Information, die sich aus der Berechnung des CLV ergibt, ist die Ermittlung der Gewinnschwelle (break-even-point) bzw. des Amortisationszeitraums einer Geschäftsbeziehung. Auch können die maximal zu erbringenden Anfangsinvestitionen für Neukundenwerbung sowie die maximalen Aufwendungen für die Kundenpflege berechnet und festgelegt werden. Ein negativer CLV führt dabei nicht automatisch zur Aufgabe einer Geschäftsbeziehung, sondern dient vielmehr als Ausgangspunkt zur Optimierung einer Kundenbeziehung. Diese kann in einer Potenzialprüfung liegen, die auf der Einnahmenseite nach Möglichkeiten der Erlössteigerung sucht und auf der Ausgabenseite nach Ansatzpunkten zur Kostensenkung. Des Weiteren sollte natürlich geprüft werden, ob es sich bei dem Kunden nicht um Referenzkunden handelt, so dass es unter Umständen auch aus strategischer Sicht Sinn macht, die Kundenbeziehung fortzusetzen. Der Begriff des CLV sollte dabei realistisch gewählt werden und sich auf überschaubare und branchenübliche Betrachtungshorizonte erstrecken. So sind im B2B Bereich in der Praxis Zeiträume von 3 bis 5 Jahren üblich. Bei Privat-/Individualkundenbetrachtungen sollten typische Nutzungs- und Kaufzyklen, Stammkundencharakteristika sowie potenzielle Wechselbereitschaften von Kunden berücksichtigt werden.

	1. Jahr	2. Jahr	3. Jahr	4. Jahr	5. Jahr	Summe
Einnahmen	1.000.000	950.000	900.000	850.000	800.000	4.500.000
Ausgaben	1.097.000	903.000	800.000	700.000	780.000	4.280.000
Überschuss	− 97.000	47.000	100.000	150.000	20.000	220.000
Diskont-faktor	1.0	1.1	1.21	1,33	1,46	
Überschuss diskontiert	− 97.000	42.727	82.645	112.782	13.699	**CLV= 154.852**

Abb.E.41:   Berechnung eines CLV am Beispiel des B2B-Bereichs in der Hotellerie
Quelle: In Anlehnung an Homburg/Daum 1997, S.101

Problematisch ist bei der dynamischen Bewertung von Kundenbeziehungen die Tatsache zu sehen, dass in den meisten Unternehmen die erforderlichen Rahmenbedingungen zur Berechnung des CLV im Bereich des Rechnungswesen nicht gegeben sind (Kotler et al. 2006, S.402; Michalski 2002, S.196). Da eine exakte kundenbezogene Zurechnung von Kosten und Umsätzen nur unter Verwendung eines Prozesskostenansatzes möglich ist (hierzu Gardini 1997, S.265ff.), ist die Verwendung des CLV-Ansatzes folglich nur dann möglich, wenn ein

Unternehmen bereits mit der Prozesskostenrechnung arbeitet und die entsprechenden Kundenwerte errechenbar sind. Hier bedarf es jedoch in der Hotellerie – ebenso wie in anderen Branchen noch intensiver Bestrebungen der Praxis, die hierfür notwendigen Rahmenbedingungen eines kundenwertorientierten Controllings zu schaffen. In einer zusammenfassenden Betrachtung der Eignung der verschiedenen Ansätze der Kundenwertanalyse für die Hotellerie liefern GLOEDE/SCHNEIDER einen vergleichenden Überblick entlang verschiedener Bewertungskriterien (Gloede/Schneider 2009, S.560f.).

	Rentabilitätsanalysen	ABC-Analysen	Scoring-modelle	Portfolio-analysen	CLV
Berücksichtigung monetärer und nicht-monetärer Dimensionen	nein	nein	möglich	möglich	möglich
Aussagefähige Kennzahl	ja	ja	ja	schwierig	ja
Objektivierbarkeit	ja	ja	schwierig	schwierig	schwierig
Berücksichtigung der gesamten Kundenbeziehung	nein	nein	möglich	möglich	möglich
Aufwand/Kosten	mittel-hoch	gering	mittel	Mittel	hoch

Abb.E.42: Vergleichende Beurteilung von Kundenbewertungsmodellen
Quelle: Gloede/Schneider 2009, S.560

Rentabilitäts- und ABC-Analysen sind danach verhältnismäßig einfache monetäre und objektive Verfahren. Das Zukunftspotential der Kunden sowie nicht-monetäre Dimensionen werden jedoch nicht berücksichtigt, so dass die Aussagekraft derart ermittelter Kundenwerte begrenzt ist. Während die ABC-Analyse in der Regel mit geringem Aufwand zu implementieren ist, stellt die Implementierung einer Rentabilitätskennzahl oft ein Problem dar, weil die entsprechenden kundenbezogenen Informationen aus dem Rechnungswesen nicht bereitgestellt werden können.

Scoring-Modelle und Portfolioanalysen berücksichtigen hingegen die gesamte Kundenbeziehung, indem zukunftsbezogene Kriterien in die Betrachtung aufgenommen werden. Zudem zeichnen sie sich dadurch aus, dass sie sowohl monetäre als auch nicht-monetäre Bewertungsdimensionen berücksichtigen. Die Aussagekraft von Scoring- und Portfoliomodellen ist damit sehr hoch, zumindest wenn es gelingt, das Zukunftspotential von Kunden sowie nicht-monetäre Wertbeiträge objektiv zu bewerten. Dies erweist sich jedoch als komplexitätssteigernd, da eine Transformation qualitativer Dimensionen in monetäre Größen grundsätzlich schwierig ist. Dennoch kann durch eine langfristig angelegte Beobachtung der Auswirkungen von qualitativen Determinanten des Kundenwertes eine Objektivierbarkeit durchaus erreicht werden, insbesondere vor dem Hintergrund einer konkreten Unternehmenssituation. Allerdings steigt damit die Komplexität der Scoring- und Portfoliomodelle erheblich an, was zu einem hohen Aufwand bei Implementierung, Erhebung und Auswertung führt.

Der **Customer Lifetime Value** berücksichtigt dabei qua Definition die gesamte Kundenbeziehung und ermöglicht eine objektive Bewertung von Kunden über ihren monetären Wertbeitrag. Theoretisch ist es sogar denkbar, die ökonomische Gesamtbedeutung eines Kunden einschließlich qualitativer Potentiale im Rahmen von Cashflows abzubilden. Die Ermittlung von aussagekräftigen CLVs ist wie oben angedeutet jedoch nur möglich, wenn ausreichend Daten verfügbar sind und komplexe Modellierungsansätze angewendet werden.

3.3.2   Kundenrückgewinnung

Ein weiteres Hauptanliegen des Managements von Kundenbeziehungen im Rahmen eines integrierten Marketingansatzes ist die *systematische Rückgewinnung abgewanderter Kunden (Recovery Management)*. STAUSS definiert Kundenrückgewinnungsmanagement als *„...die Planung, Durchführung und Kontrolle aller Maßnahmen, die das Unternehmen mit dem Zweck ergreift, Kunden, die eine Geschäftsbeziehung kündigen, zu halten bzw. Kunden, die die Geschäftsbeziehung bereits abgebrochen haben, zurückzugewinnen."* (Stauss 2000, S.456). Ein aktives und systematisches Rückgewinnungsmanagement folgt ebenso wie das Bestreben nach Kundenbindung der weitgehend unumstrittenen Erkenntnis, dass die Neukundengewinnung aufwendiger und damit oftmals unrentabler ist, als die Pflege bestehender Kundenbeziehungen.

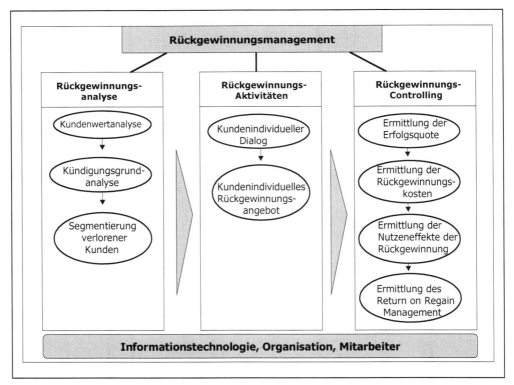

Abb.E.43:   Prozesselemente des Kundenrückgewinnungsmanagements
             Quelle: Stauss 2000, S.457

Auch wenn im Zuge des Rückgewinnungsmanagements zusätzliche Investitionen zur Rück-eroberung des Kunden erforderlich sind, unterstreichen verschiedene Untersuchungen recht eindeutig die Rentabilität zielgerichteter Kundenrückgewinnungsprogramme (Sauberbrey/ Henning 2000; Reichheld 2001; Stauss/Friege 2001). Die Attraktivität der Zielgruppe verlo-rener Kunden liegt darüber hinaus in dem Tatbestand, dass diese Kunden oftmals über sehr lange Zeiträume zufriedene und loyale Kunden gewesen sind, in dieser Zeit auch positive Erfahrung mit dem Unternehmen gemacht haben und die Beendigung der Geschäftsbezie-hung häufig nur aufgrund eines akuten oder spezifischen Vorfalls erfolgt. Insofern ist von einem gewissen Goodwillpotenzial auszugehen, dass zur Reaktivierung der Kundenbezie-hung genutzt werden kann. Des Weiteren entwickeln zurückgewonnene Kunden – ähnlich wie bei einer effizienten Beschwerdebehandlung – in der Regel ein größeres Vertrauen zu dem Unternehmen, was sich oftmals in einer gestiegenen Bereitschaft zu Weiterempfehlun-gen und/oder einer Erweiterung der Geschäftsbeziehung äußert (z.B. Cross-Selling-Käufe, Höhere Kauffrequenz).

Neben dem Erhalt der aktuellen und potenziellen zukünftigen Umsatz- und Gewinnströme und der Vermeidung von Akquisitionskosten zum Ersatz abgewanderter Kunden, bestehen weitere *Ziele eines systematischen Kundenrückgewinnungsmanagements* in der Reduzie-rung negativer Mund-zu-Mund-Kommunikation, der Offenlegung und Beseitigung von Mängeln in der Leistungserstellung sowie in einer kundenorientierten Verbesserung des Leistungsangebots. Überlegungen hinsichtlich der Einführung eines Kundenrückgewin-nungsmanagements sind dann angebracht, wenn ein Unternehmen steigende Abwanderungs-raten aufweist und die Ursachen für diese Kundenverluste in einer mangelhaften Dienstleis-tungsqualität vermutet werden. Konzeptionell beinhaltet ein systematischer Ansatz der Kun-denrückgewinnung nach STAUSS (2000, S.457ff.) mit der Rückgewinnungsanalyse, den Rückgewinnungsaktivitäten und dem Rückgewinnungscontrolling drei miteinander verzahn-te Prozesselemente (Abb.E.43).

Ausgangspunkt der *Rückgewinnungsanalyse* ist die oben beschriebene Kundenwertanalyse, die erste Anhaltspunkte dafür liefert, ob eine Weiterverfolgung aus Rentabilitäts- oder Mar-ketinggründen Sinn macht (z.B. wenn es sich um einen wichtigen Referenzkunden handelt). Neben der Kundenwertanalyse ist in einem weiteren Schritt die Ermittlung und Systematisie-rung der Kündigungs- und Abwanderungsursachen bedeutsam. Eine solche Analyse setzt mit unternehmens-, kunden- oder wettbewerbsbezogenen Abwanderungsgründen an drei Ebenen an (Michalski 2002, S.43f.). Bei unternehmensbezogenen Abwanderungsgründen kann es sich sowohl um Aspekte des Leistungsangebots handeln (Leistungsqualität, Preise, Vertrieb), als auch um Fragen der Interaktion mit dem Kunden (Freundlichkeit, Zuverlässigkeit, Ter-mintreue etc.). Wettbewerbsseitig basieren Abwanderungen auf aktiven Abwerbungsangebo-ten, die von Kunden durch einen Wechsel honoriert werden (attraktive Einstiegsangebote, besseres Preis-/Leistungsverhältnis). Ferner sind auch private und berufliche Gründe auf Kundenseite als Ursache für Kundenabwanderungen denkbar (Heirat, Scheidung, Tod, Be-rufs-/Wohnortwechsel etc.). Nach der Systematisierung der Abwanderungsgründe, der Iden-tifikation der dazugehörigen Kunden und der Ermittlung der entsprechenden Kundenwerte, gilt es zu entscheiden, ob der betreffende Kunde auch zurückgewonnen werden soll. Dieser Aufgabe dient die Segmentierung verlorener Kunden als Ausgangspunkt potenzieller *Rück-gewinnungsaktivitäten.* Hierzu wird folgende Typologie verlorener Kunden vorgeschlagen (Stauss 2000, S.459f.):

- **Absichtlich vertriebene Kunden („Intentionally pushed away customers")**
Kunden, die einen zu geringen oder defizitären Kundenwert aufweisen bzw. aus anderen Gründen als wirtschaftlich unattraktiv definiert werden.

- **Unabsichtlich vertriebene Kunden („Unintentionally pushed away customers")**
Kunden, die aufgrund fehlerhafter Produkte, Leistungen oder Ereignisse des Unternehmens abgewandert sind.

- **Abgeworbene Kunden („pulled away customers")**
Kunden, die aufgrund attraktiver Wettbewerbsangebote den Anbieter gewechselt haben.

- **Weggekaufte Kunden („bought away customers")**
Kunden, die im Rahmen von Akquisitionen, Fusionen oder Kooperationen verloren gehen.

- **Ungewollt ausscheidende Kunden („unwillingly going away customers")**
Kunden, die aufgrund von Veränderungen in den Lebensumständen eine Geschäftsbeziehung beenden müssen (z.B. Arbeitslosigkeit, Krankheit).

- **Sich entfernte Kunden („moved away customers")**
Kunden, die aufgrund von beruflichen oder privaten Wohnortwechsein sich aus dem geographischen Einzugsgebiet eines Unternehmens entfernen.

Neben der Segmentierung der Kunden in obiger Form, gilt es zur Identifikation von Kunden die zurückgewonnen werden sollen, darüber hinaus auch noch die kundenspezifische Erfolgswahrscheinlichkeit der Rückgewinnung zu bewerten (Michalski 2002, S.197ff.). Die in ersten empirischen Untersuchungen aus dem Banken- und Versicherungssektor bzw. Telekommunikationsbereich ermittelten Erfolgsquoten der Kundenrückgewinnung liegen in der Bandbreite von 1-10% bzw. bis 25%. Hier gilt es, im Vorfeld Kunden aus dem Prozess der Rückgewinnung auszuschließen, bei denen die Wiederaufnahme der Geschäftsbeziehung nicht mehr möglich bzw. fraglich ist (z.B. im Todesfall, Umzug ins Ausland, Kundenankündigung, die Beziehung *„nie"* wieder aufzunehmen). Des Weiteren gilt es, diejenigen Kunden zu identifizieren, die eine höhere Wiederaufnahmebereitschaft zeigen, um diese prioritär bearbeiten zu können (z.B. Kunden mit einem hohen Haushaltsnettoeinkommen). Während absichtlich vertriebene, weggekaufte oder sich entfernte Kunden zwangsläufig nicht im Fokus der Rückgewinnungsaktivitäten stehen, bestehen im Hinblick auf die anderen Kundensegmente, in Abhängigkeit vom Kundenwert, verschiedene Ansatzpunkte im Zuge der Rückgewinnungsaktivitäten. Aus der Kombination der Segmentierungskriterien, „Kundenwert" und „Erfolgswahrscheinlichkeit der Rückgewinnung", ergeben sich drei Handlungsempfehlungen hinsichtlich der Form potenzieller Rückgewinnungsaktivitäten. Die Normstrategie ‚keine Rückgewinnung' ist immer dann zu empfehlen, wenn aus Kosten-Nutzen-Sicht der Kundenwert bzw. die Aussicht auf Wiederaufnahme gering ist. Zur Rückgewinnung von Kunden können schließlich Rückgewinnungsangebote in allen Bereichen des Marketing-Mix angeboten werden, wobei zwischen Standardmaßnahmen und individuellen Maßnahmen zu unterscheiden ist. Standardmaßnahmen orientieren sich an zuvor festgelegten Verhaltensstandards und Bearbeitungsroutinen, die in Abhängigkeit vom Kundenwert und von der Rückgewinnungswahrscheinlichkeit definiert werden (z.B. Anzahl der Kontaktaufnahmeversuche, Profil der Rückgewinnungsangebote etc.). So kann im Rahmen standardisierter Rückgewinnungsangebote bspw. ein routinemäßiger Preisnachlass, ein Upgrade oder ein schriftlicher Entschuldigungsbrief der Geschäftsführung angeboten werden. Bei hoch profitablen Kunden mit günstiger Wiederaufnahmeprognose, kann es hingegen sinnvoll sein, individuelle Bedingungen hinsichtlich der Wiederherstellung der Kundenbeziehung zu vereinbaren. Hier ist im Zuge einer Individualrückgewinnungsstrategie die persönliche Ansprache der Geschäftsführung, die Einladung zu Spezialveranstaltungen, ein Mitarbeiterwechsel, die Einräumung von speziellen Sonderkonditionen und Ähnliches mehr denkbar. Je nach Kundentypus und Abwanderungsgrund sind diese Maßnahmen weiter zu differenzieren (Stauss 2000, S.464ff.).

Im Mittelpunkt des ***Rückgewinnungscontrolling*** steht die Frage: Wie erfolgreich ist das Rückgewinnungsmanagement des Unternehmens? Der Erfolg des Rückgewinnungsmanagements bemisst sich dabei außer an der Effektivität des kundenbezogenen Rückgewinnungserfolg auch an der Wirtschaftlichkeit der hierzu erforderlichen Maßnahmen. Kennzahlen wie bspw. die Rückgewinnungsquote (Quotient aus der Anzahl reaktivierter Kundenbeziehungen/Anzahl abgewanderter Kunden bzw. Anzahl kontaktierter Kunden), geben dabei Aufschluss über die Erfolgswirksamkeit der Rückgewinnungsaktivitäten. Um Aussagen über die Wirtschaftlichkeit des Rückgewinnungsmanagement treffen zu können, ist eine Bewertung der Aktivitäten hinsichtlich ihrer Kosten- und Nutzenwirkungen vorzunehmen (Stauss/Friege 2001, Sauerbrey/Henning 2000, S.14ff.). Die Kosten beinhalten sämtliche monetär bewertbaren Aktivitäten, die in direktem Zusammenhang mit der Planung, Steuerung und Kontrolle der verschiedenen Teilaufgaben und Prozesse des Rückgewinnungsmanagements stehen. Dies sind im wesentlichen Personalkosten, EDV-Kosten, Kommunikationskosten sowie leistungsbezogene Kosten, die sich aus den standardisierten bzw. individuellen Kundenrückgewinnungsangeboten ergeben (z.B. Rückerstattungen, Sonderkonditionen/-angebotspakete). Darüber hinaus gilt es auch, die Kostenrelation zwischen Kundenrückgewinnung und Neuakquisition von Kunden transparent zu machen. Die Nutzeneffekte lassen sich auf Basis der Profitabilitätswirkungen (z.B. Erhalt des Kundenwerts, längere Bindungsdauer, Cross-Selling Potenzial), der Kommunikationswirkungen (z.B. Vermeidung negativer Mund-zu-Mund-Kommunikation bzw. Erzielung positiver Kommunikationseffekte) und den Informationswirkungen (z.B. Aufdeckung von Qualitätsdefiziten, Fehlerverhütung, Leistungsverbesserungen, Mitarbeitersensibilisierung) operationalisieren. Bei der Berechnung des Gesamtnutzeneffekts des Kundenrückgewinnungsmanagements gilt es, auf die gleichen erhebungstechnischen Probleme hinzuweisen, wie sie bereits bei der Berechnung des Kundenwerts diskutiert wurden. Auch hier muss eine kosten- und nutzenseitige kundenbezogene Zurechnung sichergestellt werden, was insbesondere bei der Quantifizierung der Nutzeneffekte nicht immer ganz unproblematisch erscheint. Nichtsdestotrotz sollte die Zurechnungsproblematik nicht dazu führen, die Wirtschaftlichkeitsanalyse des Kundenbeziehungs- und Kundenrückgewinnungsmanagements zu verwerfen, ist doch ein Engagement zur Rückgewinnung nur dann sinnvoll, wenn sich die damit verbundene Investition auszahlt. Hotelspezifische Untersuchungen liegen aktuell in Wissenschaft und Praxis nicht vor, sowie auch das Gesamtthema des Kundenrückgewinnungsmanagements derzeit noch sehr geringe Priorität in der Hotellerie genießt.

3.3.3 Kundenbereinigung

Ein aktives und systematisches Kundenstrukturmanagement beinhaltet neben der rentabilitätsorientierten Bewertung von Kunden und den Maßnahmen zur Kundenrückgewinnung, auch die Notwendigkeit der ***Kundenbereinigung bzw. Kundenausgrenzung***. Während aus Unternehmenssicht insbesondere die mangelnde ökonomische Attraktivität von Kunden und die verstärkte Fokussierung auf eine rentabilitätsorientierte Neugewinnung und Bindung von Kunden Ursache einer Kundenbereinigung darstellen, sind aus Kundensicht im Wesentlichen zwei Gründe für eine Ausgrenzung zu unterscheiden. Zum einen können sich die Bedürfnisse der aktuellen Kunden geändert haben und zum anderen kann deren Kauf- und Interaktionsverhalten Anlass geben, die Kundenbeziehung grundsätzlich zu hinterfragen (Tomczak et al. 2000, S.403ff.).

Veränderte Kundenbedürfnisse führen dazu, dass das Leistungsangebot unter Umständen nicht mehr mit den Kundenanforderungen in Übereinstimmung zu bringen ist. So kann eine bestimmte Hotelkategorie für Kunden zu bestimmten Lebensabschnitten durchaus erste Wahl sein (z.B. 2- oder 3-Sterne-Kategorie), mit zunehmendem Lebensalter und Einkommen jedoch den Ansprüchen nicht mehr genügen. Kann das Unternehmen mit den Anforderungen nicht mitwachsen – was in der Hotellerie innerhalb einer Produktkategorie i.d.R. nur auf der Serviceseite in Grenzen möglich ist – ist es aus Anbietersicht ratsam, in einem proaktiven Dialog zu definieren, inwieweit bestimmte Leistungen zukünftig noch zu erbringen sind, ohne das es zu permanenten Beschwerden und einer dauerhaften Unzufriedenheit kommt.

Verhaltensbezogene Störungen entstehen aus der Tatsache heraus, dass einige Kunden im Verhältnis zu ihrer Gegenleistung (insbes. Geld, Informationen) unrealistische Forderungen an das Unternehmen bzgl. der Leistung und Zusatzleistung stellen, die der Anbieter aus ihrer Sicht zu erbringen hat. Diese als sog. ,*Querulanten und Vorteilsschinder*' bezeichnete Kundengruppe, stellen Problemkunden dar, die nach Meinung von Serviceexperten über verschiedene Dienstleistungsbranchen hinweg, ca. 5–10% der Gesamtkunden von Unternehmen repräsentieren können, bei zunehmender Tendenz (Bumbacher 2000, S.427ff.). Der Grundcharakter persönlichkeitsintensiver Dienstleistungen bedingt darüber hinaus, dass Menschen mit sehr unterschiedlichen Persönlichkeitsmerkmalen und Charakterprofilen (Bildung, Erziehung, Kulturhintergrund, Umgangsformen, Stil etc.) aufeinandertreffen. Dies trifft sowohl auf die Interaktion zwischen Mitarbeitern und Kunden zu, als auch auf die Interaktion zwischen den Kunden. Derartigen Mensch-zu-Mensch-Interaktionen wohnt grundsätzlich ein gewisses kritisches Ereignispotenzial inne, als nicht immer von einer uneingeschränkten Kompatibilität zwischen den Gästen ausgegangen werden kann und mit entsprechenden Ausstrahlungs- und Interaktionseffekten zwischen den Kundengruppen zu rechnen ist (z.B. Kegel-/Fußballclub vs. Familie). Auch wenn die Sicherstellung einer ausreichenden Homogenität der Zielgruppen eine wesentliche Aufgabe des Marketings im Zuge der Kundensegmentierung darstellt, kann sich das Verhalten von Kunden in einem Hotel unter Umständen als recht problematisch für Mitarbeiter oder Mitkunden erweisen (z.B. Lautstärke, Ess-/Trinkgewohnheiten, Nichtbeachtung von Rauchverboten, Beleidigungen von Personal/Gästen etc.).

Die Existenz dieser *„customers from hell"* (Zemke/Anderson 1990), die sich durch einen Missbrauch der Leistungen des Unternehmens auszeichnen, wurde im Zuge der Untersuchungen zu qualitätsrelevanten Ereignissen im Rahmen von Dienstleister-Kunde-Interaktionen von BITNER ET AL (1990; 1994) nachgewiesen. Das Ziel dieser Studien bestand darin, über die Befragung von Kunden und Mitarbeitern zu positiven oder negativen Erlebnissen im Zuge von Mensch-zu-Mensch-Begegnungen in verschiedenen Dienstleistungsbranchen (Hotels, Restaurants, Fluggesellschaften), zu Erkenntnissen über Bestimmungsgründe und Verhaltenselemente zufriedenstellender bzw. unbefriedigender Dienstleister-Kunde-Interaktionen zu gelangen. Bemerkenswert ist dabei, dass 22% aller unbefriedigenden Ereignisse aus Sicht der Mitarbeiter aus problembehafteten Kundenverhalten resultieren, während 58,5% der befragten Kunden einen unbefriedigenden Transaktionsverlauf auf inadäquate Mitarbeiterreaktionen bzw. -aktivitäten zurückführen, was auf ein verzerrtes bzw. falsches Rollenverständnis und/oder überhöhte bzw. unterschiedliche Erwartungen der Interaktionspartner schließen lässt. Als **Ursachen problematischen Kundenverhaltens** wurden in der Untersuchung von BITNER ET AL., bspw. Trunkenheit, verbale oder physische Übergriffe, überzogene Kundenerwartungen, die im Widerspruch zur Geschäftspolitik stehen und ein allgemein unkooperatives Verhalten auf Kundenseite identifiziert. Ähnliche Problemkundenkategorien wurden bei einer neueren Untersuchung im Airlinebereich (Verstöße gegen die Firmenpolitik und/oder gegen die Menschenwürde, Alkohol/Drogeneinfluss, Diebstahl, sexuelle Übergriffe) identifiziert (Bumbacher 2000, S.431).

> *„Allein in Hotels in Großbritannien wurden in den vergangenen fünf Jahren Bademäntel im Wert von mehr als sechs Millionen Euro geklaut. Das Versicherungsportal ‚More Than Business‘ hat noch mehr Zahlen: 80 Prozent der Hotelgäste ließen etwas mitgehen, als sie in Großbritannien im Urlaub waren. 336.000 Betten und mehr als 300.000 Fernseher waren in dem Zeitraum zerstört. Außerdem mussten 627.000 Elektrogeräte ersetzt werden. Ursache: Gäste:"(Bayerischer Rundfunk 2014)*

In vielen Dienstleistungskontexten werden bisweilen auch exponierte Persönlichkeiten des öffentlichen Lebens (z.B. aus der Sport,- Musik- oder Filmbranche) durch extrem problembehaftetes Kundenverhalten auffällig (z.B. Schlägerei der Musikgruppe Oasis mit anwesenden Gästen und Polizeikräften im Nightclub des Bayerischen Hofs in München (2002) oder die Zerstörung der First Class Sektion einer British Airways Maschine durch alkoholisierte Mitglieder der britischen Fußballnationalmannschaft (1996)). **Neben dieser Problemkundenkategorie der sog. „Vermindert Zurechnungsfähigen"** identifiziert BUMBACHER mit den **„Potenziellen Gesetzesbrechern"** darüber hinaus noch eine weitere Gruppe von Problemkunden, die das Dienstleistungsumfeld dazu missbrauchen, um illegale, dem Dienstleister (temporär) verborgene Handlungen vorzunehmen, die diesem oder einem Dritten (Kunden, Personal) einen Schaden zufügen (Bumbacher 2000, S.428). Gerade die bewusste oder unbewusste Mitnahme bzw. der gezielte Diebstahl von Einrichtungsgegenständen durch Kunden, ist in der Hotellerie relativ häufig anzutreffen und stellt je nach Hotelkategorie mit Schadenssummen im 5-6stelligen Bereich in vielen Individualhotels und Hotelketten ein nicht zu unterschätzendes ökonomisches Problem dar.

Aus Unternehmenssicht erscheint es insofern angezeigt, sich frühzeitig um einen **systematischen Umgang mit Problemkunden** zu bemühen, um einerseits die Mitarbeiter im Kundenkontakt im Hinblick auf solche Entscheidungssituationen zu unterstützen und andererseits anwesende Mit-Gäste vor den negativen Wirkungen solcher Vorfälle zu schützen. Während aus organisatorischer Sicht Maßnahmen zum Umgang mit Problemkunden im Sinne organisatorischer Reaktionsroutinen zu entwickeln und zu implementieren sind, gilt es, aus Marketingsicht, Ausgrenzungsmaßnahmen zu definieren, die langfristig im Zuge einer aktiven Kundenstrukturgestaltung dazu führen, den Prozentsatz an Problemkunden nachhaltig zu senken. Dabei kann es sich entweder um marketingpolitische Maßnahmen handeln, die zur einer umfassenden Ausgrenzung von unliebsamen Kunden ergriffen werden (im Sinne der Beendigung der Geschäftsbeziehung) oder um eine Teilausgrenzung, bei denen Bestandteile der bisherigen Geschäftsbeziehung zur Disposition stehen. Ansatzpunkte der Kundenbereinigung setzen – wie in Abbildung E.44 dargestellt – an allen Bereichen des Marketing-Mixes an.

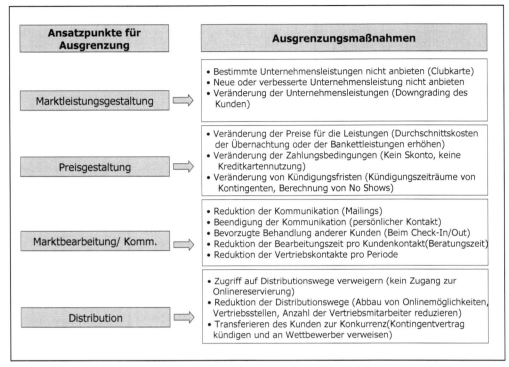

Abb.E.44:   Maßnahmen der Kundenbereinigung
            Quelle: In Anlehnung an Tomczak et al. 2000, S.415

Aus organisatorischer Sicht ist neben der Entwicklung von Maßnahmen zur Früherkennung potenzieller Störfälle durch Beobachtung und Systematisierung von Ursache-/Wirkungszusammenhängen, insbesondere die Evaluation des Störpotenzials und die Vorbereitung von Reaktionsmustern von Bedeutung. Hier gilt es durchzuspielen, wie Mitarbeiter auf kundenbedingte Störfälle reagieren können, welches Verhalten für welches Szenario angebracht wäre und welches riskant oder sogar kontraproduktiv wäre. Derartige Verfahrensanweisungen erleichtern dem Kundenkontaktpersonal das Entscheiden und Handeln und vermitteln überdies eine gewisse Rückendeckung gegenüber der Geschäftsleistung im Fall von Kundenreklamationen. Hilfreich im Sinne einer Früherkennung ist darüber hinaus auch der Aufbau einer Kundendatei mit speziellen Vermerken, in der Daten über vergangene Problemfälle und Problemkunden erfasst und aufbereitet werden (wie z.B. bei Schufa-Eintragungen im Finanzsektor oder den ‚schwarzen‘ Listen mancher Kfz-Versicherer). In jüngerer Zeit sind in diesem Zusammenhang in verschiedenen Ländern (USA, Spanien, Großbritannien) Plattformen entstanden, über die sich angeschlossene Hotelbetriebe über Problemkunden informieren können bzw. Problemkunden melden können (z.B. Elitebook, Guestchecker oder Guestscan). Hier gilt es jedoch, eindeutige Beurteilungskriterien zu entwickeln, um einer willkürlichen Einschätzung durch das Kundenkontaktpersonal vorzubeugen.

3.4 Implementierung von Kundeninformations- und Feedbacksystemen als Informationsplattform

Die zunehmende Individualisierung und Pluralisierung der Gesellschaft und die daraus folgende Fragmentierung von Märkten und Kundensegmenten, bedingt die Entwicklung einzigartiger, bedarfsgerechter und auf den jeweiligen Situationskontext bezogener, kundenspezifischer Problemlösungen. Aus Unternehmenssicht stellt sich dabei das Problem der Informationsgewinnung und -versorgung. *Systeme der Informationstechnologie* (IT-Systeme), die über die zielgerichtete Datengewinnung und -analyse kundenindividuelle Informationen zu generieren in der Lage sind und dadurch eine computergestützte Entscheidungsvorbereitung ermöglichen, können die diesbezügliche, anbieterseitige Informationslücke schließen und die innovationsimmanente Entscheidungsunsicherheit im Marketing-Management reduzieren bzw. beseitigen. Derartige IT-Systeme sind in der Literatur unter einer Fülle von Begrifflichkeiten wiederzufinden. Database Marketing, Data Mining, Data Warehouse, Vertriebsinformationssysteme, Kundeninformationssysteme, Computer Aided Selling oder Customer Relationship Management-Systeme stellen technische Informationsplattformen dar, deren Anliegen es grundsätzlich ist, auf der Basis kundenindividueller in einer Datenbank gespeicherten Informationen, einen gezielteren Dialog mit ausgewählten Kunden- bzw. Kundengruppen zu suchen.

> *„Bedürfnisorientiertes Beziehungsmanagement mit dem Kunden ist der Schlüssel zu zielgruppenspezifischem Marketing und auch die Basis für die Entwicklung marktgerechter Produkte. Nur wer seine Kunden kennt und diese in den Mittelpunkt sämtlicher Maßnahmen stellt, kann heute erfolgreich im Markt agieren. Unsere zentrale Datenbasis ist das wichtigste Instrument für eine intensive Interaktion mit unseren Kunden"* (Oliver Bonke, Geschäftsführer ArabellaSheraton Hotelmanagement GmbH zitiert nach Cimbal 2003, S.35).

Kerngedanke solcher Systeme ist die *Steigerung des Unternehmens- und Kundenwerts durch das systematische Management der existierenden Kunden* (Rapp 2005; Stauss/Seidel 2002; Link/Hildebrandt 1993). Hierzu sind – wie in Abb. E.45 dargestellt – verschiedene Fragen zu beantworten. Die Erfassung und Aufbereitung von Merkmalsprofilen aktueller und potenzieller Kunden auf Basis fortgeschrittener Informationstechnologien ermöglicht die Unterscheidung von Bedarfs- und Präferenzstrukturen/-konfigurationen sowohl zwischen als auch innerhalb der einzelnen Kundensegmente. Darüber hinaus lassen sich im Zeitablauf über die Erstellung von Längsschnittprofilen, kundenspezifische Kauf- und Verhaltensmuster ableiten, welche als Grundlage für die Entwicklung und Gestaltung kundenorientierter Dienstleistungsangebote dienen können. *Customer Relationship Management (CRM) bzw. Database Marketing (DBM)* lässt sich dabei – wie in Abb.E.46 visualisiert – als Regelkreis zur permanenten Kundenbeobachtung, -analyse, -bewertung und -selektion beschreiben, mit Blick auf den kundenindividuellen Zuschnitt marktgerechter Unternehmensaktivitäten.

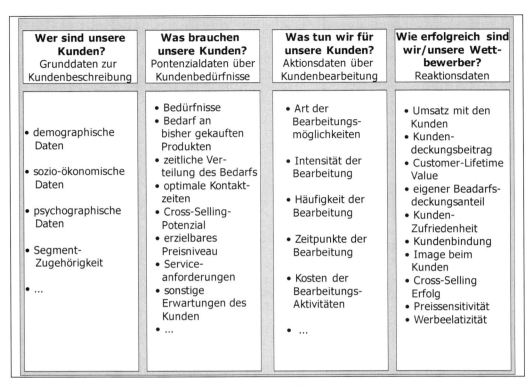

Wer sind unsere Kunden? Grunddaten zur Kundenbeschreibung	Was brauchen unsere Kunden? Pontenzialdaten über Kundenbedürfnisse	Was tun wir für unsere Kunden? Aktionsdaten über Kundenbearbeitung	Wie erfolgreich sind wir/unsere Wettbewerber? Reaktionsdaten
• demographische Daten • sozio-ökonomische Daten • psychographische Daten • Segment-Zugehörigkeit • ...	• Bedürfnisse • Bedarf an bisher gekauften Produkten • zeitliche Verteilung des Bedarfs • optimale Kontaktzeiten • Cross-Selling-Potenzial • erzielbares Preisniveau • Serviceanforderungen • sonstige Erwartungen des Kunden • ...	• Art der Bearbeitungsmöglichkeiten • Intensität der Bearbeitung • Häufigkeit der Bearbeitung • Zeitpunkte der Bearbeitung • Kosten der Bearbeitungs-Aktivitäten • ...	• Umsatz mit den Kunden • Kundendeckungsbeitrag • Customer-Lifetime Value • eigener Beadarfsdeckungsanteil • Kunden-Zufriedenheit • Kundenbindung • Image beim Kunden • Cross-Selling Erfolg • Preissensitivität • Werbeelatizität

Abb.E.45: Bausteine einer kundenbezogenen Informationsplattform
Quelle: Homburg et al. 2002, S.178

Die *Architektur und das informatorische Profil eines CRM-Konzepts* sollte möglichst breit, flexibel und ausbaufähig angelegt werden, wobei zwischen Grund-, Potenzial-, Aktions- und Reaktionsdaten zu unterscheiden ist (Link 1993, S.24ff.; Homburg et al. 2002, S.179ff.). Die Grunddaten enthalten neben Kopfdaten (Name, Adresse etc.) möglichst umfassende, marketingrelevante Merkmalscharakteristika des Kunden (demographische, sozio-ökonomische, psychographische Daten, Segmentzugehörigkeit). Die Hotellerie befindet sich wie bereits oben erwähnt bezüglich der Gewinnung kundenbezogener Informationen, im Vergleich zu anderen Branchen in einer günstigeren Ausgangsposition, da sie durch die im Rahmen der Reservierung und des Check-in gewonnenen Informationen, auf recht einfache Art an grundsätzliche demographische Kundendaten gelangt. Darüber hinaus sind Hotelunternehmen durch die Unmittelbarkeit der Kundenbeziehung und das hohe Maß an persönlicher Interaktion im Gegensatz zu anderen Branchen in der Lage, Kundenverhalten, -gewohnheiten und -präferenzen direkt zu beobachten; darüber hinaus können marketingrelevante Daten durch spezifische Kundenbefragungen und die Auswertung von Gastkommentaren/-beschwerden erfasst werden.

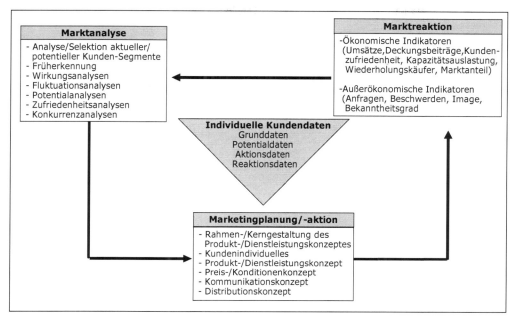

Abb.E.46:   Der Regelkreis des Database Marketing
             Quelle: Link/Hildebrand 1993, S.45

Komplementäre Informationen aus externen Datenbanken schließen potenzielle Informationslücken und ermöglichen anhand der individuellen Merkmalskonfiguration die Erstellung eines detaillierten Basisprofils des Kunden (Francese/Renaghan 1990, S.62). Die Potenzialdaten umfassen Informationen über die quantitative und zeitliche Nachfragestruktur des Anbieters und stellen damit die Grundlage für kurz- und mittelfristige Bedarfsprognosen, die Bewertung des absoluten Kundenwertes und der relativen Kundenattraktivität im Rahmen des Gesamtkundenportfolios dar. Derartige Potenzialschätzungen können, laufend gespeist durch Informationen interner (Befragung der Kunden, der Verkaufsabteilung etc.) und externer Quellen (Expertenbefragungen, Branchenreports etc.), als Früherkennungssystem, Disproportionen, Abhängigkeiten und Lücken in der Nachfragesituation aufdecken, denen mit Hilfe von gezielten Strategien entgegengesteuert werden kann. Das Gestaltungsprofil (Art, Umfang, Zeitpunkt, Ort der Kundenbearbeitung etc.) derartiger, auf den individuellen Kunden abgestimmter Marketingaktivitäten, entsteht unter weitestgehendster Nutzung der vorhandenen Grund-, Potenzial und Reaktionsdaten des Kunden und ist in Abhängigkeit von der jeweiligen Investitionswürdigkeit des Kunden zu sehen. Reaktionsdaten stellen dabei Informationen über die Wirkungen und Effekte der Anbieteraktivitäten sowie der Konkurrenzmaßnahmen auf dem jeweiligen Markt dar.

ArabellaSheraton kreierte in ihrem maßgeschneiderten Smart System in 2002 erstmals eine zentrale Datenbank, in der alle existierenden Kundeninformationen aus den einzelnen Hotels – insgesamt mehr als eine Million Datensätze – zusammengeführt, analysiert und bereinigt wurden. Damit hat ArabellaSheraton ein Lösung gefunden, die Datensammlungen aus unterschiedlichen Datenbanken wie Front- und Back-Office-Programmen als auch den Gruppenbuchungssystemen abzugleichen. Diese zentrale Datenbank wird von der ArabellaSheraton Hotelmanagement GmbH verwaltet und den derzeit 32 Häusern der Gruppe für ihre Marketingmaßnahmen zur Verfügung gestellt. Zu den Modulen des Smart Systems zählen neben der Datenverwaltung auch ein Content und Offer Management System, über das die ArabellaSheraton-Website nun dynamisch mit aktuellen Informationen und Angeboten gespeist wird. Auch die Online-Bestellung und -Verwaltung aller Druckmaterialien der Gruppe, Online- und Offline-Kampagnen-Management werden mit Smart vorgenommen (Cimbal 2003c, S.35).

Marriott also uses analytical approaches to the offers it makes to its frequent customers, and to understand their likelihood of staying with Marriott or defecting to competitors. The company was also an early adopter of web analytics, and uses A/B and multivariate testing to improve its website. Finally, Marriott has experimented for several years with a variety of personalization options for visitors to the web site targeted to both loyalty members and the broader population of visitors to the web site. This is its primary foray into big data. Most recently, Marriott has been analyzing big data from its web site activity to create a robust marketing attribution model. The ultimate goal is to understand which sales and marketing activities really drive the sale to a customer.(Davenport 2013, S.19)

Die Sammlung und Aufbereitung von Kundeninformationen ist dabei für die Hotellerie kein neuartiges Konzept, sondern wurde bereits in der Vergangenheit in Form von Journalen oder Karteikarten durchgeführt (Dev/Ellis 1991, S.30f.). Verschiedene Entwicklungen, wie bspw. die zunehmende Informationskomplexität, hohe Kosten der Datenverwaltung (insbes. Personalkosten), hohe Mitarbeiterfluktuationsraten sowie die grundsätzlichen Probleme einer qualifizierten, manuellen Kundenkarteiverwaltung (z.B. Uneinheitlichkeit, Unvollständigkeit, Verlustanfälligkeit, schlechte Lesbarkeit) führten jedoch zu einer Vernachlässigung diesbezüglicher Aktivitäten. Erst die Technologie- und Preis-/Leistungsentwicklung im Bereich der computergestützten Bürokommunikation ließ eine Reaktivierung und Neudefinition dieses Grundgedankens sinnvoll erscheinen. Bislang wurde jedoch in der Hotellerie – ebenso wie in anderen Branchen – von dem ökonomischen Potenzial, das ein zielgerichtetes und gesteuertes CRM (DBM) eröffnet, nur ungenügend Gebrauch gemacht. Die grundlegenden Ziele und Aufgabenkomplexe des CRM (DBM) in der Hotellerie lassen sich wie folgt charakterisieren (Gardini 1997, S.149 und die dort angegebene Literatur):

- **Identifikation profitabler Kunden**
Zur gezielten Bearbeitung von Kunden gilt es, profitable Kunden zu identifizieren und ihre Verhaltensweisen und Konsumprozesse zu ermitteln. Wichtig ist hier die Erfassung von ökonomischen (Umsatz, Deckungsbeitrag, Auftragsbestand etc.) und nicht-ökonomischen Erfolgsgrößen (Kundenzufriedenheit, Kundenbindung, Image, Bekanntheitsgrad etc.).

- **Identifikation von Schlüsselkunden ('Key Accounts')**

Charakterisierende Segmentierungsvariablen von profitablen Kunden/Kundengruppen können als Grundlage für die Neukundengewinnung dienen. Darüber hinaus können die so ermittelten Kunden als sog. 'Lead User' vorrangig zur Ermittlung von latenten Kundenbedürfnissen im Zuge der Innovation/Modifikation von Dienstleistungsangeboten herangezogen werden.

- **Gewinnung und Aufbereitung grundlegender Daten für spezifische Kundenanalysen/-befragungen**

Zur Erforschung von Kundenbedürfnissen oder der Kundenzufriedenheit bedarf es als Ausgangspunkt einer relevanten Untersuchungsgesamtheit, die in ihrer grundlegenden Struktur mit den anvisierten Kunden-/Zielgruppen korrespondiert.

- **Segmentspezifische Angebots- und Aktionsgestaltung**

Die auf der Basis von Individualdaten gewonnenen Informationen, ermöglichen die Analyse und Selektion homogener Mikrosegmente, deren Nutzenvorstellungen durch bedürfnisadäquate Leistungsangebote und kundenindividuelle Aktionen abgedeckt werden können.

- **Individualisierung/Personalisierung der Kundenbeziehung**

Angesichts der Bedeutung psycho-sozialer Faktoren bei interaktionsintensiven Dienstleistungen sind grundlegende Kundeninformationen unabdingbar, da ansonsten eine individuelle Kundenansprache (z.B. Namensnennung bei Ankunft, Geburtstagswünsche) und/oder die persönliche Fürsorge (z.B. Berücksichtigung bestimmter Schlaf-oder Nahrungsgewohnheiten) nicht zu realisieren ist.

- **Langfristige Kundenbindung durch dialogisches Beziehungsmanagement**

Kundenbezogene Informationen sind die Grundlage für den langfristigen Aufbau und die Gestaltung stabiler Kundenbeziehungen.

- **Planung, Steuerung und Kontrolle von Incentivestrategien**

Die Entwicklung und Gestaltung von Sonder- bzw. Exklusivvarianten des Dienstleistungsangebots (z.B. Frequent Guests/Frequent Stay-Programme, Up-grades), bedarf einer fundierten informatorischen Grundlage, damit die mit den Programmen verbundenen 'benefits' zum einen den tatsächlichen Kundenbedürfnissen entsprechen und zum anderen eine solide ökonomische Basis aufweisen.

Die Systemmöglichkeiten von CRM-Konzepten erlauben es, den grundsätzlichen Individualisierungstendenzen und den daraus resultierenden kundenseitigen Anforderungen nach einer zunehmend individuelleren Ausgestaltung der Problembehandlung und -lösung zu begegnen; darüber hinaus ermöglichen derartige Informationssysteme die langfristige und zielgerichtete Pflege von Kundenbeziehungen. Der Prozess der Datengenerierung stellt sich z.B. bei der Ritz-Carlton Kette bereits seit geraumer Zeit wie folgt dar:

> „*Daily quality production reports, derived from data submitted from each of the 720 work areas in the hotel, serve as an early warning system for identifying problems that can impede progress toward meeting-quality and customer-satisfaction goals. Coupled with quarterly summeries of guest and meeting-planner reactions, the combined data are compared with predetermined customer expectations to improve services. Among the data gathered and tracked over time are annual guest-room preventive-maintenance cycles, percentages of Check-ins with no queuing, time spent to achieve industry-best clean-room appearance, and time to service an occupied guest room*" ... „*For example, each employee is trained to note a guest's likes and dislikes. Those data are entered in a computerized guest-history profile that provides information on the preferences of 240.000 repeat guests, resulting in more personalized service*" (Partlow 1993, S.19).

Die durch die Datenverarbeitung und -aggregation gewonnenen Kundenprofile/-psychogramme sind die geeignete Voraussetzung für die Entwicklung und Gestaltung eines kundenspezifischen Informations- und Leistungsangebots, der zielgerichteten Vermarktung und stellen im weiteren aufgrund der Zeitintensität eines qualifizierten Datenbankaufbaus einen relativ dauerhaften Wettbewerbsvorteil dar (Link 1993, S.27f.). Die datenbankgestützte Kundenansprache eröffnet Unternehmen jedweder Größe die Möglichkeit, sich über die Personalisierung der Kundenbeziehungen und durch individuelle, auf Dialog und Loyalität basierende Kundenbindungsstrategien langfristige Kundenpotenziale zu schaffen und sich dadurch weitestgehend gegen preiswettbewerbsbedingte Kundenerosionen zu immunisieren. Die im Rahmen von CRM-Konzepten oder anderen datenbankgestützten Informations- und Feedbacksystemen zu tätigenden Investitionen (Hardware-/Softwarekosten, Implementierungs-, Schulungskosten etc.) sind dabei auch für kleinere Hotelunternehmen tragbar und eröffnen diesen die Möglichkeit, sich über bedarfsadäquate, individuelle Problemlösungen im Wettbewerb zu positionieren und gegenüber ressourcenstärkeren Unternehmen zu behaupten.

Obwohl aktuell in Wissenschaft und Praxis wohl kaum ein Managementinstrument so populär ist wie das Customer Relationship Management, **scheitern in der Praxis die Mehrzahl der CRM-Initiativen**. Untersuchungen aus den USA zufolge bleiben immerhin ca. 60% aller CRM-Projekte ergebnislos. Im Spannungsfeld zwischen Technologie und Marketing bleibt bei vielen CRM-Projekten offenbar der Kunde auf der Strecke, da ein viel zu starker Fokus auf die begleitenden Technologien (Datenbanken, Software, Inter-/Intranet, Call Center) und deren Implementierung gelegt wird und man sich offenbar zu wenig um das intensive Verständnis der Kundenprozesse bemüht. Grundvoraussetzung einer erfolgreichen Einführung eines CRM-Systems ist jedoch neben einer klaren Kundenstrategie (Mit welchen Kunden will ich Beziehungen aufbauen und mit welchen nicht?) und der Integration der verschiedenen Kanäle (Abteilungen, Häuser, Vertrieb, Internet, Call Center, Handel etc.) auch die kundenorientierte Anpassung der Organisationsstrukturen (Rapp 2005; Rigby et al. 2002; Schmickler/Kiesel 2002). Darüber hinaus ist beim Aufbau und der Pflege einer strukturierten Kundendatenbank neben den verschiedenen rechtlichen Bestimmungen aus Marketingsicht, insbesondere potenziellen psychologischen Widerständen auf Kundenseite Beachtung zu schenken (Hagel/Rayport 1997; Cespedes/Smith 1993, S.9ff.). Viele Kunden fühlen sich im Zeitalter des „*gläsernen Kunden*" oftmals eher belästigt denn umworben, so dass hier auch der Informationsüberflutung und dem Wandel von Kundenbedürfnissen durch einen geeigneten Umgang mit dem Kunden verstärkt Rechnung zu tragen ist. In diesem Zusammenhang ist im Rahmen von CRM-Projekten auch das Thema Datenschutz zu berücksichtigen, denn nicht alles was heute oder zukünftig technisch möglich oder betriebswirtschaftlich wünschenswert ist, ist zwangsläufig auch mit den gesetzlichen Bestimmungen des Datenschutzes vereinbar (Toedt 2009, S.477f.). Grundsätzlich betrachtet, stellen Customer Relationship Management- bzw. Database Marketing-Konzepte jedoch das informatorische Grundlagenwissen zur Erhaltung und Verbesserung der Kundenbeziehungen sowie der Wettbewerbs- und Innovationsfähigkeit des Unternehmens zur Verfügung. Dieses gilt es nun, mit Blick auf die tatsächlichen Erwartungen und Bedürfnisse von Kunden, in kundenorientierte Wertangebote und Leistungsprogramme umzumünzen.

3.5 Ausgewählte Formen und Instrumente von Kundenkontaktprogrammen

Die Operationalisierung von Kundenbindungsstrategien im Rahmen von Kundenkontaktprogrammen und die systematische kundenspezifische Ausgestaltung der Beziehungen zwischen Hotelunternehmen und Hotelkunde erfolgt im Zuge eines gestuften Vorgehens. Hierzu müssen folgende Aspekte geklärt werden (Homburg/Bruhn 2000, S.18f.):

- **Bezugsobjekt der Kundenbindung**
  An welches Objekt (Produkt, Marke, Unternehmen oder Absatzmittler) soll der Kunde gebunden werden?

- **Kundenbindungszielgruppe**
  Mit welcher Priorität soll die Kundenbindung in den verschiedenen Kundensegmenten gesteigert werden (B2B, B2C-Segment)?

- **Art der Kundenbindung**
  Wie soll der Kunde gebunden werden (d.h., über welche ökonomischen, vertraglichen, technologischen, psychologischen Kundenbindungsansätze)?

- **Festlegung der Kundenbindungsinstrumente**
  Mit Hilfe welcher konkreter Instrumente soll Kundenbindung aufgebaut werden?

- **Intensität und Timing der Kundenbindungsaktivitäten**
  Zu welchem Zeitpunkt und mit welcher Intensität sollen Kundenbindungsmaßnahmen unterwerden?

- **Kooperationsansätze der Kundenbindung**
  Mit welchen Partnern (z.B. Absatzmittlern, Dienstleistern, Marken, Unternehmen) sollen Kundenbindungsmaßnahmen unternommen werden?

Das Vorgehen muss sich dabei auf die Prinzipien der Differenzierung, Fokussierung und ökonomischen Orientierung stützen. Grundlage dieser Überlegungen ist die oben skizzierte Informationsplattform, die es erlaubt, den Einsatz des Marketinginstrumentariums in Abhängigkeit vom jeweiligen Kundensegment und der jeweiligen Attraktivität und Investitionswürdigkeit des Kunden, nach Art, Häufigkeit und Intensität zu planen und zu steuern. Es erscheint dabei sinnvoll, zu unterscheiden, ob die Ziele und Aufgaben von Kundenkontaktprogrammen eher auf die *Leistungsaspekte* oder auf die *Kommunikationsaspekte* ausgerichtet sind (Abb.E.47).

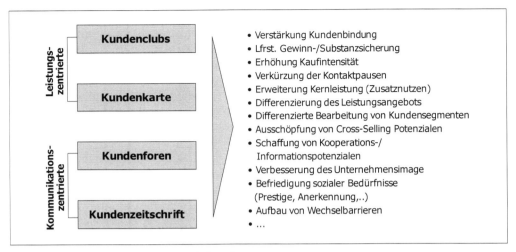

Abb.E.47:   Ziele und Aufgaben von Kundenkontaktprogrammen

In logischer Konsequenz dieser Unterscheidung ist entsprechend zu differenzieren, ob die eingesetzten Marketinginstrumente primär den Dialog mit dem Kunden intensivieren (*Fokus: Interaktion*) bzw. die Kundenzufriedenheit positiv beeinflussen sollen (*Fokus: Zufriedenheit*), oder ob der Maßnahmen- und Instrumenteneinsatz darauf gerichtet ist, hohe Wechselbarrieren aufgrund von Leistungsvorteilen aufzubauen (*Fokus: Wechselbarrieren*). Abb.E.48 zeigt ausgewählte Instrumente der Kundenbindung im Überblick, wobei nicht nur eine Unterscheidung in die klassischen vier Bereiche des Marketing-Mix vorgenommen wurde, sondern zudem eine Einteilung bezüglich der schwerpunktmäßigen Funktion des jeweiligen Instrumentes innerhalb des Kundenbindungsmanagements vorgenommen wurde (Homburg/ Bruhn 2000, S.19ff.).

Primäre Wir-kung Instru-mentebereich	Fokus Interaktion	Fokus Zufriedenheit	Fokus Wechselbarrieren
Produktpolitik	• gemeinsame Produkt-entwicklung • Internalisierung/ Externalisierung	• Individuelle Angebote • Qualitätsstandards • Servicestandards • Zusatzleistungen • Besonderes Produktdesign • Leistungsgarantien	• Individuelle technische Standards • Value-added-Services
Preispolitik	• Kundenkarten (bei reiner Informationserhebung)	• Preisgarantien • Zufriedenheitsabhängige Preisgestaltung	• Rabatt und Bonussysteme • Preisdifferenzierung • Preisbundling • Finanzielle Anreize • Kundenkarten
Kommunikations-politik	• Direct Mail • Event-Marketing • Online-Marketing • Proaktive Kundenkontakte • Servicenummern • Kundenforen/-beiräte	• Kundenclubs • Kundenzeitschriften • Telefonmarketing • Beschwerdemanagement • Persönliche Kommunikation	• Mailings, die sehr individuelle Infos (hoher Nutzwert für Kunden) übermitteln • Aufbau kundenspezifischer Kommunikationskanäle
Distributions-politik	• Internet/Gewinnspiele • Produkte Sampling • Werkstattbesuche	• Online-Bestellung • Katalogverkauf • Direktlieferung	• Abonnements • Ubiqität • Kundenorientierte Standortwahl

Abb.E.48:   Instrumente des Kundenbindungsmanagements im Überblick
Quelle: Homburg/Bruhn 2000, S.21

3.5.1   Kundengerichtete Bindungsprogramme („Clubs")

Kundenbindungsprogramme sind in der Hotellerie weitverbreitet und finden inhaltlich zumeist auf drei Ebenen statt:

- **VIP-Programme**
VIP Karten, die dem Inhaber bei Aufenthalten in angeschlossenen Hotels eine Reihe von Privilegien anbieten. (Obst, Wasser, Sonderpreise, bessere Zimmerkategorien etc.) Diese Variante wird meist von einzelnen Hotels oder kleineren regionalen Gruppen gewählt.

- **Frequent Traveller Programme**
FGP (Frequent Guest Programme), das meist auf drei Ebenen Mitgliedschaft anbietet. Für Mitglieder stehen neben einer Auswahl von Privilegien, die sich pro Ebene unterscheiden, auch noch das Verdienen von Bonuspunkten, die sich aus dem getätigten Umsatz ergeben, im Vordergrund. Die Bonuspunkte können gegen Prämien eingelöst werden. Das Erkennen des Gastes bei Reservierung als wichtigen Kunden hat ebenfalls eine große Bedeutung.

- **Guest Recognition Programme**
GRP (Guest Recognition Programme), bei dem der Schwerpunkt auf das Erkennen des Gastes als individuellen Kunden mit besonderen individuellen Ansprüchen während seines Aufenthaltes liegt. Die Kombination mit besonderen Privilegien ist meist gegeben, das Sammeln von Bonuspunkten manchmal auch, wobei aber das uneingeschränkte Hauptaugenmerk immer auf das Sammeln und die

Nutzung von Informationen zu den individuellen Erwartungen des Gastes (Präferenzen bei der Zimmerauswahl, Allergien, Getränke, Diäten, persönliche Sonderwünsche wie Extra-Kissen, Zimmertemperatur etc.) liegt. Wenn diese sehr persönlichen Wünsche des Gastes erkannt, erfasst und kontinuierlich in allen Hotels einer Gruppe umgesetzt werden, entsteht wahre Markentreue.

Während Guest Recognition Programme-Ansätze ihren Fokus auf die Informationsgewinnung legen, sind VIP- und Frequent Traveller-Programme stark durch ihren Kundenclubcharakter geprägt. Seit Beginn der 1990er Jahre haben in der Hotellerie Clubkonzepte ein zunehmendes Interesse erfahren, und so wird die Anzahl der aktiven Kundenclubprogramme derzeit auf schätzungsweise 20 weltweit operierende und über 200 kleinere nationale Kundenclubs geschätzt, bei steigender Tendenz. Eine aktuelle Studie belegt, dass Hotellerie und Gastronomie in Bezug auf die Implementierung von Kundenbindungsprogrammen als eine der aktivsten Branchen gelten (Müller 2006, S.33). In der Hotellerie lassen sich dabei in Anlehnung an DILLER (1996a) und HOLZ (1998) mit dem Kundenvorteilsclub, den Imageclub und dem VIP-Club drei Arten von Kundenclubs unterscheiden, wobei diese entweder als *offene oder geschlossene Clubkonzepte* betrieben werden (Butscher 1998). Während offene Clubs jedermann zugänglich sind, verlangen geschlossene Clubs einen Mitgliedsbeitrag und eine Beitrittserklärung. Oftmals müssen Interessenten auch bestimmte Zugangsvoraussetzungen (z.B. Einkommen, Empfehlungen) erfüllen, um überhaupt für eine Mitgliedschaft in Frage zu kommen.

Der *Kundenvorteilsclub* stellt dabei die häufigste Form von Kundenclubs in der Hotellerie dar. Beispiele hierfür sind das Starwood Preferred Guest Programme, der Hilton-Honors-Club sowie die Marriott Card (Abb.E.49). Hierbei handelt es sich i.d.R. um Bonussysteme, die zumeist von internationalen Hotelketten betrieben werden, da nur dann gewährleistet werden kann, dass Gäste tatsächlich soviel Prämien sammeln können, so dass sie in deren Genuss gelangen. Zielgruppe sind damit vielreisende Business-Traveller, wobei der Club i.d.R. allen Kunden offensteht. Durch die hohe Mitgliederzahl verlieren sich sowohl der Selektionseffekt, es entstehen hohe Streuverluste für die Direktmarketingmaßnahmen, als auch eine emotionale Qualitätswirkung im Rahmen eines derartigen Clubansatzes nur sehr schwer erzielt werden kann. *Image-* oder auch *Stammkundenclubs* sind geschlossene Kundenclubs, die einen jährlichen Mitgliedsbeitrag verlangen. Die Sofitel Exclusive Card von Accor oder der Prestige Club der Hotelkette Concord erzielt somit einen Selektionseffekt, der umso exklusiver ist, je höher der Mitgliedsbeitrag gestaltet wird (Prestige Club ca. 1100 FF im Jahr 2000). Durch seine Beitragsgestaltung und die vertragliche Verpflichtung spricht der Imageclub nur solche Kunden an, die bereits ein entsprechendes Interesse bzw. Involvement an der Hotel- bzw. Unternehmensmarke aufweisen und für gezielte Marketingaktionen mit hoher Wahrscheinlichkeit empfänglich sind. *VIP-Clubs* sind ebenfalls geschlossene Clubs, da die Mitgliedschaft nur auf Einladung erfolgt (z.B. durch den Hoteldirektor). Der VIP-Club identifiziert den Kunden als für das Unternehmen bedeutsam (finanziell oder als Referenzkunde) und offeriert dem Kunden entsprechende Vergünstigungen und Privilegien. Preisdifferenzierungen können hier leichter durchgesetzt werden, da die spezifische Zielgruppe durch Zusatzleistungen an eine bestimmte Preisklasse gebunden wird. Typische VIP-Clubs sind bspw. der Leaders Club der Leading Hotels of the World oder der Private Concierge der Kempinski Hotels.

Hotels	KBP	Leistungen	Kosten	Besonderheiten
Accor	Sofitel Exclusive Card	20-50% Rabatt, Gratisaufenthalte, Bonuspunkte, priviligierter Empfang	FF450-1100,- jährlich	Begleitperson kostenfrei
Steigen-berger	Steigenberger Award Programm	Bonuspunkte + Prämien: Gratisaufenthalte, Express Check-in Veranstaltungen, Events	Keine	3 Mitgliedschafts-Ebenen: blau, silber, gold Mietwagen-Ermässigung
Best Western	Gold Crown Club	Bonuspunkte + Prämien: Gratisaufenthalte, spezielle Geschenk und Pauschalangebote, Upgrades, kostenfreies Faxen	Keine	Airline-Meilen, Mietwagen Meilen Kredit Karte
Hilton	Hilton HHonours	Bonuspunkte + Prämien: Gratisaufenthalte, kostenfrei Fitness Nutzung, Upgrades	Keine	4 Mitgliedschafts-Ebenen: blue, silver, gold, diamond American Express Card Reward Planner Service
Kempinski	Private Concierge	Priviligierte Resa, Auszahlungs-möglichkeit von Bargeld, Nutzung des Hotel Concierge nach Abreise	Keine	Mitgliedschaft nur auf Einladung
Marriott	Marriott Rewards Card	Bonuspunkte + Prämien: Gratisaufenthalte, Pauschalangebote und spezielle Produkte	Keine	Airline-Meilen 3 Mitgliedschafts-Ebenen: silver, gold, platinum Mietwagen-Ermässigung, Marriott-Visa/AE/D.Club
Summit	Summit Club	Sonderermäßigungen, Upgrade, Newsletter, Gratisaufenthalte, Willkommensgeschenke	USD 50,- für 2 Jahre Pflicht: eine Übernachtung	2 Mitgliedschafts-Ebenen: gold, platinum Bonuspunkte sammeln bei Visa-Card-Nutzung

Abb.E.49:   Ausgewählte Kundenclubkonzepte in der Hotellerie

Bei der *Konzeption und Organisation eines Kundenclubs* sind – wie in Abb.E.50 dargestellt – verschiedene Gestaltungsbereiche zu beachten. Eine klare Zieldefinition („Was will man mit der Implementierung eines Clubs erreichen?") ist bedeutsam, hängen doch die Wirkungsmechanismen der zur Auswahl stehenden Clubkonzepte sehr stark von den zugrundeliegenden Zielsetzungen ab. Neben dem dominierenden Ziel der Kundenbindung und der damit angestrebten langfristigen Gewinn- und Substanzsicherung des Unternehmens stehen die Gewinnung neuer Kunden, die Erhöhung der Kaufintensität und die Erzielung positiver Kommunikationseffekte im Mittelpunkt derartiger Bindungskonzepte. Des Weiteren gilt es die Zielgruppe/n zu bestimmen und die Motivstrukturen der betreffenden Kundensegmente zu ermitteln, um die Grundkonzeption eines Clubs festzulegen. Bei offenen Clubs sind dabei mehrschichtige Mitgliederebenen denkbar, die in Abhängigkeit von erzielten Kundenumsätzen, unterschiedliche Kundenkategorien und Clubleistungen ermöglichen. So teilt das Starwood Preferred Guest Programme die Kunden in Preferred, Gold und Platinum, während das Hilton Honours Progamm vier Karten- bzw. Kundenstufen kennt (Blue, Silver, Diamond, Gold Membership). So können für jede Kategorie zielgruppengerechte Leistungen angeboten werden, wobei der unterschiedliche Umfang der Leistungen durch den Umfang der Gegenleistung des Kunden gerechtfertigt wird. Dieses System ist jedoch nicht uneingeschränkt auf geschlossene Clubs übertragbar. Diese könnten zwar über unterschiedlich hohe Beiträge eine ähnliche Kunden- und Leistungsdifferenzierung anstreben, es könnte jedoch nicht zwangsläufig davon ausgegangen werden, dass die Kunden, die den höchsten Mitgliedsbeitrag zahlen, automatisch zu den besten Kunden zählen. Hier müssten zusätzliche Elemente berücksichtigt werden (Bonussysteme, spezielle Eintrittsvoraussetzungen), will man sicherstellen, dass nur die besten Kunden auch in den Genuss der entsprechenden Privilegien gelangen.

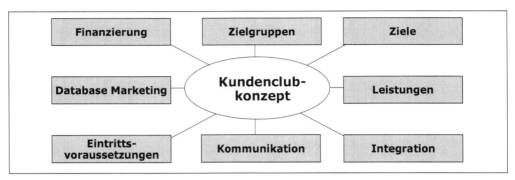

Abb.E.50:   Elemente eines Clubkonzeptes
             Quelle: Butscher 1998, S.91

Neben der Festlegung der *Clubziele* und der anvisierten *Zielgruppen*, besteht das Grundkonzept eines Kundenclubs nach HOLZ/TOMCZAK aus drei Kernelementen: den Eintrittsvoraussetzungen, den Clubleistungen und der Cluborganisation. Während durch die Bestimmung der *Eintrittsvorausetzungen* festgelegt wird, inwieweit der Kundenclub einen Selektionseffekt haben soll, ist die Auswahl der (richtigen) Leistungen der Haupterfolgsfaktor, da sie für den Kunden einen Mehrwert im Sinne eines Zusatznutzens verkörpern müssen, damit das anvisierte Kundensegment über das zusätzliche Wertangebot zufriedengestellt bzw. begeistert wird. Hier lassen sich mit der Dauer, den Kosten und der Grundleistungsnähe der Leistungsmerkmale grundsätzlich *drei Dimensionen des Leistungsangebots* unterscheiden (Holz/Tomczak 1998, S.67ff.).

Bezüglich der *Dauer des Leistungsangebots* lassen sich zeitlich befristete und konstante Angebote unterscheiden. Zeitlich begrenzte Angebote können bspw. günstige ‚Weekend Specials/Packages‘ oder andere Pauschalangebote sein, die häufig der Kapazitätsauslastung zu Nebenzeiten oder als Marketinginstrument für eine Neueröffnung dienen. Konstante Angebote sind solche Leistungen, die immer zur Verfügung stehen, wie etwa die kostenfreie Nutzung des Flughafen Shuttle Services. Clubleistungen können dabei entweder kostenlos in Anspruch genommen werden (Inklusivleistungen), oder sie sind jeweils bei der Inanspruchnahme zu bezahlen (Exklusivleistungen). Beispiel hierfür ist das Angebot zur Nutzung eines nahegelegenen Golfclubs. Entweder kann der Kunde über die Mitgliedsgebühr des Kundenclubs den Golfplatz unentgeltlich nutzen, oder er erhält aufgrund seiner Mitgliedschaft bei einem Kundenclub unter Umständen nur die Berechtigung, den Platz zu nutzen.

Die Unterscheidung in *grundleistungsnahe und -ferne Clubleistungen* bedeutet, dass die Angebote entweder eng mit der Hotelleistung im Zusammenhang stehen oder jedoch völlig unabhängig davon bestehen können (Abb.E.51). Grundleistungsnahe Angebotsbestandteile sind in der Hotellerie solche Leistungen, die vom Hotelunternehmen selbst angeboten werden, wie etwa die Möglichkeit eines verfrühten Check-in bzw. verspäteten Check-out, der kostenfreien Nutzung des Fitness Centers, Upgrades etc. Grundleistungsferne Angebotsbestandteile sind Leistungen, die Vergünstigungen über den Leistungskern der Beherbergung hinaus ermöglichen. So kann ein Kundenclub Vereinbarungen mit Autovermietungen treffen, bei denen Rabatte gewährt werden oder mit speziellen Restaurants, in denen die Clubmitglieder bevorzugt behandelt werden. Der Gestaltungsfreiraum der leistungsnahen/-fernen Angebotsbestandteile ist je nach Zielsetzung nahezu unbegrenzt, wobei auf eine Ausgewogenheit zwischen leistungsnahen und leistungsfernen Angebotsbestandteilen zu achten ist. Des Weiteren ist zu berücksichtigen, dass auch die grundleistungsfernen Bestandteile immer mit der angestrebten Markenpositionierung und dem Unternehmensimage des Hotels bzw. der Hotelkette übereinstimmen müssen.

Grundleistungsnahe Leistungen	Grundleistungsferne Leistungen
• Bevorzugte Reservierung und Wartelistenpriorität • Verfrühter Check-in, verspäteter Check-out • Wilkommensgruss des Hoteldirektors, etc. • Zimmer-Upgrades • Wochenend-Packages, Pauschalangebote zu Veranstaltungen(z.B. zur Formel 1) • Kostenfreie Internetnutzung im Hotel • Kostenfreie Nutzung der Hotel-internen Anlagen (Golfplatz, Tennisplatz, Wellness- • Einrichtungen, etc.) • Kostenfreier Flughafentransfer • Kostenfreie Buchungshotline etc. • ...	• Internationaler Veranstaltungskalender: Ticketservice, Einladung zu eigenen Veranstaltungen) • Nutzung des Club Service Centers als persönliche Reisedienststelle bzw. Reisebüro (Buchung von Flügen, Mietwagen, Reiseversicherungen, Organisation von eigenen Veranstaltungen wie Konferenzen,Seminare..) • Theater-, Restaurantreservierungen, Gästeliste-Service • Flughafen-Loungebenutzung, je nach Vereinbarung eventuell auch inklusive • Nutzung der örtlichen Sporteinrichtungen wie Fitness, Tennis, Golf etc., je nach Vereinbarung eventuell auch inklusive • ...

Abb.E.51:   Beispielhaft ausgewählte grundleistungsnahe/-ferne Bestandteile eines Clubkonzepts

Informationsmanagement, Finanzierung und Kommunikation stellen dabei wesentliche Aufgabenbereiche dar, die im Rahmen der **Cluborganisation** auszugestalten sind. ‚*Herzstück*' der Cluborganisation ist dabei ein Informationsmanagement, das auf Basis der oben skizzierten IT-gestützten Datenverarbeitung (CRM/DBM), einen Informationsaustausch zwischen den beteiligten Marktpartnern (Hotel, Kunde, Partnerunternehmen) erlaubt. Zur Abwicklung der Clubleistungen und der Clubkommunikation kann das operationale Zentrum des Kundenclubs organisatorisch entweder als internes oder externes **Call Center, Customer Service bzw. Customer Care Center** dargestellt werden. Über eine solche organisatorische Drehscheibe erfolgt im Zuge der clubinternen Kommunikation auch die Aufbereitung und Bereitstellung von Informationen über Clubleistungen, aktuelle Aktivitäten, spezielle Veranstaltungsangebote und Ähnliches mehr. Im Vorfeld der Entscheidungen über die Entwicklung und Umsetzung eines Clubkonzeptes gilt es, die Kosten- und Erlösquellen des geplanten Clubkonzeptes transparent zu machen. Auf Ausgabenseite sind dabei die Kosten der Clubvorbereitung, der Mitgliederakquisition, der Mitgliederverwaltung, des Service Centers sowie die Kosten spezifischer Clubleistungen zu berücksichtigen. Auf der Erlösseite hingegen können die Einnahmequellen – über die Jahresbeiträge und die einmaligen Aufnahmegebühren hinaus – je nach Ausgestaltung des Clubkonzeptes vielschichtig sein (z.B. Provisionsgelder von Partnerunternehmen, Cross Selling Erlöse, Erlöse aus Adressvermittlungen, Eintrittsgelder aus Clubveranstaltungen etc.). Auch wenn viele Kundenclubs dabei nicht unbedingt kostendeckend arbeiten, so sind sie doch oftmals wesentlicher Bestandteil eines umfassenden Marketingkonzepts und werden als solche durch Einnahmen aus anderen Bereichen subventioniert.

Die *Sinnhaftigkeit und Wirtschaftlichkeit von Kundenbindungsprogrammen* in der Ketten- wie Kooperationshotellerie wird in der Literatur zunehmend kritisch betrachtet (Rück 2009, Nunes/Dréze 2006; Krafft et al. 2002). Den Hauptkritikpunkt sieht RÜCK in der mangelnden Wirtschaftlichkeitsorientierung zahlreicher Programme und konkretisiert dies wie nachfolgend dargestellt (Rück 2009, S.516; S.530 sowie die dort angegebene Literatur):

- Bonusprogramme taugen zumindest in der Konzernhotellerie kaum noch zur Differenzierung vom Wettbewerb. Auch ist zweifelhaft, ob sie noch eine Bindungswirkung entfalten, wenn inzwischen so gut wie alle Hotels ähnliche Programme mit austauschbaren Leistungen anbieten; wahrscheinlicher ist, dass Vielreisende gleichzeitig an mehreren Programmen teilnehmen und bei allen Anbietern Boni kassieren. Des Weiteren verzichten viele Programme auf alle Eingangshürden, damit der Kunde schon vom Zeitpunkt der ersten Übernachtung möglichst schnell zu Bonuspunkten kommt. Angesichts solcher Großzügigkeit steht zu befürchten, die Hotelunternehmen könnten sich gegenseitig überbieten mit Wertgeschenken an den Kunden, für die dieser kaum noch eine Gegenleistung zu erbringen hat, und dadurch eine Abwärtsspirale der Gewinnvernichtung in Gang setzen – zumal bekannt ist, dass Preisnachlässe nicht geeignet sind, Kunden langfristig zu binden, wohl aber, diese zu „Schnäppchenjägern" zu erziehen.
- Umsatz wird in der Hotellerie offenbar für wichtiger gehalten als Deckungsbeitrag und Auslastung für wichtiger als Gewinn. Weil aus dieser Perspektive jeder Hotelgast als guter Kunde gelten muss, mangelt es vielen Bonusprogrammen der Hotellerie an entsprechender Fokussierung. Bei den Zielgruppen wäre unter Kostengesichtspunkten eine klarere Schwerpunktsetzung anzuraten; eine Bonifizierung von Geschäftskunden scheint grundsätzlich bedenklich, überlegenswert wäre hingegen eine stärkere Konzentration auf die Beeinflusser in den Unternehmen.
- Kundenbindungsprogramme sollten nicht darauf zielen, alle Kunden unterschiedslos zu binden, sondern nur die wertvollen. Kundenbindung ist schließlich kein Selbstzweck. Die Hotellerie setzt zwar Kundenwertanalysen ein, nichtsdestotrotz sind vor allem in Bezug auf die Analyse des gesamten Kundenlebenszyklus Optimierungspotentiale zu sehen. Unter Wirtschaftlichkeitsaspekten wäre es beispielsweise sinnvoll, den Zugang zu den Leistungen von Bonusprogrammen stärker nach dem Kundenwert zu regulieren und bestimmten Kundenwertstufen bestimmte Leistungen exklusiv zuzuordnen. Heute jedoch gilt für die meisten Kundenbindungsprogramme der Hotellerie: „Aussortieren ist gerade nicht das Ziel", und so folgen viele Kundenbindungsprogramme dem unwirtschaftlichen Grundsatz „Rabatt für alle!"
- Am deutlichsten zeigt sich die mangelnde Wirtschaftlichkeitsorientierung in der weit verbreiteten Unkenntnis der Kosten der eigenen Bonusprogramme; ein entsprechender Befund von Krafft et al. (2002) konnte durch die vorliegende Untersuchung tendenziell bestätigt werden. Zudem ist festzustellen, dass die Hotellerie die Kosten ihrer Bonusprogramme systematisch zu niedrig einschätzt; die Erlösschmälerungen durch Boni gelten kaum als Kosten des Bonusprogramms, obwohl sie durch dieses verursacht sind. Erlösschmälerungen wären natürlich gegen Mehrerlöse aus dem Bonusprogramm aufzurechnen, wobei nicht verhehlt werden soll, dass hier ein Zurechnungsproblem besteht, auf dessen Lösung die Forschung künftig mehr Aufmerksamkeit verwenden sollte.

Um die Frage nach der Wirtschaftlichkeit von Kundenbindungsprogrammen in der Hotellerie abschließend beantworten zu können, bedarf es jedoch weitergehender Analysen, sowohl was die konkreten Kosten solcher Programme anbelangt als auch hinsichtlich des konkreten Nutzens dieser Programme für die Hotelkunden.

3.5.2   Kundengerichtete Dialog- und Kommunikationsformen

Maßnahmen der Kommunikationspolitik werden mit dem Ziel eingesetzt, in einen strukturierten und aktiv gestalteten Dialog mit dem Kunden zu treten. Kommunikationsansätze lassen sich dabei grundsätzlich auf der Basis *kontinuierlicher und diskontinuierlicher Kommunikationsformen* entwickeln (Raabe 1993, S.148ff.), unabhängig davon ob sie in konventioneller (offline) oder elektronischer (online) Form erfolgt. Unter kontinuierlichen Instrumenten des Anbieter-/Nachfragerdialoges versteht man *institutionalisierte und zentralisierte Formen der Kommunikation*, deren Aufgabe darin besteht, im Rahmen fest verankerter, organisatorischer Strukturen dem Kunden eine Kommunikationsmöglichkeit zum Unternehmen zu eröffnen, um dadurch zu kundenbezogenen Informationen über die Stärken und Schwächen der angebotenen Leistungen zu gelangen (z.B. Beschwerdemanagement, Servicenummern, Beratungstage).

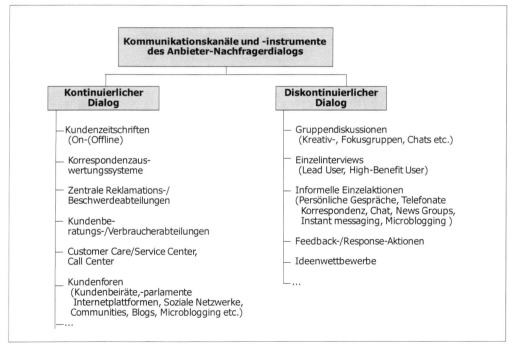

Abb.B.52:   Ausgewählte kundengerichtete Dialogformen und -instrumente

Projektbezogene oder fallweise Dialoginstrumente kommen im Zusammenhang mit isolierten Einzelvorhaben bzw. Problemstellungen zur Anwendung und ermöglichen es dem Unternehmen relativ kostengünstig, kundenseitige Interessen und Bedürfnisse zu erheben sowie sie es dem Kunden erlauben, mit konkreten Ideen, Wünschen und Kritik an das Unternehmen heranzutreten. Insbesondere interaktive Kommunikationsformen und die neuen Möglichkeiten der elektronischen Kontaktaufnahme bieten zahlreiche Ansatzpunkte zur Dialoggestaltung (konventionelle/elektronische E-Mailings, Events, Kundenforen, Soziale Netzwerke, Weblogs, News Groups, Chats, Online Communities). Je nach Zielsetzungsschwerpunkt kann es sich bei den verschiedenen Dialogformen entweder um problemlösungsorientierte, strukturierte Gruppensitzungen handeln oder aber um informelle Foren, die einen allgemeinen, unstrukturierten Informationsaustausch zwischen Unternehmen und Kunden ermöglichen (z.B. Blogs, Microblogging, Chats, Foren). Erstere können als traditionelle oder als Online-Kreativ- oder Fokusgruppen unter Einsatz spezifischer Moderations- und Diskussionstechniken zur Ideengeneration im Zuge der Planung, Modifikation oder Verbesserung von Produkt- bzw. Dienstleistungskonzepten beitragen.

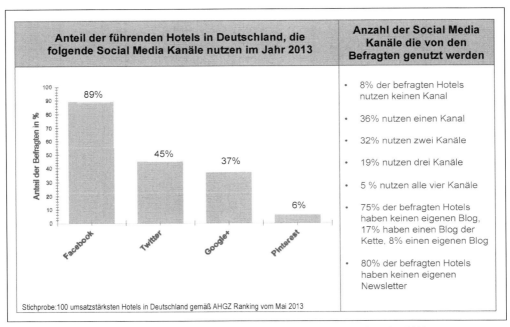

Abb.E.53:   Social Media Nutzung der 100 umsatzstärksten Hotels in Deutschland im Jahre 2013
            Quelle: Eventsofa 2013

Die unter dem Stichwort des **Web 2.0** beschriebene technologische Weiterentwicklung des Internet hat in der jüngeren Vergangenheit zu einer bedeutsamen Erweiterung der kundenbezogenen Dialogmöglichkeiten von Hotelunternehmen geführt, wobei hier insbesondere im **interaktiven Kommunikationsspektrum** von Unternehmen weitreichende neuartige Gestaltungsalternativen zu konstatieren sind, ein Tatbestand, der auch unter dem Stichwort **Online-CRM** thematisiert wird. Ohne hier umfassend auf die zahlreichen Kommunikationsinstrumente im interaktiven Echtzeitalter des Internet eingehen zu können (Siehe hierzu auch Kapitel F.4.2.2) zeigen aktuelle Studien, dass sich der Entwicklungsstand und die Anwendung dialogbezogener Onlineinstrumentarien in der Hotellerie, gemessen an den technischen Möglichkeiten, nach wie vor noch auf einem sehr niedrigen Implementierungsniveau bewegt (Eventsofa 2013; IHA 2014,S.252; Schmidt et al. 2007; Bai et al. 2006; Chiang 2005)

(Abb.E.53). Während Instrumente wie E-Mail sowie Feedback- bzw. Kontaktformulare zum Standardrepertoire auf den Websites der Ketten- und Individualhotellerie gehören, werden Blogs, Live-Chats, Foren, Communities oder Voice over Internet Protocol (VoIP) eher seltener als interaktive Dialogmöglichkeiten angeboten. In einer differenzierten Betrachtung konstatieren die o.g. Studien allerdings übereinstimmend, dass die Qualität und Quantität der eingesetzten Kommunikationsinstrumente stark mit der Unternehmensgröße und der Kettenzugehörigkeit korreliert. Individualhotels nutzen oftmals die Möglichkeiten der Kundenbetreuung in Echtzeit nur in vergleichsweise geringem Ausmaß und weisen daher aktuell ein erheblich niedrigeres Online-Dialog- und Beziehungsniveau auf als die Kettenhotellerie.

*Die Hotelkette **Best Western** ist dazu übergegangen, ihre Kundenkommunikation stärker mit dem Kunden zu vernetzen. So können Kunden sich ein Programm von der Unternehmensseite herunterladen, ein sog. Widget, das in der Folge unabhängig von einem Besuch der Best Western Website genutzt werden kann. So werden über das Programm News, Reisetipps und Sonderangebote direkt auf dem Desktop sichtbar gemacht. Der Nutzer kann diese Daten durch Hinterlegung personenbezogener Informationen entsprechend auf sich zuschneiden (Kasavana 2008, S.122f.).*

*Die Hotelkette **Marriott** hat als eines der ersten internationalen Hotelunternehmen ein Corporate Blog namens „Marriott on the Move" implementiert, indem Bill Marriott der Chairman & CEO von Marriott International in regelmäßigen Abständen bestimmte Themen anspricht, die auch von den Lesern des Blogs kommentiert werden können.*

Informelle Kundenplattformen, als eine Form des diskontinuierlichen Dialoges, sind in verschiedenen Erscheinungsfacetten denkbar und in einer Vielzahl von Branchen bereits weitgehend praktizierte Realität. So kann bspw. ein Anbieter über persönliche Gespräche eine Form des ungestalteten Dialoges mit den Kunden pflegen; dieser kann insbesondere bei persönlichkeitsintensiven Dienstleistungen entsprechende Bedeutung für die Zufriedenheit und das Loyalitätsempfinden des Kunden haben. Hier sei bspw. an das persönliche Kundengespräch des Hoteldirektors mit dem Hotelgast gedacht, dass nicht unwesentlichen Einfluss auf die Beurteilung der Hotelleistung durch den Kunden haben kann. Die Zielsetzung informeller Kundenkontaktplattformen wie Kundenbeiräten, -parlamenten oder Gesprächskreisen liegt in dem direkten und unverfälschten Dialog mit dem Abnehmer bzw. Anwender von Unternehmensleistungen/-produkten (Kotler et al. 2006, S.326; Flanagan/Fredericks 1993, S.244). Informelle Kundenkontaktplattformen sind dabei auch in kontinuierlicher, institutionalisierter Form denkbar, so dass die obige Abgrenzung an dieser Stelle nicht ganz trennscharf ist, aber aus Praktikabilitätsgründen aufrecht gehalten werden soll.

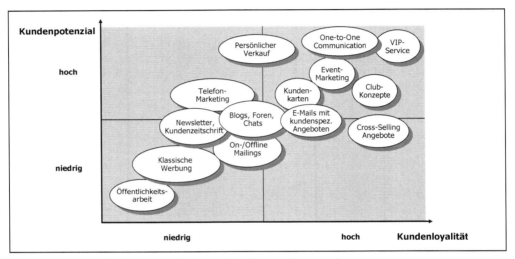

Abb.E.54:   Ausgewählte kundenspezifisch gestaffelte Kommunikationsmaßnahmen

Die Steigenberger-Gruppe hatte in der Vergangenheit bspw. für ihre verschiedenen Häuser Kundenplattformen wie Kundenbeiräte, gastronomische Kreise oder spezielle Zirkel (z.B. Weinkomitees) fest etabliert, in denen interessierte Kunden in einen Dialog mit Fachexperten oder Mitgliedern der Unternehmensführung treten können (Przybilski 1994, S.422). Das Individualhotel Schindlerhof in Nürnberg betont ebenfalls die Bedeutung eines informellen Austauschs zwischen Abteilungsleitern und Kunden, der neben dem persönlichen Kontakt beim Gastbesuch vor Ort, insbesondere durch die jährlich stattfindende Sekretärinnenparty (als Meinungsbildner/Mittler) sowie die regelmäßige Veranstaltung (alle 1–2 Jahre) von sog. „Big Events‘ mit ca. 500–1000 Stammgästen, Stammlieferanten und Geschäftsfreunden gefördert wird (Schindlerhof 1999). Deren Anregungen und Informationen liefern nicht nur einen wichtigen Beitrag zur Beurteilung der Leistungsqualität des Hotelunternehmens, sondern können über das direkte Zusammenwirken von Management und Kunden die Einsichten in Kundenerwartungen und -probleme vertiefen und so dem bereits konstatierten Verlust an Kunden- bzw. Marktnähe der Unternehmensführung entgegenwirken. Welche Maßnahmen der Kommunikation eingesetzt werden ist letztlich eine Kosten-/Nutzenabwägung, wie sie im Zuge eines systematischen Kundenstruktur- und Kundenbindungsmanagement kontinuierlich zu treffen ist. Eine *Staffelung kommunikativer Maßnahmen* im Rahmen einer Kundenbindungsstrategie in Abhängigkeit vom jeweiligen Kundenwert (Kundenpotenzial und Kundenloyalität) zeigt beispielhaft Abb.E.54.

Big Data CRM – eine praxisorientierte Herangehensweise für die Implementierung eines Kundenbindungssystems in der Hotellerie

Michael Toedt

Einführung

Mit dem Thema Kundenbindung beschäftigt sich so gut wie jedes Unternehmen. Gerade in einer kunden- und serviceorientierten Branche wie der Hotellerie scheint es selbstredend zu sein, dass die Erhöhung der Kundenloyalität eine der zentralen Ziele des Managements ist. Nur wenige Hotelgesellschaften oder Einzelhotels betreiben jedoch ein strategisch aufgebautes, intelligentes und umfassendes Kundenbindungssystem. Gerade vor dem Hintergrund ständig steigender Vertriebskosten in Form von Provisionen an Online-Reisebüros, sollte das Thema CRM ganz oben auf der Agenda stehen. Der Auslastung eines Unternehmens sind letztlich Grenzen gesetzt und entsprechend wichtig ist es hohe Deckungsbeiträge zu erwirtschaften. Doch die Margen sind in den letzten Jahren immer mehr gesunken und werden auch weiterhin sinken, da der Anteil provisionspflichtiger Buchungen weiter zunehmen wird. Aus diesem Grund spielt der Direktvertrieb für die Profitabilität eines Hotels eine besonders wichtige Rolle und das CRM ist ein zentrales Mittel des so wichtigen Direktvertriebs. Denn loyale Kunden tendieren nicht nur dazu mehr als der Durchschnittsgast auszugeben, loyale Kunden buchen größtenteils auch direkt. Der Gründe hierfür liegen in der vorhandenen Produktkenntnis und dem Vertrauen des Gastes gegenüber dem Hotel.

Die Voraussetzungen für die Einführung von Customer Relationship Management, kurz CRM, ist in kaum einer Branche besser als in der Hotellerie. Denn fast nirgends liegen so viele Informationen über den Kunden vor wie in der Hotelbranche. Von der Adresse, über die Vorlieben und Interessen, bis hin zu den Einkommensverhältnissen kann direkt oder indirekt fast alles ermittelt werden. In anderen Branchen müssen z. B. über Loyalty-Karten, diese Daten erst teuer erkauft werden. Diesen Vorteil sollte das Management nutzen. Hinzu kommt die fast flächendeckende Digitalisierung des Alltags und der Kommunikation. Jedes Jahre entstehen immer größere Datenberge, die eine allumfassende Qualifizierung des Gastes an Hand von verhaltensbezogenen und transaktionsbezogenen Daten zulassen. Gleichzeitig steigt hierdurch allerdings auch die Komplexität, wodurch immer höher werdende Anforderungen an das Management gestellt werden, was die Einführung und den Betrieb eines umfassenden CRM Systems anbelangt.

Dieser Artikel behandelt die Frage, wie Customer Relationship Management im Big Data Umfeld praxisorientiert und auf die Hotellerie zugeschnitten implementiert werden kann, um so einen nachhaltig positiven Einfluss auf die Wertentwicklung und Wirtschaftlichkeit des jeweiligen Unternehmens zu nehmen. Aus ökonomischer Sicht beeinflussen die folgenden werttreibenden Faktoren das Betriebsergebnis positiv in Korrelation mit einer steigenden

Kundenbindung und so können diese Faktoren zu einer Verbesserung des Betriebsergebnisses von bis zu 85% führen:

- Verringerung von Akquisitionskosten
- Steigende Deckungsbeiträge durch Wiederholungskäufe
- Sinkende Administrationskosten
- Regression der Preissensibilität mit zunehmender Anzahl der Aufenthalte
- Neukundengewinnung durch aktives Empfehlertum

CRM ist heute eng verflochten mit dem Thema Big Data. Je mehr Daten zentral zur Verfügung stehen, desto größer ist das vorhandene Kundenwissen ohne das ein qualitatives CRM nicht möglich ist. Gleichzeitig entsteht durch den vorhandenen Datenpool eine Basis für eine nachhaltige Entscheidungsfindung. Neben den bereits vorab genannten positiven Einflussfaktoren auf das Betriebsergebnis, sind somit auch gezielte Produkt- und Serververbesserungen als Werttreiber zu nennen.

Definition von CRM

Die Ansätze von CRM sind vielfältig und reichen von der Mitarbeiterorientierung, über die Erhöhung der Produktqualität bis hin zu Kundenkarten. Generell lassen sich die verschiedenen CRM-Ansätze primär den verschiedenen Unternehmensbereichen zu gliedern. Diese Bereiche sind die Operations, das Marketing und der Vertrieb. Während es im CRO (Customer Relationship Operations) primär um den Punkt der Serviceverbesserung geht, steht im Sales der 1 zu 1 Kontakt zwischen Vertriebsmitarbeiter und Firmenkunde im Fokus. Beim Thema CRM (Customer Relationship Marketing) hingegen dreht sich der primäre Fokus um die Kommunikation im Verhältnis 1 zu n. Die Unterteilung von CRM in die unterschiedlichen Unternehmensbereiche ist gerade vor dem Hintergrund der Erwartungshaltung durch das Management von Bedeutung. Basierend auf den Erfahrungen von Toedt, Dr. Selk & Coll. läßt sich feststellen, dass das Management von Hotelgesellschaften auch heute noch größtenteils kein umfassendes Wissen über CRM besitzt. CRM soll deshalb folgendermaßen definiert werden:

„CRM ist die Pflege bzw. der Aufbau von Kundenbeziehungen mit dem Ziel, die Kundenausgaben beim eigenen Unternehmen zu erhöhen und somit den Lifetime Value zu steigern. CRM ist dabei kein einzelnes Projekt, sondern eine Unternehmens-Strategie in dessen Mittelpunkt der Kunde und insbesondere die Steigerung der Rendite stehen. Customer Relationship Management ist somit eine ganzheitliche Form der Unternehmensführung."

Hierbei sind zwei Punkte entscheidend: CRM sollte als ein ganzheitlicher Ansatz verstanden werden und CRM richtet sich nicht an alle, sondern nur an deckungsbeitragsstarke Kunden und solche mit einem hohen Potenzial. CRM ist somit kein Selbstzweck zur Serviceverbesserung sondern der gezielte Einsatz von Ressourcen vor dem Hintergrund einer nachhaltig angestrebten Verbesserung der Wirtschaftlichkeit eines Unternehmens.

Somit wird auch deutlich, dass der Begriff Loyalität grundsätzlich mit dem Wiederkaufsverhalten eines Gastes verbunden ist. Es gibt zwar auch Ansätze die weiche Faktoren wie die Bereitschaft zur Weiterempfehlung oder zu höheren Preisen in die Definition von Loyalität mit einbeziehen (siehe hierzu American Customer Satisfaction Index oder Swedish Customer Satisfaction Index), letztlich werthaltig sind jedoch nur das harte und nachweislich messbare Wiederkaufsverhalten.

Wie entsteht Kundenbindung?

In der Hotellerie liegt der Fokus der Kundenbindung überwiegend in der Aufenthaltsphase des Gastes und somit bei der eigentlichen Leistungserbringung. Nicht faktische Bindungsursachen wie Firmenverträge oder die besondere Lage sondern emotionale, produktgebundene Bindungsursachen sollen den Kunden an das Unternehmen binden. Im Zeitraum zwischen An- und Abreise soll der Gast so überzeugt vom Produktpaket werden, dass seine Affinität dahingehend beeinflusst wird, dass es zu einer Steigerung des Loyalitätsgrades durch eine positive Diskonfirmation der Erwartungen kommt. Manche Unternehmen setzen dabei verstärkt auf den Faktor Mensch, andere auf Design, Ausstattung, Lage, Service, Preis oder Angebote. Allen gemein ist das Bestreben, den Gast aus einem Indifferenzbereich zu holen. Hintergrund hierfür ist die Annahme, dass begeisterte Kunden eher zu Wiederholungskäufern transformiert werden können als lediglich zufriedene.

„Ist der Gast von der Unternehmensleistung begeistert, entsteht in der Regel eine emotionale Bindung, bei der ein Wechsel des Kunden jederzeit möglich ist, jedoch aufgrund persönlicher Präferenzen ausbleibt."[2]

Bleibt der Gast in einer Indifferenzzone, ist also „lediglich" zufrieden mit der in Anspruch genommenen Leistung, so verlässt er mit einer sehr hohen Wahrscheinlichkeit das Hotel, ohne zu einem späteren Zeitpunkt wieder zurückzukehren. Die Hotellerie ist u.a. durch ihre Standortgebundenheit von einer hohen Einmalbucherrate gekennzeichnet. In aller Regel kehren 8 von 10 Gästen einem Hotel nach dem ersten Aufenthalt den Rücken. Dies kann natürlich je nach Hotelart, Destination oder Zielgruppe entsprechend variieren.

Die wichtigsten Zielgruppen

Neben der Gewinnung neuer Wiederholungskäufer ist der Erhalt von Stammgästen von zentraler Bedeutung für ein Werte schaffendes Customer Relationship Management. Im Schnitt verlieren Unternehmen 20% der loyalen Kunden pro Jahr und dies in aller Regel ohne es zu merken. Haben Stammkunden dem Hotel den Rücken zu gewandt, so wird meist nichts unternommen, um diese zu reanimieren. Laut verschiedenen Studien betreiben gegenwärtig nur die wenigstens Unternehmen ein systematisches Kundenrückgewinnungsmanagement.

Dieses Faktum verdeutlicht, dass ein ganzheitliches Customer Relationship Management sich nicht auf den eigentlichen Gastaufenthalt beschränken darf. CRM bedeutet auch eine umfassende Datenanalyse und Gastkommunikation. CRM lässt sich somit in die Bereich vor, während und nach dem Aufenthalt unterteilen und begleitet den Gast während der gesamten Customer Journey.

Die besondere Bedeutung der Kommunikation bei der Kundenbindung im touristischen Sektor

Das operative CRM, der Bereich, der primär auf den Gastaufenthalt fokussiert ist, muss wie bereits beschrieben bei einem ganzheitlichen Ansatz durch ein kommunikatives CRM Konzept ergänzt werden. Speziell letzteres, nämlich die Kommunikation ist im Tourismus von

---

[2] Bruhn, M./Homburg, Chr. (2000): Kundenbindungsmanagement – Eine Einführung in die theoretischen und praktischen Problemstellungen, S. 10f., in: Bruhn, /M. Homburg, Chr. (Hrsg.): Handbuch Kundenbindungsmanagment.

besonderer Bedeutung. Hierfür sprechen die Immaterialität und Ortsgebundenheit eines touristischen Produktes, kombiniert mit der ständigen Reizüberflutung unserer Gesellschaft mit Werbebotschaften über Zeitungen, Werbetafeln, Radio, TV und Internet, um nur einige Kanäle zu nennen. Bis zu 10.000 Werbebotschaften prasseln so täglich auf die Konsumenten herein.

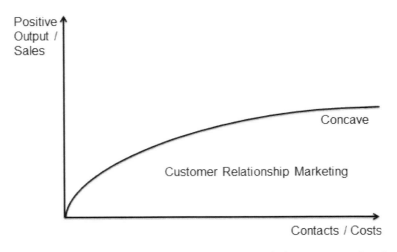

Um in diesem Umfeld als Unternehmen nicht in Vergessenheit zu geraten, ist eine kontinuierliche Kundenkommunikation unumgänglich. Studien haben in diesem Zusammenhang einen klaren Zusammenhang zwischen Kommunikation und Loyalität ermittelt. Die Kommunikation spielt neben der Zufriedenheit mit dem Produkt sogar die wichtigste Rolle wenn es um das Thema Loyalität geht. Dabei wirkt Kommunikation im Bereich CRM anders als in der klassischen Werbung. Während im Werbeumfeld eine Reaktion des Empfängers in der Regel erst nach einer gewissen Anzahl von Werbemaßnahmen messbare Resultate liefert, was mit den notwendigen Lerneffekten einer Werbebotschaft zusammenhängt, zeigt die Kommunikation mit Bestandskunden von Beginn an positive Ergebnisse.[3] Während also die Response-Funktion in der klassischen Werbung S-förmig ist, ist sie im CRM von einem konkaven Verlauf gekennzeichnet. Interessant in diesem Zusammenhang ist, dass auch bei Langzeitstudien kein Boomerang Effekt durch eine Überkommunikation festgestellt werden konnte. Die Effekte in Form von generierten Buchungen flachten zwar ab, ein negativer Einfluss einer intensiven Kundenkommunikation konnte jedoch nicht festgestellt werden. Die konkave Form der Response-Funktion lässt sich dadurch erklären, dass keine Lerneffekte generiert werden müssen um Buchungen zu initiieren. Die Hauptfunktion der Kommunikation im CRM ist somit das Generieren von Erinnerungseffekten. Gerade im Umfeld der zunehmenden Medienüberlastung lässt sich feststellen, dass ohne eine direkte und kontinuierliche Kommunikation mit dem Kunden die Erinnerungen zunehmend schneller verblassen, keine Bedürfnisse geweckt werden, keine Buchungsimpulse entstehen und somit letztlich die Wiederkäufer-Raten tendenziell sinken. Eine ganzheitliche CRM-Strategie muss somit die gesamte Customer-Journey abdecken und darf nicht auf den Gastaufenthalt beschränkt sein.

---

[3]   Vgl. 9. Toedt M. (2014). 'A model for loyalty in the context of customer relationship marketing'. In "European Scientific Journal", February 2014, PP. 229–236

Kundenbindung beginnt in der Chefetage

Nachdem die Grundzüge von CRM erläutert wurden, wird nachfolgend die praxisorientierte Implementierung von Customer Relationship Management in einem Unternehmen dargestellt. Beginnen sollte CRM immer in der Chefetage. Ohne die klare Verpflichtung des Top-Managements und ein umfassendes Verständnis für die Thematik und deren Komplexität kann eine ganzheitliche Einführung nicht erfolgen. Ist diese Grundvoraussetzung gegeben, so ist der erste Schritt ein CRM-Kick-Off, bei dem das gesamte Top-Management anwesend sein sollte. Ziel ist es, von Beginn an ein gemeinsames Grundverständnis für die Thematik zu schaffen und hierauf aufbauend das Projekt-Team zu bilden. Es empfiehlt sich, das Thema CRM ausgiebigst in all seinen Facetten zu behandeln, um so einen gleichmäßig hohen Wissensstand bei den Entscheidern zu erreichen.

Ist die Basis beim Management gelegt, sollten zunächst die direkten Mitbewerber, anschließend die Marktführer und das eigene Unternehmen umfassend analysiert werden. Basierend auf den Ergebnissen, inklusive der dazugehörigen SWOT-Analyse, kann anschließend eine klare Definition des Begriffs CRM für das eigene Unternehmen erfolgen. Da CRM fast allumfassend ist und der Fokus sehr unterschiedlich sein kann, sollte das Management eine klare Definition vorgeben, was unter dem Begriff Kundenbindung im eigenen Unternehmen verstanden wird. Einhergehend mit der Definition sollte eine Visionserstellung erfolgen. Hierauf basierend kann eine Umsetzungsstrategie entwickelt und klare Ziele abgeleitet werden, die gleichzeitig als Mile-Stones fungieren sollten.

Bereiche von CRM

Investitionen in die Kundenbindung sind Investitionen in die 7 P's des Dienstleistungsmarketings (Produkt, Price, Place, Promotion, People, Physical Evidence & Processes). Somit wird auch deutlich, dass CRM eine ganzheitliche Art der Unternehmensführung darstellt. Bei allen Vorhaben sollte dabei immer beachtet werden, dass mindestens eines der drei folgenden Ziele verfolgt wird, die eine Investition rechtfertigen:

- eine Verbesserung der Umsatz- und Gewinnsituation
- und/oder Kosteneinsparungen
- und/oder Informationsgewinnung

Big Data – die Basis für CRM

Big Data bezeichnet die intelligente Nutzung der immer größer werdenden Datenberge die tagtäglich entstehen. So verdoppelt sich die vorhandene Datenbasis derzeit ca. alle 20 Monate und bis zum Jahr 2020 wird die Menge an Daten um das fünfzigfache des Jahres 2010 steigen. Dieses vorhandene Datenkapital gilt es gewinnbringend zu nutzen. Einen großen Anteil am Erfolg der Online Travel Agents liegt darin begründet, dass diese den Big Data Ansatz z.B von Amazon verfolgen. Hierbei werden sämtliche Daten der Kunden (Buchungs- und Verhaltensdaten) zentral gesammelt, analysiert und für eine zielgerechte Kommunikation genutzt.

Die Basis für ein intelligentes CRM ist also ein aussagekräftiges Profil über jeden einzelnen Gast. Doch hier liegen gerade in der Hotellerie die Schwierigkeiten. In der Hotellerie wurde bis dato so gut wie nirgends eine gast- oder marketing-orientierte IT-Strategie umgesetzt. Dieser Umstand hat dazu geführt, dass Hotels heute ca. 15 unabhängige Systeme betreiben, in denen relevante Gastdaten gespeichert sind. Dieser Umstand verhindert eine umfassende

Nutzung des vorhandenen Datenkapitals. Diese Datensilos gilt es, in der ersten Stufe zu identifizieren und zu verbinden. Hierzu sollten Manager bei der Ist-Analyse eine entsprechende IT-Map erstellen, in der alle wichtigen Syteme aufgeführt sind und deren Verbindungen zueinander eingezeichnet sind. Ohne eine vernetzte und zentrale Datenhaltung ist CRM nicht nachhaltig umsetzbar.[4] Da es hierbei auch immer zu Rechtfertigungsversuchen von getätigten Investitionen kommt, ist es wie bereits geschrieben wichtig, dass die Geschäftsführung sich des Themas annimmt. Nur wenn die Wichtigkeit einer zentralen IT-Strategie bekannt ist, können auch die notwendigen Veränderungen umgesetzt werden.

Die zentrale Kundendatenbank als Basis für das weitere Vorgehen

Durch Big Data ist eine neue IT-Struktur notwendig. Big Data ist durch 5 Vs gekennzeichnet: Volume, Velocity, Variety, Veracity und Value. Volume steht für die ungeheuren Datenmengen; Velocity für die Anforderung die Daten in nahezu real-time zur Verfügung zu stellen; Variety bezeichnet die Vielzahl von unterschiedlichen Datenquellen; Veractiy beschreibt das notwendige Daten-Qualitäts-Management ohne dass eine Zentralisierung nicht auskommt und Value steht letztlich für die Verlinkung von verschiedenen Datenquellen damit qualitativ hochwertige Schlüsse aus den gesammelten Datenbergen gezogen werden können. Diese 5 Vs zeigen dass die heute im Einsatz befindlichen PMS Systeme keinem Big Data Anspruch gerecht werden können. Eine neue Systemlandschaft ist also notwendig. Die folgende Grafik zeigt den Ansatz, wie z.B. die CRM Software dailypoint 360° das Thema Big Data behandelt.

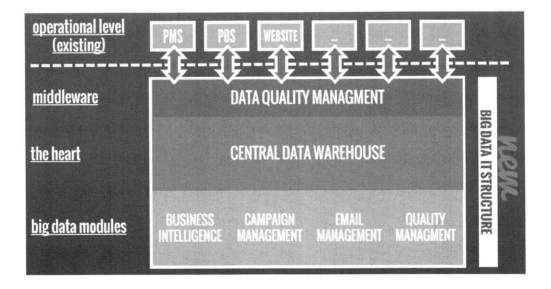

Basierend auf einem umfassenden Datenbereinigungsprozess laufen die Daten aus den verschiedenen operativen System in ein zentrales Data Warehouse. Die derzeit wichtigsten Module die auf die Daten anschließend aufsetzen sind Analyse- und Reportingsysteme (Bu-

---

[4]   Vgl. Toedt M. (2013). ‚ÖHV Leitfaden Kunden-Bindungs-Management'. ÖHV Touristik Service GmbH, Wien

siness Intelligence), ein umfassendes Kampagnen- und Email-Management sowie das Thema Qualitäts- bzw. Fragebogenmanagement. Gerade die Kommunikation bietet dabei neben den Transaktionsdaten eine schier unerschöpfliche Basis für den kontinuierlichen Wissenszugewinn. Durch das Klick- und Surfverhalten können Interessen und Präferenzen impliziert werden. Erst die Verbindung von Kauf- und Verhaltensdaten bringt letztlich ein allumfassendes Gast- und CRM-Profil zum Vorschein.

Die Nutzungsmöglichkeiten einer solchen Datenbasis geht über das herkömmliche, kommunikative CRM weit hinaus. Big Data kann zur Verbesserung bzw. Entwicklung von Produkten und Dienstleistung genutzt werden, Investitionsentscheidungen können hierdurch abgesichert durch objektive Datenanalysen getroffen und so Fehlentscheidungen minimiert werden, der Service kann nachhaltig verbessert und natürlich die Kommunikation komplett individualisiert werden.[5]

Die Bedeutung des Projektmanagements

Von zentraler Bedeutung für die erfolgreiche Implementierung ist die Kompetenz des Projektmanagements. Das Team ist letztlich für die zeiteffiziente Umsetzung der Mile-Stones verantwortlich. Vor diesem Hintergrund sollte darauf geachtet werden, dass die Experten und das Senior Management Hand in Hand zusammen arbeiten. CRM-Manager ist eine Position, die in der Geschäftsführung angesiedelt sein sollte. Zu den Aufgaben des Projektmanagements zählen unter anderem:

- Koordination
- Umsetzung
- Prozessdefinition
- Organisation
- Kommunikation
- Datenschutz
- Controlling

Wichtig in diesem Zusammenhang ist es, die eigene Strategie mindestens alle 6 Monate zu überprüfen und gegebenenfalls neu auszurichten. Das Marktumfeld ist heute so schnelllebig und innovativ, so dass Langzeitstrategien kaum noch von Bestand haben. Vielmehr müssen die Vorgaben kurz- und mittelfristig einem Gesamtziel untergeordnet werden. Der Weg dorthin ist jedoch variabel. Big Data CRM ist somit ein ständiger Lern- und Anpassungsprozess.

KPIs sind unumgänglich

Es ist ratsam für die Einführung klare KPIs (Key Performance Indicators) zu entwickeln und festzulegen. In diesem Zusammenhang gilt wie in vielen Bereichen auch: „You can only manage what you can measure!". Ohne klar definierte Kennzahlen, sind die Ergebnisse der Einführung von CRM nicht messbar. Das Management würde sich der großen Gefahr aussetzen, ohne Planungs- und Kontrollinstrument eine ganzheitliche Unternehmensstrategie zu implementieren, die bei einer Falschausrichtung nachhaltig negative Auswirkungen auf die Wertentwicklung des Unternehmens haben kann. KPIs können sein: Kosteneinsparungen, die

---

[5] Vgl. Toedt M. (2014). 'Big Data – Challenges for the Hospitality Industry'. epubli GmbH, Munich

Entwicklung der Loyalität (Wiederkaufverhalten), Vertriebskosten, Serviceverbesserungen, Gewinn- und Umsatzentwicklung etc.

Die zentrale Kundendatenbank als Basis für das weitere Vorgehen

Von zentraler Bedeutung für eine hohe Erfolgssicherheit ist die Möglichkeit, Entscheidungen auf fundierten Analysen basieren zu lassen. Hierfür notwendig ist die Schaffung einer zentralen Kundendatenbank, in die alle relevanten Informationen aus den verschiedenen Systemen (Reservierungssystem, PMS, Webseite, Beschwerdemanagement, Loyalty Card Programm etc.) einfließen sollten.

Dieses IT-System sollte unter dem Thema Business Intelligence subsumiert werden, auf einer hohen Datenqualität basieren und keinen transaktionsorientierten Fokus besitzen. Die Trennung von operativen und analytischen IT-Systemen ist gegen die Aussage der führenden Softwareanbieter in der Hotellerie sinnvoll. In anderen Branchen ist diese Trennung üblich, so werden auch die Lösungen von SAP nach diesem Ansatz entwickelt. CRM sollte deshalb mit der Implementierung eines Business Intelligence Systems beginnen.

Der Datenschutz sollte von Anfang an beachtet werden

Der Datenschutz ist ein besonderes Thema im Bereich CRM und Big Data, welches oft vernachlässigt wird. Es wirft häufig Fragen und Probleme auf, ohne dass hierdurch ein wirtschaftlicher Zugewinn für das Unternehmen entsteht. Auf der anderen Seite kann die Missachtung der vorhandenen Gesetze die gesamte Umsetzung gefährden bzw. laufende Projekte stoppen. Wichtig in diesem Zusammenhang ist es festzuhalten, dass der Datenschutz in eine technisch-organisatorische und eine rechtliche Komponente untergliedert ist. Ersteres kann relativ leicht durch geschulte Mitarbeiter abgedeckt werden, der rechtliche Aspekt hingegen sollte falls möglich von einem Fachanwalt für Datenschutz und IT-Recht begleitet werden. Der Fachanwalt sollte mit dem Datenschutzbeauftragten Teil eines Projektteams sein.

Fazit: Big Data CRM ist ein Langzeitprojekt

Die zunehmende Digitalisierung des Alltags und das hiermit verbundene Wachstum an Daten wird Unternehmen nachhaltig verändern. Big Data CRM ist kein einzelnes Projekt sondern eine Langzeitstrategie, eine neue, moderne Art der Unternehmensführung. Auch wenn CRM in jedem Unternehmen einen anderen Schwerpunkt haben kann, so ist die intelligente Datennutzung doch überall ein integraler Bestandteil. Wichtig für eine erfolgreiche Implementier ist hierbei, dass die jeweilige Strategie auf das Unternehmen zugeschnitten ist und das Top-Management sich zu 100% diesem Thema verpflichtet. Klar muss aber natürlich sein, dass in der Hotellerie die Basis für Loyalität und ein erfolgreiches CRM in der operative gelegt wird, also während des Gastaufenthaltes. Auch die umfassendste CRM Strategie wird letztlich nur dann erfolgreich sein, wenn das Produkt als solches den Gast zufrieden stellt, besser noch ihn begeistert.

4 Innovationsmanagement in der Hotellerie

4.1 Zur Bedeutung des Innovationsmanagement

Angesichts der Tatsache, dass alle Produkte und Dienstleistungen einem zeitlichen Alterungsprozess unterliegen, ist es für jedes Hotelunternehmen bedeutsam, innovativ zu sein und sich seine Innovationsfähigkeit langfristig zu bewahren. Die Entwicklung neuer Produkte und Dienstleistungen ist somit eine der wichtigsten unternehmerischen Tätigkeiten und stellt damit einen strategischen Eckpfeiler des Marketing-Management dar (Meyer/Davidson 2001, S.396). Die systematische und strukturierte Entwicklung von Dienstleistungen wird auch als *Service Design* oder *Service Engineering* bezeichnet (Leimeister 2013; S.163; Haller 2002, S.74). Grundlegende Voraussetzung für die Entwicklung innovativer oder verbesserter Dienstleistungskonzepte ist, neben der entsprechenden kundengerichteten unternehmerischen Grundorientierung, die frühzeitige Ermittlung und Integration kundenrelevanter Bedürfnisse in den Entwicklungs- und Gestaltungsprozess von Dienstleistungsbündeln und ihren Teilkomponenten. Die diesbezüglichen Zielsetzungen orientieren sich an *strategischen und operativen Fragestellungen der Produkt- bzw. Konzeptentwicklung* (Raabe 1993, S.96):

- Erhöhung des zur Verfügung stehenden Know-hows durch Nutzung des ‚Experten-Wissens' von Konsumenten
- Stärkere Orientierung der Neuentwicklungen/Modifikationen an tatsächlichen und aktuellen Bedürfnissen der Konsumenten
- Optimierung des Marktgeschehens und/oder Aufdeckung neuer Marktnischen sowie Erkundung ihrer Nutzbarkeit
- Verringerung von Konfliktpotenzialen im marktlichen, gesellschaftlichen und ökologischen Umfeld der konkreten Produkt-/Dienstleistungskonzeption
- Langfristige Erhöhung des Anteils ‚echter' Produkt-/Dienstleistungsinnovationen

Nach Hauschildt sind Innovationen „.... *qualitativ neuartige Produkte oder Verfahren, die sich gegenüber dem vorangehenden Zustand merklich – wie auch immer das zu bestimmen ist – unterscheiden.*" (Hauschildt 2004, S.7). Die Suche nach Neuentwicklungen und Veränderungen kann dabei sowohl auf der Ebene der Produkt- und Leistungseigenschaften stattfinden als auch auf der Ebene der Leistungserstellung. Aktuell werden dabei technologische Neuentwicklungen in der Hotellerie insbesondere unter den Prämissen Mobilität, Digitalisierung und Flexibilisierung angedacht bzw. realisiert. So sind bspw. die Zimmer der niederländischen Hotelkette Qbic mit neuester Technologie ausgestattete Würfel, die leicht abmontiert und an einem anderen Ort wieder aufgestellt werden können (GDI 2007; S.5). Das innovative Technik eine immer größere Rolle in der Hotellerie spielt und Gäste immer größeren Wert darauf legen (Fraunhofer 2014, S.85ff.), zeigt die nachfolgende Auswahl von Hotelbeispielen (Hennig 2014):

Yotel, New York

Im New Yorker Yotel hilft ein Roboter beim Gepäck: Nach der Schlüsselübergabe via eines Check-in-Terminals verstaut der sogenannte Yobot persönliche Gegenstände sicher in Schließfächern. Auf den Zimmern gewährleisten Super Wifi, Techno-Walls zum Audio-Streaming und Schreibtische mit Multimedia-Anschlüssen perfekt den Übergang von Work zu Afterwork.

CitizenM, Amsterdam

Das CitizenM besticht mit innovativem Design und luxuriösem Wohlfühlfaktor. Über soge-nannte „Mood Pads" lassen sich Zimmer-Beleuchtung, Raumklima, TV und Vorhänge steuern und der aktuellen Stimmung anpassen. Und auch die Lobby dient dem modernen Geschäftsreisenden als stylisches Wohnzimmer mit iMacs und superschnellem Wifi.

Eccleston Square, London

Im Eccleston Square in London, einem Boutique-Hotel hinter historischer Fassade, trifft intuitive Technologie auf luxuriöses Design. Gäste erhalten ein persönliches iPad als digi-talen Concierge und können per Touchpad so ziemlich alles im Zimmer regulieren. Unter anderem lässt sich auch die durchsichtige Badabtrennung per Knopfdruck in Milchglas verwandeln.

Taipei, Taipeh

Im Herzen der taiwanesischen Metropole Taipeh und mit Blick auf den berühmten 101 Tower, befindet sich das stylisch-luxuriöse 4,5 Sterne-Haus W Taipei. Dieses trumpft mit extravaganten Designinstallationen und State of the Art Technologie, die Gästen größt-möglichen Komfort und spannendes Entertainment bieten soll. Neben riesen LCD-Flatscreens und modernen Soundsystemen, bieten einige Suites auch Mediahubs und Vi-deoprojektoren.

Blow Up Hall 5050, Posen

Hinter den Mauern eines alten Brauerei-Komplex in der polnisches Stadt Posen, befindet sich das extravagante Designhotel Blow Up Hall 5050. Es besitzt keine Rezeption und auch die 22 modern und elegant gestalteten Zimmer haben keine Nummern. Jeder Gast erhält jedoch bei Ankunft ein iPhone, das ihn zu seinem Zimmer führt und mit zusätzlichen Informationen und Tipps versorgt. Zudem wird er schon beim Betreten des Hauses Teil einer Videoinstallation.

Mama Shelter, Paris

Über eine Videosäule können Gäste des Mama Shelter in Paris Botschaften aufnehmen, die dann auf allen Bildschirmen des Hauses gesendet werden – etwa unter einem langen Glastisch im Restaurant. Außerdem beinhalten die trendigen Zimmer, in denen die Farbe Schwarz überwiegt, einen iMac 27" mit Airplay zur TV-, Radio-, Foto- oder Internetnut-zung.

Prizeotel, Hamburg

Im Prizeotel Hamburg können die Gäste via Streaming die Lounge-Musik aus der Lobby auch unterwegs hören. Innerhalb des bunten Budget-Design-Hotels kommt der technikaffi-ne Geschäfts-reisende auf seine Kosten: vom 32" Flat mit HDMI-Anschluss bis zur Music-lamp mit der man via Bluetooth Musik hören, das Handy aufladen oder Telefonieren kann. Bei Buchung der Businesspauschale können die Work&Surf Station sowie der digitale Zei-tungskiosk genutzt werden.

Für Dienstleistungsbranchen wie die Hotellerie ist weiterhin die Tatsache relevant, dass Dienstleistungsinnovationen sowohl klassische Produktinnovationen im engeren Sinne umfassen als auch Potenzial- oder Prozessinnovationen. Strukturinnovationen, die bspw. Wartezeiten verkürzen oder Sozialinnovationen, die die Mitarbeiterzufriedenheit erhöhen und den Kontaktstil positiv beeinflussen, werden vom Hotelkunden unter Umständen als Neuerungserlebnisse wahrgenommen. Während klassische Prozessinnovationen in anderen Industrien allein im Hinblick auf ihre Kostenvorteilhaftigkeit bewertet werden, ist bei Dienstleistungsinnovationen, die interne Interaktionsprozesse im Front- oder Back-Office–Bereich bzw. externe Interaktionsprozesse im Kundenkontakt verändern, auch deren akquisitorische Wirkung ins Entscheidungskalkül zu ziehen. *Prozess-, Sozial- oder auch Strukturinnovationen* in Dienstleistungsunternehmen müssen demzufolge nicht nur im Unternehmen sondern auch am Markt durchgesetzt werden, so dass sie ebenfalls einer Markteinführung bedürfen (Benkenstein 2001, S.692f.; Stauss 2001a, S.319).

> *„Das Hotel der Zukunft muss den Ansprüchen der geänderten gesellschaftlichen Bedingungen gerecht werden. Das Hotel Schani Wien verfolgt das Ziel, seinen Gästen eine ideale Kombination aus persönlichem Service und technischen Innovationen zu bieten."[..]" Die Veränderungen betreffen vor allem die technische Ebene. Alles andere, vor allem der menschliche Faktor bleibt gleich und gewinnt zusehends an Bedeutung. Maschinen können das „daily business" zwar vereinfachen, aber am Ende braucht der Gast vor allem ein gutes Bett zum Schlafen, ein ruhiges Zimmer zum Arbeiten und Ausruhen sowie ein gutes Frühstück zur Stärkung für den Tag". (Komarek 2014, S.13).*

Dabei ist anzumerken, dass der Bereich der *Dienstleistungsinnovationen* in der Vergangenheit nur sehr selten im Mittelpunkt wissenschaftlicher Untersuchungen stand und erst in jüngerer Zeit die Besonderheiten des Innovationsmanagements von Dienstleistungen verstärkte Beachtung in Wissenschaft und Praxis gefunden haben. Unter dem Stichwort des *Service Engineering* (Leimeister 2013; Bullinger 2006) bzw. des *Service Designs* (Stickdorn/Schneider 2011; Mager/Gais 2009; Moritz 2005) haben sich eigenständige Forschungsrichtungen entwickelt, die sich zum Ziel gesetzt haben die grundlegenden Prämissen sowie die weitestgehend aus der industriellen Innovationsforschung stammenden Modelle, Vorgehensweisen und Methoden, im Hinblick auf das Innovationsmanagement von Dienstleistungsunternehmen zu hinterfragen und dienstleistungsspezifisch weiterzuentwickeln. In Bezug auf die Hotellerie heißt dies, das die Modelle und Denkansätze des Service Designs bzw. des Service Engineerings, Hotelentwickler bzw. Hoteleigner systematisch unterstützen können sich über das eigentliche Kernprodukt Hotel (Gebäude/Anlage) hinaus, wieder auf das Wesentliche der Kernleistung in Hotellerie und Gastronomie zu besinnen, nämlich im Zusammenspiel zwischen Mensch, Technologie und Prozess, spezielle Dienstleistungen zu erbringen, die aus Kundensicht einen Mehrwert erbringen. Dieser Mehrwert entsteht in der Regel aus einer kundenorientierten Gestaltung aller sinnlich wahrnehmbaren Aspekte einer Hotel- oder Gastronomieleistung, mit denen der Gast an den verschiedenen Kontaktpunkten (*Touchpoints*) während des Dienstleistungsprozesses, der sog. *Customer Journey*, in Berührung kommt. Die relativ simplen Hardwareelemente des Designs, spielen dabei im Verhältnis zu den komplexeren, personen- oder technologiebasierten Serviceelementen der Dienstleistung eine untergeordnete Rolle in der Qualitätswahrnehmung des Gastes. Das Nachdenken darüber wie die Funktionalität und die Form von Dienstleistungen aus der Perspektive von Kunden gestaltet werden kann ist Kernaufgabe des Service Designs. Entsprechend werden beim Service Design, Serviceprozesse und Serviceschnittstellen so gestaltet, das sie aus der Sicht des Gastes nützlich, nutzbar und begehrenswert sind und aus der Sicht der jeweiligen Anbieter effektiv, effizient und anders (Mager/Gais 2009).

Grundsätzlich gilt es jedoch einzuschränken, dass sog. *‚echte‘ Innovationen*, d.h., Produkte oder Dienstleistungen, die für den Markt bzw. die Gesellschaft als Ganzes neu sind, i.d.R. gerade mal 10% aller Innovationen ausmachen. Selbst Unternehmen wie Sony oder 3M, die als Innovationsführer in ihren Branchen gelten, beschäftigen sich in ihren Innovationsaktivitäten zu mehr als 80% mit reinen *Verbesserungen oder Modifikationen von existierenden Produkten*. Neuheit ist demzufolge ein relativer Begriff, so dass zur näheren Beschreibung einer Innovation in der Literatur vier Dimensionen herangezogen werden (Meffert/Bruhn 2009; S.258f.; Meffert 2000, S.375f.).

- **Subjektdimension: Neu für wen?**
  Die Literatur unterscheidet dabei Innovationen, die neu für den Markt sind und Innovationen, die neu für das Unternehmen sind (Kotler 2000, S.328). Innovationen, die aus Sicht des Anbieters neu sind, eröffnen einem Unternehmen unter Umständen den Eintritt in einen Markt, während eine absolute Marktneuheit (new to the world product) erst einen neuen Markt schafft.

- **Intensitätsdimension: Wie sehr neu?**
  Stellt auf den Innovationsgrad ab, der sich auf einer Skala von moderaten Modifikationen bis hin zu generischen Neuerungen oder Erfindungen erstreckt.

- **Zeitdimension: Wann beginnt und endet neu?**
  Die Zeitdimension kennzeichnet den Zeitraum, in dem eine Innovation nach der Markteinführung als neu gilt. In diesem Zusammenhang spielt der Diffusionsprozess bzw. die Diffusionsgeschwindigkeit von Neueinführungen eine Rolle. Da Dienstleistungsinnovationen von Kunden zunächst individuell erfahren werden müssen (Erfahrungseigenschaften), dauert der Adaptions- und Diffusionsprozess entsprechend lange.

- **Raumdimension: In welchem Gebiet, in welcher Region neu?**
  Die Raumdimension kennzeichnet den Sachverhalt, dass eine bereits in einem Gebiet verkaufte Dienstleistung für ein anderes Gebiet bzw. geografische Region möglicherweise eine Neuheit darstellen kann. Dies spielt bspw. bei der Internationalisierung von Dienstleistungen eine Rolle.

Hotelunternehmen können zwei Wege beschreiten, wenn es um die Entwicklung und Implementierung neue Produkte oder Dienstleistungen geht. Die Akquisition anderer Hotelunternehmen bzw. einzelner Betriebe, einer Lizenz oder die Übernahme eines Franchisekonzeptes sind ein Weg, um in den Genuss eines bestimmten Know-hows, eines Produktes, einer Marke oder eines Marktes zu gelangen. Die zweite Alternative umfasst die eigene Entwicklung von Marken, Produkten und/oder Dienstleistungen sowie Verbesserungen oder Modifikationen des existierenden Leistungsprogramms. Die eigene Entwicklung von Innovationen ist nicht ohne Risiken, wie man bspw. an den hohen Flop-Raten von Neuprodukteinführungen in vielen Branchen der Konsumgüterindustrie ermessen kann (ca. 70-80%). Aber auch in Hotellerie und Gastronomie ist die Entwicklung innovativer Konzepte risikobehaftet. So zeigt bspw. eine Untersuchung für den US-Markt, dass sich während eines Betrachtungszeitraums von knapp 2 Jahren ca. 1000 neue Beherbergungsbetriebe (Hotels, Motels) nicht am Markt durchsetzen konnten. Schätzungen für den Gastronomiebereich gehen sogar davon aus, dass sich in der Regel neun von zehn Restaurantbetrieben langfristig nicht erfolgreich etablieren können (Kotler et al. 2006, S.322ff.).

Grundsätzlich wird die Relevanz zielgerichteter Innovationsprozesse im Rahmen eines systematischen Innovationsmanagements in der Hotellerie jedoch offenbar nach wie vor noch unterschätzt. So wird das Management von Innovationen in weiten Teilen der Hotellerie nur in Ansätzen systematisch und professionell betrieben, wie eine großflächige Befragung des Fraunhofer Instituts für Arbeitswirtschaft und Organisation unter 2.590 Hoteliers aller Hotelkategorien aus Deutschland, Österreich und der Schweiz ergab. So gaben gerade einmal ca.15% der Befragten an, über ein kontinuierliches Innovationsmanagement zu verfügen, 61% gaben an, das das Thema Innovation in ihrem Unternehmen teilweise geregelt sei, d.h. es existierten vereinzelte Prozesse oder Anreize im Kontext des Innovationsthemas, 13% der Befragten regeln das Thema Innovation in ihren Betrieben überhaupt nicht, während weitere 13% sich nicht in der Lage sahen zu diesem Thema eine gehaltvolle Auskunft geben zu können. (Fraunhofer 2011, S.22ff.)

> *So erforscht bspw. die **Fraunhofer IAO** in ihrem Szenarioprojekt „**FutureHotel**" seit September 2008, gemeinsam mit zahlreichen Partnern aus der Hotelbranche, die relevanten Schlüsselentwicklungen und deren Einfluss auf die Hotellerie. Gästetypen und deren Anforderungen werden ebenso analysiert wie das Optimierungspotenzial logistischer und organisatorischer Prozesse im Hotelbetrieb. Für die verschiedenen Bereiche des Hotels wie Hotelzimmer, Rezeption, Tagungsbereiche etc., werden neue, zukunftsweisende Lösungen aufgezeigt und dabei technologische Innovationen, genauso wie wirtschaftliche, ökologische, rechtliche und gesamtgesellschaftliche Gesichtspunkte berücksichtigt. Für einen bestmöglichen Praxisbezug wird eine beispielhafte Hotelumgebung in der Inhaus2-Forschungsanlage in Duisburg als Testfeld und Demonstrationsplattform für die Erforschung und Entwicklung prototypischer Lösungen herangezogen (Futurehotel 2014).*

4.2   Prozess des Innovationsmanagements

Die Suche nach innovativen Konzepten und neuen Produkten bedarf eines *systematischen Managementprozesses*, der als institutionalisierter Planungs-, Steuerungs- und Kontrollprozess, alle mit der Entwicklung, Durchsetzung und Einführung von neuen Dienstleistungen verbundenen Aktivitäten umfasst. Der Prozess der Neuproduktplanung beinhaltet dabei – wie Abbildung E.55 zeigt – mehrere, aufeinander aufbauende Stufen und Entscheidungsprozesse (Meffert/Bruhn 2009, S.260ff.; Kotler et al. 2006, S.323ff.; Meffert 2000, S.380ff.).

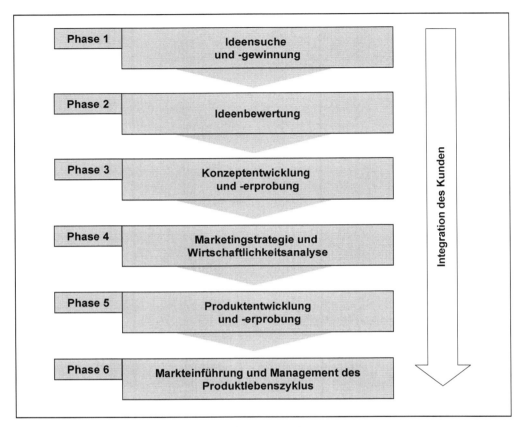

Abb.E.55:   Phasenmodell des entscheidungsorientierten Innovationsmanagement

In der Phase der *Ideensuche* gilt es – wie in Abb.E.56 dargestellt – verschiedene interne und externe Quellen für Neuproduktideen oder kontinuierliche Verbesserungen zu identifizieren und systematisch auszuschöpfen. Dabei zeigen Untersuchungen, dass ca. 50% der Vorschläge und Ideen für Entwicklungen von Produkt- und/oder Prozessinnovationen von Mitarbeiterseite initiiert werden (siehe hierzu auch Kapitel F.1.2.3), während die andere Hälfte etwa zu gleichen Teilen durch Kundengespräche und -beobachtungen bzw. Analysen der Wettbewerbsprodukte zustande kommt. Insbesondere in der Hotellerie sind entweder Kundenwünsche oder Mitarbeiter Ausgangspunkt für Innovationen. Dies hat zur Folge, dass in der Hotellerie überwiegend inkrementelle Innovationen zu finden sind, während radikale Innovationen weder angebots- noch nachfrageseitig ausgelöst werden (Beritelli/Romer 2006; Klausegger/Salzberger 2006). Innovationsschübe sind dabei oftmals durch die Hardware getrieben oder kommen durch technologische Impulse aus anderen Branchen (z.B. IT) zustande (Pikkemaaat/Peters 2009). Aber auch externe Quellen aus dem Beratungs- oder Forschungsbereich können in diesem Zusammenhang oftmals Impulse der Ideengenerierung liefern (Siehe Kasten).

Quellen der Ideengewinnung		Systematischer Ansatz	Unsystematischer Ansatz
Externe Quellen	Konsumenten	Problemanalyse Fokusgruppen Fragebögen Tiefeninterviews Kundenzufriedenheits-analysen ...	Informelle Kundenkon-takte Kundenerwartungen Kundenbeschwerden/-probleme Lead User ...
Externe Quellen	Experten	Beratungsprojekte Universitäre Forschungsprojekte Marktforschungs-studien Benchmarking Konkurrenzanalyse ...	Trend Scouts Messen Veröffentlichungen Patente Informationsbroker Erfinder Staatliche Forschungs-institutionen Kommerzielle Labors Anregungen von Liefe-ranten/Händlern ...
Interne Quellen	Experten/ Mitarbeiter	Mitarbeiter-befragungen Checklist Innovations-/Qualitäts-Zirkel Interne F&E ...	Informelle Treffen Brainstorming Innovationstage Ideenwettbewerbe F&E-Nebenprodukte Anregungen des Kunden-diensts/Verkaufs ...

Abb.E.56: Quellen von Neuproduktideen
Quelle: Meffert 2000, S.390

In der **Phase der Ideenbewertung** werden die entwickelten Produkt- und Konzeptideen da-hingehend überprüft, ob eine Investition in deren Weiterentwicklung sinnvoll erscheint oder die Idee fallengelassen werden sollte. Hier gilt es, die neuen Ideen mit den Unternehmens- und Marketingzielen, den vorhandenen Fähigkeiten und Ressourcen und den spezifischen Marktanforderungen in Einklang zu bringen. In den meisten Unternehmen werden neue Produktideen in ein Formular eingetragen und einem Innovationsausschuss oder -team zur weiteren Prüfung vorgelegt. Das Auswahlgremium entwickelt hierzu Kriterien und bewertet dann jede Produktidee entlang bestimmter Fragestellungen, wie z.B.: Erfüllt das Produkt/die Dienstleistung einen wirklichen Nutzen?; Bietet es ein einzigartiges Produkt-/Leistungs-verhältnisses?; Lässt sich das neue Produkt/die neue Dienstleistung differenziert bewerben? Diesbezügliche Ergebnisse können methodisch mittels Checklisten oder Scoringverfahren generiert werden, deren Kriterien die Grundlage für die **Weiterverfolgung (Go)** oder **Einstel-lung (Drop)** des Verfahrens bilden.

Ideen, die weiterentwickelt werden sollen, eröffnen die Phase der *Konzeptentwicklung und -erprobung*. Ein Produkt-/Dienstleistungskonzept ist die detaillierte Version einer Produktidee, und zwar in einer Ausdrucks- bzw. Darstellungsweise, die den Kunden etwas bedeutet. Während in der Ketten- und Systemgastronomie (McDonald's, Starbucks, Burger King) oftmals Testrestaurants/-betriebe in ausgewählten Regionen oder Städten zur Erprobung von neuen Produktkonzepten (z.B. Menüs) genutzt werden, erprobt die Hotellerie neue Produkt- oder Dienstleistungsideen üblicherweise in einzelnen Häusern oder bestimmten Etagen (Kotler et al. 2006, S.328). Die Marriott-Hotelkette befand sich bspw. Anfang der 1980er Jahre in einer Situation, in der sie mit ihren bestehenden Hotelkonzepten keine ausreichenden Wachstumsraten mehr erzielen konnte. Zur Entwicklung und Erprobung eines neuen Hotelkonzepts nutzte Marriott eine Conjoint Analyse (CA), ein statistisches Verfahren, das es im Rahmen von Kundenbefragungen erlaubt, verschiedene Leistungseigenschaften bzw. Eigenschaftsausprägungen alternativer Produkt-/Dienstleistungskonzepte in verbaler, visueller oder physischer Form vorzustellen, und die von den Testpersonen hinsichtlich ihrer relativen Vorzugswürdigkeit zu bewerten sind (siehe Kapitel E.4.4.1).

Nach der erfolgreichen Konzeptentwicklung und Erprobung gilt es, eine vorläufige *Marketingstrategie und Wirtschaftlichkeitsanalyse* zur Markteinführung des neuen Produkt-/Dienstleistungskonzeptes zu entwickeln. Der Marketingplan beschreibt Größe, Struktur und Verhaltensmuster des Zielmarktes bzw. der anvisierten Zielgruppen, die vorgesehene Produktpositionierung, die Absatz-, Marktanteils-, Preis-, Budget- und Gewinnziele der ersten Jahre sowie den Einsatz und zeitlichen Ablauf des Marketing-Mixinstrumentariums. Des Weiteren sind im Zuge der Wirtschaftlichkeitsanalyse, Schätzungen der Umsatzentwicklung und der Produktentwicklungs- und -vermarktungskosten vorzunehmen und mit den Unternehmenszielen abzugleichen. Methodische Unterstützung im Zuge von Wirtschaftlichkeitsanalysen liefern in diesem Zusammenhang Break-Even-Analysen, Cash-Flow-Projektionen oder Kapitalwertrechnungen. Die Gegenüberstellung der verschiedenen Umsatz-, Cash-Flow- und Kostenszenarien (Best Case, Average Case, Worst Case) lässt dann letztlich Aussagen über die wirtschaftliche Attraktivität des geplanten Produktkonzepts zu.

Hält das Produktkonzept der Wirtschaftlichkeitsanalyse stand, gilt es, das Produkt bzw. Konzept in eine materielle Form zu gießen, da das Produktkonzept bislang nur als verbale Beschreibung, Zeichnung, Foto, Computersimulation oder als grobes Modell existiert. Erst in der Phase der *Produktentwicklung und der Markterprobung* entscheidet sich, ob sich eine Produktidee in ein kommerziell erfolgreiches und technisch machbares Produkt umsetzen lässt. Instrumente der Produkt- und Qualitätsplanung, wie bspw. das Quality Function Deployment (QFD), können die technische Umsetzung von Kundenanforderungen in einen Produktprototyp unterstützen (siehe Kapitel E.4.4.2). Die Entwicklung eines Prototyps kann, je nach Umfeld und spezifischer Produktidee, Tage, Wochen, Monate oder sogar Jahre in Anspruch nehmen. Marriott hat im Zuge der erwähnten Studie zunächst in einer Art Testlabor mit Hilfe beweglicher Wände, verschiedene Prototypen von Hotelzimmern für das Courtyard-Konzept bauen lassen (Standardgröße, kürzere Version, engere Version). Die Testpersonen fanden dabei die Kombination von Standardgröße und kürzeren, aber breiten Zimmern am überzeugendsten. Die Entscheidung, auch kürzere Zimmer im Gesamtkonzept zu berücksichtigen, anstatt nur Standardgrößen, hat dem Hotelkonzern eine Kostenersparnis von ca. 100.000 US-$ pro Hotel eingebracht (Kotler et al. 2006, S.332). Problematisch ist in dienstleistungsspezifischen und kundenkontaktintensiven Umfeldern wie der Hotellerie, der Tatbestand, dass die zahlreichen immateriellen Elemente der Leistungsgestaltung (z.B. Atmosphäre, Stil), die Qualität der Interaktionen zwischen Gast und Mitarbeitern (Freundlichkeit, Schnelligkeit, Hilfsbereitschaft etc.) sowie die unterstützenden Dienstleistungen und Produktbestandteile, nur sehr schwer in Tests und Markterprobungen einbezogen werden können.

Nach einem erfolgreichen Test eines Produktprototypen erfolgt die **Markterprobung** des neuen Produkt- bzw. Dienstleistungskonzepts. Die Markterprobung testet das Produkt, die Marke, die Positionierung und den geplanten Einsatz des gesamten Marketinginstrumentariums unter realen Marktbedingungen. Dadurch sollen Informationen über Käufer, Absatzmittler, Nutzungsverhalten, Kaufvolumina, Wiederholungskäufe, Effektivität des Marketingprogramms, Marktgröße etc. gewonnen werden. Darüber hinaus ermöglicht der Markttest eine Überprüfung und Feinjustierung der Umsatz- und Gewinnschätzungen. Der Umfang der Markterprobung hängt einerseits von den Investitionskosten und -risiken und andererseits vom Zeitdruck und den Kosten des Markttests ab. Die amerikanische Schnellrestaurantkette McDonalds testete bspw. in der Schweiz zwei 4-Sterne Hotels (Golden Arch), um zu überprüfen, ob die McDonald's-Werte, Preiswürdigkeit, Sauberkeit, Qualität, Service etc. auch im Hotelmarkt Akzeptanz finden und sich daraus eine vielversprechende Innovationsstrategie für den gesamten europäischen Markt entwickeln könnte (FAZ 2000). Marriott wählte 1983 als Testmarkt Atlanta aus, um das neue Marriott-Konzept zu erproben. Das Testhotel wies unterschiedliche Zimmergrößen aus, um die diesbezüglichen Kundenwahrnehmungen und -präferenzen zu ermitteln. Ergebnis des Tests war, dass die Zimmergrößen kleiner sein durften als ursprünglich geplant. Darüber hinaus wünschte die Mehrzahl der Kunden Kleiderschränke mit Türen und nicht, wie es in dieser Kategorie üblicherweise Standard war, türlose Kleiderschränke (Kotler et al. 2006, S.332f.). Das Gesamtergebnis aller Erkenntnisse der Marriott-Studie war die Entwicklung des *„Courtyard by Marriot"*-Hotelkonzeptes, das dem durch die Studie diagnostizierten, latenten Kundenbedürfnis nach einem *„informal, quiet, relaxing hotel or motel with charme and personality at a very comfortable price"* (Wind et al. 1989, S.35) entsprach und sich in der Zwischenzeit als sehr erfolgreich erwiesen hat.

Mit der **Markteinführung** eines Produkt- bzw. Dienstleistungskonzeptes beginnt sein Lebenszyklus. Im Zuge der Markteinführung erfährt der Marketingplan des Unternehmens auf Basis der Erkenntnisse der verschiedenen Testphasen eine weitere Überarbeitung. Unternehmen müssen nun entscheiden (Kotler 2000, S.350ff.):

- Wann die Einführung stattfinden soll?   (Timing-Strategie)
- Wo die Einführung stattfinden soll?   (Geographische Strategie)
- Wer das Ziel der Einführung sein soll?   (Zielkunden-Strategie)
- Wie die Einführung ablaufen soll?   (Maßnahmenplan/-katalog)

Die Frage nach dem geeigneten Zeitpunkt beinhaltet in der Regel drei Strategiealternativen: Entweder, man zielt offensiv auf den sog. *„first mover advantage"* und versucht eine Produkt-/Dienstleistungskategorie neu zu erobern und als Erster für sich zu besetzen oder man beschließt, sich zeitgleich mit dem Wettbewerber einen neuen Markt zu erschließen *(„parallel entry")*. Hier sind dann Markterschließungskosten und Wettbewerbsrisiko entweder ganz allein oder mit dem jeweiligen Wettbewerber zu tragen. Die Strategie eines *„late entry"* ist hingegen eher defensiv ausgerichtet, da man wartet bis der neue Markt durch einen Wettbewerber erschlossen wurde, um aus den Fehlern der Konkurrenz zu lernen und dann mit verbesserten Produkten und Dienstleistungen aufzuwarten. In Abhängigkeit des spezifischen

Wettbewerbsumfelds, in dem sich ein Hotelunternehmen bewegt, muss es die jeweiligen Vor- und Nachteile der drei Timing-Strategien abwägen. Die geographische Dimension der Markteinführung umfasst Entscheidungen, über die lokale, regionale, nationale oder internationale Einführung eines neuen Produkt- bzw. Dienstleistungskonzepts. In Abhängigkeit von den Unternehmensressourcen, den Unternehmenszielsetzungen und den anvisierten Segmenten gilt es hier, Entscheidungen bzgl. eines simultanen oder schrittweisen Markteintritts zu fällen (Sprinkler- vs. Wasserfallstrategie). Hierbei muss das Unternehmen innerhalb seiner Ausbreitungsgebiete seine Kommunikation und Distribution auf das günstigste Segment potenzieller Kunden richten. Mit der Markterprobung sollte ein Hotelunternehmen dabei festgestellt haben, welche Kunden die besten Erfolgsaussichten bieten. Die erfolgreiche Einführung eines neuartigen Produkt- bzw. Dienstleistungskonzepts bedarf darüber hinaus eines Maßnahmenplans/-katalogs, um die verschiedenen Aktivitäten und Maßnahmen der Markteinführung inhaltlich zu harmonisieren und zeitlich zu koordinieren.

4.3 Ausgewählte Planungsinstrumente des Innovationsmanagements

Aus der Bedeutung von Innovationen für den Erfolg und die Wettbewerbsfähigkeit von Unternehmen, resultiert die Notwendigkeit des Aufbaus eines *methodisch gestützten Planungs- und Informationssystems*, das kontinuierlich Informationen über Kundenerwartungen und Kundenwahrnehmungen generiert und diese Erkenntnisse in den Entwicklungs-, Gestaltungs- und Verbesserungsprozess von Hotel- und Dienstleistungskonzepten einfließen lässt (Gardini 1997, S.147; Berry/Parasuraman 1998). Theorie und Praxis haben hierzu verschiedene Methoden entwickelt, die in ihrer Gesamtheit aufgrund der Vielfalt der Ansätze hier nicht im Einzelnen geprüft werden können (hierzu Gardini 1997, S.147ff.). Im Folgenden werden daher in Abbildung E.57 nur einige für die Hotellerie als geeignet erscheinende Planungsansätze bzw. -instrumente aufgezeigt, wobei die Auswahl sich an deren Fähigkeit orientiert, unmittelbar umsetzbare Qualitätsinformationen zur Neugestaltung bzw. Modifikation von Dienstleistungskonzepten zu generieren. Die einzelnen Instrumente und Verfahren der Qualitäts- und Produktplanung vermitteln dabei aufgrund ihrer unterschiedlichen Betrachtungsperspektiven (nachfrage-/angebotsorientierte Perspektive) problemspezifische Einsichten und Erkenntnisse, so dass die Aussagekraft der einzelnen Instrumente im Hinblick auf die Entwicklung und Gestaltung kundenorientierter Dienstleistungskonzepte differenziert und nach Maßgabe des unternehmensspezifischen Informationsbedarfs beurteilt werden muss. Zusammen mit den skizzierten Verfahren zur Messung von Kundenzufriedenheit und Dienstleistungsqualität (Kapitel E.1) lassen sich die in Abbildung E.57 dargestellten Instrumente zu einem integrierten Planungs- und Informationssystem zusammenfassen, dessen Kernelement die Erfassung, Transformation und Sicherung bedarfs- und nutzenrelevanter Informationen darstellt und das darüber hinaus durch permanente Feedback- und Rückkoppelungsprozesse, Informationen über Kundenzufriedenheit, Kundenerwartungen, Produktakzeptanz und Markterfolg generiert, um so den dynamischen Kundenansprüchen in der Hotellerie entsprechen zu können.

Durch den prozessualen Charakter von Hotelleistungen, kommt insbesondere dem Engineering der Organisationsstrukturen und Kundenschnittstellen sowie der Konfigurierung der Interaktionsprozesse zwischen Unternehmen und Kunden bei der Gestaltung des Leistungsprogramms eine besondere Relevanz zu (Simon/Homburg 1998, S.21ff.; Stauss/Weinlich 1996, S.49f.). Im Folgenden soll daher neben anderen Instrumenten an späterer Stelle (Kapitel E.4.4.3) mit dem Service-Blueprinting/Mapping insbesondere ein dienstleistungsspezifischer Ansatz zur Modellierung komplexer Kundenprozesse in seinen Möglichkeiten und Grenzen diskutiert werden, wobei an dieser Stelle betont werden soll, dass die verschiedenen Instrumente der Qualitäts- und Produktplanung nicht im Sinne einer Ausschließlichkeit zu interpretieren sind, sondern je nach Zielsetzung in unterschiedlichster Weise zu kombinieren und einzusetzen sind.

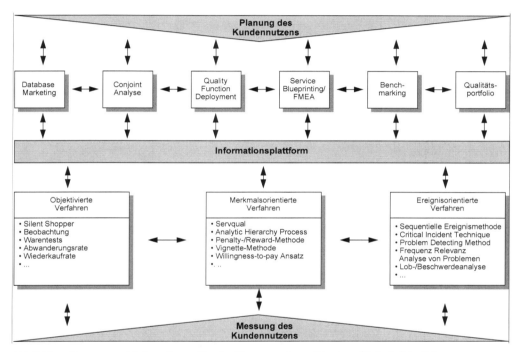

Abb.E.57:   Planungs- und Informationszyklus des Managements von Kundenzufriedenheit im Rahmen der Leistungspolitik in der Hotellerie
Quelle: Gardini 1999, S.14

4.3.1   Conjoint Analyse

Die Conjoint-Analyse (CA) hat sich in Wissenschaft und Praxis als **Methode zur Erforschung von Kundenpräferenzen und zur Messung von Kundennutzen** im Rahmen der Bewertung neuer bzw. bestehender Produkt- und Dienstleistungskonzepte etabliert (Green/ Srinivasan 1978; Wittink/Cattin 1989; Balderjahn 1994; Teichert 2000; Woratschek 2001b). Im Folgenden sollen die Möglichkeiten und Grenzen der Conjoint Analysis dargestellt werden, wobei anhand einer bereits dokumentierten Anwendung in der Hotellerie, auf die hotelspezifischen Einsatzmöglichkeiten verwiesen werden soll. Bei diesem Unternehmen handelt es sich – wie oben bereits angedeutet – um die Marriott-Hotelkette, die durch Anwendung der Conjoint-Analyse, ein neues Hotelkonzept (Courtyard by Marriott) für den amerikanischen Hotelmarkt entwickelte (Wind et al. 1989).

Unter dem Begriff der **Conjoint-Analyse** werden **multivariate Untersuchungsansätze** verstanden, die mit Hilfe dekompositioneller Erhebungstechniken versuchen, den Zusammenhang zwischen der Ausprägung und relativen Bedeutung von Objektmerkmalen und der Gesamtbeurteilung alternativer Objekte aufzuzeigen, um so die Präferenzstruktur von Konsumenten approximativ zu bestimmen (Green/Srinivasan 1978, S.103; Schubert 1991, S.132; Müller-Hagedorn et al. 1993, S.123). Im Rahmen von Kundenbefragungen werden den Probanden verschiedene Leistungseigenschaften bzw. Eigenschaftsausprägungen alternativer Produkt-/Dienstleistungskonzepte in verbaler, visueller oder physischer Form vorgestellt, die im Anschluss hinsichtlich ihrer relativen Vorzugswürdigkeit zu bewerten sind. Ungeachtet der Tatsache, dass die CA eine Vielfalt von Erscheinungsformen aufweist (Schubert 1991, S.146ff.), lassen sich sowohl der Profil-Ansatz (,**Full-Profile-Approach**') als auch der Zwei-Faktor-Ansatz (,**Trade-Off-Approach**') als die am häufigsten eingesetzten Verfahrenstypen charakterisieren. Während beim Profilansatz dem Befragten alle zu bewertenden Alternativen vollständig in allen relevanten Leistungsmerkmalen beschrieben werden, muss die Testperson beim Zwei-Faktor-Ansatz, Objekte nur jeweils bezüglich zweier Merkmale mit verschiedenen Merkmalsausprägungen – bei Konstanz der nicht in die Frage einbezogenen Merkmale – beurteilen (Abb.E.58).

Trade-Off Ansatz

Preis	Verkehrs-lage (Stadt)	Verkehrs-lage (Land)
100,-	2	1
130,-	4	3
150,-	6	5
1 bis 6: Präferierte Rangfolge		

Full-Profile Ansatz

Objekt / Merkmal	Hotel 1	Hotel 2
Zimmergröße	20qm	25qm
Preis	100,-	180,-
Ausstattung	einfach	gehoben
Verkehrslage	günstig	ungünstig
Gastronomieangebot	gut	sehr gut
Präferenz:	2	1

Abb.E.58:   Beispielhafte Darstellung des Trade-Off- und des Full-Profile-Ansatzes

Der **Trade-Off-Ansatz** erweist sich hinsichtlich seiner Leistungs- und Aussagefähigkeit zur Konzeptentwicklung und -gestaltung von komplexen Dienstleistungsbündeln gegenüber dem Full-Profile-Ansatz als unterlegen. Problematisch erweist sich insbesondere der ,sterile' Untersuchungsansatz, der aufgrund der Beschränkung auf zwei Merkmale, ein ungenügendes Abbild der Wirklichkeit darstellt und somit ein wenig realistisches Urteilsszenario beschreibt. Der Tatbestand der kognitiven Belastung der Probanden – vielfach aufgrund der geringen Komplexität der Beurteilungsaufgabe als gering und daher als relativer Vorteil des Trade-Off-Ansatzes bezeichnet – ist jedoch ambivalenter Natur. Hier ist davon auszugehen, dass die *ceteris-paribus* Bedingung, für die nicht in die jeweilige Beurteilungssituation einbezogenen Merkmale, insbesondere bei korrelierenden Eigenschaften, nur schwer einzuhalten ist und somit hohe Anforderungen an das Abstraktionsvermögen der Befragten gestellt werden (Müller-Hagedorn et al. 1993, S.146.).

Der **Full-Profile-Ansatz** hingegen trägt der Tatsache Rechnung, dass die Vorgabe von Marktszenarien (Zielgruppen, Verwendungszwecke, Konkurrenzsituationen) und die Einbeziehung von Merkmalskombinationen bereits etablierter Konkurrenzangebote für die Prognose der Präferenzwirkung alternativer Konzepte von erheblicher Bedeutung ist und diese situativen Komponenten der Entscheidungssituation gemeinsam mit der relativen Bedeutsamkeit der Konzeptmerkmale, nur über die ganzheitliche Darstellung annähernd realistisch dargestellt werden können (Schubert 1991, S.211). Der Einbezug situativer Merkmale durch den Full-Profile Ansatz, erweist sich daher insbesondere für Dienstleistungskonzepte mit starkem Ereignischarakter, wie es die Hotelleistung darstellt, als besonders geeignet. Der Trade-Off-Ansatz lässt sich dagegen sinnvoll in komplementärer Weise einsetzen, indem er dazu verwandt wird, im Vorfeld die relevanten Merkmale und Merkmalsausprägungen auszuwählen, die dann im Rahmen des Full-Profile-Ansatzes zu bewerten sind, wobei bestimmte immaterielle Einflussfaktoren und Merkmale der Konsumsituation, wie bspw. das Image, der Stil oder die Atmosphäre, nur ungenügend erfasst und abgebildet werden können. Die Vorgehensweise bei der Durchführung einer CA lässt sich wie folgt beschreiben (hierzu Gardini 1997, S.53ff. und die dort angegebene Literatur):

- Bestimmung der Untersuchungsziele
- Auswahl der Merkmale und Festlegung der Merkmalsausprägungen
- Entwicklung des Untersuchungsdesigns
- Auswertung der Ergebnisse

- **Bestimmung der Untersuchungsziele**

Die CA kann in unterschiedlichen Phasen der Entwicklung von Produkt-/Dienstleistungskonzepten einen Beitrag zur Lösung phasenspezifischer Problemstellungen liefern. Zum einen kann sie im Vorfeld der Konzeptentwicklung eingesetzt werden, um die relevanten Leistungsmerkmale eines bestimmten Produkt-/Dienstleistungsmarktes zu ermitteln, ohne das konkrete Konzepte beurteilt werden müssen. Dies ist insbesondere für die nutzenbezogene Segmentierung homogener Verwendergruppen, wie sie bspw. die Benefit-Segmentierung darstellt, von Bedeutung. Darüber hinaus kann sie zur Bestimmung möglichst exakter und realistischer Ausprägungsstufen relevanter Merkmale beitragen. Hauptzielsetzung der CA ist jedoch die Entwicklung und Beurteilung neuer oder zu modifizierender Konzeptalternativen, durch die Auswahl spezifischer Kombinationen von Nutzenkomponenten aus einer Menge realisierbarer Alternativen, um dadurch segmentadäquate Produkt-/Dienstleistungskonzepte am Markt zu positionieren. Die Marriott-Hotelkette beschloss, wie bereits angedeutet Mitte der 1980er Jahre ein neues Hotelkonzept für den Markt für Mittelklassehotels zu entwickeln, das auf vielreisende Geschäftsleute und Privatreisende zugeschnitten sein sollte. Im Rahmen einer umfassenden CA sollten hierzu Antworten auf folgende Fragestellungen gefunden werden (Wind et al. 1989, S.28):

- Does sufficient demand exist for a new concept aimed at the low business and pleasure segment to meet growth and financial return objectives?
- What is the best competitive positioning for the new hotels?
- Of the various hotel features and services, which combination should be offered?
- What should be the pricing strategy for rooms in the new hotels?
- What should be the location strategy for the new hotels?

- **Auswahl der Merkmale und Festlegung der Merkmalsausprägungen**

Die Bestimmung des Informationsbedarfs und die Auswahl der Merkmale, welche den größten Einfluss auf die Kaufentscheidung haben, sind von wesentlicher Bedeutung für die Aussagekraft einer CA. Auf die Relevanz der zu untersuchenden Merkmale ist hierbei ein besonderer Wert zu legen, da die Anzahl der Attribute und Ausprägungen aus Gründen der Belastbarkeit der Probanden begrenzt werden muss (max. 9 Merkmale und 5 Ausprägungen). Hierzu sollten im Vorfeld Gespräche und strukturierte Interviews mit internen und externen Informationsquellen geführt werden (z.B. Kundenkontaktmitarbeitern, Kunden, Beratern). Die CA, welche die Marriott-Hotelkette mit Hilfe externer Berater durchführte, entsprach diesen methodischen Anforderungen nicht. Hier wurden zur Beginn der Studie sieben Kernmerkmale (Externe Faktoren, Zimmer, Gastronomie, Bar, Serviceangebot, Freizeitangebot, Sicherheit) identifiziert, die anhand von insgesamt 3 bis12 weiteren Attributen (insgesamt 50) näher beschrieben wurden, welche wiederum durch 2 bis 8 verschiedene Ausprägungsniveaus charakterisiert wurden. Abb.E.59 zeigt den exemplarischen Auszug eines Beurteilungsbogens, einer sog. Stimuluskarte, für das Kernmerkmal Zimmer.

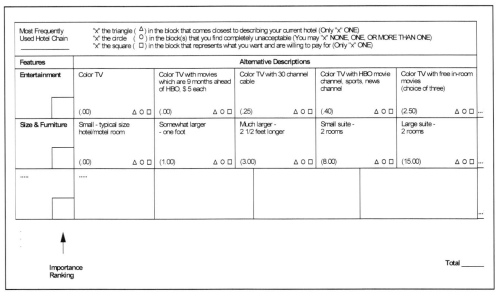

Abb.E.59:   Stimuluskarte für das Kernmerkmal Zimmer
             Quelle: Wind et al. 1989, S.31

- **Entwicklung des Untersuchungsdesigns**

Betrifft die Auswahl des conjointanalytischen Ansatzes (Trade-Off, Full-Profile, andere Formen) die Gestaltung und Form der Erhebungstechnik (verbale, visuelle und/oder physische Präsentation des Produkt-/Dienstleistungskonzeptes, Art der Befragung) sowie den Erhebungsumfang (Anzahl der Interviews, Auswahl und Anzahl der Probanden). Die Marriott-Studie wurde als hybride CA durchgeführt. Hier mussten die Probanden zunächst direkte Urteile über alle sieben Kernmerkmale, die insgesamt 50 Attribute und deren Ausprägungen abgeben, wobei die jeweiligen Ausprägungen mit einem Preis versehen waren und die Probanden ihre Präferenz für die jeweiligen Kosten-/Nutzenkombinationen zum Ausdruck bringen mussten (akzeptabel, unakzeptabel, präferiert). Jedes Kernmerkmal wurde so zu einem Gesamtpreis bewertet. Überschritt dieser Gesamtpreis die Schwelle der Zahlungsbereitschaft der Probanden, so wurden diese gebeten, verzichtenswerte Attributsausprägungen zu streichen, um so zu einem akzeptablen Preisniveau zu gelangen. Anschließend waren die – im Zuge komplexer statistischer Rechenoperationen – ausgewählten Merkmalskombinationen (5 Hotelprofile mit einem Komplettpreis und bestimmten Attribut-/Ausprägungskombinationen für die sieben Kernmerkmale) ganzheitlich hinsichtlich ihrer Preiswürdigkeit und Nutzungswahrscheinlichkeit zu bewerten. Die Verknüpfung der Ergebnisse beider Untersuchungsstufen erlaubt es, die Bedeutung einzelner Merkmale und Merkmalsausprägungen zu ermitteln und dadurch die Anzahl der von den Probanden ganzheitlich zu bewertenden Hotelkonzepte zu verringern. Die Befragungen erfolgten dabei ausschließlich auf schriftliche Weise, wobei, wenn notwendig, Fotos als visuelle Beurteilungshilfe eingesetzt wurden (z.B. Swimmingpool). Insgesamt wurden 601 Personen (263 Geschäftsreisende, die Hotels mittlerer Preislagen und 83 Geschäftsreisende, die Hotels oberer Preislagen bevorzugten sowie 255 Privatreisende), in vier verschieden amerikanischen Großstädten befragt, wobei man sich auf die Vorstadtlagen und naheliegenden Kleinstädte konzentrierte. Im Vorfeld wurde zur Überprüfung des Untersuchungsdesigns ein Pre-Test durchgeführt.

- **Auswertung der Ergebnisse**

Die Auswertung der CA vollzieht sich in drei Stufen: Zunächst werden die Teilnutzenwerte für jede Attributsausprägung berechnet und analysiert, um auf dieser Basis im Anschluss Segmentanalysen und Optimierungsrechnungen durchzuführen. Zur Berechnung der Teilnutzenwerte stehen verschiedene statistische Schätzverfahren zur Verfügung, auf die hier nicht weiter eingegangen werden soll (hierzu Backhaus et al. 1996, S.511ff.; Schubert 1991, S.23). Die individuellen Teilnutzenwerte können durch Aggregation im Zuge von Clusteranalysen dazu verwendet werden, Segmente mit weitgehend homogenen Präferenzstrukturen zu bilden. Die aggregierten Teilnutzenwerte sind insofern von Bedeutung als sie, bereits im Vorfeld der Untersuchung anhand anderer Segmentierungsvariablen gebildete Ziel-/Kundengruppen, näher zu beschreiben in der Lage sind, bzw. im Anschluss an die Untersuchung, durch zusätzliche Variablen (z.B. demographische), eine spezifische Zielgruppendefinition erst ermöglichen. Als besonders hilfreich erweisen sich die Teilnutzenwerte für die Durchführung von Optimierungsrechnungen für unterschiedlichste Problemkomplexe, die sich im Rahmen der Entwicklung von Produkt-/Dienstleistungskonzepten ergeben. Hier ist insbesondere die Preisstellung hervorzuheben, bei der die CA, über die Aggregation individueller Preis-Absatz-Funktionen, zu einer gewinnmaximalen Gestaltung von Produkten und Dienstleistungen für einzelne Kundensegmente genutzt werden kann. Im Fall der Mariott-Hotelkette wurden neben der CA noch Optimierungsrechnungen für die Problembereiche Preis und Standort durchgeführt. Während bei der Preisanalyse zwei neuentwickelte Hotelprofile im Vergleich zu vier Konkurrenzkonzepten hinsichtlich ihrer Preiswürdigkeit zu bewerten waren, sollten bei der Standortanalyse, Präferenzen für bestimmte Infrastrukturbedingungen (Verkehrslage, Freizeitmöglichkeiten etc.) herausgearbeitet werden. Gesamtergebnis der hier beschriebenen Conjoint-Analyse war wie bereits erwähnt die Entwicklung des ‚Courtyard by Marriot'-Hotelkonzepts.

Es bleibt festzuhalten, dass sich die CA als Befragungsinstrument im Rahmen der Entwicklung neuer bzw. optimierter Produkt-/Dienstleistungsdesigns, der Analyse wahrgenommener

Kundennutzen und der Bildung nutzenbezogener Kundensegmente bewährt hat (Teichert 2000, S.473f.). Vielfältige erfolgreiche Anwendungen im Dienstleistungssektor unterstreichen ihre Fähigkeit, Informationen für die **kundenorientierte Entwicklung und Gestaltung von Dienstleistungskonzepten** zu generieren. Sie überzeugt dabei sowohl durch die Vielseitigkeit ihrer Anwendungsbereiche, als auch durch ihre Analysetiefe und den hohen Konkretisierungsgrad der gewonnenen Ergebnisse. Gewisse Einschränkungen ergeben sich zwar aus bestimmten methodischen Aspekten sowie der Komplexität und Kostenintensität solcher Studien (Balderjahn 1994, S.17f; Meffert 2000, S.548), der Wert und die Bedeutung der Conjoint-Analyse, für eine bedarfsadäquate Entwicklung und Gestaltung innovativer bzw. modifizierter Marktkonzepte, bleiben jedoch davon unberührt.

4.3.2   Quality Function Deployment

Ein weiteres Instrument der kundenorientierten Qualitätsplanung im Rahmen des TQM stellt das **Quality Function Deployment (QFD)** dar. QFD beschreibt ein schrittweises Verfahren der Produkt-/Konzeptentwicklung, das über die Erfassung von manifesten oder latenten Kundenanforderungen im Rahmen von Kundenbefragungen und deren Transformation in leistungserstellungsbezogene Konzeptziele und -spezifikationen zu neuen, bedarfsgerechten Produkten und Dienstleistungen führen soll (hierzu und zum Folgenden Gardini 1997, S.157ff.; Bruhn 2003a, S.184ff. und die dort angegebene Literatur). Im Gegensatz zur Conjoint-Analyse, deren Hauptaufgabe darauf beschränkt ist, aktuelle und potentielle Kundenwünsche als Informationsinput für die Konzeptentwicklung zu ermitteln, geht QFD einen Schritt weiter und analysiert, auf der Grundlage der vorhandenen Ressourcenkonfiguration, die interne Realisierbarkeit einer auf Kundenwünschen basierenden Konzeptidee. Dies erfordert das Zusammenwirken interdisziplinärer Teams aus Marketing, Forschung und Entwicklung sowie Produktion (aus Dienstleistungssicht die operativen Einheiten), was zu einer frühzeitigen und durchgängigen Durchdringung der Organisation mit dem Grundgedanken der Kundenorientierung beiträgt.

QFD besteht aus einem System aufeinander abgestimmter Planungs- und Kommunikationsprozesse, das sich in vier Phasen gliedert:

- **Konzeptplanung**
In der Konzeptplanung werden die durch Kundenbefragung und Marktforschung ermittelten, kundenrelevanten Qualitätsdimensionen und -merkmale eines Produktes bzw. einer Dienstleistung erfasst (‚voice of the customer') und in technische/operative Konstruktionsmerkmale des Produkt-/Dienstleistungsentwurfs umgesetzt.

- **Komponentenplanung**
Im Zuge der Komponentenplanung werden aus den Konstruktionsmerkmalen des Produkt-/Dienstleistungsentwurfs die Teilkomponenten/-merkmale entwickelt.

- **Prozessplanung**
Zu den Teilecharakteristiken sind in einem weiteren Schritt die maßgebenden Prozesse zu entwickeln, um so die Grundlage für die Festlegung kritischer Produkt- bzw. Dienstleistungsparameter und der entsprechenden Kontrollpunkte in Prozess- und Prüfplänen zu schaffen.

- **Produktionsplanung und Qualitätssicherungsmaßnahmen**
Die identifizierten kritischen Parameter bilden die Basis für die Erstellung von Arbeitsanweisungen und Prüfplänen, die im Zuge der Leistungserstellung vom ausführenden Personal zu befolgen sind.

Schlüsselelement des QFD ist die erste Phase, welche die Erstellung der Konzeptplanungs-Matrix beinhaltet, die sich aus einer Beziehungs- und einer Korrelationsmatrix zusammensetzt. Während in der Beziehungsmatrix die Einflüsse der anbieterseitigen Problemlösungen ('How') für alle Kundenanforderungen ('What') dargestellt werden, zeigt die Korrelationsmatrix, in welcher Weise sich die Lösungsmerkmale gegenseitig beeinflussen. Dadurch kann bereits in der Phase der Transformation von Kundenanforderungen in ein Planungskonzept geprüft werden, „...

- *„ob ein Lösungsmerkmal zur Erfüllung der entsprechenden Anforderungen beiträgt,*
- *ob andere Anforderungen positiv oder negativ beeinflusst werden,*
- *ob für alle Anforderungen Lösungen entwickelt wurden,*
- *ob überflüssige Lösungen entwickelt wurden."* (Specht/Schmelzer 1991, S.16).

Der Prozess der Matrixerstellung vollzieht sich in folgenden Schritten (Kamiske et al. 1994, S.184ff.; Fließ 2008, S.124f.):

- Erfassung, Strukturierung und Analyse der Kundenanforderungen. Die durch Befragung, Beobachtung, Beschwerden etc. ermittelten Anforderungen können dabei durch primäre, sekundäre und tertiäre Profile detailliert werden. Jedes Kriterium ist dabei hinsichtlich seiner relativen Bedeutung vom Kunden zu gewichten und im Wettbewerbsvergleich zu bewerten. Die kundenseitige Evaluation der Marktstellung wird darüber hinaus durch eine Spalte ergänzt, die mögliche Serviceschwachpunkte explizit kenntlich macht.
- Transformation der Kundenanforderungen in ein unternehmungsinternes Produkt-/Dienstleistungskonzept durch die Entwicklung adäquater Qualitätseigenschaften. Die Design-/Entwurfsanforderungen beschreiben auf welche Art und mit welchen Mitteln die aus den Kundenaussagen abgeleiteten Qualitätsanforderungen erfüllt werden können. Diese sind nach Gruppen zunehmender Spezifizierung von der allgemeinsten Forderung bis zum spezifischsten Qualitätsmerkmal anzuordnen. Zu jeder Designanforderung sind messbare Zielwerte (1% Fehlbuchungen, Wartezeit kleiner 3 min., verstärkte Verkaufsschulung etc.) einzutragen, welche die oftmals diffusen Kundenanforderungen konkretisieren; die Hotellerie und andere Dienstleistungsbranchen sehen sich im Gegensatz zu Unternehmen der Industrie- und Konsumgüterproduktion aufgrund der starken psycho-sozialen Komponente persönlichkeitsintensiver Dienstleistungstransaktionen vor größere Schwierigkeiten gestellt, die zumeist qualitativen Kundenanforderungen zu quantifizieren.
- Erstellung der Beziehungsmatrix durch Vernetzung der Kundenanforderungen mit den Qualitätseigenschaften des Produkt-/Dienstleistungskonzeptes, wobei die Stärke der Beziehungen durch Symbole oder Zahlenwerte visualisiert wird. Anhand der oben eingetragenen Zielwerte ist zu überprüfen, in welche Richtung eine vorhandene Designanforderung verändert werden muss, um die entsprechende Kundenanforderung zu erfüllen.
- Erstellung der Korrelationsmatrix durch Analyse eventueller Zielkonflikte zwischen zwei Designanforderungen. Die Ausprägungen können dabei konkurrierender, neutraler oder komplementärer Natur sein und werden ebenfalls durch entsprechende Symbole oder Zahlenangaben verdeutlicht. Negative Korrelationen zwischen den Qualitätseigenschaften weisen auf Trade-off

Grenzbereiche hin und geben Hinweise auf erforderliche Designoptimierungen bzw. auf die Notwendigkeit einer Neukonzeptionierung.

- Konkurrenzanalyse durch möglichst objektive Vergleichsuntersuchungen konkurrenzzierender Leistungsangebote auf Basis der zugrunde gelegten Designanforderungen.
- Festlegung der Qualitätseigenschaften des geplanten Dienstleistungskonzeptes. Dabei sollten Konzepteigenschaften betont werden, die eine hohe Kundenpriorität genießen und bei denen im Idealfall der Anbieterunternehmung sowohl aus Kunden- als auch aus Anbietersicht ein Kompetenzvorteil gegenüber der Konkurrenz zugesprochen wird. Dieser bzw. diese zu akzentuierenden Wettbewerbsvorteile und Verkaufsschwerpunkte werden abschließend als Kernelemente zu entwickelnder Marketingstrategien in der Matrix ausgewiesen.

Das daraus resultierende Dokument wird aufgrund seiner charakteristischen Form auch *„House of Quality"* (Hauser/Clausing 1988; S.58; Bruhn 2011, S.185) genannt und ist die Grundlage für die kundengerechte Weiterentwicklung des Dienstleistungskonzeptes im Rahmen der oben angesprochenen Komponenten-, Prozess- und Produktionsplanung (Abb.E.60). Durch die strikte Ausrichtung an den Kundenbedürfnissen wird die gängige ‚Inside-Out' Orientierung der Produkt- und Konzeptplaner durch einen ‚Outside In' Ansatz ergänzt. QFD ermöglicht einen strukturierten Planungsprozess, der es erlaubt, bereits in der Frühphase der Konzeptentwicklung Kundenanforderungen und die daraus abgeleiteten kritischen Produkt- und Prozessmerkmale in ihren potentiellen Interdependenzwirkungen zu analysieren, wobei beachtet werden muss, dass die Effektivität und Effizienz der Planungsergebnisse, in Abhängigkeit von der Güte der vorhergehenden Marktforschungsaktivitäten zu sehen ist. Die Ermittlung kritischer Produkt- und Prozessparameter dient darüber hinaus in späteren Phasen des QFD als Grundlage für den Einsatz spezieller Kontrollinstrumente im Rahmen eines Qualitätscontrollings.

Von besonderer Bedeutung ist jedoch die ***proaktive Qualitätsplanung*** und die ***Überprüfung der Realisierbarkeit*** einer Konzeptidee vor dem Hintergrund der aktuellen Ressourcenkonfiguration sowie die Kennzeichnung der Trade-Off-Grenzbereiche, welche durch die abteilungsübergreifende Zusammenarbeit in der Planungsphase bereits frühzeitig erkannt und entschärft werden können. QFD verringert sowohl die Wahrscheinlichkeit von Konzeptentwicklungen, die an den Bedürfnissen des Marktes vorbeigehen als auch zeit- und kostenintensive Korrekturen in späteren Phasen des Entwicklungsprozesses. Die wettbewerbsorientierten Informationen, die im Zuge der Produkt-/Dienstleistungsevaluation aus Kundensicht und im Konkurrenzvergleich gewonnen werden, dienen der Identifikation und Priorisierung erfolgsversprechender Verkaufsschwerpunkte, die, gestützt durch eine angepasste Organisation und Ressourcenkonfiguration, wettbewerbsstrategisch positioniert werden können.

Die Interdisziplinarität der Planungsteams und die Integration der kundennahen bzw. ausführenden Stellen in die Konzeptentwicklung, ist insbesondere in Dienstleistungsunternehmungen von Bedeutung. Zum einen trägt dies nicht nur dazu bei, die externen Kundenerwartungen und -anforderungen in jeder Phase des Entwicklungs- und Planungsprozesses zu verankern, sondern ermöglicht es darüber hinaus, der internen Kundenorientierung, durch die planmäßige Gestaltung der internen Kunden-/Lieferantenbeziehungen im Rahmen des Gesamtplanungskonzeptes, Rechnung zu tragen. Das Expertenwissen der Mitarbeiter im unmittelbaren Kundenkontakt wird somit nicht nur als Input zur Steigerung der Kundenzufriedenheit genutzt, sondern auch zur Verbesserung der Effektivität und Effizienz interner

Organisationsabläufe. Die Komplexität und der erhöhte Koordinations- und Kostenaufwand der Konzeptentwicklung mittels QFD wird durch die positiven Effekte kundenorientierter Produkt-/Dienstleistungskonzepte (Erlössteigerungen, Kundenbindung etc.) und die Einsparungspotentiale durch Optimierung/Restrukturierung des Leistungserstellungssystems (Reduktion von Doppelarbeit, Fehlerkosten etc.) aufgewogen.

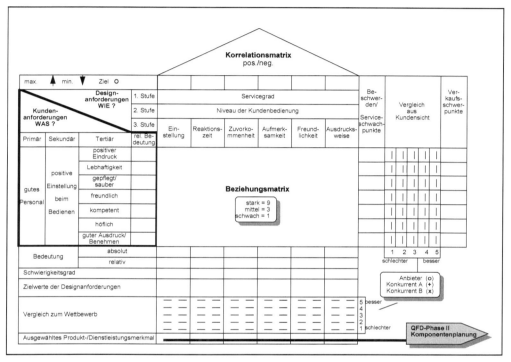

Abb.E.60:   Quality Function Deployment – House of Quality (Prinzipdarstellung)

4.3.3   Service Blueprinting/Service Mapping

Die Entwicklung und das Design komplexer interaktionsintensiver Servicekonzepte in der Hotellerie erfordern im Zuge der Leistungs- und Produktpolitik aufgrund ihrer Prozessdimension einen umfassenden Planungsansatz. Zur Abbildung und sequentiellen Aufschlüsselung der produktions- und prozessspezifischen Komponenten eines Dienstleistungsangebotes haben sich in der Wissenschaft dekompositionelle Planungsmodelle wie das *‚Service Blueprinting'* (Shostack 1982, 1984; Mattson 1993, Fließ 2008, S.194ff.) oder das *‚Service Mapping'* (Collier 1989, 1991; Gummesson/Kingman-Brundage 1992) durchgesetzt. Grundidee dieser Modelle ist es, durch die Komponentenzerlegung bereits im Frühstadium einer Konzeptentwicklung die verschiedenen Grundbestandteile und Teilprozesse, im Hinblick auf ihre Beiträge und wechselseitigen Einflusspotenziale bezüglich der Effektivität und Effizienz der Gesamtleistungsqualität, zu untersuchen. Zusammen mit der aus der industriellen Qualitätsplanung bekannten *‚Failure Mode and Effect Analysis' (Fehler-Möglichkeits- und Einflussanalyse (FMEA))* ist es möglich, bereits in der Konzeptentwicklungsphase eventuell vorhandene potenzielle Fehlerschwachstellen und Qualitätsmängel zu identifizieren und zu beseitigen (Bruhn 2003a, S.133ff.). Während durch Service Blueprinting das Leistungskonzept zunächst in einzelne Leistungsbestandteile und -prozesseinheiten zerlegt und visualisiert wird, erfolgt im Anschluss eine Bewertung der Leistungskomponenten hinsichtlich potenzieller Fehlerquellen, Fehlerursachen und Fehlerfolgen durch die FMEA. Die Anwendung des Service Blueprinting auf Basis der FMEA kann dabei differenziert entweder für den Gesamtgestaltungkomplex eines Dienstleistungsangebotes (z.B. Gesamtplanung eines Hotels) erfolgen oder auch auf einzelne Teilkomplexe zugeschnitten werden (z.B. Gestaltung des Gastronomie-, Bankett- oder Freizeitbereich eines Hotels).

Die prinzipielle Vorgehensweise der kombinierten Anwendung eines Service Blueprinting-Konzeptes und einer FMEA soll im Folgenden am Beispiel der Entwicklung eines Restaurantkonzeptes dargestellt werden. Im Mittelpunkt dieser kombinierten Anwendung liegen die ‚moments of truth‘, deren Relevanz bereits an anderer Stelle thematisiert worden ist. Der *Analyse- und Gestaltungsprozess des Service- Blueprinting* besteht aus folgenden Schritten (Gardini 1999 und die dort angegebene Literatur):

- Identifikation der Kern-/Nutzenelemente
- Identifikation der Interaktionsmomente
- Identifikation verbundener Tätigkeiten und Prozesse
- Identifikation unterstützender Prozesse
- Definition quantitativer/qualitativer Normen und Standards

- **Identifikation der Kern-/Nutzenelemente**

Grundsätzlich ist für jede Art der Dienstleistung der Kernnutzen bzw. die Kernleistung zu definieren, um die herum der Produktionsprozess der materiellen und immateriellen Dienstleistungskomponenten aufzubauen ist. Im Fall des Restaurants besteht die Kernleistung in dem Angebot von Speisen und Getränken. Materielle Komponenten sind Gebäude, Räume, Raum- und Tischdekor etc., immaterielle Komponenten sind bspw. alle menschlichen Sinneseindrücke wie Geschmack und Geruch der Speisen, Hintergrundmusik, Farbenkomposition, Atmosphäre sowie psychologische Faktoren wie Status, Wohlgefühl, soziale Anbindung etc. Die Ausgestaltung des wahrnehmbaren Bereiches bzw. der Dienstleistungsumgebung als Ganzes (Service Scapes) sind für die Hotellerie und Gastronomie von entscheidender Bedeutung, halten sich doch Kunden in der Regel längere Zeit in den Räumen der Anbieter auf und steht in diesem Zusammenhang insbesondere die direkte physische Wirkung der technisch-funktionalen Nutzenelemente der Dienstleistungsumgebung auf den Betrachter (Gast) im Vordergrund (Fließ 2008, S.223).

- **Identifikation der Interaktionsmomente**

Im Sinne des prozessorientierten Ansatzes des Service Blueprint gilt es, alle Kundenkontaktsituationen nach Art, Häufigkeit und Merkmalsprofil zu analysieren. Jeder einzelne Dienstleistungsmoment ist zu erfassen, in abgrenzbare Sequenzen zu zergliedern und in seinem Ablauf zu dokumentieren, wobei es wesentlich ist, die Phasen des Konsumerlebens aus nachfragebezogener Sicht zu dokumentieren und abzubilden. Die Interaktionsmomente bezeichnen die Sequenzen, die für den Kunden den sichtbaren Teil (front-line/-office), der für ihn erbrachten Dienstleistung repräsentieren. Die Visualisierung des gesamten Dienstleistungserstellungsprozesses erfolgt in Form eines Flow-Charts (Abb.E.61). Die Identifikation der einzelnen vom Kunden zu durchlaufenden Stationen ermöglicht die Abschätzung der relativen Bedeutung der verschiedenen Interaktionsmomente und ihrer spezifischen Qualitätsmerkmale in Bezug auf die Wahrnehmung und Beurteilung der Gesamtleistungsqualität durch den Kunden. Die relative Kundenwertschätzung bestimmter Momente bzw. ihrer Merkmale kann dabei in Form von Qualitäts-Merkmals-Prioritätskennzahlen quantifiziert werden, welche im Zuge der Risikobewertung in die FMEA einfließen können.

- **Identifikation verbundener Tätigkeiten und Prozesse**

Die verschiedenen Interaktionsmomente können in ihrer Beziehungsintensität differieren. Diese bestimmt sich durch den Anteil des zeitlichen Kontaktes an der Gesamtzeit der Leistungserstellung, die Häufigkeit des Kundenkontaktes, das Maß an intellektueller/körperlicher Mitwirkung des Nachfragers, das Maß der Individualisierung des Leistungsangebots und den Umfang an persönlichen Kommunikationsprozessen zwischen Anbieter und Nachfrager (Collier 1989, S.208f.). Der jeweilige Charakter und die Intensität der Interaktionsmomente impliziert dabei die Art und Abfolge all jener Tätigkeiten und Prozesse, die direkt an der Entstehung und Weitergabe des Produktes und/oder der Dienstleistung mitwirken. Diese operativen Primärprozesse sind in ihre verschiedenen Schlüsselelemente zu zerlegen, im Sinne des angestrebten Qualitätsniveaus auszugestalten und hinsichtlich ihres Fehlerquellenpotentials zu analysieren; darüber hinaus sind geeignete und flexible Sicherheits- und Korrekturmaßnahmen einzuplanen. Für das Restaurant ergeben sich z.B. auszugsweise folgende Aufgaben und Prozesselemente:

- **Informationsbereitstellung**
Im Vorfeld bei der telefonischen Reservierung, bei den Zufahrtsmöglichkeiten durch Ausschilderung der Parkplätze und des Eingangs, während des Essens durch Beratung bei der Auswahl der Speisen und Getränke, nach dem Essen durch Hinweise auf kommende Besonderheiten etc.

- **Gestaltung der Wartezeit**
Apertif, Zeitungen, Spiele für Kinder, persönliches Bemühen des Geschäftsführers etc.

- **Servier- und Entsorgungsvorgänge**
Zeitliche Abfolge, Zubereitung, Präsentation der Speisen, Nachschenken der Getränke, zeitgerechtes Abservieren, Tischtuchreinigung etc.

- ...

- **Identifikation unterstützender Prozesse**

Getrennt durch die *„line of visibility"* (Shostack 1982, S.59) gibt es neben dem für den Kunden sichtbaren Teil des Dienstleistungserstellungsprozesses noch einen unsichtbaren, unternehmensinternen Gestaltungsbereich, der durch seine Hilfsfunktion in Bezug auf die Primärprozesse gekennzeichnet ist (Fließ 2008, S.228ff.). Dieser sog. ‚support part' besteht aus Vorarbeiten aus anderen Abteilungen/Bereichen (physical support), den unterstützenden organisatorischen und technologischen Rahmenbedingungen (systems support) und unterstützenden Führungstätigkeiten seitens des Management bzw. der direkten Vorgesetzten (management support). Im Fall des Restaurant-Beispiels wären dies z.B. unmittelbar stützende Prozesse wie die Zusammenarbeit Küche/Service, die Personaleinsatzplanung, die Reinigung und Vorbereitung der Governaräume etc., oder mittelbar unterstützende Tätigkeiten, wie bspw. Personalentwicklungsmaßnahmen. Der unternehmensinterne Gestaltungsbereich kann entweder zusammen mit den Kundenkontaktmomenten in einem Flow-Chart abbgebildet werden, oder es werden separate Charts, sog. *„resource activity maps"* (Armistead/Clark 1993, S.225), erstellt, welche die für die Leistungserstellung notwendigen Prozesse und Ressourcen ausweisen und die Übergangsstellen zwischen den Gestaltungsbereichen kennzeichnen, *„.... to give a direct link between the service operations task and the main elements of service delivery ..."* Armistead/Clark 1993, S.228).

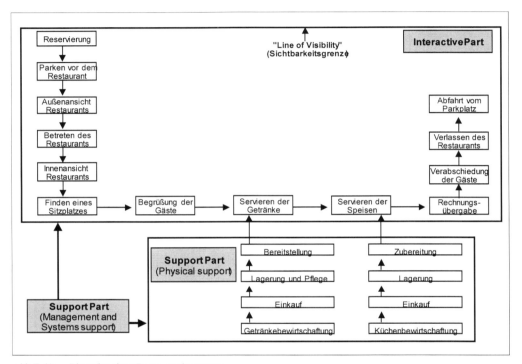

Abb.E.61:   Blueprint eines Restaurantkonzeptes
             Quelle: Gardini 1997, S.164

- **Definition quantitativer/qualitativer Normen und Standards**

Sowohl die Interaktionsmomente als auch die sie charakterisierenden Leistungsmerkmale sowie die im Rahmen der Dienstleistungserstellung zu vollziehenden Primär- und Sekundärprozesse bedürfen einer quantitativen und qualitativen Beschreibung der an sie gestellten Anforderungen. Diese Merkmale und Prozesskomponenten sind die Basis für die Definition von internen und externen Qualitätsstandards. Hierfür sind geeignete Verfahren der Informationsgewinnung zu nutzen, die sowohl nachfragerbezogene als auch anbieterbezogene Qualitätsanalysen und -ursachenattributionen ermöglichen (Conjoint Analysis, Quality Function Deployment, FMEA).

Wenn das Grundmodell einer Dienstleistung in oben beschriebener Weise skizziert wurde, kann durch die FMEA das Risikoprofil des geplanten Dienstleistungskonzeptes ermittelt werden. In diesem Zusammenhang ist zwischen einer **Konstruktions-FMEA** und einer **Prozess-FMEA** zu unterscheiden. Während die Konstruktions-FMEA externe Risiken untersucht (potentielle Gefahren der Produktnutzung, Kompatibilität mit gesetzlichen Regelungen etc.), zielt die Prozess-FMEA darauf ab, interne Problembereiche aufzuzeigen, wie bspw. die Prüfung der Produktionsprozesse im Hinblick auf deren Fähigkeit, alle geforderten Konstruktionsmerkmale des Produkt-/Dienstleistungskonzeptes in geeigneter Weise umzusetzen.

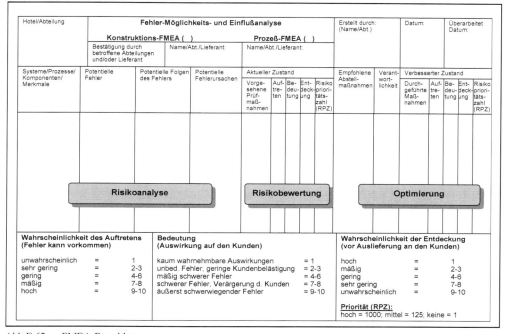

Abb.E.62: FMEA-Formblatt
Quelle: In Anlehnung an Niemand et al. 1990, S.71

Die FMEA vollzieht sich dabei in drei Schritten (Bruhn 2011, S.134ff.):

- Risikoanalyse
- Risikobewertung
- Optimierung/Restrukturierung

- **Risikoanalyse**
Die Risikoanalyse beinhaltet eine systematische Analyse potentieller Fehlerquellen der Bestandteile, Prozesse und Tätigkeiten eines Produkt- bzw. Dienstleistungskonzeptes, deren Ursachenermittlung und Folgenabschätzung sowie die dafür vorgesehenen Verhütungs- und Prüfmaßnahmen.

- **Risikobewertung**
Basierend auf den Ergebnissen der Analyse wird für jede angeführte Fehlerursache eine Risikoprioritätszahl ermittelt, als Maß für die relative Dringlichkeit durchzuführender Einzelmaßnahmen zur Fehlervermeidung und zur Verbesserung des Gesamtkonzeptes. Dazu werden zunächst die Fehlereintrittswahrscheinlichkeit (I), das Schadenspotential von Fehlern (II) und die Entdeckungswahrscheinlichkeit von Fehlern vor Nutzung/Inanspruchnahme des

Produktes bzw. der Dienstleistung durch den Kunden (III) auf einer Skala von 1 bis 10 bewertet. Die Risikoprioritätszahl ermittelt sich dann aus der Multiplikation der Bewertungsergebnisse (RPZ = I × II × III). Daraus ergibt sich eine Bandbreite von 1 bis 1000 Punkten, wobei jeweils unternehmungsspezifisch festzulegen ist, ab wann Fehler mit einer hohen Risikoprioritätszahl, als kritisch für eine bestimmte Teilqualität bzw. die Gesamtqualität einer Leistung zu bezeichnen sind.

- **Optimierung/Restrukturierung**

Ausgehend von den Informationen der Risikoanalyse und -bewertung sind unter Umständen Maßnahmen der Fehlervermeidung und Qualitätsverbesserung zu ergreifen. Die Höhe und die Struktur der Risikoprioritätszahlen weisen dabei darauf hin, welche Schwachstellen mit Vorrang zu bearbeiten sind. Hier haben Konzeptoptimierungen grundsätzlich Priorität vor Optimierungen der Prüfmethoden, da im Rahmen einer qualitätsorientierten Konzeptentwicklung, die präventive Fehlervermeidung einer wirksameren Gestaltung der Qualitätskontrolle vorzuziehen ist. Zur Qualitätssteigerung und zur Reduzierung bzw. Vermeidung von Fehlern sind demnach, je nach Ergebnis der FMEA, möglicherweise alternative Produkt-/ Dienstleistungskonzepte zu entwickeln, deren Ziel es gemäß des Zero-defects-Ansatzes sein muss, Fehlerquellenpotentiale soweit wie möglich in der Entwicklungsphase auszuschalten und nach Maßgabe eines derart erhöhten Qualitätsniveaus, eine entsprechende Anpassung der Qualitätsnormen und -standards vorzunehmen. Abb.E.62 zeigt die prinzipielle Vorgehensweise mit Hilfe eines entsprechenden FMEA-Formblattes auf.

Das *Konzept des Service Blueprinting* hat sowohl einen externen als auch einen internen Fokus. Extern ermöglicht es die Visualisierung des Dienstleistungskonzeptes in seinem kundenspezifischen Kosten-/Nutzenprofil und kann durch frühzeitige Integration der Kunden in den Planungsprozess über die Gewinnung aktualisierender und ergänzender Informationen über Kundenbedürfnisse und -präferenzen, zu einer rechtzeitigen Sensibilisierung der Anbieter für potentielle Konflikt- und Problemfelder beitragen. Die Identifikation der angebotsspezifischen ‚moments of truth' ermöglicht darüber hinaus die Priorisierung und Kanalisierung von Unternehmensressourcen zur kosten- und nutzenoptimierten Gestaltung neuer und/oder Modifikation bestehender Qualitätskomponenten einer Dienstleistung (Gummesson/Kingman-Brundage 1992, S.112.; Collier 1991, S.410f.). Von wesentlicher Bedeutung ist jedoch die Tatsache, dass das Konzept des Service Blueprinting es erlaubt, interne, operative Gestaltungsaspekte/-ziele und externe, marketingpolitische Gestaltungsaspekte/-ziele eines Dienstleistungskonzeptes in ihren wechselseitigen Interdependenzen aufzuzeigen. Das diesbezügliche Konfliktpotenzial zwischen Produktivitäts- und Effizienzzielen der operativen Einheiten einerseits sowie einer verstärkten Kundenorientierung durch Individualisierung/Differenzierung der Dienstleistungskomponenten aus strategischen Marketinggesichtspunkten andererseits, lässt sich in der Phase der Konzeptentwicklung auf der Grundlage des Service Blueprinting durch bereichsübergreifende, integrierte Planungsteams entschärfen. Die Systembedingtheit der Effizienz und Produktivität von internen und externen Dienstleistungs- und Arbeitsprozessen erfordert es darüber hinaus, dass der Planungs- und Entwicklungsphase im Rahmen einer kundenorientierten Organisationsgestaltung besondere Beachtung geschenkt werden sollte. Durch die Koppelung des Service Blueprinting mit der FMEA steht dabei eine geeignete und systematische Planungsmethode zur kontinuierlichen Verbesserung und sukzessiven Erhöhung des Qualitätsniveaus einer komplexen Dienstleistung zur Verfügung (Meffert/Bruhn 2008, S.213f.). Voraussetzung einer nutzbringenden

Anwendung dieser kombinierten Planungsmethode ist allerdings die Validität und Reliabilität der Bedürfnis- und Präferenzanalysen der jeweils an einem Prozess oder einer Tätigkeit beteiligten Personengruppen (Kunden, Mitarbeiter).

4.4   Erfolgsfaktoren des Innovationsmanagement

„When organizations and societies are young, they are flexible, fluid, not yet paralysed by rigid specialization and willing to try anything once. As the organization or society ages, vitality diminishes, flexibility gives way to rigidity, creativity fades and there is a loss of capacity to meet challenges from unexpected directions. In the ever-renewing organization or society, what matures is a system or framework within which continuous innovation, renewal and rebirth can occur" (John W. Gardner). Ein erfolgreiches Innovationsmanagement bedarf denn nicht nur klarer Ziele und eines systematischen Innovationsprozesses, sondern ist vielfach auch Ausdruck einer bestimmten **Innovationskultur** eines Unternehmens. Aber was kennzeichnet ein innovatives Unternehmen bzw. was sind die besonderen Merkmale einer Innovationskultur? Als Best Practice-Beispiel mag hier die Art und Weise dienen, wie das Unternehmen 3M (Minnesota, Mining and Manufacturing), das als eines der innovativsten Unternehmen der Welt gilt, mit dem Thema Innovation umgeht-

---

*3M ist für seine starke und ausgeprägte **Innovationskultur** bekannt. 3M investiert ca. 6,5% seines jährlichen Umsatzes in Forschung & Entwicklung, ca. zweimal so viel wie ein durchschnittliches Unternehmen. Basierend auf dem anspruchsvollen Ziel, 30% des Umsatzes in einem Geschäftsjahr mit Produkten zu erzielen, die nicht älter als 4 Jahre sind, bringt 3M jedes Jahr 200 neue Produkte auf den Markt. Nicht umsonst gilt das Unternehmen als Innovationsführer in den meisten seiner zahlreichen Geschäftsfelder (z.B. Automotive, Medizintechnik, Büromaterial, Baustoffe etc.):*

- *Das Unternehmen ermuntert jeden, und nicht nur seine Ingenieure, zum Promotor eines neuen Produktes zu werden (product champion). Die mittlerweile bereits berühmte 15% Regel des Unternehmens, erlaubt es jedem Angestellten 15% seiner Arbeitszeit an Projekten seines persönlichen Interesses zu arbeiten.*
- *Findet eine Idee Anklang, wird ein Team aus Vertretern von F&E, Fertigung, Marketing, Verkauf und der Rechtsabteilung gebildet. An der Spitze jedes Teams steht ein Manager als Machtpromotor, der das Team gegen bürokratische Übergriffe abschirmt (executive champion).*
- *3M weiß, dass es sich mit Tausenden von neuen Produktideen befassen muss, um genügend Volltreffer zu landen. Ein passender 3M-Slogan lautet hierzu: „Du musst viele Frösche küssen, um einen Prinzen zu finden."*
- *Jedes Jahr zeichnet 3M die Teams, deren Produkt in den ersten drei Jahren seit Markteinführung Umsätze von mehr als 2 Mio.$ in den USA oder 4 Mio.$ weltweit erzielt hat, mit einem speziellen Preis aus, dem „Golden Step Award". (Kotler 2000, S.332)*

Ein innovatives Unternehmensumfeld ist daran zu erkennen, dass die unternehmensspezifischen Werte sowie alle Aktivitäten und Maßnahmen des Unternehmens konsequent auf das Thema Innovation ausgerichtet sind (Abb.E.63). Ein Unternehmen mit einer ausgeprägten Innovationskultur generiert laufend Innovationsimpulse und kontinuierliche Innovationsschübe und produziert nicht nur zufällig und unregelmäßig die ein oder andere Produkt- oder Serviceinnovation. Hotelunternehmen sollten denn auch im Zuge einer *Selbstdiagnose* kritisch hinterfragen, inwieweit Management und Organisation des Unternehmens geeignet sind, ein Umfeld zu schaffen, in dem die Philosophie und das Streben nach Innovation und kontinuierlicher Verbesserung unternehmensweit akzeptiert und verankert ist. Zwei grundlegende Fragestellungen sind in diesem Zusammenhang relevant:

- Wie können Unternehmen ein Umfeld schaffen, wo Mitarbeiter die konsequent nach neuen Wegen und besseren Problemlösungen suchen, belohnt werden und wo Fehler und Sackgassen als ein normaler Teil der Kreativität und Innovation akzeptiert werden?
- Wie können Unternehmen eine Kultur entwickeln, in der Innovation, Risikofreude und Mitunternehmertum als Tugenden wahrgenommen werden und die in der Lage ist, kontinuierlich Neugier, Enthusiasmus und Kreativität bei allen Mitarbeitern auf allen Ebenen des Unternehmens zu entfachen?

Der Aufbau und die Pflege einer auf Innovation ausgerichteten Unternehmenskultur erfordert dabei sowohl ein starkes zeitliches Engagement der Führungskräfte als auch die Bereitschaft, ausreichend finanzielle Mittel für die kulturelle Entwicklung und Gestaltung des Unternehmens zur Verfügung zu stellen. Der Wandel zu einem auf Innovation ausgerichteten Unternehmen bedarf in der Regel einiger organisatorischer Veränderungen. Die Unternehmensführung muss diese Veränderungen ernsthaft wollen und vorantreiben. Dabei ist es nicht mit singulären Bekenntnissen oder sporadischen Aktivitäten des Geschäftsführers oder Eigentümers getan. Diese können nur der Anfang eines langfristig angelegten Prozesses sein, der mit einer Vielzahl verschiedener Managementaktivitäten, neuen Mitarbeiteranreizen und Verhaltensdemonstrationen verbunden sein muss, um deutlich zu machen, dass Innovation gewünscht ist und innovatives Verhalten belohnt wird.

Das Innovationsumfeld im Tourismus und im Speziellen die Situation des Innovationsmanagement in der Hotellerie wurde in den vergangenen Jahren verstärkt aufgearbeitet (Boksberger/Schuckert 2011; Pikkemaat et al. 2006). So konnte der Zusammenhang zwischen Unternehmenskultur und Innovationserfolg bestätigt werden (Matzler et al. 2005), ebenso wie die Korrelation zwischen Innovation und Profitabilität (Sandvik et al. 2010). Im Hinblick auf die Erfolgsfaktoren touristischer Innovationen konnte insbesondere OTTENBACHER für die Hotellerie nachweisen, dass je nach Ausrichtung der Innovation, die Marktattraktivität, die Markteinführung bzw. die Vermarktung und das Commitment der Mitarbeiter erfolgsrelevant sind (Ottenbacher/Gnoth 2005, Ottenbacher 2007). Auch die organisationale Innovativität im Sinne Behrends (2009), d.h. die Innovationsbereitschaft, die Innovationsfähigkeit und die Innovationsmöglichkeit innerhalb der Hotelorganisation muss gegeben sein, soll in Hotelunternehmen systematisch und erfolgreich Erneuerung stattfinden (Keßler et al 2011). Abb.E.63 gibt eine überblicksartige Zusammenfassung der damit zusammenhängenden strategischen und organisatorischen Fragestellungen.

Strategische Ausrichtung	Verfügen wir über eine klar fixierte und kommunizierte Innovationsstrategie?	• Innovationsvison • Technologieszenarien • F&E Portfolio • ...
Ideenbörse	Werden bei uns neue Ideen systematisch gesammelt und bewertet ?	• Innovationstelefon • Vorschlagswesen • Kundenforen • ...
Projektpipeline	Haben wir die richtigen Entwicklungsprojekte mit den richtigen Projekten in der Pipeline ?	• Projektportfolios • Meilenstein-Konzepte • ...
Entwicklungszeiten	Wie beschleunigen wir unsere Entwicklungszeiten ?	• cycle time Management • pacing Projekte • ...
Innovationsbarrieren	Was sind die Haupthindernisse zur Steigerung unserer Innovationskraft und des time-to-market ?	• Innovationsaudit • Innovationszirkel • Prozessoptimierung • ...
Organisation	Verfügen wir über die geeigneten organisatorischen Plattformen für Innovationen?	• Horizontale Teamstrukturen • Interne Netzwerke • Aufbau-/Ablauforganisation • ...
Wissens-Management	Wie machen wir vorhandenes Wissen überall im Unternehmen verfügbar ?	• Job Rotation • Wissensdatenbank • Wissens-Broker • ...
Unternehmenskultur	Haben wir eine auf Innovationskraft ausgerichtete Unternehmenskultur ?	• Innovationchampions • Innovationstage • Anreizsysteme • ...
Innovationsbilanz	Sind wir mit unserer Innovationsrate wettbewerbsfähig und zukunftsorientiert aufgestellt?	• Benchmarking • Innovationsbarometer • Altersstrukturanalyse • ...
Rolle des Top Management	Treiben wir als Top-Management aktiv Innovationen und die Entwicklung neuer Geschäftsfelder voran?	• Vorbildfunktion • Projekt-Sponsoring • Mobilisierungsprogramme • ...

Abb.E.63:   Erfolgsfaktoren eines erfolgreichen Innovationsmanagements
Quelle: Meyer/Davidson 2001, S.425

5 Internationales Marketing-Management in der Hotellerie

5.1 Globalisierung als Herausforderung für die Hotellerie

Das Phänomen der Globalisierung der Weltwirtschaft ist seit mehr als zwei Jahrzehnten ein beherrschendes Thema, sowohl in der wissenschaftlichen Literatur als auch in der Unternehmenspraxis. Die Wahrnehmung von Zukunftschancen bedeutet heute unweigerlich Internationalisierung, und so ist eine Verstärkung und Ausweitung der globalen Präsenz nicht nur für Industrieunternehmen eine bedeutsame Wettbewerbsstrategie. Auch im Dienstleistungssektor gewinnt diese strategische Option an Bedeutung, so dass sich die Hotellerie, ebenso wie andere Dienstleistungsbranchen, mit den *Chancen und Risiken der Globalisierung* auseinandersetzen muss. Betrachtet man die Ursachen für die Zunahme der internationalen Tätigkeit der Hotelkonzerne und die Ausweitung des weltweiten Hotelangebots, so lassen sich – neben grundsätzlichen Bestimmungsgründen der Globalisierung von Dienstleistungsunternehmen (Dolski/Hermanns 2004, S.88f.; Kantsperger et al. 2004, S.113f.; Bufka 1997, S.4ff.) – verschiedene Einflüsse und Wirkungen herausarbeiten, denen die Hotellerie in vielfältigster Art mittelbar oder unmittelbar ausgesetzt ist:

- Deregulierung und Liberalisierung des weltweiten Dienstleistungshandels
- wachsender Wettbewerbsdruck auf nationalen Dienstleistungsmärkten
- Bedürfniskonvergenz und Kundenmobilität
- Technologiesprünge und Ressourcenmobilität

Auf der *Angebotsseite* haben der Abbau tarifärer und nicht-tarifärer Handelshemmnisse, die Entmonopolisierung und Privatisierung zahlreicher Dienstleistungsbranchen und die Erleichterungen im internationalen Ressourcentransfer zu einer Veränderung internationaler Wettbewerbsverhältnisse geführt. So hat die Realisierung des europäischen Binnenmarktes und die Öffnung der osteuropäischen Märkte zu einer Zunahme des Geschäftsreiseverkehrs geführt, wodurch Europa für die Ansiedlung internationaler Hotelgesellschaften an Bedeutung gewonnen hat (Hofman 1996, S.24). Des Weiteren führt die *Liberalisierung von Dienstleistungsmärkten* dazu, dass die Suche von Investoren nach neuen Anlage- und touristischen Entwicklungsmöglichkeiten in vielen Regionen der Welt erleichtert wird, so dass immer neue touristische Destinationen auf den Markt gelangen (z.B. Russland, China, Indien, Vietnam etc.), die eine entsprechende Hotelinfrastruktur benötigen (Keller 1996, S.38). Neben dem Eintritt neuer Wettbewerber und einem gewissen Grad der Marktsättigung in nationalen Hotelmärkten, ist in zahlreichen Ländern darüber hinaus eine zunehmende Konzentration in der Branche zu beobachten, was als Indiz für einen sich verschärfenden Wettbewerb zu werten ist. Dies führt dazu, dass Hotelkonzerne/-gesellschaften auf der Suche nach weiteren Entfaltungsmöglichkeiten verstärkt internationale Optionen berücksichtigen müssen, was angesichts der positiven Wachstumsraten des weltweiten Dienstleistungshandels und der zunehmenden Öffnung zahlreicher Märkte einen nach wie vor vielversprechenden Wachstumspfad darstellt.

Darüber hinaus lassen sich strategische **Ressourcen wie Personal**, **Produkte**, **Dienstleistungskonzepte oder Wissen heute** um ein Vielfaches flexibler und kostengünstiger als in der Vergangenheit zwischen Ländern und Niederlassungen transferieren. Insbesondere die für Hotelunternehmen besonders bedeutsamen immateriellen Ressourcen, wie bspw. ein spezifisches Know-how oder spezifische Informationen, können fast immer zu moderaten Koordinationskosten (z.B. Internet, globales Intranet) länderübergreifend zugänglich gemacht werden. Die Einbindung in weltweite touristische Netzwerke (Airlines, Reiseveranstalter, Autovermietungen, Hotels) und die Installation globaler Distributionssysteme (Amadeus, Galileo/Apollo, Sabre, Worldspan), der Aufbau globaler Datenbanken zur Steuerung eines unternehmensspezifischen Wissenspotenzials (z.B. Ritz-Carlton, Marriott, Hilton) und der Einsatz moderner Informations- und Kommunikationstechnologien im Bereich von Internet und E-Commerce stellen daher für Hotelunternehmen im Hinblick auf die Ausnutzung internationaler Wettbewerbsvorteile und der Ausschöpfung länderübergreifender Synergiepotenziale entscheidende Einflussfaktoren dar.

Auch auf der **Nachfrageseite** sind ebenfalls verschiedene globalisierungsfördernde Faktoren im Dienstleistungssektor zu benennen. Dabei lässt sich für Dienstleistungen, analog zu der Entwicklung im Sachgüterbereich, eine zunehmende Angleichung und Ähnlichkeit von Nachfragebedürfnissen im Sinne der Globalisierungs- bzw. Konvergenzthese LEVITT'S (1983) konstatieren. Die Internationalisierung des Wettbewerbs und ein **globales Markenmanagement** von Dienstleistungen (z.B. McDonalds, Starbucks, Holiday Inn, Ritz Carlton, Marriott, Hilton, Club Méditerranée, AOL) führen dazu, dass Kunden unabhängig von ihrem geographischen Aufenthaltsort ein gleichwertiges Dienstleistungsniveau erwarten, was insbesondere für die internationale Kettenhotellerie Bedeutung besitzt (Gardini 2004, S.26).

Hinzu kommt eine erhöhte Bereitschaft und Fähigkeit der Kunden zu **internationaler Dienstleistungsbeschaffung**, die aus der gestiegenen internationalen Mobilität von Dienstleistungskunden, schnellen Transportmöglichkeiten und einem weltweiten Zugang zu Informationen resultiert. Dies führt zu einer erhöhten Transparenz des weltweiten Hotelmarkts und wirkt gleichzeitig auf eine Angleichung von Bedürfnissen und eine länderübergreifende Anspruchsinflation hin (Porter 1993, S.274ff.; Segal-Horn 1993, S.48f.). Ein weiterer Treiber des Internationalisierungsprozesses von Dienstleistungsunternehmen ist das **„follow-the-client"-Phänomen** in zahlreichen B2B-Dienstleistungsbranchen. Die verstärkte Internationalisierung nationaler Kunden erfordert es vielfach, zur Stabilisierung oder Ausweitung der Geschäftsbeziehungen den Kunden ins Ausland zu folgen. So favorisieren internationale Firmenkunden zunehmend Hotelkonzerne, die über ein weltweites Filialnetzwerk verfügen, um über weitreichende Rahmenverträge umfangreiche Mengenrabatte zu erzielen (z.B. Airlines, Reiseveranstalter, Kreditkartenunternehmen, Tagungs-/Kongressveranstalter).

5.2   Märkte und Akteure in der internationalen Hotellerie

Die Tourismusindustrie hat sich im letzten Jahrzehnt zum größten Wirtschaftszweig der Welt entwickelt. So erzielte die weltweite Tourismuswirtschaft 2013 einen Umsatz (direkt/indirekt) von ca. 7 Billionen US $, beschäftigte ca. 266 Mio. Menschen weltweit und ist für ca. 9,5% des weltweiten BSP verantwortlich (WTTC 2014). Prognosen der WTO (World Trade Organisation) gehen davon aus, das sich das Tourismusaufkommen von heute mit ca. 1 Mrd. Reisenden bis zum Jahr 2020 auf ca. 1,6 Mrd. Reisende erhöhen wird. Die Globalisierung in der Hotellerie zeigt dabei in den letzten zwanzig Jahren eine ungleichmäßige geographische Entwicklung. So konnte die Region Asia-Pacific ihren weltweiten Marktanteil in dieser Zeit rasant steigern, während Europa und die USA ein wesentliches langsameres Wachstum der Hotelkapazitäten zu verzeichnen hatten. Neuere Prognosen gehen denn auch davon aus, dass sich die Anteile an der weltweiten Bettenkapazität in den Kernregionen bis zum Jahre 2016 weiter angleichen werden (Westeuropa 28,4%; USA 25,1%; Asia-Pacific 27,8% (Euromonitor 2012 zitiert nach Statista 2014a).

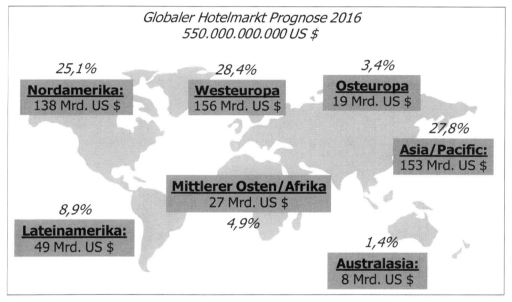

Abb.E.64:   Prognostizierte Marktanteile in den globalen Hotelmärkten bis 2016
            Quelle: Euromonitor 2012 zitiert nach Statista 2014a

Nichtsdestoweniger verzeichnete der **Hotelinvestmentmarkt Europa** in letzten Jahren eine deutlich über dem Durchschnitt der vorangegangenen Jahre liegende Performance. So wies der europäische Hotelinvestmentmarkt im Jahre 2006 mit 21,6 Mrd. Euro und im Jahr 2007 mit 18,7 Mrd. Euro, über den Betrachtungszeitraum von zehn Jahren, absolute Höchstwerte auf. 50% dieses Transaktionsvolumens entfielen dabei auf die drei größten europäischen Märkte Großbritannien, Deutschland und Frankreich (Deka Bank 2014). Der deutsche Hotelinvestmentmarkt wies dabei in den Jahren 2006 und 2007 mit jeweils 2,3 Mrd. Euro, über den Betrachtungszeitraum von zehn Jahren ebenfalls absolute Höchstwerte auf. Bedingt durch die globale Finanzkrise des Jahres 2008/2009 sank das Transaktionsvolumen in Deutschland 2009 extrem stark auf ca. 338 Millionen Euro (Härle 2009). Nach der Finanzkrise zogen die Hotelinvestments wieder an und erreichten in Europa und Deutschland 2013 und 2014 – gemessen am Niveau des langfristigen Durchschnitts der letzten zehn Jahre – wieder Höchstwerte.(Jones Lang LaSalle 2014b)

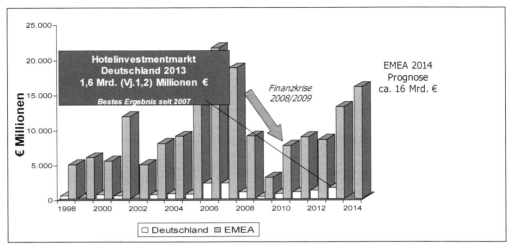

Abb.E.65:   Prognostiziertes Wachstum in den globalen Hotelmärkten bis 2016
             Quelle: Jones Lang LaSalle 2014a und 2014 b

Weltweit gesehen befinden sich die meisten Hotelkapazitäten derzeit zwar noch in Europa, jedoch bei sinkender Tendenz, da insbesondere Nord- und Südamerika, die BRIC-Staaten (Brasilien, Russland, Indien, China) sowie der Mittlere Osten im zukünftigen Fokus internationaler Expansionsprozesse stehen. So betrug das globale Hoteltransaktionsvolumen im Jahr 2013 ca. 46,7 Mrd.US-Dollar, wobei ca. 24 Mrd. auf Nord- und Südamerika entfielen, ca. 9,5 Mrd. auf Asien und ca. 13,2 Mrd. US-Dollar auf die Region EMEA (Europa, Middle East and Africa) (Jones Lang LaSalle 2014a). Dabei sind - – wie Abb.E.66 verdeutlicht - in Nord- und Südamerika sowie in Asien im Vergleich zu Europa deutlich mehr Hotelprojekte realisiert worden bzw. in Planung.

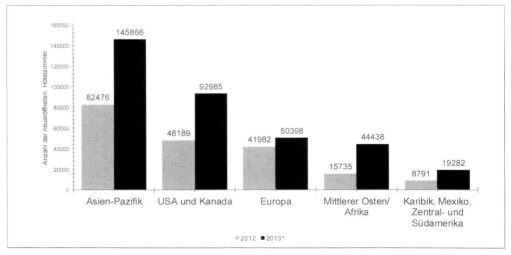

Abb.E.66:   Anzahl der neueröffneten Hotelzimmer weltweit im Jahr 2012 und 2013 (Prognose) nach Regionen
             Quelle: STR Global 2013 zitiert nach Statista 2014b

Betrachtet man den ***globalen Markteinfluss in der weltweiten Hotellerie***, bezogen auf die nationale Herkunft der Hotelgesellschaften, wird deutlich das die weltweiten Hotelmärkte insbesondere von den US-amerikanischen Hotelgesellschaften dominiert werden. So finden sich unter den Top Ten der größten internationalen Hotelkonzerne des Jahres 2014, allein sieben US-Unternehmen. Ein Hinweis auf globale Marktverschiebungen stellt dabei die Tatsache dar, das im Jahr 2013, mit der chinesischen Home Inn Hotelgruppe, erstmalig ein asiatischer Anbieter unter den größten zehn Hotelunternehmen der Welt zu finden ist.

CLASSEMENT MONDIAL DES GROUPES HÔTELIERS AU 1ER JANVIER 2014
WORLDWIDE RANKING OF HOTEL GROUPS AS OF 1 JANUARY 2014

RANG RANK		GROUPES - GROUPS	NAT NAT	HÔTELS - HOTELS 2014	HÔTELS - HOTELS 2013	CHAMBRES - ROOMS 2014	CHAMBRES - ROOMS 2013	DELTA DELTA	EV. CH GROWTH
1	1	IHG	GB	4 697	4 602	686 873	675 982	10 891	1,6%
2	2	HILTON WORLDWIDE	USA	4 115	3 992	678 630	659 917	18 713	2,8%
3	3	MARRIOTT INTERNATIONAL	USA	3 783	3 672	653 719	638 793	14 926	2,3%
4	4	WYNDHAM HOTEL GROUP	USA	7 485	7 342	645 423	627 437	17 986	2,9%
5	5	CHOICE HOTELS INTERNATIONAL	USA	6 303	6 199	502 663	497 023	5 640	1,1%
6	6	ACCOR	FRA	3 576	3 515	461 719	450 199	11 520	2,6%
7	7	STARWOOD HOTELS & RESORTS	USA	1 161	1 121	339 243	328 055	11 188	3,4%
8	8	BEST WESTERN	USA	4 046	4 013	314 318	307 305	7 013	2,3%
9	9	HOME INNS	CHI	2 180	1 772	256 555	214 070	42 485	19,8%
10	10	CARLSON REZIDOR HOTEL GROUP	USA	1 079	1 077	168 927	166 245	2 682	1,6%

Source : Base de données MKG Hospitality - Juin 2014 | MKG Hospitality database - June 2014

Abb.E.67: Die größten Hotelkonzerne der Welt 2014
Quelle: MKG-Consulting 2014

Während sich die amerikanischen Hotelgesellschaften schon seit längerem international betätigen, expandieren in Europa viele Hotelunternehmen erst in den letzten Jahren verstärkt über ihre Grenzen hinaus (z.B. Accor, NH Hoteles, Sol Melia, Barceló). Die größte deutsche Hotelkette und die größte europäische Kette im Bereich der Ferienhotellerie ist die Hotelgruppe des Reiseveranstalters TUI, die mit ihren 334 Hotels in über 30 Ländern in der Liste der ***weltweit größten Hotelgesellschaften*** des Jahres 2014 auf Rang 16 (Vorjahr 13) geführt wird. Die Kempinski Hotels auf Platz 40 (Vorjahr 41), die Maritim Hotelgesellschaft auf Platz 50 (Vorjahr 46) und die Steigenberger Hotels AG auf Platz 53 (Vorjahr 53), rangieren im Mittelfeld der größten Hotelgesellschaften weltweit. Unlängst schaffte auch die One Hotels&Resort Gruppe als eine der wenigen deutschen Hotelgesellschaften mit ihrer Marke Motel One den Sprung unter die 100 größten Hotelgesellschaften der Welt (Platz 83). Entsprechend spielt die deutsche Hotellerie global gesehen nur eine untergeordnete Rolle, da die deutschen Wettbewerber auf internationaler Ebene bislang kaum über eine ausreichende Marktgröße verfügen, um in diesem globalen Wettlauf bestehen zu können.(IHA 2014, S.216)

Nichtsdestotrotz zwingen die Expansionsbestrebungen der internationalen Konkurrenten die deutschen Hotelkonzerne zukünftig zu einer verstärkten Internationalisierung ihrer Geschäftstätigkeit, kündigen doch die meisten der großen Key Player der internationalen Kettenhotellerie wiederholt expansive Wachstumsstrategien an (Maurer 2014; MKG-Consulting 2008; Härle/Haller 2007). So vollzieht Hilton in Kooperation mit dem US-amerikanischen

Finanzinvestor Blackstone seit einigen Jahren die insgesamt größte Expansion in der Geschichte der Kette. Bis zum Jahr 2018 will das Unternehmen weltweit ca. 900 neue Hotels
mit 120.000 Zimmern eröffnen, davon allein 10.000 in Deutschland (IHA 2014, S.213).
Auch die US-Hotelkette Marriott plant eine neuerliche Wachstumsoffensive und so soll bis
2017 fast jeden Tag ein Hotel einer Marriott-Marke eröffnen, was gegenüber dem Jahr 2014
mit 3.783 Hotels einer Steigerung von ca. 32% des Hotelportfolios innerhalb von drei Jahren
entspricht (Siehe Kasten).

*„Die US-Hotelkette **Marriott** plant eine massive Wachstumsoffensive. Bis 2017 soll fast
jeden Tag ein Hotel einer Marriott-Marke eröffnen, insgesamt über 1.300, erklärten Verantwortliche auf einer Analystenkonferenz. Ende dieses Jahres soll das Portfolio bei 4.100
Hotels liegen, 2017 dann bei über 5.000. Um das Ziel zu erreichen, nimmt Marriott auch
Geld für Immobilienentwicklungen und -käufe in die Hand. Europa spielt in den Plänen
allerdings nur eine untergeordnete Rolle. Potenzial sieht Marriott vor allem in Asien und
der Budget-Hotellerie in Nordamerika. Lediglich 10% der neuen Zimmer sollen in Europa
entstehen. Hier ist die mit einer Ikea-Schwester als Investor entwickelte Marke Moxy der
Hoffnungsträger. Für sie kündigte das Unternehmen ebenso wie für die fünf anderen neu-
en Marken Gaylord, Edition, Protea, AC Hotels by Marriott und Autograph Collection
aggressives Wachstum an. Insgesamt will Marriott bis 2017 1.300 Hotels mit 200.000 bis
235.000 Zimmern eröffnen. Da man sich gleichzeitig aus bestehenden Hotels mit 40.000
bis 45.000 Zimmern zurückziehen will, bleibt ein Nettozuwachs von 150.000 bis 200.000
Zimmern. Klappt das, wäre das das größte Wachstum in der Unternehmensgeschichte"*
(Maurer 2014).

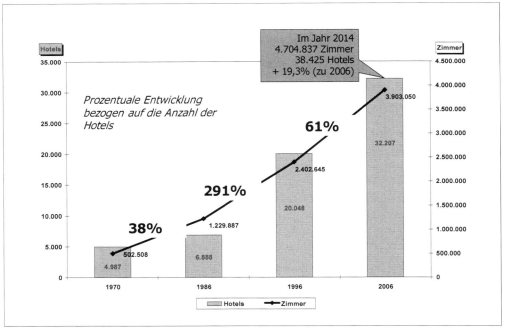

Abb.E.68:   Wachstum der weltweit zehn größten Hotelketten 1970–2014
             Quelle: In Anlehnung an Frehse 2009, S.238 und MKG Consulting 2014

Abbildung E.67 verdeutlicht das Ergebnis dieser Jahrzehnte währenden *globalen Expansionsbestrebungen* der weltweit größten Hotelgesellschaften. Während die weltweit zehn größten Hotelketten im Jahre 1970 über 4.987 Hotels mit 502.502 Zimmern verfügten, waren es 2014 bereits 38.425 Hotels mit 4.704.837 Zimmern (MKG Consulting 2014; Frehse 2009, S.238). Bezogen auf den Weltmarkt vereinen die zehn größten Hotelgesellschaften damit ca. 20% der weltweiten Hotelkapazität auf sich. Der *weltweite Hotelmarkt* befindet sich denn auch in den letzten zehn Jahren in einem tiefgreifenden *Strukturwandel*. Insbesondere die großen Ketten streben zunehmend danach, in allen Ländern präsent zu sein, und so prägen – ähnlich wie im deutschen Hotelmarkt – eine hohe Wettbewerbsintensität und starke Konzentrationsprozesse auch international das Bild. Im Gegensatz zu seinen amerikanischen und asiatischen Mitbewerbern ist der europäische Hotelmarkt nach wie vor durch ein fragmentiertes Angebot charakterisiert (London Economics/PWC 2013; Fenelon 1990; Gee 1994).

So zeigt ein Blick auf die *Branchenstrukturen* aller EU-Mitgliedstaaten, dass sich im Durchschnitt aller Länder die überwiegende Mehrheit der Gesamtkapazität in der Hotellerie im Besitz kleiner, unabhängiger Familienbetriebe befindet. So sind im europäischen Schlüsselmarkt Deutschland ca. 90% aller Hotelbetriebe Einzelunternehmen bzw. Personengesellschaften und damit Teil der Individualhotellerie, während in vielen anderen Ländern der Europäischen Union der Grad der Marktdurchdringung der Marken-/Kettenhotellerie deutlich höher ist (IHA 2014, S.210; IHA 2008, S.21). Diese strukturelle Besonderheit der deutschen Hotellerie schlägt sich auch in einem europäischen Vergleich der Leistungskennzahlen durchschnittlicher Zimmererlös, Auslastung und RevPAR nieder, in dem die deutsche Hotellerie schlechter abschneidet als der europäische Durchschnitt (Abb.E.68).

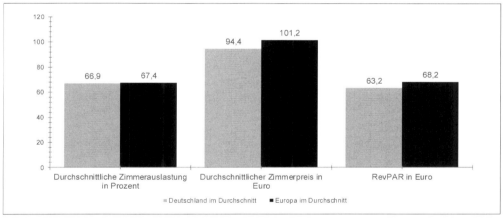

Abb.E.69:   Die Performance deutscher Hotels im europäischen Vergleich im Jahr 2013
Quelle: STR Global zitiert nach IHA 2014, S.33

Allerdings muss konstatiert werden, dass das präzise Ausmaß an Marktdurchdringung konzern- bzw. kooperationsgebundener Organisationseinheiten, sprich der sog. Marken- bzw. Kettenhotellerie, im europäischen bzw. internationalen Maßstab nicht immer eindeutig zu bestimmen ist, werden doch in den länderübergreifenden Zahlenwerken oftmals sehr unterschiedliche Kriterien und Abgrenzungen zugrunde gelegt. So wird der deutschen Definition des Begriffs der Markenhotellerie (siehe Kapitel B 2.1.1) in anderen Ländern nicht zwingend gefolgt, die Nutzung der Mengen- und Wertegerüste wie Anzahl der Betriebe, Zimmer oder

Umsatz wird in verschiedenen Ländern unterschiedlich gehandhabt und da auch der Begriff des Hotels in verschiedenen Ländern der Welt, in Bezug auf die hier zugrunde zulegenden Struktur- und Größenmerkmale sehr unterschiedlich interpretiert wird, sind die Aussagen länderübergreifender Studien bzw. amtlicher Statistiken nicht unbedingt vergleichbar und mit entsprechenden inhaltlichen Einschränkungen verbunden. Während der Anteil der Kettenhotellerie im EU-Durchschnitt bezogen auf die Anzahl der Zimmer auf ca. 40% geschätzt wird (London Economics/PWC 2013), wird in den USA der geschätzte Marktanteil der Hotelketten bzw. Kooperationen auf ca. 70% beziffert wird (Treugast Solutions Group 2008b, S.37; Forgacs 2006). Einschränkend muss hier jedoch berücksichtigt werden, dass eine differenzierte Betrachtung der verschiedenen Sternekategorien, Standorte und Betriebstypen unterschiedlich hohe *Konzentrationsmaße* ergibt. In der Budgethotellerie (1 bis 2-Sterne) sind bspw. in Deutschland noch ca. 96% der Hotels, individuell geführte Hotels, in Italien gar 98% (Nadrowski 2009, S.156). Auch dominieren in höheren Qualitätskategorien und städtischen Zentren eher Hotelkonzerne bzw. Hotelketten die Segmente, während bspw. in der Ferienhotellerie nach wie vor noch die unabhängigen und inhabergeführten Einzelunternehmen überwiegen.

Auch wenn die Globalisierung im Wesentlichen einen Prozess darstellt, den hauptsächlich die großen Hotelkonzerne verfolgen können, bleibt jedoch auch die Individualhotellerie von den Wirkungen dieser Aktivitäten nicht unberührt. So führt die Ausweitung des weltweiten Hotelangebots in vielen nationalen Märkten mit der verstärkten Expansion der internationalen Hotelketten in die Niedrig- und Mittelpreissegmente sowie in nachrangige A- und B–Standorte, zu einem intensiven *Preiswettbewerb*, den die klein- und mittelständische Individualhotellerie auf der Kostenseite kaum erwidern kann. Auch dem gestiegenen *Markenbewusstsein* wird aus Sicht internationaler Kunden, eher von der Kettenhotellerie als von der Individualhotellerie, entsprochen werden können. Einheitliche Qualitätsstandards, ein hohes Maß an Dienstleistungsbereitschaft und Freundlichkeit bei einem optimalen Preis-Leistungsverhältnis gehören heutzutage zu den selbstverständlich gewordenen Erwartungen eines Hotelgastes. Diese Anforderungen können derzeit nur mehr größere Hotelgesellschaften bzw. Hotelkooperationen standort- und länderübergreifend erfüllen und auch garantieren.

5.3   Grundorientierungen im Internationalen Marketing-Management

Für die Entwicklung internationaler Marketingstrategien ist die Grundorientierung des Management von entscheidender Bedeutung, da sie den Internationalisierungsprozess und die Art und Weise der Bearbeitung der verschiedenen Ländermärkte bestimmt. Untersuchungen PERLMUTTERS (1969) zufolge unterscheidet sich das Profil und der Wachstumspfad internationaler Unternehmen in Abhängigkeit von den jeweiligen Einstellungen der Führungskräfte gegenüber den Anforderungen internationaler Unternehmenstätigkeit (*EPRG-Modell*). Im Kern lassen sich wie in Abb.E.69 dargestellt – vier Konzepte internationaler Grundorientierung und damit einhergehender Marketingstrategien unterscheiden (Frehse 2009, S.240ff.; Meffert/Bolz 2001, S.25ff.; Berndt et al. 1999, S.11ff.).

Im Anfangsstadium der Internationalisierung eines Unternehmens konzentrieren sich die Marketingaktivitäten noch sehr stark auf den Heimatmarkt *(Ethnozentrische Orientierung)*.

Unternehmen fällt es in diesem Stadium noch schwer, sich auf die länderspezifischen Besonderheiten einzustellen und so wird versucht, ein im Inland erfolgreiches Produkt- oder Dienstleistungskonzept weitestgehend unverändert auf dem ausländischen Markt anzubieten (*„This works here, therefore it must work in your country"*). Die bearbeiteten Märkte sind dabei von den Strukturen und Anforderungen zumeist dem Heimatmarkt sehr ähnlich. Ziel dieses **internationalen Marketing** ist die Sicherung des inländischen Unternehmenserfolges durch die Wahrnehmung erfolgversprechender Auslandsgeschäfte.

Ethnozentrisch (Stammhausorientierung)	**Polyzentrisch** (Gastlandorientierung)
• Nationale Heimatmarktüberlegenheit wird ins Ausland transferiert	• Fremde Kulturen sind schwierig zu verstehen/erfassen
• Ausländer sind nicht vertrauenswürdig oder fachlich inkompetent	• Einheimische wissen am besten was zu tun ist
• Nationale Standards werden durchgesetzt	• Zentrale beschränkt sich auf Kontrolle finanzieller und leistungsbezogener Performance-Größen/Standards
• Weisungen von der Zentrale zu den Ländereinheiten (Tochterunternehmen, Niederlassungen)	• Internationale Unternehmen stellen ein lockeres System weitgehend voneinander unabhängiger Ländereinheiten (TU, NL) dar
• Nationale Identität	• Ländermanager sind in der Zentrale nicht willkommen
• Ausländer gelten als zweitklassig in ihrer Leistungsfähigkeit	• Virulenter Ethnozentrismus zwischen Ländermanagern
• ...	• ...
Regiozentrisch (Regionale Orientierung)	**Geozentrisch** (Globale Orientierung)
• Konzentration auf gleichartige Kulturräume (z.B. Europa)	• Überlegenheit ist keine Frage der Nationalität
• Bündelung von Aktivitäten aufgrund kultureller Gemeinsamkeiten	• Ländereinheiten sind eine Quelle von verschiedenen Fähigkeiten, Know-how, Möglichkeiten, Währungen etc. aus ihren spezifischen Umfeldern
• Kulturelle Identität und Kulturübergreifende Standards	• Weltweiter, länderübergreifender Denkansatz in Zentrale und Ländereinheiten (TU, NL)
• Regionales Headquarter als Interessensmittler zwischen Tochterunternehmen(TU) und Zentrale	• Ländereinheiten sind weder vollständig abhängige Satelliten noch unabhängige Organisationseinheiten, sondern eingebunden in ein wechselseitiges Ganzes
• Nachfrage nach bestimmten Produkten gleicht sich weltweit an *(Konvergenzthese von Levitt 1983)*	• Verantwortlichkeiten und Ideen kommen von jeder Ländereinheit und erreichen jede Ländereinheit innerhalb des Unternehmens
• Unterschiede zwischen Marktsegmenten gravierender als zwischen nationalen Märkten (=>Transnationales Marketing)	• ...
• ...	

Abb.E.70:   Grundsätzliche Inhalte des EPRG-Modell nach Perlmutter

Bei zunehmender Internationalisierung und wachsender Bedeutung der Auslandsmärkte rückt die Sicherung des internationalen Unternehmenserfolges bei einer Vielzahl nationaler Märkte in den Vordergrund. Tochter-/Ländergesellschaften erhalten einen sehr großen Spielraum, damit sie ihre Strategien primär an den Erfordernissen und Besonderheiten des jeweiligen Auslandsmarktes ausrichten können. Eine solche **polyzentrische Orientierung** geht von der Verschiedenartigkeit der Länder aus, welche auch folglich differenziert bearbeitet werden müssen (*„Let the romans do it their way"*). Eine derartige Orientierung korrespondiert mit dem Begriff des **multinationalen Marketing**.

Die Zusammenfassung mehrerer Länder zu übergeordneten Gebieten bzw. Regionen, welche aufgrund unternehmensspezifisch definierter Kriterien als zusammengehörig angesehen werden, stellt den Kern einer **regiozentrischen Orientierung** dar. Eine solche Grundorientierung geht davon aus, dass Unterschiede zwischen Marktsegmenten gravierender sind als zwischen nationalen Märkten und als solche im Sinne eines **Transnationalen Marketing** bearbeitet werden müssen. Ziel ist hier die Entwicklung eines integrierten, länderübergreifenden Marketingansatzes, indem die Differenzierungsvorteile und Integrationsvorteile marktsegmentspezifisch und nicht länderspezifisch gegeneinander abgewogen werden. Große Freihandelszonen oder Wirtschafts- und Währungsunionen (EU, NAFTA, Mercosur) begünstigen diese Haltung. Oftmals stellt die regiozentrische Orientierung im Internationalisierungsprozess die Vorstufe zur geozentrischen Ausrichtung dar.

Kennzeichen der **geozentrischen Orientierung** ist die Auffassung, dass der relevante Markt für das Unternehmen der Weltmarkt ist. Ziel solcher Unternehmen ist es, die Verbesserung der internationalen Wettbewerbsfähigkeit durch Integration aller Unternehmensaktivitäten in ein Gesamtsystem. Nationale Wünsche und Bedürfnisse stehen zugunsten eines weltweiten, länderübergreifenden Denkansatzes in Zentrale und Ländereinheiten nicht im Vordergrund der Marktbearbeitung. Überlegenheit ist dabei keine Frage der Nationalität, und die jeweiligen Ländereinheiten sind eine Quelle von verschiedenen Fähigkeiten, Markt-Know-how, Möglichkeiten, Währungen etc. aus ihren spezifischen Umfeldern (Gardini/Böttcher 1999). Eine derartige Ausrichtung ist Kennzeichen von Unternehmen, die ein **globales Marketing** betreiben.

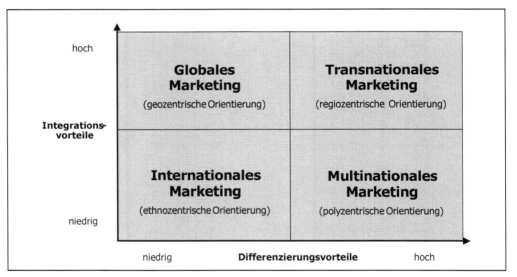

Abb.E.71:   Systematisierung internationaler Marketingstrategien
             Quelle: Meffert/Bolz 2001, S.27

Den von Perlmutter beschriebenen typischen **Internationalisierungspfad,** haben eine Vielzahl von Hotelketten in der Vergangenheit bei der Umsetzung ihrer internationalen Aktivitäten beschritten. In Abhängigkeit von der vorhandenen Erfahrung bzw. der Intensität der grenzüberschreitenden Betätigung reicht dieser Pfad von einer ethnozentrischen bis zu einer geozentrischen Phase, wie dies auch im Zusammenhang mit der Expansion US-amerikanischer Hotelketten beispielhaft beschrieben wird (Frehse 2009, S.240ff.; Vorlaufer 2000, S.51ff.).

5.4   Kultur und Internationales Hotelmanagement

Für international operierende Hotelunternehmen ergeben sich aus den Aktivitäten in unterschiedlichen Ländermärkten und Kulturen einige Besonderheiten, die bei einem interkulturellen Management von Dienstleistungen zu beachten sind (Gardini 2009b). Neben der Bewältigung neuer Strukturen der globalen Wirtschaft müssen internationale Unternehmen lernen, mit der zunehmenden kulturellen Diversität umzugehen (Zentes et al. 2013, S.574ff.; Adler 2001, S.5ff.; Steinmann/Scherer 1997, S.24f.; Bitner 1997, S.497ff.). So hat der **Umgang mit unterschiedlichen Kulturstandards und länderspezifischen Besonderheiten aus Marketingsicht** für die Hotellerie eine interne und eine externe Dimension. Deutlich wird dies bspw. an den spezifischen, nationalen Servicekulturen und Einstellungen, denen im Zuge der Globalisierung der Wirtschaft seit geraumer Zeit als Wettbewerbsfaktor eine erhebliche Bedeutung beigemessen wird, was nicht zuletzt gern in plakativen Gegenüberstellungen der Dienstleistungs- und Kundenorientierung verschiedener Länder zum Ausdruck gebracht wird („*Serviceparadies*" USA/Japan vs. „*Servicewüste*" Deutschland) (Meffert 1998, S.122; Pälike 1995, S.3). Daraus resultiert für international agierende Hotelunternehmen die Notwendigkeit, ein höheres Maß an **interkultureller Sensibilität** zu entwickeln, da die Wahrnehmungsmuster von Dienstleistungsqualität, Kunden- und Serviceorientierung sowohl auf Mitarbeiter als auch auf Kundenseite stark sozio-kulturell geprägt sind. Auch wenn Konsumenten in unterschiedlichen Ländern dabei durchaus einiges an Gemeinsamkeiten aufweisen können, so gibt es i.d.R. dennoch erhebliche Unterschiede in den jeweiligen Wertesystemen, den Einstellungen und den Verhaltensweisen, so dass das Qualitätserleben direkter Kunde-Mitarbeiter-Interaktionen in hohem Maße als kulturabhängig zu charakterisieren ist (Mang 1998, S.214). Des Weiteren kommt aus Marketingsicht hinzu, dass die durch die Globalisierung teilweise hervorgerufene Aufweichung nationaler Identitäten und Kulturen bewirkt, dass die Homogenität landesspezifischer Kulturmuster und Kulturstandards abnimmt und nationale Kulturunterschiede zunehmend durch Unterschiede zwischen länderübergreifenden Subkulturen (z.B. bestimmte Lifestylesegmente) überlagert werden (Holtbrügge 1996, S.283f.; Steinmann/Scherer 1997, S.25.). Die **Identifikation unternehmens- und länderspezifischer Marktsegmente** und die kundenorientierte Erstellung und Vermarktung globaler Dienstleistungskonzepte stellt für internationale Hotelketten und -kooperationen dementsprechend eine größere Herausforderung dar, als dies im nationalen Kontext der Fall ist.

Das grundlegende Spannungsfeld, das internationale Hotelunternehmen im globalen Kontext zu bewältigen haben, ist durch den von FAYERWHEATHER (1975, S.181ff.) in die Diskussion zum Internationalen Management gebrachten Zielkonflikt, zwischen „*Unifikation*" einerseits und der „*Fragmentierung*" anderseits, skizziert. Während der Begriff der „*Unifikation*" die wesentlichen Inhalte organisatorischer Gestaltungsparameter der Integration, Standardisierung und Zentralisierung in sich vereinigt, die in einer engmaschigen, operationalen Führung einander ähnlicher, ausländischer Unternehmenseinheiten zum Ausdruck kommt, versteht FAYERWHEATHER unter dem Terminus „*Fragmentierung*" die Anpassung des Unternehmens und seiner betrieblichen Aktivitäten an die Verschiedenartigkeit des lokalen Umfelds. Dieses Spannungsfeld betrifft alle Unternehmensprozesse und Funktionen gleichermaßen, und so stellen die Ausbalancierung der wesentlichen Zielkonflikte internationaler Organisationsgestaltung (Zentralisierung vs. Autonomie, Integration vs. Differenzierung), die Bewältigung dysfunktionaler Fliehkräfte im Zuge der Mutter-Tochter-Beziehungen sowie der Umgang mit kulturellen Konflikten, die im Zuge der vielfältigen internationalen Unternehmenstätigkeiten auftreten können, wesentliche Managementaufgaben im globalen Kontext unternehmerischer Tätigkeit dar (Gardini 2004, S.18ff.).

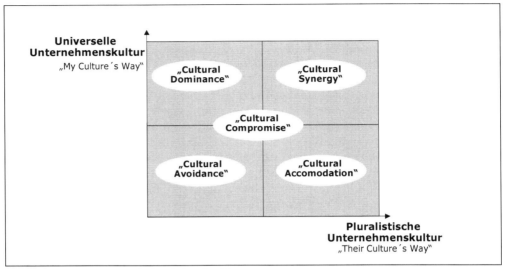

Abb.E.72:   Spannungsfelder des interkulturellen Management
             Quelle: Adler 2001, S.115

So ist als erstes an die Bewältigung der *Akkulturationsproblematik* zu denken, worunter der Einfluss der Landeskultur (Makrokultur) auf die Unternehmenskultur (Mikrokultur) zu verstehen ist (Zentes et al. 2013, S.576ff.; Schreyögg 1998, S.41ff.; Hofstede 1997, S.250ff.). Um ein einheitliches Bewusstsein zu schaffen, muss die Unternehmenskultur die einzelnen ethnischen und nationalen Kultureinflüsse überlagern und kompensieren, womit deutlich wird, dass die verschiedenen landeskulturellen bzw. unternehmenskulturellen Perspektiven potenziell konkurrierende Einflussmuster der Verhaltensprägung in Organisationen beschreiben. Für den Umgang mit diesem kulturellen Konfliktpotenzial ergeben sich für internationale Unternehmen verschiedene Optionen, deren Handlungsspektren auf einem Kontinuum von *universeller Kultur-dominanz* bis hin zu *pluralistischer Akkulturation* anzusiedeln sind (Holtbrügge/Welge 2010, S.44ff.; Adler 2001, S.115f.; Schreyögg 1998, S.42.). Entwickeln die in- und ausländischen Gesellschaften auf der Basis der jeweiligen Landeskulturen eigene Unternehmenskulturen, spricht man aus Sicht der Obergesellschaft von einer pluralistischen Unternehmenskultur, während die Überlagerung der Landeskulturen durch eine einheitliche überformende Unternehmenskultur die Dominanz der universellen Unternehmenskultur charakterisiert (Abb.E.71). Angesichts der zunehmenden kulturellen Diversität, hängt der Erfolg international tätiger Unternehmen jedoch immer weniger von der (*richtigen*) Entscheidung zwischen zwei vermeintlich gegensätzlichen Alternativen, als vielmehr – im Sinne eines *„.... effizienten Divergenzmanagements ...“* (Holtbrügge 1996, S.283.) – von der Fähigkeit zur simultanen Berücksichtigung komplementärer respektive konkurrierender Einflüsse ab. Zwischen den o.g. Extrempolen liegen demzufolge weitere Handlungsoptionen, die einen differenzierten Umgang mit den verschiedenen landes- und unternehmenskulturellen Einflussmustern beschreiben und von bewusster Ignoranz kultureller Besonderheiten, über die Suche nach Kompromissen zwischen zwei Kulturen bis hin zur gezielten Ausschöpfung kultureller Synergiepotenziale reichen (Adler 2001, S.116f.; Harris/Moran 1996, S.94ff.).

Damit wird deutlich, dass es bei der Gestaltung interkultureller Koordinations- und Integrationsprozesse nicht grundsätzlich um eine Vereinheitlichung geht. Sinnvoll genutzt eröffnen kulturelle Besonderheiten und Unterschiede in Problemlösungsprozessen und Verhaltensmustern bedeutende Verbundvorteile, die – im Sinne eines *„cultural synergy approach"* – spezifische Quellen von Wettbewerbsvorteilen in international operierenden Unternehmen erschließen können (z.B. „Deutsche Zuverlässigkeit gepaart mit italienischem Stilbewusstsein"). So können erfolgsversprechende nationale Verhaltensmuster bzw. lokale Servicebedürfnisse vielfach Anstöße für länderübergreifende Leistungsinnovationen geben, wie dies bspw. oftmals bei Dienstleistungskonzepten/-ideen US-amerikanischer Herkunft zu beobachten ist, die bei ausreichender interkultureller Homogenität relativ schnell eine globale Diffusion erfahren (z.B. McDonalds, Starbucks, Hard Rock Café, Subway, Marriott, Best Western) (Gardini 2009b, S.135).

Um diese Aufgabe zu bewältigen, müssen internationale Hotelkonzerne das Verhalten ihrer ausländischen Ländereinheiten und Tochterunternehmen im Hinblick auf übergeordnete Ziele des Gesamtsystems zielgerichtet beeinflussen. Daraus ergeben sich entsprechende Anforderungen an das Organisationsmanagement, wobei vor dem Hintergrund der verfolgten Unternehmensstrategie sowohl Aspekte der Konfiguration – im Sinne struktureller Organisationsmodelle –, Aspekte der Koordination – im Sinne der zielgerichteten Abstimmung interdependenter Systeme – als auch kulturelle Aspekte – im Sinne der Berücksichtigung unternehmens- und landesspezifischer Kulturphänomene – zu beachten sind (Kreikebaum 1998, S.103). Ein *länderübergreifender Multiplikationserfolg von Hotelkonzepten* hängt demzufolge im Wesentlichen von einer – zumindest zeitweisen – strategieadäquaten Integration und Koordination von Struktur-, System- und Kulturelementen ab (Zentes et al. 2013, S.591ff.) (Abb.E.72).

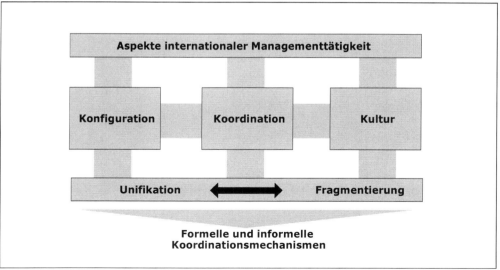

Abb.E.73:   Aspekte internationaler Managementtätigkeit
             Quelle: Gardini 2004, S.16

Für internationale Hotelunternehmen gilt es daher zu klären, welche Instrumente zur Bewältigung dieser **Koordinations- und Integrationsaufgaben** in internationalen Wettbewerbskontexten zur Verfügung stehen. Die betriebswirtschaftliche Literatur erweist sich hierbei als nicht ganz unproblematisch, da die verfügbaren theoretischen und empirischen Studien die Strukturierung und Klassifikation möglicher Koordinationsinstrumente sehr facettenreich und keineswegs einheitlich handhaben. Betrachtet man die verschiedenen Arbeiten aus der Internationalen Managementforschung bzw. der Organisationstheorie, so findet sich in der Mehrzahl der Untersuchungen eine Einteilung in strukturelle, technokratische und personenorientierte Koordinationsinstrumente, die im weiteren wie nachfolgend exemplarisch skizziert durch unterschiedlichste Steuerungsmechanismen beschrieben werden (Wolf 1994, S.116; Paul 1998, S.101).

- **Strukturelle Koordinationsinstrumente**
  (z.B. formale Organisationsstruktur (Produkt-, Matrix-, Projektorganisation), Koordinationsgremien (Teams, Komitees),...)
- **Technokratische Koordinationsinstrumente**
  (z.B. Planungssysteme, Programme, Richtlinien, Kontrollsysteme, Zentralisierung, Standardisierung,...)
- **Personenorientierte Koordinationsinstrumente**
  (z.B. partizipatives Management, Aus-/Weiterbildung, persönliche Anweisung, Selbstabstimmung, Sozialisation,...)

Diese sich einander ergänzenden Ansätze der **formellen bzw. informellen Unternehmenssteuerung** bedürfen je nach Dienstleistungstypus, Interaktionsniveau und Individualisierungsgrad der Leistung eines differenzierten Einsatzes im Rahmen eines integrierten Gesamtsystems. Je nach Art der angebotenen Dienstleistung erfordert die Steuerung von Hotelunternehmen, deren Konzepte durch einen relativ niedrigen Integrationsgrad des Kunden und eine weitgehend standardisierte Serviceleistung gekennzeichnet sind, stärker den Einsatz formeller Koordinationsinstrumente, während in hoch-individualisierten und kontaktintensiven Hotelsegmenten eher informelle Instrumente zum Tragen kommen (Gardini 2004, S.20; Meffert 1998, S.130f., Benkenstein 1994, S.439).

Eine derartige Ausgangslage ist insbesondere in den Segmenten der Hotellerie gegeben, in denen die Einbindung des Kunden in den Leistungserstellungsprozess und die interpersonellen Interaktionsprozesse zentrale Stellgrößen der Beziehungsqualität zwischen Anbieter und Nachfrage darstellen, so dass eine zielgerichtete Steuerung von personenbezogenen Dienstleistungstransaktionen und Kundenkontaktmomenten über isolierte, technokratische Gestaltungsansätze, im Sinne von Plan-/Sollvorgaben oder organisatorische Elemente im Rahmen einer Struktur- oder Prozessgestaltung, oftmals zu kurz greift. Wenn einheimische Mitarbeiter und ausländische Kunden im Kontext einer interkulturellen Dienstleistungsinteraktion aufeinandertreffen, dann begegnen sich in diesem Zusammenhang nicht nur die Kulturen der verschiedenen Herkunftsländer, sondern auch eine jeweils spezifisch ausgeprägte Gäste- und Gastgeberkultur (Testa et al. 2003, S.131; Frehse 2002; 207ff.; Pompl 1997, S.105ff.).

Hintergrund jedweder interkultureller Managementprozesse ist denn auch die **Auseinandersetzung mit unterschiedlichsten kulturspezifischen Orientierungssystemen**. Diese Orientierungssysteme werden als Kulturstandards verstanden und umfassen alle „*...Arten des Wahr-*

nehmens, Denkens, Wertens und Handelns, die von der Mehrzahl der Mitglieder einer bestimmten Kultur für sich persönlich und andere als normal, selbstverständlich, typisch und verbindlich angesehen werden." (Thomas 1996, S.112). Formale Kontrollen stoßen demzufolge dort an ihre Grenzen, wo die organisatorische Regel keine Akzeptanz findet (z.B. kulturbedingt) oder wo sich die Art der Aufgabenstellung infolge hoher Komplexität oder Ungewissheit ohnehin einer planmäßigen formalen Regelung entzieht (z.B. leistungsbedingt) (Schreyögg 1998, S.40). Wesentliche Stellhebel zur Sicherung und Verbesserung des Leistungspotenzials von Hotelunternehmen liegen daher nicht allein in der Anwendung *„harter"* **Koordinationsmechanismen**, sondern angesichts der oben skizzierten Dienstleistungsspezifika des Hotelgeschäfts, verstärkt auf den sog. *„weichen" Koordinationsmechanismen*, die unter Wahrung erforderlicher Handlungsspielräume einen flexiblen Orientierungsrahmen im Hinblick auf eine effiziente, kulturorientierte Verhaltensabstimmung zur Verfügung stellen. Marketing muss hier die Unterschiede zwischen den fremdkulturellen Gewohnheiten und Befindlichkeiten der Gäste und der Bedeutung lokaler Kultureinflüsse im Kontext interkultureller Begegnungen transparent machen und die Produkte und Dienstleistungen international tätiger Hotelunternehmen an die länderspezifischen Besonderheiten anpassen (Gardini 2009b, S.128ff.).

Eine erfolgreiche Gestaltung länderübergreifender Dienstleistungen und Dienstleistungsinteraktionen wird denn auch im erheblichen Maße von einem unternehmensweiten Grundverständnis kultureller Sozialisationsmuster, der internen Akzeptanz definierter Qualitätsstandards und der damit einhergehenden Lernprozesse aller Unternehmensmitglieder determiniert (hierzu Mang 1998, S.88ff.). Intern gilt es demzufolge, Mitarbeiter in Betrieben mit sehr internationalen und heterogenen Gästestrukturen, im Rahmen von Kulturtrainings für die zum Teil sehr unterschiedlichen Erwartungen und Bedürfnisse der Hotelgäste zu sensibilisieren (Gardini 2004, S.25; Frehse 2002, S.207f.). Verschärft wird die Notwendigkeit, sich mit unterschiedlichen Sozialisierungsmustern und Kulturstandards im Zuge des internen Marketing-Managements auseinanderzusetzen, durch die in Hotellerie und Gastronomie übliche Beschäftigung ausländischer bzw. fremdkultureller Mitarbeiter. *Interkulturelles Management* bedeutet hier für das Hotelunternehmen, ein kulturkreisspezifisches Verhalten der Mitarbeiter sicherzustellen, so dass insbesondere personalpolitische Maßnahmen, wie die Personalbeschaffung, der Personaleinsatz, die Personalentwicklung und die Ausgestaltung der Anreizsysteme eine Bedeutung erlangen. Zu einem internationalen Personalmanagement gehört auch die zielgerichtete Planung und Vorbereitung der Auslandsentsendung von Mitarbeitern, die in internationalen Hotelkonzernen als interkulturelle Vermittler zwischen Unternehmenszentrale und Ländereinheiten fungieren sollen und von denen in diesem Zusammenhang erhebliche persönliche und berufliche Anpassungsleistungen gefordert sind (Welch 2003; Kriegl 2000).

5.5 Internationalisierungsstrategien in der Hotellerie

5.5.1 Internationale Markteintritts- und Marktbearbeitungsstrategien

Neben der Auswahl der zu bearbeitenden Ländermärkte, gilt es im internationalen Marketing insbesondere die Frage zu klären, auf welche Art ein Hotelunternehmen in den Markt eintreten soll bzw. wie dieser Markt zu bearbeiten ist. Während im Fokus von internationalen

Markteintrittsstrategien die erstmalige Bearbeitung eines Auslandsmarktes im Vordergrund steht (*Going international*), geht es bei der der internationalen Marktbearbeitung um die Frage, wie Auslandsmärkte im Zeitablauf zu bearbeiten sind (*Being international*). Die Wahl des Markteintritts bzw. dessen Bearbeitung ist dabei abhängig von grundlegenden Entscheidungen hinsichtlich Kapitaleinsatz, Kontrollmöglichkeiten der Auslandsaktivitäten, Kooperationsabhängigkeit und hinsichtlich der organisatorischen Konfiguration der internationalen Aktivitäten (Zentes et al. S.226ff.; Dolski/Hermanns 2004, S.99f.; Holtbrügge et al. 2004, S.168ff.).

Im Allgemeinen unterscheidet man im internationalen Marketing drei mögliche Markteintritts- bzw. Marktbearbeitungsformen: *Export* (direkt/indirekt), *Kooperationen* bzw. *Strategische Allianzen* (Lizenzen, Franchising, Managementverträge, Vertriebskooperationen/-allianzen) sowie *Direktinvestitionen* (Joint Ventures, Tochtergesellschaften) (Zentes et al. 2013, S.227f; Clarke/Chen 2007, S.178; Kutschker/Schmidt 2006, S.821). Aufgrund der Dienstleistungsbesonderheiten der Hotellerie spielt der Export in diesem Zusammenhang keine Rolle, handelt es sich doch bei Hotelleistungen um nicht transportable Leistungen, d.h. hier geht es um Leistungen die einen direkten Kundenkontakt erfordern und entsprechend eine räumliche Identität von Leistungserstellung und -inanspruchnahme bedingen. Der Internationalisierungspfad vollzieht sich in der Hotellerie dabei, wie in vielen anderen Dienstleistungsbranchen auch, bevorzugt über die fremd- oder eigenfinanzierte Multiplikation von Hotel- bzw. Betriebskonzepten und so prägen Fusionen bzw. Akquisitionen, Franchise- und Managementverträge sowie verschiedene Varianten der Unternehmens- und Vertriebskooperation das Bild (Gardini 2009b, S.120; Clarke/Chen 2007, S.178).

Die zu beobachtende Entwicklung der verstärkten Internationalisierung von Hotelunternehmen hat in den letzten Jahren verstärkt zu zahlreichen *Direktinvestitionen* im Hotelsektor weltweit geführt. Als Direktinvestitionen bezeichnet man im Allgemeinen grenzüberschreitende Investitionen, die darauf abzielen, einen gewissen Einfluss auf ein Unternehmen in einem anderen Land auszuüben (Mühlbacher et al. 2006, S.150) So hat bspw. im Jahr 1997 der amerikanische Hotelkonzern Hilton im Rahmen einer feindlichen Übernahme die Sheraton Mutter ITT übernommen. Der Marriott-Konzern wiederum übernahm 1997 49% der Ritz-Carlton-Kette. Der britische Konzern Six Continents hingegen wurde – nach der Übernahme von Inter-Continental im Jahre 1998 – selbst als Übernahmekandidat gehandelt an dem auch die Hilton-Gruppe interessiert war. (Odrich/Cimbal 2003, S.16). Der Markteintritt von NH Hoteles in Deutschland vollzog sich im Jahr 2005 ebenfalls im Rahmen der Übernahme einer inländischen Hotelkette (Erwerb der 58 Astron Hotels). Diese Entwicklungen wurden auch durch das immer stärkere Interesse von Immobilien-Investment-Spezialisten am Hotelsektor weiter vorangetrieben und so hat dies in den vergangenen Jahren zu einer starken Welle größerer länderübergreifender *Direktinvestitionen*, *Fusionen* und *Übernahmen* in der internationalen Hotellerie geführt. Die größte Einzeltransaktion in der jüngeren Geschichte war dabei die Übernahme von Hilton Worldwide durch die amerikanische Investmentgesellschaft Blackstone Group im Jahr 2007 für die 26 Mrd. US-Dollar (Hospitality Inside 2007). Weitere ausgewählte Beispiele für typische Transaktionen (Portfolio- und Einzeltransaktionen) im europäischen Hotelmarkt bzw. der EMEA-Region (Europe, Middle East, Africa), finden sich für die Jahre 2012 bis 2014 nachfolgend im Kasten dargestellt (Jones Lang LaSalle 2014c, Top hotel 2012):

Portfoliotransaktionen in EMEA

- *Rund 890 Mio. Euro wurden von Januar bis Ende Juni in sechs Portfolios mit zusammen 87 Hotels investiert. Der Löwenanteil mit insgesamt fast 800 Millionen Euro (rund 90%) entfällt auf die beiden Portfolioankäufe der französischen Hotelkette Accor (67 Hotels in Deutschland von einem Fonds der britischen Moor Park Capital Partners LLP) und des britischen Private Equity Unternehmens Apollo Management (SITQ-Portfolio: 11 Hotels von insgesamt 18 Hotels in Deutschland von der kanadischen Ivanhoe Cambridge.*
- *Der Verkauf eines InterContinental Portfolios (sechs Hotels) durch den libanesischen Privatmann Aboukhater an einen Investor ebenfalls aus dem Nahen Osten.*
- *Für 242 Mio. Euro kaufte die Principal Haley Hotel Group von der AAIM ein Portfolio (sechs Hotels). Die Immobilien wurden für 109 Mio. Euro direkt an Pramerica in einer Sale-und-Lease-Back Transaktion auf Basis 175-jähriger Pachtverträge weiterverkauft.*
- *In Italien verkaufte der Immobilienentwickler Fimco zwei Hotels in Bari und Rom für zusammen 80 Mio. Euro an die Gruopo Sorgente.*
- *So erwarb die österreichische Hotelgesellschaft Vienna International fünf betreiberfreie Häuser in Limburg (99 Zimmer), Günzburg (100 Zimmer), Wuppertal (130 Zimmer), Amberg (110 Zimmer) und Coburg (123 Zimmer) von der Arcadia Hotelgesellschaft.*

Einzeltransaktionen in EMEA

- *Das Vinci Mélia La Défence in Paris ging an Union Investment.*
- *In London verkaufte die Splendid Hotel Group das Hotelprojekt InterContinental London Westminster an Sojourn Hotels.*
- *BIN Bank wurde neuer Eigentümer des InterContinental Moskau. Verkäufer ist Unico.*
- *Das Hoxton Hotel in London wurde durch Bridges Ventures für 81 Mio. Euro an Ennismore Capital veräußert.*

Unter einem *Joint Venture* wird eine auf Kapitalbeteiligung und der Teilung von Geschäftsführung und Risiko beruhende, dauerhafte angelegte zwischenbetriebliche Kooperation zwischen zwei oder mehr Partnern verstanden, die sich in Form eines zu gründenden Unternehmens vollzieht (Hungenberg/Wulf 2007, S.135f.; Kutschker/Schmidt 2006, S.880). Joint Venture können entweder paritätisch oder als Mehrheits- bzw. Minderheitsbeteiligung konzipiert sein, wobei den Input eines solchen Joint Venture typischerweise Kapital, Ressourcen, Managementleistungen oder ein bestimmtes Know-how darstellen. So hat der französische Hotelkonzern Accor – einer der wenigen europäischen Global Player – im Jahr 2002 damit begonnen, sich den chinesischen Markt über Joint Ventures mit einheimischen Marktführern (Bejing Tourism Group und der Jing Jiang International Management Corporation) zu erschließen (Müller 2002, S.24). Aktuell hat Accor an die 30 Hotels in China, wobei die olympischen Spiele 2008 die Expansionstätigkeit des Joint Ventures stark beschleunigt haben. Auch der Markteintritt des spanischen Konzern NH Hoteles in Italien im Jahr 2006 erfolgte durch ein Joint Venture mit der italienischen Hotelkette Jolly Hotels (Hospitality Inside 2006), Die Vorteile, Motive ebenso wie die Probleme von Joint Ventures, sind zahlreich dokumentiert (anstatt vieler Kutschker/Schmidt 2006, S.863ff.). Für Joint Ventures sprechen im internationalen Kontext zumeist die Motive der Erlangung von lokalem Markt-

Know-how, die schnellere Expansion in einem rasch wachsenden Markt und/oder die Umgehung von Handelsbarrieren (z.B. Einfuhrbeschränkungen, Local Content-Vorschriften).

Andere internationale Hotelkonzerne gehen **Kooperationen** und **Allianzen** in europäischen bzw. asiatischen Kernländern mit einheimischen Anbietern ein. So vereinbarten die amerikanische Radisson Hotel International und die belgische SAS International Hotels im Jahr 1994 eine strategische Allianz für die nächsten 20 Jahre, die mit einer Umbenennung der bisherigen 30 SAS Hotels in Radisson SAS Hotels einherging. Die Motive dieser Allianz waren die Verstärkung der Radisson-Präsenz in Europa und die Hoffnung auf einen positiven Markentransfer von Radisson auf die bis dahin weitgehend unbekannte SAS (Handelsblatt 1994). Einige Jahre später verkündete der US-Hotelkonzern Carlson (Hauptmarken SAS, Radisson) eine Allianz mit den kanadischen Häusern Four Seasons/Regent, die sich erst im Jahr 1992 aus Synergie- und Komplementaritätsgründen zur weltweit größten Luxushotelkette zusammengeschlossen hatten. Typisch für die Hotellerie sind – wie bereits in Kapitel D.5.3 dargestellt – im internationalen Kontext insbesondere Vertriebs- und Marketingkooperationen. The Leading Hotels of the World, Global Hotel Alliance, Worldhotels und andere mehr, sind kooperative betriebene Vertriebs- und Marketingplattformen, deren Ziel es ist, für unabhängige Hotelbetriebe ausländische Quellmärkte bzw. Kundensegmente zu erschließen.

> *Global Hotel Alliance is the world's largest alliance of independent luxury hotel brands and offers one of the industry's best hotel loyalty and reward programmes. Created in 2004, the desire to offer greater choice and enhanced recognition to our customers was inspiration behind our formation. Global Hotel Alliance (GHA) is a collection of 26 upscale and luxury regional hotel brands from across the world. Choose from over 450 hotels, palaces and resorts in 62 countries around the world, each one reflecting the distinctive culture and traditions of their locations. Global Hotel Alliance members enjoy access to:*
> - *More than 450 hotels, palaces and resorts, each reflecting the distinctive culture and traditions of their location.*
> - *Access to 26 leading luxury hotel and resort groups across 62 countries.*
> - *Partnerships with the world's leading airlines and rental agencies.*
> - *GHA Discovery , a unique and innovative loyalty programme with advancing membership levels based on the a unique and innovative loyalty programme with advancing membership levels based on the number of hotel nights accrued and the variety of brands experienced .*
> - *A collection of unique "Local Experiences", offering members access to a breathtaking selection of adventures, designed specifically by local experts for experiences not normally open to the public. (Global Hotel Alliance 2014)*

Charakteristisch für die Markteintritts- bzw. Marktbearbeitungsstrategien in der internationalen Hotellerie sind insbesondere **Franchise- und Managementverträge**. Grundsätzlich wird bei Franchise- und Managementverträgen einem Partner eine vertraglich abgesicherte Berechtigung zur Nutzung von Rechten und/oder Know-how gegen Entgelt gewährt (Clarke/ Chen 2007, S.185; Kutschker/Schmitt 2006, S.900). Beim internationalen Franchising überträgt ein inländischer Franchisegeber gegen ein zumeist umsatzbezogenes Entgelt einem rechtlich selbstständigen ausländischen Franchisenehmer bestimmte Know-how Nutzungsrechte (z.B. Marke, Marketingkonzept) bzw. ein seit langem eingeführtes und erprobtes Geschäftsmodell. Beim Managementvertrag (Management Contracting) geht es primär um den dispositiven Faktor, d.h. ein bestimmtes Management bzw. Management-Know-how. Hierbei stellt ein inländisches Unternehmen, die *„contracting firm"*, einem ausländischen Partner als *„managing firm"* auf vertraglicher Basis Managementleistungen gegen Entgelt zur Verfügung. Konkret auf die Hotellerie bezogen stellt der **Managementvertrag** eine Vereinbarung zwischen einem Betreiber von Hotelunternehmen und dem Eigentümer einer Hotelimmobilie (z.B. Investor, Bank, Immobilienfonds, Staat usw.) dar, bei dem sich der Betreiber verpflichtet, gegen die Zahlung einer sog. Managementfee das Hotel operativ zu führen (Betriebsführungs- oder Geschäftsbesorgungsvertrag). Die Management-Fee besteht dabei üblicherweise aus zwei Bestandteilen: die Basic-Fee, die in der Regel zwischen 2–4% des Gesamtumsatzes beträgt sowie die Incentive-Fee, die erfolgsabhängig ist und zumeist zwischen 7–12% des Gross Operating Profit (Bruttobetriebsgewinn) ausmacht (Gruner et al. 2008, S.226). Die branchenüblichen Laufzeiten betragen dabei zwischen 10–20 Jahren. Während in Deutschland immer noch der Pachtvertrag dominiert (siehe Kap.B.2.1.5), sind etwa 95% aller weltweit existierenden Verträge in der Hotellerie Managementverträge (VÖB 2007, S.88f.).

*Madhu Rao, Chief Financial Officer der **Shangri-La Hotels**, beobachtet quer durch die Branche, dass die Managementverträge in puncto Länge verlässlicher werden. Das führt er auf das immer internationalere Geschäft der Hotelgruppen zurück. Die Management-Verträge, die Shangri-La abschließt, bewegen sich mit durchschnittlich 15 Jahren deutlich über dem in Asien-Pazifik üblichen Maß von zehn bis zwölf Jahren. Dort, wo die Gruppe in Hotelprojekte investiert, verpflichtet sie sich sogar für 20 bis 25 Jahre. In USA und Europa sieht er eine Anpassung nahen: Amerikanische Management-Verträge steigen von etwa 10 auf 13 Jahre, während sich die europäischen im Schnitt von 19 auf 15 Jahre verkürzen. Bewegung kommt offensichtlich in die Gebühren-Diskussion. „Banken und Berater drängen die Investoren dazu, von dem bisherigen festgelegten Prozentsatz vom Bruttoumsatz wegzugehen, hin zu einer incentive-getriebenen Performance auf der Basis des GOP, also des Bruttobetriebsergebnisses. Diese Erfahrung haben wir in Verhandlungen gemacht" erläutert Madhu Rao weiter (Hospitality Inside vom 12.4.2005).*

Managementverträge sind im internationalen Kontext mit verschiedenen **Vorteilen** und **Motiven** verbunden (Clarke/Chen 2007, S.192; Kutschker/Schmidt 2006, S.900f.). So gehen Hotelgesellschaften im Hinblick auf den internationalen Markteintritt ein reduziertes Risiko ein, trägt die contracting firm doch weder ein Markt- noch ein Kapitalrisiko, da sie lediglich verpflichtet ist die Managementleistung zu erbringen, ohne hierfür kapitalintensive Investitionen (z.B. Grundstücke, Gebäude oder Technologie) tätigen zu müssen. Dies ermöglicht internationalen Hotelgesellschaften in der Folge eine höhere Wachstumsgeschwindigkeit, und damit verbunden, die Realisierung von Größen- und Verbundvorteilen, wie bspw. im Bereich der Markenführung, der Distributionspolitik oder des Personal- und Beschaffungsmanagements. Ebenso bieten sich Managementverträge in den Ländern an, die man zunächst kennenlernen möchte und vielleicht später mit alternativen Marktbearbeitungsstrategien bearbeiten will. Als nachteilig erweisen sich Managementverträge im Hinblick auf die Partizipation am Unternehmenserfolg, da die contracting firm nur begrenzt am operativen Gewinn beteiligt wird. In welchem Ausmaß das geschieht, hängt von der konkreten Ausgestaltung des betreffenden Vertrages ab. Weitestgehend ausgeschlossen von etwaigen Gewinnbeteiligungen sind die Betreiber auch im Hinblick auf potenzielle Wertsteigerungen der zugrundeliegenden Immobilie, die beim Verkauf vom Eigner der Immobilie realisiert werden und in Teilen auch Resultante eines erfolgreichen Hotelbetriebs sein können. Problematisch sind Managementverträge unter Umständen in Bezug auf das Verhältnis zwischen den Vertragspartnern zu bewerten. Gerade im interkulturellen Kontext globaler Geschäftstätigkeit können sehr unterschiedliche Managementstile bzw. Managementpraktiken aufeinandertreffen. Abfluss von Management-Know-how, Eingriffe des Investors in das operative Geschäft des Betreibers, vorzeitige Vertragsauflösungen können hier als potenzielle Konfliktfelder internationaler Managementverträge benannt werden.

Franchiseverträge gewinnen in der Hotellerie immer mehr an Bedeutung (VÖB 2007, S.91). Hierbei sind in der internationalen Hotellerie mit dem direkten Franchising und dem indirekten Franchising, d.h. der Vergabe von Master-Franchiserechten, zwei Varianten des Franchise zu beobachten. Während beim direkten Franchising ein Franchisegeber (Franchisor) aus der Hotellerie über seine Firmenzentrale bestimmte Know-how Nutzungsrechte direkt an die jeweiligen ausländischen Franchisenehmer (Franchisees) überträgt, wird beim Masterfranchising ein ausländischer Partner als Master-Franchisenehmer für ein bestimmtes Land oder eine Region zwischengeschaltet, der dann als Master-Franchisegeber in dem Land bzw. der Region die Franchiserechte der betreffenden Hotelgesellschaft an entsprechende Franchisenehmer vergibt.

> *easyHotel.com hat mit der deutschen i.gen hotels GmbH, Berlin, ein Masterfranchise-Abkommen unterzeichnet. Innerhalb der nächsten vier Jahre sind zehn easyHotels in Deutschland geplant. Das erste Haus soll in Berlin entstehen. In ihrer Funktion als Masterfranchiser wird die i.gen hotels GmbH selbst easyHotels betreiben und Lizenzen an Sub-Franchiser vergeben. „Der **Masterfranchise-Vertrag** mit i.gen hotels ist für easyHotel der Einstieg in den entscheidenden deutschen Markt. Diese Expansion ist Teil unseres Ziels, die easyHotel-Marke global zu etablieren" sagt Stelios Haji-Ionnou, CEO der easyGroup. Die i.gen hotels GmbH konzentriert langjährige Erfahrungen in den Bereichen Hotelentwicklung, Projektvermarktung und Hotelmanagement. easyHotel ist die Hotelkette der easyGroup, die auch den umsatzstärksten Low-Cost-Carrier easyJet betreibt. Erste easyHotels gibt es in London und in Basel, zuletzt wurde mit Istithmar Hotels ein Master-Franchisevertrag für den Mittleren Osten, Pakistan und Indien geschlossen (hospitality inside vom 15.6.2007)*

Grundsätzliches Ziel beider Varianten ist es, über die lokalen Partner Marktnähe herzustellen und damit möglichst optimal auf regionale bzw. länderspezifische Gegebenheiten eingehen zu können. Weiterhin sollen innerhalb des daraus entstehenden Franchisenetzwerks, auch mittel- bis langfristig länderübergreifende Synergievorteile in Bezug auf das gemeinsam genutzte Know-how erzielt werden. Der Franchisegeber hat hierbei die Funktion der strategischen Führung des Netzwerks inne, was impliziert, dass er das Beschaffungs-, Absatz-, Organisations- und Managementkonzept des zugrundeliegenden Franchisemodells kontrolliert, modifiziert und kontinuierlich weiterentwickelt (Kutschker/Schmidt 2006, S.848). Das Entgelt, das sich der Franchisegeber hierfür vergüten lässt, besteht in der Regel aus verschiedenen fixen und variablen Bestandteilen, d.h. üblicherweise einer Einmalzahlung für Entwicklungs- bzw. Akquisitionskosten („Initial") des betreffenden Franchisemodells plus laufender Zahlungen aus dem Geschäftsbetrieb („Royality") in Abhängigkeit vom Umsatz oder Ertrag (Gruner et al. 2008, S.120f.). Die Franchisegebühr kann durchschnittlich 6–10% des Umsatzes betragen, wobei in der Hotellerie üblicherweise auf den Logisumsatz abgestellt wird. Bezieht man die Gesamtkosten eines Franchisevertrags auf den Umsatz, galt Best Westen 2007 als der günstigste Anbieter (1,8%), während Hilton (9,5%) und Marriott (11,4%) dagegen als teuerste Franchisegeber in der internationalen Hotellerie gelten. Die große Bandbreite der Kosten hängt von der konkreten Vertragsgestaltung ab und können die Aspekte Branding, Reservierungssystem, Managementberatung, Personalschulungen, Einkauf, Marketing usw. enthalten (VÖB 2007, S.92f.).

Beide Varianten weisen unterschiedliche Vor- bzw. Nachteile auf. Während beim *direkten Franchising* die Vorteile in der zentralen Kontrolle und den größeren Einflussmöglichkeiten in Bezug auf die Steuerung und Kontrolle des Franchisenetzwerks gesehen werden, sprechen für die Variante des *Masterfranchising*, das lokale Markt-Know-how des Masterfranchisee sowie die erweiterten Spielräume die Franchisenehmer im Zuge der dezentralen Führung genießen und die sie unter Umständen benötigen um lokalen Markterfordernissen zu entsprechen. Auch in Märkten mit hohen Markteintrittsbarrieren in denen Franchise nicht so verbreitet ist, wie bspw. in Skandinavien, Brasilien, Irland oder Japan, bieten sich oftmals Masterfranchiseverträge an.

Rezidor - Our Strategy

"Our strategy is to become increasingly asset-light by adding profitable management and franchise contracts to our portfolio. Following a strategic decision in 1997 to focus on hotel management, Rezidor sold off all of our owned real estate. Since then, we have also gradually reduced the proportion of leased hotels in our portfolio, while increasing the percentage of managed and franchised hotels. This asset-light business model is attractive: it is more profitable, has a lower risk level and requires no investments, unlike a leased contracts strategy...

Our aim is also to expand our presence in Russia/CIS and Africa. Both regions have enormous natural resources, increasingly stable political and economic systems, considerably improved infrastructures and high GDP growth. Last, but not least, they have an imbalance of supply and demand in terms of internationally branded hotel rooms. We use management contracts to expand in these markets, enabling us to keep complete control of the high quality of our brands. We aim to maintain our leading position in the Nordics, where Radisson Blu enjoys unrivalled brand awareness and a substantial RevPAR premium. Lease and franchise contracts are most common in this region, whereas in the mature markets of the Rest of Western Europe, we utilize all contract types – including managed, franchise and leased. We mainly focus on the development of Radisson Blu and Park Inn by Radisson. For Park Inn by Radisson, our strategy is to go deep into some specific markets, such as the UK, Germany and Russia, with growth of existing hotels. Radisson Blu is our key to entering new markets, like the emerging countries of the African continent. And we will continue to expand the brand through new builds."(Rezidor 2014).

5.5.2 Instrumentalstrategien im Lichte der Standardisierungs- und Differenzierungsdiskussion im internationalen Marketing

Die zentrale Fragestellung im Kontext des Internationalen Marketing lautet „Standardisierung oder Differenzierung?", also die Frage nach einer einheitlichen oder mehreren unterschiedlichen Strategien der Marktbearbeitung in den verschiedenen internationalen Märkten. Während die *Standardisierung* auf die länderübergreifende Vereinheitlichung der Marketingaktivitäten abstellt, berücksichtigt die *Differenzierung* die Tatsache, dass es Faktoren im Auslandsgeschäft gibt, die zumindest eine Anpassung an nationale Besonderheiten erfordern (Zentes et al. 2013, S.354ff.; Czinkota/Ronkainen 2001, S.306ff.; Berndt et al. 1999, S.158ff.; Backhaus et al. 1999, S.157ff.). Die verschiedenen Entscheidungstatbestände dieser bereits recht alten, aber nach wie vor noch brandaktuellen Diskussion der Marketingwissenschaften, umfasst verschiedene Gegenstandsbereiche und beschäftigt sich mit der grundlegenden Frage (Meffert/Bolz 2001, S.155ff.): „Wo soll ein Unternehmen, mit Blick auf wen, was, wie stark, in welcher Wettbewerbssituation mit welchen Wirkungen standardisieren oder differenzieren?" (Abb.E.73).

Abb.E.74:   Grundsatzfragen des internationalen Marketing
                Quelle: In Anlehnung an Meffert/Bolz 2001, S.156

Die wissenschaftliche Diskussion entzündet sich an der Ausgangshypothese, dass ein zu großes Maß an Differenzierung zur unnötigen *Duplizierung von Marketingaktivitäten* führt, während eine Standardisierung zur *Konzentration von Aktivitäten* beitragen kann. Den Bemühungen um das ‚richtige' (optimale) Standardisierungs- und Differenzierungskonzept liegen zwei Betrachtungsebenen der internationalen Marktbearbeitung zugrunde. Liegt bei der Standardisierung der Fokus auf der Ausschöpfung von Kostensenkungspotenzialen, die sich aus der Internationalisierung erzielen lassen (z.B. Economies of Scale, Verringerung von Planungs-/Entwicklungsaufwand, Synergienutzung etc.), ist das Ziel differenzierter Konzepte auf die Identifikation und Nutzbarmachung von Umsatzerhöhungspotenzialen über eine verbesserte Anpassung an Kundenbedürfnisse gerichtet (Emrich 2014, S.179ff.; Becker 2006 1998, S.331).

Der Ansatz der Marketingstandardisierung hat zwei grundsätzliche Anknüpfungspunkte, zum einen das Ausmaß der inhaltlichen Standardisierung der Marketingprogramme und zum anderen das Ausmaß der formalen Standardisierung der Marketingprozesse (Meffert/Bolz 2001, S.155f.). Während die *inhaltliche Standardisierung* die generelle Marketingstrategie sowie den Einsatz der einzelnen Marketinginstrumente (Marketing-Mix) betrifft, umfasst die *formale Standardisierung* die Vereinheitlichung von Planungs-, Informations- und Kontrollprozessen zur Koordination von Marketingentscheidungen im internationalen Kontext. Abb.E.74 zeigt die verschiedenen Gegenstandsbereiche der Marketingstandardisierung.

Das Ausmaß, mit dem Marketinginstrumente und Marketingprozesse vereinheitlicht werden können, ist – abgesehen von dem internationalen Grundverständnis des betreffenden Unternehmens im Sinne PERLMUTTERS – von den jeweiligen Branchen- und Marktcharakteristika, unterschiedlichen Distributions- und Medienstrukturen, den länderspezifischen, gesetzlichen Rahmenbedingungen und nicht zuletzt von der Kulturgebundenheit der in Frage stehenden Produkte und Dienstleistungen abhängig (Berndt et al. 1999, S.159; Emrich 2014, S.175ff.). So wird industriellen Produkten (z.B. Maschinen- und Anlagenbau, Chemische Apparaturen, Computer) ein eher kulturunabhängiger Charakter *(culture free)* und damit ein tendenziell höherer Standardisierungsgrad zugesprochen, während bei vielen Produkten im Konsumgü- ter- und Dienstleistungsbereich (z.B. Nahrungsmittel, Versicherungen, Printmedien) größere kulturelle Anpassungsnotwendigkeiten vermutet werden *(culture bound)*.

	Strategie- ebene	Instrumente- ebene
Inhalte	•Marketing-Strategie •Marketing-Organisation	•Produkt-/Leistungspolitik •Markenpolitik •Preispolitik •Kommunikationspolitik •Distributionspolitik
Prozesse	•Informationsprozesse •Geschäftsprozesse •Koordinationsprozesse •Controllingsysteme •Personalsysteme	•Produktplanung •Kommunikationsplanung •Vertriebsplanung •Budgetplanung

Abb.E.75:   Gegenstandsbereiche der Marketingstandardisierung
              Quelle: Meffert/Bolz 2001, S.157

Grundsätzlich wird zumeist davon ausgegangen, dass Rahmenkonzepte stärker standardisier- bar sind als spezifische Marketingprogramme und -instrumente. Die Frage nach der jeweili- gen Erfolgswirksamkeit *inhaltlicher und/oder formaler Standardisierungs- bzw. Differen- zierungskonzepte* wird dabei von der Empirie nicht eindeutig beantwortet (Berndt et al. 1999, S.164ff.). Aus inhaltlicher Sicht wird innerhalb des Marketing-Mix insbesondere der Produktpolitik die größten Vereinheitlichungsmöglichkeiten zugesprochen, und so konnte über verschiedene Untersuchungen hinweg eine positiver Zusammenhang zwischen der Pro- duktstandardisierung und dem Unternehmenserfolg (Marktanteil, Return on Investment) festgestellt werden. Eine Standardisierung der Kommunikationspolitik hingegen beeinflusste den Unternehmenserfolg negativ, während für die Preispolitik weder ein negativer noch ein positiver Zusammenhang festgestellt werden konnte. Hinsichtlich des Beitrags der Standar- disierung der Marketingprozesse zum Unternehmenserfolg liegen ebenfalls widersprüchliche Ergebnisse vor. Tendenziell trägt ein höheres Maß an Prozessstandardisierung und Formali- sierung positiv zum Erfolg des Gesamtunternehmens bei, wobei hier zum Teil der Erfolg verschiedener Ländergesellschaften beeinträchtigt wird. Insbesondere die länderübergreifen- de Standardisierung von Prozessen im Bereich der Werbung (z.B. Dachmarkenkampagnen) und Information (z.B. Marktforschungsprojekte) wird ein positiver Beitrag zugesprochen, während zu rigide Standardisierungsmaßnahmen in den Planungs- und Personalprozessen ein negativer Einfluss zugesprochen wird (Meffert/Bolz 2001, S.250ff.).

Auch wenn für die Hotellerie bis dato keinerlei einschlägige Untersuchungen vorliegen, lassen sich in den internationalen Marktauftritten großer Hotelketten, doch einige recht typische Facetten der Differenzierungs- und Standardisierungsdiskussion erkennen. So standardisieren viele Hotelunternehmen das engere Kernprodukt (Hotelgebäude, Ausstattung) sowie die Konzepte der *internationalen Produkt- und Markenpositionierung*. Ziel ist es hier, im Zeitalter weltweiter Kommunikationsmöglichkeiten Produktpositionierungen und Markenimages nicht durch zu heterogene Marketingstrategien und Marketingprogramme in den verschiedenen Ländern zu verwässern (z.B. Holiday Inn, Best Western, Hyatt, Four Seasons etc.). Gerade im Low-Budget Bereich dominiert die Strategie der Standardisierung auf Produktebene (z.B. Motel One, B&B, Ibis Budget, Sleep Inn, Holiday Inn Express etc.) sowie auch die vielfältig anzutreffenden Franchisekonzepte in der Hotellerie diesen Ansatz verstärken (z.B. Choice, Hospitaliy Franchise Systems, Holiday Inn etc.).

Hinsichtlich der *internationalen Produkt- bzw. Leistungsstrategie* von Hotelunternehmen sind entsprechend strategische Grundsatzentscheidungen über Programmtiefe und Programmbreite zu treffen. So müssen Hotelkonzerne über die Internationalisierung ihres Markenportfolios entscheiden, d.h., ob und mit welchen ihrer bestehenden Marken sie im internationalen Wettbewerb zukünftig aktiv sein wollen. Folgende Optionen wären dabei denkbar (Zentes et al 2013, S.360 und die dort angegebene Literatur):

- **Leistungsprogrammübertragung**
Unveränderte Übertragung des Leistungsprogramms eines Landes auf die weiteren Ländermärkte. (z.B. Motel One)

- **Leistungsprogrammkürzung**
Angebot eines im Vergleich zu Ausgangsland reduzierten Leistungsprogramms auf den Auslandsmärkten (z.B. Wyndham, Marriott, Intercontinental)

- **Leistungsprogrammerweiterung**
Angebot eines gegenüber dem Ausgangsland erweiterten Leistungsprogramms auf den Auslandsmärkten. (z.B. Kempinski Resort Hotels)

Bislang waren viele US-Hotelketten sehr zurückhaltend mit der Internationalisierung zahlreicher US-Marken, und so haben bspw. Konzerne wie Hilton oder Marriott erst in der jüngeren Vergangenheit darüber nachgedacht, welche ihrer bislang nur im Heimatmarkt aktiven Markenkonzepte internationalisierungsfähig sein könnten (siehe Kapitel E.2) Während Hilton in den nächsten Jahren bspw. ihre Marken „Hilton Garden Inn", „Hampton" und „Doubletree" auf den europäischen Markt einführen will, sieht Marriott insbesondere für ihre Marken „JW Marriott" und „Courtyard by Marriott" ein entsprechendes Internationalisierungs- bzw. Multiplikationspotenzial. Aber auch in den oberen Qualitätssegmenten bedeutet eine Individualisierungsstrategie auf Produktebene nicht zwangsläufig, dass Qualitätsunterschiede in verschiedenen Ländern nicht zu vermeiden sind. Um sicherzustellen, dass der Qualitätsanspruch und die Ritz-Carlton-Philosophie in allen Häusern und Ländereinheiten gleichermaßen gelebt wird, hat bspw. die Ritz-Carlton ihre Personalbeschaffungs- und Personalentwicklungsmaßnahmen internationalisiert und führt umfangreiche und weltweit einheitliche Schulungs- und Trainingskonzepte für ihre Mitarbeiter durch (Partlow 1993).

Bei Leistungen und Instrumenten hingegen, die stärker von *länderspezifischen Gegebenheiten* abhängig sind, ist hingegen ein höheres Maß an Differenzierung notwendig. So ist bspw. auf der Produktseite in vielen Ländern, insbesondere im Gastronomiebereich, eine starke Anpassung an länderspezifische Besonderheiten und Kundenanforderungen erforderlich (z.B. Alkohol-/Rindfleischverbot in islamischen Ländern, Schlaf- und Essgewohnheiten etc.). Kulturell bedingte Essgewohnheiten und Verweilzeiten im Servicekontext von Restaurantleistungen der mittleren bzw. gehobenen Gastronomie in den USA (durchschnittlich zwischen 45 und 90 min.) und manchen südeuropäischen Ländern (durchschnittlich zwischen 120 und 180 min.) sind zum Teil sehr unterschiedlich und führen auf Kundenseite oftmals zu Irritationen oder Verärgerung, wenn Restaurantbetriebe auf diese kulturellen Eigenheiten dieser Klientel keine Rücksicht nehmen.

Auch die *länderspezifischen Ansprüche der Kunden* im Hinblick auf die Größe der Zimmer bzw. deren Ausstattung differenziert sehr stark, was in den recht unterschiedlichen Zimmergrößen und Ausstattungselementen (z.B. Kingsize Betten; Aircondition, Videokanäle) vergleichbarer Segmente in Hotels in den USA und Europa zum Ausdruck kommt. Oftmals liegen die Differenzierungsanforderungen jedoch im Detail. So gibt es in Europa bspw. in verschiedenen Ländern (Frankreich, Großbritannien, Italien, Deutschland) Unterschiede, was die Anforderungen der Kunden an die Art und Weise des Bettenmachens anbelangt (Oberbetten ja/nein, dicke oder dünne Oberbetten/Decken etc.).

> *Die Erfahrung hat gezeigt, dass sich im Ausland erprobte Franchise-Modelle nicht eins zu eins auf den deutschen Markt übertragen lassen. Die Anforderungen der deutschen Gäste an die Hardware sind hoch. Gleichzeitig wünschen sie einen gewissen Lokalkolorit. Die französische* **Budget-Kette B&B** *reagierte frühzeitig auf diese Ansprüche. Im jüngsten Ableger in Frankfurt beispielsweise zieht sich das Motiv „Apfelweinglas" durch das ganze Haus. Auch Wolfgang Neumann, Area President Europe bei der* **Hilton Hotels** *Corporation, bestätigt, dass sich in den USA erprobte Marken nicht unverändert auf den europäischen Markt übertragen lassen. „Wir adaptieren sie an die regionalen Märkte", sagt er. „Wir haben zum Beispiel für Garden Inn in Italien ein viel größeres F&B-Angebot geplant als in den USA." (Stauß 2008, S.9)*

Grundsätzlich gilt festzuhalten, dass der jeweilige Differenzierungs- und Standardisierungsgrad im Einzelfall vor dem Hintergrund der Möglichkeiten, Risiken, Vorteile und Kosten des einzelnen Hotelunternehmens betrachtet werden muss. *Elementar ist im internationalen Geschäft die ganzheitliche Orientierung*, die zum einen die vielfältigen Einflüsse und Rückkoppelungsprozesse der verschiedenen Länderaktivitäten berücksichtigt und zum anderen den Drang der Ländereinheiten nach mehr Autonomie und eigenständigen Konzepten ausbalanciert. Die typische Lösung ist ein Kompromiss zwischen Standardisierung und Differenzierung, getreu der Devise: *„So viel Standardisierung wie möglich, soviel Differenzierung wie nötig"* (Becker 2006, S.335).

Denkanstöße und Diskussionsfragen

1. *„Quality is a race without finish line."* Was bedeutet dieses Zitat insbesondere im Hinblick auf das Qualitätsmanagement von Hotelunternehmen?
2. Erfolgreiche Hotelunternehmen leben historisch gesehen schon seit jeher von ihrem guten Ruf. Nichtsdestotrotz sind die Markenkonzepte vieler Hotelunternehmen bzw. Hotelkooperationen oftmals als problematisch zu beurteilen. Warum ist das so und warum tut sich die Hotellerie so schwer eine stringente Markenpolitik zu verfolgen?
3. Kunden tragen in unterschiedlicher Weise zum Gesamterfolg eines Unternehmens bei. Entsprechend sind Kunden auch nach Maßgabe ihres Kundenwerts unterschiedlich zu behandeln. Ist dies ein Widerspruch zur viel proklamierten Kundenorientierung zahlreicher Unternehmen? Was bedeutet dies für die konkrete Marketingarbeit von Unternehmen?
4. *„The Business of International Business is Culture."* Diskutieren Sie diese Aussage und beschreiben Sie, mit welchen kulturellen Tatbeständen und Konfliktfeldern sich die Hotellerie im internationalen Marketingkontext auseinanderzusetzen hat!
5. Was können/sollten Hotelunternehmen tun, um ihre Innovationsfähigkeit und Kreativität zu verbessern?

Kontrollfragen

1. Definieren Sie den Begriff der Marke und erläutern den Unterschied zwischen einer Marke und einem Produkt. Welche Konsequenzen und Implikationen hat dieser Unterschied Ihrer Ansicht nach für die Marketingaktivitäten von Unternehmen?
2. Beschreiben Sie das EPRG-Modell von Perlmutter? Inwiefern ist dieses Modell im internationalen Marketing von Bedeutung
3. Was unterscheidet die ABC-Analyse vom Customer Lifetime Value-Ansatz? Welche Vor- bzw. Nachteile sehen Sie bei den beiden Ansätzen?
4. Diskutieren Sie die jeweiligen Vor- bzw. Nachteile der merkmals- bzw. ereignisorientierten Verfahren der Qualitätsmessung.
5. Was sind die verschiedenen Quellen von Ideen bzw. Innovationen auf die Hotelunternehmen zurückgreifen können?

Internationales Marketing-Management in der Franchise Hotellerie am Beispiel von Choice Hotels International

Nadja Bäder und Angela Wichmann

1 Das Unternehmen Choice Hotels International

Mit über 5.500 Hotels in mehr als 38 Ländern zählt Choice Hotels International mit Sitz in Silver Springs bei Washington D.C. in den USA zu den größten Hotelketten weltweit. Seit dem Start im Jahr 1939 als Zusammenschluss von sieben Hotel-Betreibern in Florida unter der Marke Quality Courts war und ist die Entwicklung des Unternehmens von rascher und erfolgreicher Expansion geprägt, sowohl im Kernmarkt USA als auch in ausländischen Märkten. So wurden bereits 1970 Niederlassungen in Europa in Brüssel sowie in Kanada eingerichtet, um von dort aus die Betreuung des Auslandsgeschäftes voranzutreiben. Das erste Hotel auf deutschem Boden, das Quality Motel Ratingen, wurde 4 Jahre später eröffnet. In den 1980er Jahren erfolgte eine zunehmende Marktsegmentierung, die die Integration weiterer Marken und deren Zusammenfassung unter der Dachmarke Choice Hotels International mit sich führte. Heute gehören zum Portfolio die auch in Europa vertretenen Marken Comfort, Quality und Clarion sowie darüber hinaus Comfort Suites, Sleep Inn, Cambria Suites, Mainstay Suites und Suburban. Ein weiterer Unternehmensbereich umfasst die beiden Motel-Label Rodeway Inn und Econo Lodge. Der Großteil der 5.500 Hotels tritt dabei als Franchisenehmer auf, die gegen die Entrichtung von Lizenz- und Marketing-Gebühren die Rechte der Nutzung der jeweiligen Marke sowie die Integration in Marketing- und Verkaufsaktivitäten erhalten, ansonsten aber als wirtschaftlich und rechtlich selbständige Hoteliers auftreten. Die Besonderheiten des Franchise Business Modells im Kontext des internationalen Managements bei Choice Hotels International werden in diesem Praxisblick dargestellt. Wie sich dies in der täglichen Arbeit widerspiegelt, wird anhand von drei konkreten Beispielen aus dem Marketing-Management erläutert.

2 Internationales Management im Spannungsfeld von Zentralisierung und Dezentralisierung – Franchsing in Form verschiedener Business Modelle

Mehr als 3.500 Hotels der Choice Hotels befinden sich heute im Heimatmarkt USA, sodass hier bereits ein gewisser Grad an Marktsättigung erreicht ist. Der Schwerpunkt der Expansionsstrategie von Choice Hotels International liegt daher darin, das Geschäft in den ausländischen Märkten voranzutreiben. Eine eigene Abteilung in der Firmenzentrale in Silver Spring, die so genannte International Division, hat dabei die schwierige Aufgabe, die Aktivitäten und Maßnahmen der ausländischen Niederlassungen zu koordinieren und als Schnittstelle zu den Fachabteilungen zu fungieren. Die Herausforderung, die sich dabei den Mitarbeitern der Abteilung stellt, liegt insbesondere darin, die richtige Balance zu finden zwischen zentral vorgegebenen Richtlinien und der Gewährung von ausreichend Spielraum für dezentral in den einzelnen Märkten vorgenommene Entscheidungen. Um auf die unterschiedlichen Anforderungen der einzelnen Märkte eingehen zu können, greift die International Division auf zwei unterschiedliche Franchise Business Modelle zurück: Direktes Franchising durch von der Muttergesellschaft kontrollierte Niederlassungen sowie Franchising durch die Vergabe von Master Franchiserechten.

2.1 Direktes Franchising

Beim Business Modell des direkten Franchising verbleibt das Recht zur Vergabe der Franchiserechte an Hoteliers in der Firmenzentrale in Silver Spring, die sich auch die zentrale Kontrolle der Niederlassungen in den einzelnen Ländern vorbehält. Dieses Modell wird vor allem in Märkten praktiziert, in denen Franchising als Geschäftsmodell generell weit verbreitet und akzeptiert ist, und in denen die Markenhotellerie einerseits eine wichtige Rolle spielt, es andererseits aber noch eine große Zahl an unabhängig geführten Hotels gibt. Ziel in diesen Märkten ist die Erreichung eines gewissen Grades an Marktgröße. Neben Kanada, China, Indien, Mexiko, Australien und Neuseeland wird dieses Modell seit einer weit reichenden Umstrukturierung im Jahr 2005 auch in Kontinentaleuropa mit den Niederlassungen in München, Paris und London eingesetzt.

Die einzelnen Niederlassungen sind hierbei in Regionalsparten gegliedert, die mit der US-Zentrale eng verzahnt sind. Sie sind an von der International Division vorgegebene Richtlinien gebunden, treten jedoch innerhalb dieser Richtlinien als relativ eigenständige Entscheidungsträger auf. Trotz der zentralen Vorgaben wird bei diesem Business Modell angestrebt, den Niederlassungen einen gewissen Spielraum zu gewähren, damit diese ihre Strategien an den Erfordernissen der einzelnen Länder ausrichten können. Folglich werden die Länderzentralen im Business Modell des direkten Franchising tendenziell mit *multinationaler* Marketing-Strategie geführt. Wie sich das in der Praxis im Alltag darstellt, wird im zweiten Teil des Praxisblicks anhand konkreter Beispiele aus der Perspektive der Münchner Niederlassung dargestellt.

2.2 Franchising durch die Vergabe von Master Franchiserechten

Als zweites Business Modell setzt die International Division von Choice Hotels International zur Expansion im Ausland auf die Vergabe von Master Franchiserechten. Die ausländische Niederlassung tritt hierbei als Master Franchisenehmer und starker Partner auf, der in der jeweiligen Region entweder gleichzeitig Franchisegeber ist oder die Hotels nach Management-, Pacht- oder Betreiber-Modellen führt. Das Master Franchise Modell wird in Märkten eingesetzt, in denen teilweise kulturelle Hemmnisse gegenüber Franchise Konzepten bestehen, und die durch eine ausgeprägte Stabilität mit hohen Markteintrittsbarrieren gekennzeichnet sind, die durch einen starken Partner vor Ort gemildert werden können. Derzeit wird dieses Business Modell in Mittelamerika, Brasilien und Japan, sowie in Skandinavien und Irland praktiziert.

Die nach diesem Modell geführten Niederlassungen sind ganz auf ihren spezifischen Markt ausgerichtet und werden von der International Division dezentral geführt. Das Modell ermöglicht eine starke Marktnähe und ist darauf angelegt, Synergien zu nutzen, indem die einzelnen Niederlassungen zum Vorreiter bei bestimmten Entwicklungen werden können, die dann auf alle anderen Märkte übertragen werden. Die Niederlassungen verstehen sich als strategische Partner und werden somit tendenziell mit *transnationaler* Marketing-Strategie geführt.

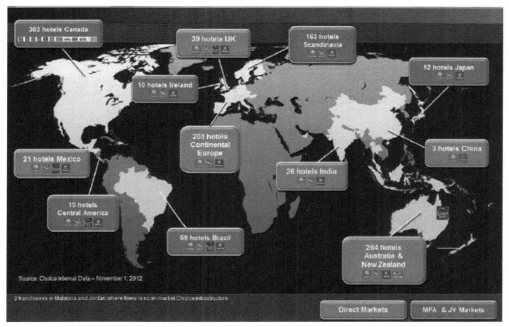

Abb.E.76:   Internationalisierungsprofil Choice Hotels 2012

Mit diesen beiden Franchise Business Modellen geht die International Division sehr differenziert mit dem Spannungsfeld der Zentralisierung und Dezentralisierung um. Die Ziele sind hierbei, auf die jeweilige Marktdynamik optimal reagieren zu können, Synergien zu nutzen und internationale Marktvorteile ausschöpfen zu können. Wie sich dies im Arbeitsalltag konkretisiert und wie sich diese internationale Management-Strategie auf das Marketing der einzelnen Länder auswirkt, wird nun anhand von drei Beispielen aus der Perspektive der Münchner Zentrale dargestellt, die nach dem direkten Franchise Modell geführt wird. Von München aus werden derzeit ca. 70 Hotels in Deutschland, Italien, der deutschsprachigen Schweiz und der Tschechischen Republik betreut.

3   Internationales Marketing im Spannungsfeld von Standardisierung, Differenzierung und Individualisierung

Der Grad der Zentralisierung bzw. Dezentralisierung im internationalen Management hat unmittelbaren Einfluss auf die Ausgestaltung der Marketing Strategien bei Choice Hotels International, die sich im Spannungsfeld von Standardisierung im Sinne einer länderübergreifenden Vereinheitlichung und Differenzierung zur Anpassung an die nationalen Besonderheiten bewegen. Bedingt durch das Franchising Modell ist im Fall von Choice Hotels International als dritte Dimension des Spannungsfelds die Individualisierung zu berücksichtigen, womit der Grad des Eingreifens in die individuelle Handlungsfreiheit des Franchisenehmers gemeint ist.

3.1   Markenstrategie

Um weltweite Wiedererkennungswerte für den Kunden zu schaffen und die Marken klar und transparent zu kommunizieren, werden die globalen *Markenkonzepte* von der US-Zentrale von Choice Hotels International den einzelnen Ländern standardisiert vorgegeben. Wie eng der Zusammenhang zwischen der globalen Markenstrategie und der Internationalisierung des Geschäfts bei Choice Hotels International ist, wird auch daran erkennbar, dass die International Division in der US-Zentrale in die Abteilung Brand Operations eingebunden ist. Andererseits zeigt die Tatsache, dass von den Choice Marken Comfort, Quality, Clarion, Comfort Suites, Sleep Inn, Cambria Suites, Mainstay Suites, Suburban, Rodeway Inn und Econo Lodge nur die drei erstgenannten in Europa verbreitet sind, dass hier eine gezielte Marktdifferenzierung zugrunde liegt. In Europa erfolgt derzeit eine klare Konzentration auf das Mittelklasse-Segment im Bereich der 3- und 4-Sterne-Hotellerie.

Während die groben Markenbotschaften und -richtlinien standardisiert festgelegt sind, haben die einzelnen Niederlassungen Spielraum bei der Ausgestaltung der so genannten „Rules and Regulations", der *konkreten Marken-Standards*, die differenziert von den jeweiligen Länderzentralen angepasst werden. Diese Standards werden von der Münchner Niederlassung stets überarbeitet und aktualisiert, um eine optimale Marktnähe zu gewährleisten. Zum Beispiel erwartet der Gast in den USA eine andere Matratzengröße und Höhe der Betten als dies in Deutschland der Fall ist. Gleiches gilt für die Größe von Fernsehgeräten. Ferner sind beispielsweise Eismaschinen, die Gäste in US Hotels erwarten, in europäischen Märkten jedoch nicht als Standard vorausgesetzt werden, nicht in den europäischen Standards erfasst. Als dritte Dimension des Spannungsfelds zwischen Standardisierung und Differenzierung spielt bei der Gestaltung der Marken-Standards die Individualisierung eine Rolle. Wie stark muss und soll in die Handlungsfreiheit des Franchisenehmers eingegriffen werden, um klare Markenbotschaften transportieren zu können und trotzdem gleichzeitig die Individualität der Franchisenehmer zu unterstreichen, die Choice Hotels International auszeichnet? Funktionieren kann diese Dimension nur mit Hilfe standardisierter Qualitätskontrollen, die einmal Mal pro Jahr in allen Hotels durchgeführt werden, um die Garantie des Markenversprechens zu gewährleisten.

Standardisiert vorgegeben ist neben den grundsätzlichen Markenkonzepten auch die *Markenkommunikation* im Hinblick auf Corporate Identity und Corporate Design für die Ein-

zelmarken sowie die Dachmarke. Hierbei liegen der Münchner Marketing Abteilung beispielsweise klare Richtlinien zur Farbe, Art und Platzierung der Logos vor.

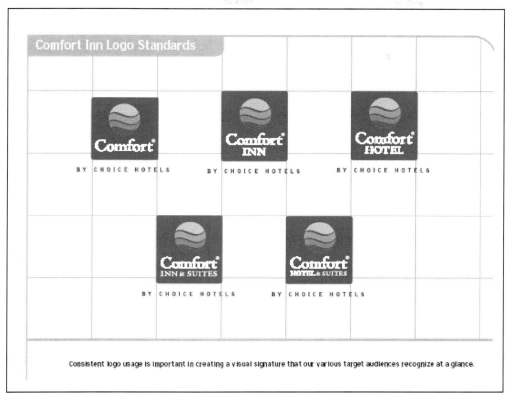

Abb.E.77:   Markenstandards Comfort Inn

Sämtliche Marketing-Materialien in Bezug auf die Darstellung der Dachmarke werden vor
dem Druck der International Division vorgelegt und auf die korrekte Verwendung der Logos
hin überprüft. Auch eine im Jahr 2007 eingeführte Collateral Kampagne mit Aufstellern,
Plakaten und Counter Mats zur einheitlichen Bewerbung der Marken in allen im direkten
Franchising stehenden Ländern wurde von der Muttergesellschaft standardisiert vorgegeben.
Jedoch hatte jede Länderzentrale die Möglichkeit, einzelne Bausteine der Kampagne wie
z.B. die Wahl der „Gesichter" selber in die Hand zu nehmen. Die folgende Übersicht zeigt
die Unterschiede in den verschiedenen Regionen:

Abb.E.78:   Werbekampagne International Choice Hotels

Neben dieser *gewollten* Differenzierung nach den einzelnen Märkten, geben länderspezifische rechtliche Bestimmungen auch eine gewisse *erzwungene* Differenzierung im Bereich der Markenkommunikation vor. So unterliegt beispielsweise die Gestaltung von Briefbögen in Deutschland anderen Normen und Bestimmungen als dies in Italien der Fall ist. Einfache Beispiele aus der Praxis sind hierbei rechtliche Vorgaben zu den nötigen Angaben in der Fußzeile, DIN-Standards zur Größe oder die Platzierung des Adresskopfes auf der linken bzw. rechten Seite. Die Gestaltung länderübergreifender Materialien und insbesondere auch Broschüren wird somit häufig zu einer schwierigen Herausforderung, bei der die jeweiligen länderspezifischen rechtlichen Differenzierungs-Bestimmungen zu vereinen sind.

3.2   100% Zufriedenheitsgarantie Programm

Ein weiteres Beispiel, das das Spannungsfeld von Standardisierung, Differenzierung und Individualisierung bei Choice Hotels International verdeutlicht, ist das Programm der 100%-Zufriedenheitsgarantie, das nach und nach in allen im direkten Franchising stehenden Ländern eingeführt wird.

> *„Unser Versprechen:*
> *Ihre Zufriedenheit ist unsere Priorität.*
> *Wenn Sie mit Ihrer Unterkunft oder unserem Service nicht zufrieden sind, informieren Sie bitte umgehend die Mitarbeiter an der Rezeption.*
> *Wenn wir die Situation nicht zu Ihrer Zufriedenheit korrigieren, können Sie bis zu einer Übernachtung kostenlos erhalten. "*

Mit diesem global einheitlichen Versprechen soll der Gast animiert werden, mögliche Problempunkte direkt vor Ort anzusprechen, damit die Hotelmitarbeiter noch während des Aufenthalts des Gastes Abhilfe schaffen können. Um das Programm für den Kunden als Mehrwert mit weltweitem Wiedererkennungseffekt zu transportieren und dadurch die Dachmarkenkommunikation zu unterstützen, ist ein gewisser Grad an globaler Standardisierung unerlässlich. Folglich sind nicht nur das Zufriedenheitsversprechen an sich, sondern auch das Schulungskonzept, mit dem die Hotels auf das Programm vorbereitet werden, die Reporting-Bögen zur Dokumentation der Beschwerden sowie das Layout der programmspezifischen Aufsteller und Kundenfragebögen standardisiert vorgegeben. Zu beachten ist hierbei jedoch auch wiederum die *erzwungene* länderspezifische Differenzierung bedingt durch rechtliche Vorgaben. So musste zum Beispiel der Text des italienischen Kundenfragebogens detaillierter gestaltet werden, um der italienischen Rechtslage im Zusammenhang mit höherer Gewalt gerecht zu werden. Während die länderspezifische Differenzierung ansonsten jedoch bei diesem Programm bewusst eingeschränkt ist, werden dem individuellen Hotelier gewisse Freiräume eingeräumt, um das Programm an die eigenen Abläufe anzupassen. So kann zum Beispiel jedes Hotel individuell festlegen, welche Befugnisse und Kompetenzen der einzelne Mitarbeiter im Rahmen des Programms hat.

3.3   Kundenbindungsprogramm Choice Privileges

Ein weiteres Programm bei Choice Hotels International, das im Kern global standardisiert ist, ist das 2008 auch in Deutschland und Zentraleuropa eingeführte Kundenbindungsprogramm Choice Privileges. Wie bei der 100%-Zufriedenheitsgarantie ist auch bei diesem Programm ein gewisser Grad an Standardisierung nötig, um den Kunden den Mehrwert des weltweiten Punktesammelns einräumen zu können. So ist beispielsweise das Vergütungsmodell in allen Ländern einheitlich: der Zimmerpreis, den der Kunde zahlt, wird von der lokalen Währung in US-Dollar umgerechnet; für umgerechnet 10 US-Dollar erhält der Kunde einen Punkt. Standardisiert und zentral gesteuert wird ferner die Einbindung der Kooperationspartner in das Programm. Die Standardisierung ist hierbei jedoch nicht nur aus Marketing-Sicht zu betrachten, sondern hat auch einen technischen Hintergrund und ist auf die Komplexität der erforderlichen technischen System-Anbindung der Kooperationspartner zurückzuführen. Es handelt sich hierbei somit um eine *erzwungene* Standardisierung, die mit der *gewollten* Standardisierung aus Marketing-Sicht einhergeht. Dennoch wird den einzelnen Niederlassungen ein gewisser Differenzierungsspielraum eingeräumt. So können beispielsweise in den Ländern eigene Entscheidungen getroffen werden über die Anrechnungsfähigkeit spezifischer Preisprogramme oder die Gewährung von Zusatzvorteilen für Choice Privilege Karteninhaber. Für die Individualisierung im Hinblick auf den einzelnen Hotelier als 3. Dimension des Spannungsfeldes wird bei Choice Privileges jedoch nur ein geringer Spielraum gewährt, da das Programm Mehrwerte für den Kunden nur bei globaler Einheitlichkeit vermitteln kann. Ein enger Korridor kann und soll jedoch durch den einzelnen Hotelier dazu genutzt werden, das Programm zum Beispiel durch die Durchführung von Choice Privilege Promotion Wochen in den jeweiligen Hotels gezielt zu bewerben. Denn letztlich erfüllen einheitliche und standardisierte Vorgaben nur dann ihren Zweck, wenn sie auch durch den einzelnen Hotelmitarbeiter vor Ort gelebt werden.

Die Herausforderung, die die tägliche Arbeit bei Choice Hotels International auszeichnet, liegt somit darin, die Standardisierung als länderübergreifende Vereinheitlichung, die differenzierte Anpassung an die einzelnen Märkte sowie die individuelle Ausgestaltung durch den Mitarbeiter vor Ort Hand in Hand gehen zu lassen.

Kapitel F
Management der operativen Marketingprogramme in der Hotellerie

Auf der Grundlage strategischer Marketingentscheidungen, der Einbeziehung der Marktforschungsergebnisse und der darauf aufbauenden Marktsegmentierung ist die **Gestaltung der operativen Marketingprogramme** festzulegen. Da auf die Besonderheiten des Dienstleistungsmarketing und der damit zusammenhängenden Erweiterung der Bestandteile des Marketingmix bereits in einem vorangegangenen Kapitel eingegangen wurde (Kapitel B 1.4), wird im Folgenden – in Anlehnung an MEFFERT/BRUHN – von vier externen, operativen Marketingprogrammen des Hotelmarketing, den klassischen Mixbereichen Leistungs-, Preis-, Distributions- und Kommunikationspolitik und einem internen, operativen Marketingprogramm des Hotelmarketing, der Personalpolitik, ausgegangen werden (Meffert/Bruhn 2009, S.243f.).

Die **fünf Marketingmixbereiche** und die im Zuge dieser Bereiche verwendeten Instrumente, sind Ausdruck der im Bereich des Dienstleistungsmarketing herrschenden Auffassung, dass die Anwendung eines kundenorientierten Marketing als Leitidee, auch der Berücksichtigung interner Kunden bedarf. Insbesondere die Fragestellung, ob die Personalpolitik von Dienstleistungsunternehmen als ein eigenständiges (internes) Marketinginstrument betrachtet werden sollte, wird vor dem Hintergrund der Personalintensität vieler Dienstleistungen und der Bedeutung des Mitarbeiters im Leistungskontext persönlichkeitsintensiver Dienstleistungen weitestgehend bejaht (Stauss 1995a; Heskett et al. 1997; Meffert/Bruhn 2009, S.358ff.). Insofern werden im Zuge des operativen Marketing im spezifischen Umfeld der Hotellerie all diejenigen personalpolitischen Aspekte beleuchtet, die bei der Erstellung von Hotelleistungen aus Marketingsicht zu berücksichtigen sind.

1 Management der Leistungsprogramme

1.1 Grundlegende Entscheidungstatbestände der Leistungs- und Produktpolitik

1.1.1 Besonderheiten der Leistungs- und Produktpolitik in der Hotellerie

Die Leistungs- und Produktpolitik ist eine der zentralen Stellgrößen der Marketingpolitik eines Unternehmens. Sie beinhaltet alle Entscheidungstatbestände, die sich auf die marktgerechte Gestaltung der Unternehmensleistungen (Produkte und/oder Dienstleistungen) beziehen. Ausgangspunkt ist die Philosophie des Marketing, dass das Leistungsangebot eines Unternehmens so zu gestalten ist, dass es den Ansprüchen, Wünschen und Problemen der Kunden gerecht wird, zu einer dauerhaften Befriedigung der Kundenbedürfnisse führt und zur Abgrenzung gegenüber der Konkurrenz beiträgt. Die *Leistungs- und Produktpolitik wird denn auch als ‚Herzstück‘ des Marketing bezeichnet,* da die kontinuierliche Entwicklung neuer Produkte oder Dienstleistungen bzw. die permanente Verbesserung, Ergänzung und Elimination vorhandener Produkte oder Dienstleistungen für die Überlebensfähigkeit eines Unternehmens im Wettbewerb von zentraler Bedeutung ist (Meffert 2000, S.327).

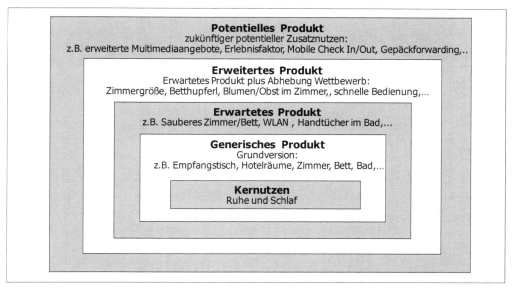

Abb.F.1:   Die fünf Konzeptionsebenen des Produktes
            Quelle: In Anlehnung an Kotler/Bliemel 2001, S.717

Bevor auf die Entscheidungstatbestände und Instrumente der Leistungspolitik eingegangen wird, soll zunächst geklärt werden, wie der Produkt- bzw. Leistungsbegriff zu umreißen ist. KOTLER ET AL. definieren ein Produkt als „... *anything that can be offered to a market for attention, acquisition, use, or consumption that might satisfy a want or a need. It includes physical objects, services, places, organizations, and ideas"* (Kotler et al. 2006, S.304). Die Planung und Festlegung des Produktkonzeptes bzw. des Leistungsprogramms findet auf verschiedenen Konzeptionsebenen statt (Abb.F.2). Bei der Frage nach dem **Kernnutzen** geht es um die fundamentale Produktleistung und den Produktnutzen, den das Unternehmen dem Kunden anbietet. Im Falle der Hotellerie kauft der Gast im Kern ‚*Ruhe und Schlaf*'. Dieser Kernnutzen ist dann in ein **generisches Produkt** umzusetzen, d.h. in die Grundversion eines Produktes. Diese besteht beim Hotel aus den zu vermietenden Räumen und der sonstigen Grundausstattung (z.B. Empfangstisch, Lobby). Auf der dritten Ebene sind die vom Gast erwarteten Leistungseigenschaften und Rahmenbedingungen zu gestalten, was als **erwartetes Produkt** bezeichnet wird. So erwartet der Hotelkunde bspw. ein sauberes Bett, ein Bad, ein Telefon oder eine ruhige Lage als das Minimum an zu erwartenden Produkteigenschaften.

Die **Profilierungsleistung eines Hotelunternehmens** erfolgt jedoch auf den nachfolgenden Ebenen, an deren Stelle der Übergang zwischen dem Grund- und dem Zusatznutzen eines Angebots erfolgt. In der Literatur wird aus Nachfragesicht beim Produktnutzen auch oftmals auch von sog. Basisanforderungen (Standardleistungen) und Begeisterungsanforderungen (Plusleistungen) an die Unternehmensleistung gesprochen. Beim Zusatznutzen bzw. den Begeisterungsanforderungen unterscheidet man des Weiteren noch Produkteigenschaften, die auf den sog. Erbauungsnutzen abzielen (z.B. Design, Stil, Atmosphäre, Erfahrung) oder Produkteigenschaften, die eher den Geltungsnutzen der Kunden ansprechen (z.B. Status, Image, Prestige, Distinktion) (Meffert et al 2012, S.387). Dem erwarteten Produkt ist demzufolge ein weiteres Bündel an Dienstleistungen, Eigenschaften und Kundennutzen hinzuzufügen, so dass sich das Angebot des Unternehmens vom Angebot der Wettbewerber unterscheidet und abhebt. Ein derart **erweitertes** bzw. **augmentiertes Produkt** kann in der Hotellerie bspw. Besonderheiten der Ausstattung (z.B. frische Blumen, Multimedia-Ausstattung, Fernseher, Wasch- und Badeutensilien im Badezimmer), des Service (z.B. Quick Check-in/out, 24 Std. Zimmerservice), ein Restaurant mit außergewöhnlicher Küche oder die Professionalität des Hotelpersonals umfassen. Besonders in unerwarteten Zusatzleistungen liegen viele Möglichkeiten den Kunden nicht nur zufriedenzustellen, sondern ihn zu erfreuen (z.B. Geburtstagsgruß/-geschenk, Schale mit Früchten, inkludierte Parkplätze oder Minibar, Shuttle-Service, Betthupferl, Tablets zur Nutzung usw.).

> *"A supporting product offered in **Ritz-Carlton** Hotels is the technology butler. This is a person who provides 'on-the-road-office support'. The technology butler helps people sort out problems with printers, laptops, handhelds, and scanners. The butlers who have been known to help a businessperson create a sharp-looking presentation for a meeting next day, also provide software advice. The W hotel in New York has a tech concierge. Inter-Continental Hotel & Resorts has designated employees as 'Cyber Assist Coordinators'"(Kotler et al. 2006, S.305f.).*

Zu beachten ist allerdings, dass jede Augmentierung mit zusätzlichen Kosten verbunden ist, so dass im Vorfeld überprüft werden muss, inwieweit die Kunden bereit sind, auch für diesen Zusatznutzen zu bezahlen. Gerade bei alteingesessenen Hotels sind oftmals kostspielige

Renovierungen notwendig, um die Häuser auf den neuesten technischen Stand zu bringen. So kostete bspw. der Wiederaufbau des Flaggschiffs der Kempinski Hotels&Resorts, das Hotel Adlon in Berlin, in traditioneller Architektur mit modernster technischer Ausstattung auf allen Zimmern rund 220 Mio. € (Handelsblatt 2000). Auch das spezifische Hotelkonzept ist hierbei zu berücksichtigen, und so haben Designhotels höhere Einrichtungskosten als klassische Hotels (Abb.F.2).

	Normalhotel	Designhotel
	Einrichtungskosten pro Zimmer in €	
3-Sterne Hotel	9.000	10.000
4-Sterne Hotel	12.500	15.000
5-Sterne Hotel	25.000	30.000

Abb.F.2: Einrichtungskosten nach Zimmern in Normal- und Designhotels
Quelle: Funke 2008, S.83

Des Weiteren entwickeln sich sehr schnell Gewöhnungseffekte bei den Kunden, die dazu führen, dass ein augmentierter Nutzen bald zum erwarteten Produkt degeneriert (sog. Anspruchsinflation). So müssen bspw. klassische Hotels in etwa alle 15 Jahre renoviert werden, während der Lebens- und Renovierungszyklus bei designorientierten Hotels bei vier bis fünf Jahren liegt (Funke 2008, S.83). Zur Profilierung sind dem Angebot dann weitere nutzenbringende Zusatzeigenschaften hinzuzufügen, was Unternehmen dazu zwingt im Wettbewerb kontinuierlich innovativ zu bleiben. Die Polarisierung vieler Märkte hat darüber hinaus gezeigt, dass viele Kunden nur das erwartete oder das generische Produkt nachfragen, dies aber zu einem deutlich günstigeren Preis. Auf der fünften Konzeptionsebene steht denn auch das **potenzielle Produkt**, d.h., das Produkt mit jedem potenziellen Zusatznutzen und allen zukünftigen Verbesserungs- und Entwicklungsmöglichkeiten. Hierin steckt die Überlegung, dass vorausschauende Unternehmen sich nicht nur damit befassen, was heute zum Produkt gehört, sondern permanent und systematisch über zukünftige Produktgenerationen und – variationen nachdenken (Kotler et al. 2006, S.305ff.).

Hotels der Zukunft werden mobil per Datenbrille, Smartphone, Tablet oder dem Internetanschluss im Automobil gebucht – flugs kommt eine persönliche Rückmeldung eines Mitarbeiters aus der Reservierungsabteilung, auch per Skype möglich, und klärt Details sowie die Zahlungsoptionen für das gebuchte Hotelzimmer.

Der Check-in geht reibungslos – beim E-Concierge. An einem Touch Panel authentifiziert sich der Gast per Fingerabdruck und gilt damit als im Hotel eingecheckt. Ein Scan des Reisepasses oder des Personalausweises wird den Meldebehörden weitergeleitet. Die Daten seiner Kredit-/Girokarte gibt der Gast rasch selbst ein, damit sind die Zahlungsmodalitäten geregelt – den Stand der Ausgaben checkt er über das Hotel-eigene TV-Infosystem oder die Hotel-App. Hotelmitarbeiter haben den Gast längst erkannt – per automatischer Gesichtserkennung. Kameras am Eingang haben die Gesichtsmerkmale mit der Hoteldatenbank abgeglichen und „Mr. Smith" an den Guest Relations Manager gemeldet.

Dieser ruft die in der CRM-Datenbank gespeicherten Vorlieben des Gastes ab (z.B. extragroße Kopfkissen) und lässt diese sofort auf sein reserviertes Zimmer bringen. Auf Zim-

merschlüssel oder Magnetkarten kann man künftig verzichten; sie gehen meist nur verloren. Der Gast öffnet sein Zimmer per Smartphone – oder per Fingerabdruck.

Das Gepäck wird beim Check-in dem Serviceroboter übergeben. Dieser verstaut es, bis das Zimmer zum Bezug freigegeben wurde (die Mitarbeiter vom Housekeeping melden dies per Tablet- oder Smartphone-App an die Hotelzentrale). Ein anderer Serviceroboter befördert das Gepäck nach oben ins Zimmer; die bisher nur von Luxushotels gehaltene Servicezeit von sieben Minuten wird nun auch von Businesshotels gewährleistet.

Natürlich gibt es noch „echte" Mitarbeiter im Hotel, so zum Beispiel beim Frühstücksbüffet, in der Betreuung im Wellnessbereich oder im Roomservice – dort aber nur, wenn dies ausdrücklich gewünscht wird. „Realer Roomservice" mit freundlichen Serviceleuten kostet einen Aufschlag, nachdem nahezu alle Businesshotel den personalintensiven Service abgeschafft hatten. Wer um Mitternacht z.B. ein Steak und ein Rotwein bestellt, wird von einem Serviceroboter beliefert – schnell und diskret und ohne Trinkgeld-Wunsch.

Beim Check-out prüft der Gast alle gebuchten Positionen, z.B. von der Bar, aus dem Restaurant oder dem Wellnessbereich, am TV-Infosystem oder mit der Hotel-App auf seinem Tablet. Um eine Position zu korrigieren, ruft er per Videochat einen Hotelmitarbeiter an. Ist alles geklärt, aktiviert er die Belastung seiner Kredit-/Girokarte. Die Abgabe eines Zimmerschlüssels hat sich ja erübrigt, es gibt ihn nicht mehr. Wichtig: Bevor der Gast den Check-out-Vorgang abschließt, wird er aufgefordert, eine Hotelbewertung abzugeben. E-Mails nach dem Aufenthalt mit Links zu Bewertungsportalen schickt schon lange kein Hotel mehr seinen Gästen hinterher. Für Gäste à la „Mr & Mrs Smith" hinterlässt der Gast eine Adresse, wohin Fundstücke diskret nachgeschickt werden kann, so dass es der Lebenspartner nicht gleich mitbekommt. Steht kein Taxi vor dem Eingang bereits, lässt sich eines mit einem Fingertipp auf einem der Touchpanels in der Lobby (eConcierge) rufen. (Hotelling 2013)

In der Hotellerie ist die Unterscheidung in ein Kern- und ein Zusatzangebot zur Kennzeichnung der Hotelleistung problematisch, hängt dies doch sehr stark mit den unterschiedlichen Kategorien, Betriebstypen und Kundenwahrnehmungen zusammen (Barth/Theis 1998, S.155). So betrachten zahlreiche Gäste, besonders von Häusern der gehobenen Kategorie, bspw. gewisse Nebenleistungen als selbstverständliche Grundleistungen des betreffenden Hotelbetriebs. Daneben entsprechen aufgrund verschiedener Betriebstypen verschiedene Leistungen mal dem **Zusatznutzen eines Hotelbetriebs und mal dem Grundnutzen eines Hotelbetriebs** (z.B. Stadthotel mit Schwimmbad vs. Ferienhotel mit Schwimmbad). Eine Abgrenzung der Angebotsgestaltung über eine derartige Unterscheidung ist insofern nicht zielführend, so dass im Folgenden die Beherbergungs- und Verpflegungsleistung als grundlegende Bestandteile des Leistungsangebots in der Hotellerie verstanden werden sollen, die je nach Kategorie und Betriebstyp verschiedenartige Nebenleistungen anbieten. Die Produkte und Leistungen eines Hotelunternehmens stellen hierbei Problemlösungen dar, die aus einem Bündel von materiellen und immateriellen Leistungen bestehen und die über die hotelspezifischen Kernbestandteile Beherbergung, Verpflegung und Nebenleistungen in einer zielgruppenspezifischen Leistungskombination harmonisch zu gestalten sind. Neben der Frage, was Hotelgäste konkret an Produkten und Leistungselementen zu erwarten haben, interessiert im Rahmen der Gesamtkonzeption der Leistungserstellung in der Hotellerie insbesondere die

Frage, wie die Produkte und Dienstleistungen eines Hotelunternehmens dem Kunden ange-boten bzw. verkauft werden.

> *"For example, some midscale hotels offer room service because they see it as a competi-tive advantage in attracting business travellers. However, the unprofessional delivery of supporting products can do more harm than good. Many midpriced hotels offering room service lack a designated area in the kitchen for room service carts, a room service coor-dinator to answer the phone and write up the tickets, and designated room-service waiters. Necessary equipment and personnel are assembled at the time of the order, and as one might imagine, the results are sometimes disastrous. The person answering the phone lacks the proper training needed to ask the right questions: for example, how the steak is to be cooked, the type of salad dressing the customer would like, and the types of potatoes desired. After taking the order the next step is to find someone to set up the cart and take the order up the room. Likely candidates are the bell person, the bus person, or a service person from the dining room. Personnel in the first two categories are not properly trained, the bell person and bus person may forget essential items as salt and pepper, sug-ar, forks, and napkins when setting up the cart. To damage the hotel's image further, the guest puts the tray in the hallway after finishing the meal. The tray will sit in the hallway until housekeeping picks it up the next morning." (Kotler et al. 2006, S.306).*

Eine weitere bedeutsame Besonderheit der Gestaltung des „Wie's" im Rahmen der Leistungs- und Produktpolitik in der Hotellerie, ist die für die Mehrzahl der Hotelkategorien notwendige Integration und Mitwirkung des Kunden im Leistungserstellungsprozess sowie die Interaktivität zwischen den Gästen. So harmonieren bspw. Pauschalreisende nicht immer mit Individualreisenden. Dieses Problem verschärft sich, wenn potenzielle Kundengruppen sich im Hinblick auf Segmentzugehörigkeit, Kulturkreis, Sprache, sozialer Schicht oder Altersgruppe stark unterscheiden.

> *"A business hotel in Houston located near Astroworld, a larger amusement park, devel-oped a package for the summer family market. The package proved to be so popular that some of the hotel's main market, business travelers, was driven away. The noise of the children in the hallways and the lobby changed the atmosphere. Gone was the comfortable atmosphere desired by the business traveler. ... The Shangrila Hotel of Singapore dealt successfully with this problem by constructing three different hotel properties on the same ground. The tower hotel serves group-inclusive tours and lesser-revenue, independent, non-tour guests. The Bougainville section serves a more upscale guest, and a third execu-tive property is for the exclusive use of very upscale guests. Interaction among the three groups is limited to the common outdoor swimming pool." (Kotler et al. 2006, S.311f.).*

Hoteldesigner und Produktentwickler müssen im Planungsprozess berücksichtigen, wie Gäs-te mit dem Produkt ‚Hotel' und seinen Leistungsbestandteilen umgehen (Rutes et al. 2001), denn nur über die bewusste Gestaltung der Interaktionsmomente zwischen Mitarbeitern, Kunden und der physischen Umgebung, kann es Hotelunternehmen gelingen ein spezifisches ***Ambiente*** zu kreieren, das letztlich die Einzigartigkeit, Unverwechselbarkeit und Überlegen-heit im strategischen Wettbewerb ausmacht. Für die Entwicklung eines gewünschten Ambi-ente sind drei Gestaltungsfaktoren von Bedeutung: Atmosphärische Faktoren, soziale Faktoren sowie Designfaktoren (Heide et al. 2007, S.1316). Atmosphärische Gestaltungsfaktoren sind diejenigen Elemente die alle fünf Sinne der potenziellen Rezipienten (Kunden/Mitarbeiter) ansprechen, und die weitestgehend, als Rahmenbedingungen, eine spezifische Dienstleistungsumgebung/-interaktion prägen. Hierzu zählen bspw. Temperatur- und Lichtverhältnisse, Gerüche oder Beduftung („Corporate Smell"), Geräusche, die entweder bewusst gestaltet werden, wie eine bestimmte Hintergrundmusik oder Erkennungsmelodie („Sound Branding"), oder auch externe Geräuschquellen wie Straßen- oder Baulärm und Ähnliches. Soziale Gestaltungsfaktoren sind diejenigen Elemente, die sich über die zwischenmenschliche Interaktion im Rahmen des Dienstleistungsprozesses ergeben. Hier stehen insbesondere die, in einem früheren Kapitel erläuterten (E.1.1) und von Zeithaml et al. (1992) beschriebenen, weichen Qualitätsdimensionen einer persönlich erbrachten Dienstleistung, wie Zuverlässigkeit, Einfühlung, Souveränität, Entgegenkommen etc. im Mittelpunkt. Designelemente, als dritte Gestaltungskategorie eines spezifischen Ambiente, umfassen sowohl funktionale als auch ästhetische Elemente, wie die Außen- und Innenarchitektur eines Hotels, der Stil, das Layout oder auch die Gebrauchstüchtigkeit bzw. Spezifität bestimmter Hardwarelemente des Hotelprodukts, wie etwa das Bett („Sheraton Sweet Sleeper"), die Dusche („Westin Heavenly Shower") oder der Fernseher („Starwood Preferred Guest Television"). Die ***Produktgestaltung*** eines Hotelunternehmens stellt sich demzufolge ***als multidimensionale Problemstellung*** dar, die unter Berücksichtigung der hotelspezifischen Dienstleistungsbesonderheiten differenzierten Kundenansprüchen in Bezug auf Funktionalität, Ästhetik und Symbolik genügen muss (Abb.F.3).

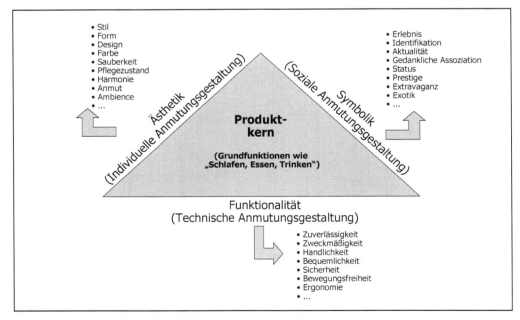

Abb.F.3:   Produktgestaltung als multidimensionale Problemstellung

1.1.2   Ausgewählte Produktkonzepte in der Hotellerie

Ohne erschöpfend auf alle Facetten des heterogenen Leistungsangebots in der Hotellerie eingehen zu können, sollen an dieser Stelle einige der wesentlichen Hotel- bzw. Produktkonzepte der deutschen und internationalen Hotellerie näher beschrieben werden.

▦ **Luxushotel**

Luxus wird in der internationalen Hotellerie im Wesentlichen an der Einordnung eines Hauses in die obersten Sternekategorien festgemacht. Der hier zugrunde liegende Begriff ist in der Hotellerie mit Merkmalen wie hochwertiger Qualität und Einzigartigkeit der Hard- und Software eines Hotels assoziiert (z.B. Architektur, Design, Außergewöhnlicher Service). Der Luxusbegriff hat jedoch einen subjektiven Charakter und so werden je nach grundlegenden sozio-kulturellen Wertvorstellungen und individuellen Lebensweisen unterschiedliche Formen des bewussten Konsums von Luxusgütern beobachtet. Entscheidend dabei ist, dass der Besitz bzw. die Inanspruchnahme von Luxusgütern grundlegend nur einem Kreis von auserwählten Personen möglich ist, was eine Verknappung und Exklusivität des Angebotes zugrunde legt. Der Luxusbegriff ist dabei im Wandel und führt in der Hospitality-Industrie ebenso wie in anderen Branchen dazu, dass der immaterielle Luxus, das Status-Denken ablöst und vermehrt Werte wie Selbstverwirklichung, persönliche Erlebnisse und einzigartige Erfahrungen, individuelle Weiterentwicklung und Zeit-Luxus in den Vordergrund treten. Die persönlich abgestimmte Ansprache, der Exklusivitäts-Gedanke und die Begrenzung des Angebots spielen in der Bereitstellung eines Luxusproduktes in der Hotellerie ebenso eine wichtige Rolle wie die authentische Vermarktung. (Bauer 2009, S.165f.)

Betrachtet man die geplanten Hotelbauprojekte weltweit, dann entsteht derzeit die Mehrzahl der Hotelneubauten im First Class und Luxussegment in Asien und hierbei insbesondere in China. Aber auch in Deutschland wird die Zahl der Luxushotels weiter steigen. So sind in den nächsten drei Jahren 36 neue Luxushotels mit ca. 5.000 Zimmern geplant und so wächst der aktuelle Bestand von 239 5-Sterne Betrieben in Deutschland bis zum Jahr 2016 um beachtliche 15% (Stand Januar 2013) (IHA 2014). Auch die Hotelkooperationen im Luxusreisesegment haben in der Vergangenheit Ihre Mitgliederzahl erhöht. Bei der Gruppe der „Small Luxury Hotels", bei welcher es sich um eine Kollektion von meist im Privatbesitz befindlichen, kleinen Häusern mit höchsten Service- und Qualitätsstandards handelt, stieg die Hotelzahl von 485 im Jahr 2009 auf 520 im Jahr 2013 und auch bei der Kooperation „Relais & Châteaux", einer Vereinigung von individuellen Luxushotels und -restaurants, wurde stieg die Mitgliederanzahl von 2008 bis 2013 um 51 Häuser auf aktuell 500 Betriebe. Das Segment der Luxushotels ist international attraktiv und bleibt sowohl für Investoren als auch für Betreiber interessant (Härle 2009).

▦ **Resorthotel**

„The resort hotel is a luxury facility that is intended primarily for vacationers and is usually located near special attractions, such as beaches and seashores, scenic or historic areas, ski parks, or spas" (Encyclopædia Britannica 2009). Der touristisch gebräuchliche Begriff *Resort* stammt aus dem Amerikanischen und steht für ein Gesamtkonzept, das alle Leistungen der Hotellerie, des Sports, der präventiven Gesundheitspflege, der Gastronomie und des Shoppings zu einem „Gesamtkosmos" für Urlaub und Freizeit zusammenschließt. Sowohl weitläufige Entertainment-Distrikte, wie Disney World oder der Europapark Rust, als auch

künstliche Destinationsentwicklungen (z.B. Land Fleesensee) oder Ferienzentren (z.B. Center Parcs) sowie einzelne Ferienhotels mit mehreren wesentlichen Angebotskomponenten werden oftmals als Resort bezeichnet. In der Literatur wird ein Resort in erster Linie als geografischer Raum mit impliziertem Erlebnisversprechen begriffen. Das Resort-Ziel wählen die Gäste überwiegend für einen längeren Aufenthalt, denn dort sind generell alle für die Bedürfnisse notwendigen Einrichtungen und Angebote vorhanden. Somit ist das Resort dem Wesen nach eine strategische Wettbewerbs- und Geschäftseinheit im Tourismus bei der seitens der Nachfrage der Erholungs- und Erlebnisurlaub im Vordergrund steht und stets eine überproportionale Kombination von Handlungsmöglichkeiten zur Verfügung steht. Daraus ergibt sich auch ein Hinweis auf den potentiellen Destinationsstatus des Resorts als eigentliches Urlaubsziel (Brümmer 2009, Murphy 2008). Sowohl die Kettenhotellerie (z.B. Lindner Hotels & Resorts, Steigenberger Resort Hotel Rügen, Dorint Hotels und Resorts) als auch Individualhotels (z.B. Resorthotel Sonnenalp, Hotel Zur Bleiche Resort & Spa) nutzen den Begriffszusatz Resort, um auf die Exklusivität und Güte des Leistungsangebots hinzuweisen.

■ **Tagungs-/Kongresshotel**

Das Tagungs- und Kongressgeschäft ist ein wichtiger Markt für die Hotellerie, fanden doch im Jahr 2013 ca. 3,01 Millionen Kongresse, Tagungen, Seminare, Präsentationen, Ausstellungen, Kunst- und Sportveranstaltungen statt, die von insgesamt 371 Millionen Teilnehmern besucht wurden. Tagungen und Seminare bis zu 50 Teilnehmern machen bis zu 50% des Veranstaltungsmarktes aus, ca. ein Drittel der Tagungen und Seminare hat zwischen 51 und 250 Teilnehmer und bei ca. 5% dieser Veranstaltungen kommen mehr als 1.000 Teilnehmer zusammen. Das Europäische Institut für Tagungswirtschaft beziffert die Anzahl der Tagungs- und Veranstaltungsstätten im Jahr 2013 auf ca. 7.034 Einrichtungen, von denen rund 3.288 auf Tagungshotels, 2.028 auf Eventlocations und 1.718 auf Kongress- und Veranstaltungszentren entfielen. (EITW 2014)

Damit bleiben Hotels die wichtigste Veranstaltungsstätte in Deutschland (TREUGAST 2009, S.64ff.). Entsprechend haben sich viele Anbieter aus der Ketten- ebenso wie aus der Individualhotellerie auf den Tagungsmarkt spezialisiert, wie bspw. die Seminaris Hotels and Meetings Resorts die auch in der Lage sind, die spezifischen Anforderungen, die von kommerziellen Veranstaltern an Hotelunternehmen gestellt werden, zu erfüllen. Diese Kundenanforderungen der professionellen Veranstalter (z.B. Event Manager, Meeting Planner, Incentive Planner) im Tagungs- und Kongresshotelmarkt führen auch oftmals zu einer Spezialisierung mit sehr großen Tagungshotels, wie es bspw. das Estrel in Berlin darstellt, das Veranstaltungen mit bis zu 6.000 Personen abzuwickeln in der Lage ist und darüber hinaus mit ca. 1.200 Zimmern auch über ausreichend Übernachtungskapazität verfügt. Der Verband Deutsches Reisemanagement (VDR) vergibt seit einiger Zeit das Gütesiegel *„Certified Conference Hotels"*, wenn Hotelunternehmen bestimmte, als bedeutsam für Geschäftsreisende und Tagungsveranstalter definierte Standards, erfüllen. Geprüft werden 65 definierte Qualitäts-, Komfort- und Servicekriterien, die in Bezug auf Beherbergung, Verpflegung, Organisation, Dienstleistungsqualität und Event-Kompetenz zu erfüllen sind (VDR 2014a).

■ **Design-/Lifestyle-/Boutique-Hotel**

In diesem Marktsegment versammeln sich diverse Bezeichnungen von Hoteltypen – vom Boutique-Hotel über Designerhotels bis hin zu Art- oder Konzepthotels. Eine allgemeingültige Definition der hier genannten Hoteltypen hat sich – wie in Kapitel E.2.5 bereits kurz skizziert – in der wissenschaftlichen Literatur noch nicht etablieren können und so ist entsprechend auch eine trennscharfe Abgrenzung aufgrund zahlreicher Überschneidungen im Grundkonzept von Design-/Lifestyle- und Boutique-Hotel kaum möglich, so dass die Begriffe hier synonym verwendet werden sollen. Gemein ist diesen Konzepten, dass gegenüber den „traditionellen" Hotelprodukten mit genormten Standardzimmern, ein Gegenentwurf geschaffen werden soll, der über ein individuelles Styling und Design, ein außergewöhnliches Ambiente und einen extravaganten Stil (Look), eine neuartige und erlebniszentrierte Hotelerfahrung verspricht und ein gewisses Maß an Exklusivität garantiert. Grundsätzlich wird unter einem Designhotel – respektive Lifestyle- und Boutique-Hotel – ein Hotel verstanden, dessen Inneneinrichtung und/oder Architektur ästhetisch-funktionaler Gestaltung unterliegt und so eine Abgrenzung zu einer rein funktionsorientierten Sicht geschaffen wird. Dieser Hoteltypus umfasst Hotels, die sich durch ihren individuellen, modernen und einzigartigen Stil und ihr besonderes Design auszeichnen, die kleinere aber hochwertige Hoteleinheiten repräsentieren und damit eine Zielgruppe ansprechen, die Übernachtungsmöglichkeiten jenseits normierter und standardisierter Gastlichkeit sucht (Funke 2008, S.82; Cimbal 2002). Neben dem außergewöhnlichen Design, erwartet diese Zielgruppe ein anspruchsvolles gastronomisches Angebot und einen individuell-persönlichen Service. Internationale Bekanntheit haben insbesondere die 15 Hotels der Ian Schrager-Kette erlangt. Auch internationale Hotelgesellschaften entwickeln zunehmend designorientierte Markenkonzepte wie beispielsweise W Hotels oder Aloft von Starwood, Indigo von Intercontinental Hotels Group, andaz von Hyatt oder Edition von Marriott. Individuelle Hotelanbieter in Deutschland sind bspw. das das Side Hotel, das Gastwerk bzw. The George in Hamburg oder das Lux Eleven, das Stue oder das The Mandala in Berlin. Eine besondere Vermarktungsplattform in diesem Segment stellt auch die Hotelkooperation Design Hotels AG (z.B. Design Hotels; The Small Hotel Company) dar.

Designhotels sind allerdings nicht mehr zwingend nur in den hochwertigen Sternekategorien zu finden, wie man es bspw. an Mischformen von Hoteltypen im Bereich der Design- und Budgethotellerie festmachen kann. Hier sind vor allem die Motel One Hotels zu nennen, die als erste die Segmentgrenzen zwischen Design und Budget mit ihrem Anspruch des "cheap and chic" aufgebrochen haben oder die Hotelgruppe 25hours deren Häuser zwar von der Hardware oftmals im Economy-Segment angesiedelt sind, die aber einen urbanen und erlebnisorientierten Lifestyle-und Designansatz verfolgen und sich damit eher im 3–4-Sterne-Segment positioniert sehen. Weitere Protagonisten solcher Hybridformen sind das H'otello in München, hotel friends oder das Prizehotel in Bremen. Obgleich Designhotels weiterhin ein hohes Wachstumspotenzial bescheinigt wird, unterliegen sie mit ihrem monothematischen Ansatz auch entsprechenden Marktrisiken, da die Orientierung an einem kurzlebigen Architektur-, Design-oder Modetrend unter Umständen zu wenig ist, um nachhaltig am Markt bestehen zu können (IHA 2014, S.123 und die dort angegebene Literatur).

▪ Themenhotel

Bei Themenhotels handelt es sich um Betriebe des Beherbergungssektors, die über die Akzentuierung eines spezifischen Themas eine Fokussierung des Leistungsangebots und damit eine zielgruppenspezifische Ansprache und Positionierung im Hotelmarkt anstreben. Das definierte Thema wird mit Hilfe zahlreicher Inszenierungselemente umgesetzt, wie zum Beispiel durch die Architektur des Gebäudes, das Interieur, die Kleidung der Mitarbeiter, die Auswahl an Speisen und Getränke sowie ähnliches mehr (Steinecke 2009, S.98ff.). Themenhotels sprechen mit ihren Inszenierungen eine Zielgruppe an, deren primäre Reisemotive Erlebnis, Erfahrung, Unterhaltung, Spaß und Geselligkeit sind. Differenzieren lassen sich Themenhotels nicht nur nach ihrer Themenwahl, sondern auch nach ihrem Standort und ihrer Betriebsform. So werden Themenhotels vielfach sowohl in populären Tourismusdestinationen angeboten als auch innerhalb von Freizeit- und Themenparks (Koineke/Wenzel 2007, S.114f.). Darüber hinaus sind eigenständige Profilierungen von Themenhotels jenseits solcher Standorteinbettungen zu beobachten. Die Bandbreite des Angebots an Themenhotels ist groß und reicht von Übernachtungen in einem Eishotel (z.B. ICE-Hotel in Schweden, Iglu Hotel in Oberstdorf), einem Skifahrerthemenhotel (Fire&Ice in Neuss) einer orientalischen Villa (z.B. Hotel Villa Orient in Frankfurt), einem Weinfass (z.B. Hotel Lindenwirt in Rüdesheim) oder einem Bunker unter der Erde (z.B. Waldhotel Rennsteighöhe in Thüringen), über Nächte in einem Baumhaus (z.B. Baumhaushotel auf der Kulturinsel Einsiedel) bis hin zu Übernachtungen in einer ehemaligen Justizvollzugsanstalt inkl. Gefängniskleidung (z.B. Hotel Alcatraz in Kaiserslautern, Knasthotel Meiningen). Typische Vertreter von Themenhotels in Freizeit- bzw. Themenparks sind bspw. die verschiedenen Themenhotels im Disneyland Paris (z.B. New York, Cheyenne, Santa Fe), im Europapark Rust (z.B. Collosseo, Castillo Alcazar, El Andaluz, Santa Isabel), im Phantasialand Brühl (z.B. Hotel Ling Bao, Hotel Village Matamba), der Heidepark Soltau (Port Royal) oder das Tierpark-Themenhotel des Lindner Hotelgruppe am Tierpark Hagenbeck in Hamburg. Destinationsgebundene Themenhotels sind bspw. die verschiedenen Themenhotels in Las Vegas (z.B. The Venetian Resort Hotel, The Mirage etc.), die beiden Schwesterhotels Atlantis auf den Bahamas bzw. in Dubai sowie auch das Kremlin Palace bzw. das Titanic an der türkischen Riviera.

■ Budgethotel/Low Budgethotel

Eine allgemein anerkannte Definition des Budgethotels hat sich in der wissenschaftlichen Literatur noch nicht etabliert und so ist entsprechend auch eine trennscharfe Abgrenzung von *Low Budget*, *Budget*, *Economy* bislang noch erschwert. Die Unternehmenspraxis definiert das Budgethotel als ein Hotel, bei dem die Beherbergungsleistung im Vordergrund steht und das seinen Gästen eine standardisierte Übernachtungsmöglichkeit zu niedrigen Preisen anbietet. Typisierende Merkmale eines Budgethotels sind dabei, neben der standardisierten und normierten Hotel-Basisleistung, die geringe Zimmergröße, der eingeschränkte Angebots-, Service- und Leistungsumfang, die verkehrsgünstige Lage und die hohe Funktionalität und Technik des Basisangebots (PKF 2009, S.19). Pionier der Budgethotellerie ist der französische Accor-Konzern der mit seinen Marken Formule 1, Etap und Ibis bereits in den 1980er Jahren in dem Niedrigpreissegment aktiv war. Die Entwicklung der Budgethotellerie in den verschiedenen europäischen Märkten ist bis heute uneinheitlich. Während es in Italien bislang kaum Hotels in diesem Segment gibt, machen die kettengebundenen Marken dieses Betriebstyps in Großbritannien über 30% und in Frankreich sogar über 60% des Übernachtungsvolumens aus. Typische Vertreter dieses Beherbergungsangebots sind neben der neuen Accor-Economyfamilie Ibis, Ibis Budget und Ibis Styles in Deutschland, Hotelmarken wie Motel One, B&B, Express by Holiday Inn, Dormotel, Acom und andere mehr. Für den deutschen Markt wird erwartet, das markengebundene Budget-/Economykonzepte ihren Anteil am deutschen Hotelmarkt von derzeit 8% auf 30–40% steigern könnten. Entsprechend sind für die nähere Zukunft von vielen Hotelgruppen bzw. Ketten zahlreiche neue Marken für dieses Marktsegment in Deutschland geplant (z.B. Première Classe von Louvre Hotels, Easy

Hotels, H2 von Hospitality Alliance, Hampton von Hilton, Days Inn von Wyndham, Moxy Hotels von Marriott). (IHA 2014, S.110ff.)

Eine Sonderform im Bereich der Budget-Hotellerie stellen sog. Kapselhotels wie bspw. das Flughafenhotel Yotel in London und Amsterdam oder der Anbieter Napcabs am Münchner Flughafen dar. In ihrer ursprünglichen Form aus Japan kommend, zeichnen sich diese Hotel-angebote durch ihre maximale Reduktion auf den Kernnutzen Übernachtung aus. Die Plastikkabinen sind maximal 4qm groß und mit einer Matratze, einem Fernseher und einem Radio ausgestattet. Für Toiletten, Waschbecken und ähnliches gibt es Gemeinschaftseinrichtungen. Die Yotel Hotels sind hingegen den europäischen Erfordernissen angepasst und etwas großzügiger ausgestattet. So verfügen die kleinen Apartments über eine Duschbadeinheit, abgetrennt durch eine Glasscheibe und einen Vorhang. Ein Schreibtisch lässt sich aus der „Techno"-Wand herausklappen, samt einem verstaubaren Stuhl. In der Hightech-Zimmer-wand sind außerdem ein Flatscreen-Fernseher mit kostenlosem Internet-Zugang und Stau-möglichkeiten integriert. Die Kapselhotels können auch stundenweise angemietet werden.

■ **Hostel**

Hostels sind ein relativ neues Phänomen im Beherbergungssektor, haben in den letzten zehn Jahren jedoch erheblich an Bedeutung gewonnen. Hostels stellen preisgünstige Übernachtungsmöglichkeiten zur Verfügung, die zentral liegen und wobei der Standard von Einzelzimmern mit Dusche/WC bis zu Mehrbettzimmern mit Gemeinschaftssanitäranlagen reicht. Dem ursprünglichen Begriffsverständnis folgend, wurde das Hostel lange Zeit als Betriebs-typus der klassischen Jugendherberge verstanden. In der aktuellen Praxis positionieren sich Hostels jedoch verstärkt als eine Mischung zwischen Jugendherberge und Hotel, wobei sich zahlreiche Hostelangebote immer mehr zu Hotels weiterentwickeln, so dass der Unterschied zwischen einem Budgethotel und einem Hostel nicht immer auf den ersten Blick erkennbar ist (DICON 2013, S.2ff.). So bieten viele Hostels neben den klassischen Mehrbettzimmern mittlerweile Übernachtungsmöglichkeiten in Einzel- oder Doppelzimmern auf 2- bis 3-Sterne-Niveau an. Hostelzimmer – sowohl Mehrbett- als auch Einzelzimmer – sind inzwischen überwiegend mit eigenen Bädern und modernem technischem Equipment wie Flatscreens und i-Pod Dockingstations ausgestattet. Die 24-Stundenbesetzung der Rezeption zählt heutzutage bereits zum Standard und so nähern sich Hostels in punkto Service und Ausstattung somit immer mehr der Budget-Hotellerie an. In Abgrenzung zur Budgethotellerie, in der die Funktionalität und Wahrung der Intimsphäre des Gastes im Vordergrund steht, verfügen Hostels über ein Angebot sozialer Räume und stellen in der Regel umfangreiche Informations- und Kommunikationsmöglichkeiten für die Gäste zur Verfügung. Ein wesentlicher Erfolgsfaktor von Hostels ist denn auch der junge und kommunikative Gemeinschaftscharakter und die damit einhergehende soziale Aufenthaltsqualität (Nadrowski 2009, S.154).

Aktuell wird die gesamte Anzahl von Hostels in Deutschland auf ca. 210 geschätzt, davon allein 118 in Berlin (DICON 2013 S.9). Aufgrund diverser Erfassungsprobleme und der unklaren Abgrenzung zur Budgethotellerie, wird eine genaue Ermittlung jedoch erschwert, so dass davon ausgegangen wird, dass die tatsächliche Anzahl der Anbieter deutlich höher liegt (IHA 2014, S.117ff.). Der deutsche Hostelmarkt wird von zwei größeren Kettenbetreibern (A&O Hostels und Meininger Hostels) sowie einer Vielzahl von Gruppen und individuellen Anbietern geprägt (Wombat's, Generator Hostels und Baxpax, Ostel in Berlin, Superbude in Hamburg, The4You in München).

■ **Private Apartments**

Quartiere von Privatanbietern gibt es historisch gesehen zwar schon seit Menschengedenken, aber durch den Trend zur sog. „Collaborative Consumption" (Botsman/ Rogers 2010) ist das Wachstum der Privatunterkünfte in der jüngeren Zeit extrem befeuert worden. Während Onlineplattformen wie Couchsurfing oder Hospitality Club ihren Mitgliedern kostenlose Übernachtungsangebote vermitteln, werden bei den kommerziellen Anbietern wie Airbnb, Wimdu oder 9flats, den derzeit größten Portale für die Vermittlung von Privatunterkünften in Deutschland, sowohl Vermieter als auch die Vermittlungsportale finanziell entlohnt (IHA 2014, S.105). Mit ca. 87 Millionen Übernachtungen im Jahr 2009 stellt der private Vermittlungsmarkt ein nicht unerhebliches Marktsegment im Beherbergungsbereich dar. Der Branchenverband DEHOGA geht davon aus dass rund ein Viertel der jährlichen Übernachtungen in Deutschland in professionell vermarkteten Ferienwohnungen und Privatapartments stattfinden (Brenneisen 2012).

■ **Boardinghouse/Serviced Appartments**

Das Boardinghouse (Serviced Apartment) ist ein Beherbergungsangebot mit Wohnungscharakter, welches sich in der Regel an Langzeitnutzer im urbanen Umfeld richtet. Die Zimmer sind meist weitläufig uns sehr komfortabel ausgestattet. Oftmals stehen eine Kochnische mit Kühlschrank, ein Wohn- und Besprechungszimmer und eine zusätzliche Gästetoilette zur Verfügung (Gruner et al. 2008, S.61). Der Serviced Apartment-Markt in Deutschland ist ein wachsendes Nischensegment, wobei unterschiedlichste Qualitätskategorien auf dem Boardinghouse/Serviced Apartment-Markt offeriert werden und die Angebote reichen von voll- über teilmöbliert bis hin zur Ausstattung des Wohnraums durch den Gast. So bietet bspw. die Kölner Althoff Hotelgruppe innerhalb ihres Extended Stay Konzepts (Althoff Residences) im Frankfurter Main Plaza, die eine Hälfte der 140 Suiten möbliert an, während die andere Hälfte der Suiten vom Gast mit eigenem Mobiliar ausgestattet werden kann. Das Serviceangebot reicht im Allgemeinen je nach Gästebedürfnis von sehr eingeschränkt bis hin zu weitreichend (täglicher Wäschewechsel, Butlerservice etc.). Die Derag Livinghotel gehört mit insgesamt 11 Betrieben und über 2.200 Zimmern zu den 25 größten Hotelgesellschaften in Deutschland und ist nach eigenen Angaben Marktführer im Angebot von „extended stays". Adagio City Aparthotels, Clipper Boardinghouses, Adina sind weitere der spezialisierten Anbieter in diesem Markt. Darüber hinaus bieten zahlreiche Anbieter im Bereich der größeren Hotelketten ebenfalls dieses spezielle Beherbergungsangebot in ihren Portfolien an (z.B. Lindner Hotels & Resort, Marriott, Intercontinental).

■ **Destination Clubs**

Destination Clubs (Vacation Clubs) sind eine neue Reise- und Beherbergungsform, bei welcher in Form von Property Sharing Modellen exklusive Urlaubsorte mit individuellen Rückzugsmöglichkeiten nur für eine begrenzte Mitgliederzahl zur Verfügung stehen. Exklusivität und Abgeschiedenheit fernab vom Massentourismus sind die Kernmerkmale solcher Destination Clubs. Dabei erfüllen die angebotenen Residenzen oder Resorts die hohen qualitativen Ansprüche der Luxusklientel in Bezug auf Ausstattung, architektonische Gestaltung und Serviceleistungen. Die Property Sharing Modelle, welche auf einer einmaligen Eintritts- sowie einer jährlichen Mitgliedsgebühr beruhen, ermöglichen den Vorzug eines Ferienhauses oder einer Zweitwohnung, der jedoch keine administrativen oder hohen investiven Konsequenzen mit sich zieht. Der Großteil der Anbieter gewährt unterschiedliche Mitgliedschaften wie beispielsweise Silber, Bronze oder Gold, bei denen je nach Höhe des Mitgliedsbeitrages zwischen Minimum 15 und Maximum 50 Tagen die Residenzen inklusive aller Services den Mitgliedern zur Verfügung stehen. Solstice, Abercrombie & Kent Residence Club, The Ritz Carlton Club, Banyan Tree Private Collection, sind Anbieter derartiger Destination Clubs. (Bauer 2009, S.167f.)

■ **Mobile Hotels**
Derartige Hotelprodukte können in gänzlich mobile und teil-flexible Konzepte unterschieden werden. Zentrale Unterscheidungsmerkmale sind Nutzungszweck und Dauer am jeweiligen Standort. Voll mobile Hotels finden Ihren Einsatz bei temporären Nachfragespitzen zu Großevents wie Olympischen Spielen, Fußballweltmeisterschaften, aber auch in Katastrophen- oder Krisengebieten beispielsweise nach Tsunamis oder großen Wirbelstürmen, wo über einige Wochen oder Monate zusätzliche Beherbergungskapazitäten gebraucht werden. Flexible Hotels sind hinsichtlich der Nutzungsdauer an einem definierten Standort, ähnlich wie klassische Hotels, wesentlich langfristiger orientiert, sind jedoch in der Lage Zimmer- bzw. Raumkapazitäten der Nachfrage anzupassen, d.h. zeitnah zusätzliche Kapazitäten zu schaffen bzw. zu reduzieren. Zielgruppen derartiger Konzepte umfassen in den Segmenten Geschäfts- und Individualreisende z. B. Arbeiter und Monteure auf Großbaustellen oder Ölfeldern, Pilger, Teilnehmer und Gäste von Großveranstaltungen sowie Opfer von Naturkatastrophen und Kriegen. (Bessler 2009, S.145)

Am Markt eingeführte Produkte befinden sich derzeit lediglich im Budget-(2-Sterne-Niveau)- bzw. Midmarket-Segment (3-Sterne-Niveau), wie folgende Beispiele zeigen (Bessler 2009, S.148ff.): Als realisiertes Beispiel für ein voll-mobiles Hotel lässt sich das im Rahmen eines Aktionskunstprojektes des Künstlerpaares Sabina Lang und Daniel Baumann präsentierte Hotel Everland nennen. Das Hotel Everland besteht aus nur einem Zimmer mit Bad, Doppelbett und Lounge. Flexible Hotelkonzepte sind teilweise bereits schon erfolgreich etabliert. Die Hotelgruppe Travelodge aus Großbritannien eröffnete 2008 ein Containerhotel nahe London mit acht Geschossen, bestehend aus insgesamt 86 Containern mit 120 Zimmern. Weitere Hotels am Flughafen London Heathrow mit rund 300 Zimmern und mehrere temporäre Containerhotels im Rahmen der Olympischen Spiele 2012 in London wurden von der Hotelgruppe aufgestellt. Der Budgethotelbetreiber Qbic Hotels aus Maastricht bietet ein innovatives Hotelkonzept für Bestandsimmobilien, beispielsweise leerstehende Bürogebäude, die schnell und vergleichsweise einfach in Hotelzimmereinheiten umfunktioniert werden. Bisher existiert ein Qbic Hotel in Amsterdam mit 35 Zimmern, weitere Häuser sind in Maastricht und Antwerpen geplant. Während Travelodge und auch Qbic qualitativ und auch konzeptionell eher durchschnittliche Produkte anbieten, bietet die niederländische Konkurrenz der Marke citizenM ein zeitgemäßes, design-orientiertes und stimmiges Produktkonzept auf 3-Sterne-Niveau an (Siehe Kasten). Auch die im Alpenraum verbreiteten Iglu-Hotels wie bspw. die IgluLodge am Nebelhorn im Allgäu, sind voll mobile Hotels die jeweils zur Wintersaison temporär errichtet werden.

*Die niederländische Marke **citizenM** bietet ein flexibles Hotelkonzept mit einem zeitgemä-ßen, designorientierten und stimmigen Produktkonzept auf 3-Sterne-Niveau an. Die vorge-fertigten und einheitlichen Zimmereinheiten schaffen trotz einer vergleichsweise geringen Fläche von 14 m² ein angenehmes Raumgefühl und bieten eine clevere und hochfunktiona-le Einrichtung, welche zudem sehr ansprechend gestaltet ist. Großflächige Fenster über die gesamte Containertiefe und eine effiziente wie variable Flächennutzung geben dem Raum eine ungeahnte Großzügigkeit. Konzeptionell versteht sich citizenM als High-Tech-Hotel. Dazu wurde von Philips das „one star is born" Projekt implementiert: Über eine zentrale, mobile Steuereinheit, das Moodpad, lässt sich das Zimmer den individuellen Be-dürfnissen und Wünschen des Gastes anpassen. Beleuchtung (ambient lightning), Raum-temperatur, Musik, Unterhaltungsangebot (Filmauswahl), Verdunklung der Fenster, Alarmsicherung und Internetangebot können sowohl bereits bei der Reservierung über Internet bzw. direkt beim Check-in als auch über das Mood-pad vordefiniert werden. Die persönlichen Einstellungen werden mittels RFID (radio frequency identification) Techno-logie auf der Zimmerkarte gespeichert. Philips verspricht dadurch mehr Effizienz beim Einsatz des Housekeepings, da der Zimmerstatus automatisch in der Zentrale angezeigt wird. Per Fernüberwachung wird zudem sichergestellt, dass die technische Einrichtung des Zimmers voll funktionsfähig ist und kontrolliert, ob das Zimmer wieder vermietbar ist. Zur Zimmerausstattung zählen darüber hinaus King- oder Queensize Betten, LCD-TVs und eine Regendusche. Die im Raum verteilten Badelemente lassen wenig Raum für Intimität, so dass die Zimmer praktisch nur für eine Person allein geeignet erscheinen. Die öffentli-chen Bereiche mit Selbstbedienungsrestaurant, Lounge/Bar und Business-Center des citi-zenM werden wie bei einem herkömmlichen Hotel vor Ort errichtet. (Bessler 2009, S.148ff.)*

1.1.3   Leitlinien der Leistungsgestaltung

Die Gestaltung und Strukturierung eines wettbewerbsfähigen Leistungsprogramms erfordert angesichts heterogener Kundenansprüche und zahlreicher Beherbergungsalternativen ent-sprechend gewisse Grundsatzentscheidungen oder Leitlinien. Hierbei kann man sich bei der Festlegung des Leistungsangebots entweder am Kunden, an den eigenen Ressourcen und/oder dem Wettbewerb orientieren (Meyer/Davidson 2001, S.382f.):

Ressourcenorientierung
- Über welche technologische, finanzielle oder personelle Möglichkeiten verfügt das Unternehmen?
- Wo liegt der eigentliche Ursprung der Wettbewerbsvorteile im Unternehmen?
- Welche Kernkompetenzen sind für den dauerhaften Erfolg und die Wertschöpfung im Unterneh-men verantwortlich?

Kundenorientierung
- Was versteht der Kunde unter dem Nutzen einer Leistung, welche Leistungsdimensionen sind entscheidungs- und zufriedenheitsrelevant?
- Wie treffen Kunden ihre Auswahl zwischen verschiedenen Anbietern, und welches Angebot lohnt einen Kauf aus Kundensicht?
- ...

Wettbewerbsorientierung
- Was zeichnet den Wettbewerber und seine Angebote aus?
- Welche Rollen spielen die großen Konkurrenten am Markt?
- Wo bestehen Möglichkeiten der Leistungskooperation?
- ...

Die Frage, an welchen erfolgskritischen Dimensionen oder Stellhebeln sich Hotelunternehmen bei der grundsätzlichen Ausrichtung ihres Leistungsprogramms orientieren sollen, weist im Weiteren auch auf die Bedeutung der langfristigen Gestaltung der Leistungsprogrammstruktur eines Hotelunternehmens hin. *Programmstrukturanalysen* nehmen eine integrierte Betrachtung der Lebenszyklusanalysen einzelner Produkte und Dienstleistungen vor, mit dem Ziel, komprimierte Informationen über das gesamte Produktprogramm zu gewinnen (Meffert 2000, S.346). Mit der Risikoanalyse und der Erfolgsanalyse, sind hierbei grundsätzlich zwei Analysearten zu unterscheiden. *Risikoanalysen* untersuchen die Alters-, Umsatz- und Kundenstruktur des Programms mit Blick auf die langfristigen Risiken und Wachstumschancen. *Erfolgsanalysen* arbeiten hingegen mit Deckungsbeitragsanalysen und der Bildung von Umsatzkennziffern und sind damit der operativen Leistungsprogrammplanung zuzuordnen, da sie primär Informationen für kurzfristige Programmänderungen bereitstellen.

Instrumentell werden *Analysen zur strategischen Leistungsprogrammplanung* oftmals durch Lebenszyklus- und/oder Portfolioanalysen unterstützt. Lebenszykluskonzepte beschreiben typisierend – wie in Kapitel E zum Kundenlebenszyklus bereits erläutert – verschiedene Phasen im Verlauf eines Untersuchungsgegenstandes: Einführung, Wachstum, Reife, Sättigung, Degeneration (Bowie/Buttle 2011, S.151f.). *Lebenszyklusanalysen* können entweder gesamte Branchen, strategische Geschäftsfelder, Produktlinien, Kundenbeziehungen, Marken oder einzelne Produkte bzw. Dienstleistungen zum Untersuchungsgegenstand haben. Lebenszykluskonzepte bedürfen in der Hotellerie für die verschiedenen Produkte und Dienstleistungen in den Kernbereichen Beherbergung, Verpflegung und Nebenleistungen zwangsläufig einer differenzierten Analyse. Neben ihrer Bedeutung für den Einsatz des Marketinginstrumentariums in den jeweiligen Phasen (siehe Abb.F.4), gewinnt die Lebenszyklusanalyse ihre Funktion im Rahmen der langfristigen Produkt- und Programmplanung aus der Möglichkeit, eine Analyse der Altersstruktur des unternehmensspezifischen Produkt- und Leistungsprogramms vorzunehmen. Für Unternehmen, die einen ungünstigen Altersaufbau ihres Leistungsprogramms aufweisen, d.h. zu viele Produkte und Dienstleistungen in späten Phasen des Lebenszyklus, bedeutet dies ein erhebliches Risiko. So entwickeln sich in der Hotellerie, wie in anderen Branchen auch, ständig neue Moden und Trends, manche davon sind kurzlebig, manche setzen hingegen neue Branchenstandards. Gastronomie- oder Hotelkonzepte überleben sich, Lebensstile, Designansprüche und Nahrungsgewohnheiten verändern sich, Hotelgebäude und Hotelanlagen altern, neue Technologien entstehen, usw. Diesen sich ständig wandelnden Rahmenbedingungen müssen sich Hotelunternehmen in ihrer Leistungsprogrammplanung stellen, wollen sie ihr Überleben am Markt langfristig sichern. Produktlebenszyklen sind jedoch kein Schicksalsfall, sondern werden von vorausschauenden Unternehmen durch eine kontinuierliche Erneuerung und Anpassung ihrer Produkte und Dienstleistungen proaktiv mitgestaltet. Unter Berücksichtigung natürlicher bzw. marktgegebener Alterungsprozesse entwickeln diese Unternehmen systematisch neue wachstumsträchtige Konzepte, Produkte und/oder Dienstleistungen, die den veränderten Kundenansprüchen und Wettbewerbsanforderungen entsprechen.

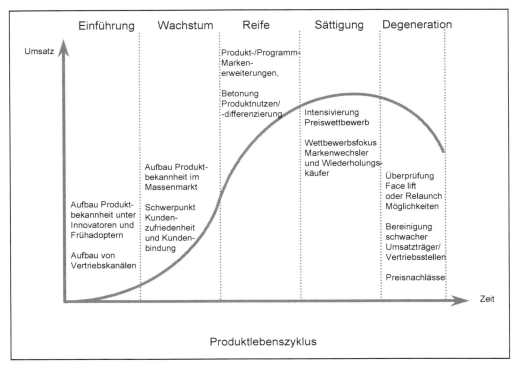

Abb.F.4:   Lebenszyklus und ausgewählte Marketinginstrumente

Portfolioanalysen auf Produkt-/Leistungsebene versuchen ebenfalls, unter Berücksichtigung zentraler Marktkräfte und Entwicklungen, die aktuelle und zukünftige Wettbewerbsfähigkeit der Produkt- und Leistungsbereiche eines Hotelunternehmens/-konzerns zu bewerten. Die Portfolioanalyse berücksichtigt dabei sowohl

- die Stellung der Produkte, Dienstleistungen und Kernbereiche im jeweiligen Lebenszyklus,
- die Marktattraktivität, die in Kriterien, wie Marktvolumen, Wachstum, Preisentwicklungen, Marktchancen, Konkurrenzsituation etc. gemessen wird, sowie
- die Akzeptanz (Erfolg/Misserfolg) der Produkte und Dienstleistungen beim Kunden, die in der eigenen Marktstellung zum Ausdruck kommt (z.B. Marktanteil, Rendite, Umsatz, Image).

Sowohl Lebenszyklus- als auch Portfolioanalysen haben im Rahmen der langfristigen Leistungsprogrammplanung zum Ziel, zu einem ausgewogenen Verhältnis der Leistungsstruktur beizutragen, mit Produkten und Dienstleistungen, die für die Zukunft des Unternehmens von Bedeutung sind (Nachwuchs, Aufstiegskandidaten, Stars, die sich in der Einführungs- bzw. Wachstumsphase befinden) sowie Produkten und Dienstleistungen, die nicht nur die kurz- bis mittelfristigen Unternehmensaktivitäten zu finanzieren in der Lage sind (solides Geschäft, Erfolgsbringer, Cash Cows und sich in der Reife- bzw. Sättigungsphase befinden), sondern darüber hinaus auch zur Finanzierung zukünftiger Produkt- und Marktentwicklungsprozesse beitragen.

Basierend auf diesen grundsätzlichen Leitlinien und Perspektiven ergeben sich für jedes Unternehmen verschiedene Gestaltungsoptionen für eine kundenorientierte und dynamische **Gestaltung bzw. Anpassung der Leistungs- und Programmstruktur** (Abb.F.5). Zum einen die Straffung und Erweiterung hinsichtlich Programmbreite und Programmtiefe und zum anderen die Leistungsmodifikation (Leistungsdifferenzierung, Leistungsstandardisierung, Leistungsinnovation, Leistungselimination) (Meffert et al. 2012, S.389ff.; Meyer/Davidson 2001, S.390f.; Hänssler 1999, S.230f.). Die **Programmbreite** ist gekennzeichnet durch die Anzahl der unterschiedlichen Leistungskategorien im Sinne einer additiven Auswahl für den Kunden zur Lösung unterschiedlicher Anwendungsbereiche. Größere Hotelkonzerne, wie Accor, verfügen bspw. mit den Marken Ibis, Novotel, Mercure, Pullman, Sofitel über verschiedene Hotelkonzepte in unterschiedlichen Leistungs-(Sterne-)kategorien. Im Gastronomiebereich wäre ein breites Leistungsprogramm bspw. durch eine große Auswahl an alkoholischen Getränken gekennzeichnet. Die **Programmtiefe** lässt sich an der Variantenanzahl innerhalb einer Leistungskategorie ermessen. So verfügen zahlreiche Hotelkonzerne über verschiedene Hotelmarken innerhalb der gleichen Sternekategorie (z.B. die US-amerikanische Wyndham Hotel Group mit seinen verschiedenen 2- bzw. 3-Sterne-Marken Amerihorst Inn, Days Inn, Howard Johnson, Knights Inn, Wingate, Ramada Inn, Super 8, Travellodge). Manche Hotelunternehmen, wie bspw. die Münchner Hotelgruppe Derag Hotel and Living, bietet im Servicebereich ihrer Vier-Sterne Apartmenthotels eine Fülle von Dienstleistungen an, die sich der Hotelgast fakultativ im Sinne eines Baukastensystems zusammenstellen kann (Frühstücksbuffet, Brötchen- und Einkaufsservice, Tageszeitungen, Reinigung, Fahrradverleih, Restaurant im Haus, Hotelbar, Online-Service, ein virtuelles Büro sowie einen Fitnessbereich mit Sauna und Solarium). Im Gastronomiebereich wäre bspw. eine große Variantenanzahl im Produktbereich ‚Bier‘ denkbar, mit verschiedenen Biersorten aus verschiedenen Ländern bzw. Regionen.

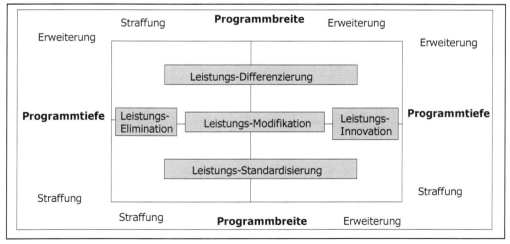

Abb.F.5:   Leitungsprogrammstruktur und Handlungsoptionen zur Veränderung
            Quelle: Meyer/Davidson 2001, S.390

Bei der *Leistungsmodifikation* erfolgt der Eingriff in das Leistungsprogramm, ohne die Breite oder Tiefe zu verändern. Dies kann durch den Ersatz bestehender Produkte durch neuere Versionen oder durch Produktveränderungen im Sinne eines Relaunch oder Revivals geschehen. So versuchte bspw. die Hotelgruppe Le Méridien, innerhalb der letzten Jahre mit einem ca. 1.3 Mrd. Euro-Investitionsprogramm, ihre bestehenden Hotels im Zuge eines Relaunches als Häuser mit Boutiquecharakter, unter dem Signet ‚Art & Tech', zu repositionieren (Cimbal 2002, S.32). Im Gastronomiebereich sind bspw. die regelmäßig notwendigen Veränderungen und Aktualisierungen der Speisekarte eines Restaurants als Leistungsmodifikation zu charakterisieren.

Von einer *Leistungsinnovation* spricht man bei der Entwicklung und/oder Aufnahme neuer Leistungsangebote, so z.B. in den 1990er Jahren, als die Steigenberger AG mit den Marken Maxx, Esprix und Intercity in neue, bislang nicht bediente Leistungs(-Sterne-)kategorien eindrang (siehe Kapitel E.4). Auch die zu beobachtende Entwicklung der zahlreichen Low-Budget-Hotelkonzepte stellt für viele Hotelkonzerne eine echte Leistungsinnovation dar (z.B. Astron Hotels&Resorts im Jahr 1999 mit Motel One) oder die aktuelle Entwicklung von Hostels, Mobilen Hotelkonzepten oder Kapselhotels sind Konzepte mit hohem Innovationscharakter für die Hotelbranche. Auch die Entwicklung bzw. Nutzung von technologischen Neuerungen, wie bspw. Bezalsysteme auf Basis der NFC Technologie (Near Field Communication) oder der automatisierte Check-in und Zimmerzugang bzw. die Nutzung von Gästekarten auf Basis der RFID-Technologie (Radio Frequency Identification), stellen Beispiele von Leistungsinnovationen in der Hotellerie dar (Value Added Services).

Eine *Leistungsdifferenzierung* erreicht man, indem zusätzliche Varianten – im Sinne konkurrierender Leistungen – in das Programm aufgenommen werden. So ist das Angebot von Einzel-/Doppelzimmern, Junior-, Senior- und/oder Senator-/Präsidentensuiten mit unterschiedlichen Zimmergrößen und Ausstattungselementen eine Möglichkeit der Leistungsdifferenzierung. Die Kölner Althoff Hotelgruppe bietet bspw. innerhalb eines Extended Stay Konzepts (Althoff Residences) zwei verschiedene Leistungsvarianten an. So ist im Frankfurter Main Plaza die eine Hälfte der 140 Suiten möbliert, während die andere Hälfte der Suiten vom Gast mit eigenem Mobiliar ausgestattet werden kann. Das Gegenteil der Leistungsdifferenzierung ist die *Leistungsstandardisierung*, die durch eine Verringerung der für den Kunden verfügbaren Wahlmöglichkeiten erfolgt. So sind bspw. Low-Budget-Hotelkonzepte i.d.R. durch ein hohes Maß an Leistungsstandardisierung gekennzeichnet (einheitliche Standards in Bezug auf Zimmergröße und -ausstattung, eingeschränkter Dienstleistungsumfang, Standardfrühstück ohne Wahlmöglichkeiten).

Die *Leistungselimination* wird durchgeführt, wenn man sich von unrentablen oder veralteten Leistungskategorien trennen will. Als Beispiel kann hier die Stilllegung von Hotelbetrieben dienen, die bisweilen notwendig ist, da entweder das Produktkonzept am Markt keine Akzeptanz findet, die Standortbedingungen sich massiv verschlechtert haben oder der Hotelbetrieb nach baulichen, ästhetischen und technischen Kriterien als überaltert eingestuft werden muss. Ein typisches Beispiel der Leistungselimination aus dem Gastronomiebereich sind die sog. Renner/Penner-Analysen, die Aufschluss darüber geben, welche Gerichte der Speisekarte bei den Gästen nicht so erfolgreich sind und von daher aus dem Programm genommen werden können. Allerdings gilt es zu berücksichtigen, inwieweit nicht Prestige- bzw. Imagegründe, Synergie- bzw. Cross-Selling Potenziale mit anderen Leistungen oder gesetzliche Vorschriften einer Entscheidung zur Leistungselimination entgegenstehen.

1.1.4 Standortentscheidungen

Standortentscheidungen von Hotelunternehmen stellen aufgrund der Spezifika von Hotelleistungen (Immobilität, Immaterialität, Nichtlagerfähigkeit, Prozessbezogenheit etc.) ein *konstitutives Element der Leistungspolitik in der Hotellerie* dar. Aufgrund der Langfristigkeit der Entscheidungswirkungen, kommt ihnen im Hinblick auf den wirtschaftlichen Erfolg eines Hotelunternehmens zwangsläufig eine essentielle Bedeutung zu (Bowie/Buttle 2011, S.164ff.). *„Für die Unternehmensentwicklung ist die Wahl eines Standortes ein wichtiger betrieblicher Faktor, wenn nicht sogar der wichtigste überhaupt. Ein nachträgliche Standortveränderung ist in den meisten Fällen kaum oder nur mit einem hohen Kostenaufwand zu realisieren."* (Dettmer et al. 2000, S.55).

Standortfaktoren für ein Stadthotel	Standortfaktoren für ein Ferienhotel
• Größe der Stadt - Fläche, Population • Wirtschaftlicher Charakter der Stadt - Besiedlung - Demographie der Region - Handels-/Industrieregion - Strukturstärke/-schwäche - Steuerliche Faktoren - Grundstücksverfügbarkeit/Immobilienpreise • Basisinfrastruktur - Flughäfen/Straßennetz/Eisenbahnnetz - Telekommunikation - Ver- und Entsorgung • Verkehrslage - Zentrum/Viertel/Peripherie - Nähe zu Geschäftszentren/Verwaltungsvierteln - Lärm/Ruhe - Ruf/Image der Verkehrslage • ...	• Charakter der Ferienlandschaft - Berge, Seen, Meer - Siedlungs-/Naturschutzgebiet • Klimatische Bedingungen - Reizklima, Tropisch, Gemäßigte Zone • Charakter der Ferienregion - Landschaftliche Vorzüge, - Nähe zu Sport-/Ausflugsgebieten - Image/Bekanntheitsgrad - Kultur/Folklore/Bräuche/Sitten - Bevölkerungsstruktur/- mentalität • Basisinfrastruktur - Flughäfen/Straßennetz/Eisenbahnnetz - Telekommunikation - Ver- und Entsorgung • Lage im Ort - Zentrum/Viertel/Peripherie - Lärm/Ruhe - Aussicht/Besonnung - Nachbarschaft - Nähe zu Einkaufs-/Vergnügungszentren • ...

Abb.F.6:   Ausgewählte Standortfaktoren einer Makroanalyse für ein Stadt- und ein Ferienhotel

Bei der Standortwahl für ein Hotel sind naturgemäß sowohl Kosten- als auch Absatzgesichtspunkte von Bedeutung, und so gilt es, im Rahmen einer Standortanalyse, Kriterien und Prioritäten für unternehmens- und marktseitige Standortanforderungen zu entwickeln. Bei der Analyse der Attraktivität eines Standortes ist zwischen einer Makro- und einer Mikroanalyseebene zu unterscheiden. Auf der *Makroebene* werden übergeordnete und allgemeine Standfaktoren und -anforderungen einer Bewertung unterzogen, die als derivative Produkt- und Leistungsbestandteile zur Attraktivität eines Hotelstandortes bzw. eines touristischen Gesamtpakets beitragen können, wie es bspw. Faktoren des ursprünglichen Angebotes (z.B. klimatische, topografische, kulturelle Faktoren) und des abgeleiteten Angebotes (z.B. Verkehrsinfrastruktur, touristische Infrastruktur) betrifft. Weitere Untersuchungsbereiche einer Standortanalyse auf der Makroebene sind Fragestellungen bzgl. genereller touristischer Entwicklungen, die sich auf der Nachfrageseite von Hotelbetrieben auswirken können, wie z.B. die Entwicklung des Urlaubs- und Geschäftsreiseverkehrs oder Entwicklungen zum Kur- und Fremdenverkehrsgeschehens (Hofmann 1996, S.139ff.; Dettmer et al. 1999, S.148). Im Zuge der Wachstumsstrategien von Hotelketten ist darüber hinaus speziell im Bereich der

Stadthotellerie zu beobachten, dass auch der mit einem Standort verbundene Prestigenutzen, als Kriterium der Standortattraktivität auf Makroebene eine wichtige Rolle spielt (Seitz 1997, S.141; Bowie/Buttle 2011, S.171f.) So sind viele Hotelkonzerne oftmals daran interessiert, an aufstrebenden Wirtschaftsstandorten, in Ballungszentren oder Großstädten, in Zentrumsnähe oder historisch bedeutsamen Lagen vertreten zu sein (Flaggschiffstrategie, wie z.B. das Hotel Adlon der Kempinski Hotels & Resorts oder das Rocco Forte in Berlin). Der Mehrwert an Prestige und Imagetransfer wird dabei höher eingeschätzt als Kostenkriterien oder spezifische Kundenbedürfnisse. Abb.F.6 zeigt beispielhaft einige ausgewählte Standortfaktoren auf Makroebene für ein Stadt- und ein Ferienhotel.

Die *Mikroanalyse* setzt hingegen unmittelbar am Kernprodukt Hotel an und untersucht, inwieweit die unmittelbaren Rahmenbedingungen des physischen Standortes das jeweilige Produkt- und Marktkonzept zu unterstützen in der Lage sind. Nachfolgend sind einige ausgewählte typische Fragestellungen aufgeführt, die im Zuge einer solchen Standortbewertung zu beantworten sind (Bowie/Buttle 2011, S.171f.; Hofmann 1996, S.164ff.; Dettmer 2000 et al. S.56):

- Wie ist die Konkurrenzsituation, welche artverwandten Betriebe liegen in der Nähe, können daraus Synergieeffekte erzielt werden?
- Wie ist die Nachfragesituation, die Entwicklung der örtlichen Übernachtungen/Zimmerbelegungen, die Auslastungssituation, die saisonale Verteilung der Übernachtungen etc.
- Ist in der näheren Umgebung des Standorts eine ausreichende Kaufkraft gegeben (z.B. dicht bebautes Wohngebiet, Innenstadtlage mit viel Publikum)?
- Ist die Umgebung freundlich und einladend?
- Ist der Standort leicht zu erreichen ?
- Ist der Standort infrastrukturell erschlossen (z.B. Straße, Gas-, Wasser-, Strom- und Kanalanschlüsse)?
- Wie hoch sind Grunderwerbs-, Erschließungs-, Bau-, Lohnkosten, Steuerliche Belastungen, Gemeindeabgaben?
- Sind ausreichend Parkplätze vorhanden, oder werden sie in den Abendstunden durch Dauerparker blockiert?
- Lässt sich der Hoteleingang/-eingänge zur Straße hin freundlich gestalten, mit einem breiten, einladenden Eingang versehen?
- Gibt es behördliche Auflagen, die den Umbau einschränken/erschweren (z.B. Denkmalschutz)?
- Sind die Gebäude/Räumlichkeiten wirklich geeignet, auch unter Berücksichtigung potenzieller Erweiterungen?
- Ist im Einzugsbereich des Standortes ausreichend Personal zu bekommen?
- Wie sieht der Bebauungs-/Verkehrsplan aus, sind hieraus keine nachteiligen Wirkungen zu erwarten?
- Gibt es öffentliche Förderungsmöglichkeiten?
- …

Standort und Betriebstyp bedingen sich zumeist gegenseitig, als die Entscheidung für einen bestimmten Betriebstyp spezifische Standortanforderungen begründet und vice versa (Henschel et al. 2013, S.237f.; Barth/Theis 1998, S.151ff.). So kommen für Ferienhotels nur Standorte mit bestimmten klimatischen bzw. natürlichen Ressourcen in Frage so wie für Messe-, Tagungs- oder Businesshotels Standorte mit einer bestimmten Basisinfrastruktur an Verkehr und Telekommunikation erforderlich sind. Im Zuge einer *Standortanalyse* sind *Standortbedingungen* und *Standortanforderungen* in Abhängigkeit vom geplanten Betriebstyp einander gegenüberzustellen, wobei die einzelnen Faktoren in ihrer Bedeutung für das Gesamtkonzept zu gewichten sind. Da Standortfaktoren und -bedingungen im Zeitablauf Veränderungen unterliegen können, sind Standortanalysen nicht nur beim Bau oder bei der Übernahme von Hotelunternehmen vonnöten, sondern dienen auch der fortlaufenden Überprüfung der Standortqualität bestehender Betriebe. Veränderungen können einen Standort auf- oder abwerten und unterliegen dabei nicht immer dem Einflussbereich des einzelnen Hotelunternehmens. Positive Veränderungen (z.B. bessere Verkehrsanbindung, Anerkennung als Luft-/Badekurort, Errichtung eines Freizeitparks in unmittelbarer Nähe) können i.d.R. relativ leicht in das Marketingkonzept des betreffenden Hotelunternehmens integriert und im Rahmen der Angebotsgestaltung genutzt werden. Bei negativen Veränderungen (z.B. Schneearmut in Skigebieten) stellt sich hingegen die Aufgabe, die Standortnachteile mittels einer entsprechenden Anpassung des Leistungs- und Kommunikationsinstrumentariums abzumildern bzw. zu überdecken. In extremen Fällen muss unter Umständen auf veränderte Standortbedingungen mit einem Wandel der Angebotsstruktur und einem Zielgruppenwechsel reagiert werden (z.B. im o.g. Beispiel durch Wellnessangebote, Wandertouren oder ein hochwertiges Gourmetrestaurant).

1.1.5 Gestaltungsbereiche des Leistungsprogramms

Die grundsätzliche Leistungsprogrammgestaltung umfasst in der Hotellerie, neben der konstitutiven Entscheidung über den Standort, insbesondere Entscheidungen über die **Breite und Tiefe des Leistungsangebotes** in den Leistungsbereichen Beherbergung, Verpflegung und Nebenleistungen, die Entwicklung von Programminnovationen und -variationen sowie die Eliminierung nicht wettbewerbsfähiger Leistungselemente (Abb.F.7).

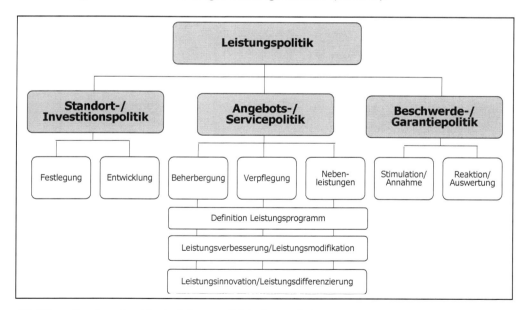

Abb.F.7:   Gestaltungsbereiche der Leistungspolitik in der Hotellerie

Hier müssen sowohl für das Gesamtkonzept als auch für die jeweiligen Bereiche Fragestellungen hinsichtlich der Gestaltung und des Verhältnisses von Kern- und Zusatzleistungen beantwortet werden. Eine besondere Rolle für Hotelunternehmen spielt, im Rahmen der

Leistungs- und Produktpolitik aufgrund der Integration des externen Faktors, die *Beschwerdepolitik* und die *Servicepolitik* (z.B. materielle und immaterielle Zusatzleistungen, Servicegarantien). Auf die Notwendigkeit der Markierung der Hotelleistungen wurde angesichts des strategisch-operativen Querschnittscharakters der Markenführung von Dienstleistungsunternehmen bereits an anderer Stelle verwiesen (Kapitel E.2).

Ausgangspunkt der Produkt- und Leistungsgestaltung in der Hotellerie stellt eine *Leistungsanalyse der Kernbereiche Beherbergung, Verpflegung und Nebenleistungen* dar. Die Bestandteile derartiger Leistungsanalysen sind zwangsläufig unternehmensspezifisch zu entwickeln und hängen sehr stark von der Kategorie, der Zielgruppe und dem Betriebstyp des jeweiligen Hotelunternehmens ab. Abbildung F.8 zeigt beispielhaft einige ausgewählte Komponenten der Leistungsanalyse eines Hotelunternehmens.

Beherbergung	Verpflegung	Nebenleistungen

• Öffnungstage
• Reiner Logisumsatz
• Anzahl Übernachtungen
• Anzahl Betten
• Auslastung in Prozent
• Durchschn. Logisumsatz pro Nacht
• Durchschn. Aufenthaltsdauer
• Logisumsatz/Gesamtumsatz
• Anzahl Mitarbeiter pro Bett
• Personalkosten
• Einrichtung/Zustand Zimmer
• Einrichtung/Zustand Räume
• Qualität der Dienstleistungen allg.
  - Rezeption
  - Etagendienst
• Mitarbeiterqualität
  - Rezeption
  - Etagendienst
• Struktur Hotelgäste
• Berücksichtigung Gästebedürfnisse
• Marketingkosten
• ...
	•Öffnungstage/-zeiten
	• F6B-Umsatz (Speisen/Getränke)
	• F&B-Umsatz/Gesamtumsatz
	• Umsätze pro Restaurationsraum
	• Platzangebot pro Restaurationsr.
	• Durchschn. Tagesumsätze
	• Durchschn. Stuhlumsatz
	• Küchenrendite
	• Kellerrendite
	• Umsatz aus Verpfle. Hotelgäste
	  (Frühstück, Mittag, Abendessen,
	  Etagenservice)
	• Leistungsstruktur d. Restauration
	• Einrichtung/Zustand Räume
	• Ambiance Räumlichkeiten
	• Qualität F&B-Angebot
	• Mitarbeiterqualität
	  (Service, Küche)
	• Berücksichtigung Gästebedürfnisse
	• Struktur Restaurantgäste
	• Image
	• Nachfrage i.d. Restauration
	• ...
		• Angebot Nebenleistungen
		• Leistungsstruktur Nebenleistungen
		• Unterhaltungsangebot Tag
		• Unterhaltungsangebot Abend
		• Umsätze Nebenleistungen
		• Durchschn. Umsätze pro NL
		• NL-Umsatz/Gesamtumsatz
		• Einkaufsmöglichkeiten
		• Nachfrage Nebenleistungen
		• Kundenstruktur Nebenleistungen
		• Angebotsqualität
		• Berücksichtigung Gästebedürfnisse
		• Image
		• Personalkosten
		• Marketingkosten
		• ...

Abb.F.8:   Ausgewählte Komponenten der Leistungsanalyse eines Hotelbetriebs

Ähnlich wie bei der Standortscheidung eines Hotelunternehmens ist die zielgerichtete funktionale und gestalterische Planung der materiellen Komponenten der Beherbergungs- und Verpflegungsleistung und der vielfältigen Nebenleistungen (*Komfortpolitik*) in vielen Leistungsbereichen konstitutiver Natur. Insbesondere der Bau und die architektonische Gestaltung des Hotelbetriebs bzw. der Hotelanlage, Einrichtungsgegenstände und technische Anlagen sowie das Inventar, bedingen Festlegungen und Investitionen langfristiger Art, so dass etwaige Fehlentscheidungen, insbesondere bei der klein- und mittelständischen Hotellerie aufgrund des erheblichen Finanzaufwands, sehr leicht zu wirtschaftlichen Problemen führen können.

Insofern ist die frühzeitige Planung der vorgesehenen *Gestaltungselemente der Komfortpolitik* von besonderem Interesse im Rahmen integrativer Marketingkonzepte, prägt die Komfortpolitik doch in grundsätzlicher Weise die weiteren Entscheidungen bzgl. der Art und des Niveaus des Instrumenteneinsatzes in den anderen Bereichen des Marketingmix eines Hotelunternehmens (Meyer/Hoffmann 1997, S.111). Abb.F.9 zeigt einige wichtige Analysebereche innerhalb der Komfortpolitik eines Hotelunternehmens auf.

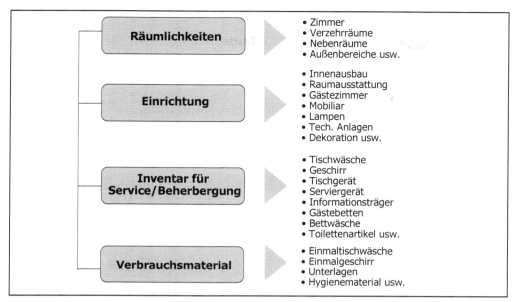

Abb.F.9:   Analysepunkte der Komfortpolitik
            Quelle: Poggendorf 1991, S.67

Der Bereich der *Servicepolitik* umfasst alle Dienstleistungen (Funktionen, Tätigkeiten, Prozesse), die in den drei Kernbereichen Beherbergung, Verpflegung und Nebenleistungen für den Hotelgast auf unterschiedlichen Ebenen geleistet werden (Poggendorf 1991, S.71ff.). Die Servicepolitik ist in Bezug auf das betriebstypenbezogene Serviceprogramm, das Serviceniveau, die Intensität des Services sowie die Gestaltung der Interaktionsprozesse mit dem Gast im Rahmen der Serviceabläufe zu determinieren. Abb.F.10 zeigt einige ausgewählte Analysebereiche innerhalb der Servicepolitik eines Hotelunternehmens.

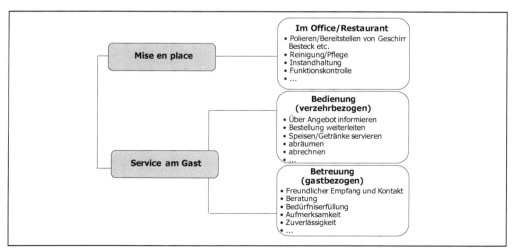

Abb.F.10:   Analysepunkte der Servicepolitik
             Quelle: Poggendorf 1991, S.75

1.2   Instrumente der Leistungs- und Produktpolitik

1.2.1   Beschwerdemanagement

Beschwerden artikulieren die Unzufriedenheit des Kunden mit einzelnen Produkten, Dienstleistungen oder Dienstleistungsbestandteilen eines Unternehmens und/oder dem Verhalten eines Unternehmens bzw. seiner Repräsentanten im Zuge bestimmter betrieblicher Leistungsprozesse. Die **Bedeutung von Beschwerdeinformationen** fußt auf folgenden Erkenntnissen (Stauss 1989, S.42; Heskett et al 1997, S.179f.):

- Kunden sprechen doppelt so oft über Negativerfahrungen wie über Positiverfahrungen.
- Kunden, die eine Negativerfahrung mit einem Unternehmen gemacht haben, erzählen im Durchschnitt zwischen zehn bis fünfzehn weiteren Personen davon.
- Die Wiederholungskaufrate von unzufriedenen Kunden, die eine positive Beschwerdebehandlung und Problemlösung erfahren haben, beläuft sich je nach Branche auf 54–70% der Beschwerdeführer; wird das Problem aus der Sicht des Kunden schnell gelöst, steigt der Anteil noch.
- Kunden, die sich beschweren, stehen branchenübergreifend ein durchschnittlicher Prozentsatz von 50–80% an unzufriedenen Kunden gegenüber, die sich nicht beschweren (unvoiced complaints).
- Die Wahrscheinlichkeit eines Anbieterwechsels bei Kunden, die sich nicht beschweren, ist erheblich höher.

Generelles **Ziel des Beschwerdemanagement** ist es, einerseits Kundenzufriedenheit wiederherzustellen bzw. die negativen Auswirkungen von Kundenunzufriedenheit zu minimieren und andererseits die durch Beschwerden identifizierten, unternehmensspezifischen Problemfelder durch entsprechende Maßnahmen zu beseitigen. Die Behandlung von Kundenbeschwerden sollte demzufolge als *„marketing opportunity"* (Lewis/Morris 1987, S.14) aufgefasst werden, welche

- die Grundlage für eine Stärkung der Vertrauensbasis zwischen Beschwerdeführer und Unternehmen schafft,
- zur Vermeidung von Kundenabwanderung bzw. zur Steigerung von Kundenbindung und Kundenloyalität beiträgt,
- einen Beitrag zur Entwicklung und Pflege eines kundenorientierten Unternehmensimage leistet,
- zusätzliche akquisitorische Effekte mittels Beeinflussung der persönlichen Kommunikation der Beschwerdeführer zeitigt und
- über die Gewinnung von kundenrelevanten, problembezogenen Informationen die Grundlage für Verbesserungsmaßnahmen im Sinne einer präventiven Qualitätssicherung schaffen kann (Jeschke 2009, S.486f.; Stauss 1998, S.1256f.).

Von verschiedenen Autoren wird dabei auf die Möglichkeit verwiesen, im Zuge einer **problemadäquaten Beschwerdebehandlung** Negativereignisse in Positiverfahrungen umzumünzen und über die entsprechende Gestaltung von Wiedergutmachungsleistungen zum Aufbau bzw. einer Stabilisierung von Kundenbeziehungen und Kundenloyalität beizutragen (Jeschke 2007; Stauss/Seidel 2007; Tax/Brown 2000). Angesichts der Bedeutung informeller Informationsquellen im Rahmen des Kaufentscheidungsprozesses von Dienstleistungsnachfragern sind Hotelunternehmen in besonderem Maße gefordert, Maßnahmen zur Vermeidung negativer Mund-zu-Mund-Kommunikation bzw. zur Initiierung positiver persönlicher Kommunikation zu ergreifen, um so ein glaubwürdiges, kundenorientiertes Qualitätsimage im Bewusstsein des Kunden zu verankern. Hotelunternehmen pflegen zwar seit jeher den Kundendialog via Kommentarkarte in den Gästezimmern, schöpfen jedoch, wie viele andere Dienstleistungsunternehmen, die *Chancen und Möglichkeiten eines aktiven und strukturierten Beschwerdemanagement* nicht aus.

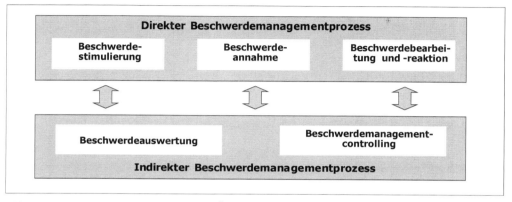

Abb.F.11:   Beschwerdemanagementprozess im Überblick
             Quelle: Stauss/Seidel 2007, S.82

Die Ausgestaltung eines kundenorientierten Beschwerdemanagement besteht aus einem *direkten* und einem *indirekten Beschwerdemanagementprozess* (Abb.F.11). Die Beschwerdestimulation, die -annahme, die -bearbeitung und die Beschwerdereaktion fallen dabei in den direkten, Beschwerdeauswertung, -controlling, -reporting sowie die Beschwerdeinformationsnutzung in den indirekten Beschwerdemanagementprozess. Direkt bedeutet, dass die Teilaufgaben unmittelbar auf den Einzelfall bezogen sind und darauf abzielen, die individuelle Kundenunzufriedenheit zu beseitigen und Beschwerdezufriedenheit herzustellen. Als indirekt werden die Aufgaben bezeichnet, an denen der Kunde nicht unmittelbar beteiligt ist (Stauss 1998, S.1257ff.; Jeschke 2007, S.330):

- **Beschwerdestimulation**

Angesicht der Tatsache, dass sich nur ein Bruchteil unzufriedener Kunden beschwert, ist es im Rahmen der Beschwerdestimulierung aus Anbietersicht entscheidend, durch die Einrichtung leicht zugänglicher mündlicher, telefonischer, schriftlicher oder elektronischer Kommunikationskanäle (Kundenberatungs-, Beschwerdeabteilungen, gebührenfreie Beschwerdetelefone, Ombudsmann, Videokummerkasten etc.) Signale der Dialogbereitschaft auszusenden und das Beschwerdeaufkommen zu steigern. Flankiert durch eine problemspezifische Unternehmenskommunikation, die über Werbung, Öffentlichkeitsarbeit, und/oder Beschwerdeincentives, Beschwerdebarrieren abbaut, kann die Beschwerdebereitschaft der Kunden nachhaltig gefördert werden. Hiermit verbunden ist eine Veränderung der grundsätzlichen Philosophie des Umgangs mit Beschwerden, da viele Unternehmen fälschlicherweise davon ausgehen, dass eine geringe Zahl von Beschwerden auf eine hohe Zahl an zufriedenen Kunden hinweist. Das *Ziel der Beschwerdestimulierung muss jedoch eher die Beschwerdemaximierung* sein, wobei dieser leicht missverständliche Begriff nicht bedeutet, den Kunden durch schlechte Leistungen mehr Anlass zu Beschwerden zu geben, sondern vielmehr einen möglichst großen Anteil der Unzufriedenen dazu zu bewegen, sich mit einer Beschwerde unmittelbar an das Unternehmen zu wenden.

Unternehmen stehen daher vor der Herausforderung, die Barrieren zu beseitigen, die verärgerte Kunden an einer Beschwerde hindern. Hierzu gehört, dass die Maßnahmen der Beschwerdestimulation vor dem Hintergrund der Tatsache zu entwickeln sind, dass jede mündliche, schriftliche oder telefonische Beschwerde für den Kunden mit einem bestimmten materiellen und immateriellen Aufwand verbunden ist (Zeit, Kosten, Auseinandersetzung mit dem Personal). Offensichtlich nehmen Kunden eine interne Kosten-/Nutzen-Abschätzung vor, von deren Ergebnis sie es abhängig machen, ob sie sich beschweren oder nicht. Diese materiellen und immateriellen Kosten, die der Kunde auf sich nimmt, werden ganz wesentlich vom Unternehmen und seinem Beschwerdemanagement bestimmt. Verweigern Unternehmen ihren Kunden Informationen darüber, wo und wie sie sich beschweren können, erhöhen sie deren Beschwerdekosten. Bauen sie für die Erlangung von Wiedergutmachung zudem Hindernisse auf (z.B. hohe Telefonkosten), werden die Kosten abermals erhöht. Bringen sie Kunden bei der Beschwerdeartikulation in unangenehme, ärgerliche oder peinliche Situationen, steigen deren immateriellen Kosten. Die aufzuwendenden Kosten werden dem potenziellen Nutzen einer Beschwerde gegenübergestellt. Dieser ist in erster Linie vom subjektiven Wert der Problemlösung, die der Kunde vom Anbieter erwartet und von der angenommenen Erfolgswahrscheinlichkeit der Beschwerde abhängig. Unternehmen können somit zum einen über die Variation der Beschwerdekosten die Wahrscheinlichkeit einer Beschwerde im Unzufriedenheitsfall steuern, und zum anderen können sie die vom Kunden wahrgenommene subjektive Erfolgswahrscheinlichkeit einer Beschwerde beeinflussen. Letzteres geschieht im Wesentlichen durch das Ausmaß an tatsächlich gelebter und kommunizierter Kundenorientierung.

- **Beschwerdeannahme**

Die Phase der Beschwerdeannahme betrifft vor allem die ***Organisation des Beschwerdeeingangs und die Erfassung der Beschwerdeinformationen.*** Bei mündlich oder schriftlich artikulierten Beschwerden erfährt der Kunde im Erstkontakt bereits wichtige Aspekte der unternehmerischen Reaktion auf seine Beschwerde (z.B. Engagement der Kontaktperson, schriftliche Empfangs-/Zwischenbescheide). Wie der Kunde diese Reaktion wahrnimmt, entscheidet maßgeblich darüber, ob seine Unzufriedenheit abgebaut oder gar noch gesteigert wird. Angesichts der Tatsache, dass sich der größte Teil der Beschwerdeführer direkt beim Kundenkontaktpersonal beschwert (z.B. Concierge, Etage, Wäscherei, Service, Telefonzentrale), besteht eine wesentliche Aufgabe im Zuge der Beschwerdeannahme, die Sensibilität und das Verständnis für die Bedeutung von Kundenbeschwerden zu schulen. Neben einer offenen und ausgeprägten Fehlerkultur sind in diesem Zusammenhang klare organisatorische Strukturen und Verantwortlichkeiten im Sinne des „*Empowerment*" und des „*Complaint Ownership*" von großer Bedeutung.

Bei Ritz Carlton sind bspw. diese Prinzipien in den in einem früheren Kapitel diskutierten „*Ritz Carlton Basics*", den Qualitätsgrundsätzen der Gruppe, fest verankert (Kapitel D.1). Der Mitarbeiter von Ritz Carlton, der als erster mit einem Kundenproblem bzw. einer Kundenbeschwerde konfrontiert wird, ist ab diesem Zeitpunkt der „*Complaint owner*" (Eigentümer) dieses Problems und damit für eine schnelle und vollständige Lösung verantwortlich. Nach den Qualitätsgrundsätzen von Ritz Carlton hat der Mitarbeiter „*Himmel und Hölle*" in Bewegung zu setzen, um das Gästeproblem zu lösen und aus einem unzufriedenen Kunden wieder einen begeisterten Kunden zu machen. Auf diese Weise soll das Ziel erreicht werden, alle Gästebeschwerden zu beheben, bevor der Gast abgereist ist. Eng verknüpft mit dem Prinzip des „Complaint Ownership" ist die Dezentralisierung von Entscheidungskompetenzen und die Erweiterung von Mitarbeitervollmachten im Sinne des „*Empowerment*" (siehe Kapitel F.5). Mit der Verantwortung einer geht nun in den Ritz Carlton Häusern eine erweiterte Handlungsbefugnis der Mitarbeiter, so dass jeder Mitarbeiter im Problemfall bis zu 2000 US-$ ohne Rückversicherung beim Vorgesetzten aufwenden darf, um ein Gastproblem zu lösen und diesen wieder zufriedenzustellen (Ritz-Carlton 1992).

Im Rahmen der ***Beschwerdeerfassung*** hingegen geht es darum, Kundenprobleme möglichst vollständig, schnell und strukturiert aufzunehmen. Einschlägige Studien kommen hierbei zu dem beunruhigenden Ergebnis, dass je nach Branche und Ausmaß des Problems, lediglich 10-60% der bei den dezentralen Kundenkontaktstellen artikulierten Kundenbeschwerden tatsächlich registriert werden. Dies liegt oftmals an der unzureichenden Vorbereitung der Kundenkontaktmitarbeiter, dem mangelnden Verständnis für Kundenbeschwerden und den unklaren Vorgaben für die Erfassung von Kundenproblemen. Fasst man den Anteil der unzufriedenen Kunden, die sich nicht beschwert haben, sowie den Anteil der Beschwerden, die innerbetrieblich durch Nichterfassung ,*verloren gehen*' zusammen, kann man davon ausgehen, dass der für Beschwerden zentral zuständige Bereich (z.B. Beschwerde-Center, Customer Care Center, Qualitätssicherung) und damit auch das Management, lediglich über 1 bis 5% der Kundenprobleme informiert sind. Des Weiteren ist davon auszugehen, dass diese Unkenntnis der zentralen Bereiche auch die Reaktionen der dezentralen Einheiten und die erreichte Beschwerdezufriedenheit bzw. -unzufriedenheit umfasst, mit der Folge, dass die Leitung des Beschwerdemanagement und das Topmanagement trotz Beschwerdeauswertung eine falsche Vorstellung von Umfang und Art der Unzufriedenheit haben (Abb.F.12).

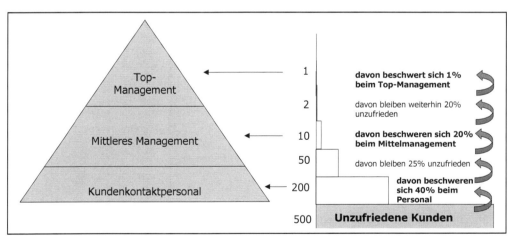

Abb.F.12:   Beispiel für den Umfang der im Unternehmen verborgenen Beschwerden
            Quelle: Stauss/Seidel 2007, S.289

Insofern sind klare und eindeutige Entscheidungen hinsichtlich der Standardisierung der Erfassungsinhalte (Informationen über den Beschwerdeführer, das Beschwerdeproblem, das Beschwerdeobjekt, die Beschwerdeannahme, die Beschwerdebearbeitung, die Beschwerdereaktion), der Kategorisierung (hierarchische/abteilungsbezogene Zuordnung von Beschwer-

dekategorien/-merkmalen, Handlungsorientierung, Vollständigkeit, Handhabbarkeit etc.) sowie der Erfassungsform (standardisierte Formblätter, EDV-Eingabemasken, Internet, Gästekarten) zu fällen und unternehmensweit zu kommunizieren (Tax/Brown 2000, S.102f.).

- **Beschwerdebearbeitung und -reaktion**

Ein grundsätzlicher Bestandteil des Beschwerdemanagement betrifft Fragen der *Anerken-
nungsregelungen und der Prüfungsmechanismen von Kundenbeschwerden* sowie die
Entwicklung von problemgerechten *Lösungen für spezifische Beschwerdefälle*. Die konstitutiven Merkmale persönlichkeitsintensiver Dienstleistungen sollten in der Tendenz dazu führen, dass Beschwerden von Dienstleistungskunden generell Anerkennung finden, was
einen Einstellungs- und Mentalitätswechsel in den Unternehmen erfordert. Der Beschwerdeführer ist nicht länger als ,*Querulant*' oder ,*Unternehmensfeind*' zu stigmatisieren, sondern
als aktiver Kunde mit einem spezifischen, leistungsbezogenen Problem zu betrachten, der auf
Missstände aufmerksam macht und dafür seitens des Unternehmens Anerkennung verdient.
Dieser Wandel muss, getragen von einer entsprechenden Qualitätsphilosophie und -kultur,
durch Maßnahmen der Personalschulung und -information initiiert werden (Jeschke 2009,
S.495ff.). STAUSS macht in diesem Zusammenhang auf die hohen Anforderungen an das
Kundenkontaktpersonal von Dienstleistungsanbietern aufmerksam, ist doch ein dienstleis-
tungstypisches Spezifikum der Beschwerdebehandlung, dass *„häufig diejenige Person, die
als Verursacher der Unzufriedenheit wahrgenommen wird, zugleich Besänftiger, Schlichter
und Problemlöser sein muss, was ganz besondere psychologische Voraussetzungen und
Fähigkeiten verlangt."* (Stauss 1989, S.56f.).

Von entscheidender Bedeutung bei der Beschwerdebehandlung sind zum einen die *Schnelligkeit der Problemlösung* und zum anderen die *Adäquanz der Unternehmensreaktion*.
Prinzipiell kommen finanzielle (Preisnachlass, Geldrückgabe, Schadenersatz), materielle
(Umtausch, Reparatur, anderes Produkt, Upgrades, Geschenke) und immaterielle Kompensa-
tionsangebote (Entschuldigung des Personals, Direktors, Information) in Betracht. Die diesbezüglichen Kundenerwartungen sollten dabei keineswegs unterschritten werden, da eine
derartige ,*Billig*'-Lösung die ursprüngliche Unzufriedenheit des Kunden verstärkt und damit
die Ziele eines kundenorientierten Beschwerdemanagement konterkariert. Hier spielt insbesondere die vom Kunden wahrgenommene Fairness der Beschwerdebehandlung und
-kompensation eine bedeutsame Rolle bei der Wiederherstellung von Kundenzufriedenheit.
Eine Betonung von Kostenaspekten im Zuge des Beschwerdemanagement entspricht darüber
hinaus zumeist nicht den situativen Erfordernissen, da der Beschwerdewert in der Regel in
keiner Relation zum langfristigen Gewinnpotenzial eines Kunden steht, Fehlerkosten infolge
negativer persönlicher Kommunikation noch nicht mit einbezogen (Johnston 2002, S.66;
Tax/Brown 2000, S.98f.).

- **Beschwerdeauswertung/-controlling/-reporting**

Die Aufgabe der Beschwerdeauswertung und Beschwerdeanalyse besteht in der *Gewinnung
und Aufbereitung von Informationen über* die eigentlichen *Fehlerursachen und Problemfelder der Unternehmensleistung*. Hierzu sind die individuellen Beschwerden zentral zu
erfassen und qualitativ und quantitativ auszuwerten, um deren Informationsgehalt, mit Blick
auf etwaige Verbesserungspotenziale, in die Gestaltung bzw. Modifikation des Leistungsangebots einfließen zu lassen (Stauss/Seidel 2007, S.249ff.; Tax/Brown 2000, S.105f.). Im
Mittelpunkt einer quantitativen Auswertung steht die Überwachung des Umfangs und der

Verteilung des Beschwerdeaufkommens, die Priorisierung der von den Kunden wahrge-nommenen Probleme sowie die gezielte, mengenmäßige Aufbereitung aller weitergehenden, registrierten Beschwerdeinformationen. Die Ergebnisse der quantitativen Beschwerdeaus-wertung deuten auf innerbetriebliche Schwachstellen hin, ohne aber immer eindeutige Hin-weise auf problemerzeugenden Ursachen zu geben. Verweisen die Ergebnisse der Beschwer-deanalyse auf eindeutige Strukturprobleme, wie ineffiziente Abläufe, kundenunfreundliche Öffnungs- oder Bearbeitungszeiten, mangelhaft geschultes Personal usw., sind seitens der zentralen Entscheidungsinstanzen und der betroffenen Leistungsbereiche unverzüglich Maß-nahmen der Gegensteuerung zu ergreifen. Eine diffuse oder sehr heterogene Struktur der Beschwerdevorfälle bedarf hingegen weitergehender Untersuchungen zur Evaluation der Qualität der Unternehmensleistungen. Von daher ist im Zuge der qualitativen Beschwerde-auswertung eine systematische Ursachenanalyse zu betreiben, um im Sinne eines Qualitäts-controllings unter Einsatz entsprechender Planungsinstrumente Verbesserungsvorschläge entwickeln zu können (Gardini 1997, S.251ff.). Die Informationen aus der Beschwerdeaus-wertung sowie dem Beschwerdemanagement-Controlling müssen dann in geeigneter Weise den jeweiligen unternehmensinternen Zielgruppen zugänglich gemacht werden, will man den notwendigen Veränderungsdruck erzeugen. Daher müssen im Zuge des Beschwerdereporting Entscheidungen darüber getroffen werden, für wen (Geschäftsleitung, Qualitätssicherung, Marketing, Direktion, Kundenkontaktmitarbeiter etc.), welche Auswertungen (quantitativ/ qualitativ) in welchen Zeitintervallen (täglich, wöchentlich, monatlich, viertel-/halb-/ganz-jährig) aufbereitet und verbreitet werden sollen.

- **Beschwerdeinformationsnutzung**

Unbeschadet der Tatsache, dass Beschwerden in den meisten Unternehmen oftmals nur die Spitze eines ‚Unzufriedenheits-Eisbergs' zeigen und die Probleme und Defizite von Anbie-terleistungen in der Regel nur unvollständig erfasst und reflektiert werden, besteht der Hauptnutzen eines Beschwerdemanagement-Systems darin, *Früherkennungssignale zu generieren*, die es ermöglichen, *potenzielle Schwachstellen im Produkt- bzw. Dienstleis-tungsangebot zu identifizieren*, die dann durch weitergehende Analysen im Rahmen von detaillierten Kundenbefragungen näher spezifiziert und bearbeitet werden können. Basierend auf den Ergebnissen der Beschwerdeanalyse und des Beschwerdereportings sind denn auch im Zuge einer systematischen Beschwerdeinformationsnutzung spezifische Management-maßnahmen und Instrumente zur Verbesserung der Unternehmensleistung zum Einsatz zu bringen (Stauss/Seidel 2007, S.425ff.). Dazu gehört die Anwendung von Qualitätsplanungs-techniken zur Entwicklung von Problemlösungen, die Einbeziehung von Beschwerde-informationen in die Arbeit von Qualitätsverbesserungs- und Schulungsteams sowie Quali-tätszirkeln, die Nutzung der Problemlösungskompetenz von Beschwerdeführern und die Integration von Beschwerde- und Beschwerdemanagementinformationen in ein Kundenwis-sensmanagement im Sinne des CRM. Zu einem Instrument des Kundendialoges und der Kundenbindung wird das Beschwerdemanagement jedoch erst, wenn der kundeninitiierte Kontakt als Anstoß für eine wechselseitige Kommunikation durch das Unternehmen aufge-fasst wird. Jede Beschwerde, die an ein Hotelunternehmen herangetragen wird, sollte daher als Möglichkeit aufgefasst werden, unzufriedene Gäste zurückzugewinnen und Informatio-nen über Defizite des eigenen Leistungsangebots zu erlangen. Ein kundenorientiertes struktu-riertes Beschwerdemanagement führt mittel- bis langfristig zu einem intensiveren Kunden-kontakt, und nicht zuletzt die aktiven Kunden sind es, die einem Unternehmen wertvolle Hinweise auf wettbewerbsrelevante Verbesserungspotenziale geben können.

1.2.2   Servicegarantien

Verschiedene Forschungsergebnisse über das Informationsverhalten und die Kaufentscheidungsprozesse von Konsumenten zeigen, dass Kunden in Situationen der Qualitätsunsicherheit auf *Qualitätshinweise* zurückgreifen, die nicht Bestandteil physischer Leistungsmerkmale sind, wie bspw. Preis, Image oder Leistungsgarantien (Hogreve 2007, S.76ff.; Hogreve/
Wittko 2006; Kaas 1990). Angesichts der Dienstleistungsbesonderheiten von Hotelleistungen
und der Eigenschaft von Hotelleistungen als Erfahrungsgüter, muss – wie oben bereits skizziert – der Hotelkunde seine Kaufentscheidung oftmals unter erheblicher Unsicherheit hinsichtlich der Güte und Bedarfsgerechtigkeit angebotener Leistungen treffen, von der Schwierigkeit, im Vorfeld Vergleiche zwischen Anbietern gleichartiger Hotelangebote zu ziehen,
einmal abgesehen. Ob ein Hotelzimmer oder eine Hotelanlage tatsächlich den spezifischen
Ansprüchen genügt, weiß der Hotelgast in der Regel erst nach Inanspruchnahme der jeweiligen Leistung, eine Situation, die in der Hotellerie oftmals unbefriedigende Konsumerfahrungen mit sich bringt. Insofern kommt der freiwilligen *Selbstverpflichtung von Hotelunternehmen in Form von Dienstleistungsgarantien* hier eine besondere Bedeutung zu. Aufgabe
von Dienstleistungsgarantien ist es – durch eine wie auch immer geartete Wiedergutmachung
– Unzufriedenheiten von Kunden auszugleichen, die durch Fehlfunktionen oder die Nichter-
reichung eines definierten Leistungsstandards entstanden sind (Fließ 2008, S.175; Hogreve
2007, S.24f.). Während Produktgarantien im Konsumgüterbereich einen wesentlichen Bestandteil der Marketingargumentation darstellen, haben sich Servicegarantien bislang in
Deutschland nur ansatzweise durchsetzen können (Gardini 1999b).

Was bedeutet dies für das Marketing von Hotelunternehmen? Ziel ist es, zur *Verringerung
des Kaufrisikos und zum Abbau der Informationsarmut von Dienstleistungen* beizutragen.
Wesentliche Aufgabe des Hotelmarketing muss es demzufolge sein, das Leistungsversprechen zu konkretisieren und im Vorfeld der Konsumsituation, über die Kommunikation von
Kompetenz, Glaubwürdigkeit und Zuverlässigkeit des Hotels, Kaufschwellen abzubauen und
Vertrauenspotenzial aufzubauen. Unternehmen können dabei entweder zufriedenheits- oder
leistungsorientierte Servicegarantien entwickeln (Ostrom/Hart 2000, S.305ff.), wobei Letztere sich entweder auf das Ergebnis, den Leistungserstellungsprozess oder das Leistungspotenzial beziehen können (Hogreve 2007, S.32f.). Ist ein Kunde im Rahmen einer zufriedenheits-
basierten Garantie bspw. mit einem Artikel oder einer Leistung unzufrieden, so kann er diese
ohne Angabe von Gründen zurückweisen und erhält dann, je nach Wunsch, Ersatz, eine
Gutschrift oder sein Geld zurück und dies ohne jedwede zeitliche und inhaltliche Beschränkung (100% Zufriedenheitsgarantie von Hampton Inn, Embassy Suites and Homewood Suites). Ist ein Unternehmen jedoch nicht willens oder aktuell nicht in der Lage, eine umfassende Garantie zur Kundenzufriedenheit abzugeben, besteht zumindest die Möglichkeit, bestimmte Leistungsbestandteile via einer Servicegarantie herauszuheben bzw. ein bestimmtes
Serviceniveau vorbehaltlos zu garantieren (z.B. Pünktlichkeit des Wake-up Calls, 1 Std.
Schnellreinigungsservice etc.). Eine *wirksame Servicegarantie* sollte dabei (Hart 1989; Tucci/
Talaga 1997),

- keinerlei einschränkenden Bedingungen unterworfen,
- leicht einzusehen und zu vermitteln,
- sinnvoll,
- schnell und (schmerzlos) zu beanspruchen und
- leicht und schnell einzulösen sein.

Oftmals sind viele Garantien für Kunden jedoch eher ein Ärgernis als ein echtes Kaufargument. So zeichnen sich Garantieregelungen in vielen Unternehmen zumeist durch eine Vielzahl an Einschränkungen aus, greifen nur in seltenen Ausnahmefällen und fordern den Kunden oftmals ein Formularmarathon ab, der von jedem Beschwerdeführer ein überdurchschnittlich ausgeprägtes Beharrungsvermögen verlangt. Viele Unternehmen haben jedoch nicht genug Mut, *eine umfassende und vorbehaltlose Servicegarantie* abzugeben, sondern behelfen sich mit einer Vielzahl von Klauseln, da sie der Ansicht sind, sonst die Bereitschaft der Kunden zu fördern, unehrlich mit solchen Angeboten umzugehen und dadurch entsprechend wirtschaftliche Nachteile zu erleiden. Dies spielt jedoch nach Ansicht vieler erfolgreich praktizierender Unternehmen eine völlig untergeordnete Rolle und macht i.d.R. nur 1–2% aller Garantiefälle aus. Entscheidender ist es vielmehr, sich auf die 98–99% der Kunden zu konzentrieren, die ein konkretes Serviceproblem reklamieren, und die es im Rahmen einer Wiedergutmachung zurückzugewinnen gilt (Wirtz/Kum 2004). Ansonsten wird der Sinn einer Servicegarantie *ad absurdum* geführt, denn eine Garantie ist umso weniger überzeugend, je mehr einschränkende Bedingungen sie enthält. Ein Kunde, der mit einer Leistung unzufrieden ist und sich dann noch mit einem Sachbearbeiter um die Auslegung der entsprechenden Garantieerklärung streiten muss, ist i.d.R. ein verlorener Kunde und der Zweck der Garantie völlig verfehlt. Die Leistungen einer Garantie müssen denn auch klar und unmissverständlich definiert werden, damit sowohl auf Seiten der Kunden als auch auf Seiten der Mitarbeiter Schwierigkeiten in der Interpretation des Leistungsumfangs der Garantie ausgeschlossen werden. Schwammige Formulierungen, wie bspw. ,... *bei berechtigten Reklamationen* ...' oder ,... *vorbehaltlich einer Prüfung unsererseits* ...' erzeugen beim Kunden eher Misstrauen und schmälern damit die Aussagekraft und Marktwirkung einer Garantie beträchtlich.

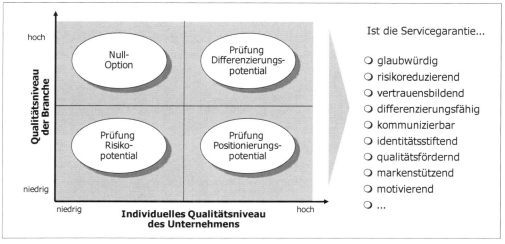

Abb.F.13:   Servicegarantie und Wettbewerb

Die Entscheidung über *die Einführung einer Servicegarantie* muss sich am Kundennutzen und der Differenzierungsfähigkeit einer solchen Garantie orientieren. Hier gilt es für Hotelunternehmen, in Abhängigkeit vom Profil der angebotenen Dienstleistung, dem Kundensegment, der Wettbewerbsintensität und den Qualitätserwartungen im relevanten Markt, die

Chancen und Risiken einer Servicegarantie abzuwägen, denn nicht immer sind Garantien eine sinnvolle Ergänzung des Marketinginstrumentariums (Abb.F.13). Um Ansatzpunkte für den Einsatz von Servicegarantien zu finden, müssen Dienstleister als erstes verstehen, worin für ihre Zielgruppe der Nutzwert bzw. der Wirkungshebel einer solchen Garantie liegt. So kann eine Servicegarantie zur Differenzierung beitragen, da sie sowohl im Vorfeld des Kaufs als auch im After-Sales-Bereich eine zentrale Rolle in der Produktargumentation wahrnimmt. Dies wirkt insbesondere dort, wo Garantien auf Unternehmensleistungen nicht zum marketingpolitischen Standard gehören, wie es bspw. für die Branche der Hotellerie und Gastronomie zu konstatieren ist. Genießen darüber hinaus die Leistungen eines bestimmten Qualitätssegments bzw. einer Leistungskategorie (z.B. Verpflegung) keinen guten oder nur einen durchschnittlichen Ruf, können Servicegarantien einem Hotelunternehmen in seinem Segment einen entscheidenden Wettbewerbsvorteil verschaffen. So haben sich bspw. die Ibis-Hotels im Bereich der 2-Sterne-Kategorie mit ihrer Servicegarantie – dem 15 min. Leistungsversprechen – einen Leistungs- und Kommunikationsvorteil erarbeitet, der für viele Kunden in dieser Hotelkategorie ein entscheidendes Kaufkriterium darstellt. Hierbei verpflichtet sich jedes Hotel, Probleme, für die es verantwortlich ist, innerhalb von 15 Minuten zu lösen, andernfalls übernachtet der Gast umsonst (Siehe Kasten).

*Das 15-Minuten-Versprechen von **Ibis** wurde in allen europäischen Ländern für diese Marke eingeführt. Interessant ist bei Ibis das Alles-oder-Nichts Prinzip. Während andere Hotels prozentuale Erstattungen anbieten wenn was nicht in Ordnung ist, gibt es bei Ibis eine totale Erstattung, das heisst eine kostenlose Übernachtung oder ein Essen umsonst je nach dem, ob es sich um ein Logis- oder Verpflegungsproblem handelt. Die Erfahrungen die Ibis mit diesem Instrument gemacht hat, sind sehr positiv. Die Umsatzverluste durch kostenlose Übernachtungen werden nicht als Kosten, sondern als Investition in Qualität betrachtet. So konnte Ibis Deutschland in 2001 ca. 92% der Reklamationen erfolgreich lösen, bei einer Anzahl von ca. 9400 Reklamationen. Ca. in 9% der Fälle konnte die Reklamation nicht in der versprochenen Weise gelöst werden und es kam zu einer Erstattung. Viele Kunden entscheiden sich gerade wegen der Garantie für Ibis, da sie einen gewissen Qualitätsstandard verspricht, der gerade im 2-Sterne-Bereich länderübergreifend nicht immer selbstverständlich ist (Schüller/Fuchs 2006, S.86).*

Abb.F. 14:   Garantieversprechen der Ibis Hotels (Accor 2012)

Darüber hinaus kann eine Servicegarantie im Hinblick auf die Durchsetzung einer strategischen Qualitätsprofilierung, den Aufbau einer dienstleistungsspezifischen Markenidentität kommunikativ stützen, indem *über die Garantie eine Servicephilosophie transportiert wird*, die – gekoppelt mit speziellen Angebotseigenschaften – einen Dienstleister aus Kundensicht klar von seinen Wettbewerbern unterscheidet. Ist jedoch das allgemeine Qualitätsniveau der Branche bzw. der Leistungskategorie hoch, oder genießt man bereits als Branchenprimus die Qualitätsführerschaft, so verliert eine explizite Garantie ihre differenzierende Wirkung. So erwartet ein Hotelgast von Häusern im Segment der Luxusklasse (z.B. Ritz Carlton; Four Seasons), dass diese Unternehmen für die Einlösung ihrer Leistungsversprechen und die Zufriedenheit ihrer Kunden jedwede Anstrengung unternehmen und dies nicht über das Instrument einer Servicegarantie ausdrücklich kommunizieren müssen.

*Promos Hotel Corporation has reaped substantial external and internal benefits from its 100% Satisfaction Guarantee its brands at the **Hampton Inn, Embassy Suites and Homewood Suites**. For example, in 1990, the first year of the guarantee program, the company found that roughly 2% of its guests chose to stay at the hotel because of the guarantee, increasing revenue by $7 million. More than 3.300 guests who had invoked the guarantee returned to a Hampton Inn that same year, with 61% of these people saying they returned specifically because of the guarantee. The repeat business from these guests brought in an extra $1 million that year. Hence, the guarantee contributed an extra $8 million to the Hampton Inn top line, while the company paid only $350.000 in guarantee invocations. The results for 1991 were even more dramatic, with the estimated incremental revenue resulting from the guarantee jumping to $18 million, while the level of payout remained flat. Studies of the guarantee´s impact showed increases employee morale attributable to their being given the ability and motivation to act on behalf of guests and by generating employee pride in delivering outstanding service. Not surprisingly, this in turn led to reductions in employee turnover. Operationally, the guarantee continues to uncover opportunities for service improvements as well as to attract high-caliber franchisees to the Promos System. Potential franchisees for whom 100% Satisfaction Guarantee is unpalatable simply do not apply. (Ostrom/Hart 2000, S.300ff.)*

Viele Hotelunternehmen tun sich offenbar noch schwer, den Nutzen von Servicegarantien richtig einzuschätzen, unternehmensspezifische Chancen und Risiken abzuwägen und die Wechselwirkungen zwischen Servicegarantie, Dienstleistungsqualität und Kundenzufriedenheit vollständig zu erfassen. Hotelunternehmen, die Beschwerden und Garantievorfälle als verkäuferische Chance begreifen und über direkte Lösungsangebote und adäquate Wiedergutmachungsleistungen auf die Kundenprobleme eingehen, erzielen denn auch höhere Wiederkaufsraten und schaffen sich ein gesteigertes Loyalitätspotenzial beim Kunden. So zeigen diverse Studien, dass Kunden, deren Reklamationen im Rahmen einer Garantieabwicklung zur Zufriedenheit gelöst werden konnten, sehr viel eher bereit sind beim Unternehmen zu verbleiben, als ‚*normal zufriedene*' Kunden, die bislang keine Garantieleistung in Anspruch genommen haben. Servicegarantien sind demzufolge ein wichtiges Instrument im Marketing-Mix eines Dienstleisters, denn nur zufriedene Kunden kommen wieder, nehmen einen Preisaufschlag in Kauf und sprechen darüber hinaus Kaufempfehlungen in ihrem privaten Umfeld aus.

1.2.3   Betriebliches Vorschlagswesen

Das *Betriebliche Vorschlagswesen* (BV) eröffnet einzelnen Mitarbeitern oder Mitarbeitergruppen die Möglichkeit, durch Ideen, Anregungen oder konkrete Vorschläge zur kontinuierlichen Verbesserung der technischen, ökonomischen, sozialen oder ökologischen Unternehmensbedingungen und -prozesse beizutragen und damit eine Steigerung der Innovations- und Leistungsfähigkeit des Unternehmens zu bewirken. Die Aufgabe eines institutionalisierten Vorschlagswesens besteht in der *systematischen Förderung, Begutachtung, Anerkennung und Umsetzung von Verbesserungsvorschlägen der Mitarbeiter* (Thom 1993, S.280; Schmahl 1995, S.92). Obwohl das BV eines der ältesten Instrumente der Unternehmensführung darstellt, wurden die Möglichkeiten und Potenziale des BV in der Vergangenheit in der Hotellerie zumeist nicht ausgeschöpft. Eine Neubelebung als innovationsförderndes Instrument der Unternehmensführung findet sich erst vor dem Hintergrund der diesbezüglichen Statistiken der japanischen Unternehmen, deren Philosophie der permanenten Verbesserung (Kaizen), eingebettet in den Gesamtkontext des TQM-Konzeptes, zu beeindruckenden jährlichen Vorschlagszahlen und Nettoersparnissen pro Mitarbeiter geführt hat. Der Landgasthof Schindlerhof hat sich bspw. diese Grundprinzipien im Zuge seiner konsequenten Umsetzung des TQM-Konzeptes zu eigen gemacht, und weist in den vergangenen Jahren im Schnitt zwischen 400 und 500 Verbesserungsvorschlägen aus, von denen i.d.R. ca. 2/3 umgesetzt werden. So lag die Vorschlagsquote pro Mitarbeiter im Schindlerhof in den Jahren 1996 und 1997 mit ca. 7,46 (7,5) Vorschlägen ca. 24-(13-) mal so hoch, wie im Durchschnitt der deutschen Industrie (Schindlerhof 1999).

Auch wenn diesbezüglich veröffentlichte Unternehmenszahlen immer einer differenzierteren Analyse bedürfen, so ist der Gedanke eines institutionalisierten und qualitätsfördernden Vorschlagswesens dennoch weiter zu verfolgen, da die grundlegende Erkenntnis des Mitarbeiters, als weitgehend ungenutzte Ideenressource zur Optimierung, Restrukturierung und Innovation unmittelbarer und mittelbarer Arbeitsprozesse/-umfelder, mit Blick auf die hohe Wettbewerbsintensität auf vielen Märkten, von immer größerer Bedeutung ist. Die Organisation und Gestaltung eines effizienten, betrieblichen Vorschlagswesens zur Aktivierung und Sicherstellung des kreativen Ideenpotenzials der Mitarbeiter sollte folgenden, grundlegenden Kriterien genügen (Frey/Schmook 1995,S.117ff.; Thom 1993, S.282ff.):

- **Akzeptanz und aktive Unterstützung durch die Führungskräfte aller Hierarchiebenen**

Die Schaffung eines ‚angstfreien' Klimas des Vertrauens, die Unterstützung und Motivation innovativer Mitarbeiter sowie die Einbindung von Mitarbeitern in den Entscheidungsprozess der Vorschlagsbewertung/-umsetzung fördern die Bereitschaft, für Produkt-, Dienstleistungs- oder Prozessinnovationen/-optimierungen einzutreten.

- **Stetige Information und Kommunikation über Unternehmensziele und -strategien**

Die Aktivierung des Ideenpotenzials der Mitarbeiter setzt die ausreichende Information über die geplante Unternehmensentwicklung voraus, denn nur so können sich Mitarbeiter zukunftsorientiert verhalten bzw. sind in der Lage strategiekonforme Verbesserungsvorschläge zu machen.

- **Signalisierung der Veränderungs- und Lernbereitschaft durch eine innovationsfreundliche Unternehmenskultur**

Eine konstruktive Fehler-, Lern-, Konflikt- und Problemlösekultur, die Förderung von Kreativität- und Innovationsfähigkeit und die Förderung von Innovatoren und Querdenkern stimulieren die Bereitschaft, für Verbesserungen bzw. Neuentwicklungen einzutreten.

- **Sorgfältige Abstimmung und Transparenz des Anreizsystems**

Für die Art und die Höhe der Anerkennung von Verbesserungsvorschlägen sind klar formulierte, eindeutig festgelegte und leicht nachvollziehbare Richtlinien zu fixieren (z.B. prozentualer Anteil der Nettoersparnis bei quantifizierbaren oder entsprechende Entscheidungstabellen bei nicht-quantifizierbaren Vorschlägen).

- **Flexibilisierung und Entbürokratisierung der Bewertungsmechanismen**

Die Organisation des BV muss zu einer dezentralen, schnellen Abwicklung, unbürokratischen Abläufen, einer durchgängigen Verantwortung vor Ort, reduzierten Schnittstellen und kurzen Informations- und Entscheidungswegen beitragen.

Insgesamt lässt sich festhalten, dass die bewusste Ausschöpfung des Know-hows von Mitarbeitern im Rahmen eines institutionalisierten, betrieblichen Vorschlagswesen noch in vielen Häusern und Unternehmen sträflich vernachlässigt wird, ungeachtet der Tatsache, dass auch in der Hotellerie die gleiche unerbittliche Logik wie in anderen Branchen herrscht, nämlich, dass die Mitarbeiter vor Ort am besten um die Stärken und Schwächen der von ihnen ausgeführten Dienstleistungs- und Arbeitsprozesse wissen (Gardini 1994, S.90f.). Angesichts der positiven, motivationalen und leistungsbezogenen Effekte der Aktivierung und Ausschöpfung des Kreativ- und Ideenpotenzials der Mitarbeiter, sollte das BV als Instrument der Mitarbeiterführung und Mitarbeitermotivation im Rahmen kontinuierlicher Produkt- und Leistungsverbesserungen in der Hotellerie offensiver genutzt werden.

2 Preismanagement

2.1 Grundlegende Entscheidungstatbestände der Preispolitik

„Mit scharfem Blick, nach Kennerweise, seh' ich zuerst mal nach dem Preise. Und bei genauerer Betrachtung, steigt mit dem Preise auch die Achtung". Dieses Wilhelm Busch zugeschriebene Zitat verdeutlicht, dass neben der Qualität des Hotelprodukts der Preis für den Hotelkunden einen bedeutsamen, kaufentscheidenden Faktor darstellt. Der Preis eines Produktes oder einer Dienstleistung ist die monetäre Gegenleistung (Entgelt) des Käufers für eine bestimmte Leistungsmenge. Der Preis dient dabei als Indikator für den Wert einer Leistung, um sowohl vor als auch nach dem Kauf über die relative Güte einer Hotelleistung bzw. des Hotelaufenthalts als Ganzes zu urteilen („Preis-/Leistungsverhältnis"). Der ***kundenspezifische Wert einer Leistung*** und der ***tatsächliche Preis einer Leistung*** sind dabei nicht identisch (Berry/Yadav 1997, S.58ff.; Anderson/Narus 1999, S.97f.). Der Preis ist zwar eine Komponente des Wertes, dieser erlangt aber erst durch die kundenspezifischen Anforderungen und Nutzenvorstellungen sein eigentliches Niveau (z.B. in Bezug auf Qualität, Atmosphäre, Serviceniveau, Freundlichkeit etc.). Dies führt dazu, dass ein Gast das Preis-/Leistungsverhältnis eines Hotels als durchaus angemessen empfinden kann, während ein anderer Gast den gleichen Preis im Verhältnis zu der erhaltenen Leistung des betreffenden Hotels als völlig überteuert wahrnimmt. *„We can't see the value of our product, we can only set the price. The market value is set by our customers and our ability to sell it to it. Even in recessionary times, consumers aren't necessarily buying the cheapest options, but they are demanding value for their dollars and rightly so. If you aren't value-selling, then you are giving away precious assets."* (Kotler et al. 2006, S.458).

Preiswürdigkeit, Preisfairness, Verhältnismäßigkeit, Strategiekompatibilität und Wettbewerbsfähigkeit sind die grundsätzlichen Stellhebel der Preisbildung in der Hotellerie. Viele erfolgreiche Hotelunternehmen versuchen denn auch über den Wert und nicht allein über den Preis zu konkurrieren, indem sie ihr Augenmerk auf den zielgruppenspezifischen Kundennutzen im Sinne eines vorteilhaften Nutzen-Aufwand-Verhältnisses richten. Die Positionierung einer Leistung in der richtigen Kombination von Preis, Qualität und Leistungsumfang gehört hierbei zu den schwierigsten Teilbereichen des Marketing, da eine Preisentscheidung auf zahlreichen unternehmensinternen und -externen Variablen basiert. Darüber hinaus müssen viele Preisentscheidungen oft sehr schnell getroffen werden, ohne dass die kundenspezifischen Zahlungsbereitschaften immer hinreichend ermittelt werden können. In der Praxis existieren denn auch häufig Informationslücken hinsichtlich der Preisreaktionen der Nachfrager, und in vielen Branchen bestimmt eher intuitives Vorgehen die Festlegung ‚richtiger' Preise. *„Viele glauben, dass Marketing-Experten zur Preisfindung wissenschaftliche Methoden einsetzen. Nichts könnte weiter von der Realität entfernt sein"* (David Ogilvy zitiert nach Meyer/Davidson 2001, S.461).

Auch wenn die eigentliche Preisbildung nicht ohne Probleme ist, so ist der Preis jedoch das einzige Element des Marketing-Mix, das direkt Einnahmen generiert; alle anderen Elemente verursachen zunächst Kosten (Meyer/Davidson 2001, S.455). Das **Preismanagement (die Kontrahierungspolitik)** eines Hotelunternehmens umfasst dabei sowohl die **Preis- als auch die Konditionenpolitik**. Während die Preispolitik in engerem Sinne Entscheidungen über die angebots-/produktspezifische Preisbildung betrifft (Was soll das Hotelzimmer, der Schnellreinigungsservice, das Weekendspecial etc. kosten?), beinhaltet die Konditionenpolitik Entscheidungen über Rabatte und Bonusprogramme sowie andere Lieferungs-, Zahlungs- und Kreditierungsbedingungen im Zusammenhang mit dem Leistungsangebot.

2.1.1   Besonderheiten der Preispolitik in der Hotellerie

Aus den dienstleistungsspezifischen Besonderheiten der Hotelleistung erwachsen auch einige Implikationen für die Preispolitik in der Hotellerie. Abbildung F.15 gibt einen Überblick über die nachfolgend diskutierten Besonderheiten der Preispolitik in der Hotellerie.

Eigenschaften der Hotelleistung	Konsequenzen für die Preispolitik
Intangibilität/Immaterialität (Nichtlagerbarkeit, Standortgebundenheit)	• Preis als Qualitätsindikator • Dokumentation des Preis-/Leistungsverhältnisses schwierig • Schwierige Ermittlung der Preisbereitschaft
Leistungsfähigkeit des Anbieters (Starre Angebotsstruktur)	• Schwierige Kostenzurechnung bei der Preisgestaltung • Preis- und Konditionenpolitik als Instrument zur Steuerung der Kapazitätsauslastung • Cross-Selling, Preisbündelung
Integration des externen Faktors	• Heterogenität innerhalb der Preisfestsetzung • Preisgestaltung mit Berücksichtigung des Selbstbeteiligungsgrades der Nachfrager • Individuelle Preisgestaltung bei persönlichen Dienstleistungen • Qualität des externen Faktors

Abb.F.15:   Besonderheiten der Preispolitik von Hotelunternehmen
Quelle: in Anlehnung an Meffert/Bruhn 2009, S.303

Die **Immaterialität** der Hotelleistung führt dazu, dass das Preis-/Leistungsverhältnis von Hotelangeboten – wie oben bereits angedeutet – sowohl vor als auch nach dem Kauf nur mit einem gewissen Maß an Unsicherheit beurteilt werden kann. In Ermangelung sichtbarer materieller Leistungsmerkmale kommt dem Preis als Ersatzkriterium zur Qualitätsbeurteilung insbesondere im Vorfeld der Kaufentscheidung eine besondere Bedeutung zu. Aufgrund des Erfahrungsgutcharakters der Hotelleistung sind darüber hinaus direkte Preis- und Wettbewerbsvergleiche ohne die tatsächliche Inanspruchnahme der betreffenden Leistung kaum möglich. Des Weiteren ist es, aufgrund der Immaterialität der zahlreicher Bestandteile der Hotelleistung, auch erheblich schwieriger, im Vorfeld der Entwicklung neuer Dienstleistungskonzepte und Leistungsinnovationen die kundenspezifischen Zahlungsbereitschaften zu ermitteln. Die Notwendigkeit, permanent die **Leistungsbereitschaft aufrechtzuerhalten** und die damit verbundene **starre Angebotsstruktur** in der Hotellerie führt dazu, dass die Preis-

und Konditionenpolitik zu einem entscheidenden Instrument der Steuerung der Kapazitätsauslastung eines Hotelunternehmens wird. Der hohe Fix- und Gemeinkostenanteil in der
Hotellerie ermöglicht jedoch keine verursachungsgerechte Kostenverrechnung auf die Kos-
tenträger, so dass eine kostenorientierte Preisbestimmung in der Hotellerie problembehaftet
ist. Ziel der Preispolitik ist es, mit allen Mitteln der Preisdifferenzierung eine möglichst kos-
ten- bzw. gewinnbringende Auslastung im betreffenden Geschäftsjahr zu erzielen. Preis- und
Leistungsbündelung, Sonderangebote, Bonusprogramme, Weekend-Specials usw. zielen
hierbei sowohl auf die Auslastung des Hotelbetriebs als auch auf die Ausschöpfung von
Cross-Selling Potenzialen. Die *Integration des Kunden in den Leistungserstellungsprozess*
führt hingegen dazu, dass die Internalisierungs- und Externalisierungsmöglichkeiten in den
unterschiedlichen Leistungskategorien der Hotellerie bei der Preisgestaltung Berücksichtigung finden müssen. Je interaktionsintensiver und persönlicher das Ausmaß an gebotener
Dienstleistung, desto heterogener und individueller muss sich auch die Preisgestaltung darstellen. Auch die Qualität des externen Faktors ist zum Teil eine bedeutende Preisdetermi-
nante (so sind manche Gäste sehr „*betreuungsaufwendig*", was sich auch in einer entsprechenden Preisgestaltung niederschlagen sollte).

2.1.2   Ziele und Einflussfaktoren der Preispolitik

Preispolitische Entscheidungen leiten sich aus den übergeordneten Marketing- bzw. Unternehmenszielen und den damit verbundenen internen und externen Einflussfaktoren eines
Hotelunternehmens ab. Grundsätzlich lassen sich einige typische preispolitische Zielsetzungen aus Sicht von Hotelunternehmen skizzieren, wie bspw. die Gewinnung neuer Gästegruppen, die Erhöhung der Kundenzufriedenheit, die Bindung von Stammkunden, die Maximie-
rung von Marktanteil, Gewinn und Rendite oder die gleichmäßige Auslastung der aufgebau-
ten Hotelkapazitäten. Neben diesen eher *unternehmensgerichteten, preispolitischen Zielsetzungen* lassen sich verallgemeinernd in der Hotellerie auch typische, *marktgerichtete Ziele
der Preispolitik* erkennen, wie bspw. die Förderung der Markteinführung neuer Dienstleistungen durch preis- und konditionenpolitische Maßnahmen, der Aufbau oder die Pflege eines
bestimmten Images, die Beeinflussung von Kundenerwartungen und -wahrnehmungen oder
die Unterstützung der Wettbewerbspositionierung (Kostenführerschaft/Differenzierung).

Bei der *konkreten Ausgestaltung preispolitischer Zielsetzungen sind* jedoch für jedes Hotelunternehmen *unterschiedliche Einflussfaktoren* zu berücksichtigen (Bowie/Buttle 2012,
S.188ff.; Kotler et al 2006, S448ff.; Meffert/Bruhn 2009, S.306ff.). So sind durch die spezifischen Unternehmensziele und die damit verbundene strategische Grundausrichtung des Hotelunternehmens Inhalt, Ausmaß und Zeitbezug preispolitischer Ziele im Rahmen des Marketingkonzepts bereits determiniert. Zu den internen Einflussfaktoren gehören die spezifischen
Marketingziele, die Kosten der Leistungserstellung, die angestrebte Positionierung des Unternehmens, das Lebenszyklusstadium der betrachteten Leistung, die strategische Rolle des
Preises für das Unternehmen innerhalb des Marktsegmentes, die Kapazitätsplanung sowie
die organisatorischen Verantwortlichkeiten für die Preispolitik. So ist bspw. die Premi-
umpreisstrategie der Ritz-Carlton-Gruppe mit einem hohen Niveau des Ausgangspreises
(rack rate) vor dem Hintergrund der strategischen Zielsetzung der Qualitätsführerschaft und
den hohen Kosten der Leistungserstellung inhaltlich konsequent. So resultiert im Sinne einer
kostenorientierten Preisfestlegung sowohl aus der Investitionsintensität der Hotelanlage und
der Kapitalkosten pro Hotelzimmer (bis zu $ 500.000 pro Zimmer) als auch aus der Personal-

intensität/-qualität im Luxussegment die Hochpreisstrategie der Gruppe. Auch die angestrebte Positionierung des Unternehmens als Qualitätsführer im Luxussegment und die Vermittlung kunden- und nutzenorientierter Elemente, wie Prestige, Image, Status oder Lifestyle spielen eine Rolle bei der Preisfestlegung der Ritz-Carlton-Gruppe.

Oftmals ist die Preisfestlegung auch der Ausgangspunkt für die Positionierung und Gestaltung des Marketing-Mix von Unternehmen. So nutzten sowohl Marriott mit seiner Motelkette Fairfield Inn in den USA als auch der französische Hotelkonzern Accor mit seinen Marken Ibis Budget und Ibis in Europa den Preis, um die Marken in den jeweiligen Economy bzw. Low Budget-Segmenten zu positionieren. Der Zielpreis des vorgesehenen Produktkonzeptes determinierte dabei das Marktsegment, das Design, die Ausstattungsmerkmale, die Zielgruppe und die Wettbewerbsstrategie. Instrumente, wie das im folgenden Kapitel skizzierte Target Costing, unterstützen diese Ansätze der Preisfestlegung im Rahmen einer Marketingstrategie.

Darüber hinaus spielen jedoch auch externe Einflussfaktoren eine Rolle bei der Preisfestlegung. Während die Kosten eines Hotelunternehmens die langfristige Preisuntergrenze determinieren, *wird die Preisobergrenze* zum einen durch die absolute *Zahlungsbereitschaft der Zielkunden, die Elastizität der Nachfrage und die Konkurrenzverhältnisse* bestimmt. Hotelunternehmen müssen hierbei ihr spezifisches Marktumfeld und die anvisierten Kundensegmente klar definiert haben. Neben der Kunden- und Marktstruktur (Zahl und Art der Anbieter, Nachfrager, Absatzmittler) spielen sowohl die grundsätzlichen Preisvorstellungen der Kunden eine Rolle (z.B. Was will ich grundsätzlich für eine geschäftlich bedingte Übernachtung zahlen?) als auch Wertvorstellungen und Wahrnehmungen bzgl. des spezifischen Hotelprodukts im Sinne des o.g. Preis-/Leistungsverhältnisses (Was ist mir ein Internetzugang, eine Bar, vegetarische Kost etc. wert?). Insbesondere die Vorhersage der Kundenreaktion auf Preisänderungen ist für die Preisgestaltung und die Optimierung des Preismanagements von wesentlicher Bedeutung. Gemessen wird dies durch die *Preiselastizität der Nachfrage*, die definiert wird als das Verhältnis der prozentualen Nachfrageveränderung zur prozentualen Preisveränderung (Simon/Fassnacht 2009, S.94f.; Meffert 2000, S.490ff.).

$$Preiselastizität \ (e) = \frac{Prozentuale \ \ddot{A}nderung \ der \ nachgefragten \ Menge \ (\%)}{Prozentuale \ Preis\ddot{a}nderung \ (\%)}$$

Wird bspw. der Preis um 10% gesenkt und hierdurch der Absatz um 20% erhöht, so ist die Preiselastizität –2, d.h., die Nachfrage ist elastisch und die prozentuale Absatzerhöhung ist zweimal so groß wie die prozentuale Preissenkung. Die Preiselastizität ist negativ, weil sich der Preis und Absatz gegenläufig entwickeln. Fällt bspw. bei einer 10%igen Preiserhöhung die Nachfrage um 10%, ist die Preiselastizität 1, d.h., die Preiserhöhung hätte keinen Mehrumsatz gebracht. Gibt die Nachfrage bei einer 10%igen Preiserhöhung nur um 5% nach, ist die Preiselastizität kleiner 1, und man spricht von einer unelastischen Nachfrage. Je unelastischer die Nachfrage, desto lohnenswerter ist demzufolge eine Preiserhöhung.

Konkurrenzbezogene Einflussfaktoren sind vor allem der Wettbewerberpreis sowie die konkrete Markt- und Wettbewerbssituation, in der sich das Hotelunternehmen befindet. Hotelunternehmen, die über lokale oder regionale Standortvorteile oder gar eine Monopolstellung verfügen, können preislich anders disponieren als Hotelunternehmen, die sich in stark konkurrenzierten Wettbewerbsfeldern bewegen (z.B. 2, 3 oder 4-Sterne Hotels in El Arenal, Mallorca). Im Konkurrenzfall ist der Absatz eines Produktes nicht nur vom eigenen Preis abhängig, sondern auch von den Preisen der Konkurrenz. Über die Stärke dieser Abhängigkeit gibt die Kreuzpreiselastizität Auskunft. Sie zeigt an, um wieviel sich der Absatz eines Produktes A ändert, wenn sich der Preis des Produktes B um 1% verändert. Bei weitgehend ähnlichen, also substituierbaren Gütern, ist die Kreuzpreiselastizität relativ hoch (positive Kreuzpreiselastizität: z.B. Room Service vs. Restaurant). Bei komplementären, d.h. nicht austauschbaren Gütern, ist sie dagegen relativ niedrig (negative Kreuzpreiselastizität).

$$Kreuzpreiselastizität\ eAB = \frac{Prozentuale\ Nachfrageänderung\ Produkt\ A}{Prozentuale\ Preisänderung\ Produkt\ B}$$

Neben diesen formalen Zusammenhängen interessiert im Zuge einer praktischen Preispolitik in der Hotellerie auch die Frage der ***Bestimmungsfaktoren der Preiselastizität der Nachfrage***. Als Determinanten, die die Preisempfindlichkeit eines Marktes beeinflussen, gelten:

- die Einzigartigkeit der Leistung
- die Verfügbarkeit von Substitutionsgütern
- die Dringlichkeit der Bedürfnisse
- die Leichtigkeit der Bedürfnisbefriedigung
- die Langfristigkeit der Kundenbeziehung
- die Markentreue
- das Preisniveau eines Produktes

So sind Hotelkunden weniger preissensitiv, wenn das betreffende Hotelprodukt für einzigartige Leistungen und Erlebnisse bekannt ist oder ein bestimmtes Maß an Exklusivität und Prestige garantiert wird. Das mangelnde Wissen um Ersatzalternativen führt bspw. dazu, dass Hotelkunden vielfach Hotelrestaurants frequentieren, obwohl sie oftmals als überteuert gelten bzw. kein entsprechendes Preis-/Leistungsverhältnis bieten. Viele Hotelkunden tauschen dementsprechend schnell das Hotelrestaurant gegen eine konkurrenzfähige Gastronomiealternative sobald sie besser mit den Örtlichkeiten am Hotelstandort vertraut sind. Hier gilt es, aus Anbietersicht zu überdenken, ob es nicht sinnvoller ist, das Hotelkonzept mit einem attraktiven Gastronomiekonzept aufzuwerten, anstatt das Hotelrestaurant als notwendiges Übel zu betrachten. Auch eine hohe Dringlichkeit der Bedürfnisse oder die Leichtigkeit der Nachfragebefriedigung beeinflussen die Preiselastizität. So wird ein Reisender, der mitten in der Nacht auf der Suche nach einem Hotel endlich fündig geworden ist, eher unelastisch in seiner Nachfrage sein. Auch Geschäftskunden sind oftmals weniger preissensibel als Privatreisende, da die Reisekosten i.d.R. entweder vollständig vom Arbeitgeber zurückerstattet werden oder sie als Betriebskosten steuerlich geltend gemacht werden können. Sicht des Hotelunternehmens heißt dies jedoch nicht, dass die Nachfrage im Geschäfts- bzw. Firmenkunden gänzlich preisunelastisch ist. So sind länder- und zielgruppenspezifische Kenntnisse über die üblichen Spesensätze im Firmenkundenbereich zur Preiskalkulation unerlässlich. So hat die Mandarin Oriental Kette, bevor sie sich den US-Markt mit einem Hotel in San Francisco eröffnet hat, zunächst eine Umfrage über die firmenspezifischen Spesen-/Tagessätze potenzieller Firmenkunden durchgeführt, um darauf aufbauend ihre spezifischen Zielsegmente und Preiskorridore zu identifizieren (Kotler et al. 2006, S.461).

Die *Länge einer Kundenbeziehung* und die oftmals damit einhergehende *Markentreue*, beeinflussen ebenfalls die Preissensibilität von Hotelkunden. Hier können Hotelunternehmen über ein gezieltes Kundenbindungs- und Markenmanagement sukzessive Wechselbarrieren aufbauen und eine anfänglich vorhandene Preissensitivität verringern (siehe Kapitel E.2). Schließlich kann der Preis eines Produktes selbst die Preiselastizität bestimmen. So vermittelt ein hochpreisiges Produkt auch ein bestimmtes Image bzw. eine bestimmte Qualität und wird nur einen sehr ausgewählten Kundenkreis ansprechen. Eine merkliche Preissenkung eröffnet neue Märke und ist somit mit einer hohen Preiselastizität verbunden. Andererseits versprechen Preissenkungen bei Produkten mit relativ niedrigen, absoluten Preisen nicht immer neue Absatzchancen. Beides muss jedoch aus Anbietersicht mit der strategischen Positionierung des Unternehmens übereinstimmen. So würde eine massive Preissenkung der Ritz-Carlton Gruppe sicherlich einen Nachfrageschub erzeugen. Ob die damit angesprochene Kundenklientel aber noch der aktuellen Zielgruppe entspricht, mag bezweifelt werden, so dass unter Umständen mittel- bis langfristig mit Kunden- bzw. Imageverlusten zu rechnen wäre.

2.1.3   Methoden der Preisbildung

Preispolitische Entscheidungen hängen in der Praxis sehr stark von der Risikobereitschaft der Entscheidungsträger ab. Dies führt zu Preisbildungsstrategien, die in der Tendenz eher zu risikominimierenden als zu gewinnmaximierenden Verhaltensweisen führen. Je nach Unternehmens- und Umweltsituation *orientiert sich die Preisbildung generell an folgenden Prinzipien* (Simon/Fassnacht 2009, S.82ff.; Meffert 2000, S.506ff.):

- Herstellungs- bzw. Kostenorientierte Preisbestimmung (Cost-plus-Verfahren)
- Konkurrenz- bzw. Branchenorientierte Preisbestimmung
- Nachfrage- bzw. Kundennutzenorientierte Preisbestimmung (Wertprinzip)

Auch wenn die Preise letztlich durch den Markt bestimmt werden, muss ein Hotelunternehmen wissen, wo seine Preisuntergrenze ist. Hauptaufgabe der *kostenorientierten Preisbestimmung* ist daher die Ermittlung von Preisuntergrenzen für die hoteltypischen Leistungsbereiche. Die Preisuntergrenze entspricht dabei dem niedrigsten Preis, bei dem ein Produkt oder eine Dienstleistung noch angeboten werden kann. Dies ist langfristig der Fall, wenn alle Kosten gedeckt sind (*Vollkostenrechnung*). Bei kurzfristiger Betrachtung sind die Fixkosten jedoch nicht abbaubar. Einen Beitrag zur Abdeckung der Fixkosten kann der Deckungsbeitrag leisten, d.h., der Preis, bei dem zumindest die variablen Kosten gedeckt sind. Sobald der Preis über den variablen Kosten liegt, trägt die Differenz zur Deckung der Fixkosten bei (*Teilkosten-/Deckungsbeitragsrechnung*).

Diese Überlegungen sind für die Hotellerie angesichts der Anlageintensität, der strukturellen Überkapazitäten und dem damit einhergehenden hohen Fixkostenanteil von besonderer Bedeutung. Die Spezifika der Hotellerie führen denn auch zu einer preispolitischen Logik, die die Verhaltensweisen anderer Branchen inhaltlich umkehrt. So steigen die Preise bei hoher Auslastung der Kapazitäten, obwohl man aus Kostensicht wegen der besseren Fixkostendeckung niedrigere Preise erwarten würde als in nachfrageschwachen Zeiten. Die Preise in der

Hotellerie verhalten sich demzufolge umgekehrt zu den tatsächlichen Leistungserstellungskosten, so dass bei wachsender Nachfrage hohe Preise gefordert werden (z.B. zu Messe-, Ferienzeiten), um die Leerkosten, d.h. die nicht gedeckten Fixkosten der nachfrageschwachen Zeiten auszugleichen (z.B. in der Nebensaison). Der jeweilige Saisonpreis eines Hotelunternehmens steht also in keinem Zusammenhang zu den kalkulierten (kostenorientierten) Stückkosten. In der Hotellerie wird denn auch wegen der hohen Preiselastizität der Nachfrage und der permanenten Leistungsbereitschaft ein Kostenpreis, d.h. Kosten plus Gewinnzuschlag, i.d.R. nur zur Festlegung der Preisuntergrenze herangezogen. Zur Ermittlung dieser Untergrenzen stehen unterschiedliche Methoden zur Verfügung (z.B. Zuschlagskalkulation, Break-Even-Analyse, Bottom-Up Preiskalkulation, Preisermittlung nach Zimmergröße, pro Mille Regel, Hubbart-Formel, Deckungsbeitragsrechnung) (Seitz 1997, S.178ff.; Dettmer et al. 1999, S.212ff.).

Auch wenn Hotelunternehmen keine kostenorientierte Preispolitik in Reinkultur betreiben, ist die Ermittlung und Festlegung kurz- und langfristiger Preisuntergrenzen eine wichtige Größe des Marketingcontrolling, um mit Blick auf marktinduzierte Kosten- und Preisentwicklungen angemessen und frühzeitig auf Veränderungen in der Kostenstruktur reagieren zu können. So ist die Kenntnis der kurz- und langfristigen Preisuntergrenzen sowohl bei der Gestaltung von Sonderaktionen, Specials, Bonusprogrammen, Pauschalarrangements oder kundenindividuellen Leistungsangeboten als auch bei der Reaktion auf Aktivitäten der Wettbewerber bedeutsam. Problematisch ist jedoch, dass eine Preiserhöhung infolge steigenden Kostendrucks schnell zu einem Gewinneinbruch führen kann, nämlich dann, wenn die Kunden nicht bereit sind, plötzlich einen höheren Preis für die gleiche Leistung zu bezahlen.

Dient die Kalkulation kurz- und langfristiger Preisuntergrenzen aus unternehmensinterner Sicht dazu, Anhaltspunkte über die Höhe des zu fordernden Marktpreises zu gewinnen, so ist in einem zweiten Schritt zu prüfen, ob dieser Preis auch am Markt durchsetzbar ist. Das Preisdurchsetzungspotenzial ist sodann sowohl aus Wettbewerbs- als auch aus Kundensicht zu durchleuchten. Bei der **konkurrenz- oder branchenorientierten Preisbestimmung** orientiert sich ein Unternehmen an dem Leitpreis des Marktführers oder dem Durchschnittspreis der Branche. Charakteristisch für dieses auf Risikominimierung abzielende Prinzip ist, dass auf eine aktive Preispolitik verzichtet wird und der unternehmensspezifische Preis unabhängig von etwaigen Veränderungen auf der Kostenseite nur auf Veränderungen des Leit-/ Branchenpreises reagiert. Unterstellt wird hierbei, dass der Branchenpreis die Erfahrungen aller Anbieter bündelt und so ein schädlicher Preiswettbewerb vermieden werden kann.

Für Hotellerie und Gastronomie ist die konkurrenzorientierte Preisbestimmung gängige Praxis. Die in Kapitel B skizzierte Fragmentierung der Hotelbranche führt zu einer Marktform, die aus volkswirtschaftlicher Perspektive als polypolistische Konkurrenz beschrieben wird, wobei der Markt für Hotelleistungen als unvollkommen zu charakterisieren ist.[1] Diese Unvollkommenheit resultiert aus der Heterogenität und Standortbezogenheit des Angebots sowie aus der durch die Komplexität der Marktsituation (Länder-, Standort-, Qualitätswettbewerb) bedingten, fehlenden Markttransparenz des Beherbergungsmarkts. Insbesondere die Standortabhängigkeit bedingt die Inhomogenität des Hotelmarktes auf makroökonomischer

---

[1] Ein vollkommener Markt ist gekennzeichnet durch a) eine Vielzahl von Anbietern und Nachfragern, b) die Homogenitätsbedingung, d.h. es gibt keine sachlichen, persönlichen, räumlichen und zeitlichen Präferenzen der Marktteilnehmer, c) vollständige Markttransparenz, d) durch einen langfristig freien Markteintritt (Demmler 1990, S.163).

Ebene und führt *in praxi* dazu, dass sich der Wettbewerb auf räumlich begrenzten Märkten mit relativ homogenen Standortbedingungen abspielt. Unbeschadet der Tatsache, dass Hotelketten und -marken zusätzlich auf nationaler und internationaler Ebene miteinander konkurrieren, ist der eigentliche Wettbewerb demnach lokal und – ausgehend von der mikroökonomischen Perspektive des Standortes – durch eher oligopole Wettbewerbsstrukturen gekennzeichnet (Klien 1991, S.11; Schultze 1993, S.166).

Des Weiteren gilt es zu berücksichtigen, dass sich der Preiswettbewerb in der Hotellerie i.d.R. innerhalb der jeweiligen Qualitätssegmente (Hotelkategorien) vollzieht. Mit der Zugehörigkeit zu einer bestimmten Kategorie geht zumeist auch eine Preisnormierung einher, im Sinne eines für die Kategorie als marktüblich erachteten Preisniveaus bzw. -korridors. Da die Fühlbarkeitsschwelle von Konkurrenzmaßnahmen auf oligopolistischen Märkten wesentlich niedriger liegt als bei einem Polypol, ist die Wettbewerbstransparenz entsprechend höher, was sich beruhigend auf die Wettbewerbsintensität auswirkt, da ein Unternehmen auf Maßnahmen der direkten Wettbewerber viel unmittelbarer reagieren kann. Darüber hinaus ist im Zeitalter des Internet die Preis- und Markttransparenz in der Hotellerie erheblich gestiegen. Neben den klassischen Hotelführern haben in jüngster Zeit insbesondere Internetplattformen oder elektronische Hotelreservierungssysteme, die auch für den Endverbraucher zugänglich sind (z.B. hrs.de; worldres.com; expedia.de; bookings.org; travelchannel.de etc.), über die lokale/regionale Markttransparenz hinaus auch auf internationaler Ebene zu einer verstärkten Preistransparenz der Hotelangebote geführt. Konsequenz dieser Entwicklungen ist ein weitgehender Verzicht auf einen aggressiven Preiswettbewerb innerhalb der verschiedenen Preis-/Qualitätskategorien in der Hotellerie, so dass eine Wettbewerbsdifferenzierung in den jeweiligen Segmenten eher über die spezifische Leistungsprofilierung erfolgt, denn über preispolitische Aktivitäten.

Bei der ***nachfrage- bzw. kundennutzenorientierten Preisbestimmung*** ist die entscheidende Frage, die es zu beantworten gilt: *„Was ist der Kunde für die angebotene Leistung zu bezahlen bereit d.h., was ist dem Kunden die angebotene Leistung wert?"* Bei diesem Preisfindungsverfahren muss man demzufolge nicht nur die Preisabsatzbeziehung und die Preiselastizitäten seiner Kunden kennen, sondern auch den vom Kunden empfundenen Produktwert (Perceived Value). Die Preisbestimmung muss entsprechend sicherstellen, dass das Produkt oder die Dienstleistung in der Wahrnehmung der Zielgruppe ein besseres Preis-/Leistungsverhältnis (Product value oder Nettonutzen) aufweist als die Konkurrenzprodukte. Die nachfrage- bzw. kundennutzenorientierte Preisbestimmung berücksichtigt dementsprechend – im Gegensatz zur kosten- bzw. konkurrenzorientierten Preisfindung – explizit Marktdaten und Nachfrageverhältnisse und stellt als zentrale Aufgabe die Ermittlung des vom Kunden mit einem bestimmten Produkt oder einer Dienstleistung assoziierten Nutzens in den Mittelpunkt der Preispolitik. Ausgangspunkt dieser Überlegungen ist der Tatbestand, dass Konsumenten bei jedem Kauf eine mehr oder weniger umfassende Abwägung (Trade-Off) zwischen dem zu zahlenden Preis (negative Komponente eines Kaufaktes) und seinem individuellen Nutzen (positive Komponente eines Kaufaktes) vornimmt. Die Leistung wird dabei nicht als homogenes Ganzes bewertet, sondern als Bündel mehrerer Eigenschaften und Leistungsmerkmale, die jeweils einen bestimmten Teilnutzen stiften. Zum Gesamtnutzen eines Produktes oder einer Dienstleistung tragen nicht nur die materiellen Elemente und Eigenschaften (z.B. Zimmer, Hotelanlage), sondern auch die immateriellen Merkmale bei (z.B. Marken-/Firmenimage, Prestigenutzen). In jüngerer Zeit werden in diesem Zusammenhang in der Dienstleistungsliteratur auch zufriedenheitsorientierte Modelle der kundenspezifischen Preisbestimmung diskutiert (Berry/Yadav 1997). Darüber hinaus gilt es auch psychologische Auswirkungen des Preises zu berücksichtigen. Wie in dem oben zitierten Sinnspruch Wilhelm Buschs deutlich wird, zeigt der Preis für viele Kunden die Produktqualität an. Imagebildende Preise sind besonders wirkungsvoll bei Produkten, bei denen das Ego des Käufers besonders stark angesprochen werden soll. Hier führen Preissteigerungen bemerkenswerterweise oftmals eher zu Umsatzsteigerungen denn zu Umsatzeinbrüchen.

Für die Nutzenbestimmung einzelner Produkteigenschaften, die zielgruppenspezifische Bestimmung von Preisbereitschaften und die Ableitung empirischer Preis-Absatz-Funktionen hat sich in Wissenschaft und Praxis die *Conjoint Analyse* (CA) durchgesetzt (siehe Kapitel E.4). Hier ist insbesondere die Preisstellung hervorzuheben, bei der die CA, über die Aggregation individueller Preis-Absatz-Funktionen, zu einer gewinnmaximalen Gestaltung von Produkten und Dienstleistungen für einzelne Kundensegmente genutzt werden kann. Dies ist wichtig, als die Preiselastizitäten in der Hotellerie nach Kundengruppen zu differenzieren sind (z.B. Privat- oder Geschäftsreisende). Ohne auf die konkrete Vorgehensweise bei der Durchführung einer CA in der Hotellerie einzugehen, lässt sich festhalten, dass eine nutzenorientierte Preisfestlegung mittels einer Conjoint Analyse die Möglichkeit bietet, sich in der Praxis dem optimalen Preis für Hotelleistungen zu nähern (hierzu Wind et al. 1989; Huber 1999). Gewisse Einschränkungen ergeben sich zwar aus bestimmten methodischen Aspekten, vielfältige erfolgreiche Anwendungen im Dienstleistungssektor unterstreichen jedoch die Fähigkeit der CA, wertvolle Informationen für die kunden- bzw. nutzenorientierte Entwicklung und Gestaltung von Dienstleistungskonzepten und den damit verbundenen Preis-Absatz-Funktionen zu generieren.

Eine Verbindung zwischen allen drei Ansätzen der Preisbestimmung stellt das sog. *Target Costing* her. Der Target Costing-Ansatz (dt.: *Zielkostenmanagement*) – entwickelt in der japanischen Industrie – kann als Prozess zur markt- und kundenorientierten Kostenplanung, steuerung und -kontrolle definiert werden, der in den Prozess der Leistungserstellung eingebunden ist. Kernfrage des Target Costing ist dabei: ‚*Was darf ein Produkt kosten?*‘ und nicht, wie es üblicherweise kostenrechnerisch angegangen wird: ‚*Was wird ein Produkt kosten?*‘ Target Costing fußt entsprechend auf folgenden Überlegungen (Klatt 1997; Seidenschwarz 1997):

- Grundlegendes Merkmal des Target Costing ist die Markt- und Wettbewerbsorientierung des Ansatzes, welche den Preis als zentralen Wettbewerbsparameter und bedeutsames Leistungsattribut auffasst und davon ausgeht, dass ein Markterfolg sich nur dann sicherstellen lässt, wenn Preise aus dem Nachfrage- und Wettbewerbskontext abgeleitet werden, anstatt aus den Kosten bei gegebenen unternehmensspezifischen Rahmenbedingungen. So erhält die Kostenorientierung in der Unternehmen einen ganz konkreten Ausrichtungspunkt, den Absatzmarkt, wobei dieser Grundgedanke alle Bereiche der Leistungserstellung erfasst.
- Zielkosten werden produkt-/dienstleistungsbezogen abgeleitet. Ausgangspunkt des daran ausgerichteten Leistungserstellungs- und Problemlösungsprozesses sind die Funktionen und Komponenten des Produktes bzw. der Dienstleistung, was letztlich die Gestaltung von Potenzialen und Aktionen voraussetzt.
- Target Costing setzt dort an, wo die Spielräume und Freiheitsgrade zur Kostenbeeinflussung am ehesten gegeben sind, nämlich in der Phase der Produkt- und Potenzialplanung, so dass eine Kostenorientierung bereits in den frühen Phasen der Leistungserstellung Platz greift.

Target Costing gilt mithin **als Instrument des strategischen Kostenmanagements**, da es mit Blick auf die vom Markt geforderten Strukturveränderungen den Hauptschwerpunkt auf die planerische Kostenbeeinflussung legt und darüber hinaus durch seine direkte Anbindung an die generellen Ergebnisziele des Unternehmens an vielen Stellen über das reine Kostenmanagement hinausgeht. Der Target Costing-Ansatz erlaubt dabei eine ergebnisorientierte Modellierung von Leistungs- und Qualitätsprofilen, indem er Kosten-Nutzen-Relationen in den Mittelpunkt stellt und durch die Ausrichtung an der Kundendimension (Preis-/Nutzenbetrachtung) und der Wettbewerbsdimension (Kosten-/Erlösbetrachtung) eine verstärkte Marktorientierung des Produkt-/Dienstleistungskonzeptes ermöglicht.

Weitere Informationslücken über Preisvorstellungen und spezifische Preisreaktionen von Kunden lassen sich außer über die direkte Kundenbefragung, auch durch Expertenbefragungen, Preistests und die Auswertung von Marktdaten schließen:

- **Expertenbefragung**
Befragung von internen oder externen Branchenexperten. Bei einer internen Befragung werden mit Hilfe eines Moderators 5-10 Experten aus unterschiedlichen hierarchischen Ebenen des Hotelunternehmens (z.B. Hoteldirektoren, Marketing Manager, Verkaufsbüros) zu ihren subjektiven Preiseinschätzungen befragt. Ergebnis der Expertenbefragung sollte ein gemeinsamer Konsens sein und keine einfache Durchschnittsrechnung. Als externe Branchenexperten können entweder zusätzlich oder separat Berater, Forscher oder Branchenjournalisten in eine solche Sitzung einbezogen werden. Expertenbefragungen können auch als mehrstufige Befragungsrunden im Sinne einer Delphi-Befragung konzipiert werden.

- **Preistests**
Bei Preisexperimenten werden unter Laborbedingungen bzw. in realen oder realitätsnahen Situationen alternative Preise vorgegeben, um deren Wirkung auf Nachfrage und Absatz anhand des Verhaltens der Testkäufer zu erfassen (z.B. per Scannerdaten, Verkaufsstatistiken).

- **Marktdaten**
Durch Auswertung standardmäßig erhobener Daten aus unternehmensinternen (z.B. Verkaufsstatistiken, -berichte) und externen Quellen (z.B. Verbände, öffentliche Statistiken, externe Marktanalysen), dienen Marktdaten als Grundlage zum Einstieg in detaillierte preispolitische Diskussionen im Unternehmen.

2.2   Strategien im Preismanagement

2.2.1   Preispolitik und Wettbewerbsstrategie

Dem Preis fällt direkt bzw. indirekt über das wahrgenommene Preis-/Leistungsverhältnis eine wichtige Rolle bei der Formulierung der Wettbewerbsstrategie zu. Abb.F.16 verdeutlicht die grundlegenden Typen der verschiedenen Wettbewerbsstrategien des Preismanagements. Zentrale Strategiemuster sind hier:

- der Preiswettbewerb (Preis-Mengen-Strategie bzw. Discountstrategie) und
- der Qualitätswettbewerb (Präferenzstrategie bzw. Markenartikelstrategie).

Der klassische ***Preiswettbewerb*** setzt auf die Wirksamkeit eines niedrigen Preises in Relation zur Konkurrenz und stellt das Ziel der Preis- bzw. Kostenführerschaft im anvisierten Marktsegment in den Mittelpunkt aller Unternehmensaktivitäten. Er ist typisch für Marktsegmente, die durch Produkte mit Basisleistungen (Kernnutzen) gekennzeichnet sind (Low Budget-/Economy Hotellerie). Längerfristige Preisvorteile können jedoch nur bei entsprechenden Kostenvorteilen gehalten werden. Unter Wettbewerbsaspekten ist daher das Preismanagement untrennbar mit dem Kostenmanagement verbunden. Der ***Qualitätswettbewerb*** hingegen zielt auf den Aufbau von Nutzenvorteilen durch Produkte, die neben Basisleistungen auch Zusatzleistungen (Zusatznutzen) bieten (Luxus-/First-Class-Hotellerie, Wellnesshotels, Sporthotels etc.). Der Qualitätswettbewerb konkurriert vor allem mit nicht-preislichen Mitteln des Marketinginstrumentariums (Produktgestaltung, Servicepolitik, Kommunikationspolitik) und ist charakteristisch für mittlere und obere Marktsegmente. Die Wettbewerbsform des Qualitätswettbewerbs versucht, Qualitäts- und Markenpräferenzen beim Abnehmer aufzubauen und dadurch den Preis in seiner Bedeutung für die Kaufentscheidung zu relativieren, so dass hohe oder überdurchschnittliche Preisstellungen möglich werden (Becker 2006, S.180).

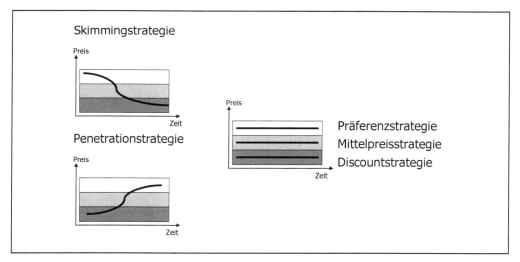

Abb.F.16:   Preispolitik und Wettbewerb

Für die Preisgestaltung während der Einführungsphase eines neuen Produktes können Unternehmen zwischen zwei grundlegenden Optionen wählen (Meffert et al. 2012, S.494ff.; Kotler et al. 2006, S.469f.)

- Skimming-Strategie (Abschöpfungsstrategie)
- Penetrationsstrategie (Durchdringungsstrategie)

Bei der ***Skimming-Strategie*** wird das Produkt zu einem vergleichsweise hohen Preis eingeführt. Dieser wird jedoch nicht beibehalten, sondern später mit zunehmender Markterschließung bzw. bei auf kommenden Konkurrenzdruck sukzessive gesenkt. Ziel dieser Strategie ist es, die hohen Neuproduktentwicklungskosten möglichst schnell zu amortisieren. Dies geschieht, indem zunächst von Konsumenten mit überdurchschnittlichen Konsum- und Prestigebedürfnissen (Innovatoren) und geringer Preiselastizität die Zahlungsbereitschaft abgeschöpft wird, um dann die preissensibleren Nachfrager anzusprechen. Dies setzt jedoch voraus, dass es in der Einführungsphase genügend preisunempfindliche Nachfrager gibt und es keinen Vergleichsmaßstab für den subjektiv beigemessenen Wert und Nutzen des Leistungsangebots gibt (perceived value). Aufgrund der hohen Gewinnspanne und den geringen Markteintrittsbarrieren in der Hotellerie und Gastronomie werden jedoch sehr schnell Konkurrenten in den Markt einzutreten versuchen, so dass der zeitliche Horizont dieser Strategie in der Hotellerie eher kurzfristiger Natur ist.

Grundidee der **Penetrationsstrategie** ist die schnelle Markterschließung (Diffusion) des neuen Produktes durch einen relativ niedrigen Preis. Die Strategie zielt darauf ab, möglichst viele Käufer anzuziehen und sich schnell einen hohen Marktanteil und damit Kostenvorteile zu verschaffen. Niedrige Preise und geringe Stückkosten sollen darüber hinaus als Markteintrittsbarriere wirken und potenzielle Konkurrenten abschrecken.

> *"**Marriott** strives to be the market-share leader in its class. When it opens a new hotel, Marriott builds market share as quickly as possible. For example, Marriott opened its resort on Australia's Gold Coast with $99 rates; six month later the hotel charged almost twice this rate. Low opening rates create demand. As the demand increased, low-revenue business was replaced with higher. Such a strategy uses price and other elements of the marketing mix to create the awareness of better value than the competition"* (Kotler et al. 2006, S.449).

Eine Penetrationsstrategie empfiehlt sich immer dann, wenn der Preisvorteil aufgrund der hohen Preiselastizität der Nachfrage von den Konsumenten leicht erkannt wird bzw. wenn es keine Konsumenten gibt, die dazu bereit sind, einen höheren Preis für eine Innovation zu bezahlen. Dabei dürfen jedoch keine Konflikte zwischen der Penetrationsstrategie und dem angestrebten Produktimage entstehen, d.h. die Konsumenten dürfen nicht vom niedrigen Preis auf eine minderwertige Qualität schließen. Der Erfolg der Strategie hängt darüber hinaus auch davon ab, ob ausreichend große Märkte existieren um die Gewinnsituation durch die Kostendegression bei hoher Anlagennutzung zu verbessern (economies of scale). Inwieweit es – wie im o.g. Beispiel gezeigt – im Zeitablauf des Produktlebenszyklusses grundsätzlich zu einer Erhöhung des Preises oder zu einer Preissenkung (i.d.R. geringes Preissenkungspotenzial) kommen muss, oder ob der Preis unverändert bleibt (Discountstrategie), muss differenziert betrachtet werden. Jedes Unternehmen muss nach Maßgabe seiner spezifischen Wettbewerbssituation entscheiden, welche dieser Optionen geeignet erscheint, um die gesetzten Unternehmensziele zu erreichen. Die Gefahren der Penetrationsstrategie liegen in der langen Amortisationsdauer der Neuproduktentwicklungen, dem geringen preispolitischen Spielraum nach unten bei aufkommenden Wettbewerb und der Frage, ob sich eine sukzessive Preiserhöhung in den Folgeperioden ohne signifikante Marktanteilsverluste bei den Konsumenten durchsetzen lässt.

2.2.2   Preisdifferenzierung

2.2.2.1   Ziele und Ansatzpunkte der Preisdifferenzierung

Die Preisdifferenzierung geht davon aus, dass sich Märkte und Kunden in Segmente mit unterschiedlichen Zahlungs-/Preisbereitschaften unterteilen lassen. Preisdifferenzierung bedeutet generell, dass für identische oder sehr ähnliche Leistungen unterschiedlich hohe Preise von verschiedenen Kunden gefordert werden. Grundsätzlich kann die Preisdifferenzierung sowohl über das Entgelt als auch über den Leistungsumfang erfolgen. Die Ziele der Preisdifferenzierung setzen an zwei Stellhebeln an (Diller 2000, S.221f.):

- **Flexible Anpassung an segmentspezifische Marktverhältnisse und differenzierte Preisstellung aufgrund**
    - unterschiedlicher Preisbereitschaften der Kunden
    - unterschiedlicher Leistungsansprüche der Kunden nach Umfang und Art (z.B. Serviceniveau, Zahlungsbedingungen, Garantieleistungen)
    - unterschiedlich großer Attraktivität der Abnehmer für den Anbieter (z.B. Nachfragevolumen von Firmenkunden)
    - unterschiedlicher Konkurrenzsituationen in den Absatzgebieten (z.B. Monopol- vs. Polypol)

- **Realisierung von produktionstechnischen, finanzwirtschaftlichen und logistischen Vorteilen durch Beeinflussung des Kaufverhaltens**
    - Kostengünstigere Produktionsmengen bzw. Deckung der Bereitschaftskosten
    - Gleichmäßigere Kapazitätsauslastung durch Verlagerung der Nachfrage von Spitzenlastzeiten in nachfrageschwächeren Zeiten
    - Optimierung der Warenwirtschaft (Food & Beverage)
    - Effizientere Auftragsabwicklung durch Verbesserung der Auftragsgrößenstruktur
    - Optimierung der Personaleinsatzplanung

In der Praxis sind – wie in Abbildung F.17 dargestellt – je nach Segmentierungskriterium vor allem die räumliche, die zeitliche und die kundenspezifische Preisdifferenzierung zu finden (Meffert/Bruhn 2009, S.317ff.). Bei der *räumlichen Preisdifferenzierung* werden Produkte und Dienstleistungen auf geographisch unterschiedlichen Märkten zu unterschiedlichen Preisen angeboten. Differenzierungskriterium sind hier räumlich abgrenzbare Teilmärkte in Form von Ländermärkten, Regionen, Städten, Stadtteilen etc. Bei dieser Differenzierungsform können sowohl Kosten- als auch Präferenzunterschiede Auslöser der unterschiedlichen Preisstellung sein. So können bspw. Kaufkraftunterschiede in Ländermärkten, Wettbewerbsintensitäten, unterschiedliche Personalkosten oder regionalspezifische Geschmackspräferenzen in Hotellerie und Gastronomie zu uneinheitlichen Preisen führen. So zählen bspw. die europäischen Hotelpreise im Vergleich zu den asiatischen oder amerikanischen Übernachtungspreisen zu den niedrigsten weltweit und innerhalb Europas hat Deutschland seit vielen Jahren die niedrigsten Übernachtungspreise was die jährlichen Hotelpreisvergleiche der Onlineplattformen wie HRS (HRS Hotelpreisanalyse), Trivago (Trivago Hotelpreisindex) oder Hotel.com (Hotel Price Index) immer wieder bestätigen.

Bei der *zeitlichen Preisdifferenzierung* werden, je nach Kaufzeitpunkt, unterschiedlich hohe Preise gefordert. Vor allem in Dienstleistungsbranchen, wie der Hotellerie, spielt die zeitliche Differenzierung aufgrund der stark schwankenden Kapazitätsauslastungen und der guten Möglichkeiten zur Trennung der Markt-/Kundensegmente eine besondere Rolle. Typisch für die Hotellerie sind Preisdifferenzierungen in Abhängigkeit vom Zeitpunkt der Inanspruchnahme (Vor-, Haupt-, Nachsaison bzw. Wochentage, Wochenende) oder die Abhängigkeit von Buchungs- bzw. Kaufterminen (Frühbucher, Last Minute, Late Shows). Des Weiteren sind auch oftmals in den unterschiedlichen Phasen des Lebenszyklusses eines Produktes unterschiedliche Preise für dieselbe Leistung zu beobachten (z.B. Sonderpreise zur Markteinführung, Preisnachlässe in der Sättigungs- bzw. Degenerationsphase).

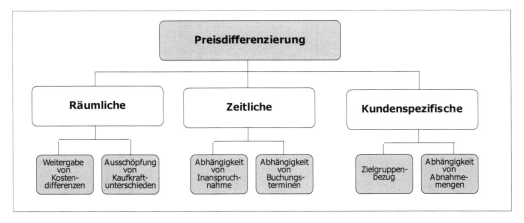

Abb.F.17:   Formen der Preisdifferenzierung

Eine ***kundenspezifische Preisdifferenzierung*** basiert auf spezifischen Merkmalen der Nachfrager (z.B. Alter, Familienstand, Geschlecht, Einkommen, Beruf etc.). Spezialpreise für Flitterwöchner, Langzeitgäste oder Sonderpreise für Kinder und Jugendliche bestimmter Altersstufen sind Erscheinungsformen der merkmalsbezogenen Differenzierung. Auch die Zugehörigkeit zu bestimmten Berufsverbänden begründet bisweilen reduzierte Preise (z.B. Airline- oder Reisebüromitarbeiter, Automobilclubs). In der Hotellerie ist hier insbesondere die Unterscheidung in Privatkunden und Firmenkunden bedeutsam. Gerade bei Firmenkunden wird die ***quantitative Preisdifferenzierung*** als eine Sonderform der kundenspezifischen Preisdifferenzierung relevant. In Abhängigkeit von den Abnahmemengen (z.B. Zimmerkontingente) verändert sich der durchschnittliche Stückpreis (pro Zimmer). Außer dem klassischen Mengenrabatt für Großkunden und den damit zusammenhängenden Spezialpreisen für Firmenangehörige (corporate/company rates), gewähren auch die Frequent Traveller Programme bzw. Kundenbindungsprogramme der Hotellerie leistungsmengenabhängig bestimmte Preisnachlässe (Treuerabatte, Bonussysteme). Kundenspezifische Kauffrequenzen bzw. Besuchshäufigkeiten oder bestimmte Gruppengrößen können ab einer unternehmensspezifisch zu definierenden Teilnehmerzahl entweder einen preislichen Nachlass oder unentgeltliche Zusatzzimmer begründen. Die kundenspezifische Preisdifferenzierung wird besonders bei den Produkten und Dienstleistungen eingesetzt, bei denen der Anbieter eine langfristige Kundenbeziehung anstrebt. So werden nicht kostendeckende Preise zu Anfang in Kauf genommen, da im Zeitablauf der Kundenbeziehung mit einer deutlich wachsenden Kaufkraft und Preisbereitschaft gerechnet wird. Grundlage der Preiskalkulation ist hier der langfristige Kundenwert (customer value) (siehe Kapitel E.3).

2.2.2.2   Yield Management

Eine Mischform der zeitlichen und kundenspezifischen Preisdifferenzierung stellt die ertragsorientierte Preis-Mengen-Steuerung, das sog. Yield Management, dar. Unter ***Yield Management (auch Revenue bzw. Ertrags-Management genannt)*** wird die gezielte Steuerung der Nachfrage nach Hotelleistungen verstanden, mit der Hotelunternehmen eine optimale und nicht maximale Auslastung der Kapazitäten anstreben (Kohl 2013, S.143ff; Gruner et al. 2008, S.367; Kotler et al. 2006, S.475ff.; Hausmann 2000, S.451; Desijaru/Shugan 1999). Vor dem Hintergrund der starren Angebotsstruktur in der Hotellerie und den damit zusammenhängenden Herausforderungen der Kapazitätsauslastung, ist das Leitprinzip des Yield Managements die richtige Anzahl von Hotelzimmern den richtigen Gästetypen (in Anzahl und Art) zum richtigen Zeitpunkt (Buchungs- und Aufenthaltszeitpunkt) zum richtigen Preis anzubieten. Ziel des Yield Management ist es hierbei, den durchschnittlichen Erlös pro Zimmer möglichst nahe an den auf der Kalkulation basierenden sog. Schrankpreis (rack rate) heranzuführen. Der Gesamtyield ist das Produkt aus durchschnittlich erzieltem Zimmerpreis und der erreichten Auslastung.

$$\frac{\textit{Verkaufte Zimmer pro Nacht}}{\textit{Anzahl d. verfügbaren Zimmer}} \times \frac{\textit{durchschnittlicher Zimmerpreis}}{\textit{Rack Rate (Max. Preispotenzial)}} = \textit{Yield}$$

Darin steckt der Gedanke, dass kein Bett billiger verkauft werden darf, als dies aufgrund der Nachfrage notwendig ist, und dass kein Bett unverkauft bleiben darf, das auch durch einen kostenrechnerisch vertretbaren Preisnachlass belegt werden kann. Die Thematik soll an einem vereinfachten Beispiel dargestellt werden.

Anzahl Nachfrager per Preiskat.	Preiskategorie (€)	Erträge Theoretisches Maximum	Erträge Best Case (hohe Preise)	Erträge Worst Case (niedrige Preise)
30	200	6.000	6.000	------
50	150	7.500	7.500	4.500
70	100	7.000	2.000	7.000
150		20.500 €	15.500 €	11.500 €

Abb.F.18:   Beispielrechnung für eine ertragsorientierte Preispolitik

Ein Hotel verfügt über 100 Zimmer und bietet seine Zimmer in drei Preiskategorien an (100 €, 150 €, 200 €). Zu bestimmten Zeiten übersteigt die Nachfrage das Angebot, so dass zu den aufgeführten Preisen ca. 150 Kunden das Angebot nachfragen. Die Gäste sind dabei sowohl Privat- als auch Geschäftsreisende, die sich typischerweise in ihrem Buchungsverhalten und in ihrer Preiselastizität unterscheiden. So sind in der 1. Preiskategorie 30 Nachfrager zu verzeichnen, in der 2. Kategorie 50 Nachfrager und in der 3. Kategorie 70 Nachfrager. Wenn die Nachfragekapazität voll zur Verfügung stünde, ergäbe sich ein theoretischer Maximalumsatz von 20.500 €. Würden im günstigsten Fall bei diesem Beispiel zunächst die preisunelastischen, hochpreisigen Nachfragesegmente voll bedient und die niedrigpreisigen nur teilweise (d.h. 30 Kategorie 1, 50 Kategorie 2 und 20 Kategorie 3), wäre das Ergebnis ein Umsatz von 15.500 €. Tritt aufgrund der Nachfragekonstellation hingegen der ungünstigste Fall ein (d.h. 0 Kategorie 1, 30 Kategorie 2 und 70 Kategorie 3), dann würde sich hingegen nur ein Umsatz in Höhe von 11.500 € ergeben. Im Hinblick auf die Umsatzoptimierung stellt sich die Frage, welche Nachfragekonstellation die wahrscheinlichere ist und wie unter wechselnden Bedingungen eine Strategie der Preisdifferenzierung idealerweise aussehen könnte. Da die Nachfrage nicht nur vom Preis abhängt, sondern auch von anderen Faktoren (Zeitpunkt,

Präferenzen, Konkurrenz etc.), gilt es, so viele Zimmer (Hotelbetten) wie möglich zu verkaufen, aber dennoch genug Kapazität für die Nachfrage zu höheren Preisen zur Verfügung zu haben.

Im *Mittelpunkt des Yield Managements* steht denn auch die möglichst genaue Prognose zukünftiger Nachfrageentwicklungen. Für die Hotellerie ist die aktive Preispolitik mittels eines professionellen Yield Managements ein geeignetes Instrument, um schnell auf Marktveränderungen reagieren zu können und die Ertragslage zu optimieren. Schätzungen gehen davon aus, dass Yield Management-Systeme, je nach Ausgangssituation, Umsatzsteigerungen zwischen 5 und 15% realisieren können. Die Voraussetzung für ein erfolgreiches Yield Management und die Grundlage für die Qualität und Zuverlässigkeit der Nachfrageprognosen ist eine Datenbank, die sowohl historische Transaktionsdaten enthält als auch Informationen über zukünftige Einflussfaktoren der unternehmensspezifischen Nachfrageentwicklung erfasst (Meffert/Bruhn 2009, S.321; Seitz 1997, S.202; Hausmann 2000, S.452):

- Erfassung der historischen Nachfragestruktur, d.h. die Definition der verschiedenen unternehmensspezifischen Gästesegmente (Einzel- oder Gruppenreisende, Volumengeschäft, Ferien-/ Stadt-Hotellerie etc.)
- Umsatzvolumina (Gruppen-, Unternehmens-, Dauertarife)
- Buchungs- und Nachfrageverhalten der verschiedenen Gästegruppen (Frühbucher-, Spätbucher, Walk Ins)
- Buchungskonditionen und Überbuchungspolitik
- Informationen über die Preiselastizitäten der Nachfragesegmente unter Berücksichtigung des individuellen Kundenwerts
- Zahl der Stornierungen inkl. No Shows
- Kosteninformationen (Selbstkosten, variable, fixe Kosten, Deckungsbeiträge) und Preisfestlegung
- Marktinformationen (Veranstaltungen, Messen, Ferientermine etc.)
- Buchungsart (Eigen-, Reisebüro, Reservierungssystem- oder Internet-Buchung)

Die Berücksichtigung dieser Zusammenhänge erfolgt beim Yield Management durch die Festlegung bestimmter *Buchungsklassen und Buchungslimits* (Kotler et al. 2006, S.478). Dazu wird eine bestimmte Anzahl Zimmer (Kontingent) für die verschiedenen Klassen und zukünftigen Ankunftstage festgelegt, wobei die Aufenthaltsdauer und die Buchungskonditionen für die jeweiligen Buchungsklassen berücksichtigt werden. Die Buchungsklassen können entsprechend der Nachfrageentwicklung geöffnet oder geschlossen werden. Um zu verhindern, dass vor allem die preisgünstigen Klassen gebucht werden, werden Buchungsklassen mit Restriktionen belegt (Fencing-Strategie) (Kohl 2013, S.64). Eine typische *Fencing-Strategie* besteht bspw. darin, Freizeitgästen eine Buchung nur dann zu ermöglichen, wenn eine 30 Tage Buchungsfrist nicht unterschritten wird und/oder am Wochenende Übernachtungen nur gebündelt gebucht werden können(Freitag und Samstag). Diese Vorgehensweise ermöglicht es im konkreten Fall, Geschäftsreisende aus den preisgünstigeren Buchungsklassen auszugrenzen, da diese eher kurzfristig buchen und damit auf höherpreisige Klassen ausweichen müssen. Weitere Restriktionen stellen auf bestimmte Ankunftstage/-zeiten, eine bestimmte Aufenthaltsdauer oder eine bestimmte Firmen- oder Berufsgruppenzugehörigkeit ab. In der manuellen Anwendung im Rahmen des sog. *Ampelsystems*, das oftmals in der mittelständischen Individualhotellerie genutzt wird, lassen sich diese Leitprinzipien des Yield Management recht einfach nachvollziehen (Abb.F.19).

rot Belegungsperioden mit extrem starker Nachfrage (Nachfrageüberhang); z.B. zu Messen, Kongressen, Kultur-/Sportevents, Feiertagen); tendenziell 100% Auslastung; Zimmer werden nur zur Rackrate abgegeben, Firmen-Sondertarife finden zu dieser Zeit keine Anwendung.

gelb Belegungsperioden mit relativ starker Nachfrage (Angebots-/Nachfrageparität); das Hotel ist bereits zu 60-70% ausgebucht und füllt sich langsam, es werden nur noch Zimmer der mittleren bis oberen Preiskategorie verkauft, Preiszugeständnisse sind die Ausnahme.

grün „Belegungsperioden mit schwacher Nachfrage (Angebotsüberhang); Spärliche Reservierungsbewegungen, Nachfragebelebung nahezu ausgeschlossen. Betonung preisaggressiver Aktionen (Gruppen-/Pauschalangebote),: Bereitschaft zu erheblichen Preisnachlässen, um Deckungsbeiträge zu erwirtschaften, die wenigstens einen Teil der fixen Bereitschaftskosten abdecken.

Abb.F.19:   Ampelsystem als Ausgangspunkt des Yield Managements
            Quelle: Gugg 1992, S.6

Bei der ***technischen Umsetzung eines computergestützten Yield Management-Systems*** sollten mit einem Datenerfassungs-, Datenaufbereitungs- und Datenbereitstellungsmodul, dem Analysemodul und dem Ausgabemodul drei integrierte Teilmodule bereitstehen (Okumus 2004, S.65ff.; Daudel/Vialle 1994, Remmers 1994). Nachdem zunächst alle relevanten historischen, aktuellen und zukünftigen Marktdaten erfasst worden sind, werden die Daten im Rahmen des Analysemoduls gegenübergestellt, um allgemeine und segmentspezifische Prognosen über Nachfrage- und Buchungsverläufe zu erstellen. Wichtig ist hier die Festlegung eines kalkulierten Basispreises. Selbstkosten, variable und fixe Kosten sowie Deckungsbeiträge müssen bekannt sein, um das Preisinstrument differenziert und erfolgswirksam über alle Buchungsklassen bzw. Zimmerkontingente hinweg einsetzen zu können. Die mittels statistischer Algorithmen (z.B. Eintrittswahrscheinlichkeiten) ermittelten Prognoserechnungen und -werte, werden dabei permanent mit den aktuellen Nachfrageverläufen verglichen. Bei Abweichungen über einen definierten Wert können entsprechend Gegenmaßnahmen getroffen werden. So kann bspw. eine niedrige Preisbuchungsklasse bei überraschend früher hochpreisiger Nachfrage geschlossen werden, so dass für die starke Nachfrage mehr Buchungen für ertragsstarke Kontingente akzeptiert werden, als ursprünglich Kapazitäten vorgesehen waren. Umgekehrt versucht man natürlich in nachfrageschwachen Zeiten durch Erweiterung der ertragsschwächeren Kontingente und entsprechende Niedrigpreise für Reisegruppen oder durch Spezialarrangements, eine zufriedenstellende Kapazitätsauslastung zu realisieren. Im Anschluss an den Optimierungsprozess erfolgt dann je nach Problemstellung eine Angebotserstellung bzw. eine Entscheidung hinsichtlich der Annahme oder Ablehnung einer Anfrage. Die Entscheidung kann dabei entweder persönlich vom Hotelpersonal überbracht werden oder – je nach technischer Ausstattung und Vernetzung mit potenziellen Nachfragern – auch über elektronische Datensysteme. Der Erfolg eines Yield Management-Systems hängt dabei von qualifizierten Mitarbeitern in Verkauf, Reservierung oder Empfang ab, die nicht nur in der Lage sind ein solches System zu bedienen und betriebswirtschaftlich nachzuvollziehen, sondern darüber hinaus auch über die Sozialkompetenz verfügen, den Kunden die Preisdifferenzierungen zu erläutern. Letzteres ist insofern bedeutsam, als die von Kunden *wahrgenommene Preisfairness ein wesentliches Kaufentscheidungskriterium in Dienstleistungskontexten* darstellt. Wenn die Preisfestlegung zu einer willkürlich angesetzten Größe verkommt, in der insbesondere Einzelreisende dazu herangezogen werden, Gruppen- bzw. Firmenrabatte zu subventionieren, kann Yield Management auch sehr schnell zu unzufriedenen Gästen und damit zu Kunden- bzw. Imageverlusten führen.

Marriott was one of the first hotel chains to adopt analytics in the form of revenue management, which it began about 25 years ago. Revenue management is the process by which hotels establish the optimal price for their rooms – the industry's "inventory". If a hotel can predict the optimal price at which to fill all its rooms, it will make more money. And if a hotel management company like Marriott can persuade property owners that they will get more revenues using the Marriott brand than with competitors, they will tend to adopt it. In order to improve its revenue management capabilities, Marriott combined two separate systems, made revenue management accessible over the Internet, improved revenue management algorithms, made the system work faster so that revenues could be optimized more frequently, and extended revenue management into the restaurant, catering, and meeting space areas. These capabilities are used by a global team of corporate, regional, and local "revenue leaders" who have tools to measure the effectiveness of their decision making and override the system's recommendations when there were local factors that couldn't be predicted. (Davenport, 2013, S.19)

Studien im Hotelsektor zeigen denn auch wie wichtig es ist, Hotelgästen die mit unterschiedlichen Preiskategorien und Buchungskonditionen verbundenen relativen Vor- und Nachteile überzeugend zu kommunizieren (Kimes 2002; Kohl 2013, S.85; Kotler et al. 2006, S.480). *Preisdifferenzierungen* werden dann als unakzeptabel empfunden, wenn die Preis- und Nutzenvorteile gegenüber den damit verbundenen Einschränkungen nicht ausreichend sind, die Einschränkungen als zu extrem empfunden werden oder Veränderungen der Bedingungen für Niedrigpreisangebote nicht hinreichend kommuniziert wurden. Dagegen werden Preisdifferenzierungen akzeptiert, wenn es unterschiedliche Preise für Leistungen gibt, die von Kunden auch als verschieden wahrgenommen werden, wenn die Einschränkungen für ein Niedrigpreisangebot überzeugend sind, wenn ausreichend *Preistransparenz* geschaffen wird, oder wenn eingeschränkten Stornierungsmöglichkeiten auch substantielle Preisnachlässe gegenüberstehen. Die Wahrnehmung von Ungerechtigkeit innerhalb der kundenspezifischen Kosten/Nutzen-Relation führt im negativen Fall zur Unzufriedenheit, im positiven Fall zu einer Verstärkung der Kundenzufriedenheit (siehe hierzu Kapitel B.1.2.1). Manche Hotelunternehmen, wie bspw. der Landgasthof Schindlerhof, versuchen dem Ärgernis unterschiedlicher Preise für gleiche Leistungen mit *Preisgarantien* zu begegnen.

Problematisch ist bei Yield Management-Systemen die Tatsache, dass die Prognosegüte der Daten immer mit gewissen Schätzungenauigkeiten verbunden ist und das Nachfrage- und

Konkurrenzverhalten nicht immer exakt vorhergesagt werden kann. Darüber hinaus ist die Leistungsfähigkeit eines Yield Management-Systems stark von der Verfügbarkeit eines Computer Reservierungs-Systems abhängig. Des Weiteren sind die Kosten solcher Yield Management-Systeme mit Software- und Lizenzkosten plus Wartungs-/Pflegekosten nach wie vor recht hoch, so dass diese vor allem in der Konzern- und Kettenhotellerie bzw. großen Einzelbetrieben Verwendung finden (Seitz 1997, S.205; Henschel et al. 2013, S.246).

2.2.2.3   Preisbündelung

Eine **Sonderform der Preisdifferenzierung ist die Preisbündelung**. Ebenso wie im Sachgüterbereich versuchen Unternehmen bei der Gestaltung des Leistungsangebots, verschiedene Leistungsbestandteile zu einem Paket zusammenzufassen und dies mit einem gewissen Preisvorteil versehen, zu einem Bündelpreis zu verkaufen (Meffert et al. 2012, S.507). Es kann sogar davon ausgegangen werden, dass eine derartige Preisbündelung von Leistungen für die Hotelbranche besondere Relevanz besitzt (Guiltinan 1987; Bauer et al. 1998), finden sich doch in den Printanzeigen und Katalogen von Hotelunternehmen und Reiseveranstaltern immer wieder Kombinationen von Übernachtungsangeboten im Verbund mit gastronomischen Leistungen, Entertainment-, Kulturangeboten, Fitness- und/oder Wellnesskomponenten oder Ähnlichem mehr.

---

*Das **Atlantic Hotel** in Bremen bot im Sommer 2014 eine Übernachtung am Wochenende im Einzel- bzw. Doppelzimmer mit Frühstück und Drei-Gang-Menü im hoteleigenen Restaurant BLIXX, die ErlebnisCARD Bremen und ein Simulatorprogramm, inkl. Briefing, Simlatorflug und Debriefing sowie Zertifikat mit Foto für EUR 227,00* pro Person im Comfort-Doppelzimmer an.*

*Das **Günnewig Hotel** Düsseldorf bot im Herbst 2014 ein Musical-Arrangement „Sister Act" mit 1oder 2 Übernachtungen inklusive reichhaltigem Frühstücksbuffet, 1 Eintritt karte der Preiskategorie 1 und 2 für „Sister Act" im Metronom Theater Oberhausen, der Welcome Card Düsseldorf (24 Stunden freie Nutzung der öffentlichen Verkehrsmittel im Stadtgebiet Düsseldorf, u. a. Eintrittskarte in die Kunsthalle 20 Grabbeplatz und Kunsthalle 21, Ständehaus, freien oder vergünstigten Eintritt in zahlreiche Museen, Theater u. v. m.) sowie kostenfreie Nutzung der Sauna für 182,50 Euro pro Person im Doppelzimmer bei einem 2-Tages Arrangement.*

*Das **Hotel Neptun** in Warnemünde bot einige Zeit verschiedene Arrangements an: ein Thalasso-Special mit fünf Übernachtungen, von denen jedoch nur vier zu bezahlen sind und das 16 Thalasso-Behandlungen beinhaltet (749 €); ein Frühlingswochenarrangement mit sieben Übernachtungen inkl. Blumenball, Galabuffet und Show (524 €); ein Lifestyle Anti-Aging Paket mit drei Übernachtungen inkl. Massagen und Wellnessprogramm (659€).*

Der ökonomische Grundgedanke solcher Pauschalarrangements bzw. Paketpreise besteht darin, dass über die Bündelung und pauschale Vergütung verschiedener Leistungselemente die Abschöpfung der individuellen Preisbereitschaft potenzieller Hotelkunden besser gelingt, als durch den Verkauf der Leistungselemente zu Einzelpreisen. Dabei sind **zwei Formen der Preisbündelung** zu unterscheiden. Während bei der **reinen Bündelung (pure bundling)** nur das Bündel angeboten wird und ein Kauf von Einzelleistungen nicht möglich ist, werden bei der **gemischten Bündelung (mixed bundling)** sowohl die Einzelleistungen als auch das Bündel angeboten. Welche Form der Preisbündelung am vorteilhaftesten ist, bzw. wann sich eher eine Einzelpreisfeststellung anbietet, hängt von der Preisbereitschaft der Kunden für die einzelnen Leistungen und das Bündel sowie von der Homogenität bzw. Heterogenität der Nachfragestruktur ab. Präferiert ein Konsument jeweils nur eine Leistung, so besitzt die Einzelpreisbildung Vorteile. Eine reine Preisbündelung ist dann gewinnbringend, wenn beide oder alle zur Disposition stehenden Leistungskomponenten für den Nachfrager einen gleich hohen Nutzen aufweisen. Erweist sich der Markt als sehr heterogen in seiner Nachfrager- und Präferenzstruktur, so verspricht die gemischte Preisbündelung die besten Ergebnisse. (Huber 1999, S.36)

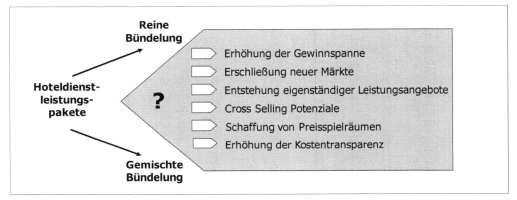

Abb.F.20:   Formen und Zielsetzungen des Preisbundling

Die Preisbündelung von Hotelleistungen bzw. die Gestaltung von Hoteldienstleistungspaketen ist eng mit anderen Instrumenten des Marketing-Mixes verbunden. So ist die Zusammenstellung von geeigneten Leistungskomponenten zu einem Leistungs-/Servicepaket Aufgabe der Leistungs- und Produktprogrammgestaltung (z.B. Auswahl, Anzahl, Art und Güte der hotelspezifischen Leistungsbestandteile sowie der ergänzenden Leistungsbestandteile und Kooperationspartner). Des Weiteren gilt es, solche Leistungspakete auch im Zuge der Kommunikation separat zu bewerben, da die Vermarktung derartiger Leistungen oftmals eher kurzfristig erfolgt und zumeist andere Zielgruppensegmente als gewohnt anspricht. Die Effekte der Preisbündelung liegen – wie in Abbildung F.20 dargestellt – unter anderem in der Möglichkeit der Entstehung neuer Märkte und der Neukundenakquisition, wenn aus den Leistungsbündeln eigenständig wahrgenommene Leistungen entstehen und der Bündelpreis im Kontrast zu den einzelnen Modulen aus Kundensicht erhebliche Preis- und Nutzenvorteile ermöglicht. Bei zunehmender Standardisierung und Kompatibilisierung der Leistungskomponenten bietet es sich jedoch an, anstelle der reinen Bündelung die gemischte Bündelung zu forcieren, da sich dann die Kunden ihre Leistungspakete individuell zusammenstellen können. Bei Wochenendangeboten von Hotels wären bspw. gleichwertige, alternative Leistungskomponenten im Sinne eines Baukastensystems denkbar, so dass Hotelgäste entweder eine kulturelle, eine erlebnisbetonte, eine gesundheitsbetonte oder eine sportbetonte Paketvariante wählen oder einzelne Bestandteile miteinander kombinieren können. Hier bestehen – je nach grundsätzlicher Positionierung des Hotelunternehmens – zahlreiche Möglichkeiten

über kundenspezifisch zusammengestellte Leistungspakete, das Cross-Selling- und Kunden-
bindungspotenzial des Hotelunternehmens verstärkt auszuschöpfen.

Darüber hinaus *erweitert die Preisbündelung den Preisspielraum* für Hotelunternehmen. So
kann die Preisempfindlichkeit der Nachfrager bei Leistungsbündeln sehr viel geringer sein
als bei den Einzelleistungen, so dass eine Bündelung unter Umständen höhere Gewinnspan-
nen zulässt, als dies bei der Einzelvermarktung der Fall wäre. Des Weiteren können Hotelunternehmen durch das Angebot von Leistungs-/Servicepaketen aus den engen Grenzen ihrer
qua Hotelklassifizierung (1-,2-,3-,4-,5-Sterne) vorgezeichneten Preiskorridore ausbrechen,
indem sie die tatsächlichen Preise der einzelnen Leistungskomponenten innerhalb des Leis-
tungsbündels stark variieren können, ohne dabei möglicherweise Imageschäden zu erleiden
oder ihre Positionierung zu gefährden. Darüber hinaus *erhöht die Preisbündelung die Kos-
tentransparenz*. Durch Trennung oder Zusammenführung von Leistungskomponenten entsteht die Notwendigkeit, Kosten und Erlöse den Einzelleistungen zuzuordnen, so dass sich
dadurch die Transparenz der unternehmenseigenen Kosten- und Erlösstruktur erhöht.

> *„For example, a Las Vegas hotel that normally has an average rate above $100, may sell
> room to airlines for $45 to help fill the hotel. The airline will bundle the hotel with a round
> trip air ticket. The airline's package includes two nights in the hotel and the airfare for
> $249. This creates a much better perception for the hotel than if it ran an advertisement
> pushing $45 rates. The $45 rate will give the message to some that the hotel is desperate
> for business, to others who do not know the hotel it will give the perception of a hotel of
> the $45 quality level and guest who had paid $109 for a room may ask for a refund. By
> selling the rooms to an airline and creating a bundled product, the hotel avoided the image
> problems that can come with low rates"(Kotler et al. 2006, S.471).*

Insgesamt zeigt sich, dass Preisbündelungen durchaus zum Erfolg eines Hotelunternehmens
beitragen können. Insbesondere im Hinblick auf die Kapazitätsauslastung spielen Verbund-
konzepte in der Hotellerie eine wichtige Rolle. Das jeweilige Ertragspotenzial der Preisbündelung ist dabei im Einzelfall zu prüfen. Oftmals scheitert die erfolgreiche Gestaltung von
Leistungsbündeln bzw. Dienstleistungspaketen in der Hotellerie jedoch an Methodendefizi-
ten, sowohl was den Einsatz und die Kenntnis moderner Produktplanungsverfahren zur Steigerung von Kundennutzen und Kundenzufriedenheit anbelangt (z.B. Conjoint Analyse, Quality Function Deployment) als auch im Hinblick auf das Methodenwissen und den Einsatz
moderner Verfahren des Kostenmanagement (z.B. Prozesskostenrechnung, Target Costing).

2.2.3   Konditionenbezogene Strategien

Neben der Festlegung von Preisen *steht dem Hotelunternehmen zur preispolitischen Feinsteuerung* auch noch das *Instrument der Konditionenpolitik zur Verfügung*. Im Einzelnen
umfasst die Konditionenpolitik Entscheidungen über Rabatte, Zahlungsbedingungen und
Absatzkredite (Meffert 2000, S.581ff.; Barth/Theis 1998, S.195ff.). *Rabatte* sind an bestimmte Bedingungen geknüpfte Preisnachlässe und Vergütungen. In der Hotellerie werden
mit der Rabattpolitik folgende Ziele verfolgt:

- Ausweitung der Nachfrage und Steigerung des Umsatzes
- Erhöhung der Kundenbindung (Individual-/Firmenkunden)
- Verbesserung der zeitlichen Kapazitätsauslastung

- Steuerung des Nachfrage-/Buchungsverhaltens
- Schaffung von Preisspielräumen
- Sicherung von Verbundeffekten bei Nutzung des Leistungsangebots

Die in der Hotelpraxis gebräuchlichen Rabatte können in drei Gruppen zusammengefasst werden: Mengenrabatte, Zeitrabatte, Treuerabatte. **Mengenrabatte** sind Preisnachlässe als Anreize zur Abnahme größerer Mengen an Hotelleistungen. So werden im B2B-Geschäft mit Firmen oftmals Company Rates vereinbart, die aufgrund eines überdurchschnittlich hohen bzw. gleichmäßigen Buchungsaufkommens innerhalb einer bestimmten Zeitspanne oder dauerhaft eingeräumt werden. **Zeitrabatte** beziehen sich hingegen auf den Zeitpunkt der Buchung oder den Aufenthaltszeitpunkt/-raum. Ziele des Zeitrabatts sind sowohl die Verstetigung der Kapazitätsauslastung als auch Umsatzsteigerungen. So wird in besonders belegungsschwachen Zeiten oftmals ein Naturalrabatt gewährt (z.B. 14 Tage buchen, 10 Tage zahlen), oder es werden Frühbucherrabatte gewährt. Um eine langjährige Kundenbeziehung zu honorieren, sind in der Hotellerie auch **Treuerabatte** für attraktive Individual- oder Firmen- bzw. Geschäftskunden üblich.

„Die Probleme des **Couponing** *liegen auf der Hand: Über die Rabatte oder extremen Vergünstigungen werden möglicherweise nur Schnäppchenjäger angelockt, die sich normalerweise nicht für das Produkt interessieren würden und so auch nicht dauerhaft als Kunden gewonnen werden können („Preis-Nomaden"). Durch die gewährten Rabatte können mit den Coupons meist keine Gewinne, sondern maximal Deckungsbeiträge erwirtschaftet werden. Im Fall des E-Couponings müssen zusätzlich noch die hohen Provisionen an das Gutscheinportal einkalkuliert werden. Generell sollte jeder Hotelier und Gastronom den Imagefaktor bedenken und sich fragen, ob er seinen Betrieb überhaupt durch Couponing über das Preisargument präsentieren möchte. Dabei sollte man sich bewusst sein, dass diese Aktionen die Preissensitivität der Gäste erhöht."...Selbstverständlich bietet Couponing auch Vorteile für die Hotellerie, dafür ist aber eine effektive Steuerung nötig. Durch gezielten Einsatz können Umsätze in Zeiten außerhalb des Kerngeschäfts gestärkt werden, z.B. Gutscheine für ein Abendessen am Montag. Geschick ist auch bei der Wahl der Gutscheinleistung gefragt. Vergünstigen Sie beispielsweise nicht die Übernachtung in einem Standardzimmer sondern in einer Suite. So vermeiden Sie es, bloße Schnäppchenjäger anzulocken, die sonst nicht bereit wären, Ihre normalen Zimmerpreise zu bezahlen, und erhöhen die Chance, Gäste anzuziehen, die sich wirklich für Ihr Produkt interessieren. Darüber hinaus sorgen Gutschein-Verkäufe für einen positiven Cash Flow, wenn das Hotel die Einnahmen für den Gutschein erhält, unabhängig davon wann und ob dieser eingelöst wird. Dafür muss natürlich sichergestellt sein, dass dieser Cash Flow dem Unternehmen zu Gute kommt und nicht dem Gutschein-Portal, was z. B. bei DailyDeal gegeben ist". (Spalteholz 2014)*

Eine besondere Form der Rabattierung stellt das sog. **Couponing** dar. Unter Couponing versteht man in der Regel eine zeitlich begrenzte Marketing-Aktion, bei der Kunden durch Coupons (Gutscheine, Voucher, Bons) in den Genuss einer Vergünstigung oder einer (kostenlosen) Zusatzleistung kommen (Albers 2003, 128f.). Coupons können dabei entweder in gedruckter Form über Medien wie Tageszeitungen, Zeitschriften oder Werbeprospekte distribuiert werden, treten als Gutscheinhefte in Erscheinung oder werden digitaler Form über das Internet, E-Mail oder mobile Anwendungen wie SMS/MMS, Apps oder Location Based

Services-Applikationen angeboten (Scholz et al. 2014, S.9ff.). In der Hotellerie hat insbesondere das Online- bzw. E-Couponing an Bedeutung gewonnen, wo Anbieter wie Daily-Deal und Groupon über ihre Plattformen in elektronischer Form spezielle Leistungen diverser Unternehmen und Branchen mit hohen Abschlägen anbieten. Auch über Buchungsplattformen wie HRS oder Booking werden solche Angebote zunehmend vertrieben (Kohl 2013, S.52f.).

Eine Mischform von Mengen- und Treuerabatt stellen die in der Hotellerie üblichen ***Bonusprogramme*** dar. Bonusprogramme gewähren bei Erreichen eines bestimmten Absatz- oder Umsatzvolumens einen Preisnachlass. Im Vordergrund dieser preispolitischen Maßnahme steht dabei nicht ein kurzfristiger Umsatzeffekt, sondern der Ausbau einer langfristigen Kundenbeziehung (siehe Kapitel E.3.5.1). Bonusprogramme haben, insbesondere in der Kettenhotellerie, im Firmen- und Geschäftskundenbereich und im Verbund mit anderen touristischen Leistungsträgern, wie Flug- oder Mietwagengesellschaften, an Bedeutung gewonnen. So können Treuerabatte entweder durch die unternehmensspezifische Vergabe von Hotelpunkten für Übernachtungen gesammelt werden (z.B. Best Western) oder es können durch o.g. Kooperationen dem Hotelkunden die Kombination und individuelle Nutzung von Hotelpunkten und Vielfliegermeilen (z.B. Lufthansa Miles&More und Hilton) eröffnet werden (Double Dipping). Bonusprogramme stehen dabei in der Regel sowohl dem Individualkunden als auch Firmen- bzw. Geschäftskunden offen.

Die verschiedenen Rabattformen eröffnen Hotelunternehmen in Abhängigkeit von den Marketingzielen gewisse Spielräume der offenen oder verdeckten Preisdifferenzierung. So können Hotelketten und Hotelkooperationen bei der Gewährung von Company Rates, neben zeitlichen Aspekten, auch Aspekte der räumlichen Preisdifferenzierung ins Kalkül ziehen, um in struktur- und nachfrageschwachen bzw. stark saisonabhängigen Gebieten Einzelbetrieben durch Kongress-, Tagungs- und Seminarveranstaltungen eine bessere Auslastung zu verschaffen. Des Weiteren ermöglicht eine differenzierte Rabattgestaltung fallweise starke Preissenkungen, ohne dabei – analog zur Preisbündelung – das Preisniveau generell und dauerhaft senken zu müssen und evtl. Imageverluste zu erleiden. Schließlich kann die Rabattpolitik zur Steuerung von Verbundbeziehungen im Leistungsangebot eines Hotelunternehmens genutzt werden. So können bspw. im Tagungsgeschäft die Veranstaltungsräume subventioniert (rabattiert) werden, wenn sichergestellt ist, dass gleichzeitig Verpflegungsleistungen in einer bestimmten Höhe in Anspruch genommen werden.

Die ***Zahlungsbedingungen*** bestimmen die Zahlungsverpflichtungen des Käufers von Hotelleistungen und umfassen die ***Zahlungsweise***, die Zahlungsabwicklung und die Zahlungsfristen (Barth/Theis 1998, S.198f.; Henschel et al. 2013, S.242f.). In der Regel erfolgt die Zahlung der Hotelleistungen zum Ende des Aufenthalts. Abweichungen sind bisweilen bei sog. *Walk Ins* ohne Reservierung üblich oder bei kleineren Hotelunternehmen, die über keine Kreditkartenoption verfügen. Daneben nutzen viele kleine und mittelständische Hotelunternehmen die Möglichkeit, die Reservierungsbestätigung mit einer Anzahlung zu verbinden, um das Risiko der *No Shows* zu minimieren.

Die ***Zahlungsabwicklung*** in der Hotellerie erfolgt entweder über Barzahlung, EC-Karte, Kreditkarte, Travellerschecks, Voucher oder auf Rechnung, wie zumeist im Firmenkundengeschäft üblich. Dabei ist ein fortschreitender Trend zur bargeldlosen Zahlung zu verzeichnen. Hotelunternehmen können sich dieser Entwicklung kaum entziehen, besonders wenn ihr Schwerpunkt im Firmen- bzw. Geschäftskundenbereich, dem Veranstaltungsbereich oder im internationalen Geschäft liegt. Die Bewertung dieser Entwicklung ist für Hotelunternehmen ambivalent. Einerseits geben Kreditkartenzahler im Durchschnitt 30% mehr aus als Bargeldzahler, andererseits ist die Akzeptanz von Kredit- bzw. EC-Karten für den Hotelbetrieb mit Provisionskosten verbunden. Diese betragen je nach Kreditkartenunternehmen zwischen 2,5–7,5% des Umsatzes. Der DEHOGA hat dabei für seine Mitglieder einen Rahmenvertrag mit VISA, EUROCARD und für das elektronische Lastschriftverfahren mittels EC-Karte abgeschlossen, der auch Einzelbetrieben günstigere Konditionen einräumt. Hotel-Voucher als besondere Form der Zahlung sind Gutscheine, die Hotelgäste bei Buchung einer Pauschalreise über ein Reisebüro oder einen Reiseveranstalter erhalten, und die sowohl eine Reservierungs- als auch Zahlungsbestätigung darstellen. Bei Anreise wird der Hotel-Voucher übergeben, und der Rechnungsbetrag wird dem Hotel dann entweder vom Reisemittler oder vom Veranstalter überwiesen.

Zahlungsfristen werden in der Hotellerie in der Regel nur Großabnehmern, wie Reiseveranstaltern, Firmenkunden, Kongress-/Seminarveranstaltern etc. eingeräumt. So werden Firmenkunden mit regelmäßigen Buchungsaufkommen oft Monatskonten eingerichtet, die die Erstellung einer monatlichen Gesamtabrechnung erlauben. In diesem Zusammenhang bietet sich Hotelunternehmen die Möglichkeit, kundenspezifische Zahlungsfristen und Skonti zu gewähren. Im Gegensatz dazu ist die Versendung von Rechnungen an Privatreisende in der Hotellerie eher unüblich. Ausnahmen bilden hier Veranstaltungen im privaten Bereich, wie bspw. Hochzeiten, Geburtstage oder Jubiläen.

Der **Absatzkreditpolitik** als Instrument der Preispolitik kommt hingegen in der Hotellerie nur wenig akquisitorische Bedeutung zu. Während es in anderen Branchen durchaus üblich ist, mittels günstiger Kreditfinanzierungen oder Leasingangeboten den Absatz zu steigern (z.B. Automobilindustrie), ergeben sich in der Hotellerie für einen solchen Ansatz kaum Spielräume. Die Möglichkeit von Kreditkartenzahlungen oder die Einräumung von Monatskonten für Stammgäste bzw. Firmenkunden ist dabei in seiner akquisitorischen Wirkung vernachlässigenswert und darüber hinaus vielmehr den Zahlungsbedingungen als einer aktiven Absatzkreditfinanzierungen zuzurechnen.

3 Management des Distributionssystems

3.1 Grundlegende Entscheidungstatbestände der Distributionspolitik

Die Distributionspolitik umfasst alle Entscheidungen und Handlungen, die mit dem Weg materieller und immaterieller Leistungen vom Hersteller zum Endverbraucher zusammenhängen. Hier sind mit dem System der Absatzkanäle und dem logistischen System zwei zentrale distributionspolitische Entscheidungstatbestände zu unterscheiden (Specht 1998, S.42ff.; Meffert 2000, S.600ff.):

- **System der Absatzkanäle (Akquisitorische Distribution)**
  Die Absatzkanäle bzw. Absatzwege umfassen die rechtlichen, ökonomischen und kommunikativ-sozialen Beziehungen aller am Distributionsprozess beteiligten Personen oder Institutionen.

- **Logistisches System (Physische Distribution)**
  Gegenstand des logistischen Systems ist die physische Übermittlung einer Leistung vom Hersteller zum Endverbraucher sowie der damit zusammenhängende Informationsfluss.

Aufgabe des Distributionsmanagement ist demzufolge die *systematische Planung, Organisation und Kontrolle der Distributionsfunktionen*. Diesem Bereich des Marketing-Management kommt aus einer Reihe von Gründen hohe Bedeutung zu. Zum einen stellt das Distributionssystem ein zentrales Erfolgspotenzial des Unternehmens dar, da ein massiver Marketing- und Vertriebsdruck nur dann entfaltet werden kann, wenn man über geeignete Distributionspartner verfügt. Die vom Konsumenten wahrgenommen Leistungen werden nicht nur durch die Produktqualität im engeren Sinne geprägt, sondern bei Einschaltung von Absatzmittlern und -helfern auch durch die Qualität der verschiedenen Absatzkanäle bestimmt (z.B. Beratung, Kundendienst, Schulung, Finanzierung). Des Weiteren sind Entscheidungen über die Gestaltung des Distributionssystems strategischer Natur. Sie wirken i.d.R. langfristig und können nur sehr schwer und unter Inkaufnahme hoher Kosten revidiert werden. Darüber hinaus bestehen zwischen den Distributionsentscheidungen und den übrigen Entscheidungen im Marketing-Mix oftmals zahlreiche Kosten- und Leistungsverflechtungen, so dass die distributionspolitischen Entscheidungen daher nicht isoliert gesehen werden können.

Ausgangspunkt eines entscheidungsorientierten Distributionsplanungsprozesses ist eine *Analyse der Vertriebs- bzw. Distributionssituation*. Diese umfasst eine Analyse und Prognose der distributionsrelevanten, unternehmensinternen (z.B. Internationalisierungsstrategie einer Hotelkette) und -externen (z.B. Zunahme Online-Buchungen) Tendenzen und Veränderungen. Darüber hinaus ist die Stellung des Unternehmens im jeweiligen Absatzweg und die Bedeutung der verschiedenen Absatzkanäle bzw. Distributionswege für das Unternehmen zu berücksichtigen (z.B. Vertriebsschwerpunkte). Unter Einbeziehung der Konkurrenzsituation sind im Weiteren die spezifischen Stärken und Schwächen der Absatzkanäle zu untersuchen.

Im zweiten Schritt sind die Ziele und Strategien der Distribution festzulegen. Die **Distributionsziele** leiten sich aus den Unternehmens- bzw. den strategischen Marketingzielen ab. Innerhalb der Distributionsziele spielt der Distributionsgrad in der Praxis eine besondere Rolle. Der Distributionsgrad drückt die Verfügbarkeit eines Produktes bzw. einer Dienstleistung im relevanten Markt aus (Marktabdeckung). Hier spielt sowohl die reine Anzahl potenzieller Vertriebsstellen bzw. Absatzmittler eine Rolle (numerischer Distributionsgrad) als auch die relative Bedeutung der Vertriebsstellen, zumeist ausgedrückt in Abnahmemengen bzw. Umsatzanteilen (gewichteter Distributionsgrad).

Ziele der Distributionspolitik	Entscheidungsfelder der Distributionspolitik
• Auswahl leistungsfähiger Absatzwege • Verbesserung Informationsfluss • Stärkung Marktposition/-macht • Erhöhung numerischer/gewichteter Distributionsgrad • Herstellung Präsenz und Erreichbarkeit • Sicherstellung des Kundenzugangs • Sicherstellung Lieferbereitschaft/ Lieferzuverlässigkeit • Senkung Logistikkosten • ...	• Absatzkanal-/weg • Absatzmittler • Distributionsgrad • Aufgabenverteilung • Transport • Lager • Logistik • Kooperationsintensität • Vertragssysteme • Organisation • ...

Abb.F.21:   Grundlegende Entscheidungstatbestände und Ziele der Distributionspolitik

Mit der Formulierung der **Distributionsstrategie** wird festgelegt, welche Leistungen über welche Absatzwege vertrieben werden sollen. Strategische Entscheidungen betreffen vor allem die Kundensegmentierung sowie die Segmentierung und Auswahl der Absatzkanäle (z.B. direkter vs. indirekter Vertrieb, Mehrkanalstrategien), Maßnahmen zur Stabilisierung und Rationalisierung der Kanäle, den Aufbau und die Pflege der Imagebildung im Absatzkanal sowie die Internationalisierung des Geschäfts. Die **operative Umsetzung** der akquisitorischen und logistischen Distributionsstrategie erfolgt durch die konkrete Ausgestaltung und Steuerung der Absatzkanäle. Diese umfasst Entscheidungen und Maßnahmen zur detaillierten Gestaltung der Distributionsaufgaben (z.B. Produktinformationen, Reklamationen, Lagerhaltung, Absatzfinanzierung), die Aufgabenverteilung im Absatzweg zwischen Hersteller und Absatzmittler, die vertragliche Gestaltung der Zusammenarbeit, organisatorische Festlegungen und Ähnliches mehr. Die abschließende Hauptaufgabe des Distributionsmanagement ist die Kontrolle der Distributionsaktivitäten. Im Zuge der **Distributionskontrolle** ist auf strategischer und operativer Ebene zu prüfen, ob die Distributionsziele erreicht wurden. Falls Abweichungen festgestellt werden, ist eine entsprechende Ursachenanalyse erforderlich. Abb.F.21 fasst die grundsätzlichen Entscheidungstatbestände und Ziele der Distributionspolitik nochmal zusammen.

3.1.1   Besonderheiten der Distributionspolitik in der Hotellerie

Wesentliche Zielsetzungen der Distributionspolitik eines Hotelunternehmens bestehen in der Gewährleistung einer zufriedenstellenden Präsenz und Verfügbarkeit des Leistungsangebots, der Sicherstellung einer kontinuierlichen Leistungsbereitschaft und der problemlosen Integration des Kunden in den Leistungserstellungsprozess. Im Hinblick auf einen einheitlichen Außenauftritt ist insbesondere die Errichtung und Steuerung von zentralen Reservierungs- und Buchungssystemen, die qualitätsgesteuerte Beratung durch eigene oder fremde Verkaufsorgane und die Herstellung einer glaubwürdigen Übereinstimmung zwischen Hotelimage und Absatzkanalimage von Bedeutung. Die Notwendigkeit der Zusammenarbeit mit externen Absatzmittlern macht dabei die zielgerichtete Steuerung der verschiedenen Vertriebspartner zu einer zentralen Herausforderung der Distributionspolitik in der Hotellerie. Aus den dienstleistungsspezifischen Besonderheiten der Hotelleistung erwachsen – wie in Abbildung F.22 dargestellt – auch einige Implikationen für die Distributionspolitik in der Hotellerie.

Eigenschaften der Hotelleistung	Konsequenzen für die Distributionspolitik
Intangibilität/Immaterialität (Nichtlagerbarkeit, Nichttransportfähigkeit)	• Bedeutung des Franchising • Möglichkeit der Online-Distribution • Absatzmittler als „Co-Producer" • Lagerung/Transport nur materieller Elemente
Leistungsfähigkeit des Anbieters (Standortgebundenheit)	• Qualität des Absatzmittlers • Häufig kombinierte direkte und indirekte Distribution • Dokumentation der Lieferbereitschaft • Erfüllung der raumzeitlichen Präsenzlücke als zentrale logistische Aufgabe
Integration des externen Faktors	• Direkte Distribution als vorherrschende Strategie • Bedeutung des Standortes

Abb.F.22:   Besonderheiten der Distributionspolitik von Hotelunternehmen
Quelle: In Anlehnung an Meffert/Bruhn 2009, S.336

Die **Immaterialität** der Hotelleistung führt dazu, dass Hotelleistungen weder transportiert noch gelagert werden können. Diese Standortgebundenheit impliziert, dass logistische Entscheidungen in der Hotellerie im Sinne der physischen Distribution von Leistungen nicht anfallen. Einzig im Bereich der Verpflegung müssen für die materiellen Elemente des gastronomischen Produkts Lagerhaltungs- bzw. Transportentscheidungen in der Hotellerie getroffen werden (z.B. Außer-Haus-Markt). Da der Hotelkunde zur Inanspruchnahme der Leistung den Betrieb aufsuchen muss, ist die Erfüllung des raumzeitlichen Kriteriums die zentrale logistische Aufgabe für Hotelunternehmen. Standortentscheidungen haben demzufolge – wie bereits oben angesprochen – in der Hotellerie aus Kundensicht eine größere Bedeutung als im Konsum- oder Investitionsgüterbereich. Unbeschadet der produktionsbezogenen Standortgebundenheit von Hotelleistungen besteht jedoch auf der Absatzseite die Möglichkeit, über die Vermittlung von Leistungen, d.h. den Handel mit Chancen und Rechten auf Dienstleistungen und den verstärkten Einsatz materieller Trägermedien (z.B. Hotel-Voucher, Gutscheine), das Angebot über das Standortumfeld hinaus zu vermarkten. Auf diese Weise kann der Nachfrager zwar nicht die Leistung, wohl aber ein Anrecht erwerben, die Dienstleistung zu einem späteren Zeitpunkt in Anspruch zu nehmen.

Aufgrund der Notwendigkeit eines einheitlichen Marktauftritts kommt Franchisesystemen und den Kooperationssystemen der Hotellerie eine besondere Relevanz zu. Die Möglichkeiten der Online-Distribution von Hotelleistungen (Online-Präsentation, Online-Buchung), nimmt innerhalb der hotelspezifischen Distributionssysteme stetig an Bedeutung zu. Den Distributionspartnern der Hotellerie kommt beim indirekten Vertrieb eine wesentliche Rolle als sog. *„Co-Producer"* zu, da ihnen aufgrund der Immaterialität der Hotelleistung in Bezug auf die Qualitätswahrnehmung durch den Kunden und bei der Beratung und Verkauf der Hotelleistungen eine prägende Rolle zufällt. Die Auswahl geeigneter und leistungsfähiger Absatzmittler ist in der Hotellerie daher ein wesentliches Element einer erfolgreichen Distributionspolitik.

3.1.2   Gestaltung des Absatzkanalsystems

Die Gestaltung des Absatzkanalsystems eines Hotelunternehmens ist eine Entscheidung von strategischer Relevanz, da der zukünftige Unternehmenserfolg von der Effizienz und Leistungsfähigkeit des gewählten Distributionssystems abhängt. Grundsätzlich lassen sich sowohl direkte als auch indirekte Absatzwege bzw. Distributionsstufen unterscheiden (Meffert et al 2012, S.553ff.), wobei im Hotelbereich häufig eine Kombination von direkter und indirekter Distribution zum Tragen kommt (*Multi-Channel-Marketing*) (Abb.F.23).

Die *direkte Distribution* verzichtet auf die Einschaltung von Absatzmittlern und setzt ihr Angebot unmittelbar an den Endverbraucher ab. Dies kann entweder zentral mittels zentraler Buchungsstellen, Direktbuchungen, Katalog- und Telefongeschäft oder einem Key Account Management erfolgen oder dezentral, mittels dezentralisierter Buchungsstellen oder eigener Filialen, Vertriebsmitarbeitern oder Reisenden, erfolgen. Auch die an Bedeutung gewinnende Online-Distribution stellt eine Sonderform der direkten Distribution dar. Die direkte Distribution ist dadurch charakterisiert, dass die zentralen und dezentralen Verkaufsstellen den Weisungen der Unternehmensleitung unterstehen. Die direkte Distribution spielt im innerdeutschen bzw. im deutschsprachigen Raum (Deutschland, Schweiz, Österreich) eine dominierende Rolle. So werden im deutschsprachigen Raum zwischen ca. 70% aller Buchungen vom Gast direkt beim Hotel vorgenommen (IHA 2014, S.224). Erst mit wachsender Distanz der Quell- bzw. Herkunftsmärkte der Hotelkunden steigt die Zahl der über Absatzmittler verkauften Übernachtungen.

Bei der *indirekten Distribution* führt der Weg zum Endkunden über die partnerschaftliche Zusammenarbeit mit zwischengeschalteten Absatzmittlern. Absatzmittler sind rechtlich und wirtschaftlich selbstständige Organe und Vertriebspartner, die eigenständig absatzpolitische Instrumente einsetzen und nicht den Weisungen der Unternehmensleitung unterstehen. Hierbei werden brancheneigene (touristische) und branchenfremde Absatzmittler unterschieden (Roth 1999, S.128f.). Zu den touristischen Absatzmittlern zählen Reisebüros, Reiseveranstalter, Reservierungssysteme, Hotelkooperationen, Hotelrepräsentanten, Flug-, Schifffahrts-, Bahngesellschaften, Tourismusverbände etc., während branchenfremde Absatzmittler bspw. Banken, Warenhäuser, Automobilclubs, Kreditkartenorganisationen, Vereine, Firmenreisestellen und ähnliche mehr sein können.

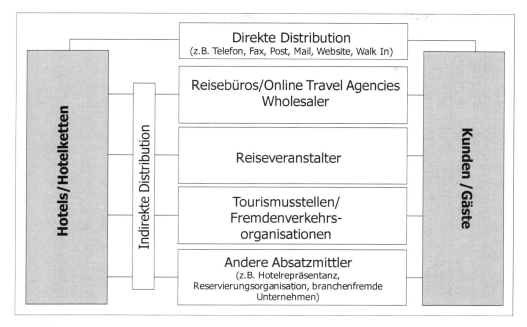

Abb.F.23:   Grundstruktur der direkten und indirekten Distribution in der Hotellerie

Zur **Bewertung der relativen Vorteilhaftigkeit direkter bzw. indirekter Distributionsformen** gibt es in der Literatur umfangreiche Bewertungskataloge (Meffert 2000, S.622ff.; Homburg et al. 2002, S.45ff.). Grundsätzlich kann man, wie Abbildung F.24 verdeutlicht, davon ausgehen, dass ein Absatzkanal umso kostspieliger ist, je direkter seine Verbindung zum Kunden ist, andererseits die Beziehung zum Kunden und der Informationsfluss umso ungestörter ist, je direkter der Absatzkanal ist. Bei der weiteren **Ausgestaltung des Distributionssystems,** spielen denn auch eine Vielzahl von Faktoren eine Rolle, die jedes Hotelunternehmen für seine spezifische Unternehmenssituation einer Überprüfung unterziehen muss:

- **Unternehmensbezogene Faktoren**
Unternehmensgröße, Leistungsprogramm, Finanzkraft, Vertriebskompetenz, personelle Ausstattung,...

- **Angebotsbezogene Faktoren**
Erklärungs-/Beratungsbedürftigkeit des Angebots, Bedarfshäufigkeit, Kauffrequenz,...

- **Kundenbezogene Faktoren**
Anzahl und Art der Kunden, Informations- und Buchungsverhalten, geographische Verteilung, Bedürfnisse und Erwartungen,...

- **Konkurrenzbezogene Faktoren**
Anzahl und Art der Konkurrenten, Konkurrenzangebot, Vertriebswege der Konkurrenz, Wettbewerbsdruck in den Vertriebskanälen, Dominanz des Wettbewerbs,...

- **Absatzmittlerbezogene Faktoren**
Art und Anzahl der Absatzmittler, Wachstum und Bedeutung der Absatzkanäle, Image der Absatzkanäle, vertragliche Rahmenbedingungen, Beeinflussbarkeit/Steuerbarkeit der Absatzmittler, Vertriebskosten,...

- **Umfeldbezogene Faktoren**
  Einfluss der Gesetzgebung auf vertragliche Vertriebsvereinbarungen, Einfluss neuer Technologien auf die Distributionskanäle, Sanktionspotenziale von Absatzmittlern,...

Die Effizienz und Leistungsfähigkeit direkter und indirekter Absatzkanäle bedarf dabei einer kontinuierlichen Überprüfung. Insbesondere im Hinblick auf die *Entscheidungen über Eigen- bzw. Fremdvertrieb* ist geeignetes Zahlenmaterial zu generieren, um die aktuellen bzw. potenziellen Erfolgs- und Kostenbeiträge der einzelnen Vertriebskanäle transparent zu machen (z.B. Personalkosten, Provisionen, Vertragsabschlusskosten etc.). Die Kontrolle der Vertriebseffizienz des Distributionssystems darf sich dabei jedoch nicht nur auf bestehende Vertriebsstrukturen beschränken, sondern muss auch Entwicklungen und Fähigkeiten neuer Absatzkanäle und Vertriebsformen berücksichtigen. Insbesondere die neuen Informations- und Kommunikationstechnologien verändern zunehmend die Kommunikation und Distribution touristischer Dienstleistungen, so dass Ketten- und Individualhotellerie sich weiterhin darauf einstellen müssen, dass Umsatzstrukturen sich innerhalb der Distributionssysteme der Hotellerie verschieben werden.

Kriterium	direkter Vertrieb	indirekter Vertrieb
Möglichkeit der Kundenbindung	(+)	(-)
Zugang zu Marktinformationen	(+)	(-)
Entscheidungsspielräume und Flexibilität bei der Marktbearbeitung	(+)	(-)
Unabhängigkeit von Händlern	(+)	(-)
Flächendeckende Marktpräsenz	(-)	(+)
Effizienzgewinne durch Bedarfsbündelung	(-)	(+)
Vermeidung hoher Kapitelbindung	(-)	(+)
Effektivität der Vermarktung durch Sortimentsbildung	(-)	(+)

Abb.F.24:   Grundsätzliche Vor- und Nachteile des direkten bzw.indirekten Vertriebs
            Quelle: Homburg et al. 2002, S.45f.

3.2   Akteure und Instrumente des Distributionsmanagement

3.2.1   Konventionelles Distributionsnetzwerk in der Hotellerie

Die Entscheidung für *direkte bzw. indirekte Absatzkanäle* korrespondiert in den wesentlichen Zügen mit der Entscheidung für unternehmensinterne bzw. -externe Akteure innerhalb des Absatzkanalsystems. Während zu den internen Akteuren der Vertriebsorganisation in der Hotellerie alle mit Vertriebsaufgaben betraute Unternehmenseinheiten, Stellen oder Personen gehören, die dem Hotelunternehmen organisatorisch und rechtlich angegliedert sind, sind unternehmensexterne Akteure rechtlich selbstständige Einheiten, die in partnerschaftlicher Zusammenarbeit mit dem Hotelunternehmen Vertriebsaufgaben übernehmen. Im Folgenden sollen daher neben den internen Verkaufsorganen mit Reiseveranstaltern, Reisebüros, Repräsentanzen, Hotelkooperationen, lokalen Tourismusstellen und sonstigen Absatzhelfern die maßgeblichen externen Organe vertrieblicher Aufgaben in der Hotellerie dargestellt werden (Kotler et al. 2006, S.502ff; Barth/Theiss 1998, S.173ff.).

Interne Verkaufsorgane können zum einen die Mitarbeiter in direktem Kundenkontakt sein (Empfang, Reservierungsabteilung, Bankettbereich, Restaurant, Bar etc.) und zum anderen Mitarbeiter eines unternehmenseigenen Verkaufsbüros oder der Vertriebs- bzw. Marketingabteilung eines Hotelunternehmens. Mit der Größe des Hotelunternehmens verändern sich die internen Vertriebsstrukturen und Verantwortlichkeiten, so dass strategisch wichtige Kunden, Märkte oder Einzelaufträge oftmals vertrieblich durch ein Key Account-Management oder durch die Unternehmens- bzw. Marketingleitung verantwortet werden, wie es üblicherweise insbesondere in der Stadt-, Kongress- oder der Ferienhotellerie zu beobachten ist. In der klein- und mittelständischen Individualhotellerie werden diese Aufgaben oftmals noch vom Hoteleigentümer persönlich wahrgenommen. Grundlegende kundenbezogene Strukturierungsmöglichkeiten im Verkauf sind bspw. Branchen, Verbände, Reisebüros, Reiseveranstalter, Tagungs-/Kongressveranstalter, öffentliche Auftraggeber etc.. Geographische Ansätze der Vertriebsorganisation fokussieren hingegen auf ausgewählte Länder, Regionen, Städte etc. Beim klassischen Hotelvertrieb im direkten Kontakt mit dem Gast bzw. Bucher, werden seit mehr als 30 Jahren sog. *Property Management Systeme (PMS)* im Front-Office-Bereich bzw. in den Reservierungsstellen der einzelnen Hotels eingesetzt. PMS beinhalten die Verwaltung von Zimmern und Gästen und haben im Einzelnen folgende Funktionen (Agel 2009, S.583f.):

- **Stammdatenverwaltung**, z.B. Zimmerdaten, Status, Kategorien, Preise
- **Reservierungsauftragsbearbeitung**, z.B. An-, Abreise, Gast- und Leistungsdaten
- **Gruppengeschäft**, z.B. Bearbeitung von Kontingenten
- **Gästekarteien/Gästehistorie**, z.B. vergangene und zukünftige Reservierungen
- **Ankunft, Verwaltung und Abreise der Gäste**, z.B. Check-in, Zimmerstatus
- **Housekeeping**, z.B. Zimmerstatus, Fundsachenverwaltung, Haustechnik
- **Rezeptionskassenverwaltung**, z.B. Stornierung von Posten
- **Night-Audit-Funktion**, z.B. Tagesabschluss und Übergabe an Buchhaltungssysteme
- **Berichtswesen**, z.B. diverse Statistiken und Warnmeldungen
- **Debitorenverwaltung**, z.B. offene Posten, Einnahmen/Ausgaben, Kommissionen
- **Schriftverkehr/Marketing**, z.B. Vorlagen für Nachrichten an Gäste
- **Schnittstellen**, z. B. zu Kassensystemen, Telefonanlagen, Video- und TV-Systemen, Schließkartensystemen, Minibar, aber auch zu externen Revenue Management und Yield Systemen sowie Back-Office Systemen wie Finanzverwaltung, Buchhaltung usw., einschließlich großer Unternehmenslösungen (z.B. SAP, Oracle)

Einen entscheidenden *externen Akteur* innerhalb der touristischen Leistungs- und Distributionskette stellt der *Reiseveranstalter* (Wholesaler/Tour Operator/Grossist) dar, bleibt doch die Pauschalreise nach wie vor die wichtigste Organisationsform von Urlaubsreisen (F.U.R. 2014). Reiseveranstalter sind Unternehmen, die Angebote einzelner touristischer Leistungsanbieter zu Programmpaketen zusammenstellen und als Pauschalangebot entweder direkt an den Endkunden oder an Wiederverkäufer auf eigene Rechnung veräußern. Hotels werden in das Angebot des Veranstalters integriert, können aber auch mit einem eigenen Pauschalprogramm eigenständig anbieten. Das Hotel räumt dem Reiseveranstalter in der Regel eine Kommission von 20–25% des Pauschalarrangements ein. Eine zweite Möglichkeit ist der Einkauf eines Zimmerkontingents zu einem niedrigen Nettopreis der zumeist zwischen 20–30% unter der ‚rack rate' liegt und kalkuliert den Verkaufspreis selbst. Zwischen Hotels und Veranstaltern sind je nach Angebots- und Nachfragemacht der Marktpartner folgende Vereinbarungen üblich (Hänssler 2008, S.265):

- **Allotmentvertrag**
  Das Hotel verpflichtet sich, ein bestimmtes Zimmerkontingent (Allotment) bis zu einem bestimmten Zeitpunkt für den Reiseveranstalter freizuhalten (i.d.R. drei Wochen vor Belegungstermin). Der Reiseveranstalter kann nachfragegemäß seine benötigten Zimmer kontinuierlich reservieren und die nicht verkauften Zimmer zum vereinbarten Termin kostenlos zurückgeben. Das Auslastungs- und Absatzrisiko liegt hier also fast ausschließlich beim Hotel.

- **Garantiebelegungsvertrag mit Verfall**
  Eine Reiseveranstalter vereinbart mit einem Hotel für eine Belegung von 100 Zimmern bspw. eine 80:20-Klausel, d.h., 80% der Zimmer müssen auf jeden Fall bezahlt werden, unabhängig davon, ob der Veranstalter sie auch verkauft hat. Für 20% der Zimmer besteht dann eine Option mit kostenloser Verfalls- und Rückgabemöglichkeit bis hin zu einem vereinbarten Termin. Das Auslastungs- und Absatzrisiko wird hier zwischen den Marktpartnern in einem gewissen Ausmaß geteilt.

- **Garantiebelegungsvertrag**
  Der Reiseveranstalter verpflichtet sich, alle vorreservierten Zimmer zu bezahlen, unabhängig davon, wie viele er tatsächlich verkauft. Das Absatzrisiko liegt hier ausschließlich beim Reiseveranstalter, daher stellt dieser Vertragstypus eine Ausnahme dar.

Die Vertragsvarianten machen deutlich, dass ein Hotelunternehmen durch die Zusammenarbeit mit Reiseveranstaltern einen Großteil seiner Gestaltungsmöglichkeiten bei der Vermarktung seiner Hotelleistungen/-kapazitäten einbüßt. In Deutschland beherrschen dabei mit der TUI Gruppe, Thomas Cook und der REWE Gruppe drei große Veranstalter den Markt (ca. 80% Marktanteil), so dass im Wesentlichen nur bei großen, internationalen Hotelkonzernen von einem ausgeglichenen Kräfteverhältnis der Marktteilnehmer gesprochen werden kann. Ein Hotelunternehmen muss von daher die Vorteile (Planungssicherheit, vermindertes Auslastungs- und Absatzrisiko, Markt- und Katalogpräsenz, Erschließung neuer Märkte und Segmente, Image- und Vertrauenstransfer bei starken Veranstaltermarken etc.) und Nachteile (Preisdruck, verbleibendes Restauslastungs- und Absatzrisiko, Kontingente müssen auch in Spitzenzeiten zur Verfügung gestellt werden, mangelhafte Kundenberatung, inadäquate Pauschalarrangements) der Zusammenarbeit sorgfältig prüfen. Aus Sicht des einzelnen Hotelunternehmens bzw. der Hotelkette ist hier insbesondere die fehlende Exklusivität des Vertriebskanals gegen die gestiegene Marktpräsenz abzuwägen.

Stationäre Reisebüros (Retailer/Travel Agent/Detaillist) sind unabhängige Dienstleistungsunternehmen, die auf Provisionsbasis Angebote von touristischen Leistungsträgern vertreiben (Hotels, Reiseveranstalter, Flug-, Schiff-, Bahn-, Busgesellschaften etc.). Für die elektronische oder telefonische Vermittlung von Hotelzimmern bzw. Pauschalangeboten in die Hotelunternehmen eingeschlossen sind, fällt i.d.R. eine Provision von ca. 8-10% des relevanten Verkaufspreises an. Obwohl die ca. 11.000 Reisebüros in Deutschland im Branchendurchschnitt nur einen Anteil von ca. 5% am Hotelvertrieb innehaben, spielen sie in einigen

Marktsegmenten eine wichtige Rolle. So werden ca. 33% aller Urlaubsreisen (mind. 4 Übernachtungen, ohne Berücksichtigung von Kindern) durch Reisebüros vermittelt (F.U.R. 2014). Insbesondere den 200 sog. „Implant Reisebüros" (Reisebüros, die exklusiv für ein spezifisches Unternehmen als externe Reisestelle den Geschäftsreiseverkehr abwickeln), kommt eine hohe Absatzbedeutung zu (Hänssler 2008, S.264). Insbesondere im nationalen und internationalen Geschäftsreisemarkt kommt Reisebüroketten eine hohe Absatzbedeutung zu, können sie doch aufgrund ihres Umsatzvolumens mit Einzelhotels und Hotelketten für Unternehmenskunden interessante „corporate bzw. company rates" aushandeln. Von zentraler Bedeutung für eine erfolgreiche Zusammenarbeit zwischen Hotels und Reisebüros ist die Anbindung an elektronische Hotelreservierungssysteme auf nationaler und internationaler Ebene, da nur so eine flächendeckende Distributionsmöglichkeit gegeben ist.

Die Nähe zum Endkunden und die damit verbundenen Marktkenntnisse von Reisebüros stellen einen nicht zu unterschätzenden Marketingvorteil dar. Hotelunternehmen müssen hier versuchen, über zielgerichtete Auswahlkriterien eine überzeugende Vertriebsargumentation und die kontinuierliche Produkt- und Unternehmenskommunikation, geeignete Reisebüros als Vertriebspartner auf nationaler und/oder internationaler Ebene zu identifizieren. Für eine erfolgreiche Zusammenarbeit kommt es dabei insbesondere auf komplementäre Zielgruppen und Leistungsfähigkeiten an, um eine zielgerichtete und geeignete Kundenansprache zu gewährleisten. Ein weiterer wichtiger Punkt sind schnelle und einfache Reservierungs- und Abrechnungsverfahren zwischen Reisebüros und Hotelunternehmen. Darüber hinaus kommt es Untersuchungen zufolge Reisebüros bei der Auswahl und Empfehlung von Hotelunternehmen insbesondere auf folgende Faktoren an (Travel Weekly zitiert nach Kotler et al. 2006, S.504):

Factors Very Important to Agencies Selecting a Hotel	Percentage of Agencies
Reputation for honoring reservations	90%
Reputation for good guest service	83%
Ease of collecting commission	77%
Room rates	76%
Prior success with booking clients at a particular hotel	76%
Efficiency of hotel's reservations system	70%
Commission rate	64%
Special rates with particular hotel	61%
Bookable through computerized reservations system	48%
Relationship with hotel representative	31%
Client requests for hotel offering frequent stay programs	26%

Bei der Bewertung der relativen Vorteilhaftigkeit der Zusammenarbeit mit Reisebüros sind ähnliche Abwägungen wie bei der Kooperation mit Reiseveranstaltern vorzunehmen.

Hotel-Repräsentanzen oder Vertretungen sind ebenfalls rechtlich eigenständige Dienstleistungsunternehmen, die einzelne Hotelunternehmen oder Hotelgruppen in einer Region, einem Land oder einem Kontinent vertreten. Die vertraglichen Vereinbarungen zwischen den Vertriebspartnern können dabei entweder exklusive Vertretungs- und Repräsentationsrechte beinhalten (d.h. das Hotelunternehmen ist der einzige Kunde) oder es handelt sich um Hotelrepräsentanten, die Vereinbarungen mit verschiedenen Hotelunternehmen oder Hotelgruppen getroffen haben. Die Vertretung unterschiedlicher Kunden der gleichen Branche beinhaltet i.d.R. einen Konkurrenzausschluss, d.h. es werden nur solche Unternehmen vertrieblich repräsentiert, die nicht unmittelbar in Konkurrenz zueinander stehen.

Hotel-Repräsentanzen übernehmen im Wesentlichen Verkaufsaufgaben für die angeschlossenen Häuser einer Gruppe bzw. für das einzelne Hotelunternehmen. Mit Repräsentanzen können Märkte erschlossen werden, die sonst aus Kostengründen nicht selbst bearbeitet werden können, was insbesondere für internationale Märkte und Kundensegmente gilt. Im Zentrum der Vertriebsaufgabe steht der Aufbau und die Pflege von Kontakten zu bedeutenden Abnehmern im vereinbarten Absatzgebiet. Insbesondere die Bearbeitung von Großabnehmern von Hotelleistungen ist von Bedeutung. Hotelrepräsentanten dienen als Informationszentrum/-leitstelle für Hoteliers, Reiseveranstalter, Reisebüros, Reisestellen, Firmenkunden und Einzelreisende. Dem Hotelunternehmen bieten sie die gleichen Vorteile wie Reisebüros. Im Hinblick auf die Markt- und Produktkenntnisse und die Exklusivität der Verkaufsanstrengungen für die angeschlossenen Hotelunternehmen ist eine Vertretung jedoch positiver zu bewerten. In der Praxis werden die Kosten der Beanspruchung von Vertretungen i.d.R. als Festbetrag in Abhängigkeit von der Unternehmensgröße, auf Kommissionbasis oder als Kombination von beiden dargestellt. Die Auswahl eines Hotelrepräsentanten ist sorgfältig abzuwägen, da zu häufige Wechsel der Repräsentanten sowohl aus Kosten- als auch Marketinggesichtspunkten als unvorteilhaft einzuschätzen sind.

Durch den Beitritt zu einer *Hotelkooperationen* oder *Reservierungsorganisation* eröffnen sich Hotelunternehmen zusätzliche Vertriebspotenziale. Hotelkooperationen sind – wie bereits in Kapitel D.5.3 ausgeführt – horizontale Zusammenschlüsse unabhängiger Hotelunternehmen, i.d.R. zum Zwecke der Planung und Durchführung gemeinsamer Marketing-, Vertriebs- und /oder Einkaufsaktivitäten. Hotelkooperationen bieten, neben der Nutzung eines gemeinsamen Reservierungssystems, auch zentrale Verkaufsbüros, die die Interessen der angeschlossenen Hotels auf dem Markt vertreten. Dies kann bspw. durch zentrale Reservierungsbüros, gebührenfreie Reservierungsnummern, webbasierte Reservierungsplattformen, Verkaufskataloge, Verkaufsreisen bzw. Road Shows sowie Messebeteiligungen/-auftritte erfolgen. Typische Vertreter solcher Kooperationen sind bspw. Leading Hotels of the World, Romantik-Hotels, Worldhotels, Ringhotels etc. Neben klassischen Hotelkooperationen existieren auch zentrale Verkaufs- und Reservierungsorganisationen, die als eigenständige Unternehmen diese Vertriebsleistung anderen Hotelunternehmen gegen Entgelt zur Verfügung stellen. Als Beispiel solcher reinen Reservierungssysteme seien die marktführenden Systeme wie Pegasus, REZsolutions oder auch Internetportale wie Hotel Reservations Service (HRS) oder Booking.com genannt. Die Funktionsweise solcher Reservierungssysteme wird im nächsten Kapitel näher erläutert.

Der Anteil *nationaler, regionenbezogener oder lokaler Tourismusstellen* an den deutschlandweiten Hotelbuchungen belief sich im Jahr 2013 auf ca. 1,5%, wobei die Tendenz aufgrund der wachsenden Onlinebuchungen weiter abnehmend ist (IHA 2014, S.224). Tourismusstellen/Fremdenverkehrsorganisationen sind zum Beispiel die Deutsche Zentrale für Tourismus auf Bundesebene (DZT), die touristischen Landesmarketinggesellschaften auf Länderebene (z.B. Tourismus-Marketing Brandenburg, Landesmarketing Sachsen-Anhalt etc.) oder regionale, kommunale oder städtische Fremdenverkehrszentralen (z.B. Allgäu Marketing, Harzer Verkehrsverbund, Niederrhein Tourismus usw.). Neben der allgemeinen

Aufgabe der Förderung der touristischen Nachfrage, übernehmen solche öffentlich geförderten oder öffentlich-rechtlich strukturierten Institutionen oftmals auch die Aufgabe der Vermittlung von Unterkünften. Die Vermittlungstätigkeit kann dabei auch die Reservierung oder den Abschluss von Beherbergungsverträgen mit Reisenden umfassen. Dabei werden alle in einer Region oder Stadt vertretenen Hotelunternehmen einbezogen, soweit sie ihre Zimmervakanzen der lokalen Tourismusstelle melden. Insbesondere für kleine und mittelständische Hotelbetriebe ist eine Zusammenarbeit mit derartigen Institutionen von erheblicher Bedeutung. Auch wenn diese Stellen zwangsläufig keinen exklusiven Vertriebskanal darstellen, empfiehlt sich doch, insbesondere für die Individualhotellerie, ein kontinuierlicher und enger Kontakt, als die regionalen und lokalen Tourismusstellen in einem permanenten und direkten Kontakt mit einer Vielzahl potenzieller Gäste stehen.

Sonstige Absatzhelfer als unternehmensexterne Absatzorgane umfassen neben Flug- und Bahngesellschaften, Autovermietern, Kreditkartengesellschaften oder Automobilclubs auch Partnerhotels aus Kooperationsmitgliedschaften. So erstellt bspw. der ADAC für seine Mitglieder Reiserouten und spricht in diesem Zusammenhang auch Übernachtungsempfehlungen aus. Des Weiteren bietet der ADAC seinen Mitgliedern auch Hotelverzeichnisse an (ADAC-Hotelführer). Innerhalb der touristischen Wertschöpfungskette bieten auch Fluggesellschaften oder Autovermietungen vielfach ihren Kunden die Reservierung von Hotelzimmern als zusätzliche Dienstleistung an.

3.2.2 Elektronisches Distributionsnetzwerk in der Hotellerie

Die Entwicklungen der Informations- und Kommunikationstechnologie haben in den letzten Jahren in der Tourismus- und Hotelindustrie, ebenso wie in vielen anderen Branchen und Sektoren, zu einem erheblichen Veränderungsdruck auf der Vertriebsseite geführt. *Elektronische Reservierungssysteme* und das *Internet* spielen innerhalb des Distributionskonzepts von Hotelunternehmen eine entscheidende Rolle, wobei innerhalb der neuen Informationstechnologien das Internet bzw. das World Wide Web (WWW) einen besonderen Stellenwert einnimmt. Die einzelnen Akteure und Prozesse der touristischen Wertschöpfungskette vernetzend, dienen die verschiedenen elektronischen Vertriebs- und Reservierungssysteme als Distributions- und Marketinginstrument, das Endverbraucher, Absatzmittler und Verkäufer auf vielfältige Weise miteinander verbindet (Abb.F.25).

Als Teil dieser Wertschöpfungsprozesse ermöglichen die Betreiber nationaler Computer Reservierungssysteme (CRS) bzw. internationaler Netzwerke und Distributionssysteme (GDS-Global Distribution System) und die verschiedenen Akteure im Internet bzw. World Wide Web, wie die Betreiber von Onlinebuchungsplattformen, Suchmaschinen, Sozialen Netzwerken und andere mehr, den Hotelkunden den standortunabhängigen und länderübergreifenden Kauf bzw. die Reservierung einer Hotelleistung. Den an diese elektronischen Systemwelten angeschlossenen Hotelanbietern, erschließen sich zusätzliche Vertriebskanäle mit dem Ziel, über eine breitere (internationale) Marktabdeckung die Auslastung zu optimieren.

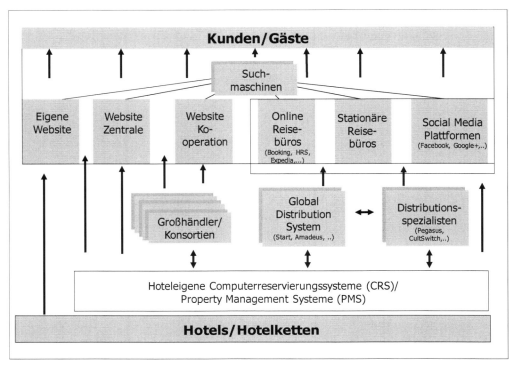

Abb.F.25:   Elektronisches Distributionsnetzwerk in der Hotellerie
             Quelle: In Anlehnung an Caroll/Siguaw 2003, S.43(modifiziert)

Die *Vertriebslandschaft in Tourismus und Hotellerie* hat durch die erweiterten technologischen Möglichkeiten in den letzten zehn Jahren Zeit einen massiven *Strukturwandel* erfahren, der das Vertriebsvolumen zunehmend von konventionelle auf elektronische Buchungs-
und Vertriebskanäle verlagert hat. So wurden in Deutschland im Jahr 2014 etwas mehr als
ein Drittel aller Reisen Online (37%) verkauft (F.U.R. 2014). Dominierten in der Hotellerie
im Jahr 2003 noch telefonische (32,1%) und schriftliche Buchungen (32,1%) vor elektronischen Buchungen (15,9%), hat sich dieses Verhältnis im Jahr 2013 ins Gegenteil verkehrt.
So wurden im Jahr 2013 in Deutschland Buchungen bereits am häufigsten auf elektronischen
Weg vollzogen (53,4% über CRS, GDS, Unternehmenswebsites, Internetportale, E-Mail,
Social Media) (IHA 2014, S.224). Der Vergleich der Jahre 2003 und 2013 zeigt die Verände-
rungen der Vertriebsstrukturen in der deutschen Hotellerie. So hat die Bedeutung internetba-
sierter Distributionskanäle (Onlineplattformen, Website) deutlich zugenommen, während die
Globalen Distributionssysteme (GDS) und die Computerreservierungssysteme (CRS) der
Konzerne bzw. Kooperationen, in ihrer Vertriebsrelevanz erheblich abgenommen haben.
Bemerkenswert ist einerseits auch die Tatsache, dass trotz kontinuierlicher Verluste seit
2003, Telefon, Fax und Brief nach wie vor die bedeutendsten Vertriebskanäle in der deutschen Hotellerie darstellen sowie auch die Tatsache bedeutsam erscheint, das im Jahr 2013
mobile Vertriebstechnologien (Apps, Mobile Website) in den Vertriebsstrategien der deutschen Hotellerie offenbar noch keine nennenswerte Rolle gespielt haben (Abb.F.26).

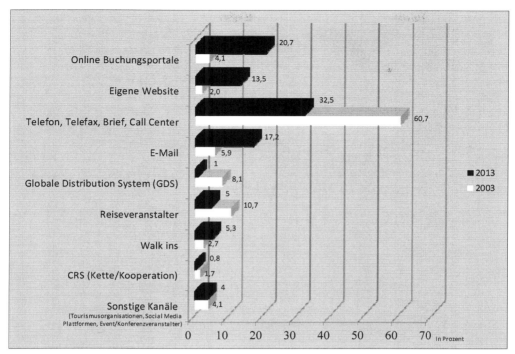

Abb.F.26:   Entwicklung der Vertriebskanäle in der deutschen Hotellerie in den Jahren 2003-2013
             Quelle: IHA 2014, S.225 und IHA 2008, S.110

Auch wenn die **Online-Distribution** in der Hotellerie unzweifelhaft in den letzten Jahren stark an Bedeutung gewonnen hat und diese zukünftig noch weiter zunehmen wird, so bleibt jedoch eine exakte Einschätzung der Datenlage, bezüglich der aktuellen Situation und der zukünftigen Entwicklung des elektronischen Distributionsnetzwerks in der Hotellerie, nach wie vor schwierig. Zu unterschiedlich offenbart sich in den vielen Studien das Verständnis darüber, was ein Onlinekanal bzw. eine Onlinebuchung ist und was nicht. Wenig zielführend ist hier die elektronische oder digitale Charakteristik eines Buchungskanals, funktionieren doch Fax, Mail und Telefon ebenfalls auf dieser Technologieebene. So bleibt unklar, ob eine Buchung über ein GDS-System, eine Social Media Applikation, eine App oder die Buchung via E-Mail im Verhältnis zu einer Buchung über eine Online Travel Agency oder die Echt-zeitbuchung auf der unternehmenseigenen Website als Onlinebuchung zu werten ist. In ei-nem engeren Begriffsverständnis der Online Buchung kann man unterstellen das man von einer „echten" Onlinebuchung nur dann sprechen kann, wenn diese einen automatisierten, elektronischen Prozess auslöst der ohne jedweden Medienbruch von statten geht, d.h. es findet keine manuelle oder physische Weiterverarbeitung statt, wie bspw. bei einem Fax oder dem Ausdruck eines Reservierungsformulars der unternehmenseigenen Website. Angesichts dieser Definitionslücke sind die Aussagen unterschiedlicher Quellen zur Entwicklung der Onlinebuchungen in der Hotellerie nur wenig vergleichbar und mit entsprechender Vorsicht zu interpretieren. Reduziert man bspw. die Onlinevertriebskanäle der IHA-Studie auf die Internetbuchungsplattformen (OTA) und die Echtzeitbuchungen auf unternehmenseigenen Websites, so wurden in Deutschland im Jahr 2013 nur 26,8% der Hotelumsätze Online gene-riert (im Gegensatz zu den o.g. 53,4% die jedweden elektronischen Kanal inkludieren). Dieser Wert korrespondiert mit einer länderübergreifenden Untersuchung von Euromonitor, die für das Jahr 2013 einen Onlinebuchungsanteil von 26% für die westeuropäische Hotellerie ermittelte (Euromonitor International 2014, S.11) (Abb.F.27). Zu ähnlichen Ergebnissen kommt auch die Arbeitsgemeinschaft Online Forschung, die für 2014 einen Onlinebuchungsanteil von 30,6% an Hotelübernachtungen bei Urlaubs- und Geschäftsreisen ausmacht (AGOF 2014), während die Forschungsgemeinschaft Urlaub und Reisen für 2014 einen Onlinebuchungsanteil von 37% für Urlaubsreisen ausweist (F.U.R. 2104). Alle aktuellen Werte sind derzeit jedoch noch sehr weit entfernt von den sehr optimistischen Schätzungen der Vergangenheit, wo Marktforschungsinstitute bereits für 2009 einen Anteil von 40% an Online Reisebuchungen in Europa prognostizierten (PhocusWright 2007) oder anderen Einschätzungen die davon ausgehen, das in naher Zukunft 90% aller Umsätze in der Touristik direkt oder indirekt über das Internet generiert werden (Usbeck 2007).

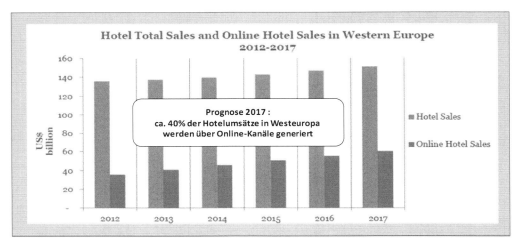

Abb.F.27:   Entwicklung der Onlinebuchungen in der westeuropäischen Hotellerie
             Quelle: Euromonitor International 2014, S.11

Dennoch gilt es angesichts des deutlichen Online-Trends zu reagieren und so versuchen die verschiedenen Akteure der touristischen Distributionskette sich auf diese Veränderungen einzustellen bzw. diese im eigenen Sinne weiter voranzutreiben. So suchen Hotels/Hotelketten verstärkt den direkten und zielgruppenspezifischen Weg zum Kunden über die eigene Website oder forcieren über strategische Allianzen die Gründung eigener Onlineportale/Reservierungssysteme (z.B. hotels-in-regensburg.com; reise-10.de, Roomkey.com) Auf der anderen Seite verbessern GDS Anbieter ihr Leistungsangebot (Suchmaschinenoptimierung, Visuelle Darstellung etc.) und verstärken sich über Zukäufe (Galileo erwirbt Worldspan in 2007) und strategische Allianzen mit Online Reisebüros und Hotelreservierungsportalen (z.B. Sabre mit Travelocity). In ähnlicher Weise verfahren Online-Reisebüros und Großhändler und versuchen, über Akquisitionen, Zusammenschlüsse und Kooperationen Skaleneffekte im Vertrieb und Einkauf zu realisieren (z.B. Übernahme von Hotel.de durch HRS im Jahr 2011, Übernahme Kayak durch Priceline/Booking.com im Jahr 2012, Übernahme Trivago durch Expedia 2012). Die *Zukunft der elektronischen Distribution in der Hotellerie* liegt denn auch in der ziel- und marktorientierten Vernetzung und Integration verschiedenster Partner und Systeme, die es dem Hotelier bzw. den Hotelgesellschaften erlauben, sämtliche seiner direkten und indirekten Vertriebssysteme und -partner aus seiner eigenen Systemwelt in Echtzeit zu steuern (Agel 2009, S.590). Vor allem die Möglichkeiten und Notwendigkeiten des direkten Hotelvertriebs über die eigene Hotelwebseite werden dabei – wie später noch dargestellt – an Bedeutung zunehmen.

> *Auch die Portale kommen jetzt unter Druck: Für die ersten Plätze im Google-Ranking müssen sie immer mehr investieren. Die Suchmaschine ist mit ihrem Hotelfinder und Maps zugleich ein starker Konkurrent. Und Dienste oder Start-ups wie Justbook, Bookingnow, 9flats oder Airbnb erobern ebenfalls Marktanteile. Die Großen wehren sich, indem sie gegen die neue Konkurrenz vor Gericht ziehen und das Online-Buchungsgeschäft immer mehr konzentrieren: So übernahm 2005 die Reisesuche Priceline Booking.com, 2007 deren asiatischen Konkurrenten Agoda und vor kurzem noch die Hotel-Metasuche Kayak. 2011 schnappte sich HRS den Gegenspieler Hotel.de. Und auch Expedia hat in den letzten Jahren neue Buchungs-und Vermarktungskanäle zugekauft.(Vieser 2013)*
>
> *„Jetzt müssen die Onliner zeigen, was sie wirklich drauf haben. Der Kampf zwischen OTAs, Hotelbrokern und Metaportalen wird nicht allein in der ruinösen Marketing-schlacht entschieden. Gewinner entstehen durch konsistente Produkt- und Servicequalität, durch Innovationsfähigkeit und ein klares Markenerlebnis. Mehrwerte hinsichtlich Perso-nalisierung und Inspiration kommen vor allem aus Big Data und mobilen Use Cases. Und doch setzt kaum jemand konsequent auf spannende Ansätze und neue Devices. Querein-steiger in die Branche haben technologisch ein offenes Feld. Und serviceorientierte statio-näre Reisebüros werden mit persönlichem Einsatz wiedervermehrt Kunden zurückgewin-nen."(Jockwer 2014, S.7)*

3.2.2.1   Elektronische Reservierungssysteme

Weltweit wurden in den letzten drei Jahrzehnten zunehmend *globale Reservierungssysteme (GDS)* entwickelt (Schulz 2015; Shoemaker et al. 2007, S.522; Freyer 2007, S.518ff.). Aus-gangspunkt dieser GDS waren ebenfalls die Reservierungssysteme großer Fluggesellschaf-ten, die ihr Angebotsspektrum später auch auf Hotelketten und Autovermietungen erweitert haben. Daraus entstanden die marktführenden vier Systeme Amadeus, Sabre, Galileo und Worldspan. Die globalen Computer-Reservierungssysteme verwalten und verarbeiten die Reiseangebote und Buchungen mit ihren Kontingent-, Preis- und Leistungsdaten in weltweit zentralen Rechenzentren. Ziel aller GDS ist eine weltweit hohe Distributionsdichte mittels globaler Vernetzung, u.a. durch Anbindung an andere *Computerreservierungssysteme (CRS)*. Amadeus ist dabei in Deutschland mit einem Marktanteil von ca. 85% der Marktfüh-rer. An Amadeus sind bspw. ca. 95.000 Reisebüros in 217 Ländern angeschlossen. Diese bieten in Deutschland Informations- und Buchungsmöglichkeiten über 500 Fluggesellschaf-ten, 75.000 Hotels, 22 Mietwagengesellschaften, 190 Reise- und Busveranstalter, 74 Ver-kehrsverbünde, 40 europäische Bahnen sowie weitere touristische Leistungsträger an welt-weit an. (Berg 2014, S.117) Aktuell werden ca. 80% aller Flugleistungen über GDS gebucht, während nur ca. 15% aller Hotelleistungen über diese Systeme gebucht werden (Agel 2009, S.586).

Hotels nutzen zunehmend die Möglichkeiten zentraler Hotelreservierungssysteme *(Hotel-CRS)*. Denn im indirekten Vertrieb bedienen diese Systeme die täglich wachsende Zahl von

Partnern und Partnersystemen, wie z.B. Call Center, zentrale Verkaufsbüros von Hotelgesell-schaften oder Hotelkooperationen, sogenannte Switchsysteme, die Reservierungssysteme der Fluggesellschaften (GDS), zahlreiche Reisebüro- und Veranstaltersysteme, Reisesysteme großer Firmen, Online Portale, Suchmaschinen und vieles mehr. Größere Hotelketten sind hierbei aufgrund des hohen Buchungsaufkommens in der Lage, *hoteleigene CRS-Systeme* aufzubauen, wie z.B. Hilton (Hilstar), Accor (Tars), Carlsson/Radisson (Curtic), Marriott (Marsha) oder Best Western (Lynx). Daneben bedienen sich viele Hotelgesellschaften offe-ner Systeme sog. *Hotel-CRS-Dienstleister*, wie Pegasus, Utell, RezSolutions, SynXis, TRUST, ihotelier oder myfidelio.net. (Agel 2009, S.585)

Die Kosten für ein Hotel bzw. eine Hotelkette für den Anschluss an ein Hotel-Reservierungs-system setzen sich aus einer einmaligen Aufnahmegebühr, monatlichen Systemkosten, teil-weise Marketingkosten und einer Provision für jede getätigte Buchung zusammen (ca. 10% bei CRS, zwischen 8–35% bei OTA). Neben den Kosten sind im Hinblick auf die Auswahl und vergleichende Bewertung verschiedener Reservierungssysteme insbesondere die Reich-weite, die Aktualität und Verbindlichkeit der touristischen Informationen, die technische Systemqualität, die Integrationsfähigkeit des Systems im Hinblick auf andere Technologien (z.B. Internet) und die ergänzenden Funktionen und Dienstleistungen von Reservierungssys-temen von Interesse. Hier sind sowohl vertriebsunterstützende Dienstleistungen (z.B. Selek-tions- und Preisvergleiche, Tarifoptimierungsverfahren, vermittlungsunterstützende Dienst-leistungen im Bereich Geschäftsreisen) als auch Dienste des Finanzmanagements und der Management-Information zu nennen (z.B. Verwaltung und Abrechnung von Buchungen, Vorgangs- und Kundenverwaltung).

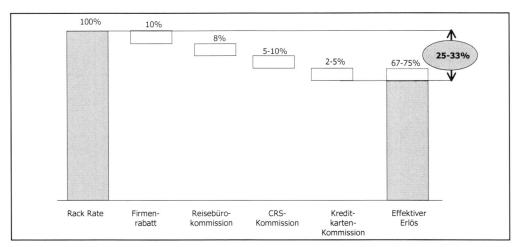

Abb.F.28:   Entwicklung der Vertriebskosten am Beispiel einer Reservierung durch einen Geschäftsreisenden via CRS
             Quelle: Schultze 1993, S.159

Während die internationalen Hotelketten mit ihren Leistungsangeboten in nahezu allen glo-balen Computer-Reservierungssystemen vertreten sind, sind mittelständische Hotelketten bzw. Individualhotels aus Marketinggesichtspunkten eher an der regionalen oder nationalen Vertriebsdimension von CRS-Systemen interessiert. Darüber hinaus erlauben sowohl Kos-tengründe als auch technologische bzw. vertragliche Gründe oftmals nur die Nutzung eines nationalen CRS-Systems, die jedoch zumeist mit den globalen Systemen vernetzt sind. Während die Vorteile eines CRS-Systems aus Sicht der Hotellerie in der Eröffnung eines zusätzlichen Vertriebskanals und der gesteigerten Marktpräsenz liegen, werden von Hotelunternehmen insbesondere die fehlende Verfügungs- und Gestaltungsmacht über die eigene Kapazität, die beschränkten Produktpräsentationsmöglichkeiten sowie die mit CRS-Systemen verbundenen Kosten als nachteilig angeführt (Schultze 1993, S.158). So können im Falle einer Reservierung via CRS die Gesamtvertriebskosten bis zu 25–30% der Rack-Rate betragen. Die Abbildung F.28 zeigt am Beispiel eines Geschäftsreisenden, der mit einem 10% Firmenrabatt über ein CRS-Terminal im Reisebüro bucht und bei der Abreise mit Kreditkarte bezahlt, wie sich die Vertriebskosten eines Hotels entwickeln können (Worst-Case-Szenario).

Angesichts gestiegener Konkurrenz durch das Internet und der zunehmenden Entwicklung webbasierter Reservierungssysteme, hat die Bedeutung globaler Reservierungssysteme für die Hotellerie in den letzten zehn Jahren abgenommen (Abb.F.26). Dennoch wird dies ein Prozess sein, der sich nicht zwingend weiter fortschreibt, da die zunehmende Konzentration der Branche und die stetige Verbesserung der Darstellungsmöglichkeiten und der Software auch dazu beitragen wird, dass GDS/CRS-Systeme ihren Stellenwert innerhalb der touristischen Distributionskette (Veranstalter-Reisebüro-Kunde) bewahren werden. Des Weiteren kommen, solange die Pauschalreise die dominierende Organisationsform von Urlaubsreisen in Deutschland bleibt und das Reisebüro die beliebteste Buchungsstelle darstellt, hier aus Endverbrauchersicht nach wie vor die Buchungsvorteile von Pauschalangeboten und Gesamtpaketen zum Tragen (F.U.R. 2014). Darüber hinaus sind die GDS-Anbieter nach wie vor ein wichtiger Datenlieferant der meisten Internet-Reiseportale, Intranets und Buchungsmaschinen, so dass trotz massiver Veränderungen der Vertriebsstrukturen die Bedeutung globaler Hotelreservierungssysteme nicht unbedingt weiter abnehmen wird.

3.2.2.2   Internet-Distribution und Unternehmenswebsite

Die Entwicklung der Internetökonomie hat die Vertriebsstrukturen und Wettbewerbskräfte in der Tourismus- und Hotelindustrie unzweifelhaft transformiert, und so hat das Internet in den letzten Jahren zu einer erheblichen Erweiterung des operativen Marketing- und Vertriebsinstrumentariums in Tourismus und Hotellerie geführt und eine Vielzahl von Begrifflichkeiten und Etikettierungen hervorgebracht die dieses Phänomen beschreiben sollen (E-Tourismus, etourism, E-Marketing, E-Sales, E-Distribution, eCRM, Electronic Commerce, Online-Marketing, Internet-Marketing, Web-Marketing etc.). Ohne hier im Einzelnen auf die einzelnen inhaltlichen Besonderheiten oder terminologische Begriffsabgrenzungen einzugehen (anstatt vieler hierzu Lammenet 2012; Kollmann 2010), bezeichnen die genannten Begriffe den Einsatz elektronischer bzw. internetbasierter Medien für einzelne, mehrere oder alle Bestandteile des Marketing- und Verkaufsprozesses (digitale Anbahnung, Aushandlung und/oder Abwicklung von Transaktionen zwischen Wirtschaftssubjekten) zur Erreichung der Marketing- bzw. Vertriebsziele eines Unternehmens. In den drei Verkaufsphasen (Pre-Sales, Sales, After Sales) bzw. während der verschiedenen Phasen der Customer Journey im Tourismus (Vor, während, nach der Reise sowie zwischen den Reisen), können internetbasierte Applikationen den Hotelanbieter bei seinen Marketing- und Vertriebsanstrengungen zielgerichtet unterstützen. Typische Anwendungen in der Pre-Sales-Phase sind bspw. die Unterstützung bei Suchprozessen der Kunden durch Informationen zum Unternehmen, zu den Leistungen sowie die Möglichkeit, Kommentare und Meinungen anderer Kunden einzusehen. In der Sales-Phase werden Reservierungen, Angebote und elektronische Zahlungsab-

wicklungen ermöglicht, während in der After-Sales-Phase Feedback- und Beschwerdemanagementsysteme sowie Instrumente der Kundenbindung von Bedeutung sind (z.B. Promotions, Clubleistungen, Abruf von Statuspunkten bei Frequent Travellern etc.).

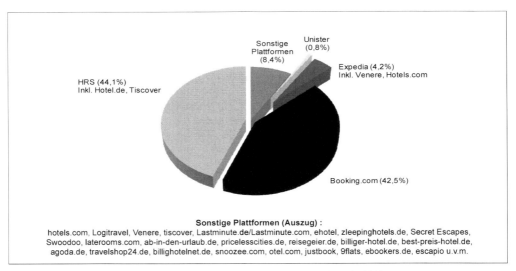

Abb.F.29:   Marktanteile der Onlinebuchungsplattformen in Deutschland im Jahr 2013
             Quelle: IHA 2014, S.226 (modifiziert)

Angesichts von Online-Penetrationsraten, die im Jahr 2013 im Schnitt in den relevanten
Altersgruppen von 19–39 Jahren bei ca. 97% lagen (bei den 40-59jährigen sind es ca. 83%,
bei den über 60jährigen ca.40%) (AGOF 2014), kommt dem Internet eine immer größere
Relevanz als Informations- und Transaktionsmedium im touristischen Konsumkontext zu
(Brysch 2013, S.33). Zwar bleibt die Pauschalreise die wichtigste Organisationsform von
Urlaubsreisen und das Reisebüro die wichtigste Buchungsstelle, ein Strukturwandel zu Guns-
ten von Einzelbuchungen, Unterkunftsanbietern und Internetportalen ist aber seit Jahren zu
beobachten (F.U.R. 2014). Der Treiber hinter dieser Entwicklung ist die technologische
Weiterentwicklung und Spezialisierung internetbasierter Distributions- und Organisations-
formen und der damit einhergehende Wandel der Informations- und Kaufentscheidungsprozesse im Kontext touristischer Konsumsituationen. Der stationäre oder mobile Online-
Auftritt eines Hotelunternehmens kann dabei als eigene ‚stand-alone‘ Internet-Lösung (Web-
site/App) konzipiert sein und/oder die Kooperation mit einem GDS-/CRS-Anbieter, einer
Online-Datenbank und/oder einem Internet-(Online)-Reservierungssystem und/oder einem
Bewertungsportal mit Buchungsoption (z.B. Holidaycheck) umfassen. Auch die sog. Electronic Malls (Shopping Malls), elektronische Marktplätze bzw. Metasuchmaschinen (z.B.
Google Hotelfinder, Swoodoo, Kayak, Trivago) eröffnen durch den elektronischen Zusammenschluss bzw. die elektronische Vernetzung verschiedener Anbieter von zielgruppenkom-
patiblen Produkten und Dienstleistungen, Hotelunternehmen eine internetbasierte Möglichkeit der Präsentation und Distribution. Insbesondere die Online-Buchungsportale *(Online
Travel Agencies (OTA))* haben in den vergangenen Jahren enorm an Bedeutung gewonnen
und so hat die Zahl und Qualität potenzieller Absatzkanäle in der Hotellerie durch die neuen
Informations- und Kommunikationstechnologie in den letzten zehn Jahren erheblich an Viel-

falt gewonnen (Abb.F.29). Entscheidungen über die Distributionsstrategie in der Hotellerie umfassen denn auch vermehrt, neben Entscheidungen über *Eigen- und/oder Fremdvertrieb*, auch Entscheidungen über das richtige Ausmaß und die richtige Mischung an *Off- bzw. On-line-Distributionslösungen.*

Verschiedene marketingrelevante Merkmale lassen das Internet sowohl aus Kunden- als auch aus Unternehmenssicht als eine geeignete Basis der Distribution und Kommunikation eines Hotelunternehmens erscheinen (Kollmann 2010, S.268; Freyer 2007, S.524; Dettmer et al. 1999, S.535ff.):

- Globale Reichweite
- Zeitliche Unabhängigkeit
- Aktualität
- Multimedialität
- Interaktivität
- Transaktionsfähigkeit
- Integrationsfähigkeit in das Marketing-Mix
- Zentrale und redundanzfreie Verwaltung der Angebote
- Kontrollierbarkeit
- Tendenziell geringe Kosten der Technologie

Das Internet ermöglicht es dabei nicht nur weltweit Hotel- und Reiseinformationen multime-dial darzustellen und zu übertragen, sondern es können über elektronische bzw. virtuelle Marktplätze und Datenbanken, standortunabhängig, aktuell und vergleichend Hotels und Hotelleistungen angeboten und vertrieben werden. Das Internet erlaubt darüber hinaus auch Überkapazitäten kurzfristig zu Sonderkonditionen zu vertreiben, ohne unmittelbar die Pro-duktpositionierung zu gefährden oder einen Preiswettbewerb mit dem unmittelbaren Wett-bewerb zu entfesseln. So können Stammgäste, Frequent Traveller oder spezielle Zielgruppen (late booker, smart shopper) zu geringen Kosten via E-Mail auf entsprechende Angebote oder Specials aufmerksam gemacht werden. Zunehmend werden auch Restkapazitäten von Hotelunternehmen über externe Dienstleistungsanbieter, wie bspw. das Internet-Auktions-haus Ebay versteigert oder im Zuge des Couponing in nachfrageschwachen Zeiten preisredu-ziert zur Verfügung gestellt.

Aus Sicht des potenziellen Kunden bietet die Möglichkeit des Online-Kaufs von Hotelleis-tungen – im Vergleich zu traditionellen Vertriebskanälen – neben den erweiterten und schnellen Informationsmöglichkeiten und Convenience-Aspekten (jederzeitige Verfügbar-keit, Überallerhältlichkeit, Produktvisualisierung etc.), insbesondere ein hohes Maß an Preis-transparenz sowie Preisvorteile bei Online-Buchungen. Darüber hinaus ist es dem Hotelgast möglich, autonom ein individuell auf seine Bedürfnisse zugeschnittenes touristisches Ge-samtpaket an Leistungen (Flüge, Übernachtungen, Mietwagen) über einen oder mehrere Vertriebskanäle zu reservieren, ohne dafür auf bestimmte Anbieter oder ein Pauschalangebot zurückgreifen zu müssen. Im Gegensatz zu den stark standardisierten Darstellungsmöglich-keiten des CRS-Systems oder den Prospekten/Verkaufskatalogen in der Hotellerie, ermög-licht die Internettechnologie verschiedene visuelle und auditive Formate der Produktpräsen-tation (Bilder, Animationen, Filme, Töne, Farben, Texte). So bieten viele Hotelunternehmen mittels App, Streaming-Datei, Slide-Show oder Livecam eine virtuelle Reise durch das Haus, die Hotelanlage oder die verschiedenen Räumlichkeiten an oder sind auf Youtube, Instagramm, Pinterest oder ähnlichen Applikationen mit ihren Häusern audio-visuell vertreten.

Als die derzeit aus Sicht vieler Kunden noch **kritische Komponente der Internet-Distribution**, wird die **Gewährleistung der Daten- und Transaktionssicherheit** und die Abwicklung des elektronischen Zahlungsverkehrs im Hinblick auf unautorisierte Veränderungen oder kriminellen Missbrauch wahrgenommen. Insbesondere der Empfang unerwünschter kommerzieller E-Mails (Spam-E-Mail, Phishing, Data Grabbing) führt bei vielen Konsumenten zu einer generellen Skepsis im Hinblick auf weiterführende Internetanwendungen. Verschiedene Standards und Normen (SET-Secure Electronic Transaction, digitale Signaturen, Verschlüsselungen), Zertifizierungsstellen sowie auch das für den elektronischen Handel erlassene Informations- und Kommunikationsdienstegesetz von 1997, versuchen hier einheitliche rechtliche Rahmenbedingungen für das Angebot und die Nutzung elektronischer Dienstleistungen festzulegen und für verbesserte Datensicherheit und Verbraucherschutz zu sorgen.

Obgleich Onlinebuchungen national und international – wie oben skizziert – einen immer höheren Anteil am Gesamtbuchungsaufkommen von touristischen Leistungsträgern aufweisen, beschränkt sich der Einsatz des Internets offenbar nach wie vor bei vielen Hotelunternehmen überwiegend auf die Kommunikation, Informationsvermittlung und die Vernetzung mit externen Absatzmittlern und weniger auf den **Eigenvertrieb**. So machte der Anteil der Internetbuchungen in Echtzeit über hoteleigene Websites im Jahr 2013 in der deutschen Hotellerie gerade einmal 6,1% aus. Rechnet man die Buchungen, die über ein die Website integriertes Reservierungsformular (Request for Booking) hinzu, kommt man auf einen Wert von 13,5% und bleibt damit deutlich hinter der Dynamik der Entwicklung der globalen Onlinebuchungen zurück (IHA 2014, S.225). Dies zeigt nicht nur die große Abhängigkeit der Hotellerie von externen Buchungsplattformen, sondern auch eine unzureichende strategische Ausrichtung des Absatzkanalsystems wie sie vielerorts in der Hotellerie zu beobachten ist. Dies ist umso erstaunlicher als die **unternehmenseigene Website** von vielen Autoren nicht nur als eine zusätzliche Distributionsalternative für Hotelunternehmen gesehen wird, sondern vielmehr als der zukünftig wichtigste und **ökonomisch vorteilhafteste Vertriebsweg** unter allen elektronischen Distributionskanälen bezeichnet wird (Gardini 2007, Baloglu/Pekcan 2006; Olsen/Conolly 2000). Angesichts der Tatsache das der Zugang und die Nutzung des Internet zunehmend über mobile Endgeräte wie Smartphones, Tablets oder Laptops stattfindet, gelten diese Überlegungen in analoger Weise auch für Direktvertrieb mittels einer hoteleigenen App.

*Zahlreiche Untersuchungen in der Hotellerie zeigen, das viele Hotelunternehmen ihre Off- und Online-Vertriebspotenziale nicht ausreichend ausschöpfen, sondern vielfach fahrlässig mit potenziellen Kunden und ihren Buchungs- und Reservierungsanfragen umgehen. So unterstreicht eine **Studie zur elektronischen Vertriebseffizienz** im Bereich der 4- bis 5-Sterne-Hotellerie in Deutschland, Österreich und der Schweiz, dass zahlreiche Hotelunternehmen der Ketten- und Individualhotellerie hinsichtlich der Qualität ihrer internetbasierten Anfragenbearbeitung und -verfolgung erhebliche Defizite aufweisen. So wurde die zugrunde liegende elektronische Buchungsanfrage von ca. 20% der Hotelunternehmen gar nicht beantwortet, während andere Hotelbetriebe dies nur mit erheblichem Zeitverzug bewerkstelligten. Inadäquate Responsezeiten oder -formen, Desinteresse an spezifischen Kundenbedürfnissen, Defizite in der Beratungsleistung, keine Nachverfolgung der Anfrage, nutzerunfreundliche Buchungs- bzw. Kontaktmasken etc. sind dabei nur einige der unmittelbaren Vertriebsdefizite, die die Studie ermitteln konnte. (Gardini 2007)*

Dieses Ergebnis korrespondiert mit Untersuchungen aus dem konventionellen Vertriebsbereich, die ebenfalls erhebliche Mängel in Bezug auf die Bearbeitung schriftlicher oder telefonischer Anfragen potenzieller Hotelkunden aufzeigten (Ho et al. 2003; VeVerka 1995; Hartley/Witt 1994). In der Mehrzahl der Untersuchungen gelang es einem erheblichen Teil der Untersuchungsstichprobe denn auch nicht, die zugrunde liegende Buchungsanfrage in eine feste Buchung bzw. Reservierung zu verwandeln.

Die Gründe für die mangelhafte strategische Ausrichtung des Distributionssystems in der Hotellerie sind vielfältig und nicht immer eindeutig auszumachen. Neben den im Kasten skizzierten hausgemachten Vertriebsdefiziten, dürfte die Auffassung bedeutsam sein, dass der Einfluss und die Wirkungen der technologischen Entwicklung des Internets in Bezug auf Marketing, Vertrieb und Kundenbeziehungsmanagement in der Hotellerie lange Zeit unterschätzt wurden (Schulze 2009, S.170f.; Gardini 2007). So haben sowohl die Ketten- als auch die Individualhotellerie in der Vergangenheit, Themen wie Online-Vertrieb, Channel-Management Systemtechnologien, Preiselastizität oder Yield- und Revenuemanagement zu wenig Aufmerksamkeit geschenkt und es damit versäumt wesentliche Kernkompetenzen im Onlinevertrieb aufzubauen (Stefanis 2013). Entsprechend hat die Hotellerie lange Zeit den direkten Vertrieb vernachlässigt und sich zu sehr auf die technologische Kompetenz und akquisitorische Distributionswirkung der Portale verlassen, ohne die Vertriebskosten ganzheitlich zu hinterfragen. Im Ergebnis sieht sich die Hotellerie aktuell, angesichts der zunehmenden Konzentration auf dem Online-Buchungsmarkt in Deutschland, mit quasi-monopolistischen Marktstrukturen konfrontiert, denen insbesondere die klein- und mittelständische Hotellerie nur wenig entgegenzusetzen hat. Verlust der Preishoheit, steigende Provisionen (zwischen 8–35%), wettbewerbswidrige Geschäftsbedingungen sind dabei nur einige der Kritikpunkte der Hotellerie, die die Vertriebspartnerschaft mit den Hotelbuchungsportalen zunehmend als unausgewogen empfinden (Siehe Kasten).

*Carmen Dücker, stellv. Geschäftsführerin **Best Western** Deutschland: „Wir haben es versäumt, den Kunden, den wir ohne Probleme auch selbst erreichen können, an uns zu binden. Damit ist dann die Macht der externen Vertriebspartner so gewachsen, dass Hotels abhängig wurden und unter Druck gesetzt werden konnten." (DEHOGA 2013)*

> *Eugen Block Eigentümer **Grand Elysée, Hamburg**: „Wir Hoteliers haben in der Vergangenheit Fehler gemacht. Wir haben den Vertrieb aus den eigenen Händen gegeben und uns nicht um den Verkauf unserer Zimmer gekümmert." (Ginten, E.A., Nicolai, B. (2013).*
> *Die Hoteliers sind aufgebracht – nicht zuletzt über die Art und Weise wie HRS die Veränderungen durchsetzt. „Friss oder Stirb" nach diesem Motto verfahre das Portal, so Olaf Feuerstein, der das **Göttinger Hotel Freizeit Inn** leitet. „Die Hotellerie sei total unzufrieden wie hier mit Geschäftspartnern umgegangen wird". (Riemann 2012)*

Angesichts der Marktdominanz und Marktmacht der OTA rückt für Hotelunternehmen aller Größenordnungen entsprechend die Forcierung des *elektronischen Eigenvertriebs* zunehmend in den Vordergrund. So haben sich zum Beispiel die Gruppen Choice Hotels, Hilton, Hyatt, InterContinental, Marriot und Wyndham zusammengeschlossen und eine eigene Online-Buchungsplattformen aufgebaut und vermarkten ihre Zimmer über die gemeinsame Plattform Roomkey.com (Maurer 2015, S.59) Die Internet-Distribution über eigene Plattformen, die eigene Webpage oder die eigene App ist denn auch ein Weg, die Gesamtvertriebskosten zu senken, entfallen doch bei unternehmenseigenen Internetlösungen die Provisionen und Kommissionen der stationären bzw. Online-Reisemittler sowie anderer technologischer Anwendungssysteme (GDS, CRS). Grundsätzlich gilt es hierbei zu beachten, dass die Web-Umsätze nicht immer zusätzliche Umsatzpotenziale generieren, sondern vor allem die Umsätze aus den klassischen Vertriebskanälen abziehen, was aber aus Vertriebskostengesichtspunkten positiv zu bewerten ist. Darüber hinaus können durch die Standardisierung und Automation der Geschäftsprozesse (Information, Reservierung, Zahlungsabwicklung) sowie die Verlagerung der Leistungsprozesse auf den Kunden (Externalisierung), interne Prozesskosten und Bearbeitungszeiten reduziert werden, so dass sich durch eine Restrukturierung des unternehmensspezifischen Vertriebskanalsystems Kostensenkungspotenziale ergeben, die Unternehmen auf der Marktseite erweiterte Preisspielräume ermöglichen. *„Accor hotels, in analyzing how the Internet impacts transaction costs, found an 80 to 90 percent savings by selling directly to the consumer online."* (Barrows et al. 2012, S.415). Ein Haupterfolgsfaktor im Zuge der erweiterten Gestaltungsmöglichkeiten im Hotelvertrieb ist denn auch das Verständnis für die Rolle des Onlinevertriebs im *integrierten Zusammenspiel* aller direkten und indirekten Vertriebskanäle und *des Off- und Online Distributions-Mix*. Von *einer effizienten direkten Online-Distribution* im Zuge des Distributions- und Marketingkonzepts eines Hotelunternehmens kann denn auch nur dann gesprochen werden, wenn die betreffende Unternehmenswebsite von aktuellen und potenziellen Kunden als Hauptquelle für relevante Informationen und Unterstützung jeglicher Art im Zusammenhang mit Angebot und Vertrieb der Unternehmensleistungen des Hotelunternehmens genutzt wird (Siehe Kasten). Die damit zusammenhängenden Herausforderungen bestehen in folgenden Punkten (siehe hierzu auch Gardini 2007, S.189):

Profilierung der hoteleigenen Website (App) als direkten Distributionskanal
- Interne/Externe Positionierung der Website (App) als Schlüsselelement der elektronischen Vertriebsstrategie
- Professionalisierung des Markenmanagement
- Integration der Website (App) in das Markenmanagement
- Professionalisierung des Website (App) Management (z.B. Suchmaschinenoptimierung)
- …

Entwicklung einer konsistenten Pricing-Strategie für elektronische Buchungen
- Pflege der Raten/Verfügbarkeiten innerhalb der elektronischen Distributionslandschaft (Zeit, Ort, Leistungsangebot, Zielgruppe) über ein geeignetes Property Management System
- Sicherstellung der angebotsbezogenen Preiswürdigkeit
- Sicherstellung der Preistransparenz/-fairness (Best Price-Garantien)
- ...

Entwicklung einer stringenten Distributionsstrategie und Optimierung des Distributionsmix
- Zielgruppendefinition/-konzept
- Integration von On- und Offline Vertriebsaktivitäten (Multi-Channel Marketing)
- Definition des kanalbezogenen Return on Distribution (Kosten, Qualität, Effizienz)
- ...

Anpassung der Vertriebsorganisation
- Prozess- und Strukturoptimierungen
- Verbesserung der internen Kommunikation
- Professionalisierung der Vertriebsmitarbeiter
- ...

Ausgangspunkt hierfür ist die Analyse des unternehmensspezifischen Marketing- und Verkaufsprozesses. Die drei Verkaufsphasen bzw. die verschiedenen Phasen des Reiseprozesses sind im Hinblick darauf zu untersuchen, inwieweit sie durch internetbasierte Informations- und Kommunikationstechnologien nachhaltig unterstützt werden können. Weitere Analyseschritte gleichen die Kundenbedürfnisse mit den Internetmöglichkeiten ab und müssen, in Abhängigkeit von der anvisierten Zielgruppe, vor allem das Kundenverhalten bei Informations- und Entscheidungsprozessen vor, während und nach der Reise berücksichtigen und unter Umständen die bestehenden Modelle der Kundenansprache und Kundenbindung modifizieren bzw. neu entwickeln. Diese Anforderungen zur Stärkung des Eigenvertriebs müssen darüber hinaus auch durch eine klare strategische Positionierung des Hotelkonzepts und durch konsequente Anstrengungen um den Aufbau und die Pflege einer differenzierungsfähigen Marke im Zuge eines professionellen Markenmanagements gestützt werden, denn nur dann kann gewährleistet das über die eigenen Kanäle ein ökonomisch werthaltiger Marketing- und Vertriebsdruck entfaltet werden kann (siehe Kasten).

Markenstärke versus Distributionsstärke
*Die Trendwende bei Online-Buchungen im deutschen Sprachraum ist unübersehbar: Die Hotels meiden zunehmend die mächtig gewordenen Online Travel Agencies (OTA) wie booking.com oder hrs.com. So wenden die **Kinderhotels Europa**, mit 53 Mitgliedsbetrieben größte Angebotsgruppe in Österreich, zu teuren Plattformen den Rücken zu und sind nur mehr über eigene Kanäle buchbar. Die Gäste profitieren vom direkten Draht vom ersten Moment an und für die Hoteliers sinken die Kosten. „Die Kinderhotels sind so gut positioniert, wer Urlaub mit Kindern machen will, findet kinderhotels.com leicht. Alle Hotels sind online buchbar: Wir brauchen keine Portale", erklärt Gerhard Stroitz, Geschäftsführer der Kinderhotels. (Quelle: Pressemeldung Kinderhotels Österreich vom 6. Juli 2012)*

4 Management der Kommunikationsbeziehungen

4.1 Grundlegende Entscheidungstatbestände der Kommunikationspolitik

Die Kommunikationspolitik als Teilkomponente. des Marketinginstrumentariums/-mix eines Hotelunternehmens bezeichnet die Gesamtheit aller Kommunikationsmaßnahmen und -instrumente, die darauf ausgerichtet sind, Informationen über das Unternehmen und die Unternehmensleistungen zu vermitteln und die Adressaten im Sinne einer systematischen Verhaltenssteuerung gezielt zu beeinflussen.

Abb.F.30:   Kommunikationsbegriffe nach Bruhn 2003, S.1f.

Neben dem grundlegenden Ziel der Absatzförderung verfolgt die *Kommunikationspolitik mit ihren klassischen Kommunikationsinstrumenten, wie Werbung, Verkaufsförderung, Öffentlichkeitsarbeit oder den persönlichen Verkauf* darüber hinaus noch Nebenziele, wie zum Beispiel den Aufbau bzw. Erhalt von Vertrauen und Anerkennung gegenüber den verschiedenen Anspruchsgruppen (aktuelle/potenzielle Kunden, interne/externe Öffentlichkeit) der Unternehmen. Die Steuerung von Erwartungen und Einstellungen und die Schaffung positiver Wahrnehmungen soll, über die akquisitorischen Effekte der Kommunikationspolitik hinaus, zu einem verbesserten Verständnis der Empfänger kommunikativer Maßnahmen für das unternehmerische Handeln und Entscheiden der Unternehmen beitragen (Bruhn 2003, S.1f.). Sowohl die Medienlandschaft als auch die instrumentelle und inhaltliche Bandbreite der Kommunikationspolitik von Unternehmen haben sich dabei in den letzten Jahren erheblich verändert (Abb.F.31). Kommunikationsinstrumente, wie das Direkt-Marketing, das Sponsoring oder das Event-Marketing haben sich ergänzend zum klassischen Kommunikationsinstrumentarium in der Kommunikationsarbeit von Unternehmen fest etabliert. Die neuen *Möglichkeiten der Informations- und Kommunikationstechnologie* eröffnen Unternehmen darüber hinaus erweiterte und interaktive Möglichkeiten der Konsumentenansprache (Multimedia-Kommunikation). Vor dem Hintergrund dieser neuen Instrumentenvielfalt und der steigenden Wettbewerbsintensität in der Hotellerie wird es für Unternehmen jedoch zunehmend wichtiger, über eine effektive und effiziente Kommunikationsarbeit Wettbewerbsvorteile im Markt zu realisieren und zu bewahren.

Abb.F.31:   Ausgewählte Kommunikationsinstrumente im Marketing

Der sich bei der zielgerichteten Planung der Unternehmenskommunikation (Kommunikationskonzeption) ergebende Entscheidungsbedarf lässt sich dabei anhand der sog. *Kommunikationsformel nach LASWELL* aufzeigen (Meffert 2000, S.685):

- **Wer** (Unternehmen, Kommunikationstreibende)
- **sagt was** (Kommunikationsbotschaft)
- **unter welchen Bedingungen** (Umweltsituation)
- **über welche Kanäle** (Medien, Kommunikationsträger)
- **zu wem** (Zielperson, Empfänger, Zielgruppe)
- **unter Anwendung welcher Abstimmungsmechanismen** (Integrationsinstrumente)
- **mit welchen Wirkungen** (Kommunikationserfolg)?

Auf der Grundlage dieses Paradigmas leiten sich die grundlegenden Entscheidungstatbestände des Planungsprozesses der Kommunikationspolitik ab. Ausgehend von der Situationsanalyse und den Marketingzielen sind die *Kommunikationsziele* operational zu formulieren. Sie stellen als zukunftsbezogene Vorgaben die Richtschnur des Weiteren kommunikativen Planungsprozesses dar. Weiterhin werden die relevanten *Zielgruppen* der Kommunikation identifiziert und beschrieben. Die *Kommunikationsstrategie* definiert die Richtlinien der kommunikativen Unternehmensaktivitäten, indem sie die Positionierung des Unternehmens, die Botschaftsschwerpunkte der Kommunikation, die Gestaltungsprinzipien und die Mediastrategie vorgibt. Auf Basis der Kommunikationsstrategie erfolgt die konkrete Ausgestaltung der Maßnahmenplanung. So werden insbesondere das Kommunikationsbudget festgelegt und die Kommunikationsinstrumente ausgewählt. Während die Botschaftsgestaltung markt- und werbepsychologische Erkenntnisse zu berücksichtigen hat, muss die Mediaselektion nach inhaltlichen, zeitlichen und finanziellen Kriterien erfolgen. Letzter Entscheidungstatbestand der Kommunikationspolitik bildet die *Erfolgskontrolle* der Kommunikationsaktivitäten im Sinne einer erfolgsorientierten Kommunikation.

4.1.1 Besonderheiten der Kommunikationspolitik in der Hotellerie

Aus den dienstleistungsspezifischen Besonderheiten der Hotelleistung erwachsen auch einige Implikationen für die Kommunikationspolitik in der Hotellerie (Abb. F.32).

Eigenschaften der Hotelleistung	Konsequenzen für die Kommunikationspolitik
Intangibilität/Immaterialität (Nichtlagerbarkeit, Standortgebundenheit)	• Materialisierung/Visualisierung der Dienstleistungen durch die Darstellung tangibler Elemente • Image als Qualitätsindikator • Unterstützung der Kapazitätssteuerung • Ausnutzung von Cross-Selling Potenzialen • Bekanntmachung von Leistungserstellungsbedingungen
Leistungsfähigkeit des Anbieters	• Dokumentation spezifischer Leistungskompetenzen • Materialisierung des Fähigkeitenpotentials
Integration des externen Faktors	• Hinweise auf evtl. Abholmöglichkeiten des externen Faktors • Darstellung interner/externer Faktoren • Einsatz der Kommunikationspolitik im Rahmen des Leistungserstellungsprozesses • Problemhandling während des Leistungserstellungsprozesses • Aufbau individueller Kommunikationsprozesse

Abb.F.32:   Besonderheiten der Kommunikationspolitik von Hotelunternehmen
             Quelle: In Anlehnung an Meffert/Bruhn 2009, S.280

Die *Immaterialität* der Hotelleistung führt dazu, dass die Leistungen des Hotels oftmals in ihrer Gesamtheit und ihrer Qualität dem potenziellen Kunden nicht präsentiert oder dargestellt werden können. Während Hotelgebäude, Zimmer und Räumlichkeiten vergleichsweise gut präsentiert werden können, sind es insbesondere die ‚*weichen*' Faktoren des Hotelangebots, wie Freundlichkeit, Zuvorkommenheit oder Zuverlässigkeit der Mitarbeiter, die kaum kommunikativ ‚*greifbar*' gemacht werden können. Gerade die für viele Hotelunternehmen so wichtigen Profilierungsmerkmale, wie eine spezielle Atmosphäre, ein unvergleichlicher Service oder ein einzigartiges Ambiente, können vielfach nur ungenügend in Kommunikationsbotschaften materialisiert bzw. visualisiert werden. Hier kommt der Materialisierung der Hotelleistungen durch die Darstellung tangibler Elemente und der Dokumentation spezifischer Leistungskompetenzen im Zuge der Kommunikationspolitik besondere Bedeutung zu. Entscheidend ist hierbei, inwieweit es gelingt, das Hotelunternehmen über einen zielgerichteten Aufbau und Positionierung eines positiven Marken- bzw. Unternehmensimages im ‚evoked' bzw. ‚relevant set' der potenziellen Zielgruppen zu verankern, da das Image sowohl im Vorfeld der Kaufentscheidung als auch bei der Leistungsbeurteilung durch den Kunden eine besondere Rolle spielt.

Zusammen mit der Preispolitik spielt die Kommunikationspolitik beim Kapazitätsmanagement und der kurzfristigen Nachfragesteuerung in der Hotellerie eine wichtige Rolle. Die kurzfristige Vermarktung von Restkapazitäten, die Bekanntmachung von Leistungsbedingungen im Zuge von Specials oder Sonderaktionen oder die Ausnutzung von Cross-Selling Potenzialen sind typische Ansatzpunkte kommunikationspolitischer Maßnahmen, um die **Nichtlagerfähigkeit** und die **Standortgebundenheit** von Hotelleistungen zu bewältigen. Neben klassischen Instrumentarien der Verkaufsförderung (Prospekte, Newsletter, Videos, Referenzen etc.) oder Elementen des persönlichen Verkaufs, wie bspw. Besichtigungstouren oder Leistungsproben für institutionelle Kunden, kommt aus Gründen der Reichweite insbesondere werbepolitischen Aktivitäten eine entsprechende Bedeutung zu.

Eine wesentliche Aufgabe der Kommunikationspolitik im Hinblick auf die **Integration des externen Faktors** ist die Notwendigkeit, sowohl die Kundenerwartungen als auch das Ausmaß an Kundenbeteiligung im Leistungserstellungsprozess zu steuern. Angesichts der Bedeutung von Erwartungen für das Qualitätserleben von Hotelkunden besteht eine wesentliche Aufgabe der Kommunikationspolitik von Hotelunternehmen in der Kommunikation erfüllbarer Leistungsversprechen, der Betonung und Spezifizierung kundenrelevanter, überprüfbarer Merkmalsprofile der angebotenen Dienstleistungsqualität und in der Vermittlung der Aufgaben- und Rollendefinition, die dem Kunden im Rahmen der Dienstleistungstransaktion zukommt. Aus der Personalintensität und Interaktivität vieler Hotelleistungen ergeben sich dabei zahlreiche Möglichkeiten der individuellen Kommunikation, die zum Aufbau enger Kunden-Mitarbeiter-Beziehungen genutzt werden können, die der Erleichterung bei der Erhebung von Kundeninformationen dienen, und die bei der Behandlung von Problemen und Beschwerden etc. zum Tragen kommen.

4.1.2   Ziele und Gestaltungsfelder der Kommunikationspolitik

Die Operationalisierung des generellen Ziels der Absatzförderung erfolgt durch die strategische Ausrichtung des Kommunikationskonzeptes innerhalb eines durch **drei grundlegende Positionierungsziele** abgesteckten Kommunikationskorridors (Kroeber-Riel 1991; Kroeber-Riel/Esch 2000, S.45ff.; Abb.F.33). Bei der **Positionierung durch Aktualisierung** steht das Bemühen im Vordergrund, entweder Aktualität für ein neues Produkt- bzw. Dienstleistungsangebot zu erzeugen oder die einmal gewonnene Position zu nutzen und offensiv auszubauen und weiterhin eine starke gedankliche Präsenz des Leistungsangebots beim Kunden zu bewahren. Oftmals geht es hierbei um die Kapitalisierung von Markenbekanntheit und -goodwill (Pepels 1997, S.83f.). Meist geschieht dies durch Produktdifferenzierung bzw. Diversifikation. Entscheidend für die Erreichung des Positionierungsziels ist die Stärke, Verbundenheit, Schnelligkeit und Kreativität des Einsatzes kommunikativer Maßnahmen, um bei hinreichender konativer Verwandtschaft im Rückbezug auch eine Aktualisierung für die Transfermarke selbst zu erreichen.

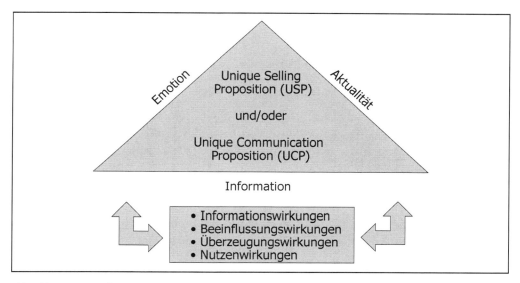

Abb.F.33:   Kommunikationsziele und Wirkungsarten in der Massenkommunikation

Ziel der *informativen Positionierung* ist es, über die Kommunikation der objektiven Produkt-/Dienstleistungsattribute und -eigenschaften, eine monopolartige Alleinstellung des Angebots im Sinne einer ‚*Unique Selling Proposition'* aufzubauen und dadurch einen entsprechenden Nachfragesog zu erzeugen. Die Erkenntnisse der Informationsökonomie bezüglich der Qualitätsunsicherheit von Dienstleistungsnachfragern (Kaas 1990; Woratschek 2001a) implizieren für die Kommunikationspolitik eines Dienstleistungsanbieters die Bereitstellung eines umfassenden Angebots an Qualitätsinformationen zum Abbau der Informationsarmut von Dienstleistungen und zur Reduktion bzw. Minimierung des Kaufrisikos (siehe Kapitel C.3.2.2.1). Der Kommunikationspolitik von Dienstleistungsanbietern, deren Leistungsangebot, wie in der Hotellerie, von Erfahrungsqualitäten gekennzeichnet ist, kommt im Rahmen des intensiven Informationswettbewerbs in der Branche eine ‚*Trigger'*-Funktion zu, die über den Prozess der Informationsübertragung und Bekanntmachung der anbieterspezifischen Leistungsvorteile einen Kaufimpuls auslöst und somit erst die Voraussetzung dafür schafft, den Kunden von der Einzigartigkeit und der Bedürfnis-Adäquanz der angebotenen Dienstleistungsqualität zu überzeugen.

Des Weiteren ist es im Vorfeld des Kaufentscheidungsprozesses und während der Inanspruchnahme der Dienstleistung von Bedeutung, durch die Kommunikationspolitik dem Kunden die Konsumsituation und das dort zu erbringende Verhalten zu vermitteln, um mit Blick auf die Sicherung und Stabilisierung eines angestrebten Qualitätsniveaus zu einer Standardisierung der Kundenerwartungen bzw. der Beteiligung des Kunden zu gelangen. Ein

‚*Overpromising*' der Problemlösungsfähigkeiten zeitigt dabei langfristig eher negative Konsequenzen, so dass zur Vermeidung diesbezüglicher Disparitäten die Kommunikation der Dienstleistungsqualität im Einklang mit der tatsächlich verfügbaren Qualität der internen Einsatzfaktoren stehen sollte. In der Dienstleistungsliteratur wird in diesem Zusammenhang als Negativbeispiel für die Konsequenzen einer entsprechenden Lücke zwischen kommunikativem Anspruch und leistungsbezogener Wirklichkeit gerne die Kampagne ‚*No surprise*' von Holiday Inn zitiert, die weltweit fehlerfreien und einheitlichen Service versprach und sehr schnell abgesetzt werden musste, nachdem es zwangsnotwendigerweise zu erheblichen Enttäuschungen und Reklamationen gekommen war, da eine derartige 100%ige Qualitätskonstanz in personalintensiven Dienstleistungsbranchen wie der Hotellerie nicht zu realisieren ist (Meyer 1994a, S.270).

Gesättigte Märkte, das überbordende Informationsangebot und die zunehmende Austauschbarkeit funktionaler Produkt- bzw. Dienstleistungsqualitäten führen jedoch dazu, dass die rein informative Kommunikation durch emotionale Argumente im Rahmen einer ‚*Unique Advertising Proposition*' bzw. ‚*Unique Communication Proposition*' ergänzt werden muss, um über die erlebnisorientierte Positionierung zu einer Wettbewerbsprofilierung des Angebots und zu einer *kommunikativen bzw. emotionalen Alleinstellung* aus der Sicht des Nachfragers zu gelangen (Bruhn 2003, S.28). Der Aufbau von Image, Vertrauen und Goodwill gewinnt dabei, angesichts des hohen Stellenwerts informeller Informationskanäle im Zuge der persönlichen Mund-zu-Mund Kommunikation im Dienstleistungssektor, eine besondere Bedeutung innerhalb des kommunikativen Aufgabenspektrums. Das Image- und Goodwill-Potenzial ermöglicht es dem Hotelunternehmen einerseits, für seine Leistung ein höheres Preis-Premium zu realisieren und andererseits Kunden, die der Kompetenz und Fairness des Unternehmens vertrauen, bei Neuprodukteinführungen bzw. Leistungsdiversifizierung/-differenzierung auch ohne ‚*Einzelnachweis*' von der Qualität des Angebots zu überzeugen, wie dies z.B. bei Markenerweiterungen bzw. Dachmarkenstrategien der Fall ist (z.B. Hyatt mit Grand Hyatt, Park Hyatt etc. oder Courtyard by Marriott usw.). In einer Vielzahl vom empirischen Untersuchungen konnte denn auch gezeigt werden, dass das Unternehmens- bzw. Markenimage eines Anbieters einen bedeutsamen Differenzierungsfaktor im Wettbewerb bzw. einen nachhaltigen Wettbewerbsvorteil darstellt, was sich insbesondere für Dienstleistungsunternehmen konstatieren lässt. Aus den grundlegenden Positionierungszielen leiten sich im Anschluss die weiteren *ökonomischen und psychographischen Kommunikationsziele* des Unternehmens ab.

Zu den ökonomischen Kommunikationszielen zählen, wie in anderen Teilbereichen des Marketing-Mix die übergreifenden monetären Größen unternehmerischer Tätigkeit, wie Umsatz, Kosten, Gewinn, Marktanteile etc. Im Mittelpunkt der Kommunikationspolitik stehen daher, wie oben aufgeführt, die psychographischen Ziele.

Ausgewählte psychographische Kommunikationsziele
- Informationsbereitstellung und Kommunikation des Qualitätsanspruchs
- Positionierung/Profilierung (Unternehmen, Produkte)
- Erhöhung Bekanntheitsgrad (Unternehmen/Produkte)
- Aufbau von Image, Vertrauen und Goodwill
- Aufbau von Kompetenz und Zuverlässigkeit
- Aktivierung von Bedürfnissen/Schaffung eines Problembewusstseins

- Weckung/Intensivierung/Veränderung des Nachfrageverhaltens (Einstellungen)
- Reduktion/Minimierung der Kauf-/Interaktionsrisiken
- Steuerung der Kundenerwartungen und der Kundenbeteiligung
- Steuerung des Mitarbeiterverhaltens und der Mitarbeiterbeteiligung
- ...

4.1.3   Integrierte Kommunikation als Ausgangspunkt

Vor dem Hintergrund der gestiegenen Vielfalt der Kommunikationsinstrumente und deren Kombinationsmöglichkeiten wird die Notwendigkeit einer verstärkten Koordination und Abstimmung (Integration) der Kommunikationsaktivitäten deutlich. Der Begriff der *Integrierten Kommunikation* umfasst die Koordination aller kommunikativen Maßnahmen nach innen und nach außen durch kommunikationsstrategische Leitkonzepte und fordert insbesondere die formale, inhaltliche und zeitliche Abstimmung aller Kommunikationsmaßnahmen mit dem Ziel, allen relevanten Zielgruppen ein widerspruchsfreies und glaubwürdiges Erscheinungsbild über das Unternehmen bzw. die Marke zu vermitteln (Bruhn 2003, S.75; Meyer/Davidson 2001, S.607). *Cross Media Communication* – ein Begriff, der in diesem Zusammenhang in der Neuzeit oft genannt wird – bezeichnet allgemein die Vernetzung von verschiedenen Mediengattungen und Kommunikationsinhalten und stellt mithin ebenfalls auf den holistischen Ansatz der Integrierten Kommunikation ab. Das Thema Vernetzung und Abstimmung hat aufgrund der größer gewordenen Palette an Kommunikationswerkzeugen und deren Kombinationsmöglichkeiten in der Off- und Onlinewelt deutlich an Relevanz gewonnen und so wird die Notwendigkeit einer verstärkten Koordination und Integration der Kommunikationsaktivitäten deutlich. Als zielgerichteter Managementprozess strebt die integrierte Kommunikation nicht nur eine strategische Positionierung des Unternehmens durch Verwendung der Kommunikation als Erfolgsfaktor im Wettbewerb an. Sie ist ebenso darauf ausgerichtet, durch die Einheit der Kommunikationsinstrumente sowie durch deren konsequente Abstimmung die *Effizienz und Effektivität der Kommunikation* zu erhöhen, um durch das Ausnutzen von Synergieeffekten den Markterfolg des Unternehmens zu gewährleisten.

Die integrierte Kommunikation dient der Abstimmung von verschiedenen Kommunikationsinstrumenten nach bestimmten Kriterien (Bruhn 2003, S.78ff.; Dahlhoff 1999, S.243ff.). Abb.F.34 zeigt die drei Formen der Integration im Überblick: Die *formale Integration* ist durch die Verbindung einzelner Kommunikationsinstrumente nach bestimmten Gestaltungsprinzipien zu einem formal einheitlichen Gesamtbild gekennzeichnet (z.B. durch ein Corporate Design Manual). Dieser konzeptionell zunächst leicht einzusehende Ansatz ist in der Praxis oftmals zahlreichen Barrieren ausgesetzt, die eine konsequente Umsetzung behindern (z.B. divergierende Abteilungsziele, Budgetkonkurrenz, Agenturegoismus, Kreativitätsmängel, Managementinkompetenz). Auch die *zeitliche Integration* zur Gewährleistung einer zeitlichen Abstimmung zwischen verschiedenen Instrumenten (z.B. Mediawerbung und Verkaufsförderung) sowie einer zeitlichen Kontinuität innerhalb eines Kommunikationsinstruments (um Lerneffekte zu erzielen), stellt eine anspruchsvolle Integrationsaufgabe der Kommunikationspolitik dar. Im Hinblick auf ein konsistentes Erscheinungsbild ist insbesondere die *inhaltliche Integration* von Bedeutung, dient sie doch dazu, die verschiedenen eingesetzten Kommunikationsinstrumente thematisch miteinander zu verknüpfen und aufeinander abzustimmen (z.B. einheitliche Kommunikationsbotschaften, Schlüsselbilder, Werte, Produktargumente etc.). Die inhaltliche Analyse bedarf dabei in Bezug auf ihre funktionalen, instrumentellen, horizontalen und vertikalen Integrationsnotwendigkeiten einer genauen Analyse der Zusammenhänge, der Beziehungen und der Wechselwirkungen zwischen den einzelnen Kommunikationsinstrumenten.

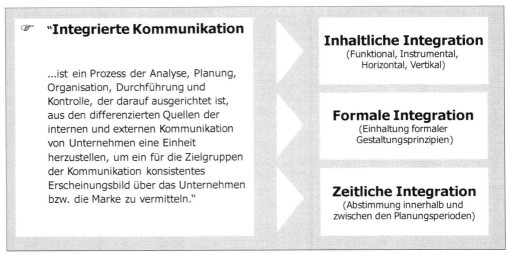

Abb.F. 34:   Begriff und Ansatzpunkte der integrierten Kommunikation
             Quelle: In Anlehnung an Bruhn 2003, S.75ff.

Die *funktionale Integration* beantwortet die Frage, welchen gemeinsamen Beitrag einzelne Kommunikationsinstrumente zu leisten vermögen (z.B. Informations- oder Dialogfunktion). Es ist demnach zu klären, welche Aufgaben von den einzelnen Instrumenten im Rahmen des Kommunikations-Mix eines Unternehmens übernommen werden, um Ansatzpunkte eines gemeinsamen Ansatzes zu identifizieren. Die *instrumentelle Integration* beschäftigt sich mit der Abstimmung zwischen den Instrumenten sowie der Abstimmung der Kommunikations-maßnahmen innerhalb des einzelnen Instrumentes. Dabei ist jeweils zu untersuchen, welche Vernetzungsmöglichkeiten mit anderen Instrumenten respektive Maßnahmen zu realisieren sind. So ist bspw. beim Sponsoring eines Sportlers zu überlegen, welche Maßnahmen im Bereich der Werbung (z.B. Printkampagne mit dem Gesponsorten als Testimonial), der Pres-se- und Öffentlichkeitsarbeit (z.B. Vor- und Nachbereitung eines Sponsoringevents durch begleitende Presseartikel) oder der internen Kommunikation (z.B. Preisausschreiben bei den Mitarbeitern zur Teilnahme am Sponsoringereignis, Treffen mit dem Sportler), die Sponso-ringaktivitäten unterstützen könnten. Die *horizontale Integration* bezieht sich auf die Kom-munikationsmaßnahmen innerhalb einer Marktstufe (Konsumenten, Händler, B2B-Kunden, Lieferanten, Mitarbeiter, Öffentlichkeit) und bezieht die funktionale und instrumentelle In-tegration implizit mit ein. Hier werden normalerweise für die verschiedenen Gruppen meist unterschiedliche Botschaften verwendet und verschiedene Kommunikationsinstrumente und -mittel eingesetzt. Dementsprechend ist bei der Kommunikation innerhalb der einzelnen Marktstufen auf Gemeinsamkeiten und Konsistenz in der Ansprache der Zielgruppen zu achten. In der Touristik gestaltet sich hierbei aufgrund der unterschiedlichen Vorlaufzeiten von Katalogen, Messeteilnahmen, Verkaufsförderungsmaterial und klassischer Werbung eine

Integration zumeist recht anspruchsvoll. Die *vertikale Integration* hat zum Ziel, auf verschiedenen Ebenen des Marktes (z.B. Reiseveranstalter, Reisebüros, Tochterunternehmen, Handelsvertretungen, Verkaufsbüros, Konsument) die Durchgängigkeit der kommunikativen Ansprache zu gewährleisten. Es soll sichergestellt werden, dass auf den verschiedenen Stufen inhaltlich abgestimmte Maßnahmen eingesetzt werden. Kritisch für die vertikale Integration ist hierbei bspw., dass die Kommunikation der Mitarbeiter mit dem Kunden durch das Hotelunternehmen nur mittelbar gestaltet werden kann (siehe Kapitel F.5).

Als weiteres maßgebliches strategisches Orientierungskonzept für die integrierte Kommunikation wird insbesondere die Unternehmensidentität (Corporate Identity) angesehen. Die *Corporate Identity* (CI) umfasst die strategisch geplante und operativ eingesetzte ganzheitliche Selbstdarstellung eines Unternehmens, die auf Basis einer festgelegten Unternehmensphilosophie, gegebener Unternehmensziele und eines definierten Unternehmensimage die Vermittlung des Unternehmensselbstverständnisses im Innen- und im Außenverhältnis ins Zentrum kommunikativer Maßnahmen rückt (Birkigt/Stadler 1993, S.18ff.; Meyer/Davidson 2001, S.608). *Die Kernelemente eines CI-Konzeptes* sind von BIRKIGT/STADLER wie folgt operationalisiert:

- **Unternehmensidentität (Corporate Identity)**
Als Unternehmensidentität wird das manifestierte Selbstverständnis des Unternehmens definiert, wie es sich als Ergebnis des bisherigen Handelns der Organisation historisch entwickelt hat. Das aktuelle Selbstverständnis (Ist-CI) bildet den Ausgangspunkt für zukünftige CI-Planungen.

- **Unternehmensverhalten (Corporate Behavior)**
Durch die konstituierende Kraft schlüssigen Handelns schafft das Unternehmen sich seine einzigartige Identität. Sowohl im Angebotsverhalten (Leistungsprogramm, Preisverhalten, Vertriebsverhalten etc.) als auch im Sozialverhalten (Personalmanagement, Unternehmenskultur, Kommunikationsbeziehungen etc.), spiegeln sich die Zwecke und Ziele des Unternehmens.

- **Unternehmenserscheinungsbild (Corporate Design)**
Beschreibt den optischen Auftritt des Unternehmens, der über einen systematischen geschlossenen Einsatz aller visueller Elemente der Unternehmenserscheinung (z.B. Zeichen, Symbole, Schriften, Farben, Sprachstil) zu einer symbolischen und konsistenten Identitätsvermittlung beitragen soll.

- **Unternehmenskommunikation (Corporate Communication)**
Umfasst den systematisch kombinierten Einsatz aller internen und externen Kommunikationsinstrumente im Hinblick auf einen geschlossenen kommunikativen Auftritt zwischen schlüssigem Verhalten, optischem Erscheinungsbild und verbal-visueller Botschaftsübermittlung.

Wesentlich für die Entwicklung und Gestaltung eines Unternehmens- bzw. Markenimage ist die frühzeitige Abstimmung zwischen Marketing- und CI-Konzept im Rahmen der Planung. Erst die bewusste Gestaltung einer Corporate Identity und die Verzahnung der kommunikativen Elemente der CI-Strategie mit dem strategischen Profil des Marketingkonzepts bzw. der Entwicklung von Dienstleistungsmarken führt zur Entwicklung und Profilierung spezifischer Identitäten mit der Konsequenz gewünschter Images. So sind CI-Maßnahmen in der Hotellerie, insbesondere bei Franchise- bzw. Betreiberkonzepten, ein wesentlicher Teilbestandteil der strategischen Positionierung von Dienstleistungsangeboten, wie es exemplarisch für die Holiday Inn-Kette bzw. Best Western konstatiert werden kann. Durch die Installation einer zentralen Unternehmenskommunikation kann das Konzept und die Umsetzung einer integrierten Kommunikation organisatorisch abgesichert werden.

4.2   Instrumente der Kommunikationspolitik

4.2.1   Mediawerbung

Von allen Kommunikationsinstrumenten genießt die *klassische Werbung* (*Mediawerbung*) in Wissenschaft und Praxis die größte Beachtung. Unter Mediawerbung wird die Verbreitung werblicher Informationen über die bewusste Einschaltung spezieller Werbeträger und Werbemittel verstanden, um die Realisierung unternehmensspezifischer Kommunikationsziele zu erreichen (Bruhn 2003, S.277; Steffenhagen 2000, S.161). Die Mediawerbung ist …

- eine Form der unpersönlichen, einseitigen Kommunikation,
- eine Form der mehrstufigen, indirekten Kommunikation,
- welche sich öffentlich und ausschließlich über technische Verbreitungsmittel (Medien),
- mittels Wort-, Schrift-, Bild- und/oder Tonzeichen,
- an ein disperses Publikum richtet.

Zur Informationsübermittlung bedienen sich werbetreibende Unternehmen verschiedener *Kommunikations- bzw. Werbeträger*. Je nach Art der Botschaftsübermittlung werden dabei Insertions- bzw. Printmedien (Zeitungen, Zeitschriften), elektronische bzw. audiovisuelle Medien (Fernsehen, Hörfunk, Kino, Internet) und/oder Medien der Außenwerbung (Plakat-, Verkehrsmittel-, Bandenwerbung) eingeschaltet. Zur kreativen Umsetzung und Darstellung der jeweiligen Werbe-/Kommunikationsbotschaft können, in Abhängigkeit vom genutzten Kommunikationsträger, verschiedenartige *Werbemittel* eingesetzt werden. Darstellungsfaktoren sind – wie Abbildung F.35 verdeutlicht – Sprache, Schrift, Bild und/oder Ton.

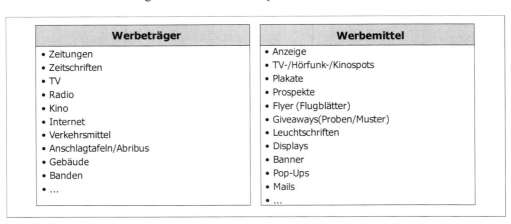

Werbeträger	**Werbemittel**
• Zeitungen	• Anzeige
• Zeitschriften	• TV-/Hörfunk-/Kinospots
• TV	• Plakate
• Radio	• Prospekte
• Kino	• Flyer (Flugblätter)
• Internet	• Giveaways(Proben/Muster)
• Verkehrsmittel	• Leuchtschriften
• Anschlagtafeln/Abribus	• Displays
• Gebäude	• Banner
• Banden	• Pop-Ups
• …	• Mails
	• …

Abb.F.35:   Ausgewählte Werbeträger und Werbemittel

Die *Gesamtaufwendungen für Werbung in Hotellerie und Gastronomie* beliefen sich in Deutschland im Jahr 2013 auf ca. 350 Millionen Euro (Abb.F.36), von denen ca. 47,1 Millionen Euro auf die klassische Hotellerie entfielen (Nielsen Research 2014, 2014a). Dabei zeigt sowohl die absolute Höhe der *Mediaspendings* als auch die Verteilung der Werbeaufwendung auf die unterschiedlichen Medien (*Mediasplit*) hoteltypische Besonderheiten auf. So liegen die Werbeaufwendungen in beiden Branchen zusammengenommen, in Relation zum Umsatz, im Schnitt bei ca. 0,5%, berechnet man dies für die klassische Hotellerie verringert sich die Mediaspending/Umsatz-Quote auf 0,2%. Beide Werte liegen damit sowohl absolut wie relativ weit unter den Mediaspendings bzw. Quoten, wie sie bspw. in anderen Teilen der Tourismusindustrie (ca. 1%) oder in weiten Teilen der Konsumgüterindustrie bzw. der Markenartikelindustrie (ca. 3–4%) getätigt werden.

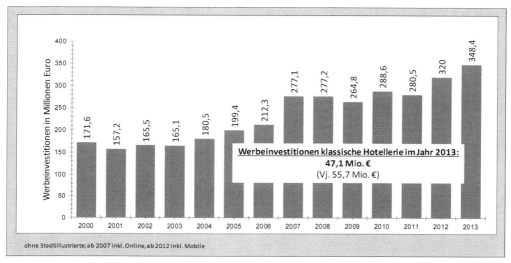

Abb.F.36:   Werbeinvestitionen der Hotellerie und Gastronomie 2000–2013 in Deutschland (in Mio. Euro)
             Quelle: Nielsen Media Research 2014 und 2014a

Des Weiteren zeigt der Blick auf den Mediasplit eine für das kommunikative Spektrum der Hotellerie noch typische Dominanz der Printmedien und so gehen aktuell noch circa Zwei-drittel der Werbeinvestitionen in diesen Bereich (Nielsen 2014a), auch wenn Printmedien in den letzten Jahren gegenüber der Onlinekommunikation zunehmend an Anteilen verloren haben (Hennig 2014)(Abb.F.37). Insbesondere bewegte Formate wie bspw. Onlinevideos bzw. spezifische Formate der Individualkommunikation im Internet sowie der Anteil an vertriebsorientierten Werbeformaten im Fernsehen (siehe Kasten) gewinnen entsprechend an Bedeutung, wobei dies insbesondere für den Bereich der Onlinemedien zu konstatieren ist. Hierbei ist zu bemerken, dass Nielsen Research erstmalig für das Jahr 2007 auch die Online-Werbung, 2012 die Mobile Online-Werbung in Hotellerie und Gastronomie erfasst und aus-weist (Nielsen 2014). Andere Werbemedien, wie Hörfunk-, Kinowerbung oder Medien der Außenwerbung spielen in der Hotellerie hingegen, im Gegensatz zu anderen touristischen Bereichen, wie bspw. Reiseveranstaltern oder Fluggesellschaften, nahezu keine Rolle.

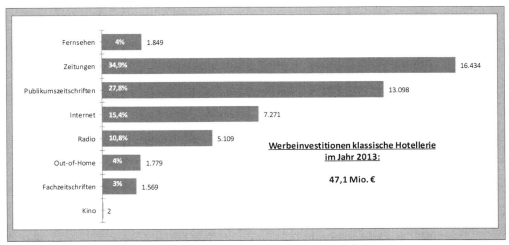

Abb.F.37:   Mediasplit in der klassischen Hotellerie im Jahr 2013 (in Prozent/Mio. Euro)
               Quelle: Nielsen Media Research 2014a

Starwood Hotels & Resorts *celebrates one year of TV broadcasting in its hotels in Europe, Africa and Middle East. Starwood Preferred Guest Television (SPGTV) is the lifestyle TV channel available on channel 1 in all 176 Starwood hotels in the region since January 2004. With an editorially led cut ensured by the 112 PR representatives of Starwood in Europe, Africa and Middle East, always searching for interesting events, news angles and passionate people in every destination, SPGTV is an exciting 2 hour TV programme on travel, gastronomy, fashion, design, sport, history, architecture, destinations, events and, most of all, about Starwood people, reflecting the diversity and passion that drives every day's commitment of Starwood associates.*

"Our objective is not to self celebrate the quality of our products," says Roeland Vos, President of Starwood Europe, Africa and Middle East Division, "but to open a new communication channel with our customers in order to offer emotional experiences in key destinations of this beautiful part of the world. We believe that our strength is our people, with their accents, their anecdotes, their passion for service and customers. Together with the culture, the lifestyles, the uniqueness of the destinations where we operate, this gives us the perfect mix to offer real emotional experiences through our television channel. This is the mission of SPGTV: we want to share dreams with our customers." Reports from the guest surveys confirm the popularity that SPGTV has gained in its first year of broadcast. 83% of the customers reported to have seen the programme, 60% said it was in their top 3 channel choice while staying in the hotels. Over 30% of the audience said they watched SPGTV for 15 to 30 minutes and an outstanding 24% said they watched for more than 30 minutes.

> *The quality of the programme and the guests' very positive response has also convinced quality partners of Starwood to join in this communication effort and support the creation of interesting content and information on the bi-monthly editions of SPGTV. "We would like to recognise and acknowledge the support we have received from partners like Nestlè Waters, Audi, Charles Heidsick and many others during the first year of broadcasting of SPGTV," said Paul Tribolet, Senior Vice President Marketing & Sales for Starwood Europe, Africa and Middle East. "We knew we were on the right track when we decided to open this communication channel with our customers, making sure to be interesting and entertaining rather than straight forward promotion of our product and services, but we were truly moved in seeing how many of the companies we are in business with have immediately shared our vision and joined in to support this initiative." (Starwood 2008)*

Die wesentlichen Entscheidungen, die im Zuge einer **Werbekonzeption** bzw. einer **Werbekampagne** zu fällen sind, umfassen nach KOTLER/BLIEMEL (2001, S.934ff.) fünf wesentliche Teilbereiche (5 Ms):

- Festlegung der Werbeziele (Was ist der Grundauftrag der Werbung – **Mission**?)
- Bestimmung des Werbebudgets (Wieviel Geld steht zur Verfügung – **Money**?)
- Bestimmung der Werbebotschaft (Welche Botschaft soll übermittelt werden – **Message**?)
- Mediaplanung (Welche Medien sollen eingesetzt werden – **Media**?)
- Kontrolle der Werbewirkung (Wie sollen die Ergebnisse bewertet werden – **Measurement**?)

Die ökonomischen und/oder psychographischen **Werbe- bzw. Kommunikationsziele** sind – wie bereits skizziert – aus den bereits getroffenen Zielmarkt-, Marken-, Positionierungs- und Marketing-Mix-Entscheidungen abzuleiten, durch die der Mediawerbung – ebenso wie den anderen Kommunikationsinstrumenten – eine genau definierte Aufgabe innerhalb der Umsetzung des Marketingkonzepts zugewiesen wird. Werbe- und Kommunikationsziele können dabei sowohl langfristiger (z.B. Imageaufbau/-pflege) als auch kurzfristiger Natur sein (z.B. bei Sonderpromotions, wie Weekend-Specials). Nach Festlegung der Werbeziele kann das Hotelunternehmen das **Werbebudget** für jedes seiner Produkte und Dienstleistungen bestimmen. Grundproblem hierbei ist, die richtige Höhe der Werbeaufwendungen zu bestimmen. Auch wenn in der Marketingwissenschaft eine Vielzahl von komplexen Budgetierungsmodellen entwickelt wurden, treffen Unternehmen ihre Entscheidungen über die Höhe des Werbebudgets in der Praxis der Einfachheit halber oftmals eher entsprechend ihrer Finanzkraft, dem Umsatz (X% vom Umsatz) oder orientieren sich an dem, was der Wettbewerb für seine Kommunikationsaktivitäten aufwendet. Die Annäherung an ein Budgetoptimum kann jedoch nur in Relation zu Werbezielen und Werbewirkung erfolgen. Je nach Ausgangssituation (z.B. Neuprodukteinführung, Re-Positionierung, Relaunch) und Zielsetzung (z.B. Information, Einstellungsänderung, Markenpenetration) gilt es, unterschiedliche Werbewirkungsschwellen zu überwinden, so dass die Budgetfrage mit Blick auf die unternehmensspezifischen Ziele und Aufgaben gelöst werden muss. Der Budgetierungsansatz muss dabei eine deutliche Beziehung zwischen Werbeausgaben, Art und Anzahl der erzielten Kontakte, Erstkaufrate und Wiederholungskäufen herstellen (Abb.F.38). Im Prinzip sollte das Budget so hoch sein, dass der Grenzertrag daraus gleich dem Grenzertrag aus anderen Marketingaufwendungen (Produktverbesserungen, Preissenkungen, Erweiterung des Dienstleistungsangebots) ist, eine Forderung, die in der Praxis jedoch nicht immer einfach zu realisieren ist.

Gattung	Medium	2014
Tageszeitung	Bild 1/1 Seite, 4-farbig	463.000 €
Publikumszeitschriften	Stern 1/1 Seite, 4-farbig	60.792 €
TV	ARD 19.59 Uhr vor der „Tagesschau" (20 Sek. Spot) RTL (30 Sek. Spot) zwischen 20-23Uhr	44.100 € 49.543 €
Hörfunk	Eins Live (6-18 Uhr) WDR 4 (6-18 Uhr)	3.528 € (30sek) 1.900 € (30sek)
Kinosäle/Leinwände	z.B. Nielsen II Sek./ Woche in € (862 Leinwände)	1.245,80 €
Online	Superbanner Bsp.: glamour.de Skyscraper Bsp.: computerwoche.de Medium Rectangle (Stream) Bsp.: manager-magazin.de Video Ad PreRoll (15 Sek.) Bsp.: menshealth.de	85 € ØTKP* 105 € ØTKP* 80 € ØTKP* 125 € ØTKP* *Tausend-Kontakt-Preis / Online: Ad Impressions

Abb.F.38:   Kostenbeispiele ausgewählter Werbeträger im Jahr 2014
             Quelle: OMG 2014

Auf Basis abgeleiteter Werbeziele einerseits und definierter Werbebudgets andererseits sind in der Folge *Werbebotschaft* und Werbeträger zu bestimmen. Die ***Bestimmung der werbeinhaltlichen Grundkonzeption (Copy-Strategie)*** bildet in der Regel den Ausgangspunkt und determiniert damit auch zumeist die Werbeträger. Eine Copy-Strategie umfasst, wie in Abbildung F.39 am Beispiel der IBIS-Hotels dargestellt (Accor 2002), verschiedene Basisfestlegungen für die konkrete Darstellung und Umsetzung der Werbebotschaft. Die kreative Umsetzung der Werbebotschaft muss gewährleisten, dass die Gestaltungselemente wie Stil, Ton, Wortwahl und formale Elemente (Größe, Farbgebung, bildliche Darstellungsformen) zusammenpassen und ein einheitliches Image und eine in sich konsistente Botschaft übermitteln. Hierbei gibt es eine Vielzahl von ***Gestaltungstechniken für die Werbebotschaft*** (Pepels 1997, S.104ff.):

- **Slice of Life-Technik**
Bei dieser Technik werden zufriedene Produktverwender in einer alltäglichen Konsum- bzw. Lebenssituation gezeigt (z.B. glückliche Familie im Urlaub).

- **Lifestyle-Technik**
Hier wird gezeigt, wie moderne Menschen ein Produkt oder eine Dienstleistung zu zeitgemäßen Gelegenheiten in trendsetzender Umgebung nutzen. Dabei wird betont, wie gut das Produkt oder die Dienstleistung zu einem bestimmten Lebensstil passt. Lifestylebezogene Ansätze sind oft hedonistisch unterlegt (z.B. TUI-Reisen: „Denn Sie haben es sich verdient").

- **Traumwelt**

Hier werden Wunsch- oder Traumwelten inszeniert, denen Produkte/Dienstleistungen bzw. Marken oder ihre Verwendungsmöglichkeiten als selbstverständliche Bestandteile zugeordnet werden (z.B. Robinson Club, Club Méditerrannée, Bacardi).

- **Stimmungs-/Gefühlsbilder**

Es wird ein besondere Stimmung oder Gefühlsbild rund um Produkt/Dienstleistung geschaffen. Dies wird zumeist durch erotische Darstellungen, Familienszenen, Kinder, Tiere, starke Farben, Natur etc. zu erreichen versucht. Dabei werden keine Ansprüche an die Markenleistung in expliziter Form gestellt, sondern der Transfer der vermittelten positiven Stimmungen und Gefühle wird durch suggestive Andeutung erzielt (z.B. Four Seasons, Marlboro).

- **Musical-Technik**

Hier ist die Musikuntermalung zum Bild wesentlicher Bestandteil beim Transport der Produkt- bzw. Markenbotschaft. Oftmals ist diese Komponente sogar dominant (z.B. Opelwerbung mit Louis Armstrongs Komposition „What a wonderful world").

- **Persönlichkeit als Symbolfigur**

Hier wird ein Symbolfigur geschaffen, die das Produkt personifiziert. Die Symbolfigur kann dabei entweder als Comic-oder Zeichenfigur (z.B. Meister Propper) oder als realer Mensch (z.B. Camel-Mann) auftreten.

- **Technische/Wissenschaftliche Kompetenz**

Hier wird die Kompetenz und die Erfahrung eines Anbieters betont. Der Stil dieser Werbung ist bewusst distanziert und technokratisch gehalten, um Respekt vorm Anbieter und seinen Leistungsfähigkeiten zu erreichen (z.B. Audi-Vorsprung durch Technik). Der Hinweis auf wissenschaftliche Erkenntnisse oder Demonstrationstests sollen den Nachweis führen, dass die Marke Konkurrenzprodukten überlegen ist (z.B. Blend-a-Med-Forschung).

- **Testimonial-Werbung**

Hier wird das Produkt von einer glaubwürdigen, sympathischen oder kompetenten Person positiv präsentiert. Dies kann entweder eine prominente Persönlichkeit sein (z.B. Franz Beckenbauer mit Post, E-plus, O2), Experten bzw. Scheinexperten (Dr.Best, Herr Kaiser), echte Mitarbeiter bzw. Eigentümer des Unternehmens (z.B. IBM Consulting oder Hipp-Babynahrung) oder normale Verwender, die sich zu dem Produkt bekennen (z.B. Knoppers, Always Ultra).

Ohne an dieser Stelle vertieft auf die Vielfalt der Möglichkeiten und Probleme der inhaltlichen und kreativen Werbebotschaftsgestaltung einzugehen (hierzu Pepels 1997, S.94ff.), sei angemerkt, dass die Frage, was gute oder schlechte Werbung ist, keine Frage des persönlichen Geschmacks der Werbeverantwortlichen sein darf, sondern sich an den unternehmensspezifischen Kommunikationszielen und den anvisierten Zielgruppen orientieren muss und letztlich am Werbeerfolg bemessen wird.

Elemente einer Copystrategie	Allgemeine Charakteristik der Copystrategie-Elemente	Ibis-Copystrategie
Positionierung	Differenzierung des Produktes und Definition des unverwechselbaren Nutzenangebots	Ibis verkörpert das Konzept des modernen Hotels und ist Trendsetter im 2-Sterne-Segment
Consumer Benefit	Art bzw. Ansatz, den Produktnutzen in Form eines glaubhaften Produktversprechens zu kommunizieren	Ibis hat das beste 2-Sterne Produkt und bietet das beste Preis-/Leistungsverhältnis
Reason Why	Nachvollziehbare Begründung des Produktversprechens, möglichst über objektive Kerneigenschaften des Produkts	In Bezug auf Pricing, Service, Komfort, Netzgröße und Holiday, ist Ibis unübertroffen
Werbeidee	Art der werblichen Präsentation, um die Nachvollziehbarkeit und Akzeptanz der Werbeaussage zu erreichen	Der neue Claim bildet die Werbebotschaft: „Sie wollen nie mehr woanders übernachten"
Tonality	Art des werblichen Grundtons bzw. Werbeauftritts, auch als atmospärische Verpackung der Werbebotschaft bezeichnet	Simpel, plakativ und selbstbewusst
Zielgruppen	Aus der Positionierung werden die Zielgruppen abgeleitet und ihr Anspruchsniveau und -merkmale definiert	New Business Generation und moderne Freizeitgäste

Abb.F.39:   Copy Strategie der Ibis Hotels 2002/2003
             Quelle: Mit freundlicher Genehmigung von Accor 2002

Wenn die werbeinhaltliche Grundkonzeption und ihre kreative Umsetzung geklärt ist, gilt es Entscheidungen zur Auswahl und Belegung der Werbeträger zu treffen (*Mediaplanung*). Die Vielfalt der Medienlandschaft bedeutet, dass jedes Hotelunternehmen, auf Basis seines strategischen Marketingkonzepts (z.B. Marktsegmentierung), zielgruppenspezifische (zielgruppenaffine) Medien auswählen muss, um die Werbebotschaft zielgenau transportieren zu können. Der Mediaplaner trifft dabei seine Auswahlentscheidung unter Berücksichtigung mehrerer Kriterien (Abb.F.40). Eine wichtige Kennziffer der Mediaplanung im Zuge der Intramedienselektion ist der sog. *Tausender-Kontakt-Preis (TKP)*. Diese Kennzahl gibt den Preis für die Erreichung von Tausend Nutzern bei der Verwendung dieses Werbeträgers an. Damit werden die Anzahl der Nutzer bzw. der Kontakterfolg oder die Reichweite zu den maßgeblichen Größen in der Bewertung der Werbeträger beschrieben, d.h. es kommt zum Ausdruck, wie viele Personen von den belegten Werbeträgern mindestens einmal erreicht wurden. Problematisch ist, dass hier das auf die Reichweite und nicht auf die Qualität der Kontakte abgestellt wird, d.h., es erfolgt bspw. keine Aussage darüber, wie viele der Nutzer einer bestimmten Tageszeitung auch zur tatsächlich gewünschten Zielgruppe eines Hotelunternehmens gehören. Einen höheren Informationsgehalt hat hier der qualitative TKP, der diese Unterschiede berücksichtigt und die erreichten Personen nach ihrer Zugehörigkeit zur werblichen Zielgruppe gewichtet. Eine weitere nützliche Betrachtungsperspektive ist die *Zielgruppenaffinität der Werbeträger*. Die Affinität ist eine Maßzahl für die Zielgruppennähe eines Mediums. Ein Affinitätsindex von 120 bedeutet bspw., dass der Anteil der Zielgruppe in dem betreffenden Medium um 20% höher ist als in der Gesamtbevölkerung, mithin

das potenzielle Produktinteresse und der Aktivierungsgrad der Personen höher. Die entspre-
chenden Mediadaten, d.h. die Informationen über Preise, Kontakte, Reichweiten, Qualitäten,
Affinitäten etc. werden Werbetreibenden i.d.R. von den entsprechenden Werbeträgern (z.B.
Verlagen, TV-Sendern) zur Verfügung gestellt (Meyer/Davidson 2001, S.589ff.).

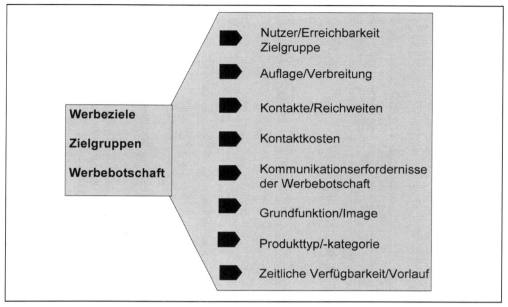

Abb.F.40:   Kriterien der Mediaselektion

Wie an anderer Stelle bereits diskutiert, dominieren Zeitungen und Publikumszeitschriften
die Medienauswahl in der Hotellerie. *Zeitungen* als einer der ältesten Werbeträger eignen
sich besonders, wenn die Aktualität der Information im Vordergrund steht, da sie kurzfristig
disponibel sind und ein exaktes Timing erlauben (Tages-, Wochenzeitungen). Als nachteilig
erweist hingegen der begrenzte gestalterische Spielraum (z.B. eingeschränkte Farbgebung,
Druckqualität). Eine exakte Zielgruppenanalyse und Zielgruppenansprache anhand demographischer und psychographischer Merkmale ist dabei nur bedingt möglich. Zeitungen
werden daher oftmals als Zusatzmedium für Schwerpunktaktionen genutzt (z.B. Anzeige in
regionaler oder überregionaler Tageszeitung mit Wochenendspezialangeboten). Als Werbemittel haben neben Anzeigen auch Zeitungsbeilagen (Supplements) in der neueren Zeit an
Attraktivität gewonnen.

Publikumszeitschriften sind entweder mehr auf Unterhaltung (z.B. Gala, Bunte, Petra) oder
auf Information (z.B. Spiegel, Focus, Stern) ausgerichtet. Sie wenden sich zumeist an relativ
breit definierte Lesergruppen, was eine spezifische Zielgruppenansprache erschwert und zu
höheren Streuverlusten führt. Special-Interest-Zeitschriften als Untergattung der Publikums-
zeitschrift konzentrieren sich hingegen inhaltlich auf bestimmte Themenbereiche, wie Mode,
Auto, Essen, Sport, Finanzen etc. (z.B. Vogue, Auto-Motor-Sport, Der Feinschmecker, Ki-
cker, Capital). Dies ermöglicht eine spezifischere Zielgruppenansprache und damit geringere
Streuverluste. Fachzeitschriften hingegen richten sich an einen begrenzten und produktspezi-
fisch ausgerichteten Leserkreis, mit dem Ziel der fachlichen Informationsübermittlung (z.B.

Beschaffung Aktuell, Der Hotelier, Absatzwirtschaft). Das hohe Involvement der Leser wirkt sich dabei positiv auf die Wahrnehmungsintensität und -häufigkeit von Werbeanzeigen aus. Da Publikumszeitschriften nicht so häufig wie Tageszeitungen erscheinen, müssen Zeitschriftenkampagnen längerfristig geplant werden. Wesentliche Vorteile dieses Werbeträgers liegen in der Chance des Mehrfachkontakts mit der Anzeige (wenn die Zeitschrift von mehreren Personen gelesen wird bzw. mehrfach vom Käufer in die Hand genommen wird), der hohen Reichweite und den niedrigen Kosten.

Onlinewerbung gewinnt in allen Branchen zunehmend an Bedeutung, und so wird sowohl die klassische Onlinewerbung über die Websites, Banner, Pop-ups, Widgets sowie andere Werbemittel und die Suchmaschinenwerbung, mittels Keywords, Adwords oder Textanzeigen, die Werbe- bzw. Kommunikationspolitik von Hotelunternehmen in Zukunft nachhaltig verändern. Insbesondere der Auffindbarkeit der Website, über Suchmaschinen wie Google, Yahoo oder Bing, kommt dabei eine besondere Relevanz zu, findet doch die große Mehrheit der Internetnutzer neue Seiten, Adressen oder Angebote in der Regel über eine Suchmaschine. Dabei gibt es grundsätzlich zwei Möglichkeiten, die Ergebnisse von Suchmaschinen zu beeinflussen. Entweder werden bezahlte Vorzugsplatzierungen erworben (Suchmaschinenwerbung/Search Engine Marketing), oder man optimiert seine Internetseiten inhaltlich dahingehend, dass daraus bessere Platzierungen in den Ergebnissen der Suchmaschinen resultieren (Suchmaschinenoptimierung/Search Engine Optimization) (Siehe Kapitel 4.2.4).

Bei der Beurteilung der Kommunikationsleistung von Unternehmen werden – wie in Abbildung F.40 dargestellt – i.d.R. **Werbewirkungsmessung** und **Werbeerfolgsmessung** unterschieden (Pepels 1997, S.294ff.; Kotler/Bliemel 2001, S.970ff.). Während die Werbewirkungsmessung die Erreichung der kognitiven, affektiven und konativen Werbeziele untersucht (gestalterische Komponente), stehen im Fokus der Werbeerfolgskontrolle quantitative Werbeziele (ökonomische Komponente). Die elementare Bedeutung dieser Unterscheidung rührt daher, dass beide Zielgrößen nicht gleichwertig sind, sondern in einem Zweck-Mittel-Verhältnis stehen, d.h., die Werbewirkung ist eine notwendige, aber nicht hinreichende Voraussetzung für den Werbeerfolg. Zur Beurteilung der kommunikativen Leistungsfähigkeit kommen, sowohl in **Pretests** (Beurteilung vor der Anwendung im Markt) als auch in **Posttests** (Beurteilung nach der Anwendung), eine Vielzahl von speziellen Verfahren und Bewertungsmaßstäben zum Einsatz. Die dominierende Beurteilungsmethode ist die Befragung, aber auch apparative Mess- und Beurteilungsverfahren haben in der Vergangenheit an Bedeutung gewonnen. Die zunehmende Technologisierung hat dazu geführt, dass spezialisierte Marktforschungsinstitute an Bedeutung gewonnen haben.

Die ökonomische Bewertung des Werbeerfolgs ist im Allgemeinen schwerer zu messen als die Kommunikations- bzw. Werbewirkung, da der Absatz nicht nur von der Werbung, sondern auch von anderen Faktoren bestimmt wird, die i.d.R. nicht konstant bleiben, wie z.B. Preise oder Maßnahmen des Wettbewerbs. Am leichtesten lässt sich die Verkaufswirkung in bestimmten Aktivitäten des Direktmarketing feststellen, während Werbekampagnen, die auf Marken- oder Imagebildung abzielen, in ihrer ökonomischen Wirkung nur sehr schwierig bewertet werden können. In den filialisierten Kooperations- und Kettenstrukturen der Hotellerie kann jedoch durch den unterschiedlichen Einsatz kommunikativer Maßnahmen in definierten Test- und Kontrollbetrieben eine Ermittlung des ökonomischen Werbeerfolgs erfolgen. Voraussetzung ist hier jedoch eine gewisse Homogenität der Markt- und Kundenstrukturen, um überhaupt vergleichbare Aussagen über die relative Vorteilhaftigkeit bzw. den Erfolg alternativer Maßnahmen treffen zu können.

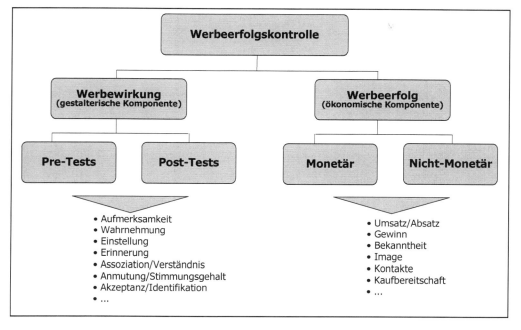

Abb.F.41:   Werbewirkung und Werbeerfolg

4.2.2   Direktmarketing und persönliche Kommunikation

Im Kommunikationsmix der Hotellerie spielt die kontinuierliche, intensive, direkte und persönliche Kommunikation im Kundenkontakt eine bedeutsame Rolle. Neben den klassischen Werbemitteln bzw. Werbeträgern spielen in der Hotellerie denn auch nicht-klassische Werbemittel und Kommunikationsmöglichkeiten im Zuge des Direktmarketing (Direktwerbung) eine wesentliche Rolle. Unter ***Direktmarketing/-werbung*** werden grundsätzlich alle Formen der direkten und persönlichen Ansprache und Kommunikation von bzw. mit relevanten Zielgruppen verstanden (Becker 1998, S.583ff.). Die wichtigsten Direktwerbemedien, mit den Hotelkunden zielgerichtet, d.h. individuell, erreicht werden können, sind:

- E-Mailings (Werbebriefe)
- Hotelprospekt
- Telefonate (Telefonmarketing)
- Interaktive Medien

Das ***Standardmailing*** als persönliche und schriftliche Kundenansprache in traditioneller Papierform bzw. als elektronisches Mailing (E-Mail), besteht aus vier Elementen: Werbe-/angebotsbrief, Katalog/Prospekt/Flyer/Preisliste, Antwort- bzw. Bestellkarte und Versandhülle. Mailings werden entweder zur Neuakquisition von Neukunden eingesetzt (,*Kaltakqui-*

se') oder als Erinnerungswerbung genutzt, um aktuelle Hotelkunden an das Haus zu binden. So ist es vielfach üblich, nach dem Aufenthalt des Hotelgastes einen persönlich formulierten Brief zu versenden, in dem das Haus sich für den Besuch und das entgegengebrachte Vertrauen bedankt. Jubiläen, Geburtstage, Neuprodukteinführungen/-eröffnungen oder Sonderaktionen sind typische Anlässe für Direct-Mail-Aktivitäten. E-Mails weisen zwar gegenüber traditionellen Werbebriefen einen erheblichen Kostenvorteil auf, der Einsatz sollte jedoch – wie im Kasten angedeutet – in Abhängigkeit von der jeweiligen Zielgruppe des Unternehmens erfolgen.

> *Das **Hotel Bayerischer Hof** in Inzell hat sich auf zielgruppengerechtes Direktmarketing spezialisiert. Das 300 Betten-Hotel verfügt über Restaurants, Fitness- und Wellnessanlagen und über Deutschlands ersten „Dorf-Musik-Stadl", der rund 300 Personen Platz bietet. Über die Volksmusik als Profilierungsargument kommuniziert das Hotel entsprechende Hotelveranstaltungen und hat so in der Vergangenheit nachhaltig das Gästeaufkommen gesteigert. In seiner 120.000 Adressen zählenden Datenbank finden sich Hausfrauenclubs, Kegel- und Gesangsvereine, die regelmäßig angeschrieben werden. Als besonders wichtige Zielgruppe hat Eigentümer Günther Frankl Reisebusveranstalter in ganz Europa identifiziert, und so kauft er jährlich bei Adressbrokern, wie Bertelsmann aktuelle Adressen von Omnibusunternehmen. Mittlerweile machen die Busreisenden ca. die Hälfte seiner Gäste aus. Direktmarketing ist für die Neukundengewinnung des Alpenhotels ein wertvolles Instrument, dessen Kostenrahmen überschaubar und gut kalkulierbar ist: „Wenn wir ein Mailing an 11.000 Adressen versenden, haben wir einen Rücklauf von rund 35%. Für die Hotelprospekte und Infomaterialien haben wir eine kostengünstige Druckerei gefunden, und wir achten auf das Gewicht der Sendungen. So kalkulieren wir für Erstellung und Versand pro E-Mailing 60 Cent. Dabei versenden wir unsere Mailings hauptsächlich mit der Post, weil bei vielen unserer potenziellen Kunden Internet und E-Mail noch nicht stark verbreitet sind." (Cimbal 2003, S.32f.)*

Der **Hotelprospekt** ist ein bedeutsames Medium des Direktmarketing in der Hotellerie. Seine Bedeutung erwächst aus den Möglichkeiten, die immaterielle Hotelleistung zu visualisieren und die Vorteile des Hotelunternehmens hinsichtlich Standort, Hotelanlage, Zimmern, Räumlichkeiten, Ausstattung, Mitarbeitern und Preisen herauszustellen. Hieraus entstehen besondere Anforderungen an die gestalterische Umsetzung des Prospekts, wobei die Anmutung und Qualität des Prospektes (z.B. Papier, Fotos, Textgestaltung) mit der angestrebten Positionierung in Einklang zu bringen ist. Trotz seiner hohen Bedeutung in der Hotellerie bleibt der Hotelprospekt dennoch in seinen Möglichkeiten der Darstellung eingeschränkt, so dass insbesondere dem persönlichen Gespräch via Telefon oder dem direkten Kundenkontakt nach wie vor große Relevanz zukommt.

Beim **Telefonmarketing** ist dabei zwischen aktiver und passiver Telekommunikation zu unterscheiden. Während bei der aktiven Form die Initiative zur Kontaktherstellung von Hotelunternehmen ausgeht, geht bei der passiven Form die Aktivität vom Kunden aus. Wichtige Einsatzgebiete des aktiven Telefonmarketing sind insbesondere die Vorbereitung bzw. Substitution von Vertriebsaktivitäten des Außendienstes oder Nachfassaktionen im Anschluss an ein E-Mailing. Darüber hinaus kann ein aktives Telefonmarketing zur Kundenpflege, der Bearbeitung von schriftlichen Kundenbeschwerden und/oder zu Marktforschungsaktivitäten eingesetzt werden. Beim passiven Telefonmarketing können Kunden bspw. über Zeitungsanzeigen oder Internetseiten aktiviert werden, Informationen anzufordern, sich zu beschweren, Buchungen vorzunehmen oder sich an einem Gewinnspiel zu beteiligen. Mittels der Einrichtung kostenloser Buchungs- oder Reservierungsnummern (0800er-Telefonnummern) und/oder interner oder externer Call Center, soll eine permanente Verfügbarkeit sichergestellt und damit neue Kunden gewonnen werden. Auf die diesbezüglichen erweiterten *Einsatzmöglichkeiten interaktiver Medien* wird noch im Kapitel zur Multimediakommunikation einzugehen sein.

Während Telefonmarketing oder Mails Formen der indirekten persönlichen Kommunikation darstellen, kommt in der interaktionsintensiven Hotellerie insbesondere der *direkten persönlichen Kommunikation* eine besondere Bedeutung zu. Zentrale Kommunikatoren sind hier das Kundenkontaktpersonal des Hotels sowie die Führungskräfte mit persönlichen Kontakten zu Kundengruppen. Wenn das Kontaktpersonal eines Hotelunternehmens mit Kundengruppen in einer Face-to-Face-Kommunikation steht, können die Mitarbeiter Leistungsversprechen abgeben und die Erwartungen der Kunden hinsichtlich des Umfanges und des Niveaus der zu erbringenden Hotelleistung oder spezifischer Dienstleistungen beeinflussen. Elementar ist dabei das Kontakt- bzw. Verkaufsgespräch, das stattfindet, um den Informationsbedarf der Hotelkunden bzw. des Absatzmittlers zu decken und diese/n zur Inanspruchnahme des Hotelprodukts, der Verpflegungs-/Bankettleistung oder sonstiger Nebenleistungen zu bewegen. Hierbei kommt im Hinblick auf den Verkaufserfolg sowohl den verbalen (z.B. Sprachstil, Ausdruck, Lautstärke etc.) als auch den nonverbalen Elementen (z.B. Mimik, Gestik, optische Gesamterscheinung etc.) der persönlichen Kommunikation eine besondere Bedeutung zu.

4.2.3   Verkaufsförderung

Verkaufsförderung (VKF) ist die Analyse, Planung, Durchführung und Kontrolle einer Vielzahl unterschiedlicher, i.d.R. kurzfristiger und zeitlich begrenzter Aktionen mit dem Ziel, durch zusätzliche Anreize den schnelleren bzw. höheren Abverkauf der Produkte und Dienstleistungen des Unternehmens zu forcieren. Die Verkaufsförderung ist auf vielfältige Weise mit anderen Instrumenten des Marketing-Mix verbunden. So sind VKF-Aktionen etwa mit der Preispolitik (z.B. Weekend-Specials, Aktionswochen), mit der Mediawerbung (z.B. verkaufsfördernde Anzeigenwerbung), der Öffentlichkeitsarbeit (z.B. begleitende Presseberichterstattung bei Sonderaktionen) und/oder mit dem persönlichen Verkauf (z.B. Schulungsmaterial bei Produktschulungen) eng verknüpft. Verkaufsförderungsmaßnahmen können dabei – wie in Abbildung F.42 dargestellt – entweder konsumenten-, handels- oder verkaufspersonalgerichtet sein (Meffert 2000, S.721ff; Bruhn 2003, S.280ff).

Die *konsumentengerichtete Verkaufsförderung* ist aufgrund des intensiven Gästekontakts in der Hotellerie von großer Bedeutung. Die zentralen Zielsetzungen bestehen in der Weckung von Aufmerksamkeit, der kurzfristigen Initiierung von Käufen und der Erhöhung der Kauffrequenz. Sie kann dabei entweder am Point-of Sale (POS), d.h. im Zuge von Inhouse-Promotions oder außerhalb des POS erfolgen. Klassische Inhouse-Promotions in der Hotellerie sind der Einsatz von Displaymaterialien, die Auslage von Hotel- oder Spezialprospekten, Flyern, Plakatierungen, Hinweise auf Aktionstage/-wochen (z.B. Kulinarische Wochen, Wellnesswochen), Verkostungen, Produktpräsentationen, Verlosungen, Treueprämien etc. Als typische VKF-Aktionen außer Haus sind bspw. die Versendung von Prospektmaterial, Preisausschreiben, Gewinnspiele, Gutscheinaktionen, Giveaways, Telefonkarten etc. zu nennen.

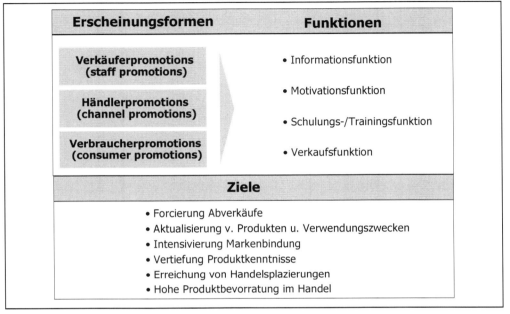

Abb.F.42:   Erscheinungsformen, Ziele und Funktionen der Verkaufsförderung

Bei der *handelsgerichteten Verkaufsförderung* ist es Ziel, die unterschiedlichen touristischen Absatzmittler (z.B. Reisebüros, Reiseveranstalter, Hotelrepräsentanten, Tourismusverbände etc.) zu motivieren, sich besonders für die einzelnen Marken eines Hotelunternehmens, eine Hotelkette/-kooperation oder ein Individualhotel einzusetzen. Mittels Information, Ausbildung und Beratung sollen die Absatzmittler eine Verkaufsunterstützung erfahren und die partnerschaftliche Zusammenarbeit im Sinne der Vertriebs- und Kommunikationsziele abgesichert werden. Typische Maßnahmen in der Hotellerie sind Einladungen zu Betriebsbesichtigungen, Freiaufenthalte von Mitarbeitern, von Absatzmittlern, Werbegeschenke, Händler- bzw. Buchungswettbewerbe, Händlerschulungen/-tagungen oder klassische Verkaufshilfen, wie Sales Folder, CD-ROMs, Newsletter, Displays und Ähnliches mehr.

Bei der *personalgerichteten Verkaufsförderung* geht es im Wesentlichen um die Verbesserung der Motivation und Qualifikation der Mitarbeiter im Kundenkontakt. Hierzu gehören bspw. Produktschulungen bzw. Degustationen, Verkaufsschulungen, generelle Weiterbildungsseminare (Rhetorik, Sprachschulungen etc.), unterstützende Verkaufsmaterialien, wie Argumentationshilfen, Sales Folder etc., Mitarbeiterzeitschriften/-newsletter. Auch die Entwicklung von materiellen oder immateriellen Motivations- und Anreizsystemen, wie erfolgsabhängigen Entgeltregelungen, Incentives, Beteiligungsmodellen, Mitarbeiter- oder Abteilungswettbewerben oder sonstigen Belohnungssystemen sind Instrumente der personalbezogenen Verkaufsförderung.

*Die **Ibis**-Hotels entwickelten in den Jahren 1995 bis 1998 verschiedene kreative VKF-Aktionen. So wurden 1996 nach dem Motto „Ibis stellt die Betten auf die Straße", komplette Ibis-Zimmer auf drei Europcar-Lastkraftwagen montiert, die dann durch Deutschland tourten. Hierbei ging es darum, neue Gästekreise zu erschließen, Schwellenängste abzubauen und das Hotel zum Gast zu bringen. Wo die Wagen hielten, war ‚Fun‘ organisiert. Man konnte mit einer Schönheitskönigin ‚ins Bett gehen‘, sich mit Nachttopf und Zipfelmütze fotografieren lassen, an Bettenmachen-Wettkämpfen teilnehmen und Kissenschlachten gewinnen. Alles wurde von Radiosendern moderiert und von der Lokalpresse kommentiert. 1998 wurden unter dem Motto „Ibis bringt seine Gäste ins Spiel" verschiedene Spiele erfunden. Das taktische Würfelspiel ‚Kopf&Zahl‘, das Geschicklichkeitsspiel ‚Bamboleo‘ und das ‚Ibis-Murmel-Golf‘ als 9-Loch-Tisch-Golfparcours waren eine Weltneuheit. Ziel der Aktion war es, den Hotelaufenthalt zu emotionalisieren und den Barbereich zu einem Ort der Geselligkeit und des Mehrumsatzes zu machen. Die Gäste erhielten einen Spielerpass und spielten in Form eines Turniers. Den Tagessiegern winkten Hotelgutscheine und die Teilnahme an deutschlandweiten Finalkämpfen. Aus dem Verkaufserlös der Spiele ging ein Teil an die Deutsche Welthungerhilfe und wurde publikumswirksam im Fernsehen übergeben (Schüller 1999, S.41f.).*

4.2.4   Multimediale Kommunikation und Soziale Medien

Unter Multimediakommunikation wird die zielgerichtete, systematische Analyse, Planung, Durchführung und Kontrolle sämtlicher Maßnahmen verstanden, die dazu dienen, mittels elektronischer Medien mit dem Kunden in Interaktion zu treten, um festgelegte Kommunikationsziele des Unternehmens zu erreichen. Die Erscheinungsformen der Multimediakommunikation lassen sich anhand folgender Ausprägungspaare unterscheiden (Bruhn 2003, S.319; Meffert 2000, S.749f.).

- **Online- bzw. Offline-Kommunikation**
  Im Gegensatz zur Offline-Kommunikation (z.B. CD-ROM, DVD, Memory-Stick) besteht bei der Online-Kommunikation über Datennetze bzw. räumlich verteilte Plattformen eine direkte Verbindung zwischen Sender und Empfänger (z.B. Websites, Portale, Soziale Medien, Mobile Dienste).

- **Mobile- bzw. stationäre Speichermedien**
  Während unter dem Begriff der mobilen Speichermedien lokal zur Verfügung stehende, inhaltlich und in der Regel auch zeitlich eindeutig fixierte Medienbestände verstanden werden (z.B. CD-ROM, DVD, Memory-Stick), beinhalten stationäre Systeme bedienbare Terminals, die primär am Point of Purchase zum Einsatz kommen (Kiosksysteme).

Medien der *Offline-Kommunikation* werden in der Regel zu Zwecken der Leistungspräsentation und Unternehmenswerbung sowie der Öffentlichkeitsarbeit (Public Relations) eingesetzt. Der Nutzwert liegt für den Kunden vor allem im Visualisierungs- und Simulationspotenzial dieses Kommunikationsmittels. Auch der Einsatz von Kioskterminals dient ebenfalls primär dem Zweck, dem Kunden Informationen über Unternehmen und Leistungen zur Verfügung zu stellen. Die Entwicklung des *Internet als Online-Kommunikationsmedium* und der damit zusammenhängende starke quantitative Zuwachs an Webseiten und Internetnutzern weltweit, hat die Kommunikationslandschaft und die multimedialen Kommunikationsalternativen von Unternehmen in den letzten Jahren stark verändert. Die Onlinepräsenz von Hotelunternehmen ist ein wesentlicher Bestandteil der zielgerichteten Positionierung und Differenzierung im Wettbewerb geworden und so wird das *„virtuelle Zwillingshotel"* bereits zur Pflicht erklärt (GDI 2007, S.30ff.)

In der Bundesrepublik Deutschland nutzten im Jahr 2013 etwas mehr als 76% der Bevölkerung ab einem Alter von zehn Jahren das Internet (AGOF 2014, BVDW 2014). Dies bedeutet demnach, dass mehr als 55 Millionen Deutsche über einen Onlinezugriff verfügen. Ende 2013 lag die Gesamtzahl der **Internetnutzer** weltweit bei ca. 2,7 Milliarden, was impliziert das ca. ein Drittel der Weltbevölkerung einen Internetzugang besitzt (BITKOM 2013). Die Anzahl der Webseiten weltweit überschritt im Jahr 2014 erstmals die Milliardengrenze (Statista 2014c). Entsprechend verzeichnet die Online-Werbung seit Jahren kontinuierliche Wachstumsraten. So kamen im Jahr 2013 die Nettowerbeinvestitionen in sog. digitale Display-Werbung (Online und Mobile) und die Suchwortvermarktung auf einen Anteil von 25,5 Prozent am gesamten Werbevolumen, womit das Internet nach dem Fernsehen das wichtigste Werbemedium in Deutschland darstellt. Auf **klassische Online-Werbung**, d.h. Banner, Pop-ups, gesponserte Webseiten oder kurze Filme entfiel dabei im Jahr 2013 ein Anteil von ca. 10% am gesamten deutschen Werbemarkt und so beliefen sich die Netto-Umsätze mit grafischer Online-Werbung in Deutschland im Jahr 2013 auf etwa ca. 1,4 Mrd. Euro, Suchwort-Marketing sowie Affiliate-Marketing nicht eingeschlossen. Touristik und Gastronomie setzten dabei mit ca. 14% Anteil der Onlinewerbung an den gesamten Werbeinvestitionen, im Branchenvergleich überproportional auf klassische Online-Werbung (Online und Mobile). (BVDW 2014)

	One-to-one	Many-to-many	One-to-many
asynchron	E-Mail	Newsgroup Forum Blog (kollektiv)	Blog Webseite E-Mail
synchron	Chat Instant-Messenger VoIP	Chat	VoIP

Abb.F.43:   Ausgewählte Instrumente der Onlinekommunikation nach den Kriterien Reichweite und Zeitlichkeit
Quelle: In Anlehnung an Misoch 2006, S.56

Das Internet als Online-Kommunikationsmedium unterscheidet sich in mehrfacher Hinsicht von traditionellen Massenmedien, wie Print oder TV. So stellt das Internet ein Pull- und ein Push-Medium dar, wodurch die Kommunikation zwischen den Akteuren schneller, kurzfristiger und wertender wird (Brysch 2013, S.149). Neben der reinen Präsentation der Unternehmensleistungen, bspw. über die eigene Website, entwickelt das Internet gegenüber anderen Medien seinen entscheidenden Kommunikationsvorteil aus der Interaktivität und der Möglichkeit der User, selbst aktiv am Geschehen mitzuwirken und Inhalte mitzubestimmen, ein Tatbestand, der seit einigen Jahren auch unter dem Stichwort Web 2.0 thematisiert wird und die Möglichkeiten zum Aufbau und Pflege langfristiger Kundenbeziehungen erheblich erweitert hat (Bender 2008, S.176). Der Einsatz und die Instrumentarien des ***Internet als Online-Kommunikationsmedium*** sind durch verschiedene Merkmale gekennzeichnet. Zum einen durch die Reichweite bzw. die Sender-Empfängerstruktur, da der interaktive Charakter des Internets auch eine One-to-One-Kommunikation oder eine Many-to-Many-Kommunikation erlaubt, anstelle der klassischen One-to-Many-Kommunikation im klassischen Medienbereich. Zum anderen ist auch die Zeitlichkeit der Informationsübertragung im Zuge der Online-Kommunikation von Bedeutung, d.h. die Synchronität oder Asynchronität der Kommunikation zwischen den Beteiligten. Von synchroner Kommunikation spricht man, wenn sie zeitgleich zwischen Sender und Empfänger stattfindet, asynchron ist Kommunikation dann, wenn eine Zeitspanne zwischen dem Versenden und dem Empfang einer Botschaft bzw. Information liegt (Misoch 2006, S.53f.) (Abb.F.43). Die Qualität der jeweils daraus entstehenden Kommunikation wird entsprechend von der Wechselwirkung der Beteiligten und dem sich in der Kommunikation entwickelnden Netz von Bezügen und Beziehungen geprägt (Langfeld/Notdurft 2007, S.140).

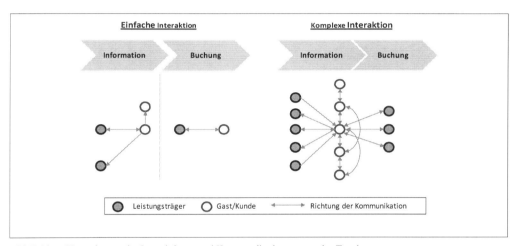

Abb.F.44: Veränderung der Interaktions- und Kommunikationsmuster im Tourismus
am Beispiel der Informations- und Buchungsphase
Quelle: Brysch 2013, S.148

In der Hotellerie werden diese Interaktionsereignisse und Wechselwirkungen, sowohl durch den Informationsaustausch zwischen Anbietern und Nachfragern als auch durch die Beiträge von Kunden und potenziellen Kunden untereinander geprägt. Durch die erweiterten Möglichkeiten des Internet als Kommunikationsmedium, bilden sich nun sowohl hinsichtlich der Anzahl als auch der Abfolge der Interaktionen neue und komplexere Muster. Am Beispiel der Informations- und Buchungsphase des Reiseentscheidungsprozess wird diese Veränderung deutlich. Bei traditionellen, offline-dominierten Reiseentscheidung wird u.a. aufgrund von Transaktions- und/oder Opportunitätskosten der Informationsbeschaffung nur eine bestimmte Zahl von Anbietern ausgewählt, die als Kommunikationsquelle bzw. Interaktionspartner dienen. (Brysch 2013, S.147f.) In einer online-dominierten Informationsphase wird diese Interaktion hingegen sowohl für den Anbieter als auch den Reisenden deutlich komplexer, steigt doch mit der Anzahl der Interaktionspartner und Kontaktpunkte, sowohl die

Informationsdichte als auch die Informationsgeschwindigkeit jedweder Interaktion. Vor dem Hintergrund der erweiterten Online-Kommunikationsmöglichkeiten, stellt dies nicht nur an den Reisenden hohe Anforderungen in Bezug auf seine Fähigkeit zur Informationsverarbeitung, sondern auch die Anbieter sehen sich im Hinblick auf eine effiziente Informationsbereitstellung mit hohen Anforderungen konfrontiert.

Vereinfacht sollen an dieser Stelle sowohl *klassische Instrumente der Onlinekommunikation* (E-Mail, Banner, die unternehmenseigene Homepage, Suchmaschinen,) als auch Instrumente, bei denen stärker die Sozialen Medien und die Interaktivität der Online-Kommunikation im Vordergrund steht (Blogs, Foren, Newsgroups, virtuelle Communities, soziale Netzwerke) kurz vorgestellt werden.

	Website	E-Mail	Banner	Suchmaschinen-werbung	Suchmaschinen-optimierung
Vor-teile	• Zentrale Anlaufstelle • Bündelung der Informationen • Hohe Aktualität der Informationen	• Kostengünstig • Möglichkeit der standardisierter, teilstandardisierter individualisierter Informationen • Reichweite • Digitalisierbare, duplizierbare Inhalte (Texte, Bilder, Filme) • Aktive Kommunikation zum Nachfrager	• Zielgruppenspezifische Ansprache • Adressierung der Nachfrager im täglichen Online-Umfeld	• Spezifische Platzierung des Unternehmenslinks bei bedarfsorientierter Nachfragersuche • Hohe Akzeptanz, da Wirkung eines regulären Such-ergebnises	• Spezifische Platzierung des Unternehmenslinks bei bedarfsorientierter Nachfragersuche • Hohe Akzeptanz, da keine klass. Werbung und als reguläres Suchergebnis anerkannt
Nach-teile	• Begrenzte Möglichkeiten der Interaktion • Hoher Betreuungs-aufwand aufgrund kontinuierlicher Aktualisierungs-notwendigkeit	• Begrenzte Akzeptanz durch Spam-Charakter • Begrenzte Möglichkeit der Informations-übertragung • Streuverluste	• Begrenzte Akzeptanz durch Spam-Charakter • Begrenzte Möglichkeit der Informations-übertragung • Streuverluste	• Gefahr unterhalb der Wahrnehmungs-schwelle zu liegen, da sehr unauffällige Werbeform • Per Klick-Bezahlung kritisch • Identifikation der Suchbegriffe schwer	• Notwendigkeit, auf der ersten Seite platziert zu werden • Per Klick-Bezahlung kritisch • Identifikation der Suchbegriffe schwer
Bei-spiele	• Unternehmensseiten wie www.ibis.com; www.kempinski.com; • Verbandseiten wie www.dehoga.de; www.hsma.de etc.	• Newsletter (Marriott, AHGZ)) • Sales Promotion (Hotelgutscheine secret escapes) • Sonderaktionen (Abbruchparty bei NH Madrid) • Mailings	• Aktive Banner (Pop-ups) • Passive Banner (Skyscraper, Rectangle, Superbanner, etc:) • Video Ad Preroll	• Werbung bei allgemeinen Meta-/Suchmaschinen Google, Yahoo, Bing bzw. MetaGER, Ixquick) • Werbung bei branchenspezifischen Suchmaschinen/Linklisten (Google Hotel Finder)	• Platzierung bei allgemeinen Meta-/Suchmaschinen (Google, Yahoo, Bing bzw. MetaGER, Ixquick) • Platzierung bei branchenspezifischen Suchmaschinen/Linklisten (Google Hotel Finder)

Abb.F.44:   Vor- und Nachteile der wichtigsten klassischen Online-Kommunikationsinstrumente (ohne soziale Medien)
Quelle: In Anlehnung an Meffert at al. 2012, S.656 (modifiziert)

Die *unternehmenseigene Website (Homepage)* zählt zum Bereich der Pull-Werbung, da werbliche Informationen lediglich zur Verfügung gestellt werden. Die Unternehmenswebsite ist dabei ein zentraler Anlaufpunkt für Nachfrager und interessierte Anspruchsgruppen, wie bspw. Zulieferer oder Investoren und kann sowohl als stationäre Lösung als auch als mobile Version für Endgeräte wie Smartphones, Tablets oder Laptops konzipiert werden. Wesentliche Schlüsselfaktoren eines erfolgreichen Website-Designs lassen sich in folgendem 6-Punkte-Programm zusammenfassen (Chaffey et al. 2001, S.78f., Meffert et al. 2012, S.656ff.):

- **Capture**

Zentrale Aufgabe der Website ist es, den Nutzer zum Besuch der Seite zu bewegen (Traffic Generation). Von zentraler Wichtigkeit ist es daher, das sich für diesen ein subjektiver Nutzen aus dem Abruf der Website ergibt. Die Abstimmung aller Online-und Offline-Kommunikationsmaßnahmen im Sinne der Integrierten Kommunikation und die Vernetzung der Internetsite mit allen relevanten Suchmaschinen, Bannerwerbung oder die Angabe der Internetadresse in sämtlichen Offlinemedien (z.B. Geschäftspapier, Anzeigen, Katalogen) sind hier wichtige Bausteine, um Interesse für die Website zu wecken..

- **Content**

Die Attraktivität des Inhalts einer Website ist ein wesentlicher Erfolgsfaktor einer Website, da interaktive und personalisierte Inhalte, die den Wünschen und Bedürfnissen des Nutzers entsprechen, dazu beitragen, dass die Website mehrmals besucht bzw. aktiv genutzt wird. Ein hoher Aktualitätsgrad der Informationen ist hierbei essentiell um die Attraktivität einer Website zu beeinflussen.

- **Community**

Die Fähigkeit, spezialisierte Communities auf einer Website entstehen zu lassen, ist eine der besonderen Eigenschaften des Internets. Gelingt es einer Website, solche virtuellen Communities ins Leben zu rufen (z.B. Online-Diskussionsforum), können die Kunden dazu veranlasst werden, immer wieder auf eine Website zurückzukehren, um sich über neue Angebote und Dienstleistungen zu informieren. In einer Branche, wie der Hotellerie, in der Mund-zu-Mund-Werbung eine besondere Rolle spielt, können solche Communities wertvolle Kommunikations- und Informationsträger darstellen.

- **Commerce**

Der Inhalt einer Website und ihr Aufbau sollten darauf ausgerichtet sein, auf direktem oder indirektem Wege den Verkauf zu fördern. Übersichtlichkeit und logische Strukturierung (Menüführung, Navigationshilfen. Indizes etc.) sind entscheidende Erfolgsfaktoren um Informations- und Entscheidungsprozesse zu beeinflussen. Auch die gestalterischen Maßnahmen wie Hintergrundgrafik, Animation, Farbgestaltung und sonstige auditive/visuelle Anreize, sollen im Hinblick auf die Wahrnehmung und Bewertung der Website eine angenehme Atmosphäre schaffen und die Vertriebsfunktion der Website unterstützen. So bieten viele mittelständische Hotelbetriebe nach wie vor entweder überhaupt keine Möglichkeit zur Online-Reservierung oder Verfügbarkeitsabfrage, zeigen nur mangelhafte oder gar keine visuellen Darstellungen des Hotels, der Zimmer, der Anlage , der Umgebung etc.). und bieten daher dem Besucher nur sehr geringe Anreize eine weitergehende Transaktion einzugehen.

- **Customer Orientation**

Die Orientierung am Kunden ist das Schlüsselelement beim Design einer Website, und alle Besucher einer Website sind potenzielle Kunden. Um den Kunden zu helfen, die notwendigen Informationen zu finden, sollte der Inhalt zielgruppenspezifisch zugeschnitten sein. Eine Hotel-Website könnte bspw. verschiedene Optionen für Privatkunden bzw. Businesskunden, Tagungsveranstalter, Busgesellschaften oder Industriekunden bieten, um jeweils spezielle Informationen zur Verfügung zu stellen (z.B. Verfügbarkeiten für Tagungsveranstalter).

- **Credibility**

Kontakte von Hotelkunden zur eigenen Website können im besonderen Maße zur Stärkung der Markenpersönlichkeit beitragen. Wichtig ist, dass Hotelunternehmen dieses Medium nutzen, um ihre Zuverlässigkeit und Vertrauenswürdigkeit zum Ausdruck zu bringen. Hochwertige und glaubwürdige Informationen zur Marke und zum Unternehmen können dazu einen Beitrag leisten.

Insbesondere für die Hotellerie mit ihren bislang eingeschränkten Möglichkeiten der Materialisierung und Visualisierung der Unternehmensleistungen bzw. des eigentlichen Hotelproduktes, eröffnen sich durch die technologische Konvergenz der IT- und Telekommunikationsindustrie, erweiterte Optionen der Leistungspräsentation und Unternehmenswerbung im Zuge der Multimediakommunikation. Anstelle des traditionellen Hotelprospektes sind sowohl im multimedialen Offline-Bereich (z.B. elektronischer CD-ROM-Katalog, virtuelle Hausführungen, der Einsatz von Kiosksystemen zur Information im Haus und/oder an öffentlichen Standorten, wie Flughäfen, Bahnhöfen etc.) als auch im Online-Bereich (z.B. Livecam von Haus/Anlage/Standort, interaktive Verkaufs-/Informationsgespräche mittels Webcam bzw. Internettelefonie, Apps, Webclips, Podcasts, Rückrufsysteme etc.) eine Fülle von Multimediaanwendungen denkbar, die die Leistungen des Hotelunternehmens sehr viel unmittelbarer und ‚*greifbarer*‘ zum Kunden transportieren können, als dies traditionelle bzw. klassische Instrumente der Marketingkommunikation zu leisten imstande sind.

> *Ein Hotelier der* **Best Western** *Hotelkette bietet regelmäßig Podcasts für seine Gäste auf seiner Homepage an. Durch weiterführende Informationen zur Stadt und zum Hotel, mit humoristischen oder auch nachdenklichen Episoden aus dem Leben eines Hoteliers oder auch durch die Erläuterung des Chefkochs zu einem bestimmten Gericht oder Menu, wird der Gast emotional angesprochen sowie auch seinem Bedürfnis nach Infotainment entsprochen wird (Birke 2007, S.6).*

Durch Versenden von **E-Mails** können Kunden – wie bereits im Zuge des Direktmarketing diskutiert – direkt und individuell kontaktiert werden, mit dem Ziel, den Kunden auf eine bestimmte Webseite zu lenken oder zum Kauf eines Produktes oder einer Dienstleistung zu bewegen. Hier ist zwischen Neukunden- und Kundenbindungskampagnen zu unterscheiden. Bei Kampagnen, die das Thema Neukundengewinnung zum Thema haben, werden die Empfänger oftmals über gesammelte, gekaufte oder gemietete E-Mail-Adressen angesprochen. Voraussetzung von Kundenbindungskampagnen zur optimierten Ausschöpfung des Kundenpotenzials sind hingegen zum einen geeignete Kundeninformationssysteme und zum anderen das Einverständnis des Kunden zum Empfang solcher E-Mails (***Permission Marketing***). Die Vorteile des E-Mailing gegenüber dem traditionellen Werbebrief liegen insbesondere in den geringeren variablen Versandkosten, der Schnelligkeit des Versandes und der Tatsache, dass E-Mails jederzeit und von jedem Ort zugestellt werden können. Darüber hinaus gibt es keine sog. Medienbrüche, da die Informationen digitalisiert sind und demzufolge direkt weiterverarbeitet werden können (z.B. E-Mail weist direkt per Hyperlink auf die Unternehmens-Website). Problematisch ist allerdings, dass etwa 71% des globalen E-Mail-Aufkommens mittlerweile als unerwünschte Werbe-E-Mails gelten (Clement et al. 2008, S.339f.).

Zentrale Werbeform des Kommunikationspush im Internet ist die ***Banner Werbung***. Durch Banner-Werbung kann auf stark frequentierten Internetseiten (zum Beispiel bei Suchmaschinen, Online-Magazinen oder Medienportalen) für die eigene Website geworben werden. Der Vorteil der Bannerwerbung liegt in der zielgruppenspezifischen Ansprache und der Adressierung der Nachfrager in ihrem unmittelbaren, täglichen Online-Umfeld. Grundsätzlich birgt die Integration eines Banners auf einer Website das Problem, dass die Aufmerksamkeit des Betrachters vom eigentlichen Inhalt weg auf den Banner gelenkt werden soll, um ihn zum Anklicken des Banners zu verleiten. Darüber hinaus erscheint der Spam-Charakter der Bannerwerbung problematisch, verhindern diese doch oftmals die weitere Navigation auf der gewählten Seite (Meffert 2012, S.661). Dies und die zunehmende Werbekonkurrenz im Netz führen dazu, dass immer neue Bannerarten entwickelt werden, die mit Hilfe bewegter Bilder oder Ton (Streaming Ads) stärkere Aufmerksamkeitswerte und Klickraten erzielen sollen (z.B. animierte Banner, getarnte Banner, Nanosite-Banner, Pop-ups, Interstitials, Transactive Banner, HTML-Banner).

Suchmaschinen wie Google, Yahoo, Bing oder Metasuchmaschinen wie Metacrawler; MetaGer, Ixquick sind bedeutsame Marktteilnehmer innerhalb der Internetökonomie. Ihre Rolle als „Gatekeeper" relevanter Marktinformationen macht sie sowohl für die Leistungsträger im Tourismus als auch für die Nachfrager touristischer Leistungen zu einem entscheidenden Akteur im Kaufentscheidungsprozess. Die Relevanz von Onlineinformationen im touristischen Such- und Buchungsprozess wird durch zahlreiche Studien untermauert (GfK 2014, F.U.R 2014, AGOF 2014), wobei Suchmaschinen insbesondere in den Früh- bzw. Orientierungsphasen des Suchprozesses eine überragende Bedeutung zukommt (McCarthy et al. 2010, S.14). Marktführer ist hierbei Google, verwenden derzeit vier von fünf Online-Käufern (82 Prozent) Google bei der Reisesuche (TUI/Google 2013; Kaiser 2009).

Entsprechend bedeutsam ist denn auch die *Suchmaschinenwerbung* (Search Engine Marketing) und die Suchmaschinenoptimierung (Search Engine Optimization) als Teil des Online Kommunikation-Mix. Bei der Suchmaschinenwerbung handelt es sich um bezahlte Suchergebnisse, die als sog. gesponsorte Links bei themenrelevanten Suchanfragen angezeigt werden und für die der Suchmaschinenanbieter in der Regel pro vollzogenem Klick auf den entsprechenden Link bezahlt wird. Dies ermöglicht dem werbetreibenden Unternehmen eine genaue Platzierung des Unternehmenslinks bei interessierten Nachfragern, allerdings ist sicherzustellen das man bei entsprechenden Suchanfragen auf der ersten Ergebnisseite der Suchmaschinengelistet wird, denn alle Nennungen auf hinteren Seiten werden von den Nutzern in der Regel nicht wahrgenommen bzw. als irrelevant eingestuft (Kaiser 2009, S.37). Je aussagekräftiger und trennschärfer die Schlüsselwörter und Werbeaussagen einer Anzeige inhaltlich sind, desto höher die Platzierung und desto geringer die Streuverluste der Anzeigenschaltung. Die Effizienz der Suchmaschinenwerbung hängt demnach von der Identifikation und Zielgenauigkeit relevanter Suchbegriffe ab, allerdings gilt es zu beachten, dass je breiter der Suchansatz, d.h. je mehr Suchbegriffe verwendet werden, desto kostenintensiver und ungenauer wird unter Umständen die Suchmaschinenwerbung. Ziel der *Suchmaschinenoptimierung* ist es hingegen die eigene Homepage möglichst prominent in den Ergebnissen relevanter Suchanfragen zu platzieren. Dies geschieht, indem die Eigenschaften der Website auf den Suchalgorithmus der Suchmaschinen ausgerichtet werden, um eine erhöhte Matchgenauigkeit zwischen den Inhalten der Suchanfragen und den Inhalten der Unternehmenshomepage zu erzielen. Auch hier ist die Identifikation der relevanten Suchbegriffe und die Kostenkontrolle eine schwierige Steuerungsaufgabe im Rahmen entsprechender Onlinekampagnen. Neben der Verbesserung der Schlüsselwörter bzw. der Suchbegriffe, ist die Verlinkung der Hotel-Website mit anderen Internetseiten sowie die Eintragung in Online-Branchenbüchern und Webkatalogen unabdingbar für die Optimierung der Suchmaschinenergebnisse und damit der Onlinepräsenz des Hotels. Hier sind es in der Regel spezialisierte Dienstleister die diese Aufgabe übernehmen. (Meffert et al. 2012, S.661ff.; Kaiser 2009; Chung/Klünder 2007, S.113ff.)

Instrumentarien, die stärker auf die Interaktivität der Online-Kommunikation abstellen und damit sowohl Push- als auch Pull-Charakter aufweisen, kommen aus dem sog. Bereich der

Sozialen Medien (Social Media oder Social Web). Soziale Medien werden definiert als ein Bündel internetbasierter Anwendungen, welche die Erstellung und den Austausch von nutzergenerierten Inhalten (User Generated Content) ermöglichen (Kaplan/Haenlein 2010, S.61).

	Weblogs	Communities	Microblogs	Social Networks
Vor-teile	• Persönlicher und direkter Austausch mit den Zielgruppen möglich • Themen-/Interessenfokus • Identifikation von Meinungsführern (Buzz Agents) • Beeinflussung des Meinungsbildungsprozess	• Homogene Personen-/Mitgliedsgruppen • Upload von Daten (Fotos, Videos etc.) • Hohe Interaktionsintensität und aktives Wahlverhalten der Mitglieder • Hoher Unterhaltungswert • Erweiterter Zugang zu Informationen • Emotionale themenspezifische Bindung der Mitglieder	• Schnelle und breite Informationsübertragung • Möglichkeiten der Weiterleitung der Nachrichten (Retweets), Antworten oder Direct Messaging • Identifikation von Meinungsführer über Anzahl Follower	• Vernetzung mit Kontakten • Netzwerkaufbau und –pflege • Veröffentlichung/Upload von Daten (Fotos, Videos, Musik, Persönliche Daten) • Integration von Interaktionsapplikationen (Chats, Tweets, Foren) • Hoher Unterhaltungswert • Erweiterter Zugang zu Informationen
Nach-teile	• Verifikation/Glaubwürdigkeit der Information • Schwankende Qualität der Beiträge • Identifikation relevanter Blogs u.U. problematisch (Reichweite, Nachhaltigkeit) • Eingeschränkte Steuerungsmöglichkeiten privater Blogs durch Unternehmen	• Verifikation/Glaubwürdigkeit der Information • Schwankende Qualität der Beiträge • Rechtliche Unsicherheiten (Urheberrechte, Persönlichkeitsrechte) • Eingeschränkte Steuerungsmöglichkeiten durch Unternehmen	• Beschränkung auf Kurznachrichten • Verifikation/Glaubwürdigkeit der Information • Schwankende Qualität der Beiträge • Eingeschränkte Steuerungsmöglichkeiten durch Unternehmen	• Verifikation/Glaubwürdigkeit der Information • Schwankende Qualität der Beiträge • Rechtliche Unsicherheiten (Persönlichkeitsrechte, Privatsphäre) • Eingeschränkte Steuerungsmöglichkeiten durch Unternehmen
Bei-spiele	• Reiseblogs (101places) • Markenblogs (Harley Davidson) • Reviewblogs (Travbuddy) • Corporate Blogs (Mariott, Stock) • …	• Spiele-Communities (Spielwiese, Gamezone) • Reise-Communities (Global Zoo), Cosmotourist) • Sport-Communities (Sportiversum, Sportme) • Foto-/Video-Communities (Flickr, Youtube, Vimeo, Picasa) • Marken-Communities (Apple, Nike+, BMW) • …	• Twitter • Jaiku • Bleeper • Pump.io • …	• Facebook • Google+ • StudiVZ • Xing • Linked in • Stayfriends • Foursquare • Yelp

Abb.F.45: Vor- und Nachteile der wichtigsten Subinstrumente sozialer Medien
Quelle: In Anlehnung an Meffert at al. 2012, S.672 (modifiziert)

Die wichtigsten dieser Anwendungen sind – wie in Abb.F45 dargestellt – derzeit aus Marketinggesichtspunkten *Weblogs, Microblogs, Communities* und *Soziale Netzwerke,* ermöglichen diese Social Media-Instrumente Unternehmen einen interaktiven und direkten Dialog mit aktuellen und potenziellen Kunden, da diese Anwendungen auf die Befriedigung der Bedürfnisse nach Information, Transaktion, Unterhaltung und sozialen Kontakten ausgerichtet sind (Franz 2010, S.401). Bemerkenswerterweise sind für die genannten Applikationen bislang in der wissenschaftlichen Literatur nur wenig trennscharfe Begriffsdefinitionen zu finden und so sind vielfach starke inhaltliche Überschneidungen zu konstatieren. So werden Soziale Netzwerke oftmals synonym mit den Begriffen Online-Communities, virtuelle Communities oder virtuelle Gemeinschaften bezeichnet, ob ein Microblog oder Weblog nicht auch den Tatbestand einer Community erfüllt oder ein Wiki als ein soziales Netzwerk oder eine Community zu charakterisieren ist, all dies wird von der einschlägigen wissenschaftlichen Literatur nicht oder nur sehr widersprüchlich beantwortet. Insofern sollen im nachfolgenden die verschiedenen Instrumente nur rein deskriptiv diskutiert werden, ohne den Anspruch zu erheben hier eine terminologische und differenzierende Begriffsabgrenzung vorzunehmen. Gemein sind allen Anwendungen die Funktionalitäten der Interaktivität, der Aktualität, der Unmittelbarkeit, der Reichweite sowie der inhaltliche Fokus auf einen themen- bzw. interessenszentrierten Informations-, Erfahrungs- und Meinungsaustausch der teilnehmenden Akteure.

Weblogs weisen am ehesten den Charakter eines elektronischen Tage-/Logbuchs auf, in dem regelmäßig und in chronologischer Form Beiträge und/oder Audio-/Videoeinhalte hinterlegt werden. Weblogs sind ähnlich wie Fachzeitungen oder Fachzeitschriften zumeist themenzentrierter und informativer Natur und ermöglichen einen persönlichen und direkten Meinungsaustausch zwischen dem Autor (Blogger) und seinen Lesern. Für Unternehmen sind Blogger unter Umständen als Meinungsführer und Multiplikatoren interessant, wenn ihre Blogs eine ausreichende Reichweite, Aktualität und Glaubwürdigkeit bei der relevanten Zielgruppe mitbringen. Darüber hinaus können Blogs zur Marktforschung eingesetzt werden. Weblogs können entweder als private Blogs (Puretravel), Corporate Blogs (Marriott, Stock) oder kommerzielle Blogs (Hotelblog der NZZ) in Erscheinung treten.

Microblogs sind hingegen Anwendungen in denen Nutzer Kurznachrichten veröffentlichen können. Diese sind oft weniger als 150 Zeichen lang. Die einzelnen Nachrichten können je nach Wunsch öffentlich oder einem ausgewähltem Nutzerkreis zugänglich gemacht werden. Der bekannteste Dienst für Microblogging ist aktuell Twitter. Derzeit wird Twitter überwiegend von Multiplikatoren und Meinungsführern im privaten Kontext genutzt, aber auch Unternehmen entdecken den Dienst zunehmend als zusätzlichen Informations- und Kommunikationskanal zum Kunden, um bspw. kurzfristige Angebote zu bewerben oder Kundenfeedbacks zu erhalten.

Communities, Foren oder Newsgroups werden oftmals als schwarze Bretter oder Stammtische im Internet charakterisiert. Neben dem Gemeinschaftsgedanken dienen alle Varianten dem themen- bzw. interessensspezifischen Erfahrungs- und Meinungsaustausch, der Informationsvermittlung und der Unterstützung bei spezifischen Frage- oder Problemstellungen. Je nach Variante existieren offene oder geschlossene Communities und/oder kostenlose oder kostenpflichtige Communities. Über die Mitgliedschaft in einer Community entwickeln Individuen, bei ausreichender Homogenität der Mitglieder, ein starkes Gemeinschaftsgefühl und eine soziale Identität. Ziel ist es, ein hohes Identifikationspotenzial unter den Mitgliedern zu schaffen. Darüber hinaus befriedigen Communities auch das Bedürfnis der Teilnehmer nach Unterhaltung. Communities sind über verschiedenste Interessengebiete verteilt, wie z.B. Foto- oder Video-Communities (+Flickr, Pinterest, Instagramm, Youtube etc.), Reise-Communities (Globalzoo, Geo); Sport-Communities (Nike+), Marken-Communities (BMW 7-forum, Harley Davidson) und viele andere mehr. Foren oder Communities entstehen dabei entweder autark oder die Implementierung wird durch Unternehmen proaktiv gefördert, wie zum Beispiel durch ein Firmenblog, ein elektronisches Gästebuch oder eine moderierte Community auf der eigenen Website. Eine Marke (Produkt) eignet sich umso besser für den Aufbau einer Community, je mehr sie ein dauerhaftes Interesse generiert, im Alltag wichtig ist, als Identifikationsobjekt dient, emotional auflädt und eine interaktive Komponente besitzt. Mitglieder einer Brand Community weisen dabei eine höhere Markenloyalität auf, sprechen öfter Empfehlungen aus und können als Meinungsbildner und Know-How Träger in Innovationsprozesse integriert werden (Loewenfeld et al. 2006, S152f.).

Soziale Netzwerke (Facebook, Xing, Google+, stayfriends, StudiVZ) dienen ebenso wie Communities dem themen- bzw. interessensspezifischen Erfahrungs- und Meinungsaustausch, der Informationsvermittlung sowie der Unterstützung bei spezifischen Frage- oder Problemstellungen. Facebook ist weltweit das am weitesten verbreitete soziale Netzwerk und so sind derzeit ca. 56% aller Internetuser aktive Mitglieder bei Facebook (BITKOM 2013). Im Gegensatz zu den zuvor genannten Anwendungen steht bei den sozialen Netzwerken stärker der Aufbau und die Pflege von privaten oder beruflichen Kontakten im Vordergrund. Benutzer solcher Webseiten können mithilfe dieser Anwendungen meist ein persönliches Profil von sich erstellen und über die verschiedenen Funktionalitäten ein individuelles virtuelles Interaktionsgeflecht knüpfen. Laut einer aktuellen BITKOM-Umfrage sind Internetnutzer im Schnitt in 2,5 sozialen Netzwerken angemeldet und in 1,4 aktiv. Sieben von zehn Mitgliedern nutzen die Netzwerke dabei täglich. Ein Drittel sind Intensivnutzer, die eine Stunde oder länger pro Tag aktiv sind, bei den 14–29jährigen sind es sogar mehr als die Hälfte (52%) (BITKOM 2013). In der jüngeren Zeit erfahren Soziale Netzwerke durch Entwicklungen im Bereich mobiler Internettechnologie eine Erweiterung ihres Anwendungsspektrums und so können sich Mitglieder über *Location-Based-Services* gegenseitig lokalisieren und den jeweiligen Aufenthaltsort von Usern ermitteln. Die Nutzung von Location-Based Service ist an die Nutzung eines internetfähigen Smartphones gebunden, da das GPS-Signal vom Mobiltelefon übermittelt und dann anderen Nutzern oder auch in der Nähe gelegenen Unternehmen mitgeteilt wird. Fourquare, Facebooks Places oder Yelp sind Beispiele für Location-Based Social Network-Anbieter. In Deutschland geht man davon aus, das ca. 930 LBS-Anbieter existieren, von denen allerdings nur 5,5 % auf den Bereich der Sozialen Netzwerke ausgerichtet sind. (Goldmedia 2014)

Inspirations-phase	Informations-phase	Buchungs-phase	Reise-phase	Reflexions-phase
Städte-/Destinations-Apps *(Cool Berlin, DuMont, Bluespot City Guide)*	Apps von Reiseportalen *(Holiday Check, Booking.com)*	Buchungsportal-Apps *(Swoodoo, Trivago)*	Mobilitäts-Apps *(Ampido Parking, Car Sharing Berlin, Uber)*	Social Media Apps *(Facebook, StudiVZ)*
Event-/Veranstaltungs-Apps *(zitty Berlin)*	Hotel-Apps *(Hotel Tonight, Blink Booking, Just Book It)*	Fahrkarten-Apps *(RMV, MVV Companion)*	Event-/Veranstaltungs-Apps *(Whami, Theater Heute)*	Bewertungs-Apps *(HolidayCheck)*
Apps von Reiseportalen *(Tripadvisor, Expedia)*	Mobilitäts-Apps *(DB Navigator, MVG Fahrinfo, mitfahrgelegenheit.de)*	Apps von Hotelportalen *(HRS, Booking)*	Apps mit Location Based Service *(AroundMe, Yelp, Wikitude)*	Foto-/Video-Apps *(Flickr, Instagramm Youtube)*
Wetter-Apps *(Yahoo Wetter, Regen Radar)*	…	Mobilitäts-Apps *(Skyscanner, Lufthansa, Germanwings)*	Service Apps *(Bookatable, Wlanmap)*	…
Foto-/Video-Apps *(Flickr, Instagramm Youtube)*		…	Wetter-Apps *(Yahoo Wetter, Regen Radar)*	
…			…	

Abb.F.46:   Ausgewählte Beispiele von Reise-Apps differenziert nach Phasen des Reiseentscheidungsprozesses
             Quelle: In Anlehnung an (Brysch 2013, S.149) (modifiziert)

Neben den vorstehend skizzierten Instrumenten der Online-Kommunikation und der sozialen Medien, spielen im Tourismusmarketing im Allgemeinen und damit auch im Hotelmarketing, zunehmend *Mobile Dienste,* d.h. Applikationen für mobile Endgeräte wie Mobiltelefone, Tablets und/oder Laptops eine Rolle im touristischen Distributions- und Kommunikationskontext. Die Vielfalt der Reise-Apps (aktuell ca. 30.000 in den Vertriebsplattformen von

Apple, App-Store bzw. I-Tunes) fördert neue Interaktions- und Kommunikationsmöglichkeiten sowohl entlang der gesamten touristischen Wertschöpfungskette als auch in allen Phasen des touristischen Kaufentscheidungsprozesses (Brysch 2013, S.149). Abb.46 zeigt diese Entwicklung beispielhaft anhand ausgewählter Beispiele im Reiseentscheidungsprozess auf.

Die rasante Entwicklung der multimedialen Informations- und Kommunikationstechnologien stellt Hotelunternehmen im Bereich der Kommunikationspolitik vor besondere Herausforderungen, sind doch die Instrumente und Möglichkeiten der Kundengewinnung und Kundenbindung in ihrer Vielfalt, Leistungsfähigkeit und Eignung kaum noch überschaubar. Umso bedeutsamer wird es für jedes Hotelunternehmen, ein strategisches Konzept der multimedialen Kundenansprache und Kundenpflege zu entwickeln, welches, vor dem Hintergrund der Anforderungen integrierter Kommunikation, einen strategischen Fit zwischen Geschäftsmodell, Zielgruppe(n) und Kommunikationsansatz gewährleistet und damit sicherstellt, dass die Zielsetzungen der Unternehmens- bzw. Marketingstrategie durch die Kommunikationspolitik zielgerichtet und nachhaltig unterstützt werden.

---

*Einen Einblick ins veränderte Marketingmanagement im Tourismus lieferte Markus Schreyer von der **Starwood-Gruppe**. Die Hotelgruppe setzt heute vermehrt auf Emotion, Co-Creating und Video. Gäste, die sich im Vorfeld eines Aufenthalts etwa Hotelvideos ansehen, tätigen während ihres Aufenthalts im Schnitt 28 Prozent mehr Ausgaben, berichtete Schreyer. Es reicht auch nicht mehr aus, „zufriedene" Kunden zu haben, sie müssten „begeistert" werden, um ein Haus weiter zu empfehlen. Dafür müssen gute Geschichten erzählt und die Mitarbeiter des Hauses stärker involviert werden. In der Tourismus-Kommunikation, sagte Schreyer, zählen heute Search, Verfügbarkeit und Reputation Management, also Weiterempfehlungsraten. Millionen Reisende treffen heute ihre Buchungsentscheidung aufgrund von Kundeneinträgen auf Bewertungsportalen. Seine Hotelgruppe sei daher dazu übergegangen, Kunden proaktiv zur Co-Creation einzuladen, indem sie ihre Geschichten und Erlebnisse in den Hotels erzählen. Schreyer: „Hochglanzfotos haben vielfach keine Glaubwürdigkeit mehr. Wir müssen den Gästen die Möglichkeit bieten, die Marke weiterzuentwickeln." (Hennig 2014)*

4.2.5 Öffentlichkeitsarbeit

Öffentlichkeitsarbeit bzw. Public Relations (PR) hat nicht die Vermarktung eines bestimmten Produkts bzw. einer Dienstleistung zum Ziel, sondern **den Dialog mit den verschiedenen Anspruchsgruppen (Stakeholdern) des Hotelunternehmens**. Die Öffentlichkeitsarbeit umfasst demnach die bewusste, planmäßige und kontinuierliche Gestaltung der Beziehungen zwischen Unternehmen und ihrem öffentlichen Umfeld mit dem Ziel, bei den nach Interessen gegliederten Anspruchsgruppen Verständnis und Vertrauen zu gewinnen bzw. auszubauen (Bruhn 2003, S.341). Die in unterschiedlicher Weise am Unternehmen interessierten externen und internen Zielgruppen können folgende sein:

- Kunden
- Lieferanten

- Kapitalgeber
- Journalisten
- Politiker
- Behörden
- Verbände, Vereine, Bürgerinitiativen und sonstige Institutionen
- Mitarbeiter

Die Öffentlichkeitsarbeit übernimmt verschiedene Funktionen, wobei zur Erfüllung dieser Aufgaben grundsätzlich verschiedene Instrumente zur Verfügung stehen (Abb.F.47). Durch die Immaterialität und das hohe Maß an Interaktion zwischen Kunden und Mitarbeitern in vielen Hotelunternehmen kommt dabei vor allem dem Image- und Vertrauensaufbau eine besondere Bedeutung zu (Bouncken 2000; Hacia 1998, S.1626). Eine vertrauensschaffende PR-Arbeit ist dabei von der Zielgruppenbezogenheit, der Ehrlichkeit, Klarheit, Offenheit und Konstanz der Aussagen sowie von der kontinuierlichen Präsenz des Unternehmens in der Öffentlichkeit abhängig (Hennig 2009, S.615ff.) In der Hotellerie erhält die Öffentlichkeitsarbeit angesichts begrenzter Mediabudgets eine besondere Bedeutung. So werden in professionell geführten Hotelunternehmen lokale, regionale oder überregionale Verkaufsförderungsaktionen bzw. Werbemaßnahmen nahezu immer durch eine entsprechende Pressearbeit begleitet, um mittels positiver Presseberichterstattung eine Multiplikator-Wirkung zu erzielen und damit einen höheren Kommunikationsdruck zu entfalten.

Funktionen	**Instrumente**
• Informationsfunktion Vermittlung von Informationen von innen (Unternehmen) nach außen (Öffentlichkeit) • Kontaktfunktion Aufbau/Pflege von Kontakten und Beziehungen zu allen unternehmensrelevanten Gruppen • Imagefunktion Aufbau/Pflege/Veränderung des Vorstellungsbildes vom Unternehmen als Meinungsgegenstand • Harmonisierungs-/Stabilisierungsfunktion Abstimmung innerbetrieblicher Verhältnisse mit den wirtschaftlich-gesellschaftlichen Verhältnissen im Umfeld Schaffung weitgehend krisenresistenter Beziehungen zu den verschiedenen Anspruchsgruppen • Absatzförderungsfunktion Absatzfördernde Funktion des erzielten öffentlichen Vertrauens • Kontinuitätsfunktion Einheitlicher, kontinuierlicher Auftritt, um den Unternehmensstil innen- und außengerichtet zu demonstrieren	• Pressemitteilungen/-notizen • Pressekonferenzen • PR-Anzeigen/-spots • Interviews • Road Shows • Geschäftsberichte • Broschüren • Mitarbeiterzeitungen • Business TV • Veranstaltungen (Tag d.off. Tür) • Betriebs-/Hauptversammlungen • Podiumsdiskussionen • Redaktionelle Beiträge • Betriebsbesichtigungen • Stiftungen • Sponsoring • Leserbriefe, E-Mails, Chats, Virtual Communities • ... 

Abb.F.47:   Funktionen und Instrumente der Öffentlichkeitsarbeit

*Die **Accor**-Gruppe unterscheidet dabei zwischen produkt-, unternehmens- und gesellschafts- bzw. branchenbezogener Öffentlichkeitsarbeit. Im Rahmen der Produkt-PR werden an die Zielgruppe der Endverbraucher neue Tarife und Angebote kommuniziert. Die Unternehmens-PR umfasst in erster Linie Mitteilungen zu den Ergebnissen und zur Entwicklung der Gruppe im Sinne der Investor Relations. Hierbei spielt insbesondere das Zusammenspiel zwischen Mutter- und Landesgesellschaften sowie den verschiedenen Accor-Marken eine wichtige Rolle. Aufgrund der größer werdenden Bekanntheit und Marktpräsenz der Accor-Hotels gewinnt die gesellschafts- bzw. branchenbezogene PR immer mehr an Bedeutung. Hierzu zählen Vorträge, die Teilnahme an Podiumsdiskussionen, Statements zu aktuellen Themen der Gesellschaft oder der Branche, die Veröffentlichung von internen und externen Marktforschungsstudien sowie Leserbriefen. Zusätzlich ist es Aufgabe der Öffentlichkeitsarbeit, Accor als kompetenten Partner im Investitionsbereich sowie als Franchisegeber und Meinungsführer in der deutschen Hotellerie darzustellen (Hacia 1998, S.1626f.).*

4.2.6 Sonstige Formen der Kommunikation

Neben dem skizzierten Kommunikationsinstrumentarium gehören ergänzend auch weitere Kommunikationsinstrumente, wie die Teilnahme an Messen, das Sponsoring oder das Event-Marketing zur Kommunikationsarbeit von Unternehmen (Bruhn 2003, S.294ff.). **Messen** als zeitlich begrenzte, im allgemeinen regelmäßig wiederkehrende Veranstaltungen, auf denen eine Vielzahl von Unternehmen das Angebot eines oder mehrerer Wirtschaftszweige ausstellen, sind als kommunikations- und vertriebspolitisches Instrument aus keiner Branche wegzudenken. Touristikmessen, wie die Internationale Tourismusbörse Berlin oder Hotellerie- und Gastronomie-Messen wie die Internorga in Hamburg bzw. die Anuga in Köln, sind nicht nur eine Möglichkeit, das Hotel- bzw. Gastronomieprodukt einem interessierten Fachpublikum (je nach Messekonzept auch Endkunden) vor- bzw. darzustellen, sondern ermöglichen auch einen Leistungsvergleich mit dem Wettbewerb. Des Weiteren eröffnen Messen i.d.R. die direkte und persönliche Kommunikation mit Kaufentscheidern und Meinungsbildnern und sind dementsprechend ein wichtiges Mittel zur Beeinflussung von Kaufentscheidungsprozessen. Neben den verschiedenen Möglichkeiten der Unternehmens- und Produktpräsentation auf einer Messe (z.B. Messestand, Pressekonferenzen, Workshops, Vorträge etc.) und dem persönlichen Kontakt zu aktuellen und potenziellen Kunden, steht naturgemäß die Anbahnung von Verkaufsabschlüssen als Kommunikations- bzw. Marketingziel im Mittelpunkt einer Messeteilnahme. Messen lassen sich nach ihrer Bedeutung in internationale, nationale oder regionale Messen differenzieren, wobei jedes Hotelunternehmen individuell und spezifisch prüfen muss, welche Messebeteiligung der Erreichung der Unternehmensziele am dienlichsten ist. Im Rahmen der Messeplanung sind dabei folgende Aktivitäten zu unterscheiden (Dettmer et al. 1999, S.490ff.):

- **Messevorbereitung**
  In der Vorbereitungsphase werden die Messeziele festgelegt (welche Zielgruppen, welche Märkte), und es erfolgt die konkrete Planung der gesamten Veranstaltung (z.B. Standgestaltung, Personalplanung, Hotelbuchung, Finanzierung, begleitende Kommunikationsmaßnahmen etc.).

- **Messedurchführung**

Beinhaltet die eigentliche Messebeteiligung und erfordert die Durchführung, Organisation und Überwachung der operativen Messeaktivitäten (z.B. Personaleinsatz, Gesprächsterminierung, Wettbewerbsbeobachtung, Durchführung von Werbe- oder VKF-Maßnahmen, Veranstaltungen am Stand, Öffentlichkeitsarbeit etc.).

- **Messenachbereitung**

Hier ist der Erfolg der Messebeteiligung zu bewerten (Kontakte, Kontaktqualität, Verkaufsabschlüsse, Presseberichte etc.), und es sind die notwendigen Schritte zur Nachbearbeitung der Messekontakte zu vollziehen (z.B. telefonische/elektronische Nachfassaktionen, Terminierung von Verkaufsgesprächen, Kundenbesuche etc.).

Auch das *Sponsoring* hat sich in der Kommunikationsarbeit vieler Unternehmen fest etabliert. Unter Sponsoring versteht man die systematische Förderung von Personen, Organisationen oder Veranstaltungen im sportlichen, kulturellen oder sozialen bzw. ökologischen Bereich durch Zuwendung von Geld-, Sach- und Dienstleistungen, um definierte Marketing- und Kommunikationsziele zu erreichen (Meffert 2000, S.731). Sponsoring ist somit ein Geschäft auf Gegenseitigkeit zwischen dem Sponsor und dem Gesponsorten, bei dem Leistung und Gegenleistung genau festgelegt wird, was das Sponsoring vom puren Mäzenatentum unterscheidet. Im Vordergrund der Zielsetzungen im Sponsoring stehen zum einen die Erhöhung des Bekanntheitsgrades des Sponsorunternehmens und zum anderen die positive Beeinflussung des Images durch einen bewusst gestalteten Imagetransfer des Gesponsorten auf den Sponsor. Als typische Erscheinungsformen des Sponsoring haben sich folgende Bereiche herausgebildet:

- **Sportsponsoring**

Beim Sportsponsoring unterscheidet man, unabhängig von der jeweiligen Sportart, das Sponsoring von Mannschaften, Einzelsportlern oder Sportveranstaltungen. Angesichts der Breitenwirkung vieler Sportsponsoring-Formen steht insbesondere die Erhöhung des Bekanntheitsgrades im Vordergrund.

- **Kultursponsoring**

Hierbei geht es um das kulturelle Engagement von Unternehmen, bei dem durch Unterstützung von Künstlern, Kunstrichtungen, Institutionen oder Projekten eine positive Beeinflussung des Unternehmensimages erzielt werden soll.

- **Sozio- und Umweltsponsoring**

Im Mittelpunkt des Sozio- und des Umweltsponsoring steht die Demonstration der gesellschafts- und sozialpolitischen Verantwortung durch Förderung von Organisationen, Einzelpersonen, Projekten, Wettbewerben etc. Hier sind sowohl identifikationsfördernde Wirkungen im Bereich der Unternehmenskultur beabsichtigt als auch die positive Beeinflussung des Sponsor-Image.

- **Mediensponsoring**

Hier werden zumeist Programme, Gameshows oder Sendepatronate in Hörfunk und TV-Medien gesponsort, um über eine gesteigerte Medienpräsenz den Bekanntheitsgrad zu erhöhen. Auch das Product Placement, sprich die kommunikative Platzierung von Produkten bzw. Markenartikeln in Medien gehört zum Mediensponsoring (z.B. Robinson Club als Kulisse für die TV-Serie „Sterne des Südens").

Zur Popularität des Sponsoring und seiner diversen Erscheinungsformen trägt der Tatbestand bei, dass Sponsoring Zielgruppen in nicht-kommerziellen Situationen anspricht und den Bereichen Sport, Kunst und Soziales eine hohe gesellschaftliche Bedeutung zugemessen wird. Darüber hinaus liefert die Vielfalt der Sponsoringarten und Sponsoringausprägungen die Chance einzigartiger kommunikativer Vorteile. Problematisch sind Popularitäts- bzw. Imageveränderungen auf Seiten des/der Gesponsorten, die unter Umständen zu einem negativen Imagetransfer führen können, die geringe Breitenwirkung, die oftmals hohen kommunikativen Streuverluste mancher Sponsoringarten und Ausprägungen sowie die hohen Kosten, die insbesondere im Bereich des Spitzensport- bzw. Mediensponsorings anfallen.

Art des Events	Zielgruppe	Veranstaltungen
Firmeninterne Events	Führungskräfte Mitabeiter aller Hierarchieebenen	• Aussendienstkonferenzen • Aktionärsversammlungen • Händlerpräsentationen • Festakte/Jubiläen • Betriebsausflüge • …

Firmenexterne Events	Konsumenten
	Key Accounts
	Meinungsbildner
	Presse
		• Pressekonferenzen
		• Messen
		• Kongresse
		• Sponsoring Events
		  (Sport-,Musik-,
		  Kulturveranstaltungen etc.)
		• …

Events im Absatzkanal	Konsumenten	• Bühnenauftritte bekannter Stars • Talkshows mit Prominenten • Kleinkunst regionaler Künstler • Gewinnspiele • Kinderunterhaltung (z.B. Hüpfburg) • Mitmachaktionen (z.B. Wettkämpfe) • Multimediapräsentationen • …

Abb.F.48:   Formen des Event Marketing
           Quelle: Meffert 2000, S.740

Das *Event Marketing* als relativ neue Kommunikationsform beinhaltet die Planung, Organisation und Kontrolle inszenierter Ereignisse (Veranstaltungen), um definierte Zielgruppen durch emotionale und physische Reize im Rahmen firmen- oder produktbezogener Veranstaltungen im Sinne der eigenen Kommunikations-/Marketingziele zu aktivieren. Events sind dabei Veranstaltungen ohne Verkaufscharakter mit dem Ziel, der bewussten Differenzierung von der Alltagswirklichkeit der Zielgruppe und der Umsetzung der Werbebotschaft in tatsächlich erlebbare Ereignisse bzw. Markenwelten (z.B. Adidas Streetball Challenge, Red Bull Flugtage etc.). Ein Event zeichnet sich durch einen hohen Grad an unmittelbarer Beteiligung und positiver Emotionalisierung aus und vermittelt Authentizität durch die exklusive Teilhabe an einem kommunikativen Dialog mit dem veranstaltenden Unternehmen. Event-Marketing zielt denn auch auf eine zielgruppenspezifische Ausrichtung mit hoher Kontaktintensität und die Einbeziehung des Kunden auf Verhaltensebene.

Red Bull *stützt sich in seinem Kommunikationsmix – neben den „Red Bull verleiht Flügel"* *Werbespots – vor allem auf Sportsponsoring und Event-Marketing. Dabei baut die klassische Werbung Bekanntheit und Image auf. Das Sport- und Event Marketing unterstützt die Glaubwürdigkeit und Aktualität der Marke. So hat Red Bull weltweit Vereinbarungen mit rund 250 Sportlern, deren individuellen Persönlichkeiten mit dem Red Bull Image im Einklang stehen. Schwerpunkte liegen auf Free-Skiing, Mountain Biking, Free-Climbing, Triathlon, Sky-Surfing, Kite-Surfing, Motorsport und Motocross. Red Bull kreiert mehr als 100 Events im Jahr, darunter die Red Bull Flugtage, Seifenkistenrennen und Ähnliches mehr (Schüller/Fuchs 2006, S.124).*

Event Marketing bedingt demzufolge im Gegensatz zum Sponsoring die eigeninitiierte Inszenierung von Ereignissen, wobei immer der Unternehmens- oder Produktbezug im Vordergrund steht. Ein Event hat sowohl die Funktion des Kommunikationsmediums als auch der Kommunikationsbotschaft. Dabei hat dieses Instrument niemals die alleinige Aufgabe der Informationsvermittlung, sondern beinhaltet explizit Unterhaltungs- bzw. Erlebnisfunktionen. Als Bestandteil eines integrierten Kommunikationsansatzes kann Event Marketing grundsätzlich zur Kommunikation mit unternehmensinternen (Mitarbeitern) sowie mit unternehmensexternen Zielgruppen eingesetzt werden. Für die Hotellerie besteht die Möglichkeit über die professionelle Planung und Durchführung hoteleigener Veranstaltungen und Events für eine zusätzliche Kapazitätsauslastung zu sorgen oder sich über themen- oder interessensspezifische Veranstaltungsschwerpunkte als Spezialist zu profilieren (z.B. Golfturniere, Kulinarik, Musikveranstaltungen etc.).

5   Internes Marketing-Management

5.1   Grundlegende Entscheidungstatbestände des Internen Marketing

5.1.1   Personal als Marketing- und Wettbewerbsfaktor

- „Für beste Qualität brauchen wir bestes Personal" (Traube Tonbach, Baiersbronn)
- „Take care of your employees and they'll take care of your customers" (Bill Marriott)
- „Our greatest asset, and the key to our success, is our people" (Four Seasons)
- „Finding, Keeping and Developing the right Employees" (Kimpton Hotels & Restaurants)

Bekenntnisse dieser Art finden sich in fast allen Unternehmensleitbildern und gehören zum Standardrepertoire des Personalmarketing und des Employer Branding in der Hotellerie. Die Bedeutung der Personalqualität für den ökonomischen Erfolg in der Hotellerie ist zwar in Literatur und Praxis unbestritten (Kobjoll 2009; Gruner 2009; Gardini 1995), von einem gezielten *marketing- und qualitätsorientierten Personalmanagement* sind weite Teile der Hotellerie *in realiter* jedoch noch weit entfernt (Gardini 2014; Kusluvan et al. 2010; Enz 2009; Maxwell/MacLean 2008). Versteht man unter professionellem Personalmanagement die Summe aller Prozesse und Maßnahmen, bewusst und gezielt Bedingungen zu schaffen, gute Mitarbeiter zu finden, zu halten und in ihrer Qualität laufend den steigenden Anforderungen anzupassen, scheint das Personalmanagement in Hotellerie und Gastronomie – im Vergleich zu anderen Branchen – denn auch einen erheblichen Nachholbedarf aufzuweisen: *„ ... streams of research have concluded that individual or bundles of HRM practices in the tourism and hospitality industry are unprofessional, underdeveloped, and inferior when compared to other industries and are not practiced in a way that generates employee commitment, satisfaction, and motivation".(Kusluvan et al. 2010, S.177).*

So klagt die Hotellerie seit Jahren über einen Mangel an qualifizierten und motivierten Mitarbeitern, eine extrem hohe Mitarbeiterfluktuation und die „Branchenflucht" gut ausgebildeten Personals (siehe den Beitrag von Dost in diesem Buch). Die zukünftige demographische Entwicklung wird die Situation für die Branche noch verschärfen, und mit den zu erwartenden steigenden Akademikerquoten in den nächsten 10 bis 20 Jahren wird zudem ein neuer Mitarbeitertypus in die Entscheidungsebenen der Hotellerie hineinwachsen, mit gestiegenen Ansprüchen an materielle Ausstattung, Arbeitsumfeld und persönlichen Entwicklungspfad (Gardini 2009a, S.30). Im Vergleich zu anderen Branchen weist die Hotellerie zwar derzeit einige Unterschiede auf (z.B. theoretische Qualifikation, Akademisierungsgrad, Fluktuation, Altersstruktur, Gehaltsniveau), dennoch sind viele der Probleme im Bereich des Personalmanagement hausgemacht. So wird bspw. die hohe Fluktuation oftmals für die extreme Zurückhaltung bei Investitionen in langfristige Ausbildungsprogramme angeführt, ohne zu berücksichtigen, dass Investitionen in das Humankapital in diesem Zusammenhang eine zwingende Notwendigkeit darstellen, will man exzellente Mitarbeiter an das Unternehmen binden. *„Dieses Geld ist eine Investition in 60% unseres Produktes: die Mitarbeiter. In die anderen 40% – die Immobilie – investiert die Branche bereits lange und wesentlich bereitwilliger"* (siehe auch den Beitrag von Dost in diesem Buch). Hier dominiert bei vielen Hotelunternehmen offenbar die Befürchtung, dass Weiterbildungsinvestitionen nur die Mitarbeiterattraktivität aber nicht den Unternehmenswert steigern und sich dadurch vielmehr die Gefahr erhöht, dass Mitarbeiter mit ihren neu erworbenen Fähigkeiten zur Konkurrenz abwandern. Das man diesem Problem auch eine andere Dimension abgewinnen kann, zeigt ein Zitat von Pal Barger, Chairman von Pal's Sudden Service, einer mittelständischen Restaurantkette und einem Gewinner des höchsten US-amerikanischen Qualitätspreises, des Malcolm Baldrige National Quality Award: *„When we open a new store, we give every hourly employee 120 hours of training. Someone said, 'What if you spend all that money and they leave?' And I said, 'What if you don't and they stay?"* (zitiert nach Bettencourt 2012, S.22). Die tatsächliche Gefahr liegt denn auch woanders und so weist Reto Wittwer, Präsident der Kempinski Hotels, zu Recht auf die strategischen Konsequenzen einer unzureichenden Mitarbeiterorientierung hin: *„Unser Ziel muss es sein, die fortlaufende und nachhaltige Versorgung unser Hotels mit Mitarbeitern sicherzustellen. Denn ohne diese Versorgung gerät nicht nur die Qualität unser Dienstleistung, sondern auch unser gesamtes Business-Modell in Gefahr, da die geforderte Leistung nicht erbracht werden kann."(Wittwer 2014, S.82).*

Das im Kontext personenbezogener und interaktiver Dienstleistungsangebote der Faktor Mensch eine besondere **Wettbewerbsrelevanz** aufweist, ist dabei in Wissenschaft und Unternehmenspraxis unbestritten. Diese Auffassung findet ihre theoretische Reflexion in den unterschiedlichsten Forschungsbereichen der Betriebswirtschaftslehre, wie bspw. der Strategie- und Organisationsforschung, der Marketingwissenschaft, der Arbeits-, Sozial- und Organisationspsychologie oder der vergleichsweise noch jungen Disziplin der Dienstleistungsforschung (hierzu auch Gardini 2014). Hier wird oftmals die besondere Rolle der Kundenkontaktmitarbeiter beleuchtet, da in den verschiedenen Bereichen des Tourismus der überwiegende Teil der Beschäftigten im direkten Kundenkontakt tätig ist. Die Personalintensität vieler Dienstleistungsangebote in der Hotellerie, die verschiedenen Facetten der Kundenbeteiligung und die vielfältigen Einflussfaktoren der Kunde-Mitarbeiter-Interaktionen im Serviceprozess erfordern demzufolge eine Erweiterung der klassischen Aufgabenbereiche des Marketing-Management: *„Aufgrund der Interaktion von Kundenkontakt und Kunden und der daraus resultierenden Einflüsse des Personals auf die Dienstleistungsqualität wird eine umfassende Mitarbeiterorientierung zu einem der Kundenorientierung gleichgestellten Faktor im Dienstleistungsmarketing"* (Meffert 1994, S.331). Die **zentrale Bedeutung des Kundenkontaktpersonals** für die erfolgreiche Implementierung dienstleistungsbezogener Unternehmenskonzepte, wird denn auch durch Erweiterung des traditionellen Marketingmix um die Komponente *„People"* bzw. *„Personalpolitik"* in der Marketingwissenschaft besonders unterstrichen (anstatt vieler Lovelock/Wirtz 2010; Meffert/Bruhn 2009).

Die Personengebundenheit der Dienstleistungsinteraktion bewirkt die Abhängigkeit des Leistungsergebnisses vom Potenzial und Willen des Leistungsanbieters bzw. seiner Mitarbeiter und stellt als solche eine subjektive Erfahrung des Kunden dar, die sich durch das Zusammenwirken verschiedener Faktoren in einem sozialen Prozess vollzieht. Die Wahrnehmung und Beurteilung der Dienstleistungsqualität durch den Kunden ist somit unmittelbar vom kunden- und serviceorientierten Verhalten und der Servicekompetenz des Personals abhängig, so dass sich der Wirkungszusammenhang von Mitarbeitermotivation/-zufrieden-heit, Leistungsqualität, Kundenzufriedenheit und Unternehmenserfolg in personengebunde-nen und interaktiven Dienstleistungsbranchen viel ursächlicher darstellt als in weniger kun-denkontaktintensiven Wirtschaftszweigen, wie zahlreiche Studien und Untersuchungen aus der Dienstleistungsforschung belegen (siehe z. B. Franz 2011; Specht 2007; Bruhn et al. 2007; Möller 2004; Brown et al. 2002; Coenen 2001; Mang 1998; Siefke 1998; Grund 1998; Heskett et al. 1997; Zeithaml et al. 1992, 1996; Bitner et al. 1994; Hentschel 1992). Die Einflussfaktoren der Kunde-Mitarbeiter-Interaktionen sind – wie bereits an anderer Stelle skizziert – je nach Leistungsprofil des Hotelunternehmens vielschichtig und können in unter-schiedlicher Stärke auf die Qualitätswahrnehmung der Hotelkunden einwirken. Das hohe Maß an Kundenkontakt und Interaktion führt dazu, dass der einzelne Mitarbeiter aus Kun-densicht nicht nur als Leistungserbringer wahrgenommen wird, sondern sich die Identität und das Markenimage des Dienstleistungsanbieters in Gestalt der betreffenden Mitarbeiter personalisiert (Fließ/Maeß 2008; Gardini 2001; Bowen et al. 2000). So zeigen die Untersu-chungen, dass die Kundenzufriedenheit in bestimmten Servicebranchen sinkt, wenn be-stimmte Mitarbeiter das Unternehmen verlassen bzw. umgekehrt, die Kundenbindung sehr hoch war, wenn die Mitarbeiterfluktuation niedrig ist, was auch als *„Service Profit Chain"* bezeichnet wird (Heskett et al. 1997). Die Ergebnisse dieser Studien lassen die Autoren zu dem Schluss kommen, dass Maßnahmen zur Verbesserung von Mitarbeiterzufriedenheit und Mitarbeiterbindung unmittelbare Auswirkungen auf die von Kunden wahrgenommene Dienstleistungsqualität haben und mithin eine stärkere Verzahnung personalwirtschaftlicher Aspekte mit den strategischen Marketinganforderungen des jeweiligen Wettbewerbsumfel-des, insbesondere in kundenkontaktintensiven Dienstleistungsbranchen, von hoher Relevanz ist (Gardini 2014, 2001; Bruhn 1998; Heskett et al. 1997). Die *Qualität der Mitarbeiter* in Relation zum Wettbewerb dient als Differenzierungsfaktor mit entsprechendem Positionie-rungspotenzial, während die Kompetenz, hochwertige Dienstleistungsqualität aus Kunden-sicht zu erbringen, im Zusammenhang mit den Fähigkeiten, Talenten und Qualifikationen eines Dienstleistungsanbieters zu sehen ist, mithin die Merkmale von Personen mit in die Betrachtung einzubeziehen sind (Specht 2007; Woratschek 2001a, S.266). Entsprechend werden die Mitarbeiter zunehmend zu einem strategischen Engpassfaktor, der in Zukunft über die Wettbewerbsfähigkeit von touristischen Unternehmen entscheiden wird. *„To gain a sustainable competitive advantage in an increasingly challenging business environment, innovation in human resource management is needed."* (Enz 2009, S.583). Dieser Beobach-tung folgend, muss das Management der Personalressourcen sehr viel stärker als in der Ver-gangenheit mit den verfolgten Unternehmenszielen, der Wettbewerbsstrategie und dem zugrundeliegenden Produkt-/Marktkonzept verzahnt werden (Enz 2009; Tracey/Nathan 2002). Hotelunternehmen können in ihrem Personalmanagement – in Analogie zu den gene-rischen Wettbewerbsstrategien nach Porter (Porter 1999) – zwei grundlegende Positionen einnehmen (siehe hierzu Gardini 2014 und die dort angegebene Literatur):

- **Kostenorientierung (Fokus: Realisierung von Kosten-/Preisvorteilen)**

Hierbei stehen Leistungsabbau, Automatisierung, Standardisierung im Vordergrund des personalpolitischen Konzeptes. Der Handlungsspielraum in Bezug auf Rationalisierungs-maßnahmen in personengebundenen und kundenkontaktintensiven Dienstleistungsumfeldern ist jedoch wesentlich geringer als in anderen Bereichen, da die Rationalisierungs- und Auto-matisierungspotenziale durch die Produkt-/Marktstrategie des Hotelunternehmens determiniert werden, sprich vom Ausmaß der angebotenen, persönlich erbrachten Dienstleistungen und der angestrebten Intensität der persönlichen Anbieter-/Nachfragerbeziehungen. Weitere Restriktionen ergeben sich durch die dienstleistungsimmanenten Grenzen der Standardisierung, wodurch der verstärkte Einsatz neuer Technologien nicht zwangsläufig Personaleinsparungen und/oder einen höheren Automatisierungsgrad zur Folge hat. Mit dieser Ausrichtung einher geht die verstärkte Beschäftigung von Teilzeitkräften, gering Qualifizierten, Studenten, Praktikanten und/oder flexiblen Saisonkräften. Das damit einhergehende Personalmanagement ist einem starken Kostendruck unterworfen, prozessual eher auf operative Aufgabenstellungen ausgerichtet und langfristige Investments in die Personalqualität werden als wenig sinnvoll erachtet.

- **Qualitätsorientierung (Fokus: Realisierung von Differenzierungsvorteilen)**

Hierbei werden die Mitarbeiter weniger als Kostenfaktor betrachtet, sondern als angebotspolitisches Differenzierungspotenzial, das als Schlüsselelement neben einer strikten Kundenorientierung von kardinaler Bedeutung für das erfolgreiche Bestehen im Wettbewerb ist. Das Personal wird somit zum strategischen Erfolgsfaktor und genießt demzufolge als strategischer Baustein im Rahmen eines wettbewerbsorientierten Personalmanagements oberste Managementpriorität. Im Fokus eines solchen wettbewerbsorientierten Personalmanagementansatzes steht die Gewinnung, Entwicklung und Bindung geeigneter, motivierter und kundenorientierter Mitarbeiter, deren Wissens-, Lern- und Bereitschaftspotentiale die Umsetzung qualitätsorientierter Wettbewerbsstrategien zu unterstützen in der Lage sind. Das damit einhergehende Personalmanagement ist eher strategisch orientiert, einem starken internen und externen Qualitätsanspruch unterworfen und auf langfristige Investments in die Personalqualität ausgerichtet.

Marketing- und wettbewerbsorientierte Personalstrategien erfordern entsprechend als Reflex realer, unternehmensbezogener Stärke und marktspezifischer Problemlösungskompetenz, eine frühzeitige Integration personalpolitischer Fragestellungen in grundlegende Gestaltungsprozesse der Organisations- und Unternehmensentwicklung. Die *Investition in Human-Ressourcen* muss daher integraler Bestandteil des Marketingbudgets in der Hotellerie werden und als solche auch von der Marketingabteilung verantwortet werden. Aufgabe der Marketingabteilung muss es hier sein, die kunden- und marktseitigen Anforderungen an das Kundenkontaktpersonal für die Personalabteilung in ein Pflichtenheft zu übersetzen und sich auch in erheblichem Maße in den Such-, Auswahl- und Entwicklungsprozessen auf Personalseite zu engagieren, um sicherzustellen, dass im Wettbewerb um die besten Mitarbeiter auch die Marketing- respektive die Markenpolitik Berücksichtigung findet (Gardini 2001). Dabei spielt es keine Rolle, ob es um hochqualifizierte Führungspositionen, das Küchenpersonal oder das Personal im unmittelbaren Kundenkontakt geht, sondern vor allem darum, Mitarbeiter zu finden, die 100% zur jeweiligen Wettbewerbsstrategie passen und sich mit den Marketingzielen und Markenwerten des Unternehmens identifizieren können. Die Marketingabteilung ist hier für absolute Konsequenz in den Personalauswahl- und Personalentwicklungsprozessen verantwortlich, denn fehlerhafte Personalentscheidungen sind nicht nur teuer, sondern führen auch zu empfindlichen Störungen im Kundenverhältnis. Dieser Tatbestand veranlasste manche Autoren der Dienstleistungsliteratur im Hinblick auf das Management von Dienstleistungsqualität zu der provozierenden These *„The customer comes second"* (Rosenbluth/McFerrin 1992). So polarisierend diese Formulierung auch sein mag, es bleibt dennoch festzuhalten, dass sich für Dienstleistungsbranchen wie die Hotellerie, deren Wettbewerbscharakter in weiten Teilen durch ein hohes Maß an zwischenmenschlicher Interaktion geprägt ist, der **Aufbau eines qualifizierten Mitarbeiterstammes**, der selbstständig und aktiv die Optimierung und fehlerfreie Ausübung seiner Arbeitsprozesse vorantreibt, **als** relativ **stabiler und dauerhafter Wettbewerbsvorteil** erweist, der von der Konkurrenz weder kurz- noch mittelfristig durch den Einsatz anderer Ressourcen kompensiert werden kann.

5.1.2   Internes Marketing und Employer Branding als personalwirtschaftliche Leitideen

Der internen Dimension der „Service Profit Chain" gerecht zu werden und geeignete Programme und Maßnahmen zur personalwirtschaftlichen Unterstützung der entwickelten Wettbewerbsstrategie zu entwickeln, wird seit geraumer Zeit in der Dienstleistungsliteratur im Zuge des Themenkomplexes des „Internen Marketing" intensiv diskutiert (Grönroos 1984; Ballantyne 1991; Stauss 1995a; Bruhn 2001a, Gleitsmann 2007). Internes Marketing wird definiert als *„die systematische Optimierung unternehmensinterner Prozesse mit Instrumenten des Marketing- und Personalmanagements, um durch eine konsequente Kunden- und Mitarbeiterorientierung das Marketing als interne Denkhaltung durchzusetzen, damit die marktgerichteten Unternehmensziele effizienter erreicht werden"* (Bruhn 2001a, S.709).

Als grundlegendes **Ziel eines internen Marketing-Management**-Ansatzes in der Hotellerie kann die **Gewinnung, Entwicklung und Bindung motivierter, kundenorientierter Mitarbeiter** formuliert werden, deren Fähigkeits-, Lern- und Bereitschaftspotenziale die Realisierung des strategischen Oberziels der Kundenzufriedenheit gewährleisten und damit die leistungs- und finanzwirtschaftlichen Ziele der Unternehmen nachhaltig unterstützen. Neben der Vermittlung eines Bewusstseins über die Marketing- und Qualitätsphilosophie/-kultur und der Profilierung als innovativer Arbeitgeber, betreffen die personal- und marketingpolitischen Subziele des internen Marketing in der Hotellerie im Wesentlichen die Gestaltungsfelder der Personalauswahl, der Personalaus- und -weiterbildung, der Entwicklung monetärer und nicht-monetärer Motivations- und Anreizsysteme, der Verbesserung der internen Kommunikation sowie die Schaffung identifikations- und motivationsfördernder Arbeitsstrukturen. Die strategie-, wert- und kundenorientierte Ausrichtung der Methoden eines internen Marketing basiert dabei auf der Hoffnung, über die Beeinflussung der Einstellungs- und Verhaltensmuster der Mitarbeiter zu einer **„Corporate Brand Quality"** zu gelangen und dem Unternehmen damit langfristig sowohl Effizienzpotenziale als auch Marktchancen durch personelle Ressourcenvorteile zu erschließen (Gardini 2001, S.44).

Leitidee des internen Marketing ist es, im Sinne einer ganzheitlichen Sicht des Marketing-Management, sowohl die internen als auch die externen Beziehungen unter dem Gesichtspunkt von Kompetenz und Kontinuität zu gestalten als auch die gesamte Kunden-Nutzen-Kette – insbesondere in ihren interaktiven Einzelelementen – im Sinne der Marketingziele und der Markenidentität zu orchestrieren. Eine gemeinsame Wertebasis auf der Grundlage eines qualitäts- und kundenorientierten Selbstverständnisses, das in einer entsprechenden Dienstleistungsphilosophie und -kultur innerhalb der Unternehmens- bzw. Markenidentität zum Ausdruck kommt, wirkt den Schwierigkeiten der Steuerung und Kontrolle der Qualität von Dienstleistungsinteraktionen entgegen, da sie den Mitarbeitern einen Bezugsrahmen liefert und auf diese Weise eine indirekte Kontrolle ausübt. Eine derartige Grundorientierung spiegelt sich auch in der Systemebene wider und gewährt den Unternehmensmitgliedern die notwendige Autonomie und Eigeninitiative, flexibel im Sinne der Unternehmensziele reagieren zu können und über das Interaktionsverhalten Vertrauenspotenzial und Beziehungsqualität aufzubauen. Eine bewusste Verhaltens- und Systemsteuerung, über eine ausgeprägte Dienstleistungsphilosophie-/kultur und Unternehmens- bzw. Markenidentität, verschafft den Mitarbeitern Orientierung in komplexen Entscheidungssituationen, reduziert Bürokratismus, Koordinationsbedarf und Konfliktpotenziale zwischen den Unternehmenseinheiten und erhöht dadurch die operative Flexibilität des Unternehmens. Gleichzeitig gewährleistet der Grundkonsens gemeinsam getragener Werte, Normen und Prinzipien im Rahmen einer systematisch betriebenen Servicemarkenpolitik die Integration und Koordination der verschiedenen organisatorischen Subsysteme des Unternehmens und trägt dadurch zur strategischen und kulturellen Harmonisierung der qualitativen und quantitativen Ziele des Markenmanagements bei. Die *Personalqualität eines Hotelunternehmens* gewinnt somit eine *strategische Bedeutung* und stellt daher eine tragende Säule der Entwicklung und Umsetzung eines erfolgreichen Marketingkonzeptes in der Hotellerie dar.

Abb.F.26: Bausteine des Internen Marketing
Quelle: In Anlehnung an Meffert/Bruhn 2009, S.363

Das vergleichsweise neue Konzept des *Employer Branding* (Trost 2009; Mrozeck 2009) greift den strategischen Kontext der Personalqualität auf und zielt darauf ab, eine aussagekräftige Arbeitgebermarke („employer brand") aufzubauen, die das Unternehmen als attraktiven Arbeitgeber für Mitarbeiter und Bewerber am relevanten Arbeitsmarkt positionieren soll. Die Deutsche Employer Branding Akademie definiert Employer Branding dabei als „ ... *identitätsbasierte, intern wie extern wirksame Entwicklung und Positionierung eines Unternehmens als glaubwürdiger und attraktiver Arbeitgeber. Kern des Employer Brandings ist immer eine die Unternehmensmarke spezifizierende oder adaptierende Arbeitgebermarken-*

strategie. Entwicklung, Umsetzung und Messung dieser Strategie zielen unmittelbar auf die nachhaltige Optimierung von Mitarbeitergewinnung, Mitarbeiterbindung, Leistungsbereitschaft und Unternehmenskultur sowie die Verbesserung des Unternehmensimages. Mittelbar steigert Employer Branding außerdem Geschäftsergebnis sowie Markenwert. " (DEBA 2014).

Ob man in der Lage ist, Mitarbeiter zu Erfolgsgrößen des Marketing zu entwickeln und ein attraktiver Arbeitgeber zu sein, ist dabei keine Frage der Unternehmensgröße, sondern eine Frage der strategischen Zielsetzung eines Hotelunternehmens mit Blick auf ein langfristig orientiertes Personalmanagement. Das dies nicht nur in der Kettenhotellerie, sondern auch in der klein- bzw. mittelständischen Hotellerie realisierbar ist, unterstreicht bspw. die Explorer Hotel Gruppe die 2012 zu den 100 besten Arbeitgebern im deutschen Mittelstand zählte und mit dem Top Job Award ausgezeichnet wurde. Ein weiteres Beispiel ist auch das Individualhotel Schindlerhof in Nürnberg, das an drei aufeinanderfolgenden Jahren im Great Place to Work-Ranking unter den besten Arbeitgebern aufgeführt wurde und sich nach eigenen Aussagen erlauben kann, sehr selektiv in der Personalauswahl zu sein und bislang keine Probleme sieht, die Mitarbeiter zu rekrutieren, die nach Ansicht des Unternehmens den größten Beitrag zur Unternehmensentwicklung leisten können (Kobjoll 2009).

Leitender Gedanke des Internen Marketing und des Employer Branding ist demzufolge die Ausrichtung an den strategischen Zielsetzungen des Unternehmens. Der Treiber der damit verbundenen Personal- und Organisationsentwicklungsprozesse ist eine klare unternehmerische Zielsetzung in Richtung Marketingexzellenz mit Blick auf den Aufbau und den Erhalt langfristiger Kundenbeziehungen. Markt- und Kundenorientierung dürfen sich nicht nur in der Konzeptionierung der Wettbewerbsstrategien widerspiegeln, sondern müssen darüber hinaus – getragen von einer starken und bewusst gestalteten Unternehmenskultur im Sinne des Employer Branding und des Internen Marketing – auch in den verschiedenen personellen Handlungsfeldern und Gestaltungsmaßnahmen der Unternehmen ihre Entsprechung finden, soll es Hotelunternehmen gelingen ihre Mitarbeiter zu einem Kernstück ihrer '*Unique Selling Proposition*' zu machen.

5.2   Personalwirtschaftliche Instrumente des Internen Marketing

5.2.1   Personalplanung und -beschaffung

Während die Bestimmung des quantitativen und zeitlichen Personalbedarfs eher ein allgemeingültiges Problemfeld der Personalpolitik in der Hotellerie darstellt und als solches an dieser Stelle nicht weiter diskutiert werden soll (hierzu Henschel et al. 2013, S.149ff.; Zegg 1995, S.115ff.), gewinnen die qualitativen Aspekte der Bedarfsermittlung im Zuge eines marketing- und qualitätsorientierten Personalmanagement in der Hotellerie an Bedeutung. Charakteristisch für die **Ermittlung des qualitativen Personalbedarfs** in der Hotellerie ist die Abhängigkeit von der jeweiligen Qualitätskategorie, der anvisierten Zielgruppe sowie der Art und des Umfangs des Leistungsangebotes des einzelnen Hotelunternehmens (Przybilski 1994, S.425). Darüber hinaus spielt auch die spezifische Unternehmensphilosophie und Unternehmenskultur eine wesentliche Rolle bei der Auswahl geeigneter Mitarbeiter, denn insbesondere auf der normativen Ebene gilt es im Auswahlverfahren sicherzustellen, dass zwischen dem potenziellen Bewerber und dem Unternehmen eine hinreichende Übereinstimmung bezüglich der jeweilig vorhandenen Wertesysteme erzielt wird. Es gilt, entsprechend solche Mitarbeiter einzustellen, deren Werte und Einstellungen zu denen des Unternehmens passen. Insofern spielt der *Mitarbeiter-Unternehmens-Fit* denn auch ein zentrale Rolle bei der Personalauswahl, ist er doch in der Folge in hohem Maße im Hinblick auf Aspekte wie Mitarbeiteridentifikation, Mitarbeitermotivation und Mitarbeitercommitment von Bedeutung. Je höher der wahrgenommene Fit zwischen Mitarbeiter und Unternehmen, desto stärker identifizieren sich Mitarbeiter mit dem Unternehmen und umso höher ist in der Regel auch deren Bindungs- und Leistungsbereitschaft (Esch et al. 2008, S.242f.).

Voraussetzung für die Auswahl geeigneter kunden- und serviceorientierter Mitarbeiter ist die Festlegung des unternehmensspezifischen Anforderungsniveaus der betreffenden Arbeitsplätze anhand der für ein qualitäts- und marketinggerechtes Verhalten notwendig erachteten Kriterien, ein Tatbestand, dem in der Hotellerie noch nicht genügend Beachtung geschenkt wird. Im Zuge der qualitativen Personalbedarfsermittlung sind daher die Anforderungsmerkmale einer Stelle zu analysieren und über ihre jeweiligen Ausprägungen in ein *stellenspezifisches Anforderungsprofil* zu überführen, das im Weiteren noch durch eine Kurzbeschreibung der *Aufgaben-, Verantwortungs- und Kompetenzbereiche* zu ergänzen ist (Abb.F.50). Die so gewonnene Stellenbeschreibung enthält alle aus der Dienstleistungsphilosophie und -vision abgeleiteten und für die Position notwendigen Eigenschafts- und Teamrollendimensionen, wodurch grundlegende Informationen sowohl für die Verfahren der Personalauswahl als auch für die spätere Planung des Personaleinsatzes zur Verfügung stehen.

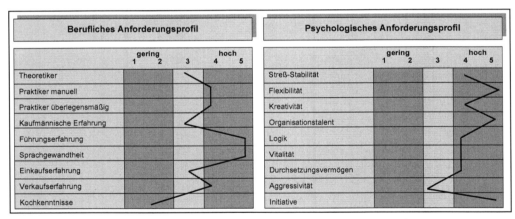

Abb.F.50:   Berufliche und psychologische Profile von Gästebetreuern in der Ferienhotellerie
               Quelle: Pryzibilski 1994

Die Literatur zur Arbeitsanalyse unterscheidet zwischen nicht-psychologischen, technisch-arbeitswissenschaftlichen und psychologisch-orientierten Verfahren, die mit Hilfe verschiedenster Instrumente wie Arbeitsdurchführungsanalysen, Beobachtung, Checklisten, Interviews etc., versuchen, zu einem detaillierten Bild der Arbeitsanforderungen und der Arbeitssituation zu gelangen (Berthel 2000, S.113ff.; Rosenbluth/Ferrin Peters 1992, S.58f.). Auch Stellenbeschreibungen, die von den Mitarbeitern der entsprechenden Abteilungen verfasst werden, sich an den Fähigkeiten und Eigenschaften besonders erfolgreicher Mitarbeiter dieser Abteilungen orientieren oder durch spezielle Fokus- bzw. Arbeitsgruppen arbeitsplatzbezogene Leistungsstandards und -profile entwerfen, können ebenfalls ein geeignetes Erfassungsraster der Soll-Anforderungen des Arbeitsplatzes darstellen.

Vor dem Hintergrund übergeordneter Marketing- und Qualitätsziele und dem daraus abgeleiteten quantitativen und qualitativen Personalbedarf besteht ein wesentlicher Schwerpunkt des Internen Marketing in einer **Einstellungspolitik**, die sich bereits bei der Rekrutierung neuer Mitarbeiter von den strategischen Anforderungen des zu implementierenden Marketingkonzeptes leiten lässt. Angesichts der Tatsache, dass sich ein Großteil unternehmensinterner Qualitätsprobleme und Schwierigkeiten in persönlichkeitsintensiven Dienstleistungsbranchen auf einen falschen Ansatz bei der Mitarbeiterauswahl zurückführen lässt, ist die grundlegende Zielsetzung einer marketing- und qualitätsorientierten Personalbeschaffung in der Auswahl und Verpflichtung kunden- und serviceorientierter Mitarbeiter zu sehen, die den komplexen Verhaltensanforderungen, denen sie im Rahmen von Kundenkontaktsituationen ausgesetzt sind, gerecht werden (Stauss 1995a, S.266). Die möglichen Konsequenzen einer inadäquaten und nicht ausreichend wettbewerbsorientierten Strategie der Personalauswahl lässt sich mit folgender Wirkungskette beschreiben: *„Ineffective selection increases the risks of misplaced and soon dissatisfied employees delivering inadequate services, damaging corporate image, possibly driving customers away and unnecessarily adding to business costs."* (Cran 1994, S.37).

Ein weiteres Ziel einer marketing- und qualitätsorientierten Personalbeschaffung ist die Reduktion der Kosten, die sich aus einem hohen Personalumschlag ergeben und im Wesentlichen durch Personalbeschaffungs- und -schulungsaktivitäten induziert sind. Die Marriott-Kette schätzt die Fluktuationskosten für jede neu zu besetzende Position im Kundenkontaktbereich (‚frontline staff') auf 1.100 US-$, was sich bei einer durchschnittlichen, jährlichen Fluktuationsrate von 60% auf dieser Mitarbeiterebene zu Kostenpositionen in Millionenhöhe aufsummiert (Henkoff 1994, S.54). Größenordnungen dieser Art finden sich denn auch in Untersuchungen zum Zusammenhang zwischen den **Kosten der Mitarbeiterfluktuation** und deren Auswirkungen auf die **Profitabilität von Hotelunternehmen** (Simons/Hinkins 2001). In Branchen mit traditionell hohen Fluktuationsraten, wie der Hotellerie ist ein häufiger Personalwechsel zwar nicht ausschließlich durch eine mangelhafte Einstellungspolitik bedingt, dennoch gilt in der Hotellerie, ebenso wie in anderen Branchen, die Grunderkenntnis: *„Choose wisely – the emotional and financial costs of turnover are high. Projects are put on hold, service is interrupted, training costs are lost, competitive information walks out the door, and a host of other ills results from turnover. You have to be sure you find the right people from the beginning."* (Rosenbluth/McFerrin Peters 1992, S.67).

*Die Freundlichkeit, Kreativität, Flexibilität, Leistungsbereitschaft und das Fachwissen der Mitarbeiter sind für den **Schindlerhof** in Nürnberg das Herzstück seines Wettbewerbserfolgs. Um das selbsterklärte Personalziel zu erreichen, das darin besteht, in allen Bereichen die besten und fähigsten MitunternehmerInnen der gesamten Branche zu beschäftigen, hat der Schindlerhof einen sog. Einstellungsfilter entwickelt, der folgende Prozessschritte enthält (Kobjoll 2009):*

• *Darstellung des Unternehmens und Einladung*
Potenzielle Bewerber erhalten zunächst ein Kurzportrait über das Unternehmen, welches Umsatzziele und betriebliche Kennzahlen enthält, einen persönlichen Einladungsbrief der

zukünftigen Führungskraft, die Spielkultur, aktuelle Presseberichte, ein Kurzportrait von Kurt Kobjoll, den Hausprospekt, den Mitarbeiterprospekt und das aktuelle Organigramm.

- *Vorstellungsgespräch*
Die Vorstellungsgespräche werden oftmals bewusst auf Sonn- und Feiertage gelegt.

- *Hausführung*
Nimmt der Bewerber die Einladung zu einem persönlichen Kennenlernen an, so erhält er vor Ort als Erstes eine ausführliche Hausführung vor und hinter den Kulissen (auch an alle Schandflecken des Hotels).

- *Partneranalyse*
Anschließend muss jeder Bewerber eine vom Schindlerhof entworfene Partner-Analyse ausfüllen, die Fragen stellt über seine Neigungen, seine Kenntnisse und seine Erwartungen. Diese Partneranalyse dient bei späteren Mitarbeiterorientierungsgesprächen als Grundlage für den individuellen Entwicklungsplan.

- *Persönliches Gespräch*
Nach Beendigung dieser schriftlichen Aufgabe kommt es zu einem persönlichen Vorstellungsgespräch mit der Unternehmensführung bzw. mit dem zuküftigen Abteilungsleiter.

- *Zweitägiges Probearbeiten*
Besteht anschließend noch Interesse an einer Zusammenarbeit, wird ein Termin für ein 2-tägiges Probearbeiten vereinbart. Während dieser zwei Tage haben Mitarbeiter und Abteilungsleiter die Möglichkeit, den Bewerber kennenzulernen und zu beurteilen. Gleichzeitig hat der Bewerber die Möglichkeit, seine zukünftige Arbeitsstelle und die an ihn gestellten Anforderungen kennenzulernen.

- *Grafologisches Gutachten*
Meist nur bei Einstellungen von Führungskräften.

- *Spielvertrag und Spielregeln*
Hat der Bewerber alle Schritte durchlaufen und besteht beiderseits weiterhin Einigkeit, so erhält der Arbeitnehmer seinen Spielvertrag (Arbeitsvertrag).

- *Lange Probezeit*

Der kundenorientierte Fokus des Marketing-Konzeptes erfordert in seiner hotelspezifischen Ausgestaltung und Umsetzung einen bestimmten Mitarbeitertypus, der mit einer strategiegerechten Werthaltung, grundsätzlichen Charaktereigenschaften und einer elementar dienstleistungsorientierten Arbeitsauffassung und -einstellung die vorgesehenen Aufgaben im Unternehmen wahrnimmt. Die Hotellerie befindet sich in dieser Beziehung in einer vergleichsweise günstigen Ausgangsposition, bringt doch die traditionelle Kunden- bzw. Gastorientiertheit des Hotelgewerbes es mit sich, *„dass in dieser Branche extravertierte Personen mit einem ausgeprägten Bedürfnis nach sozialem Kontakt sowie flexible Charaktere sehr häufig anzutreffen sind"* (Schwaninger 1985, S.41), ein Tatbestand, der in verschiedenen Untersuchungen zur Motivkonfiguration von Hotelmitarbeitern im Zuge der Berufswahl verifiziert werden konnte. In diesen Untersuchungen zu den Motiven der Berufswahl wird insbesondere der Umgang mit vielen Menschen als ein herausragender Grund für die Ausübung einer Tätigkeit im Hotelgewerbe genannt (Zegg 1995, S.52f.; Kissling 1993, S.94f.).

Zur **Beurteilung von Mitarbeiterpotenzialen** schlägt HOFFMANN daher – wie in Abb.F.51 dargestellt – ein Raster vor, das neben den Merkmalen des Leistungspotenzials (Ausbildung, Erfahrung, Fähigkeiten), auch die Merkmale des Persönlichkeitspotenzials erfasst, wie sie sich aus individuellen Eigenschaften und Einstellungen ergeben (Hoffmann 1989). Während **Eigenschaften** personentypische und sehr stabile Merkmale einer Person darstellen, die anlagebedingt bzw. durch die Integration vieler spezifischer Gewohnheiten Charakter und Wertesystem eines Menschen prägen, haben **Einstellungen** ein konkretes Bezugsobjekt und kennzeichnen die innere Disposition einer Person zur Auseinandersetzung mit dem jeweiligen Bezugsobjekt (z.B. Einstellungen zur Dienstleistungsqualität). Die Merkmale des Leistungspotenzials sind dagegen durch langfristig stabile Fähigkeiten charakterisiert, die zwar ebenfalls zu Teilen anlagebedingt sind, jedoch durch Schulung, konkrete Übung und Erfahrung weiterentwickelt werden können. Darüber hinaus gibt der spezifische Bildungs- und Berufsweg, neben Hinweisen auf die persönliche und soziale Entwicklung, auch Aufschluss über fachliche Grundlagen.

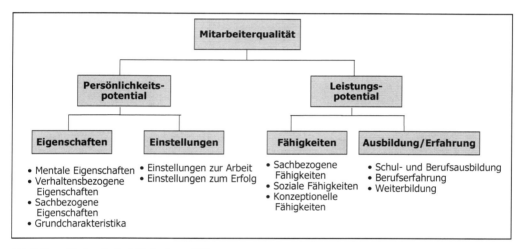

Abb.F.51:   Merkmale der Mitarbeiterqualität
             Quelle: Hoffmann 1989, S.411

Die Beurteilung von Mitarbeitern hinsichtlich ihrer Leistungsbereitschaft und ihrer Leistungsfähigkeit auf der Grundlage von Merkmalen ihres Persönlichkeits- und Leistungspotenzials ist jedoch aus folgenden Gründen problembehaftet (Hilb 2000, S.139):

- Die Potenzialdefinition ist nicht eindeutig.
- Die Multi-Dimensionalität des Potenzialbegriffs erschwert eine objektive Erfassung.
- Beurteiler sind ohne umfassende Schulung nicht in der Lage, das Potenzial einzuschätzen.
- Die Auswahl relevanter Indikatoren zur Potenzialermittlung genügt nicht wissenschaftlichen Kriterien.

Die Folge dieser methodisch-wissenschaftlichen Defizite ist, dass **Potenzialbeurteilungskonzepte** keinesfalls als wissenschaftlich abgesichertes und objektives Instrument des Personalmanagement betrachtet werden dürfen, sondern sich vor dem Hintergrund ihrer Subjektivität in ihrer Ausgestaltung primär an generellen unternehmensspezifischen und den daraus abgeleiteten personalwirtschaftlichen Zielsetzungen orientieren müssen. Die vor diesem Hintergrund erarbeiteten Arbeitsplatzanforderungen sind dann im Zuge der unterschiedlichen Personalauswahlmethoden (Gespräche, Tests, Simulationen, Assessment Center, Selbsteinschätzungsskalen usw.) umzusetzen und anzuwenden. Hierbei überrascht es, dass *„given the contemporary business focus on customer service and the recognition of the critical role of the front-line employees, more effort has not gone into the identification and assessment of service orientation prior to selection"* (Cran 1994, S.43).

Die Tatsache, dass spezielle **Methoden und Testverfahren zur Auswahl kundenorientierter und dienstleistungsstarker Mitarbeiter** weder besonders zahlreich zur Verfügung stehen noch einen hohen Anwendungsstand aufweisen, legt die Vermutung nahe, dass trotz vielfältiger Bekenntnisse zur Kundenorientierung und Dienstleistungsqualität die Kostenaspekte intensiver, persönlichkeits- und verhaltensorientierter Personalauswahlverfahren signifikant negativer beurteilt werden, als der entsprechende Nutzen effizienter Evaluierungsverfahren zur Gewinnung kundenorientierter Mitarbeiter mit ausgeprägter Dienstleistungsmentalität. Dies liegt augenscheinlich an einer Betrachtungsperspektive, die Mitarbeiter im front-line Bereich nach wie vor als *„a disposable resource rather than an economic resource"* (Henkoff 1994, S.54), einschätzt, so dass sich die Auswahl der Kundenkontaktmitarbeiter in den meisten Hotelunternehmen auf traditionelle und kostengünstige Verfahren, wie Sichtung der Bewerbungsunterlagen, einfach strukturierte Interviews oder relativ simple Wissenstests beschränkt.

Grundsätzlicher konzeptioneller Ansatzpunkt der Personalauswahl im Rahmen eines dienstleistungsspezifischen Qualitätskonzeptes sollten jedoch vielmehr Ausleseverfahren darstellen, die ihren Schwerpunkt weniger auf die sog. ‚hard skills' (Noten, Ausbildungsstätte, Berufs-/Branchenerfahrung etc.) legen, sondern Einstellungskriterien betonen, die auf den Arbeits- und Verhaltensanforderungen basieren, welche sich aus den jeweils definierten Qualitätsgrundsätzen und -standards ableiten lassen und dabei auf Eigenschaften, Einstellungen und Charakterzüge Wert legen, die sich für die Arbeit in den entsprechend vakanten Positionen als besonders wichtig erwiesen haben. So ist es bspw. in verschiedenen Aufgabenfeldern in der Hotellerie auch denkbar, branchenfremde Bewerber zu berücksichtigen, wenn sie über die erforderlichen Stärken in ihren Eigenschafts- und Einstellungsprofilen des Persönlichkeitspotenzials verfügen. Herb Kelleher, ehemaliger CEO von Southwest Airlines, bringt diese Einstellungspolitik in folgendem Zitat auf den Punkt: *„Hire on attitudes, train on skills."* Eine entscheidende Gestaltungsdimension der kunden- und serviceorientierten Bewerberauslese in Dienstleistungsunternehmen stellt daher die Ermittlung von konkretem früheren Arbeitsverhalten zur Abschätzung und Prognose des künftigen Verhaltens mit Hilfe von sog. **Verhaltenssimulationen** dar (Hilb 2000, S.74ff.; Nerdinger/Neumann 2008, S.222f.).

Auf Basis der für eine spezifische Stelle als notwendig erachteten Anforderungskriterien sind für jedes Kriterium oben genannte offene, konkrete und verhaltensbezogene Dreiecksfragen zu stellen. Dies sollte im Rahmen eines persönlichen Gespräches durch mehrere Interviewer (Personalverantwortlicher, zukünftiger Vorgesetzter, zukünftige Arbeitskollegen) geschehen, die den Bewerber getrennt voneinander befragen, wobei jedes Anforderungskriterium aus Objektivitätsgründen durch mindestens zwei Interviewer überprüft werden muss.

Beispiel für eine Situationsfrage im Bereich Kundenkontakt:
„Haben sie bereits in der Vergangenheit kritische Situationen mit unzufriedenen Kunden zu bewältigen gehabt? Beschreiben Sie uns die Situation. Wie haben Sie reagiert, bzw. wie haben Sie versucht, die Situation zu bewältigen? Welches konkrete Ergebnis hat Ihr Verhalten bewirkt? Konnten Sie die Situation zur Zufriedenheit des Kunden lösen? Wie hat der Kunde sich im Anschluss an diese Situation verhalten?"

Abb.F.52:   Das Verhaltensfragendreieck
             Quelle: Hilb 2000, S.74

Rollenspiele sind weitere simulationsorientierte Verfahren, mit dem sich das Verhalten von Bewerbern testen lässt. Hier nimmt gewöhnlich der Bewerber die Rolle eines Servicemitarbeiters ein, während erfahrene Mitarbeiter des Unternehmens die Rolle des Kunden übernehmen. Während des Rollenspiels muss der Bewerber schwierige Situationen mit Kunden bewältigen und wird dabei, entlang vorab festgelegter Dimensionen, beobachtet und beurteilt. Allgemein haben simulationsorientierte Verfahren jedoch den Nachteil, dass sich trotz Standardisierung der Anweisungen, der Situation und der Beobachtungskriterien, die Vergleichbarkeit des Bewerberverhaltens schwierig gestalten kann. Dies ergibt sich aus dem dynamischen Verlauf des Verfahrens. Als vorteilhaft erweist sich hingegen die Tatsache, dass simulationsorientierte Verfahren im Gegensatz zu Persönlichkeitstest, von Bewerbern als fair erlebt werden, da sie einen unmittelbaren Bezug zur Tätigkeit haben (Nerdinger/Neumann 2008, S.222f.).

Neben arbeitsplatzbezogenen Verhaltensindikatoren sollte versucht werden, entweder im Rahmen von allgemein gehaltenen, offenen Diskussionen oder mit Hilfe von strukturierten Fragebögen weitere Informationen über die Persönlichkeitsstruktur des Bewerbers zu gewinnen, wie dies in **biographischen Verfahren**, wie zum Beispiel dem *„Central Life Interest Inventory"* (Fromm/Schlesinger 1993, S.21f.) vorgesehen ist. Biographische Verfahren gehen ebenfalls von der Hypothese aus, dass das Verhalten in der Vergangenheit bzw. der bisherige Lebens- und Berufsweg eines Bewerbers ein guter Indikator für das zukünftige Verhalten darstellt und fragen daher individuelle Werthaltungen, Überzeugungen, Meinungen zu bestimmten Themenfeldern ab (z.B. die Einstellung zu Mitgliedschaften in Clubs oder formalen Organisationen, die Einschätzung der Bedeutsamkeit von intensiven, persönlichen Beziehungen, Hobbies usw.), um derart – über den ersten subjektiven Eindruck des/der Interviewer hinausgehende – zu objektivierenden Strukturmerkmalen der Bewerberpersönlichkeit zu gelangen. Darüber hinaus können auch spezielle Rollenvorbilder oder Erfahrungswerte des Bewerbers zu eigenen Erlebnissen, bspw. als Kunde eines Hotels, berufsrelevante Verhaltens- und Einstellungsmuster widerspiegeln, da die individuelle Bewertung persönlich erlebter Dienstleistungsinteraktionen Rückschlüsse auf grundsätzliche Auffassungen von Dienstleistungsqualität und Dienstleistungsmentalität erlaubt. Problematisch bei der Betonung persönlichkeits- oder verhaltensorientierter Elemente der Personalauswahl bleibt die Beurteilung und Bewertung durch den Entscheider, da die auf obige Weise gewonnenen Informationen in der Regel nur unzureichend mit den Leistungsanforderungen des Arbeitsplatzes gekoppelt werden können, die Ergebnisse unspezifisch zumeist multiplen Anforderungskriterien zugeordnet werden können und somit die subjektive Gewichtung und Verdichtung der Informationen durch den Beurteiler ein besonderes Gewicht erlangt. Nichtsdestoweniger zählen biographische Fragebögen neben Assessmentcentern zu den validesten eignungsdiagnostischen Verfahren (Berthel 2000, S.154f).

Telefoninterviews, EDV-gestützte Interviews, Online-Assessments, die als standardisierte, persönliche oder computergestützte Befragungen zur Beurteilung und Vorhersage beruflich relevanter biografischer und pyschologischer Variablen auf Basis stellenspezifischer Anforderungsprofile durchgeführt werden, sind zwar ebenfalls denkbare und darüber hinaus auch kostengünstigere Gestaltungsalternativen, es sollte ihnen jedoch insbesondere in der Hotellerie, wo zwischenmenschliche Umgangsformen, sprachlicher Ausdruck und äußere Erscheinung bewertungsrelevante Anforderungskriterien darstellen, nur die Aufgabe der Vorselektion zukommen. Diese Eigenschaften und Verhaltensweisen können mit Hilfe von ***videogestützten Testverfahren*** überprüft werden, bei denen Bewerber simulierten, stellenbezogenen Dienstleistungssituationen ausgesetzt und über die videotechnische Erfassung des gezeigten Arbeits- und Sozialverhaltens einer Bewertung unterzogen werden (Jones/Decotiis 1988, S.311ff.; Berry 1996, S.201f., Nerdinger/Neumann 2008, S.221f.). Diese Form der videogestützten Personalauswahl ist zwar relativ aufwändig, hat sich aber für verschiedenste Arbeitsplatz- und Anforderungsprofile in der Hotellerie als sehr valides Instrument der Berufserfolgsprognose erwiesen und stellt, insbesondere in kontaktintensiven Dienstleistungsbranchen, eine sinnvolle Ergänzung klassischer Personalauswahlverfahren dar.

> *Sobald eine Bewerbung auf Interesse gestoßen ist, wird telefonisch bei **Ritz-Carlton** ein sogenannter Quality Selection Process (QSP), ein Telefoninterview, durchgeführt, in dem durch einen Fragenkatalog Punkte und charakterliche Eigenschaften herausgefunden werden, die von äußerster Wichtigkeit für das Unternehmen sind. Nach bestandenem Telefoninterview erfolgt das persönliche Gespräch, welches durch zwei bis vier Instanzen läuft. Die Einstellung wird erst dann vorgenommen, nachdem alle Interviews geführt wurden. Dieser aufwändige Entscheidungsprozess gewährt eine ideale Ausgangsbasis für ein respektvolles, teamorientiertes Arbeiten miteinander (Junger 2004, S.356).*

Eine mögliche ***Beteiligung betroffener Mitarbeiter bei der Personalauswahl*** fußt auf dem Grundgedanken, dass sich durch eine derartige Mitarbeiterpartizipation die Prognosequalität des späteren Berufserfolges des Bewerbers erhöht, da im Auswahlverfahren sowohl die konkreten Arbeitsplatzanforderungen als auch Persönlichkeitsmerkmale des Bewerbers im Hinblick auf den ‚*human fit*‘ mit zukünftigen Arbeitskollegen größere Beachtung finden. Darüber hinaus bindet die Mitwirkung alteingesessener Mitarbeiter am Auswahlprozess, diese im Anschluss verstärkt in die Verantwortung für den erfolgreichen Verlauf des Eingliederungsprozesses neuer Kollegen ein (Berthel 2000, S.190). Einen ähnlichen Ansatz verfolgt die **Beteiligung von Kunden bei der Personalauswahl**, wo über die Integration von Stammkunden eine Kundenorientierung auch über den Auswahlprozess sichergestellt werden soll.

> *"**Disney World** allows its best employees, its star 'cast members', to pick future employees. Disney gives cast members who will be used in the selection process three weeks of training. They are then turned loose in a forty-five-minute interview session to select potenzial new employees. James Poisant, a former manager at Disney World, explains that employees choose employees who mirror their own values. 'In 45 minutes the cast members pick up on who's fooling and who's genuine.'"(Kotler et al. 2006, S.36.)*

Für die Hotellerie ergeben sich bei der Ausgestaltung der Instrumente der Personalauswahl Differenzierungen, die aus den unterschiedlichen Tätigkeitsprofilen in Back- bzw. Front-Office Bereichen resultieren. Für kundenkontaktintensive Bereiche des Hotelunternehmens ist bspw. eine verstärkte Akzentuierung der Anforderungsmerkmale des Persönlichkeitspotenzials angezeigt, so dass Auswahlverfahren ihren Evaluierungsschwerpunkt auf diesbezüglich erforderliche Eigenschafts- und Einstellungsausprägungen, wie zum Beispiel Hilfsbereitschaft, Initiative, Motivation oder eine positive Ausstrahlung, legen sollten. Nichtsdestoweniger sind in der Hotellerie generell bei der Konzeptionierung der Auswahlverfahren, Prüfungskriterien, wie Teamorientierung oder Kommunikationsfähigkeit, zu betonen, die Aussagen über soziale und personale Kompetenzen potenzieller Mitarbeiter ermöglichen. Die Verfahren der Personalauswahl sind dabei in Abhängigkeit von den Inhalten und Anforderungen der zu besetzenden Position und ihrer hierarchischen Verankerung zu intensivieren und instrumentell auszugestalten. So sind Auswahlverfahren für Führungs- und Nachwuchsführungskräfte, wie **Assessment Center**, aufgrund ihrer Funktion als Transmissionsriemen bei der Umsetzung strategischer Programme sehr viel umfassender, gründlicher und tiefergehender anzulegen als bei Positionen ohne Führungsverantwortung.

Eine bislang unterschätzte Komponente der Personalpolitik in der Hotellerie stellt die Phase nach Abschluss des Auswahlprozesses dar und betrifft die systematische Einbindung neuer Mitarbeiter in das Unternehmens- und Arbeitsumfeld über entsprechend bewusst gestaltete Integrations- und Sozialisierungsmechanismen. Entsprechende **Maßnahmen der Personaleinführung** haben dabei einen Beziehungs- und einen Inhaltsaspekt (Hilb 2000, S.69.). Zum einen sollen neue Mitarbeiter sich möglichst schnell in das Beziehungsgefüge der Arbeitsgruppe und des Unternehmens integrieren und wohlfühlen (*Beziehungsaspekt*). Zum anderen sollen neue Mitarbeiter Unternehmensvision, -kultur, -struktur und -geschichte sowie Leistungen und Märkte des Unternehmens möglichst umfassend kennenlernen und sich damit identifizieren (*Inhaltsaspekt*). Einführungsseminare, Workshops, Vorträge, Patensysteme oder das Coaching neuer Mitarbeiter können dabei die mit dem Eintritt in ein neues fachliches und soziales Umfeld verbundenen Anpassungs- und Orientierungsschwierigkeiten reduzieren und darüber hinaus auch die Erwartungen des Unternehmens bezüglich des gewünschten Mitarbeiterverhaltens kommunizieren und somit vor Arbeitsantritt zu einer klaren Definition der zukünftigen Rolle des Mitarbeiters im Unternehmen beitragen. Die Gewinnung kunden- und qualitätsorientierter Mitarbeiter als Oberziel des marketing- und qualitätsorientierten Personalmanagement, sollte erst nach der Durchführung umfassender Maßnahmen der Personaleinführung und der erfolgreichen Integration neuer Mitarbeiter als abgeschlossen gelten.

- *Sobald ein **Ritz-Carlton-Hotel** eröffnet ist, fungieren der Schulungsmanager und der Generaldirektor zwei Tage lang als Orientierungsteam, um persönlich die Goldenen Ritz-Carlton-Standards (Motto, Credo, Drei Stufen der Dienstleistung, 20 Grundsätze) sowie die Ritz-Carlton-Methoden zu vermitteln und diese Werte den neuen Mitarbeitern näherzubringen. Dabei leitet auch Ritz-Carlton Präsident Horst H. Schulze bei jeder Eröffnung persönlich ein solches Orientierungsseminar, an dem alle, vom Generaldirektor bis zur Hausdame, teilnehmen. Das Orientierungsteam tritt nach 3 Wochen erneut zusammen, um die Wirksamkeit der Schulung zu überprüfen und, wenn notwendig, Verbesserungen in die Wege zu leiten. Erst wenn die Goldenen Standards erlernt und internalisiert sind, wird der Mitarbeiter als eine Dame oder Herr von Ritz Carlton angesehen und in den Kundenkontakt entlassen (o.V. 1999).*
- *Die **Marriott-Kette** sieht für ihre neuen Mitarbeiter ein 90-tägiges Einführungsprogramm vor, das neben einem Mentor als Ansprechpartner ('buddy'), umfassende Schulungen vorsieht und jeweils am ersten und letzten Tag des Einführungsprogramms ein Festessen für die neuen Mitarbeiter einschließt, bei dem Führungskräfte und Stammbelegschaft den Service bestreiten (Henkoff 1994, S.55).*
- ***Mövenpick** hat einen 1,5-tägigen Einführungskurs für neue Mitarbeiter entwickelt, in dem sowohl der Beherbergungsbereich (Mövenpick) als auch der Gastronomiebereich (Mövenpick Marché) vorgestellt wird (Historie, Betriebe, Produkte, Institutionen, Philosophie Mövenpick, Philosophie Marché) (Hentschel 2008, S.229).*

5.2.2   Personalentwicklung

In einer Branche, die aus verschiedenen Gründen durch eine hohe Fluktuationsrate gekennzeichnet ist, ist das Niveau der Investitionen in eine gezielte mittel- bis langfristige Personalentwicklung und -weiterbildung des Mitarbeiter-Know-hows zur Stabilisierung bzw. Weiterentwicklung des Qualitätsniveaus der Arbeitsleistung im Vergleich zu den Bildungsinvestitionen anderer Branchen eher als unterdurchschnittlich zu bezeichnen (Gardini 1997, S.298f.). Unter der Personalentwicklung werden sämtliche Maßnahmen subsummiert, die der Veränderung von Persönlichkeitsmerkmalen dienen mit dem Ziel, eine effizientere Verwirklichung der Unternehmensziele zu ermöglichen (Weiss 1997, S.133; Berthel 2000, S.223f.). Hierunter fallen:

- kognitive Persönlichkeitsmerkmale der Mitarbeiter (z.B. Kenntnisse, Fähigkeiten)
- affektive Persönlichkeitsmerkmale der Mitarbeiter (z.B. Einstellungen, Motivation)
- konative Persönlichkeitsmerkmale der Mitarbeiter (z.B. kunden- oder teamorientiertes, Verhalten)

Angesichts der Interaktionsintensität der Hotelleistungen, ist ein besonderer Gestaltungschwerpunkt des Internen Marketing die bewusste qualitätsorientierte Verhaltens- und Systemsteuerung der Kunde-/Mitarbeiterinteraktionssituation als einer entscheidenden Wettbewerbsdimension persönlichkeitsintensiver Dienstleistungsunternehmen. Für Hotelunternehmen, deren sehr heterogene Leistungsstrukturen sich im Hinblick auf die ***Intensität des***

Kundenkontaktes auf einem Kontinuum zwischen ‚*high contact*' und ‚*low contact*' abbilden lässt, hat dies entsprechende Konsequenzen für ein marketingorientiertes Personalmanagement. Low- und High-contact-Dienstleistungstransaktionen unterscheiden sich wesentlich in Bezug auf die Qualitätsmerkmale, die sie erfüllen müssen. Während bei Low-contact-Dienstleistungstransaktionen (z.B. Etage, Küche, Verwaltung) Qualität im Wesentlichen die Erfüllung von Anforderungen mit festgelegten Kriterien und dementsprechend geringeren Ansprüchen an die Personalqualität bedeutet, geht es bei High-contact-Dienstleistungstransaktionen (z.B. Rezeption, Bar, Restaurant) um die Befriedigung höherwertiger Bedürfnisse der Kunden und, daraus folgend, erheblich höheren Anforderungen an das Leistungspotenzial der Mitarbeiter (Gardini 1995, S.283f.).

Auf dem Wege zu einem marktorientierten Unternehmen sind entsprechende ***Personalschulungskonzepte*** zu entwickeln, denn ohne intensive Qualitätstrainings und Qualifizierungsmaßnahmen läuft die Einführung und Umsetzung eines Marketingkonzeptes in Gefahr, im Ansatz stecken zu bleiben. Im Idealfall sollte jeder Mitarbeiter ein umfassendes Qualitäts- und Verhaltenstraining erhalten, wobei die Schulungen mit der Unternehmensleitung und der obersten Managementebene beginnen und sich dann von oben nach unten weitervermitteln. Ein bedarfsgerechtes Schulungskonzept im Sinne der internen Absicherung des externen Marketing muss auf den verschiedenen hierarchischen Ebenen (oberste, mittlere, untere Führungsebene, übrige Mitarbeiter) differenzierte Schulungsinhalte vermitteln, um dem jeweiligen Wissenstand und der jeweiligen Rolle der Organisationsmitglieder während der Umsetzung des Marketingkonzepts gerecht zu werden. Während die Lehrinhalte bei Führungskräfteschulungen die Grundlagen dienstleistungsorientierter Führung und des praktizierten Qualitätsmanagement betonen sowie die Steigerung der Führungskompetenz durch die Vermittlung von Kommunikations- und Verhaltensfertigkeiten anstreben, liegen die Schulungsschwerpunkte für die Mitarbeiter auf der ausführenden Ebene auf der aufgabenbezogenen, fachlichen Weiterbildung zur Bewältigung alltäglicher Probleme der betrieblichen Arbeitssituation (Becker/Günther 2001, S.770ff.). Personalschulungsmaßnahmen müssen insbesondere zeigen, *„how such techniques can be applied back in the employee's work environment"*. (Walley/Kowalski 1992, S.30). Angesichts der Bedeutung sozio-emotionaler Wirkungskomponenten der Dienstleistungstransaktion bei der Qualitätswahrnehmung und -beurteilung durch den Kunden sind die Qualifizierungsmaßnahmen in der Hotellerie an dem übergeordneten Ziel der Kundenzufriedenheit auszurichten und die Schwerpunkte der Aus- und Weiterbildungsprogramme auf das Persönlichkeitspotenzial der Mitarbeiter zu legen. Das Hotelpersonal ist demzufolge Einstellungs- und Verhaltensschulungen zu unterziehen, die ihm die notwendige psycho-soziale Kompetenz vermitteln können und dies verstärkt, umso mehr die Qualität des Leistungsoutputs des Einzelnen von den zwischenmenschlichen Prozessen im Rahmen der Kontaktsituation abhängig ist. SCHULZE nennt in diesem Zusammenhang, *„Fähigkeiten, wie die Reflexion des interaktiven Geschehens, Eigeninitiative, Selbstsicherheit, Teamfähigkeit, mitmenschliche Sensibilität, Flexibilität, Mündigkeit, Konfliktfähigkeit sowie die Befähigung zur Konfliktanalyse und der Bewältigung konfliktbedingter Krisensituationen sowohl auf innerpychischer Ebene wie auch auf der Ebene der sozialen Interaktion"* (Schulze 1995, S.317) als Bestandteile psycho-sozialer Kompetenz, mittels derer vorhandene fachliche Befähigungen verstärkt und in Folge positiv zum Kunden transportiert werden können.

Die besondere Bedeutung der Kundenkontaktsituation/-interaktion in der Hotellerie und die Vielfalt, Spezifität und Heterogenität von Hotelleistungen zwingt den Mitarbeiter vor Ort zum Denken in Systemzusammenhängen. Die geringe Strukturierbarkeit und Standardisier-barkeit der Interaktionssituation erfordert daher in persönlichkeitsintensiven Dienstleistungs-unternehmen Schulungskonzepte, die dem Wandel der fachbezogenen hin zur prozess- und verhaltensorientierten Ausbildung Rechnung tragen und eine *„... Qualifizierung zum Lernen und Handeln in Ungewißheit ..."* (Schwarz 1994, S.125) ermöglichen. Dies negiert dabei nicht die Notwendigkeit, darüber hinaus Spezialqualifikationen weiter auszubilden. Zentrales Qualifizierungsziel, sowohl für die Aus- als auch für die Weiterbildung, muss jedoch *die Förderung bzw. Stärkung der Interaktionsfähigkeit und Verhaltenssensibilisierung* sein, die, verbunden mit einer technik- und organisationsbezogenen Analysefähigkeit, die Mitar-beiter in die Lage versetzt, die Analyseergebnisse in ihrem unmittelbaren Arbeitsumfeld in situationsgemäße und praktische Entscheidungen umsetzen zu können. Schulungskonzepte und -programme zur Verhaltensänderung der Mitarbeiter implizieren dabei im Gegensatz zu Schulungsmaßnahmen mit kurzfristigen Impulsen, wie bspw. der Anpassungsqualifikation bzw. der Erweiterung fachspezifischen Wissens, einen langfristigen Lernprozess, der über folgende Stufen verläuft (Schulze 1995, S.327ff.):

- Einsicht und Bewusstseinsveränderung durch Sensibilisierung in Bezug auf die Erwartungen, An-sprüche und Wünsche der Kunden,
- Lernen von psychologischen Verhaltensweisen für den Umgang mit Kunden,
- Selbstmotivation durch Selbstbeobachtung, Selbsterfahrung und Erfolgserlebnisse mit den neuen Verhaltensweisen im Arbeitsalltag,
- regelmäßige Impulse zur schrittweisen Verhaltensänderung durch Gruppengespräche,
- ständige Anregung zur regelmäßigen Anwendung des Gelernten durch das Vorbild des Vorgesetz-ten.

Wesentliche *Gestaltungsbausteine eines verhaltensorientierten Schulungsprogramms* zur verbesserten Gestaltung sozialer Interaktionen sind der Aufbau bzw. Ausbau von Gesprächs- und Verhandlungsfertigkeiten durch Gesprächssimulationen, Rollenspiele und Gesprächs-techniken, die Konfliktbehandlung und -vermeidung, gruppendynamische Trainingsformen sowie die Vermittlung elementarer Grundlagen interpersoneller Kommunikation. Während der Entwicklungsphase eines solchen Schulungsprogramms ist es, mit Blick auf eine größere Praxisnähe und vermehrte Akzeptanz späterer Schulungsmaßnahmen sinnvoll, die inhaltliche Konzeption durch eine übergreifende Projektgruppe zu erstellen oder, im Falle eines exter-nen Schulungsanbieters, frühzeitig Führungskräfte, Mitarbeiter und Personalentwickler in die Konzeptentwicklung mit einzubeziehen. Vor der endgültigen Realisierung eines umfassen-den, unternehmensweiten Qualitätsschulungsprogramms sollten Pilotseminare durchgeführt werden, um inhaltliche und methodische Schwächen aufzudecken und die Praxisrelevanz des Programms zu gewährleisten. Die Vielzahl der Instrumente kann – wie in Abb.F.53 darge-stellt – nach dem Tätigkeitsbezug der Maßnahme und der Kontinuität des Einsatzes klassifi-ziert werden (Wöhler 1998, S.26ff.; Becker/Günther 2001, S.774f.):

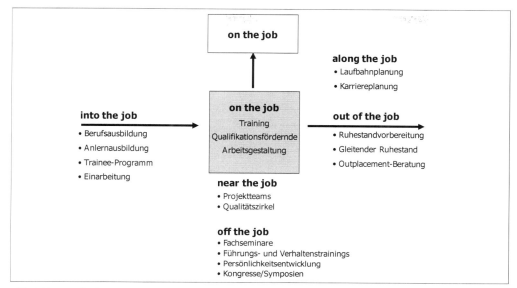

Abb.F.53:   Maßnahmen der Personalentwicklung

Qualitätsschulungen, Verhaltenstrainings und anderweitige Maßnahmen der Mitarbeiterqualifizierung sind keine statischen Größen der Personalentwicklung, sondern sind der Dynamik der Kunden-/Marktanforderungen anzupassen. Neben der Vermittlung grundsätzlicher Kenntnisse des Service- und Qualitätsmanagement, bleibt für Hotelunternehmen, aufgrund ihrer Abhängigkeit vom Verlauf der Interaktionsmomente zwischen Kontaktpersonal und Kunden, die Stärkung der psycho-sozialen Kompetenzen der Mitarbeiter über Prozesse des sozialen Lernens eine grundlegende Aufgabe der Personalentwicklung und ein elementarer Bestandteil der Qualitätssicherung innerhalb der Marketingkonzeption.

Ritz-Carlton betreibt einen erheblichen Schulungsaufwand und lässt alle ihre Mitarbeiter über 100 Stunden in Qualitätsbelangen schulen, um auf dieser Basis den Gedanken der Dienstleistungsverpflichtung zu erfassen, Probleme lösen zu können, strategische Qualitätspläne aufzustellen sowie neue Ideen zu entwickeln. Nach Einführungs- und Orientierungsseminaren direkt nach der Einstellung durchlaufen die Mitarbeiter im Weiteren eine umfassende arbeitsplatzgebundene Schulung, in der sie die Aufgaben der jeweiligen Position beherrschen lernen. Am Ende der Schulung muss jeder Mitarbeiter einen schriftlichen und praktischen Test bestehen, um ,zertifiziert' zu werden. Die jeweiligen Abteilungsteams legen die Qualitäts- bzw. Zertifizierungsstandards für jede Position fest. Darüber hinaus findet täglich, in jeder Abteilung und während jeder Schicht, ein Qualitätstreffen der Mitarbeiter im Rahmen einer Besprechung statt (line-ups). Während dieser Besprechungen erfahren die Mitarbeiter, wie sie ein ,zertifizierter' Qualitätsfachmann (quality engineer) werden können. Anhand von Beispielen über Fehler (Mistakes), Nachbesserungen (Rework), Pannen (Breakdowns), Unzulänglichkeiten (Inefficiencies) und Abweichungen (Variations) lernen die Mitarbeiter die ressourcenverschwendenden Problembereiche in ihrem Arbeitsbereich kennen. Visualisiert und kommuniziert werden diese Probleme mittels einer bösartigen Comic-Figur mit dem Namen Mr.BIV – ein Akronym für die o.g. Problembereiche (Ritz Carlton 1992).

5.2.3   Anreizsysteme

Von besonderer Bedeutung für die Umsetzung und die Akzeptanz der Marketing- und Qualitätsanstrengungen des Hotelmanagement ist die Schaffung von Leistungsanreizen für die
Mitarbeiter (Gardini 1997, S.221ff.). *Anreiz- und Belohnungssysteme* sind nach BLEICHER
grundsätzlich *nach dem zu gratifizierenden Verhalten* (individuelle oder kollektive Gratifikation, Gratifikation kurzfristigen oder langfristigen Verhaltens) und *nach der Art der ein-
zusetzenden Gratifikationsinstrumente* (materielle/immaterielle Anreize, fixierte Vorgaben
oder bedingte Wahlmöglichkeiten im Sinne des ‚*Cafeteria-Prinzips*‘, pauschalierte, erfolg-
sunabhängige oder direkt erfolgsabhängige Gratifikationen) zu gestalten (Berthel 2000,
S.404ff.; Bleicher 1985, S.21ff.).

Bezugsobjekt der Gratifikation \ Art der Gratifikation	materiell	immateriell
Individuum	• Qualitätsbezogene Gehaltsbestandteile • Kundenzufriedenheitsbezogene Gehaltsbestandteile • Boni und Prämien für konkrete Einzelleistungen • Incentives wie Urlaubsreisen, Geschäftswagen etc. • Gewinnbeteiligungen • Kapitalbeteiligung durch Aktien • ...	• Größere Büros; Firmenparkplätze • Einladungen zu offiziellen Preisverleihungen, Festen, Essen mit dem Top-Management etc. • Qualitätsauszeichnungen, wie Mitarbeiter des Monats, Urkunden, Ehrennadeln etc. • Persönliche Dankschreiben • Mitgliedschaft in speziellen Clubs, wie Top-Verkäufer u.ä. • ...
Kollektiv	• Qualitätsbezogene Gehaltsbestandteile • Kundenzufriedenheitsbezogene Gehaltsbestandteile • Boni und Prämien für konkrete Gruppenleistungen • Gewinnbeteiligungen • ...	• Einladungen zu offiziellen Preisverleihungen, Festen, Essen mit dem Top-Management etc. • Qualitätsauszeichnungen, wie Abteilung des Monats, Urkunden, Ehrennadeln etc. • Persönliche Dankschreiben • Mitgliedschaft in speziellen Clubs • ...

Abb.F.54:   Individuelle und kollektive Anreizsysteme

Qualitätsbezogene Prämien, die aufgrund von Verbesserungsvorschlägen ausgezahlt werden,
die Auslobung von Qualitätspreisen für bestimmte Abteilungen, Teams, einzelne Mitarbeiter
oder die Koppelung bestimmter Gehaltsbestandteile an die Kundenzufriedenheit, sind Alternativen individueller bzw. kollektiver monetärer Anreizgestaltung. Nicht-monetäre bzw.
immaterielle Anreize können in Karrieremöglichkeiten, Statussymbolen (Firmenparkplatz,
Bürogröße/-lage), Mitgliedschaften in speziellen Erfolgsclubs (Top-Verkäufer u.Ä.) und
anderen vielfältigen Anerkennungsmechanismen überdurchschnittlicher Leistungen bestehen
(Abb.F.54). Weitergehende Ansätze sehen Gewinn- und Kapitalbeteiligungen der Mitarbeiter
zur Entwicklung unternehmerischen Denkens und Handelns und zur Förderung von Eigeninitiative und Kreativität vor. Die nachfolgend skizzierten Beispiele aus der Hotelpraxis
zeigen die Unterschiede der Gestaltungsalternativen qualitätsbezogener Anreiz- und Belohnungssysteme auf und verdeutlichen gleichzeitig den strikten Bezug zur Kundenzufriedenheit und Dienstleistungsqualität als maßgebliche Stellgrößen individueller bzw. kollektiver
Gehaltszuwendungen.

Ritz Carlton vergibt insgesamt 39 unterschiedliche Preise an Mitarbeiter für hervorragen-de Leistungen in den verschiedensten Bereichen. Die Leistungsbeurteilungen beruhen dabei auf den Erwartungen, die während des Orientierungs-, Schulungs- und Zertifizie-rungsprozesses erläutert wurden. Mitarbeiter, die regelmäßig die Leistungsstandards er-füllen, werden mündlich und schriftlich gelobt. Spitzenangestellte werden in das begehrte „Hotel Star-Up Team" aufgenommen. Preise für Teams umfassen u.a. ein Bonussystem für vorgeschlagene Problemlösungen, sofern sie erfolgreich umgesetzt worden sind und sich als effizient erweisen. Weiterhin partizipieren die Mitarbeiter über das Gratifikationssys-tem (Trinkgelder) – ein unmittelbares Qualitäts- und Produktivitätsförderprogramm – am Ergebnis. Dieses System der Trinkgelder ist zielgerichtet so auf die Serviceziele abge-stimmt, dass sich die Leistungen der Mitarbeiter in Bezug auf diese Ziele verbessern (Ritz Carlton 1992).

*Bei **Fairfield Inn**, einer Hotelmarke der Marriott-Kette, werden die Gäste bei der Abreise gebeten, mittels einer 15 Sekunden in Anspruch nehmenden Computeranwendung namens ‚Scorecard', ihre Meinung zur Sauberkeit ihrer Zimmer, dem Niveau der Gastlichkeit während ihres Aufenthaltes und ihren Gesamteindruckes abzugeben. Anhand der Daten über Zimmer, Ankunft und Abreise ergeben die Beurteilungen der Gäste ein tägliches, je-dem Mitarbeiter zuordnungsfähiges, Feed-Back. Jedes Inn stellt diese Daten wöchentlich zusammen und sendet sie einmal im Monat zur Zentrale, wo sie in eine vierteljährliche Leistungsrückschau jedes Mitarbeiters einfließt. Daraus ergibt sich bei entsprechenden Leistungen eine Vierteljahresprämie, die sich zur Hälfte aus der persönlichen und zur Hälfte aus der Leistung des gesamten Personals zusammensetzt, wodurch über den Grup-pendruck ein gewisser Zwang zu guten Einzelleistungen sichergestellt wird. Durch dieses Anreizsystem können die Mitarbeiter der Fairfield Inns ihr Gehalt bis zu 10%, Manager eines Inns bis zu 40% steigern (Berry 1996, S.182f.).*

Stark partizipative Konzepte der Unternehmensführung, die – wie bspw. das Total Quality Management – auf horizontale und vertikale Gruppenbildungen ausgelegt sind, erfordern infolgedessen auch eine dementsprechende Akzentuierung gruppenbezogener Leistungssys-teme, welche den traditionellen, auf die jeweilige Individualleistung bzw. hierarchische Posi-tion fixierten Entgeltsysteme entgegenstehen (Bowen/Lawler 1992, S.37f.) Hier können Ungleichgewichte entstehen, wenn das **System individueller und kollektiver Leistungsver-antwortung** zu undifferenziert ist und leistungsschwache/-unwillige Mitarbeiter bzw. Team-mitglieder von den Leistungen und Anstrengungen produktiver Mitarbeiter profitieren. Der Einsatz qualitätsbezogener Ent- und Belohnungssysteme erfordert demzufolge ein abge-stimmtes Profil individueller bzw. kollektiver Leistungsanreize, um so zu einer ausbalancier-ten Wirkungskombination von Wettbewerb und Kooperation unter den Mitarbeitern zu ge-langen. Der Schindlerhof in Nürnberg nutzt – wie im Kasten dargestellt – in diesem Zusam-menhang seit einigen Jahren ein selbstentwickeltes Instrument der Mitarbeitermotivation, um dieses Problem zu lösen.

*Beim MAX – dem MitarbeiterAktienindeX des **Schindlerhofs** erhält jeder Mitarbeiter an seinem ersten Arbeitstag – ähnlich wie bei einer Neuemmission – einen Aktien-Nennwert in Höhe von 1.000 Pixel. Ein späterer Kursverlauf wird über eine speziell entwickelte Software monatlich im Rahmen einer Selbstbewertung neu errechnet und spiegelt dann den aktuellen Kurs des ‚Players‘ (Player = MitarbeiterIn) wider. Wie an jeder Börse kann der Kurs steigen oder fallen. Dabei sind die möglichen Wertveränderungen bewusst sehr moderat gehalten, so dass im schlimmsten Fall ein Team-Mitglied von seinem Ausgabekurs nach einem Jahr höchstens auf etwa 850 Pixel abfallen kann. Im besten Fall können etwas mehr als 1200 Pixel erreicht werden. Dies soll die motivationale Komponente des MAX betonen. Im Schindlerhof gelten dabei folgende Zutaten zur Aktienwertermittlung bzw. Veränderung, die mit eine bestimmten Gewichtung versehen sind:*

- *Aktive Arbeit mit einem Zeitplansystem – manuell oder handheld*
- *Mitarbeit am kontinuierlichen Verbesserungsprozess – dem Vorschlagswesen*
- *Seminare / Weiterbildungsaktivitäten*
- *Freiwillige Mitarbeit an Projekten – Projektarbeit findet grundsätzlich in der Freizeit statt*
- *Abschreibung – jeder Player wird moderat wie ein Anlagegut „abgeschrieben"*
- *Krankheitstage – Krankenhausaufenthalte und Betriebsunfälle sind ausgenommen*
- *Verstoß gegen Spielregeln – hausinterne Regeln, die jedem Player bestens bekannt sind*
- *Raucher / Nichtraucher*
- *Körperliche Fitness – BMI (Body Mass Index)*
- *Pünktlichkeit*
- *Fehlerquote*
- *Ergebnisse aus regelmäßigen Beurteilungsgesprächen – finden zweimal pro Jahr statt*
- *Betriebsjubiläen – hier gibt es extra Pixel, denn Erfahrung ist wertvoll*
- *Pixelprämie bei Erreichung gesondert vereinbarter Ziele*

Die monatliche Aktienwertermittlung ist per eigens entwickelter Software systematisiert und nimmt pro ‚Player‘ und Monat nur etwa fünf Minuten in Anspruch. MitarbeiterInnen erhalten mit diesem Instrument individuell die Möglichkeit, ihren Kurswert zu erfahren und entsprechend zu beeinflussen. Die Daten des Einzelnen werden nicht veröffentlicht. Lediglich der jeweilige Team-Leader hat Zugang zu den Kurswerten seiner Team-Mitglieder, um sie entsprechend in TIX, den „Team Index", einfließen zu lassen. MAX und TIX werden schlussendlich dem Dachfonds CIX „Community Index" zugeführt. Dieser Index gilt für den gesamten Schindlerhof und dokumentiert seine von Individualisten geprägte Leistungsfähigkeit in ihrer ganzen Perfektion. Auf diese Weise wird nach Ansicht von Klaus Kobjoll mit einem spielerischen Instrument eine Gruppen-Dynamik entwickelt „die unseren hedonistischen Anspruch an unsere Arbeit – sie als Lust statt Last zu empfinden – konsequent unterstützt. Selbstvertrauen und Selbstbewusstsein werden durch diese Eigenanalyse aufgebaut und gepflegt. Unabhängig davon aber haben sich seit der Einführung dieses Aktien-Systems auch ganz konkret greifbare Resultate ergeben: Reduzierte Fehlzeiten, kontinuierliche Steigerung von Verbesserungsvorschlägen, eine Verstärkung des Team-Bewusstseins oder deutlich mehr Interesse für Fortbildungsmaßnahmen. Außerdem ergab sich, dass die Bewertung auf der Basis von MAX eine exzellente Basis für Gehalts- und Karrieregespräche schafft." (Kobjoll 2009, S.711ff.)

Ein grundlegendes Gestaltungsparadigma eines kunden- und qualitätsorientierter Anreiz-Beitragssystems mit Blick auf die Integrität und Glaubwürdigkeit der Unternehmensphilosophie und Unternehmensstrategie ist denn auch die Forderung: *„Gute Serviceleistungen sind zu belohnen, schlechte müssen sanktioniert werden"* (Simon/Sebastian 1995, S.18). **Kundenorientierte Vergütungssysteme** knüpfen die Bemessung eines variablen Bestandteils des Gehaltes an die individuelle/kollektive Mitarbeiterleistung, wobei die Qualität der Leistung nicht vom Vorgesetzten zu beurteilen ist, sondern aus Sicht des Kunden erfolgt. Anhand kundenorientierter Erfolgsgrößen, die in der Regel im Zuge von Kundenzufriedenheitsmessungen erhoben werden, können kundenorientierte Vergütungssysteme ein wirksames Instrument zur Verhaltensteuerung der Mitarbeiter darstellen und zur langfristigen Verankerung der Kundenorientierung im Unternehmen beitragen (Meffert/Bruhn 2009, S.373f.). Studien zeigen hingegen, dass die Vergütungssysteme in deutschen Unternehmen noch wenig kundenorientiert ausgerichtet sind (Homburg/Jensen 2000). Die Überbetonung monetärer bzw. nicht-monetärer Anreize zur Qualitätsförderung wird denn auch von vielen als nicht unproblematisch gesehen. So können sich die ursprünglich positiven Effekte umkehren, und es kann zu falschen Akzentsetzungen kommen, die sich auf die Verbesserung des Gesamtsystems der Unternehmensleistungen kontraproduktiv auswirken. So können ursprünglich als Bonusleistung konzipierte Anreizsysteme, wie bspw. die Koppelung bestimmter Gehaltsbestandteile an einen Kundenzufriedenheitsindex, bei negativer Entwicklung auch als Sanktionsmechanismus aufgefasst werden, wenn dadurch in der Vergangenheit empfangene Gehaltsbestandteile wegbrechen. Des Weiteren favorisiert ein derartiges System unter Umständen eine Kurzfristperspektive, so dass es zu einer Fehlallokation von Ressourcen kommen kann, wenn alle Aktivitäten ausschließlich auf die vierteljährliche Indexentwicklung gerichtet sind und somit Marketing- bzw. Qualitätsmaßnahmen, die sich erst langfristig in einer erhöhten Kundenzufriedenheit niederschlagen, unterbleiben (Drummond/Chell 1992, S.8ff.).

Die Schwierigkeiten einer abgestimmten und ***strategiefördernden Gestaltung eines Anreiz- und Belohnungssystemes*** sind vor dem Hintergrund der Zwei-Faktoren Theorie von HERZBERG erklärbar. Eine zu starke Akzentuierung monetärer Anreize bzw. variabler qualitätsbezogener Gehaltsbestandteile führt nicht zu einer erhöhten Arbeitszufriedenheit und damit zu erhöhtem Engagement und Motivation der Mitarbeiter, sondern vermeidet nur Arbeitsunzufriedenheit. Die Leistungsanerkennung, die, ausgehend von einem zumindest dem Branchendurchschnitt entsprechenden Gehaltsgefüge, darüber hinaus auch monetäre Anreize zur Qualitätsförderung vorsieht, ist demzufolge zwar eine notwendige, aber nicht hinreichende Bedingung der Gestaltung qualitätsfördernder Motivations- und Anreizsysteme. Entscheidende Faktoren auf dem Wege zum qualitätsbewussten und kundenorientierten Mitarbeiter sind die bereits erwähnten Veränderungen des Managementsystems, die sich in Arbeitsorganisation, Arbeitsinhalten, Delegation von Verantwortungs- und Handlungsbefugnissen und der Eröffnung von Karriereperspektiven niederschlagen sollten, wobei ein entsprechender Führungsstil und eine adäquate Unternehmenskultur für die Promotion und Realisierung qualitätsfördernder Maßnahmen entscheidende Kontextbedingungen darstellen. Insgesamt bleibt festzuhalten, dass eine effektive und ausbalancierte Konzeption individueller/kollektiver und gesamtunternehmensbezogener Anreiz-Beitragsmechanismen sowie direkter oder indirekter Vergütungssysteme nicht einfach ist und als solche mit Blick auf einen befriedigenden Lösungsansatz nach wie vor als *„a major challenge for human resource management department"* (Bowen/Lawler1992, S.38) bezeichnet werden kann.

5.3 Prozessorientierte Instrumente des Internen Marketing

5.3.1 Empowerment

Die Delegation der Qualitätsverantwortung auf die Hierarchieebenen mit unmittelbarem Kundenkontakt ist mit Blick auf die Kundenzufriedenheit die zentrale Gestaltungskomponente eines qualitätsorientierten Marketing-Management von Dienstleistungsanbietern wie der Hotellerie. *Empowerment* beschreibt die Dezentralisierung von Entscheidungsmacht sowie die Stärkung der Eigenverantwortlichkeit von Mitarbeitern durch Erweiterung der individuellen Entscheidungsautonomie/-kompetenz (Berry 1996, S.227ff.; Rogers et al. 1994, S.22). Empowermentkonzepte sind dabei von Formen der Arbeitsstrukturierung und des Personaleinsatzes wie job rotation, job enrichment und job enlargement abzugrenzen, die mit der Erweiterung bzw. Differenzierung der Arbeitsinhalte zwar auch eine Ausdehnung individueller Entscheidungs-, Tätigkeits-und Kontrollspielräume mit sich bringen und dadurch ebenfalls qualitätsfördernde Impulse freisetzen können, in erster Linie dabei jedoch auf eine Flexibilisierung und Generalisierung der Aufgabenverteilung abzielen. Die *Delegation von Entscheidungs- und Handlungsvollmachten* im Sinne des Empowerment beruht vielmehr auf der Erkenntnis, dass Probleme oder Beschwerden von Kunden in der Regel lokal auftreten, d.h. am ‚*point of sale*' oder in anderen denkbaren Kundenkontaktmomenten, so dass es notwendig ist, dem Mitarbeiter ‚*on the shop floor/front line*' unmittelbare Handlungsfreiheiten zu gewähren, um diese Probleme für den Kunden zufriedenstellend zu lösen. Mangelhafte Steuerungsmöglichkeiten der Mitarbeiter, insbesondere über kritische Momente der Dienstleistungstransaktion, verfestigen sich im Zeitablauf zu einer „*gelernten Hilflosigkeit*" (Seligmann 1975).[2] gegenüber individuellen Ansprüchen der Kunden mit entsprechend negativen Wirkungen sowohl in Bezug auf motivationale Aspekte der Arbeitssituation als auch die Zufriedenheit der Kunden betreffend. Organisations- und Führungssysteme mit restriktiven Vorschriften, rigiden Bestimmungen und minimalen Entscheidungskompetenzen der Mitarbeiter konterkarieren demzufolge ein kunden- und qualitätsorientiertes Mitarbeiterverhalten und produzieren darüber hinaus ein Desinteresse am Kunden und seinen Bedürfnissen. Empowerment verfolgt daher das Ziel, einen Organisations- und Handlungsrahmen abzustecken, innerhalb dessen den Mitarbeitern ein aktives, eigenverantwortliches und kundenorientiertes Handeln ermöglicht wird, d.h. in diesem Zusammenhang geht es, wie LEHMANN es formuliert, „*um das Setzen von Kontexten, welche die Art und Weise des Verhaltens und den Inhalt des Dienstleistungsprozesses mit dem Kunden bestimmen*" (Lehmann 1995, S.50).

Die Ausgestaltung von Empowermentkonzepten berührt dabei zwei Grundfragen organisatorischer Gestaltung. Zum einen als organisatorisches Gestaltungspostulat die konsequente Verwirklichung des Kongruenzprinzips, sprich die Übereinstimmung von Aufgabe, Kompetenz und Verantwortung und zum anderen die Regelungsformen der Integration und Koordination, wie sie in dem Verhältnis präsituativer und situativer Regelungen der Leistungsprozesse zum Ausdruck kommt. Die Initiierung und Implementierung von Empowermentkon-

---

[2] Danach ist ein Individuum/Organismus hilflos, wenn er einem unkontrollierbaren Ereignis ausgesetzt ist. Durch die Wahrnehmung der Unbeinflussbarkeit der Situation lernt das Individuum, dass es keine Kontrolle hat und überträgt diese Wahrnehmung auch auf spätere Situationen, obwohl diese durchaus kontrollierbar sein können. Mit der Theorie der gelernten Hilflosigkeit lassen sich bspw. organisationspsychologische Phänomene, wie Motivationsdefizite, innere Kündigung, Ursachen von Mitarbeiterfluktuation u.ä. erklären.

zepten bedarf dabei vor dem Hintergrund der verfolgten Basisstrategie eines unternehmens-spezifischen Gestaltungsprofils und muss mit Blick auf die impliziten wettbewerbsstrategi-schen Anforderungen und Zielsetzungen des Produkt-/Marktkonzeptes differenziert gestaltet werden. Normative Basis jeglicher Empowermentkonzepte ist eine kundenorientierte Dienst-leistungsphilosophie und -kultur. Hierbei gilt es, die besondere Bedeutung eines klaren Auf-gabenprofils und Rollenverständnisses aller Mitarbeiter zu beachten: *„Die Rolle, die man mit einem Arbeitsplatz in einer Servicefirma gewinnt, wird von den Verhaltensweisen und Tätig-keiten geprägt, die erwartet, auch mit mehr oder weniger Druck gefordert werden – von Kunden, Vorgesetzten, Kollegen, die jeweils ureigene Interessen daran haben, wie der Dienst am Kunden zu erfolgen hat. Wer für einen Job unzureichend ausgebildet ist oder über die Aufgaben nur lückenhaft informiert wird, kann kein klares Rollenverständnis haben. ... Und wie sollen Kunden befriedigenden Service erhalten, wenn Arbeitnehmer nicht wissen, welche Leistungen ihnen vom Management besonders hoch bewertet und honoriert werden?"* (Zeithaml et al. 1992, S.109f.). ***Ein klares Rollen- und Aufgabenverständnis der Kunden-kontaktmitarbeiter*** entsteht dabei:

- durch eindeutige Rollen- und Aufgabenzuweisungen seitens der Unternehmensführung, bei weit-gehend flexiblen Geschäftspolitiken und Unternehmensrichtlinien zur Vermeidung klassischer Rollenkonflikte zwischen den Ansprüchen der Gäste und den Ansprüchen der Unternehmenslei-tung und
- durch eine adäquate Aufgabendimensionierung sowohl mit Blick auf die Qualifikations-Aufgabenkompatibilität der Personalbesetzung als auch hinsichtlich der Beanspruchung des ein-zelnen Mitarbeiters bei extremen Nachfrageschwankungen im Zuge einzelner Interaktionssituati-onen (z.B. Check-out Zeiten, Essenszeiten).

Zur Schaffung eines stabilen Aufgaben- und Rollenverständnisses und zur Aktivierung, Kanalisierung und Ausschöpfung des kreativen Potenzials sowie des Aufgaben-Know-hows der Mitarbeiter bedarf es klarer strategiebezogener, aufgabenspezifischer Zielsetzungen und organisatorischer Rollenverteilungen. Die Leistungserwartungen der Unternehmensführung an die einzelnen Mitarbeiter sind detailliert festzulegen, Aufgaben-, Kompetenz- und Ver-antwortungsbereiche konkret zu definieren. Darüber hinaus erfordert das Ausmaß unmittel-barer Entscheidungs- und Handlungsbefugnisse eine klare Strukturierung (Rogers et al. 1994, S.20f.). Die Formulierung von Zielvorgaben und -vereinbarungen sollten unter Einbe-ziehung der Betroffenen erfolgen, wie es bspw. im Rahmen ***kooperativer Führungsmodelle*** wie dem MbO (Management by Objectives) vorgesehen ist. Die Kommunikation der Unter-nehmensphilosophie, -strategie und -ziele und die kontinuierliche Vermittlung von Informa-tionen über Produkte, Dienstleistungen und Kunden des Unternehmens trägt dabei zur Identi-fikation und Stabilisierung des Aufgaben- und Rollenverständnisses der Mitarbeiter und des entsprechenden Aufgaben-, Rollen- und Beziehungsgefüges innerhalb der Organisation bei. Durch persönliche Unterstützung der Unternehmensführung und der unmittelbaren Vorge-setzten sowie die konstruktive Behandlung von Abweichungen und Fehlern wird den Mitar-beitern Sicherheit und Selbstvertrauen vermittelt und ein ,*motivationaler Sog*' geschaffen, sich für die Ziele des Unternehmens einzusetzen. Die Rückkoppelung über gemeinsame Erfolge, Lernerlebnisse und Erfahrungen im Rahmen durchschaubarer Systeme der Leis-tungsbewertung, der Anreizgestaltung und der Beurteilungen über das persönliche Entwick-lungspotenzial des Einzelnen schafft darüber hinaus Akzeptanz und Vertrauen beim Mitar-beiter.

Die Dienstleistungsphilosophie und der Wille der Unternehmensführung zur **Dezentralisierung und Delegation** der Qualitätsverantwortung auf die kundenkontaktintensiven Hierarchiestufen lässt sich oftmals bereits an der jeweiligen Stellenbeschreibung erkennen. So wurden in verschiedenen Marriott-Häusern im Zuge des Empowerment Stellenbeschreibungen umformuliert. Oberstes und prioritäres Ziel auf den entsprechenden Posten ist es, den Gästen während ihres Aufenthalts einen hervorragenden Service zu bieten und sie eine herzliche Gastfreundschaft erfahren zu lassen. Die Hotelmitarbeiter lernen in Trainings, sich korrekt und situationsgerecht zu verhalten, ihre Befugnisse zum Wohl der Gäste zu nutzen und alle Vollmachten auszuschöpfen, um die Gäste schnell und reibungslos zufriedenzustellen, was auch durch die Bezeichnung der Mitarbeiter als ‚guest service associates' reflektiert werden soll. Die Ritz-Carlton Kette verfolgt – wie bereits skizziert – in dieser Beziehung ebenfalls eine strikt am Kundenwohl orientierte Empowermentphilosophie (*„Move heaven and earth to satisfy a customer"*; Ritz Carlton 1992).

Gastprobleme bzw. -beschwerden	Mögliche Reaktionsalternativen des Hotelpersonals
Gast erwähnt beim Check-Out, dass er mit der Qualität des Zimmers nicht zufrieden war (z.B. kein heißes Wasser, zu laut, keine Heizung)	Angebot eines "up grade" beim nächsten Besuch; Rechnungskorrektur um 100,-DM; Eintrag in Mängelliste und Kundenkartei
Gast reklamiert anderweitige Hotelleistungen, wie z.B.:	Rechnungskorrekturen, Eintrag in die Mängelliste und Kundenkartei, Information des Vorgesetzten
• Service im Restaurant, Cafe, Bar • Nachgefragte Leistungen wurden nicht erhalten, wie bspw. zusätzliche Decken, Handtücher etc. • Mangelhafte oder keine Weitergabe von Post, Nachrichten • Gepäck wurde verspätet gebracht	• 50,- DM und Information des Vorgesetzten • 50,- DM und Information des Vorgesetzten •100,- DM und Information des Vorgesetzten • 50,- DM
Gast zweifelt Telefon- oder Minibarrechnung an	Rechnungskorrektur
Gast beschwert sich über das rüde Verhalten eines Mitarbeiters	Gast wird zu einem Gespräch mit der Hotelleitung gebeten

Abb.F.55:   Ausgewählte Beispiele strukturierter Handlungsbefugnisse des Hilton Hotel im Disney World Village
                Quelle: Brymer 1991, S.60

Hierbei ist zwischen einer strukturierten und einer flexiblen Erweiterung der Handlungsvollmachten zu unterscheiden. Während **strukturierte Handlungsbefugnisse** relativ enge Spielräume im Sinne eines Aktions-/Reaktionsschemas vorsehen, räumen **flexible Handlungsbefugnisse** den Mitarbeitern größere Freiräume ein, den Kunden nach Maßgabe ihrer subjektiven, situationsspezifischen Einschätzung (‚good business sense') zufriedenzustellen. In der Abbildung F.55 sind anhand ausgewählter Beispiele Möglichkeiten aufgeführt, wie durch Ausweitung strukturierter Handlungsbefugnisse den Mitarbeitern vor Ort ein Entscheidungsfreiraum gewährt wird, der es ihnen erlaubt, unmittelbar auf Kundenprobleme oder -beschwerden zu reagieren und diese entweder direkt zu lösen oder zumindest über Substitutionsangebote und/oder Wiedergutmachungsleistungen dem Kunden das Gefühl zu geben, dass seine Beschwerde ernst genommen wird und das Hotelunternehmen gewillt ist, aufgetretene Qualitätsschwächen zu beseitigen.

Empowermentkonzepte führen dazu, dass die bisher begrenzten und stark arbeitsteilig ausgerichteten Aufgabenbereiche im Sinne eines multifunktionalen Mitarbeitereinsatzes neu konzipiert und an den tatsächlich zu bewältigenden, multifunktionalen Dienstleistungsprozessen auszurichten sind, was nicht nur organisatorische Konsequenzen mit sich bringt, sondern auch grundlegende Anpassungen der bislang zu eindimensional ausgerichteten Aus- und Weiterbildungskonzepte in der Hotellerie verlangt (Burkhardt 1994, S.276; Zegg 1995, S.168f.). Empowermentkonzepte erfordern je nach Ausgestaltungsprofil neben der notwendigen fachlichen Qualifikation ein hohes Maß an sozialer und personaler Kompetenz der Mitarbeiter, die im Zuge geeigneter Personalauswahlverfahren zu betonen bzw. durch entsprechende Personalentwicklungsmaßnahmen zu erwerben oder zu verstärken sind. Dem Management obliegt dabei, neben der Vermittlung einer entsprechenden Dienstleistungsphilosophie und -kultur und der Entwicklung und Gestaltung adäquater Maßnahmen der Personalauswahl und Personalentwicklung, die Schaffung geeigneter organisatorischer Rahmenbedingungen, die Gewährleistung eines steten, vertikalen und horizontalen Informationsflusses über Qualität, Kundenzufriedenheit und Wettbewerbserfolg und nicht zuletzt die Gestaltung entsprechender Anreiz-Beitragssysteme. Die *Wirkungen des Empowerment* sind vielfältig und bedürfen hinsichtlich ihrer Kosten-/Nutzenbeiträge einer unternehmensspezifischen Analyse, wobei den höheren Kosten der Personalauswahl und Personalschulung eine quantitativ und in ihren Interdependenzen nicht immer einfach zu erfassende Anzahl positiver Effekte gegenübersteht. So kann die Delegation von Entscheidungsverantwortung und Entscheidungsautonomie zu *erhöhter Arbeitszufriedenheit und -motivation der Mitarbeiter*, *einer größeren Mitarbeiterloyalität* und damit zu *niedrigeren Fluktuationsraten* führen. Andererseits verfolgt eine derartige Flexibilisierung und Dezentralisierung von Entscheidungskompetenzen durch die Freisetzung kreativer Kräfte eine klare qualitätsorientierte Ausrichtung mit Blick auf die Erfüllung der internen und externen Kundenerwartungen und dem Ziel größerer Kundenzufriedenheit.

5.3.2 Team-/Gruppenkonzepte

Die Personalintensität und die Bedeutung des Personals für die Qualität von Hotelleistungen *„means that the people's ability to work together is crucial to the business's succes."* (Berger/Vanger 1996, S.83). *Kleingruppenkonzepte, wie Projektteams, Qualitätszirkel oder teilautonome Arbeitsgruppen,* erweisen sich daher für die Hotellerie als besonders geeignete, personalorientierte Ansätze zur Qualitätsförderung, da sie sowohl in Bezug auf die Verbesserung der betrieblichen Leistungsfähigkeit als auch im Hinblick auf die Attraktivität und Humanisierung der Arbeitsplatzbedingungen in der Hotellerie durch ihre partizipativen Elemente positive Effekte zeitigen. Das Kreativitätspotenzial der Mitarbeiter gewinnt dabei insbesondere vor dem Hintergrund des branchentypischen, häufigen Arbeitsplatzwechsels und dem damit einhergehenden steigenden Erfahrungs- und Berufs-Know-how des Hotelpersonals an Bedeutung und sollte im Rahmen von Qualitätszirkeln oder eines betrieblichen Vorschlagswesens für Verbesserungen der Leistungsfähigkeit des Hotelunternehmens aktiviert und kanalisiert werden (Kissling 1993, S.182). Darüber hinaus vermittelt die Mitarbeit in Teamstrukturen den Teilnehmern durch die Auseinandersetzung mit Problemen ihrer täglichen Arbeitswelt sowohl Fach- als auch Methoden- und Sozialkompetenz und versetzt die Mitarbeiter dadurch in die Lage, auf individueller und/oder kollektiver Basis Problemen und Qualitätsdefiziten in internen und externen Dienstleistungs- und Arbeitsprozessen reaktiv bzw. präventiv zu begegnen. Die Organisationsstrukturen in der Hotellerie mit ihren weitgehend in sich abgeschlossenen Aufgabenbereichen, wie Service, Bar, Etage, Küche, Rezeption, bieten – wie das unten skizzierte Beispiel zeigt – vielfältige Ansatzpunkte zur

Einrichtung von Kleingruppenkonzepten mit dem Ziel der systematischen Analyse und Verbesserung von Arbeitsprozessen im eigenen Bereich.

*Im Restaurant des **Steigenberger Hotels ‚Maximilian', Bad Griesbach**, wurden in den 90er Jahren sog. ‚Stubenteams' eingeführt. Das Restaurant verfügt über fünf voneinander unabhängige Stuben, für die jeweils ein festes Team von vier bis fünf Servicekräften zuständig ist. Ein Team-Mitglied agiert als Stubenverantwortlicher, ist Bindeglied zwischen Restaurant-Chef und Gruppe und übernimmt eine Kontrollfunktion. Ziel ist es, eine positive Konkurrenz zwischen den Stuben zu entwickeln. In anderen Steigenberger Häusern wurden im Hausdamenbereich sog. Etagen-Teams eingerichtet. Jeweils ein Zimmermädchen-Team ist für eine Etage verantwortlich. Jeden Tag übernimmt ein anderes Teammitglied die Kontrolle, was dazu führt, dass sich der Blickwinkel und Erfahrungshorizont der einzelnen Mitarbeiter erweitert, da ein Gruppenmitglied, das an einem Tag die Arbeit seiner Kollegen kontrolliert, die von ihm bemängelten Fehler am nächsten Tag in der Regel nicht selbst begeht (Heyer 1993, S.62).*

Gestützt von einer konsequent kundenorientierten Dienstleistungsphilosophie und -kultur im oben beschriebenen Sinne, kann die Implementierung von Team- bzw. Gruppenkonzepten, als Baustein eines umfassenden Marketingkonzeptes in der Hotellerie, durch den verstärkten Einbezug von Mitarbeitern ein *teamorientiertes Organisationsverständnis* fördern und mit Blick auf die *Schaffung eines internen Kunden-/Lieferantennetzwerkes* dazu beitragen, dass Barrieren und Spannungen zwischen einzelnen Abteilungen abgebaut und eine interne Kundenorientierung zur qualitativen Stabilisierung des Gesamtsystems aufgebaut werden kann. In der Hotellerie weisen dabei insbesondere die stark voneinander abhängigen Betriebsbereiche wie Service, Küche und Rezeption Kommunikations- und Kooperationsdefizite auf, so dass sich hier Ansatzpunkte für die Einrichtung von *abteilungsübergreifenden Team- bzw. Gruppenkonzepten* zur Ermittlung und Abstimmung der wechselseitigen Kunden-/Lieferantenanforderungen ergeben. Der Einsatz und die Konfigurierung von Teamkonzepten in der Hotellerie erfordert, speziell vor dem Hintergrund der branchenspezifischen Struktur, entsprechende personelle und organisationale Adaptionen an die jeweiligen Unternehmensspezifika. Auch wenn insgesamt noch von einem noch weitreichenden Verbesserungspotenzial teamorientierter Konzepte der Arbeitsorganisation in der Branche gesprochen werden kann, zeigen jedoch sowohl zahlreiche Praxisbeispiele als auch empirische Untersuchungen in der Hotellerie die positiven Effekte teamorientierter Strukturen bzw. Kleingruppenkonzepte auf (Gardini 1997, S.295; Kissling 1993, S.231ff.). Im Besonderen zeigt sich, dass bspw. Qualitätszirkelkonzepte unabhängig von Unternehmensgröße, -struktur und Qualitätskategorie grundsätzlich als Instrumente einer qualitätsfördernden Arbeitsorganisation in der Hotellerie geeignet sind (siehe Kapitel G). Empirische Befunde in verschiedenen Branchen verdeutlichen jedoch die potenziellen *organisationalen Widerstände* gegen einen solchen partizipativen Veränderungsprozess, was im Wesentlichen auf folgende Faktoren zurückzuführen ist:

- Unzureichende Unterstützung durch Vorgesetzte und mittleres Management
- Inadäquater Führungsstil (unkooperativ, autoritär)
- Zeitprobleme, organisatorische Engpässe, Arbeitsüberlastung
- Ungeeignete Gruppenzusammensetzung

Insbesondere die ersten beiden Faktoren bergen aufgrund der klein- bis mittelständischen Struktur der Branche, der stark hierarchischen Hotelorganisation und des noch vielfach vorherrschenden technokratisch-traditionalistischen Führungsverständnisses in der Hotellerie für die Umsetzung partizipativer Elemente der Arbeitsorganisation zusätzliche Widerstandspotenziale. Befürchtungen des unteren und mittleren Management bezüglich möglicher Autoritäts- und Ansehensverluste und der Eliminierung ganzer Hierarchieebenen führen zu einer gewissen Reaktanz mit dem Ziel, den drohenden Machtverlust abzuwenden (Kissling 1993, S.183; Heyer 1993, S.60). Das Top-Management muss daher sowohl bei der Entwicklung und Umsetzung von Kleingruppenkonzepten als auch bei der Reorganisation von Entscheidungs- und Handlungskompetenzen im Zuge von Empowermentkonzepten das mittlere Management ins Zentrum ihrer Überzeugungsarbeit stellen, denn nur durch Akzeptanz und Änderungsbereitschaft dieser Führungsebenen sowie klare Rollenvorgaben und Aufgabenverteilungen im Veränderungsprozess können Motivations-, Kreativitäts- und Leistungsverbesserungspotenziale freigesetzt und das mittlere Management seiner Aufgabe als ‚change agent' gerecht werden. Zusammenfassend lässt sich festhalten, dass der Einsatz und die Anwendung von Team- bzw. Gruppenkonzepten und anderen Formen partizipativer Arbeitsgestaltung vor dem Hintergrund der vorliegenden Erfahrungen nicht nur als sinnvoll bezeichnet werden kann, sondern in Zukunft als Gestaltungsfeld des Internen Marketing in der Hotellerie noch an Bedeutung gewinnen wird.

5.3.3   Mitarbeiterkommunikation

Grundsätzliches Gestaltungsziel kommunikativer Maßnahmen im Zuge des Internen Marketing ist es, die Mitarbeiter für die Relevanz der kundenbezogenen Interaktionen und die Wahrnehmungs- und Beurteilungsprozesse des Qualitätserlebens von Kunden zu sensibilisieren. Erst dadurch wird die unmittelbare Mitarbeiterverantwortlichkeit für die Qualität der Dienstleistung und das Image des Hotelunternehmens deutlich. Unter Mitarbeiterkommunikation werden demzufolge *„sämtliche Informations- und Kommunikationsabläufe in einem Unternehmem subsummiert, die der Steuerung von Meinungen, Einstellungen und Verhalten der Mitarbeiter und Führungskräfte dienen"* (Schick 1995, S.456). Die Dienstleistungsliteratur sieht im Hinblick auf eine kommunikative Vorbereitung und Einbindung der Mitarbeiter in das Marketingkonzept folgenden Handlungs- und Gestaltungsbedarf (Grönroos 1981, S.236f.; Zeithaml et al. 1992, S.133ff.):

- The personnel are the first market of the organization. If staff are told about new services or products by customers before being informed by management, the result is hardly motivating and it does not have a positive impact on customer relations.
- The employees must understand what they are expected to perform and why.
- The employees must accept the services and strategies of the organization and then support them in their dealings with the customers.
- A service must be fully developed and sold internally before being launched to public.
- The internal information and communications channels must work effectively in order to sell ideas and services internally.

Als wesentliche *Aufgaben der Mitarbeiterkommunikation* lassen sich daraus ableiten (Dotz-
ler/Schick 1995, S.282ff.; Meffert/Bruhn 2009, S.375):

- Einbindung der Mitarbeiter in die Kommunikation nach außen und Definition der Kommunikati-
  onsträger
- Optimierung der internen Kommunikationsprozesse durch Beratung und Unterstützung wichtiger
  Kommunikationsträger
- Verstärkung der Zielgruppenorientierung in der Kommunikation und Definition spezifischer
  Kommunikationsfunktionen/-standards der Mitarbeiter
- Vermittlung relevanter Informationen über Ziele, Strategien und Situation des Unternehmens zur
  Stärkung des „Wir-Gefühls" und der Mitarbeiteridentifikation
- Vermittlung des Meinungs- und Stimmungsbildes der Mitarbeiter an Führungskräfte und Unter-
  nehmensführung
- Mitwirkung bei der Weiterentwicklung der Unternehmenskultur

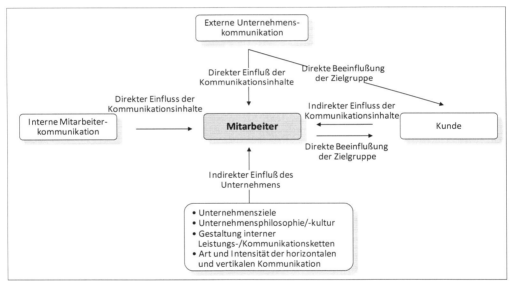

Abb.F.56:   Mitarbeiter im Kommunikationsnetzwerk von Dienstleistungsunternehmen
             Quelle: In Anlehnung an Schulze 1993, S.149

Kundenkontaktmitarbeiter von Dienstleistungsunternehmen sind dabei sowohl Empfänger
als auch Sender kommunikativer Inhalte innerhalb der Kommunikationskette des Unternehmens (Fließ/Maeß 2008, S.282ff.). So wirken die Inhalte der extern gerichteten Unternehmenskommunikation unmittelbar auf das Hotelpersonal ein, so wie auch über die Kunden
entsprechende Werbebotschaften zurück zum Kundenkontaktmitarbeiter transportiert werden. Darüber hinaus unterliegt der Mitarbeiter indirekten kommunikativen Einflüssen seitens
des Unternehmens, wie sie sich in Unternehmensphilosophie, -kultur, -grundsätzen, -zielen
und -strategien und/oder einer Corporate Identity manifestieren. Die dienstleistungstypische
Interaktionsintensität zwischen Hotel und Kunden bewirkt dabei, dass die Reflexion des
Mitarbeiterverhaltens durch den Kunden eine entscheidende Bedeutung innerhalb der Quali-

tätsbeurteilung darstellt und insofern, mit Blick auf die Entwicklung einer internen und externen Dienstleistungsorientierung/-kultur, die Mitarbeiter als Kommunikationsträger – neben umfangreichen personalwirtschaftlichen Maßnahmen – einer direkten und gezielten Verhaltensbeeinflussung durch eine mitarbeitergerichtete Kommunikation bedürfen (Schulze 1993, S.149).

Beispielhaft sind in Abbildung F.57 verschiedene ***Instrumente persönlicher und unpersönlicher Mitarbeiterkommunikation*** aufgeführt, die entweder in ***kontinuierlicher oder sporadischer Form*** stattfinden können (Dotzler/Schick 1995, S.281f.; Meffert/Bruhn 2009, S.376). Art, Umfang und Intensität des Einsatzes der Instrumente der Mitarbeiterkommunikation sind in Abhängigkeit von den Zielen des Marketingkonzeptes, bestehenden Kommunikationsdefiziten sowie der vorherrschenden Kommunikationskultur unternehmensspezifisch festzulegen.

Persönliche Mitarbeiterkommunikation	**Unpersönliche Mitarbeiterkommunikation**
• Formelle und Informelle Mitarbeitergespräche • Arbeitssitzungen/Klausurtagungen • Teamorientierte/Gruppenbezogene Organisationskonzepte • Seminare/Trainings • Betriebsversammlungen • Vorträge • ... 	• Internes Berichtswesen • Physisches Erscheinungsbild des Unternehmens (Standort, Gebäude, Arbeitsplatz) • Unternehmens-/Produktbroschüren • Information durch elektronische Medien bzw. Printmedien (Mitarbeiterzeitung, Intranet, e-Mail , Führungsbriefe,Schwarzes Brett, Video-/Telefonkonferenzen, Podcasts, Blogs, Business TV) • Arbeits-/Stellenbeschreibungen • ...

Abb.F.57:   Instrumente der Mitarbeiterkommunikation

Denkanstöße und Diskussionsfragen

1. Klaus Kobjoll, Eigentümer des Schindlerhofs und einer der profiliertesten und erfolgreichsten Individualhoteliers Deutschlands, ist der Ansicht, dass die Art in der Beschwerden gehandhabt werden, viel über ein Unternehmen aussagen: *"Wenn Sie die Kultur eines Unternehmens in zehn Sekunden kennen lernen wollen, dann machen Sie das am leichtesten in allen Branchen bei einer Reklamation."* Teilen Sie diese Ansicht und wenn ja warum?

2. Ein Wilhelm Busch zugeschriebenes Zitat lautet: *„Mit scharfen Blick, nach Kennerweise, sehe ich zuerst mal nach dem Preise, und bei genauerer Betrachtung steigt mit dem Preise auch die Achtung"*. Was bedeutet dieses Zitat Ihrer Ansicht nach im Hinblick auf die Hotellerie, was müssen Marketingverantwortliche bei der Vermarktung von Hotelleistungen und deren preislichen Positionierung beachten?

3. Schauen Sie sich diverse Homepages von mittelständischen oder großen Hotelunternehmen an. Wie kann man als Kunde mit diesen Unternehmen elektronisch in Kontakt treten? Welche Alternativen werden offeriert? Kann man online buchen, Verfügbarkeiten sofort überprüfen, eine Buchungsanfrage plazieren, gibt es spezielle Formulare (Online Booking Forms, Request for Proposal Forms) die man nutzen kann? Gibt es neben potenziellen Buchungsalternativen auch Möglichkeiten einen nicht buchungsbezogenen Dialog aufzunehmen? Bieten die Hotelunternehmen über Ihre Website Möglichkeiten an, Feedback zu geben, Beschwerden zu artikulieren oder einen direkten Dialog über Communities, Firmenblogs oder andere Formen des interaktiven Kontakts aufzunehmen? Sind Sie mit den angebotenen Möglichkeiten zufrieden? Wenn vorhanden, wie nutzerfreundlich empfinden Sie diese Möglichkeiten?

4. Wenn es um Erfolgsfaktoren in der Hotellerie geht, wird immer wieder gerne das Bonmot von Conrad Hilton bemüht, der auf diesen Sachverhalt zu antworten pflegte: *„Es gibt drei Erfolgsfaktoren in der Hotellerie und die sind erstens die Lage, zweitens die Lage und drittens die Lage!"* Warum kommt Standortentscheidungen in der Hotellerie offensichtlich eine derart zentrale Bedeutung zu?

5. *„Menschen machen Marken"* ist ein geflügeltes Wort im Zuge der Diskussion des Markenmanagement von Dienstleistungsunternehmen. Was bedeutet dieses Zitat in Bezug auf die Markenpolitik von Hotelunternehmen, welche Schlüsse sind daraus zu ziehen und welcher Handlungsbedarf resultiert Ihrer Ansicht nach für die Markenverantwortlichen in der Hotellerie?

Kontrollfragen

1. Die Leistungsprogrammgestaltung bzw. die Produktpolitik eines Unternehmens wird oftmals als Herzstück des Marketing bezeichnet, warum?

2. Beschreiben Sie den Unterschied zwischen dem Wert einer Leistung und dem Preis einer Leistung? Warum ist der Unterschied bedeutsam?

3. Nennen Sie einige unternehmensinterne und unternehmensexterne Akteure die bei der Distribution von Hotelleistungen eine Rolle spielen.

4. Diskutieren Sie die jeweiligen Vor- bzw. Nachteile der konventionellen und der elektronischen Distribution.

5. Was ist der Unterschied zwischen Werbung und Öffentlichkeitsarbeit?

Personalmanagement in der Hotellerie – Von der Personalverwaltung zum Internen Marketing am Beispiel der Lindner Hotels AG

Jürgen Dost

1 Zur Ausgangslage des Personalmarketings und -managements in der Hotellerie

Marketing beschäftigt sich mit der Schaffung von Voraussetzungen, Kunden für das eigene Produkt oder die eigene Dienstleistung zu gewinnen und zu binden. Hierfür werden Eigenschaften des Produkts ebenso gezielt und bewusst gestaltet wie Vertriebswege, Kommunikationskanäle und -medien. Ähnlich verhält es sich mit Personalmarketing: das *Produkt* ist der Arbeitsplatz, für den Mitarbeiter als *Kunden* gewonnen und gehalten werden sollen. Wie erfolgreich dieser Akquisitionsprozess ist, hängt neben externen Faktoren, die vom einzelnen Unternehmen nicht beeinflussbar sind (z.B. Verfügbarkeit geeigneter Mitarbeiter auf dem Arbeitsmarkt), primär vom Geschick ab, mit dem die materiellen und immateriellen Bedingungen des Arbeitsplatzes gestaltet und dessen Attraktivität kommuniziert wird. Gerade in Zeiten, in denen gut qualifizierte Mitarbeiter in vielen Bereichen rar sind, ist eine solche Ausrichtung der personellen Aktivitäten unverzichtbar. Eine Personalabteilung, deren Hauptziel die finanzielle Risikominimierung in Arbeitsgerichtsprozessen ist, mag im Rahmen eines zeitlich befristeten Krisenmanagements die adäquate Strategie gewählt haben. Im Sinne des nachhaltigen Aufbaus eines motivierten und leistungsfähigen Mitarbeiterstamms muss sie jedoch die Beschränkung auf die „frühere Entwicklungsstufe" Personaladministration aufgeben und sich den proaktiven Themen Personalentwicklung und -pflege zuwenden.

Wenn man in diesem Sinne Personalmanagement als die Summe aller Prozesse und Maßnahmen definiert, bewusst und gezielt Bedingungen zu schaffen, gute Mitarbeiter zu finden, zu halten und in ihrer Qualität laufend den Anforderungen anzupassen, scheint Personalmanagement in der Hotellerie nicht gerade „Top-Performer" zu sein: seit Jahren stöhnt die Branche über einen Mangel an qualifizierten und motivierten Mitarbeitern und „Branchenflucht" gut ausgebildeter Mitarbeiter. Der in der IT-Branche bekannte *war for talents* findet auch in der Hotellerie statt, wenngleich die Folgen des 11. September und die momentane konjunkturelle Flaute die Arbeitsmarktsituation für die Arbeitgeber deutlich entspannt hat. Ähnlich wie in der Informationstechnologie war auch in der Hotellerie auch der Ruf nach der „Green Card" für Servicekräfte laut und deutlich zu vernehmen.

Der Mangel an guten Mitarbeitern wiegt um so mehr, da die Qualität der Mitarbeiter zum großen Teil deckungsgleich ist mit der Qualität des Produkts – Serviceorientierung, Freundlichkeit und intelligent-kreative Einstellung auf Kundenbedürfnisse wiegen Mängel an der

„Hardware" des Produkts – der Hotelimmobilie – häufig sogar auf. Welche Ursachen hat dieser Personalmangel? Hier fallen folgende Faktoren auf:

- Schlechtes Image der originären *Dienstleistung* in einer insgesamt immer stärker auf „Fun" und egoistische Bedürfnisbefriedigung ausgerichteten Gesellschaft
- Auffallend ungünstige Input/Output-Relation im Sinne von Adams' *Equity-Theory* (Adams, 1965 in Gebert & Rosenstiel, 1981): extreme Arbeitszeiten und hoher Stress durch Zeitdruck und soziale Anforderungen bei gleichzeitig geringer Vergütung und insgesamt mageren Compensation & Benefits-Packages. Hier liegt die Ursache für die Branchenflucht!
- Geringe Bedeutung der Tugenden Höflichkeit, Pünktlichkeit, Zuverlässigkeit usw. im heutigen Sozialisationsprozess führt zu deutlichen Skill-Lücken und Leistungsdefiziten bei Bewerbern.
- Zum Teil *verstaubtes Image* und Auftritt der Hotellerie im Sinne von „gediegen", „altehrwürdig", hierarchisch-steif, „militärisch" organisiert. Die hier demonstrierten Werte stimmen oft nicht mehr mit den Wertesystemen des modernen Menschen überein.

Die insgesamt geringen Gewinnmargen in der Hotellerie setzen den üblichen materiellen Anreizmöglichkeiten enge Grenzen – die „Verteilmasse" ist geringer als in anderen Branchen! Dies ist eine zusätzliche Herausforderung für das Personalmanagement: wie können attraktive Arbeitsbedingungen mit den zur Verfügung stehenden Mitteln geschaffen werden? Umso drängender wird diese Frage angesichts des demografisch bedingten prognostizierten Rückgangs an Auszubildenden – die Situation wird sich also eher verschlimmern, die Schere zwischen Angebot und Nachfrage wird sich noch weiter öffnen.

2   Ansatzpunkte für das Personalmanagement

2.1   Voraussetzungen und Grenzen wirkungsvollen Personalmanagements

Professionelles Personalmanagement hat geringe Tradition in der Hotellerie: der Direktor gab die Anweisungen, er prägte das *Soziotop Hotel* mit seiner persönlichen Ausstrahlung. In einer relativ klar und einfach strukturierten Umgebung war diese „militärische Tradition" auch lange Zeit erfolgreich. Internationalisierung, extremer Konkurrenzdruck um Marktanteile, weiterentwickelte Erwartungen „emanzipierter demokratischer" Mitarbeiter und die zunehmende Komplexität der operativen Ansätze (Yield Management, komplexe Informationssysteme usw.) setzen diesen Einfachststrukturen der Unternehmensorganisation und Führungskultur allerdings enge Grenzen.

Personalmanagement kann Bedingungen schaffen, um die Erreichung der Ziele *attraction, motivation, qualification* und *retention* zu begünstigen. Aber: *Kultur, Motivation* usw. ist nicht Aufgabe der Personalabteilung, sondern des gesamten Unternehmens und seiner Führungsmannschaft! Im Idealfall werden Personal- und Unternehmensentwicklung unmittelbar miteinander verknüpft: die Grenzlinie zwischen strategischer Weiterentwicklung des Unternehmens und Management der Personalsysteme verschwimmt. Ein gutes Beispiel hierfür findet sich in Bill Gates (1999, S.208–213) Darstellung der Umsetzung einer weitgehenden Garantieverpflichtung bei der zum Hilton-Konzern gehörenden Promus-Gruppe (ein Aspekt der strategischen Unternehmensentwicklung) mit Einführung zentraler Informations- und Reservierungssysteme (Systementwicklung) und konsequentem *empowerment* und Training der Mitarbeiter (als Aspekte der Organisations- und Personalentwicklung).

Ein Warnruf an alle Personalkollegen: lassen Sie sich nicht auf Engagements ein, bei denen Personalmanagement jetzt als „add-on" alleine deshalb eingeführt werden soll, weil die Mitarbeiter oder der Betriebsrat so etwas immer lauter fordern. Versuchen Sie, sowohl von der organisatorischen Einordnung als auch Ihrem persönlichen Einfluss her nicht nur eine sekundäre Rolle zu spielen: Personal ist kein Appendix oder Unterteil von Finance & Control oder gar Operations – sie ist eine eigenständige Funktion mit Aufhängung beim Vorstand bzw. der Geschäftsleitung! Und hierbei sind keine hierarchischen Überlegungen leitend, sondern solche, die mit Durchsetzbarkeit handwerklich sauberer und wirkungsvoller Personalinstrumente und -strategien zusammenhängen.

2.2   Zur Motivationsstruktur der Mitarbeiter

Bei allen Maßnahmen des Personalmanagements muss die „Fisch-Köder-Problematik" (der Köder muss dem Fisch schmecken, nicht dem Angler), also die Motiv- und Motivationsstruktur der Mitarbeiter beachtet werden.

Mitarbeiter *suchen* beim Eintritt in die Hotellerie:

- vielfältige soziale Kontakte
- Ortsveränderung / Reisen und „rumkommen"
- hohe Abwechslung / Vielfalt von Aufgaben
- Karriere auch ohne Studium
- „internationalen Flair"

Im Vordergrund stehen also die Bedürfnisse nach Abwechslung / Veränderung, nach sozialen Kontakten und Anschluss sowie nach Karriere / Weiterentwicklung – Entfaltung der eigenen Person.

Mitarbeiter *verlassen* die Hotellerie wegen:

- Problemen mit work-life-balance (die Arbeitszeiten sind schwer vereinbar mit dem Aufbau sozialer Kontakte außerhalb der Branche!)
- z.T. eintönigen, repetitiven Arbeiten
- z.T. sehr rauem Führungsklima und Umgangston (besonders der Arbeitsplatz Küche weist – bedingt durch Zeitdruck und hohen workload – eher „robuste" Umgangsformen auf)
- stark eingeschränkten finanziellen Rahmenbedingungen
- fehlenden beruflichen Entwicklungsmöglichkeiten (Erkenntnisse aus systematischen Austrittsinterviews).

Motivationstheoretisch ausgedrückt findet also eine Frustration vieler Mitarbeiter in den Motivbereichen Abwechslungsvielfalt, Sozialkontakte und Selbstentfaltung / persönliche Weiterentwicklung statt. Dies wird verstärkt durch die Unzufriedenheiten mit der materiellen Ausstattung der Tätigkeit. Nachfolgend werden einige konkrete Ansatzpunkte für das Personalmanagement genannt.

2.3 *Attraction:* Wie „verkauft" die Branche Arbeitsplätze?

Die systematische Analyse der Homepages von Hotels und Hotelgruppen, aber auch von Stellenanzeigen in Internet und Printmedien zeigt eine absolute Dominanz des Themas *Produktinformation,* also die attraktive Darstellung des Hotels und seiner Annehmlichkeiten aus der Sicht des Gasts. Spezielle, attraktive Darstellung des „Produkts Arbeitsplatz" findet sich seltener als in Unternehmen anderer Branchen. Dieser Effekt ist sogar auf den *Recruiting Days*, einer Jobbörse für die Hotellerie, die seit 2001 stattfindet, zu erkennen: geworben wird überwiegend mit dem hochklassigen Produkt, der attraktiven Destination, weniger aber mit dem, was die Mitarbeiter erwartet. Hier kann und muss gezielt angesetzt werden: nicht auf Gäste, sondern auf Mitarbeiter muss der Focus entsprechender Bemühungen gerichtet sein!

So haben wir auf dem Lindner-Stand der *Recruiting Days* bewusst Informationen über unsere Personalentwicklungszielsetzungen und -instrumente, unsere Trainingsaktivitäten, unsere Werte und Überzeugungen sowie die Ergebnisse der letztjährigen Mitarbeiterbefragung präsentiert. Diese in „Seminarmanier" auf Pinnwänden visualisierten Inhalte waren für viele Bewerber ein eye-catcher und Aufhänger für intensive Gespräche und Diskussionen.

Auch unsere Lindner-Homepage ist um das Thema *Human Resources Management* erweitert worden. Da wir im *war for talents* die Nachteile fehlender echter Internationalität haben (zumindest im Moment noch), müssen wir unsere Vorteile im Personalmarketing verdeutlichen: wir sind eine nicht anonyme, noch überschaubare Gruppe, mit kurzen Entscheidungswegen, mit einer Inhaberfamilie statt einer Gruppe unbekannter shareholder, die innovativ arbeitet. Die sozialen Aspekte dieser Marktvorteile demonstrieren wir auf der Homepage dadurch, dass die gesamte Führungsmannschaft mit Bildern und Lebenslauf dargestellt wird (was in amerikanischen Unternehmen inzwischen sehr weit verbreitet ist). Kurz diskutierte Bedenken, ob wir damit nicht den Head Huntern ein komfortables Eintrittsportal eröffnen, konnten wir durch den Hinweis beruhigen, dass die Branche sowieso schon ungewöhnlich transparent ist. Also: Mut zum Risiko!

2.4 *Retention*: wie hält die Branche ihre Mitarbeiter?

2.4.1 Gestaltung der Umgebungsbedingungen

Viele Hotels bestehen aus 2 ausgesprochen unterschiedlichen Welten: in Anlehnung an die Schifffahrt möchte ich sie *Oberdeck* und *Unterdeck* nennen. Das Oberdeck wird durch Glanz, edle Ausstattung, Sauberkeit usw. beherrscht. Das Unterdeck – hier finden sich Umkleideräume und Personalduschen, Wäscherei, Technik, Mitarbeiterkantine – bildet oft einen unübersehbaren Gegensatz: nüchterne, teils ärmliche Einrichtung, unwirtliche Räume usw. Ein *symbolisches Paradoxon*! Der Mitarbeiter erlebt einen Konflikt: auf dem Oberdeck soll er dem Gast das Gefühl vermitteln, wichtig zu sein, im Mittelpunkt seiner Bemühungen zu stehen und ihm „nur das Beste" zu bieten. Im Unterdeck erfährt er u. U. selbst eine völlig andere Behandlung: der Küchenchef saniert seine Materialkosten, indem er einfallsloses reduziertes Essen serviert, der Spind ist verbeult und verrostet, die Duschen hygienisch fragwürdig. Bevor wir über differenzierte wissenschaftlich fundierte Modelle der Arbeitsmotivation sprechen, sollten wir an diesen profanen Umständen ansetzen, die häufig zum Dauerärger der Mitarbeiter werden und ihnen ihre „Zweitklassigkeit" symbolisieren – typische *Hygienefaktoren* im Sinne Herzberg's, die nicht zu hoher Arbeitsmotivation beitragen können, wenn sie positiv gestaltet sind, sehr wohl aber zur Dauerunzufriedenheit und letztendlich zum Austritt. (Diese deutliche Trennung zwischen *Gastwelt* und *Mitarbeiterwelt* zeigt sich auch in der weit verbreiteten Regel, dass Mitarbeiter nicht den Haupteingang des Hotels, sondern den Personaleingang benutzen.)

2.4.2   Arbeitsgestaltung

Ein bekanntes und wissenschaftlich fundiertes Modell, um die aus der Arbeitstätigkeit selbst erwachsende Arbeitsmotivation und die resultierenden Größen wie Fluktuation, Einsatz, Fehlzeiten usw. zu erklären, ist das *Job Characteristics Modell* von Hackman & Oldham (1976). Stark vereinfacht nennt dieses Modell *Kerndimensionen*, die eine Aufgabe erfüllen muss, um als sinnvoll wahrgenommen zu werden, damit der Mitarbeiter sich für die Ergebnisse selbst verantwortlich fühlt und er um die Resultate seiner Anstrengungen weiß. Diese *kritischen psychologischen Zustände* resultieren in hoher Arbeitsmotivation, Qualität und Zufriedenheit mit der Arbeit. Der Zusammenhang zwischen Situationsvariablen (hier: der Gestaltung der Aufgabe) und Reaktionen der Personen (Motivation, Zufriedenheit usw.) soll um so stärker sein, je ausgeprägter die *Growth Need Strength*, das Bedürfnis nach Wachstum und Weiterentwicklung ist.

Diese Kerndimensionen sind im Einzelnen:

- Task Variety: Vielfältigkeit der Aufgaben
- Task Identity: die Vollständigkeit der Aufgabe
- Task Significance: die Bedeutsamkeit der Aufgabe
- Autonomy: die Selbstständigkeit, mit der ich die Aufgabe erledigen kann
- Feedback: die Rückkoppelung der Ergebnisse

Im Sinne dieses Modells weisen viele Arbeitsplätze gerade in großen Hotels geringe Aufgabenvielfalt und Aufgabenvollständigkeit auf: Mitarbeiter am Front Office eines „Megahotels" machen oft nur Check In oder Check Out, der Arbeitsablauf ist stark *taylorisiert*, das heißt in Einzelelemente unterteilt ohne Verantwortung für den Gesamtablauf. Erschwerend kommt hinzu, dass gerade große Hotelketten mit länderübergreifenden Standorten über klar definierte Standards verfügen, in denen die Arbeitsabläufe (bis zur Position des Bademantels und der Blumenvase im Gästezimmer) vorgeschrieben werden. Zum einen sind diese Standards unverzichtbar, um ein für den Gast wiedererkennbares Produkt zu kreieren, zum anderen sind sie aber auch ein ewiger Streitpunkt zwischen zentralen und dezentralen Strukturen: ein Phänomen der *Reaktanz*, also der motivationalen Reaktion auf die Einschränkung von Entscheidungsfreiraum und Eigenkontrolle (Brehm 1972 in Schneider & Schmalt 1981).

Trotzdem gibt es Ansatzpunkte, durch kreative Arbeitsgestaltung Motivationspotential zu schaffen, das dem starken Bedürfnis nach Abwechslung und Vielfalt Rechnung trägt. Wo die Möglichkeiten durch starke Standardisierung der operativen Abläufe eingeschränkt sind, können Lösungsansätze in klassischen Verfahren wir *Job Rotation, Job enlargement* oder *Job enrichment* liegen. Auch der Einbezug der Mitarbeiter in Projekte, welche die Weiterentwicklung des Produktes oder die Einführung neuer Tools zum Ziel haben, soll hier genannt werden. Als Faustregel gilt: je repetitiver und genormter der Ablauf gestaltet ist, desto mehr Anstrengung sollte auf die Involvierung der Mitarbeiter in abwechslungsreiche Sonder- und Projekttätigkeit gelegt werden!

Hierzu wieder zwei Beispiele aus dem Bereich der Lindner Hotels:

Im Rahmen eines Nachwuchsförderprogramms für unsere *Young Potentials* arbeiten 2 Projektgruppen unter Anleitung professioneller Trainer an ausbildungsfremden Themen, die für das Unternehmen hohe Relevanz haben. Neben der inhaltlichen Lösung des Themas verfolgen wir damit das Ziel, dass unsere jungen Mitarbeiter Prinzipien professionellen Projektmanagements erlernen und fach- und hausübergreifend kooperieren. Die Themen sind: „Gestaltung attraktiver Arbeitsbedingungen bei Lindner Hotels AG" und „Effizienzsteigerung im Personaleinsatz durch flexible bedarfsorientierte Einsatzplanung". Gerade das zweite Thema ist im hier diskutierten Kontext spannend: nicht nur die Projektarbeit stellt *job enrichment* dar, auch das Thema selbst hat *job rotation* und andere Formen der Arbeitsgestaltung zum Thema.

Um den Konflikt zwischen zentralen und dezentralen Kräften konstruktiv zu nutzen, werden Standards bei Lindner nicht top-down eingeführt, sondern im Rahmen eines Kooperationsstils, den wir *Lindner-Dialog* nennen, gemeinsam erarbeitet: die Fachvertreter der Häuser erarbeiten in Workshops gemeinsam mit den Fachvertretern der Hauptverwaltung neue Instrumente, Prozeduren und Standards. Neben dem Effekt der motivationalen Involvierung in die entsprechenden Themen wird hierdurch eine Qualitätsverbesserung durch Einbringen der verschiedenen Kenntnisse und Bedürfnisse erreicht: die „Peripherie" bringt ihre Sichtweise aus der täglichen Erfahrung ein, die „Zentrale" die theoretischen Hintergründe und die innovativen Impulse. Im günstigen Falle erreichen wir durch dieses kombinierte Vorgehen eine Steigerung des *Unternehmens-IQ* im Sinne der alten gestaltspsychologischen Weisheit: „Das Ganze ist mehr als die Summe seiner Teile".

Die Beteiligung der Mitarbeiter an der Innovation und qualitativen Optimierung der Operations i.S. von TQM-Ansätzen oder Qualitätszirkeln wird deutlich weniger beachtet als in anderen Branchen. Solcher Einbezug ist nicht nur hoch motivierend, er führt auch zu einer echten Verbesserung des Produkts, da die Mitarbeiter meist über große Ideenvielfalt und Engagement verfügen, die Prozesse zu verbessern. Bei Lindner versuchen wir, diesen Ideenfluss über einen *Ideenwettbewerb* zu generieren, ein Verfahren, das zu Beginn einen hohen Output brachte, inzwischen aber einer Neuausrichtung bedarf.

2.4.3 Gestaltung der sozialen Prozesse

Die Mitarbeiter der Branche sind als besonders anschlussmotivierte Mitarbeiter sehr sensibel gegenüber sozialen Störungen, Konflikten, rauem Ton. Durch relativ steile Hierarchien mit vielen Ebenen ist der Alltag sehr vieler Mitarbeiter durch Führung der eigenen Mitarbeiter und geführt werden geprägt. (Das Motto der amerikanischen Unternehmung Gore *No ranks, no titles* ist auf die Hotellerie sicher nicht anwendbar!) Hier kann das Personalmanagement durch die Vorgabe obligatorischer Trainingsprogramme, durch Mitarbeit an Beförderungsentscheidungen, durch Definition von Mindestkompetenzprofilen für Führungskräfte und Management-Audits erheblich zur Motivation und Zufriedenheit beitragen! Gerade Einzelbetriebe weisen in dieser Hinsicht Lücken auf, während große internationale Ketten hier sehr differenzierte und vorzeigbare Ansätze zeigen.

In der Struktur ihrer Fähigkeiten weisen viele unserer Mitarbeiter nicht nur hohe soziale Kompetenz auf, sondern auch auffallende geistige Beweglichkeit, Kreativität und Gestaltungsbedürfnis. Der Wunsch und die Fähigkeit, mitzudenken und mitzugestalten, müssen im Führungsprozess realisiert werden. Das Personalmanagement hat hier die Aufgabe, eine Kultur zu begünstigen, die den Mitarbeiter in Entscheidungen einbezieht und ihm entsprechenden Handlungsspielraum gewährt. Hier muss ein tradiertes Verständnis von Führung angegangen werden, das wir häufig noch antreffen und das sich vom Zeitgeist mitunter weit entfernt hat. Eine unabdingbare Voraussetzung für eine solche offene und experimentierbereite Kultur ist *Fehlertoleranz*: nur wer keine Angst vor einem weniger guten Gelingen eines neuen Ansatzes hat, wagt sich zu neuen Ufern! (Einer der 7 *Werte* der Lindner Hotels AG lautet deshalb: *Wir fördern Mut, nicht nur Fehlervermeidung!*)

2.4.4   Berufliche Entwicklung

Hier liegt eine der wichtigsten Herausforderungen für das Personalmanagement: frühe Identifikation von *Young Potentials*, die zentrale Steuerung deren weiterer Entwicklung, Definition von Kernkompetenzen der Zukunft und Unterstützung des Aufbaus dieser Kompetenz durch Job Rotation und Trainings, spezielle Trainee-Programme für bestimmte Zielpositionen, bestehend aus internen bereichsübergreifenden *Crosstrainings* und off-the-job Maßnahmen sind mögliche Ansätze. Als Lindner-Beispiel sollen hier unsere *Potentialalanalyse- und entwicklungsdialoge* (*PAE-Dialoge*) kurz dargestellt werden.

Ziel dieses Verfahrens ist die frühzeitige Identifikation von *Hoffnungsträgern* mit den gleichwertigen Zielen, diese <u>motivational</u> „bei der Stange" zu halten, indem sie das deutliche Signal erhalten, dass sie eine attraktive berufliche Entwicklung im Unternehmen erwarten können, und sie durch gezielte Steuerung von Trainingsmaßnahmen und Entwicklungsschritten auf die Übernahme höherwertiger Aufgaben <u>vorzubereiten</u>.

Im Rahmen dieser Dialoge führen wir Gespräche über die Mitarbeiter mit allen Abteilungsleitern in Anwesenheit von deren Vorgesetzten (Bereichs Manager oder General Manager), mit den GMs über die Abteilungsleiter, den Regionaldirektoren über die GMs usw. Grundlage der Diskussion ist die Einstufung aller Mitarbeiter auf unserem *Mitarbeiter-Portfolio*. In dieser Matrix werden die Mitarbeiter auf den Skalen *aktuelle Leistung* und *Entwicklungspotential* gerated. Diese Einstufung wird zwischen den anwesenden Managern diskutiert und eventuell leicht korrigiert. Für zwei strategisch wichtige Zielgruppen erfolgt dann eine detaillierte Analyse des *Kompetenzprofils*, der möglichen *Zielpositionen* und der *unterstützenden Maßnahmen* zur Förderung der weiteren Entwicklung. Diese Zielgruppen – aktuelle Führungskräfte und solche Mitarbeiter, die in den oberen 3 Quadranten des Portfolios sowie dem Quadranten rechts in der Mitte liegen – bezeichnen wir als *Company Potentials*: Deren Entwicklung bleibt nicht dem einzelnen Haus überlassen, sondern sie wird zentral mit gesteuert.

Die entsprechenden Planungsdaten, zu denen alle denkbaren on- und off-the-job-Maßnahmen gehören, werden den Hotels regelmäßig mitgeteilt und der aktuelle Realisierungsgrad dokumentiert.

Bei der momentanen Größe unseres Unternehmens ist die persönliche Moderation dieser Erhebungen in den Häusern gerade noch machbar. Um das Verfahren aber auch in einem weiter wachsenden Unternehmen durchführen zu können, haben wir jetzt unser *Mitarbeiterbeurteilungs- und -förderinstrument* bezüglich der Beurteilungsdimensionen weitgehend mit den analysierten Kernkompetenzen synchronisiert. Hierdurch soll eine synergetische und effiziente Verzahnung unserer Instrumente erreicht werden.

2.4.5   Materielle Anreizsysteme

Durch die geringen Margen können keine „Gießkannenerhöhungen" der Gehälter durchgesetzt werden. Hier sind intelligente Modelle der Beteiligung der Mitarbeiter am Erfolg ihrer Arbeit gefragt. Im Sinne des *Productivity Measurement & Enhancement System- Ansatzes* (ProMES) von Pritchard et al. (1993) bieten sich z.B. differenzierte Zielsetzungssysteme an, in denen variable Gehaltsbestandteile an die Ausprägung bestimmter Leistungs- und Erfolgsindikatoren geknüpft werden. Diese Kriterien müssen a) mit dem wirtschaftlichen Erfolg des Unternehmens kovariieren und b) von den Mitarbeitern beeinflussbar sein. Ein Hemmschuh für die Einführung solcher Modelle ist deren mögliche Komplexität: hier heißt es „keep it simple". Auf der anderen Seite verfügen wir bereits jetzt über differenzierte Indikatoren, die wir schon seit langem erheben, und deren Ausprägung auch von der Leistung und dem Einsatz unserer Mitarbeiter abhängen: Gästezufriedenheit, Zusatzverkauf, Umsatz, Gop, Reklamationshäufigkeit. Die Kunst wird es sein, diese Variablen bezüglich echter Beeinflussbarkeit durch die Mitarbeiter zu bewerten und entsprechend zu gewichten.

3 Zur Zukunft des Personalmanagement in der Hotellerie

Hotellerie ist (noch!) eine eigene Welt mit geringen Berührungspunkten nach „draußen". Während z.B. Personaler verschiedenster Dienstleistungs- und Industriebereiche wie selbstverständlich in Erfahrungskreisen Gedanken und Instrumente austauschen – z.B. in der Deutschen Gesellschaft für Personalführung e.V. (DGFP) – sind die Personaler der Hotellerie hier nicht beteiligt (Lindner ist das erste und bisher einzige Mitglied der Branche in der DGFP). Verglichen mit z.B. der chemischen Industrie oder der Informationstechnologie weist die Branche tatsächlich einige Unterschiede auf folgenden Dimensionen auf:

- Theoretische Qualifikation, Akademisierungsgrad
- Fluktuation
- Altersstruktur
- Gehaltsniveau

Die hohe Fluktuation z.B. erschwert die Investition in langfristige Ausbildungsprogramme. Die Branche erkennt aber inzwischen ihre Grenzen und ihren Veränderungsbedarf: letztendlich beschäftigt sie auch nur Menschen als Mitarbeiter – und diese sind keineswegs grundverschieden von den Menschen in anderen Branchen. Während andere Branchen bereits vor Jahrzehnten anfingen, ihre Personalinstrumente systematisch und bewusst zu gestalten, um den Anforderungen der Zukunft gerecht werden zu können, steht die Hotellerie am Anfang dieser Entwicklung. Baustellen gibt es zahlreiche, aber die Baugeräte werden ähnliche sein wie die auf den anderen Baustellen eingesetzten. Dies gilt selbstverständlich auch für die hier dargestellten Lindner-Verfahren, die keineswegs originär sind, sondern Adaptierungen durchaus verbreiteter Ansätze!

Letztendlich muss die Branche jetzt ihr „agabu" („alles ganz anders bei uns"; Zitat von Minoru Tominaga im Rahmen eines Vortrags beim Bundesarbeitgeberverband Chemie, Wiesbaden, 1997) überwinden und sich entschließen, Projekte in Angriff zu nehmen, die woanders bereits abgeschlossen sind oder sich in der 3. Auflage befinden. Eines wird hierbei aber unumgänglich sein: entsprechende Aktionen werden Geld kosten! Dieses Geld ist eine Investition in 60% unseres Produktes: die Mitarbeiter. In die anderen 40% – die Immobilie – investiert die Branche bereits lange und wesentlich bereitwilliger. Hier wird sie gezwungen, umzudenken. Und hierfür braucht sie auch erfahrene Personalmanager – vielleicht solche, die es reizt, ihr Wissen in eine Branche einzubringen, die unglaublich bunt, emotional und transparent ist! Und in der man im Personalmanagement – nun, nicht gerade Pionierleistungen, sehr wohl aber Innovatives vollbringen kann. Und manchmal kommen sie auch wieder zurück, die „Branchenflüchtlinge": ihnen war es „draußen" zu grau, zu langweilig, zu „beamtenhaft". Ja, auch das gibt es! Arbeiten wir daran, dass es noch mehr werden.

Literaturhinweise zum Artikel

Gates, B.: Digitales Business. München: Heyne, 1999

Gebert, D. & von Rosenstiel, L.: Organisationspsychologie. Stuttgart u.a.: Kohlhammer, 1981

Hackman, J.R & Oldham, G.R.: Work Redesign. Reading, MA: Addison-Wesley, 1980

Kapitel G
Marketingkoordination und Marketingkontrolle in der Hotellerie

1 Organisation und Umsetzung von Marketingprogrammen

Der Umsetzungserfolg kundenorientierter Dienstleistungskonzepte hängt im Wesentlichen von einer strategieadäquaten Integration und Koordination von Struktur-, System- und Kulturelementen ab. Diese sich einander ergänzenden Steuerungsansätze zur Sicherstellung von Dienstleistungsqualität bedürfen, je nach Dienstleistungstypus, Interaktionsniveau und Individualisierungsgrad der Leistung eines differenzierten Einsatzes im Rahmen eines integrierten Gesamtsystems (Meffert 1994, S.532f.). Organisationaler Reflex eines dienstleistungsspezifischen Marketingkonzeptes in der Hotellerie sind demzufolge Entscheidungen über die Potenzial- und Aktionsstruktur des Hotelunternehmens im Zuge *aufbau- und ablauforganisatorischer sowie kulturspezifischer Fragestellungen* und so gehört die Gestaltung der Marketingorganisation zu den wesentlichen Aufgaben des Marketing-Management (Freiling/Köhler 2013, S.9, Homburg/Kromer 2009, S.1218). Die Notwendigkeit der Neudefinition von Aufgaben und Abläufen im Organisationskontext von Hotelunternehmen resultiert aus einem unternehmensweiten und funktionsübergreifenden Marketingverständnis und muss sich in einer kooperativen Organisationsgestaltung und -strukturierung niederschlagen, welcher der Querschnittsfunktion des Marketing-Managements und der Interdisziplinarität der Marketingaufgaben Rechnung trägt. Die systematische Gliederung und Zuteilung von marketingbezogenen Funktionen, die Gestaltung von Aufgaben-, Kompetenz- und Verantwortungsbereichen im Rahmen der Aufbauorganisation und die Strukturierung von qualitätsrelevanten Prozessen, Tätigkeiten und Verantwortlichkeiten in verschiedenen Phasen der Leistungserstellung, muss dabei nach MEFFERT folgenden Grundsätzen einer marketingorientierten Organisation genügen (Meffert 2000, S.1065; Meffert et al. 2012, S.812f.; Homburg/Kromer 2009, S.1231ff.):

- Die Aufbauorganisation muss ein *integriertes Marketing ermöglichen*, das heißt es muss sowohl eine effiziente Koordination aller Marketingaktivitäten als auch eine effiziente Abstimmung mit anderen Funktionsbereichen des Unternehmens erfolgen (Einkauf, Beherbergung, Verpflegung, Nebenleistungen, Vertrieb etc.).
- Die Marketingorganisation muss *hohen Flexibilitätsanforderungen* genügen, d.h. sie muss trotz häufiger Änderungen in den Umweltbedingungen (Marktdynamik) ihre Leistungswirksamkeit bewahren. Dabei muss sie sowohl auf Veränderungen der Marktbedingungen an sich (z.B. Konjunktur) als auch auf konkrete Anforderungen, wie bspw. den Eintritt eines neuen Wettbewerbers flexibel reagieren können.
- Es ist solchen Organisationsformen der Vorzug zu geben, welche die *Kreativität und Innovationsbereitschaft aller Mitarbeiter erhöhen*. Dies bedeutet, dass ein Mindestmaß an „produktiven" Konflikten zwischen Systemelementen bestehen muss, um zu integrierten und von allen Beteiligten mitgetragenen Lösungen zu kommen.

- Die Organisationsstruktur sollte so aufgebaut sein, dass eine *sinnvolle Spezialisierung* der Organisationsteilnehmer nach Funktionen, Produktgruppen, Kunden oder Regionen gewährleistet ist.

Aus diesen Grundsätzen ergeben sich die besonderen Zielsetzungen und Anforderungen an die Marketingorganisation, die im Kern darin bestehen eine markt- und kundenorientierte Denk- und Verhaltensweise im Unternehmen zu verankern (Homburg et al. 2013, S.559; Freiling/Köhler 2013, S.21). *„In marktorientierten Unternehmen folgt nicht nur die Marketingabteilung i.e.S. dem Oberziel, Kunden und Wettbewerb zu verstehen. Marktorientierung manifestiert sich vielmehr in der Ausrichtung aller Abteilungen am relativen (d.h. am Wettbewerb gemessenen) Kundennutzen."* (Diller 2007, S.121). Diese Gestaltungsanforderung führt zum Abbau bislang starrer Hierarchien und verschärft die durch die grundsätzlichen Erfordernisse der Arbeitsteilung bedingte Differenzierung von Organisationsstrukturen. Konsequenz einer solchen marketinggetriebenen Organisation ist ein subsystemüberbrückender, kooperativer Organisationsansatz (Schnittstellenorganisation/Querschnittskoordination), der die verschiedenen betriebs-, funktions-, abteilungs- und hierarchieübergreifenden Schnittstellen integriert, die bisherige Struktur um zusätzliche Kommunikationswege ergänzt und so einen strukturellen Handlungs- und Organisationsrahmen zu unternehmensweiten und kundenorientierten Problemlösungen im Marketing-Management liefert. Entscheidend wird hier der Tatbestand, dass die Dezentralisierung und Delegation der operativen Qualitäts- und Marketingverantwortung an die ausführenden Stellen und die Teamorientierung nicht, wie in der Vergangenheit, ad-hoc Lösungskonzepte für nicht repetitive Problemstellungen darstellen, sondern als strukturelle und permanente Basismuster in das bestehende bzw. zu entwickelnde Organisationsgefüge des Unternehmens eingebracht werden. In einem zusammenfassenden Überblick lassen sich die Aufgabenbereiche und Ansatzpunkte einer kunden- und marktorientierten Organisationsgestaltung wie in Abbildung G.1 dargestellt kennzeichnen (Vgl. hierzu auch die Einteilung bei Köhler 2000, S.262; Meffert/Bruhn 2009, S.388ff.; Homburg/Krohmer 2009, S.1223ff.)

• **Die kulturelle Dimension**	Entstehung einer kundenorientierten Unternehmenskultur
• **Die strukturelle Dimension**	Gestaltung kundenorientierter Organisationsformen
• **Die prozessuale Dimension**	Entwicklung und Implementierung einer kundenorientierten Querschnitts-/ Schnittstellenorganisation
• **Die Methodendimension**	Kundenorientierte Anpassung der Führungs-, Informations- und Kontrollsysteme
• **Die Mitarbeiterführungs-dimension**	Internes Marketing

Abb.G.1:   Aufgabendimensionen der Marketingorganisation und Marketingimplementierung
            Quelle: In Anlehnung an Köhler 2000, S.262 (modifiziert)

2 Voraussetzungen und Barrieren im Marketing-Management

2.1 Strukturelle Voraussetzungen und Barrieren

Aus der Besinnung auf die ‚*business mission*' ergibt sich als aufbauorganisatorische Konsequenz des Marketing-Management die **Notwendigkeit einer verstärkten Außenorientierung der Organisation** hin zum Kunden bzw. Markt. Vor diesem Hintergrund gilt es, die marktbezogenen Veränderungen innerhalb bestehender Organisationskontexte im Hinblick auf deren strukturelle Implikationen für die Hotellerie zu hinterfragen. Ohne im Einzelnen auf eine detaillierte Konzeption eines Organisationsmodells für die Hotellerie einzugehen (hierzu Schwaninger 1985, S.51ff; Henschel et al. 2013, S.57ff.), soll an dieser Stelle eine Diskussion der nachfolgend dargestellten Organisationsformen als entscheidenden Parametern einer marketingorientierten Organisationsgestaltung genügen:

- Institutionalisierte Organisationsformen
- Hierarchieergänzende Organisationsformen

Institutionalisierte und hierarchieergänzende Organisationsformen sind die aus den spezifischen aufbauorganisatorischen Anforderungen des Marketing-Managements resultierenden Einheiten, die zur Absicherung der praktischen Umsetzung der Marketingphilosophie und -strategie dienen und gleichzeitig die strategiebezogene organisatorische Stabilität und Flexibilität gewährleisten sollen. Die betriebswirtschaftliche Literatur unterscheidet grundsätzlich zwischen ein- und mehrdimensionalen Modellen der Aufbauorganisation. Während Erstere aufgrund eines spezifischen Strukturierungskriteriums, z.B. nach Funktionen, Kunden, Produkten oder Regionen differenzieren, zeichnen sich mehrdimensionale Modelle durch die simultane und gleichgewichtige Berücksichtigung mehrerer Strukturierungskriterien aus, wie es bspw. bei Matrix- oder Tensororganisationen der Fall ist. Ausprägungen **institutioneller Organisationsformen** sind Organisationseinheiten (Abteilungen/Stellen), die als Linienfunktionen, Stäbe oder zentrale Serviceeinheiten Entscheidungs-, Koordinations-, Kommunikations- und/oder Informationsaufgaben übernehmen und für eine unternehmensweite Umsetzung des Marketingkonzepts sorgen (z.B. Guest Relationship Management, Beschwerdeabteilung, Qualitätswesen, F&B-Management).

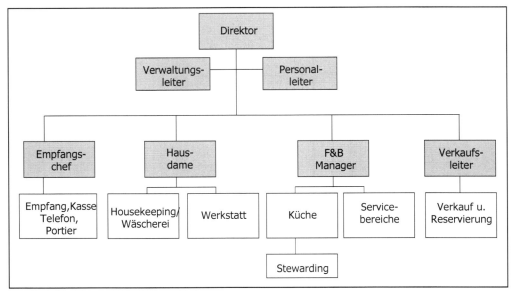

Abb.G.2: Beispiel eines funktionsorientierten Organisationsmodells in der Hotellerie
Quelle: Winter 2008, S.93

Für individuelle und interaktiv erbrachte Dienstleistungen, wie es für das Leistungsprofil der Mehrzahl von Hotelunternehmen typisch ist, wird dabei die Forderung nach einem neuen Leitbild der Organisation und Führung erhoben (Meffert/Bruhn 2009, S.391ff.). Wie in Abb.G.3 deutlich wird, sollte das Geschäfts- und Führungssystem eines Hotelunternehmens mit Blick auf die Kunden und die Mitarbeiter ausgerichtet werden. So ist ein Höchstmaß an Flexibilität nach innen und nach außen anzustreben, da viele Marketingentscheidungen direkt im Rahmen des Interaktionsprozesses mit den Kunden zu fällen sind. Hierbei wird deutlich, dass die starke Vertikalisierung traditioneller Organisationsstrukturen diesen Anforderungen nicht gerecht wird, so dass Maßnahmen an Bedeutung gewinnen, die eine Entbürokratisierung und stärkere horizontale Ausrichtung der Organisation ermöglichen. Diese Erkenntnis erfordert die größtmögliche Delegation von Aufgaben, Kompetenzen und Verantwortlichkeiten an die unteren Hierarchiestufen. Damit verbunden ist eine Anpassung des Führungssystems, so dass Vorgesetzte schwerpunktmäßig nicht mehr Leistungs- und Kontrollfunktionen wahrnehmen, sondern in erster Linie Coaching- und Unterstützungsfunktionen.

Die für Hotelunternehmen so bedeutende horizontale Koordination bei dezentraler Übernahme von Marketingaufgaben muss durch eine flexible Aufgabenverteilung im Rahmen *hierarchieergänzender Organisationsformen* unterstützt werden. Unter hierarchieergänzenden Organisationsformen als system- bzw. subsystemüberbrückenden/-verbindenden Formen der Koordination, werden z.B. Einheiten wie Kollegien, Ausschüsse, Kommissionen, Projektteams oder Qualitätszirkel subsumiert (*temporäre Parallelstrukturen*). Grundsätzliches Ziel dieser Organisationsformen ist die Förderung der interdisziplinären Kooperation durch die temporäre oder dauerhafte Zusammenführung von Aufgaben- und Wissensträgern aus unterschiedlichen Bereichen des Unternehmens. Diese kommen mit Blick auf die Verbesserung der Problemlösungskapazität und Anpassungsfähigkeit des Gesamtsystems bzw. der beteiligten Subsysteme, je nach Kompetenzausstattung zum Informationsaustausch, der Beratung und/oder der Entscheidungsvorbereitung und -fällung zusammen. Die Einrichtung und Schnittstellenbildung hierarchieergänzender Organisationsformen des Marketing-Management sowie deren organisatorische Verankerung und Verzahnung im Rahmen des bestehenden Organisationskontextes soll am Beispiel der Qualitätszirkel beschrieben werden (Gardini 1997, S.247ff):

- **Qualitätssteuerungskomittees/-lenkungsgruppe**

In diesem Gremium, das alle relevanten Machtpromotoren der Organisation einbindet (oberste Führungsebene, Betriebsrat, ggf. Experten aus allen wesentlichen Unternehmensbereichen), werden alle Grundsatzentscheidungen bezüglich der Planung, Steuerung und Kontrolle qualitätsrelevanter Unternehmensaktivitäten getroffen. In der Einführungsphase trifft sich das Komitee einmal im Monat, danach in der Regel vierteljährlich.

- **Qualitätskoordinatoren**

Dem Koordinator als Fachpromotor und Katalysator von Qualitätskonzepten/-programmen/ -aktivitäten obliegt die Umsetzung der Vorgaben der Steuerungsgruppe, die fachliche und organisatorische Betreuung der Qualitätsförderungsteams und die Vermittler- und Verbindungsfunktion zwischen Unternehmensführung und Qualitätsmoderatoren, respektive den einzelnen Gruppen. In Abhängigkeit von der Unternehmensgröße und den zu betreuenden Gruppen ist die Tätigkeit entweder als Teilzeit- oder als Vollzeitaufgabe wahrzunehmen. Dem Koordinator, der zumeist dem mittleren Management angehört, kommt als *,change agent'* eine zentrale Position bei der Umsetzung des TQM-Konzeptes zu.

- **Qualitätsmoderatoren und Qualitätsförderungsteams**

Der Moderator (Vorgesetzter, Gruppenmitglied, externer/interner Berater) leitet die Sitzungen der jeweiligen Qualitätsförderungsteams. Ihm obliegt die qualitätsbezogene Information und Ausbildung der Gruppenmitglieder, die Dokumentation der Arbeitsergebnisse, die Berichterstattung an den Koordinator sowie der Erfahrungsaustausch mit anderen Moderatoren. Teammitglieder gehören der gleichen Hierarchieebene an und nehmen zumeist freiwillig an den Sitzungen teil.

Für alle marketingbezogenen Veränderungen der Aufbauorganisation durch hierarchieergänzende Organisationsformen gilt, dass die geschaffenen Instanzen spätestens nach einer gewissen Einführungsphase in die bestehende Struktur bzw. in die Linie zu integrieren sind, so dass keine Parallelorganisation entstehen kann. Die verschiedenen Instanzen und Aufgabenträger eröffnen neue Kommunikationswege und liefern über die Betonung einer hierarchie- und bereichsübergreifenden Schnittstellenorganisation einen *strukturellen Organisationsrahmen für unternehmensweite und interdisziplinäre Lösungen von Marketing- bzw. Qualitätsproblemen*. Die Verknüpfung institutioneller und hierarchieergänzender Strukturen über integrative Steuerungs- und Ablauftechniken führt zu simultanen Veränderungsprozessen im Bereich der Organisations- und Personalentwicklung, wobei erst durch die Vernetzung mit der Marketingorganisation im Hinblick auf die Kanalisierung der kunden-/absatzmarktrelevanten Informationsströme, die entscheidende Voraussetzung für den Wandel zu einer kunden-/qualitätsorientierten Organisation geschaffen wird.

Im Hinblick auf die organisatorische Umsetzung des Marketingkonzepts können jedoch auch *Widerstände auf organisatorisch-struktureller Ebene* auftreten. MEFFERT/BRUHN zählen beispielhaft folgende mögliche Umsetzungsbarrieren auf (Meffert/Bruhn 2009, S.393f.):

- ungenügende Verankerung des Marketing auf der Führungsebene des Dienstleistungsunternehmens (z.B. Unterordnung des Marketing in den Verkauf),
- fehlende Abteilungen/Prozesse für Kundenprobleme (z.B. Beschwerdemanagement),
- zu viele Hierarchieebenen im Unternehmen, die eine flexible Orientierung an den Kundenbedürfnissen behindern,
- keine formellen Entscheidungsregeln in Bezug auf die Kunden-/Qualitätsorientierung der Mitarbeiter (z.B. Empowerment).

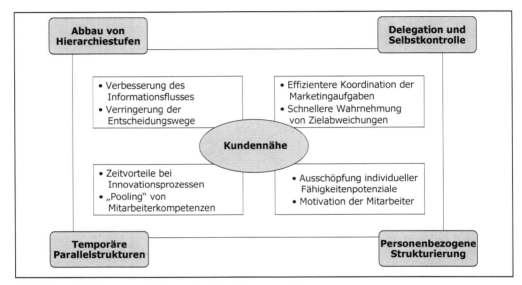

Abb.G.3:   Optimierung von Strukturen im Dienstleistungsbereich
             Quelle: Meffert/Bruhn 2009, S.393

2.2   Prozessuale Voraussetzungen und Barrieren

Die Systemveränderung bzw. Systemoptimierung einer Organisation, mit dem Ziel der kontinuierlichen Verbesserung der Unternehmensleistungen, darf sich nicht nur in der Installation hierarchieergänzender und institutioneller Organisationsformen erschöpfen, sondern muss die direkte Einflussnahme der Mitarbeiter in ihrem unmittelbaren Arbeitsumfeld gewährleisten. Die *Prozessorientierung als ein strukturdeterminierendes Organisationsmuster neuerer Managementkonzepte*, wie dem Total Quality Management, dem Lean Management oder dem Business Reengineering, führt zu einem tiefgreifenden Wandel organisatorischer Strukturen und Abläufe in der Hotellerie (Wöhler 1998). Die Schaffung interner Kunden-/ Lieferantennetzwerke entlang der Wertschöpfungskette des Unternehmens, als inhaltlich-konzeptionelles Dogma des Prozessmanagement, überlagert die funktionale Organisationsstruktur, was oftmals unter dem Begriff der *horizontalen Organisation* diskutiert wird (Ostroff/Smith 1992).

Im *Mittelpunkt der Prozessorientierung* steht die permanente Ausrichtung, Verbesserung und Beherrschung aller Unternehmensprozesse im Hinblick auf das gemeinsame Ziel der Kundenzufriedenheit (Sandt 2009, S.356). Die Prozessorientierung erfordert in analoger Weise zum Vorgehen im Rahmen des Service Blueprinting/Mapping die sequentielle Zerlegung zentraler Dienstleistungs- und Arbeitsprozesse und die Definition von Subprozessen, Tätigkeiten und Tätigkeitselementen (Abb.G.4).

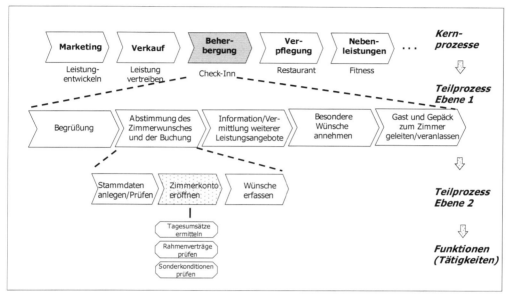

Abb.G.4:   Beispiel einer Prozesshierarchie in der Hotellerie

Aus den jeweiligen Arbeitsbeziehungen der Geschäftsprozesse ergibt sich eine Kette, in der die Rollenverteilung und die Verantwortung für die Qualität des jeweiligen Arbeitsergebnisses (Prozessoutputs) festgelegt ist, mit der Konsequenz, dass eine Qualitätskontrolle immer am unmittelbaren Prozessschritt ansetzt. Eine entsprechende *Prozessregelung, wie sie bspw. durch eine statistische Prozesskontrolle (SPC – Statistical Process Control)* durchgeführt werden könnte, gewährleistet, dass vereinbarte Messgrößen, Standards und Kennzahlen (*KPI – Key Performance Indicator*) laufend ermittelt werden, um so unmittelbar auf entsprechende Zielabweichungen reagieren zu können. So können bspw. für den Check-In-Prozess mit den oben skizzierten Unterprozessen folgende Prozesskennzahlen benutzt werden (Sandt 2009, S.362):

- Kundenzufriedenheit mit Check-In gemäß Kundenzufriedenheitsbefragung
- Anzahl Fehler bei Systemeingabe
- Zeit für Check-In
- Beschwerdeaufkommen
- ...

Durch kontinuierliche und direkte Rückkoppelungen beim Schnittstellenübergang und durch Soll-/Ist Vergleiche der jeweiligen Arbeitsanforderungen, respektive Arbeitsergebnisse in den verschiedenen Prozessphasen der Leistungserstellung, ist es daher möglich, Fehlerquellen noch unternehmensintern aufzuspüren und durch umgehende Verbesserungsmaßnahmen erhebliche Zeit- und Kosteneinsparungspotenziale zu realisieren. Eine besondere Bedeutung erlangt dabei die Koordination der Schnittstellen.

Zur Bewältigung schnittstellenbedingter Abstimmungsschwierigkeiten sind sog. *Prozessverantwortliche ('process-owner')* zu benennen, die dauerhaft für einen bestimmten Kern- oder Subprozess verantwortlich zeichnen und auf alle Phasen des Prozesses einwirken können. So schlägt BOUNCKEN sog. Guest Coaches als prozessübergreifendes Organisationselement in der Hotellerie vor (Bouncken 1997, S.68ff.), die über alle Phasen des Kundenkontaktes, sowohl nach innen als auch nach außen, als zentrale Ansprechstation für die Belange des Kunden fungieren und denen damit sowohl strategische als auch operative Funktionen zukommen (Betreuungsfunktion, Vertriebsfunktion, Marketingfunktion). Ob diese in bestehende Koordinationsgremien der Qualitätsaufbauorganisation hierarchisch integriert werden oder als Prozessverantwortliche im Sinne eines Qualitätsprozessbeauftragten eine Erweiterung oder eine Neudefinition ihres Aufgaben- und Verantwortungsgefüges erfahren, ist dabei unternehmensspezifisch zu entscheiden.

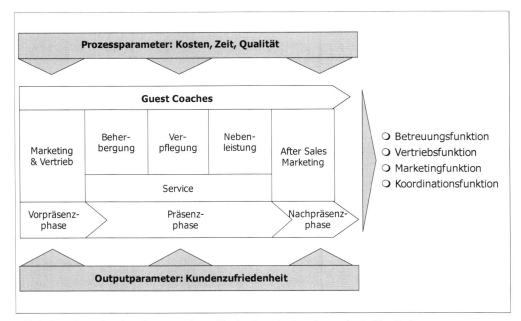

Abb.G.5:   Guest Coaches als prozessübergreifendes Organisationselement in der Hotellerie

Als grundsätzliche *Gestaltungsprinzipien einer prozessorientierten Strukturierung* lassen sich festhalten (Töpfer 1995, S.24ff.):

- Identifikation, Dekomposition und Dokumentation von Kern- und Subprozessen
- Reorganisation aller Wertschöpfungsprozesse nach vom Kunden geforderter Qualität und mit Blick auf wettbewerbsfähige Strukturen
- Analyse und Optimierung von externen und internen Kunden-/Lieferantenbeziehungen

- Beseitigung von Blindleistung durch hierarchie- und schnittstellenarme Prozessketten
- Wertschöpfungsorientierte Verbesserung von Marktleistungen und Prozessen in kleinen Schritten durch Einbeziehung aller Mitarbeiter

Die Optimierung und Veränderung von Geschäftsprozessen setzt dabei an zwei Ebenen an, der Makro- und der Mikroebene. Auf *Makroebene* ist grundsätzlich eine *adäquate Struktur-organisation erforderlich, so dass hier – im Sinne des ‚Business Reengineering‘ – „ein fundamentales Überdenken und radikales Redesign von Unternehmen oder wesentlichen Unternehmensprozessen"* (Hammer/Champy 1996, S.48) angezeigt sein kann, da der Optimierungsgrad bzw. das Optimierungspotenzial interner Prozesse in Abhängigkeit von der situativen Systemadäquanz der Gesamtorganisation zu sehen ist. Auch die Ansätze des Service Designs (Stickdorn/Schneider 2011; Maiger/Gais 2009) bzw. des Service Engineering (Leimeister 2012 ; Bullinger 2006) sind in diesem Kontext zu sehen. Auf *Mikroebene* steht zur Überwindung der schnittstellenbedingten Sachprobleme die *Optimierung bzw. Restrukturierung der Prozessketten unter gegebenen Strukturbedingungen* im Vordergrund. Prozessverbesserungen werden über Arbeitsplatz- bzw. Arbeitsablaufanalysen, die aktive Einbindung der Mitarbeiter in entsprechende Teamkonzepte und die Reduktion von Hierarchieebenen bzw. Schnittstellen, erzielt. Mögliche ablauforganisatorische Veränderungen im Zuge der Definition und Optimierung von Geschäftsprozessen zeigt Abb.G.6.

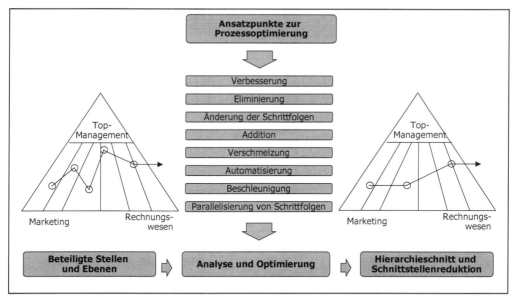

Abb.G.6:   Veränderungsprozesse in der Ablauforganisation
            Quelle: Gardini 1997, S.251

> *So berichtet BURKHARDT für die Hotellerie beispielhaft von der Restrukturierung der Ar-*
> *beitsprozesse im Bereich ‚Frühstücksservice‘, die zu einer Reduktion von Schnittstellen*
> *und zur Einrichtung eines entsprechenden Prozesses mit einem Prozessverantwortlichen*
> *geführt hat (Burkhardt 1994, S.271f.). Bei* **Ritz Carlton** *wurde durch analytisches Pro-*
> *zessmanagement die Zimmerreinigung von 30 auf 8 Minuten verkürzt. Zum Umsetzungser-*
> *folg trug bei, dass die in der Prozessanalyse ermittelten erforderlichen Handgriffe und*
> *Tätigkeiten in detaillierten Ablaufplänen und Arbeitsanweisungen genau festgelegt wurden*
> *(Beckett 1996, S.184f.).*

Im Hinblick auf die Umsetzung des Marketingkonzepts auf ablauforganisatorischer Ebene können nach MEFFERT/BRUHN folgende mögliche ***inhaltlich-konzeptionelle Umsetzungs-barrieren*** auftreten (Meffert/Bruhn 2009, S.395):

- Mangelnde Messbarkeit des Zusammenhangs zwischen Marketingkonzept, Organisationsdesign und Unternehmenserfolg (**Wirtschaftlichkeitsaspekt**).
- Ungenaue Vorstellungen über die Marketingeffizienz einzelner Servicebereiche und -prozesse
- Eindimensionale Lösungsansätze, die eine ganzheitliche Betrachtungsweise vermissen lassen (**Ur-sache-/Wirkungsproblematik**).
- Fehlendes geschlossenes Konzept der Marketingimplementierung im realen Unternehmenskontext und Probleme bei der Berücksichtigung dynamischer Veränderungsnotwendigkeiten (**Adaptions-qualität**).

2.3   Kulturelle Voraussetzungen und Barrieren

Die besondere Bedeutung der Integration kultureller und philosophischer Elemente in den konzeptionellen Rahmen des Marketing-Management von Hotelunternehmen, resultiert aus dem Zusammenhang zwischen Philosophie, Kultur und strategischem Management. In dem Maße, in denen das Wert-, Normen-, Einstellungs- und Meinungsgerüst eines Unternehmens, wie auch die aktivierenden und stabilisierenden Elemente einer Unternehmensphilosophie und -kultur, handlungs- und verhaltensbeeinflussende Wirkungen nach innen generieren, prägen sie auch unternehmerische Entscheidungsprozesse hinsichtlich der Entwicklung und Formulierung strategischer Ziele und Programme (Siehe Kapitel D.1.1). Auf die Wirkungs-zusammenhänge zwischen Unternehmensphilosophie und -kultur, Unternehmensstrategie und Unternehmenserfolg ist bereits von einer Vielzahl von Autoren hingewiesen worden (vgl. anstatt vieler hierzu Krüger 1988; Bowen et al. 2000; Bleicher 2004). Die Kultur eines Unternehmens wurde als Erfolgsfaktor bzw. Erfolgssegment identifiziert, deren Konsistenz mit anderen Erfolgselementen des strategischen Management (Wettbewerbsstrategie, Mana-gement, Systeme, Strukturen, Realisierungspotentiale etc.), eine zentrale Bedeutung für den Unternehmenserfolg zukommt (Abb.G.7).

Grundsätzlich lässt sich festhalten, dass der Erfolg einer Marketingstrategie in der Hotellerie maßgeblich davon abhängt, inwieweit es den verantwortlichen Führungskräften gelingt, eine unternehmensinterne ‚*Kultur des Dienens*‘ zu entwickeln bzw. sicherzustellen. Wesentliche Stellhebel zur Verbesserung des Leistungspotenzials von Dienstleistungsunternehmen liegen demzufolge nicht allein in einer verstärkten Anwendung von Methodenwissen, wie bspw.

dem Reengineering oder der Geschäftsprozessoptimierung, sondern vielmehr in der *Schaffung einer serviceorientierten Führungskultur*, die über eine *gemeinsam getragene Wertebasis* allen Organisationsmitgliedern einen *Orientierungsrahmen für erwünschte Verhaltensweisen* liefert und das *Servicebewusstsein und den Qualitätsanspruch des Unternehmens intern wie extern reflektiert*. Erforderlich ist demzufolge ein normativer Ansatz, der die unternehmenskulturelle Dimension des Managements von Dienstleistungen betont und mit Blick auf das gemeinsame Ziel der Kundenzufriedenheit über eine starke und integre Dienstleistungskultur zur Verbesserung und Stabilisierung der Dienstleistungsqualität beiträgt (Gardini 2009b).

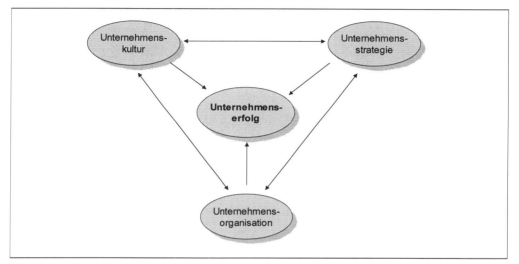

Abb.G.7:   Ursache-Wirkungsbeziehungen des Kultur-Strategie Phänomens in Organisationen
            Quelle: Gardini 2009b, S.125

Hotelunternehmen, die ihre Marketingkonzepte erfolgreich umsetzen wollen, müssen sich – wie in Abb.G.8 skizziert – mit *drei wesentlichen Strukturkomponenten der Dienstleistungsphilosophie und -kultur* vertraut machen: dem Leit-, dem Verstärkungs- und dem Anwendungssystem von Unternehmenskultur (Schwarz 1989, S.56ff.). Das *Leitsystem* beinhaltet die grundlegende Ausrichtung der Dienstleistungsphilosophie und -kultur, deren Grundannahmen – zumeist unbewusst und unreflektiert – als Philosophie- und Kulturkern die Basis für die Ausgestaltung der Leitlinie bzw. des Leitbildes darstellen. Die affektiven Bestandteile der Dienstleistungsphilosophie und -kultur verdichten sich dabei im Rahmen kognitiver Prozesse zu gemeinsam geteilten Werten, Leitideen und schriftlich fixierten Grundsatzdokumenten. Das *Verstärkungssystem* enthält diejenigen Elemente, die als Mediäre zwischen Leit- und Anwendungssystem verhaltensprägende bzw. stabilisierende Wirkungen zeitigen und über normative Vorgaben und symbolisierende Deutungs- und Interaktionsmuster den Organisationsmitgliedern erwünschte Handlungs- und Verhaltensweisen vermitteln. Das *Anwendungssystem* ist Ergebnis und Ausdruck des Leit- und Verstärkungssystems, da es denjenigen Teil der Dienstleistungsphilosophie und -kultur beschreibt, der durch das konkrete und aktuelle Verhalten des Unternehmens charakterisiert wird und in typischen unternehmensspezifischen Denk-, Verhaltens- und Handlungsmustern nach innen und nach außen zum Ausdruck kommt.

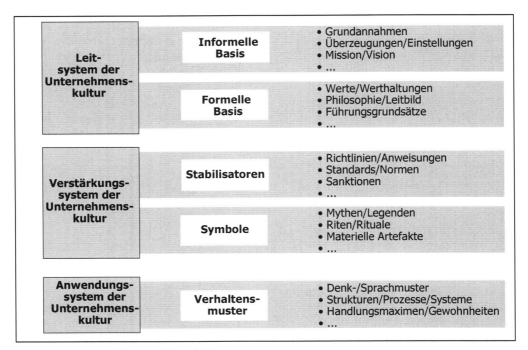

Abb.G.8:   Spektrum der Unternehmenskultur
            Quelle: In Anlehnung an Schwarz 1989, S.58

Für die Hotellerie bzw. das einzelne Hotelunternehmen stellt sich im Rahmen einer Marketingstrategie die Frage nach Handlungsfreiräumen bzw. -engpässen, welche der Entwicklung
einer hotelspezifischen Dienstleistungsphilosophie und -kultur, insbesondere im Hinblick auf
notwendige strukturelle und verhaltensbezogene Wandlungsprozesse, zur Verfügung stehen
bzw. entgegenstehen (*Kultur-Strategie-Fit*). Die Ausgangssituation hinsichtlich der Harmonisierung kultur- und strategiespezifischer Dimensionen des Marketing-Management erscheint dabei in der Hotellerie günstig. Zum einen weist die Philosophie des Marketing mit
der in der Hotellerie vorherrschenden, branchenbedingten Dienstleistungsmentalität und der
historisch gewachsenen Dienstleistungstradition in der dem Wohlbefinden des Gastes schon
immer ein besonderer Stellenwert zugemessen wurde, ein hohes Maß an Kompatibilität auf.
Zum anderen deutet der in der Hotellerie häufig anzutreffende Personaltypus des extrover-
tierten, flexiblen, teamfähigen und kommunikationsstarken Mitarbeiters auf ein hohes Potenzial der Eigenkontrolle und Selbstkoordination und bringt somit eine starke Prädisposition
für die Umsetzung der partizipativen Elemente des Marketing-Konzeptes mit; dadurch wird
eine durch die Wirkungen einer Dienstleistungsphilosophie und -kultur angestrebte verhaltensbezogene Sozialisierung und indirekte Qualitätssteuerung/-kontrolle der Mitarbeiter
erleichtert. Darüber hinaus erfordert die Umsetzung einer Marketing-Strategie eine Lang-
zeitperspektive, die mit der Erkenntnis korrespondiert, dass die natürliche Evolution einer
Unternehmenskultur nur graduell und langfristig verläuft. Die Entwicklung und Gestaltung
einer hotelspezifischen Dienstleistungsphilosophie und -kultur als normative Basis eines
integrierten Marketing-Management in der Hotellerie entwickelt sich in folgenden Schritten
(Gardini 1997, S.98ff.):

- Analyse und Definition marketingbezogener Werthaltungen der obersten Unternehmensführung
- Analyse und Diagnose der Ist-Kultur und Ermittlung des Handlungsbedarfs durch Gegenüberstellung der Ist-Kultur mit den strategischen Anforderungen der Marketing-Konzeption
- Kommunikation der Dienstleistungsphilosophie durch das Unternehmensleitbild bzw. die Unternehmensgrundsätze
- Entwicklung strategieadäquater Gestaltungsfelder und -maßnahmen der Dienstleistungskultur

Im Hinblick auf eine erfolgreiche Implementierung der verschiedenen unternehmenskulturellen Gestaltungsmaßnahmen kommt dem obersten Führungskreis als herausragenden Kulturpromotoren eine besondere Bedeutung zu. *Integrität und Glaubwürdigkeit* der im Unternehmensleitbild postulierten Grundsätze korrelieren in erheblichem Maße mit der Konsistenz respektive Inkonsistenz des beobachtbaren Managementverhaltens. Dies stellt hohe Anforderungen an Führungs- und Sozialkompetenz der Führungskräfte. Das Management muss sich für die Entwicklung der Dienstleistungskultur verantwortlich fühlen und durch reales Verhalten und Vorleben den Mitarbeitern sein Engagement und seine Identifikation mit den neuen Wertmaßstäben kundtun, denn nur so kann über alle Unternehmensebenen hinweg eine marketingorientierte Denk- und Arbeitsweise entstehen. Des Weiteren sind Sanktionierungsmechanismen, wie bspw. die Belohnung kulturkonformer Verhaltensweisen durch eine Beförderung oder die Sanktionierung unerwünschter Verhaltensweisen durch Entlassung oder Versetzung Maßnahmen, die die unternehmenskulturelle Leitlinie quasi *‚publikumswirksam‘* kommunizieren. Unabdingbar ist auch das intensive Bemühen der Führungskräfte um den Dialog mit Kunden und Mitarbeitern, um so aus erster Hand Informationen über Schwächen und Verbesserungsmöglichkeiten der Unternehmensleistungen zu bekommen, sowie auch die Verteilung des Zeitbudgets einer Führungskraft auf bestimmte Aktivitäten Prioritäten kommuniziert und den Mitarbeitern Orientierung und Aufschluss über erwünschte Verhaltensweisen liefert.

Ebenso wie auf organisatorisch struktureller Ebene treten jedoch auch bei der Anpassung der Unternehmenskultur an die Marketingstrategie oftmals Widerstände auf. Ist bspw. die Bereitschaft der Unternehmensführung, den Themen Kundenzufriedenheit und Dienstleistungsqualität oberste Priorität zukommen zu lassen und dies durch *‚Management by Example‘* zu dokumentieren, für die Mitarbeiter nicht sichtbar, ist die Entwicklung einer strategiefördernden Dienstleistungskultur und somit die Umsetzung des Marketing-Konzepts von vorne herein erheblichen Widerständen und Friktionen ausgesetzt. Weitere mögliche *Umsetzungsbarrieren auf personell-unternehmenskultureller Ebene* sind nach MEFFERT/BRUHN folgende (Meffert/Bruhn 2009, S.399f; Gardini 2009b, S.135ff.):

- Mangelndes Verständnis für Service- bzw. Kundenorientierung auf der Managementebene
- Angst der Führungskräfte vor Kompetenz- und Bedeutungsverlust beim Empowerment der Mitarbeiter
- Mangelndes Bewusstsein der Mitarbeiter für eine interne und externe Kundenorientierung
- Überforderung der Mitarbeiter in Bezug auf ihre Erfassungs-, Anpassungs- und Lernfähigkeiten
- Unzureichender Informationsaustausch zwischen verschiedenen Abteilungen/Betrieben
- ...

Im Zusammenhang mit den hier genannten potenziellen Widerständen ist hierbei nochmals auf das Konzept des Internen Marketing hinzuweisen, das bei der möglichen Gestaltung oder Veränderung von Werten, Normen und Verhaltensweisen zahlreiche Anknüpfungspunkte bzw. Eingriffsmöglichkeiten auf unterschiedlichen Ebenen bietet (Kapitel F.5).

3   Bewertung und Kontrolle der Marketingleistung

Das Marketing-Controlling als Teil eines gesamtbetrieblichen Controlling-Systems dient dem Zweck, das Marketing-Management durch Koordination der absatzwirtschaftlichen Informationsversorgung in der Planung und Umsetzung der Marketingprogramme zu unterstützen. Grundsätzliches Ziel des *Marketing-Controlling* ist es, gegenwärtige/zukünftige Erfolgspotenziale des Hotelunternehmens aufzuspüren und zu erhalten sowie gegenwärtige/zukünftige Risikopotenziale aufzuspüren und zu vermindern. Das strategische Marketing-Controlling trägt dabei der Reichweite strategischer Planungshorizonte Rechnung und sieht bezogen auf strategische Planungsprozesse ein System von Kontrollen vor, das sowohl die *Strategievorbereitung (Grundlagenkontrolle)* als auch die *Strategieimplementierung (Zwischenergebniskontrolle)* umfasst (Horvath 2001, S.258; Steinmann/Schreyögg 2000, S.243ff.). Dies ist insofern notwendig, als die der Entwicklung von Marketingstrategien zugrunde liegende strategische Planungssituation aufgrund ihrer zukunftsgerichteten Perspektive i.d.R. von erheblicher Unsicherheit und Komplexität gekennzeichnet sein wird und daher während des Planungszeitraumes im Sinne des ‚*feed-forward*'-Prinzips einer permanenten Überwachung der Kontextbedingungen und der angestrebten strategischen Zwischenziele bedarf.

Strategische Kontrollen im Rahmen des Marketing-Managements in der Hotellerie sind in Prämissen-, Konsistenz- und Planfortschrittskontrollen zu differenzieren (Thomas 1989, S.377ff.; Horvath 2001, S.177f.). Die *Prämissenkontrolle* soll prüfen, inwieweit die der strategischen Marketingplanung zugrunde liegenden Ausgangsannahmen noch gültig sind, um bei einer Veränderung der Planungsprämissen notwendige Planrevisionen einzuleiten und ein frühzeitiges Gegensteuern zu ermöglichen. Typische Kontrollinstrumente sind Analyse- und Prognosemethoden, wie bspw. die Portfoliotechnik, Früherkennungssysteme oder die Ableitung von Szenarien. *Konsistenzkontrollen* dienen der Überprüfung der methodischen und inhaltlichen Konsistenz strategischer Pläne. Methodisch müssen die Pläne informationell vollständig sein, sich eines adäquaten Planungsinstrumentariums bedienen, so wie die Planungsergebnisse logisch abgeleitet und aufgebaut sein müssen. Die inhaltliche Konsistenz strategischer Pläne muss sowohl aus horizontaler als auch aus vertikaler Sicht gegeben sein. Während die horizontale Konsistenz auf die Widerspruchsfreiheit strategischer Pläne untereinander abstellt, besteht die vertikale Konsistenz strategischer Pläne in der Adäquanz und Stringenz des Transfers strategischer Planungsinhalte zu den Planungskomplexen der operativen Teilpläne. Instrumentell können Checklisten oder gesamtunternehmensbezogene Simulationstechniken zur Konsistenzüberprüfung herangezogen werden.

Planfortschritts- oder Durchführungskontrollen brechen den strategischen Planungshorizont auf kurzfristigere strategische Zwischenziele herunter und überprüfen mit Blick auf die Erreichung dieser Eckwerte schrittweise den Realisationsprozess strategischer Pläne. Sie bilden den Kern der strategischen Kontrolle, da sie den Wirkungsgrad strategischer Pläne überwachen und über Soll-/Ist- bzw. Soll-/Wird-Vergleiche strategischer Zwischenziele bzw. strategischer Endziele dazu beitragen, frühzeitig Hinweise auf notwendige Planrevisionen zu gewinnen. Zur Überwachung der Implementierungsfortschritte werden die im Rahmen einer Marketingstrategie formulierten Eckwerte (Ziele, Maßnahmen, Leistungsparameter) fortlaufend kontrolliert. Neben diesen drei verschiedenen Kontrolltypen, die anhand bestimmter Kontrollmaßstäbe eine zielgerichtete Überwachung angestrebter Soll-Größen vornehmen, unterscheiden einige Autoren noch einen Kontrolltypus strategischer Kontrolle, der in der **ungerichteten Beobachtung und Überwachung** der gesamten Unternehmensaktivität besteht und die grundsätzliche, strategische Ausrichtung des Unternehmens im Hinblick auf ihre Sinnhaftigkeit überprüft (Steinmann/Schreyögg 2000, S.247f.). Hierbei werden im Gegensatz zu den vorstehend skizzierten Kontrollen weniger Effizienzgesichtspunkte einer Strategie der Überprüfung unterzogen, sondern es wird die grundsätzliche Effektivität der strategischen Pläne bzw. der strategischen Entscheidungen hinterfragt, ein Grundgedanke, der auch dem ‚*Business Reengeneering*'-Konzept zugrunde liegt.

Abb.G.9:   Überprüfung der Marketingleistungen

In diesem Zusammenhang hat in der jüngeren Vergangenheit auch das Konzept der **Balanced Scorecard** von KAPLAN/NORTON (1997) an Bedeutung für die Hotellerie gewonnen, die anhand von vier Kernbereichen (Kundenperspektive, betriebsablaufinterne Perspektive, Innovations- und Wissensperspektive, Finanzperspektive) ein umfassendes Informationsversorgungssystem zur Leistungsmessung eines Unternehmens entwirft (Droll 2009). Die Balanced Scorecard verdient dabei insoweit Beachtung im Kontext des Marketing-Controllings, als sie weniger die Steuerung und Kontrolle ins Zentrum der Betrachtung stellt, sondern den Fokus von Leistungsmessungen und -berichten vermehrt auf die dahinter liegende Strategie und Vision richtet. Eine wesentliche Herausforderung der Ausgestaltung eines Marketinginformationssystems in der Hotellerie besteht demzufolge in der ausbalancierten, strategiekonformen Strukturierung unternehmens- und markt-/kundenbezogener Qualitätsinformationen zur Erfassung der internen/externen Effizienz bzw. Effektivität der Marketingaktivitäten.

Im Hinblick auf die Marketingeffizienz eines Unternehmens sind darüber hinaus auch *Marketingaudits* von besonderer Bedeutung. Marketingaudits sind fallweise durchgeführte, systematische Überprüfungen der Marketingleistung eines Unternehmens (Wilson 1993; Kotler 2000, S.708ff.). Sie dienen der rechtzeitigen Anpassung von Zielen, Strategien, Strukturen und Verfahren im Marketing an veränderte Rahmenbedingungen. Hierbei kann entweder die Wirksamkeit einzelner Elemente oder das Marketingsystem in seiner Gesamtheit einer Überprüfung unterzogen werden. Im Mittelpunkt steht dabei die Überprüfung der Marketingeffizienz der eingesetzten mitarbeiter- und kundenbezogenen Informations- und Kommunikationssysteme (z.B. Werbeerfolgskontrollen, Erfolgskontrollen im Personalwesen, Personalinformationssysteme, CRM-Systeme, Beschwerdemanagementsysteme etc.). Dabei werden die beteiligten Stellen oder das Unternehmen als Ganzes in angemessenen Intervallen mit Hilfe von Checklisten und qualitätsbezogenen Kriterienkatalogen im Hinblick auf ihre Fähigkeit untersucht, die an sie gestellten Marketinganforderungen zu erfüllen. Ziel solcher Untersuchungen ist die Bereitstellung unvoreingenommener Informationen über die marktbezogene Leistungsfähigkeit des Unternehmens durch unabhängige interne oder externe Prüfer.

Denkanstöße und Diskussionsfragen

1. Welche Rolle spielt eine adäquate Marketingorganisation im Rahmen eines erfolgreichen Marketing-Management von Hotelunternehmen?
2. Was zeichnet Ihrer Meinung nach ein kundenorientiertes Unternehmen aus?
3. Was zeichnet eine Prozessorganisation aus und inwiefern unterscheidet sich das Denken in Prozessen vom Denken in funktionalen Strukturen?
4. Inwieweit ist das Thema Unternehmenskultur für ein effizientes Marketing-Management von Bedeutung?
5. Es ist viel von der Vorbildfunktion des Top-Managements die Rede. Würden Sie sagen das ‚management by example' insbesondere in persönlichkeitsorientierten Dienstleistungsunternehmen von großer Bedeutung ist?

Kontrollfragen

1. Was versteht man unter hierarchieergänzenden Organisationsformen?
2. Nennen Sie verschiedene Ansatzpunkte zur Optimierung von Schnittstellen?
3. Welche Bestandteile umfasst ein Marketingaudit?
4. Inwieweit können Guest Coaches als prozessübergreifendes Organisationselement in der Hotellerie nutzbringend sein?
5. Welche Widerstände auf organisatorisch-struktureller Ebene können bei der organisatorischen Umsetzung eines Marketingkonzepts auftreten?

Das Zero-Based-Budgeting und die Balanced Scorecard als Instrumente des hotelleriespezifischen Marketing-Controllings: Einführung in Privathotels

Prof. Dr. Burkhard von Freyberg und Stephanie Zarges

1   Ausgangssituation

„Marketing-Controlling" wird in der betriebswirtschaftlichen Literatur im Detail sehr unterschiedlich definiert, setzt es sich doch aus den Begriffen „Marketing" und „Controlling" zusammen, zentralen Forschungsgegenständen, die wiederum vielfältig charakterisiert werden. Nichtsdestotrotz kann der Mehrzahl der Definitionsversuche entnommen werden, dass es weitestgehend die zahlenbasierte Planung, Steuerung und Kontrolle von marketingbezogenen Aktivitäten ist. In anderen Worten steht hier im Mittelpunkt, dem Marketing durch das Controlling eine messbare Komponente zu verleihen bzw. Effektivität („Zielerreichung unter Einsatz aller Mittel") und Effizienz („Zielerreichung mit möglichst geringem Mitteleinsatz") der Marketingmaßnahmen zu gewährleisten. Ansatzpunkte für das Marketing-Controlling finden sich bei allen Entscheidungen zur Produkt-, Preis-, Kommunikations- und Distributionspolitik, die durch Kosten- und Leistungsgrößen fundiert werden können.

Im Hinblick auf die Praxis – im Nachfolgenden die deutsche Privathotellerie – ist erkennbar, dass zwar zunehmend mehr personelle und finanzielle Ressourcen für Marketingaktivitäten eingesetzt werden, vielfach aber ein Marketing-Controlling im Sinne eines Wirtschaftlichkeits-Analyseinstrumentariums fehlt. Vielmehr könnte man manchen Hotelier mit einem Piloten in den Anfängen der Fluggeschichte vergleichen. „Alles, was die tollkühnen Männer in ihren fliegenden Kisten seinerzeit außer einem Kompass benötigten, waren ein Schal, eine Krawatte und eine Brille. In der Art, wie der Schal flatterte, konnten sie Geschwindigkeit und Seitenwind abschätzen. Hing die Krawatte schief, musste die Kurvenlage des Flugzeugs korrigiert werden. Und beschlug die Brille, so zeigte es baldigen Regen oder Nebel an – und die Notwendigkeit schleunigst zu landen. Denn fliegen konnte man eigentlich nur bei schönem Wetter; aber dann war es wunderbar." (KIRSCH, W. 1971)

Konkret bedeutet dies, dass den Hoteliers im Tagesgeschäft häufig die Zeit und oftmals auch der betriebswirtschaftliche Hintergrund fehlt, Instrumente zur Planung, Steuerung und Kontrolle der Marketingaktivitäten zu entwickeln, zu installieren und dauerhaft einzusetzen. An dieser Stelle können Hotelberatungsgesellschaften unterstützend eingreifen, sofern der Hotelier die Notwendigkeit zur Veränderung erkannt hat und eine Veränderungsbereitschaft existiert. Beratungsunternehmen können von großer Hilfe sein, da sie unbefangen agieren und möglichen Optimierungsbedarf aus der Vogelperspektive betrachten. Dadurch ist eine kritische Analyse der betrieblichen Abläufe und der Positionierung am Markt möglich. Die Erkenntnisse daraus fließen in eine neue bzw. verbesserte Marketingstrategie sowie in das Marketing-Controlling ein. Für das Marketing-Controlling stehen konkrete Instrumente zur Verfügung, die dann in Absprache mit dem Hotelier zum Einsatz kommen können.

Nachfolgend werden mit dem „Zero-Based-Budgeting" und der „Balanced Scorecard" zwei Marketing-Controlling-Instrumente dargestellt, die im Rahmen der Beratung von zwei Privathotels durch das auf die gehobene Individualhotellerie spezialisierte Beratungsunternehmen Zarges von Freyberg Hotel Consulting erfolgreich eingesetzt wurden.

2 Begriffsbestimmung Zero-Based-Budgeting und Balanced Scorecard

2.1 Zero-Based-Budgeting

Um dem Übernehmen bzw. Fortschreiben von Werten aus der Vergangenheit entgegenzuwirken und um Freigaben für gewisse Kosten auch zu einem späteren Zeitpunkt nachvollziehbar zu machen, gibt es die Möglichkeit der Planung nach dem so genannten Zero-Based-Budgeting (ZBB). Hinter der Methodik steht die Erfahrung, dass gerade bei der Gemeinkostenbudgetierung gewisse Werte nach einem längeren Zeitraum nicht mehr hinterfragt werden.

Für das Marketing von Privathotels eignet sich das ZBB beispielsweise im Bereich der Kommunikationspolitik. Nach Erstellung des betrieblichen Gesamtbudgets steht ein finanzieller Rahmen für Kommunikationsmaßnahmen zur Verfügung. Nun soll die Frage geklärt werden, wie dieser konkret und die aktuelle Situation des Hauses berücksichtigend ausgeschöpft werden kann. Das ZBB umfasst fünf Verfahrensschritte, die in einer oder mehreren Gesprächsrunden zwischen den Beratern, dem Hotelier und dessen Führungskräften absolviert werden. Endergebnis sind die zu realisierenden kommunikativen Maßnahmen.

2.2 Balanced Scorecard

Das 1992 von Robert S. Kaplan und David P. Norton entwickelte Instrument der Balanced Scorecard (BSC) ermöglicht es, die unternehmerische Strategie zu operationalisieren, darzustellen und zu kontrollieren. Visionen lassen sich durch die Überführung in strategische Ziele auf operatives Handeln herunterbrechen, indem die Gesamtaufgabe zerlegt und mittels Kennzahlen messbar gemacht wird. Typischerweise werden die strategischen Ziele aus den vier verschiedenen Perspektiven betrachtet: Finanzen, Kunden (für die Hotellerie: Gäste), Prozesse (interne Abläufe) und Mitarbeiter.

Hier ist es allerdings legitim, anders als bei den meisten Controllingsystemen, die Perspektiven selbst zu determinieren. Für das Marketing-Controlling von Privathotels eignet es sich beispielsweise, die Perspektiven der BSC nach den 4 bzw. 7 Marketing-P's zu wählen. Der Aufbau einer solchen BSC erfolgt analog des ZBB in Sitzungen mit dem Hotelier und verantwortlichen Mitarbeitern unter der Anleitung der Berater.

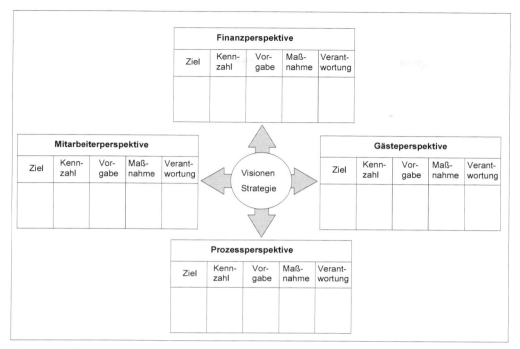

Abb.1:   Klassische BSC

3   Einsatz und Implementierung der Instrumente in der Privathotellerie

3.1   Einführung des Zero-Based-Budgeting

Das ZBB wurde von Zarges von Freyberg Hotel Consulting im Rahmen des jährlichen Budgetierungsprozesses mit einem Hotelier im Schwarzwald durchexerziert. Hierbei war zu klären, ob und in welcher Höhe die im letzten Jahr durchgeführten kommunikationspolitischen Maßnahmen für das 4-Sterne-Haus erneut im geplanten Jahr angesetzt werden sollen. Zu dieser Thematik fanden zwei Gesprächsrunden statt, die erste zwischen den Beratern und dem Hotelier, die zweite zwischen den Beratern, dem Hotelier und den verantwortlichen Mitarbeitern. Es wurden fünf Verfahrensschritte zur Findung der konkreten Kommunikationsmaßnahmen bzw. der Strukturierung des Kommunikationsbudgets eingehalten:

- Festlegung des finanziellen Rahmens für die Vorhaben
- Bildung von Entscheidungseinheiten und Klärung der Entscheidungsbefugnis
- Eruierung der anfallenden notwendigen Vorhaben in der Kommunikationspolitik
- Abteilungsweise Rangordnung der Maßnahmen
- Abteilungsübergreifende Rangordnung der Maßnahmen, Festlegung des Budgetschnitts und Kennzeichnung der zu realisierenden Maßnahmen

Als finanzieller Rahmen für die Maßnahmen der Kommunikationspolitik wurden 30.000 € definiert. Als Entscheidungseinheiten für die Formulierung der konkreten Kommunikationsmaßnahmen bzw. der Strukturierung des Kommunikationsbudgets wurden die im Hotel vorhandenen Abteilungen Logis, Gastronomie, Tagung / Bankett und Wellness bestimmt. Deren Abteilungsverantwortliche stellten somit die Entscheidungsträger dar: Auf Empfehlung von Zarges von Freyberg Hotel Consulting wurde von den Verantwortlichen jeweils eine Liste mit aus ihrer Sicht notwendigen der Kommunikationspolitik des Hauses zuzuordnenden Maßnahmen abgegeben. Hinter jedem Vorhaben stand eine Kostenschätzung. Hierbei sollten sich die Entscheidungsträger nicht an den Maßnahmen aus dem vergangenen Jahr, sondern an den aus ihrer Sicht notwendigen Aktivitäten für das geplante Jahr orientieren. Vereinfacht sah die Liste wie folgt aus:

Entscheidungseinheit	Maßnahmen (auszugsweise)	Kosten
AL (Abteilungsleiter Logis)	Hochwertige Aufsteller mit Hinweisen zum Schuhputzservice und Wäschedienst für alle Zimmer	670 €
	Postalische Aussendung zur Bewerbung des Weekend Plus Arrangements an Individualgäste	5.000 €
	Sponsoring der Oldtimerrallye: Erstellung und Platzierung eines Hotelbanners am Ziel	2.300 €
AG (Abteilungsleiter Gastronomie)	Neugestaltung Speise- und Getränkekarte (Konzeption, Design, Druck, Kauf neuer Einbände)	5.000 €
	Postalische Aussendungen zu konkreten saisonalen Aktionen an Individualgäste:	
	Frühjahr (Spargel satt!), Herbst (Wildwochen), Weihnachten/Silvester	7.000 €
	Zeitungsanzeigen zu den Aktionen	3.000 €
		1.100 €
	Aufnahme in den Gastronomieführer „Kulinarischer Schwarzwald"	
AT (Abteilungsleiter Tagung)	Neuer Tagungsprospekt (Konzeption, Design, Druck)	3.500 €
	Prospektständer für Tagungspauschalen im Eingangsbereich	1.500 €
		1.200 €
	Postalische Aussendung zu den Tagungsangeboten an vorrecherchierte 250 Firmenadressen in Stuttgart	
AW (Abteilungsleiter Wellness)	Leuchttafel für das neue Schwimmbad	3.500 €
	Weiterbildungsseminar der Mitarbeiter zum Thema Hot Stone Therapie	2.800 €

Nach Besprechung der einzelnen Maßnahmen bestand die Aufgabe für jeden Entscheidungsträger darin, für seine Abteilung die von ihm formulierten Maßnahmen nach Priorität zu ordnen. Folgendes Schaubild wurde dann von Zarges von Freyberg Hotel Consulting entwickelt, basierend auf den Priorisierungen (wichtigste Maßnahme jeweils zu unterst):

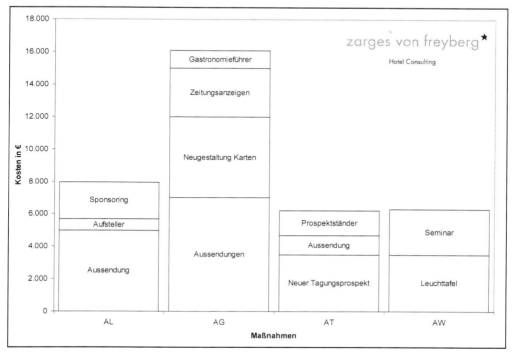

Abb.2:   Abteilungsweise Rangordnung der Maßnahmen nach dem ZBB

Nach längerer konstruktiver Diskussion wurde dann folgende abteilungsübergreifende Rangordnung festgelegt, aus der nach Festlegung des Budgetschnitts bei 30.000 € klar hervorging, welche Maßnahmen realisiert werden sollen:

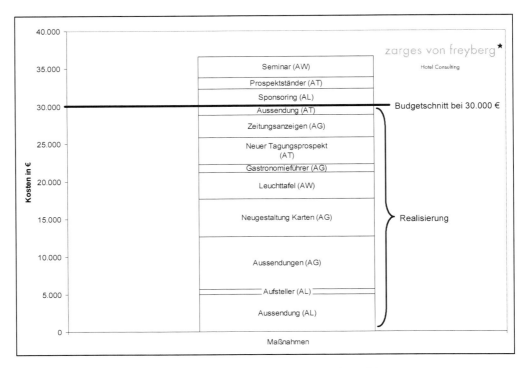

Abb.3:   Abteilungsübergreifende Rangordnung der Maßnahmen nach dem ZBB

Mit Hilfe der strukturierten Vorgehensweise des ZBB wurde abschließend deutlich, dass drei der gewünschten Maßnahmen (Seminar, Prospektständer für Tagungspauschalen, Sponsoring der Oldtimerrallye) im kommenden Jahr nicht realisiert werden.

3.2   Einführung der Balanced Scorecard

Die BSC wurde von Zarges von Freyberg Hotel Consulting unter anderem im Rahmen einer Umpositionierung eines Sport- und Familienhotels zum Traditions- und Wohlfühlhotel angewandt. Aufbauend auf einer Betriebsanalyse wurde in einem ersten Schritt die Ausrichtung des Hauses neu definiert. In einem zweiten Schritt war es nun notwendig, die korrespondierenden Ziele für das kommende Geschäftsjahr im Hinblick auf die Produkt-, Preis-, Kommunikations- und Distributionspolitik zu formulieren und aufzulisten. Darüber hinaus wurden Messkennzahlen definiert, konkrete Werte hinterlegt sowie Maßnahmen aufgestellt, die dann den verantwortlichen Mitarbeitern zugeordnet wurden. Dies geschah im Rahmen eines zweitägigen Workshops und verlief nach folgendem Prozedere:

1. Diskussion und Aufstellung der Ziele in den einzelnen Bereichen des Marketingmix
2. Formulierung der Kennzahlen und Hinterlegung von konkreten Werten (Zielvorgabe)
3. Aufstellung der zur Zielvorgabe notwendigen Maßnahmen
4. Zuordnung der Verantwortlichkeiten
5. Verabschiedung der BSC

In einer Brainstorming-Runde mit allen in den Prozess involvierten Personen wurden Ziele formuliert und verdichtet, wobei darauf geachtet werden musste, dass die Ziele realistisch umzusetzen waren und nicht konfliktionär zu einander standen. Hieraus entstand ein umfassender Zielkatalog:

Perspektive	Ziele
Produkt	Angebot einer hochwertigeren regionalen Küche
	Umwandlung der Zimmer im 2. Stock des Altbaus in 50-plus-Suiten
	Angebot von zielgruppengerechteren Tagungsarrangements
	Einführung von attraktiveren Wellnessarrangements
Preis	Erhöhung der Preise im Tagungsbereich
	Einführung von Weekend Rates für Herbstmonate
	Erhöhung der Durchschnittspreise bei den Übernachtungen
	Neue Preisstruktur bei den Kaffeespezialitäten
Kommunikation	Wahrnehmung des Restaurants als Gourmetrestaurant
	Kommunikation des Wellnessbereiches als Sinneserlebnis
	Verbesserung der Fachkenntnisse des Wellnesspersonals
	Positionierung des Tagungsbereichs als "State of the Art" Einrichtung
Distribution	Verbesserung der Zusammenarbeit mit Reisebüros
	Optimierung des telefonischen Verkaufs der Tagungsarrangements
	Steigerung der Fimenbuchungen
	Engere Zusammenarbeit mit Eventagenturen

Abb.4:   Auszug aus dem Zielkatalog

In einer weiteren Runde wurde nun überlegt, welche Kennzahl den jeweiligen Zielen zugrunde gelegt werden könnte bzw. es wurde der Wert definiert, der erfüllt sein muss, damit von Zielerreichung gesprochen werden kann. Folgendes kam zustande:

Perspektive	Ziele	Kennzahl	Zielvorgabe
Produkt	Angebot einer hochwertigeren regionalen Küche	Durchschnittsbon Speisen in €	+ 3 €
	Umwandlung der Zimmer im 2. Stock des Altbaus in 50-plus-Suiten	Nettodurchschnittspreis 50-plus-Gäste in €	+ 7 €
	Angebot von zielgruppengerechteren Tagungsarrangements	Anzahl verkaufter Tagungsarrangements	> 300
	Einführung von attraktiveren Wellnessarrangements	Anzahl zahlender Wellnessgäste	> 265
Preis	Erhöhung der Preise im Tagungsbereich	Durchschnittsbon Tagung in €	+ 15%
	Einführung von Weekend Rates für Herbstmonate	Anzahl an Wochenendgästen	+ 15%
	Erhöhung der Durchschnittspreise bei den Übernachtungen	Nettodurchschnittspreis	+ 5%
	Neue Preisstruktur bei den Kaffeespezialitäten	Anzahl an verkauften Kaffeespezialitäten	> 5/Tag
Kommunikation	Wahrnehmung des Restaurants als Gourmetrestaurant	Besuch von Gästen über den Gourmetführer	+ 5%
	Kommunikation des Wellnessbereiches als Sinneserlebnis	Gezählte positive Gästeantworten	> 500
	Verbesserung der Fachkenntnisse des Wellnesspersonals	Anzahl an bezahlten Wellnessarrangements	> 5/Tag
	Positionierung des Tagungsbereichs als "State of the Art" Einrichtung	Buchungen im Tagungssegment	+ 5%
Distribution	Verbesserung der Zusammenarbeit mit Reisebüros	Buchungen über Reisebüros	+ 5%
	Optimierung des telefonischen Verkaufs der Tagungsarrangements	Gästezufriedenheit in diesem Punkt	< Note 1,5
	Steigerung der Fimenbuchungen	Buchungen über Firmen	+ 10%
	Engere Zusammenarbeit mit Eventagenturen	Buchungen von Eventagenturen	+ 10%

Abb.5:   Verknüpfung von Zielen mit Kennzahlen und Aufstellung der relevanten Zielvorgabe

Punkte 3 bis 5: In einem letzten Schritt wurde darüber Konsens gefunden, welche Maßnahmen umgesetzt werden müssen, um die Ziele bzw. die messbare Zielvorgabe zu erfüllen. Außerdem wurde festgelegt, welcher der anwesenden Mitarbeiter für die Umsetzung der einzelnen Maßnahmen verantwortlich zeichnet. Nach Eingabe dieser Informationen konnte die BSC von Zarges von Freyberg Hotel Consulting finalisiert werden, indem abschließend noch ein Ampelsystem für die Zielerreichung beigefügt wurde. Dieses half dem Hotelier, den Fortschritt der Arbeit (grün = Ziel erreicht, gelb = Maßnahme eingeleitet, Ziel noch nicht erreicht, rot = noch nicht mit Maßnahme begonnen) zu verfolgen.

Perspektive	Ziele	Kennzahl	Zielvorgabe	Massnahmen / Initiative	Verantwortung	Zielerreichungsgrad
Produkt	Angebot einer hochwertigeren, regionalen Küche	Durchschnittsbon Speisen in €	+ 3 €	Neukonzeptionierung der Speisekarte	AL F&B	
	Umwandlung der Zimmer im 2. Stock des Altbaus in 50 plus Suiten	Nettodurchschnittspreis 50 plus Gäste in €	+ 7 €	Ausstattung der Zimmer mit 50 plus Amenities	AL Logis	
	Angebot von zielgruppengerechteren Tagungsarrangements	Anzahl verkaufter Tagungsarrangements	> 317	Entwicklung eines strukturierteren Flyers	AL Tagung	
	Einführung von attraktiveren Wellnessarrangements	Anzahl zahlender Wellnessgäste	> 265	Entwicklung eines ansprechenderen hochwertigeren Prospekts	AL Wellness	
Preis	Erhöhung der Preise im Tagungsbereich	Durchschnittsbon Tagung in €	+ 15%	Verkaufsschulung bei den Mitarbeitern	AL Tagung	
	Einführung von Weekend Rates für Herbstmonate	Anzahl an Wochenendgästen	+ 22%	Veröffentlichung der Preise in Zeitungsannoncen	AL Logis	
	Erhöhung der Durchschnittspreise bei den Übernachtungen	Nettodurchschnittspreis	+ 4%	Mailing an Gäste mit neuen Preisstrukturen	AL Logis	
	Neue Preisstrukturierung bei den Kaffeespezialitäten	Anzahl an verkauften Kaffeespezialitäten	> 15/Tag	Aufstellung eines Tischaufstellers	AL F&B	
Kommunikation	Wahrnehmung des Restaurants als Gourmetrestaurant	Besuch von Gästen über den Gourmetführer	+ 5%	Eintragung in den Gourmetführer	AL F&B	
	Kommunikation des Wellnessbereiches als Sinneserlebnis	Gezählte positive Gästeantworten	> 500	Multisensuale Abstimmung im Wellnessbereich	AL Wellness	
	Verbesserung der Fachkenntnisse des Wellnesspersonals	Anzahl an bezahlten Wellnessarrangements	> 7/Tag	Schulungen des Personals	AL Wellness	
	Positionierung des Tagungsbereichs als State of the Art Einrichtung	Buchungen der Tagungsmöglichkeiten	+ 5%	Eintragung der Features in www.tagungshotel.de	AL Tagung	
Distribution	Verbesserung der Zusammenarbeit mit Reisebüros am Ort	Buchungen über Reisebüros	+ 5%	Einladung der Reisebüroleiter	AL Logis	
	Optimierung des telefonischen Verkaufs der Tagungsarrangements	Gästezufriedenheit in diesem Punkt	< Note 1,5	Schulungen des Personals	AL Tagung	
	Personalisierte Ausrichtung der Hotelkorrespondenz	Gästezufriedenheit in diesem Punkt	< Note 1,7	Einführung eines neuen CRM Systems	AL Logis	
	Engere Zusammenarbeit mit Eventagenturen	Buchungen von Eventagenturen	+ 7%	Einladung der Verantwortlichen der Eventagenturen	AL Logis	

Abb.6:   Auszug aus der finalen BSC

4   Fazit

Mit dem ZBB und der BSC wurden zwei Instrumente dargestellt, welche im Rahmen der Beratung von Zarges von Freyberg Hotel Consulting erfolgreich eingesetzt werden. Festzustellen ist, dass betriebswirtschaftliche Instrumente wie diese zunehmend Anklang in der Privathotellerie finden müssen, damit sich Betriebe im stärker werdenden Wettbewerb mit der Kettenhotellerie zukünftig weiterhin behaupten können. Marketing-Controlling hilft, die angestrebte Positionierung mit gezielten Aktionen zu erreichen und dabei die Kosten in einem zuvor definierten Rahmen zu halten. Außerdem werden dadurch ineffektive und ineffiziente Maßnahmen identifiziert.

Hinterfragt man die Nachteile, die mit der Einführung solcher Instrumente verbunden sind, wird in der Praxis schnell deutlich, dass viel Zeit in die Überzeugungsarbeit hinsichtlich der Sinnhaftigkeit dieser bei Hoteliers und ihren Entscheidungsträgern fließt. Zudem beansprucht der Prozess bis zur Finalisierung des ZBB und der BSC ebenfalls Zeit, die im Tagesgeschäft in der Regel fehlt.

In den beiden dargestellten Fällnlen hat sich im Nachhinein die zeitliche und finanzielle Investition gelohnt, insbesondere vor dem Hintergrund, dass verantwortliche Mitarbeiter früh in die ganzheitlichen Steuerungsprozesse des Hoteliers miteinbezogen wurden und die enge Zusammenarbeit in Workshops einen „Corporate Glue" entstehen ließ.

Literatur

Gewald, St.: Hotel-Controlling. München 2001

Gruner, A. (Hrsg.)/Berg, W./Buer, Chr./Gardini, M. A./Maxeiner, M.: Management-Lexikon Hotellerie & Gastronomie. Frankfurt am Main 2008

Gruner, A./von Freyberg, B.: Hotelbetriebswirtschaftslehre – IST Lehrheft 12, Düsseldorf 2008

Hänssler, K. H. (Hrsg.): Management in der Hotellerie und Gastronomie. Betriebswirtschaftliche Grundlagen. München 2008

Kaplan, R./Norton, D.: Balanced Scorecard. Strategien erfolgreich umsetzen. Stuttgart 1997

Kirsch, W.: Entscheidungsprozesse, Band 3: Entscheidungen in Organisationen. Wiesbaden 1971

Küpper, H.-U.: Controlling. Stuttgart 2005

Pyhrr, P.: Zero-Base Budgeting: A practical Management Tool for Evaluating Expenses. New York 1973

Literaturverzeichnis

Aaker, D., Joachimsthaler, E. (2000): Top-Strategien: Markenwert schaffen und absichern, in: absatzwirtschaft, H.6, 2000, S.30–37.

Aaker, D., Joachimsthaler, E. (2001): Brand Leadership, München 2001.

Aaker, D.A. (2007): Strategic Market Management, 8. Aufl., New York 2007.

Aaker, J.L. (2005): Dimensionen der Markenpersönlichkeit, in: Esch, F.E. (Hrsg.): Moderne Markenführung, 4. Aufl., Wiesbaden, 2005, S.165–176.

Abell, D.F (1980): Defining the Business: The Starting Point of Strategy Formulation, Englewood Cliffs 1980.

Abell, D.F., Hammond, J.S. (1979): Strategic Market Planning: Problems and Analytical Approaches, Englewood Cliffs, New Jersey 1979.

Accor (2002): Unternehmenspräsentation 2002.

Adam, R. (1998): Marketing der Arabella-Hotels – Hotels mit Highlights diesseits der kritischen Masse, in: Meyer, A. (Hrsg.): Handbuch Dienstleistungsmarketing, Stuttgart, 1998, S.1604–1618.

Adjouri, N. (2014): Alles was Sie über Marken wissen müssen, 2. Aufl. Wiesbaden 2014.

Adjouri, N.; Büttner, T. (2008): Marken auf Reisen: Erfolgsstrategien für Marken im Tourismus, Wiesbaden 2008.

Adler, N.J. (2001): International Dimensions of Organizational Behavior, 4th ed., Cincinnati 2001.

Agel, P. (2009): Elektronische Distribution und Systemintegration in der Hotellerie, in: Gardini, M.A. (Hrsg.): Handbuch Hospitality Management, Deutscher Fachverlag, Frankfurt/Main 2009, S.581–591.

AGOF (2014): Internet Facts 2014-06, AGOF – Arbeitsgemeinschaft Online Forschung e.V., August 2014.

*AHGZ (2013a):*Top 50 Hotelgruppen wachsen langsamer, in: AHGZ-Druckausgabe Nr. 2013/30 vom 27. Juli 2013.

*AHGZ (2013b):*Top 200 Hoteliers beißen sich durch, in: AHGZ-Druckausgabe Nr. 2013/20 vom 18. Mai 2013.

Albers, H. (2003): Couponing in Deutschland, in: Hartmann, W., Kreutzer, R.T., Kuhfuß, H (Hrsg.): Handbuch Couponing, Wiesbaden, 2003, S.125–137.

Alberti, S. (2008b): Top 50 umsatzstärkste Hotelgesellschaften in Deutschland, in: AHGZ – Der Hotelier, H.30 vom 30.Juli 2008, S.1ff.

Alberti, S.. (2008a): Top 200 auf Erfolgskurs, in: AHGZ – Der Hotelier, H.22 vom 31. Mai 2008, S.1ff.

Allgäu (2014): Marke Allgäu – Vom Tourismuslogo zur Marke, http://www.allgaeu.de/marke-allgaeu, Einsehdatum: 20. September 2014.

Altobelli-Fantapie, C., Bouncken, R..B.(1998): Wertkettenanalyse von Dienstleistungsanbietern, in: Meyer, A. (Hrsg.): Handbuch Dienstleistungsmarketing, Bd.2, Stuttgart, S.282–296.

Amadeus (2007): Die Zukunft der Hotellerie; München 2007.

Anderson, J.C., Narus, J.A. (1999): Welchen Wert hat Ihr Angebot für den Kunden?, in: Harvard Manager, H.4, 1999, S.97–107.

Ansoff, H.I. (1988): The New Corporate Strategy, New York 1988

Armistead, C.G., Clark, G. (1993): Resource Activity Mapping: The Value Chain in Service Operations Strategy, in: The Service Industries Journal, Vo.l3, No.4, October, 1993, S.221–239.

AUMA – Ausstellungs- und Messeausschuss der Deutschen Wirtschaft (2008): AUMA – Typologie von Messen und Ausstellungen, http://www.auma-messen.de/_pages/d/16_Download/download/Verbandsinformationen/Typologie.pdf, Einsehdatum: 3.08.2008

Axel Hotels (2008): Corporate Website, http://www.axelhotels.com/de/, Einsehdatum: 24.8.2008.

Backhaus, K. (1999): Industriegütermarketing, 6.Aufl. München 1999.

Backhaus, K., Büschken, J., Voeth, M. (2000): Internationales Marketing, 3.Aufl., Stuttgart 2000.

Backhaus, K., Erichson, B., Plinke, W., Weiber, R. (1996): Multivariate Analysemethoden: eine anwendungsorientierte Einführung, 8.Aufl., Berlin 1996.

Bai, B., Hu, C., Jang, S. (2006): Examining E-Relationship Marketing Features on Hotel Websites, in: Journal of Travel and Tourism Marketing, Vol.21, No.2/3, 2006, S.33–48.

Bailom, F., Tschemernjak, D., Matzler, K., Hinterhuber, H.H. (1998): Durch strikte Kundennähe Abnehmer begeistern, in: Harvard Business Manager, 20.Jg., H.1, S.47–56.

Balderjahn, I. (1994): Der Einsatz der Conjoint-Analyse zur empirischen Bestimmung von Preis-responsefunktionen, in: Marketing-Zeitschrift für Forschung und Praxis, 16.Jg., H.1, 1994, S.12–20.

Ballantyne, D. (1991): Internal Marketing, collaboration and motivation in service quality management, in: van der Wiele, T., Timmers, J.G. (Hrsg.): Proceedings of the Workshop on Quality Management in Services, Booklet 1, Brussels, 1991, S.227–247.

Baloglu, S. (2002): Dimensions of Customer Loyalty: Separating Friends from Well-Wishers, in: Cornell Hotel and Restaurant Administration Quarterly, Vol.43, No.1, February, 2002, S.47–59.

Baloglu, S. and Pekcan, Y.A. (2006): The Website Design and Internet Site Marketing Practices of Upscale and Luxury Hotels in Turkey, Tourism Management, 27, S.171–176.

Bandura, A. (1976): Lernen am Modell, Stuttgart 1976.

Barczaitis, W. (2000): Kundenbindung im Kreditkartenbereich – Das Beispiel American Express, in: Bruhn, M., Homburg, C. (Hrsg): Handbuch Kundenbindungsmanagement: Grundlagen – Konzepte – Erfahrungen, 3.Aufl., Wiesbaden 2000, S.579–594.

Barrows, C.W., Powers,T., Reynolds, D. (2012): Introduction to Management in the Hospitality Industry, New Jersey 2012.

Barsky, J., Nash, L. (2002): Evoking Emotions: Affective Keys to Hotel Loyalty, in: Cornell Hotel and Restaurant Administration Quarterly, Vol.43, No.1, February, 2002, S.39–46.

Barth,K., Theis,H.J. (1998): Hotel-Marketing, 2.Aufl., Wiesbaden 1998.

Bauer, H.H., Herrmann, A., Mengen, A. (1994): Ein Methode zur gewinnmaximalen Produktgestaltung auf der Basis des Conjoint Measurement, in: Zeitschrift für Betriebswirtschaft, 64.Jg., H.1, S.81–94.

Bauer, H.H., Huber, F., Fuchs, S. (1998): Preisbündelung von Hoteldienstleistungen: Ergebnisse einer empirischen Studie, Arbeitspapier Nr.125 des Instituts für Marketing der Universität Mannheim, 1998.

Bauer, V. (2009): Der neue Luxus – Wohin führt der Wandel?, in: Trendgutachten Hospitality 2009/2010, TREUGAST International Institute of Applied Hospitality Sciences, München 2009, S.162–171.

*Baumgarth, C. (2008):*Markenpolitik, 3. Aufl. Wiesbaden 2008.

Bausback, N. (2007): Positionierung von Business-to-Business-Marken: Konzeption und empirische Analyse zur Rolle von Rationalität und Emotionalität, Wiesbaden 2007.

Bayerischer Rundfunk (2014): Spanische Hotels führen schwarze Liste, http://www.br.de/ radio/ bayern1/inhalt/experten-tipps/urlaub-hotel-spanien-schwarze-liste-100.html, Einsehdatum: 5.9.2014.

Bearden, W.O., Etzel, M.J. (1982): Reference Group Influence on Product and Brand Purchase Decisions, in: Journal of Consumer Research, Vol.9, H.2, 1982, S.183–194.

Becker, F.G., Günther, S. (2001): Personalentwicklung als Führungsaufgabe in Dienstleistungsunternehmungen, in: Bruhn, M., Meffert, H. (Hrsg.): Handbuch Dienstleistungsmanagement, 2. Aufl., Wiesbaden 2001, S.751–780.

Becker, J. (2006): Marketing-Konzeption: Grundlagen des strategischen und operativen Marketing-Managements, 8.Aufl., München 2006.

Becker, J.. (2005): Einzel-, Familien- und Dachmarken als grundlegende Handlungsoptionen, in: Esch, F.E. (Hrsg.): Moderne Markenführung, 4. Aufl., Wiesbaden, 2005, S.381–402.

Beckett, N.P. (1996): Qualitätsbewusstsein und Kundenorientierung der Mitarbeiter als Schlüssel zum Erfolg: Qualitätsmanagement bei der Ritz-Carlton Hotel Company, in: Töpfer, A. (Hrsg.): Kundenzufriedenheit messen und steigern, Neuwied, 1996, S.175–192.

Behrens, T. (2009): Corporate Entrepreneurship und Organisationskultur, in: Frank, H. (Hrsg.): Corporate Entrepreneurship, 2. Aufl., Wien 2009, S.43–81.

Bekmeier, S., Konert, F.J. (1994): Erlebnisorientierte Markenstrategien, in: Bruhn, M. (Hrsg.): Handwörterbuch Markenartikel, Bd.I, Markenbegriffe, Markentheorien, Markeninformationen, Markenstrategien, Stuttgart 1994, S.603–618.

Bender, G. (2008): Kundengewinnung- und Bindung im Web 2.0, in: Hass, B., Walsh, G., Kilian, T. (Hrsg.): Web 2.0: Neue Perspektiven für Marketing und Medien, Heidelberg, 2008, S.173–190.

Benkenstein, M. (1994): Dienstleistungsqualität. Ansätze zur Messung und Implikationen für die Steuerung, in: Corsten, H. (Hrsg.): Integratives Dienstleistungsmanagement, 1994, S.421–445.

Benkenstein, M. (2001): Besonderheiten des Innovationsmanagement in Dienstleistungsunternehmungen, in: Bruhn, M., Meffert, H. (Hrsg.): Handbuch Dienstleistungsmanagement, 2. Aufl., Wiesbaden 2001, S.687–702.

Benkenstein, M., Güthoff, J. (1996): Typologisierung von Dienstleistungen: Ein Ansatz auf der Grundlage system- und käuferverhaltenstheoretischer Überlegungen, in: Zeitschrift für Betriebswirtschaft, 66.Jg., H.12, 1996, S.1493–1510.

Benkenstein, M., Güthoff, J. (1997): Qualitätsdimensionen komplexer Dienstleistungen, in: Marketing-Zeitschrift für Forschung und Praxis, 19.Jg., H.2, 1997, S.81–91.

Benkenstein, M., Holtz, M. (2001): Qualitätsmanagement von Dienstleistungen, in: Bruhn, M., Meffert, H. (Hrsg.): Handbuch Dienstleistungsmanagement, 2. Aufl., Wiesbaden 2001, S.193–209.

Berekoven, L. (1974): Der Dienstleistungsbetrieb: Wesen – Struktur – Bedeutung, Wiesbaden 1974

Berekoven, L., Eckert, W., Ellenrieder, P. (2001): Marktforschung: Methoden Grundlagen und praktische Anwendung, Wiesbaden 2001.

Berg, W. (2014): Einführung Tourismus: Überblick und Management, in: Schulz, A., Berg, W., Gardini, M.A., Kirstges, T., Eisenstein, B. (Hrsg.): Grundlagen des Tourismus, 2. Aufl., München 2014, S.1–138.

Berger, F., Vanger R. (1986): Building Your Hospitality Team, in: Cornell Hotel and Administration Quarterly, Vol.26, February, 1986, S.82–90.

Bergmann, K. (1998): Angewandtes Kundenbindungsmanagement, Frankfurt/Main 1998.

Beritelli, P., Romer, D. (2006): Inkrementelle versus radikale Innovationen im Tourismus, in: Pikkemaat, B, Peters, M., Weiermair, K. (Hrsg.): Innovationen im Tourismus, Berlin, 2006, S.53–64.

Berndt, R., Fantapié-Altobelli, C., Sander, M. (1999): Internationales Marketing-Management, Berlin 1999.

Berry, L.L. (1996): Top Service: im Dienst am Kunden, Stuttgart 1996.

Berry, L.L., Parasuraman, A. (1992): Service-Marketing, Frankfurt/Main, New York 1992.

Berry, L.L., Parasuraman, A. (1998): Wie Servicewünsche genau erfaßt werden, in: Harvard Business Manager, 20.Jg., H.3, 1998, S.80–91.

Berry, L.L., Yadav, M.S. (1997): Oft falsch berechnet und verwirrend – die Preise für Dienstleistungen, in: Harvard Manager, H.1, 1997, S.57–67.

Berthel, J. (2000): Personal-Management: Grundzüge und Konzeptionen betrieblicher Personalarbeit, 6. Aufl., Stuttgart 2000.

Bessler, P. (2009): Dynamische Hotelkonzepte, in: Trendgutachten Hospitality 2009/2010, TREUGAST International Institute of Applied Hospitality Sciences, München 2009, S.144–151.

Best Western (2003): Unternehmenspräsentation 2003.

Bettencourt, L.A. (2012): Fundamental Tenets of Service Excellence, in: Marketing Management, Fall, S.18–23.

Bieberstein, I. (1998): Dienstleistungsmarketing, 2. Aufl., Ludwigshafen 1998.

Bieger, T. (2000): Dienstleistungsmanagement: Einführung in Strategien und Prozesse bei persönlichen Dienstleistungen, Bern, 2. Aufl. 2000.

Bieger, T., Beritelli, P. (2012): Management von Destinationen, 8.Aufl., München 2012.

*Biehl, H.I. (2008):*Verbände hoffen auf neue Initiativen – Viel Grün, wenig Action, in: fvw, Nr.6 vom 12.3.2008, S.58.

Birgkit, K., Stadler, M. (1993): Corporate Identity – Grundlagen, in: Birgkit, K., Stadler, M., Funck, H.J. (Hrsg.): Corporate Identity: Grundlagen, Funktionen, Fallbeispiele, 6.Aufl., Landsberg/Lech 1993, S.11–64.

Birke, E. (2007): Licht und Natur im Bad der Sinne, in: AHGZ – Der Hotelier, 27.10.2007, S.16–17.

BITKOM (2008): Online-Werbemarkt wächst trotz Wirtschaftskrise weiter, Pressemitteilung des Bundesverband Informationswirtschaft Telekommunikation und neue Medien vom 30.12.2008, http://www.bitkom.org/de/presse/56204_56179.aspx, Einsehdatum: 20. Januar 2009.

BITKOM (2013): Zwei Drittel der Internetnutzer ist in sozialen Netzwerken aktiv, Pressemitteilung des Bundesverband Informationswirtschaft Telekommunikation und neue Medien vom 31.10.2013, Berlin 2013.

Bitner, M.J. (1990): Evaluating Service Encounters: The Effects of physical Surroundings and employee Responses, Journal of Marketing, Vol.54., April, 1990, S.69–82.

Bitner, M.J. (1992): Servicescapes: The Impact of Physical Surroundings on Customers and Employees, in: Journal of Marketing, Vol.56., April, 1992, S.57–71.

Bitner, M.J. (2000): The Servicescape,in: Swartz, T.A., Iacobucci, D. (Hrsg.), Handbook of Services Marketing & Management, Thousand Oaks, 2000, S.37–50.

Bitner, M.J., Booms, B.H., Mohr, L.A. (1994): Critical Service Encounters: The Employee's Viewpoint, in: Journal of Marketing, Vol.58, October, 1994, S.95–106.

Bitran, G.R., Hoech, J. (1990): The Humanization of Service: Respect at the Moment of Truth, in: Sloan Management Review, Vol.33, Winter 1990, S.89–96.

Bittner, A. (1997): Interkulturelle Kompetenz und internationales Denken, in: Krystek, U., Zur, E. (Hrsg.): Internationalisierung: eine Herausforderung für die Unternehmensführung, Berlin et al., 1997, S.497–510.

Blattberg, R.C., Deighton, J. (1997): Aus rentablen Kunden vollen Nutzen ziehen, in: Harvard Manager, 19.Jg., H.1, 1997, S.24–32.

Bleicher, K. (1985): Zur strategischen Ausgestaltung von Anreizsystemen von Führungskräften, in: Zeitschrift für Organisation, 54.Jg., H.1, 1985, S.21–27.

Bleicher, K. (1992): Leitbilder – Orientierungsrahmen für eine integrative Management-Philosophie, Stuttgart 1992.

Bleicher, K. (2004): Das Konzept Integriertes Management, 7. Aufl., Frankfurt, New York 2004.

Bliemel, F.W., Eggert, A. (1998): Kundenbindung – die neue Sollstrategie?, in: Marketing – Zeitschrift für Forschung und Praxis, 20.Jg., H.1, 1998, S.37–46.

Blois, K.J. (1983): The Structure of Service Firms and Their Marketing Policies, in: Strategic Management Journal, Vol.4, 1983, S.251–261.

Boksberger, P., Schuckert, M. (2011): Innovationen in Tourismus und Freizeit, Berlin 2011.

Bonoma, T.V., Shapiro, B.P. (1983): Segmenting the Industrial Market, Lexington 1983.

Botsman, R., Rogers, R. (2010): What's Mine Is Yours: The Rise of Collaborative Consumption, New York 2010.

Boulding, W., Kalra, A., Staelin, R., Zeithaml, V.A. (1993): A Dynamic Process Model of Service Quality: From Expectations to behavioral Intentions, in: Journal of Marketing Research, Vol.30, February, 1993, S.7–27.

Bouncken, R.B. (1997): Integrierte Kundensegmentierung in der Hotellerie, Wiesbaden 1997

Bouncken, R.B. (2000): Vertrauen – Kundenbindung – Erfolg? Zum Aspekt des Vertrauens bei Dienstleistungen, in: Bruhn, M., Stauss, B. (Hrsg.): Dienstleistungsmanagement Jahrbuch 2000, Wiesbaden 2000, S.3–22.

Bowen, J.T., Shoemaker, S.(1998): Loyalty: A Strategic Commitment, in: Cornell Hospitality Research Center Report Vol.39, No1. Ithaka 1998.

Bowen, D. E., Schneider, B., Kim, S.S. (2000): Shaping Services Cultures Through Strategic Human Resource Management, in: Swartz, T.A., Iacobucci, D. (Hrsg.): Handbook of Services Marketing & Management, Thousand Oaks, 2000, S.439–454.

Bowen, D.E., Lawler, E.E. (1992): Total Quality-Oriented Human Resources Management, in: Organizational Dynamics, Vol. 21, Spring 1992, S.29–41.

Bowie, D., Buttle, F. (2011): Hospitality Marketing: Principles and Practice, 2nd ed. Amsterdam 2011.

Breiter, D., Bloomquist, P. (1998): TQM in American Hotels, in: Cornell Hotel and Restaurant Administration Quarterly, Vol.39, No.1, February, 1998, S.26–33.

Brenneisen, M. (2012): 9Flats-die Bettenbörsianer, vom 02.08.2012 in Financial Times Deutschland, http://wap.ftd.de/artikel/70059065.xml?v=2.0, Einsehdatum: 3.Mai 2013.

Brown, T. J./Mowen, J. C./Donavan, D. T./Licata, J. W. (2002): The Customer Orientation of Service Workers: Personality Trait Effects on Self- and Supervisor Performance Ratings, in: Journal of Marketing Research, Vol. 39, No. 1, S.110–19.

Brügge, M. (2008): Der Duft der Firma, in: Die Zeit, Nr. 52 vom 31. Dezember 2008, S.62.

Brügge, M. (2008a): Was wird denn hier gespielt?, in: Die Zeit, Nr. 27 vom 26. Juni 2008, S.67.

Brügge, M. (2009): Lästern unerwünscht, in: Die Zeit, Nr. 4 vom 15. Januar 2009, S.56.

Bruhn, M. (1992): Stichwort „Markenartikel", in: Diller, H. (Hrsg.): Vahlens großes Marketinglexikon, München 1992.

Bruhn, M. (1995): Qualitätssicherung im Dienstleistungsmarketing – eine Einführung in die theoretischen und praktischen Probleme, in: Bruhn, M, Stauss, B. (Hrsg.): Dienstleistungsqualität: Konzepte, Methoden, Erfahrungen, 2. Aufl., Wiesbaden 1995, S.19–49.

Bruhn, M. (1997): Multimediakommunikation, München 1997.

Bruhn, M. (1998): Kundenzufriedenheit und interne Strukturen, in: Gablers Magazin,11.Jg., H.4, 1998, S.26–28.

Bruhn, M. (2000): Kundenerwartungen: Theoretische Grundlagen, Messung und Managementkonzept, in: Zeitschrift für Betriebswirtschaft, 70.Jg., Nr.9, S.1031–1054.

Bruhn, M. (2001a): Notwendigkeit eines Internen Marketing in Dienstleistungsunternehmen, in: Bruhn, M., Meffert, H. (Hrsg.): Handbuch Dienstleistungsmanagement, 2. Aufl., Wiesbaden 2001, S.705–731.

Bruhn, M. (2001b): Die zunehmende Bedeutung von Dienstleistungsmarken, in: Köhler, R., Mayer, W., Wiezorek, H. (Hrsg.): Erfolgsfaktor Marke: Neue Strategien für das Markenmanagement, München, 2001, S.213–225.

Bruhn, M. (2001c): Einsatz nationaler Kundenbarometer für das Dienstleistungsmanagement, in: Bruhn, M., Meffert, H. (Hrsg.): Handbuch Dienstleistungsmanagement, 2. Aufl., Wiesbaden 2001, S.337–368.

Bruhn, M. (2003b): Kommunikationspolitik, 2.Aufl., München 2003.

Bruhn, M. (2011): Qualitätsmanagement für Dienstleistungen: Grundlagen, Konzepte, Methoden, 4. Aufl., Berlin 2003.

Bruhn, M., Georgi, D.(1998): Kundenbezogene Wirtschaftlichkeitsanalyse des Qualitätsmanagements für Dienstleistungen. Konzepte, Modellrechnung und Fallbeispiel, in: Marketing Zeitschrift für Forschung und Praxis, 20 Jg., Nr.2, 1998, S.98–108.

Bruhn, M., Hadwich; K., Georgi, D. (2007): Integrierte Kundenorientierung als Treiber der Service Excellence, in: in: Matthias H. J. Gouthier, Christian Coenen, Henning S. Schulze, Christoph Wegmann (Hrsg.): Service Excellence als Impulsgeber: Strategien – Management – Innovationen – Branchen, Wiesbaden, S.55–71.

Brümmer, E. (2009): Das Resort-Prinzip – Wodurch sich exzellente Konzepte vom Durchschnitt unterscheiden, in: Trendgutachten Hospitality 2009/2010, TREUGAST International Institute of Applied Hospitality Sciences, München 2009, S.134–143.

Brymer, R.A. (1991): Employee Empowerment: A Guest Driven Leadership Strategy, in: The Cornell Hotel and Administration Quarterly, Vol.32, May, 1991, S.58ff.

Brysch, A.A. (2013): Innovative Interaktionsformen im Tourismus durch Reise-Apps und Smartphones, in: Quack, H.D., Klemm, K. (Hrsg.): Kulturtourismus zu Beginn des 21. Jahrhunderts, München, 2013, S.143–151.

Buer, C., Groß, A. (2006): Markenführung in der Hotellerie, in: Deichsel, A., Meyer, H. (Hrsg.): Jahrbuch der Markentechnik 2006/2007, FrankfurtMain 2006, S.171–202.

Bufka, J. (1997): Auslandsgesellschaften internationaler Dienstleistungsunternehmen: Koordination – Kontext – Erfolg, Wiesbaden 1997.

Bullinger, H.J. (2006): Service Engineering: Entwicklung und Gestaltung innovativer Dienstleistungen, New York 2006.

Bumbacher, U. (2000): Beziehungen zu Problemkunden – Sondierungen zu einem noch wenig erforschten Thema, in: Bruhn/Stauss (Hrsg.): Dienstleistungsmanagement Jahrbuch 2000, Wiesbaden, 2000, S.423–447.

Burkhardt, K. (1994): Wenn der Kunde König ist: Weiterbildung in der Hotellerie, in: GdWZ – Grundlagen der Weiterbildung, 5.Jg., H.5, 1994, S.271–276.

Burmann, C., Maloney, P. (2008): Innengerichtete, identitätsbasierte Führung von Dienstleistungs- marken, in: Bruhn, M., Stauss, B. (Hrsg.): Dienstleistungsmarken: Forum Dienstleistungsmanage- ment, Wiesbaden, 2008, S.191–212.

Burmann, C., Meffert, H. (2005): Managementkonzept der identitätsorientierten Markenführung, in: Meffert, H., Burmann, C., Koers, M. (Hrsg.): Markenmanagement: Grundfragen der identitäts- orientierten Markenführung, Wiesbaden 2005, S.73–98.

Burmann, C., Meffert, H. (2005a): Theoretisches Grundkonzept der identitätsorientierten Marken- führung, in: Meffert, H., Burmann, C., Koers, M. (Hrsg.): Markenmanagement: Grundfragen der identitätsorientierten Markenführung, 2. Aufl., Wiesbaden 2005, S.37–72.

Burmann, C., Meffert, H., Koers, M. (2005): Stellenwert und Gegenstand des Markenmanagements, in: Meffert, H., Burmann, C., Koers, M. (Hrsg.): Markenmanagement: Grundfragen der identitäts- orientierten Markenführung, 2. Aufl., Wiesbaden 2005, S.3–16.

Butscher, S. (1998): Handbuch Kundenprogramme und Kundenclubs, Ettlingen 1998.

Buzell, R.D., Gale, B.T.(1987): The PIMS Principles: Linking Strategy to Performance, New York, London 1987.

BVDW(2014): OVK-Onlinereport 2014/02, Bundesverband Digitale Wirtschaft (BVDW) e.V., Düsseldorf 2014.

Cadotte, E.R., Turgeon, N. (1988): Key Factors in Guest Satisfaction, in: The Cornell Hotel and Administration Quarterly, Vol.28, February, 1988, S.45–51.

Calkins, T. (2005): The Challenge of Branding, in: Tybout, A.M., Calkins, T. (Hrsg.): Kellogg on Branding, New Jersey, 2005, S.1–10.

Camp, R. (1994): Benchmarking, München 1994.

Camphausen, B. (2007): Strategisches Management_ Planung-Entscheidung-Controlling, 2. Aufl. Stuttgart 2007.

Carlzon, J. (1987): Moments of Truth, Cambridge, Massachusetts 1987.

Caroll, B., Siguaw, J. (2003): The Evolution of Electronic Distribution: Effects on Hotels and Inter- mediaries Cornell Hotel and Restaurant Administration Quarterly, Vol.44, August 2003, S.38–50.

Cespedes, F.V., Smith, H.J. (1993): Database Marketing: New Rules for Policy and Practice, in: SMR – Sloan Management Review, Vol.34, No.4, 1993, S.7–22.

Chaffey, D., Mayer, R., Johnston, K., Ellis-Chadwick, F. (2001): Internet-Marketing, München 2001.

Chase, R.B., Haynes, R..M. (2000): Service Operations Management, in: Swartz, T.A., Iacobucci, D. (Hrsg.), Handbook of Services Marketing & Management, Thousand Oaks, 2000, S.455–471.

Chaston, I. (1993): Customer-focused Marketing: Actions for delivering greater internal and external customer satisfaction, London 1993.

Chiang, L.C. (2006): Effectiveness of Hotel Websites in Singapore, in: Asia Pacific Journal of Tourism Research, Vol.8, No.2, 2006, S.38–47.

Chipkin, H. (2005): Hotel companies monitor, participate in online forums, in: Hotel & Motel Management, Vol.220, No.16, 2005, S.22–65.

Chung, D., Klünder, A. (2007): Suchmaschinen-Optimierung – der schnelle Einstieg, Heidelberg 2007.

Churchill, G.A., Surprenant, C. (1982): An Investigation into the Determinants of Customer Satisfaction, in: Journal of Marketing Research, Vol.19, November, 1982, S.491–504.

Cimbal, A. (2000): Bass – Konzentration aufs Kerngeschäft, in: NGZ – Der Hotelier, H.7/8, 2000, S.9.

Cimbal, A. (2002): Provokantes Image, in: NGZ – Der Hotelier, H.7/8, 2002, S.32–33.

Cimbal, A. (2002): Schrille Refugien, in: NGZ – Der Hotelier, H.3, 2002, S.30–35.

Cimbal, A. (2003a): Erfolg mit Alpenglühen und Volksmusik, in: NGZ – Der Hotelier, H.4, 2003, S.32–33.

Cimbal, A. (2003b): Mit stabilem Wachstum, in: NGZ – Der Hotelier, H.4, 2003, S.12.

Cimbal, A. (2003c): Umsatzzuwächse mit Erfolgssystem, in: NGZ – Der Hotelier, H.7/8, 2003, S.34–35.

Clark, A., Chen, W. (2007): International Hospitality Management, Oxford 2007.

Clausnitzer, T., Heide, G., Nasner, N. (2002): Markenartikel-Management, Stuttgart 2002.

Clement, M./Papies, D./Boie, H. (2008): Kosten und Kostentreiber von unerwünschten Werbemails (Spam) – Eine empirische Analyse auf Provider- und Anwenderseite, in: Zeitschrift für Betriebswirtschaft, 78. Jg. (4), S.339–365.

Clow, K.E., Kurtz, D.L., Ozment, J., Ong Soo, B. (1997): The antecedents of consumer expectations of services: an empirical study across four industries, in: Journal of Services Marketing, Vol.11, No.4, 1997, S.230–248.

Coenen, C. (2001): Serviceorientierung und Servicekompetenz von Kundenkontakt- Mitarbeitern, in: Bruhn, M./Stauss, B. (Hrsg.): Dienstleistungsmanagement Jahrbuch, Wiesbaden, S.343–374.

Collier, D.A. (1989): Process Moments of Trust: Analysis and Strategy, in: The Service Industries Journal, Vol.9, April, 1989, S.205–222.

Collier, D.A. (1991): A Service Quality Process Map for Credit Card Processing, in: Decision Sciences Journal, Vol.22, No.2, 1991, S.406–420.

*Conrady, R. (2007):*Komfortbedarf steigt, in: AHGZ – Allgemeine Hotel- und Gaststättenzeitung, Nr.51, 22.12.2007, S.10.

Cornish, F. (1988): Building a Customer-orientated Organization, in: Long Range Planning, Vol.21, No.3, 1988, S.105–107.

Corsten, H. (1995): Externalisierung und Internalisierung als strategische Optionen von Dienstleistungsunternehmungen, in: Bruhn, M., Stauss, B. (Hrsg.): Dienstleistungsqualität: Konzepte – Methoden – Erfahrungen, 2.Aufl., Wiesbaden, 1995, S.165–182.

Corsten, H. (1997): Betriebswirtschaftslehre der Dienstleistungsunternehmungen: Einführung, 3. Aufl., München, Wien 1997.

Corsten, H. (1998): Ansatzpunkte für ein Rationalisierungsmanagement von Dienstleistungen, in: Meyer, A. (Hrsg.): Handbuch Dienstleistungsmarketing, Band 1, München, S.607–624.

Corsten, H., Suhlmann, S. (2001): Kapazitätsplanung bei Dienstleistungsunternehmungen, in: Bruhn, M., Meffert, H. (Hrsg.): Handbuch Dienstleistungsmanagement, 2. Aufl., Wiesbaden 2001, S.177–192.

Cran, D.J. (1994): Towards Validation of the Service Orientation Construct, in: The Service Industries Journal, Vol.14, No.1, January 1994, S.34–44.

Creech, B. (1994): The five pillars of TQM: how to make total quality management work for you, New York, 1994.

Cronin, J.J., Taylor, S.A. (1994): SERVPERF Versus SERVQUAL: Reconciling Performance-Based and Perceptions-Minus-Expectations Measurement of Service Quality, in: Journal of Marketing, Vol.58, January, 1994, S.125–131.

Czinkota, M.R, Ronkainen, I.A. (2001): International Marketing, 6th ed., Orlando 2001.

Dahlhoff, H.D. (1999): Die Aufgaben der Kommunikationsabteilung, in: Geffken, M. (Hrsg.): Das große Handbuch Werbung, Landsberg/Lech 1999, S.241–256.

Danaher, P.J., Mattsson, J. (1994a): Cumulative Encounter Satisfaction in the Hotel Conference Process, in: International Journal of Service Industrie Management, Vol.5, No.4, 1994, S.69–80.

Danaher, P.J., Mattsson, J. (1994b): Customer Satisfaction during the Service Delivery Process, in: European Journal of Marketing, Vol.28, No.5, 1994, S.4–16.

Daudel, S., Vialle, G. (1994): Yield Management, applications to air transport and other service industries, Paris 1994.

Daun, W., David, R. (2006): Drum prüfe, wer sich ewig bindet, in: Der Hotelier, H.6, 2006, S.60–63.

Davenport, T.H. (2013): At the Big Data Crossroads: turning towards a smarter travel experience, Madrid 2013.

Davidson, R. (1997): Business Travel, 4th.ed, Harlow, 1997.

Davis, S. (2005): Building a Brand Driven Organization, in: Tybout, A.M., Calkins, T. (Hrsg.): Kellogg on Branding, New Jersey, 2005, S.26–242.

DEBA (2014): Definition Employer Branding, http://www.employerbranding.org/downloads/ publikationen/DEBA_EB_Definition_Praeambel.pdf, Einsehdatum: 22. September 2014.

DeChernotay, L., Segal-Horn, S. (2001): Building on services characteristics to develop successful services brands, in. Journal of Marketing Management, Vol.17, 2001, S.645–669.

DEHOGA (1988): Kostenstrukturen und Erträge, Teil I – Beherbergungsbetriebe – Gastgewerbliche Schriftenreihe Nr.58, Bonn–Bad Godesberg 1988.

DEHOGA (1999): Jahrbuch 1998/1999, Berlin 1999.

DEHOGA (2001): Jahrbuch 2000/2001, Berlin 2001.

DEHOGA (2008a): Erwartungen von Hotelgästen 2008, Pressemitteilung 08/37 vom 17.12.2008.

DEHOGA (2013): Fremdbestimmung beenden, DEHOGA Magazin vom Oktober 2013, Bonn.

DEHOGA (2014a): Umsätze und Umsatzentwicklungen in der Hotellerie, http://www.dehoga-bundesverband.de/daten-fakten-trends/umsatzentwicklungen/beherbergungsgewerbe/, Einsehdatum: 12. Mai 2014.

DEHOGA (2014b): Wirtschaftsfaktor Gastgewerbe, http://www.dehoga-bundesverband.de/daten-fakten-trends/ Einsehdatum: 12. Mai 2014.

Deka Bank (2014): Hotelmärkte Europa, Immobilien Research Spezial, Ausgabe 5/2014 vom 1. August, Frankfurt 2014.

Della Schiava, M., Hafner, H. (1995): Service-Marketing im Tourismus, Wien 1995.

Deloitte (2006): Hospitality 2010 – An in-depth report into driving shareholder value into the hospitality sector, München 2006.

Deloitte (2008): Deloitte Hotelbenchmark Survey, München 2008.

Demmler, H. (1990): Einführung in die Volkswirtschaftslehre, München 1990.

Desijaru, R, Shugan, S. (1999): Strategic Pricing and Yield Management, in: Journal of Marketing, Vol.63, No.1, 1999, S.44–56.

Dettmer, H. et al. (2000): Tourismus 2 – Hotellerie und Gastronomie, Köln 2000.

Dettmer, H. et al.(1999): Tourismus-Marketing-Management, München 1999.

Dev, C.S., Ellis, B.D. (1991): Guest Histories: An Untapped Service Resource, in: Cornell Hotel and Administration Quarterly, Vol.32, August, 1990, S.29–37.

Dev, C.S., Withiam, G .(2011): Fresh Thinking about the Box, in: Cornell Hospitality Roundtable Proceedings, June, S.6–16.

DGQ (1995): Begriffe zum Qualitätsmanagement, DGQ-Schrift Nr.11-04, 6.Aufl., Frankfurt/Main 1995.

DICON (2013): Budgetsegmente in der Beherbergungsindustrie 2013, Berlin 2013.

Diller, H. (1996): Kundenbindung als Marketingziel, in: Marketing – Zeitschrift für Forschung und Praxis, 18.Jg., H.2, 1996, S.81–94.

Diller, H. (1996a): Fallbeispiel Kundenclub: Ziel und Zielerreichung von Kundenclubs am Beispiel des Fachhandels, Ettlingen 1996.

Diller, H. (2000): Preispolitik, 3. Aufl.,Stuttgart 2000.

Diller, H.(2007): Grundprinzipien des Marketing, 2. Aufl. Nürnberg 2007.

Dost, J. (2009): Personalmanagement in der Hotellerie – Von der Personalverwaltung zum Internen Marketing am Beispiel der Lindner Hotels AG, in: Gardini, M.A.: Marketing-Management in der Hotellerie, 2.Aufl., München 2009, S.557–565.

Dotzler, H.J., Schick, S. (1995): Systematische Mitarbeiterkommunikation als Instrument der Qualitätssicherung, in: Bruhn, M., Stauss, B. (Hrsg.): Dienstleistungsqualität: Konzepte – Methoden – Erfahrungen, 2. Aufl., Wiesbaden, 1995, S.277–294.

*Dreyer, A., Dehner, C. (2003):*Kundenzufriedenheit im Tourismus, 2. Aufl., München 2003.

Droll. M-P. (2009): Entwicklung und Einführung einer Balanced Scorecard als strategisches Führungsinstrument bei der Robinson Club GmbH, in: Gardini, M.A. (Hrsg.): Handbuch Hospitality Management, Deutscher Fachverlag, Frankfurt/Main 2009, S.143–164.

Drucker, P. (1954): Management: Tasks, Responsibilites, Practices, New York 1954.

Drummond, H., Chell, E. (1992): Should Organizations Pay for Quality?, in: Personell Review, Vol.21, No.4, 1992, S.3–11.

Dubé, L., Reneghan, L.M. (2000): Creating Visible Customer Value – How Customers View Best-Practice Champions, in: Cornell Hotel and Administration Quarterly, Vol.41, No.1, February, 2000, S.62–72.

Duch, K.C. (1980): Personalpolitik im Hotelbetrieb: Elemente, Bestimmungsgründe und Besonderheiten ihrer Gestaltung, Diss., München 1980.

Dunn, G., Gonzalez, E. (2007): Business Travelers interested in remote Check-in/out, in: Hotel & Motel Management, Vol.222, 16, S.48–49.

DWIF (2013): Hotelbetriebsvergleich – Nr.79/2011, Sonderreihe des deutschen Wirtschaftswissen-schaftlichen Instituts für Fremdenverkehr an der Universität München, München 2013.

Edgett, S., Parkinson, S. (1993): Marketing for Service Industries – A Review, in: The Service Industries Journal, Vol.13, No.3, July, 1993, S.19–39.

EFQM (2000): Excellence einführen, Brüssel 2000.

Eggert, A. (2000): Konzeptualisierung und Operationalisierung der Kundenbindung aus Kundensicht, in: Marketing Zeitschrift für Forschung und Praxis, 22.Jg., H.2, 2000, S.119–130.

Eggert, A., Helm, S. (2000): Determinanten der Weiterempfehlung: Kundenzufriedenheit oder Kundenbindung, in: Der Markt, 39.Jg., H.2, 63–72.

EITW (2014): Europäisches Institut für Tagungswirtschaft: Meeting und Eventbarometer Deutschland 2013/2014, Wernigerode 2014.

Emrich, C. (2014): Interkulturelles Marketing-Management, 3. Aufl., Wiesbaden 2014.

Encyclopædia Britannica (2009): Resort Hotel from Encyclopædia Britannica Online, http://www.britannica.com/EBchecked/topic/499489/resort-hotel, Einsehdatum: Oktober 17, 2010.

Enz, C.A. (2009): Human Resource Management : A Troubling Issue for the Global Hotel Industry, in: Cornell Hotel and Restaurant Administration Quarterly, Vol. 43, Heft 4, S.578–583.

Enz, C.A. (2010): Hospitality Strategic Management: Concepts and Cases, 2nd ed.,New Jersey 2010.

Enz, C.A., Canina, L., Walsh, K. (2001): Hotel-Industry Averages: An Inaccurate Tool for Measuring Performance, in: Cornell Hotel and Restaurant Administration Quarterly, Vol.42, No.6, December, 2001, S.22–32.

Erlhofer, S. (2008): Suchmaschinen-Optimierung für Webentwickler: Funktionsweisen von Google & Co. Ranking-Optimierung und Usability, 4. Aufl., Bonn 2008.

Esch, F., Bräutigam, S. (2005): Analyse und Gestaltung komplexer Markenarchitekturen, in: Esch, F.R. (Hrsg.): Moderne Markenführung, 4.Aufl., Wiesbaden, 2005, S.839–862.

Esch, F.E., Fischer, A., Hartmann, K., Strödter, K. (2008): Management des Markencommitments in Dienstleistungsunterehmen, in: Bruhn, M., Stauss, B. (Hrsg.): Dienstleistungsmarken, Wiesbaden, 2008, S.233–254.

Esch, F.E., Tomczak, T., Kernstock, J., Langner, T. (2004): Corporate Brand Management, Wiesbaden 2004.

Esch, F.R. (2000): Markenwertmessung, in: Herrmann, A., Hombrug, C. (Hrsg.): Marktforschung, 2. Aufl., Wiesbaden, 2000, S.979–1023.

Esch, F.R., Wicke, A., Rempel, J.E. (2005): Herausforderungen und Aufgaben des Markenmagements, in: Esch, F.R.(Hrsg.): Moderne Markenführung: Grundlagen – Innovative Ansätze – Praktische Umsetzungen, Wiesbaden, 4. Aufl., 2005, S.3–60.

Espich, G. (2001): Business Travel Management – Kostenoptimierte und effektive Planung, Durchführung und Kontrolle von Geschäftsreisen, Renningen–Malmsheim 2001.

Euromonitor International (2014): The New Online Travel Consumer, London 13. Februar 2014.

Eventsofa (2013): Das Online-Marketing Ranking der Hotels in Deutschland 2013, Berlin 2013.

F.U.R (2000): Forschungsgemeinschaft Urlaub und Reisen e.V.: Die Reiseanalyse Urlaub und Reisen, erscheint jährlich im Eigenverlag, Hamburg 2000.

F.U.R..(2014): Reiseanalyse 2014, Forschungsgemeinschaft Urlaub und Reisen, Kiel 2014.

Familotels (2008): Corporate Website, http://www.familotels.de/, Einsehdatum: 24.8.2008.

Faust, T. (1993): Qualitätsmanagement von Hotels: Theoretische Ansätze und praktizierte Formen, Forschungsbeiträge des Lehrstuhls Univ.-Prof.Dr. Anton Meyer und der Fördergesellschaft Finanzdienstleistungs-Marketing (FFM) e.V. an der Johannes Gutenberg-Universität Mainz, Bd.7, Mainz 1993.

Fayerwheather, J. (1975): Internationale Unternehmensführung: Ein Begriffssystem, Berlin 1975.

FAZ (2000): Bei McDonald's gibt es bald auch Betten, in: FAZ vom 10.11.2000, S.24.

FAZ (2001): SRS Worldhotels vermittelt immer mehr Zimmer über das Internet, in: FAZ vom 6.9.2001.

Finkbeiner, A. (2008): Der Hotelier der Zukunft, in: Gardini, M.A. (Hrsg.): Handbuch Hospitality Management, Deutscher Fachverlag, Frankfurt/Main 2008, S.63–72.

Flanagan, T.A., Fredericks, J.O. (1993): Improving Customer Performance through Customer-Satisfaction Measurement and Management, in: National Productivity Review, Spring, 1993, S.239–258.

Fließ, S. (2008): Dienstleistungsmanagement: Kundenintegration gestalten und steuern, Wiesbaden 2008.

Fließ, S., Maeß, R. (2008): Der Kontaktmitarbeiter als Nutzer der Dienstleistungsmarke, in: Bruhn, M., Stauss, B. (Hrsg.): Dienstleistungsmarken, Wiesbaden, 2008, S.275–299.

Forgacs, G. (2006): Brand asset and a balancing act in the hotel industry, Hospitality Industry Trends, Vol.5 (8).

Forrester, E.C., Buteau, B.l., Shrum, S. (2011): CMMI for Services: Guidelines for Superior Service, 2nd ed., Upper Saddle River NJ 2011.

Francese, P.A., Renaghan, L.M. (1990): Data-Base Marketing: Building Customer Profiles, in: Cornell Hotel and Administration Quarterly, Vol.31, May, 1990, S.60–63.

Franz, G. (2010): Digital Natives und Digital Immigrants: Social Media als Treffpunkt von zwei Generationen, in: Media Perspektiven, 48.Jg., Nr.9, 2010, S.399–409.

Franz, R. (2011): Auswirkungen der Mitarbeiterzufriedenheit auf die Kundenzufriedenheit im Dienstleistungssektor: Theoretische Grundlagen und empirische Ergebnisse, Bremen.

Fraunhofer-Institut für Arbeitswirtschaft und Organisation – IAO (2014): Futurehotel Gastbefragung, Stuttgart 2014.

Fraunhofer-Institut für Arbeitswirtschaft und Organisation – IAO (2011): Futurehotel Hoteliers-befragung, Stuttgart 2011.

Frehse, J. (2002): Internationale Dienstleistungskompetenzen – Erfolgsstrategien für die Europäische Hotellerie, Wiesbaden 2002.

Frehse, J. (2006): Erfolgsfaktoren im internationalen Markenmanagement von Hotelunternehmen: Ein integrativer Ansatz unter Berücksichtigung der Ressourcenorientierung, in: Jahrbuch der Absatz- und Verbrauchsforschung, Nr. 2, 2006, S.140–154.

Frehse, J. (2009): Strategische Globalisierungspfade von Hotelketten: Theoretische Fundierung und empirische Erkenntnisse, in: Gardini, M.A. (Hrsg.): Handbuch Hospitality Management, Deutscher Fachverlag, Frankfurt/Main 2009, S.235–251.

Freiling, J., Köhler, R. (2013): Marketingorganisation, Mainz 2013.

Freter, H., Baumgath, C. (2001): Ingredient Branding – Begriff und theoretische Begründung, in: Esch, F.R. (Hrsg.): Moderne Markenführung, 3.Aufl., Wiesbaden 2001, S.317–343.

Frey, D., Schmook, R. (1995): Zukünftiges Ideenmanagement, in: Personalführung, 28.Jg., H.2, 1995, S.116–125.

Freyberg, v. Burkhard; Zeugfang, S. (2014): Strategisches Hotelmanagement, München 2014.

Freyer, W. (2005): Tourismus: Einführung in die Fremdenverkehrsökonomie, 8.Aufl., München 2005.

Freyer, W. (2007): Tourismus-Marketing, 5.Aufl., München 2007.

Freyer, W., Naumann, M., Schröder, A. (2006): Geschäftsreise-, Tourismus, Geschäftsreisemarkt und Business Travel Management, 2. Aufl., Dresden 2006.

Friedmann, M.L., Smith, L.J. (1993): Consumer Evaluation Processes in a Service Setting, in: Journal of Services Marketing, Vol.7, No.2, 1993, S.47–61.

Fritsch, A., Sigmund, H.(2013): Hotelbewertungen richtig nutzen, Stuttgart 2013.

Fromm, B., Schlesinger, L. (1993): The Real Heroes of Business – and not a CEO among them, New York 1993.

Fung So, K.K.., King, C. (2010): "'When experience matters': building and measuring hotel brand equity: The customers' perspective", International Journal of Contemporary Hospitality Management, Vol. 22, No.5, pp.589 – 608.

Funke, C. (2008): Design- und Boutiquehotels, in: Romeiss-Stracke, F. (Hrsg.): TourismusArchitektur: Baukultur als Erfolgsfaktor, Berlin 2008, S.82–86.

Futurehotel (2014): http://www.futurehotel.de, Einsehdatum: 9.September 2014.

G+J (2007): Gruner und Jahr, Branchenbild, Hamburg 2007.

G+J Branchenbild (2007): Gruner und Jahr (G+J) Branchenbild Hotels, Hamburg 2007.

Gardini, M.A. (1994): Integriertes Qualitätsmanagement in der Hotellerie, in: DWIF (Hrsg.): Jahrbuch für Fremdenverkehr, 38. Jg., München 1994, S.71–92.

Gardini, M.A. (1995): TQM und Personalmanagement – Strategische Herausforderung für die Hotellerie, in: Feuchthofen, J.E., Sievering, E. (Hrsg.): Qualitätsmanagement und Qualitätssicherung in der Weiterbildung, 1995, S.282–305.

Gardini, M.A. (1997): Qualitätsmanagement in Dienstleistungsunternehmungen – dargestellt am Beispiel der Hotellerie, Frankfurt/Main 1997.

Gardini, M.A. (1999a): Zum Management von Kundenzufriedenheit in der Hotellerie: Ein prozessualer Ansatz zur Modellierung kundenorientierter Dienstleistungen, in: Tourismus Journal, 3.Jg., H.1, 1999, S.5–29.

Gardini, M.A. (1999b): Service-Garantien für Dienstleistungen, in: Marketing Journal, 32.Jg., H.3, Juni/Juli, 1999, S.160–166.

Gardini, M.A. (2001): Menschen machen Marken – Dienstleister müssen ihre Markenperspektive erweitern, in: Markenartikel, 63. Jg., H.6, 2001, S.30–45.

Gardini, M.A. (2005): Nutzen Sie das Vertriebspotenzial ihrer Website? – Hotelunternehmen müssen die Optimierung ihrer Online-Vertriebseffizienz vorantreiben, in: hottelling, H.10, 2005, S.16–17.

Gardini, M.A. (2006): Marke statt Sterne, in: absatzwirtschaft Science Factory, H.1, 2006, S.1–4.

Gardini, M.A. (2007): @ Your Service – A study on the online sales efficiency of upscale and luxury hotels in Germany, Switzerland and Austria, in: Advances in Hospitality and Leisure, Volume 3, 2007, S.177–196.

Gardini, M.A. (2007): Einführung in das Marketing-Management, München 2007.

Gardini, M.A. (2008): Hotelmanagement: Erhöhte Anforderungen erzwingen Perspektivenwechsel (Teil I), in: TourHP – Tourismus- und Hotellerie Praxis, H.7, S.7–10.

Gardini, M.A. (2009a): Paradigmenwechsel in der Hotellerie – Aufbruch in die Managementmoderne?, in: Gardini, M.A. (Hrsg.): Handbuch Hospitality Management, Deutscher Fachverlag, Frankfurt/Main 2009, S.19–50.

Gardini, M.A. (2009b): Zur Relevanz der Unternehmenskultur als Koordinations- und Integrations-mechanismus in der internationalen Konzernhotellerie, in: Gardini, M.A. (Hrsg.): Handbuch Hospitality Management, Deutscher Fachverlag, Frankfurt/Main 2009, S.115–142.

Gardini, M.A. (2009c): Hotelmarken zwischen Schein und Sein, in: TourHP – Tourismus- und Hotellerie Praxis, H.2, S.6–11.

Gardini, M.A. (2009d): Erfolg mit den drei Es: Zur Zukunft der Ferienhotellerie, Interview in der vom AHGZ – der hotelier vom 25. Juli 2009, S.10–11.

Gardini, M.A. (2011): Grundlagen des Markenmanagements in Hotellerie und Gastronomie, in: Gardini, M.A. (Hrsg.): Mit der Marke zum Erfolg – Markenmanagement in Hotellerie und Gastronomie,, Stuttgart 2011, S.12–67.

Gardini, M.A. (2014): Der Mitarbeiter als Erfolgsfaktor? Personalmanagement im Tourismus zwischen Anspruch und Wirklichkeit, in: Gardini, M.A., Brysch, A.A. (Hrsg.): Personalmanagement im Touris-mus: Erfolgsfaktoren erkennen-Wettbewerbsvorteile sichern, ESV-Verlag, Hamburg 2014, S.35–67.

Gardini, M.A., Böttcher, R. (1999): Das Management globaler Synergien, in: Gabler's Magazin, 12.Jg., H.3, 1999, S.18–21.

Gardner, B.B., Levy, S.J. (1955): The Product and the Brand, in: Harvard Business Review, Vol.33, March/April, 1955, S.33–39.

Garvin, D.A. (1984): What Does "Product Quality" Really Mean?, in: Sloan Management Review, Vol.26, Fall, Nr.1, 1984, S.25–43.

GDI (2007): Trendstudie – Die Zukunft der Schweizer Hotellerie, Studie des Gottlieb Duttweiler Institut zum 125jährigen Jubiläum der hotellerie suisse, Bern 2007.

Geoffrey, E.K. (1997): Das Einzige was stört, ist der Kunde: Clienting ersetzt Marketing und revolutioniert Verkaufen, 10.Aufl., Landsberg/Lech 1997.

Georgi, D. (2000): Kundenbindungsmanagement im Kundenlebenszyklus, in: Bruhn, M., Homburg, C. (Hrsg): Handbuch Kundenbindungsmanagement: Grundlagen – Konzepte – Erfahrungen, 3.Aufl., Wiesbaden 2000, S.227–249.

Gerhard, S. (2008): Preis-Premium für Markenhotels, in: Cost&Logis vom 20.Mai 2008, S.26–28.

Gerhard, S., Nadrowski, M. (2011): Zur Relevanz der Marke aus Kunden- und Investorensicht, in: Gardini, M.A. (Hrsg.): Mit der Marke zum Erfolg – Markenmanagement in Hotellerie und Gastronomie, Stuttgart, 2011, S.68–86.

Gerpott, T.J., Sander, S.E. (2004): Systematisierung von Markenbewertungsverfahren, in: WiSt, H.7, Juli, 2004, S.396.

Gewald, S. (1999): Hotel-Controlling, München 1999.

GfK – Gesellschaft für Konsumforschung (2002): Geschäftsreiseklima 2002, in Wirtschaftswoche (Beilage) vom 21.2.2002.

ggh consult (2006): Der Hotelmarkt in Deutschland 2006, Wiesbaden 2006.

Ginten, E.A., Nicolai, B. (2013): Hotelier kontert mit Rabatten gegen Online-Booker, http://www.welt.de/wirtschaft/article122447317/Hotelier-kontert-mit-Rabatten-gegen-Online-Booker.html vom 1.12.2013, Einsehdatum: 12. August 2014.

Gladwell, M. (2002): The Tipping Point: How little things can make a big difference, 2nd ed., London 2002.

Gleitsmann, B. (2007): Internes Marketing, Unternehmenskultur und marktorientiertes Verhalten: Direkte, indirekte und moderierende Effekte, Wiesbaden.

Global Hotel Alliance (2014): http://www.gha.com/, Einsehdatum: 5. September 2014.

Gloede, S., Schneider, J. (2009): Ansätze zur Kundenwertanalyse in der Hotellerie, in: Gardini, M.A. (Hrsg.): Handbuch Hospitality Management, Frankfurt/Main, 2009, S.535–568.

Go, F.M. (1993): Business Strategy and Organizational Structure – A Case of Competitive Advantage in the Intrenational Hotel Industry, Amsterdam 1993.

Goffmann, E. (1969): Wir alle spielen Theater: Die Selbstdarstellung im Alltag, München 1969.

Goldmedia (2014): Location-based Services Monitor 2014, Goldmedia GmbH Strategy Consulting, Berlin 2014.

Green, P.E., Srinivasan, V. (1978): Conjoint Analysis in Consumer Research: Issues and Outlook, in: Journal of Consumer Research, Vol.5, September, 1978, S.103–123.

Grönroos, C. (1981): Internal Marketing an Integral Part of Marketing Theory, in: Donelly, J.H., Geoerge, W.R.(eds.): Marketing of Services, Chicago 1981, S.236–238.

Grönroos, C. (1984): A Service Quality Model and its Marketing Implications, in: European Journal of Marketing, Vol.18, No.4, 1984, S.36–44.

Grönroos, C. (1990): Service Management and Marketing: Managing the Moments of Truth in Service Competition, Massachusetts, Toronto 1990.

Grover, R. (1987): The Management of Service Organizations, in: Academy of Management Review, Vol.12, 1987, S.556–570.

Groves, J. (2008): Sound Branding – Strategische Entwicklung von Markenklang, in: Meyer, H. (Hrsg.): Marken-Management 2008/2009 – Jahrbuch für Strategie und Praxis der Markenführung, Frankfurt/Main 2008, S.125–148.

Grund, M. (1998): Interaktionsbeziehungen in Dienstleistungsmarketing. Zusammenhänge zwischen Zufriedenheit und Bindung von Kunden und Mitarbeitern, Bd. 4 der Basler Schriften zum Marketing, hrsg. V. M. Bruhn, Wiesbaden 1998.

Gruner, A. (2003): Markenloyalität in der Hotellerie, Hamburg 2003.

Gruner, A.(2009): E-Recruitment in der Hotellerie – Impulse für neue Wege des Bewerbermanagements, in: Gardini, M.A. (Hrsg.): Handbuch Hospitality Management, Deutscher Fachverlag, Frankfurt/Main 2009, S.631–653.

Gugg&Hank-Haase (1999): Der Hotelmarkt in Deutschland 1999, Frankfurt/Main 1999.

Gugg, E. (1992): Yield Management in der Hotellerie, in: Moderne Hoteltechnik, H.1, 1992.

Guiltinian, J.P. (1987): The Price Bundling of Services: A Normative Framework, in: Journal of Marketing, Vol.51, April, 1987, S.74–85.

Gummesson, E., Kingman-Brundage, J. (1992): Service Design and Quality: Applying Service Blueprinting and Service Mapping to Railroad Services, in: Kunst, P., Lemmink, J. (Hrsg.): Quality Management in Services, Assen/Maastricht, 1992, S.101–114.

Güthoff, J. (1995): Qualität komplexer Dienstleistungen: Konzeption und empirische Analyse der Wahrnehmungsdimensionen, Wiesbaden 1995.

Hacia, S. (1998): Kommunikationsstrategie und -gestaltung der Ibis-Hotels, in: Meyer, A. (Hrsg.): Handbuch Dienstleistungsmarketing, Stuttgart, 1998, S.1619–1628.

Hagel, J., Rayport, J.F. (1997): The Coming Battle for Customer Information, Harvard Business Review, H.1, 1997, S.53–65.

Haley, R.I. (1968): Benefit-Segmentation: A Decision-oriented Research Tool, in: Journal of Marketing, Vol.32, July, 1968, S.30–35.

Haller, S. (2002): Dienstleistungsmanagement, 2.Aufl., Wiesbaden 2002.

Hallowell, R., Schlesinger, L.A. (2000): The Service Profit Chain: Intellectual Roots, Current Realities, and Future Prospects, in: Swartz, T.A., Iacobucci, D. (Hrsg.): Handbook of Services Marketing & Management, Thousand Oaks, 2000, 439–454.

Hallowell, R., Schlesinger, L.A., Zornitzky, J. (1996): Internal Service Quality, Customer and Job Satisfaction: Linkages and Implications for Managers, Human Resource Planning, Vol.19, No.2, 20–31.

Hammer, M., Champy, J. (1996): Business Reengineering: Die Radikalkur für das Unternehmen, Frankfurt/Main 1996.

Handelsblatt (1994): Allianz zwischen SAS und Radisson, in: Handelsblatt, 17.8.1994, S.10.

Handelsblatt (2000): Hotelzimmer mit Zusatznutzen liegen im Trend, in: Handelsblatt, 7.6.2000, S.11.

Hänssler, K.H. (2008): Management in Hotellerie und Gastronomie, 7. Aufl., München 2008.

Härle, C. (2009): Debt & Equity – Die Auswirkungen der Finanzkrise auf den deutschen Hotel- und Hotelinvestmentmarkt im europäischen Vergleich, Vortrag vom 28.1.2009, Deutscher Hotelkongress, Berlin 2009.

Härle, C., Haller, T. (2007): Veränderte Rahmenbedingungen auf den europäischen Hotelinvestment-märkten, in: Frehse, J./Weiermaier, K.: Hotel Real Estate Management, Hamburg 2007, S.191–205.

Härle, C., Salloum, S. (2010): Wer investiert in Hotelprojekte? – Zur Herausforderung bei der Investorensuche, in: Freyberg, v. B. (Hrsg.): Hospitality Development, Berlin, 2010, S.381–399.

Harris, P.R., Moran, R.T. (1996): Managing Cultural Differences, 4th Edition, Houston 1996.

Hart, C.W.L. (1989): Auch Dienstleister nutzen Garantien, in: HARVARDmanager, 11.Jg., H.1, 1989, S.114–121.

Hartley, J.S., Witt, S.F. (1994): Increasing the conversation rate of conference and function enquiries into sales, in: International Journal of Hospitality Management, Vol.13, No.3, S.275–285.

Hartmann, M. (2014): "Customer Journey Travel", ITB Berlin, March 4, 2014

Hauschildt, J. (2004): Innovationsmanagement, 3.Aufl., München 2004.

Hauser, J.R., Clausing, D. (1988): Wenn die Stimme Ihres Kunden bis in die Produktion vordringen soll, in: Harvard Manager, 10.Jg., H.4, 1988, S.57–70.

Hausmann, T. (2000): Yield Management, in: Handbuch des Touristik- und Hotelmanagement, 2. Aufl. München 2000, S.451–455.

Heide, M., Laerdal, K., Gronhaug, K. (2007): The design and management of ambience – Implications for hotel architecture and service, in: Tourism Management, Vol.28, S.1315–1325.

Helmke, S., Danglmaier, W., Übel, M. (2002): Effektives Customer Relationship Management. Instrumente – Einführungskonzepte – Organisation, 2. Aufl. 2002.

Henkoff, R. (1994): Finding, Training, And Keeping The Best Service Workers, in: Fortune, Vol.130, No.7, October 1994, S.52–58.

Hennig, C. (2009): Erfolgreiche Online-PR: Strukturen, Entwicklungen und Hilfestellungen, in: Gardini, M.A. (Hrsg.): Handbuch Hospitality Management, Deutscher Fachverlag, Frankfurt/Main 2009, S.611–627.

Hennig, C. (2014): Hotel der Zukunft: Hightech zieht in die Hotellerie ein – Immer mehr Gäste wünschen sich innovative Technik im Hotel, https://www.xing.com/communities/posts/ hotel-der-zukunft-hightech-zieht-in-die-hotellerie-ein-immer-mehr-gaeste-wuenschen-sich-innovative-technik-1008395097, Einsehdatum: 9.September 2014.

Henning, C. (2014a): Print verliert im Wettbewerb um Marketinggelder – Hotels setzen zunehmend auf Videos, hotelling, vom 30. August 2014.

Henning-Thurau, T. (1999): Die Klassifikation von Geschäftsbeziehungen mittels Kundenportfolios, in: Rapp, R. (Hrsg.): Handbuch Relationship Marketing, München, 1999, S.91–110.

Henning-Thurau, T., Hansen, U. (2000): Relationship Marketing: Gaining competitive advantage through customer satisfaction and retention, Berlin 2000.

Henschel, U.K., Gruner, A., Freyberg, v.B. (2013): Hotelmanagement, 4. Aufl. München 2013.

Henselek, H.F. (1999): Hotelmanagement, München 1999.

Hentschel, B. (1992): Dienstleistungsqualität aus Kundensicht: Vom merkmals- zum ereignisorientierten Ansatz, Wiesbaden 1992.

Hermann, A., Homburg, C. (2000a): Marktforschung: Methoden, Anwendung, Praxisbeispiele, 2. Aufl., Wiesbaden 2000, S.13–32.

Hermann, A., Huber, F.,Braunstein, C.(2000): Kundenzufriedenheit garantiert nicht immer mehr Gewinn, in: Harvard Business Manager, 22. Jg., H.1, S.45–55.

Herzberg, F. (1988): Was Mitarbeiter wirklich in Schwung bringt, in: Harvard Manager, 10.Jg., H.2, 1988, S.42–54.

Herzberg, F.; Mausner, B., Bloch-Snyderman, B. (1959): The Motivation to work, New York 1959.

Heskett, J.L., Jones, T., Levemann, G., Sasser, W.E., Schlesinger, L. (1994): Putting the service-profit-chain to work, in: Harvard Business Review, Vol.72, March/April, 1994, S.162–182.

Heskett, J.L., Sasser, W.E., Hart, C.W.L. (1991): Bahnbrechender Service: Standards für den Wettbewerb von morgen, Frankfurt/Main 1991.

Heskett, J.L., Schlesinger, L., Sasser, W.E. (1997): The Service-Profit-Chain, New York 1997.

Heyer, A. (1993): Lean Management: Schnell, beweglich, schlagkräftig, in: NGZservice manager – Neue Gastronomische Zeitung, 44.Jg., H.3, 1993, S.54–62.

Heyer, A.: Aktuelle Entwicklungen auf dem deutschen Hotelmarkt, in: Gardini, M.A.: Marketing-Management in der Hotellerie, München 2004, S.54–61.

Hilb, M. (2000): Integriertes Personal-Management: Ziele – Strategien – Instrumente, 8. Aufl., Neuwied et al. 2000.

Hinkin, T.R., Tracey, J.B. (1998): The Service Imperative, in: Cornell Hotel and Administration Quarterly, Vol.38, No1, February, 1998, S.59–67.

Hinterhuber, H.H. (1997): Kundenzufriedenheit durch Kernkompetenzen: Eigene Potentiale erkennen, entwickeln, umsetzen, München 1997.

Hinterhuber, H.H. (1997a): Strategische Unternehmensführung. Band 2: Strategisches Handeln, 6.Aufl., Berlin, 1997.

Ho, K., Jacobs, L., Cox, J. (2003): Go away! Don't bother me! I don't want your money!, in: Journal of Service Marketing, Vol.17, No.4, 2003, S.379–392.

Hoffmann, F. (1989): Erfassung, Bewertung und Gestaltung der Mitarbeiterqualität: Ein anwendungs-orientierter Ansatz, in: Zeitschrift für Organisation, 58.Jg.,1989, S.410 414.

Hoffmann, M.: (2011): Strategische Markenführung und operative Umsetzung in der Block Gruppe, Vortrag an der Hochschule Kempten am 19.4.2011; Strategische Markenführung und operative Umsetzung in der Block Gruppe, in: Gardini, M.A. (Hrsg.): Mit der Marke zum Erfolg, Stuttgart, 2011, S.296–313.

Hofmann, S. (1996): Hotelketten in Deutschland: Innovation – Diffussion – Standortwahl, Wiesbaden 1996.

Hofstede, G. (1997): Lokales Denken, globales Handeln: Kulturen, Zusammenarbeit und Management, München 1997.

Hogreve, J. (2007): Die Wirkung von Dienstleistungsgarantien auf das Konsumentenverhalten: Eine empirische Analyse, Wiesbaden 2007.

Hogreve, J.; Wittko, O.(2006): Die Wirkung von Zertifikaten auf das Kaufverhalten bei Dienstleistungsangeboten, in: Kleinaltenkamp, M. (Hrsg.): Innovatives Dienstleistungsmarketing in Theorie und Praxis, Wiesbaden, 2006, S.103–120.

Holtbrügge, D. (1996): Perspektiven internationaler Unternehmenstätigkeit in der Postmoderne, in: Engelhard, J. (Hrsg.): Strategische Führung internationaler Unternehmen: Paradoxien, Strategien und Erfahrungen, Wiesbaden, 1996, S.273–292.

Holtbrügge, D., Welge, M. (2010): Internationales Management, 5. Aufl., Stuttgart 2010.

Holz, S. (1998): Der Kundenclub, Ettlingen 1998.

Holz, S., Thomczak, T. (1998): Kundenclubs – Marktuntersuchung der deutschen Clubs: Erste Gestaltungshinweise und Erfolgsfaktoren bei der Club-Initiierung, St.Gallen 1998.

Homburg, C., Bruhn, M. (2000): Kundenbindungsmanagement – Eine Einführung in die theoretischen und praktischen Problemstellungen, in: Bruhn, M., Homburg, C. (Hrsg): Handbuch Kundenbindungsmanagement: Grundlagen – Konzepte – Erfahrungen, 3.Aufl., Wiesbaden 2000, S.3–38.

Homburg, C., Daum, D. (1997): Marktorientiertes Kostenmanagement: Kosteneffizienz und Kunden-nähe verbinden, Frankfurt/Main 1997.

Homburg, C., Faßnacht, M. (2001): Kundennähe, Kundenzufriedenheit und Kundenbindung bei Dienstleistungsunternehmen, in: Bruhn, M., Meffert, H. (Hrsg.): Handbuch Dienstleistungsmanagement: Von der strategischen Konzeption zur praktischen Umsetzung, 2.Aufl, Wiesbaden, 2001, S.441–464.

Homburg, C., Jensen, O. (2000): Kundenorientierte Vergütungssysteme, in: Zeitschrift für Betriebswirtschaft, 70Jg., H.1, 2000, S.55–73.

Homburg, C., Krohmer, H. (2009): Marketingmanagement, 3. Aufl., Wiesbaden 2009.

Homburg, C., Rudolph, B. (1998): Theoretische Perspektiven zur Kundenzufriedenheit, in: Simon, H., Homburg, C. (Hrsg.): Kundenzufriedenheit: Konzepte, Methoden, Erfahrungen, 3. Aufl., 1998, S.33–55.

Homburg, C., Schäfer, H., Schneider, J.(2002): Sales Excellence: Vertriebsmanagement mit System, Wiesbaden, 2. Aufl. 2002.

Homburg, C., Werner, H. (1998): Messung und Management von Kundenzufriedenheit, in: Marktforschung und Management, 42.Jg., H.4, 1998, S.131–135.

Hopfenbeck, W. (2002): Allgemeine Betriebswirtschafts- und Managementlehre, 14. Aufl., Landsberg/Lech 2002.

Horovitz, J., Panak, M.J. (1993): Marktführer durch Service: Lehren aus 50 hervorragenden europäischen Unternehmen, Frankfurt/Main 1993.

Horvath, P. (2001): Controlling, 8.Aufl., München 2001.

Horwath, E.B., Toth, L., Lesure, J.D. (1970): Hotel Accounting, 3rd ed., New York 1970.

Hotelbiz Consulting (2003): Hotel Performance Trends 2003 – Executive Summary 2003.

Hotelling (2013): 5 Jahre Rofobox: Wie weit geht der technische Fortschritt in den nächsten fünf Jahren?, http://hottelling.net/2013/12/18/5-jahre-rofobox-wie-weit-geht-der-technische-fortschritt-in-den-nachsten-funf-jahren-hotels-der-zukunft-setzen-auf-smarte-systeme-und-noch-mehr-automatisierung-einige-thesen/, Einsehdatum: 20. Februar 2014.

hotelsterne.de (2014): Deutsche Hotelklassifizierung, http://www.hotelsterne.de/start.html, Einsehdatum: 25. Juni 2014.

Huber, F. (1999): Value for Money – Nachfrageorientierte Leistungsbündelung in der Hotelbranche, in: Tourismus Journal, 3.Jg., H.1, 1999, S.31–53.

Huber, J.A. (2005): Co-Branding als Strategieoption der Markenpolitik – Kaufverhalten bei Co-Brand-Produkten und negative Rückwirkungseffekte auf die Muttermarken, Wiesbaden 2005.

*Hungenberg, H. (2011):*Strategisches Management in Unternehmen: Ziele-Prozesse-Verfahren, 6.Aufl. Wiesbaden 2011.

Hungenberg, H., Wulf, T. (2007): Grundlagen der Unternehmensführung, 3. Aufl., Berlin 2007.

IHA- Hotel Verband Deutschland (2008): Hotelmarkt Deutschland, Berlin 2008.

IHA- Hotel Verband Deutschland (2014): Hotelmarkt Deutschland, Berlin 2014.

Imai, M (1986): Kaizen – The Key to Japan's Competitive Success, New York et al. 1986.

Interbrand (2014): Corporate Website, http://www.interbrand.com/de/best-global-brands/2013/Best-Global-Brands-2013-Brand-View.aspx, Einsehdatum: 3.09.2014.

InterContinental Hotels Group (2008): Corporate Website, http://www.ichotelsgroup.com/h/d/6c/394/de/home, Einsehdatum: 19.5.2008.

Intermediaries, in: Cornell Hotel and Administration Quarterly, August 2003, p.38–50.

Internet Worldstats (2009): World Internet Usage and Population Statistics, http://www.internetworldstats.com/stats.htm, Einsehdatum: 20. Januar 2009.

Iuk.Fraunhofer (2008): Future Hotel – Forschung für das Hotel der Zukunft, http://www.iuk.fraunhofer.de/index2.html?Dok_ID=284&Sp=1&MID=1671&PHPSESSID=efb290b c076665d6092f3fb84, Einsehdatum: 15.11.2008.

Jäntsch, T. (2000): Qualitätsmanagementsysteme in der Hotellerie, in: DWIF (Hrsg.): Jahrbuch für Fremdenverkehr, 44.Jg., München 2000.

Jeschke, K. (2007): Beschwerdemanagement: Grundlagen und Konzepte, in: Pepels, W. (Hrsg.): After Sales Service, Düsseldorf, S.327–362.

Jeschke, K. (2009): Die Gästebeschwerde als Beziehungskonflikt – Individual- und organisations-psychologische Anforderungen an das Beschwerdemanagement in der Hotellerie, in: Gardini, M.A. (Hrsg.): Handbuch Hospitality Management, Deutscher Fachverlag, Frankfurt/Main 2009, S.483–502.

Joachimsthaler, E., Aaker, D.A. (1997): Building Brands without Mass Media, in: Harvard Business Review, Vol.71. H.1, S.64-73.

Jockwer, A. (2014): Verband Deutscher Internetvertrieb Daten & Fakten zum Online-Reisemarkt 2014, 9.Ausgabe, Oberhaching 2014, S.7.

Johnston, R. (2002): Linking complaint management to profit, in: International Journal of Service Industry Management, Vol.12, No.1, S.60–69.

Jones Lang LaSalle (2014a): Globale Investoren-Nachfrage wird Hotelinvestitionsvolumen in EMEA 2014 weiter wachsen lassen, http://www.jll.de/germany/de-de/presse/1238/globale-investoren-nachfrage-wird-hotelinvestitionsvolumen-in-emea-2014-weiter-wachsen-lassen, vom 3. Februar 2014, Einsehdatum: 10. August 2014.

Jones Lang LaSalle (2014b): Hotelinvestmentmarkt Deutschland mit bestem Ergebnis seit 2007, http://www.jll.de/germany/de-de/presse/1220/hotelinvestmentmarkt-deutschland-mit-bestem-ergebnis-seit-2007, 13. Januar 2014, 2014, Einsehdatum: 10. August 2014.

Jones Lang LaSalle (2014c): Zwei Portfoliotransaktionen im zweiten Quartal sorgen für herausragendes Transaktionsergebnis auf dem Hotelinvestmentmarkt, http://www.jll.de/germany/de-de/presse/1379/zwei-portfoliotransaktionen-im-zweiten-quartal-sorgen-fuer-herausragendes-transaktionsergebnis-auf-dem-hotelinvestmentmarkt, 14. Juli 2014, 2014, Einsehdatum: 10. August 2014.

Jones, C., Decotiis, T. (1988): A Better Way to Select Service Employees: Video-Assisted Testing, in: Lovelock, C.H. (Hrsg.): Managing Services: Marketing, Operations and Human Resources, Englewood Cliffs, New Jersey 1988, S.310–317.

Junger, W. (2004): Ritz Carlton und Total Quality Management, in: Gardini, M.A., Dahlhoff, H.D. (Hrsg.): Management internationaler Dienstleistungen, Wiesbaden 2004, S.345-365.

Kaas, K.P. (1990): Marketing als Bewältigung von Informations- und Unsicherheitsproblemen im Markt, in: Die Betriebswirtschaft, 50.Jg., H.4, 1990, S.539–548.

Kaiser, T. (2009): Top Platzierungen bei Google & Co., Göttingen 2009.

Kamiske, G.F., Hummel, T.G.C., Malorny, C., Zoschke, M. (1994): Quality Function Deployment – oder das systematische Überbringen der Kundenwünsche, in: Marketing Zeitschrift für Forschung und Praxis,16.Jg., H.3, 1994, S.181–190.

Kapferer, J.N. (2001): Führung von Markenportfolios, in: Esch, F.R. (Hrsg.): Moderne Markenführung, 3.Aufl., Wiesbaden, 2001, S.683–710.

Kaplan, A.M., Haenlein, M. (2010): Users of the World Unite – The Challenges and Opportunities of Social Media, in: Business Horizons, 53.Jg., No.1, 2010, S.59–68.

Kaplan, R.S., Norton, D.P. (1997): Balanced Scorecard: Strategien erfolgreich umsetzen, Stuttgart 1997.

Karte, D., Sander, B. (2003): Rolle und Bedeutung der Markenbewertung, in: Göttgens, O., Gelbert, A., Böing, C. (Hrsg.): Profitables Markenmanagment: Strategien – Konzepte – Best Practices, Wiesbadne, 2003, S.39–52.

Kasavana, M.L. (2008): The Unintended Consequences of Social Media and the Hospitality Industry, in: Hospitality Upgrade, Vol.5, No.3, 2008, S.22–30.

Kaspar, C. (1982): Die Fremdenverkehrslehre im Grundriss, 2. Aufl., St. Galler Beiträge zum Fremdenverkehr und zur Verkehrswirtschaft, Reihe Fremdenverkehr, Bd.1, Bern, Stuttgart 1982.

Kaspar, C. (1988): Die Struktur der Tourismusnachfrage unter besonderer Berücksichtigung der Bundesrepublik Deutschland, in: Storbeck, G. (Hrsg.): Moderner Tourismus: Tendenzen und Aussichten, 1988.

Kaspar, C. (1990): Einführung in das touristischen Management, St. Galler Beiträge zum Fremdenverkehr und zur Verkehrswirtschaft, Reihe Fremdenverkehr, Band 21, Bern 1990.

Kaspar, C. (1995): Management im Tourismus, 2. Aufl., Bern 1995.

Kaspar, C., Kunz, B. (1982): Unternehmungsführung im Fremdenverkehr, St. Galler Beiträge zum Fremdenverkehr und zur Verkehrswirtschaft, Reihe Fremdenverkehr, Band 13, Bern 1982.

Katz, J.H., Withiam, G. (2012): The International Hospitality Industry: Overcoming the Barriers to Growth, in: Cornell Hospitality Proceedings Vol. 4 No.3, May 2012.

Keller, K.L. (2001): Building Customer Based Brand Equity: A Blueprint for Creating Strong Brands, Marketing Science Institute, Working Paper, Report01-107, 2001.

Keller, K.L., Aperiá, T., Georgson, M. (2008): Strategic Brand Management: A European Perspective, Pearson, Essex, 2008.

Keller, P. (1996): Globalisierung und Tourismus, St.Gallen 1996.

Kelley, S.W. (1989): Efficiency in Service Delivery: Technological or Humanistic Approaches?, in: The Journal of Services Marketing, Vol.3, No.3, Summer, 1989, S.43–50.

Kempinski (2008): http://www.kempinski.com/de/kempinski/history.htm, Einsehdatum: 4. November 2008.

Kepper, G. (2000): Methoden der qualitativen Marketinforschung, in: Hermann, A., Homburg, C. (Hrsg.): Marktforschung: Methoden, Anwendung, Praxisbeispiele, 2. Aufl., Wiesbaden 2000, S.160–202.

Keßler, A., Mair, M., Öhlböck, P., Stummer, K. (2011): Organisationale Innovativität und deren Resultate am Beispiel der Wiener Hotellerie, in: Boksberger, P., Schuckert, M. (2011): Innovationen in Tourismus und Freizeit, Berlin 2011, S.299–313.

Kilian, T., Hass, B. Walsh, G.(2008): Web 2.0 – Neue Perspektiven für Marketing und Medien, Berlin 2008.

Kim, W.G., Jin-Sun, B., Kim, H.J. (2008): Multidimensional customer-based brand equity and its consequences in midpriced hotels, in: Journal of Hospitality Management and Tourism Research, Vol.32 (2), S.235–254.

Kimes, S.E. (2001): How Product Quality drives Profitability, in: Cornell Hotel and Restaurant Administration Quarterly, Vol.42, No.3, June, 2001, S.25–40.

Kimes, S.E. (2002): Perceived Fairness of Yield Management, in: Cornell Hotel and Restaurant Administration Quarterly, Vol.43, No.1, February, 2002, S.21–30.

Kinter, K.J. (2000): Die neue ISO 9001:2000, in: Qualitätsjahrbuch 2000/2001. München 2000.

Kippes, S. (1993): Der Leitbilderstellungsprozeß, in: Zeitschrift für Organisation, 62.Jg., H.3, 1993, S.184–188.

Kirstges, T. (1992): Sanfter Tourismus: Chancen und Probleme der Realisierung eines ökologieorientierten und sozialverträglichen Tourismus durch deutsche Reiseveranstalter, München 1992.

Kissling, C. (1993): Partizipative Arbeitsgestaltung in der Hotellerie: Konzepte – Einführung – Erfahrungen, St. Gallen 1993.

Klatt, W. (1997): Target Costing und das betriebswirtschaftliche Problem Eigenfertigung und/oder Fremdbezug von Vorprodukten in der Fertigung komplexer Produkte, Gießen 1997.

Klaus, P.G. (1995): Die Qualität von Bedienungsinteraktionen, in: Bruhn, M., Stauss, B. (Hrsg.): Dienstleistungsqualität – Konzepte – Methoden – Erfahrungen, Wiesbaden, 1995, S.247–265.

Klausegger, C., Salzgeber, T. (2006): Innovationen und Unternehmenserfolg – untersucht am Beispiel ausgewählter Branchen im Tourismus, in: Pikkemaat, B, Peters, M., Weiermair, K. (Hrsg.): Innovationen im Tourismus, Berlin, 2006, S.37–52.

Klesse, H.J. (2007): Häufiger auf Achse, in: Wirtschaftswoche – Spezial Geschäftsreisen, 61.Jg., 39, S.116.

Klien, I. (1991): Wettbewerbsvorteile von Groß- und Kettenhotels und deren Kompensierbarkeit durch Hotelkooperationen. Dargestellt am Beispiel der österreichischen 4- und 5-Sterne Hotellerie, Schriftenreihe für Empirische Tourismusforschung und Hospitality Management, Nr.5, Wien 1991.

Kluckhohn, C. (1962): Values and Value-Orientation in the Theory of Action, in: Parsons, T., Shils, E.A. (Hrsg.): Towards a General Theory of Action, Cambridge 1962, S.388–433.

Knechtli, P. (2005): Ein ganz schön anderes Hotel, in: Onlinereports, http://archiv.onlinereports.ch/2005/ BreiteHotel.htm, Einsehdatum: 29. Juli 2008.

Knutson, B., Beck, J.A., Kim, S., Cha, J. (2009): Identifying the Dimensions of the Guest's Hotel Experience, in: Cornell Hospitality Quarterly, Vol.50, No.1, pp.44–55.

Kobjoll, K. (2009): Mitarbeiter – das Kapital unserer Zukunft, in: Gardini, M.A. (Hrsg.): Handbuch Hospitality Management, Deutscher Fachverlag, Frankfurt/Main 2009, S.695–713.

Kobjoll, N. (2011): Der „Schindlerhof" – eine Marke für sich, in: Gardini, M.A. (Hrsg.): Mit der Marke zum Erfolg, Stuttgart, 2011, S.281–295.

*Kohl, M. (2013):*Richtiger Preis, satter Gewinn-Preisstrategien für die Hotellerie, Stuttgart 2013.

Köhler, R. (2000): Marketingimplementierung – Was hat die deutschsprachige Marketingforschung an Erkenntnisgewinn erbracht?, in: Backhaus, K. (Hrsg.): Deutschsprachige Marketingforschung. Bestandsaufnahme und Perspektiven, Stuttgart, 2000, S.253–277.

Kohli, C., LaBahn, D.W., Thakor, M. (2001): Prozeß der Namensgebung, in: Esch, F.E. (Hrsg.): Moderne Markenführung, Wiesbaden, 2001, S.451–474.

Koineke, S., Wenzel, W.C.O. (2007): Positionierung von Hotelimmobilien, in: Frehse, J., Weiermair, K. (Hrsg.): Hotel Real Estate Management: Grundlagen, Spezialbereiche, Fallbeispiele, Berlin, 2007, S.109–120.

Kollmann, T. (2010): E-Business: Grundlagen elektronischer Geschäftsprozesse in der Net Economy, Wiesbaden 2010.

Komarek, B. (2014): Hotel Schani – ein zukunftsweisendes Hotel entsteht, in: Fraunhofer-Institut für Arbeitswirtschaft und Organisation (Hrsg.): Futurehotel Gastbefragung, Stuttgart 2014., S.18–19.

Koob, C. (2011): Markenpositionierung in der Hotellerie: Konsequenzen der Studie „Hotellerie der Zukunft", in: Gardini, M.A. (Hrsg.): Mit der Marke zum Erfolg – Markenmanagement in Hotellerie und Gastronomie, Stuttgart, 2011, S.102–113.

Koppelmann, U., Brodersen, K., Volkmann, M. (2001): Variety Seeking – manchmal reizt auch das Neue, in: Absatzwirtschaft, Jg.44, H.12, 2001, S.56–63.

Kotler, P. (1999): Marketing: Märkte schaffen, erobern und beherrschen, 2. Aufl. München 1999.

Kotler, P. (2000a): Marketing-Management, Millenium Edition, New Jersey 2000.

Kotler, P. (2000b): Über die Entwicklung von Wertangeboten zur Unique Selling Proposition, in: Absatzwirtschaft, Jg.43, H.3, 2000, S.46–49.

Kotler, P., Bowen, J., Makens, J. (2006): Marketing for Hospitality and Tourism, 4th Edition, New Jersey 2006.

Kotler, P.,Bliemel, F. (2001): Marketing-Management, 10.Aufl, Stuttgart 2001.

Krafft, M. (2007): Kundenbindung und Kundenwert, 2. Aufl. Heidelberg 2007.

Krafft, M., Reinartz, W., Müller, H.D. (2002): Die Kundenbewertung ist der Schlüssel für ein erfolgreiches CRM-System in der Hotellerie, http://www.competence-site.de/crm.nsf/81F8E568CC58F764C1256DEC0032CAA7/$File/crm_hotellerie.pdf, Einsehdatum: 15. Dezember 2008.

Kreikebaum, H. (1998): Organisationsmanagement internationaler Unternehmen, Wiesbaden 1998.

Kriegl, U. (2000): International Hospitality Management, in: Cornell Hotel and Administration Quarterly, Vol.41, No.2, April, 2000, S.64–72.

Kroeber-Riel, W. (1991): Kommunikationspolitik, in Marketing Zeitschrift für Forschung und Praxis, 13.Jg., H.3, 1991, S.164–171.

Kroeber-Riel, W., Esch. F. (2000): Strategie und Technik der Werbung: Verhaltenswissenschaftliche Ansätze, 5.Aufl., Stuttgart et al. 2000.

Kroeber-Riel, W., Weinberg, P., Gröppel-Klein, A. (2009): Konsumentenverhalten, 9.Aufl., München 2009.

Krüger, W. (1988): Die Erklärung von Unternehmungserfolg: Theoretischer Ansatz und empirische Ergebnisse, in: Die Betriebswirtschaft, 48.Jg., H.1, 1988, S.27–43.

Kühn, R. (1991): Methodische Überlegungen zum Umgang mit der Kundenorientierung im Marketing-Management, in: Marketing Zeitschrift für Forschung und Praxis, 13.Jg., H.2, 1991, S.97–107.

Kuhnert, H., Ramme, I. (1998): So managen Sie Ihre Servicequalität, Frankfurt/Main 1998.

Kusluvan, S.; Kusluvan, Z., Ilhan, I., Buyruk, L. (2010): The Human Dimension – A Review of Human Resources Management Issues in the Tourism and Hospitality Industry, in: Cornell Hotel and Restaurant Administration Quarterly, Vol.51, (Mai), S.171–214.

Kutschker, M., Schmidt, S.(2006): Internationales Management, 5.Aufl., München 2006.

Lammenett, E. (2012): Praxiswissen Online-Marketing, Wiesbaden 2012.

Langfeld, H.P., Nothdurft, W. (2007): Psychologie, 4. Aufl., München 2007.

Leading Hotels (2008): Corporate Website, http://www.lhw.com, Einsehdatum: 24.7.2008.

Lehmann, A.P. (1995): Dienstleistungsmanagement: Strategien und Ansatzpunkte zur Schaffung von Servicequalität, 2. Aufl. Stuttgart 1995.

Lehmann, A.P. (1998): Qualität und Produktivität im Dienstleistungsmanagement, Wiesbaden 1998.

Leimeister, J.M. (2012): Dienstleistungsengineering und -management, Berlin 2012.

Levitt, T. (1972): Production-Line-Approach to Services, in: Harvard Business Review, Vol.50, September/October, 1972, S.41–52.

Levitt, T. (1976): The industrialization of service, in: Harvard Business Review, Vol.54, September/October, 1976, S.63–74.

Levitt, T. (1981): Marketing intangible products and product intangibles, in: Harvard Business Review, Vol.59, May/June, 1981, S.94–102.

Levitt, T. (1983): The Globalization of Markets, in: Harvard Business Review, Vol.61, No.3, 1983, S.92–102.

Lewis, R.C. (1987): The Measurement of Gaps in the quality of hotel services, in: International Journal of Hospitality Management, Vol.6, No.2, 1987, S.83–88.

Lewis, R.C., Morris, S.V. (1987): The Positive Side of Guests Complaints, in: Cornell Hotel and Administration Quarterly, Vol.27, February, 1987, S.13–15.

Liesch, L. (2007): Technik darf kein Luxus sein, in: Hotel & Technik, H.3, 2007, S.3.

Ligges, M. (2005): Frauen auf Reisen – Strategien für frauenorientiertes Marketing in der Tourismusbranche, Berlin 2005.

Lin, A., Barsky J. (2004): Men, women expect different emotions during hotel stays, in Hotel & Hotel Management, 5. April 2004, http://www.hotelmotel.com/hotelmotel/article/articleDetail.jsp?id=9134, Einsehdatum: 24. Juli 2008.

Link, J. (1993): Merkmale und Einsatzmöglichkeiten des Database-Marketing, in: Wirtschaftswissenschaftliches Studium, 22.Jg., H.1, 1993, S.23–28.

Link, J., Hildebrandt, V. (1993): Database-Marketing und Computer Aided Selling: Strategische Wettbewerbsvorteile durch neue informationstechnologische Systemkonzeptionen, München 1993.

Lockwood, A. (1989): Quality management in hotels, in: Witt, S.F., Mouthino, L. (eds.): Tourism Marketing and Management Handbook, Englewood Cliffs 1989, S.351–355.

Lodging Econometrics (2007): European Hospitality Update: New Developments, Segment and Franchise Opportunities, International Hotel Conference 2007, 17–19th, October, Rome, Italy.

Loewenfeld, F., Perrey, J., Schröder, J. (2006): Wie Sie eine Brand Community zum Erfolg führen, in: Absatzwirtschaft, H.10, 2006, S.152–156.

Lohas Lifestyle (2008): Corporate Website, http://www.lohas.de/content/view/327/81/, Einsehdatum: 26.8.2008.

London Economics/PWC (2013): Study on 'The cost of non-Europe: the untapped potential of the European Single Market'. Final Report, April 2013, London.

Lovelock, C, Wirtz, J. (2011): Service Marketing, 7th.ed, Upper Saddle River, New Jersey 2011.

Lovelock, C. (2000): Functional Integration in Services: Understanding the Links Between Marketing, Operations, and Human Resources, in: Swartz, T.A., Iacobucci, D. (Hrsg.), Handbook of Services Marketing & Management, Thousand Oaks, 2000, S.421–438.

Lovelock, C.H. (1988): Strategies for Managing Capacity-Constrained Service Organizations, in: Lovelock, C.H. (ed.): Managing Services: Marketing, Operations and Human Resources, Englewood Cliffs, New Jersey 1988, S.163–175.

Lovelock, C.H. (1993): Dienstleister können Effizienz und Kundenzufriedenheit verbinden, in Harvard Manager, 15.Jg., H.2, 1993, S.68–75.

Mager, B., Gais, M. (2009): Service Design, Paderborn 2009.

Magrath, A.J.(1986): When Marketing Services, 4P's are not enough, in: Business Horizons, Vol.29, May/June, 1986, S.44–50.

Malorny, C. (1999): TQM umsetzen,2.Aufl. Stuttgart 1999.

Mang, P. (1998): Kulturabhängiges Qualitätserleben direkter Kunde-Mitarbeiter-Kommunikation, Frankfurt/Main 1998.

Maslow, A.H. (1954): Motivation and Personality, New York 1954.

Mattson, J. (1993): Quality Blueprints of Internal Producer Services, in: International Journal of Services Industry Management, Vol.4, No.1, 1993, S.66–80.

Mattsson, J. (1994): Improving Service Quality in Person-to-Person Encounters: Integrating Findings from a Multi-disciplinary Review, The Service Industries Journal, Vol.14, No.1, January, S.45–61.

Matzler, K., Renzl, B., Rothenberger, S. (2005): Unternehmenskultur und Innovationserfolg, in Klein- und Mittelbetrieben, in: Pechlaner, H., Tschurtschenthaler, P., Peters, M., Pikkemaat, B., Fuchs, M. (Hrsg.): Erfolg durch Innovation, Wiesbaden, 2005, S.277–292.

Maurer, C. (2015): eTourismus – Daten und Fakten, in: Schulz A., Weithöner, U., Egger, R., Goecke, R. (Hrsg.): Informationsmanagement im Tourismus: E-Tourismus: Prozesse und Systeme, 2.Aufl., München 2015, S.52–64.

Maurer, P. (2014): Marriott plant 1.300 neue Hotels bis 2017, http://www.immobilien-zeitung.de/1000021099/marriott-plant-1-300-neue-hotels-bis-2017, Einsehdatum: 10. September 2014.

Maxwell, G.A., MacLean, S. (2008): Talent management in hospitality and tourism in Scotland: Operational implications and strategic actions, in: International Journal of Contemporary Hospitality Management Vol. 20 No. 7, S.820–830.

McCarthy, L., Stock, D., Varma, R. (2010): How Travelers Use Online and Social Media Channels to Make Hotel-choice Decisions, Cornell Hospitality Report, Vol.10, No.18, December 2010, S.4–18.

McDonald, M, DeChernotay, L., Harris, F. (2001): Corporate Marketing and Service Brands, in. European Journal of Marketing, Vol.35, H.3/4, 2001, S.335–352.

Meffert, H. (1992): Marketingforschung und Käuferverhalten, Wiesbaden 1992.

Meffert, H. (1994): Marktorientierte Führung in Dienstleistungsunternehmen – Neuere Entwicklungen in Theorie und Praxis, in: Die Betriebswirtschaft, 54.Jg., H.4, 1994, S.519–541.

Meffert, H. (1998): Dienstleistungskultur und -philosophie, in: Meyer, A. (Hrsg.): Handbuch Dienstleistungsmarketing, Stuttgart, 1998, S.121–138.

Meffert, H. (2000): Marketing: Grundlagen marktorientierter Unternehmensführung, 9.Aufl., Wiesbaden 2000.

Meffert, H., Bolz, J. (2001): Internationales Marketing-Management, 4. Aufl., Stuttgart 2001.

Meffert, H., Koers, M. (2005): Identitätsorientiertes Markencontrolling – Grundlagen und konzeptionelle Ausgestaltung, in: Meffert, H., Burmann, C., Koers, M. (Hrsg.): Markenmanagement: Grundfragen der identitätsorientierten Markenführung, 2. Aufl., Wiesbaden 2005, S.273–294.

Meffert, H., Bruhn, M. (2009): Dienstleistungsmarketing: Grundlagen – Konzepte – Methoden, 6. Aufl., Wiesbaden 2009.

Meffert, H., Burmann, C., Kirchgeorg, M. (2012): Marketing: Grundlagen marktorientierter Unternehmensführung, 11. Aufl., Wiesbaden, 2012.

Meyer, A. (1994a): Kommunikationspolitik von Dienstleistungsunternehmen, in: Corsten, H. (Hrsg.): Integratives Dienstleistungsmanagement: Grundlagen Beschaffung, Produktion, Marketing, Qualität, Wiesbaden 1994, S.257–286.

Meyer, A. (1994b): Dienstleistungs-Marketing: Erkenntnisse und praktische Beispiele, 6. Aufl., Augsburg 1994.

Meyer, A., Davidson, H.J. (2001): Offensives Marketing: gewinnen mit POISE: Märkte gestalten, Potenziale nutzen, Freiburg 2001.

Meyer, A., Dornach, F. (1998): Das deutsche Kundenbarometer – Qualität und Zufriedenheit, in: in: Simon, H., Homburg, C. (Hrsg.): Kundenzufriedenheit: Konzepte, Methoden, Erfahrungen, 3. Aufl., 1998, S.179–200.

Meyer, A., Oevermann, D. (1995): Kundenbindung, in. Tietz, B, Köhler, R., Zentes, J. (Hrsg.): Handwörterbuch des Marketing, 2. Aufl. Stuttgart 1995, Sp.1340–1351.

Meyer, A., Westerbarkey, P. (1998): Zufriedenheit von Hotelgästen – Entwurf eines selbstregulierenden Systems, in: Simon, H., Homburg, C. (Hrsg.): Kundenzufriedenheit: Konzepte, Methoden, Erfahrungen, 3.Aufl., Wiesbaden, 1998, S.441–458.

Meyer, J.A., Hoffmann, F. (1997): Erfolgsfaktoren in der Gastronomie, Berlin 1997.

Michael Toedt (2009): Nutzen und Anforderungen von hotelspezifischen CRM Systemen, in: Gardini, M.A. (Hrsg.): Handbuch Hospitality Management, Frankfurt/Main, 2009, S.455–482.

Michalski, S. (2002): Kundenabwanderungs- und Kundenrückgewinnungsprozesse, Wiesbaden 2002.

Michelli, J.A. (2008): The New Gold Standard: 5 Leadership Principles for Creating a Legendary Customer Experience Courtesy of the Ritz-Carlton Hotel Company, New York 2008.

Misoch, S. (2006): Online-Kommunikation, Konstanz 2006.

Mitchell, V.W., Greatorex, M. (1993): Risk Perception and Reduction in the Purchase of Consumer Services, in: The Service Industries Journal, Vol.13, No.4, 1993, S.179–200.

MKG-Consulting (2014): MKG Hotels Groups World Ranking 2014, Press Release, http://www.hotel-online.com/press_releases/release/global-hotel-rankings-the-leaders-grow-stronger-ihg-retains-top-spot, Einsehdatum: 10.9. 2014.

Möller, S. (2004): Interaktion bei der Erstellung von Dienstleistungen, Wiesbaden.

Momberger, W. (1995): Qualitätssicherung als Teil des Dienstleistungsmarketing – das Steigenberger Qualitäts- und Beschwerdemanagement, in: Bruhn, M, Stauss, B. (Hrsg.): Dienstleistungsqualität: Konzepte, Methoden, Erfahrungen, 2.Aufl., Wiesbaden 1995, S.551–562.

Morgan, N.A. (1992): The Marketing-Quality Management Interfaces, in: Kunst, P., Lemmink, J. (eds.): Quality Management in Services, Assen/Maastricht, 1992, S.15–28.

Moritz, S. (2005): Service Design. Practical access to an evolving field, http://stefan-moritz.com/Book.html, Einsehdatum: 27. August 2014.

Mößlang, A. (1995): Internationalisierung von Dienstleistungsunternehmen: Empirische Relevanz – Systematisierung – Gestaltung, Wiesbaden 1995.

Mrozek, S. (2009): Employer Branding, München/Meiring, 2009

Mühlbacher, H., Leihs, H., Dahringer, L. (2006): International Marketing, 3rd ed., London 2006.

Müller, S. (2006): Bonusprogramme als Instrumente des Beziehungsmarketing: Eine theoretische und empirische Analyse, Diss. Nürnberg 2006.

Müller, U. (2002): Aggressive China-Expansion, in: NGZ – Der Hotelier, H.3, 2002, S.24.

Müller, W., Riesenbeck, H.J. (1991): Wie aus zufriedenen auch anhängliche Kunden werden, in: Harvard Manager, 13.Jg., Nr.3, S.67–79.

Müller-Hagedorn, L., Sewing, E., Toporowski, W. (1993): Zur Validität von Conjoint-Analysen, in: zfbf – Zeitschrift für betriebswirtschaftliche Forschung, 45.Jg., H.2, 1993, S.123–148.

Müller-Stewens, G. Lechner, C. (2011): Strategisches Management, 4. Aufl. Stuttgart 2011.

Münster, M. (1999a): Hotelgesellschaften in Deutschland entdecken das Niedrigpreissegment, in: FVW, Ausgabe 24/1999,01.10.99, S.92–93.

Münster, M. (1999b): Konzentrationswelle zwingt vielen Hotels zum Handeln, in: FVW, Ausgabe 27/1999, 05.11.99, S.148.

Münster, M. (1999c): Mit Kunsthotels neue Märkte erschließen: Park Plaza übernimmt 50% Anteil an Art´otel, in: FVW, Ausgabe 18/1999, 23.07.99, S.60.

Murphy, J.M. (1998): What is Branding?, in: Murphy, J.M., Harts, S.(Hrs.): Brands – The New Wealth Creators, London 1998, S.1–12.

Murphy, P.E.. (2008): The Business of Resort Management, Amsterdam 2008.

Muskat, B. (2007): Total Quality Management im Tourismus: Zur Bedeutung und Anwendung des TQM-Konzeptes von Tourismusorganisationen in Deutschland, Wiesbaden.

Nadrowski, M. (2009): Hostels – Revolution am Beherbergungsmarkt, in: Trendgutachten Hospitality 2009/2010, TREUGAST International Institute of Applied Hospitality Sciences, München 2009, S.152–161.

Nadrowski, M. (2009): Hostels – Revolution am Beherbergungsmarkt, in: Trendgutachten Hospitality 2009/2010, TREUGAST International Institute of Applied Hospitality Sciences, München 2009, S.152-161.

Nelson, P. (1970): Information and Consumer Behavior, in: Journal of Political Economy, March/April, 1970, S.311–329.

Nerdinger, F.W., Neumann, C. (2008): Mitarbeiterorientiertes Management von Dienstleistungsmarken, in: Bruhn, M., Stauss, B. (Hrsg.): Dienstleistungsmarken, Wiesbaden, 2008, S.213–231.

NGZ – Der Hotelier (2000):„Wir kaufen keine Schrauben …" Interview mit Paul Müller, Leiter des Crew-Hoteleinkaufs der Deutschen Lufthansa, H.9, 2000, S.24.

Nielsen Media Research (2014): Werbeinvestitionen Hotels und Gastronomie, de.statista.com/statistik/ daten/studie/196620/umfrage/werbeinvestitionen-von-hotels-und-gastronomie-seit-2000, Februar 2014, Einsehdatum: 15. September 2014

Nielsen Media Research (2014a): Werbeausgaben und Mediasplit Hotels und Gastronomie, The Nielsen Company (Germany) GmbH, Frankfurt/Main 2014.

Niemand, S., Ruthsatz, O., Habiger, G. (1990): Baustein des strategischen Qualitätscontrolling: FMEA, in: Horvath, P., Urban, G. (Hrsg.): Qualitätscontrolling, Stuttgart 1990, S.63–114.

Nightingale, M. (1985): The Hospitality Industry: Defining Quality for a Quality Assurance Programme – A Study of Perceptions, in: The Service Industries Journal, Vol.5, No.1, 1985, S.9–22.

Normann, R. (1991): Service Management: Strategy and Leadership in Service Business, 2nd ed., Chichester 1991.

Nunes, J.C., Dréze, X. (2006): Your loyalty program is betraying you, Harvard Business Review, April 2006, S.124–131.

o.V. (1999): Dienen bis zur Perfektion, in: First Class, H.6, 1999, S.20–22.

o.V. (1999a): Interview mit Minuro Tominaga, in. Top Hotel, H.3, 1999, S.28.

O'Neill, J.W., Xiao, Q. (2006): The role of brand affiliation in hotel market value, in: Cornell Hotel and Administration Quarterly, Vol.47, August, No.3, 2006, S.210-223.

O'Neill, J.W., Mattila, A.S. (2010): Hotel Brand Strategy, in: Cornell Hotel and Administration Quarterly, Vol.51, No.1, 2010, p.27–34.

Oakland, J.S. (1993): Total Quality Management: the route to improving performance, Second edition, Oxford 1993.

Odrich, P., Cimbal, A. (2003): Zeichnet sich ein Übernahmeschlacht für Six Continents ab?, in: NGZ – Der Hotelier, H.3, 2003, S.16.

Oelsnitz, v. Dietrich (1997): Die Botschaft der Servicemarke: Kompetenz und Kontinuität, in: Markenartikel, H.5, 1997, S.32–40.

Okumus, F. (2004): Implementation of Yield Management Practices in Services Organizations: Empirical Findings from a Major Hotel Group, in: Service Industries Journal, Vol.26, No.6, S.65–89.

Okumus, F.,Altinay, L., Chathonah, K.P. (2013): Strategic Management for Hospitality and Tourism, 2nd ed., New York 2013.

Oliver, R.L. (1980): A Cognitive Model of the Antecedents and Consequences of Satisfaction Decisions, in: Journal of Marketing Research, Vol.17, November, 1980, S.460–469.

Oliver, R.L. (1996): Satisfaction. A behavioral perspective on the consumer, Boston 1996.

Olsen, .M.D., West, J.J., Ching Yick Tse, E. (2008): Strategic Management in the Hospitality Industry, Prentice Hall, Upper Saddle River, New Jersey 2008.

Olsen, M.D. and Conolly, D.J. (2000): Experience-Based Travel: How Technology is changing the Hospitality Industry, Cornell Hotel and Restaurant Administration Quarterly, 41, 1, S.30–40.

Olsen, M.D., Chung, Y., Graf, N., Lee, K., Madanoglu, M. (2005): Branding: Myth and reality in the hotel industry, in: Journal of Retail & Leisure Property, Vol.4 (2), S.146-162.

OMG (2014): OMG Mediaplaner 2014, OMG e.V. Organisation der Mediaagenturen, Frankfurt 2014.

Ostel (2008): Corporate Website, http://www.ostel.eu/index.htm/, Einsehdatum: 24.8.2008.

Ostroff, F., Smith, D. (1992): The horizontal organization, in: The McKinsey Quarterly, No.1, 1992, S.148–168.

Ostrom, A. L., Hart, C. (2000): Service Guarantee: Research and Practice, in: Swartz, T.A., Iacobucci, D. (Hrsg.): Handbook of Services Marketing & Management, Thousand Oaks, 2000, S.299–316.

Ottenbacher, M., Gnoth, J. (2005): How to Develop Successful Hospitality Innovation, in: Cornell Hospitality Quarterly May, Vol. 46, No. 2, 2005, S.205–222

Ottenbacher, M, (2007): Innovation Management in the Hospitality Industry; Different Strategies for Achieving Success, in: Journal of Hospitality & Tourism research, Vol.31, 2007, S.431–454.

Pälike, F. (1995): Die Wüste lebt, in: Absatzwirtschaft, 38.Jg., Sondernummer Oktober 1995, S.3.

Parasuraman, A., Zeithaml, V.A., Berry, L.L. (1988): SERVQUAL: A Multiple Item Scale for Measuring Consumer Perceptions of Service Quality, in: Journal of Retailing, Vol.64, Spring, No.1, 1988, S.12–40.

Parasuraman, A., Zeithaml, V.A., Berry, L.L. (1994): Reassessment of Expectations as a Comparison Standard in Measuring Service Quality: Implications for Further Research, in: Journal of Marketing, Vol.58, January, 1994, S.111–124.

Parasuraman, A., Zeithaml, V.A., Berry, L.L. (2001): Alternatives Scales for Measuring Service Quality: A Comparative Assessment Based on Psycometric and Diagnostic Criteria, in: Bruhn, M./ Meffert, H. (Hrsg.): Handbuch Dienstleistungsmanagement, 2. Aufl., Wiesbaden 2001, S.465–498.

Partlow, C.G. (1993): How Ritz-Carlton Applies "TQM", in: The Cornell Hotel and Restaurant Administration Quarterly, Vol.34, August, 1993, S.16–24.

Paul, T. (1998): Globales Management von Wertschöpfungsfunktionen, Wiesbaden 1998.

Pedersen, A.(2008): Hotels bauen Service aus: Die Wohlfühloffensive, in: BizTravel, Nr.1, 2008, S.35–36.

Pelz, W. (1995): Grundlagen der Betriebswirtschaftslehre, München 1995.

Pepels, W. (1997): Einführung in die Kommunikationspolitik, Stuttgart 1997.

Perlmutter, H.V. (1969): The Tortuous Evolution of the Multinational Corporation, in: Colombia Journal of World Business, 4. Jg., Nr.1, 1969, S.9–18.

Perry, J. (1996): Erhebungsdesigneffekte bei der Conjoint-Analyse, in: Marketing-Zeitschrift für Forschung und Praxis, 18.Jg., H.2, S.105–116.

Peter, I. (2001): Kundenbindung als Marketingziel: Identifikation und Analyse zentraler Determinanten, 2.Aufl., Wiesbaden 2001.

Pfisterer, M. (2008): Markenbekanntheit und Markenprofil in der Hotellerie: Eine Analyse aus Kundensicht, unveröffentlichte Diplomarbeit der Hochschule Kempten, 2008.

PhoCusWright (2007): PhoCusWright's U.S. Online Travel Overview Seventh Edition 2007 – PhoCusWright.com: Einsehdatum: 12.2.2007.

Piccoli, G., Spalding, B., Ives, B. (2001): The Customer Service Life Cycle: A Framework for Improving Customer Service through Information Technology, in: Cornell Hotel and Restaurant Administration Quarterly, Vol.42, No.3, June, 2001, S.38–45.

Pikkemaat, B, Peters, M., Weiermair, K. (2006): Innovationen im Tourismus, Berlin 2006.

Pine, J.P., Gilmore, J.J. (1998): Welcome to the Experience Economy, in Harvard Business Review, Vol.76, Jul-August, pp.97–105.

PKF (2009): Budget Hotels in Deutschland, PKF-Report, München 2009.

Ploppa, B.N. (2007): Sie haben die Wahl … werde selbst zur Marke oder Wie hilft mir die Marke?, HSMA-Markentag 2007, Frankfurt, 20. November 2007.

Ploppa, B.N. (2011): Wert und Einfluss einer starken Marke in Hotellerie und Gastronomie, in: Gardini, M.A. (Hrsg.): Mit der Marke zum Erfolg – Markenmanagement in Hotellerie und Gastronomie, Stuttgart 2011, S.87–101.

Poggendorf, A. (1991): Gäste bewirten – Lebensgeister restaurieren, Hamburg 1991.

Pompl, W. (1996): Touristikmanagement 2, Berlin 1996.

Pompl, W. (1997): Touristikmanagement 1, 2. Aufl., Berlin 1997.

Porter, M (1997): Nur Strategie sichert auf Dauer hohe Erträge, in: Harvard Business Manager, H.3, 1997, S.42–58.

Porter, M (1999): Wettbewerbsstrategie: Methoden zur Analyse von Branchen und Konkurrenten, 10. Aufl., Frankfurt/Main, New York 1999.

Porter, M.E. (1993): Nationale Wettbewerbsvorteile, München 1993.

Prahalad, C.K., Hamel, G. (1990): The Core Competence of the Corporation, in: HBR – Harvard Business Review, Vol.68, May/June, 1990, S.79–91.

Prakash, V. (1984): Validity and Reliability of the Confirmation of Expectations Paradigm as a Determinant of Consumer Satisfaction, in: Journal of the Academy of Marketing Science, Vol.12, No.4, Fall, 1984, S.63–76.

Prasad, K., Dev, C. (2000): Managing Hotel Brand Equity: A customer centric framework for assessing performance, in: Cornell Hotel and Administration Quarterly, Vol.41, No.3, June, 2000, S.22–31.

PriceWaterhouseCoopers (2006): Praxis von Markenbewertung und Markenmanagement in deutschen Unternehmen, Frankfurt/Main 2006.

Prieger, L. (2008): Bitte recht sinnlich, in: Süddeutsche.de vom 17.6.2008, http://www.sueddeutsche.de/ reise/artikel/338/180781/, Einsehdatum: 19.6.2008.

Przybilski, R. (1994): Total Customer Satisfaction: Anforderungen an das Qualitätsmanagement in einem Dienstleistungsunternehmen, in: Mehdorn, H., Töpfer, A. (Hrsg.): Besser – Schneller – Schlanker: TQM-Konzepte in der Unternehmenspraxis, Neuwied, 1994, S.415–430.

Puscher, F. (2008): Der Kehrseite des Web 2.0, in: Top Hotel, H.12, 2008, S.5–6.

*Pütz, Willems, M. (2001):*Key Accounts nützen Hotel und Kunden – im Bündel liegt der Gewinn, in: fvw Spezial Business Travel, 35.Jg.,30, S.56–57.

Raabe, T. (1993): Konsumentenbeteiligung an der Produktinnovation, Frankfurt/Main, New York 1993.

Rainer, H. (2009): Vom Nutzen der Hotelsterne und möglichen Alternativen im Internetzeitalter, in: Trendgutachten Hospitality 2009/2010, TREUGAST International Institute of Applied Hospitality Sciences, München 2009, S.172–181

Rapp, R. (2005): Customer Relationship Management. Das neue Konzept zur Revolutionierung der Kundenbeziehungen, 3. Aufl. Frankfurt/Main 2005.

Rathiel, H. (2002): Gemischtes Geschäft rund ums Bett, in: NGZ – Der Hotelier, H.7/8, 2002, S.46–49.

Rathmell, J.M. (1974): Marketing in the Service Sector, Cambridge, Massachussettes 1974.

Reichheld, F.F (2001): The Loyalty Effect, Boston 2001.

Remmers, J. (1994): Yield Management im Tourismus, in: Schertler, W. (Hrsg.): Toursimus als Informationsgeschäft, Wien 1994, S.171–204.

Rezidor (2014): Strategy –delivering Route 2015, http://www.rezidor.com/phoenix.zhtml?c=205430&p =aboutstrategy, Einsehdatum: 4. September 2014.

Riemann, J. (2012): Frustriert – Vertrieb: Die Abhängigkeit der Hoteliers, in: Cost& Logis, H.2, 2012, S.1-2.

Rigby, D.K.,Reichheld, F.F., Schefter, P. (2002): CRM – wie Sie die vier größten Fehler vermeiden, in: Harvard Business Manager, H.4, 2002, S.55–63.

Ritz Carlton (2003): Corporate Information 2003 (http://www.ritzcarlton.com; 15.05.2003).

Ritz-Carlton (1992): Application Summary, Malcolm Baldrige National Quality Award 1992.

Rogers, J.D., Clow, K.E., Kash, T.J. (1994): Increasing Job Satisfaction of Service Personnel, in: Journal of Services Marketing, Vol.8, No.1, 1994, S.14–26.

Rogl, D. (2007): „Wir setzen die Standards" – Interview mit Lutz Stammnitz und Sabine Sehrt, Siemens Corporate Mobility Services, in: fvw, Spezial Business Travel, 41. Jg.,7, S.28–33.

Romantik Hotels (2008): Corporate Website, http://www.romantikhotels.com/lefttabs/unternehmen/ philosophie/tabid/275/language/de-DE/default.aspx, Einsehdatum: 24.7.2008.

Rosenbluth, H.F., McFerrin Peters, D. (1992): The Customer comes Second: And other Secrets of exceptional Service, New York 1992.

Roth, P. (1999): Grundlagen des Tourismusmarketing, in: Roth, P., Schrand, A. (Hrsg.): Tourismusmarketing, 3.Aufl. München 1999, S.27–144.

Rucci, A. J., Kirn, S. P., Quinn, R.T. (1998): The employee-customer profit chain at Sears, in: Harvard Business Review, Vol. 76, No.1, Jan–Feb., pp.82–97.

Rück, H. (2009): Wirtschaftliche Effekte von Kundenbindungsprogrammen in der Hotellerie, in: Gardini, M.A. (Hrsg.): Handbuch Hospitality Management, Frankfurt/Main, 2009, S.513–533.

Rudolph, B. (1998): Kundenzufriedenheit im Industriegüterbereich, Wiesbaden 1998.

Rutes, W.A., Penner, R.H., Adams, L. (2001): Challenges in Hotel Design: Planning the Guest-Room Floor, in: Cornell Hotel and Restaurant Administration Quarterly, Vol.42, No.4 August, 2001, S.88–98.

Rutherford, D.G., Umbreit, W.T. (1993): Improving Interactions between Meeting Planners and Hotel Employees, in: Cornell Hotel and Administration Quarterly, Vol.33, No.1, February, 1993, S.68–80.

Saleh, F., Ryan, C. (1991): Analysing Service Quality in the Hospitality Industry Using the SERVQUAL Model, in: The Service Industries Journal, Vol.11, No.3, July, 1991, S.324–343.

Sander, B., Tharek, M.A. (2003): Methoden der Markenbewertung, in: Göttgens, O., Gelbert, A., Böing, C. (Hrsg.): Profitables Markenmanagment: Strategien – Konzepte – Best Practices, Wiesbaden, 2003, S.53–67.

Sandt, J. (2009): Prozessmanagement und Prozesscontrolling in der Hotellerie, in: Gardini, M.A. (Hrsg.): Handbuch Hospitality Management, Deutscher Fachverlag, Frankfurt/Main 2009, S.353–372.

Sandvik, I., Arnett, D., Sandvik, K. (2010): The Effects of New Product Development Proficiency on Product Advantage and Tourism Business Performance: Evidence from the Norwegian Hotel Industry, in: Journal of Travel Research, Vol.20, 2010, S.1–13.

Sattler, H. (1998): Markentransfers bei Dienstleistungen, in: Tomczak, T., Schlögel, M., Ludwig, E. (Hrsg.): Markenmanagement für Dienstleistungen, St. Gallen 1998, S.134–146.

Sattler, H., Völckner, F. (2007): Markenpolitik, 2.Aufl., Stuttgart 2007.

Sauerbrey, C., Henning, R. (2000): Kunden-Rückgewinnung: Erfolgreiches Management für Dienstleister, München 2000.

Schaetzing, E.E. (1996): Checklisten für das Hotel- und Restaurantmanagement, München 1996.

Scheffler, H. (2000): Stichprobenbildung und Datenerhebung, in: Hermann, A., Homburg, C. (Hrsg.): Marktforschung: Methoden, Anwendung, Praxisbeispiele, 2. Aufl., Wiesbaden 2000, S.59–77.

Schick, S. (1995): Strukturierung und Gestaltung der Mitarbeiterkommunikation als Personalaufgabe, in: Bruhn, M. (Hrsg.): Internes Marketing: Integration der Kunden- und Mitarbeiterorientierung, Wiesbaden 1995, S.453–470.

Schiffmann, L.G., Kanuk, L.L. (2010): Consumer Behavior, 10th ed., Upper Saddle River, New Jersey 2010.

Schindlerhof (1999): Interne Unterlagen zur Führung und Organisation des Landhotels Schindlerhof 1999.

Schlesinger, L.A., Heskett, J.L. (1991): Breaking the Cycle of Failure in Services, in: Sloan Management Review, Vol.33, Spring, 1991, S.17–28.

Schleusner, M. (2002): Identitätsorientierte Markenführung bei Dienstleistungen, in: Meffert, H., Burmann, C., Koers, M. (Hrsg.): Markenmanagement: Grundfragen der identitätsorientierten Markenführung, Wiesbaden 2002, S.263–290.

Schmahl. K. (1995): Vom Betrieblichen Vorschlagswesen zum Ideenprogramm, in: Personalführung, 28.Jg., H.2, 1995, S.92–99.

Schmickler, M, Kiesel, M. (2002): Customer Relationship Management im Spannungsfeld zwischen Technologie und Marketing, in: Thexis, H.1, 2002, S.45–47.

Schmidt, H.J. (2007): Internal Branding: Wie Sie Ihre Mitarbeiter zu Markenbotschaftern machen, Wiesbaden 2007.

Schmidt, R.W. (2009): Feedbacksysteme in der deutschen Hotellerie: Gästebewertungen treten in den Vordergrund, in: Gardini, M.A. (Hrsg.): Handbuch Hospitality Management, Deutscher Fachverlag, Frankfurt/Main 2009, S.503–512.

Schmidt, S., Cantallops, A.S., Dos Santos, C.P. (2007): The characteristics of hotel websites and their implications of website effectiveness, in International Journal of Hospitality Management, Vol. 27, No.4, 2007, S.504–516.

Schmitt, B.H. (2003): Customer Experience Management: A revolutionary appraoch to connecting with your customers, New Jersey 2003.

Schneider, J. (2008): Geschäftsreisende 2008: Strukturen – Einstellungen – Verhalten, Bad Honnef 2008.

Scholz, H., Suessel, A., Strudthoff, M., Linsenbart, R., Minov, G. (2014): Mobile Couponing: Markt, Best Practice, Location (Based), Mobile Commerce, Statistiken 2014.

Schoolmann, G., Stolpmann, M. (2007): Wie gestalten wir unsere Website – Die wirkungsvolle und kostengünstige Online-Präsenz für Hotel und Gastronomie, Heidelberg 2007.

Schreiber, M.T. (2002): Kongress- und Tagungsmanagement, 2. Aufl., München 2002.

Schreyögg, G. (1998): Die Bedeutung der Unternehmenskultur für die Integration internationaler Unternehmen, in: Kutschker, M. (Hrsg.): Integration in der internationalen Unternehmung, Wiesbaden, 1998, S.27–49.

Schubert, B. (1991): Entwicklung von Konzepten für Produktinnovationen mittels Conjoint-Analyse, Stuttgart 1991.

Schüller, A. (1999): Ibis Hotels Deutschland – „Die mit den ausgeschlafenen Gästen", in: Thexis, H.2, 1999, S.39–43.

Schultz, D.E., Schultz, H.F. (2005): Measuring Brand Value, in: Tybout, A.M., Calkins, T. (Hrsg.): Kellogg on Branding, New Jersey, 2005, S.244–271.

Schultze, J.G. (1993): Diagnose des strategischen Handlungsbedarfs für Hotelketten, St.Gallen 1993.

Schulz, A. (2015): Globale Distributionssysteme, in: Schulz A., Weithöner, U., Egger, R., Goecke, R. (Hrsg.): Informationsmanagement im Tourismus: E-Tourismus: Prozesse und Systeme, 2.Aufl., München 2015, S.213–239.

Schulz, M. (2010): Chancen und Risiken in der Finanzierung von Hotelprojekten, in: Freyberg, B.v. (Hrsg.): Hospitality Development, Berlin, 2010, S.380–399.

Schulze, G, Vieler, G. (1997): Struktur und Einsatz der Kundendatenbank bei Best Western Hotels Deutschland, in: Link, J., Brändli, D., Schleuning, C., Kehl, R.E. (Hrsg.): Handbuch Database-Marketing, 2. Aufl., Ettlingen 1997, S.797–805.

Schulze, G. (2009): CRM trifft CRS, in: Gardini, M.A. (Hrsg.): Handbuch Hospitality Management, Deutscher Fachverlag, Frankfurt/Main 2009, S.167–188.

Schulze, H.S. (1993): Dienstleistungswerbung – Ursachen, Anforderungen und Lösungsansätze der externen Massenkommunikation von Dienstleistungsunternehmungen am Beispiel ausgewählter Print-Kampagnen, in: JAVf – Jahrbuch der Absatz- und Verbrauchsforschung, 39.Jg., H.2, 1993, S.139–163.

Schulze, H.S. (1995): Transaktionsanalyse als Instrument dienstleistungsorientierter Personalschulung, in: Bruhn, M., Stauss, B. (Hrsg.): Dienstleistungsqualität: Konzepte, Methoden, Erfahrungen, 2. Aufl., Wiesbaden, 1995, S.319–344.

Schüring, H. (1991): Database-Marketing: Einsatz von Datenbanken für Direktmarketing, Verkauf und Werbung, Landsberg/Lech 1991.

Schwaninger, M. (1985): Organisatorische Gestaltung in der Hotellerie, St. Galler Beiträge zum Fremdenverkehr und zur Verkehrswirtschaft, Reihe Fremdenverkehr, Bd.18, Bern, 1985.

Schwaninger, M. (1989): Integrale Unternehmensplanung, Frankfurt/Main, New York 1989.

Schwarz, G. (1989): Unternehmungskultur als Element des Strategischen Managements, Berlin 1989.

Schwarz, M. (1994): Lean Production zwischen Anspruch und Wirklichkeit, in: Zeitschrift für Berufs- und Wirtschaftspädagogik, Bd.90, H.2, 1994, S.113–126.

Segal-Horn, S. (1993): The Internationalization of Service Firms, in: Advances in Strategic Management, Vol.9, 1993, S.31–55.

Seghezzi, H.D. (1994): Qualitätsmanagement: Ansatz eines St.Galler Konzepts Integriertes Qualitätsmanagement, Stuttgart, Zürich 1994.

Seidenschwarz, W. (1997): Target Costing: Marktorientiertes Zielkostenmanagement, München 1997.

Seitz, E., Meyer, W. (1999): Tourismusmarktforschung, in: Roth, P., Schrand, A. (Hrsg.): Tourismusmarketing, 3.Aufl. München 1999, S.1–26.

Seitz, G. (1997): Hotelmanagement, Berlin 1997.

Seligmann, M.E.P. (1975): Helplessness, San Francisco 1975.

Shetty, Y. (1993): Aiming High: Competitive Benchmarking for Superior Performance, in: LongRange Planning, Vol.26, No.1, 1993, S.39–44.

Shoemaker, S., Lewis, R.C., Yesawich, P.C. (2007): Marketing Leadership in Hospitality and Tourism, 4th ed., Prentice Hall, Upper Saddle River, New Jersey 2007.

Shostack, G.L. (1982): How to Design a Service, in: European Journal of Marketing, Vol.16, No.1, 1982, S.49–63.

Shostack, G.L. (1984): Designing services that deliver, in: Harvard Business Review, Vol.62, January/ February, 1982, S.133–139.

SHV – Schweizer Hotelier-Verein (1992): Preisordnung, Bern 1992.

Siefke, A. (1998): Zufriedenheit mit Dienstleistungen: ein phasenorientierter Ansatz zur Operationalisierung und Erklärung der Kundenzufriedenheit im Verkehrsbereich auf empirischer Basis, Frankfurt/Main 1998.

Siemens (2008): About us, http://w1.siemens.com/en/about/index.htm, Einsehdatum: 15.6.2008.

Simon, H., Fassnacht, M. (2009): Preismanagement, 3. Aufl., Wiesbaden 2009.

Simon, H., Homburg, C. (1998): Kundenzufriedenheit als strategischer Erfolgsfaktor – Einführende Überlegungen, Simon, H., Homburg, C. (Hrsg.): Kundenzufriedenheit: Konzepte, Methoden, Erfahrungen, 3. Aufl., 1998, S.17–31.

Simon, H., Pohl, A. (1998): Kundenbindung als Erfolgsfaktor, in: Gablers Magazin, 11.Jg., H.6/7, 1998, S.36–38.

Simon, H., Sebastian, K.H. (1995): Was guten Service ausmacht, in: Gablers Magazin, 8.Jg., H.1, 1995, S.16–19.

Simons, T., Hinkin, T. (2001): The Effect of Employee Turnover on Hotel Profits: A Test across multiple Hotels, in: Cornell Hotel and Restaurant Administration Quarterly, Vol.42, No.3, August, 2001, S.65–69.

Sinus Institut (2014): Corporate Website, http://www.sinus-institut.de/, Einsehdatum: 26.8.2014.

Solomon, M. (2011): Consumer Behavior: Buying, Having, and Being, 9th ed. Upper Saddle River, New Jersey 2011.

Solomon, M., Bamossy, G., Asekgaard, S. (2001): Konsumentenverhalten: Der europäische Markt, München 2001.

Spalteholz, B. (2014): Couponing, http://www.spalteholz.com/go/couponing, Einsehdatum: 13. September 2014.

Specht, G. (1998): Distributionsmanagement, 3. Aufl., Stuttgart 1998.

Specht, G., Schmelzer, H.J. (1991): Qualitätsmanagement in der Produktentwicklung, Stuttgart 1991.

Specht, N. (2007): Anstrengung und Fähigkeiten des Kundenkontaktmitarbeiters im Service Encounter als zentrale Determinanten der Kundenzufriedenheit: Empirische Analyse attribution theoretischer Grundlagen aus Kundensicht, Dissertation, München.

Spinelli, M.A., Canavos, G.C. (2000): Investigating the relationship between employee satisfaction and guest satisfaction, in: Cornell Hotel and Administration Quarterly, Vol.41, No.6, December, 2000, S.29–39.

Sprenger, R. (1995): Der große Bluff, in: Manager Magazin, 25.Jg., August, 1995, S.128–131.

Starwood (2008): Starwood Preferred Guest, http://www.spgtv.net/AboutSPG.aspx, Einsehdatum: 27.12.2008.

Statista (2014): Geschäftsreisearten bei den Geschäftsreisen von Europäern nach Deutschland in den Jahren 2011 bis 2013, http://de.statista.com/statistik/daten/studie/28704/umfrage/geschaeftsreisen-von-europaeern-nach-deutschland-nach-geschaeftsreiseart, Einsehdatum: 10. Juni 2014.

Statista (2014a): Euromonitor : Trends in the global hotel industry 2012, http://de.statista.com/statistik/daten/studie/249746/umfrage/umsatz-der-weltweiten-hotelindustrie, Einsehdatum: 10. September 2014.

Statista (2014b): Anzahl der neueröffneten Hotelzimmer weltweit nach Regionen 2012–2013, http://de.statista.com/statistik/daten/studie/250432/umfrage/anzahl-der-neueroeffneten-hotelzimmer-weltweit-nach-regionen, Einsehdatum: 9. September 2014.

Statista (2014c): Anzahl der Websiten weltweit, http://de.statista.com/statistik/daten/studie/290274/umfrage/anzahl-der-webseiten-weltweit/, Einsehdatum: 19. September 2014.

Statista (2014d): Informationsquellen für Reise- und Urlaubsplanung, http://de.statista.com/statistik/daten/studie/180623/umfrage/genutzte-informationsquellen-fuer-reise--und-urlaubsplanung/, Einsehdatum: 19. September 2014.

Stauss, B. (1989): Beschwerdepolitik als Instrument des Dienstleistungsmarketing, in: Jahrbuch der Absatz- und Verbrauchsforschung, 35.Jg., H.1, 1989, S.41–62.

Stauss, B. (1994): Total Quality Management und Marketing, in: Marketing Zeitschrift für Forschung und Praxis, 16.Jg., H.3, 1994, S.149–159.

Stauss, B. (1995a): Internes Marketing als personalorientierte Qualitätspolitik, in: Bruhn, M., Stauss, B. (Hrsg.): Dienstleistungsqualität: Konzepte – Methoden – Erfahrungen, 2. Aufl. Wiesbaden, 1995, S.257–276.

Stauss, B. (1995b): „Augenblicke der Wahrheit" in der Dienstleistungserstellung: Ihre Relevanz und ihre Messung mit Hilfe der Kontaktpunkt-Analyse, in: Bruhn, M, Stauss, B. (Hrsg.): Dienstleistungsqualität: Konzepte, Methoden, Erfahrungen, 2.Aufl.,Wiesbaden 1995, S.379–400.

Stauss, B. (1999): Kundenzufriedenheit, in: Marketing Zeitschrift für Forschung und Praxis, 21.Jg., H.1, 1999, S.5–24.

Stauss, B. (2000): Rückgewinnungsmanagement: Verlorene Kunden als Zielgruppe, in: Bruhn/Stauss (Hrsg.): Dienstleistungsmanagement Jahrbuch 2000, Wiesbaden, 2000, S.399–421.

Stauss, B. (2001a): Technologie in der Dienstleistungsmarketing-Forschung, in: Die Unternehmung, 55.Jg., H.5/6, 2001, S.307–326.

Stauss, B. (2001b): Die Bedeutung von Qualitätspreisen für Dienstleistungsunternehmen, in: Bruhn, M., Meffert, H. (Hrsg.): Handbuch Dienstleistungsmanagement, 2.Aufl., Wiesbaden 2001, S.525–548.

Stauss, B. (2001c): Markierungspolitik bei Dienstleistungen – Die Dienstleistungsmarke, in: Bruhn, M., Meffert, H. (Hrsg.): Handbuch Dienstleistungsmanagement, 2.Aufl., Wiesbaden 2001, S.550–571.

Stauss, B., Bruhn, M. (2008): Dienstleistungsmarken: eine Einführung in den Sammelband, in: Stauss, B., Bruhn, M. (Hrsg.): Dienstleistungsmarken: Forum Dienstleistungsmanagement, Wiesbaden, 2008, S.3–33.

Stauss, B., Friege, C. (2001): Kundenwertorientiertes Rückgewinnungsmanagement, in: Günter, B., Helm, S. (Hrsg.): Kundenwert: Grundlagen – Innovative Konzepte – Praktische Umsetzungen, Wiesbaden, 2001, S.449–470.

Stauss, B., Seidel, W. (1998): Prozessuale Zufriedenheitsermittlung und Zufriedenheitsdynamik bei Dienstleistungen, in: Simon, H., Homburg, C. (Hrsg.): Kundenzufriedenheit: Konzepte, Methoden, Erfahrungen, 3.Aufl., 1998, S.201–224.

Stauss, B., Seidel, W. (2002a): Customer Relationship Management als Herausforderung für das Marketing, in: Thexis, H.1, 2002, S.10–13.

Stauss, B., Seidel, W. (2007): Beschwerdemanagement, 4.Aufl., München 2007.

Stauss, B., Weinlich, B. (1996): Die Sequentielle Ereignismethode – ein Instrument der prozeßorientierten Messung von Dienstleistungsqualität, in: der markt, 35.Jg., Nr.136, 1996, S.49–58

Stauß, S. (2008): Expansion mit Franchise, in: AHGZ – Allgemeine Hotel- und Gastronomiezeitung, 15. November 2008, S.9.

Stefanis, A. (2013): Hoteliers haben die Macht der Portale unterschätzt, http://www.marketingboerse.de/ News/details/1343-Hoteliers-haben-die-Macht-der-Portale-unterschaetzt/44888 vom 25.10.2013, Einsehdatum: 1. August 2014

Steffenhagen, H. (2000): Marketing: Eine Einführung, 4.Aufl., Stuttgart 2000.

Steinecke, A. (2009): Themenwelten im Tourismus: Marktstrukturen – Marketing – Management – Trends, München 2009.

Steinle A., Dziemba, O. (2007): Lebensstile 2020, Kelkheim 2007.

Steinmann, H., Scherer, A.G. (1997): Die multinationale Unternehmung als moralischer Aktor: Bemerkungen zu einigen normativen Grundlagenproblemen des interkulturellen Managements, in: Engelhard, J. (Hrsg.): Interkulturelles Management: Theoretische Fundierung und funktionsbereichsspezifische Konzepte, Wiesbaden, 1997, S.23–53.

Steinmann, H., Schreyögg, G. (2000): Strategisches Management, 5.Aufl.,Wiesbaden 2000.

Stickdorn, M., Schneider, J. (2011): This is Service Design Thinking, Amsterdam 2011.

Strandvik, T., Liljander, V. (1995): A Comparison of Episode Performance and Relationship Performance for a Discrete Service, in: Kleinaltenkamp, M. (Hrsg.): Dienstleistungsmarketing: Konzeptionen und Anwendungen, Wiesbaden 1995, S.111–139.

*Strobel y Serra, J. (2008):*Die Zukunft der Hotelmarken, in: GBI – Check In vom H.1, 2008, S.4–12.

Swan, J.E., Bowers, M.R. (1998): Service quality and satisfaction: the process of people doing things together, in: Journal of Services Marketing, Vol.12, No.1, 1998, S.59–72.

Sweeney, S. (2000): Internet-Marketing for Your Tourism Business, Gulf Breeze 2000.

Tax, S.S., Brown, S.W. (2000): Kundenbeschwerden: Was Fairness bringt, in: Harvard Business Manager, H.1, 2000, S.94–107.

Teichert, T. (2000): Conjoint Analyse, in: Hermann, A., Homburg, C. (Hrsg.): Marktforschung, 2.Aufl., Wiesbaden, 2000, S.473–511.

Testa, M.R., Mueller, S.L., Thomas, A.S. (2003): Cultural Fit and Job Satisfaction in a Global Service Environment, in: Management International Review, Vol.43, No.2, 2003, S.129–148.

Thom, N. (1993): Ein „Longseller" mit weiteren Erfolgsaussichten, in: Personalführung, 26.Jg., H.4,1993, S.280–286.

Thomas Cook (2008): http://www.thomascookgroup.com: Stand 2007/2008; Einsehdatum: 15.4.2008.

Thomas, A. (1996): Analyse der Handlungswirksamkeit von Kulturstandards, in: Thomas, A. (Hrsg.): Psychologie interkulturellen Handelns, Göttingen, 1996, S.107–135.

Thomas, G. (1989): Marketingcontrolling in Hotelunternehmungen, Reihe Planung, Information und Unternehmungsführung, Bd.30, Bergisch-Gladbach, Köln 1989.

Tomczak, T., Ludwig, E. (1998): Strategische Markenführung für Dienstleistungen, in: Tomczak, T., Schlögel, M., Ludwig, E. (Hrsg.): Markenmanagement für Dienstleistungen, St. Gallen 1998, S.48–65.

Tomczak, T., Reinecke, S., Finsterwalder, J. (2000): Kundenausgrenzung: Umgang mit unerwünschten Dienstleistungskunden, in: Bruhn/Stauss (Hrsg.): Dienstleistungsmanagement Jahrbuch 2000, Wiesbaden, 2000, S.399–421.

Top hotel (2012): Die großen Transaktionen fehlen, http://www.tophotel.de/news/700-die-grossen-transaktionen-fehlen.html?showall=&limitstart, 2. August 2012, Einsehdatum: 10. September 2014.

Töpfer, A. (1995): Veränderungsprozesse als Herausforderung für das Personalmanagement, in: Maess, K., Maess, T. (Hrsg.): Das Personal Jahrbuch 1995: Ihr Partner für erfolgreiches Personalmanagement, Neuwied et al., 1995, S.17–39.

Tracey, J. B., Nathan, A. E. (2002): The strategic and operational roles of human resources: An emerging model, in: Cornell Hotel and Restaurant Administration Quarterly 43 (4), S.17-26.

TREUGAST (2008b): Trendgutachten Hospitality 2007/2008, International Institute of Applied Hospitality Sciences, München 2008.

TREUGAST (2009): Trendgutachten Hospitality 2009/2010, TREUGAST International Institute of Applied Hospitality Sciences, München 2009.

TREUGAST (2012): Trendgutachten Hospitality 2012, International Institute of Applied Hospitality Sciences, München 2012.

TREUGAST (2013): Hotelbetriebsvergleich, International Institute of Applied Hospitality Sciences München 2013.

Tripadvisor (2012): Wie Reisende Bewertungen interpretieren, http://www.tripadvisor.de/TripAdvisorInsights/n532/wie-reisende-bewertungen-interpretieren-die-fakten, Einsehdatum: 20. September 2014.

Trommsdorf, V. (2009): Konsumentenverhalten, 7. Aufl., Stuttgart 2009.

Trost, A. (2009): Employer Branding – Arbeitgeber positionieren und präsentieren, Köln.

Tse, D.K., Wilton, P.C. (1988): Models of Customer Satisfaction Formation: An Extension, in: Journal of Marketing Research, Vol.24, May 1988, S.204–212.

Tucci, L.A., Talaga, J. (1997): Service guarantees and consumers' evaluation of services, in: Journal of Services Marketing, Vol.11, No.1, 1997, S.10–18.

TUI/Google (2013):"Customer Journey Travel", Gemeinschaftsstudie von TUI Deutschland und Google, http://unternehmen.tui.com/de/newsroom/presseveranstaltungen/Sommerkatalog-2014/jede-zweite-buchung-beginnt-im-internetm Hannover, 2013, Einsehdatum: 29. August 2014.

Turley, L.W., LeBlanc, R.P. (1993): An Exploratory Investigation of Consumer Decision Making in the Service Sector, in: Journal of Services Marketing, Vol.7, No.4, 1993, S.11–18.

Ulrich, P. (1984): Systemsteuerung und Kulturentwicklung, Die Unternehmung, 38.Jg., H.4, 1984, S.303–325.

Ulrich, P., Fluri, E. (1995): Management: eine konzentrierte Einführung, 7.Aufl., Bern 1995.

Ulysses (2003): Web-Tourismus 2003, München 2003.

Usbeck, R. (2007): Das Internet steht erst am Anfang, in: AHGZ – Allgemeine Hotel- und Gaststättenzeitung, Nr.26, 1.6.2007, S.12.

VDR (2014): VDR-Geschäftsreiseanalyse 2014, Verband Deutsches Reisemanagement, Frankfurt/Main 2014.

VDR (2014a): Hotelzertifizierung, Verband Deutsches Reisemanagement, https://www.vdr-service.de/hotelzertifizierung/ Frankfurt/Main 2014, Einsehdatum: 17. Juli 2014.

VeVerka, B. (1995): Golden Opportunity: Turning inquiries into bookings, in: Lodging, November, S.145–148.

Vieser, S. (2013): Die Macht der Portale, http://heftarchiv.internetworld.de/2013/Ausgabe-24-2013/Die-Macht-der-Portale, Einsehdatum: 20. September 2014.

VIR (2014): Verband Deutscher Internetvertrieb Daten & Fakten zum Online-Reisemarkt 2014, 9.Ausgabe, Oberhaching 2014.

VÖB (2007): Beherbergungsgewerbe in Deutschland: Ein Leitfaden für Immobiliengutachter, VÖB – Bundesverband öffentlicher Banken e.V., 2. Aufl., Berlin 2007.

Walger, G., Schencking, F. (1998): Dienstleistungen und ihre Beschreibung, Wittener Diskussionspapiere, Fakultät für Wirtschaftswissenschaft, H.13, 1998.

Walley, P., Kowalski, E. (1992): The Role of Training in Total Quality Implementation, in: Journal of European Industrial Training, Vol.16, No.3, 1992, S.25–31.

Waltermann, B. (1994): Marktsegmentierung und Markenpolitik, in: Bruhn,M.(Hrsg.): Handbuch Markenartikel – Anforderungen an die Markenpolitik aus der Sicht der Wissenschaft und Praxis,Bd.1, Stuttgart, 1994, S.375–393.

Walterspiel, G. (1969): Einführung in die Betriebswirtschaftslehre des Hotels, Wiesbaden 1969

Walterspiel, K.T. (1982): Sicherung der Wettbewerbsfähigkeit durch kostenbewusste Qualitätspolitik „Qualitätssicherung durch Service", in: Zeitschrift für Betriebswirtschaft, 52.Jg., H.11/12, 1982, S.1079–1087.

Weber, K. (1995): AHP-Analyse, in: Zeitschrift für Planung, Bd.6, H.2, 1995, S.185–195.

Webster, F.E., Wind, Y. (1972): Organizational Buying Behavior, Englewood Cliffs,1972.

Weidemann, S. (2007): Markenführung in der Hotellerie – Differenzierung durch werteorientiertes Markenmanagement, HSMA-Markentag 2007, Frankfurt/Main, 20. November 2007.

Weinberg, P. (2000): Verhaltenswissenschaftliche Aspekte der Kundenbindung, in: Bruhn, M., Homburg, C. (Hrsg): Handbuch Kundenbindungsmanagement: Grundlagen – Konzepte – Erfahrungen, 3.Aufl., Wiesbaden 2000, S.39–54.

Weiss, H.C. (1997): Verkauf, 4.Aufl., Ludwigshafen 1997.

Welch D.E. (2003): Globalization of Staff Movements: Beyond Cultural Adjustment, in: Management International Review, Vol.43, No.2, 2003, S.149–169.

Welge, M.K., Al-Laham, A. (2012): Strategisches Management, 6.Aufl.,Wiesbaden 2012.

Westerbarkey, P. (1996): Methoden zur Messung und Beeinflussung der Dienstleistungsqualität: Feedback- und Anreizsysteme in Beherbergungsunternehmen, Wiesbaden 1996.

Wilson, A. (1993): Marketing-Audit Checklists, Berkshire 1993.

Wind, J., Green, P.E., Shifflet, D., Scarbrough, M. (1989): Courtyard by Marriott: Designing a Hotel Facility with Consumer-Based Marketing Models, in: Interfaces, Vol.19, H.1, January/February 1989, S.25–47.

Winter, K. (2008): Die Aufbauorganisation von Hotelbetrieben, in: Hänssler, K.H. (Hrsg.): Management in der Hotellerie und Gastronomie, 7.Aufl., München, S.87–94.

Wirtz, J., Kum, D. (2004): Consumer Cheating on Service Guarantees, in: Journal of the Academy of Marketing Science, Vol.32, Issue 2, S.159–175.

Witte, E. (1973): Organisation für Investitionsentscheidungen – Das Promotorenmodell, Göttingen 1973.

Wittink, D.R., Cattin, P. (1989): Commercial Use of Conjoint Analysis: An Update, Journal of Marketing, Vol.53, July, 1989, S.91–96.

Wittwer, R. (2014): Fünf Fragen an Reto Wittwer, Präsident der Kempinski Hotels, zum Tourismusmanager der Zukunft, in: Gardini, M.A., Brysch, A.A. (Hrsg.): Personalmanagement im Tourismus: Erfolgsfaktoren erkennen-Wettbewerbsvorteile sichern, Hamburg 2014, S.81-87.

Wöhler, K. (1998): Organisationsentwicklung als Personalentwicklung: Begründungszusammenhang einer prozessorientierten Arbeitsorganisation im Tourismus, in: Weiermair, K., Wöhler, K. (Hrsg.): Personalmanagement im Tourismus: Konzepte und Strategien, Limburgerhof 1998, S.23–63.

Wolf, J. (1994): Internationales Personalmanagement: Kontext – Koordination – Erfolg, Wiesbaden 1994.

Woratschek, H. (2001a): Zum Stand einer Theorie des Dienstleistungsmarketing, in: Die Unternehmung, 55.Jg., H.5/6, 2001, S.261–278.

Woratschek, H. (2001b): Preisbildung im Dienstleistungsbereich auf der Basis von Marktinformationen, in: Bruhn, M., Meffert, H. (Hrsg.): Handbuch Dienstleistungsmanagement, 2.Aufl., Wiesbaden 2001, S.607–625.

WTTC- World Travel and Tourism Council (2014): Travel and Tourism: Economic Impact 2014, London 2014.

Wyndham (2014): Our Brands, http://www.wyndhamworldwide.com/about-wyndham-worldwide/our-brands, Einsehdatum: 20. September 2014

Xu, J.B., Chan, A. (2010): A conceptual framework of hotel experience and customer-based brand equity, in: International Journal of Contemporary Hospitality Management, Vol.22, No.2, pp.174–193.

Yesawich, P. (2006): Travel Trends: Business Travelers prefer branded, full-service lodging, in: Hotel & Motel Management, Vol.221, 14, S.10.

Yi, Y. (1990): A Critical Review of Customer Satisfaction, in: Zeithaml, V.A. (Hrsg.): Review of Marketing, Chicago, 1990, S.68–123.

Zahorik, A.J., Rust, R.T., Keiningham, T.L. (2000): Estimating the Return on Quality: Providing Insights Into Profitable Investments In Service Quality, in: Swartz, T.A., Iacobucci, D. (Hrsg.), Handbook of Services Marketing & Management, Thousand Oaks, California, Sage Publications, 2000, S.223–246.

ZAW (2009): Zentralverband der deutschen Werbewirtschaft http://www.zaw.de; Einsehdatum: 2.1.2009.

Zdrowomyslaw, N., Kasch, R. (2002): Betriebsvergleiche und Benchmarking für die Managementpraxis, München 2002.

Zegg, R. (1995): Arbeitsplatz Hotellerie: ein neues Konzept der flexiblen Personalführung, 2. Aufl., St. Galler Beiträge zum Fremdenverkehr und zur Verkehrswirtschaft, Reihe Fremdenverkehr, Bd.19, Bern, 1995.

Zehle, F. (2011): Multi-Marken Portfolios und Markenarchitektur in der internationalen Hotellerie am Beispiel von Marriott International Inc., in: Gardini, M.A. (Hrsg.): Mit der Marke zum Erfolg, Stuttgart, 2011, S.267–280.

Zehle, K.O. (1991): Yield Management – eine Methode zur Umsatzsteigerung für Unternehmen der Tourismusindustrie, in: Seitz, E.; Wolf, J. (Hrsg.): Handbuch Tourismus-Management und -Marketing, Landsberg/Lech 1991, S.483–504.

Zeithaml, V.A, Berry, L.L., Parasuraman, A. (1993): The Nature and Determinants of Customer Expectations of Service, in: Journal of the Academy of Marketing Science, Vol.21, No.1, 1993, S.1–12.

Zeithaml, V.A, Berry, L.L., Parasuraman, A. (1996): The Behavioral Consequences of Service Quality, in: Journal of Marketing, Vol.60, April, 1996, S.31–46.

Zeithaml, V.A., Bitner, M.J. (1996): Service Marketing, New York 1996.

Zeithaml, V.A., Parasuraman, A., Berry, L.L. (1992): Qualitätsservice: Was Ihre Kunden erwarten – was Sie leisten müssen, Frankfurt/Main et al.1992.

Zemke, R., Anderson, K.A. (1990): Customers from Hell, in: Training, Vol.27, No.2, 1990, S.25–33.

Zentes, J., Swoboda, B., Schramm-Klein, H. (2013): Internationales Marketing, 3. Aufl., München 2013.

Zink, K.J. (2004): TQM als integratives Managementkonzept, 2. Aufl., München 2004.

Sachregister

Informationen zum Autor

Prof. Dr. rer. pol. Marco A. Gardini ist Prodekan der Fakultät Tourismus an der Hochschule Kempten und seit 2008 Professor für Dienstleistungsorientierte BWL/Tourismus, insbesondere Internationales Hospitality Management und Marketing. Nach dem Studium der Betriebswirtschaft in Marburg und Gießen, folgte 1996 die Promotion an der Justus-Liebig-Universität Gießen zum Thema „Qualitätsmanagement in Dienstleistungsunternehmungen – dargestellt am Beispiel der Hotellerie".

Er verfügt über langjährige Verbands-, Industrie- und Beratungserfahrung und ist seit vielen Jahren für namhafte Industrie- und Dienstleistungsunternehmen als Berater, Trainer, Coach und Referent tätig. Darüber hinaus hat er seit vielen Jahren neben seinen sonstigen beruflichen Tätigkeiten, zahlreiche Lehraufträge und Aufgaben an verschiedenen Hochschulen und Universitäten im In- und Ausland wahrgenommen (JLU Gießen, WHU Vallendar, MCI Innsbruck, HWTH Chur u.a.). In der Zeit von 2002 bis 2004 vertrat er an der FH Gelsenkirchen eine Professur für Internationales Management, um im Anschluss daran, eine Professur für International Service Management and Marketing an der privaten Internationalen Hochschule Bad Honnef zu übernehmen. Zuletzt verantwortete er dort als Faculty Head den Fachbereich Hospitality Management.

In der Gastronomie aufgewachsen, sind seine Schwerpunkte in Forschung, Lehre und Beratung, Themen aus dem Bereich des Hospitality Management und Dienstleistungsmarketing, Strategie, Organisation sowie Marken-, Qualitäts- und Kundenzufriedenheitsmanagement. Er ist Autor und Herausgeber zahlreicher Standardwerke im Bereich der Hotellerie und Gastronomie sowie Verfasser von mehr als 70 Veröffentlichungen zu Themen des Dienstleistungs-, Tourismus- und Hotelmanagement. Er ist Mitglied in verschiedenen wissenschaftlichen Organisationen (AIEST, DGT), engagiert sich in verschiedenen Beiräten diverser privater Unternehmen und öffentlicher Institutionen (Deutscher Tourismusverband, Allgäu Marketing GmbH, SCOPAR-Unternehmensberatung) und dient als Gutachter und Juror in verschiedenen Tourismuswettbewerben (Deutscher Tourismuspreis, Allgäu Innovations Award, ITB Wissenschaftspreis).

Aktuelle Veröffentlichungen:
- Grundlagen der Hotellerie und des Hotelmanagements, 2.Aufl., München, 2014
- Grundlagen des Tourismus, 2.Aufl., München, 2014
- Personalmanagement im Tourismus: Erfolgsfaktoren erkennen – Wettbewerbsvorteile sichern, Hamburg 2014.
- Mit der Marke zum Erfolg: Markenmanagement in Hotellerie und Gastronomie, Stuttgart 2011.

Firmen-/Autorenverzeichnis der Praxisbeiträge

Hotel Bareiss
Herrmann Bareiss ist Eigentümer des Hotel Bareiss im Schwarzwald (www.bareiss.com).

Hospitality Inside
Maria Pütz Willems ist als Journalistin seit über 20 Jahren auf die Hotellerie spezialisiert. 2005 gründete sie das Online-Fachmagazin hospitality Inside dem sie seither als Chefredakteurin vorsteht. Es ist das erste, rein redaktionelle und zweisprachige (deutsch-englische) Hotelfachmedium, das sich an das internationale Hospitality-Management wie auch an verwandte Branchen (Investment, Finanzierungen, Immobilienentwicklung, Beratung) wendet (www.hospitalityInside.com).

CHD Expert Group
Rolf W. Schmidt, Hotelfachmann und Unternehmer gründete Mitte der 1990er Jahre mit „Consens" den ersten professionellen Marketingverbund für Technologieunternehmen in der deutschen Hotellerie. Wenig später startete er – gemeinsam mit dem Hotelverband Deutschland (IHA) – das erste rein auf den Außer-Haus-Markt spezialisierte Marktforschungs- und Marketingunternehmen. Aus der „Marktplatz Hotel GmbH" wurde 2002 der deutsche Arm der international operierenden CHD Expert Group mit den Geschäftsbereichen Marktforschung, Direktmarketing und Data Management, deren internationale Expansion er als CEO European Business Development kräftig vorantreibt. Auch als Buchautor und Fachpublizist ist ein Branchenexperte für den Außer-Haus-Markt (www.chd-expert.de).

TREUGAST Solutions Group
Stephan Gerhard ist President und Chairman of the Board der TREUGAST Solutions Group mit Büros in München, Berlin, Madrid und Shanghai. Bevor er die TREUGAST Unternehmensberatungsgesellschaft mbH in München gründete, war er drei Jahre Geschäftsführender Gesellschafter bei der K&P Consulting GmbH München. Stephan Gerhard ist Lehrbeauftragter an der University of Cooperative Education Ravensburg und Certified Rating Advisor. Darüber hinaus ist er Autor zahlreicher Veröffentlichungen und Vorträge zur Entwicklung des internationalen Hotel(immobilien)marktes (www.treugast.de).

Toedt, Dr. Selk & Coll.
Michael Toedt, Dipl.-Betriebswirt, ist geschäftsführender Gesellschafter von Toedt, Dr. Selk & Coll. Er ist für die Bereiche CRM-Technologie, Beratung und Datenschutz verantwortlich. Herr Toedt war vor seiner jetzigen Tätigkeit Regional Vice President der SANSORA IN-TERNATIONAL, einer ehemaligen Tochter des Schoerghuber Konzerns, und begleitete diverse Hotelgesellschaften bei der Erstellung zentraler Kundendatenbanken. Neben seiner Tätigkeit bei TS&C ist Michael Toedt Lehrbeauftragter und Referent an verschiedenen Hochschulen (München, Bad Honnef, Kempten, TU Wien). Darüber hinaus ist er Referent für die BTG Bayern Tourist GmbH und im Regional-Vorstand der HSMA für die Region Süd-Ost verantwortlich (www.ts-and-c.com).

The Ritz-Carlton
Michaela Gilg war bis 2005 Director of Catering & Conference Services. Regine Gädecken, war zu dieser Zeit Public Relations Manager, The Ritz-Carlton, Wolfsburg, The Ritz-Carlton, Wolfsburg (www.ritz-carlton.de).

Accor
Marc Hildebrand war bis 2010 Geschäftsführer der Accor Hotellerie Deutschland GmbH, die derzeit größte Hotelgesellschaft in Deutschland und ein Key Player in der internationale Hotellerie (www.accor.com und www.accorhotels.com).

25hours
Christoph Hoffmann ist geschäftsführender Gesellschafter der 25hours Hotel Company. Zu Unternehmen gehören aktuell drei Hotel (25hours Hamburg, das Goldmann Sachs in Frankfurt und das 25hours tailored by Levis in Frankfurt (www.25-hours.com).

Ringhotels
Susanne Weis ist Geschäftsführerin der Ringhotels Deutschland, einer Hotelkooperation, die mit aktuell 135 angeschlossenen Mitgliedsbetrieben zu einer der großen privaten Hotelkooperationen in Deutschland zählt (www.ringhotels.de).

Choice Hotels International
Nadja Bäder, Marketing Manager, Choice Hotels Germany & Central Europe, seit fünf Jahren im Unternehmen verantwortlich für den Bereich Marketing. Zuvor mehrjährige Tätigkeit bei der Steigenberger Hotels AG in verschiedenen Positionen. Ausbildung zur Hotelfachfrau, Diplom Marketingwirt (BAW).

Angela Wichmann war bis 2012 Sales&Product Manager, Choice Hotels Germany & Central Europe. Zuvor mehrjährige Tätigkeit als Sales Manager Südeuropa bei einem Reiseveranstalter. Projekteinsätze bei Sport-Großveranstaltungen und Positionen in der Gästebetreuung/ Reiseleitung in Deutschland, Norwegen, Schweden und Frankreich. Diplom-Studium Sprachen, Wirtschafts- und Kulturraumstudien an der Universität Passau sowie der Université de Haute-Bretagne Rennes, Frankreich. Berufsbegleitendes Master-Studium Tourism Management an der University of Brighton, England/ANGELL Business School Freiburg (www.choicehotels.de).

Lindner Hotels AG
Jürgen Dost war bis 2004 Human Resources Director bei der Lindner Hotels AG in Düsseldorf. Er studierte in Wuppertal Psychologie mit dem Anwendungsschwerpunkt Arbeits- und Organisationspsychologie. Nach verschiedenen Positionen in den Bereichen Personalentwicklung und Personalleitung des niederländischen Chemiekonzerns Akzo Nobel und bei dem internationalen IT-Dienstleister Origin ging er Anfang 2001 zur Lindner Hotels AG in Düsseldorf (www.lindner.de).

Zarges von Freyberg Hotel Consulting
Dr. Burkhard von Freyberg ist geschäftsführender Gesellschafter des Beratungsunternehmens Zarges von Freyberg Hotel Consulting und Professor für Hospitality Management an der Hochschule München. Vor der Gründung des eigenen Unternehmens war er knapp vier Jahre bei der Treugast Solutions Group als Seniorberater und Leiter des International Institute of Applied Hospitality Sciences sowie in verschiedenen Positionen im In- und Ausland tätig.

Stephanie Zarges ist geschäftsführende Gesellschafterin des Beratungsunternehmens Zarges von Freyberg Hotel Consulting. Vor der Gründung des eigenen Unternehmens arbeitete sie vier Jahre als Seniorberaterin bei der Treugast Solutions Group. Hier war sie zudem für die Unternehmenskommunikation verantwortlich und leitete die Geschäfte des Gütesiegels 50plus Hotels Deutschland. Durch das familieneigene Hotel Thurnher's Alpenhof in Zürs am Arlberg, eines der sechs Leading Hotels of the World in Österreich, ist sie in der Hotellerie aufgewachsen (www.zargesvonfreyberg.com).

„Quality is anything that can be improved". Dieses Leitprinzip des TQM gilt natürlich auch für das vorliegende Werk und so sind sowohl Lob als auch konstruktive Kritik herzlich willkommen. Bitte nutzen Sie das vorliegende Formular und schicken, faxen oder E-Mailen Sie Ihre Anregungen an eine der nachfolgend genannten Kontaktadressen.

Prof. Dr. rer. pol. Marco A. Gardini
Hochschule Kempten
Internationales Hospitality Management und Marketing
Bahnhofstr.61
D-87435 Kempten (Allgäu)
Tel. 0831-2523151
Fax: 0831-2523162
E-Mail: marco.gardini@fh-kempten.de
www.fh-kempten.de

Mein Feedback an den Autor zum Buch Marketing-Management in der Hotellerie

---

Absender